World Book 224

Максим Горький
МАТЬ/НА ДНЕ/ЧЕЛКАШ
어머니/밑바닥/첼카쉬
막심 고리키/최홍근 옮김

동서문화사

디자인 : 동서랑 미술팀

어머니/밑바닥/첼카쉬
차례

헌사 막심 고리키─혁명가 트로츠키

막심 고리키의 생애와 문학

혁명가 트로츠키*¹ 헌사
막심 고리키

고리키는 그에 대해 더는 이야기 할 것이 없어졌을 무렵 영원한 잠에 들었다. 그로 인해 사람들은 지난 40년에 걸쳐 인텔리겐치아(지식계급)와 노동자계급의 발전에 커다란 발자취를 남긴 이 위대한 작가의 죽음을 조금이나마 쉽게 받아들일 수 있었다.

고리키는 방랑시인으로 작가의 첫 발을 내딛었다. 이 무렵은 예술가로서 최고의 시기였다. 고리키는 밑바닥에서, 빈민가에서, 러시아 인텔리겐치아에게 낭만주의적 모험정신을, 다시 말해 잃을 것이 없는 사람들의 대담함을 전해주었다. 인텔리겐치아는 그 무렵 차리즘*²의 사슬을 끊어내고자 하고 있었기 때문에 대담함을 필요로 하고 있었다. 인텔리겐치아는 고리키가 전한 이 대담함을 대중에게 전하고자 했다.

그러나 현실적으로 혁명에서 방랑자가 할 수 있는 일은 기껏 강도나 포그럼*³ 정도뿐이었다. 1905년 12월, 프롤레타리아*⁴는 고리키를 숭배하는 급진적 인텔리겐치아와 대립했다. 고리키는 성실하게, 마치 영웅과도 같은 노력을 보여 프롤레타리아트 쪽으로 돌아섰다. 〈어머니〉는 이 무렵 그의 가장 걸출한 작품으로 초기에 비해 훨씬 광범위한 테마를 다루며 더 깊이 파고들게 되었다는 평가를 받았다.

그러나 문학 학교와 정치 학습*⁵은 초기에 보인 그의 꾸밈없고 열정적인

---

*1 러시아 혁명가(1879~1940). 빈에서 《프라우다지(誌)》를 발행했다. 1917년 3월혁명 뒤 귀국하여 적군(赤軍)을 건설했다. 러시아만으로는 부족하며 유럽을 지원하여 세계혁명을 해야 한다고 주장, 스탈린의 반감을 사 국외로 추방된 뒤 1940년 멕시코에서 스탈린이 보낸 자객에게 암살되었다. 저서에 《나의 생애》, 《영구 혁명론》, 《러시아 혁명사》 따위가 있다.

*2 tsarizm. 차리즘. 제정 러시아의 전제정치

*3 pogrom . 조직적·계획적으로 행해지는 민족 학살. 대학살.

*4 Proletariat. 독일어. 무산계급, 노동자계급.

모습을 대신할 수 없었다. 완전히 자기를 억제하는 법을 배운 이 방랑자 안에 냉정한 분별력이 생기게 된 것이다. 예술가는 어느새 교사처럼 설교하는 사람이 되어 있었다. 반동기에 고리키는 공공연하게 무대에서 사라진 노동자계급과 자신의 오래된 친구이자 적인 인텔리겐치아—지금은 그들 사이에서 새로운 종교적 탐구가 이루어지고 있다—사이에서 방황했다. 그는 루나차르스키(1933년 사망)*6와 함께 그 무렵 일어났던 신비주의 파도에 휩쓸리기도 했다. 이 정신적 굴복의 기념비는 강력한 힘이 빠진 중편소설 〈고백〉으로 남아 있다.

이 보기 드문 독학인의 마음 깊은 곳에는 문화에 대한 경배가 있었다. 늦게나마 이루어진 문화와의 첫만남이 그의 모든 삶에 걸쳐 그를 끊임없이 타오르게 했다고 할 수 있다. 상상력도 역사적인 직관력도 부족했던 고리키는 문화에 충분한 거리를 두지 못했고, 그 때문에 비판적 평가를 위한 자유를 가질 수 없었다. 문화에 대한 그의 태도에는 언제나 적지 않은 페티시즘*7과 우상숭배가 계속 남아있었다.

제1차 세계대전 당시 고리키는 인류 문화재가 파괴되는 것을 매우 안타까워했다. 그는 국제주의자라기보다 문화적 코스모폴리탄*8이었다. 무엇보다도 그는 뼛속까지 러시아인이었다. 그는 전쟁을 혁명적 견해로 바라보지도 않

---

*5 문학 학교와 정치 학습. 고리키는 1906년부터 1913년까지 이탈리아 카프리섬에 체류하며 '볼셰비키 극우파'가 연 당(黨) 학교에서 러시아문학에 대해 강의했다.

*6 Anatolii Vasilievich Lunacharskii. 1890년대부터 혁명운동에 참가, 체포·유형당하였고, 러시아 사회민주혁명당 제2차대회 이후 볼셰비키에 가입하여 당신문(黨新聞) 《프페레드》 《프롤레타리》 《노와야 지즈니(新生活)》에서 활약, 제3~5차 당대회에서 중요한 역할을 해내어 볼셰비키의 대표로서 슈투트가르트의 국제사회주의 회의에 참석하였다. 1917년 귀국하여, 1917~29년에는 교육인민위원, 1933년 에스파냐 전권대사를 역임했다. 그는 사회주의 문학·예술 영역에서 조직가·계몽가·평론가·연구자로 활약, 소비에트 문화예술의 발전에 공헌했다. 주요저서로는 《실증미학(實證美學)의 기초》(1904) 《서구문학사(西歐文學史)》(1924) 등이 있고, 희곡에는 《올리버 크롬웰》(1920) 《포머 캄파넬라》(1920~1922) 《해방된 돈키호테》(1922) 등이 있다.

*7 fetishism. 페티시(fetish)란 용어는 원래 숭배의 대상이 되는 자연적, 인공적 물건을 가리킨다. 페티시는 '주물', '연물', '물신'으로 옮겨지기도 한다. 만일 이런 물건을 획득하면 갖가지 질병과 해악을 피할 수 있는 주술적인 힘을 갖게 된다고 여겨진다. 따라서 페티시즘은 원시종교에 그 기원을 두고 있다. 정신분석학에서 페티시즘은 성적인 대상을 물건으로 대체하는 것이다. 프로이트에 따르면, 페티시즘은 그 대체된 대상을 성적으로 과대평가하며 원래의 성적 목적을 버린다. 따라서 페티시즘은 도착의 일종이다.

았고, 문화를 변증법적 견해로 판단하려 들지도 않았다. 그럼에도 그는 애국주의적 인텔리겐치아 동료보다 훨씬 뛰어났다.

1917년 러시아 혁명을 고리키는 마치 문화박물관 관장처럼 불안한 마음으로 맞이했다. '다루기 힘든' 병사들과 '게으른' 노동자는 그에게 직접적인 공포를 안겨 주었으며, 태풍과도 같은 7월 사태의 혼돈은 그의 혐오감을 불러일으키기에 충분했다. 그는 다시 한 번 혁명을 지지하는 좌익 인텔리겐치아에 들어갔다. 다만 질서를 지켜야 한다는 조건이 붙었다. 그는 명백한 적이되어 10월 혁명을 맞이했다. 하지만 여전히 소극적인 적이었을 뿐 능동적인적은 아니었다.

혁명의 승리를 받아들이는 것은 매우 어려운 일이었다. 파괴와 황폐가 나라를 뒤덮고 인텔리겐치아는 기아와 박해에 고통 받았으며 문화가 위기에빠져 있었다. 처음 몇 년 동안 그는 주로 소비에트 권력과 낡은 인텔리겐치아의 중개자로, 또 혁명의 알선자 역할을 하였다. 애정을 갖고 고리키를 높이 평가하고 있던 레닌*⁹은 그가 인간관계에 희생되는 것을 깊이 걱정하였고

＊8 cosmopolitanism in political thought. 스토아학파가 최초로 주창한 '우주시민'이라고도 번역되는 단어. 고대 그리스의 정치사상은 폴리스라는 소규모의 도시 공동체를 단위로서 전개되었지만 알렉산더 대왕에 의해 제국(帝國)이 출현한 이래 보다 글로벌한 관점에서 법이나 정치 규범이 언급되었다. 그 시대의 주류를 이루었던 스토아학파는 우주의 모든 존재자가 이성에 의해 지배되며 인간을 그 이성적 우주의 일원으로서의 동포라는 의미에서 코스모폴리탄이라고 한 것이다. 코스모폴리탄적인 견해는 중세 후기 이래 전쟁 종결이나 평화 수립이라는 이념과 관련하여 전개된다. 그것은 우선 평화실현을 위한 세계의 제국주의 정치를 주장하였던 단테(Dante Alighieri), 여러 종교의 대화를 기도하였으나 좌절된 피코델라미란돌라(Giovanni Pico della Mirandola), 스토아학파와 기독교의 영향하에 평화의 실현을 주장한 에라스무스(Desiderius Erasmus) 등이 대표적이라 할 수 있다. 그리고 그 뒤 이 견해는 보댕(Jean Bodin)과 홉스(Thomas Hobbes)에 의해 주장된 국가주권의 견해뿐만 아니라 그로티우스(Hugo Grotius)류의 국제법(Völkerrecht)이라는 견해를 초월한 보편주의사상으로서 18세기 끝무렵 칸트(Immanuel Kant)의 평화론에 있어서 전면적으로 주장되었다. 칸트는 국가와 국민을 초월한 스토아학파와 유사한 세계시민이라는 이념의 도입으로 국제평화의 질서를 구상하였던 것이다. 그러나 19세기 이후의 국제정치는 이 칸트의 구상을 뒤엎고 국민국가간에 국가주권을 전제로 서로 대립하는 상황이 된다. 그러한 상황하에서는 인터내셔널리즘을 주장한 마르크스주의에 있어서도 정치 변혁의 주체는 만국의 노동자 계급으로 개인을 단위로 하는 코스모폴리탄은 문제가 되지 않는다고 하였으며, 또한 20세기의 마르크스-레닌주의에 있어서는 식민지 지배에 저항하는 민족의 자결권이 주장되어 코스모폴리탄이라는 생각은 부르주아 사상으로서 멀리하는 경향이 있었다. 그러나 냉전 종료의 오늘날 환경위기, 평화실현, 인권옹호를 위해 국민국가나 국가주권을 극복한 지구시민 또는 세계시민이라는 생각이 대두하여 코스모폴리탄 사상을 다시 생각하게 한다.

결국 그가 나라를 떠나도록 도와주었다.

'무질서'가 끝을 알리고 러시아의 경제적, 문화적인 부흥이 시작되자 비로소 고리키는 소비에트 체제와 화해할 수 있었다. 계몽을 향한 대중의 거대한 전진을 그는 열렬히 환영하며 늦게나마 10월 혁명에 축복을 전했다.

그의 만년은 두말할 필요도 없이 쇠퇴기였다. 그러나 이 쇠퇴도 그의 생애가 그리는 궤도의 법칙적인 일부였을 뿐이다. 교사 같은 그의 설교는 젊은 작가들의 폭넓은 발전의 계기가 되었다. 고리키는 학교에서 강의도 했고 꾸준히 젊은 작가들을 가르쳤다. 가르침이 항상 정확한 것은 아니었지만 정말 끈기 있게 후회 없이 가르쳤다. 관료와의 과한 우정을 보상하고도 남을 만한 것이었다. 이 우정에는 '인간적인, 너무 인간적인' 모든 특징과 더불어 기술, 과학, 예술에 대한 변함없는 관심이 숨 쉬고 있으며, 그것이 다른 모든 것을 능가하고 있다. 그의 '계몽적 절대주의'는 '문화'로의 봉사와 잘 어우러지고 있었다. 고리키는 관료제(官僚制)가 없으면 트랙터도 레닌5개년계획*10도 그리고 무엇보다 인쇄기나 종이 비축분도 없었을 거라 믿고 있었다. 때문에 고리키는 질 나쁜 종이를 용서하고 프롤레타리아적인 문학의 비참한 비잔틴적 성격조차 용서했던 것이다.

백계 러시아인*11의 대다수는 고리키를 증오하고 그를 배신자라며 깔보았

---

*9 Vladimir Il'Ich Lenin. 러시아의 혁명가·정치가. 소련 최초의 국가 원수. 러시아 11월 혁명(볼셰비키혁명, 구력 10월)의 중심인물로서 러시아파 마르크스주의를 발전시킨 혁명이론가이자 사상가이다. 무장봉기로 과도정부를 전복하고 이른바 프롤레타리아 독재를 표방하는 혁명정권을 수립한 다음 코민테른을 결성하였다.

*10 1928~29년 이루어진 러시아 공업화 개발계획. 1927년 12월의 제15차 당대회에서 제1차 5개년계획의 지침이 마련됐다. 지침은 평등의 원칙하에 축적과 소비, 공업과 농업, 생산재와 소비재 사이의 균형을 지키며 공업화를 추진할 것을 분명히 했다. '단기간에 최대한의 축적 속도를 올리기보다는 국민경제 각 부분의 상관관계에 기반을 두고 장기적인 고도성장을 추구'한다는 것이었다.

*11 White Russian. 1917년 러시아혁명 때 국외로 망명한 러시아인. 정치적으로는 보수적·반(反)볼셰비키적인 귀족·대지주를 비롯한 부르주아 및 그 추종자들로서, 학술상(學術上)의 호칭이 아닌 통속적 명칭이다. 즉, 혁명 당시에 좌익적(左翼的) 혁명파가 붉은색을 그들의 상징으로 삼고 적위군(赤衛軍)을 조직한 데 대해, 보수적 반혁명파는 흰색을 상징으로 하여 그들의 군대를 백위군(白衛軍)이라 자칭한 데서 연유한다. 오늘날 이들이 가장 많이 사는 곳은 미국이며, 그들 중에는 반공진영(反共陣營)의 기수(旗手)로서 활약하는 사람이 많다. 만주(滿洲)로 망명해온 자도 많았으나, 제2차 세계대전 뒤 대부분 소련으로 돌아갔다. 그러나 '백러시아인'이라고 하는 경우는 러시아연방 북서부 벨라루스공화국의 주민을 가리킨다.

다. 그러나 도대체 고리키는 무엇을 배신했던 것일까? 이는 지금도 불분명한 채 누구도 답을 내리지 못하고 있다. 개인이 가지고 있는 이상을 배신했다고밖에 말할 수 없지 않겠는가. 이 유산계급의 '추락한 사람들', '10월 혁명에서 지위와 재산을 잃은 사람들'이 고리키에게 보인 증오는 이 위대한 인물이 가질 수밖에 없는 당연한 그리고 명예로운 대가다.

소비에트 미디어는 막 세상을 뜬 고리키의 유체에 부자연스러울 만큼 요란하게 찬사를 쏟아내려 했다. 그는 가장 위대한 천재라고까지 불리고 있다. 고리키라면 분명 이런 요란한 찬사에 얼굴을 찌푸렸을 것이다. 그러나 관료주의적 평범함의 화신인 미디어에는 그 기준이라는 것이 있다. 스탈린이 카가노비치*12나 미코얀*13과 함께 생전에 천재로 떠받들어졌으니 막심 고리키도 사후에 그 찬사를 거부할 수 없을 것이다. 고리키는 커다란 문학적 재능을 갖고 있는 것은 사실이지만 천재라고까지 할 만한 것은 아니었다. 하지만 그는 두말할 필요 없이 명백히 누구나 납득할 수 있는 문학적 재능의 모범으로 러시아 문학에 자리매김했다.

지금은 세상에 없는 이 작가는 현재 모스크바에 있는 불굴의 혁명가이자 바위처럼 단단한 볼셰비키*14로 그려지고 있다. 이는 모두 관료주의적인 허튼소리다! 고리키는 1905년 무렵 많은 민주주의 동료들과 함께 볼셰비키에 다가갔지만 그 뒤, 그들과 함께 볼셰비키를 떠났다. 하지만 볼셰비키와의 개인적인 우정은 사라지지 않았다. 그가 입당한 것은 소비에트 테르미도르 시기에 접어들고부터이다. 10월혁명과 내전이 일어나고 볼셰비키에게 적의를

---

* 12 Lazar Moiseevich Kaganovich. 소련의 정치가. 키예프의 가난한 유대인 가정에서 태어나 1911년 공산당에 입당, 제2차 세계대전 때에는 국가방위위원회위원 및 운수인민위원(運輸人民委員)으로 활약했다. 1945년 소련 연방각료회의 부의장 및 부수상. 1947년 우크라이나 공산당 제1서기, 이어 (1952~56) 공산당 중앙위원회 간부회원이 되었으나 1957년 흐루시초프에 의해 추방되어 우랄 지방의 건설자재 공업 담당위원이 되었다.
* 13 Anastas Mikoyan. 소련의 정치가. 아르메니아출생. 1941년 국가방위위원회위원이 되고, 1949년 부수상·1952년 당 중앙위 간부 회원·1953년 부수상 겸 상업 무역상을 거쳐 1962~65년 소련최고회의 간부회의의장을 역임, 흐루시초프 실각 뒤(1965) 이를 사임했다. 1966년 소련최고회의 간부회원·당 중앙위원이 되었다.
* 14 Bolshevik. 소련공산당의 전신인 러시아사회민주노동당 정통파를 가리키는 말로 멘셰비키에 대립된 개념이며, 다수파(多數派)라는 뜻으로 과격한 혁명주의자 또는 과격파의 뜻으로도 쓰인다.

나타낸 점은 그 뒤 테르미도르 관료에게 접근한 것과 마찬가지로 고리키가 결코 혁명가가 아니었음을 분명하게 가리키고 있다.

그는 혁명가는 아니었지만 혁명의 위성(衞星)이었다. 거역할 수 없는 중력의 법칙으로 혁명에 연루되어 모든 생애를 통해 그 주위를 돌아야 했던 위성. 달이 그렇듯이 그의 삶에도 '참과 이지러짐'이 있었다. 혁명의 태양이 그의 얼굴을 비출 때가 있는가 하면, 등 뒤를 비추는 때도 있었다. 그러나 그 모든 참과 이지러짐을 통해 고리키는 스스로에게 충실할 수 있었다. 말하자면 그 풍부하고도 단순하며 또 복잡한 성질에 충실했던 것이다.

우리는 그에게 친근한 듯 요란한 찬사가 아닌 경의와 감사를 담아 안녕을 고한다. 이 위대한 작가이자 위대한 인간은 새로운 역사의 길을 열어가는 인민의 역사 속에 영원히 살아남을 것이다.

Мать
어머니

제1부

1

아침마다 변두리 노동자촌은 기름 연기와 먼지에 찌든 대기 속에서 공장의 증기기적 소리가 날카롭게 떨며 울려 퍼졌다. 곧 그 소리에 이끌려 나오듯 사람들이 작은 회색 집에서 거리로 쏟아져 나왔다. 잠이 모자라서 채 풀리지 않은 뻐근한 몸으로, 짧은 말털머리 모양의 어둡고 겁먹은 얼굴로 집을 나선 그들은 곧장 앞으로 서둘러 걸어나갔다. 모두들 차가운 새벽 어슴푸레한 빛 속에서 좁은 비포장길을 따라 높다랗게 우뚝 솟은 새장 같은 석조 건물로 걸어 들어갔다. 수십 개의 눈들은 불을 켜고 진창길을 비추며 차디찬 표정으로 그들을 기다리고 있었다.

조롱하는 동정심처럼 발을 디딜 때마다 철벅거리는 진창길 위로, 잠이 덜 깬 쉰 목소리와 짜증나고, 화나서 악의에 찬 욕설이 공기 중에 끼어들었다. 하지만 사람들을 반갑게 맞이하려고, 묵직한 기계는 풍풍 불평하듯 증기 콧방귀를 뀌며 허공을 떠돌아 다녔다. 노동자촌 하늘까지 닿을 만큼 높다랗게 솟아 있는 시커먼 공장 굴뚝들은 마치 굵은 몽둥이처럼 무섭고 매정해 보였다.

붉은 햇살이 집집마다 유리창에 나른하게 빛을 드리우는 저녁이면, 공장은 타고 남은 재를 털어내듯 사람들을 문밖으로 우르르 쏟아내었다. 사람들은 코를 찌르는 기름 냄새를 풍기며, 배가 고파 이를 희미하게 드러내며 시커먼 얼굴로 다시 거리를 따라 걸었다. 바야흐로 사람들은 목소리에 활기가 찼고 기쁜 표정을 지었다. 오늘의 노동은 끝이 났고, 집에서는 저녁밥과 짧은 휴식이 기다리고 있기 때문이었다.

공장은 또다시 하루를 통째로 삼켜 버렸다. 기계는 사람들의 근육에서 필요한 만큼의 힘을 모두 빨아들였다. 인생에서 또 하루가 흔적도 없이 잊혀졌다. 그만큼 자신의 무덤으로 한 걸음 더 내딛는 셈이지만, 사람들은 눈앞의 달콤한 휴식이라든가 이상한 냄새가 나는 선술집에서 얻는 기쁨에 충분히 만족해 했다.

휴일이면 노동자들은 열 시쯤까지 늦잠을 잤다. 재미라고는 없고 고루한 기혼자들은 가장 좋은 옷으로 정장을 하고서, 교회에 무심한 젊은이들을 엄하게 꾸짖고 성당으로 미사를 보러 갔다. 교회에서 돌아오면 러시아 전통 요리 피로그를 먹고 다시 누워서 저녁 때까지 잤다. 몇 해 동안에 걸쳐 쌓인 피로는 식욕마저 앗아가 버려서, 식사를 하려면 한동안 꽤 심하게 독한 보드카로 위를 먼저 자극해야만 했다.

저녁이면 느긋하게 하릴없이 길에서 여가를 즐겼다. 방수덧신이 있는 사람은 땅이 메말랐는데도 그 신을 신고 나왔고, 또 우산이 있는 사람은 햇볕이 화창한데도 들고 나왔다. 모두 다 덧신과 우산을 갖고 있지는 않지만, 어떻게 보면 좀스럽기는 해도 이웃보다 자신이 나아 보이기를 바라는 마음에서였다.

그들은 서로 만나서 공장이나 기계에 대해 이야기했고, 자기들의 감독에게도 마음대로 대적하면서, 철저하고 분명하게 그들의 일에 대해서만 이야기하고 생각했다. 드물게 이따금씩 혼자이고 싶은 마음이 불쑥 솟으면, 그들은 지루하고 단조로운 이야기 도중에 그 고독하고 무기력한 욕구를 조용히 잠재우기도 하였다. 집으로 돌아와서 그들은 아내들과 다투었고, 자주 인정사정 없이 주먹을 휘둘렀다. 젊은이들은 술집에 앉아 있거나 친구 집에서 저녁 파티를 즐기며 아코디언을 연주하고, 저속한 노래를 부르며 춤추고, 상스럽게 떠들며 술을 마셨다. 노동에 지친 이들은 금세 술에 취했고, 그러고 나면 알 수 없는 병약한 분노가 가슴속 깊은 곳에서 밀고 올라왔다. 울분은 출구를 찾아 헤매다가, 그렇게 불안을 조성하는 감각에 빠져 있는 그들 자신을 무장해제하려고 온갖 핑곗거리를 끈덕지게 붙잡았다. 그래서 사소한 일로도 짐승같이 피비린내 나는 주먹다짐을 벌였고, 매우 드물게 살인 사건도 일어났다.

이렇게 잠복해 있는 악의가 서서히 자라나서, 없애기 힘든 근육의 피로처럼 만성적이 되었다. 그들은 이런 마음의 병을 아버지들에게서 물려받아 그 검은 그림자를 그들의 무덤까지 짊어지고 갔다.

휴일이 되면 젊은이들은 싸움을 벌이기 일쑤였고, 옷이 찢기고 흙먼지를 뒤집어쓴 채 상처투성이 얼굴로 밤늦게야 집으로 돌아왔다. 그들은 친구를 흠씬 두들겨 팼다고 자랑을 늘어놓기도 하고, 모욕감으로 스스로 자신을 괴롭히며 눈물을 흘리기도 했다. 술에 취한 그들은 가엾고 불행하고 역겨웠다. 그래서 때로는 술에 취해 길바닥이나 선술집에 고꾸라져 있는 자식들을 부모들이 끌고 가며 심한 욕설을 퍼붓거나 주먹질을 하기도 했다. 다음 날 새벽 일찍 성난 사이렌이 울리면 서둘러 일어나 공장에 나가야 할 자식들을 어떻게든 잠자리에 눕혀야 했기 때문이다.

자식들에게 욕설과 주먹질을 퍼붓긴 했어도, 부모들은 젊은이들의 음주와 싸움을 당연한 일로 여겼다. 자기들이 젊었을 때에도 그러했고, 그들의 부모 역시 그랬으니까. 인생은 언제나 똑같이 흐릿한 탁류처럼 느릿느릿 어디론가 흘러갔다. 생각이든 행동이든 조금도 변함없이 하루하루가 늘 똑같았다. 그 누구도 이런 인생을 바꾸려고 애쓰지 않았다.

가끔 어딘가에서 낯선 사람들이 들어오기도 했다. 이들은 처음에 단지 낯설다는 이유로 관심의 대상이 되었다. 하지만 어디서 일했는지, 그곳은 어떤지, 가벼운 흥밋거리가 사라지고 나면 더는 새로울 게 없었다. 그들의 이야기를 듣다 보면 노동자의 삶이란 어디서나 다 똑같다는 사실을 알 수 있을 뿐이었다. 그렇다면 더 무슨 얘기를 하나?

아주 가끔은 새로운 이야기를 들려주는 사람도 있었다. 그러면 사람들은 이러니저러니 따져 묻지 않고 반신반의하면서도 그 희한한 이야기에 무조건 귀를 기울였다. 그러고 나서 어떤 사람들은 심한 분노를 느꼈고, 어떤 사람들은 왠지 불안감을 느꼈으며, 또 어떤 사람들은 어렴풋하게 희망으로 흔들렸다. 그게 무엇인지 사람들은 몰랐다. 그래서 불필요하게 마음에 끼어드는 흥분을 쫓아 버리려고 모두들 더욱더 술잔을 들이켰다.

낯선 사람에게서 자기들의 일상과는 다른 이야기를 듣고 나면, 사람들은 한동안 그 기억을 잊지 못했다. 그러고는 자기들과 다른 그 사람을 딱히 이렇다 할 이유 없이 경계했다. 그들은 그런 류의 사람들이 무언가 문제를 일으켜서, 비록 힘들기는 하지만 그런대로 살아갈 만하던 자신들의 일상을 부숴 버리지나 않을까 걱정했다. 사람들은 삶이란 언제나 똑같이 힘겨운 법이며 더 나아지리라는 기대 따위는 하지도 않아서, 변화는 오히려 그들에게 짐을 더 지울 뿐이라는 생각에 익숙해져 있었던 것이다.

노동자촌의 사람들은 새로운 소식을 전해 주는 사람들을 말없이 피했다.

결국 그런 사람들은 오래지 않아 어딘가로 떠나 버렸고, 남은 경우에도 사람들과 섞이지 못하면 고립되어 살았다. 그 사람들은 그저 단조로운 마을 전체의 일원이 되었다. 그렇게 오십여 년을 살다가 한 명의 노동자로 죽었다.

철공 미하일 블라소프도 그렇게 살았다. 그는 짙은 눈썹 밑의 작은 두 눈으로 사람들을 음험하게 바라보곤 했다. 공장에서는 최고의 철공이었고 마을에서는 가장 힘이 센 장사였지만, 윗사람들과 관계가 좋지 않아서 돈벌이가 늘 시원찮았다. 게다가 휴일이면 어김없이 누군가를 두들겨 패기 때문에 모두들 그를 싫어하고 두려워했다.

몇몇 사람이 맞서 싸웠으나 아무도 그를 눕히지 못했다. 누군가 덤벼들 낌새가 보이면 블라소프는 손에 돌 또는 나무나 철조각을 쥐고 다리를 쭉 벌리고 서서 말없이 상대를 기다렸다. 눈가에서 목까지 짙은 수염으로 뒤덮이고 손도 마치 양처럼 털북숭이여서 모든 사람에게 두려움을 불러 일으켰다. 특히 송곳 같이 날카로운 그의 눈빛을 두려워했다. 그 눈빛은 마치 송곳처럼 작고 날카로워, 사람들은 그를 더없이 공포스럽고 무자비한 짐승으로 여겼다.

"자, 꺼져버려, 더러운 굼벵이놈!"

미하일 블라소프가 이렇게 무뚝뚝하게 한마디 내뱉었다. 그의 무성한 얼굴털 속에서 굵고 누런 이가 몹시도 번들거렸다. 한 남자가 그의 욕설에 겁을 먹고 달아났다.

"그래, 이 더러운 굼벵이놈!"

그는 그들에게 냅다 소리쳤는데, 그의 입가에는 엷은 미소가 번졌고 눈은 올빼미처럼 예리했다. 그는 고개를 빳빳이 들고, 두껍고 짤막한 담배 파이프를 문 채 그들 뒤를 따라 걸으면서 소리쳤다.

"그래, 죽고 싶은 놈 있어?"

물론 죽고 싶은 사람은 아무도 없었다. 말수가 적은 그가 입에 달고 다니는 말은 바로 더러운 굼벵이놈이었다. 그는 공장의 상사나 경찰을 보고도 그렇게 불렀고, 아내 역시 그렇게 불렀다.

"어이, 이 굼벵이놈의 새끼! 바지 찢어진 거 안 보여?"

그의 아들 파벨이 열네 살이 되었을 때, 한번은 미하일 블라소프가 아들의 머리칼을 휘어잡으려고 했다. 파벨은 잽싸게 망치를 집어들고 짤막하게 말했다.

"절 건드리지 마세요!"

"뭐가 어째?"

아버지는 커다랗고 호리호리한 아들의 몸집 위로 자작나무 위의 그림자처럼 구부리며 윽박질렀다.

"그만 하세요, 더는 못 참아요."

파벨은 눈을 부릅뜨고 망치를 휘둘렀다. 아버지는 아들을 잠깐 바라보다가 털북숭이 손을 내리고 미소 지으면서 말했다.

"좋아."

그는 무겁게 한숨을 내쉬며 덧붙였다.

"에이, 이런 굼벵이놈!"

그런 일이 있고 나서 얼마 뒤, 그는 아내에게 말했다.

"앞으로 나한테 돈 달라고 하지 마. 이젠 파벨이 당신을 먹여 살릴 테니."

"그럼 당신은 그 돈으로 전부 술을 퍼마시려고요?"

아내가 용기를 내어 대꾸했다.

"굼벵이년, 알 거 없어!"

그는 그때부터 죽을 때까지 거의 삼 년 동안 아들에게 눈길 한 번 주지 않았고 말 한 마디 나누지 않았다.

미하일 블라소프의 집에는 그처럼 크고 털이 많은 개가 한 마리 있었다. 그 개는 날마다 주인을 공장까지 바래다주고 저녁이면 문 앞에서 기다렸다. 휴일에 술집을 드나들기 시작했다. 그는 조용히 걸어 들어가서 누군가를 찾고 있는 듯이 사람들의 얼굴을 뚫어지게 바라보았다. 개는 재빠른 걸음으로 온종일 따라다녔다. 집에 돌아오면 저녁 식탁에 앉아서 자기 식기에서 음식을 덜어 개에게 주었고, 또 개를 때리거나 욕설을 퍼붓지는 않았지만 결코 귀여워하지도 않았다.

미하일 블라소프는 저녁을 먹고 나면 그릇을 내던지다시피 하고서 보드카를 병째 들이켜며 벽에 기대어 눈을 감은 채 입을 크게 벌려 노래를 불렀다.

그의 애절한 노랫소리가 콧수염에 붙은 빵부스러기들을 털어냈다. 두꺼운 손가락으로 수염과 콧수염을 가다듬으며 알아들을 수 없는 가사를 길게 늘이면서 노래를 부르고 또 불렀다. 곡조는 한겨울에 늑대들이 울부짖는 소리 같았다. 그는 보드카가 바닥날 때까지 노래를 불러대다가, 침대 옆에 쓰러지거나 탁자에 머리를 박고 새벽 증기기적이 울릴 때까지 내리 잤다. 개는 주인 옆에 엎드려 있었다.

미하일 블라소프는 죽을 때 쉬이 죽지 않았다. 온몸이 새카맣게 타 들어간 채, 닷새 동안 침대에서 눈을 꼭 감고 뒹굴며 이를 갈았다.

"비소 좀 줘. 먹고 죽게 해 줘……."

아내는 의사를 불렀다. 의사는 뜨거운 찜질을 하도록 처방하고, 단 급히 수술을 해야 하니 당장 병원으로 가라고 했다.

"꺼져 버려. 난 내가 알아서 죽어! 더러운 굼벵이놈!"

미하일 블라소프는 소리쳤다. 의사가 돌아가자 아내는 눈물을 흘리며 수술을 하자고 설득했다. 하지만 그는 주먹을 내지르며 으름장을 놓고 선언했다.

"그러기만 해 봐. 내가 다 나으면 널 가만 안 둘 테니까!"

그는 아침에 공장 증기기적 소리가 사람들을 일터로 불러 모으는 바로 그 순간에 세상을 떠났다. 관 속에서 입을 벌리고 눈썹이 성난 듯 꼬인 채로 누워 있었다. 아내와 아들, 개 그리고 주정뱅이 노인과 공장에서 쫓겨난 도둑 다닐라 베솝시코프, 거지 몇 명이 장례를 치렀다. 아내는 숨죽이며 눈물을 조금 흘렸지만 파벨은 눈물 한 방울 흘리지 않았다. 거리에서 운구 행렬과 마주친 사람들은 걸음을 멈추고 성호를 그으며 서로 쑥덕거렸다.

"보아하니, 닐로브나는 남편이 죽어서 좋아 죽겠는 모양이네……."

"죽은 게 아니라 짐승처럼 뒈진 거지……."

관을 묻고 사람들이 떠났지만 개는 무덤에 대고 코를 킁킁거리며 오랫동안 그곳에 머물렀다.

2

아버지가 죽은 지 두 주일 정도 지난 일요일에, 파벨은 술에 잔뜩 취해서 집으로 돌아왔다. 그는 비틀거리며 집 안으로 기어 들어와서는, 제 아버지가 했던 대로 주먹으로 탁자를 내려치며 어머니에게 소리쳤다.

"저녁밥 줘요!"

어머니가 다가와 나란히 앉으면서 아들의 머리를 품에 꼭 끌어안았다. 하지만 아들은 어머니의 가슴을 밀치며 또다시 소리를 질렀다.

"엄마, 얼른 밥 달라니까!"

"이 바보야!"

어머니는 반항하는 아들을 달래려고 슬프고도 애정 어린 목소리로 말했다.

"나도 담배를 피울 거야. 아버지 파이프를 줘."

파벨은 어렴풋이 혀꼬부라진 소리로 중얼거렸다. 그는 처음으로 술에 취했다. 비록 몸이 말을 듣지는 않았지만 의식은 또렷했다.

'내가 취한 건가? 정말로 취한 거야?' 그렇게 자신에게 물었다.

파벨은 어머니의 다정함에 당황하면서도, 어머니의 눈에 고인 슬픔 때문에 가슴이 뭉클했다. 그는 울고 싶었지만 차마 눈물을 흘릴 수가 없어서 더욱 취한 척했다. 어머니는 아들의 헝클어진 머리카락을 손으로 쓸어내리며 조용히 말했다.

"왜 그랬어? 넌 그러면 안 돼……."

파벨은 속이 거북한 나머지 토하고 말았다. 어머니는 발작적으로 구토를 한 아들을 침대에 눕히고 창백한 이마에 젖은 수건을 얹어 주었다. 그는 술이 약간 깼지만 바닥과 주변의 모든 것이 흔들리는 듯이 보였다. 눈꺼풀은 점점 무거워지고, 기분이 언짢고, 입 안은 쓴맛이 돌았다. 속눈썹 사이로 어머니의 커다란 얼굴을 보며 혼란스런 생각에 잠겼다.

"나한텐 술이 너무 일러. 다른 사람은 마셔도 아무렇지도 않은데 이렇게 구토가 나다니……."

멀리 어딘가에서 어머니의 부드러운 목소리가 들렸다.

"너마저 술을 마시면, 이 어미는 뭘 먹고 살아야 하니?"

파벨은 눈을 꼭 감으며 말했다.

"다들 마시는 걸요, 뭐……."

어머니는 무겁게 한숨을 내쉬었다. 아들의 말이 옳았다. 술집 말고는 즐거운 곳이 어디에도 없다는 걸 어머니 역시 잘 알고 있었다. 그래도 어머니는 이렇게 말했다.

"그래도 넌 마시지 마라! 네 아버지가 네 몫까지 다 마시지 않았니? 내게 준 고통도. 그래, 넌 이 어미가 불쌍하지도 않니?"

파벨은 어머니의 부드럽고 동정 어린 말을 들으면서, 아버지가 살아 있을 때 언제 날아올지 모르는 주먹질을 피하려고 어머니가 두려움에 떨며 숨죽인 채 살았던 세월을 떠올렸다. 파벨도 아버지를 피하려고 집에 늦게 돌아왔었다. 그래서 어머니와도 쉽게 친해지지 않았다. 마침내 술이 깨는 듯하자 파벨은 어머니의 얼굴을 똑바로 바라보았다.

어머니는 키가 컸지만 허리가 휘어 다소 구부정했다. 오랜 노동과 남편의 구타로 망가진 몸은 소리 없이 조심조심 움직이는 데 아주 익숙해져 있었다. 어머니는 항상 무언가에 걸려 넘어질까 봐 걱정하는 것 같았다. 달걀 같은 얼굴은 주름살이 깊게 파여 있고 부어 있었으며, 검은 두 눈엔 노동자촌에 사는 대부분의 여인이 그렇듯 불안한 그림자가 짙게 드리워져 있었다.

오른쪽 눈썹 위에는 깊은 흉터가 있었는데, 그 흉터 때문에 오른쪽 눈썹과 귀가 다른 쪽보다 조금 위로 치켜 올라가 있는 듯 보였다. 그 모습은 불안에 떨며, 귀를 종긋 세운 듯한 표정이었다. 회색 머리카락 줄기들이 숱 많은 짙은 머리카락 가운데서 색을 입힌 듯이 반짝반짝 빛났다. 가만히 보니 그녀는 부드럽고 우수에 어리고 온순한 모습이었다.

어머니의 뺨 위로 눈물이 천천히 흘러내렸다.

"울지 마세요!"

아들이 나지막이 말했다.

"마실 것 좀 주세요."

"얼음물을 가져다 주마……." 그녀는 일어서며 말했다.

어머니가 물을 가지고 돌아왔을 때 아들은 이미 잠들어 있었다. 어머니는 숨소리를 죽이고 아들의 머리맡에 잠시 서 있었다. 손에 든 컵이 흔들리고 얼음조각들이 통 안에 부딪치며 소리를 냈다. 그녀는 테이블에 컵을 단정히 놓고 벽의 성화 앞에 무릎을 꿇고 앉아 조용히 기도했다. 술 취한 삶, 어둠의 소리가 창틀에 부딪치고, 습기 어린 가을 저녁의 안개 낀 어둠 속에서 아코디언 소리와 시끄러운 노랫소리가 들려왔다. 누군가 추하고 더러운 욕지거리를 하고, 피곤하고 짜증난 여자들의 앙칼진 목소리가 대기를 갈랐다.

작은 블라소프 집의 삶은 단조롭게 흘러갔지만, 전보다 더 조용하고 방해도 덜 받았기 때문에, 이 변두리촌의 다른 곳과는 좀 달랐다.

파벨의 집은 노동자촌 맨 끝에 있었다. 낮은 내리막길이지만 가파르고 진흙투성이인 길 옆이었다. 집의 삼분의 일은 부엌이었다. 부엌에 얇은 칸막이로 천장까지 가린 작은 방이 하나 있었는데, 그곳이 바로 어머니의 방이었다.

나머지 삼분의 이는 창문이 두 개 달린 정사각형 방이었다. 그 방 한구석에 파벨의 침대가 있었고, 입구 쪽 구석에는 탁자 한 개와 긴 의자 두 개가 놓여 있었다. 그리고 작은 의자 몇 개와 세면대, 벽에 걸린 작은 거울 하나, 옷이 들어 있는 큰 가방 하나, 벽시계, 성화 두 점, 그게 가재도구의 전부였다.

파벨은 다른 젊은이들처럼 살려고 노력하며, 젊은 녀석들이 해야 할 짓은 모두 다 했다. 아코디언을 사고, 앞 춤에 풀을 먹인 멋진 셔츠와 요란하게 화려한 넥타이에 지팡이까지 들고 다니며 제 또래 아이들과 엇비슷한 모습이 되어 갔다. 저녁 파티에도 쫓아다녔고, 카드릴 춤과 폴카 춤도 배웠으며, 휴일이면 술에 잔뜩 취해 돌아와서는 이튿날 아침 머리가 아프고 속이 쓰려 괴로워하고 얼굴은 창백하고도 칙칙해졌다.

한번은 어머니가 그에게 물었다.

"그래, 어제는 즐거웠니?"

그는 음울하게, 그리고 화가 나서 대답했다.

"오, 폐허에 있는 것처럼 우울했어요! 모두가 기계 같더라고요. 난 낚시를 가든지 엽총을 사는 게 나을 것 같아요."

파벨은 꾀도 부리지 않고 말썽 없이 열심히 일했다. 그러나 말수가 적은 데다 그의 어머니를 닮은 파란 두 눈에는 불만이 가득했다. 그는 총도 사지 않았고 낚시도 가지 않았다. 그러나 다른 이들과 함께하던 일상에서 벗어나기 시작했다. 저녁 파티에 나가는 일이 드물어졌고, 휴일에는 어딘가 나갔다 오긴 했지만 술에 취하지 않은 채 멀쩡한 얼굴로 돌아왔다. 그의 어머니는 그를 안 보는 척하면서도 아들을 세심하게 살피면서 아들의 갈색 얼굴이 점점 날카로워지고, 눈빛은 점점 진지해져 간다고 느꼈다. 그녀는 그가 입술을 이상하게 꼭 다물고 무거운 표정을 보인다고 생각했다. 항상 무언가에 화가 나 있거나, 궤양을 앓고 있는 듯이 보였다. 전에는 아들 친구들이 더러 찾아오곤 했는데, 좀처럼 이들을 만나지 못하자 결국 발길을 끊었다.

어머니는 공장의 여느 젊은이들과 달라져 가는 아들의 모습을 보고 속으로 기뻐하였다. 그러면서도 한편으로는 아들이 일상적인 자신의 삶에서 벗어나 어딘가 이상한 곳으로 가고 있는 것만 같아 불안감을 느꼈다.

"어디 아픈 거니, 파벨?"

어머니는 가끔씩 아들에게 물었다.

"아니요, 전 건강해요!"

"요즘 들어 많이 말랐구나!"

어머니는 한숨을 섞어 말했다. 아들은 말이 없었다.

어머니와 아들은 말을 거의 하지 않았고, 서로 마주 보는 일도 드물었다. 아침에 말없이 차를 마신 뒤에는 일터로 갔다가 낮에 점심을 먹으러 돌아왔다. 식탁에서 별로 중요하지 않은 몇 마디를 하고서 다시 저녁 시간까지 사라졌다. 그리고 퇴근 뒤 씻고 저녁을 먹은 아들은 밤늦게까지 책에 빠졌다. 휴일이면 아침 일찍 집을 나가서 밤늦게 돌아왔다. 어머니는 아들이 시내와 영화관에 갔다고 알고 있었다. 그렇지만 시내에서 그를 찾아오는 이는 아무도 없었다. 그녀는 아들이 점점 말수가 줄어든다고 생각했다. 그러면서 가끔씩, 그리고 나날이 알아들을 수 없는 이상한 언어를 그녀에게 썼다. 그의 말은 거칠고 무례하고 이해하기 어려웠다.

행동거지에서도 눈에 띄게 변한 모습이 여럿 나타났다. 아들은 멋을 내기보다는 몸과 옷의 청결에 더 신경을 썼다. 겉모습이 몹시 단정해졌을 뿐 아니라, 움직임 또한 전보다 훨씬 활발하고 빨라졌다. 점점 그의 몸가짐이 더욱 단정하고 깔끔해지자 어머니의 마음에는 불안한 호기심이 일어났다.

어느 날 그는 그림을 가져와 벽에 걸었다. 세 사람이 이야기를 나누며 어디론가 경쾌하게 걸어가는 그림이었다.

"부활하신 그리스도가 엠마오로 가는 거예요." 파벨이 설명했다.

어머니는 그림이 마음에 들었지만 속으론 이렇게 생각했다.

'그리스도를 받든다는 애가 교회에는 나갈 생각을 안 하니, 원……'

벽에는 점점 더 많은 그림이 걸렸고, 목수 일을 하는 친구가 짜 준 멋진 책장에는 책이 점점 많이 꽂혔다. 방이 한결 아늑해졌다. 아들은 이제 그녀에게 깍듯하게 존댓말을 썼는데, '엄마' 대신 '어머니'라고 불렀다. 하지만 가끔씩 다정하게 전처럼 말을 건네기도 했다.

"아이고, 엄마, 제발 걱정 좀 하지 마요. 나 오늘은 좀 늦게 들어올 거야……"

어머니는 아들이 종종 이런 식으로 말할 때면 기분이 좋았다. 그 말에서 뭔가 진지하면서도 굳건한 느낌을 받을 수 있었기 때문이다. 하지만 그녀의 불안은 날로 커졌다. 정체를 알 수 없는 이상한 예감이 자꾸만 어머니의 가습을 날카롭게 괴롭혀댔다. 이따금씩 불만을 느꼈다.

'다른 사람들은 그렇지 않은데, 저 녀석은 꼭 수도승 같아. 지나치게 엄격해. 나이에 어울리지 않게……'

또 가끔은 이런 생각도 들었다.

'혹시 여자가 생긴 걸까?'

하지만 여자들과 다니려면 당연히 돈이 필요할 텐데 그는 벌어오는 돈 거의 모두를 어머니에게 주었다. 그렇게 여러 주가 지나고 여러 달이 지났다. 알아차릴 겨를도 없이 두 해가 지났다. 이상하게도 조용한 삶이었다. 그동안 불안감을 만드는 생각과 걱정들이 두 해 동안의 삶을 꽉 채우고 있었다.

어느 날 저녁, 파벨은 식사를 마치자 여느 때처럼 창문에 커튼을 치고 구석에 앉아 책을 읽기 시작했다. 머리 위 벽에 램프통이 매달려 있었다. 어머니는 접시들을 치우고 부엌에서 나와 아들에게 조심스럽게 다가갔다. 그는 고개를 들고 말없이 무언가를 묻는 표정으로 쳐다보았다.

"아무것도 아니야, 파벨. 별일 없어!"

그녀는 서두르듯 말하고 흥분한 듯 눈썹을 움직이며 걸어갔다. 부엌에서 꼼짝 않고 생각에 잠겨 정신 나간 듯 서 있다가 손을 씻고서 아들에게로 다시 다가갔다. 그녀는 아주 나지막한 목소리로 물었다.

"대체 뭘 그리 매일 열심히 읽는 게냐?"

아들은 읽던 책을 내려놓았다.

"어머니, 좀 앉으세요……"

어머니는 아들 옆에 앉아 자세를 반듯이 하고는 뭔가 중요한 말이라도 기다리는 듯이 신경을 곤두세웠다. 파벨은 그녀를 바라보지 않고 나지막하게 딱딱한 목소리로 말했다.

"제가 읽고 있는 건 금서들이에요. 이 책들은 우리 노동자들에게 삶의 진실을 알려 준다는 이유로 금서가 되었어요. 비밀리에 인쇄된 책들이죠. 제가 이 책을 가지고 있다가 발각되면 감옥에 끌려갈 거예요. 진실을 알려고 했다는 이유로 말이지요."

어머니는 갑자기 숨이 턱 막혔다. 눈을 크게 뜨고 아들의 얼굴을 바라보았다. 아들이 매우 낯선 사람같이 느껴졌다.

"애야, 네가 왜 그런 책을 읽는 거냐?"

파벨은 고개를 들어 어머니를 바라보며 침착하게 대답했다.

"진실을 알고 싶어서요."

아들의 목소리는 차분하지만 단호했다. 그의 결심이 눈빛에 드러났다. 어머니는 아들이 무섭고 알 수 없는 이상한 운명에 휘말렸다고 느꼈다. 인생의 마디마디에서 부딪히는 일들을 모두 피할 수는 없는 노릇이라고 생각하고, 그저 거기에 순종해야 한다고 생각해 왔던 어머니는 아무런 말도 하지 못하고 슬픔과 고통으로 조용히 눈물만 흘렸다.

"울지 마세요."

파벨이 다정하고 부드럽게 말했다. 어머니는 아들이 작별을 고하고 있다고 생각했다.

"생각해 보세요, 우리가 어떻게 살고 있는지……. 어머니는 나이 사십이 되도록 어떻게 살아오셨어요? 아버지에게 맞고만 사셨지요. 아버지는 당신 인생의 울분을 그렇게 푼 거예요. 아버지는 인생의 비참함이 자신을 괴롭힐 때 그 불쾌감이 어디서 오는지 몰랐어요. 아버진 삼십 년을 공장에서 일했어요. 그땐 일하는 공장이 두 채뿐이었어요. 그런데 지금은 일곱 채나 되잖아요? 공장들은 점점 커지고, 사람들은 공장을 위해 일하다가 죽죠."

어머니는 두려움을 느끼면서도 아들의 말에 서서히 빨려 들어갔다. 아들의 눈빛은 밝고 아름답게 타올랐다. 몸을 앞으로 기울여 테이블에 기대고, 어머니에게로 더 가까이 다가가 그녀 얼굴을 똑바로 보고 눈물을 글썽이면서, 자기가 알게 된 진실에 대해 처음으로 입을 열었다. 젊은이의 순수함과 자신감으로 정열에 넘쳐, 깨달은 진리와 진실에 자신의 속마음을 털어놓으며 그가 분명하게 알게 된 모든 사실에 대해 말했다. 자기의 의지를 확인하고 강하게 다짐하려고 어머니를 개의하지 않았다. 그는 문득 할 말이 없어 다정한 눈길로 눈물만 흘리고 있는 어머니를 바라보았다. 순간 두 사람은 당혹스러움을 느꼈다. 그는 어머니에게 미안한 마음이 들어서 다시 어머니의 인생에 대해서 이야기했다.

"어머니 인생에서 기쁨을 느껴 본 적이 있어요? 단 한 번이라도 다시 기억해 본 일이 있었냐고요."

어머니는 슬프게 고개를 가로저었다. 뭔지 그녀로서 알 수 없는 새로운 느낌이, 슬프면서도 기쁜 무언가가 그녀의 고통받고 아픈 가슴을 쓰다듬어주는 느낌이 들었다. 자기와 자기의 인생에 대해 그런 말을 들은 것은 처음이었다. 그녀 내부에 안개처럼 깔려 있던 희미한 생각들이 오랫동안 잠자다가 깨어난 느낌이었다. 여태껏 잊고 살았던 반항심이나 불만 같은 느낌들이 서서히 들고 일어났다. 지난 젊은 시절이 생각났다. 그녀는 종종 이웃들과 많은 얘기를 나누었다. 그녀 자신을 포함해서 모두가 삶에서 오는 고통을 오직 불평만 했는데, 그 누구도 왜 인생이 그리도 힘들고 짐스러운지 설명해주는 이가 없었다. 그런데 자신의 아들이 그녀의 삶을 이해하고 그 고통을 이야기하고 있었다.

그가 그녀에 대해 생각하는 것, 그의 눈과 그의 얼굴, 그의 말, 이 모두가 그녀의 마음을 사로잡아서 그녀는 아들이 자랑스러웠다. 아들은 어머니의 인생을 이해하고 그녀의 진실에 대해 말하고, 고통에 대해 말하고, 또한 동정했다. 어머니들은 동정을 받지 못했다. 그녀는 그 사실을 잘 알고 있었다. 그녀는 파벨의 얘기를 다 이해할 수는 없었지만, 그녀의 여성 존재에 대해 말할 때는 그의 모든 이야기가 친숙했고 진실로 여겨졌다.

아들의 말은 아프긴 하지만 모두가 완벽하게 맞았다. 어머니는 이제껏 누군가에게서 따뜻한 마음을 받아본 적이 없었다. 그녀는 가슴이 뭉클해지면서 몸이 설핏 떨렸다.

"그래, 그래서 무슨 일을 하려고?" 그녀는 아들의 말을 가로막고 물었다.

"공부를 할 거예요. 그리고 다른 사람들을 가르쳐야죠. 무엇보다 우리 같은 노동자들은 배워야 해요. 그래서 알아야지요. 우리 삶이 왜 이토록 힘든지 말이에요."

항상 진지하고 심각해 보이던 아들의 푸른 눈이 이제 부드럽고 따뜻하게 빛나고 있었다. 어머니는 주름투성이 뺨에 눈물을 매단 채 살며시 미소를 지었다. 어머니의 마음은 두 갈래로 흔들렸다. 한편으로는 모든 사람 삶의 비애를 그토록 잘 이해하고 있는 아들이 자랑스러웠다. 그러나 다른 한편으로는 유감스럽게도 아들이 자신의 젊음을 희생하면서 모두에게 익숙해진 세상의 불합리에 혼자 맞서려 한다는 사실에 걱정이 앞섰다. 어머니는 이렇게 말하고 싶었다.

'사랑하는 아들아, 그렇다고 네가 무엇을 할 수 있겠니? 사람들은 너를

짓밟을 거야, 넌 파멸하게 되고.'

그렇지만 그녀는 아들의 이야기를 듣는 게 즐거웠고, 그 즐거움을 방해할까봐 두려웠다. 아들이 좀 이상하기는 했어도 자신을 새롭게 표현해 주어 즐거웠다.

파벨은 어머니의 입가에 흐르는 미소와 표정에서 엿보이는 관심 그리고 두 눈에 가득 찬 사랑을 보았다. 순간 자기가 어머니를 이해시켰다는 생각에 힘이 솟았다. 한껏 고무된 그는 웃기도 하고 눈썹을 찡긋거리기도 하면서 어머니에게 더 많은 이야기를 늘어놓았다. 어머니는 아들의 말에서 냉혹한 증오심이 느껴질 때마다 깜짝 놀라 고개를 저으며 조용히 되물었다.

"정말 그러니, 파벨?"

"그렇다니까요!"

아들은 확고하게 대답했다. 그는 민중을 위한 선을 실천하고 민중 속에 진실의 씨앗을 뿌리는 사람들, 그리고 그 대가로 적들에게 짐승처럼 사로잡혀 감옥에 갇히고 유형지로 끌려가 고된 노동에 시달린 사람들의 이야기를 들려주었다.

"전 그런 사람들을 여러 번 봤어요! 세상에서 가장 훌륭한 사람들이에요!" 그는 열정적으로 소리쳤다.

그런 사람들에 대한 이야기는 어머니의 마음을 한없이 두렵게 했다. 그녀는 다시 아들에게 묻고 싶었다.

'설마 그럴 리가?'

어머니는 망설이면서도 잠자코 아들의 이야기에 귀를 기울였다. 자기 아들에게 그토록 위험한 말과 생각을 가르쳐 준 사람들에 대한 이야기, 자기로서는 도저히 이해할 수 없는 사람들에 대한 이야기를 낱낱이 들었다.

"곧 날이 밝겠구나. 새벽에 일 나가려면 눈을 좀 붙여야지."

"예, 이제 자야죠!"

파벨은 이렇게 대답하고서 어머니에게 물었다.

"전 어머니께 모든 걸 말씀드렸어요. 어머니께서 절 사랑하신다면 제 길을 막지 말아주세요. 절 이해하시죠?"

"이해한다."

어머니는 한숨을 내쉬며 대답했다. 눈에서 다시 눈물이 흘렀다. 그녀는 눈

물을 훔치며 덧붙였다

"오, 사랑하는 아들아! 차라리 아무것도 모르고 있는 게 나았을 걸 그랬구나."

그는 그녀의 손을 꼭 쥐었다. "어머니"라는 말이 그의 입 밖으로 열렬하게 터져나왔고, 그렇게 꼭 쥔 손은 너무 생소하고 이상해서 그녀는 감동했다.

"그래, 난 아무 말도 하지 않으마. 다만 네가 다치지는 않을까 그게 걱정이란다. 몸조심해야 한다. 꼭 조심해야 해."

무엇을 어떻게 조심해야 하는지도 모른 채 어머니는 그저 걱정스런 마음이었다. 어머니는 아들을 바라보며 슬픔에 잠겨 말했다.

"왜 점점 야위니……."

그녀는 애정 어린 따스한 눈으로 그의 건장하고 잘 빠진 몸을 바라보다가 급히 서두르듯 낮은 목소리로 말했다.

"오, 하느님. 네 좋을 대로 살아라. 딱 하나만 부탁하마. 사람들과 얘기할 때 함부로 나서지 말거라. 무엇보다 사람을 조심해야 해. 다들 서로를 증오하고 있단다. 욕심과 질투로 살아가고들 있지. 네가 만일 그 사람들이 사는 걸 들추어서 판결하려고 하면, 아마 널 미워하며 사냥개처럼 물어 죽이려 들지도 몰라."

아들은 어머니의 구슬픈 연설을 들으며 출입구에 서 있었다. 말이 끝나자 미소를 지으며 말했다.

"맞아요, 사람들은 유감스럽게도 나빠요. 하지만 세상에 진실이 있다는 사실을 알고 나니까 사람들이 그전보다 훨씬 훌륭해 보여요."

그는 다시 미소를 지으며 말을 이었다.

"내가 왜 그런지 모르겠어요! 어렸을 때부터 저는 사람들을 겁냈어요. 커서는 사람들이 속물적이라고 증오했고요. 이렇다 할 이유 없이, 어떤 사람은 천하다고 미워했고 어떤 사람은, 글쎄, 나도 모르겠어요, 그냥 그랬죠! 그런데 이제 모든 사람이 서로 다른 길을 가고 있다고 봐요. 그래서 슬퍼요! 잘 이해할 수 없지만, 사람들 안에 진실이 있다고 알게 될 때 마음이 부드럽게 되는 걸요. 잘못된 게 모두 사람들의 불결함과 추잡 탓은 아니라는 걸 알고 나니까 마음이 훨씬 편해졌어요……."

그는 자신의 안에서 무슨 소리를 듣는 것처럼 말없이 있었다. 그러고서 낮게 생각에 잠겨 말했다.

"그게 진실하게 살아가는 방식이에요."

어머니는 아들을 바라보며 상냥하게 중얼거렸다.

"네가 위험한 사람이 되어 버렸구나. 오, 하느님!"

그가 깊은 잠에 빠져 있을 무렵, 어머니는 조심스럽게 침대에서 일어나 다정하게 아들의 방으로 들어갔다. 파벨의 거무튀튀하고 단호하고 엄한 얼굴 윤곽이 흰 베개에 대비되어 드러났다. 그녀는 손을 자기 가슴에 대고 누르면서 아들 옆에 서 있었다. 그녀의 입술이 무언중에 움직였고, 커다란 눈물방울이 양볼에 굴러떨어졌다.

3

그들은 조용하게 멀리 떨어져서, 그렇지만 서로 가까이에 살았다. 한번은 주 중에 어느 휴일이었는데, 파벨이 집을 나서며 어머니에게 말했다.

"토요일에 손님들이 올 거예요."

"어떤 사람들이?"

"우리 마을과 시내 사람들이에요."

"시내에서?"

어머니는 이렇게 되묻더니 갑자기 눈물을 흘렸다.

"아니, 왜 그러세요, 어머니!"

파벨이 못마땅해 하며 목소리를 높였다. 어머니는 앞치마로 얼굴을 훔치고는 한숨을 쉬며 대답했다.

"모르겠다, 그저 기분이 그래……."

그는 방을 왔다 갔다 하다가 어머니 앞에 멈춰서서 말했다.

"두려우세요?"

"그래, 두렵다!" 그녀가 인정했다.

"시내 사람들이라니, 그 사람들을 어떻게 알아?"

키가 큰 아들은 허리를 구부려 어머니의 얼굴을 마주 보며 화난 표정을 지었다. 이럴 땐 죽은 제 아버지와 똑같았다.

"늘 두려움 때문에 우리 모두 망치는 거예요. 우리를 지배하는 사람들은 바로 우리의 두려움을 이용해서 훨씬 더 험한 위협을 하거든요. 기억해두세요. 사람들이 두려움을 버리지 못하면 습지의 자작나무처럼 썩고 말 거예요. 우린 대담하게 성장해야 해요. 지금 바로요!"

"다 똑같아요." 파벨은 어머니에게서 돌아서며 말했다. "그 사람들은 어쨌든 내 집에서 만날 거예요."

어머니는 울부짖듯 말했다.

"화내지 마라! 내가 어떻게 두렵지 않겠니? 평생을 두려움 속에 살았어."

"용서하세요!" 이 말이 더 다정한 대답이 되었다. "하지만 달리 방법이 없어요." 그는 나가 버렸다.

어머니는 집에 낯선 사람들이, 그것도 무시무시한 사람들이 찾아올 거라는 생각에 사흘 내내 가슴을 졸였다. 그들에 대해 짐작조차 할 수 없었지만 그녀로서는 그들이 무서운 사람들일 것 같았다. 그들은 아들에게 새로운 길을 가르쳐 준 사람들이 틀림없을 터였다.

드디어 토요일 저녁, 파벨은 공장에서 돌아와 세수를 하고 옷을 갈아입은 다음 다시 어딘가로 나가면서 말했다.

"사람들이 오면 금방 돌아온다고, 잠시 기다리라고 말씀해 주세요. 그리고 제발 좀 겁내지 마세요. 그들도 다른 사람들과 다름없어요."

그녀는 기절하듯 자리에 주저앉았다. 아들은 어머니를 진지하게 바라보았다.

"다른 곳에 가 있어도 좋고요."

그가 제안했다. 그 생각이 어머니의 기분을 상하게 해서, 싫다고 머리를 저으며 어머니는 말했다.

"아니, 다 같은 사람인걸 뭐. 괜찮아."

11월 말이었다. 가볍고 가는 눈이 언 땅에 내렸던 그날 낮 동안, 그리고 창밖에서 아들이 오도독 눈을 밟고 가는 소리가 들려온 그날의 일이었다. 두툼한 어둠이 창틀에 들러붙어서 무언가를 적대적으로 주시하는 듯 보였다. 긴 의자에 기대어 앉은 어머니는 문을 보며 사람들을 기다렸다. 그녀는 그들이 도둑처럼 경계하면서 어둠 속에서 집 주변을 서성이는 느낌이 들었다. 윗몸을 웅크리고서 사방을 둘러보며, 그것도 이상한 복장을 하고서 조용히 움직이는 느낌이었다. 집 가까이로 이미 누군가 오고 있었다. 벽을 두 손으로 더듬으며 왔다.

이윽고 문이 열렸다. 커다란 털모자를 쓴 사람이 방 안으로 쑥 들어왔다.

다음은 날씬한 사람이 몸을 굽히고 기듯이 들어와서는 몸을 다시 쭉 펴고 의 도적으로 오른손을 쳐들어 보였다.

"안녕하세요!" 굵고 낮은 목소리로 그가 말했다.

어머니는 말없이 인사를 받았다.

"파벨은 집에 없나봐요?"

그는 천천히 외투를 벗고는 털모자로 신발에 묻은 눈을 툭툭 털어냈다. 그 리고 모자를 구석에 휙 던지고는 긴 다리로 방 안을 서성이다가 의자에 털썩 주저앉더니 손으로 입을 가리며 하품을 했다. 그의 머리는 둥글고 머리카락 은 바싹 깎아 짧았고, 얼굴은 빈약한 콧수염만 빼고는 면도를 한 채였다. 콧 수염 끝은 아래쪽으로 포인트를 준 모양이었다. 그는 회청빛의 크고 불거진 눈으로 방 안을 유심히 둘러보다가 다리를 꼰 채 테이블 위로 고개를 기울이 고 불쑥 이렇게 물었다.

"이 집은 사셨어요, 아니면 세 드신 거예요?"

어머니는 그의 맞은편에 앉으며 대답했다.

"세 든 겁니다. 파벨이 곧 올 거예요. 조금만 기다리세요."

"그리 좋은 집은 아니군요. 예, 그러죠. 기다리겠습니다."

그는 나지막한 목소리로 대답했다. 어머니는 그의 침착한 태도와 깊고 동 정 어린 목소리, 그리고 솔직하고 간결한 얼굴을 대하자 용기가 생겨났다. 그는 어머니를 매우 친절한 눈빛으로 바라보았는데, 깊고 투명한 두 눈이 유 쾌하게 반짝거렸다. 전체적으로 몹시 여위고 구부정한 몸에 기다란 다리, 그 모습은 뭔가 우스꽝스러우면서도 마음을 사로잡았다. 그는 파란 와이셔츠에 몸이 딱 붙지 않는 짙은색 바지를 입고, 바지 끝은 부츠 속에 쟁여 넣고 있 었다. 어머니는 문득 그의 이름이 무엇이며 어디에서 왔는지, 또 아들을 안 지는 얼마나 되었는지 궁금해졌다.

그러나 그가 갑자기 몸을 앞으로 내밀고 물었다.

"아니, 어머니! 이 구멍은 누가 낸 거예요?"

그는 두 눈에 두드러지게 미소를 띤 채 다정한 목소리로 물었다. 하지만 어머니는 그의 갑작스런 질문이 몹시 모욕적으로 느껴졌다. 그녀는 입술을 꼭 다물고 차가운 표정으로 예의를 갖췄다.

"그런 건 알아서 뭐 하게요, 젊은이?"

그 남자는 몸을 앞으로 흔들거리면서 말했다.

"화내지 마세요! 제 양어머니도 똑같은 상처가 있었거든요. 같이 살던 남자가 그랬어요. 그는 구두장이에요…… 아시죠. 그녀는 세탁부였고 그는 구두장이였어요. 불행하게도 술주정뱅이를 만나 엄청 고생했지요. 그러니까 저를 양자로 삼은 뒤였어요. 그가 양어머니를 어찌나 무지막지하게 때리던지……, 무서워서 온몸에 소름이 돋을 정도였답니다."

어머니는 그의 솔직한 태도에 마음이 한결 누그러졌다. 그리고 혹시라도 파벨이 이 낯선 사람에게 불친절하게 굴었다고 화를 낼까 봐 걱정이 되기도 했다. 어머니는 곧 미안하다는 듯이 미소를 지으며 말했다.

"화가 난 게 아니라, 갑자기 물어보니까 당황해서……. 내 남편은 좋은 사람이었어. 지금은 하늘나라에 가고 없지만. 근데 젊은이는 어디 사람이오, 타타르인?"

낯선 남자는 발을 쭉 펴고 활짝 미소 지었는데, 이때 너무 크게 웃어서 콧수염이 목 뒤쪽까지 닿았다. 그리고 심각하게 말했다.

"아직요, 아직은 타타르인이 아니죠."

"난 당신 말투가 완전히 러시아인 같지는 않아서 묻는 거예요."

"전 러시아인보다 더 낫죠!" 손님은 우스갯소리처럼 말했다. "난 칸예브 시에서 온 소러시아인이에요."

"여기서 오래 살았나요?"

"시내에서 산 지 한 달쯤 됐어요. 한 달 전에 이쪽 공장으로 왔습니다. 여기서 좋은 사람들을 많이 만났어요. 파벨도 그중 한 사람이고요. 여기서 당분간 눌러 살 생각입니다."

그는 콧수염을 빙글빙글 돌리며 말했다.

어머니는 그가 마음에 들었다. 무엇보다 자신의 아들을 좋게 말해 주어서 고맙고 뭐라도 대접하고 싶어졌다.

"차라도 한 잔 하시려오?"

"아뇨! 저 혼자서만 대접을 받아서야 안 되죠! 다른 사람들도 곧 올 테니 우리가 모두 모이면 그때 주십시오."

이렇게 넌지시 다른 사람들이 온다고 한 말 때문에 그녀는 다시 두려워졌다. '그들 모두가 이 사람만큼만 하다면 좋을 텐데!' 그녀는 몹시 바랐다.

그때 현관에서 발소리가 들리더니 이내 문이 벌컥 열렸다. 어머니는 자리에서 얼른 일어섰다. 놀랍게도 부엌으로 들어선 사람은 별로 크지 않은 체격에 숱이 많은 금발을 길게 땋아 늘어트린 평범한 시골여자였다. 여자가 미소 지으면서 나지막이 말했다.

"제가 너무 늦었죠?"

"웬걸, 아니야!"

소러시아인이 거실 밖을 내다보며 대답했다.

"걸어왔나?"

"물론이요! 파벨 블라소프 어머니가 당신이세요? 안녕하세요, 전 나타샤라고 해요……."

"다른 이름은 뭐예요?" 어머니가 물었다.

"바실리예브나예요. 어머니는요?"

"난 펠라게야 닐로브나랍니다."

"여기서 모두 알게 되네요……."

"그래요." 어머니는 말하면서 안도의 한숨을 쉬고 미소 지으며 그 처녀를 바라보았다.

소러시아인은 처녀가 코트를 벗게 도와주며 물었다.

"밖에 추워?"

"밖이 엄청 추워요! 바람이…… 말도 못해요!"

나타샤는 미소 짓는 입술이 작고 도톰했으며, 목소리가 정감 있고 맑았다. 몸은 부드럽게 둥글고 활력이 넘쳤다. 그녀는 외투를 벗은 뒤 추위로 빨개진 작은 손으로 발그레한 뺨을 문지르며 가벼운 발걸음으로 재빨리 안쪽으로 들어왔다. 그녀가 걸을 때마다 마룻바닥에 또각또각 구두 소리가 났다.

'추울 텐데……. 덧신도 안 신고 다니다니!'

어머니는 나타샤를 바라보며 속으로 생각했다.

"정말 추워요, 난 완전히 얼었어요. 와우……." 처녀는 다시 말했다.

"가만, 내 얼른 사모바르(찻물을 끓이는 러시아 전통 주전자)를 불에 올려놓아야겠네."

어머니는 서둘러 부엌으로 향하며 말했다. "금방 데워질 거야."

마치 오래전부터 아는 사이였던 것처럼 부드럽고 따뜻한 어머니의 사랑으로 그 처녀를 맞이했다. 어머니는 그 처녀를 만나서 기뻤다. 그리고 손님의 밝은 푸른 눈을 다시 떠올리고서, 사모바르 차를 준비하며 만족해서 미소 지으며 방에서 대화하는 소리를 들었다.

"무슨 울적한 일이라도 있어요, 나홋카?" 나타샤가 소러시아인에게 물었다.

"저 과부의 눈이 아름다워요. 파벨 어머니 눈을 보니까 내 어머니가 생각나서요."

"어머니가 돌아가셨다고 하지 않았나요?"

"그분은 양어머니이고. 난 고아거든. 날 낳아 주신 어머닌 지금 키예프 거리에서 위스키를 마시며 구걸을 하고 있을지도 모른다오."

"왜 그렇게 안 좋은 생각을 해요?"

"몰라요. 경찰이 그녀를 거리에서 데려가서 술 취한 채로 때리기도 해."

'아아 가엾은 영혼!' 어머니는 그렇게 생각하고 한숨을 쉬었다.

나타샤는 몹시 거센 어투로 재빨리 무슨 말인가를 중얼거렸다. 소러시아인의 듣기 좋고 낭랑한 목소리가 다시 들렸다.

"아, 너는 아직 너무 젊어, 친구, 너는 아직 세상을 몰라. 누구나 어머니가 있지. 어쨌든 사람들은 나빠. 어린아이들을 키우기가 힘들다고 하지만 좋은 사람으로 가르치기는 더 힘들지."

'이상한 생각을 하고 있군.' 어머니는 소러시아인에게 반감이 생겼다. 아들을 좋은 사람으로 가르치기를 바라왔지만 그녀 자신이 아무것도 아는 게 없었다고 그에게 말하고 싶었다.

그때 문이 열리고 니콜라이 베솝시코프가 들어왔다. 그는 마을에서 인간 혐오자로 알려진 늙은 도둑 다닐라의 아들이었다. 그는 항상 시무룩한 채로 사람들과 거리를 두었는데, 그러면 사람들은 그를 조롱하며 보복을 했다.

"아니, 넌 니콜라이가 아니니? 어찌된 일이야?" 그녀는 놀라서 물었다.

그는 광대뼈가 툭 튀어나온 주근깨투성이 얼굴을 손바닥으로 비벼대며 작은 회청빛 눈동자로 파벨의 어머니를 단조롭게 바라보았다. 인사도 없이 이렇게 물었다.

"파벨 있어요?"

"집에 없는데."

그는 방 안을 들여다보더니 안으로 쑥 들어오며 말했다.

"안녕하십니까, 동지들……."

니콜라이 베솝시코프를 언짢게 바라보던 어머니는 '저 애도? 이게 무슨 일이람?' 생각하다가, 나타샤가 그의 손을 잡고 반갑게 맞이하자 깜짝 놀랐다.

니콜라이 베솝시코프를 따라서 거의 어린애나 다름없는 젊은이 둘이 더 들어왔다. 그중 한 명은 어머니도 알고 있는 젊은이였다. 이름은 야코프 페자이며, 공장 경비원으로 일하는 소조프 영감의 아들이었다. 처음 보는 다른 한 명은 얼굴이 갸름하고 높은 이마에 곱슬머리였다. 인상이 그리 나쁘지 않았다.

잠시 뒤, 파벨이 두 사람을 더 데리고 나타났다. 둘 다 어머니가 익히 아는 공장 노동자들이었다.

"어머니, 사모바르를 준비하셨네요. 고마워요."

어머니가 차려 놓은 손님 찻상을 보고 파벨이 말했다.

"보드카라도 좀 사올까?"

어머니는 무엇을 해야 할지 잘 모르면서도 어떻게든 호의적인 마음을 내보이고 싶어서 이렇게 물었다.

"아뇨, 술은 필요 없어요!"

파벨은 어머니에게 애정 어린 미소를 지어 보이며 대답했다. 불현듯 어머니는 아들이 농담으로 자기를 놀리려고 위험한 모임이니 뭐니 과장을 한 게 아닌가 하는 생각이 들었다.

"파벨, 이 사람들이 바로 네가 말한, 금지된 일을 한다는 사람들이냐?" 그녀가 속삭였다.

"예, 바로 그 사람들이에요."

파벨이 방 안으로 들어가며 대답했다. 어머니는 아들의 뒷모습을 사랑스럽게 바라보며 겸손한 마음으로 생각했다.

'아, 아직 어린애들인데, 뭐⋯⋯.'

사모바르의 물이 끓자 어머니는 차를 가지고 방으로 들어갔다. 손님들은 탁자를 둘러싸고 둥글게 앉아 있었다. 나타샤는 책을 들고 램프 아래 구석자리에 있었다. 그녀가 말문을 열었다.

"사람들이 왜 그렇듯 힘들게 살아가는지 알려면," 나타샤가 말하자, "그리고 사람들이 왜 그렇게 악한지⋯⋯." 소러시아인 안드레이가 끼어들었다.

"……사람들의 삶이 어떻게 시작되었는지를 먼저 살펴보아야 합니다."

"봐야지, 애들아, 봐야지……!"

어머니는 차를 따르면서 무심코 이렇게 따라했다. 그러자 모두 입을 다물었다.

"어머니, 뭐라고 그러셨어요?"

파벨이 눈살을 찌푸리며 물었다.

"뭐라고?"

어머니는 모두가 자기를 바라보고 있다는 걸 깨닫고는 몹시 당황스럽게 대답했다.

"난 그냥…… 혼잣말이야."

나타샤가 갑자기 웃음을 터뜨렸다. 파벨도 따라 미소 지었다. 그러자 안드레이가 말했다.

"차, 고맙습니다, 어머니!"

"마시지도 않고 벌써 고맙다는구먼!"

어머니는 내심 이렇게 말하고는 아들에게 나지막이 물었다.

"혹 내가 방해되는 거냐?"

"무슨 말씀이세요? 주인이 어떻게 손님한테 방해가 될 수 있겠어요?"

나타샤가 대신 대답했다. 그러고는 어린아이가 보채듯 소리쳤다.

"사랑스런 어머니, 얼른요, 얼른 차 좀 주세요! 너무 추워요, 다리가 얼어붙는 것 같아요!"

"응, 잠깐만, 잠깐만." 어머니는 서두르며 소리쳤다.

나타샤는 어머니가 따라 준 차를 마시고는 긴 머리채를 어깨 뒤로 넘겼다. 그리고 그림이 많은 노란색 책을 읽어 내려갔다. 어머니는 접시 소리를 내지 않으려고 조심스럽게 차를 따르면서 책을 읽어 내려가는 그녀의 목소리에 귀를 기울였다. 그녀의 음악적인 목소리가 물 끓는 소리와 어우러져 묘한 화음을 이루었다.

방 안에서는 동굴 속에서 생활하며 돌로 짐승을 사냥하던 원시인들의 이야기가 앙증맞은 리본처럼 떠돌며 흔들거렸다. 어머니는 마치 옛날이야기를 듣는 것만 같아서, 아들을 가끔씩 쳐다보며, 야만인 이야기가 어째서 불법서적 이야기인지 물어보고 싶은 충동이 자꾸 일었다. 얼마 뒤 이야기의 줄기를 쫓아가는 데 지친 어머니는 손님들이 눈치채지 못하게 주의하면서 그들의 모습을 유심히 살펴보았다.

파벨은 나타샤 옆에 앉아 있었다. 파벨이 그들 중 가장 잘생겼다. 나타샤는 고개를 많이 숙이고 책을 읽다가 머리카락이 흘러내리면 손으로 쓸어 넘기곤 했다. 그러다가 고개를 들어 듣는 사람들의 얼굴을 찬찬히 둘러보며 책에 있지 않은 말을 뭐라고 한마디씩 덧붙였다.

안드레이는 탁자에 넓은 가슴팍을 기댄 채 눈을 내리깔고서 그의 닳아빠진 콧수염 끝을 끊임없이 빙글빙글 돌려 꼬며 바라보고 있었다. 니콜라이 베솝시코프는 나무토막처럼 뻣뻣하게 앉아서 손바닥을 무릎에 얹고, 곰보에다 표정 없는 얇은 입술로, 가면 쓴 사람처럼 미동도 하지 않았다. 그의 좁은 눈은 번쩍거리는 사모바르 구리 찻주전자에 비친 자신의 얼굴을 뚫어지게 바라보고 있었다. 숨조차 쉬지 않는 듯했다. 페자는 책의 내용에 귀를 기울이다가 입술을 움직거리며 따라 읽었다. 몸을 구부려 팔꿈치를 무릎에 얹고, 손으로 얼굴을 괴고 뇌쇄적으로 미소를 지었다. 파벨과 같이 들어온 사람 가운데 한 명은 붉은 곱슬머리에 명랑한 초록 눈빛의 호리호리한 젊은 친구로서, 뭔가를 말하고 싶은 모양이었다. 초조한 기색으로 주위를 두리번거렸다. 또 한 젊은이는 손바닥으로 머리를 어루만지며 얼굴이 보이지 않을 정도로 고개를 깊게 숙인 채 바닥을 내려다보았다. 방 안은 따스했고, 공기는 유쾌했다. 어머니는 이 이상스럽게도 우아한 분위기에 반응하고 있었다. 그녀가 한 번도 느껴보지 못했던 분위기였다.

어머니는 자수 장식단을 단 듯한 나타샤의 목소리를 들으며 자신의 젊은 시절 소란한 파티와 거친 욕설, 썩은 보드카 냄새, 냉소적이고 저속한 농담들을 떠올렸다. 그 사이에 자기 자신에 대한 억압적인 동정심이 그녀의 닳아빠진 분노의 가슴을 부드럽게 동요시켰다.

그녀가 피어나기도 전에 남편이 구애하던 장면이 떠올랐다. 어느 파티에선가 남편은 어두운 현관에서 온몸으로 그녀를 벽에 짓누르며 거칠고 곤혹스러운 목소리로 물었다.

"나랑 결혼할래요?"

그녀는 아프고 더없이 불쾌했다. 그는 그녀의 살이 짓눌릴 정도로 손으로 세게 붙잡고 코를 심하게 들썩거리며 뜨겁고 습기 찬 숨결을 그녀의 얼굴에 내뿜었다. 그녀는 자신의 몸을 옭아맨 그의 손을 떼어내려고 안간힘을 썼다.

"가만 있어. 내 말에 대답해줘! 응?"

숨이 차고, 부끄럽고 모욕적이어서 그녀는 말없이 있었다.

"허풍 떨지 마요, 바보 같으니! 당신 같은 사람을 난 알아요. 당신은 너무 지나치게 들떠 있다고요."

누군가가 문을 열었다. 그는 그녀를 놓아주면서 말했다.

"다음 일요일에 중매쟁이를 보낼게."

그리고 그는 그렇게 했다.

어머니는 두 눈을 가리고 깊은 한숨을 내쉬었다.

그때 니콜라이 베숍시코프의 불만스런 목소리가 방에서 들려왔다.

"나는 사람들이 어떻게 살아왔는지보다, 앞으로 어떻게 살아가야 하는지가 더 궁금해."

그러자 붉은 머리의 페자가 맞장구치듯 소리쳤다.

"맞아."

"내 생각은 달라. 우리가 앞으로 나아가려면 우린 모든 사실을 알고 있어야만 한다고." 소모프가 소리쳤다.

"맞아, 정말 그래." 젊은 곱슬머리가 말했다.

곧 열띤 토론이 벌어졌다. 마치 장작더미에 불꽃이 튀는 것 같았다. 어머니는 무엇 때문에 그렇게 소리를 질러 대는지 알 수가 없었다. 모두의 얼굴이 활기찬 후광 속에서 빛이 났지만, 그녀에게 저속한 말이나 욕설을 내뱉는 사람은 한 명도 없었다.

'처녀애 앞이라고 다들 참고 조심하는 게지.' 어머니는 결론적으로 이렇게 생각했다.

어머니는 젊은이들을 마치 어린아이 다루듯 찬찬히 살펴보는 나타샤의 진지한 얼굴이 마음에 들었다. 이윽고 나타샤가 입을 열자 모두가 조용해지며 그녀에게 눈길을 돌렸다.

"잠깐만요, 동지들! 우리는 모든 일이 옳다는 사실을 알아야 하고 또 모든 물음에 정직하고 진실하게 답해야 합니다. 그러기 위해서는 진실과 거짓이 무엇인지 모두 알아야 하는 거지요……."

안드레이는 그녀의 말에 박자를 맞추어 고개를 끄덕거렸다. 붉은 머리 니콜라이 베숍시코프와 파벨이 데리고 온 두 젊은이는 꼭 붙어 앉아 있었는데, 어머니는 웬지 그들이 썩 마음에 들지 않았다.

나타샤가 말을 맺자 파벨이 일어나서 조용히 물었다.

"우리가 원하는 음식으로만 배를 채우나요? 아닙니다!"

파벨은 사람들을 둘러보며 스스로 질문하고 답했다.

"우린 그저 사람이고 싶습니다. 우리의 목덜미를 타고 앉아 눈을 가리고 있는 자들에게 우리가 모든 사실을 알고 있고, 우리는 바보도 아니고, 짐승도 아니며, 단순하게 먹기를 원할 뿐만이 아니라 품위 있는 인간처럼 살고싶어 한다는 사실을 보여주어야 합니다. 우린 적들에게 보여줘야 해요. 그들이 우리에게 힘겨운 고통의 과업을 지워 우리 인생을 방해할 수는 없다고 말이죠. 우린 그들과 필적할 만큼 지식을 쌓을 거고, 또 정신적인 면으로는 한층 더 고양되고 있으니까요."

어머니가 아들의 말을 들을 때 아들에 대한 자랑스러움이 그녀의 가슴을 흔들었다. 어쩌면 저토록 유창하게 말을 잘할까.

"배부른 자들은 많아도 정직한 사람은 거의 없지요! 우린 이 썩어 빠진 삶의 늪을 건너 영혼을 지닌 선(善)의 미래로 나아가야 해요. 동지들, 그것이 바로 우리의 과업이고 해야 할 일입니다."

안드레이가 덧붙였다. 그러자 니콜라이 베숍시코프도 정면으로 한마디 했다.

"투쟁의 날이 오면 결코 손가락이나 치료하는 정도에 그쳐서는 안 됩니다."

"우리가 투쟁하기 전에 우리 뼈가 이미 부서져 있을 걸요!"

소러시아인이 유쾌하게 끼어들어 말했다.

그들은 자정이 지나서야 자리에서 일어났다. 니콜라이 베숍시코프가 가장 먼저 자리를 떴다. 붉은 머리 남자는 다시 어머니를 불편하게 했다.

'흠, 꽤나 서두르네!' 별로 친근하지 않게 그들에게 작별인사를 하면서 어머니는 고개를 끄덕이며 생각했다.

"집에서 볼래, 나코챠?" 나타샤가 물었다.

"그래, 그러자." 소러시아인이 대답했다.

나타샤가 부엌에서 외투를 입고 있을 때, 어머니는 다가가 그녀에게 말을 걸었다.

"아가씨, 이렇게 추운 계절에 신기에는 양말이 너무 얇구려! 내가 털실로 한 켤레 짜 줄까?"

"고맙습니다. 하지만 괜찮아요, 펠라게야 닐로브나. 털실로 짠 양말은 너무 따가워서요!"

나타샤가 웃으며 대답했다.

"그럼 내가 따갑지 않은 실로 한 켤레 짜 주리다."

나타샤는 눈을 가늘게 뜨고 잠시 당황한 듯 어머니를 바라보았다. 그녀의 눈길을 의식한 어머니는 마음에 상처를 입고 황급히 이렇게 덧붙였다.

"내 선의 만큼이나 내 어리석음을 용서하우. 난 그저 진심으로……." 어머니는 나지막이 덧붙였다.

"어머닌 정말 인자하신 분이에요!"

나타샤는 조용히 말하고 얼른 어머니의 손을 꼭 잡은 뒤 걸어나갔다.

"안녕히 주무십시오, 어머니."

안드레이는 어머니의 눈을 바라보며 인사를 하고 나타샤와 함께 현관 밖으로 나갔다. 어머니는 아들을 쳐다보았다. 파벨은 방문 앞에 서서 미소를 지었다.

"즐거운 저녁이었죠. 좋았어요! 하지만 이제 주무셔야죠. 잘 시간이에요."

그는 선언하듯 말하고 고개를 활기차게 끄덕거렸다.

"너도 잘 시간이다. 나도 곧 가서 잘 거야."

어머니는 흡족한 기분으로 바삐 접시를 주워모으고 탁자를 치웠다. 그녀는 모든 일이 아무 탈 없이 평화롭게 끝나서 더할 나위 없이 기뻤다.

"너, 일을 잘 주선했더구나. 파벨! 분명 좋은 사람들이야. 소러시아 사람도 품성이 참 좋아 뵈고, 그 처녀는 또 어찌나 똑똑하던지! 그 처녀는 뭐하는 사람이니?"

"선생님이요!"

파벨은 짧게 대답한 뒤 방 안을 공연히 서성였다.

"참 가엾더구나. 옷도 변변치 않고. 어찌나 안됐던지! 곧 감기 걸리기 십상이더구나. 부모님은 어디 사시니?"

"모스크바요!" 파벨은 어머니 앞에 멈춰서면서 말했다.

"나타샤의 아버지는 철제상인데, 집을 여러 채 가진 부자래요. 그런데 그 녀가 이 길로 들어서니까 집에서 내쫓아 버렸답니다. 그동안 그녀는 온실 속에서 하고 싶은 대로 무엇이든 다 하면서 자랐는데, 지금은 저렇게 혼자서 밤길을 칠 킬로미터씩이나 걸어서 다녀요. 그것도 혼자서……."

어머니는 아들의 말을 듣고 깜짝 놀랐다. 그녀는 방 한가운데에 꼼짝 않고 서서 아들의 얼굴을 말없이 바라보았다. 그러더니 조용히 물었다.

"그 처녀가 시내로 가니?"

"네."

"그런데 그 애가 무서워하지 않을까?"

"안 그래요." 파벨이 미소 지으며 말했다.

"저런, 그런데 왜 그렇게 보냈니? 여기서 나하고 하룻밤 자도 될 텐데……."

"그건 좀 곤란해요. 내일 아침에 출근하는 사람들 눈에 띌 수가 있거든요. 그렇게 되면 우리도, 그 애도 곤란해요."

어머니는 창밖을 바라보며 잠시 생각에 잠겼다가 다시 입을 열었다.

"난 도무지 이해가 안 되는구나, 파벨. 네가 하는 일이 뭐가 그렇게 위험하고 게다가 불법이라는 게냐? 내가 보기엔 너희들이 나쁜 짓거리를 하지도 않던데……. 안 그러냐?"

어머니는 이렇게 말해 놓고 확신이 서지 않아서 아들의 확답을 간절히 바랐다. 아들은 어머니의 두 눈을 찬찬히 들여다보더니 결연한 목소리로 말했다.

"물론 저희는 나쁜 짓을 전혀 하지 않았어요, 앞으로도 그럴 거고요. 하지만 감옥에 가게 될지도 몰라요. 어머니도 이 점은 알아두는 게 좋아요……."

그 말을 듣는 순간, 어머니는 두 손이 부르르 떨렸다.

"하느님이 그래도 도와주시겠지." 그녀는 물에 가라앉은 목소리로 말했다.

"아녜요." 아들은 다정하면서도 단호하게 말했다. "난 어머니께 거짓말을 할 수 없어요, 우린 이 길에서 벗어날 수가 없어요." 그는 미소 지었다. "가서 주무세요. 피곤하시잖아요. 안녕히 주무세요."

파벨이 잠자리에 들고 혼자 남자, 어머니는 창가로 가서 거리를 내다보았다. 창밖은 춥고 칙칙했다. 바람이 세차게 불며 울부짖고, 잠자고 있는 작은 집의 지붕 위에서 눈이 날리고 있었다. 눈이 벽에 부딪치며 무슨 소린가를 휙 속삭이고 땅에 떨어진 뒤에는, 가벼운 흰 눈송이 구름이 길거리에서 이리저리 떠돌았다.

"오, 하느님. 우리에게 자비를 베푸소서!" 어머니는 기도했다.

눈에 눈물이 고였다. 두려움이 집요하게 그녀의 마음에서 소용돌이쳤다. 마치 아들이 걱정거리를 한밤중의 나방처럼 파닥거리며 털어대는 모습을 보는 느낌이었다.

그녀는 멀리 곱게 눈이 덮인 평원을 바라보았다. 솜털처럼 뽀송뽀송한 흰 눈이 매서운 바람에 날려 넓은 평원을 가로지르고, 한 처녀의 어둡고 외로운 형체가 흔들렸다. 바람에 그녀의 드레스가 퍼덕거리고, 그녀의 작은 발은 눈 속에 빠졌다. 추위와 두려움으로, 처녀는 고의적인 바람의 운동이기도 한 칼날 같은 잔디풀잎처럼, 앞으로 몸을 잔뜩 구부렸다. 습지 위의 그녀 오른편으로 숲의 어두운 벽이 서 있었다. 벌거벗은 자작나무와 사시나무가 슬픈 울음소리를 내듯 떨며 바스락거렸다. 저기 멀리서, 그녀 앞에 시내의 불빛이 희미하게 반짝거렸다.

"주여, 도와주소서!" 어머니는 다시 중얼거리며, 아직 갈 길이 먼 추위와 두려움에 몸서리를 쳤다.

4

세월은 묵주 구슬을 넘기듯 하루하루 흘러, 몇 주일이 지나고 몇 달이 흘렀다. 매주 토요일이면 파벨의 집에는 어김없이 동지들이 찾아들었고, 모임은 긴 사다리를 타고 오르듯 한 계단 한 계단 그들을 어딘가 보이지 않는 높은 곳으로 끌어올리고 있었다.

새로운 사람들이 끊임없이 나타났다. 파벨 블라소프의 작은 방은 사람들로 붐비고 꽉 찼다. 나타샤는 토요일 저녁마다 여전히 꽁꽁 얼고 지친 모습으로 나타났지만 언제나 명랑하고 생기발랄했으며, 지칠 줄 모르는 건강한 정신이었다. 어머니는 양말을 짜서 손수 신겨 주었다. 나타샤는 처음엔 웃기만 하더니 갑자기 말을 멈추고 얼굴빛이 어두워졌다. 그리고 나지막이 어머니에게 말했다.

"제게 유모가 있었는데 정말 좋은 분이셨죠. 펠라게야 닐로브나, 정말 이상하죠? 노동자들은 그야말로 비참하리만큼 힘들게 살아가는데도 저 사람들보다 더 진실한 가슴과 선량한 마음씨를 갖고 있으니 말이에요."

그녀는 손을 흔들며 자기에게서 아주 멀리 어딘가를 손으로 가리켰다.

"아가씨가 어떤 사람인지 알아! 가족과 모든 걸 다 버리다니……."

어머니는 미처 생각대로 말을 맺지 못하고 숨을 들이쉬며 나타샤의 얼굴을 들여다보았다. 그녀 자신도 무엇인지 모를 고마움이 처녀에게 느껴졌다. 어머니는 깊은 생각에 잠겨 미소 짓고 있는 나타샤 앞 바닥에 앉았다.

"제가 가족을 버렸다고요?" 처녀는 되풀이해 말하며 고개를 숙였다.

그녀가 말했다.

"그건 조금도 중요하지 않아요! 제 아버진 아주 난폭한 사람이었어요. 오빠도 그렇고요. 주정뱅이였거든요. 반면에 언니는 참 불행한 사람이에요. 자기보다 나이가 훨씬 많은 사람에게 시집을 갔으니……. 남편이라고 해 봐야 돈만 많았지 탐욕스럽기 짝이 없는 사람이거든요. 하지만 어머니만은 참 마음이 아파요. 당신처럼 단순한 여자였고, 기진맥진 지쳐 겁에 질린 동물이었고, 또 쥐처럼 너무 작았어요. 그녀는 재빨리 달아나고 모든 사람을 두려워해요. 가끔 어머니가 무척 보고싶…… 내 어머니!"

"저런, 딱하기도 하지."

어머니는 서글픈 듯 고개를 끄덕였다. 나타샤는 재빨리 고개를 가로젓고는 한껏 쳐들고 크게 말했다.

"아니에요! 전 때때로 한없이 큰 행복과 기쁨을 느끼는걸요."

그녀의 창백한 얼굴과 푸른 눈이 밝게 빛났다. 그녀는 어머니의 어깨에 두 팔을 얹고 황홀할 만큼 감동한 듯 조용하게, 진심에서 우러나는 목소리로 속삭였다.

"만약 어머니께서 우리가 얼마나 위대하고 기쁜 일을 하는지 아신다면! 당신도 함께 공감할 걸요!" 그녀는 확신에 차서 말했다.

부러움 비슷한 감정이 어머니의 마음을 감동시켰다. 어머니는 마루에서 일어서며 슬픈 어조로 말했다.

"그러기엔 난 너무 늙었어. 배운 것도 짧고……."

파벨은 갈수록 점점 더 자주, 점점 더 길게, 그리고 점점 더 격렬하게 논쟁을 벌였다. 그러는 동안 하루가 다르게 여위어 갔다.

그는 나타샤를 바라보거나 그녀와 이야기를 나눌 때 유난히 두 눈이 더 반짝거렸다. 목소리 역시 더 부드러워지고 다정해지는 듯했다. 그의 모든 태도가 더 단순해졌다.

'하늘이 돕겠지!' 나타샤가 자신의 며느리라고 상상하면서 어머니는 내심 미소 지었다.

회합에서 논쟁이 점점 짙어지거나 격렬해지면, 소러시아인은 벌떡 일어서서 몸을 종의 추처럼 앞뒤로 움직이며 말했다. 그 목소리는 우렁차고 깊이 울렸으며 단순했는데, 그의 말은 모두의 흥분을 가라앉혀서 그들의 목표로 환기하곤 했다. 소러시아인 베솝시코프는 항상 모든 이를 서둘러서 어딘가로 몰았다. 그와 사모일로프라 불리는 붉은 머리 젊은이는 늘 가장 먼저 논쟁에 불을 붙이는 사람이었다.

그들 편에는 언제나 이반 부킨과, 머리가 둥글고 마치 말리기 위해서 밖에 널어두었거나 잿물로 씻어낸 듯 흰 눈썹과 속눈썹이 우뚝 솟은 페자 마진이 함께 있었다. 겸손한 야코프 소모프는 늘 매끈하게 빗질을 해서 말끔하였고, 말수는 적어서 조용하고 심각한 목소리로 간단하게 말했으며, 언제나 파벨과 그 소러시아인의 편을 들었다.

이따금 나타샤 대신 니콜라이 이바노비치라는 사람이 왔다. 어떤 멀리 있는 행정부의 도시 출신 사람이었다. 안경을 꼈으며 구레나룻이 길었다. 말투가 특이한 모양새로 보아, 다른 지방 출신인 듯했다. 그는 가정생활을 비롯해서 아이들이나 빵, 고기 같은 아주 일상적인 이야기를 주로 화제에 올렸다. 그야말로 보통 사람들이 하루하루 살아가면서 맞닥뜨리는 일들에 대한 이야기였다. 그는 그 안에서 잘못된 부분들을 예리하게 잡아내어 유머러스하게 지적하고는 항상 그 문제들의 결정적인 불이익을 말해주었다.

어머니가 보기에도 그는 멀리 다른 나라에서 온 것 같았다. 그 나라 사람들은 단순하고 정직하고 편안한 삶을 살고 있어서 이곳의 모든 것이 그에게 신기하고, 그렇기 때문에 이 생활에 익숙해질 수 없으면서도 불가피하게 받아들이는 듯이 보였다. 또 이곳 생활이 그를 불쾌하게 했으며, 그 자신이 모델로 삼았던 방식에 따라서 이곳 생활을 재정리해볼까 하는 결심을 은근히 내비치기도 했다. 그의 얼굴은 누리끼리하고 가늘고 긴 주름이 눈가에 있으며, 목소리는 나지막하고 손은 언제나 따스했다. 어머니를 만나면 반갑게 힘을 주어 손을 꼭 쥐었다. 그렇게 활기차게 그의 손을 잡고 나서는 어머니의 마음이 편안하고 밝아 보였다.

시내에서 오는 사람들이 점점 많아지고 횟수도 잦아졌다. 자주 오는 사람 가운데는 키가 크고 호리호리하며 창백한 얼굴에 눈이 큰 사샤라는 아가씨가 있었다. 걸음걸이나 행동거지가 꼭 남자 같았다. 말을 할 때는 곧게 솟은 콧날이 가볍게 떨리곤 했다.

"우리 사회주의자들은……!" 그녀는 이렇게 말한 첫 번째 사람이었다. 그녀의 목소리는 말할 때마다 너무 커서 귀에 거슬렸다.

어머니는 처음 그녀의 말을 듣고 깜짝 놀라 그녀를 돌아다보았다. 하지만 사샤는 눈을 반쯤 감고서 엄하고 단호하게 말했다.

"인생을 부흥하려면 우리의 모든 힘을 포기해야 해요. 우리에게 보상은 없다는 사실을 알고 있어야 한다고요."

어머니가 어렸을 때 있었던 사건이었는데, 사회주의자들이 황제를 죽였다는 얘기를 들은 적이 있었다. 농노를 해방한 데에 앙심을 품은 지주들이 황제를 죽이기 전까지는 머리카락 한 올 자르지 않겠다고 맹세를 했다. 그 지주들을 사회주의자라 부른다는 말이 떠돌았다.[1] 그런데 지금 그녀는 자신의 아들과 친구들을 어째서 그런 무시무시한 사회주의자라고 하는지 도무지 이해가 되지 않았다.

그들이 모두 헤어졌을 때, 그녀는 파벨에게 물었다.

"파벨, 네가 사회주의자니?"

"네, 왜요?" 그는 그녀 앞에 서서 평소처럼 직선적이고 충실한 말투로 말했다.

어머니는 무겁게 숨을 들이켜며 눈을 내리뜨고 말했다.

"그래서, 파벨? 왜 그러니, 그들은 황제에게 저항하고 있어. 그들은 사람을 죽였다고."

파벨은 방에서 왔다 갔다 하다가 손으로 얼굴을 문지르고 미소를 띠며 말

---

[1] 1861년 알렉산드르 2세가 '농노해방령'을 발표하자 지주들의 불만이 자자했지만, 황제의 암살 계획으로 이어지진 않았다. '해방자'로 불렸던 황제를 암살한 것(1881)은 러시아 사회주의자들이 형성되기 전 농촌사회주의를 이념으로 삼았던 인민주의자, 즉 나로드니키 중 '인민의 의지'로 불리던 그룹이었다. 말하자면 '어머니'는 잘못된 소문을 들었던 셈이다.

했다.

"우린 그런 일을 할 필요가 없어요."

그는 어머니에게 오랫동안이나 나지막하고 심각한 목소리로 말했다. 어머니는 아들의 얼굴을 들여다보며 생각했다.

'저 애는 나쁜 짓은 하나도 안 할 거야, 저 앤 나쁜 일을 할 수가 없어!'

그 뒤부터는 험한 말이 점점 자주 반복되었다. 그렇지만 험한 그 언변의 날카로움은 없어져 버려서, 그녀가 알아들을 수 없는 수많은 다른 말들만큼이나 그녀의 귀에 점점 친숙해졌다. 그렇지만 사샤가 오는 것은 달갑지 않아서 그녀가 오면 힘들고 마음이 편치 않았다.

한번은 어머니가 불안을 감추지 못하고 입술을 실룩거리며 소러시아인 안드레이에게 말했다.

"사샤는 왜 저리 과격하지? 무슨 일이든 명령만 내리면서 마음대로 하려 들어. 이거 해라, 저거 해라!"

소러시아인은 큰 소리를 내며 웃었다.

"맞아요, 어머니가 정곡을 찌르셨어요. 안 그래, 파벨?"

안드레이는 두 눈 가득 아주 쾌활한 웃음을 담은 채 이렇게 말하고는 어머니에게 눈을 찡긋해 보였다.

"귀족 혈통 사람 피는 펌프로도 퍼낼 수 없거든요."

그러자 파벨이 무뚝뚝한 목소리로 말했다.

"사샤는 그저 좋은 여자예요."

"그렇긴 하지! 하지만 자기가 무엇을 해야 하는지 잘 이해하지 못하는……."

두 사람은 또다시 어머니가 잘 알아들을 수 없는 말로 토론을 벌였다.

어머니는 사샤가 파벨에게 무척 냉정하게 대할뿐더러 때때로 야단치는 모습까지 보았다. 하지만 파벨은 언제나 똑같이 이전에 나타샤에게 보냈던 그 부드러운 눈길로 처녀를 바라보았다. 어머니는 아들의 이런 모습도 싫었다.

모임은 일주일에 두 번으로 늘어났다. 어머니는 젊은이들이 아들과 소러시아인의 연설을 얼마나 탐욕적으로 듣는지를 보면서, 사샤와 나타샤, 알렉세이 이바노비치, 시내에서 온 다른 사람들의 재미있는 이야기를 들으며 모든 고통을 잊고 고개를 끄덕였다. 젊은 시절 생각이 되살아나서였다.

가끔씩 그들은 단순하고도 친근한 멜로디로 된 노래를 크고 즐겁게 불렀다. 그러나 자주자주 그들은 여러 가지 새 노래들도 불렀는데, 그 가사들과 음악은 완벽하게 화음을 이루어 슬프고도 예스러운 풍취였다. 이런 노래들을 그들은 교회 찬송가처럼 생각에 잠겨 심각한 가락으로 불렀다. 그들의 표정은 점점 창백해지기는 했어도 여전히 홍조를 띠고 있었고, 어떤 강력한 힘이 노래의 가사 속에 살아 있었다.

"거리에 나가서 노래 부를 시간이군." 베솝시코프는 음울하게 말했다.

그리고 때때로 어머니는 잠시도 가만히 있지 못하는 활기찬 취흥의 기분에 머리를 맞은 기분이었다. 취흥이 그들을 갑자기 사로잡기도 했기 때문이었다. 이런 기분을 어머니는 이해할 수 없었다. 보통 저녁나절에, 그들이 다른 나라들의 경우에 노동자들이 어떤지를 신문에서 읽을 때가 있었다. 그럴 때면 그들의 눈은 용감하고 활기찬 기쁨으로 반짝였고, 이상하게도 어린아이들처럼 행복해 했다. 방 안에는 즐거운 종소리처럼 웃음이 울렸고, 그들은 서로 애정에 가득 차서 어깨를 툭툭 건드렸다.

"도시 친구들, 나의 친구들, 프랑스인!" 누군가가 자신의 유쾌한 웃음에 스스로 취해서 소리쳤다.

"이탈리아 노동자 만세!" 그들은 한 번 더 소리쳤다.

그럴 때면 그들은 자신들의 열정과 환희의 절정이 머나먼 곳의 친구들에게 날아가 말도 통하지 않는 외국의 동지들이 듣고 이해하리라고 믿는 것만 같았다.

소아시아인은 눈에 광채를 띠며, 누구보다 더 큰 자기의 사랑을 이야기했다.

"친구들, 저쪽에 있는 친구들에게 소식을 써서 전하는 게 좋겠어! 그 친구들에게 여기 머나먼 러시아에 사는 친구들이 그들과 함께하고 있다고 알리는 거야. 여기 우리는 노동자이고, 그들처럼 똑같은 종교를 믿고, 그들과 똑같은 목표를 향해 가고 있고, 그들의 승리를 대단히 기뻐하고 있다고 말이지."

그리고 모두가 꿈꾸는 얼굴로 미소를 띠고서 독일과 이탈리아, 영국, 스웨덴에 대해 상세하게 말했고, 또 모든 나라의 일하는 사람들에 대해서 이야기 나누었다. 마치 그들의 친구들, 그들과 마음이 통하는 사람들에 대해 말하는 것 같았다. 그 사람들을 보지 않고도 그들을 사랑하고 존경했으며, 그런 기뻠을 서로 공유하고 그 고통을 함께 느꼈다.

작은 방 안에서는 세계 노동자들의 세계적 동류의식으로부터 커다란 의견이 태어났다. 동시에 세계의 주인들과 노예들은 이미 편견의 구속으로부터 해방되어 인생의 새 주인들이 된 기분을 느끼고 있었다. 이런 기분과 의견은 모두를 오직 하나의 영혼으로 일치하게 했다. 그래서 그 기분이 어머니를 감동케 하였고, 비록 어머니의 마음에 와 닿을 수는 없었지만 그녀에게도 힘과 기쁨, 승리감과 활력, 기쁨과 위로, 그리고 희망으로 용기를 갖게 해주었다.

어느 날 어머니가 안드레이에게 말했다.

"자네들도 참! 아니, 아르메니아인이나 유대인이나 오스트리아인이나 모두 너희 친구처럼 기쁨과 슬픔을 다 함께 나눈다니, 참 이상한 사람들이야, 너희는!"

그러자 그가 진지하게 말했다.

"우리는 하나예요, 사랑하는 어머니, 우리는 언제나 하나예요! 세계는 노동자들 편이에요! 예, 우리에겐 국가도 없고 민족도 없고, 오직 동지와 적이 있을 뿐입니다. 모든 노동자는 우리의 동지이고, 모든 부자와 권력자는 우리의 적입니다. 이 세상의 우리 노동자들이 얼마나 많은지, 우리 내면의 정신이 얼마나 대단한지 당신이 아신다면 당신의 마음은, 당신의 넓은 가슴은 기쁨과 행복으로 가득 차서 가슴속으로 흥겨운 노래를 부를 겁니다."

이렇게 한껏 취한 유치한 기쁨, 밝고 견실한 신뢰감이 점점 친구들에게 다가와서, 점점 강해지고 점점 지배적이 되었다.

어머니는 그들의 신념을 확인할 때마다 정말로 이 세상에 뭔가 위대하고 찬란한, 하늘의 태양과도 같은 빛이 세상에 잉태되고 있음을 느꼈다.

가끔씩 아버지가 물건을 훔쳐서 감옥에 있을 때, 니콜라이는 친구들에게 이렇게 말했다.

"이제 우리 집에서 회합을 해도 돼. 경찰이 우리를 도둑으로 몰겠지, 그들은 도둑을 좋아하거든!"

거의 매일 저녁 공장 일이 끝난 뒤 파벨의 친구들이 찾아왔다. 그들은 책을 읽기도 하고, 책에서 뭔가를 베껴 쓰기도 했다. 너무 열중해서 씻을 시간도 없었다. 그러고는 저녁밥을 먹기가 무섭게 양손에 책을 들고서 차를 마셨다. 그들이 나누는 이야기는 어머니가 이해할 수 없는 말들로 점점 더 많이 채워졌다.

"우리도 소식지를 찍어야겠어."

파벨은 이런 말을 자주 했다. 인생은 점점 더 분주해지고 열광적으로 변해 갔다.

"사람들이 우리 이야기를 하기 시작했어. 곧 몸을 숨겨야 할 것 같아."

어느 날 니콜라이 베숍시코프가 말했다. 그러자 안드레이가 반박했다.

"메추라기는 그물에 걸려들려고 태어났다잖아!"

어머니는 시간이 지날수록 안드레이가 더 마음에 들었다. 파벨이 집에 없는 일요일이면 그가 찾아와 장작을 패 주기도 하고, 썩어서 내려앉는 현관 계단을 고쳐 주기도 했다. 그뿐 아니라 흔들거리는 울타리를 감쪽같이 고쳐 놓기도 했다. 그는 일을 할 때 늘 휘파람을 불었는데, 그 소리가 참 아름답고 구슬프고도 탐욕스러웠다.

어느 날 어머니가 파벨에게 말했다.

"안드레이가 우리 집에서 하숙하면 어떻겠니? 너희 둘 다 좋을 거 같은데. 서로 너무 많이 왔다 갔다 할 필요도 없고."

"힘들고 불편하게 살 일이 뭐가 있다고 그러세요?"

파벨은 어깨를 들썩이며 말했다.

"아니, 너라면 그렇겠지! 난 평생 뭐가 뭔지도 모른 채 힘들었잖니? 좋은 사람을 위해서라면야 얼마든지 힘들어도 괜찮단다."

"좋을 대로 하세요. 그가 우리 집으로 온다면야, 저는 더 바랄 게 없지요
……."

소러시아인 안드레이는 그들과 함께 살기 시작했다.

5

마을 변두리의 작은 집은 사람들의 주목을 받기 시작했다. 감시의 눈초리가 쉼 없이 담벼락을 더듬었다. 소문의 날개들이 잡다하게 뒤섞여서 끝없이 그 집 상공을 날아다녔다. 사람들은 집 안에 숨어 있는 무언가를 밝혀내려고 애썼다. 밤마다 창문을 기웃거리다가 손가락으로 슬쩍 두드려 보고는 지레 겁을 먹고 달아나기도 했다.

하루는 거리에서 동네 술집 주인이 블라소바를 불러 세웠다.

그는 키가 작고 말쑥한 노인인데, 목에는 언제나 붉고 축 늘어진 스카프를 매고 있었고, 몸에는 라일락 색깔의 비로드 조끼를 입고 있었다. 그의 날카롭고 번쩍이는 코에는 거북이 등껍질 테가 한 쌍 얹혀서 그에게 별도로 '앙상한 눈'을 더해 주었다.

그는 단숨에, 대답도 기다리지 않고 바짝 말라 날카롭게 갈라지는 목소리로 블라소바에게 떠들어댔다.

"펠라게야 닐로브나 블라소바, 그동안 잘 지내셨소? 아들놈은요? 결혼은 안 한대요? 장가 갈 나이잖아요? 장가를 일찍 가야 가족이 더 안전하지. 남자는 장가를 가야 정신이든 육체든 망가지질 않는다니까. 나 같으면 진작 장가를 보냈겠소. 요즘 짐승 같은 애들은 감시를 잘해야 해요. 요새 사람들은 머리를 쓰기 시작했거든. 사상인가 뭔가로 미쳐 날뛰는 데다 별 죄를 다 짓잖소. 젊은 놈들이 가라는 교회는 안 가고 사람들 모이는 데는 얼씬도 안 하면서 왜 저희끼리만 외딴 구석에 모여서 속닥거려? 사람들 앞에서는 선술집 같은 데 모여도 왜 아무 말도 못하냐고. 무슨 얘긴데, 묻잖아? 비밀이야? 비밀장소는 우리의 성스러운 교회라고, 유서 깊은 곳이지. 구석에서 만들어지는 모든 비밀은 다 망상이야. 당신 몸조심하길 바라요."

그는 모자를 벗어 허공에다 흔들면서 그 자리를 떠났다. 어머니는 어찌할 줄을 모른 채 한참 동안 그대로 서 있었다.

이웃에 사는 마리야는 남편이 죽고 난 뒤부터 공장 입구에서 먹을거리를 팔아 가까스로 생계를 꾸리고 있었다. 그녀는 시장에서 어머니와 마주치자 대뜸 이렇게 말했다.

"아들 잘 감시해, 닐로브나!"

"그게 무슨 소리야?"

마리야는 쉰 목소리로 귀띔했다.

"사람들이 수군거리고 있어. 그다지 좋지 않은 소문만 있다오. 당신 아들이 이상한 조합을 만들었다던가? 이단 종파라나 뭐라나. 신도들끼리 채찍으로 마구 때리는……."

"됐어, 마리야. 말도 안 되는 소리 하지 마!"

"말이 안 되긴! 나도 이미 알고 있는 얘기였어."

어머니는 밖에서 들은 이야기들을 아들에게 전해 주었다. 파벨은 말없이 어깨를 으쓱거렸고, 안드레아는 낄낄거리며 큰 소리로 웃었다.

"여자애들도 너희 욕을 많이 하더라. 너희는 사실 어디 내놔도 훌륭한 신랑감이잖니? 일 열심히 하지, 술은 입에도 안 대지……. 그런데 저희를 거들떠보지도 않으니, 원. 게다가 사람들이 그러는데 괴상한 처녀들이 너희를 만나러 온다고 하더라."

"맘대로 생각하라지요, 뭐."

파벨은 탐탁지 않은 듯 얼굴을 찡그리며 대꾸했다.

"어느 수렁에서고 썩은 냄새는 나게 마련이죠." 소러시아인 안드레이가 한숨 섞인 목소리로 말했다. "어머니, 그런 말을 지껄이는 얼간이 처녀들에게 결혼이 얼마나 사람을 골병 들게 하는지 알려주지 그러셨어요."

"그러게." 어머니가 대답했다.

"창고에서 불행이 기다리고 있다는 걸 그 사람들이라고 모르겠니? 다 알겠지. 하지만 달리 방법이 없으니 어쩌겠니?"

"그들의 사고방식은 이해하기 어려워요. 그들이 그걸 안다면 다른 방법을 찾을 걸요."

파벨은 의견을 말했다. 어머니는 그의 엄격한 얼굴을 들여다보았다.

"차라리 너희가 그 사람들을 가르치지 그러니? 더 똑똑한 사람을 이리로 모셔오든가……."

파벨은 잠시 생각에 잠겼다가 입을 열었다.

"사람들이 따르지 않을 걸요!" 그는 무뚝뚝하게 말했다.

"우리가 그럴 것 같아요?" 안드레이가 말했다.

"사람들은 처음에 미친 듯이 한데 어울려 다니죠. 그러다 그 가운데 몇몇이 결혼을 하죠. 그러면 그걸로 모든 게 끝이에요."

어머니는 점점 생각에 잠기는 때가 많아졌다. 아들의 냉정한 얼굴을 말없이 바라보면 걱정이 되었다. 어머니는 아들의 충고를 나이가 많은 상급 친구들까지도 받아들인다는 사실을 알고 있었다. 예를 들면 안드레이 같은 사람이었다. 그러면서도 그녀가 보기에는 모두가 그를 두려워하는 모양새였고, 그가 너무도 엄격하기 때문에 그를 아무도 사랑하지 않는다고 느꼈다. 언젠가 한번은 잠자리에 들었다가, 얇은 칸막이 벽 너머에서 아들과 안드레이가 속삭이는 소리를 들었다.

"난 나타샤가 마음에 들어. 자네도 알고 있지?"

안드레이가 뜻을 숨기는 목소리로 불쑥 말했다. 파벨은 간격을 두고 대답했다.

"알고 있어."

"알고 있어?"

어머니는 소러시아인이 일어나서 걷는 소리를 들었다. 그의 맨발이 바닥에 닿아 소리를 냈다. 곧 낮고 슬픈 휘파람 소리가 들렸다. 그가 다시 말했다.

"그런데 그녀가 알고 있어?"

파벨은 말이 없었다.

"어떻게 생각해?" 소러시아인이 기운 빠지는 소리로 말했다.

"알고 있지. 그 때문에 우리하고 공부하는 걸 꺼리는 것 같던데?"

안드레이가 발을 세게 끌며 방 안을 왔다 갔다 하는 소리가 들렸다. 그리고 다시 그의 낮은 휘파람 소리가 가볍게 떨며 방 안에 울려 퍼졌다.

"내가 만일 그녀에게 고백을 한다면……."

"뭘?" 이 간단한 질문을 파벨은 총에 장전된 총알처럼 쏘았다.

"뭐긴, 내가 지금 말한……." 안드레이가 가라앉은 목소리로 말하려던 참이었다.

"왜?"

파벨이 대뜸 그의 말을 가로막았다. 어머니는 안드레이가 걸음을 멈추는 소리를 들었고, 그가 웃고 있다는 느낌이 들었다.

"난 여자를 사랑한다면 그녀 앞에서 고백을 해야 한다고 생각해. 그러지 않는다면 무슨 의미가 있어?"

파벨은 '탁' 소리가 나게 책장을 덮었다. 그러곤 이렇게 되물었다.

"무슨 의미가 있어야 하는데?"

한동안 둘 다 아무 말이 없었다.

"그럼 어떻게 하지?" 소러시아인이 물었다.

"당신 마음이 분명해야 돼, 안드레이, 당신이 뭘 원하는지, 그녀가 당신을 사랑한다고 생각한다면—난 그렇게 생각지는 않지만—아무튼 그렇게 가정해 보자고. 음, 그래서 당신이 결혼을 한다고 쳐. 그건 흥밋거리 결합이고, 노동자와 지성인의 결합이라고! 아이들이 생겨나면 당신은 완전히 혼자서 일해야만 해. 당신 인생은 그저 빵을 위해서, 그리고 당신 자신과 아이들의 피난처를 찾으려고 안간힘을 쓰게 될 뿐이겠지. 그런 이유 때문에 당신들 둘은 존재하지 않는 존재가 될 거라는 말이야."

잠시 뒤, 파벨이 더 부드럽게 다시 말문을 열었다.

"이 모두를 털어 버리는 게 좋아, 안드레이. 조용히 있으면서, 그녀에 대한 걱정은 버려. 그게 더 정직한 방식이니까."

"그런데 알렉세이 이바노비치가 한 말 기억나? 사람은 인생을 완전하게 살아갈 필요가 있다고 했지. 영혼과 몸의 온 힘을 기울여서 말이야. 기억하지?"

"그 말은 우리와 상관없어! 네가 어떻게 완전한 삶을 가진다는 거야? 그런 삶은 네 편이 아니야. 네가 미래를 사랑한다면 넌 현재의 모든 것을 포기해야 돼, 모든 걸, 형제님!"

"하나의 인간으로서는 힘든 일이지!" 소러시아인이 작은 목소리로 말했다.

"그럼 달리 방법이 있나? 생각해 보라고!"

시계의 무심한 추는 인생의 촌각들을 연달아 잘라 버렸다, 조용하고 치밀하게. 결국 안드레이는 말했다.

"가슴의 반은 사랑, 또 다른 반은 괴로움이라. 이게 진정 인간의 심장이랄 수 있을까?"

"그럼 다른 방법이 있어? 있으면 말해 봐."

이윽고 책장을 넘기는 소리가 들렸다. 파벨이 다시 책을 읽기 시작한 모양이었다. 어머니는 뒤척이는 소리를 내지 않으려고 조심하면서 천천히 눈을 감았다. 두 사람 다 너무나 가엾어서 울먹여졌다. 그래도 아들 때문에 더욱 더 슬펐다.

'사랑하는 내 아들! 내 신성한 자식!' 그녀는 생각했다.

갑자기 안드레이가 물었다.

"자넨 내가 나타샤에게 아무 말도 하지 않아야 된다고 생각하나?"

"그 편이 더 나을 거야, 안드레이."

파벨이 부드럽게 대답했다.

"좋아! 이 길이 우리가 가야 할 길이라면……. 그래, 자네 말을 따르겠어. 자네가 내 입장이더라도 역시 힘들었겠지?"

잠시 뒤에 파벨은 슬프고 억눌린 목소리로 덧붙였다.

"나는 이미 힘들어하고 있어……."

"그래?"

"응."

바람이 담벼락을 쓸고 지나갔다. 시계추가 시간을 잠깐씩 잠깐씩 알려 주었다.

"으음, 안됐군."

결국 안드레이가 느긋하게 말했다.

어머니는 베개에 얼굴을 묻고 소리 없이 눈물을 흘렸다.

다음 날 아침, 어머니 눈에는 안드레이의 키가 조금 작아진 듯이 느껴졌는데 이상하게도 더 매력적으로 보였다. 하지만 파벨은 평소처럼 비쩍 말라 크고 곧고 무뚝뚝했다.

그녀는 소러시아인 안드레이 스테파노비치를 이렇게 항상 정식으로 불렀지만, 이제는 문득문득 무의식중에 고의가 아닌데도 이렇게 말했다.

"안드레이, 장화를 수선해야겠구나. 그대로 신고 다니다간 동상에 걸리겠어."

"그렇잖아도 월급 받으면 새로 사려고 했어요."

그는 이렇게 대답하고는 웃으면서 어머니의 어깨에 기다란 손을 얹었다.

"있잖아요, 당신이 진짜 내 엄마라고요. 내가 너무 못생겼는데도 사람들한테 나를 아들이라고 인정한 사람은 당신뿐이에요."

그녀는 말없이 그의 손을 토닥거렸다. 애정을 담아 위로하고 싶었지만, 가슴이 동정심으로 가득 차서 말이 혀에서 떨어지지 않았다.

노동자촌에는 사회주의자들에 관한 이야기가 무성하게 떠돌았다. 그들이 파란 잉크 소식지를 만들어 뿌리고 다닌다고 했다. 소식지에는 공장의 갖가지 제도를 신랄하게 비판하는 내용과 함께 상트페테르부르크와 남부 러시아의 노동자들이 벌이고 있는 파업 소식, 그리고 노동자의 권익을 위한 투쟁에 동참하라고 호소하는 글들이 담겨 있었다.

공장에서 임금을 괜찮게 받는 축에 속하는, 그러니까 어느 정도 나이가 든 재미 없는 사람들은 불같이 화를 냈다.

"반란자를 사육하는 놈들! 저런 것들한텐 까막눈의 본때를 보여 줘야 해!"

젊은이들은 소식지를 사무실에 가져와 열심히 읽었다.

"죄다 옳은 소리네!"

하지만 나날의 노동에 지쳐 그 어떤 일에도 무관심해져 버린 대부분의 사람은 별다른 반응을 보이지 않았다.

"그래서 뭐 어쨌다는 거야? 그런다고 뭐가 달라지겠어?"

그러나 소식지는 알게 모르게 사람들의 마음을 흔들고 있었다. 소식지가 한 주라도 거르게 되면 서로들 머리를 맞대고 수군거렸다.

"오늘도 없으니, 이제 때려치운 모양이지?"

그러나 다시 월요일이면 소식지는 어김없이 뿌려졌고, 그와 동시에 노동자들은 또다시 술렁대었다. 공장과 선술집에 낯선 사람들이 눈에 띄기 시작했다. 그들은 무언가 냄새를 맡으려는 듯 모든 일과 모든 사람에 대해 시시콜콜 캐묻고 다녔다.

무언가를 둘러보고, 탐색하다가 한번은 모두의 관심을 끌기도 했다. 어떤 이들은 자신들의 의심 많은 경계심으로 관심을 끌었고, 또 다른 이들은 강요적으로 주제넘게 나서서 관심을 끌었다.

어머니는 이런 소란에 파벨이 깊게 연루돼 있다는 걸 알고 있었다. 사람들이 아들 주변으로 더 많이 모여들었다. 파벨이 자랑스럽게 느껴지면서도, 아들에게 닥쳐올지도 모르는 운명적 위험 때문에 마음이 몹시 불안하였다.

새로운 흐름 속에 있는 세상사를 방류해 버린 당사자는 바로 비밀 노동이었다. 그 신선한 흐름은 인생의 좁은 탁류로 흘러들었다.

어느 날 저녁, 마리야가 창문을 두드렸다. 어머니가 창문을 열자 그녀는 대뜸 큰 목소리로 이렇게 말했다.

"닐로브나, 조심해. 다 끝났어! 오늘 밤에 수색을 한대. 당신네 집은 물론 페자와 니콜라이네 집까지…….."

마리야의 도톰한 입술이 빠르게 움직였다. 그녀는 콧김을 내뿜으며 거리를 감시하는 모양새로 연방 이쪽저쪽을 살폈다.

"잊지 마, 난 아무것도 몰라. 난 당신에게 아무것도 말하지 않은 거야. 오늘 난 당신을 보지도 못했어. 알았지?"

그녀는 서둘러 사라졌다.

어머니는 창문을 닫고 천천히 의자에 걸터앉았다. 그러다 아들에게 위험이 닥치고 있다는 것을 깨닫고 얼른 옷을 챙겨 입은 다음 폐자 마진의 집으로 달려갔다. 몸이 아파서 일을 나가지 못한 폐자는 창가에 앉아 책을 읽고 있다가 소식을 듣고 자리에서 벌떡 일어났다. 그의 입술은 떨리고 얼굴이 대번에 새하얗게 질렸다.

"자, 보세요! 손가락에 종기가 낫잖아요!" 그가 중얼거렸다.

어머니는 초조하게 떨리는 손으로 이마의 땀을 닦으며 물었다.

"드디어 그놈들이……. 이제 어떻게 하면 좋겠니?"

폐자는 손으로 곱슬머리를 쓸어 넘기며 대답했다.

"잠깐! 두려워해서는 안 됩니다!"

"너도 두려운 것 같은데!"

어머니의 말에 폐자의 두 뺨이 새빨개졌다. 그는 억지로 웃음을 지어 보이며 대답했다.

"저요? 예, 조금은요, 제기랄! 일단 파벨에게 이 사실을 알려야겠어요. 내 여동생을 보낼게요. 어머니는 댁으로 가 계세요. 절대 걱정 마시고요! 설마 그들이 우릴 고문이야 하겠어요?"

어머니는 집으로 돌아오자마자 책이란 책은 죄다 꺼내 가슴에 끌어안고는 숨길 곳을 찾느라 집 안을 두리번거렸다. 벽난로 속을 들여다보기도 하고 그 밑을 들춰 보기도 하고 사모바르 통 안과, 심지어 물통 안을 열어 보기도 했다.

어머니는 당장이라도 아들이 일을 팽개치고 집으로 달려오리라고 생각했다. 그러나 아들은 오지 않았다. 마침내 지칠 대로 지친 어머니는 책들을 발 밑에 내려놓고, 일어나기가 두려워 긴 의자에 한참 동안 우두커니 앉아 있었다.

해질녘이 되어서야 공장에서 파벨과 안드레이가 돌아왔다. 어머니는 아들을 보자마자 의자에 앉은 채 소리쳤다.

"얘기 들었니?"

파벨은 침착하게 웃으면서 대답했다.

"알고 있어요. 어머니, 겁나세요?"

"그래, 겁난다. 무척 겁나……."

"겁낼 필요 없어요. 그래 봤자 아무 소용도 없는걸요." 안드레이가 말했다.

"이런, 아직 차도 끓여 놓지 않으셨네?" 파벨이 말했다.

어머니는 의자에서 일어나 죄지은 기색으로 책들을 손가락으로 가리키며 말했다.

"내, 이놈의 책들 때문에…… 온종일 난……."

파벨과 안드레이가 웃음을 터뜨리자 어머니는 한결 힘이 나는 듯했다. 파벨은 숨겨야 할 책을 몇 권 골라 마당으로 가지고 나갔다. 안드레이는 사모바르를 불 위에 올려놓으며 이렇게 말했다.

"어머니, 별일 없을 거예요. 사람들이 터무니없는 생각으로 스스로를 괴롭히다니 부끄러울 뿐이죠. 옆구리에 군도를 차고 장화를 신은 남자들이 찾아와서 여기저기 뒤지겠죠. 침대 밑을 들여다보고 다락에 올라가보고, 지하실이 있으면 그곳까지 기어내려가 샅샅이 살피겠죠. 그들의 얼굴에 거미줄이 달라붙으면 씩씩거리며 쿵쿵대겠지요. 지루하기도 하고 또 부끄럽겠죠. 그리고 그렇게 사악한 척하면서 우리 때문에 매우 광분한 척하는 거예요. 지저분한 일이죠. 그들은 그런 일을 이해하고 있어요, 물론 이해하고말고요! 일단 나의 보금자리를 뒤죽박죽 해놓고 수치스러워 가 버리고 나면 그만이에요. 한번은 그들이 나를 데려갔죠. 그러곤 나를 감옥에 넣었고, 나는 거기서 4달 정도 살았어요. 온종일 마냥 앉아 있다가, 이름이 불리면 군인들에게 둘러싸여 끌려나가 몇 가지 심문을 받는 거예요. 그들은 바보라서 말이 앞뒤가 맞지 않아요. 그리고 심문이 끝나면, 군인들이 다시 감옥으로 데려다 주지요. 그들은 여기서도 데려가고, 거기서도 데려가고…… 그저 월급 받고 하는 일이 고작 그거죠. 그리고 때가 되면 풀어주고요. 그게 전부죠."

"넌 말투가 언제나 그렇다니까, 안드레이!" 어머니는 무의식중에 외쳤다.

그는 사모바르 앞에 무릎을 꿇고 앉아 붉어진 얼굴로, 두 손으로 콧수염을 쓰다듬으며 어머니에게 물었다.

"그럼 제가 어떻게 말해야 하는데요, 기도식으로요?"

"아무도 널 해친 적이 없는 것처럼 말해도 돼."

그는 일어나서 그녀에게 다가가더니 고개를 저으며 말했다.

"이 세상에 부당한 취급을 받지 않은 사람이 어디 있나요? 전 하도 많이 당해서 이제 화도 나지 않아요. 달리 어떻게 하겠어요, 사람들이 스스로 자제하지 못하는데? 내가 괴롭힘을 당했던 일이 내게 방해만 될 뿐이지요. 부당한 취급을 피하기란 불가능해요. 그렇지만 그런 일을 멈추게 한다거나 관심을 갖기란 쓸데없는 시간낭비에 불과하지요. 인생이 그렇잖아요! 전에는 저도 화를 많이 내곤 했죠. 하지만 혼자 생각해 보았어요. 내 주변 사람들 모두가 마음의 상처를 입었더라고요. 사람들은 이웃이 자신을 해칠까 봐 늘 두려워하고 있는 것처럼 보였어요. 그러다 보니 자기가 먼저 상대편을 때려 눕히게 되는 거지요. 사는 게 다 그렇죠, 사랑하는 어머니."

그는 차분하게 말했다. 경찰의 수색을 두려워하고 있던 어머니의 마음에 위안을 준 게 분명했다. 툭 불거진 반짝거리는 안드레이의 두 눈은 슬픈 듯이 미소 짓고 있었다. 볼품없기는 하지만, 그는 굽혀지기만 할 뿐 절대로 부러지지 않는 재료로 만들어진 사람 같았다.

어머니는 한숨을 내쉬며 따뜻하게 말했다.

"하느님이 네게 행복을 내려 주실 거야, 안드레이!"

소러시아인 안드레이는 발을 길게 뻗어 사모바르 쪽으로 슬며시 다가가서, 발뒤꿈치에 엉덩이를 괴고 앉으며 중얼거렸다.

"만일 하느님이 내게 행복을 준다면 난 거절하지 않을 거예요, 간청할 거예요, 절대로. 저는 시간이 없으니까요."

그러고서 그는 휘파람을 불어댔다. 그때 파벨이 안으로 들어오면서 자신 있게 말했다.

"그 사람들이 책을 찾지 못할 거예요!"

욕실에서 나온 파벨은 젖은 손을 꼼꼼히 말리며 어머니에게 말했다.

"어머니, 저들에게 겁먹은 듯이 보여서는 안 돼요. 그러면 저들이 '옳지, 이 집에 뭔가가 있어. 그러니 저렇게 떨지.' 생각할 거예요. 어머니, 다시 말하지만 우린 잘못한 게 없어요. 진실은 우리 편이고, 우린 진실을 위해 평생을 바칠 겁니다. 그게 우리의 죄일 뿐이에요! 그러니 뭘 두려워하겠어요?"

"그래, 파벨, 힘을 내마!" 그녀는 다짐했다. 그리고 곧이어 또 걱정을 누를 수 없어서 소리쳤다. "그 사람들이 빨리 와야 할 텐데. 그래야 모든 일이 끝나!"

그러나 그날 밤 그들은 찾아오지 않았다.

날이 밝자 어머니는 모든 게 자신의 지나친 걱정이었음을 알고 자신을 비웃었다.

6

헌병들은 이 걱정스런 밤이 지나고 한 달 뒤에, 전혀 예기치 않은 시각에 나타났다. 파벨의 집에서 파벨과 안드레이, 니콜라이 베솝시코프 셋이서 소식지에 관한 이야기를 나누고 있었다. 자정이 다 된 시각이었다. 어머니는 잠자리에 누워 막 잠들려던 참이었다.

반쯤 깨고 반쯤 잠든 상태에서, 그녀는 나지막하게 바삐 움직이는 목소리를 들었다. 안드레이가 부엌 문을 조용히 닫고 빠져나가는 소리가 들렸다. 이윽고 현관에서 양동이가 넘어지는 소리가 나는가 싶더니 불현듯 문이 활짝 열렸다. 안드레이가 부엌에 들어와 다급히 속삭였다.

"발소리가 들려!"

어머니는 벌떡 일어나 떨리는 손으로 옷을 챙겨 입었다. 현관에서 부스럭대는 소리가 들려왔다. 파벨이 문가로 와서 침착하게 말했다.

"어머니, 침대에 가만 계세요, 어머닌 아픈 거예요."

현관에서 발소리를 죽이며 다가오는 소리가 들렸다. 파벨은 문으로 가서 손으로 두드리며 물었다.

"거기, 누구요?"

회색옷을 입은 키 큰 사내가 재빠르게 문 안으로 비집고 들어왔다. 그 뒤로 지역 경찰 두 명이 따라 들어왔다. 헌병 둘이 파벨을 밀어젖히고, 그의 양옆에 나란히 버티고 섰다. 그리고 조롱하듯 큰 소리로 말했다.

"기다리던 사람이 아닌가 보지?"

늘씬하게 쭉 뻗고 까만 콧수염이 드문드문 난 장교가 이렇게 지껄이자, 마을 경찰관 페자킨이 어머니의 침대로 다가가 한 손은 모자에 올리고, 한 손은 어머니 얼굴에 손가락질을 하며 무서운 눈빛으로 말했다.

"이 여자가 그놈의 어미입니다, 각하!"

그리고 파벨에게 손가락질을 하며 덧붙였다.

"바로 이놈입니다."

"파벨 블라소프?"

장교가 미간에 주름을 잡으며 물었다. 파벨이 고개를 끄덕이자 장교는 검은 콧수염을 쓰다듬으면서 이렇게 내뱉었다.

"이 집을 수색해야겠다. 일어나시오, 할망구!"

"거기 누가 있어?" 그는 갑자기 돌아서더니 문 쪽으로 거칠게 다가갔다.

"당신 이름은?" 다른 방에서 그의 목소리가 흘러나왔다.

현관에 낯익은 얼굴 둘이 나타났다. 늙은 주물공 트베랴코프와 그 집에서 하숙을 하는 화부 르이빈이었다. 르이빈은 착실한 흑인 일꾼이다. 참고인으로 불려온 것이었다. 르이빈이 투박하고 큰 목소리로 인사했다.

"즐거운 저녁이오, 닐로브나!"

그녀는 옷을 걸쳐 입고서, 내내 작은 목소리로 스스로 용기를 내려고 애쓰며 혼잣말을 했다. '이게 무슨 일이야? 그들이 밤에 왔어. 사람들이 모두 잠든 시간에 그들이 왔어⋯⋯.'

좁은 방 안에 사람들이 가득 들어차자, 구두약 냄새가 코를 찔렀다. 헌병 둘과 지역 경찰서장 리스킨이 요란하게 구두 소리를 내면서 책장에서 책들을 빼낸 다음 장교 앞에 가져다 놓았다. 다른 두 헌병은 주먹으로 벽을 쳐 보기도 하고 의자 밑을 뒤져보기도 했다. 한 사람이 넘어질 듯 구석에 있는 벽난로 위에 올라가 있었다. 니콜라이의 곰보 얼굴은 붉은 얼룩으로 뒤덮였고, 그의 작은 회색빛 눈은 흔들림 없이 뚫어지게 장교를 주시하고 있었다. 안드레이는 콧수염을 꼬고 있다가, 어머니가 방에 들어오자 미소 짓고 애정 어린 모습으로 머리를 끄덕였다.

그녀는 공포감을 애써 억누르며 평소처럼 비껴서 걷지 않고 똑바로, 가슴을 앞으로 불쑥 내밀고 걸었는데, 지나치게 과장된 모습이 우스꽝스러웠다. 신발이 바닥에 부딪혀 소리가 났고, 눈썹은 떨렸다.

또 다른 장교는 하얗고 가느다란 손가락으로 재빠르게 책장을 넘겨보기도 하고 털어보기도 하면서 능란한 손놀림으로 차례차례 책을 검사한 다음 바닥에 집어 던졌다. 가끔씩 책이 가볍게 쿵 소리를 내며 바닥에 떨어질 뿐 모든 게 조용했다. 일에 열중한 경찰관들의 숨소리가 크게 들렸다. 그들이 내는 발소리에, 이따금씩 나지막하게 묻는 소리가 섞여 들렸다.

"여기는 봤나?"

어머니는 파벨 옆에 벽을 등지고 서서, 아들처럼 가슴에 팔짱을 끼고 있었다. 두 사람은 장교를 쳐다보았다. 어머니는 무릎이 떨리고 있음을 느꼈고,

눈앞이 아찔했다. 그때 니콜라이 베솝시코프의 날카로운 목소리가 침묵을 깼다.

"왜 책을 바닥에 던집니까?"

어머니는 떨고 있었다. 트베랴코프는 등을 한 대 얻어맞은 듯이 머리를 흔들었다. 르이빈은 이상하게 끄억끄억 우는 소리를 내며 니콜라이를 주의깊게 살폈다.

장교는 눈살을 찌푸리며 곰보 자국으로 얼룩얼룩하고 무표정한 얼굴의 니콜라이를 잠시 뚫어지게 쳐다보았다. 그는 더 빠르게 손가락을 놀리며 책장을 넘겼다. 니콜라이의 얼굴이 노랗고 창백했다. 그는 입술을 끊임없이 비틀며 일그러뜨렸다. 마침내 그는 회색빛 눈을 크게 떴다. 참을 수 없는 고통을 겪어본 듯한 표정이었다. 무기력에 빠진 분노로 비명이라도 지를 태세였다.

"병사!"

다시 니콜라이 베솝시코프가 외쳤다.

"책을 올려놔요……."

헌병들이 그의 얼굴과 장교의 얼굴을 번갈아 바라보았다. 장교는 고개를 들어 위협적인 시선으로 니콜라이 베솝시코프를 바라보더니 콧소리로 말했다.

"음, 그래, 올려놔……."

헌병 한 명이 허리를 숙이고 니콜라이 베솝시코프를 곁눈질하면서 바닥에 흩어진 책들을 주워 모았다.

"왜 니콜라이가 말이 없지?" 어머니는 파벨에게 물었다. 그는 어깨를 들썩해 보였다. 소러시아인 안드레이는 고개를 떨구고 있었다.

"거기, 뭘 소곤거리나? 조용, 조용히 해요! 성경을 읽는 사람이 있습니까?"

"저요!" 파벨이 말했다.

"아하, 그래! 그럼 이 책들은 누구 거지?"

"제 겁니다!" 파벨이 말했다.

"그렇군!" 장교는 의자 뒤로 한껏 기대면서 큰 소리로 말했다.

장교는 가느다란 손가락을 우두둑 꺾고는 탁자 밑으로 다리를 쭉 뻗고 콧수염을 가다듬으며 니콜라이 베솝시코프에게 물었다.

"자네가 안드레이 나호드카인가?"

"그렇소!"

니콜라이 베솝시코프가 앞으로 나서며 대답했다. 그러자 안드레이가 그의 어깨를 뒤로 잡아당기며 앞으로 나섰다.

"이 사람이 잘못 들었소. 내가 안드레이요!"

장교가 위협하듯이 손가락을 들어 니콜라이 베솝시코프를 가리키며 한마디 했다.

"너, 앞으로 조심해!"

장교는 가져온 서류를 마구 뒤적였다. 달빛이 찬연한 밤이 창문을 통해 영혼 없는 삭막한 눈으로 들여다보고 있었다. 누군가가 창밖에서 어슬렁거리며 눈을 밟고 다니는 모습이 보였다.

"너, 안드레이! 전에 정치범으로 심문받은 적 있지?"

장교가 물었다.

"로스토프에서 심문을 받았고, 사라토프에서도……. 그런데 유독 그곳 헌병들만 반말을 안 합디다……."

장교의 눈에 언뜻 빛이 어리더니 이내 사라졌다.

"그럼 네가 모를 리 없겠군. 공장에 불온문서와 책을 뿌려댄 더러운 놈들 말이야. 나호드카 군, 그래 나호드카 군, 그래."

안드레이가 몸을 흔들거리며 활짝 웃는 얼굴로 뭐라고 대답을 하려는 찰나, 니콜라이 베솝시코프의 안절부절못한 목소리가 먼저 울려 퍼졌다.

"더러운 놈들이라니! 우린 악당들을 오늘 여기서 처음 보고 있소!"

한순간 침묵이 흘렀다.

순간 숨도 쉴 수 없는 긴장감이 맴돌았다. 어머니 얼굴에 난 상처가 하얗게 변했고, 그녀의 오른쪽 팔꿈치는 위쪽으로 움찔했다. 르이빈의 검은 수염이 이상스럽게 가벼이 흔들렸다. 그는 눈을 아래로 떨구고, 천천히 한쪽 손을 다른 손으로 긁었다.

"이 개를 여기서 데리고 나가!" 장교가 말했다.

두 경찰관은 니콜라이의 팔을 꽉 붙잡고 험악하게 부엌으로 끌고 갔다. 그곳에서 그는 바닥에 두 발을 단단히 박고 서서 소리쳤다.

"멈춰! 코트 좀 입게."

경찰국장이 마당에서 들어와서 말했다.

"저기, 밖에는 아무것도 없더군. 우리가 모조리 수색했어!"

"글쎄, 물론이겠지!" 장교가 크게 웃으면서 말했다. "난 알고 있었어! 여기 경력자가 있으니까, 말이 없이도 진행되는 거지."

어머니는 가늘고 메마른 그의 목소리를 듣고, 적대감과 두려움에 떨며 남자의 누런 얼굴을 들여다보았다. 이 남자는 동정심도 없고, 마음속에는 귀족적 오만과 무례함만 가득 차 있는 듯했다. 그녀는 전에 그런 사람들을 본 적이 있었는데, 이제는 그 사실조차도 거의 잊어버렸다.

'그런데 파벨과 그의 친구들을 화나게 했던 사람이 이 사람이야.' 그녀는 생각했다.

"안드레이 나호드카, 당신을 체포하겠소."

"뭣 때문에요?"

"나중에 말해 드리지!"

장교는 악의 어린 예의를 표하며 빈정거리고는, 블라소바 파벨을 돌아보며 외쳤다.

"말해봐, 읽거나 쓸 수 있나?"

"아니오!" 파벨이 대답했다.

"너한테 물은 게 아니야." 장교가 무뚝뚝하게 말하고 반복해서 물었다. "말해봐요, 늙은 아주머니, 읽고 쓸 줄 아시오?"

어머니는 치솟는 적대감을 감추지 못하고 말았다. 결국 어머니는 몸부림치며 장교에게 소리를 질렀다. 흉터에 피가 몰려 발그레하게 물이 들었으며, 아래로 처져 있던 눈썹이 위로 뻗쳐올랐다.

"소리치지 마시오! 당신은 아직 젊은이요, 불행도 모르고 슬픔도 모르는 —" 그녀는 손을 그에게 불쑥 내밀며 말했다.

"진정하세요, 어머니!" 파벨이 말렸다.

"어머니, 이 일은 이를 악물고 말을 삼가야 해요." 안드레이가 말했다.

"잠깐만, 파샤!" 그리고 어머니가 테이블로 급히 다가가서 장교에게 외쳤다. "왜 당신들은 사람들을 잡아가는 거요?"

"할멈이 참견할 일이 아니오! 니콜라이 베솝시코프도 끌고 와. 그놈도 체포한다."

장교가 의자에서 벌떡 일어서며 서류를 얼굴 앞에 올리고 크게 읽어 내려갔다. 니콜라이가 방으로 끌려왔다.

"모자를 벗어." 장교는 읽다가 멈추고 소리쳤다.

르이빈은 블라소바에게로 다가가서, 그녀의 등을 톡톡 치며 속 깊은 말로 속삭였다.

"흥분하지 마세요, 어머니!"

"내 두 손을 묶으면 모자를 어떻게 벗어요?" 니콜라이가 물에 빠진 듯한 목소리로 물었다.

장교는 서류를 테이블에 내던지며 퉁명스럽게 내뱉었다.

"서명하시오!"

어머니는 모두가 어떻게 서명하는지를 보면서 흥분을 가라앉혔고, 마음은 부드러워졌다. 그녀의 눈은 눈물로 가득했으며, 모욕감과 무기력감으로 상기되었다. 그 눈물은 결혼 생활 20년 동안 흘려 온 상심의 눈물이었지만, 이제는 거의 다 잊어버리고 있던 터였다.

장교가 그녀를 바라보더니 혐오스럽다는 듯 얼굴을 찡그리며 말했다.

"아직 고함칠 때가 아니오, 할멈. 눈물을 아끼시오. 나중엔 눈물이 모자라서 못 울 거요!"

어머니는 울분을 참지 못하고 소리를 질렀다.

"이 세상 모든 어머니의 눈물은 마르지 않아! 네게도 어미가 있다면 그런 것쯤은 알 게다."

장교는 그녀의 말을 무시한 채 반짝거리는 자물쇠가 달린 가방에 서둘러 서류를 챙겨 넣었다.

"당신 구역에서 저놈들이 자유롭게 활동하고 있었군!" 그는 경찰국장을 돌아보았다.

"건방진 자식!" 경찰국장은 혼자 중얼거렸다.

"가자!" 장교가 명령했다.

"잘 가, 안드레이. 나중에 보자. 잘 가, 니콜라이!"

파벨은 동료들의 손을 잡으며 따뜻하고 나직하게 말했다.

"그래, 곧 다시들 보게 될 거야!"

장교가 비웃으며 파벨의 말을 따라 했다.

베솝시코프는 그의 짧은 손가락으로 말없이 파벨의 손을 잡고 무겁게 한숨을 쉬었다. 피가 그의 굵은 목까지 올라왔고, 그의 눈은 원한으로 번쩍였다. 안드레이의 얼굴은 햇빛 같은 미소로 빛났다. 그는 고개를 끄덕이며 어머니에게 뭐라고 말을 했다. 그녀는 그에게 성호를 그었다.

"하느님, 옳은 일을 돌보소서," 그녀는 중얼거렸다.

마침내 회색 제복을 입은 사람들이 줄지어 모두 현관을 빠져나갔다. 르이빈이 마지막으로 나갔다. 그는 검은 눈빛으로 파벨을 조심스럽게 보며 생각에 잠겨 말했다. "그래, 잘 가!" 기침이 그의 수염 사이로 새어나왔다. 그가 느긋하게 현관으로 걸어 나갔다.

파벨은 뒷짐 지고서, 바닥에 떨어져 나뒹구는 책과 옷가지들을 타넘으며 천천히 방 안을 왔다 갔다 서성거렸다. 마침내 그가 음울한 목소리로 말했다.

"일이 어떻게 됐는지 봐! 모욕적이고—구역질나게도—그래 맞아! 그들이 나를 내버려두고 갔단 말이야."

어지럽혀진 방 안을 보면서, 어머니는 작은 소리로 슬프게 말했다.

"그들이 너도 데려갈 거야, 분명 그럴 게다. 왜 니콜라이가 모든 걸 그대로 자백했을까?"

"제 생각엔 아마도 그가 두려웠을 거예요. 그래요. 절대로 그대로 말하면 안 되는데, 절대로 안 되는데! 그들이 이해를 못하거든요!" 파벨이 조용히 말했다.

"그들이 와서 사람들을 데려간 거야!" 어머니가 손을 흔들며 중얼거렸다. 그녀는 자신의 아들만 잡혀가지 않았기 때문에 숨이 막혔다. 그녀의 마음은 한 가지 사실 앞에 집요하게 경직되어서 동요되기를 거부하고 있었다. "그 더러운 악당이 우릴 조롱하다니! 이렇게 협박하다니!"

"맞아요, 엄마! 우리 이 일을 같이 해결해요!" 파벨은 갑자기 단호한 말투로 말했다.

그는 그녀에게 "엄마"라고 불렀다. 그녀와 더 가까이 있을 때만 그렇게 말했었다. 그녀는 그에게 가까이 다가가서 그의 얼굴을 들여다보며 부드럽게 말했다.

"그놈들이 널 모욕한 게 맞지?"

"예! 정말 괴로워요. 같이 잡혀갔어야 하는 건데⋯⋯."

어머니가 보기에 파벨의 눈에 눈물이 맺히는 듯했다. 어머니는 아들의 아품을 위로해주고 싶어서 한숨을 쉬며 말했다.

"너무 마음 아파하지 마라. 너도 곧 잡아갈 테니까!"

"예, 그러겠죠!"

어머니는 잠시 멈칫하더니 슬픔에 겨운 목소리로 말했다.

"가엾은 파벨, 그래, 얼마나 고통스러우냐? 네가 날 가끔씩이라도 안심시켜 주면 좋겠구나! 그런데 넌 그러지 못하지. 내가 소름끼치는 얘길 하면, 넌 그보다 더 무서운 얘길 하잖니."

그는 어머니 곁으로 다가가서 다정하게 말했다.

"난 그렇게 못하죠, 엄마! 난 거짓말을 못한다고요! 엄마는 그런 나에게 익숙해져야 해요."

7

다음 날 그들은 부킨과 사모일로프, 소모프, 그리고 다섯 명이 더 체포됐다는 소식을 들었다.

저녁 때 페자가 급히 뛰어서 파벨의 집으로 왔다. 그의 집도 수색을 당했다고 했다. 그는 그게 큰 자랑거리라도 되는 듯이 의기양양하게 떠들어댔다.

"두려웠니, 페자?" 어머니가 물었다.

그는 창백하고 날카로운 모습으로 콧구멍을 벌렁거리며 말했다.

"장교가 때릴까 봐 무서웠어요. 검은 콧수염에다 덩치가 크고, 손가락에는 털이 북실거리고, 거기에다 검은 안경을 끼고 있어서 눈이 없어 보였어요. 그는 발을 쾅쾅 구르면서 저를 감옥에 처넣겠다고 소리치지 뭐예요. 그런데 전 제 아버지나 어머니한테 맞아본 적이 없어요. 제가 외아들이어서 절 사랑했거든요. 어딜 가든 언어맞는 일은 흔하지만, 난 절대 맞아본 적이 없다고요!"

그는 잠시 눈을 감고 입술을 꾹 눌러 다물더니, 두 손으로 재빨리 머리카락을 뒤로 쳐 넘기고서 충혈된 눈으로 파벨을 바라보며 다시 말을 이었다.

"만약 날 때리기라도 하는 날엔 비수처럼 날래게 몸을 던져서 그놈을 냅다 찌를 거야. 이빨로 물어뜯고. 날 죽이려면 단숨에 죽이라지, 그러면 끝이니까!"

"너 자신을 방어하는 건 네 권리지만, 섣불리 먼저 덤벼들어선 절대 안 돼!” 파벨이 말했다.

“넌 연약하고 말랐어, 싸워서 뭘 얻을 게 있다고?”

“난…… 싸울 거예요!”

어머니의 물음에 페자는 나지막한 소리로 대답한 뒤 밖으로 나갔다. 어머니가 웃으면서 파벨에게 말했다.

“다른 사람들보다도 저 애가 가장 먼저 쓰러지겠군.”

파벨은 아무런 대답도 하지 않았다.

몇 분이 지난 뒤, 부엌 문이 천천히 열리면서 뜻밖에도 르이빈이 들어왔다.

“안녕하시오? 자, 내가 또 왔습니다. 어젯밤엔 끌려오다시피 왔지만 오늘은 내 발로 찾아왔습니다.”

그는 파벨과 활기차게 악수를 하고 나서, 어머니의 어깨에 손을 올려 놓으며 말했다.

“차 한 잔 주시겠어요?”

파벨은 그의 덥수룩한 수염과 이지적인 검은 눈을 말없이 바라보았다. 어떤 무게감이 그의 조용한 눈길에서 스며나왔다. 그의 건장한 외모가 신뢰감을 불러일으켰다. 어머니가 사모바르를 올려놓으러 부엌으로 가자, 르이빈이 자리 잡고 앉으며 수염을 쓸어내린 다음 팔꿈치를 테이블에 얹고 파벨을 어두운 눈빛으로 살폈다. “일이란 게 다 그래.” 그는 마치 하다 만 이야기를 계속하듯 스스럼없이 말을 꺼냈다.

“자네에게 모든 걸 솔직하게 털어놓겠네. 난 여기 오기 전부터 오랫동안 자네를 지켜보았네. 우린 바로 이웃에 살고 있잖은가. 자네 집에 사람들이 많이 드나들더군. 술주정꾼도, 떠들썩 시끄러운 이들도 없었지. 그게 중요해. 소동을 부리지 않아야 곧 주의를 끄니까 말이야. 무슨 소리냐고? 자, 보라고! 내가 따로 살면서 방해를 안 하기 때문에 모든 사람이 나를 보는 거라네.”

그의 말은 차분하고 거리낌이 없었다. 그건 그에게 자신감을 주는 신호였다.

“그래, 모두가 자네에 대해 수군거리고 있어. 내 가게 주인들은 널 이단자라고 불러, 네가 교회에 가지 않아서 그래. 나도 안 가지. 그런데 그런 서류 더미들하고 전단지들이 발견된 거라고. 그걸 생각해 낸 게 자넨가?”

“그래, 그게 나야.” 파벨이 르이빈의 얼굴을 똑바로 쳐다보며 말했다. 르이빈 또한 파벨의 눈을 뚫어지게 들여다보았다.

"혼자서라니!"

어머니가 방으로 들어서며 떨리는 목소리로 소리쳤다.

"아니, 무슨 소리냐! 너 혼자 한 게 아니잖니?"

파벨과 르이빈이 미소 지었다.

어머니는 콧방귀를 뀌고는 자리를 떴다. 무슨 이유인지 그들이 자신의 말을 들은 척도 하지 않아 기분이 좀 언짢았기 때문이다.

"그 문서들 건은 참 잘 생각해 낸 거네. 그 인쇄물들이 사람들을 휘젓고 다녔지. 그게 모두 12건 맞지, 아닌가?"

"맞아."

"난 그 문서들을 다 읽었어! 그래, 맞아. 어떤 건 무슨 소린지 알 수 없기도 하고, 또 어떤 건 문제를 깊게 다루어서 불필요하기도 하지. 그런데 한 사람 것은 아주 훌륭했어. 매우 자연스러웠지. 가끔씩 그 사람이 그 일을 해야만 할 거야."

르이빈은 미소를 지었다. 그의 이는 희고 튼튼했다.

"그런데 가택 수색 말이야. 난 무엇보다도 그 일 때문에 자네 편이 됐다네. 자네와 안드레이, 니콜라이, 자네들은 모두 들켰잖아!"

그는 적당한 말을 생각하려고 잠시 창밖으로 시선을 돌리더니 손가락으로 탁자를 톡톡 두드렸다.

"자네들의 방식을 그들이 발견한 거지. 넌 네 일과 명예만 바라본다고 말하지. 또 우리도 그럴 거라고 말하고 있어. 안드레이도 좋은 친구야. 안드레이가 공장에서 하는 말을 들은 적이 있어. 사람은 절대 패하지 않는다고, 오직 죽음만이 그를 쓰러트릴 거라고 했지! 정말 강건한 친구야. 파벨, 자네 날 믿나?"

"그럼요, 믿어요!"

"그렇지. 이제 내 나이 사십이라네. 자네보다 두 배나 많지. 보고들은 건 스무 배도 더 될 테고. 삼 년 동안 발이 닳도록 군대 생활도 했고 결혼도 두 번이나 했으니까. 난 코카서스에서 살았던 적이 있어서 두호보르(Dukhobor)파를 알아. 그들은 인생을 모르지, 모르고 말고."

어머니는 르이빈의 직선적인 연설을 열정적으로 들었다. 아들보다 나이 많은 사람이 아들에게 와서 고백하듯이 말하는 모습을 보니 마음이 한결 누그러졌다. 하지만 파벨은 여전히 손님을 무례하게 대하고 있었다. 그래서 어머니는 분위기를 부드럽게 하려고 르이빈에게 물었다.

"뭐 드실 것 좀 가져올게요."

"고맙지만 벌써 저녁을 먹었습니다, 어머니. 그런데 파벨, 인생이 원칙대로 되지 않는다고 생각하나?"

아들은 자리에서 일어나 뒷짐을 진 채 방 안을 이리저리 거닐기 시작했다.

"삶은 언제나 옳아요. 지금 당장 예를 들더라도 당신을 여기에 데려오고 우리의 마음을 열게 하니까요. 평생을 노동으로 먹고사는 우리를 단결하게 하는 힘이 곧 삶의 열린 마음이니까요. 인생은 우리에게 부당하게 되어 있어요. 그래서 삶은 짐이 되어 버렸어요. 그렇지만 동시에 인생 자체가 사람으로 하여금 인생의 비참한 쪽을 바라보게 하지요. 그리고 그 길로 가도록 스스로 재촉하고요. 우리 모두는 살아가는 일 자체, 오로지 그것만 생각해요."

르이빈이 그의 말에 끼어들었다. "그 말이 진실이야. 하지만 잠깐만! 사람은 개선돼야만 해, 내 생각은 그래! 사람의 몸이 더러워지면 욕조로 데려가서 깨끗이 씻기고, 깨끗한 옷을 입혀야 한다고—그래야 그가 괜찮아져. 그렇지 않겠어? 그렇듯 마찬가지로 마음에 때가 끼면, 피를 흘리더라도 때를 벗기고 깨끗이 닦은 다음 새옷을 입혀야 한다고. 안 그래? 그렇다면 자네는 어떻게 인간의 정신을 깨끗이 닦아줄 수 있겠나? 그만 됐어!"

파벨은 뜨겁고 비통하게 신에 대해서, 황제와 권력에 대해서, 공장에 대해서, 그리고 외국의 노동자들이 자신들의 권리를 어떤 식으로 주장하는지에 대해서 격한 목소리로 토해냈다. 르이빈은 마침표를 찍듯이 손가락으로 탁자를 찌르기도 하고, 큰 소리로 웃음을 터뜨리기도 했다. 그런 뒤 그는 한마디로 간단하게 말했다. "다 그런 거라고!" 그러고서 한번 크게 웃고는 나지막이 말했다.

"흠, 자네는 아직 젊어서 사람들을 잘 모르는구면!"

말을 가로막고 나서며 파벨은 심각하게 말했다.

"나이보다는 옳고 그름을 먼저 따져야지요."

"자네 말대로라면 신이 우리를 바보 취급 해왔다는 거지? 물론 나도 종교가 위선적이고 상처를 준다는 생각이 들긴 해!"

이 대목에서 어머니가 대화에 끼어들었다. 그녀는 아직까지 신을 자애롭고 성스러운 존재로 여기고 있었기 때문에, 아들이 신앙심 없이 날카롭고 쓰디쓴 말로 그녀의 마음에 상처 내는 것이 마뜩잖아 무언중에 부탁하고 싶었다.

"하느님에 대해 말할 때는 다들 조심해야 해요! 무엇이든 당신들 좋을 대로 해도 되고. 일에 대가는 꼭 있으니까. 그렇지만 난 늙은 여자야, 당신들이 내 하느님을 빼앗아 간다면 난 고통 속에서 의지할 것이 아무것도 없게 돼."

그녀는 숨을 멈추고 더욱 격렬히 말했다. 눈에 눈물이 고였다. 접시를 닦고 있는 손가락이 떨렸다.

"어머니는 우릴 이해 못해요!" 파벨은 부드럽고 다정하게 말했다.

"죄송합니다, 어머니!" 르이빈은 굵은 목소리로 느릿느릿 말했다. 그는 파벨을 보고 미소 지으며 말했다.

"네가 사마귀를 잘라내기에 너무 나이가 들어 버렸다는 사실을 내가 잊고 있었군."

파벨이 말을 이었다. "난 당신이 믿고 있는 선하고 자비로운 하느님에 대해서 말한 적이 없지만, 사제들이 몽둥이로 우릴 위협하듯이 인용하는 그런 하느님에 대해서, 그리고 몇몇 사람들의 사악한 의지로 우릴 강제로 밀어넣으려고 인용하는 그런 하느님에 대해서는 말했었지요."

르이빈이 말을 받았다.

"맞아, 네 말이 맞아. 그들은 우리의 하느님까지도 못 믿게 만들었어요. 그들은 우릴 나쁘게 몰아서 모든 것을 자기들 손에 넣었던 말이야. 잊지 마세요, 어머니, 하느님은 사람을 자신과 꼭 같은 모양으로 만드셨죠. 그래서 사람이 하느님과 비슷하다고 할 때 하느님은 사람과 비슷하다고요. 그렇지만 우린 하느님과 비슷해지지 않고 짐승과 비슷해졌잖아요! 교회에서는 우리 앞에 허수아비를 세워놔요. 우린 우리의 하느님을 개조해야 해요. 하느님을 씻겨드려야 한단 말이에요! 그들은 하느님에게 거짓과 중상모략의 옷을 입혔어요. 그들은 우리의 영혼들을 망치려고 얼굴을 찡그리고 있는 거라고요!"

그는 침착하고 매우 분명하게, 그리고 알아듣기 쉽게 말했다. 그의 모든 말은 한줄기 폭풍처럼 그녀의 귓전에 울렸다. 그리고 그의 검은 수염 테두리 안에 박힌 널찍한 얼굴이 상복을 입은 분위기여서 그녀는 두려움에 떨었다. 그의 검은 눈빛을 더는 참을 수가 없었다. 그 때문에 그녀의 내부에서는 고통스런 감각이 일어나서 마음이 두려움으로 가득 찼다.

"아니, 나는 더 듣고 있을 기운이 없구나! 이만 나가 있어야겠다."

어머니는 고개를 저으며 말했다. 어머니가 급히 부엌으로 나갔고, 곧이어서 르이빈이 말했다.

"파벨, 거기 네게도 신앙심이 있어! 신앙심은 머리가 아니고 심장이야. 심장 속에서는 그 외에는 그 무엇이라도 자라날 수 없지."

"인류를 해방해 줄 수 있는 건 오직 이성뿐." 파벨이 말했다.

"이성은 힘을 주지 않네! 가슴이 힘을 주는 거야. 머리가 아니란 말이야. 알겠나?" 르이빈이 힘차게 반박했다.

어머니는 옷을 벗고 잠자리에 들었는데, 그날은 기도문도 외지 않았다. 왠지 춥고 비참한 기분이 들어서였다. 그리고 르이빈은 처음에는 그렇게도 재미없는 사람으로 보였는데도 지금은 그녀의 마음에 보이지 않는 환심을 불러일으켰다.

"이단자! 넌 유혹자야!" 그녀는 그의 가슴속 깊은 곳으로부터 울리며 새어 나오는 숨 고른 목소리를 들으며 생각했다. 그도 역시 그 집으로 온 것이다—그는 없어서는 안 될 인물이었다.

그는 확신에 차서 차분하게 말했다.

"그 성스러운 장소는 비어 있을 수가 없다네. 하느님이 사시는 그곳은 고통의 장소니까. 그리고 만일 하느님이 심장으로부터 빠져나가면 거기에는 상처가 남게 되지, 내 말을 기억해 둬. 파벨, 새로운 신앙을 지어내야만 하네, 무슨 일이 있어도 하느님을 창조해 내야 한다고. 강요적인 판사도 아니고, 전사(戰士)도 아니고, 단지 모든 사람의 친구일 뿐인 하나의 하느님을 창조해야만 해."

"당신에게도 그런 신앙이 있어요! 하느님의 아들, 그리스도 말이야!"

"잠깐! 그리스도는 정신적으로 강하지 않지. '이 컵 좀 받아 치워주시오.' 그는 말했어. 그리고 그는 황제를 알아보았지. 하느님은 인간의 힘을 알아볼 수가 없었어. 그 자신이야말로 전지전능이었다는 말이야. 그는 자신의 영혼을 분열시키지 않고 이렇게 말했지. '경건한 마음도 그만하면 되었고, 인간에 대한 마음도 그만하면 되었다.' 만일 그리스도가 신성한 사람을 확인하러 온다면 그에게는 인간적인 면은 하나도 필요하지 않아. 단, 그리스도는 거래를 인정했어, 그래서 결혼을 인정하였던 거고. 그때부터 그리스도는 불공평해져서 무화과나무를 비난했어. 나무가 열매를 맺지 못한 게 그리스도의 의지 때문일까? 또 영혼이 저절로 선의의 열매를 맺지 못한 게 그리스도의 의지 때문일까? 물론 아니지!"

두 사람의 목소리는 방 안에서 콧노래처럼 울렸다. 마치 서로 맞붙잡고 격렬한 레슬링 경기를 하고 있는 듯했다. 파벨은 마음이 조급해져 방 안을 서성거렸다. 바닥에서 그의 발소리가 탁탁 울렸다. 그가 말할 때 다른 소리들은 모두 그의 소리 때문에 하나도 들리지 않았다. 하지만 르이빈의 따분한 연설이 느릿느릿 조용히 흐르는 가운데, 시계추 소리와 얼음 성에가 틱틱 갈라지는 소리가 나지막이 들려왔다. 마치 어떤 발톱이 집의 벽을 긁고 있는 것 같았다.

"나는 내 식대로 자네에게 말할 거야, 거친 화부가 말하듯이 말이야. 하느님은 불과 같은 성질이야. 그는 무엇도 강하게 만들지 않지. 그렇게 할 수가 없어서라고. 그는 사람들에게 빛을 줄 때 단지 태워서 녹이기만 하셔. 교회들을 불태우고, 세우지는 않아. 그는 심장 속에서 사시니까."

"그리고 정신 속에서도!" 파벨이 고집스럽게 말했다.

"그래 맞다! 심장 속에서, 정신 속에서. 서로 손을 마주 비벼대는 관계야. 이런 관계에서는 모든 일이 곤경에 빠지고 고통스러워, 그리고 불행해. 우리는 자급자족으로 스스로에게 봉사해 왔는데, 심장이 정신으로부터 지원을 받고 나면 정신은 곧 사라지고 말더란 말씀이야. 사람은 하나의 통합된 생물이 아니야. 그런데 하느님은 사람을 하나의 통합된 인간으로서 둥글둥글하고 끝없이 순환하는 동물로 만드셨어. 하느님은 언제나 세상 만물을 둥글둥글하게 만드셔. 바로 그것들이 이 땅이고, 저 모든 별이고, 그리고 눈에 보이는 모든 것이지. 뾰족하고 앙상하게 모가 나게 만들어진 것들은 모두가 인간의 작품이야."

어머니는 잠에 푹 빠져서 르이빈이 집을 떠나는 소리도 듣지 못했다.

그날 이후 르이빈은 자주 파벨을 찾아왔다. 파벨의 친구들이 있을 때면 한쪽 구석에 앉아 조용히 이야기를 듣기만 하다가, "그래, 맞아!" 말참견만

했다.

한번은 르이빈이 구석에 앉아 모두를 바라보며 침울한 목소리로 말했다.

"물론 현재 있는 그대로에 대해서 말해야 하겠지. 하지만 그게 무엇인지 우리는 모르지. 사람들이 자유로워지면 자신들을 위해서 무엇이 가장 좋은지 알게 될 거야. 그들이 원하는 것은 머리로 부딪히고 싶지 않을 뿐이야. 그들 스스로 일을 끝내도록 두는 거라고! 자네들은 그저 책을 그들 손에 쥐여주면 돼. 그럼 그들이 알아서 스스로 답을 찾을 테니까. 물론 삶도 지식도 모두 거부할지도 모르지. 하지만 그들 스스로 답을 찾아야만 해! 말의 목줄을 죄면 죌수록 일은 더 악화된다고 기억하게 해주면 그만이야."

그러나 파벨과 르이빈 둘만 있을 때는 조용한 논쟁이 끝없이 이어졌다. 그러면 어머니는 그들의 말을 조용히 들으면서 이해하려고 애를 썼다. 어머니 생각에, 검은 수염의 몸이 건장한 노동자인 아들과 르이빈은 마치 암흑 속에서 빛과 출구를 찾는 장님처럼 이쪽저쪽을 무턱대고 세게 더듬거리며 사방을 돌아다니는 것 같았다. 그러다 서로에게 걸려서 넘어진 채 뒤엉켜 발을 긁히기도 하고……. 그들은 그렇게 논쟁을 통해 서로의 생각을 탓하고 쓰다듬고 던져 버렸지만, 항상 조용하고 차분했으며 신뢰심도 희망도 잃지 않았다.

그들은 아주 대담하고도 직선적인 무서운 단어들을 내뱉곤 했지만, 어머니는 이제 그런 단어에 익숙해져서 처음만큼 그녀를 힘들게 하지는 않았다.

일주일에 한 번씩, 그녀는 감옥에 있는 안드레이에게 속옷과 책들을 날라다 주었다. 한번은 면회를 허락하여서, 그녀는 그를 만나 얘기를 나누었다. 집으로 돌아오는 길에 그녀는 열광적으로 안드레이에 대해 이야기했다.

"안드레이는 역시 변함이 없었어! 그는 모두에게 착하고 다정하지. 사람들 모두가 그와 농담을 나눠. 안드레이 마음은 언제나 편안한 휴일인가봐. 그의 운명은 힘들고 무거운데도 그런 내색을 하지 않아."

"맞아요! 사람들은 마땅히 그런 자세로 살아야 하는데."

르이빈이 자기 의견을 말했다.

"우리 모두가 비극에 둘러싸여 있잖습니까, 피부에 싸여 있듯 말이죠. 우리 비극을 공기처럼 들이켜고, 비극을 옷처럼 입고 살잖아요. 하지만 그게 자랑할 일은 아니죠. 모든 사람이 다 장님은 아니에요. 어떤 사람들은 자진해서 눈을 감고 다니기도 하죠. 사실이에요! 만약 바보라면 그 고통을 겪어야만 해요."

8

블라소프의 낡고 작은 집은 점점 더 마을의 관심을 끌었다. 그러면서 의혹 때문에 조심스럽고도 무의식적인 적대감이 생겨나기도 했지만 동시에 은밀한 호기심도 점점 커져갔다. 가끔씩 누군가가 집에 갑자기 찾아와서 파벨을 유심히 살피며 이렇게 말하곤 했다. "흠, 형제님, 당신이 책을 많이 읽고 있고, 법에 대해서도 안다지. 내게 설명 좀 해 주게나. 그러니까……"

그러고서 그는 파벨에게 경찰의 부당함이나 공장 경영에 대해 몇 가지 말하고 도움을 청하곤 하였다. 복잡한 경우에는, 파벨이 시내에 사는 변호사 친구에게 전하는 짧은 편지를 써서 그 사람에게 주기도 하고 그가 할 수 있으면 직접 설명을 했다.

점차 사람들은 이 젊고 진지한 친구를 존경의 눈길로 보기 시작했다. 이 젊은이는 모든 일을 간단명료하고 용감하게 말했으며, 잘 웃지는 않지만 모든 이를 바르게 대하고 그들의 말을 귀담아 들었다. 그래서 모든 상황을 자세하게 살펴서는 항상 일반적이고 끊임없는 어떤 실마리를 찾아내었고, 그래서 사람들이 서로서로 결속되도록 수많은 매듭들로 끌어매어 놓게 했다.

블라소바는 그녀의 아들이 자라나는 과정을 보아온 터였다. 그녀는 아들의 일을 이해하려고 노력하였고, 그의 일이 잘 풀렸을 때는 어린아이같이 기뻐서 팔짝거리고는 했다.

파벨은 특히, '진흙투성이의 몇 푼'이라는 그의 이야기가 나온 이후부터 사람들에게 존경받기 시작했다.

공장 뒤편으로는 거의 둥근 원 모양으로 썩은 넓은 늪지대가 전나무와 자작나무 숲과 함께 펼쳐져 있었다. 여름이면 그곳은 누렇고 녹색빛을 띤 오물 더미와 모기 떼가 마을을 가로질러 열기를 내뿜으며 흘렀다. 늪지대는 공장에 딸린 부지였다. 그 무렵 새로 부임한 사장은 늪을 바짝 말려서 토탄을 채취할 궁리를 했다. 늪을 건조시키면 지역 주민들의 건강에 이로울 뿐 아니라 생활 조건도 향상된다는 명분을 내세웠다.

그런데 공사비를 노동자들의 임금에서 일 퍼센트씩 걷어서 쓰겠다는 발상이 문제였다. 노동자들은 크게 술렁였다. 게다가 사무직원들은 공사비 징수

대상에서 제외한다는 발표가 노동자들을 격분시키고도 남을 만했다.

그러한 발표가 있던 토요일, 파벨은 몸이 아파서 공장에 나가지 못했기에 이 사실을 전혀 모르고 있었다. 일요일 오후에야 주물공 시조프 영감과 포악해 보이는 철공 마크호틴이 찾아와 소식을 전했다.

시조프 영감이 먼저 침착하게 말을 꺼냈다.

"늙은이들끼리 모여서 얘기를 좀 해 봤는데, 다들 자네가 우리 중에서도 유식한 사람이니까 자네에게 가보라고 하더군. 자네는 뭘 좀 아는 사람 아닌가? 그래, 대체 그게 될 법한 소린가? 사장이 우리 돈을 떼어다가 모기를 잡겠다는 게 말일세."

마크호틴이 작은 눈을 반짝이며 덧붙였다.

"삼 년 전에도 저 사기꾼 놈들이 목욕탕을 짓는다며 우리 돈을 뜯어 갔잖아. 그런데 지금 그 큰돈이 다 어디로 갔어? 목욕탕이 어디 있고?"

파벨은 공사비 징수의 부당성을 설명한 다음, 이 일로 공장 측이 얼마큼의 이익을 얻을 수 있는지 알려 주었다. 두 사람은 파벨의 이야기를 듣고는 울그락불그락하여 집으로 돌아갔다.

어머니는 그들을 문까지 배웅하고 나서 웃음을 지으며 말했다.

"파벨, 이제 노인들까지 너를 찾아와 해결책을 상의하는구나!"

대답도 없이, 파벨은 부산스럽게 테이블에 앉아서 무언가를 쓰기 시작했다. 잠시 뒤에 그는 그녀에게 말했다. "얼른 시내로 가서 이 편지를 전하세요."

"위험한 거니?" 그녀는 물었다.

"네! 저쪽에서 우리 쪽에 대한 신문기사가 발행되고 있어요! '진흙투성이의 돈 몇 푼' 이야기가 다음 호에 계속되어야 해요."

"곧 출발해야겠다." 그녀는 서둘러 옷을 입었다.

그날은 아들이 어머니에게 첫 위임을 한 날이었다. 그녀는 아들이 그 일에 대해 자주 얘기해서 행복했고, 자신이 이 일에 도움이 될지도 모른다는 생각에 행복했다.

"파벨, 난 모든 걸 다 이해하고 있다, 강도짓이라도 하는 것 같구나. 그 사람 이름은 뭐냐? 이고르 이바노비치?"

그녀는 저녁 늦게 되어서야 집에 돌아왔다. 지쳐 있었지만 만족해 했다.

"사쳰카 사샤를 봤단다, 네 안부를 묻더구나. 그리고 이 이고르 이바노비치는 얼마나 단순하고 농담을 잘하던지! 말을 아주 익살스럽게 하더구나."

"어머니가 그들이 좋다고 하니 저도 기분이 좋네요." 파벨이 다정하게 말했다.

월요일에도 파벨은 일하러 가지 않았다. 머리가 아팠다. 저녁 때가 되자 폐자 마진이 잔뜩 흥분하여 숨을 헐떡이며 뛰어들어왔다. 행복해하면서도 지쳐 있었다.

"나 좀 봐! 공장 전체가 들고 일어났어! 그 사람들이 널 데려오라고 했어. 시즈프와 마크호틴이 말하기로는 자네가 다른 누구보다도 설명을 잘할 수 있다는 거야. 웅성웅성 시끌벅적하고 난리야!"

파벨은 아무 말도 하지 않고 조용히 옷을 챙겨 입었다.

"여자들도 합세했어. 소리 지르고 난리야!"

"나도 가 보자. 무슨 일이야? 넌 몸도 아직 성치 않아. 나도 가봐야겠다." 어머니가 말했다.

"같이 가요."

파벨이 대꾸했다.

그들은 거리를 따라 말없이 걸음을 재촉했다. 어머니는 빨리 걷는데다가 흥분까지 되어서 숨이 턱턱 막혔다. 뭔가 중요한 일이 닥쳐왔음을 직감할 수 있었다. 공장 정문 앞에서는 여자들이 무리를 지어 지키고 서서 입에 담기도 부끄러운 욕설을 퍼붓고 있었다. 파벨 일행이 군중 속을 비집고 들어갔다. 모두 흥분해서 고함을 질러댔다. 어머니는 모든 사람의 시선이 주물부 공장의 담벼락 쪽으로 향하고 있는 걸 보았다. 고철더미 위에서 시즈프와 마크호틴, 발로프, 그리고 나이가 지긋한 다섯 명의 영향력 있는 노동자들이 손을 흔들며 서 있었다.

"블라소프가 온다!"

누군가가 외쳤다.

"블라소프? 그를 이리로 오게 합시다!"

파벨은 붙잡혀서 앞으로 떠밀렸고, 어머니 혼자서 남았다.

"좀 조용히 해봐요!"

여기저기서 사람들의 고함이 튀어나왔다.

멀지 않은 곳에서 르이빈의 차분한 목소리가 울렸다.

"우리는 일어서야 합니다. 돈 때문이 아니라 정의, 그 자체를 위해서 말입니다. 우리에게 가치 있는 것은 동전 따위가 아닙니다. 그것은 다른 것과 마찬가지로 그저 둥글고 무거울 뿐입니다. 그리고 노동자인 우리의 피가 들어 있습니다. 사장의 지폐에는 없는 우리의 피 말입니다, 이건 진실입니다!"

그의 말 한 마디 한 마디가 거세게 파문을 던지며 군중의 가슴을 흔들었고 그들을 열광하게 했다.

"옳소, 르이빈!"

"조용히 좀 해! 제기랄!"

"블라소프가 왔다!"

공장의 기계가 돌아가는 둔중한 소리, 날카로운 증기 소리, 그리고 가죽공장에서 나는 철썩거리는 소리도 사람들의 외침이 뒤섞여서 그냥 묻혀 버렸다. 사방에서 사람들이 내달리고 손을 흔들고, 서로 신랄한 욕설을 퍼붓기도 했다. 지친 가슴속에서 졸며 누워 있던 격정이 깨어나 탈출구를 찾다가, 바로 맞받아치는 말들이 입에서 터져나왔다. 곧바로 그 짜증내는 격정은 거대한 새처럼 얼룩진 날개를 활짝 펴고 사람들을 잡아채어 질질 끌고 가서 서로 맞부딪치게 했다. 짜증내는 격정은 다시 살아나서 불타는 분노로 변했다. 군중의 머리 위에서 그을음과 먼지 구름이 미친 듯 소용돌이쳤다. 잔뜩 상기된 사람들의 얼굴이 분노로 활활 타올랐다. 두 뺨에서는 시커먼 눈물이 흘렀다. 검은 얼굴들마다 두 눈과 하얀 이가 반짝였다.

시조프와 마크호틴이 서 있던 곳에 파벨이 나타났고, 곧바로 그의 외침이 울려 퍼졌다.

"동지들!"

어머니는 아들의 얼굴이 하얗게 변하고 입술이 떨리고 있는 모습을 보았다. 자신도 모르게 그녀는 군중을 밀치며 앞으로 나아갔다. 사람들의 짜증스런 목소리가 들렸다.

"어딜 가는 거요, 할머니?"

그녀는 화를 내며 묻는 소리를 들으며, 이리저리 떠밀리면서도 굴하지 않고 두 어깨와 팔꿈치로 사람들을 밀어내면서 아들에게로 가까이 다가갔다. 그저 아들과 나란히 서고 싶은 마음뿐이었다.

한편 파벨은 가슴에서 우러나오는 말, 그간 버릇처럼 중요하게 의미를 두어 강조했던 말들을 하나하나 선택할 때마다, 투쟁의 기쁨으로 이는 경련 때문에 목에 압박을 느꼈다. 그의 신념에 몸을 맡기고 싶은 꺾을 수 없는 희망으로 활활 타올라서 자신의 심장을 사람들에게 던져주고 싶은 열망에 휩싸였다. 그의 마음은 진실에 대한 꿈으로 불붙기 시작했다.

"동지들!"

그가 되풀이하는 이 말 속에는 환희와 힘이 넘쳤다.

"우리가 누굽니까? 교회와 공장을 짓고, 쇠사슬과 돈을 만들어 내는 사람이 바로 우리입니다. 다시 말해 우리는 살아 있는 힘입니다. 태어나 죽는 날까지 사람들을 먹여 살리고 기쁨을 안겨주는, 그러한 살아 있는 힘이 우리란 말입니다."

"옳소!"

르이빈이 외쳤다.

"우리에겐 언제나 일이 우선이었고 삶이란 마지막 문제였습니다. 우리에게 마음을 써준 사람이 있습니까? 우리가 잘 되는 것을 바라는 사람이 있습니까? 과연 우리를 사람으로 보는 이가 있습니까? 아무도 없습니다!"

"아무도 없습니다!"

군중들 가운데 누군가의 목소리가 마치 메아리처럼 대답했다.

파벨은 자신의 격앙된 감정을 자제하고, 되도록 차분한 목소리로 알아듣기 쉽게 설명하려고 애썼다. 더욱이 서서히 그를 가까이 에워쌌다. 얼핏 보면 수천의 머리가 달린 검고 뚱뚱한 몸뚱이 하나와 같이 보였다. 그 몸뚱이는 수백의 눈으로 그의 얼굴을 바라보았다. 그리고 그가 내뱉는 말들을 조용히 집어 삼켰다.

"우리 스스로가 우리 권리를 위해 서로 동지로서 화합하지 못하면 우리는 결코 나은 삶을 얻을 수가 없습니다. 하나의 바람, 즉 우리의 권리를 쟁취하기 위해 끝까지 투쟁하겠다는 생각으로 똘똘 뭉쳐야 합니다. 마치 한 가족처럼 말입니다."

"이제 본론으로 들어갑시다!"

어머니가 서 있는 곳 근처 어딘가에서 누군가가 거칠게 말했다.

"거 끼어들지 마쇼!"

"닥쳐!"

서로 다른 두 곳에서 낮은 고함이 튀어나왔다.

연기에 까맣게 얼굴을 그을린 사람들이 미심쩍은 듯 인상을 찌푸렸다. 수많은 눈이 다시 생각에 잠겨서 심각하게 파벨의 얼굴로 향했다.

"사회주의자인 것 같군. 아니면 바보거나!"

누군가 깐죽거렸다.

"우와! 용기가 보통이 아니군!"

다리를 다친 키 큰 노동자가 어머니의 어깨를 툭 치며 말했다.

"동지들! 우리의 노동력 안에 있는 탐욕스런 힘으로 꿋꿋이 일어설 때입니다. 우리의 권리를 찾아야 할 시간입니다. 자기 자신 말고는 우릴 도울 사람은 아무도 없다는 사실을 깨달아야만 합니다. 하나는 전체를 위해, 전체는 하나를 위해! 이것이 바로 적을 쳐부수기 위한 우리의 강령입니다."

"옳습니다, 그는 진실을 말하고 있습니다, 청년들이여!"

마크호틴이 외쳤다.

그리고 그는 불끈 쥔 주먹을 허공에 대고 흔들었다.

"공장장을 당장 소환해야 합니다, 우린 그에게 물어봐야 해요."

파벨이 연설을 계속했다.

군중은 폭풍이 몰아치듯 들끓었다. 사람들은 술렁대었고 여기저기서 고함이 튀어나왔다.

"공장장! 공장장! 공장장을 소환하자!"

"대표를 보내 공장장을 데려옵시다!"

"아뇨, 그러지 않아도 돼요!"

어머니는 앞으로 더 나아가 아들을 올려다보았다. 아들을 보니 너무 자랑스럽고 대견했다. 파벨은 나이 많고 존경받는 노동자들 사이에 우뚝 서서, 모든 이로 하여금 자신의 말에 귀를 기울이고 동의하도록 만들고 있었다. 파벨이 화를 내지도 않고 조용하고 단순하게 말해서 어머니는 기뻤다.

마치 함석지붕에 우박이 쏟아지듯 고함과 욕설, 그리고 독설들이 빗발쳤다. 파벨은 높은 곳에 서서 사람들을 내려다보며, 누굴 찾는지 눈을 크게 뜨고 두리번거렸다.

"대표를 뽑읍시다!"

"시조프보고 말 좀 하라고 해요!"

"블라소프요!"

"르이빈이요! 이 사람의 지독한 말은 당해낼 사람이 없을 거야!"

결국 시조프와 르이빈, 파벨, 이들 셋이 공장장과 담판을 벌이기 위해 뽑혔다. 그들이 막 공장장을 만나러 가려고 할 때, 갑자기 군중 속에서 나지막한 외침이 들려왔다.

"공장장이 제 발로 나온다!"

"공장장이다!"

"야아아!"

끝이 뾰족한 턱수염에 얼굴이 길쭉한 키 큰 사내에게 군중은 길을 터줬다.

"좀 들어갑시다!"

그는 앞을 막고 서 있는 노동자들의 몸에는 손을 대지 않고 작은 손놀림으로 그들에게 비킬 것을 요구했다.

그는 실눈을 뜨고, 백성을 압도하는 군주의 노련한 시선으로, 노동자들 얼굴을 하나하나 조사하듯 유심히 관찰했다. 그가 다가가자 모자를 벗고 공손히 인사하는 사람도 있었다. 사람들의 인사에는 아랑곳하지 않고 그는 앞만 보고 걸었다. 그가 느닷없이 나타나자 군중 속에는 잠시 정적이 감돌았다. 사람들은 장난을 치고 곧바로 후회하는 어린아이들처럼 부끄러운 듯 미소를 지으며 작게 소리쳤다.

공장장은 가혹한 눈빛으로 어머니를 쏘아보고서 그 옆을 지나 고철더미 앞에 멈췄다. 위에서 누군가가 그에게 손을 내밀었다. 그러나 그는 내민 손을 뿌리치고 몸을 힘차게 움직여 위로 펄쩍 뛰어 기어올랐다. 그리고 파벨과 시조프 앞에 서서 군중을 조용히 둘러보며 물었다.

"이건 무슨 집회야? 왜들 작업을 중단한 거지?"

몇 초 동안 침묵이 지배했다. 시조프도 모자를 벗어 허공에 대고 흔든다 싶더니 어깨를 움츠리고 바로 고개를 숙였다.

"내가 묻는 말에 대답을 해야 할 것 아냐?"

공장장이 말을 이었다.

파벨이 시조프와 르이빈을 지목하며 큰 소리로 말했다.

"우리 세 사람은 모든 동지로부터 1퍼센트의 세금부과 조치를 거두어들일 것을 당신에게 요구하라는 위임을 받았습니다."

"무슨 이유로?"

파벨에게 눈길도 주지 않고 공장장이 물었다.

"우리는 우리에게 부과된 그 공제가 정당하다고 생각지 않습니다."

파벨이 큰 소리로 대답했다.

"그러니까 자네 말은 습지를 말리려는 내 계획이 단지 노동자들을 착취하려고 할 뿐, 결코 자네들의 작업환경 개선을 위한 배려가 될 수 없다는 거지? 내 말이 맞아?"

"그렇습니다!"

"당신도 같은 생각이오?"

공장장이 르이빈에게 물었다.

"우리 모두 생각이 같습니다."

르이빈이 대답했다.

"이보쇼, 당신은 어떻소? 훌륭한 내 친구."

이번엔 공장장이 시조프를 돌아보며 물었다.

"나도 마찬가지 생각입니다. 우리는 한 푼이라도 임금을 깎는 걸 원치 않습니다."

시조프는 고개를 다시 떨구면서 죄지은 표정으로 미소 지었다.

공장장은 천천히 군중을 둘러보고 어깨를 으쓱였다. 잠시 뒤 샅샅이 살피듯이 파벨을 쳐다보며 물었다.

"자네 꽤나 배운 것 같은데, 아니, 자네 같은 사람이 정말로 이 조치가 얼마나 유익한지를 이해할 수 없단 말인가?"

파벨이 큰 소리로 대답했다.

"만일 공장 돈으로 소택지를 메운다면 그거야 얼마든지 이해할 수 있습니다."

"공장이 무슨 자선사업단체인 줄 알아? 난 여러분 모두에게 즉시 작업을 시작하도록 명령한다!"

공장장이 근엄하게 말했다.

공장장은 아무에게도 눈길을 주지 않고 발에 고철이 닿는 느낌을 받으며 밑으로 내려갔다.

군중 틈에서 웅성거리며 불만이 터져나왔다.

"뭐야?"

공장장이 걸음을 멈추고 물었다.

모두가 일제히 입을 다물었다. 잠시 뒤 어딘가 멀리서 혼자서 외쳐대는 소리가 들렸다.

"당신 혼자서나 가서 일 실컷 하슈!"

"만약 15분 내로 작업을 시작하지 않으면 모두에게 벌금을 부과하겠다!"

공장장은 거칠게 또박또박 말했다.

그는 다시 군중을 헤치고 나아갔다. 그가 떠난 자리엔 이런저런 불평만이 남았다. 그의 모습이 멀어질수록 사람들의 언성은 높아졌다.

"공장장한테 가서 다시 말해!"

"진리 어쩌고 찾더니, 고작 그것밖에 안 돼? 재수없게도!"

몇몇 사람이 파벨에게 소리쳤다.

"에잇, 대단한 법률가 양반, 이제 어떻게 해야 하지? 자네가 아무리 이야기를 잘했어도 공장장이 나타나니까 모두 꿀먹은 벙어리가 됐잖아!"

"이보게나, 블라소프, 이제 어쩌지?"

여기저기서 고함이 더욱 커지자 파벨이 손을 올리며 소리쳤다.

"동지들, 난 공장장이 과세 계획을 거둘 때까지 작업을 중단할 것을 제안합니다."

격앙된 목소리들이 터져 나왔다.

"저 사람은 우리가 바본 줄 알아!"

"우린 그 일을 해야 해!"

"파업을 하자고?"

"그깟 한 푼 때문에?"

"파업을 못할 게 뭐 있어?"

"우린 모두 목이 달아날 텐데……."

"그럼 누가 일을 하지?"

"일할 사람이 없을라고?"

"누가 있어? 유다 같은 배신자들?"

"해마다 모기를 처치하려고 난 3루블하고도 60코페이카를 냈다고."

"우리 모두 그 돈을 내야 할걸!"

파벨은 연단에서 내려와 어머니 옆에 섰다. 이젠 아무도 그를 쳐다보지 않았다. 그들은 논쟁을 벌이며 떠들었다.

"사람들을 파업까지 이끌긴 힘들 걸세. 돈이라면 환장하기도 하지만 겁도 너무 많아. 기껏해야 한 3백 명 남짓 자네 편에 설까 말까야, 그 이상은 어려울 걸세. 쇠스랑 한 삽으로 퍼 올리기에는 퇴비의 양이 너무 많아서……."

파벨은 아무 말이 없었다. 파벨의 눈앞에는 자신을 끈질기게 바라보는 군중의 시커멓게 탄 얼굴들이 넓게 흔들거렸다. 경계심으로 심장이 두근거렸다. 자신의 말이 흔적도 없이 공염불이 된 듯했다. 마치 오랜 가뭄으로 황폐해진 땅에 뿌려진 빗방울처럼 사라져 버렸다.

몇몇 노동자들이 차례로 그에게 다가와서, 그의 연설을 칭찬하면서도 파업이 과연 성공할지 의심하였고, 사람들이 자신들이 무엇에 관심이 있고 또 얼마큼 힘이 있는지 모르고 있어 한탄스럽다고 불평했다.

파벨은 자신의 힘에 대해 상처를 받고 실망한 기분이었다. 머리가 아프고 쓸쓸했다. 지금까지 그는 진실의 승리를 그려볼 때마다 기쁨에 사로잡혀, 울고 싶을 정도였다. 그러나 그가 진실을 사람들에게 말했지만 그들은 남의 일처럼 바라보기만 했다! 진실이 말의 옷을 입었을 때 진실은 매우 창백했고, 무력했고, 아무런 힘이 없었다. 그래서 그 누구에게도 도움이 되지 않았다. 그는 자신을 탓했다. 그래서 자신의 꿈인 진실의 승리를 가난하고 엉망이 된 외모로 숨겨왔기 때문에, 아무도 그 아름다움을 탐색해 낼 수가 없었던 것이다.

파벨은 피곤한 몸을 이끌고 집에 돌아왔다. 서글펐다. 어머니와 시조프가 그의 뒤를 따랐다. 르이빈이 나란히 걸으며 그의 귀에 속삭였다.

"자네, 연설은 좋았는데, 가슴에 호소하지 못했어. 그게 문제야! 가슴에다 말을 해야 해. 가슴 깊숙한 곳에."

"이성으로 살아야 하는데 말이야." 파벨이 작은 목소리로 말했다.

"맞지 않는 신발을 신은 격이란 말이에요. 너무 얇고 좁아! 신이 맞지 않을 거라고! 맞는다고 해도 너무 얇아서 빨리 닳아 버리겠지. 그게 문제야."

시조프는 어머니에게도 말을 건넸다.

"우리 같은 늙은이들은 이제 무덤에나 가야 해요, 닐로브나! 새로운 세대가 자라고 있어요. 우리가 어떻게 살아왔지요? 그저 무릎이 닳도록 기고 머리가 땅에 닿도록 절이나 하면서 살아온 게 아니냐고요! 하지만 새 사람들을 봐요, 우리와는 다르잖아요. 물론 어쩌다 보면 우리보다도 더 일을 그르칠 때도 있지만. 젊은이들은 공장장과 이야기하는데도 동급자처럼 전혀 거리낌이 없잖소⋯⋯. 그래야지! 내 아들 마트베이가 살아 있다면! 그럼 다음에 또 만나세, 파벨 블라소프! 자네가 한 일은 잘한 일이야, 형제님. 사람들을 위해서도. 신께서 도우실 걸세. 자넨 분명 좋은 방도를 찾아내고야 말 거야. 건투를 비네!"

그리고 그는 자리를 떴다.

르이빈이 중얼거렸다.

"목숨이 다하는 그 순간까지 전진! 자넨 이제 이미 이전의 사람들이 아니야. 시멘트가 된 걸세. 자네가 틈을 메워야 해. 자넨 보았나, 파벨? 자넬 대표로 뽑자고 소리치던 사람들 말일세. 자네한테 사회주의자다 선동가다 하면서 소리친 사람들도 바로 그들이었어. 그들 생각은 뻔해. 당장 해고당하는 건 싫으니 자네에게 모든 책임을 지워야 자네에게도 좋다는 거지."

"그들로 봐서는 당연한 거죠!" 파벨이 대꾸했다.

"늑대들이 서로를 물고 뜯는 것과 별반 다를 게 없어⋯⋯."

르이빈의 얼굴에 수심이 가득했다. 목소리도 유난히 떨렸다.

그날 온종일 파벨은 우울하고 몹시 고단했다. 무언가를 잃은 것 같아 도무지 마음의 갈피를 잡을 수 없었고, 무언지는 모르지만 더 잃을까봐 걱정되었다.

밤중에 어머니가 잠들고 파벨은 침대에서 책을 읽고 있을 때, 경찰관들이 나타나서 마당이고 다락방이고 집을 샅샅이 뒤졌다. 음산한 분위기로, 노란 얼굴의 장교가 마치 처음인 것처럼 모욕적으로 조롱하며 행동했다. 어머니는 구석에서 줄곧 조용히 아들의 얼굴에서 시선을 떼지 않고 있었다. 파벨은 자신의 감정을 배반하지 않으려고 애써 생각하면서도, 장교가 웃을 때마다 손가락을 우두둑 꺾었다. 그의 늙은 어머니는 아들이 그 장교의 행동을 얼마나 힘들게 참아내고 있는지 알 수 있었다. 이번 일은 첫 번째 수색만큼 그녀에게 위협적이지 않았다. 그녀는 이렇게 오밤중에 신발 징 소리를 울리면서 찾아온 우중충한 이들에게 혐오감이 일었다. 그런데 그 증오심 때문에 그녀의 경계심은 꿀꺽 삼켜지고 말았다.

파벨이 조심스럽게 어머니에게 속삭였다.

"저들이 날 체포할 거예요."

그녀가 고개를 기울이며 조용히 대답했다.

"알고 있어."

그녀는 그날 공장 노동자들을 부추겼다는 명목으로 아들을 감옥에 넣으리라고 생각했다. 그렇지만 모두 아들이 했던 말에 동의했었고 또 모두가 아들을 지지해야 했기 때문에, 아들이 오랫동안 감금되지는 않으리라고 생각했다.

그녀는 아들을 붙들고 울고 싶었다. 그렇지만 장교가 곁눈질로 그들의 불행을 지켜보고 있었다. 그의 입술이 떨렸고, 콧수염도 바르르 떨리고 있었다. 어머니 블라소바의 생각에 그는 그녀의 눈물과 불평, 탄원을 기다리는 것 같았다. 그녀는 될 수 있는 대로 가능한 말을 줄여서 하려고 안간힘을 쓰면서, 아들의 손을 잡고 숨을 가다듬으며, 작은 목소리로 느릿느릿 말했다.

"안녕, 파샤. 필요한 건 다 챙겼니?"

"모두 다요. 걱정하지 마세요!"

"하느님이 함께 하실 게다!"

9

아들이 끌려가고 나서 어머니는 긴 의자에 털썩 주저앉아 눈을 감고 조용히 흐느꼈다. 남편의 버릇처럼 벽에 등을 기댔다. 슬픔도 슬픔이지만 아무것도 할 수 없는 자신의 처지 때문에 온몸으로 그녀의 상처받은 마음의 고통을 모두 눈물로 씻어내었다. 그녀의 눈앞에서, 지워지지 않는 얼룩과도 같이 성긴 콧수염을 기른 누런 얼굴이 사팔눈을 뜨고서 사악한 기쁨에 젖어 쳐다보고 있는 것만 같았다. 어머니의 가슴속에서는 진실을 말한다는 이유로 아들을 빼앗아간 이들에 대한 울분과 적개심이 실패에 감긴 검은 실처럼 휘감겨 있었다.

날이 쌀쌀해졌다. 빗방울이 유리창을 때렸다. 밤이 찾아왔다. 널따랗고 붉은 얼굴에 눈도 없이 긴 팔을 흔들어 대는 회색빛 육중한 그림자가 집 주위를 어슬렁대며 마치 누군가를 잡아가려고 몰래 숨어들기라도 할 것만 같았다. 그들의 신발 징 소리가 귀에 들린 것만 같았다.

'나도 함께 잡아갈 일이지.'

노동자들을 일터로 부르는 증기 기적이 울부짖었다. 오늘은 왠지 그 소리가 낮고 불분명하며, 뭔가를 주저하는 듯했다. 문이 열리고 르이빈이 들어왔다. 수염을 따라 흐르는 빗물을 손바닥으로 대충 훔치고 그녀 앞에 서며 그가 물었다.

"파벨을 잡아갔어요?"

"잡아갔어요. 저주받을 놈들 같으니!"

어머니가 긴 한숨을 내쉬었다.

르이빈이 미소 지으며 말했다.

"예상했던 일입니다. 우리 집도 수색을 당했어요. 안 뒤진 데가 없어요. 다 엉망진창을 만들어 놨지 뭡니까? 자기들이 만족할 때까지 욕을 한참 퍼붓더니 더는 건드리지 않더라고요. 결국 파벨을 잡아갔죠? 공장장의 눈짓 한 번에 헌병들이 "아멘!" 하며 동조해서 사람이 하나 없어진 겁니다. 다 한통속이라고요. 한 사람은 사람들의 주머니를 뒤지고 다른 사람은 총을 겨누고 있는 꼴이죠."

"당신들이 파벨을 지원해야 해요! 그 애가 간 건 결국 모두를 위한 일이에요!"

자리에서 벌떡 일어서며 어머니가 말했다.

"과연 누가 지원하겠습니까?"

"모두가 다 해야죠."

"당신은 너무 많이 바라고 있어요! 우린 그런 식으로 하지 않을 겁니다! 우리 생업의 주인들은 수천 년 동안 힘을 모으면서 우리 가슴에 끊임없이 못을 많이 박았지요. 우린 당장 뭉치기는 힘듭니다. 우리 자신들로부터 먼저 몸을 빼내야 해요, 각자 다른 사람으로부터 몸을 빼내야 한다는 말이에요. 저마다 가슴에 못이 박혀 있어서 서로 가까이 다가서는 걸 방해하죠."

르이빈은 어머니에게 슬픔을 남겨두고 무거운 발걸음으로 떠났다. 때를 기다려야 한다는 그의 말이 어머니의 슬픔을 더 깊게 했다.

텅 빈 듯 공허하고 흐리고 무감각한 날을 보냈다. 그녀는 불도 피우지 않고, 저녁도 짓지 않고, 차도 마시지 않고 있다가 저녁 늦게 빵 한 조각만을 먹었다. 그녀가 잠자리에 들었을 때, 자기 인생이 이제까지는 수치스럽거나, 매우 외롭거나 공허하지 않았다는 생각이 들었다. 마지막 몇 년 동안, 그녀는 뭔가 중대하고 좋은 기대감을 가지고 사는 삶에 길들여져 있었다. 젊은이들이 그녀 주위를 둘러싸고서, 시끄럽고 활기차게 삶을 가득 채웠다. 아들의 사려 깊고 정직한 얼굴이 항상 그녀 앞에 아른거렸는데, 아들은 이렇게 짜릿하면서도 고귀한 삶의 주인이자 창조자처럼 여겨졌다. 이제 아들은 갔고, 모든 것이 갔다. 온종일, 불쾌한 르이빈을 빼고는 아무도 찾아오지 않았다.

창 너머로, 둔탁하게 차가운 비가 탄식하듯 내리면서 창문 틀을 내리쳤다. 그 비와, 지붕으로부터 떨어지는 물방울들이 슬픔에 잠겨 비통한 음률을 대기에 가득 채웠다. 모든 집이 앞뒤로 다정하게 흔들리는 듯이 보였고, 그녀 주위의 모든 사물은 목표도 없고 필요하지도 않은 듯이 보였다.

누군가 문을 조용히 두드렸다. 한 번, 그리고 다시 한 번⋯⋯. 문 두드리는 소리는 이미 어머니에게 익숙해져서 별로 놀랄 일도 아니었다. 그러나 이번만큼은 달랐다. 어떤 모호한 기대감에 가슴이 오그라들었다. 그녀는 침대에서 벌떡 일어나서 얼른 숄을 두르고 문을 열었다.

사모일로프가 들어왔다. 어떤 낯선 사람이 그의 뒤를 따라 들어왔다. 외투 깃으로 얼굴을 가리고 모자를 눈 밑까지 내려쓰고 있었다. "주무시는 걸 저희가 깨웠나요?"

어머니에게 인사도 않고 사모일로프가 물었다. 무슨 걱정이 있는지 평소와는 달리 얼굴에 수심이 가득했다.

"아직 안 자고 있어요."

어머니는 대답하며 무언가를 기대하는 눈빛으로 두 사람을 쳐다보았다.

사모일로프의 뒤를 따라 들어온 사람이 꽤나 무게가 있어 보이는 털모자를 벗더니 어머니에게 함지박만 한 손을 내밀었다. 짧은 손가락이 눈에 띄었다. 말품새가 너무 다정해서 마치 오랜 친구와 같았다.

"그간 안녕하셨습니까, 할머니! 절 못 알아보시겠어요?"

"이게 누구야? 이고르 이바노비치?"

갑작스런 기쁨에 어머니는 소리쳤다.

"네, 바로 알아보셨네요."

그가 큰 머리를 숙이며 대답했다. 긴 머리카락이 하늘거렸다. 그는 순한 미소를 지었고, 작고 귀여운 잿빛 두 눈은 어머니의 얼굴을 다정하게 바라보고 있었다. 동글동글한 얼굴, 작은 키, 투실투실한 목과 짧은 팔, 영락없는 사모바르였다. 광대뼈가 나온 그의 얼굴은 빛이 나고 번들거렸다. 더구나 가슴에선 줄곧 뭔가 쌕쌕거리는 소리가 들렸다.

"방으로 들어가게. 난 옷을 걸치고 들어가겠네." 어머니가 말했다.

"어머니께 볼일이 있어 왔습니다."

사모일로프가 걱정스러운 듯 힐끔거리면서 말했다.

이고르 이바노비치가 방 안에 들어가서 밖을 향해 말했다.

"어머니, 오늘 아침에 니콜라이 이바노비치가 감옥에서 나왔습니다. 그 사람 아시나요?"

"그 사람이 얼마 동안 거기 있었지?"

"다섯 달하고도 열하루 만에 풀려난 거예요. 거기서 소러시아인 안드레이를 만났다더군요. 어머님께 안부 전하랍니다. 또 파벨이 어머님께 안부 전하면서 너무 걱정 마시라고 신신당부하더랍니다. 이런 일 하는 사람한테는 감옥이 정부 당국에서 염려해서 제공하는 훌륭한 휴식처라고 하더래요. 그럼 어머님, 제가 찾아온 용건을 말씀드리겠습니다. 어제 동지 몇 명이 잡혀갔는지 혹 어머님은 아세요?"

"모르지! 파샤 말고 또 있단 말인가?"

"파벨은 마흔아홉 번째로 잡혀간 거고요! 앞으로도 열 명은 더 잡혀간다고 봐야 해요, 예를 들면 여기 이 동지도 그렇습니다."

이바노비치가 태연하게 말했다.

"맞아요, 저도 곧 잡혀갈 거예요." 사모일로프가 찡그린 얼굴로 말했다.

어머니는 호흡이 한결 편해지는 기분이 들었다.

'거기에 파벨이 혼자 있는 건 아니군.'

이런 생각이 머리를 스쳤다.

어머니는 옷을 갈아입고 방 안에 들어가 손님들에게 미소를 지었다.

"그렇게 많이 잡아갔다니 오래 잡아두지는 않겠구먼."

"물론입니다. 우리가 이번 일을 망쳐놓으면 분명 그들은 아주 바보가 될 수도 있습니다. 이런 거지요. 만약 우리가 지금 공장 안에다 전단 뿌리는 일을 그만두면, 놈들은 파벨과 동지들에게 그 죄목을 뒤집어씌워 감옥에 처넣는데 이용해 먹을 거라는 거죠."

이고르 이바노비치가 부드럽게 말했다.

"그게 무슨 뜻이지?"

어머니는 풀이 죽어서 말했다.

"아주 단순합니다, 어머니. 헌병들이라고 어디 항상 비이성적이겠습니까? 한번 생각해 보세요. 파벨이 있을 때는 전단과 유인물이 있었는데 파벨을 잡아들이자 전단과 유인물이 사라졌다, 그렇다면 유인물을 뿌린 건 파벨이다, 뭐 이런 생각 안 하겠어요? 아마 놈들은 '먹잇감이 생겼어' 생각하고 산 사람에게 달려들 겁니다. 헌병이란 놈들이 사나이의 기를 죽이는 걸 얼마나 좋아하는데요. 특히 그에게 자아의 한 조각과 감동적인 기억 한 가지밖에 남지 않았을 때 그러죠. 누군들 견뎌내겠습니까?

"알았어, 알았어! 오, 하느님 맙소사! 이제 어떻게 하면 되지!"

어머니가 침통한 목소리로 물었다.

부엌에서 사모일로프의 목소리가 들렸다.

"이제 그놈들은 죄다 잡아들일 겁니다." 사모일로프의 목소리가 부엌에서 들려왔다. "우리는 하던 일을 계속해야 합니다. 명분을 위해서도 그렇고 동지를 구하기 위해서도 그렇고."

"하지만 일할 사람이 없잖아!"

이고르가 웃으면서 덧붙였다.

"우리에게는 최고의 인쇄물이 준비되어 있습니다. 물론 제 작품이죠. 그런데 문제가 하나 있어요. 어떻게 공장 안으로 갖고 들어가느냐 하는 겁니다."

"정문에서 일일이 몸수색을 시작했어요." 사모일로프가 말했다.

어머니는 그들이 기대하는 자신의 역할이 분명 있음을 알아차렸다. 아들을 도울 수 있다고 생각하고서 서둘러 물었다.

"그럼 어쩐다지? 우리가 할 일이 뭐야?"

"펠라게야 닐로브나, 행상을 하는 마리야 코르수노바 아주머니를 아시죠?"

사모일로프가 문턱에 선 채로 말했다.

"알지, 그런데?"

"그 아주머니한테 청하면 어떨까요? 혹 우리 물건을 밀거래 해줄 수 있는지. 우리가 그 보수를 줄 수 있을지도 모르죠." 이고르가 불쑥 말했다.

어머니가 손을 내저었다.

"안 될 말이야. 그 여편네는 입이 가벼워서 안 돼! 놈들이 내게서, 우리 집에서 유인물이 나온다는 걸 알게 되면…… 안 돼, 그건 안 될 말이지."

그러다 갑자기 무슨 좋은 묘안이라도 떠올랐는지 그녀가 속삭이듯 말했다.

"그걸 나한테 줘. 나한테 달라고! 내가 그 일을 해야겠어. 수가 있을 거야. 우선 날 조수로 써달라고 마리야한테 부탁해 볼게. 나도 입에 풀칠이라도 하려면 일을 해야지. 그러면 음식을 공장 안으로 들여갈 수 있을 테고 그러면 생각대로 일이 잘될 수도 있어."

어머니는 가슴을 두 손으로 누르며 자신이 임무를 잘 수행하고 몸수색도 피할 수 있으리라고 확신을 가졌다. 그리고 기뻐하며 외쳤다.

"놈들은, 파벨이 비록 몸은 감옥에 있더라도 공장에 손을 뻗치고 있다는 사실을 깨닫게 될 거야. 암, 그렇고말고!"

셋 모두 기운이 솟아오르는 듯했다. 이고르는 갑자기 손을 비비며 웃는 표정으로 말했다.

"훌륭하세요, 어머니! 어머니는 이 일이 얼마나 대단한 일인지 모르실 거예요. 그저 훌륭하단 말밖에 할 말이 없군요!"

"이 일만 성공한다면 당장 감옥에 가더라도 차가운 바닥이 안락의자 같을 겁니다."

사모일로프가 웃으면서 손을 비벼대며 말했다.

"훌륭하셔요, 할머니!" 이고르가 쉰 목소리로 소리쳤다.

어머니는 웃기만 했다. 그녀 생각에는, 공장에 다시 유인물이 뿌려지면 그동안 공장에 유인물을 뿌린 장본인이 파벨이 아니라는 사실이 증명되는 셈이었다. 어머니는 성공에 대해 자신감에 차 있었다. 어찌나 기쁜지 온몸에 전율이 감돌았다.

"이보게, 다음에 파벨을 만나거든 정말 훌륭한 어머님을 두었다는 말 잊지 말고 전하게."

이고르가 말했다.

"곧 만나게 될 거야, 그렇게 전하지."

사모일로프가 웃으며 대답했다.

"파벨을 만나거든 이렇게 전해줘. 이 어미는 할 수만 있다면 무슨 일이든 하겠다고. 내 마음을 알 수 있도록……." 어머니는 그의 손을 잡으며 진심으로 말했다.

"그런데 만약 놈들이 이 사람을 감옥에 집어넣지 않으면 어쩐다지?" 이고르가 사모일로프를 가리키며 물었다. 어머니는 한숨 지으며 슬프게 말했다.

"글쎄, 그럼 도울 일도 없겠지!"

둘은 함께 큰 소리로 웃었다.

어머니는 실수하지나 않았나 하는 생각에 당황하여 웃었다. 그리고 눈길을 내리고 다소 부끄러운 듯이 말했다.

"자기 편 사람들 걱정에 눈이 멀면 남들은 눈에도 안 들어온다니까!"

이고르가 큰 소리로 말했다.

"지당하신 말씀입니다! 어머님, 파벨 걱정은 마세요. 슬퍼할 일이 아닙니다. 파벨은 더 멋진 모습으로 돌아올 겁니다. 그 안에선 휴식도 취하고 공부도 할 수 있어요. 때를 놓쳐서 못하던 일들 말이에요. 저도 세 번이나 감옥 신세를 졌는데요, 편했다고 하면 거짓말이지만 그때를 이용해서 매번 정신적인 힘을 이끌어낼 수 있어서 그리 나쁘지만은 않았어요."

"당신들은 힘들게 숨을 쉬고 있어." 그녀는 그의 사심 없는 얼굴을 애정 어린 눈빛으로 바라보며 말했다.

"거기에는 특별한 이유가 있으니까요." 그는 손가락을 치켜들며 말했다.

"자, 그러면 결정된 겁니다, 할머니! 내일 인쇄물을 가져올게요. 오래된 어둠을 잘게 갈아서 파괴하는 바퀴는 다시 돌 겁니다. 언론의 자유를 위해서! 그리고 어머님 마음의 평화를 위해서! 또 뵙겠습니다."

"안녕히 계세요. 저희 어머니는 엄두도 못 낼 일입니다. 정말이에요!"

사모일로프가 어머니의 손을 굳게 잡으며 말했다.

"누구나 이해하고 나설 날이 곧 오겠지. 모든 사람이 이해할 거야."

닐로브나는 그를 기쁘게 해주려고 말했다.

그들이 떠나고 나서, 어머니는 문을 잠그고 방 한가운데 무릎을 꿇고 앉아 빗소리를 들으며 기도를 드렸다. 묵상 기도였다. 오로지 파벨의 소개로 인해 자신의 삶에 들어온 사람들을 위한 기도였다. 그들은 마치 그녀와 성화들 사이를 지나가고 있는 것만 같았다. 모두 한결같이 단순 평범하고 이상하게 서로 친하면서도 한편 외로운 사람들이었다.

아침 일찍 그녀는 마리야 코르수노바를 찾아갔다. 언제나 그렇듯 능청맞고 수다스런 행상 아낙은 동정 어린 눈으로 그녀를 맞았다.

"상심이 크죠?"

마리야는 어머니의 등을 투실투실한 손으로 토닥거리면서 물었다.

"상심할 필요 없어요. 그들은 단지 그를 뽑아서 데려갔다고요, 비극이 어디 있어요? 다치지는 않았잖아요. 예전에야 도둑질을 하면 지하감옥에 갇혔지만 요즘은 진실을 말한다는 이유로 투옥되잖수. 설사 파벨이 좀 과한 말을 했다손 쳐도 그게 다 사람들을 위해서 한 일이니 결국 다들 파벨을 이해하게 될 거유. 너무 염려 말아요! 비록 말은 안 하고 있지만 모두 그를 보면 그가 옳다는 걸 알고 있을 거라우. 나도 사람들을 모아서 임자를 찾아가려고 했지만 시간이 있어야지. 온종일 음식을 만들어 돌아다니며 팔아도 하루가 끝날 때면 비렁뱅이가 되니까! 내 생각에는 그게 그거야. 제 살 깎아 먹기 식이지. 치즈 한 조각을 야금야금 뜯어먹는 새앙쥐같이 끊임없이 야금거리고 안달이니. 겨우 10루블쯤 모았다 싶으면 웬 빌어먹을 인간이 나타나서 돈을 고스란히 뺏어가 버리지 뭐유! 그러니 내가 사나워지지 않을 수가 있나! 혼자 사는 것도 힘들지만 함께 사는 것은 더 힘들어."

"난 임자를 도울 일이 없을까 해서 찾아왔어!"

어머니가 그녀의 수다를 가로채며 말했다.

"그게 무슨 소리유?"

마리야가 반문했다. 그녀는 어머니의 설명을 다 듣고 나서 알았다는 듯 고개를 끄덕였다.

"그럼요! 도와줄 일이 있을 거유. 일전에 임자가 나를 남편에게서 숨겨주곤 했지 않수? 이젠 내가 임자를 가난으로부터 숨겨줄 차례네. 다들 임자 돕는 일에 손발 걷어붙이고 나서야 해요. 임자 아들이 공적인 일로 고생하고 있으니 말이우. 아들 하나는 참 잘 두었소. 훌륭한 젊은이야. 다들 그렇게 말합디다. 다들 동정하고 있어요. 내가 자신 있게 말하는데, 사람들 잡아넣어서 당국도 좋을 일이 없어요. 공장에서 지금 무슨 일이 벌어지고 있나 한번 보라고요. 모두 하는 말을 보세요, 분위기가 추악한 게 심상치가 않아요.

공장 관리들이 사람 발뒤꿈치를 물어뜯으면 멀리 달아나지 못할 거라 생각한 거지. 천만에! 결과가 어떤가 보라고. 열 사람을 차니까 백 사람이 화를 내지 않수. 노동자 한 사람도 조심해서 다루어야 해! 그 노동자는 아마도 오랫동안 자기가 받은 모든 고통을 인내하면서 살 수도 있겠지, 하지만 언젠가는 그 사람도 쌓인 불만을 갑자기 터트려 버릴 수도 있다우!"

10

이튿날 점심 때 어머니는 마리야가 만든 음식을 담은 항아리 두 개를 들고 공장에 가는 것으로 이야기가 일단락되었다. 그리고 마리야는 물건 팔 장소를 시장으로 옮기기로 했다.

노동자들은 새 음식행상인을 이내 알아보았다. 몇몇은 다가와 격려의 말을 건네기도 했다.

"닐로브나, 일을 시작하셨네요!"

또 어떤 사람들은 파벨이 곧 풀려나리라고 말함으로써 그녀를 위로하기도 하고, 어떤 사람들은 불길한 말로 그녀를 더욱 불안하게 만들기도 했다. 게다가 공장장과 헌병들을 싸잡아 분노의 욕설을 퍼부어서 그녀의 공감을 사는 사람들도 있었다. 하지만 몇몇 사람은 복수심에 찬 표정으로 그녀를 보았다. 출근계원 이사이 고르보프가 그런 사람이었는데, 하루는 허연 이를 드러내고 이렇게 말했다.

"내가 만약 권력자라면 당신 아들을 교수형에 처해 버릴 텐데! 사람들을 헷갈리게 만드는 이 따위 짓 더는 못하게!"

이런 협박 아닌 협박을 받을 때면 그녀는 사색이 되었다. 아무 대꾸도 하지 못하고, 남자의 주근깨투성이 얼굴을 흘긋 한 번 쳐다보고 고개를 떨어뜨릴 수밖에 없었다. 나오느니 한숨뿐이었다.

공장 안에서는 심상치 않은 기운이 감돌았다. 노동자들이 삼삼오오 모여서 수군대고, 겁먹은 듯한 작업감독들이 눈치를 살피며 돌아다녔다. 가끔 욕설과 신경질적인 웃음소리가 들리기도 했다. 사모일로프가 헌병에게 붙들려 어머니 옆을 지나갔다. 그는 한 손은 주머니에 찔러 넣고 다른 한 손으로는 자신의 붉은 머리를 쓰다듬고 있었다.

백 명 남짓한 노동자들이 무리를 지어 그를 따르며 헌병들에게 욕설과 야유를 퍼붓고 있었다.

"산책 나가나, 그리샤(그리고리의 애칭)?"

누군가 사모일로프에게 소리쳤다.

"우리 형제들을 공경할 줄도 아네."

또 다른 사람이 맞장구를 쳤다.

"산책갈 때 사람을 붙여 친절히 호위까지 해주다니."

세 번째 사람이 목 쉰 소리로 중얼거리며 당당히 말했다.

다시 지독한 욕설이 이어졌다.

"도둑놈 잡는 일엔 이젠 관심도 없나 보군. 이제 우리 선량한 형제들도 습관적으로 잡아가고!"

키 큰 애꾸눈 노동자가 큰 소리로 조롱했다.

"한밤중도 아니고 이런 벌건 대낮에 저렇게 잡아가다니, 부끄럼도 없이 뻔뻔스럽기는…… 악당 같으니!"

군중 속에서 누군가 맞장구치는 소리가 들렸다.

헌병들은 뿌루퉁한 얼굴로 서둘러 발걸음을 떼어놓으며 사람들의 시선을 애써 외면하고 있었다. 마치 귀가 먹은 사람들 같았다. 노동자 셋이 커다란 쇠파이프를 나르다가 그들과 마주치자 쇠파이프를 흔들며 소리쳤다.

"두고 보자! 사람 잡는 낚시꾼들아!"

어머니 옆을 지나가면서 사모일로프는 얼굴 가득 웃음을 띠고 고개를 끄덕이면서 이렇게 말했다.

"완력으로 사람을 이렇게 잡아간답니다!"

그녀는 아무 말 없이 고개만 끄덕였다. 감옥에 끌려가면서도 미소를 잃지 않는 이 정직하고 성실한 젊은이를 보면서 어머니는 큰 감동을 받았다. 마음에서 절로 그에 대한 사랑이 움텄다.

공장에서 나온 뒤 어머니는 마리야의 집에서 그녀의 일도 도와주고 수다도 들어주면서 하루를 보냈다. 저녁 늦게야 집에 돌아왔다. 집은 텅 빈 듯했고 이제는 편안하다는 생각도 들지 않았다. 한참 방 안에서 이 구석 저 구석을 돌아다녀 봐도 정작 쉴 곳이 없었고 일도 손에 잡히지 않았다. 어둠이 밀려오고 불안감이 엄습했다. 유인물을 가져오기로 했던 이고르 이바노비치가 아직 오지 않아서였다. 창밖에는 봄눈이 내리고 있었다. 잿빛 함박눈이었다.

눈송이는 유리창에 사뿐히 내려앉는가 싶다가 이내 소리 없이 밑으로 흘러 내리거나 축축한 자국을 남긴 채 녹고 있었다. 어머니는 아들 생각이 더욱 간절했다.

조심스럽게 문 두드리는 소리가 들렸다. 어머니는 재빨리 나가서 빗장을 풀었다. 사샤가 들어왔다. 오랜만이었다. 언뜻 보기에는 못 본 사이에 살이 좀 쪘는지 통통해 보였다.

어머니는 마침 적적하던 차에 말동무가 생겨 기쁜 마음으로 사샤를 맞이 했다.

"잘 지냈어요? 본 지가 꽤나 오래 되었구려. 그래, 어디 멀리 다녀왔수?"

"아뇨, 감옥에 갔었어요. 니콜라이 이바노비치와 함께 있었는데, 기억하시죠!"

처녀가 웃으며 대답했다.

"기억하다마다. 어제 이고르 이바노비치가 그 사람 풀려났다는 말을 하더군. 그런데 처녀가 감옥에 간 건 몰랐나, 처녀 얘기를 하는 사람이 없던데……."

"좋은 일도 아닌데요 뭐! 이고르 이바노비치가 오기 전에 옷이나 갈아입어야겠어요!"

방 안을 둘러보면서 처녀가 말했다.

"죄다 젖었구먼."

"유인물과 전단을 가져왔어요."

"어디, 줘 봐요."

어머니가 서둘러 말했다.

처녀가 외투 단추를 풀고 몸을 흔들어 털자 마치 나무에서 잎사귀가 떨어지듯 몸에서 종이 뭉치들이 바닥에 우수수 떨어졌다. 어머니는 미소를 지으며 바닥에서 종이 뭉치를 주워들었다.

"어쩐지 살이 쪄 보인다 했지. 많이도 가져왔구려! 걸어서 왔나?"

"예."

사샤가 대답했다. 그녀는 이제 예전처럼 다시 균형 잡힌 가냘픈 몸매가 되었다. 양 볼은 움푹 들어가고, 크게 뜬 두 눈은 퀭하고 밑이 거무스름했다.

"이제 막 풀려난 모양인데, 쉬지도 못하고 안쓰러워서 어째?"

어머니가 한숨을 내쉬고 고개를 저으며 말했다.

"해야 할 일인 걸요. 파벨이 어떤지나 말씀해주세요. 별 일 없죠? 지나치게 흥분해 있다거나……."

사샤는 어머니의 얼굴을 애써 외면하면서 물었다. 고개를 떨구고 머리카락을 매만지는 그녀의 손이 심하게 떨렸다.

"괜찮아, 경거망동하는 애가 아니니까."

어머니가 대답했다.

"와, 무척 건강한가 보군요!"

"아직 감기 한 번 앓아본 적이 없는 애라오. 이런, 몸을 떨고 있군. 내 얼른 차를 내오리다. 산딸기잼도."

"네, 좋아요. 하지만 너무 늦었으니까 제가 할게요."

"됐어! 피곤하지 않아?"

어머니가 사모바르를 준비하러 부엌으로 바삐 들어가면서 나무라듯 말했다.

사샤가 부엌으로 따라 들어가 긴 의자에 앉아, 두 손을 포개 뒷머리를 받친 채 말했다.

"네, 매우 피곤해요. 어쨌든 감옥은 사람을 쇠약하게 만들어요. 얼마나 답답한지! 아무 일도 안 하고 앉아만 있는 것보다 더 답답한 경우는 없을 거예요. 아시겠지만 얼마나 할 일이 많은 세상이에요? 그런데 짐승처럼 우리에 갇혀서……."

"이런 고생을 누가 보상해 주려나!"

어머니는 이렇게 묻고는 한숨을 내쉬면서 스스로 대답했다.

"누구도 보상해 줄 수 없어, 주님 말고는! 처녀는 주님을 안 믿지!"

"믿지 않습니다."

처녀가 고개를 가로저으며 짧게 대답했다.

"난 도무지 이해가 가지 않아!"

어머니가 갑자기 흥분한 목소리로 외쳤다. 어머니는 숯검정 묻은 손을 재빨리 앞치마에 문지르며 확신에 찬 어조로 말을 이었다.

"젊은이들은 자신의 믿음을 제대로 이해하고 있지 않아. 주님에 대한 믿음 없이 삶이라는 게 가능할까?"

현관에서 누군가의 발소리와 중얼거리는 소리가 들렸다. 어머니가 일어서

자 처녀가 재빨리 일어나 다급한 목소리로 속삭였다.

"아직 문을 열지 마세요. 만약에 헌병이면 어머니는 저를 모르는 척하세요. 제가 집을 잘못 찾아 들어와 정신을 잃은 거예요. 어머니께서 옷을 벗겨 보니 전단이 나온 겁니다. 아시겠죠?"

"기특하구먼…… 그럴 필요까지야 있을라고."

어머니의 목소리에 감동이 묻어났다.

"잠깐만요!"

귀를 기울이던 사샤가 말했다.

"이고르인가 봐요."

정말 이고르였다. 온몸이 비에 젖은 채로, 지친 듯 깊은 숨을 몰아쉬고 있었다.

"아이고, 차 한 잔 주시겠어요? 차 생각이 제일 간절하네요, 어머니. 벌써 왔네요, 사샤!" 그가 말했다. 그의 쉰 목소리가 좁은 부엌을 가득 채웠다. 그가 무거운 외투를 벗으면서 계속했다.

"어머님, 여기 이 아가씨는 당국에서 아주 질색하는 사람이죠. 감방 간수한테 모욕을 당하고서 사과를 하지 않으면 굶어죽겠노라고 호통을 쳤답니다. 여드레 동안이나 아무것도 입에 대지 않았는데, 정말 죽기 바로 일보 직전까지 갔다니까요. 대단한 여자죠? 우리 위(胃)로는 상상도 못할 일이에요."

"정말 여드레 동안 아무것도 안 먹었단 말이야?"

어머니가 놀라서 물었다.

"간수가 저 보는 앞에서 빌게 했어야만 했거든요."

어깨를 움츠리며 처녀가 대답했다.

어머니는, 고집 참 대단한 처녀군, 하는 생각으로 혀를 찼다. 그리고 나무라듯이 다시 물었다.

"그러다가 정말 죽기라도 하면 어쩌려고!"

"그럼 하는 수 없죠, 뭐! 결국엔 사과를 하던데요! 모욕만큼은 용서를 해서는 안 돼서 그래요."

처녀가 차분한 목소리로 대답했다.

"하기야, 한평생 모욕만 당하고 사는 게 우리네 여자들 인생이지."

"그렇다면 전 짐을 하나 벗은 셈이네요. 그건 그렇고 사모바르 찻물은 준비되었나요? 제가 가져올게요⋯⋯."

문을 열며 이고르가 말했다. 사모바르를 들고 와서는 말을 이었다. "제 아버지는 하루에 차를 적어도 스무 잔은 마셨어요. 그래서인지 평생 병치레 한 번 하신 적이 없어요. 일흔셋까지 사시면서 말이죠. 체중이 백 킬로도 넘게 나가셨어요. 보스크레센스키 마을 집사셨어요."

"그럼 아버지 성함이 이반이요?" 어머니가 소리쳤다.

"네! 그런데 어떻게 아셨어요!"

"나도 보스크레센스키 마을 출신이거든!"

"고향분이시네요? 어느 댁이세요!"

"이웃이네! 세레긴 가문."

"다리를 절던 닐 아저씨 따님이세요? 당신 얼굴이 낯이 익다고 생각했어요. 아저씨가 제 귀를 얼마나 귀찮게 잡아당기셨다고요."

그들은 마주보고 서서 웃으며 끝도 없는 질문을 서로에게 던졌다. 사샤는 웃으며 두 사람을 쳐다보고 차를 따랐다. 접시가 달가닥거리는 소리에 어머니는 정신이 들었다.

"얘기하느라 정신이 팔려서! 고향사람을 만나니 너무 반가워서⋯⋯."

"아니에요, 오히려 제가 방해를 했나봐요, 죄송해요. 그런데 벌써 11시네요. 전 갈 길이 멀어서 이만⋯⋯."

"어디로 가는데? 시내로?"

어머니가 걱정스럽게 물었다.

"네."

"그게 무슨 소리야? 캄캄한데다 날도 궂은데. 거기다 몸이 피곤해서 어쩐다니! 여기서 하룻밤 자도록 해요. 이고르 이바노비치가 부엌에서 자고 우린 여기서 같이 자면 되잖아⋯⋯."

"아뇨, 가야만 해요."

사샤가 간단히 말했다.

"맞아요, 시골 아주머니, 저 처녀는 얼른 떠나야 해요. 사람들이 알아볼 거예요. 만약에 그녀가 내일 나가다가 거리에서 사람들 눈에 띄기라도 하면 좋을 게 없어요."

이고르가 말했다.

"여자가 혼자서 어떻게 가누!"

"그래도 가야죠."

웃으면서 이고르가 재차 강조했다.

처녀는 손수 차를 따르고 검은 호밀빵 한 조각을 집어 소금을 친 다음 먹었다. 어머니를 바라보는 눈이 무언가 깊은 생각에 잠긴 모습이었다.

"어떻게들 왔다 갔다 하는 거야, 처녀도 그렇고 나타샤도 그렇고. 나라면 못 다니겠구먼, 무서워서."

어머니가 말했다.

"사샤도 무서워해요. 사샤, 그렇죠!"

이고르가 말했다.

"물론이죠!"

사샤가 대답했다.

어머니는 처녀와 이고르를 번갈아 쳐다보며 나지막한 목소리로 소리쳤다.

"정말 대단들 해!"

차를 다 마신 사샤는 말없이 이고르의 손을 붙잡고 부엌으로 향했다. 어머니도 그녀를 배웅하기 위해 따라 나갔다. 부엌에서 사샤가 말했다.

"파벨 미하일로비치를 만나거든 제가 안부 전하더라고 말해 주세요, 꼭요!"

그녀는 문 손잡이를 잡다 말고 별안간 돌아서더니 속삭이듯 말했다.

"당신에게 키스해도 돼요?"

어머니는 말없이 그녀를 포옹하고 다정하게 키스를 해주었다.

"고맙습니다."

처녀는 나지막한 목소리로 말하고는 고개를 숙여 인사하고 밖으로 나갔다.

방으로 돌아온 어머니는 떨리는 심정으로 창밖을 내다보았다. 어둠 속에서 여전히 눈발이 휘날리고 있었다.

"혹시 프로조로프 씨 생각나세요?"

이고르가 물었다.

"그가 두 다리를 쭉 뻗고 앉아서 소리나게 찻잔을 후후 불고는 했잖아요. 그의 얼굴 표정은 발그스름해서 만족스럽고 사랑스런 모습이었죠."

"생각나, 생각나고말고!"

어머니가 탁자로 다가가며 생각에 잠긴 표정으로 대답했다. 그리고 자리를 잡고 앉아 슬픈 눈으로 이고르를 쳐다보면서 말을 이었다.

"아, 사샤가 너무 가엾어! 어떻게 혼자 시내까지 걸어간담?"

"꽤나 피곤할 거예요. 감옥이 사람 다 버려놨어요. 예전엔 정말 강한 처녀였는데…… 더구나 곱게 자랐거든요. 폐가 이미 많이 상한 것 같아요. 얼굴에 그런 증세가 나타나 있어요."

"사샤에 대해서 좀 자세히 이야기해 주구려."

어머니가 말했다.

"지주의 딸이랍니다. 아버지는 돈 많은 사기꾼이래요. 그녀 입으로 그러더군요. 저…… 어머니, 둘이서 결혼하고 싶어 하는 거 알고 계세요?"

"둘이라니?"

"사샤하고 파벨이요……. 쉬운 문제는 아니죠. 파벨이 감옥 밖에 있으면 그녀가 감옥에 들어가고, 또 그 다음엔 반대로 되곤 하니……."

이고르가 웃었다.

"난 정말 몰랐어."

잠시 머뭇거리던 어머니가 대답했다.

"파샤가 어디 자기 얘기를 하는 애라야 말이지."

어머니는 사샤에게 한결 정감이 갔다. 적잖이 원망을 담은 시선으로 이고르를 쳐다보면서 말했다.

"좀 바래다줄 걸 그랬어!"

"그럴 순 없어요. 저도 여기서 할 일이 태산이랍니다. 내일 아침부터 돌아다닐 데가 한두 군데가 아니에요. 전 천식도 앓고 있어서 만만치가 않은 일이랍니다."

"참 좋은 처녀야."

어머니는 이고르가 한 말을 떠올리며 모호하게 말했다. 한편 그런 말을 아들이 아닌 제삼자로부터 들어서 못내 섭섭했다. 입술을 다물고 시선을 떨구었다.

"그래요, 좋은 여자죠!"

이고르가 고개를 끄덕이며 동의했다.

"그녀에게는 아직도 귀족적인 구석이 있거든요, 줄곧 그런 면이 점점 줄어들어 가고 있지만. 어머니는 그녀에게 동정이 가시나본데, 그게 무슨 소용이 있어요. 우리 같은 모반자들을 모조리 동정하시다가는 어머니 가슴이 남아나질 않을 겁니다. 진리를 말하는 사람 치고 편하게 살아가는 사람이 하나도 없다고요. 얼마 전에 제 동지 한 사람이 귀양에서 돌아왔답니다. 그가 니즈니 노브고로드로 귀양을 떠나자 그의 처자식들은 스몰렌스크에서 그를 기다렸어요. 그런데 그가 스몰렌스크로 가 보니 처자식들은 이미 모스크바의 감옥에 들어가 있더라는 겁니다. 이번엔 아내 혼자 시베리아로 갈 차례지요. 혁명운동을 하면서 결혼하면 불편한 결합이 되고 말아요. 남편 쪽에서도, 아내 쪽에서도 다 불편하죠. 결국에는 그 명분을 위해서도 불편한 결합이 될 뿐이고요. 제게도 아내가 있었는데, 훌륭한 사람이었지요. 하지만 5년 남짓 그런 생활을 하고서 세상을 떴습니다."

그는 차 한 잔을 단숨에 마셔 버리고 이야기를 계속했다. 감방과 귀양지에서 보낸 수많은 나날을 늘어놓으며 감옥에서의 학살, 시베리아에서의 배고픔 등, 여러 가지 사건들과 불행한 일들에 대해서도 이야기했다. 어머니는 그의 얼굴을 빤히 쳐다보고 이야기를 들으면서 어떻게 고통과 박해, 사람들에 대한 모욕으로 점철된 이 세상의 삶을 그렇게 간단한 말로 태연하게 말할 수 있는지 놀라지 않을 수 없었다.

"이제 본론으로 돌아가지요."

그의 목소리는 차분해졌고 표정도 한결 진지해졌다. 그는 유인물을 공장 안으로 들여보낼 방법이 있는지 어머니에게 물었다. 어머니는 그가 자질구레한 일까지도 속속들이 알고 있는 데에 놀라지 않을 수 없었다.

일에 대해서는 일단 마무리를 짓고 그들은 다시 고향 마을에 대해 기억을 떠올려 보았다. 그가 웃으며 농담을 하면 어머니는 생각에 잠겨 과거를 방랑했다. 습지 가운데에 작은 섬 둔덕이 단조로이 나타나 보이는 모습처럼, 그녀는 이상스런 기분이었다. 섬 둔덕들은 포플러 나무로 뒤덮여 있었다. 나무들은 끊임없이 두려움에 떨고 있었다. 키 작은 전나무들과 흰 자작나무들도 섬 둔덕들로부터 둔덕 사이사이로 빠져나와 방황하였다. 자작나무들은 서서히 자라 불안정하게 썩은 땅 속에 뿌리를 내리고 5년 동안 서 있다가 말라서 쓰러지고 썩어 버린다. 그런 풍경을 마음속에 그리다 보니 견딜 수 없는 막연한 슬픔이 그녀를 엄습했다. 이번엔 처녀의 모습이 아른거렸다. 엄하고 강해 보이는 얼굴이었다. 처녀는 휘몰아치는 눈발을 헤치며 홀로 지칠 대로 지쳐 나아가고 있다. 한편 아들은 감옥의 작은 방에 갇혀 있다. 창문 너머로 철제가 삐걱거린다. 그는 아직 잠들지 못하고 무슨 생각인가를 골똘히 하고 있다. 그러나 아들은 어머니를 생각하고 있지 않다. 그에게는 어머니보다 더 가까운 사람이 있다. 복잡하게 뒤엉킨 구름처럼 혼돈스러운 상념들이 그녀를 스멀스멀 타고 기어올라 둘러싸고 가슴을 세게 짓눌렀다.

"고단하신가 봅니다, 할머니! 이제 그만 주무세요." 이고르가 웃으며 말했다.

어머니는 이고르에게 잘 자라는 인사를 하고 조심스레 옆걸음으로 부엌으로 갔다. 가슴은 비통하고 씁쓸했다.

이튿날 아침에 이고르가 말했다.

"만약에 놈들에게 붙들려 불온문서들을 어디서 구했냐는 심문을 받으면, 어머니는 어떻게 말씀하시겠습니까?"

"당신들이 상관할 바가 아니라고 말하지." 어머니가 미소 지으며 말했다.

"그런 식으로는 그들에게 확신을 주지 못할 겁니다. 오히려 그놈들은 이번 일이 굉장히 심각하게 상관할 일이라고 확신할 겁니다. 그리고 더욱 열심히 오래오래 질질 끌며 캐물을 거예요!"

"그러거나 말거나 말을 안 하면 되지 뭐!"

"그럼 감옥에 가시게 될 텐데요."

"그럼 어때? 그럴 수만 있다면 차라리 잘된 일이게? 내가 무슨 쓸모가 있어? 아무런 쓸모도 없어." 어머니는 한숨을 쉬며 말했다.

이고르가 어머니를 유심히 살피며 물었다.

"흠! 선량한 사람은 자기 자신을 지킬 줄 압니다."

"내가 선량한 사람이라고 해도 너희들한테서는 안 배울 테다."

어머니가 웃으면서 대꾸했다.

이고르는 말없이 방 안을 왔다 갔다 하다가 어머니에게 다가와 말했다.

"어려운 일이에요, 순진한 양반! 제 느낌에 어머니께는 너무 어려운 일이라는 생각이 들어요."

어머니가 손을 내저으면서 말했다.

"누구에게나 어려워. 의미를 이해하는 사람한테는 더 수월할 텐데…… 하지만 나도 좋은 사람들이 뭘 원하는지 어느 정도는 이해할 수 있어."

"할머니, 그걸 이해하신다면 할머니는 모든 사람이 필요로 하는 분이 되셨다는 의미예요. 모든 이가 말이죠."

이고르가 진지하고 엄숙하게 말했다. 어머니는 그를 쳐다보고 말없이 미소만 지어 보였다.

11

정오가 되자 어머니는 태연하면서도 능숙하게 유인물을 가슴에 숨겼다. 그 모습이 어찌나 자연스럽고 편안해 보이던지 이고르의 입에서 절로 감탄사가 나왔다.

"독일 사람이 맥주 한 잔 들이켜고 하는 말처럼, '훌륭하십니다', 어머니. 유인물을 품 안에 숨겼는데도 전혀 달라진 게 없어요. 키도 크고 당당한 중년부인이십니다. 수많은 신들이 어머님의 대담한 계획에 축복을 내리실 겁니다."

30분이 지나, 짐의 무게로 몸을 숙이긴 했지만 침착하고 확신에 찬 표정으로 어머니는 공장 문 앞에 서 있었다. 노동자들의 욕설과 농담에 잔뜩 독이 오른 수위 둘이 공장 안으로 들어가는 사람들의 몸을 일일이 거칠게 수색하고 있었다. 서로 간에 욕설이 오갔다. 한쪽에는 새처럼 다리가 가는 순경이 서서 붉어진 얼굴로 눈을 부라리고 있었다. 어머니가 어깨에 받쳐 든 막대기 양쪽 끝에 매달린 양동이를 기우뚱거리면서 그의 눈치를 봤다.

큰 키에 곱슬머리, 모자를 뒤통수에 삐딱하게 눌러쓴 젊은이가 몸수색을 하는 수위에게 소리쳤다.

"염병할, 호주머니만 뒤질 게 아니라 머릿속도 뒤져 보시지!"

수위 가운데 한 명이 대꾸했다.

"네놈 머리를 뒤져보았댔자 이밖에 더 나오겠어."

"우리는 그냥 놔두고 이나 잡으면 되겠네."

노동자가 대꾸했다.

"나 먼저 지나가면 안 되겠소? 보다시피 짐이 무거워서 등이 부서질 것 같아서 그래요!"

어머니가 물었다.

"들어가, 들어가라고! 별게 다 귀찮게 난리야."

수위가 화를 내며 소리쳤다.

어머니는 자리를 잡고 음식들을 바닥에 펼쳤다. 그리고 얼굴의 땀을 훔치며 주위를 살폈다.

곧바로 열쇠공 구세프 형제가 다가와, 형 바실리가 미간을 찡그리며 큰 소리로 물었다.

"피로그 있습니까?"

"내일 가져오리다."

어머니가 대답했다.

이건 미리 정해 둔 암호였다. 두 형제의 얼굴이 밝아졌다. 동생 이반은 참지 못하고 소리쳤다.

"정말 존경스럽습니다, 어머니."

바실리가 웅크리고 앉아 음식을 들여다보았다. 그리고 동시에 유인물 한 묶음이 눈 깜짝할 사이에 그의 품속으로 사라졌다. 큰 소리로 그가 말했다.

"이반, 집에 가지 말고 여기 아주머니한테서 사 먹자!"

그리고 재빨리 유인물 뭉치를 장화에 찔러 넣으며 덧붙였다.

"새로 오신 아주머니 음식 좀 팔아 드려야지."

"아무렴, 그래야지."

이반이 호탕하게 웃으면서 맞장구를 쳤다.

어머니는 주위를 조심스럽게 살피면서 소리를 질렀다.

"양배추 수프, 뜨거운 국수, 구운 고기 있어요!"

그러면서 눈에 안 띄게 유인물을 꺼내 한 다발씩 형제의 손에 건넸다. 유인물 뭉치가 그녀의 손에서 사라질 때마다 저만치서 헌병 장교의 얼굴이 마치 깜깜한 방 안에 켜진 성냥불처럼 누런 점으로 타오르는 것만 같았다. 어머니는 악의에 찬 부당한 즐거움을 느끼며 그를 보고 속으로만 중얼거렸다.

'여보세요, 이리 와서 한술 떠보세요.'

마지막 다발을 건네고 나서 덧붙였다.

'이리 와서 더 드세요, 어서요!'

노동자들이 손에 컵을 들고 모여들었다. 그들이 가까이 다가오자 이반과 바실리가 큰 소리로 웃었다. 어머니는 유인물을 넘기던 손을 멈추고 태연하게 수프와 국수를 떠 주었다. 구세프가 그녀에게 농담을 했다.

"일하는 솜씨가 이만저만하지 않으시네요, 닐로브나!"

화부 하나가 침통한 표정으로 말했다.

"궁하면 쥐라도 잡는 법이다. 빌어먹을 놈들, 빵을 주는 가장을 잡아가고 난리야, 죽일 놈들! 여기 버미첼리 국수 3코페이카 어치만 주세요. 염려 마세요, 어머니! 일을 잘 해낼 거요!"

"말이라도 고맙구려!"

어머니가 미소로 화답했다. 그가 한편으로 비켜서며 중얼거렸다.

"말하는 데 돈이 드는 것도 아닌데, 뭘!"

"그렇게 좋은 말을 받아 줄 만한 사람도 없죠. 그렇다고요, 어르신!"

그 광경을 바라보던 제철공이 갑자기 끼어들어 어깨를 으쓱하고는 미소 지으며 말했다.

"그대들에게 축복이 있을 거예요! 아무나 좋은 말을 하지는 않죠. 모두 다 가치가 있는 사람은 아니니까요, 젊은이!"

바실리 구세프는 벌떡 일어서서 코트를 꼭 여며 입고 소리쳤다.

"난 뜨거운 수프를 먹었는데, 되게 춥군."

그러고서는 걸어서 가 버렸다.

이반도 일어나서 명랑하게 휘파람을 불며 뛰어갔다.

닐로브나는 즐겁게 미소 지으며 물건을 사라고 소리쳤다.

"따끈, 따끈! 사워크림 수프요!"

어머니는 자신의 이 첫 경험을 어떻게 아들에게 이야기하면 좋을지 생각해 보았다. 순간 눈앞에 헌병장교의 누런 얼굴이 떠올랐다. 의심이 많은 독한 얼굴이었다. 얼굴에서는 검은 콧수염이 불안하게 움직였고, 위아래로 신경질적으로 일그러진 입술 사이에서는 악다문 허연 이가 번뜩였다. 어머니의 가슴속에서는 날카로운 희열이 마치 새처럼 둥당거리며 노래를 불렀고 두 눈썹은 가볍게 떨렸다. 그녀는 능숙하게 음식을 떠주면서 중얼거렸다.

"더 있어요, 더들 들어요!"

온종일, 그녀는 애완동물처럼 쓰다듬어주며 그녀의 마음을 포용하는 즐겁고도 새로운 감정을 느꼈다. 그리고 저녁에는, 마리야의 집에서 자기의 일을 끝마치고 나서 차를 마시고 있었는데, 진흙탕을 달리는 말발굽소리에 이어 귀에 익은 목소리가 들려왔다. 그녀는 벌떡 일어나 부엌문으로 재빨리 뛰어갔다. 누군가가 날렵한 동작으로 현관을 지나고 있었다. 너무 놀라서 눈앞이 캄캄해진 그녀는 문설주에 기대어 서서 발로 문을 열었다.

"안녕하셨어요, 어머니!"

귀에 익고 음악적인 목소리가 들려오고, 곧바로 여위고 긴 팔이 그녀의 어깨 위에 얹혀졌다.

그녀의 가슴 안에서는 실망스런 슬픔과 안드레이를 만난 기쁨이 교차했다. 두 감정은 하나의 크고 뜨거운 감정으로 불타올라 그녀를 뜨거운 물결처럼 휘감았다. 그녀는 안드레이의 가슴에 얼굴을 묻었다. 꼭 끌어안은 그의 두 팔이 떨렸다. 어머니는 말없이 그저 눈물만 흘렸다. 그는 어머니의 머리카락을 쓰다듬으면서 아름다운 목소리로 말했다.

"울지 마세요, 어머니. 제 마음을 아프게 하지 마세요. 틀림없이 파벨도 곧 풀려날 겁니다. 파벨에게서는 손톱만큼의 꼬투리도 찾아 낼 수 없을 겁니다. 젊은이들 모두가 계속 삶은 물고기처럼 입을 다물고 있을 거예요."

그는 어머니의 어깨를 감싸고 방으로 들어갔다. 어머니는 그에게 바싹 다가앉아 얼른 눈물을 훔치고 그의 이야기를 가슴으로 들을 채비를 했다.

"파벨이 어머님께 안부 전하라더군요. 짐작한 대로 기분도 좋고 건강도 염려하지 않으셔도 될 정도입니다. 그곳은 초만원이에요! 잡혀온 사람 수가 백 명이 넘어요. 우리 마을 사람도 있고 시내에서 온 사람도 많아요. 그래서 다른 때 같으면 독방으로 쓰던 곳에 서너 명씩 넣어놨어요. 감방 간수들도 그런대로 괜찮고, 헌병들이 벌여 놓은 일이 하도 많아서 그 사람들도 아주 고생이 많아요. 간수들도 그래서 혹독하게 말하지 않고, 대강대강 거칠게 명령하지도 않아요. 그냥 이렇게 말해요. '되도록 조용히 해주세요, 여러분이 이러시면 우리가 난처합니다.' 그러니 그럭저럭 지낼 만은 해요. 동지들은 이야기도 나누고 책도 서로 돌려보고, 게다가 음식까지 나누어 먹는답니다. 그런대로 괜찮은 감방이에요. 오래되어서 더럽긴 한데 부드럽고 빛도 아주 밝아요. 형사 사건으로 들어온 사람들도 있었는데, 다 괜찮았어요. 우릴 많이 도와줬거든요. 이번에 저하고 부킨 말고도 네 명이 더 풀려났습니다. 파벨도 곧 나오게 될 거예요. 틀림없어요! 베솝시코프가 가장 오래 있게 될 것 같아요. 질색을 하거든요, 그들이. 모두에게 얼마나 야단을 치며 매일매일 욕을 하는지, 헌병들이 그냥 놔두지 않을 것 같아요. 조만간 재판에 회부되든지 아니면 체벌이라도 당할 거예요. 파벨이 말리면서, '그만해, 니콜라이! 아무리 욕을 한들 그들은 나아지지 않아!' 하면 그는, '종기균을 닦아내듯이 땅에서 저놈들을 다 없애버릴 거야!' 소리쳐요. 파벨은 잘 참아내고 있답니다. 그런 식으로 전혀 흔들리지 않고 바위처럼 꿋꿋해요. 그들이 곧 풀어줄 거예요."

어머니는 다소 안심하고 웃으면서 말했다.

"곧이라고? 나도 그 애가 곧 나오리라고 생각했어."

"모든 게 잘될 겁니다. 차 한 잔 주세요, 어머니. 어떻게 지내셨는지 말씀해 주시고요."

그가 활짝 웃는 얼굴로 그녀를 쳐다보았다. 그 모습이 정말 너무나 친근하고 다정했다. 두 눈에서는 사랑스러우면서도 한편 우울한 빛이 반짝였다.

"난 네가 너무 사랑스럽구나, 안드류샤!" 깊은 한숨을 몰아쉬며 어머니가 말했다. 수염으로 괴상하게 덮인 그의 여윈 얼굴을 보았다.

"사람들이 저에게 조금은 만족하고 있어요. 어머니가 절 사랑하시는 것도 알아요. 어머닌 모든 사람을 다 사랑하실 수 있죠. 어머니의 가슴은 한없이 깊으시잖아요."

소러시아인 안드레이가 흔들의자에 앉아 허공에 시선을 던진 채 말했다.

"나한테 넌 특별해. 만약 네게도 어머니가 계시다면 사람들이 네 어미를 부러워할 거야."

안드레이는 고개를 저으며 손으로 머리를 세게 비볐다.

"네, 저도 어딘가에 어머니가 계시죠!"

그가 나지막이 말했다.

"참, 내가 오늘 무슨 일을 했는지 아니?"

그녀가 조금은 부끄러워하면서도 만족한 웃음을 지으며 어떻게 공장 안으로 유인물을 재빨리 들여보냈는지를 이야기했다.

그는 처음엔 그냥 놀라 눈만 끔벅끔벅하더니 이내 발을 동동 구르며 웃음을 터뜨리고, 손가락으로 머리를 두드리면서 기쁨에 겨워 울었다. 그리고 자기 머리를 두드리며 기뻐 어쩔 줄을 몰라 했다.

"아니, 이런! 와, 이건 농담이 아니고 진짜군요! 파벨이 알면 정말 기뻐할 거예요. 와, 어머니가 최고예요. 참 잘하셨어요, 어머니! 그게 얼마나 좋은 일인지 어머니는 모르실 거예요! 파벨을 위해서도 그렇고, 파벨과 같이 체포된 모두를 위해서도 마찬가집니다."

그는 감격한 나머지 손가락 관절을 꺾고, 휘파람을 불고, 온몸을 흔들었다. 그가 얼마나 좋아하던지 어머니도 힘이 마구 솟는 느낌이었다.

어머니는 마치 가슴이 터져 샘물이 솟듯 생생하게 유쾌한 말들을 술술 쏟아냈다.

"사랑하는 안드류샤, 내 지난 삶을 되돌아보면 언제나, 오, 예수 그리스도란 말밖에는 생각이 나지 않아. 그런데도 왜 살았을까? 매질과 노동! 남편 말고는 아무것도 보이지 않았고, 두려움밖에 몰랐어. 그러다 보니 파샤가 어떻게 커가는지 지켜보지도 못했고, 남편 살아 있을 때는 내가 아들을 사랑했는지 어땠는지도 알 수 없었어. 나의 관심, 나의 생각은 오로지 하나, 어떻게 하면 짐승만도 못한 이 몸뚱이 배를 채울까, 어떻게 하면 남편의 기분을 거스르지 않을까, 어떻게 하면 매질의 위협에서 벗어날까, 어떻게 하면 남편의 비위를 잘 맞춰 단 한 번이라도 나를 가엾게 여기게 만들까 하는 마음이었어. 하지만 내 기억에 그이는 단 한 번도 날 가엾게 여긴 적이 없어. 남편은 늘 날 때렸지. 아내로서가 아니라 분풀이 대상으로 말이야. 20년을 그렇게 살았단다. 결혼 전의 삶은 도무지 기억이 나지 않아. 아무리 기억을 더듬어보아도 맹인처럼 무엇 하나 보이는 게 없어. 이고르 이바노비치가 여기 온 적이 있었는데, 알고 보니 한 고향 사람이더라고. 이런 저런 이야기를 하다 보니 고향과 친척, 이웃들 생각이 어렴풋하게 나긴 하던데, 어떻게들 살았고, 무슨 이야기를 주고받았는지, 누구에게 무슨 일이 있었는지 기억이 나지 않아. 다 잊었어! 불이 났던 것은 기억해. 두 번이나 났었지. 난 내 안의 모든 것을 때려서 내쫓은 기분이 들어. 그래서 나의 영혼은 감금되고 봉해져 있었던 거야. 보지도 못하고 듣지도 못하게 말이야."

그녀가 급히 들이쉬는 호흡은 흐느낌에 가까웠다. 그녀는 몸을 앞으로 약간 수그리고서 낮은 목소리로 말을 이어갔다.

"남편이 세상을 뜨고 나서야 난 아들에게 관심을 쏟았어. 파벨이 이런 일을 하고 있을 줄이야. 처음엔 두려웠지만 차차 파벨을 이해하기 시작했어. 파벨이 잘못되기라도 하면 난 어떻게 이 세상을 살아가지? 공포에 가까운 불안을 이미 경험해봐서 아들의 운명을 생각하면 심장이 찢어지는 아픔이……"

그녀는 잠시 멈추었다가 조용히 고개를 흔들며 의미심장한 말을 했다.

"우리 여자들의 사랑이란 순수하지 못해! 자기에게 필요해야만 사랑하기 때문이야. 네게서도 어머니 생각에 괴로워하고 있는 모습을 볼 수 있어. 그렇다면 어머니란 존재는 네겐 뭐지? 다른 사람들도 모두 민중을 위해 고통을 당하고 감옥에도 가고 시베리아 귀양도 가고, 또 심지어 죽기도 하고…… 젊은 처녀들이 눈이 오나 비가 오나 줄곧 시내에서 여기까지 7베르스타나 되는 거리를 어두운 밤에 진창길을 헤치고 혼자서 걸어서 온단 말이야. 과연 누가 그들을 거리로 내쫓고 괴롭히고 있는 거지? 그들은 사랑을 알아. 그들은 정말 순수한 사랑을 알아. 그들은 믿고 있어, 믿고 있다고. 하지만 난 멀었어. 난 나 자신만 사랑해. 나와 아주 가까운 사람만을 말이야."

안드레이는 고개를 돌리고 늘 하던 대로 두 손으로 머리와 볼, 눈을 세게 비비면서 말했다.

"아닙니다, 그렇지 않아요! 누구나 가까이 있는 사람을 사랑하게 마련입니다. 하지만 마음이 넓은 사람에게는 먼 것도 가까워요. 어머니는 많은 걸 사랑하실 수 있어요. 어머니의 모성애는 위대하니까요."

"오, 주님! 나 역시도 그렇게 살아야 좋다는 걸 알아. 난 널 정말 사랑한다. 어쩌면 파샤보다도 더 널 사랑하는지 몰라. 파샤는 너무 조용해. 사샤와 결혼하고 싶어 하면서도 내겐 말 한 마디 없잖니. 제 어머니인데도 말이야."

"그건 그렇지 않아요! 제가 잘 아는데, 결코 그렇지가 않아요. 파벨도, 사샤도 사실 서로 사랑하고는 있지만, 결혼하는 일은 없을 겁니다. 절대로요! 혹시 사샤 쪽에서 원할 수는 있겠지만, 파샤는 어림없어요."

"어떻게 그럴 수 있지? 어떻게 자신을 그렇게 매도해 버릴 수가 있는 거지!"

어머니는 생각에 잠겨 반문했다. 슬픔에 잠긴 그녀의 눈길이 안드레이의 얼굴에 고정되었다.

"파벨은 좀처럼 보기 드문 사람입니다. 강철 같다고나 할까요?"

안드레이가 차분하게 대답했다.

"파벨은 지금 수감 중이야. 불안하고 무서운 일이야. 하지만 생각하기에 따라 그렇게 대수롭게 여기지 않을 수도 있어. 세상이 달라졌거든. 공포도 이전의 공포와는 달라. 이젠 모든 사람에게 불안을 느껴야 해. 내 감정도 달라졌어. 마음의 눈을 열고 보니까 이젠 슬픔과 기쁨이 다 보여. 하지만 난 아직도 이해할 수 없는 점이 있어. 너희가 주님을 믿지 않는다는 사실이 그렇게 화가 나고 가슴 아플 수가 없어. 이제 와서 어쩌겠냐만, 난 알고 있단다, 너희가 좋은 사람들이고, 또 사람들을 위해 고단한 삶에 몸을 던져서 진리를 위해 고통스런 삶을 자초하고 있다는 사실을 말이야. 그리고 네가 말하는 진리도 이해할 수 있어. 네 말을 해석하자면 부자들이 있는 한 사람들은 진리도 기쁨도, 그 어느 것도 얻을 수 없다는 뜻이겠지. 이젠 나도 너희 가운데 하나야. 가끔 밤이 되면 지난 일들이 떠올라. 발 아래 뭉개진 내 청춘, 매질 당하고 찢긴 나의 열정, 나 자신이 너무 가엾어, 가슴이 저미도록! 하지만 내 삶은 점점 나아지고 있단다. 나 자신을 점점 더 많이 보고 더 많이 느끼고 있어." 어머니가 반사적으로 답했다.

소러시아인은 일어나 발을 끌지 않으려고 애쓰면서 방 안을 조심스럽게 걸었다. 키는 여전히 컸지만 몸은 많이 여위었다. 그의 얼굴에 상념이 가득했다.

"좋은 말씀이에요, 훌륭하세요. 시를 쓰는 한 젊은 유대인이 케르치에 살고 있었는데, 하루는 이런 시를 썼답니다.

　　죄 없이 죽어간 이들이여,
　　진리가 너희를 부활케 하리라!

그리고 그 자신은 케르치에서 경찰에 의해 죽음을 당했지만 요점은 그게 아니라, 그는 진리를 알고 있었고 사람들의 가슴에 진리의 씨를 뿌렸다는 사실입니다. 이제 보니 어머니도 죄 없이 죽어간 이들 가운데 한 분이네요."

"지금 난 말을 하고 또 남의 말을 듣고 있지만, 나 자신을 믿을 수가 없어. 일평생 오직 하나만을 생각해왔거든. 어떻게 하면 하루를 무사히 보낼까, 어떻게 하면 아무도 날 건드리지 못하게 쥐 죽은 듯 살 수 있을까, 하지만 이젠 달라. 비록 너희의 일을 다 이해하지는 못해도 모두에게 친근감이 가고 동정이 느껴진단다. 모두에게 좋은 사람이 되고 싶다, 안드류샤. 특히 너에게는 더욱 그렇고."

"고맙습니다!"

그는 어머니의 손을 힘 있게 잡았다가 바로 놓았다. 어머니는 흥분한 탓에 피곤이 몰려와 천천히 잔을 닦았다. 가슴에서 활력이 샘솟고 따뜻한 감정이 조용히 불길처럼 타올랐다. 소러시아인이 방 안을 서성거리며 말했다.

"니콜라이 베숍시코프도 다정하게 대해 주세요. 그의 아버지가 지금 감옥에 있어요. 정말 나쁜 노인네지요. 니콜라이는 가끔씩 창을 내다보며 아버지를 욕합니다. 그건 잘하는 짓이 아니죠. 니콜라이는 천성이 착해서 개나 쥐같은 동물을 좋아해요. 그런데 유독 사람은 좋아하지 않아요. 어쨌든 다시 사람을 좋아할 수 있게 할 기회가 있는 거죠."

"그의 어머니는 어디론가 종적을 감췄고, 아버지는 아마 사기꾼에 술주정뱅이라지?"

닐로브나가 생각에 잠겨 말했다.

잠자리로 가는 안드레이 등에 대고 어머니는 몰래 성호를 그어 주었다. 그리고 30분쯤 지나서 조용히 물었다.

"자니, 안드류샤!"

"아뇨, 왜요?"

"아니야, 잘 자거라!"

"고맙습니다, 어머니, 고마워요!"

그가 부드럽게 말했다.

12

이튿날 어머니가 짐을 메고 공장 문을 들어섰을 때, 수위 둘이 거친 말로 그녀를 불러 세웠다. 그들은 음식 통을 바닥에 내려놓으라고 명령하더니 통 안을 꼼꼼하게 조사했다.

"내 음식 다 식겠수!"

어머니는 무례하게 옷까지 뒤지는 그들에게 태연하게 말했다.

"입 다물지 못해!"

수위 하나가 침통한 목소리로 말했다.

"유인물을 담장 너머로 집어던진 게 틀림없어!"

다른 한 명이 어머니의 어깨를 치며 확신에 찬 목소리로 말했다.

노인 시조프가 다가와 주위를 둘러보며 조용히 물었다.

"들으셨소, 아주머니?"

"뭘요?"

"유인물 말입니다. 그게 다시 나타났어요. 빵에다 소금을 치듯이 여기저기 뿌려졌어요. 교묘하게 체포하고 수색도 했어요! 놈들이 내 조카 마진을 감옥에 처넣었어요, 당신 아들도요. 이제서 그가 아닌 게 분명하다고요!"

그는 턱수염을 한 번 만지고 그녀를 쳐다보며 결론을 내렸다.

"사람들도 아니고, 그건 생각들일 뿐이에요, 생각이란 벼룩새끼가 아니라서 도무지 잡기가 힘들고요!"

그는 수염을 손에 모아 쥐고서 그녀를 쳐다보았다. 그리고 걸어가면서 말했다.

"언제 우리 집에 들르세요. 혼자 지내기 적적하실 텐데……."

어머니는 노인에게 고맙다고 인사를 한 뒤, 음식 이름을 외치며 공장 안의 심상치 않은 움직임을 주의해서 살폈다. 모두 벌겋게 상기된 얼굴로 삼삼오오 모여들었다가 흩어지면서 공장 안을 분주히 뛰어다니고 있었다. 그을음으로 가득한 공기 중에서 어떤 활기차고 대담한 기운이 느껴졌다. 여기저기서 동조의 고함과 조소의 함성이 섞여 들려왔다. 중년의 노동자들은 경멸의 미소를 조심스럽게 짓고, 감독들이 걱정스러운 표정으로 이리 뛰고 저리 뛰고 경찰들 또한 분주했다. 그들이 다가오면 노동자들은 천천히 흩어지기도 하였고, 그냥 남아서 하던 이야기를 중단한 채로 흥분과 초조의 빛이 역력한 얼굴들을 물끄러미 바라보기도 했다.

노동자들은 모두 세수를 했는지 깔끔해 보였다. 구세프 형제의 모습도 보였다. 형은 큰 키 덕택에 눈에 쉽게 띄었다. 동생은 크게 소리 내어 웃으며 형의 뒤를 따라 뒤뚱거리며 걸어가고 있었다.

소목(小木)공장 감독 바빌로프와 출퇴근 기록계 이사이가 어기적거리며 어머니 옆을 지나쳤다. 키도 작고 체격도 볼품없는 기록계원은 고개를 꼿꼿이 세운 채로 목을 왼쪽으로 삐딱하게 기울이고서 무표정하게 걷고 있는 감독에게 서둘러 말을 건넸다.

"이반 이바노비치, 놈들이 비웃고 있습니다, 비웃는 게 재미있는가 봐요. 사장 말대로라면 이건 국가 전복이나 다름없는 일인데. 이반 이바노비치, 풀 몇 포기 뽑는 정도로는 어림도 없겠죠, 아주 갈아엎어 버리는 게 차라리……."

바빌로프는 뒷짐을 지고 걷고 있었는데, 손가락을 단단히 맞잡고 있었다. 그가 큰 소리로 말했다.

"너희 맘대로 쓰고 지랄해라, 깡패 새끼들! 내 얘기만 썼단 봐!"

바실리 구세프가 어머니에게 다가와 말했다. "난 여기서 점심이나 또 사 먹어야겠다, 오늘 음식 맛있어요?"

그가 머리를 낮추고, 눈짓을 보내며 조용히 덧붙였다.

"보셨죠? 완벽하게 해내셨어요! 잘하셨어요! 아, 어머님! 아주 잘하셨습니다."

어머니는 건방진 구세프에게 상냥하게 고개를 끄덕여 보이며 알랑거렸다. 구세프는 그녀를 존중하면서 은밀하게 말했다. 여느 때처럼 공장 안에서 일어나는 움직임과 활기도 그녀를 기쁘게 해주었다. 그러면서 그녀는 스스로 자랑스러워 혼자 생각했다. '저 사람들은 내가 없으면 뭘 할까?'

노동자 셋이 그녀 가까이에 다가와 멈춰 서더니, 한 명이 풀 죽은 목소리로 말했다. "난 뭐가 뭔지 잘 모르겠어!"

다른 사람이 말했다. "나도 얘기를 들어봤으면 좋겠어. 난 글을 못 읽어. 하지만 어떻게 돌아가는지는 알 것 같아."

세 번째 사람이 주위를 둘러보며 말했다. "보일러실로 들어갑시다, 거기서 읽어줄 테니!"

"뜻대로 되어가고 있어요!" 구세프가 속삭였다. 그는 윙크하는 눈빛을 보냈다.

닐로브나는 즐거운 기분으로 집에 왔다. 그녀는 책이 사람들에게 얼마나 많은 영향을 주었는지 알게 됐다.

"밑바닥 사람들은 읽을 수가 없어서 안타까워해. 지금은 다 잊어버렸지만 나도 어렸을 땐 읽을 수 있었단다."

"그러면 다시 배워봐요." 소러시아인은 제안했다.

"이 나이에? 날 웃음거리로 만들고 싶어서 그러냐?"

안드레이는 선반에서 책 한 권을 꺼내어 들고 칼날 끝으로 책 표지 위의 글자 하나를 가리키며 물었다.

"이게 무슨 글자예요?"

"에르(P)!"

어머니가 웃으며 대답했다.

"이 글자는요?"

"아(A)던가!"

어머니는 어쩐지 두렵고 마음이 상처 받은 듯이 언짢았다. 안드레이의 두 눈이 마치 비웃는 듯하여서 애써 그의 시선을 외면했다. 그러나 그의 목소리는 부드럽고 차분했다. 그녀는 그의 얼굴을 한 번, 그리고 두 번째 쳐다보았다. 표정이 정직하고 진지했다.

"안드류샤, 정말 내게 글을 가르쳐 줄 생각이냐!"

어머니가 멋쩍게 웃으며 물었다.

"그럼요, 전에 읽을 줄 아셨다면 그렇게 어렵지 않을 거예요. 설사 기적이 일어나지 않는다 해도 나쁠 것 없고, 기적이 일어난다 해도 나쁠 것 없겠지요!"

"하지만 성모상을 바라본다고 해서 모두 성인이 될 수는 없다는 말도 있어!"

소러시아인이 고개를 끄덕이며 말했다.

"그럼요, 속담이나 격언은 많아요. '모르는 게 많을수록 잠을 잘 잔다'는 속담도 있어요, 사실 그렇지요? 속담은 생각이 위장과 같이 가는 그런 속성이에요. 그런 속성은 영혼에게는 굴레가 되기 때문에 영혼이 쉽게 통제를 받아요. 위에는 휴식이 필요하고 영혼에는 자유가 필요하죠. 이건 무슨 글자죠?"

"엘(Л)!"

"맞아요. 사람이 두 다리를 쭉 벌리고 있는 모양 좀 보세요. 그럼 이 글자는요?"

어머니는 눈에 온 신경을 모으고 눈썹을 애써 씰룩이면서 잊었던 철자를 기억하려고 노력했다. 너무 집중한 나머지 그녀 자신을 잃어버렸다. 눈도 점점 피곤했다. 처음엔 피곤해서 흐르던 눈물이 어느덧 슬픔의 눈물로 변하여 책장 위에 투두둑 떨어졌다. 그녀가 흐느끼며 말했다.

"내가 글을 배우다니! 죽을 나이에 이제야 글 읽기를 배우게 되다니……."

소러시아인이 다정스런 목소리로 조용히 말했다.

"슬퍼하지 마세요. 어머니가 살아온 삶은 어머니 잘못이 아녜요. 이젠 잘 못 살아오신 걸 잘 아시잖아요. 많은 사람이 어머니보다 더 나은 생활을 할 수도 있었지만, 자신들이 짐승만도 못한 삶을 살고 있다는 사실을 몰라요. 그저 우쭐거리기나 할 줄 알죠. 오늘도 일을 하고 먹고, 내일도 일을 하고 먹고, 이런 삶에 무슨 낙이 있습니까? 평생 먹기 위해 일을 하는 겁니다. 그러다 보면 자식들도 생길 테고, 처음엔 귀여우니까 오냐오냐 하며 즐기다가도 나중에는 먹는 양이 많아지니 못되게 야단을 치게 됩니다. 자, 자, 밥벌레야! 좀 서둘러! 좀 빨리 크라고! 그러니 자식놈들이 집에서 키우는 짐스러운 가축처럼 되지요. 그렇지만 자식들은 자기네들 배를 채우기 위해서 일하기 시작해요. 그래서 도둑이 쓸데없이 훔친 대걸레를 질질 끌고 가듯이 저희 삶을 질질 끌고 가지요. 그들의 영혼은 기쁨을 즐길 줄 모릅니다. 쉽게 생각하고 마음을 누그러뜨리지도 못하죠. 어떤 사람은 탁발승처럼 항상 구걸하면서 살고, 또 어떤 사람은 도둑처럼 다른 사람들 손에서 항상 빼앗으면서 살죠. 그들은 도둑의 법을 만들고, 사람들에게 몽둥이를 쥐여주고 사람들을 통치했어요. '우리 법을 지켜요, 그 법은 매우 편리한 법이니까. 그 법을 지키면서 사람들 피를 빨아먹을 수도 있어요!' 그 법들은 밖으로부터 사람들을 짓밟았죠. 하지만 사람들이 저항했고, 그래서 그것들은 안쪽으로 밀고 들어와서 인간의 이성적 생각이나 사고력까지도 뭉개며 사람들을 망가트린답니다."

그가 팔꿈치를 테이블에 올려놓고 수심에 잠겨 어머니의 얼굴을 쳐다보면서, 평온하고 물 흐르는 듯한 목소리로 말했다.

"인간의 몸뚱이와 이성을 옭아맨 사슬을 잘라 버리는 사람만이 진정한 사람이라는 말이에요. 그러니까 이제 어머니도 자신의 능력을 다해서 이 일을 해야 해요."

"내가? 이제, 지금부터! 내가 어떻게?"

"안 될 게 없죠? 이건 마치 빗물과 같아서 빗방울 하나하나가 싹을 틔우는 거라고요! 어머니께서 읽을 줄 알게 되면……."

그는 큰 소리로 웃으며 일어나 다시 방 안을 거닐었다.

"네, 어머니는 배우셔야 해요. 그래서 파벨이 돌아오면 깜짝 놀래 주고 싶지 않으세요, 네?"

"오, 안드류샤! 젊은 사람이라면 간단하고 쉬운 일일 텐데! 하지만 너희도 내 나이쯤 산 뒤에는 자기 문제가 많아져, 그리고 기력도 없고, 무엇에도 마음을 둘 여유가 없게 된단다."

저녁때 소러시아인은 외출을 했다. 어머니는 램프에 불을 붙이고 탁자에 앉아 양말을 꿰매고 있었다. 그러다 벌떡 일어나 방 안을 거닐다가 부엌으로 나가 바깥문에 걸쇠를 채우고 눈썹을 찡그리며 방으로 돌아왔다. 창문 커튼을 내리고 책장에서 책을 한 권 빼들고는, 탁자에 앉아 주위를 둘러보며 책 앞에 바짝 다가앉았다. 거리에서 들려오는 작은 소리에도 그녀는 몸을 떨면서 책을 덮고 바깥에 귀를 기울였다. 그리고 다시 눈을 깜박이며 중얼거렸다.

"살……살……살고 있는……땅……우리의……."

문 두드리는 소리가 들렸다. 어머니는 벌떡 일어나 책장에 책을 도로 집어넣고 문으로 다가가 걱정스러운 목소리로 물었다.

"거기 누구요!"

13

르이빈이 들어와, 턱수염을 점잖게 쓸어내리며 인사를 했다. 검은 눈빛으로 방 안을 빠끔 들여다보며 말했다.

"전에는 묻지도 않고 문을 여시더니. 혼자세요?"

"네."

"그렇군요. 난 소러시아인이 집에 있는 줄 알았죠. 오늘 그 사람을 보았는데, 감옥이 사람 하나만 망쳐놓는 데는 아닌가 봅니다. 바보같이, 모두 다 망쳐놉디다."

그가 방으로 들어와 자리에 앉으며 말했다.

"우리 얘기 좀 해요. 할 말이 있습니다. 내게 의견이 있어요."

그는 의미심장하고 비밀스러운 눈길을 보냈다.

"무슨 일을 하든 돈이 들게 마련이오."

그가 걸걸하고 차분한 목소리로 말을 이었다.

"공짜로 태어나지도 않고, 또 죽을 때도 돈이 들어요. 그러니 서적과 유인물을 만드는 데도 돈이 드는 건 당연하지요. 서적 만드는 데 드는 돈이 어디서 나는지 혹시 알아요?"

"모르는데요."

어떤 위험을 감지하고 어머니가 작은 목소리로 대답했다. "저도 모릅니다. 한 가지 물어봐야겠어요. 그럼 유인물은 누가 만듭니까? 배웠다고 하는 사람들, 지식인들이지요!"

르이빈이 퉁명스럽게 물었다. 목소리는 점점 더 거칠어졌다. 수염 난 얼굴이 열띤 긴장으로 벌겋게 상기되었다.

"예컨대, 지식인들이 유인물을 만들어 뿌리고 다닌 겁니다. 하지만 유인물에는 그들에 반대하는 내용이 씌어 있습니다. 한번 말씀해보세요, 왜 그들이 돈과 시간을 써 가며 사람들로 하여금 자기들에게 대항해서 들고 일어나도록 하는지 말입니다."

닐로브나는 두 눈을 찡그리며 겁먹은 목소리로 크게 말했다. "도대체 무슨 생각을 하고 있는 거죠? 말해줘요."

르이빈이 의자를 돌려서 등받이를 배 쪽으로 오게 앉고 말했다.

"아, 보세요, 그 생각만 하면 온몸이 오싹해진답니다."

"그래서 무슨 말이에요? 말해봐요! 뭐라도 알아낸 게 있어요?"

"속임수입니다. 우리는 속고 있습니다. 비록 아는 건 별로 없지만 속임수라는 건 확신합니다. 지식인들이 무엇인가 얕은 수를 꾸미고 있는데, 난 싫습니다. 나는 진실을 알고 싶었어요. 그리고 이제 진실이 무엇인지를 알게 됐어요. 그렇지만 지식인들과는 더는 함께 일하지 않을 작정입니다. 그들은 자신들이 편하려고 날 앞쪽으로 떼밀고, 다리 건너듯 내 뼈마디를 짓밟고 자기들이 원하는 곳까지 나아갈 겁니다."

완고하면서도 점잖고 강하게 자신의 침통한 심정을 표현한 그의 말에 어머니의 가슴은 오그라들었다. 그녀가 고통스러운 표정을 지으며 소리쳤다.

"주여! 진실이 어디 있죠? 그렇다면 파샤도 그걸 모른단 말인가요? 시내에서 오는 나머지 사람들도 모두…….”

눈앞에 이고르와 니콜라이 이바노비치, 그리고 사샤의 진지하고 순결한 얼굴들이 어렴풋이 가물거리며 가슴이 고동쳤다.

“아니야, 그렇지 않아요!”

그 생각을 떨쳐내려고 고개를 가로저으면서 그녀가 말문을 열었다.

“난 믿을 수가 없구려. 그들은 바로 진실과 정직, 양심 편이요. 그래서 그들에게는 사악한 계획이 없어요. 오, 없고말고.”

“누구 말씀하는 겁니까?”

르이빈이 생각에 잠겨 물었다. “모두, 내가 만난 모든 사람 하나하나를 말하는 거요. 그들은 인간의 피를 놓고 밀거래를 할 사람들은 아니에요.” 그녀의 얼굴에 식은 땀방울이 갑자기 솟아나고 손가락이 떨렸다.

고개를 떨구며 르이빈이 말했다.

“엉뚱한 곳을 보고 계시는군요, 더 멀리 내다보세요. 직접 일을 하는 사람들은 자신들이 무슨 일을 하는지 모를 겁니다. 그들은 분명 옳은 일을 한다고 생각해요. 그들의 마음속에 진실이 있기 때문이지요. 하지만 그들 뒤에는 사리사욕에 눈이 먼 사람들이 있을 겁니다. 인간이란 자기 자신을 거스르는 법은 없어요…….”

그가 수 세기 동안 불신으로 살아온 농부다운 굳은 확신으로 덧붙였다.

“지식인들한테선 결코 아무것도 기대할 수 없다우. 내 말을 믿어도 좋아요!”

“머릿속에서 여러 가지 생각들을 짜 맞춘 게지요?”

어머니는 다시 물으면서 불안한 의혹에 사로잡혔다.

“저요?”

어머니를 말없이 빤히 들여다보다가 다시 같은 말을 되풀이했다.

“지식인들한테 더는 기대하면 안 됩니다. 짜 맞추고 조립하는 사람들은 그들이니까요.” 다시 침울하게 입을 다물었다. 그리고 내면적으로 위축되는 듯이 보였다.

“제 동료들에게 갈까 합니다, 어머니. 그들과 함께 일하려고요. 나한테 맞는 일입니다. 난 읽고 쓸 수 있어요. 참고 있고, 바보도 아니에요. 그래서 제가 사람들에게 무슨 말을 해야 할지를 알고 있다는 점이 중요해요. 그래도 난 갈 거예요, 믿지 못해서 갈 거라고요. 전 알고 있어요, 어머니, 사람들의 영혼은 악취가 나요, 더러워요. 모두 질투를 먹고 산다고요. 모두 배불리 먹기를 원합니다. 그런데 먹을 게 모자라니까 저마다 서로서로 포획하려 들지요."

그는 고개를 떨구고 잠시 생각에 잠겼다가 말했다.

"혼자서 여기저기 농촌과 작은 마을을 돌아다니겠어요. 그래서 사람들을 가르치겠어요. 사람들이 문제를 파악해서 자기 손 안에 휘어잡아야 해요. 그러고서 스스로 일해야 해요. 그들을 이해시키기만 하면 그 다음에는 스스로 길을 찾을 거예요. 그래서 제가 그 사람들을 이해시키려고 해요. 희망은 오직 본질적인 면에만 있지요. 그래서 그 사람들 스스로 본질적으로 이해하지 못하면 이해라고 할 게 없답니다! 그런 게 진실이에요!"

"그 사람들이 당신을 붙잡겠지요!" 어머니는 작은 목소리로 말했다.

"그들은 날 붙잡았다가 다시 내쫓을 거예요. 그러면 난 다시 앞서갈 겁니다!"

"농부들이 당신을 꼼짝 못하게 감옥에 가둘걸."

"감옥에 들어갔다 나와서 다시 되풀이하고, 그러면 농부들도 몇 번 나를 잡아넣다가 마침내는 잡아넣기만 할 게 아니라 말을 들어봐야겠다고 생각할 날이 오겠죠. 전 그들에게 '여러분, 저를 믿지 마십시오. 그저 제 말을 들어만 주세요' 말하겠어요. 듣다 보면 믿게 될 테니까요."

어머니와 르이빈의 대화는 매우 느려서 마치 한 마디 한 마디를 음미하는 듯했다.

"전 최근에 닥치는 대로 엄청 먹고 마셔댔습니다. 그랬더니 하나 둘 이해하게 되더라고요……."

"그러다 죽고 말 거요, 미하일 이바노비치!"

어머니가 안타까움에 머리를 저으며 말했다. 르이빈은 깊숙이 팬 새까만 눈으로 대답을 기대하고 있다는 듯 그녀를 쳐다보았다. 그의 강인해 뵈는 윗몸은 앞으로 약간 기울었고, 두 팔은 의자 팔걸이에 걸려 있었다. 검게 그을린 얼굴은 새카만 턱수염 속에서 파리해 보였다.

"혹시 그리스도가 밀알에 대해서 한 이야기를 들어보셨습니까? 너는 한 알 그대로 죽지 않고, 살아서 많은 열매를 맺으리라, 그랬죠. 전 아직 죽으려면 멀었습니다. 제가 얼마나 상황 판단이 빠른데요! 난 다른 사람들보다 더 곧바른 길을 따라요. 그 길로 가면 더 멀리 갈 수 있어요. 그런데 왠지 모르겠지만 마음이 언짢아요."

그는 앉은 채로 뭔가를 주저하는 것 같더니 천천히 자리에서 일어났다.

"선술집에 가서 사람들을 만나야 할 것 같네요. 소러시아인이 아직 안 오는 걸 보니 바쁜가 봅니다, 그렇죠!"

"그런가 보네요."

웃으면서 어머니가 대답했다.

"그래야죠. 그 사람 오거든 제 얘기나 해주세요."

두 사람은 나란히 부엌으로 나가 서로를 쳐다보지도 않고 간단한 말로 인사를 나누었다.

"그럼 안녕히 계세요."

"몸조심해요. 공장 일은 그만두나요?"

"그만둔 지 오랩니다."

"그럼 언제 떠나요!"

"내일 아침 일찍요. 자, 그럼……."

르이빈은 머리를 숙여 인사하고 내키지 않는 발걸음을 억지로 떼어 놓으며 느릿느릿 현관을 빠져나갔다. 어머니는 한동안 문 앞에 서서 무거운 그의 발걸음과, 그녀의 가슴속에서 눈을 뜬 의혹에 귀를 기울였다. 잠시 뒤 정신을 차리고 어머니는 방 안으로 돌아왔다. 커튼을 걷고 창밖을 내다보았다. 창 너머에는 칠흑 같은 어둠이 버티고 서 있었다.

"나는 어두운 밤의 시대를 살고 있는 거야!"

어머니가 생각했다.

어머니는 마음이 넓고 강인하며 성실한 그 농부가 가엾은 생각이 들었다.

안드레이는 다시 살아난 사람처럼 기분이 좋아서 집에 돌아왔다. 어머니가 르이빈의 이야기를 해주자 큰 소리로 외쳤다.

"파벨도 가는 거죠? 그렇다면 농촌을 돌며 진리를 전파하고 사람들을 일깨우는 일을 하게 해도 좋을 거예요. 파벨이 진리의 말을 전하도록 해주세요. 우리와 같이 일한다는 건 그에겐 힘든 일일 겁니다."

어머니가 조심스럽게 말했다.

"그 사람 말이, 지식인들에겐 무슨 꿍꿍이속이 있을 거라는 거야. 그들이 우릴 속이고 있다던가!"

"그게 마음에 걸리시는군요?"

소러시아인이 웃으며 물었다.

"아, 어머니, 돈이 문젭니다. 우리에게 돈만 있다면! 우리는 아직 남이 주는 돈에 의지하고 있는 형편입니다. 니콜라이 이바노비치를 보세요. 그 사람은 매달 75루블을 벌어서 우리에게 50루블을 내놓고 있습니다. 다른 사람들도 마찬가집니다. 가난한 학생들도 때로는, 많지는 않지만 돈을 보내옵니다. 한 푼 두 푼 모은 돈을 말입니다. 물론 지식인도 여러 종류가 있어요. 우리를 속이는 사람과 우리에게서 떠나는 사람도 있습니다. 하지만 진정 훌륭한 사람들은 우리와 같은 길을 휴일이 올 때까지 갈 겁니다."

그는 손뼉을 한 번 치고 나서 힘을 주어 말을 이었다. "독수리 날개를 달아도 그 휴일까지 날아가지 못할 거예요. 누구라도 그렇죠. 그래서 우리는 작은 독수리를 만들어서 오월 첫날, 조촐한 우리만의 노동절 행사에까지 갈 겁니다. 정말 멋질 거예요."

그의 활기찬 모습을 보니 르이빈 때문에 생겼던 어머니의 불안감이 가셨다. 소러시아인은 손으로 머리를 비빈 뒤 마룻바닥을 내려다보면서 방 안을 서성이다가 말했다.

"어머니도 언젠가는 놀랄 만한 감정이 가슴속에서 살아 꿈틀대는 느낌을 경험하실 겁니다. 어딜 가든지 눈에 동지들만 보일 때가 올 거라고요. 모두가 하나의 불길로 타오르고 활기에 넘치고, 선하다 못해 훌륭해 뵈는 날, 바로 그런 날이 올 겁니다. 말이 없이도 서로 의사를 주고받고, 모두가 한 소리로 외치며 저마다 가슴으로 자신만의 노래를 부르게 될 겁니다. 모든 노래가 여러 갈래 냇물들처럼 흘러 하나의 내를 이루고, 명랑하고 즐겁게 커다란 강물로 부풀어 다시 넓고 자유롭게 흘러내려 제 몫을 하고야 말 겁니다. 어머니는 그렇게 되리라고 믿으면 돼요, 우리가 바라는 대로 될 수밖에 없다고 어머니가 생각할 때 비로소 놀란 가슴이 기쁨으로 녹아 버리게 되니까. 어머니는 울고 싶고 또 행복할 거예요."

그는 자신의 내부에서 무언가를 찾고 있는 것처럼 말하고 바라보고 했다. 어머니는 마음이 흔들리지 않도록 애쓰며, 그의 말을 끊는 일 없이 줄곧 누구의 말보다도 더욱 관심을 기울여 귀담아 들었다. 그는 누구보다도 단순하게 말했기 때문에 그녀의 마음을 더욱 강하게 사로잡았다. 파벨도 미래를 내다보고 있는 분위기였다. 사람이 그런 삶을 따르려 하는데 달리 무슨 방도가 있을까? 그렇지만 아들은 먼 미래를 내다보았을 때 언제나 혼자였었고, 자신이 무엇을 보았는지에 대해 아무 말도 하지 않았다. 하지만 소러시아인 가슴 한구석에는 항상 미래가 있는 것 같았다. 그래서 그의 말속엔 이 땅에 살고 있는 모든 이를 위한 미래에 대한 전설이 살아 숨쉬고 있었다. 이 진실은 어머니 자신의 삶에 대한 생각, 아들이 하는 일 그리고 그의 모든 동지를 환하게 비추어주고 있었다.

"잠에서 깨어나 주위를 둘러보세요. 냉혹하고 추한 것들뿐입니다." 고개를 들며 소러시아인이 말했다. "모두가 지쳐 있고 애를 태우고 있습니다. 인생이 붐비는 고속도로 위 진흙창처럼 휘저어지고 발 아래 짓밟히고 있어요!" 소러시아인이 어머니 앞에 서서 깊은 시름에 잠겨 고개를 저으며 계속했다. "생각할수록 화가 나는데, 인간을 믿지 말아야 하고 인간과 투쟁해야 합니다. 심지어 증오해야만 합니다. 인생은 양면성을 지니고 있어요. 어머니는 사람을 사랑하기만을 원합니다. 하지만 그게 가능할까요? 만약에 그 사람이 성난 야수처럼 어머니를 박해하고, 어머니의 살아 있는 정신을 인정하지 않고, 어머니의 얼굴에 발길질을 해댄다고 생각해보세요! 그래도 그 인간을 용서해야 하나요? 결코 용서할 수 없습니다. 만일 용서하지 않아야 한다면 그건 당신 자신을 위해서가 아닙니다. 저는 저를 향한 모든 모욕을 참아낼 수가 있습니다. 하지만 폭압자를 묵인하고픈 생각은 조금도 없습니다. 모욕을 주려고 멋대로 행동하기는 싫다고요. 그들이 내 등 뒤에서 다른 사람들을 때리게 가르치고 싶지 않아요."

그의 두 눈이 써늘한 불꽃으로 타올랐다. 그는 고개를 꼿꼿이 쳐들고 한결 단호한 음성으로 말했다.

"저는 어떠한 불의도 용서하지 않을 겁니다. 비록 그것이 제게 직접 해를 끼치지는 않는다 해도 말입니다. 제가 이 세상을 혼자서 살고 있는 것이 아니기 때문입니다. 오늘의 모욕을 그대로 받아주면, 또 치명적이지 않다고 해서 그냥 웃어넘긴다면, 내일 그자는 자기 힘이 어떤지 떠보았겠다, 당장 다음 날 또 다른 사람의 가죽을 벗기겠다고 달려들 겁니다. 그래서 사람들은 저마다 사람들을 식별해서 구분해야만 사람의 마음을 꽉 다잡을 수 있거든 요. 그리고 인간들을 구분 짓는 일은 나의 일입니다, 그들은 낯선 이방인들 이에요."

어머니는 자신도 모르게 장교와 사샤를 떠올렸다. 그녀는 한숨을 내쉬고 말았다.

"체로 거르지 않아 고르지 못한 밀가루로 빵을 구우면 어떤 빵이 될까!"

"비극의 원인이 바로 거기에 있는 겁니다."

안드류샤가 큰 소리로 말했다. "어머니는 두 가지 다른 관점에서 봐야 해 요, 어머니 가슴속에서는 또 다른 심장이 고동쳐야 한다고요. 그 사람은 모 든 사람을 사랑해요. 하나는 모든 사람을 사랑하는 한편으로 다른 하나는 이 렇게 말하죠, '안 돼, 멈춰! 그래서는 안 돼!'"

눈앞에 마치 이끼로 뒤덮인 큼직한 바위만큼이나 무겁고 음울한 남편의 모습이 떠올랐다. 어머니는 나타샤와 결혼한 소러시아인, 그리고 사샤의 남 편으로서의 아들을 혼자서 상상해 보았다.

"그런데 왜 그럴까요?" 안드류샤가 무언가를 미리 예고하듯이 물었다. "그건 불쾌하게도 순전히 우스꽝스러운 경우인 게 당연해요. 왜냐하면 사람 들이 똑같은 발디딤으로 서 있을 수가 없기 때문이에요. 그러면 그 발디딤을 똑같이 하도록 하면 되는데, 모두 같은 하나의 줄에 맞춰 놓으면 되지요! 머릿속에서 생겨난 모든 것을 똑같이 나눠 놓고, 손으로 만들어 놓은 것들도 똑같이 나눠 놓습니다. 그것들 서로가 공포와 질투의 노예 상태로, 탐욕과 우둔함의 종 상태로 있게 두지는 말자고요!"

어머니와 소러시아인은 그런 대화를 자주 나누었다. 그는 다시 공장에 취 직했으며, 자신의 월급을 몽땅 어머니에게 건넸다. 어머니도 아들인 파벨에 게서 돈을 받는 것처럼 아무렇지도 않게 받았다. 때로는 안드레이가 눈웃음 을 지으며 어머니에게 제안을 하곤 했다.

"책을 읽을까요, 어머니?"

그녀는 농담 반 진담 반으로 한사코 거절했다. 그의 눈웃음에 어머니는 당 혹스럽기도 하고 약간 공격적인 느낌을 받았다.

"자네가 비웃으면 내가 뭣 땜에?"

시간이 갈수록 유인물과 서적에 적혀 있는 말들에 대한 어머니의 질문은 더욱 잦아졌다. 새로운 가르침에 대한 정보를 울어볼 때마다 어머니는 괜히 딴전을 피웠다. 목소리도 공연히 무관심한 척 애쓰는 느낌이었다. 그는 어머니가 혼자서 몰래 글공부를 하고 있음을 알아차리고 그 수줍음을 이해했다. 그래서 함께 책을 읽자는 말을 더는 하지 않았다. 얼마 뒤에 그녀는 그에게 말했다.

"눈이 침침하구나, 안드류샤. 안경이 있어야겠어."

"어려운 일이 아니죠. 돌아오는 일요일에 함께 시내에 나가서 의사에게 보이고 안경을 맞추도록 하지요."

어머니는 벌써 세 번이나 파벨과의 면회 신청을 하고 왔다. 그러나 불그레한 뺨과 코, 게다가 머리가 허연 늙은 헌병 대장이 적당히 둘러대며 매번 퇴짜를 놓았다. 그나마 말투는 다정했다.

"앞으로 일주일은 더 기다리셔야 합니다, 부인! 일주일 뒤도 지켜봐야 합니다. 어쨌든 지금은 안 됩니다."

배가 불룩 나온 뚱뚱한 그의 모습은 저장된 지 너무 오래되어 이미 잔털 곰팡이가 핀 팍삭 익은 살구를 연상시켰다. 그는 항상 희번덕거리는 이빨을 뾰족한 이쑤시개로 쑤셔댔다. 그의 크지 않은 푸른 두 눈은 상냥한 척 눈웃음을 치고 있었고 목소리는 친구처럼 쓰다듬는 듯했다.

"아주 예의가 바르던걸? 늘 웃고 있고……. 사실 이렇게 웃고 있을 필요가 없을 때 웃는 분위기지."

그녀가 안드레이에게 뭔가 골똘히 생각하는 듯이 말했다.

"맞습니다, 맞아요! 그자들에게서 다정한 척하기, 웃기를 빼면 아무것도 안 남죠. 흔히 이런 말도 해요. '원, 사람 하나 정말 똑똑하고 착실한데 우리에겐 위험 인물이니 어쩝니까, 교수형에 처할 밖에요!' 놈들은 웃으면서 교수형을 집행하고 끝나면 또 웃습니다."

"정말 그렇다면, 우리 집을 수색했던 그 사람은 두 사람 중에 더 나은 한 사람이었어. 척 보기에 더 단순했거든. 네가 보면 즉시 개같다고 하겠지만."

"그런 놈들은 둘 다 인간 축에도 못 드는 놈들입니다. 사람 귀를 후려쳐서 감각이 없게 망쳐놓는다고나 할까요. 도구에 불과한 거죠. 그 도구들 때문에 우린 어떤 상황에서는 편안하게 살고 있는 겁니다. 마치 우리의 삶이 한결 편리해지기라도 한 것처럼 말이에요. 바로 그 도구들은 손에 들고 우릴 지배하기 편리하도록 만들어져 있어요. 자기가 받은 지시가 왜 필요한지 생각지도 않고 묻지도 않고, 그냥 사람들이 일 잘한다고 치켜세우면 그대로 다 할 수 있다는 식이죠."

블라소바는 마침내 기다리고 기다리던 아들과의 면회가 허용되었다. 일요일에 어머니는 교도소 면회실 구석에 다소곳이 앉아 있었다. 천장이 낮고 비좁고 지저분한 면회실 안에는 그녀 말고도 친척들과 친구들 면회를 기다리는 사람이 몇 명 더 있었다. 그들이 쉽게 서로를 알아보아 첫 면회는 아닌 게 분명했다. 그들은 나직나직한 목소리로 느긋하고 기운 없는 대화를 하고 있었다.

"그 얘기 들었어?"

얼굴이 쭈글쭈글한 뚱뚱보 여인이 여행가방을 무릎 위에 올려놓은 채 말문을 열었다.

"오늘 아침 예배 때 교회 집사가 성가대 아이의 귀를 또 찢어놓았대……."

군복을 입은 것으로 보아 퇴역군인 같은 중년 남자가 크게 헛기침을 하고서 대꾸했다.

"성가대 아이들은 대개 빈둥거리는 건달들이지."

체구가 작고 머리가 벗겨진 사내가 면회실 안을 번잡스럽게 참견하면서 돌아다녔다. 다리는 짧은데 반대로 팔은 길고, 턱이 앞으로 툭 튀어나온 사내였다. 그는 잠시도 멈추지 않고 소름 돋는 째지는 목소리로 소리쳤다.

"생활비가 자꾸 오르니 사람들이 점점 악독해집니다. 저질 쇠고기 값이 두 배나 올라서 1푼트에 14코페이카나 하고 빵 값은 두 배 반 올랐어요."

이따금 침통한 표정에 하나같이 무거운 가죽장화를 신고 있는 죄수들이 방 안으로 들어왔다. 면회실 안이 어두워서인지 그들은 들어올 때마다 눈을 깜빡였다. 발에 족쇄가 채워져 있는 사람도 있었다.

이상할 정도로 말수가 적어 상스러운 생각까지 들었다. 이런 일도 이미 오래라 자신들의 처지에 익숙해진 것 같았다. 조용하게 앉아 있는 사람, 느릿느릿 주위를 힐끔거리는 사람, 고단한 듯 조심스레 면회 온 사람들을 바라보는 사람 등 가지각색이었다. 어머니는 너무 초조한 나머지 가슴이 떨렸다. 망설이며 주위를 둘러보는데, 이렇게 세상의 한 구석에서 답답하고 단순한 인생 속에 있다는 사실에 놀랐다.

어머니의 옆 자리에는 왜소한 체구의 노파가 앉아 있었다. 비록 얼굴엔 주름이 자글자글했지만 눈빛만은 젊은이 못지않았다. 가는 목을 연신 좌우로 돌리며 노파는 사람들의 대화에 귀를 곤두세우고 이상한 표정으로 주위를 열심히 훑어보고 있었다.

"누굴 만나러 오셨어요?"

블라소바는 부드럽게 물었다.

"자식놈 보러 왔다우. 학생이지. 그런데 댁도 그렇수?"

"저도 아들 만나러 왔어요. 노동자예요."

"성이 어떻게 되나!"

"블라소프예요."

"들어본 기억이 없군. 감옥에 들어온 지 오래됐소?"

"칠 주째예요."

"내 아들은 벌써 열 달째라오."

노파의 목소리에 어떤 자부심이 느껴졌다. 어머니는 그 기분을 알아차렸다. 키가 크고 마른 체격에 얼굴은 창백하고 검정옷을 입은 여인이 망설이다가 말했다.

"저 사람들은 얼마 안 가서 죄없는 사람 모두를 감옥에 가둘 거예요. 죄없는 사람들을 참아낼 수가 없거든요, 혐오한다고요!"

머리가 벗겨진 노인이 재빠르게 말을 받았다.

"그래, 맞아요! 참는 데도 한도가 있지…… 모두들 흥분해서 소리치고 난리요. 물가가 세상모르고 치솟으니, 사람 가치가 아주 싸구려가 되는 겁니다. 그렇다고 누구 하나 중재하려고 나서길 하나."

퇴역군인이 이 대목에서 끼어들었다.

"말 한번 잘했소. 정말 도저히 말도 안 돼, 괴상한 꼴불견이야! 드디어 힘차게 외칠 날이 온 거요. '조용히 해!' 정말 필요한 건 확실한 목소리란 말입니다."

사람들이 하나둘씩 끼어들어 인생 이야기를 하면서 대화는 보다 일상적인 것으로 바뀌었고 활기를 띠어갔다. 저마다 자기 삶의 철학을 늘어놓느라 열을 올렸다. 죄다 속삭이듯 이야기를 하는데 어머니는 모두의 어조에 적대감이 있음을 알아챘다. 새로운 경험이었다. 적어도 집에서 오가는 대화는 이보다는 명료하고 솔직하며 목소리에도 힘이 들어가 있었다. 불그레한 턱수염을 각지게 기른 뚱뚱보 간수가 어머니의 성을 큰 소리로 불렀다. 머리에서 발끝까지 훑어본 그가 다리를 절며 지나가면서 그녀에게 말했다.

"따라오슈."

어머니가 그의 뒤를 따랐다. 그녀는 좀 더 빨리 걸으라고 사내의 등이라도 떠밀고 싶은 심정이었다. 작은 방 한가운데 파벨이 앉아 있었다. 어머니를 보더니 웃으며 손을 내밀었다. 어머니는 아들의 손을 꼭 잡고 눈만 끔벅일 뿐이었다. 무슨 말을 해야 할지 도무지 생각이 나지 않았다. 간신히 부드러운 목소리로 안부를 물을 뿐이었다.

"잘 지냈니? ······잘 지냈어?"

"네, 너무 걱정 마세요, 어머니!"

잡은 손에 힘을 주며 파벨이 말했다.

"걱정은 무슨."

간수가 한숨을 쉬더니 말했다.

"어머니, 그건 그렇고 좀 떨어져요. 거리를 약간 두란 말입니다." 그러고는 크게 하품했다. 파벨은 어머니의 건강은 어떤지, 집에는 별일 없는지 물었다. 그녀는 아들의 두 눈을 보고 다른 질문이 있을까 살피며 기다렸지만 아들은 전혀 그럴 생각이 없는 듯했다. 늘 그렇듯 차분하고 침착했다. 변한 게 있다면 얼굴이 좀 수척해졌고 그러다보니 눈이 좀 커진 듯 보였다.

"사샤가 안부 전하더구나!"

그녀가 말했다.

파벨의 눈꺼풀이 약간 떨리는가 싶더니 힘없이 늘어졌다. 만면에 맑고 다정한 미소를 띠며 표정이 더 부드럽고 밝아졌다. 비참한 고통이 어머니의 가슴을 찔렀다.

"그래, 곧 풀려날 것 같니? 잡아 두는 이유가 뭐라고 하던? 그렇지 않아도 공장에 지금 다시 유인물이 뿌려지고 있는데······."

어머니가 갑작스럽게 상처를 받아서 흥분한 목소리로 말했다.

파벨의 두 눈이 기쁨으로 빛났다.

"유인물을 뿌렸다고요? 언제요? 많이 가담했나요?"

그가 재빨리 물었다.

"그런 얘기를 하는 건 위반이오! 가족 얘기나 하란 말이오."

간수가 말참견을 하고 나섰다.

"아니, 그럼 이게 가족 얘기가 아니란 말이오?"

어머니가 반박했다.

"잘 모르지만 하여튼 금지돼 있소. 몸을 씻었는지 내의는 어떤지, 아니면 음식 얘기나 해요, 다른 얘기는 안 돼요!" 간수는 고집스럽게 경고했지만, 아예 무관심하다는 투였다.

"좋아요, 어머니, 집안 얘기나 해요. 요즘 뭐 하고 지내세요!"

파벨이 물었다.

어머니는 자신 안에 감춰져 있는 어떤 젊은 혈기를 느끼면서 대답했다.

"이것저것 가리지 않고 공장에 나르고 지내지……."

잠깐 말을 멈추었다가 미소와 함께 다시 말을 이었다.

"양배추 수프라든가 죽, 마리야네 음식들은 모두 다. 그리고 그 밖에 먹을 거리들하고……."

파벨은 눈치챘다. 억지로 웃음을 참느라 그의 얼굴이 떨리고 있었다. 그는 손으로 머리를 긁적이면서, 여태껏 그녀가 그에게서 한 번도 들어본 적이 없는 부드러운 목소리로 말했다.

"사랑하는 내 어머니! 소일거리가 생겼다니 정말 잘된 일입니다. 적적하진 않으시겠어요, 그래요?"

"유인물이 다시 뿌려지니까 이 늙은이도 몸수색을 하더구나."

말 한 마디 한 마디에서 어쩐지 자부심이 느껴졌다.

"또 그 얘기시네!"

간수가 벌컥 화를 내며 끼어들었다.

"안 된다고 아까 얘기했잖소! 그에게서 자유를 박탈한 이유가 뭔데, 그가 자유를 전혀 몰라야 하기 때문이에요. 그런데 당신이 새 소식을 여기 들여왔다고요! 그게 금지됐다고 말을 하면 새겨들어요, 좀!"

"알겠습니다. 그만두세요, 어머니, 마트베이 이바노비치는 나쁜 사람 아녜요. 언짢게 하지 마세요. 우린 친하게 지내고 있어요. 입회인으로 이 사람이 온 것도 우연이에요. 보통 부소장이 입회하거든요."

파벨이 말했다.

"시간이 다 됐소!"

시계를 보면서 간수가 말했다.

"고맙습니다, 어머니! 고마워요, 사랑하는 어머니! 이제 너무 염려 마세요. 곧 나가게 해주겠죠."

파벨이 말했다.

그는 어머니를 가슴에 꼬옥 끌어안았다. 그리고 입도 맞추었다. 애정이 담긴 아들의 말에 감동한 어머니는 행복에 겨워 눈물을 펑펑 흘렸다.

"그만 갑시다!"

간수가 말했다.

간수는 어머니를 데리고 나가면서 중얼거렸다.

"울지 마세요! 곧 풀려날 거요. 모두 나가게 될 겁니다. 여긴 너무 북적거려서……."

집에 돌아온 어머니는 활짝 웃으면서 안드레이에게 자초지종을 이야기했다.

"참말이란다! 내가 똑똑하게 이야기를 했더니 파벨이 이해하더구나! 분명 알아들었어. 그렇지 않다면 그 애가 그렇게 다정하게 굴었을 리가 없어. 하여튼 그런 모습은 처음이었어." 우울하게 한숨을 들이쉬며 말했다.

소러시아인이 웃음을 터뜨렸다.

"오, 어머니! 누구나 갈망하는 바가 있다지만 어머니란 오직 애정만을 원하지요."

"아니, 안드류샤. 그 사람들 얘기를 안 할 수가 없구나! 어�찌나 익숙해 있던지! 눈앞에서 끌려간 자식들이 감옥에 와 있는데도 아무렇지도 않다는 듯 와서 그냥 앉아 기다리고 있어. 시시껄렁한 소리들이나 지껄이면서. 사람들이 그러는 걸 어떻게 생각해? 적어도 글깨나 배웠다는 사람들이 그렇게 쉽게 길들여지면 미천한 민중이야 말해 무엇하겠어?"

소러시아인이 평소처럼 잔뜩 웃음을 머금고서 대답했다.

"그야 물론입니다. 그 사람들에게 법이란 우리네 경우보다 한결 관대하죠. 그럴수록 그들은 우리보다 더 법이 필요한 겁니다. 그러나 그들은 법의

심판을 받는다 해도 절대 크게 소리 내서 울지 않지요. 자신이 법보다 힘이 센 걸요. 게다가 법이 그들에게는 어떤 보호막이 될 때도 있고요. 하지만 우리 같은 서민에게 법은, 몸을 단단히 옭아 맨 끊어 버릴 수도 없는 쇠사슬이죠."

사흘 뒤 저녁에 어머니는 탁자 옆에 앉아 양말을 꿰매고 있었다. 소러시아인은 로마시대 노예반란에 대한 책을 그녀에게 읽어주고 있었다. 그때 누군가가 문을 세게 두드렸다. 소러시아인이 문을 열어주자 겨드랑이 밑에 작은 보따리를 낀 베솝시코프가 모자를 삐딱하게 쓰고 들어왔다. 무릎까지 온통 흙탕물 투성이였다.

"지나는 길에 방에 불이 켜져 있기에 인사나 하고 갈 생각으로 들렀습니다. 방금 감옥에서 나오는 길입니다."

그가 예사롭지 않은 목소리로 어머니의 손을 세게 잡으며 말했다.

"파벨이 안부 전하더군요."

그는 머뭇거리며 의자에 털썩 주저앉더니 침울하면서도 의혹에 찬 듯한 눈길로 방 안을 두리번거렸다.

어머니는 그를 별로 좋아하지 않았다. 광대뼈가 튀어나온 얼굴이며 짧게 깎은 머리, 가늘게 쭉 째진 두 눈이 늘 무서웠다. 그러나 지금은 반가운 표정으로 미소를 짓고 다정하게 말했다.

"얼굴이 많이 수척해졌구나. 안드류샤, 차 좀 끓여서 주려무나."

"벌써 사모바르를 올려놓았어요."

소러시아인이 부엌에서 대답했다.

"그래, 파벨은 잘 있어? 자네 말고 다른 사람들도 풀려난 거야, 아니면 혼자만 나왔어?"

"파벨은 그냥 있어요. 잘 버티고 있죠. 저만 혼자 나왔어요."

베솝시코프가 고개를 숙이고 대답했다.

그는 고개를 들고 어머니의 얼굴을 물끄러미 쳐다보면서 느릿느릿 말을 뱉어냈다.

"저만 풀어줬어요." 눈을 쳐들어 어머니 얼굴을 보며 느릿느릿 말했는데, 이빨 사이로 내는 육중한 말투로 강조했다.

"놈들한테 소리쳤어요. '날 내보내줘. 안 내보내주면 누구든 한 놈 죽이고서 나 역시 콱 죽어 버릴 테다' 하고 말입니다. 그랬더니 풀어주더라고요."

"으음, 그랬구나!"

어머니는 대꾸를 하다가 그의 가늘고 날카로운 시선과 마주치자 얼른 외면하면서 자신도 모르게 눈을 깜빡였다.

"그런데 페쟈 마진은 어떻게 지내던가?"

소러시아인이 부엌에서 소리쳤다.

"여전히 시를 쓰던가?"

"물론이죠. 난 도무지 이해할 수 없지만,"

고개를 절레절레 흔들며 베솝시코프가 대꾸했다.

"그는 감옥에 들어간 뒤로 계속 노래만 불러요. 어쨌든 나로서는 한 가지 사실은 확실해요. 난…… 집에 가고 싶지 않아요."

"왜 가고 싶지 않은데? 그럴 만한 이유라도 있니?"

어머니가 생각에 잠겨 말했다.

"텅 비었으니까요. 온기는 하나도 없고 온통 쓸쓸한 느낌뿐이니까요."

그는 잠시 입을 다물고 두 눈을 찡그렸다. 그리고 호주머니에서 담뱃갑을 꺼내 그중 한 개비에 여유롭게 불을 붙여 물었다. 코앞에서 흩어지는 꼬불꼬불하고 희뿌연 연기를 쳐다보면서 사나운 큰 개마냥 이를 드러내고 미소를 지어 보였다.

"네, 썰렁하겠죠. 마룻바닥엔 얼어 죽은 바퀴벌레들이 나뒹굴고 있을 겁니다. 쥐들도 얼어 죽었을 거예요. 닐로브나, 오늘 밤 하루만 여기서 재워주시면 안 돼요?"

그녀에게 시선을 두지도 않고 그가 목이 쉰 듯한 소리로 물었다.

"그러려무나, 니콜라이! 물어볼 필요도 없잖니!"

어머니가 얼른 대답해 주었다. 사실 어머니는 그와 함께 있기가 불편하고 거북했으면서도 달리 할 말을 몰랐다. 그러나 그가 이상하게 불편한 목소리로 말을 이었다.

"지금 우리는 자식들이 부모를 부끄럽게 여기는 시대에 살고 있어요."

"뭘 부끄럽게 여긴다고!"

놀라서 큰 목소리로 어머니가 물었다.

그는 어머니를 쳐다보더니 두 눈을 감아 버렸다. 그런 그의 주근깨투성이 얼굴은 얼핏 장님을 연상시켰다.

"제 말은, 자식들이 부모를 부끄럽게 여겨야 한다는 겁니다."

그가 되풀이하고 나서 크게 한숨을 몰아쉬었다.

"두려워 마세요, 당신 얘기를 하는 게 아녜요. 파벨은 어머니를 전혀 부끄럽게 여기지 않아요. 하지만 전 아버지가 여간 부끄러운 게 아닙니다. 아버지가 있는 한 전 절대로 집에 들어가지 않을 거예요. 저에겐 아버지도 없고…… 집도 절도 없는 셈입니다. 부모님은 저를 경찰 감호 아래 두었어요. 그러느니 차라리 시베리아로 떠나겠어요. 자기 자신이 하찮다고 생각되는 사람이 그곳에 가면 할 만한 중요한 일이 있거든요. 전 거기서 귀양당한 사람들에게 자유를 주게 한다거나, 하여튼 사람들을 도망시킬 궁리를 할까 합니다."

한순간 어머니는 한 인간으로서 그가 얼마나 심한 고통을 겪고 있는지 이해할 수 있었다. 그러나 그의 고통은 동정적인 반응을 불러일으키지는 않았다.

"그래, 벌써 마음을 정했다면…… 떠나도 좋을 거야."

어머니는 침묵해서 그를 어색하게 만들지 않으려고 한 마디 거들었다. 안드레이가 부엌에서 나와 웃으면서 말했다.

"무슨 설교가 그리 길어, 응?"

어머니가 자리에서 일어나 걸어나가며 말했다.

"내 먹을 것 좀 내오마."

베솝시코프가 소러시아인을 빤히 들여다보다가 불쑥 말문을 열었다.

"그저 몇 놈 죽여 버려야 한다고 생각해!"

"그래! 하지만 왜?"

소러시아인이 물었다.

"그런 놈들 아주 씨를 말려 버리게……."

"으흠! 살아 있는 사람을 시체로 만들 권리가 자네에게 있나?

"있어."

"그런 권리를 어디서 얻었나?"

"사람들이 스스로 내게 만들어 주었어."

키가 크고 비쩍 마른 소러시아인은 다리를 떨면서 방 한가운데 버티고 서서, 주머니에 두 손을 찔러 넣은 채 니콜라이 베솝시코프를 내려다보고 있었다. 베솝시코프는 엉덩이를 의자 깊숙이 처박고 꼿꼿하게 앉아 있었다. 자욱한 담배연기 속에서 그의 얼굴에 난 붉은 점들이 엿보였다.

"사람들이 내게 줬어!" 그는 주먹을 불끈 쥐며 되풀이했다. "그들이 나를 친다면 나도 그들을 치고 눈탱이에 주먹을 날릴 권리도 있는 거야! 날 건드리지 않으면, 나도 그들을 안 건드린단 말이지! 내 멋대로 살게 두면 나도 평화롭게 살고 아무도 안 건드릴 게야. 아마 난 숲 속에서 살지도 몰라. 협곡 개울 옆에다가 혼자 오두막을 짓고 거기서 살고 싶다고. 하여튼, 난 혼자서 살 거야."

"알았네, 가서 그렇게 살게나. 자네가 좋다면 그렇게 해야지." 소러시아인이 어깨를 으쓱하며 말했다.

"당장?" 니콜라이가 물었다. 그는 고개를 가로저으며 주먹으로 무릎을 쳤다.

"지금은 불가능해!"

"누가 막기라도 하나?"

"사람들이 못하게 막고 있어!" 베솝시코프는 퉁명스럽게 대답했다. "난 그 사람들을 죽음까지 끌고 갈 수도 있어. 그들은 나를 증오해서 내 마음을 악으로 채운 뒤 자기들한테 묶어놓지. 아주 단단히! 난 그들이 미워하느라 가지 못하는 거야, 절대 못 가! 그들을 방해해야 하니까. 그들의 삶을 괴롭힐 거야. 그들이 나를 방해하니까 나도 그들을 방해하겠어. 난 나 자신만을 책임질 거야, 나 자신만을…… 다른 사람들은 책임 못 져. 그리고 만일 내 아버지가 도둑이라면……."

"오!" 소러시아인이 니콜라이에게 다가가며 작은 목소리로 말했다.

"우선 이사이 고르보프, 그 아둔한 녀석의 목을 비틀어 놓아야겠어. 두고 봐!"

"무엇 때문에?"

소러시아인이 조용하고 진지한 목소리로 물었다.

"여태껏 사람들을 밀고하고 다닌 스파이니까. 그러면 안 되는데 말이야. 그놈 때문에 아버지가 파멸한 거고, 그놈이 나불대는 바람에 아버지가 경찰의 꼭두각시가 된 거야."

베솝시코프가 적대감에 차서 안드레이를 노려보며 말했다. 그의 눈에서 증오심이 느껴졌다.

"옳은 소리야! 기도해, 그것 때문에 자네를 비난하는 사람이 누가 있겠어? 어리석은 놈들 빼고!"

베솝시코프가 단호하게 잘라 말했다.

"어리석은 놈들이나 똑똑한 놈들이나 같은 기름을 바르기는 매한가지야. 자네도 그렇고 파벨도 그렇고, 모두 똑똑한 사람들이야. 그런데 과연 나와 자네들과의 관계가 페자 마진이나 사모일로프와의 관계와 똑같아? 아니면 자네들 둘의 관계와 같나? 우리 거짓말하지 말고 한번 솔직하게 이야기해 보자고. 아무튼, 난 자네들을 믿지 않아. 다들 나만 따돌리려고 해."

"혼자서 속병을 많이 앓았군, 니콜라이!"

소러시아인이 그에게 바싹 다가앉으며 부드럽고 다정하게 말했다.

"마음이 아파. 당신도 마음이 아프기는 마찬가지겠지만…… 그래도 내 아픔에 비하면 고귀해 보이잖나. 우린 모두 서로에게 불한당으로 보일 수밖에 없어. 그건 내가 단언해. 뭐 내게 할 말이 있어? 그럼 어디 해봐."

그는 안드레이를 뚫어져라 쳐다보면서 이를 악물고 대답을 기다렸다. 얼룩얼룩 상기된 얼굴은 미동도 하지 않았고 두툼한 입술만 파르르 떨렸다. 마치 불꽃에 데기라도 한 것 같았다.

"입이 열 개라도 할 말이 없어."

소러시아인이 푸른 눈에서 풍기는 비장한 미소로 베솝시코프의 적의에 찬 시선을 달래며 말문을 열었다.

"가슴에 온통 상처를 입어 피가 흐르고 있는 사람과 논쟁을 벌인다면 그것은 곧 모욕을 주기 위해서일 뿐이야. 내가 아는 바로는 그래, 형제님."

"누가 논쟁을 하자고 그러나? 난 그럴 재주도 없어."

베솝시코프가 시선을 떨구고 중얼거렸다.

소러시아인이 말을 이었다.

"난 우리 모두…… 맨발로 깨진 유리조각을 밟으며 걸어가고 있다는 생각이 들어. 나름대로 다들 암흑의 시대를 호흡하며 살고 있는 거야, 너와 똑같이……."

"당신은 그런 말 할 자격이 없어. 내 심장은 지금 울고 있다고, 마치 늑대처럼."

베숍시코프가 천천히 말했다.

"나도 더는 할 말이 없어. 하지만 하나는 확신해. 그건 네가 어떻게든 극복하리라는 거지. 완벽하게는 아니더라도 극복하고야 말 거야."

그는 미소를 지으며 베숍시코프의 어깨를 토닥이고는 말했다.

"이봐, 이건 어릴 때 앓았던 홍역과 비슷해. 우리 모두 홍역을 앓고 있는 거야. 강한 사람은 좀 약하게, 대신 약한 사람은 좀 심하게. 인간이 자기 자신을 발견하는 과정에서, 아직 자신의 삶과 자신의 위치를 제대로 파악하고 있지 못할 때 고통이 따르게 마련이야. 너 자신을 제대로 파악하지 못했기 때문에 자신이 비참해 보이고 가치 없어 보이는 거야. 또 그 누구도 너를 제대로 알고 있는 사람이 없다는 불신 때문에 그들이 너를 미워한다는 느낌만 드는 거라고. 시간이 좀 지나면 알게 된다네. 다른 사람의 심장도 사실은 네 심장과 똑같다는 걸. 그리고 너의 기분이 한결 좋아지겠지. 하지만 왠지 부끄러운 감정도 생길 거야. 너는 항상 제자리에 있었는데 스스로 믿지 못한 것뿐이지. 다시 말하면, 교회 성가대에서 노래를 부를 때 자신의 목소리가 여러 사람의 것과 섞여 하나의 소리로 들리는 것에 비유할 수 있지. 자신이 그들 안에 있는데 굳이 찾으려 하니 보이지 않고 소외됐다고 느껴지는 거지. 적당하지는 않겠지만, 기름에 빠진 파리처럼 말이야. 자신을 찾아 날아보려고 아무리 애를 써도 기름처럼 엉뚱한 생각에 빠졌으니 날 수가 있겠어? 내 말 이해해?"

"이해는 하지만 난 믿을 수가 없어."

고개를 끄덕이며 베숍시코프가 대꾸했다. 소러시아인은 낄낄 웃음을 터트리고 자리에서 벌떡 일어나 소란스럽게 방 안을 서성거렸다.

"나도 전엔 믿을 수가 없었어. 그런데 이런 무지막지한 벽창호 친구를 봤나, 나보다 더하군!"

"내가 왜 무지막지한 벽창호야?"

베숍시코프가 소러시아인을 보며 침울한 미소를 지었다.

"그렇지, 비슷한 면이 있으니까!"

갑자기 니콜라이가 입을 크게 벌리고 웃어대며 말에 끼어들었다.

"왜 웃어?"

소러시아인이 그의 앞에 서서 놀라 물었다.

"방금 당신을 화나게 한 사람이 누군지 몰라도 참 바보라는 생각이 들었어."

고개를 갸우뚱하며 베숍시코프가 선언하듯 말했다.

"자네가 날 어떻게 화나게 했는데?"

어깨를 으쓱거리며 소러시아인이 물었다.

"나도 몰라!"

베숍시코프가 다정하게 이를 드러내며 미소 짓고 대답했다. 겸손한 몸짓 같았다.

"난 그저 당신을 화나게 한 사람은 반드시 양심의 가책을 느껴야 한다, 뭐 이런 생각을 했지."

"그만 됐어! 네 갈 길이나 잘 가!"

소러시아인이 웃으며 말했다.

"안드류샤!"

부엌에서 어머니가 부르는 소리가 들렸다.

안드레이가 부엌으로 나갔다.

방 안에 덩그러니 혼자 남은 베숍시코프는 방 안을 휘 둘러보고 무거운 장화를 신고 있는 한쪽 발을 뻗어 천천히 살펴보고 나서, 허리를 숙여 퉁퉁한 종아리를 만져 보았다. 한 손을 얼굴 높이로 들어올려 손바닥을 유심히 살펴보고 손을 뒤집었다. 손은 퉁퉁했고 짧은 손가락에는 누런 털이 덮여 있었다. 손을 허공에 대고 흔들더니 자리에서 일어났다.

안드레이가 사모바르를 가지고 들어왔을 때 베숍시코프는 거울 앞에 서서 그를 맞으며 물었다.

"거울을 들여다본 지도 꽤 오래됐군."

고개를 내젓고 실없이 웃으며 덧붙였다.

"내가 봐도 참 못생겼다!"

"그게 무슨 상관이야, 얼굴이 밥 먹여주나?"

안드레이가 그를 묘한 눈초리로 쳐다보며 말했다.

"사샤가 그러는데, 얼굴은 마음의 거울이래."

베숍시코프가 천천히 말했다.

"말도 안 되는 소리. 사샤의 코는 버섯 같고 광대뼈는 가위 끝처럼 뾰족하게 튀어나왔지만 마음 하나만은 밝게 빛나는 작은 별 같잖아!"

그들은 차를 마시려고 테이블에 앉았다.

베숩시코프는 큼직한 감자 하나를 집어 들고, 빵 조각에다 소금을 골고루 뿌린 다음, 황소처럼 천천히 우물거렸다.

"이곳 일은 잘되어가?"

그가 음식을 한입 가득 우물거리며 물었다. 안드레이가 공장 내 사회주의 선전 활동에 대해 이야기를 하자, 그는 점점 침통해지더니 멍청한 표정으로 말했다.

"시간이 너무 오래 걸려! 정말 너무 오래 걸려! 하루가 급한 판국인데!"

어머니는 그를 쳐다보았다. 왠지 그에 대한 적대감이 가슴 한편에서 고개를 들었다.

"삶은 달리는 말과 달라서 채찍질을 할 수가 없어!" 안드레이가 말했다.

베숩시코프가 고집스럽게 머리를 내저었다.

"너무 느려! 난 도저히 견딜 수가 없어. 내가 할 일은 뭐지?"

그는 힘없이 두 팔을 벌리고 소러시아인의 얼굴을 빤히 쳐다보면서 대답을 기다렸다.

"우리 모두는 배워야 하고 또 다른 사람을 가르쳐야 해. 그게 바로 우리의 할 일이야!" 안드레이가 고개를 수그리며 말했다.

베숩시코프가 물었다.

"그럼 투쟁은 언제 하지?"

"그때가 오려면 아직 몇 번은 더 학살이 있어야 해. 그게 내가 아는 전부야. 언제 싸우게 될지 나도 몰라! 우선 머리를 무장하고 그 다음에 주먹으로 싸우는 게 옳은 순서가 아닐까 생각해."

"마음이야!" 니콜라이는 간결하게 말했다.

"역시나 마음이지."

베숩시코프는 말없이 있다가 다시 먹기 시작했다. 어머니는 눈치채지 못하도록 곁눈질로 그의 넓적한 얼굴을 훔쳐보며, 친해지기 힘들어 보이는 그의 각진 얼굴과 어울려 볼 만한 면이 무엇일까 속으로 생각해 보았다. 쏘아보는 그의 작은 눈과 마주칠 때마다 그녀는 겁먹은 듯 눈썹을 찔룩였다. 안드레이는 안절부절못하며 갑자기 이야기를 늘어놓다가 웃음을 터뜨리고, 다시 느닷없이 말을 멈추고 휘파람을 불기도 했다.

어머니는 그 불안의 이유를 알 것 같았다. 베솝시코프는 입을 꾹 다물고 앉아, 안드레이가 질문하면 짧게 대답만 했다. 그것도 마지못해 하는 눈치였다.

어머니와 소러시아인 둘에게도 좁기만 한 방은 더욱 비좁게 느껴져 숨이 턱턱 막혔다. 둘은 번갈아 손님의 눈치를 살폈다.

마침내 베솝시코프가 자리에서 일어서며 말했다.

"전 좀 자야겠어요. 내내 감옥에 앉아 있었더니 나가라고 하더군요. 피곤해 죽겠어요."

그는 부엌으로 나갔다. 잠이 안 오는지 한참을 뒤척이는가 싶더니 갑자기 죽은 것처럼 조용해졌다. 어머니는 정적에 신경을 곤두세우고 있다가 안드레이에게 속삭였다.

"저 사람은 생각이 너무 극단적이야!"

"좀 이해하기 힘든 사람이긴 해요."

소러시아인이 고개를 끄덕이며 맞장구를 쳤다.

"그런데 좀 주무세요, 어머니. 전 좀 더 책을 읽을 테니."

어머니는 구석으로 가서 침대를 가리고 있는 꽃무늬 면 커튼을 들췄다. 안드레이는 탁자 옆에 앉아서 그녀의 기도와 한숨 소리를 한참이나 들었다. 책장을 빠르게 넘기며 그는 초조하게 입술을 비벼대기도 하고 그의 긴 손가락으로 콧수염을 말기도 했다. 발로 바닥을 긁기도 했다. 회중시계의 똑딱 소리는 여전히 변함이 없었고 창문 너머에서는 바람이 스치며 신음을 냈다.

그때 어머니의 나지막한 기도가 들렸다.

"오, 주여! 세상엔 수없이 많은 사람이 자기 인생의 고통 때문에 신음하고 있나이다. 과연 행복을 느끼는 사람들이 사는 곳이 있긴 합니까?"

"곧 있게 될 겁니다. 그렇고말고요! 곧 행복한 사람들이 많아질 겁니다."

소러시아인이 말했다.

14

시간은 빠르게 흘러갔다. 나날이 다양해지고 색채로 가득했다. 찾아오는 사람마다 새로운 소식을 전했기에 어머니는 더 이상 새 소식에 불안해하지 않았다. 저녁만 되면 낯선 사람들이 점점 더 자주 찾아와 불안한 듯 잔뜩 긴장한 채 안드레이와 늦은 밤까지 뭔가를 논의하다가, 외투 깃을 올리고 모자를 눈 아래까지 폭 눌러쓰고서 조용하고도 조심스럽게 어둠 속으로 홀연히 사라지곤 했다. 모든 이에게서 절제된 흥분이 느껴졌다. 그래서인지 시간만 나면 모두 노래를 부르거나 마음껏 웃고 싶은 표정들이 역력했다. 그러나 그런 적은 한 번도 없었다. 늘 쫓기듯 끊임없이 바빴다. 표정이 시무룩하고 심각한 사람, 잔뜩 힘의 거품이 일어 솔직하고 활달한 사람, 그런가 하면 생각에 잠겨 입을 꾹 다물고 있는 사람, 하여튼 모두 어머니가 보기에는 한결같이 불굴의 의지를 지닌 특징이 있는 사람들이었다. 비록 그들이 나름대로 이상한 모양의 자기 얼굴을 갖고 있다 해도, 어머니의 눈엔 모두 하나의 얼굴로 보였다. 여위고 침착하면서도 결연하며 검은 눈빛에 어린 깊이 있는 표정, 바로 그것이었다. 그런가 하면 상냥하면서도 엄격한 그들의 눈매는 다름 아닌 엠마오로 향하는 그리스도의 눈매였다.

어머니는 그들의 수를 세어보고서 마음속으로 파벨 주위에 잔뜩 모여 있는 군중으로 상상했다. 에워싼 군중들 때문에 파벨을 보지 못하는 적들의 모습도 그려 보았다. 하루는 시내에서 곱슬머리에 성격이 활달한 처녀 하나가 찾아왔다. 그녀는 안드레이에게 주라며 꾸러미 하나를 내려놓고, 떠날 때는 투명한 두 눈을 반짝이며 블라소바에게 말했다.

"안녕히 계세요, 친구!"

"잘 가시오."

터져 나오는 웃음을 억지로 참으며 어머니가 대꾸했다. 처녀를 배웅하고서 창가로 다가가 입가에 미소를 머금고 창밖을 내다보았다. 봄꽃처럼 신선하고 나비처럼 경쾌하게 종종걸음으로 사라져 가는 그녀의 모습이 눈에 들어왔다.

'친구!'

손님의 모습이 사라지자 어머니는 다시 한 번 속으로 되뇌어보았다.

"오, 사랑스러워! 주께서 평생 함께할 성실한 친구를 그대에게 내려주시길!"

어머니는 시내에서 찾아오는 사람들에게서 흔히 어떤 어린아이 같은 면을 발견하였고, 그래서 나이든 사람처럼 아무렇게나 웃어보이곤 했다. 또한 그들의 신념과 기쁜 마음에 놀랐다. 그녀는 또한 신념의 깊이를 한층 명료하게 이해하기 시작했다. 정의는 끝내 승리하리라는 그들의 꿈에 매료되어 절로 마음이 푸근해졌다. 미래에 승리하리라는 그들의 이야기를 듣고 있노라면 자신도 알 수 없는 슬픔에 긴 한숨을 내쉬곤 했다. 무엇보다도 그녀를 감동시킨 것은 그들의 솔직함과 자신을 돌보지 않는 아름답고 대범한 희생이었다.

인생에 대해 이미 많은 이야기를 들은 어머니는 폭넓게 이해하기 시작했다. 사람들이 불행한 원인을 그들이 현실적으로 발견했다고 공감할 수 있었다. 그러나 마음 밑바닥에는, 과연 그들이 생각대로 삶을 바꿀 수 있을까, 모든 노동자를 자신의 불 주위로 끌어들일 만한 힘이 그들에게 있을까 하는 의문도 남았다. 누구나 당장 배부르기를 원하지, 차려둔 음식이 눈앞에 있는데 성찬을 일주일 뒤로 미루려는 생각을 하기는 힘들기 때문이다. 이런 멀고 험한 길을 가려는 사람도, 마지막까지 남아 모두가 한 형제로 살아갈 약속된 왕국을 볼 수 있는 사람도 그 수가 많지는 않을 것이다. 이토록 훌륭한 사람들이 얼굴에 수염을 기르고 때때로 지친 표정이 역력해도 그녀에게만은 단지 어린애로 보였던 이유가 바로 여기에 있었다.

'귀여운 사람들!'

그녀는 그런 생각을 하면서 고개를 흔들었다.

그들 모두는 선한 삶, 진지한 삶, 지혜로운 삶을 살고 있으면서 여전히 공공의 행복에 대해서 이야기를 하고 있었다. 또한 알고 있는 모든 것을 남에게 가르치기 위해 조금도 쉴 새 없이 애를 썼으며 자신의 몸을 돌보지 않았다. 그러니 어떤 위험이 도사리고 있다 한들 그런 삶을 사랑하지 않을 도리가 있겠는가, 그녀는 이해했다. 한숨을 내쉬며 지난날을 떠올렸다. 그녀의 과거는 가는 검정실처럼 밋밋하고도 단조롭게 줄곧 끌려왔다. 그녀는 자신도 모르는 사이 새로운 삶에 필요한 자신의 모습을 깨닫기 시작했다. 그래서 침착성과 확신을 갖게 되었다. 여태껏 살면서 자신이 누군가에게 필요한 존재였던 적이 없었다. 남편과 같이 살았을 때는 자기가 죽으면 남편이 다른 여자와 결혼하리라고 생각했었다. 검은 머리 여자든 붉은 머리 여자든 그에게 밥을 해주며 같이 살면 그에게는 그만이었다. 파벨이 자라서 길거리에서 뛰어놀기 시작했을 때는 그녀는 자신이 그에게 필요없다는 사실을 알았다. 그러나 이제는 어떤 훌륭한 일에 가담하고 있는 기분이었다. 그녀로서는 너무나 새롭고 유쾌했다. 절로 목에 힘이 들어갔다.

그녀는 조심스럽게 유인물을 공장 안으로 나르면서 이 일을 자신의 의무라 여기게 되었다. 이제 여러 가지 능란한 방법으로 경찰들 눈을 피하는 데도 익숙해져서 의심도 받지 않았다. 정보원들은 그녀가 공장 마당에 나타나도 점점 무심해지다가 결국에는 아예 관심도 두지 않게 되었다. 그렇지만 공장에 유인물이 나돌고 난 다음 날에는 언제나 그녀의 몸을 샅샅이 뒤지곤 했다. 그녀 주위에서 유인물과 서적들이 발견되지 않으면, 그녀는 감시원들과 정보원들의 의혹을 일부러 일으킬 방법을 알고 있었다. 그들이 그녀를 막아서면 그녀는 모욕을 받은 척 가장하며 그들에게 마구 항의하고 나서는, 얼굴을 붉힌 채로 자신의 현명한 계책에 자신만만해서 자리를 떠났다.

베숍시코프는 공장에서 해고되어 목재상에 일꾼으로 들어가 통나무와 널빤지 그리고 장작 따위를 운반하며 공단을 돌아다녔다. 어머니는 거의 날마다 그를 보았다. 과로 탓에 후들거리는 다리로 터벅터벅 땅을 짚어 걸어가는 한 쌍의 검정색 말을 타고 온종일 마을을 돌아다녔다. 두 필의 말은 늙어 뼈만 앙상했고 피로에 지친 듯 애처롭게 연신 고개를 흔들어댔으며, 흐리멍덩한 눈은 거의 탈진 상태에 빠져 꿈벅거렸다. 물에 젖은 긴 통나무나 널빤지 묶음을 질질 끌고 가는 그 옆에서 누더기를 추하게 걸쳐 입고, 뒤통수에 모자를 바짝 붙여 썼으며, 말고삐를 느슨하게 잡은 채 무거운 장화를 질질 끌면서 터벅터벅 걸어가는 니콜라이의 모습은 마치 흙에서 방금 모습을 드러낸 나무 그루터기처럼 거칠어 보였다. 그의 시선은 바로 발밑에 고정되어 있었고 연신 머리를 흔들었다. 행여나 그의 말들이 눈 먼 듯 마주 달려오는 짐마차나 사람들과 부딪치기라도 하면, 상대방이 퍼붓는 험악한 욕설이 말벌처럼 그의 주위에서 윙윙거렸고, 사악한 고함이 대기에 가득 들어찼다. 뭐라고 하든 그는 고개도 들지 않고 아무 대꾸도 하지 않았으며, 그저 귀가 아플 정도로 째지는 듯한 휘파람을 불거나 가래 끓는 소리로 말에게 중얼거리는 게 고작이었다.

"워, 워!"

안드레이의 친구들이 파벨 어머니의 집에 모여 외국 신문이나 최신호 팸

플릿을 읽을 때면, 베솝시코프는 구석에 자리를 잡고 앉아서 한 시간이고 두 시간이고 말없이 듣기만 했다. 독서가 끝나고 젊은이들은 오랜 시간 열띤 논쟁을 벌였지만 베솝시코프만은 절대 논쟁에 끼어들지 않았다. 그는 언제나 다른 사람들이 모두 돌아간 뒤에도 그냥 남아서 안드레이와 단둘이 마주 앉아 몇 마디 질문을 퉁명스럽게 던졌다.

"누가 가장 비난받아야 할까? 황제?"

"맨 먼저 '이건 내 거야'라고 말했던 자가 아닐까? 그 사람은 수천 년 전에 죽었을 테니 이제서 화를 낸들 소용은 없을 테고."

소러시아인은 비록 농담처럼 이야기를 하고는 있지만 그의 눈은 불안정한 빛으로 가득 찼다.

"그렇다면 부자 놈들? 또는 그놈들 뒤를 봐주는 놈들? 그들이 옳을까?"

소러시아인은 머리를 손으로 빗은 뒤 콧수염을 당기면서 쉬운 말로 삶과 민중에 대해서 오랫동안 연설을 했다. 그러나 그의 이야기를 듣다 보면, 언제나 모든 사람이 다 비난받아야 한다는 쪽으로 결론이 난다는 점이 베솝시코프로서는 늘 마뜩찮았다. 두툼한 입술을 굳게 다물고서 베솝시코프는 의견에 반대한다고 고개를 저으며, 도무지 이해할 수도 믿을 수도 없다고 투덜거렸다. 그러고 나서 마뜩찮은데다 가라앉은 기분으로 자리를 뜨곤 했다.

한번은 이렇게 말한 적도 있었다.

"아냐, 분명히 비난받을 사람이 있어! 있다고 확신해! 우리의 모든 삶을 잡초투성이 땅을 갈아엎듯이 다 엎어 버려야 한다고. 인정이고 뭐고 없이 말이야."

"언젠가 기록계 이사이가 우리를 가리켜 이렇게 말하더라!"

어머니가 말했다. 잠시 두 사람은 말이 없었다.

"이사이가요?"

"그렇다니까, 참 못된 사람이야. 사람들 이야기를 다 엿듣고 온통 돌아다니면서 정보를 낚아. 요즘은 이 거리에 나타나서 우리 집 창문을 기웃거리기도 한다니까."

"당신 창문을 기웃거려요?"

베솝시코프가 다시 물었다.

어머니는 벌써 침대에 누웠기에 그의 얼굴은 보이지 않았지만 소러시아인이 니콜라이를 달래려고 서둘러 끼어드는 듯한 목소리가 들린 것으로 보아 그녀 자신이 뭔가 불필요한 말을 너무 많이 했다고 생각했다.

"와서 실컷 기웃거리라고 해! 그놈 남는 게 시간이니 하는 짓이 다 그 모양이지……."

"오냐, 두고 보자! 바로 그놈을 손봐줘야 해." 니콜라이가 말했다.

"왜 손을 봐주나? 바보 같다고 해서?"

소러시아인이 불쑥 물었다.

그러나 베솝시코프는 아무 대꾸도 하지 않고 그냥 밖으로 나가 버렸다. 소러시아인은 방 안을 맥없이 느릿느릿 서성거렸다. 장화를 벗은 맨발이었다. 늘 그랬듯이, 장화 소리에 어머니가 잠을 제대로 이루지 못할까 염려해서 장화를 벗고 있었다. 그러나 어머니는 깨어 있다가 베솝시코프가 나가자 걱정스런 목소리로 말했다.

"난 저 사람이 두렵다! 꼭 과열된 오븐 같아서 그래. 음식을 따뜻이 데우지도 못하고 그슬려 눌어붙게만 하지."

"그래요, 화를 잘 내는 성격이에요. 이사이 얘기는 베솝시코프에게 하지 말 걸 그랬나 봐요. 그 친구도 정말 스파이 노릇을 하고 다니며 보수를 받거든요."

"그 말 한 게 뭐가 이상하다고 그러니? 그 사람 대부가 헌병이라잖아." 어머니가 말했다.

"두고 보세요. 그놈 니콜라이한테 한번 호되게 당할 걸요! 그러면 어때요?"

소러시아인은 두려운 듯 말을 이었다.

"우리의 삶을 지배하는 나리들이 일반 구성원들에게 얼마나 어려운 감정을 심어 놓았는가 보세요. 만약 니콜라이 같은 친구들이 자기들 잘못을 깨닫고 인내심을 잃기라도 하면 무슨 일이 벌어지더라도 아마 큰일이 벌어질 겁니다. 하늘에 피가 튀고 땅은 비누거품 같은 피거품으로 뒤덮이겠죠."

"너무 끔찍하구나, 안드류샤!"

어머니가 작은 소리로 겁에 질려 말했다.

"그들이 너무 욕심을 내서 아무거나 닥치는 대로 먹어 버렸기 때문이죠. 너무 먹었으니 토해내는 게 당연한 거 아니겠어요!"

안드레이는 잠시 입을 다물고 있다가 다시 말문을 열었다.

"사실, 어머니, 저들이 흘릴 핏방울은 사람들의 눈물바다에 씻겨 있을 거예요."

그가 느닷없이 나지막이 웃으며 덧붙였다.

"사실이 그렇지만 편안하지 않아요!"

그러던 어느 일요일, 가게 일을 마치고 돌아와 문을 열던 어머니는 온몸이 마비된 듯, 마치 따뜻한 여름 햇빛으로 몸을 씻은 것 같은 기쁨에 휩싸여 문턱에 우뚝 서 버렸다. 방 안에서 파벨의 활기 넘치는 목소리가 들려왔던 것이다.

"어머니가 오셨군!"

소러시아인이 소리쳤다.

어머니는 재빨리 돌아서는 파벨을 보았다. 상기된 그의 얼굴이 마치 그녀에게 무언가 대단한 약속이라도 하고 있는 듯 보였다.

"결국 돌아왔구나! ……네가 집에 돌아오다니!"

뜻밖의 재회에 어머니는 중얼거리며 비틀거렸다. 간신히 자리에 앉았다.

창백해진 표정으로 몸을 구부려 어머니를 내려다보는 파벨의 눈에 눈물이 그렁그렁 맺히고 입술이 파르르 떨렸다.

얼마 동안 파벨은 말을 잇지 못했고, 어머니 또한 아들의 얼굴을 말없이 바라볼 뿐이었다.

소러시아인이 조용히 휘파람을 불며 모자의 곁을 지나 마당으로 나갔다.

"고맙습니다, 어머니!"

파벨이 어머니 손을 감싸 쥐며 깊이 있고 나직한 목소리로 말문을 열었다.

"고마워요, 사랑하는 어머니! 내 어머니!"

아들의 부드러운 표정과 감동적인 목소리에 감격한 어머니는 심장의 고동을 진정시키느라 애쓰며 아들의 머리를 어루만지며 조용히 말했다.

"그리스도께서 널 도우셨어! 내가 한 일이 뭐가 있니? 널 이만큼 되게 만든 건 내가 아니라 너 자신이란다."

"우리의 위대한 일을 도우셨잖아요. 그러니 어떻게 고맙지 않겠어요! 태어나 자기 어머니를 정신적인 자기 분신으로 부를 수 있는 사람처럼 행복한 사람이 어디 또 있겠어요!"

어머니는 아무 말 없이 아들의 말 한 마디 한 마디를 욕심을 내어, 놓칠 새라 넋을 잃고 아들만을 바라보았다. 눈앞에 있는 아들이 이때처럼 빛나고 가깝게 느껴진 적이 없었다.

"제가 미처 못 해 드린 말이 있어요, 사랑하는 어머니. 얼마나 제가 어머니 속을 썩여 드렸고 힘들게 했는지 전 잘 알아요. 어머니께 죄송스러웠으면서도 달리 어쩌지 못했고요. 전 힘이 없었거든요! 어머니가 당장은 저희를 이해하지 못하시고 또한 어머니도 저희 생각을 쉽게 받아들일 수는 없다고 해도, 평생 그렇게 살아 오셨듯, 말없이 참아주시겠거니 생각했어요. 힘들었어요."

"안드류샤 덕분에 난 많은 것을 이해하게 되었단다."

어머니가 아들의 관심을 친구에게 돌리려고 안드레이 이야기를 꺼냈다.

"안드레이가 어머니 이야기도 많이 해주었어요."

파벨이 웃으면서 말했다.

"그리고 이고르도! 그 사람은 우리 고향사람이더구나. 안드류샤가 내게 글도 읽게 가르쳐주려 했어."

"부끄럽고 마음이 상해서 몰래 공부를 시작하셨다면서요!"

"안드류샤가 다 알고 있었구나!"

어머니가 당황스러워하며 소리쳤다. 어머니는 가슴에 넘치는 기쁨을 가누기 힘들어 파벨에게 이렇게 제안했다.

"안드류샤를 부르자꾸나. 방해하지 않으려고 일부러 자리를 피했어. 안드류샤한테는 어머니가 없잖니."

"안드레이!"

파벨이 현관 쪽 문을 열면서 소리쳤다.

"안드레이, 어디 있어?"

"여기! 장작을 패야겠어."

"놔두고 얼른 들어와."

안드레이는 곧장 방 안으로 들어오지 않고 부엌을 둘러보며 마치 살림살이를 맡아 하는 주인이나 된 듯이 말했다.

"니콜라이한테 땔감 좀 가져다 달라고 해야겠어요. 장작이 얼마 남지 않앉어요. 파벨 좀 보세요, 어머니. 반란자를 잡아다가 벌을 준 게 아니라 실 컷 잘 먹여 보낸 것 같아요."

어머니는 웃었다. 지금은 너무나 기뻐 정신이 혼미할 정도인데 행여 다시 이전의 냉정하고 차분한 모습으로 아들이 변해 버리면 어쩌나 조바심이 일 었다. 여태껏 살아오면서 처음으로 경험하는 이 기쁨이 순간이 아니라 영원 히 가슴속에 그대로 남아주었으면 하는 바람이 간절했다. 이 행복이 달아나 면 어쩌나 하는 마음에, 어머니는 사냥꾼이 자기 손안에 떨어진 희귀새를 얼 른 감추듯 서둘러 그 행복을 품 속에 감추었다.

"저녁을 들자꾸나! 파샤, 아직 아무것도 안 먹었지?"

어머니가 걱정스런 표정으로 서둘러 말했다.

"네, 어제 간수에게서 석방 소식을 듣고 난 뒤로는 먹을 수도 마실 수도 없었어요."

파벨이 안드레이에게로 대화를 돌렸다.

"나와서 맨 처음 시조프 노인을 만났어. 나를 보더니 일부러 길을 건너와 서 인사를 하시더라고. 그래서 내가 '이제 더 조심하세요, 저는 경찰의 감시 를 받고 있는 위험인물입니다' 말했더니 '상관없다!' 하시는 거야. 그러면서, '조카 안부를 묻는 소리를 내가 들었어야 하는데! 그 녀석 감옥에서 제 앞가 림이나 제대로 하던가?' 하시는 거 있지? 그래서 내가, 감옥에서 앞가림을 잘하는 게 어떤 거냐고 물으니까 노인이, '친구를 파는 헛소리나 지껄이지 않나 해서…… 그러지 않던가?' 그러시잖아. 내가 페자는 정직하고 영리한 사람이라고 말씀드렸어. 그러니까 이번에는 턱수염을 쓰다듬고 뿌듯해 하면 서, '우리 시조프 가문에선 못된 인간은 키우지 않아!' 그러시는 거 있지!"

"그 노인, 보기보다 아주 비상한 데가 있어."

고개를 끄덕이며 소러시아인이 대꾸했다.

"우리도 그 노인과 많은 이야기를 나눴는데, 썩 괜찮은 농부더군. 페자는 곧 나올 것 같더냐?"

"응, 곧 다 나오게 될 거야. 놈들이 믿는 건 이사이의 증언인데, 그자가 무슨 말을 할 수 있겠어!"

어머니는 방 안을 서성이면서 아들을 쳐다보았다. 안드레이는 뒷짐을 지 고 창문 옆에 서서 파벨의 이야기를 듣고 있었다. 파벨도 한 자리에 서 있지 않고 방 안을 이리저리 서성거렸다. 멋대로 자란 턱수염, 볼에 덥수룩하게 자란 곱슬털 때문에 거무스름한 얼굴이 부드러워 보였고 그의 검은 눈빛에 완고한 표정이 있었다.

"앉자꾸나!"

음식을 식탁에 차리며 어머니가 말했다.

저녁을 먹는 동안 안드레이는 파벨에게 르이빈 이야기를 했다. 이야기를 다 듣고 난 파벨은 언짢다는 듯 소리쳤다.

"내가 집에만 있었어도 그렇게 떠나게 놔두지는 않았을 텐데. 왜 떠났지? 머리가 불만으로 가득 차서 혼란스러웠던 게야!"

"그 말도 맞아. 나이 마흔에 나름대로 오랫동안 자신 안에 들어앉아 있는 곰과 싸워왔으니 마음을 고쳐먹기도 쉽지는 않았을 거야."

파벨은 엄격한 표정으로 그를 쳐다보며 물었다.

"그동안 인간의 머릿속에 쑤셔박혀 온 쓰레기 모두를 말살해 버리기가 이 깨우침의 시대에 불가능하다고 생각해?"

"단번에 공중으로 날아오르려고 하지 마, 파벨! 자네가 날아오르면 종탑에 부딪혀 떨어져 다치고 말아, 자네 날개는 부서져 버리고 말걸." 소러시아인이 책망하며 말했다.

그들은 나름의 언어로 대화를 나누었고, 어머니가 이해할 수 있는 말이 더 적어졌다. 저녁 식사는 이미 끝이 났지만, 여전히 그들은 진정 의미 있는 거창한 말들을 우박이 떨어지는 소리를 내 가며 서로에게 격렬하게 던졌다. 어떤 때는 그들의 언어가 오히려 더 단순하기도 했다.

"우리는 우리의 길을 따라 전진해야만 해. 오른쪽으로든 왼쪽으로든 단 한 발도 돌아가서는 안 돼."

파벨이 단호하게 말했다.

"그러다 혹 우릴 아직 적으로 오해하는 사람들과 정면충돌할 수도 있지……."

"그걸 피할 수는 없다네!"

"그런데 나의 사랑하는 형제님, 당신한테 개화와 깨우침의 시대란 뭐지?"

그들의 논쟁을 듣고 내린 어머니의 결론은, 파벨은 농민들을 아직 생각하고 있지 않은 반면 안드레이는 농민들에게 선을 가르쳐야 할 필요성을 역설

하며 그들을 옹호하고 있다는 사실이다. 어머니에게는 안드레이의 말이 훨씬 이해하기 쉬웠다. 안드레이의 말이 옳게 생각은 되지만 그래도 혹시 그의 말에 파벨이 마음의 상처를 입으면 어쩌나 하는 안타까운 마음이 앞서 아들의 대답을 기다릴 때는 초조하기까지 했다. 하지만 비록 큰 목소리를 내며 격렬하게 논쟁해도 서로의 마음을 다치게 하는 일은 없었다.

이따금 어머니는 아들에게 묻곤 했다.

"정말 그러니, 파샤?"

파벨은 늘 웃으면서 대답했다.

"그럼요."

그러면 소러시아인은 사람 좋게 비아냥거리기라도 하듯 끼어들었다.

"이봐요, 사랑하는 형제님, 배가 터지도록 드시긴 했지만 제대로 씹질 않아서 혹 목구멍에 고깃점이라도 걸린 건 아닌가요? 목구멍 한번 헹구는 게 ……."

"바보취급하지 마."

파벨이 대꾸했다. 소러시아인이 다시 말했다. "난 장례식에 온 만큼이나 엄숙하다네."

어머니는 조용히 웃으며 고개를 저었다.

15

봄이 가까이 성큼 다가왔다. 눈이 녹으면서 그동안 눈 속에 숨어 있던 진창과 공장 굴뚝의 그을음이 그대로 벗은 모습을 드러냈다. 진흙, 진흙! 마을 전체는 마치 세탁하지 않은 누더기를 걸친 것만 같았다. 낮이면 단조롭게 지붕에서 물방울이 떨어지고 회색 벽에서는 탈진하여 땀이 맺히듯 습기가 배어 나왔으며, 밤이 되면 가는 곳마다 고드름이 희미한 윤곽으로 반짝였다. 해를 볼 수 있는 날이 많아졌다. 습지로 흐르는 시냇물이 졸졸 소리를 내고 괜히 머뭇거리며 흘렀다. 정오에는 두근거리는 봄의 희망으로 가득 찬 노랫소리가 마을을 감싸안듯 온통 덮었다.

노동절을 기념하는 축제가 착착 준비되었다.

공장과 공단에는 이날을 위해 축제의 중요성을 설명하는 유인물이 뿌려졌다. 그동안 선전광고 유인물을 보고도 나 몰라라 하던 젊은이들조차도 이제 이런 말을 했다.

"이 휴일 축제는 반드시 필요해!"

베숍시코프는 음울한 미소를 지으면서 외쳐댔다.

"때가 왔어! 더 이상의 숨바꼭질 놀이는 필요 없어."

페자 마진도 기뻐 어쩔 줄 몰라 했다. 전보다 훨씬 마른 그는 행동할 때나 연설을 할 때 신경질적으로 몸을 떨며 두려워하는 듯이 보였다. 새장에 갇힌 종달새 같았다. 페자 마진이 늘 함께 다니는 시내 노동자가 하나 있는데, 이름은 야코프 소모프로 늘 말이 없고 나이에 맞지 않게 진중했다. 옥살이 동안 얼굴이 더 붉어진 사모일로프, 바실리 구세프, 부킨, 드라구노프 그리고 한 무리의 사람들은 단단히 무장해야 한다고 주장한 반면, 파벨과 안드레이와 소모프를 포함한 몇몇 사람은 그에 반대했다. 늘 지친 모습에 땀을 비 오듯 흘리고 숨을 몰아쉬는 이고르가 농담조로 긴 연설을 늘어놓기도 했다.

"현재의 질서를 변혁하는 일은 정말 위대한 과업입니다. 친구들, 그렇지만 과업을 빨리 완수하기 위해서는 난 먼저 장화 한 켤레를 새로 장만하겠습니다."

그가 해지고 물에 젖어 축축한 장화를 가리키며 말을 이었다.

"덧신을 수선할 엄두가 나지 않아 늘 내 발은 축축하게 젖어 있습니다. 나는 이전의 낡은 질서를 완전히 포기하기 전에는 가장 가까운 행성으로라도 지구를 떠나고 싶지 않습니다. 때문에 사모일로프 동지가 제안한 무력시위에는 절대 반대합니다. 대신 행동을 수정해서 이렇게 설명해 보이렵니다. 나를 튼튼한 장화로 무장시켜 주시오, 그렇게 하는 행동이야말로 사회주의 승리를 위해서 주먹다짐과 멍든 눈을 거창하게 보여주는 것보다도 더 대단한 과업이라고 난 깊이 확신하고 있습니다!"

그는 역시나 농담하는 척하는 말로, 각국 노동자들이 자신들 삶의 무거운 짐을 가볍게 하기 위해 어떤 노력을 기울였는지, 그 투쟁 사례를 이야기했다. 어머니는 그의 이야기를 듣는 것을 아주 좋아했는데, 그의 이야기를 듣다가 노동자들에 대해 이상한 느낌을 받았다. 서민의 가장 간교한 적들은 가장 악랄하고 때로는 서민을 속이는 사람들로서 그들은 몸집이 작은데다 배불뚝이이며, 얼굴은 붉고 파렴치하며, 욕심이 많고 간교하며 잔인했다. 그들은 황제 치하에서 살다가 삶이 고되다 싶으면 서민을 부추겨 황제와 맞서게 하며, 서민이 들고 일어나 황제를 권좌에서 쫓아내면 이들은 속임수로써 서민이 쟁취한 권력을 빼앗으며, 서민이 이에 항의하면 서민을 궁지로 몰아넣고는 수백 수천 명을 학살했다.

한번은 어머니가 그의 말을 듣고 용기를 내어 자신이 마음에 그려 본 한 폭의 인생 그림에 대해 그에게 이야기했다. 그리고 궁금해서 물었다.

"정말이오, 이고르 이바노비치?"

그는 가슴을 치며 호탕하게 웃었다.

"네, 분명히 그래요, 할머니! 할머니의 상상은 역사라는 화폭에 나름 장식을 했습니다. 그리고 그 장식은 역사적인 사실성을 방해하지 않았어요. 말하자면, 서민의 등에 업혀 사는 약삭빠른 사람들이죠. 그들은 인간을 가장 귀찮게 하며 해독을 끼치는 주범이자 사기꾼, 해충입니다. 프랑스 사람들은 그들을 '부르주아'라고 부릅니다. 사랑하는 할머니, 이 말을 기억하세요—부르주아! 부르르! 그들은 우리 서민의 인생을 얼마나 많이 깔아뭉개고 집어삼키는지 모릅니다!"

"부자들이 그렇다는 거요?"

"네, 맞아요. 부자라는 게 그들의 불행입니다. 어머니도 아시겠지만, 아이에게 납을 넣은 음식을 계속 먹이면 그 아이는 제대로 자라지 못하고 난쟁이가 될 겁니다. 같은 이치로 인간이 돈맛을 한번 보게 되면 저도 모르게 그의 영혼은 크지 못하고 죽은 영혼이 되어 버립니다."

파벨이 언젠가 한번 이고르의 이야기를 하다가 이런 말을 한 적도 있었다.

"안드레이, 속병을 늘 앓는 사람들이 농담을 잘하는 거 알아?"

소러시아인이 입을 다물고 있다가 눈을 깜빡이며 대꾸했다.

"아니, 그건 말이 안 되지. 그게 사실이라면 온 러시아가 웃다가 망해 버렸게!"

나타샤가 다시 찾아오기 시작했다. 그녀 또한 다른 도시 어느 감옥에 갇혀 있었는데, 변한 데는 없어 보였다. 어머니는 그녀가 있는 자리에서 유독 안드레이가 기분이 좋아져서 농담도 잘하고 그녀를 즐겁게 웃게 만들려고 괜히 옆 사람들에게 익살을 부린다는 것을 눈치챘다. 그녀가 가고 나면 안드레이는 금세 우울한 노래를 휘파람으로 불고 한동안 지친 듯이 발을 끌면서 방안을 서성거렸다.

사샤 사센카는 자주 찾아오기는 했지만 매번 표정이 어두웠고, 어떤 이유 때문인지 점점 더 빼빼 마르고 뻣뻣해졌다.

우연한 기회에 어머니는 사샤를 배웅하느라 현관에 나간 파벨과 그녀가 갑자기 된 대화를 엿들었다.

"당신이 깃발을 들 거예요?"

처녀가 조용히 물었다.

"그렇소."

"결정된 일인가요?"

"그래요, 내 권리니까."

"다시 감옥에 갈 텐데도?"

파벨은 말이 없었다.

"당신이 하지 않으면……"

그녀는 말을 잇지 못했다.

"뭐요?"

"다른 사람에게 양보한다면?"

"안 돼요!"

그가 크게 소리쳤다.

"생각을 좀 해보세요! 당신은 영향력이 있는 사람이라서 모두 아주 좋아 하고 있어요. 당신과 나호드카 두 사람은 여기서 가장 중요한 혁신적 일꾼들 이라고요. 자유의 이름으로 할 수 있는 일이 얼마나 많은지 생각해 보세요! 당신은 이 일로 아마 멀리 귀양을 가게 될 거예요."

어머니는 처녀의 목소리에서 이미 익숙해진 두려움과 고통의 감정을 읽을 수 있었다. 사샤의 말 한 마디 한 마디가 무거운 우박처럼 가슴을 때렸다.

"안 돼요. 이미 결심했소. 무슨 일이 있어도 결심을 바꿀 수는 없어요."

"제가 이렇게 애원하는데도요!"

파벨의 말이 빨라졌는데 어떤 위엄을 느낄 수 있었다.

"그런 말 하지 마세요. 당신이 어떻게? 그러면 안 돼요."

"저도 인간이라고요."

그녀가 나지막한 목소리로 대꾸했다.

"좋은 사람이란 거 잘 알아요. 내겐 누구보다 소중한 사람이고. 그래서 더욱…… 그렇기 때문에 그런 말을 해서는 안 돼요."

파벨의 목소리 또한 무슨 숨은 뜻을 말하려 하는지 작았다. 목소리가 목이 메는 듯 이상했다.

"당신은 나에게 사랑스러운 사람이에요. 예, 그래요! 그래서 당신은 그렇게 말하면 안 돼요."

"저 갈게요!"

처녀가 말했다.

구두 소리만 듣고도 어머니는 그녀가 거의 뛰다시피 잰걸음으로 걸어가고 있음을 알 수 있었다. 파벨이 마당까지 그녀를 뒤따라갔다.

어머니는 짐처럼 무겁게 짓누르는 두려움 때문에 가슴이 답답했다. 둘이 나누는 대화의 내용을 정확히는 이해하기 힘들었지만 어쨌든 자신의 앞날에 더없이 슬픈 고통이 기다리고 있음을 느낄 수 있었다. '파샤가 무슨 일을 꾀하고 있는 걸까?' 그런 생각은, 한 개의 못처럼 그녀의 머릿속으로 파고들었다. 그녀는 부엌의 오븐 옆에 서서, 창문을 통해 별이 총총한 깊은 밤하늘을 바라다보았다.

파벨이 마당으로부터 안드레이와 함께 걸어들어오면서 고개를 저으며 말했다.

"오, 이사이, 이사이! 그가 어떻게 될까?"

"우린 그가 자기 계획을 포기하도록 충고해야 해."

파벨이 침울하게 말했다.

"그러면 그는 그에게 말하는 사람들을 관계당국에 넘길걸." 소러시아인이 그의 모자를 구석으로 던지며 말했다.

"파샤, 어떻게 할 거니?" 어머니가 고개를 수그리며 물었다.

"언제 말이에요? 지금요?"

"노동절에…… 노동절에 말이다."

"아하! 들으셨군요! 제가 깃발을 들기로 했어요. 행렬 맨 앞에서 깃발을 들고 행진할 거예요. 그러면 그들이 그 일로 또 날 감옥에 처넣을 거고요." 파벨이 작은 소리로 말했다.

어머니의 눈은 불타는 듯 달아올랐다. 입이 마르고 불쾌한 기분이 들었다. 파벨은 그녀의 손을 잡고 쓰다듬었다.

"전 그 일을 해야만 해요. 제발 절 이해해 주세요. 저를 행복하게 하는 일이에요."

"난 아무 말도 않을 테다." 그녀는 고개를 들며 느릿느릿 마지못해 대답하기는 했지만, 아들의 단호한 눈빛과 마주쳤을 때 다시 고개를 숙이고 말았다. 그는 어머니의 손을 놓고 나무라듯 말했다.

"슬퍼할 일이 아니라 기뻐하실 일이에요. 언제쯤이어야 어머니들이 자식이 죽는다 해도 편안한 마음이 들까?"

소러시아인이 투덜댔다.

"얼씨구절씨구! 너무 앞질러 가는 거 아냐!"

"왜 그래, 내가 뭐라고 하던? 난 네 일에 방해 안 했어. 다만 마음이 아파서…… 그게 어미의 심정이잖니."

어머니가 말했다.

그러자 파벨은 어머니에게서 한 발 떨어지면서 한마디 했다. 그 말은 날카롭고 고통스럽게 어머니의 귀에 들렸다.

"인간이 자기 삶을 살아가는 데 방해가 되는 사랑도 있어요."

어머니의 몸이 바르르 떨렸다. 심한 말을 할지도 모른다는 두려움에 어머니는 재빨리 단호하게 아들의 말을 막아섰다.

"그렇게 말하지 마, 파샤! 왜 네가 해야만 해? 하지만 난 이해해. 달리 방법이 없겠지. 다 친구들을 위하는 일이려니……."

"아뇨, 그 일은 바로 저 자신을 위한 일입니다. 친구를 위해서라면 깃발 없이 걸을 수 있다고요. 하지만 난 들고 걸을 겁니다!"

문간에 안드레이가 서 있었다. 문 높이가 그에겐 턱없이 낮아서 무릎을 굽히고 삐뚜름하게 서서, 틀 안에 있듯이 한쪽 어깨를 문설주에 기대고, 다른 어깨와 목 그리고 머리는 앞으로 내밀고 있는 자세였다.

"이봐, 형제님, 쓸데없는 일은 멈춰!"

소러시아인이 두 눈썹을 찡그리고 파벨을 쏘아보며 말했다. 마치 바위 틈에 도사리고 있는 도마뱀같이 쳐다보았다.

어머니는 금방이라도 눈물이 쏟아질 것 같았지만 아들에게 눈물을 보이기 싫어 마음을 다잡고 이렇게 중얼거렸다.

"오, 애들아, 내가 깜박 잊은 게 있구나."

곧바로 현관으로 나가 구석에 머리를 박고서 서운함에 소리없이 흐느꼈다. 너무 많이 눈물을 흘려 그녀는 약해졌고, 가슴에서 피와 눈물이 섞여 스며 나오는 것 같았다.

제대로 닫히지 않아 벌어진 문틈으로 얼핏 다투는 소리가 들렸다.

"넌 어머니를 고통스럽게 하는 게 그렇게도 자랑스럽니!"

소러시아인이 따져 물었다.

"당신은 그런 말 할 권리가 없어!"

파벨이 소리쳤다.

"그럼, 스스로 바보가 되려는 짓을 하는 얼간이를 보고 입을 꾹 다물고 있는 게 친구된 도리란 말인가? 왜 어머니에게 그런 말을 했어?"

"항상 얼버무리지 말고 단호하게 말해야 해. 좋고 싫은 걸 분명하게 해야 한다고!"

"어머니잖아, 그런데도 꼭 그래야만 하니!"

"예외는 없어, 모두가 다 그래! 난 발에 족쇄를 채워 붙잡는 사랑이나 우정 따위는 원치 않아."

"얼씨구, 영웅 하나 나셨네! 가서 사셴카에게도 그렇게 말하지 그래? 아니, 벌써 했는지도 모르지……."

"벌써 했어!"

"말했단 말이지! 어머니한테 말하는 식으로? 자넨 그렇게 말하지 않았어. 사셴카한테는 다정하게 말했겠지. 자넨 그녀에게는 신사답고 부드럽게 말했어. 정말 그랬지! 자네의 그 영웅심은 아무 가치도 없구먼."

블라소바는 서둘러 흐르는 눈물을 훔쳤다. 소러시아인과 파벨이 다투는 소리를 듣고 서로 의(義)가 깨질까 두려운 마음에 어머니는 문을 급하게 열어젖히고 부엌으로 들어가 두려움에 떨면서 괴로워했다.

"우, 쌀쌀하다! 이래도 봄 날씨니……."

어머니는 부엌에서 공연히 물건들의 자리를 옮겨놓으면서 방 안에서 들려오는 우울한 소리를 듣지 않으려고 애썼다. 그리고 다시 안에서 들으라고 더 큰 소리로 말했다.

"모두가 다 변했어. 사람들은 한결 뜨거워지고, 반대로 날씨는 더 쌀쌀해지고. 예전 같으면 이맘때쯤이면 따뜻해졌는데…… 하늘도 맑고 햇살도 따사롭고……."

방 안은 조용해졌다. 어머니는 부엌 한가운데 서서 반응을 기다렸다.

"들었어? 넌 알아야 해, 제기랄! 어머니 사랑은 네 것보다 훨씬 깊다고."

소러시아인의 나직한 목소리가 들렸다

"차 한 잔 하겠니?"

어머니가 떨리는 목소리로 물었다. 그리고 곧바로 자신의 목소리가 떨리고 있음을 깨닫고 대답도 기다리지 않고 소리쳤다.

"너무 춥구나!"

파벨이 그녀에게로 천천히 걸어 나왔다. 슬쩍 어머니를 곁눈으로 쳐다보며 그는 죄스러운 듯 미소 지었고, 입술은 떨렸다.

"용서하세요, 어머니! 전 아직 어린애나 같아요, 바보 천치에다……."

그가 조용히 말했다.

"날 울리지 말아다오."

어머니는 아들의 머리를 가슴으로 끌어안으며 비통한 목소리로 물었다.

"아무 말도 하지 마! 주님이 함께하실 거야. 네 인생은 너의 것이야. 하지만 내 마음을 아프게 하지는 말아다오. 자기 자식을 위해 울지 않는 어미가 이 세상 천지에 어디 있겠니? 없고말고. 이 어미에겐 너나 할 것 없이 다들 가엾단다. 내겐 모두 내 살과 피처럼 소중해. 어미 말고 누가 진정 너희를 걱정하겠어? 네가 앞으로 나아가면 사람들이 모든 걸 놔두고 너를 따랐어, 파샤. 모두가 이 일에 가담했어. 꼭 성스러운 행렬 같구나."

그녀의 가슴에서 아주 열정적인 생각이 떠올라 비애와 고통이 뒤섞인 기쁨의 느낌이 치솟았다. 그러나 어머니는 극심한 배고픔에도 벙어리가 냉가슴을 앓듯, 할 말을 찾지 못했다. 그리고 밝으면서도 날카로운 고통 때문에 불이 켜진 아들의 눈빛과 얼굴을 들여다보았다.

"잘 알겠어요, 어머니! 용서해 주세요. 이제야 다 알 것 같아요!"

그가 고개를 숙이며 속삭였다. 그리고 환한 미소로 어머니를 쳐다보면서 당황한 기색이면서도 기쁜 목소리로 덧붙였다.

"어머니의 솔직한 말씀, 결코 잊지 않을 게요!"

어머니는 아들을 밀어내고 방 안을 둘러보며 안드레이에게 다정한 위로의 말을 건넸다.

"안드류샤, 파벨을 나무라지 마. 나이 한 살이라도 네가 더 먹었잖니."

소러시아인이 등을 돌리고 서서 꼼짝도 않고 괴상한 노랫소리를 냈다.

"우—우—우! 파벨을 욕할 거예요. 그리고 언젠가는 실컷 두들겨 패줄래요." 어머니는 천천히 그에게 다가가 손을 내밀며 말했다.

"이렇게 사랑스러울 수가!"

소러시아인은 돌아서서 황소처럼 고개를 숙이고 버릇대로 뒷짐을 진 채, 그녀 앞을 지나 부엌으로 갔다. 침울한 척 비아냥거리는 소리가 들렸다.

"나가는 게 좋겠다, 파벨. 그러지 않으면 네 머리를 물어뜯어 버릴 테다. 제가 농담했어요, 어머니. 제가 한 말 곧이듣지 마세요! 이제 사모바르 올려놓을 게요. 석탄이 이게 뭐람! 다 젖었네, 제기랄!"

그는 말을 멈추었다. 어머니가 부엌에 나가 보니 그는 바닥에 털썩 주저앉아 석탄에 입김을 불어 사모바르에 불길을 넣고 있었다. 어머니에겐 눈길도 주지 않고 소러시아인이 말을 이었다.

"어머니, 너무 걱정 마세요. 파벨을 다치게 하지는 않을 거예요. 전 삶은 순무처럼 물러터진 놈이잖아요. 저…… 거기 영웅 양반 귀 막아! 전 파벨을 사랑해요. 그런데 파벨이 입고 다니는 조끼는 맘에 안 들어요. 어머니도 아시겠지만, 파벨은 새 조끼 하나를 입고서 꽤나 마음에 드는지 거들먹거리고 걷다가 사람들을 밀치며 울부짖는다니까요. 내가 어떤 조끼 입었는지 좀 봐 줘, 하는 듯이 말입니다. 정말 좋은 조끼이고, 멋진 조끼이지요. 그렇지만 사람들을 뭐하러 밀쳐요? 그렇게 밀치지 않아도 우린 충분히 열 받는데 말이죠."

파벨이 웃으며 끼어들었다.

"얼마나 더 지껄일 거야? 나한테 한 방 먹였으면 됐지, 아직도 성에 안 찼어?"

소러시아인은 바닥에 주저앉아 사모바르를 감싸듯이 두 다리를 쭉 뻗고서 파벨을 지그시 바라보았다. 어머니는 문간에 서서 안드레이의 둥글둥글한 뒤통수와 길고 약간 굽은 목을 물끄러미 바라보고 있었다. 그는 두 손으로 바닥을 짚고 윗몸을 조금 뒤로 젖히고서 약간 상기된 눈을 깜빡이며 어머니와 아들을 번갈아 쳐다보다가 조용히 말했다.

"참 좋은 사람들이야, 정말!"

파벨이 몸을 숙여 그의 손을 움켜잡았다. 소러시아인이 놀라 외쳤다.

"잡아당기지 마! 안 가, 손 놓으면 난 쓰러져, 저리 가!"

"뭘 그리 내외를 해? 서로 키스하고 힘껏 안아 봐."

어머니가 수심에 잠겨 말했다.

"그럴래?"

파벨이 물었다.

"좋아!"

소러시아인이 일어나며 대답했다.

둘은 보기에도 숨이 막힐 정도로 서로 힘껏 끌어안았다. 몸은 마치 뜨거운 우정으로 결합된 한 영혼이었다.

어머니의 두 뺨에 하염없이 눈물이 흘렀다. 행복해서 나오는 눈물이었다. 어머니가 눈물을 훔치며 겸연쩍게 말했다.

"여자들이란 시도 때도 없이 눈물이 나와 탈이야. 슬퍼도 눈물, 기뻐도 눈물, 그저 우는 게 일이라니까."

소러시아인도 파벨을 가볍게 밀치고서 손가락으로 눈을 비비며 거들었다.

"이제 됐어. 송아지도 너무 까불면 도살장에 끌려가는 법이야. 근데 이놈의 석탄은 왜 이리 말썽이지? 하도 불었더니 눈에 티가 들어갔나봐."

파벨이 고개를 숙이고 창가에 앉아 조용히 말했다.

"그런 눈물은 부끄러워할 이유가 없어."

어머니가 다가가 나란히 앉았다. 그녀의 가슴은 생동하는 기쁨으로 마구 뛰었다. 마음이 한결 안정되었다.

"제가 설거지를 할게요. 그냥 앉아 계세요, 어머니! 좀 쉬세요. 저희들이 어머니 가슴을 너무 아프게 한 건 아닌지……"

방으로 들어가며 소러시아인이 말했다. 방 안에서 그가 아주 크게 노래하는 소리가 들렸다.

"한껏 뽐낼 일이 아니지, 우린 이제야 옳은 삶, 진짜 삶, 인간적인 삶, 사랑하는 삶을 맛보게 된 거야. 그런 인생은 우리에게 더할 나위 없이 좋아."

"맞아요!"

파벨이 어머니를 보며 말했다.

"모든 게 변했어! 슬픔도 변했고 기쁨도 변했어. 물론 난 아무것도 몰라! 내가 무엇 덕택에 사는지도 모르고…… 기분을 말로 표현할 줄도 몰라."

어머니가 말했다.

"당연히 그래야죠. 왜냐하면, 자상하신 어머니, 새로운 마음이 성장하고 있고, 그 새로운 마음은 삶 속에서 성장하고 있기 때문이지요. 흥밋거리들이 서로 충돌하자 모든 사람의 마음은 매혹 당했어요. 그러자 모든 사람은 앞이 보이지 않는 탐욕 때문에 기운이 빠지고, 질투에 시달리고, 상처받고, 오물과 거짓말과 겁먹은 마음에 흠뻑 젖고 있습니다. 사람들 모두가 다 아파요, 살기를 겁내요, 안개 속에 있는 것처럼 방황하고 있어요. 모두 저마다 자기 자신만의 치통을 앓고 있지요. 그렇지만 보세요! 여기 이성의 빛으로 인생을 비추러 온 사람이 있습니다. 그 사람은 이렇게 소리쳐요, '오호! 길 잃고 헤매는 바퀴벌레들 같으니! 당신의 모든 흥밋거리가 하나라는 걸 이제는 알아야 할 시대요. 모두가 살 필요가 있고, 성장하고 싶은 열망을 가지고 있죠!' 이렇게 외친 사람은 혼자였기 때문에 큰 소리로 외칠 수밖에 없었어요. 그는 친구들이 필요하고, 또 외로워서 음울한 기분이며 추워요. 그의 외침에 상처가 아문 사람들의 마음은 대단히 크고 강한 하나의 마음으로 뭉쳐서, 아직 치지 않은 은종처럼 깊고 민감하지요. 잘 들으세요! 이 종소리가 이렇게 메시지를 울립니다. 여러분! 만국의 민중이여, 한 가족으로 단결합시다! 사랑은 인생의 어머니입니다, 미워하지 않아요! 나의 형제들! 나는 세계에 울려 퍼지는 이 메시지를 듣고 있어요!"

"나도 듣고 있어요!"

파벨이 소리쳤다.

어머니는 입술이 떨리지 않도록 입을 꾹 다물고, 눈물이 흐르지 않도록 눈을 꼭 감았다.

"밤에 침대에 누울 때나 혼자 밖에 나갈 때, 여기저기 모든 곳에서 난 이런 소리를 들으면 무척 기쁩니다. 그래서 지구는 부당함과 슬픔 때문에 지쳐서 종소리처럼 크게 울렸어요. 그때 종소리는 그 외침과 떨림에 회답하여 부드럽게 울려 퍼졌고, 지구는 사람들의 가슴속에서 떠오르는 새로운 태양을 맞이했지요."

파벨이 한 손을 들고 말하려는 순간, 어머니가 다른 손을 잡아끌면서 귀에 속삭였다.

"안드류샤를 그냥 두어라."

소러시아인이 문간에 서서 말을 이었다.

"혹시 알고 계세요? 사람들의 앞길엔 수많은 고통이 가로놓여 있고 아직도 많은 피를 더 흘려야 한다는 것을요. 하지만 이 모든 고통과 피가 일찍이 내 가슴속에, 내 골수 깊이 박혀 있는 희망에 비하면 하잘것없다는 사실을 아십니까? 전 이미 부자랍니다. 밤하늘에 금빛을 뿌리는 별과 같습니다. 전 참고 또 참을 겁니다. 왜냐하면 내 몸 안에는 누구도, 무엇도 결코 누를 수 없는 기쁨이 자라 숨 쉬고 있기 때문입니다! 바로 이 기쁨이 힘의 원천입니다!"

그들은 차를 마시고 미래의 삶에 대한 이러저런 진솔한 대화를 나누며 자정까지 식탁에 앉아 있었다.

16

어머니는 새롭게 알게 되는 것이 있을 때마다 한숨을 내쉬며 자신의 과거에서 무언가를 떠올렸는데, 그것은 언제나 고통스럽고 잔혹한 기억들이었다. 그러나 그러한 고통스런 기억조차도 이제는 새로운 깨달음에 확신을 주었다.

따뜻한 대화를 나누며 자신도 모르는 사이 두려움이 스르르 녹아내리자 어머니는 자신에게 험한 말을 내뱉던 지난날의 아버지를 떠올렸다.

"왜 그리 입을 삐죽거려? 너한테 장가들겠다는 바보천치가 있다며? 그럼가! 다들 시집도 가고 자식도 낳고, 그러는 거지. 자식을 낳아보면 부모 맘이 어떤지 알 테지!"

그 말을 듣는 순간 그녀는 자신 앞에 사방이 어둡고 황량하며 끝도 없는 허허벌판이 있고, 도무지 피할 수 없는 인생의 가시밭길이 펼쳐져 있음을 깨달았다. 하지만 당시엔 그런 가시밭길도 숙명처럼 알고 맹목적으로 복종해야 했다. 지금도 크게 다르지 않다. 그러나 이전과는 성질이 다른 새로운 고통이 다가오리라 느끼며 그녀는 말없이 상상 속의 누군가에게 말을 걸었다.

그러자 가슴을 짓누르던 고통이 한결 가벼워졌다. 그 고통은 미묘한 떨림으로 소리를 내는 팽팽한 현과 같았다.

이튿날 아침 일찍, 파벨과 안드레이가 집을 나서자마자 코르수노바가 찾아와 창문을 요란하게 두드리고 숨 넘어가는 소리로 외쳤다.

"이사이가 죽었어요! 어서 가봅시다!"

어머니는 몸이 후들후들 떨렸다. 그리고 뇌리에 한 사람의 이름이 재빠르게 스치고 지나갔다

"누가 죽였답니까?"

어깨에 숄을 두르면서 어머니가 짧게 물었다.

"누군진 몰라도 여태 죽은 이사이 옆에 앉아 있겠수? 후려치고 벌써 튀었어!"

가는 도중에 길에서 마리야가 말했다.

"지금 범인 잡는다고 들쑤시고 난리가 났을 거유. 임자네 식구들 어제 집에 붙어 있길 잘했소. 내가 그건 언제라도 증인이 되어 줄 수 있지. 자정이 조금 지난 시간에 임자 집을 지나다 창문을 들여다보니까 다들 식탁 앞에 빙 둘러 앉아 있던데……."

"무슨 소리요, 마리야? 그럼 애들을 의심이라도 한단 말이오?"

어머니가 통사정이라도 하듯이 소리쳤다.

"그럼 누가 이사이를 죽였겠수? 틀림없이 임자네 집 드나드는 사람들 가운데 하나지. 이사이가 임자네 손님들 꽁무니를 쫓아다녔다는 건 다 아는 사실인데 뭐……."

코르수노바가 확신이라도 한다는 듯 말을 던졌다.

어머니는 걸음을 멈췄다. 숨이 막혔다. 얼른 가슴에 손을 얹었다.

"왜 그러우? 너무 걱정 말아요. 자업자득이에요! 얼른 가 보기나 합시다. 그새 치웠을까 걱정이우!"

어머니는 베숍시코프 생각이 나면서 다리에 힘이 빠져 비틀거렸다.

'그래, 어쩔 수 없었을 거야!'

한 가지 생각이 재빨리 지나갔다.

공장 담벼락 가까이, 얼마 전 화재가 난 집 자리에, 사람들이 떼로 모여 석탄을 밟아 먼지를 피우며 웅성대고 있었다. 마치 땅벌레들 같았다. 대부분 여자들에다 어린애까지 끼어 있었다. 가게 주인들, 술집 접대부들, 경찰 그리고 헌병 페틀린의 모습도 보였다. 페틀린은 덥수룩한 허연 수염을 기른 키

가 크고 가슴에 견장을 달고 다니는 중늙은이였다.

이사이는 불에 탄 통나무에 등을 기대며, 오른쪽 어깨에 벗겨진 머리를 늘어뜨리고서 반쯤 누운 상태로 방치되어 있었다. 오른손은 바지 주머니에 찌르고 왼손으로는 무른 땅을 움켜쥐고 있었다.

어머니는 그의 얼굴을 살폈다. 한쪽 눈의 시선은 축 처진 다리 사이에 놓여 있는 모자 쪽에 고정되어 있었고, 입은 놀란 듯 반쯤 벌어져 있고, 불그레한 턱은 앞으로 툭 튀어나와 있었다. 마른 얼굴에다 쪼그라든 몸뚱이는 마치 쉬고 있는 것 같았다. 어머니는 성호를 긋고 한숨을 내쉬었다. 살아 있을 때는 그렇게 밉더니 이젠 그도 잔잔한 연민을 불러일으키는 존재가 되어 있었다.

"피 한 방울 흘리지 않았군!"

누군가가 작은 목소리로 말했다.

"주먹으로 한 방 먹인 게 분명해."

몸집이 당당한 여인이 헌병의 손을 잡아당기며 물었다.

"혹시 아직 살아 있을지도 모르잖아요?"

"이제 그만 가세요!"

헌병이 손을 빼며 그리 크지 않은 소리로 외쳤다.

"의사가 와서 죽었다고 확인했어요."

누군가가 그녀에게 말했다.

빈정대며 악의에 찬 목소리가 크게 메아리쳤다.

"주둥이를 너무 나불대서 입을 막은 거야."

헌병이 두 손으로 여자들을 밀치며 고압적인 목소리로 물었다.

"거기 누가 그렇게 지껄여, 엉!"

사람들은 그 한 마디에 뿔뿔이 흩어졌고, 그중에는 뛰어 달아나는 사람도 있었다. 또한 고소하다고 낄낄대며 웃는 사람도 있었다. 어머니는 집으로 가는 도중에 생각했다.

'아무도 불쌍히 여기지 않는구나!'

눈앞에 그림자와도 같은 니콜라이의 널찍한 얼굴이 어른거렸다. 가늘게 찢진 두 눈은 무서울 정도로 싸늘하게 그녀를 노려보고 있었고, 오른손은 상처라도 입은 것처럼 꽉 움켜잡고 있었다.

아들과 안드레이가 저녁에 집에 돌아오자 어머니는 무작정 질문부터 던졌다.

"얘, 이사이 죽인 범인 아직 잡히지 않았지?"

"글쎄요!"

소러시아인이 대꾸했다.

어머니가 보기에도 둘은 낙담해서 시무룩한 빛이 역력했다.

"니콜라이에 대한 말은 없든?"

어머니가 다시 나직한 목소리로 물었다.

파벨이 심각하게 어머니를 쳐다보며 또박또박 말했다.

"아무 말도 없어요. 생각조차 하기 힘들어요. 그 친구 떠났어요. 어제 정오쯤에 강을 건넌 뒤로 돌아오지 않았어요. 우리도 지금 궁금해서 알아보고 있어요."

"오, 하늘이 도우신 게로구나! 하느님이 도우신 게야."

어머니가 안도의 숨을 내쉬며 말했다.

소러시아인이 어머니를 보고 고개를 숙였다.

어머니가 생각에 잠겨 이야기를 시작했다.

"그 사람 주검을 봤다. 얼굴 표정이 무엇에 놀란 것 같더구나. 가엾게 여기는 사람도 없고 따뜻한 말 한 마디 하는 사람도 없더라. 깨진 중국 도자기처럼 어찌나 왜소해 보이고 보잘것없어 보이던지. 무언가에 미끄러져 넘어져서 거기 누워 있는 느낌이었어."

저녁 식사를 하다 말고 파벨이 숟가락을 내려놓으며 소리쳤다.

"난 도무지 이해할 수 없어!"

"뭐가?"

소러시아인이 물었다.

"먹기 위해 동물을 잡아 죽이는 거 말이야. 너무 비열한 일이야. 짐승이나 맹수 따위를 죽인다는 것은 그래도 이해할 만 해. 나만 해도 사람들을 괴롭히는 짐승만도 못한 인간을 죽일 수 있어. 그런데 그런 가련한 인간을 죽이겠다고 손을 쳐들 수 있는 사람이 있다니…… 진짜 혐오스러워!"

소러시아인이 어깨를 한 번 으쓱이고서 잠시 뜸을 들였다가 입을 열었다.

"짐승만도 못한 사람이지. 인간이란 그런 거잖아. 모기가 사람의 피를 한 방울만 빨아먹어도 우리는 모기를 죽이잖아."

"물론이지! 하지만 난 그 얘기를 하자는 게 아니라…… 어쨌든 난 그런 일엔 찬성할 수 없어."

"그럼 네가 할 수 있는 일은 뭐지?"

안드레이가 다시 어깨를 으쓱이고서 물었다.

"당신 같으면 그런 인간을 죽일 수 있겠어?"

한참 말이 없다가 파벨이 생각에 잠겨 물었다.

소러시아인은 눈을 둥그렇게 뜨고 파벨을 한 번 쳐다보더니 다시 어머니를 보면서 단호하게 대답했다.

"난 살아 있는 것은 아무것도 건드리지 않을 거야. 하지만 친구들을 위하고 우리의 과업을 위해서라면 난 뭐든지 할 수 있어. 살인마저도. 그게 내 자식이라도 마찬가지야."

"오, 안드류샤!"

어머니가 나직한 비명을 질렀다. 그는 어머니에게 미소를 지어 보이며 다시 말을 이었다.

"달리 방법이 없잖아요. 그게 바로 우리의 삶이란 거예요."

"그래…… 그게 바로 우리네 삶이란……거지……."

파벨이 천천히 말꼬리를 늘였다

안드레이는 마치 마음 안에 들어앉은 누군가가 충동질이라도 하는지 벌떡 일어나더니 두 손을 휘저으며 한바탕 연설을 늘어놓았다.

"그래 가지고 무슨 일인들 할 수 있겠어? 민중이 사랑으로 어우러지는 그때를 앞당기려면 인간을 증오해야만 해. 삶의 발전을 방해하는 자들, 인간을 돈으로 팔아넘기는 자들은 제거해야 마땅해. 인간을 팔아 자신들의 평온과 존중을 사는 그런 놈들 말일세. 만약 정직한 민중의 앞길에 유다 같은 놈이 버티고 서서 민중을 배신할 날만 꼽고 있는데, 그런 인간을 없애지 않는다면 나 또한 유다나 별반 다를 게 없는 놈 아닌가! 그렇다면 죄악일까? 그렇다면 그들은 공공건물, 감방, 강제노동 등 놈들의 안위를 보장해주는 온갖 부정한 것들을 손아귀에 움켜쥘 권리라도 갖고 있다는 건가? 몽둥이를 빼앗아 들어야 할 때가 왔다고 생각해. 그런 다음엔 무얼 하지? 난 물론 그 일을 할 거야, 절대 사양하지 않을 거라고. 놈들은 우리의 동지 수천 수만 명을 죽이고 있는데, 그래 내게는 고작 적 하나 내려칠 권리가 없단 말인가? 다른 누구보다 직접적으로 내 가까이에서 나의 삶에 가장 악행을 저지르는 놈 하나를 말일세. 이건 논리 정연한 이치야. 지금은 당신의 논리가 필요치 않을 때이고, 난 한 번쯤은 논리에 반대되는 행동을 해봐야 한다고 생각해. 난 그들의 피가 아무 결과도 없이 헛될 수 있다는 사실을 알고 있어. 그들의 피는 황량하고 헛될 뿐이라고! 우리의 피가 소낙비처럼 대지에 뿌려질 때 비로소 진리가 제대로 자라나는 거야. 그들의 썩은 피는 뿌려지더라도 흔적조차 남지 않고 사라질 뿐이라고 확신해. 죄는 나 자신이 품을 필요가 있고, 또 그래야 한다면 내가 그들을 죽였을 거야. 나는 나 자신에 대해서 이야기하고 있다는 걸 명심하고 있어. 나의 죄악은 내 육신과 함께 죽어 없어지고 미래에 아무런 흔적도 남지 않겠지. 나 말고는 아무도 더럽혀지지 않을 거야, 아무도!"

그는 앞으로 내민 손을 흔들며 방 안을 돌아다녔다. 허공에 대고 손을 흔드는데, 마치 자신의 목을 베는 시늉 같았다. 어머니는 슬픔과 불안이 교차하는 마음으로 그를 쳐다보았다. 그의 마음을 고통스럽게 하던 무엇인가가 그를 한 대 쳤다는 걸 그녀는 느낄 수 있었다. 살인에 대한 어둡고 두려운 생각은 사라졌다. 베솝시코프가 살인을 하지 않았다면 파벨의 친구들 가운데는 범인이 없다고 어머니는 생각했다. 파벨은 고개를 숙인 채 소러시아인의 이야기에 귀를 기울였다. 안드레이가 다시 고집스럽게 자신의 주장을 폈다.

"앞으로 똑바로 나아가다 보면 자기 자신을 거슬러 행동해야 할 때가 있게 마련이야. 모든 것, 감정마저도 죄다 버릴 수 있어야 하고, 인생을 바쳐서 명분을 위해 한 목숨 내던질 각오가 필요해. 아주 단순해. 많은 걸 버려야 돼. 생명보다 소중한 것을 위해 모두 버려. 죄다 내다 버려. 그래야만 자네에게 가장 소중한 자네의 진실이 활발하게 성장하는 모습을 보게 될 거야."

그가 방 한가운데 멈춰 섰다. 얼굴은 창백하고 눈은 반쯤 감겼다. 그러면서도 승리를 약속이라도 하듯 손을 높이 쳐들고 말을 이었다.

"난 알아, 사람들이 서로를 아끼고 누구나 타인에게 반짝이는 별이 되고 또 저마다 음악을 듣듯이 친구에게 귀를 기울일 날이 오리라는 것을! 자유를 찾은 사람들이 온 세상을 활보하고, 자유가 사람들의 가슴을 활짝 열게 될 그날, 그래서 모든 사람이 질투와 악에서 벗어나 순결하고 선하게 되는 그날, 바로 그날이 오면 삶은 지금의 삶이 아닌 인간에 대한 봉사로 변할 테고, 인간의 모습은 고상하게 끌어올려질 거야. 자유로운 국민에 걸맞은 더없는 고상함에 다다르게 되지! 또 그날이 오면 모두 아름다움을 위한 진리와 자유를 위해 살아서 사람들은 넓은 가슴으로 세계를 포용하게 되고, 세계를 심오한 사랑으로 감싸 주는 사람들이 최고의 찬사를 누리게 되겠지. 자유로운 사람들에게는 최고의 아름다움이 있기 때문에 존경을 받게 될 거야. 그런 삶이야말로 정말 위대한 삶이 아니겠나!"

그는 잠시 뜸을 들였다. 곧이어 자세를 똑바로 잡더니 쩌렁쩌렁 울리는 소리로 외쳤다.

"그래서, 이런 삶을 위해서 난 어떠한 희생도 감수할 각오가 되어 있다네."

흥분한 그의 얼굴이 부르르 떨렸고 눈에선 굵은 눈물방울이 줄지어 흘러내렸다.

파벨은 고개를 들고 눈을 동그랗게 뜨고서 그의 창백해진 얼굴을 바라보았다. 어머니는 무언가 큰 사건이 닥쳤다는 예감이 들었기에, 식탁에서 일어나 앞으로 몸을 굽혔다. 파벨이 안드레이에게 물었다.

"안드레이, 무슨 일이 있어?"

소러시아인은 고개를 젓고서 팽팽하게 당긴 악기 줄처럼 몸을 꼿꼿이 세우더니 어머니를 보며 대답했다.

"제가 이사이를 때렸어요."

어머니는 벌떡 일어나 재빨리 다가가 그의 두 손을 움켜쥐었다. 그가 오른손을 빼려고 했다. 그러나 어머니는 족쇄를 채우듯 단단히 그의 손을 쥐고 격정적인 어조로 속삭였다.

"오, 불쌍한 것, 말소리를 낮추어라! 가엾은 것 같으니…… 아무 일 없었다."

소러시아인이 거칠게 말을 가로채며 나섰다.

"잠깐만요! 제가 말씀드릴게요. 어떻게 된 일이냐면……."

"그럴 필요 없다! 아서라, 안드류샤……."

어머니가 눈물이 그렁그렁한 눈으로 그를 보며 속삭였다.

파벨 역시 눈물이 글썽해져서 친구에게 가까이 다가왔다. 파랗게 질린 얼굴에 쓴웃음을 지으며 나직한 목소리로 천천히 부드럽게 말했다.

"이리 와, 안드레이. 당신과 악수하고 싶어. 당신이 얼마나 힘들어 하는지 충분히 이해하고 있어!"

"잠깐만!"

소러시아인이 그들의 눈을 피하며 머리를 내저었다.

그가 어머니의 손에서 자기 손을 뿌리치듯 뺐을 때, 파벨이 그의 손을 잡고 힘주어 누르며 비틀었다.

"그래서 네가 그 사람을 죽였다고 내게 말하는 거니?"

어머니가 말했다.

"아니야, 넌 그런 짓을 하지 않았어! 내 눈으로 직접 보았다고 해도 난 믿지 않을 게야."

"그만둬, 안드레이! 어머니 말씀이 옳아. 이 일은 우리가 판결할 일이 아니야."

파벨이 말을 가로챘다.

한 손으로 안드레이의 손을 움켜쥔 파벨은 다른 손을 그의 어깨 위에 얹었다. 마치 그의 산 만한 몸이 떨지 못하도록 단단히 붙들려는 것 같았다. 소러시아인이 고개를 숙이고 자꾸 끊어지는 목소리로 슬픔에 잠겨 말했다.

"자네도 알겠지만…… 정말 그럴 생각은…… 추호도 없었어. 자네가 먼저 앞서 가고, 난 이반 구세프와 함께 길모퉁이에 서 있을 때인데, 이사이가 저쪽 모퉁이에서 돌아 나오더니 비켜서서…… 우릴 쳐다보고 싱긋 미소를 짓는 거야. 이반은 집에 가고, 난 공장으로 향했어. 이사이가 내 옆에 있었지!"

안드레이는 잠깐 멈추고 숨을 깊이 들이쉬고 나서 말을 이었다.

"누구도 그렇게 날 추하게 개처럼 모욕을 준 적은 없었어!"

어머니는 말없이 그의 손을 식탁 쪽으로 끌었다. 결국 안드레이를 의자에 앉혔다. 그리고 그녀 자신도 그 옆에 어깨가 맞닿을 만큼 바짝 다가앉았다. 파벨도 침통한 표정으로 꼭 잡은 그의 손을 지그시 누르면서 그의 앞에 섰다.

"당신이 그 일 때문에 얼마나 힘들어 하는지 이해해."

그는 말했다.

"놈이, 우리 정보가 죄다 제 손바닥 안에 있다느니, 우리 이름이 다 헌병

기록지에 적혀 있다느니, 5월 이전에 모조리 잡아들이겠다느니 하면서 별별 소리를 지껄이는 거야. 난 대꾸도 하지 않고 그저 웃고 말았는데 피가 솟더라고. 나더러 똑똑한 사람이 길을 잘못 들었다, 딴 길로 나갔으면 더 나았을걸 그랬다, 온갖 헛소리를 하는데……."

그가 잠시 숨을 고르고 왼손으로 얼굴을 비볐다. 충혈된 눈이 번뜩였다.

"알 만해."

파벨이 말했다.

"가만 들어보니 콩밥이나 처먹으라는 소리더라고."

소러시아인이 불끈 쥔 주먹을 내둘렀다.

"콩밥이 어쩌고 저째? 망할 놈 같으니!"

그가 치를 떨었다.

"녀석이 차라리 내 뺨을 한 대 후려치기라도 했으면 아마 마음이 편했을 거야. 하긴 그럴 놈도 못 되지만. 그런데 내 가슴에다 더러운 가래침을 퉤 뱉을 땐 정말 참을 수가 없었어."

안드레이가 발작적으로 파벨의 손에서 제 손을 빼내고 더욱 거칠어진 목소리와 혐오스런 표정을 지으며 말했다.

"그래서 난 놈의 뒤통수를 한 대 후려치고서 뒤도 안 돌아보고 자리를 떴어. 그때 뒤에서, 누구 본 사람 있나? 하는 이반 구세프의 나직한 목소리가 들리더군. 아마 골목에서 날 기다리고 있었나봐."

잠시 입을 다물고 있던 소러시아인이 다시 말을 이었다.

"뭔가 불길한 예감이 들었지만 돌아보진 않았어. 그는 쓰러지더니 조용했어. 난 심각한 일이 벌어졌다고는 꿈에도 생각지 않고 평정한 마음으로 걸었는데, 그저 발로 개구리 한 마리를 차 버린 기분이더군. 그런데 이게 어떻게 된 일이지? 난 일을 하러 나가서 그들이 외치는 소리를 들었어. '이사이가 죽었다!' 난 믿기지 않았지만 내 손은 감각이 없어지고, 일을 하면서 내내 두려운 기분이었다네. 많이 아픈 건 아닌데 왠지 손이 짧아진 것 같으면서……."

그가 힐끔 자신의 손을 보면서 계속했다.

"아마 평생 이 오점을 지워 버리진 못할 거야."

"네 마음만 깨끗하다면야, 가엾은 것!"

어머니가 울음을 터트리며 나직이 말했다.

"죄의식은 느끼지 않아요, 전혀! 하지만 그런 더러운 기억을 가지고 있다는 사실이 역겹습니다. 전혀 지시받은 일도 없고 그럴 필요는 없었거든요."

소러시아인이 단호하게 말했다.

"난 잘 이해할 수 없어."

파벨은 의혹의 눈초리로 그를 쳐다보며 말했다.

"난 이제 어떻게 하지?"

소러시아인이 고개를 떨군 채 생각에 잠겨서 말했다. 그러더니 다시 고개를 들고서 미소를 지으며 말했다.

"난 두렵지 않아, 물론이야. 내가 그를 쳤다고 말할 수 있단 말이야. 그렇지만 그 말을 하기가 수치스러워. 감옥에 가기가 부끄러웠고, 힘든 노동을 하러 가기도 힘들었지. 아마도 별 대수로운 일이 아닐지도 모른다는 생각이 들어서였어. 만일 누군가가 죄를 뒤집어쓴다면 난 그때 가서 자백을 하려고 하네. 그렇지 않으면, 전적으로 자진해서 가서—아니, 난 그럴 수 없어!"

그는 그의 손을 흔들며 일어서서 되풀이했다.

"그럴 수 없어! 난 부끄럽다고!"

공장 증기 기적이 울렸다. 소러시아인이 머리를 비스듬히 기울이고 고압적인 기적 소리에 귀를 기울이더니 몸을 부르르 떨며 말했다.

"나 오늘 일 안 갈 테야."

"나도."

파벨이 말했다.

"목욕이나 하러 가야겠다."

소러시아인은 웃으면서 말없이 서둘러 목욕가방을 챙기더니 침통한 기분으로 집을 나섰다.

어머니는 안쓰러운 눈길로 그를 배웅하고 아들에게 말했다.

"어쩌면 좋니, 파샤, 말 좀 해봐! 살인이 잘못인 줄은 알지만 죄인 취급을 할 수도 없는 노릇 아니니? 난 저 사람을 믿을 수가 없구나! 믿는다고 해도 난 그를 탓할 수가 없어. 아니야, 그럴 수는 없지. 난 살인이 죄악이라는 걸 아니까. 난 하느님을 믿고 예수님을 믿지만, 아직도 안드레이가 죄인이라고는 생각지 않는단다. 이사이에게는 마음이 안됐어. 이사이는 아주 약간은 작은 인형 같은 면이 있었지. 그는 거기에 놀란 표정으로 누워 있더구나. 그를 보는 순간 널 교수형에 처하겠다고 위협하던 생각이 나더구나. 그래도 죽었다니 미우나 고우나 불쌍하고 미안한 마음뿐이었어. 그런데 누구 손에 그가 쓰러졌는지 알기 때문인지 이제 그에게 미안한 마음조차 없구나."

그녀는 말없이 잠시 생각에 잠기더니 갑자기 미소 지으며 큰 소리로 외쳤다.

"맙소사! 내 말 듣고 있니, 파샤?"

파벨은 아무 말도 귀에 들리지 않는 게 분명했다. 고개를 푹 숙이고 방 안을 서성거리다 무슨 생각이 들었는지 격분한 표정으로 입을 열었다.

"안드레이는 자기 자신을 금세 용서하지는 못할 거예요, 스스로 자신을 용서한다고 해도 말이에요. 어머니도 어머니의 인생이 있어요. 어머니, 사람들이 서로서로 향해 있는 걸 알고 계시죠. 어머니가 원하지 않아도 싸우셔야만 해요! 그런데 누구와 싸우죠? 그렇게 아무 대책도 없는 존재죠. 그는 어머니보다도 더 비참해요, 바보 같아서 그래요. 경찰, 헌병, 첩자, 이들 모두가 우리의 적입니다. 하지만 고혈을 착취당하고 사람대접 못 받기는 그자들이나 우리나 매한가지죠. 다 그래요. 똑같아요. 그들은 한 편의 사람들이 다른 편에 대항하게 만들었어요, 공포에 눈이 멀게 해서 손과 발에 족쇄를 채우고, 짓밟고, 결국엔 서로 피를 빨고, 말리고, 몇몇 사람을 곤봉처럼 이용해서 다른 사람을 때리게 했죠. 그들은 사람들을 무기로 변하게 했고, 몽둥이와 돌멩이로 변하게 했어요. 그러고서 그런 변화를 바로 문화이고 정부 당국이라고 불렀던 거라고요."

그는 어머니에게로 다가가서 단정적으로 말했다.

"그건 명백한 범죄행위예요, 어머니. 수백만 명을 압살하는 가장 추악한 살인이자 영혼의 압살인 거죠! 그들이 영혼을 죽이고 있다는 걸 이해하시겠어요? 우리와 그들의 차이가 분명하지만, 안드레이는 자신도 모르게 사람을 죽이고서 혐오감이 들었고, 부끄럽고 아팠어요. 아무튼 중요한 점은 그가 느낀 혐오감이죠! 그렇지만 그들은 수많은 사람을 조용히 학살하는데, 꺼림칙함도 동정도 마음의 떨림도 없어요. 죽일 때 즐기고 희열을 느껴요. 왜죠? 그들은 모든 사람과 모든 것의 숨통을 막아 죽음에 이르게 해요. 단지 자기들 집의 나무기둥을 확실하게 지키려는 것이지요. 자기들의 가구도 그렇고 은제품들, 금제품들, 또 쓸데없는 서류더미들도 그래요. 이 모든 싸구려 쓰레기들로 그들은 사람들을 통제하거든요. 생각해 보세요. 그들이 그렇게 살인을 하고 영혼을 불구로 만드는 방법을 이용해서 자기 자신을 방어하려고 드는 이유는 자기 자신들과 자기 편 사람들을 위해서가 아니에요. 그것은 자기 자신을 위해서가 아닌, 자기들의 소유욕을 위해서예요. 사실 그들이 자신을 방어할 때도 한계 때문이 아닌, 무소유 때문이에요."

그는 허리를 굽혀 어머니의 손을 잡고 흔들면서 말했다.

"어머니께서 이 모든 수치와 부패에 혐오를 느끼셨다면 곧 우리의 진실을 이해하고 그 진실이 얼마나 위대하고 영광스러운지를 아실 거예요."

어머니는 흥분이 도를 넘어 자신과 아들의 마음이 결합하여 하나의 횃불로 승화되기를 간절히 바랐다.

"잠깐, 파샤, 잠깐만!"

어머니는 점점 가빠지는 호흡을 견딜 수 없어 숨을 몰아쉬면서 중얼거렸다.

"사람이니까 나도 느낄 수 있다. 그러니 잠깐만……."

현관에서 누군가의 시끄러운 발소리가 들렸다. 모자(母子)는 놀라 서로의 눈만 쳐다보았다.

"만일 안드레이 때문에 온 경찰이면……."

파벨이 속삭였다.

"난 아무것도 모른다…… 아무것도!"

어머니가 뒤에서 속삭였다.

"오, 하느님!"

17

문이 천천히 열리면서 르이빈이 성큼 걸어 들어왔다.

"날세! 여기저기 떠돌다가 지나는 길에 자네 소식도 궁금하고 해서……."

그가 고개를 들고 얼굴 가득 웃음을 띠며 말했다.

타르가 잔뜩 묻은 털가죽 반외투, 짚신짝, 허리 뒤로 삐죽 나온 검정색 벙어리장갑, 모피 털모자, 이게 그의 행색의 전부였다.

"잘들 지냈어요? 언제 나왔나, 파벨? 어쨌든 다행일세. 어떻게 지냈어요, 닐로브나?"

"이런 이런, 당신을 만나서 정말 기뻐요."

르이빈이 천천히 웃옷을 벗으며 말했다.

"암, 다시 농사꾼이 됐어. 자넨 점점 신사가 되어 가고, 난 거꾸로 변해 가고, 안 그런가!"

얼룩얼룩한 무늬 셔츠를 추스르면서 그는 방 안을 가로질러 이리저리 주의 깊게 살피더니 말했다.

"가구는 늘어난 게 없는데 책이 많아졌군. 책을 갖는 게 가장 사랑스러운 소유욕이지, 그건 진실이야. 자, 그동안 어떻게 지냈는지 얘기해주게."

"일이 활발히 진행되고 있죠."

파벨이 대답했다.

"그렇군."

르이빈이 말했다.

"우린 밭을 갈고 씨를 뿌려,

모든 곳에 다 뿌린다네,

뽑내는 일은 싸구려라네,

그러지 않고 우린 곡식을 거둬들여서,

축제를 열려고 하네,

그리고 휴식을 취하려 하네."

"차 좀 마시려나?"

어머니가 말했다.

"네, 차 좀 마시죠, 보드카도 좀 홀짝거리고요. 먹을 것을 주시면 사양 않겠어요. 난 어머니를 만나서 기뻐요…… 그것 때문은 아닌데!"

"그래, 당신의 세상은 어떻게 뜻대로 잘 되어가고 있나, 미하일 이바노비치?"

파벨이 르이빈 맞은편에 자리를 잡고 앉으며 물었다.

"그럭저럭 잘 지내고 있어. 일단 에질리게이예프에다 자리를 잡았어. 에질리게이예프라고 들어봤나? 좋은 마을이야. 한 해 큰 장이 두 번 서는데 주민 수가 이천 명 남짓 되려나? 하여튼 악독한 짐보따리들 같은 곳이야. 농사지을 땅뙈기도 없어서 도지를 얻어 부쳐 먹고 살아. 가난한 흙인간들!"

"그 사람들하고 대화도 하고?"

파벨이 활기에 넘쳐 물었다.

"입 다물고 있을 수야 없지. 난 여기서 나온 유인물을 죄다 갖고 있었네. 서른네 장일 걸세. 하지만 난 주로 성경하고 같이 뿌려서 선전광고물 효과를 톡톡히 보고 있어. 거기서도 끄집어낼 수 있는 게 있거든. 두툼한 책이야. 정부 책이라서 합법적이고 게다가 종무원(宗務院)에서 찍어 낸 거라 신뢰를 주기에도 더없이 알맞지."

그는 파벨에게 눈웃음을 치며 계속 말했다.

"그런데 아직 부족한 게 많아! 자네에게 책을 좀 빌릴까 해서 들렀어. 여기엔 예핌하고 둘이서 왔어. 타르를 운반하다가 먼 길로 삥 돌아서 여기 온 거야. 예핌이 닿기 전에 책을 쌓아둘 만큼 많이 주게. 그 사람이 너무 많이 알 필요가 없으니까……."

"어머니, 책 좀 가져다 주시겠어요? 거기 가면 다 알아서 줄 거예요. 농부들을 위한 거라고만 말씀하시면 돼요."

"그러마, 사모바르가 끓거든 곧 다녀오마."

르이빈이 웃으며 물었다.

"아니, 어머니도 이 운동에 참여하고 있나요? 그렇군요. 우리한테서 이런 종류의 책을 원하는 사람이 많아요. 선생 하나가 그 책에 대단히 열성을 보이고 있죠. 사람들이 참 좋은 젊은이라고 하더군요. 비록 성직자 신분이긴 해도 말이죠. 마을에서 7베르스타나 떨어진 곳에 여선생도 있어요. 하지만 금서를 보지도 않고, '법과 질서'인 사람들이다 보니, 책이라면 겁부터 먹고 본답니다. 문제점을 예리하게 지적하는 금서를 원하는 사람은 바로 나랍니다. 그들은 손가락 사이로 그런 책들을 미끄러트릴 거예요. 만약 금서를 읽는 게 관할 경찰서나 사제에게 발각되더라도 선생들이 그 책들을 돌렸다고 생각하겠죠. 그럼 난 어느 정도 배경 쯤에 있게 되는 거고."

자신의 힘들고 실질적인 감각에 만족한 그는 기분 좋게 이를 드러내고 웃었다. '저런! 눈매는 꼭 곰인데 하는 짓은 여우가 따로 없네그래.' 어머니는 생각했다.

파벨은 일어서서 똑같은 보폭으로 방 안을 왔다갔다 서성거리다가 비난하듯이 말했다.

"우리는 당신에게 그런 책들을 주겠지만, 당신이 일하려 하는 의도는 옳지 않아, 미하일 이바노비치."

"왜 옳지 않다는 건가?"

르이빈이 놀라서 눈을 크게 뜨고 물었다.

"당신 자신이 당신이 하는 일에 책임을 져야 해서 그래. 다른 사람들이 당신 일 때문에 고통을 치러야 한다면 옳지 않거든."

파벨은 단호하게 말했다.

르이빈은 바닥을 내려다보고 머리를 흔들며 말했다.

"자네를 이해할 수가 없네."

"만약 선생들이 금서를 배포했다는 의심을 받으면 결국 그들은 감옥에 끌려갈 텐데, 어떻게 생각해요?"

파벨이 르이빈 앞에 당당한 자세로 서서 물었다.

"감옥에 가겠지, 그게 어쨌다는 건가?"

"책을 배포한 건 당신이지 그들이 아니란 거야. 감옥에 갈 사람은 바로 당신이야."

르이빈이 껄껄 웃으며 손으로 무릎을 쳤다.

"이런! 내가 그런 일을 했다고 생각할 사람이 누가 있겠나? 비천한 농사꾼이 이런 일을 한다, 그게 있을 법한 얘긴가? 책이란 지식인들의 것이니까 책임도 그들이 져야만 하고……."

어머니가 보기에 파벨이 르이빈을 제대로 이해하고 있지 못한 것 같았다. 파벨이 눈을 찡그리는 걸로 봐서 화가 나 있다고 생각했다. 어머니가 부드럽고 조심스럽게 말참견을 했다.

"미하일 이바노비치는 일은 자기가 하되 그 벌은 다른 사람이 받게 하겠다는 심산인 것 같은데……."

"그 말 맞아요."

르이빈이 턱수염을 쓰다듬으며 맞장구를 쳤다.

"어머니! 예를 들어 우리 가운데 누군가가, 안드레이라고 쳐요. 제 등 뒤에서 무슨 일을 꾸며서 그 때문에 제가 옥살이를 한다면 무슨 말씀을 하시겠어요?"

파벨이 퉁명스럽게 물었다.

어머니는 깜짝 놀라 아들을 망설이는 듯한 눈길로 쳐다보고 그럴 리가 없다고 고개를 내저으며 대답했다.

"아무려면 친구가 잘못될 텐데 그런 짓을 할 수 있을라고!"

르이빈이 말꼬리를 늘였다.

"아, 그렇군! 나도 자넬 이해하네, 파벨!"

그가 우스개 눈짓을 보내며 어머니에게 이어서 말했다.

"이건 정말 미묘한 문젭니다, 어머니."

그리고 다시 타이르듯이 파벨을 돌아보며 장황하게 말을 늘어놓았다.

"자넨 생각하는 게 아직 풋내기 티를 못 벗었어. 비밀리에 하는 일에는 체면이란 없는 거야. 생각해 보게나. 첫째로, 정작 감옥에 가게 되는 사람은 선생이 아니라 책을 지니고 있다가 발각되는 사람들이라네. 그게 첫째야! 둘째로, 선생들이 사람들에게 합법적인 책만 읽으라고 주더라도, 그 책도 사실 금서의 내용과 별반 다를 게 없어. 그 책들은 오직 다른 언어로 되어 있을 뿐이야. 게다가 진실이 더 적어. 그게 둘째야. 그들은 내가 하는 그런 일을 하기를 원하지. 그러면서도 그들은 오직 샛길로만 간다네. 난 넓은 공공도로로 가는데 말이야. 그리고 셋째로, 나 같은 사람이 그 사람들과 무슨 관계가 있나? 걸어 다니는 여행자가 말을 타고 다니는 사람과 동지가 될 수 있겠나? 난 아마도 어떤 농부에게든 그런 식으로 행동하지는 않을 걸세. 그런데 하나는 사제이고 또 하나는 지주의 딸인 사람들이 있다고 하세. 이 사람들이 왜 사람들을 행복하게 해줘야 하는지 이해할 수가 없어. 주인급 지식인들의 생각을 무지한 농부인 내가 이해할 수 없단 말일세. 나 자신의 일이 무엇인지는 알겠는데, 그들이 추구하는 일은 무엇인지 뭐라고 말할 수가 없어. 수천 년 동안 그 지식인들은 나리가 됐고 농부의 등가죽을 벗기더니 어느 날 잠에서 깨어 농부의 눈을 비벼 뜨게 해주는 꼴이지. 난 동화 따위를 좋아하는 사람은 아닌데, 이런 사람이 동화 아니면 뭐가 동화야? 그래서 난 그런 동화 같은 이야기들과 거리가 멀지만, 그런 성격이 동화의 성격이지. 이 때문에 난 동화 이야기를 좋아해. 지식인들이 쓰는 방법은 내게 낯설어. 겨울 벌판을 여행하다 저 멀리 뭔가가 얼쩡거릴 때 그게 어떤 짐승인지 알 방도는 없잖아. 늑대인지 여우인지, 아니면 그냥 개인지 알 수가 없지. 거리가 멀어서 그래."

어머니는 아들의 표정을 살폈다. 아들의 표정이 왠지 우울해 보였다.

르이빈의 까만 눈이 섬광처럼 빛났다. 그는 파벨을 만족스러운 눈길로 쳐다봤고 한껏 들떠 손가락으로 턱수염을 쓸어내리며 말을 이었다.

"이렇게 농담이나 하고 있을 시간이 없어. 삶은 가혹한 거야. 우린 집에서 살지 외양간에서 살지 않아."

"민중을 위해 자신을 내던지고 평생 옥살이로 고초를 치르는 지식인 나리님들도 있다오."

어머니가 친숙한 얼굴을 떠올리며 말했다.

르이빈이 대꾸했다.

"그들은 계산이 다르고 적막한 마음의 세계도 다르지요. 부자가 된 농부들은 주인급 지식인이 돼. 가난해진 나리님들은 농부가 되러 가고. 돈주머니가 비어야 그나마 마지못해 영혼이 순수해지지. 자네가 나한테 설교했던 거 기억나나, 파벨? 살기 때문에 사람은 누구나 생각한다고 했었지. 또 만약 노동자가 '아니오!' 하면 고용주는 '예!' 하고, 반대로 노동자가 '예!' 하면 고용주는 짐승 같은 본성상 어쩔 수 없이 '아니오!' 하고 소리쳐야 한단 말일세! 틀린 말이 아냐. 저마다 본성이 서로 다르거든. 농부의 본성과 지주 나리의 본성은 같을 수가 없어. 농부가 배부르면 지주는 밤새 잠 못 이루는 법이야. 물론 모든 양 떼 속에 검은 양이 섞여 있다 해서, 농부 전체를 옹호해야 한다는 데에는 찬성하지 않네만."

르이빈은 자리에서 일어났다. 표정은 침울하면서도 힘 있어 보였다. 얼굴은 생기를 잃었고 턱수염은 사뭇 떨렸다. 마치 들리지 않게 이를 가는 것 같았다. 목소리를 낮추어 그가 말을 이었다.

"난 이 공장 저 공장을 전전하며 자그마치 5년을 허송세월했지. 농촌을 까맣게 잊고서 말일세. 거기에 닿은 뒤 둘러보니까 정말 살 곳이 아니더군! 이해할 수 있겠나? 난 도무지 이해할 수 없어. 자넨 여기서만 살았으니 그 참상이 어떤지 상상이 안 갈 거야. 굶주림이라는 검은 그림자가 사람의 뒤에 평생 가지를 치고 있고 빵 한 조각에 대한 희망도 가져볼 수 없는 곳이라네! 굶주림은 사람의 영혼을 먹어 치우고 인간의 이미지는 사람들의 얼굴에서 아예 지워져 버렸어. 사람이 사는 게 아니라 헤어날 수 없는 심각한 부족함 속에서 썩어가고 있는 거야. 사방에서 정부 당국이 까마귀 눈 같은 감시의 시선을 던지니 빵 한 조각인들 남아나겠냐고. 깡그리 빼앗아 가고도 성이 차지 않아 얼굴에다 한 방 날리려 드는 거지.”

르이빈은 손으로 탁자를 집고 파벨 쪽으로 허리를 굽힌 채 그를 쳐다보았다.

“그런 생활을 다시 접하니 심지어 구역질이 나고 기절할 지경이더군. 정말 눈이 침침해서 보이는 게 없었어. 하지만 난 이를 악물고 혐오감을 내쳤지. ‘말도 안 돼, 난 내 기분에 지고 싶지 않아. 난 여기에 남아야 해! 난 네놈들에게 빵을 주려고 온 게 아니다. 한 판 소동을 벌일 테니 두고 봐라!’ 난 그 인간들의 악행과 짓누르는 자에 대한 증오를 늘상 생각하면서 다녔어. 그런 악행들 때문에 내 가슴은 마치 칼로 도려내는 듯 아팠네.”

그의 이마에 땀이 송골송골 맺혔다. 그는 어깨를 으쓱하고는 천천히 몸을 숙여 파벨의 어깨에 손을 얹었다. 손이 떨리고 있었다.

“날 좀 도와주게! 책을 주게. 다 읽고 누구나 편할 수만은 없는 그런 책 말일세. 사람들의 머릿속에 자극을 주게. 자네에게 글 써주는 시내 사람에게 촌마을을 위한 아주 자극적인 글도 부탁 좀 해주게. 촌마을 사람들이 죽음 속에 뛰어들 정도의 글을 말일세!”

르이빈이 손을 들어올려 말끝마다 강조하며 거칠게 말했다.

“죽음으로 하여금 죽음을 좀 수정하게 해주게. 오, 다시 말해, 민중을 되살리는 그런 죽음 말이지. 그리고 수많은 사람이 죽어 온 세상에 수많은 주인이 되살아나게 하는 거야. 바로 그걸세. 죽기는 쉽지, 하지만 사람들을 다시 살려야 하네. 이번엔 문제가 달라! 사람들이 반란을 일으키게 해야 한다고!”

어머니가 사모바르를 들고 왔다. 그리고 르이빈을 곁눈질로 살폈다. 그의 무겁고 힘찬 말들에 움찔했고, 왠지 남편의 모습이 떠올랐다. 남편도 역시 말할 때 이를 갈고 손을 내젓고 소매를 걷어붙였었다. 남편에게는 견디기 힘든 어떤 악의가 늘 있었다. 남편은 참을성이 없었지만 과묵했다. 르이빈은 말을 잘했고, 결코 조용히 있을 줄을 몰랐다. 다행히 이 사람은 말을 해서 무서움은 덜했다.

고개를 끄덕이며 파벨이 말했다.

“해야만 할 일이야. 우리 촌마을에도 신문이 필요해. 자료를 주면 농민들을 위한 신문을 만들려고 해.”

어머니는 미소 지으며 아들을 쳐다본 뒤 고개를 끄덕였다. 그리고 옷을 갈아입고서 말없이 집을 나섰다.

"수고해 주게. 필요한 건 죄다 보내주겠네. 송아지도 이해할 수 있도록 쉽게 써주게나."

그렇게 소리친 르이빈이 갑자기 고개를 저으며 파벨로부터 몇 걸음 뒤로 물러섰다.

"나, 내가 유대인이라면 좋을 텐데! 사랑스런 꼬맹이, 유대인이 세상에서 가장 믿을 만한 사람이라는 거 알아! 예언자 이사야나 환자인 욥은 예수님의 사제들보다도 독실한 신앙인이었어. 그래서 그들은 머리카락이 쭈뼛쭈뼛 설 정도로 말을 잘할 수 있지. 파벨, 자네도 알겠지만 사제들은 그렇게 말을 잘 못해. 사제들은 교회를 짓고, 교회는 법이 되지. 사람은 자아(自我)를 믿어야지 법을 믿어서는 안 된다네. 사람은 영혼 속에 하느님의 진실을 지니고 있기 때문에 하느님은 경찰 국장일 수도 없고, 노예일 수도 없다네! 모든 법을 나 자신 속에 지니고 있지."

부엌문이 열리고 누군가가 들어왔다.

르이빈이 부엌 쪽을 살피며 말했다.

"예핌이군! 이리 오게나, 예핌! 생각해보게, 파벨! 아주 많이 생각해. 생각할 게 엄청나게 많으니까. 이쪽은 예핌, 이 사람은 내가 이야기했던 파벨이네."

그가 파벨 맞은편에 섰다. 손에는 모자를 들고 의심쩍은 눈초리로 파벨을 힐끔거렸다. 빛나는 머리카락에 넓은 얼굴을 가졌고 짧은 털가죽 반외투를 입고 있었다. 당당한 몸매로 보아 장사임에 틀림없었다.

"처음 뵙겠습니다!"

그가 약간 잠긴 목소리로 인사했다. 그리고 파벨의 손을 잡았다가 놓고는 두 손으로 곧게 뻗은 머리칼을 쓸어내렸다. 마치 수색이라도 하듯이 천천히 방 안을 둘러보더니 책들이 꽂혀 있는 선반으로 성큼성큼 다가갔다.

르이빈이 파벨에게 눈짓을 하며 말했다.

"책 쪽으로 가보게!"

예핌이 책들을 조사하며 말했다.

"여기서 다 읽고 가도 될 분량이군! 그래도 당신네들은 이걸 다 못 읽을 걸? 시간이 없으니 말이야. 저기 시내 사람들은 읽을 시간이 널널하더군."

파벨이 물었다.

"그렇지만 읽을 열의가 없지?"

"왜? 그들도 독서에 열의가 대단하다네."

그자는 턱을 문지르면서 대답했다.

"사람은 생각하지 않으면 드러눕게 되고, 결국은 죽게 돼. 그렇지만 사람들이 죽길 원하지는 않잖나, 그래서 그들은 자기들 두뇌를 움직이기 시작한 거라네. '지질학적 역사'—그게 뭔지 아나?"

파벨이 설명하자 예핌이 선반에 책을 놓으면서 말했다.

"우린 그런 게 필요하지 않아!"

르이빈은 요란스럽게 한숨을 쉬고서 말했다.

"농부는 그 땅이 어디로부터 유래되어 왔는지에 대해서는 도무지 관심이 없어. 동시에 땅이 어디로 갈라져 갔는지도 관심이 없지. 신사나리님들이 어떻게 그 농부의 발 밑 땅을 가로채어 갔는지에 대해서도 마찬가지야. 그게 고정되어 있든 순회하든 상관없어. 당신이 밧줄에다 그 순회하는 땅을 매달아 놓아도 좋고 그 땅이 그를 먹여 살려도 좋다면, 그렇게 해봐. 당신은 땅을 하늘에다 못으로 박아놓아도 좋아."

"《노예제의 역사》라……."

예핌이 다시 책 제목을 읽고서 파벨에게 물었다.

"우리에 관한 얘긴가요!"

"러시아 노예제에 관한 책도 있습니다."

파벨이 그에게 다른 책을 건네주며 말했다. 예핌은 책을 받아들고 몇 번 들춰보더니 한쪽으로 치우며 태연히 말했다.

"이건 시대에 뒤떨어졌군!"

"당신네는 분여지를 소유하고 있소?"

파벨이 물었다.

"우리? 소유하고 있죠. 우리 집은 삼형제인데, 4데샤티나*2의 분여지를 갖고 있죠. 순 모래땅이라 놋그릇 닦는 데는 좋을지 몰라도 농사지을 땅은 못돼요."

---

*2 미터법 이전의 러시아 지적단위. 1데샤티나는 1092헥타르에 해당.

그가 잠시 뜸을 들이다가 계속 이야기했다.

"난 스스로 토지에서 도망쳤어요. 그게 어디 땅입니까? 밥을 먹여주기는 커녕 손만 묶이는 걸요. 날품팔이로 다닌 지 4년이에요. 이번 가을엔 군대나 가렵니다. 미하일 아저씨는 민중을 패는 군대라며 지금은 갈 데가 아니라고 하지만, 그래도 입대할 생각이야. 스테판 티모페예비치 시대에도, 푸가초프 시대에도 군대는 민중을 쳤었죠. 하지만 이제 그런 시대는 지났어요. 당신은 어떻게 생각해요?"

그가 파벨을 똑바로 쳐다보며 물었다. 파벨이 웃으며 대꾸했다.

"물론 그렇지. 그런 시대는 끝이 나야 하는데 어려워. 먼저 군인들에게 그 말을 어떻게 해야 할지를 알아야 해."

"그야 알게 되겠죠!"

예핌이 말했다.

"만일 당국에서 알게 되는 날엔 총살감일 거야."

파벨이 의혹 가득한 눈길로 예핌을 쳐다보며 말을 맺었다.

"자비를 베푸는 짓 따위는 하지 않겠지."

젊은이는 태연히 맞장구를 치고서 다시 책을 들여다보았다.

"차 얼른 마시게, 예핌. 곧 떠나야 하니까."

르이빈이 재촉했다.

"예, 잠시만요."

젊은이는 대답을 하고 다시 물었다.

"혁명이라 하면 봉기를 뜻합니까?"

안드레이가 상기된 표정으로 땀을 뻘뻘 흘리며 들어왔다. 침통해 보였다. 말없이 예핌과 악수를 한 뒤 르이빈의 옆에 앉아 미소만 지어 보였다.

"무슨 일이야? 표정이 왜 그리 우울해 보여?"

손바닥으로 안드레이의 무릎을 치며 르이빈이 물었다.

"아무 일도 아니네."

소러시아인이 대꾸했다.

"댁도 노동자입니까?"

예핌이 안드레이에게 고개를 까딱이며 물었다.

"그렇소. 왜요?"

"이 친구는 공장 노동자를 처음 본다네. 공장 노동자는 어딘가 다른 데가 있다는 거야."

르이빈이 설명했다.

"왜 다르지?"

파벨이 물었다.

예픔이 안드레이를 유심히 쳐다보고 나서 말했다.

"당신들의 뼈는 날카로워요. 농부들의 뼈는 둥글둥글한데⋯⋯."

르이빈이 거들었다.

"농부들은 서 있는 자세가 훨씬 안정적이야! 농부들은 비록 그들의 소유는 아니더라도, 발로 땅을 딛고 있는 느낌을 갖고 있거든. 어쨌든 대지를 느끼고 있는 거지. 그에 반해 공장 노동자는 새와 같아. 고향도 집도 절도 없이 오늘은 여기, 내일은 저기, 발길 머무는 곳이 고향이요 집인 셈이거든. 마누라조차도 그들을 한 곳에 붙잡아 둘 수가 없어. 조금이라도 심사가 뒤틀리는 날엔 즉시 잘 있어, 내 사랑! 하고 지체 없이 더 좋은 새 사랑을 찾아 떠난다네. 게다가 농부들은 떠나지 않고 서로 더 나은 방향으로 고쳐보려고 애를 쓰고 있어. 어머니가 오셨군!"

예픔이 파벨에게 다가가 당황해서 물었다.

"혹시 내게 책 좀 줄 수 있어?"

"물론이지."

젊은 농부의 두 눈이 강렬하게 빛났고, 그는 급히 말을 꺼냈다.

"다 보고 돌려드리겠습니다. 우리 가운데 여남은 명이 여기서 그리 멀지 않은 곳으로 타르를 운반하고 있으니까 나중에 그들 편으로 보내드리죠."

르이빈이 벌써 옷을 걸치고 허리띠까지 단단히 매고서 예픔에게 말했다.

"가세, 떠날 시간이야!"

"잠깐만요, 읽을거리가 더 있었어요."

예픔은 은밀한 미소를 띠고 책을 가리키면서 소리쳤다.

그들이 떠나자 파벨은 생기 도는 얼굴로 안드레이를 돌아보며 말했다.

"그 사람들 어때!"

"뭐 해질녘 구름 같다고나 할까, 두껍고 어두침침한 구름이 느릿느릿 움직이는 기분 말이야!"

소러시아인이 말꼬리를 흐렸다.

어머니가 끼어들었다.

"미하일 말이야, 언제 공장 노동자였나 싶던데! 다시 진짜 농부가 다 되었어. 그런데 왜 그렇게 연극적으로 대단해 보이는지 모르겠더구나."

"당신이 집에 없어서 안타깝더군!"

파벨이 안드레이에게 말했다. 안드레이는 탁자 옆에 바짝 붙어 자기 찻잔을 찡그린 얼굴로 뚫어지게 바라보고 있었다.

"당신이 그 심장박동소리를 들었으면 좋았을 걸. 당신은 늘 심장이 어떻다는 둥 얘기했었잖아. 르이빈이 엄청 흥분해서 날 한 방 먹이고 묵사발을 만들었단 말이야. 난 반박조차 못했고. 사람들에 대한 불신이 얼마나 깊은지……, 게다가 민중의 가치를 전혀 인정하려 들지 않아! 어머니 말씀대로 두려울 정도로 굉장한 내공을 지닌 사람이야."

소러시아인이 무뚝뚝하게 대답했다.

"나도 그건 경험으로 익히 알고 있지. 그들은 이때껏 민중을 독살해왔어. 만일 민중이 봉기라도 하면 그들은 모든 걸 뒤집어엎고 말 거야. 그자들이 원하는 건 헐벗은 땅이야. 그들은 땅을 헐벗게 버려두고 세상 사물 모두를 찢어 버릴 거라고."

그는 천천히 이야기했다. 분명 마음이 다른 데 가 있는 듯했다. 어머니는 조심스럽게 그의 어깨를 톡톡 쳤다.

"기운 내라, 안드류샤!"

"좀 기다리세요, 당신은 내 어머니예요!"

소러시아인은 나직한 목소리로 다정하게 간청했다. 잠시 뒤 갑자기 흥분한 그가 손으로 탁자를 내리치며 말했다.

"내가 해를 끼칠 의도는 전혀 없었지만, 그래도 이 모두가 추악해. 기다려! 그런 게 있어, 파벨. 농부들이 들고 일어서는 날엔 땅이 다 벌거숭이로 버려져. 오욕의 흔적을 잿더미로 묻어 버리기 위해서……. 마치 역병이 휩쓸고 지나간 것처럼 모든 걸 불살라 버리니까."

"그렇다면 결국 그들은 우리의 일을 방해하게 되겠네."

파벨이 부드럽게 의견을 표했다.

"그걸 그대로 보고 있으면 안 되지. 그게 우리의 할 일이야. 그들을 저지하는 게 우리의 임무라고. 우리는 최대한 그들에게 접근해서 우리를 믿게 하고 우리의 길에 동참시켜야 해."

"르이빈이 농민을 위한 신문을 찍어달라고 제안해 왔어, 알고 있어?"

"우린 그 일도 해야만 해. 가능하면 빨리."

파벨은 웃고 나서 말했다.

"그와 논쟁을 벌이지 않았던 게 불쾌해."

"우리는 아직도 그와 논쟁을 벌여볼 기회가 있네."

소러시아인이 거들어 주며 말을 이었다.

"아직 기회는 많아. 자넨 계속 피리를 불어. 그러면 명랑한 두 발을 아직 대지에 박지 못한 사람들은 자네 연주에 맞추어 춤을 출 거야. 르이빈은 우리가 발아래 땅을 제대로 느끼지 못하고 있으니 땅이 필요없다고 말했겠지. 대지를 뒤흔드는 일이 결국 우리의 몫이란 소리네. 우리가 한 번 대지를 흔들면 사람들은 빠져나가고, 또 흔들면 아예 자신이고 뭐고 팽개치고 도망쳐 버릴걸."

"안드류샤, 너에게는 간단하지 않은 일이 없구나."

어머니가 웃으며 말했다.

"그럼요, 여부가 있나요? 삶이 다 단순하죠."

소러시아인이 침울하게 덧붙였다.

조금 뒤 그가 다시 입을 열었다.

"들판에 나가봐야겠어요, 산책이라도 좀 해야지……."

"금방 목욕을 하고서? 바람이 찰 텐데……."

어머니가 조심하라고 타일렀다.

"괜찮아요, 산책하면서 바람 좀 쐬어야겠어요."

"조심해, 감기 들어. 좀 눕는 게 낫지 않을까? 누워서 잠을 청해봐."

파벨이 다정하게 말했다.

"아냐, 다녀올게!"

안드레이는 옷을 갈아입고서 말없이 집을 나섰다.

"안드레이가 무척 힘이 드나 보구나!"

어머니가 안쓰러운 듯 말했다.

"제가 보기에 그 일이 있고 나서부터 어머니께서 안드레이에게 호칭도 더 존중해주시는 것 같아요, 안 그래요?"

어머니는 놀라 그를 쳐다보며 말했다.

"음, 그래? 나도 미처 깨닫지 못한 일이구나. 저절로 그렇게 됐어. 어쨌든 안드류샤가 내겐 너무나 가까운 사람이 된 것은 사실이다. 내 기분을 어떻게 말해야 할지 잘 모르겠다. 오, 그렇게 불행하다니!"

"어머닌 마음이 넓으세요." 파벨이 부드럽게 말했다.

"그렇다면 나도 마음이 편하다. 너만이라도, 아니 어떻게든 너희 모두를 도울 수만 있다면 좋으련만!"

"두려워 마세요, 어머닌 하시고도 남을 분이에요."

어머니는 가벼운 미소를 지어 보이며 계속 말했다.

"하지만 두려움을 어쩌지 못하겠어! 바로 두려운 게 문제란다. 어쨌든 좋게 말해줘서 고맙구나, 내 사랑하는 아들."

"이제 그런 말씀은 마세요. 어머니에 대한 사랑과 감사의 마음을 저로서는 어떻게 표현할 길이 없다는 거, 어머니는 아시죠?"

어머니는 부엌으로 나갔다. 눈물을 보여 아들의 마음을 아프게 하고 싶지 않았다.

18

며칠이 지나서 베솝시코프가 찾아왔다. 언제나 그렇듯 추한 누더기 차림에 불만이 가득한 얼굴이었다.

"이사이를 죽인 게 누군지 못 들었어?"

그가 방 안을 왠지 꼴사납게 서성거리다가 파벨에게 물었다.

"못 들었어."

파벨이 딱 잘라 말했다.

"그 일을 전혀 어색해하지 않는 자였어! 제 할 일도 분간 못하는 사람이 있어 그래? 내가 그놈을 해치우려고 이때껏 별렀는데. 내가 할 일이었어. 내가 아주 적격이었다고!"

"되지도 않는 말은 이제 그만 해, 니콜라이!"

파벨이 친구의 태도로 말했다.

"왜 그러니? 다들 마음 씀씀이는 천사이면서 그처럼 으르렁거리다니, 도대체 왜 그래?"

어머니가 다정스레 끼어들었다.

어머니는 베솝시코프를 만나서 아주 기뻤다. 곰보자국 난 그의 얼굴까지 오늘따라 예뻐 보였다. 오랫동안 못 봤던 만큼 한꺼번에 동정심이 일어났다.

"난 그런 일 말고는 어디에도 쓸모없는 놈이야. 내가 설 자리가 어딘가 하는 생각을 골백 번도 더 해봤지만 어디에도 없더라고! 사람들은 대화를 나누며 살기를 원하는데 난 그렇지 못해. 모든 걸 다 보고, 모든 걸 다 느끼지만 나 자신을 좀 표현하려고 하면 입이 떨어지질 않아. 내 영혼은 벙어리야."

니콜라이가 고개를 푹 수그리고서 파벨에게 다가가 손가락으로 책상을 긁으며 말했다. 목소리는 그답지 않게 어린아이 같고 슬퍼 보였다.

"내게 무슨 일이든 좋으니 힘든 일을 시켜 줘. 더 이상 이렇게 살 수는 없잖아. 무의미하고 쓸모도 없어. 당신은 운동에 깊숙이 관여하고 있고 나는 운동이 점점 커지고 있다는 걸 알아. 하지만 난 완전히 이방인이잖아. 널빤지나 통나무 따위나 운반하고. 과연 내 인생이 목재나 운반하다 끝나야 옳겠어? 내게도 힘든 일을 시켜 줘."

파벨이 자기 쪽으로 그의 손을 잡아끌었다.

"아무렴 맡기고말고!"

그때 마침 휘장 뒤에서 소러시아인의 목소리가 들려왔다.

"니콜라이, 내 자네에게 조판 기술을 가르쳐 줄 테니 우리에게 와서 식자공으로 일할 생각 없나? 어때?"

베솝시코프가 그에게 다가가며 말했다.

"당신이 날 가르친다면 내가 그 보답으로 칼 한 자루를 선사하리다."

"사양하겠어. 그 칼일랑 지옥에나 가져가셔!"

소러시아인이 큰 소리로 말하고 껄껄 웃었다.

"좋은 칼인데."

베솝시코프가 고집을 부렸다. 파벨도 따라 웃었다. 순간, 베솝시코프가 방 한가운데 멈춰 서서 이런 질문을 던졌다.

"날 비웃는 건가?"

"두말하면 잔소리지. 자, 우리 들판으로 나가 바람이나 쐬자. 달도 밝고 정말 멋진 밤이잖나. 나가세!"

침대에서 일어나며 소러시아인이 대답했다.

"좋은 생각이야."

파벨이 맞장구를 쳤다.

"그럼 나도 가야지 뭐. 소러시아 사람, 난 당신이 웃을 때 기분 좋더라."

베솝시코프도 끼어들었다.

"나도 네가 선물을 준다니 기분이 좋다."

소러시아인이 웃으며 대답했다.

안드레이가 부엌에서 옷을 갈아입을 때 어머니가 잔소리를 했다.

"옷 좀 두툼하게 껴입고 나가렴, 감기 걸리겠다."

셋이서 집을 나서자, 창문으로 그들을 바라보던 어머니는 성상을 올려다
보며 나직이 말했다.

"주여, 저들을 도우소서!"

어머니는 등불을 끄고 달빛으로 밝혀진 방 안에서 혼자 기도했다.

시간은 하루하루 꼬리를 물고 빠르게 흘렀고 어머니는 메이데이에 대한
생각을 품을 여유조차 없었다. 밤마다 심신을 고단케 하는 소음과 세월의 무
상함에서 나오는 한숨을 뒤로 한 채 잠자리에 들면 무언가 가슴을 살짝 짓눌
렀다.

'모든 게 빨리 끝나기만 한다면……'

새벽 어스름, 짐승 울음소리 같은 공장 사이렌이 울리면, 아들과 안드레이
는 급히 차를 마시고 빵 한 조각을 입에 물기 바빴다. 그 뒤 어머니에게 몇
가지 당부의 말을 남긴 채 집을 나섰다. 그러면 어머니는 온종일 점심식사 준
비를 하고, 전단을 붙이는 데 쓸 연보랏빛 풀을 쑤느라 다람쥐 쳇바퀴 돌 듯
집 안을 뱅뱅 돌았다. 간혹 몇몇 사람이 집으로 찾아와 파벨에게 전해 주라며
쪽지를 건네주며 자기들 흥분을 어머니에게 전염시킨 뒤 사라지곤 했다.

노동자들에게 메이데이 기념식에 동참하라고 호소하는 전단들이 담장이란
담장엔 죄다 나붙었는데, 심지어 경찰서 정문에도 붙었고, 공장에도 매일 뿌
려졌다. 아침이면 경찰은 욕지거리를 입에 달고서 공단을 휘젓고 다니며 담
벼락에 붙어 있는 연보랏빛 전단들을 잡아 뜯곤 했다. 경찰은 전단을 긁어낸

다 하며 야단이었지만 점심때가 되면 어김없이 거리에 뿌려져 지나는 사람들의 발아래서 나뒹굴었다. 시내에서 밀파된 사복형사들은 점심을 먹고 콧노래를 흥얼거리며 즐겁게 돌아오는 노동자들을 유심히 살폈다. 노동자들은 너나할 것 없이 무기력한 경찰을 보는 것만으로도 신이 났고, 심지어 중년의 노동자들도 서로 쳐다보며 웃어댔다.

"뭔 일이 일어나긴 할 모양이야, 안 그래?"

가는 곳마다 사람들이 삼삼오오 모여서 선동적인 호소문에 대해 이러쿵저러쿵 말들이 많았다. 삶은 비등점에 다다라 올 봄에는 모든 사람에게 전에 없던 흥미를 불러일으켰고 모두에게 어떤 새로움을 가져다주고 있었다. 어떤 이들은 흥분할 핑곗거리를 만들어 모반 선동자들을 심한 욕설로 매도하기도 했고, 어떤 이들은 불안감과 희망의 감정을 동시에 느끼기도 했다. 또 어떤 이들은 아직 소수이기는 하나, 촌마을을 뒤흔들 힘을 직감케 하는 예민한 기쁨을 맛보기도 했다.

파벨과 안드레이는 침대에서 잠드는 일이 드물어졌다. 밤잠을 설치고 공장 증기 기적이 울리기 바로 직전, 지치고 목이 잠긴 창백한 모습으로 집에 돌아오곤 했다. 어머니는 그들이 숲 속이나 소택지 어딘가에서 집회를 갖고, 밤마다 말 탄 경찰들이 떼를 지어 공단 구석구석을 뒤지며 다니고, 사복 형사들은 노동자들을 따로 떼어 한 사람씩 붙잡아 가거나 몸수색을 하고, 한 무리의 노동자를 해체하거나 경우에 따라서는 마구잡이로 체포했다는 사실을 이미 알고 있었다. 아들이나 안드레이도 조만간 체포당하리라고 짐작했다. 그녀는 그렇게 되는 편이 그들로 볼 때 더 나을 거란 생각까지 했다.

기록계원 이사이 살인사건에 대한 수사는 이상하게 시들해졌다. 한 이틀 지방 경찰이 동기다 뭐다 해서 사람들에게 꼬치꼬치 캐묻고, 열 명 남짓 붙잡아다 심문을 하더니 더는 사건에 관심을 기울이지 않았다. 마리야 코르수노바는 어머니와 이야기하다가 경찰이 한 말을 은근히 내비쳤다. 그녀는 다른 모든 사람과 그렇듯 경찰과도 우호적인 관계를 유지하고 있었다.

"대관절 무슨 재주로 범인을 잡겠수? 그날 아침 이사이가 만난 사람이 백 명은 넘고 그 가운데 적어도 아흔 명은 이사이를 쳤을 가능성이 있는데……. 지난 8년 동안 그자한테 당하지 않은 사람이 있어야지……."

소러시아인의 모습이 눈에 뜨일 정도로 달라졌다. 수척해진 얼굴, 패인 양

볼, 툭 튀어나온 두 눈을 반쯤 내리덮은 무거운 눈꺼풀, 게다가 콧구멍에서부터 입 가장자리에까지 잔주름이 깊이 팬 인중에서는 비틀린 미소가 엿보이곤 했다. 그는 일상적인 잡다한 일에 대해서는 말을 아끼다가도, 미래에 대해서는 타오르는 불꽃처럼 정열적으로 자유와 이성이 승리하는 아름답고 찬란한 날의 축제에 대해 황홀하게 이야기했다. 어머니는 그의 말을 들으면서 그가 영광스러운 날을 향해 누구보다도 더 멀리 나아가서, 그 누구보다도 생생하게 미래의 기쁨을 즐기고 있다고 느꼈다.

이사이 죽음에 대한 수사가 시들해지자 떨떠름한 미소를 지으며 그가 말했다.

"그들은 사람들은 말할 것도 없고, 사람들을 못살게 구는 데 개처럼 이용하던 자들까지도 쓰레기 취급을 해. 진정 바라는 건 신앙심이 깊은 유다가 아니라 오로지 돈뿐이고 오로지 그들 자신뿐이야."

그리고 침울하게 말없이 있다가 다시 입을 열었다.

"그런데 난 내가 그를 더 생각하고 있다는 게 싫단 말이야. 난 그를 죽일 생각이 없었어. 전혀 없었다고!"

"안드레이, 그만하면 됐어."

어머니도 나직한 목소리로 덧붙였다.

"썩은 고목을 네가 한 방 치니 그대로 부서져 내린 게지."

"어머니 말씀이 옳지만 그것으론 위안이 안 돼요."

소러시아인이 침통한 표정으로 대꾸했다.

이것이 그가 말하는 방식이었다. 이렇듯 그의 입을 통해 흘러나오는 말들은 이상하면서도 보편적으로 중요한 의미를 함축하고, 신랄하면서도 썩는 냄새를 풍겼다.

드디어 그날, 5월 1일이 찾아왔다.

공장의 증기 기적은 평상시와 다름없이 힘차고 위압적으로 울렸다. 잔뜩 긴장한 채 온 밤을 뜬눈으로 지새운 어머니는 침대에서 벌떡 일어나 전날 저녁에 미리 준비해 놓은 사모바르에 불을 지폈다. 늘 그랬듯이 아들과 안드레이가 자고 있는 방문을 두드리려고 하다가 문득 무슨 생각이 떠올랐는지 손사래를 친 뒤 마치 치통을 앓고 있는 사람처럼 턱에 손을 괴고서 창가에 앉았다. 희뿌연 담청색 하늘에서는 뭉게구름이 장밋빛과 흰빛이 섞인 채 떼 지어 이리저리 떠돌고 있었다. 마치 탈출하는 증기의 날카로운 울부짖음에 놀란 새 떼가 무리를 지어 날아가는 것처럼 보였다. 어머니는 구름을 바라보며 자신에게 몰입했다. 머리는 무겁고, 밤을 그대로 지새운 두 눈은 뻑뻑했고 충혈되어 있었다. 하지만 가슴이 이상하리만치 평온했고, 심장의 박동은 규칙적이었으며, 예나 다를 바 없이 자질구레한 생각이 머릿속을 채우고 있었다.

'사모바르를 너무 일찍 올려놨어. 다 끓다 못해 졸아 버리겠네. 오늘은 잠이나 푹 더 자라고 그냥 내버려둬야지. 둘 다 고단할 텐데……'

쾌활한 햇살이 창문으로 방 안을 엿보고 있었다. 어머니는 한 손을 햇살 쪽으로 내밀고 다른 한 손으로는 밝고 싱싱한 햇살을 더듬으며 생각에 잠긴 채 다정하게 미소를 지었다. 잠시 자리에서 일어나 사모바르에서 증기 배출관을 떼어냈다. 그리고 세수를 말끔히 한 다음 정성을 다해 성호를 긋고 소리 없이 입을 움직이며 경건하게 기도를 드렸다. 환한 얼굴에 오른쪽 눈썹이 오르락내리락 했다.

두 번째 증기 기적이 조금 낮은 톤으로 자신감 없이 부드럽게 울렸다. 증기 기적은 둔탁하면서도 부드럽고 풍성한 소리로 떨리고 있었다. 어머니는 오늘 따라 증기 기적 소리의 여운이 더 길게 느껴졌다. 방 안에서 맑고 음악적인 소러시아인의 목소리가 들렸다.

"파벨! 들려? 우릴 호출하잖나."

어머니의 귓가에 맨발로 마룻바닥을 또닥거리며 걷는 소리와 하품을 늘어지게 하는 소리가 들렸다.

"사모바르가 준비됐다!"

어머니가 소리쳤다.

"예, 곧 나가요."

파벨이 유쾌한 목소리로 대답했다.

"해가 떠오르고 있어. 그런데 구름이 좀 끼었군. 오늘은 구름이 영 어울리지 않는데……"

소러시아인이 말했다.

그는 부엌으로 나왔다. 머리카락은 헝클어져 있었지만 푹 자고 난 뒤라서 기분은 좋아 보였다.

"안녕히 주무셨어요, 어머니! 기분은 어떠세요?"

어머니는 그에게 다가가 귀에 속삭였다.

"안드류샤, 오늘일랑 파벨 옆에 꼭 붙어 다니도록 해라."

"물론이죠. 함께 있는 한 꼭 붙어 다닐게요. 염려 붙들어 매세요."

"무슨 애길 그리 속닥거려요?"

파벨이 물었다.

"아무것도 아니다, 파샤!"

"나보고 세수 좀 깨끗이 하라 하셨어. 처녀들이 볼 거라고 그러시네."

세수하러 현관을 빠져나가면서 소러시아인이 대답했다.

일어나라,

노동자들이여!

파벨이 가만히 흥얼거렸다.

해가 점점 중천에 떠오르고, 구름은 바람에 쫓겨 산산이 흩어졌다. 어머니는 찻잔을 준비하면서 하도 이상한 생각이 들어 고개만 갸웃거렸다. 오늘 같은 날 아침에 저 애들은 농담이 나오고 웃음이 나온단 말인가? 정오가 되면 무엇이 저희를 기다리는지도 모르면서. 그러고 보니 어머니 자신의 마음도 왠지 행복하고 평온하기만 했다.

그들은 기다리는 시간을 빨리 보내려고 차를 오랫동안 마셨다. 그리고 파벨은 늘 하던 습관대로 설탕 한 숟가락을 차에 넣고 천천히, 아주 꼼꼼하게 젓고는 좋아하는 빵 한 조각을 떼어 소금을 쳤다. 소러시아인은 탁자 아래서 다리를 떨었는데, 그는 한시도 다리를 편히 놓아 둔 적이 없었다. 그가 천장과 벽의 습기에 반사되는 햇빛을 바라보다가 이야기했다.

"어렸을 땐데, 한 열 살쯤 때였던 것 같아. 그때 난 유리잔으로 태양을 잡고 싶어 했어. 그래서 유리잔을 들고 태양을 쫓아 벽을 향해 달려들어서 유리잔을 깨트리고 말았지. 손이 베이고 유리잔은 산산조각이 났어. 그렇게 실패하고서 마당에 나갔더니 태양이 이번엔 웅덩이 속에 있는 거야. 그래서 또 달려가서 진흙을 발로 마구 짓밟았지. 바지니 뭐니 할 것 없이 온통 진흙투성이가 되고 말았으니 또 실패한 거야. 그 다음에 내가 어떻게 했는지 알아? 태양을 보고 소리쳤어. 이 빨간 악마야, 내가 아플 줄 알겠지만 천만에, 하나도 안 아파! 그리고 혀를 내밀고 놀려 주었지. 그랬더니 좀 위안이 되더라고."

"어쩌서 태양을 빨갛다고 생각했어?"

파벨이 웃으며 물었다.

"우리 집 맞은편에 대장장이가 살고 있었는데, 그는 멋진 붉은 볼에다 붉은 수염이 엄청난 분이었어. 그래서 난 태양이 아저씨를 닮았거니 생각한 거지……."

어머니가 더는 참을 수가 없는지 입을 열었다.

"오늘 행진에 대해서는 이야기 안 하니?"

"다 준비됐어요."

"일단 결정된 거니까 자꾸 얘기해봐야 마음만 복잡해져요. 만약 저희가 모두 잡혀가면 니콜라이 이바노비치가 그 이후에 어떻게 할지를 알려드리고 여러 모로 도와드릴 거예요."

소러시아인이 덧붙여 말했다.

"알았다!"

어머니가 무겁게 한숨 쉬며 말했다.

"이젠 거리로 나가봐야 할 때가 된 것 같은데!"

파벨이 꿈꾸듯 중얼거렸다.

"아직 아냐. 때가 되기 전에는 그냥 집에 있는 게 나아. 공연히 그렇게 자주 경찰 눈에 띄어 애태울 일이 뭐 있어? 그들은 자네를 잘 알아."

안드레이가 대꾸했다.

양 볼이 벌겋게 달아오른 페자 마진이 뛰어 들어왔다. 젊은이다운 기쁨으로 떨고 있었다. 그의 활기 덕분에 그들의 지루함도 감쪽같이 사라졌다. 그가 보고를 했다.

"시작됐어! 사람들이 움직이기 시작했다고. 모두가 거리로 쏟아져 나오고 있는데 얼굴이 한결같이 도끼날처럼 날카로워져 있어. 공장 문 앞에서 베숍시코프와 구세프 형제, 사모일로프가 함께 서서 연설을 하고 있어. 벌써 많은 사람이 그냥 공장을 나가서 집으로 돌아갔어. 나갑시다! 시간이 됐어. 벌써 10시야."

"가야지!"

파벨이 결심한 듯 말했다.

폐자가 다짐을 두며 말했다.

"식사 시간이 지나면 공장 전체가 들고 일어날 거야."

그 말을 남기고 그는 달음질로 집을 빠져나갔다.

"바람 앞에 촛불 격이구나."

어머니는 그의 가는 뒷모습을 보면서 작은 소리로 말했다. 그 뒤 그녀는 일어나 부엌으로 나가서 옷을 갈아입었다.

"어디 가시려고요, 어머니?"

"너희하고 같이 갈란다!"

어머니가 대꾸했다.

안드레이가 제 콧수염을 잡아당기며 파벨의 눈치를 살폈다. 파벨은 재빠르게 머리카락을 쓸어 넘기고서 어머니에게로 갔다.

"전 어머니께 아무 말씀도 드리지 않겠어요. 그러니 어머니도 제게 아무 말씀 마세요. 됐죠?

"오냐, 알았다! 주께서 축복하실 거다!"

어머니가 혼잣말처럼 중얼거렸다.

그녀는 거리로 나가 휴일에 사람들이 걱정과 기대로 술렁이는 소리를 들었다. 또 호기심 가득한 눈으로 여기저기 창가와 대문 옆에 삼삼오오 모여 선 사람들이 아들과 안드레이를 주시하고 있는 광경을 대했다. 그 모습을 보자 어머니의 눈앞에서 어떤 희미한 형체가 흔들거렸다. 그 형체는 투명한 초록빛에서 진흙 잿빛으로 변하면서 가물거렸다.

아들과 안드레이에게 인사를 건네는 사람들의 목소리에는 뭔가 특별한 느낌이 있었다. 그들의 속삭임에서 튀어나온 말들이 그녀의 귀에 잡혔다.

"저기 가는 사람들이 이번 일의 주동자라는구먼!"

"네가 어떻게 알아? 우린 모르는데."

"내가 언제 허튼 소리 하는 거 봤어?"

다른 집 문에서 누군가가 격분한 목소리로 외쳤다.

"경찰이 저놈들을 잡아 처넣기만 하면 그것으로 끝이야!"

"그럼 저 젊은 사람들이 어떻게 된다는 거야?"

다른 한 사람이 반박했다. 어떤 여자의 우는 소리가 들리고 겁을 먹은 한 아버지가 훌쩍 창문을 뛰어넘어 거리로 도망쳤다.

"생각 좀 해봐! 당신 홀아비지? 저들은 총각이라서 상관하지 않아!"

젊은이들이 조시모프 집 앞을 지날 때, 매월 장애수당을 받고 있는 절름발이 조시모프가 고개를 쑥 내밀면서 소리쳤다.

"파벨, 이놈! 네놈 모가지를 비틀어 버릴 테다! 두고 봐, 아주 단단히 혼쭐이 날 테니!"

어머니는 몸이 떨려 더는 한 발짝도 움직일 수가 없었다. 그 한탄 섞인 소리에는 날카로운 분노가 일었다. 어머니가 장애인의 부어오른 듯한 낯짝을 쳐다보자 그는 욕설을 내뱉으며 몸을 숨겼다.

그녀는 걸음을 재촉해서 아들을 따라잡은 뒤 다시는 떨어지지 않으려고 애썼다.

파벨과 안드레이는 아무것도 개의치 않는 듯, 사람들의 고함도 전혀 신경 쓰지 않았다. 그들은 전혀 서두르는 기색도 없이 태연하게 걸어가면서 일상사에 대해 이야기했고, 미로노프 앞에 멈추어 섰다. 미로노프는 중년 나이에 소탈한 성격의 소유자로, 청렴하고 냉철한 삶 덕택에 사람들의 존경을 받고 있었다.

"오늘 다니엘 이바노비치도 일하지 않기로 작정했어요?"

파벨이 물었다.

"우리 마누라가 감금될 거라네. 아이고, 꽤나 시끄러운 날 아닌가!"

미로노프는 두 친구를 뚫어져라 보면서 차분한 목소리로 말했다.

"이보게, 젊은이들! 사람들은 자네들이 공장장에게 소란을 피우려고 한다던데, 그래 공장장 사무실 유리창이라도 깰 참인가?"

"아니, 우리가 술에 취하기라도 했습니까!"

파벨이 소리쳤다.

"우리는 깃발을 들고 거리를 행진하며 노래를 부르려는 거예요. 우리 노래를 언제 한번 들려드리죠. 그 노래들은 우리 신앙심의 고백입니다."

소러시아인이 말했다.

"나도 자네들의 신념을 익히 알고 있네."

미로노프가 생각에 잠겨 말했다.

"자네들의 전단을 읽어봤거든. 아, 닐로브나."

그가 어머니에게 다정한 눈웃음을 보내며 소리쳤다.

"당신도 폭동에 가담하려는 거요?"

"비록 죽음이 앞에 가로놓여 있다 해도 진실과 어깨를 나란히 하고 걸어가야지요."

"분명하군! 사람들이 공장에 불온한 전단을 실어 나른 게 당신이라고 하더니 틀린 말이 아니었구려!"

미로노프가 말했다.

"누가 그런 소릴 해요?"

파벨이 물었다.

"벌써 다 아는 얘긴데, 뭘! 그럼, 부디 건투를 비오!"

어머니는 살며시 미소를 지었다. 자신에 대한 말들이 오간다는 게 적이 기뻤던 것이다. 파벨이 싱긋 웃으면서 그녀를 돌아다보고 말했다.

"어머니도 곧 감옥에 가시겠어요!"

"괜찮아."

어머니는 중얼거렸다.

태양은 더 높이 떠올라 봄날의 상쾌한 신선함에 따스함마저 더했다. 구름은 한결 느릿느릿 흘러갔고, 여위고 투명해진 그림자는 거리와 지붕마다 슬며시 기어올랐다. 밝은 태양빛은 촌마을의 담벼락과 지붕 흙먼지를 훔쳐내고, 사람들의 얼굴에서 지루함을 달래주면서 온 마을을 말끔히 청소해 주는 것 같았다. 모든 것이 더욱 명랑해졌고 목소리들은 더욱 커져서, 멀리서 우르릉거리는 소리와 기계 소음만이 희미하게 들릴 뿐이었다.

다시 사방에서 갖가지 목소리들이 들려왔다. 어머니는 창문과 대문에서 불안한 욕설, 신중하면서도 활기에 넘치는 목소리들을 많이 들을 수 있었다. 어머니는 반박하고, 감사하고, 설명하고 싶었고, 그날의 이상하고도 복잡한 삶 속에 참여하고 싶었다.

저만치 떨어진 주요 간선도로 모퉁이에 수백의 군중이 모여 있었고, 그 가운데서 베솝시코프의 목소리가 쩌렁쩌렁 울렸다.

"그들은 월귤나무 열매에서 즙을 짜내듯 우리의 피를 짓밟고 있습니다!"

또박또박한 그의 말 한마디 한마디가 망치처럼 떨어져 사람들 머리를 강타했다.

"옳소!"

많은 사람의 낭랑한 외침이 동시에 울려 퍼졌다.

"저 친구 혼자 애쓰고 있군! 가서 좀 거들어야겠어."

소러시아인이 말했다.

그는 코르크 따개가 코르크 마개를 비집고 들어가듯, 허리를 굽히고, 파벨이 말릴 겨를도 없이 키 크고 유연한 몸뚱이를 비틀면서 군중을 헤집고 들어갔다. 그러더니 그의 노래하는 듯한 목소리가 울려 퍼졌다.

"동지들! 이 세상에는 유대인, 독일인, 영국인, 그리고 타타르인 등 다양한 민족이 살고 있습니다. 하지만 난 이 말을 믿지 않습니다. 세상에는 오직 두 개의 민족, 두 개의 종족, 다름 아닌 배부른 자들과 가난한 자들이 있을 뿐입니다. 사람들은 옷 차림새도, 하는 말도 가지각색입니다. 하지만 부유한 프랑스인, 독일인, 영국인들이 노동자들을 어떻게 대하고 있는지 한번 보십시오. 그럼 그자들 모두가 성질 못된 타타르인이라는 걸 알게 될 겁니다. 염병할 타타르인들!"

군중 속에서 누군가가 크게 너털웃음을 터뜨렸다.

"그런 반면에 우린 프랑스 노동자, 타타르 노동자, 터키 노동자들을 볼 수 있지요. 그들은 우리 러시아 노동자들처럼 개만도 못하게 살고 있습니다."

점점 더 많은 사람이 군중에게로 모여들었다. 그들은 말없이 줄 지어 목을 빼고 발뒤꿈치를 세운 채 뒷골목길로 비집고 들어갔다.

안드레이는 목청을 한껏 돋우었다.

"외국의 노동자들은 이미 이런 진리를 깨닫고 화창한 메이데이에 서로서로 친하게 사귀었습니다. 외국인 노동자들은 일손을 멈추고 거리로 나가 스스로의 힘이 얼마나 거대한지 살폈단 말입니다! 이날 노동자들의 심장은 하나가 되어 힘차게 뛰고 있었습니다. 일하는 사람들이 힘을 모으자 그들의 심장은 불타오르고 의식은 밝게 깨어났습니다. 모든 심장이 우정으로 뭉쳐서 뛰고 있습니다. 그들은 저마다 자신의 삶을 전쟁에 내놓을 준비가 되어 있습니다. 모두의 행복을 위해서, 자유와 진실을 모두에게 주기 위해서 말입니다, 친구들!"

"경찰이다!"

누군가가 외쳤다.

19

큰 거리로부터 말 탄 경찰 네 명이 채찍을 휘두르며 군중을 향해 곧장 돌진해 오고 있었다.

"해산하라!"

"무슨 말들을 하고 있는 거야?"

"누가 말을 하고 있기라도 하나요?"

사람들은 마지못해 말들에게 길을 내주면서 얼굴을 잔뜩 찌푸리고 쏘아보았다. 담벼락을 기어오르는 사람도 여남은 명 눈에 띄었다. 농담이 여기저기서 오고갔다.

"저놈들은 돼지새끼마냥 말 위에 올라앉아 그저 꿀꿀거릴 줄밖에 몰라. 우리도 주모자다!"

누군가의 화난 목소리가 우렁차게 튀어나왔다.

소러시아인은 거리 한복판에 혼자 남았다. 말 두 마리가 대가리를 흔들면서 그에게 바싹 다가왔다. 그가 옆으로 비켜서는 순간 어머니가 그의 손을 잡아끌면서 불평했다.

"파샤 옆에 붙어 있기로 약속해 놓고선 혼자 결판을 낼 모양으로 칼날에 맞부딪히면 어쩌누?"

"제가 잘못했어요."

소러시아인이 파벨에게 미소 지으며 대답했다.

"어휴! 세상에, 저 경찰들 좀 보세요!"

"그러게 말이야."

어머니는 중얼거렸다.

걱정과 온몸이 부서지는 듯한 피로감이 밀려오자 어머니는 머리가 어지러웠다. 슬픔과 기쁨이 이상스럽게 교차했다. 어서 점심시간을 알리는 증기 기적이 울렸으면, 마음이 간절했다.

그들은 교회가 있는 광장 쪽으로 몸을 피했다. 교회 주변과 담장 안에는 활기찬 젊은이들과 어린아이를 데리고 와서 부산스러운 아낙네들이 5백 명 남짓 앉거나 선 채로 빽빽이 들어차 있었다. 군중은 마치 나비들처럼, 모여 있는 무리 주위에서 부산하게 움직이고 있었다. 그들은 한쪽에서 다른 한쪽으로 휙휙 움직였다. 사람들은 참지 못하고 불안하게 기다리면서 고개를 쳐들고 먼 곳을 살폈다.

나직한 여자의 목소리가 떨렸다.

"미챠! 네 몸 생각도 하렴!"

"됐어요!"

누군가 대답했다.

위엄 있는 시조프의 목소리가 나직하면서도 설득력 있게 튀어나왔다.

"아니오, 우린 우리 애들을 외면해서는 안 됩니다. 그 애들은 우리보다도 분별력 있고 용감하지요. 막말로 습지 기금을 못 걷게 막은 게 누구요? 젊은 애들 아닙니까! 그걸 기억해야 해요. 그 일로 옥살이를 한 건 애들이지만 이익은 우리 모두가 챙기지 않았습니까! 우리 모두의 이익이었어요."

증기 기적의 암울한 울부짖음이 울려 퍼져 사람들의 이야기를 한 입에 삼켜 버렸다. 군중은 깜짝 놀랐다. 앉아 있던 사람들은 벌떡 일어섰고, 잠시였지만 모두 마치 죽은 사람처럼 꼼짝도 하지 않았다. 팽팽한 긴장감이 감돌고 많은 사람의 얼굴이 파랗게 질렸다.

"친구들!"

파벨의 쩌렁쩌렁한 목소리가 힘 있게 울렸다.

메마르고 뜨거운 아지랑이 때문에 어머니의 눈앞이 아찔했다. 어머니는 갑자기 몸을 쭉 펴고 아들 뒤에 버티고 섰다. 모든 사람이 파벨을 돌아보며 그를 에워쌌다. 마치 자석에 빨려드는 쇳조각 같았다.

"형제들! 지금은 우리의 삶을 포기할 시간입니다. 이 탐욕스럽고 증오스럽고 어두침침한 삶을 말이에요. 이 삶은 난폭하고 거짓투성이에요. 우리를 위한 자리가 없어요. 이런 삶에서 우리는 인간이 아닙니다."

그가 말을 멈추자, 모든 사람이 침묵을 지킨 채 그에게로 바싹 다가섰다.

어머니는 아들의 얼굴을 쳐다보면서 두 눈, 자랑스럽고 용감하게 이글이글 타오르는 두 눈만을 뚫어져라 바라보았다.

"친구들! 우리는 우리가 누구인지를 떳떳하게 선포할 결심을 했습니다. 우리는 오늘 우리의 깃발, 이성, 진실, 자유의 깃발을 높이 들고 있습니다!

이제 그걸 내가 들고 있어요!"

허옇고 긴 깃대가 허공에 번쩍 비치더니 아래로 굽어지며 군중을 둘로 갈라 길을 내고 인파 속으로 다시 자취를 감추었다. 잠시 뒤 고개를 쳐든 사람들의 얼굴 위로 넓은 노동자들의 깃발이 마치 빨간 새처럼 날개를 펼쳤다. 파벨이 손을 위로 높이 쳐들자 깃대가 흔들렸다. 순간 수십 개의 손이 매끈하고 하얀 깃대를 일제히 움켜쥐었다. 그 가운데는 어머니의 손도 있었다.

"노동자 만세!"

파벨이 외쳤다.

수백 명의 목소리가 파벨의 우렁찬 외침을 따라 외쳤다.

"사회 민주주의 노동당 만세, 우리의 당, 우리의 동지, 우리의 정신적 어머니 만세!"

군중은 들끓어 웅성거렸고, 깃발의 의미를 이해하는 사람들이 깃발 가까이로 헤쳐 나아가서 모여들었다. 페자와 사모일로프, 그리고 구세프 형제가 파벨의 곁에 바싹 붙어섰다. 고개를 푹 숙인 베솝시코프가 군중을 밀치고 있었다. 그리고 낯선 젊은이들이 이글이글 타오르는 두 눈을 번뜩이며 그녀를 거칠게 떠밀었다.

"만국의 노동자 만세!"

파벨이 외쳤다.

힘과 기쁨이 점점 더해져서 수천의 메아리를 만들며 영혼을 흔드는 환호로 답했다.

어머니는 파벨의 손과 또 다른 누군가의 손을 잡았다. 터져 나오려는 눈물에 숨이 막힐 지경이었지만 끝내 눈물을 보이진 않았다. 다리를 떨며 덜덜거리는 입술로 울먹이며 이렇게 말할 뿐이었다.

"오, 사랑스런 아이들, 진실이야, 저기 좀 봐……."

베솝시코프의 곰보자국 난 얼굴에 함박웃음이 퍼졌다. 그는 깃발을 쳐다보고 깃발에 팔을 뻗으면서 뭐라고 중얼거렸다. 그리고 느닷없이 어머니의 목을 두 팔로 감고 뺨에 입을 맞추고 웃었다.

"동지들!"

소러시아인이 군중의 웅성거림을 제지하며 부드럽고 풍성한 목소리로 소리쳤다.

"우리는 이제 새로운 신, 빛과 진실의 신, 이성과 선의 신의 이름으로 교회행렬처럼 행진을 시작했습니다. 우리가 행진하는 이 신성한 행렬은 길고도 험합니다. 우리의 목적지는 멀고도 험합니다. 가시면류관은 가까이에 있습니다. 진리의 힘을 믿지 못하는 자는 누구이며, 진리를 위해 죽음을 무릅쓸 용기가 없는 자 또한 누구이며, 자기 자신을 믿지 못하고 고통을 두려워하는 자가 과연 누구란 말입니까? 우리 가운데 그런 사람이 있으면 옆으로 비켜서십시오! 우리는 우리의 승리를 확신하는 사람들만을 초대하고자 합니다. 우리의 목적지를 보지 못하는 사람들은 우리와 함께 걷지 못하게 하십시오. 오직 고통만이 잔뜩 쌓여 있을 뿐입니다! 대오를 맞추세요, 동지들! 자유인의 축제 만세! 메이데이 만세!"

더욱더 많은 인파가 모여들어 정말 발 디딜 틈이 없을 정도였다. 파벨이 깃발을 흔들자 깃발은 공중에서 펄럭이며 앞으로 헤엄쳐 나갔다. 깃발은 햇빛을 받아 벌겋게 물이 들어 함박웃음을 짓는 것 같았다.

"낡은 세계를 포기하자!"

페자 마진의 목소리가 울려 퍼지자, 수십 명의 목소리가 거센 파도를 이루며 그의 노래에 화답했다.

우리의 발에서 그 잔재를 털어 버리세⋯⋯.

어머니는 메마른 입가에 미소를 머금고 페자의 뒤를 따랐다. 그의 머리 너머로 아들과 깃발이 보였다. 주위엔 기쁨에 겨운 표정들과 다채로운 눈동자들이 명멸(明滅)하고 있었다. 그들을 앞장서서 이끌고 있는 것은 바로 아들과 안드레이였다. 두 사람의 목소리가 들렸다. 안드레이의 부드럽고 촉촉한 목소리가 아들의 낮고 굵은 톤과 조화를 이루며 다른 함성들과 뒤엉켰다.

"일어나세, 깨어나세, 노동자들이여,
자, 힘을 내서 투쟁으로 향하세, 굶주린 군중이여!"

그리고 노동자들이 환호성을 올리며 붉은 깃발로 달려나와 군중과 합세해서 행진했다. 그들의 함성은 넓게 울려 퍼지는 혁명곡 소리에 곧바로 묻혀 버렸다. 어머니는 예전에 그 노랫소리를 들은 적이 있었다. 노래가 억눌려 진압된 분위기였다. 그리고 소러시아인은 그 노래를 휘파람으로 불렀었다. 이제야 그녀는 처음으로 투쟁에 합세하라고 호소하는 이 노래를 들은 것 같았다.

　"우리는 우리의 고통받는 동료들과 함께 걷는다."

　노랫소리가 흘러서 사람들을 감싸안았다.

　어떤 사람의 얼굴이 어머니의 얼굴 옆에서 움직이고 있었는데, 경계심에 가득 차 있으면서도 왠지 즐거워 보였다. 그리고 떨리는 목소리가 흐느끼면서 말했다.

　"미챠, 어딜 가는 거니?"

　어머니가 걸음을 멈추지 않고 말했다.

　"그냥 내버려 두시구려! 너무 걱정하지 않아도 될 거요. 나도 처음엔 겁이 났지만, 보시구려, 저기 맨 앞 오른쪽에 서서 걸어가는 게 내 아들이라오. 깃발을 들고 가는 애가 바로 내 아들이란 말이오!"

　"살인자들! 어디로 가는 거요, 그래? 저기 군인들이 보이는데!"

　그리고 느닷없이 뼈가 앙상한 손이 어머니의 손을 덥석 쥐었다. 키가 크고 호리호리한 여인네가 소리쳤다.

　"이봐요! 사람들이 노래를 부르고 있어요! 미챠도 노래 부르고……."

　"걱정하지 말아요!"

　어머니는 이렇게 말하고 속으로 생각했다.

　'이건 성스러운 일이라오. 한번 생각해 보시오. 만약에 사람들이 그리스도를 위해 죽음을 당하지 않았다면 어디 그리스도도 존재할 수 있었겠는지.'

　이런 생각이 뇌리를 번개처럼 스치고 지나가자, 어머니는 그 단순하고 깨끗한 진실에 깜짝 놀랐다. 어머니는 그 여인네의 손을 꼭 눌러 잡고 얼굴에 확신에 찬 미소를 흘리며 되풀이했다.

　"그리스도를 위해 사람들이 고통을 받지 않았다면 그리스도도 역시 마찬가지로 없었을 거요, 오 주여!"

　시조프가 어머니 곁으로 다가왔다. 그가 모자를 벗어들고 노랫가락에 맞

추어 흔들면서 말했다

"저 사람들 정말 공개적으로 행진하는군요. 어머니, 안 그래요? 노래까지 만들고! 이게 무슨 노랩니까, 어머니, 예?"

"황제에겐 전쟁터에 내보낼 병사가 필요하다네,
그러니 당신 자식까지도 기꺼이 그에게 바치시오."

"그들은 아무것도 무서워하지 않아요. 내 자식놈은 무덤 속에 있지요. 공장이 그를 죽음까지 몰아갔다고요, 그래요!"
시조프가 말했다.
어머니의 가슴이 너무나 세차게 요동쳐서 뒤로 처지기 시작했다. 사람들이 그녀를 담장 쪽으로 바짝 밀쳐대며 시내를 이루어 앞질러 갔다. 한마디로 인산인해였다. 모인 사람들이 너무 많아 어머니는 흡족했다.

"일어나세, 깨어나세, 노동자들이여……."

마치 거대한 청동 트럼펫이 허공에 대고 노래를 불러 어떤 사람의 가슴에는 투쟁 준비를 호소하고, 또 어떤 사람의 가슴에는 어렴풋한 기쁨, 어떤 새로운 무엇에 대한 예감, 강렬한 호기심을 불러일으키면서 사람들을 일깨우는 것 같았다. 또 다른 사람들에게는 희망과 호기심과 더불어 떨리는 그런 기분을 주었다. 노래도 또한 하나의 발산 수단이었다. 여러 해 동안 쌓여온 자극적인 쓰라림을 위한 발산 수단이었다.
사람들은 앞쪽을 내다보았다. 거기에는 붉은 현수막이 공중에서 물 흐르듯이 흔들거리고 있었다. 모두가 무언가 말하고 소리치고 있었다. 그렇지만 각자의 목소리는 노랫소리 때문에 지워지고 말았다. 그 노래는 새로 나온 곡이었는데, 거기에는 슬픈 명상에 대한 오래된 주석이 빠져 있었다. 우울하고 이해하기 힘들며 어두운 통로를 외로이 방황하는 영혼에 대한 언급이 아니었다. 또 부족감 때문에 두들겨 맞은 영혼이 두려움에 겨워 개성을 빼앗기고 창백해졌다는 언급도 아니었다. 그 노래는 공간을 갈구하는 어떤 힘에 대해 한숨을 쉬지 않았다. 또 분별없이 선과 악을 모두 다 짓밟을 태세로 짜증난 용기에 대해 자극적인 외침도 질러대지 않았다. 동물의 원초적 본능을 소리 내어 자유를 위한 자유로 가로채려 하지도 않았고, 모든 것을 파괴할 수 있을 뿐 그 무엇 하나 강력하게 만들 수 없는 부당함이라든가 복수의 감정도 나타내지 않았다. 이 노래 속에는 옛날의 노예 같은 세상의 유래된 잔재가 하나도 없었다. 그 노래는 직접적이고도 고르게 대기에 퍼져서, 철인 같은 정력, 즉 조용히 협박하는 힘을 분명히 보여주었다. 노래는 단순하고 명백해서, 사람들은 듣고 난 뒤에 멀고 먼 미래로 향하는 끝없는 통로를 따라 쓸려갔다. 그 끊임없이 타는 불꽃 속에서 어떤 무거운 덩어리가 타서 녹는 것처럼 보였다—그들은 늘 습관적으로 느끼는 어두운 삶에 대한 고통과, 다가올 저주받은 미래에 대한 두려움을 참았다.

"모두가 참여하고 있다! 참 잘한 일이야, 젊은이들!"

누군가의 승리에 도취된 듯한 목소리가 울렸다. 분명 그 사람은 어떤 큰 감동을 받고 있지만, 흔히 쓰는 말로 그 감동을 도저히 표현할 길이 없어 뻣뻣하고 서툰 말로 대신하고 있었다. 그 가운데 적의에 찬 목소리도 들렸다. 노예의 맹목적인 어둠과 악의에 찬 소리가 그의 이빨 사이에서 튀어나왔다. 쏟아지는 빛에 혼비백산하여 똬리를 틀고 있는 뱀이 악의에 찬 소리를 쉿쉿 내고 있는 것 같았다.

"이단자들!"

누군가 창문에서 불끈 쥔 주먹으로 을러대며 망가진 목소리로 고함을 쳤다.

그리고 송곳으로 가슴을 찌르는 듯한 누군가의 집요한 고함이 어머니의 귀를 때렸다.

"황제 폐하께, 황제의 위대함에 반기를 들다니! 반역을 하겠다고?"

흥분에 도취된 얼굴들이 어머니를 빠르게 앞질렀다. 남녀를 구분하지 않고 모든 사람이 하나가 되어 노래에 이끌려 마치 시커먼 용암처럼 내달렸다. 노랫소리는 앞길에 놓인 모든 장애물을 말끔히 없애버렸다. 어머니의 가슴속에서 자라던, 군중을 향해 외치고 싶은 강한 욕구가 튀어나왔다.

"오, 나의 사랑하는 사람들!"

그녀는 멀리 있는 붉은 깃발을 쳐다보자 지금은 시야에서 사라진 아들의 얼굴과 그의 구릿빛 이마, 그리고 믿음의 불꽃으로 활활 타오르는 두 눈이 보이는 듯했다.

어머니는 지금 행렬의 끝자락, 한 무리의 사람들에게 둘러싸여 걷고 있었다. 그들에게서는 서두르는 기색을 전혀 찾아볼 수 없었다. 그저 무관심한 시선을 앞으로 던지며 마치 이 구경거리의 결말을 잘 알고 있는 관중처럼 냉담한 호기심만을 나타냈다. 그들은 다정하게 확신에 찬 이야기를 서로 건네고 있었다.

"분명 한 개 중대가 학교 쪽에 있고 다른 또 한 중대가 공장 쪽에 있어."

"현지사가 왔다는군."

"정말인가?"

"이 눈으로 똑똑히 봤어. 정말 왔다니까."

누군가 유쾌한 듯 지독한 욕설을 퍼붓고는 말했다.

"어쨌든 놈들이 우리의 형제들을 무서워하기 시작했어. 그렇지? 군대가 오고 정부 지사가 온 거 보면."

"이봐요!"

어머니는 가슴이 욱신거리도록 아팠다.

어머니의 귀에 들려오는 말들은 모두 냉담해서 죽은 거나 진배없이 들릴 뿐이었다. 어머니는 이 사람들에게서 벗어나려고 걸음을 재촉했다. 굼벵이처럼 느린 그들의 걸음을 앞지르기는 그리 어렵지 않았다.

갑자기 마치 무언가에 머리를 한 방 얻어맞은 듯 군중이 여기저기서 불안에 웅성거리는 소리를 냈고, 제대로 몸을 가누지 못하고 뒤로 한꺼번에 쏠렸다. 사뭇 떨리던 노랫소리도 이내 더욱 빨라지고 커졌다. 다시 노랫소리가 밀도 짙은 파도처럼 앞으로 전진하며 머뭇거렸다. 목소리들은 하나씩 합창 화음에서 빠져나왔다. 여기저기서 하나의 목소리가 일어나서는 노랫소리를 이전처럼 다시 높이려고 애쓰며 앞으로 밀고 나아갔다.

"일어나세, 깨어나세, 노동자들이여,
자, 힘을 내서 투쟁으로 향해 나가세, 굶주린 군중이여……."

아무것도 보이지 않아 도대체 앞에서 무슨 일이 벌어지고 있는지 알 수가 없었기에 어머니는 군중을 밀어젖히며 빠르게 앞으로 나아가 보았다.

20

파벨의 목소리가 들렸다.

"동지들! 병사들도 우리와 똑같은 사람들입니다. 그들은 우릴 치지 않을 겁니다. 무엇 때문에 우릴 친단 말입니까? 우리가 모두에게 절실한 진실을 퍼뜨리기 때문입니까? 우리의 이 진실은 그 병사들에게도 역시 필요합니다. 그들이 비록 지금 이것을 깨닫지 못하지만 그들도 우리와 나란히 어깨를 맞대고 일어서서, 약탈과 살인의 깃발이 아닌 우리 해방의 깃발 아래 너무도 당당하게 행진할 날이 멀지 않았습니다. 약탈과 살인의 거짓말쟁이들과 짐승들은 그 깃발을 영광과 명예의 깃발이라고 부를 것입니다. 그리고 우리는 그들이 우리의 진실을 하루라도 빨리 깨달을 수 있도록 전진해야만 합니다. 전진합시다, 동지들! 전진만이 있을 뿐입니다!"

파벨의 목소리는 단호하게 울려 퍼졌고 그의 말 한마디 한마디가 사람들의 가슴에 깊이 새겨졌다. 그러나 군중의 대열은 허물어지며 한 사람 한 사람 양쪽으로 산산이 흩어져 집으로 가거나 담벼락에 바싹 붙어 서 버렸다. 이제 군중은 파벨을 정점으로 쐐기 모양이 되었다. 그리고 파벨의 머리 위로 노동자의 깃발이 붉게 타올랐다.

어머니는 거리의 끝에 얼굴 없고 똑같이 생긴 사람들이 낮은 회색 담장처럼 늘어서서 광장으로 빠져나가는 길목을 차단하는 걸 보았다. 저마다 어깨 위엔 날카로운 총검들이 써늘하면서도 예리하게 반짝이고 있었다. 입을 다물고 미동도 하지 않는 병사들의 벽으로부터 싸늘한 바람이 노동자들을 향해 한바탕 불어왔다. 그 바람은 어머니의 가슴을 치고서 이윽고 심장을 관통했다.

그녀는 군중 속을 헤집고 들어갔다. 낯이 익은 사람들은 깃발 있는 대열의 앞줄에서 낯선 사람들과 뒤엉켜 있었다. 마치 그들에게 의지라도 하고 있는 것 같았다. 그녀는 키가 크고 면도를 말쑥하게 한 사내 옆에 바싹 붙어 섰다. 절름발이 사내는 그녀를 보기 위해 빳빳이 고개를 돌려야만 했다.

"왜 그래요? 당신 누군데 그래요?"

그가 물었다.

"파벨 블라소프의 어미요."

그녀의 무릎이 떨렸다. 자신도 모르게 시무룩해져서 그녀가 대꾸했다.

애꾸눈이 말했다.

"아하! 좋아!"

파벨이 소리쳤다.

"동지들! 기운을 내서 전진합시다. 우리에겐 다른 길이 없습니다. 노래합시다!"

긴장감이 돌았다. 깃발은 높이 솟구쳐 흔들리며 사람들의 머리 위에서 나부끼다가 진을 치고 있는 병사들의 회색 벽을 향해 미끄러지듯 활공했다. 어머니는 몸이 부들부들 떨려 눈을 뜰 수가 없었다. 그녀는 눈을 감고 외쳤다.

"오—오!"

파벨과 안드레이, 사모일로프, 페자 이렇게 넷이서만 군중의 대열에서 떨어져 나가고 있는 것이 아닌가!

허공에 페자 마진의 맑은 목소리가 느리게 진동했다.

그대 머리 위엔 죽음의 그림자가 드리워졌다네…….

그가 노래를 부르기 시작했다.

죽음의 투쟁 속에서…….

굵고 가라앉은 목소리는 두 번의 무거운 탄식으로 응답했다.

"당신들, 희생양들은 쓰러지고……." 이 말은 두 마디의 한숨처럼 흘러나왔다.

사람들이 앞으로 걸어 나가자 저마다 발소리들이 들렸다. 단호하고 격한 새로운 노래가 흘러나왔다.

"그대 삶의 모든 걸 바쳤네, 그를 위해서……."

페자의 목소리가 밝은색 리본처럼 둘러싸며 굽이쳤다.

한편에선 누군가가 조롱하며 고함을 질렀다.

"아하하하! 장송곡을 부르고 있군, 개새끼들!"

"저놈을 꺼지라고 해!"

성난 고함이 답했다.

어머니는 두 손을 모아 가슴에 대고 주위를 둘러보았다. 조금 전까지만 해도 거리를 가득 메우고 있던 군중이 이젠 선 자리에서 주저주저하며, 깃발을 든 사람들이 무리에서 벗어나 가는 모습을 멍하니 지켜만 보고 있었다. 열 명 남짓한 사람들이 그들의 뒤를 따라 나아가고 있었는데, 매 걸음마다 마치 길 한복판이 불이어서 발바닥이 데기라도 한 것처럼 폴짝거리면서 옆으로 비켜서고 있었다.

"전제 정치는 멸망하리……."

페자의 입에서 예언자의 노랫소리가 힘없이 흘러나왔다.

"민중은 부활하리라!"

힘 있는 목소리들의 합창이 확고하면서도 위협적으로 선창의 뒤를 따랐다.

그러나 화음을 이룬 노래의 흐름을 나직한 말들이 툭툭 깨트렸다.

"명령이다!"

"앞에 총!"

앞쪽으로 날카로운 명령 소리가 들렸다.

군인들의 날카롭게 번쩍이는 총검이 공중에서 일제히 흔들리더니 밑으로 내려져 깃발을 향해 쭉 내뻗었다.

"앞으로 갓!"

"갑시다!"

절름발이 사내는 이 한마디를 남기고, 호주머니에 두 손을 찔러 넣고 큰 걸음으로 길 한쪽으로 비켜섰다.

어머니는 눈도 꿈쩍 않고 정면을 똑바로 바라보았다. 회색빛 줄로 이어진 병사들이 앞뒤로 줄을 맞추어 거리가 꽉 차도록 펼쳐 서고는 은빛으로 번쩍이는 파도가 일렁이듯 번쩍거리는 총검을 앞으로 내밀고서 오싹하리만큼 일

사불란하게 전진해 왔다. 그러다가 멈추어 섰다. 그녀는 큰 걸음으로 아들에게 다가가 바로 옆에 버티고 섰다. 안드레이가 파벨의 앞으로 나가 자신의 몸으로 그를 둘러싸며 방어했다.

"내 옆으로 와!"

파벨이 거칠게 소리쳤다.

안드레이는 뒷짐을 지고 고개는 위로 쳐든 채 노래를 불렀다. 파벨은 그를 어깨로 밀치고 다시 소리쳤다.

"내 옆으로 서! 깃발을 앞으로 세워!"

"해산하라!"

키가 작은 장교 하나가 허연 장검을 휘두르며 날카로운 목소리로 외쳤다. 그는 무릎을 굽히지도 않고 두 발을 높이 들어올렸다가 발뒤꿈치를 땅바닥에 신경질적으로 내리밟았다. 잘 닦여 번쩍번쩍 광이 나는 군화가 어머니의 눈을 붙잡았다.

장교의 바로 왼쪽 조금 뒤에서 큰 키에 면도를 말끔히 하고 두툼한 백발의 콧수염을 기른 사내가 무거운 발걸음을 떼어놓고 있었다. 그는 붉은색으로 밑줄을 넣은 긴 회색 외투와 노란 재봉선을 수놓은 바지 차림이었다. 그도 역시 소러시아인과 마찬가지로 뒷짐을 진 자세로 숱 짙은 회색 눈썹을 위로 치켜뜨고 파벨을 노려보고 있었다.

어머니는 무한성을 조사하고 있는 듯이 보였다. 가슴 한구석에는 숨을 쉴 때마다 멋대로 튀어나올 채비가 되어 있는 우렁찬 외침이 있었다. 그래서 소리치고 싶은 간절한 마음에 숨이 막힐 지경이었지만 어머니는 억지로 참았다. 사람들한테 이리 밀리고 저리 밀리면서도 그녀는 후들거리는 다리를 끌고 무념무상의 의식 상태로 앞으로 걸어 나가고 있었다. 그녀는 뒤를 따르는 사람들의 수가 점점 적어지고 있음을 느낄 수 있었다. 차가운 바람이 덮쳐 가을 낙엽처럼 그들을 말끔히 흩어 버렸다.

붉은 깃발 주위에 있는 사람들은 점점 더 총총히 다가섰다. 병사들의 얼굴이 한결 똑똑히 보였다. 그들은 산개대형으로 퍼져 길을 가득 메우고 더럽고 누리끼리한 테두리를 이루어 몰골사나운 괴물 모습으로 잔뜩 몸을 웅크리고 있었다. 온갖 잡다한 색깔로 번뜩이며 흩뿌려져 있는 눈들이 잔인하게 빛나고 있었다. 그 앞에는 예리한 총검들이 있었다. 아직 찌르지는 않았지만 그들은 사람들의 가슴을 향해서 총검을 겨누고 한 사람씩 대오를 이탈하게 하며 군중을 무력화하고 있었다.

어머니의 뒤쪽에서 달아나는 사람들의 발자국 소리가 들려왔다. 의기소침해져서 흥분된 목소리들이 여기저기서 들려왔다.

"흩어져, 젊은이들!"

"블라소프, 뛰어!"

"파벨, 뒤로 물러서!"

"깃발을 내던져, 파벨! 이리 줘, 내가 숨길게!"

베솝시코프가 침통하게 말했다.

그가 손으로 깃대를 움켜쥐었다. 깃발이 뒤쪽으로 기우뚱했다.

"놔둬!"

파벨이 외쳤다.

베솝시코프는 마치 뜨거운 것에 데기라도 한 것처럼 손을 뒤로 뺐다. 노랫소리도 사그라졌다. 사람들이 걸음을 멈추고 파벨을 단단히 에워쌌지만 파벨은 개의치 않고 앞으로 힘차게 나아갔다. 갑작스럽게 침묵이 흘렀다.

깃발 주위에는 스물 남짓한 사람밖에 남아 있지 않았다. 하나같이 꿋꿋이 버티고 있는 사람들이었다. 어머니는 두려움이 앞서서, 그리고 무슨 말이든 그들에게 해야 할 것만 같은 혼란스런 충동 때문에 그들에게 이끌리는 기분이었다.

"저걸 빼앗아, 중위!"

키가 큰 영감이 무심한 목소리로 깃발을 가리키면서 명령했다.

키가 땅딸한 장교가 파벨에게 달려들어 한 손으로 깃대를 낚아채며 귀가 째지는 듯하게 소리를 질렀다.

"버려!"

깃발이 공중에서 좌우로 흔들리며 뻘겋게 나부끼더니 다시 곧게 세워졌다. 장교는 깃대에서 떨어져 나가 땅바닥에 주저앉았다. 베솝시코프가 불끈 쥔 주먹을 휘두르며 민첩하게 어머니의 곁을 스치고 지나갔다.

"놈들을 붙잡아!"

늙은이가 발로 땅을 구르며 고함쳤다.

병사 몇 명이 앞으로 튀어나왔다. 그들 가운데 하나가 개머리판을 휘두르자 깃발이 부르르 떨리더니 땅으로 기울어져 마침내 집단의 회색 병사들 속으로 사라졌다.

"오!"

누군가가 고통스럽게 신음을 냈다.

어머니도 야수 같이 성난 목소리로 고함을 쳤다. 그러나 병사 무리 밖에서 파벨의 또렷한 목소리가 들려왔다.

"안녕히 계세요, 어머니! 안녕히 계세요, 사랑합니다."

'죽지 않았어! 날 잊지 않았어!'

두 가지 생각이 어머니의 마음을 스쳤다.

"안녕히 계세요, 사랑스런 어머니!"

그녀는 까치발을 하고 손을 흔들며 두 사람을 보려 했지만 병사들의 머리 위로 안드레이의 둥글넓적한 얼굴만 보였다. 그가 웃음 띤 얼굴로 인사를 하고 있었다.

"내 사랑하는 안드류샤! 파샤!"

그녀는 외쳤다.

"잘들 있으시오, 동지들!"

그들은 병사들에 둘러싸여서도 이렇게 외치고 있었다. 여러 개로 깨진 메아리가 창문들과 지붕들을 울리며 그들에게 대답했다.

누군가 어머니의 가슴을 밀쳤다. 어머니는 바로 앞에 서 있는 장교를 흐릿한 눈으로 쳐다보았다. 그자가 상기되고 굳은 얼굴로 그녀에게 소리치고 있었다.

"꺼져 버려, 할망구!"

어머니는 장교를 아래위로 살피다 그자의 발밑에 짓밟혀 두 동강이 난 깃대를 발견했다. 깃대 끝에 빨간 옷 조각이 대롱대롱 매달려 있었다. 어머니는 허리를 숙여 그것을 들어올렸다. 장교는 어머니의 손에서 깃대를 낚아채더니 냅다 집어던지고 나서 발로 마구 짓밟으면서 소리쳤다.

"꺼지란 말이야!"

에워싼 병사들 사이에서 느닷없이 노랫소리가 튀어나왔다.

"일어나세, 깨어나세, 노동자 여러분……."

사위가 온통 빙글빙글 돌고 흔들리고 전율했다. 공기 중엔 전깃줄의 둔탁한 소음과도 비슷한 근심스런 소음이 가득 차 있었다. 장교가 뒷걸음질로 달리면서 노기 띤 목소리로 외쳤다.

"노래 중지시켜, 크라이노프 상사!"

어머니는 위태롭게 비틀거리며 깃대 조각이 있는 곳으로 다가가 다시 그것을 주워들었다.

"입 닥치게 해!"

노랫소리는 혼란스럽게 두려움에 떨더니 스멀스멀 잦아들었다. 누군가가 어머니의 어깨를 잡고는 옆으로 틀어 등을 세차게 밀었다.

"가라고, 꺼지란 말이야, 거리를 떠나!"

장교가 소리쳤다.

어머니는 열 걸음 떨어진 곳에 사람들이 또다시 빽빽이 모여 있는 광경을 보았다. 그들은 입으로는 으르렁거리고 투덜대고 휘파람을 불긴 했지만 그러면서도 뒷걸음질치며 거리를 내려갔다. 그리고 그들은 길을 지나다 마당이 보이면 그곳으로 모여들었다.

"다들 꺼져, 제기랄!"

콧수염을 크게 기른 새파랗게 젊은 병사가 어머니의 귀에 바짝 대고 소리를 지르고는 어머니를 인도로 떠밀었다.

어머니는 깃대에 몸을 의지하고 재빠르게 가벼이 걸음을 옮겼지만 다리가 지탱하지 못하고 휘청였다. 그녀는 넘어지지 않으려고 필사적으로 벽과 담장을 더듬었다. 앞에 섰던 사람들이 그녀의 뒤로 밀려서 그녀 옆에 나란히 섰고, 그녀의 뒤에서는 병사들이 소리를 지르며 따라오고 있었다.

"어서 꺼져, 꺼지라고!"

병사들이 그녀를 추월했다. 어머니가 걸음을 멈추고서 주변을 둘러보니, 저쪽 길 끝 아래쪽에도 그들이 흩어져 가는 사슬 모양으로 늘어서서 광장으로 나가는 출구를 막고 있었다. 광장은 텅 비어 있었다. 저 멀리 더 아래쪽에서도 회색 군복들이 사람들을 압박하며 느리게 움직이고 있었다.

어머니는 돌아가고 싶었지만 그저 발길 닿는 대로 앞으로 계속 곧장 걸어

가서 좁고 텅 빈 뒷골목길에 다다랐다. 그녀는 그 뒷골목 안으로 돌아서 들어갔다.

걸음을 멈추고 힘겹게 숨을 고르면서 귀를 기울였다. 앞쪽 어딘가에서 사람들의 웅성거리는 소리가 들렸다.

깃대에 완전히 몸을 의탁한 어머니는 다시 발걸음을 옮겼다. 그녀의 눈썹이 오르락내리락하고 갑자기 땀이 비 오듯 하며 입술이 파르르 떨렸다. 그녀는 손을 흔들어 보였다. 가슴에서는 뭐라 딱히 꼬집어 이야기할 수 없는 어떤 말이 불꽃처럼 타올라서 내뱉고 싶은, 외치고 싶은 고집스런 욕구가 일었다.

뒷골목길은 갑자기 왼쪽으로 꼬부라졌다. 어머니는 골목에서 저만치 떨어진 곳에 사람들이 빽빽이 모여 있는 광경을 보았다. 누군가의 힘차고 우렁찬 목소리가 들렸다.

"우리의 형제들이 총검에 맞서 앞으로 나아간 것이 뻔뻔스런 만용입니까? 아닙니다, 그걸 기억하세요!"

"저들을 좀 보십시오. 병사들은 군중을 겨냥하고 앞으로 나가서 그들 앞에서 꿈쩍도 하지 않았소. 그렇—죠! 두려움이 없었어요."

"파벨 블라소프를 보시오!"

"소러시아인은 어떻고요?"

"뒷짐을 지고서 웃기까지 하던데요? 염병할!"

"나의 사랑스런 사람들! 나의 사람들!"

어머니가 군중을 밀치며 소리쳤다. 사람들이 존경스런 눈길로 그녀에게 길을 내주었다. 누군가가 웃음을 터뜨렸다.

"보십시오, 그녀가 깃발을 들고 있어요!"

"닥쳐!"

누군가의 목소리가 엄하게 소리쳤다. 어머니는 두 팔을 크게 벌리며 외쳤다.

"내 말 좀 들어보시오, 그리스도를 위하여! 여러분은 모두 사랑스럽고, 모두 착한 사람들이요. 무슨 일이 벌어지고 있는가를 두려워 말고 한번 둘러봐요. 평화를 위해 우리의 자식들, 우리의 피붙이들이 세계로 나아가고 있어요. 진실을 위해서 나아간단 말입니다. 모두를 위해서! 여러분 모두를 위해서, 여러분의 어린 자식을 위해서 새로운 길, 곧고 넓은 길로 통하는 문을 열고 성스러운 명분에 자신을 희생하고 있는 겁니다. 그들은 언제나 밝게 빛

날 새 날의 태양을 추구합니다. 진실과 정의가, 선이 가득 넘치는 전혀 딴 세상을 바라고 있습니다. 바로 여러분 모두를 위해서!"

심장이 찢어지고 가슴이 메고 목구멍이 바짝 말라 타들어갔다. 그녀의 마음 깊숙한 곳에서는 모든 것, 모든 사람을 포용하고도 남을 사랑의 말들이 꿈틀거렸고, 혀는 더욱 강렬하고 자유롭게 움직이며 활활 타올랐다.

어머니는 사람들이 입을 다물고 자신의 말에 귀를 기울이는 모습을 보았다. 모두가 조용했다. 자신을 에워싼 사람들이 뭔가 깊은 생각에 빠져 있음을 느꼈다. 어머니는 그 순간 아들과 안드레이, 그리고 병사들에게 끌려간 사람들, 온전히 혼자 남겨진 사람들, 모든 버려진 사람들이 원하였던 바대로 여기에 모인 사람들도 온 마음으로 따르기를 바랐다.

무뚝뚝한 표정으로 귀담아 듣고 있는 주변의 얼굴들을 둘러보고 나서 어머니는 다시 부드럽게 힘 있는 목소리로 말을 이어갔다.

"우리의 어린 자식들이 행복을 향한 세계로 나아가고 있답니다. 그들은 모든 사람, 그리스도의 진리를 위해서 나아가고 있습니다. 우리의 사악하고 거짓스럽고 탐욕스러운 사람들이 우리를 속박하고 묶고 짓밟는 데 이용하는 모든 수단에 맞서고 있어요. 사랑하는 여러분, 우리의 어린아이들은 세상 전체를 위해, 모든 노동자를 위해 싸우려고 나섰어요! 그들은 여러분에게 진실로 통하는 모든 통로를 보여주고 그 통로에 있는 모든 것을 주려 해요, 그래서 나섰어요! 여러분 자신을 가엾게 여기세요! 그리고 그 젊은이들을 사랑해 주세요! 어린 사람들의 마음을 이해해 주고요. 여러분 자식들의 마음을 믿으세요. 그들은 진실을 낳았어요. 진실이 그들 속에서 타오르고 있어요. 그들은 그 진실을 위해 죽는 사람들입니다. 그들을 믿으세요!"

그녀의 목소리가 갑자기 끊기고 어머니는 힘이 빠져 비틀거렸다. 누군가가 그녀의 팔을 잡아주었다.

"저 여자 말이 바로 하느님의 말씀입니다. 하느님의 말씀이오. 이보시오, 여러분! 이분의 말씀을 새겨들어야 하오!"

누군가가 그녀를 동정하여 말했다.

"저 여자는 왜 스스로 상처를 내는지 몰라!"

"그렇지 않아, 우릴 공격하는 거야. 우리가 바보라는군, 바로 그런 말이라고!"

누군가 비난하듯이 답했다.

군중 머리 위로 높은 톤의 떨리는 목소리가 날아올랐다.

"진정한 신뢰로 뭉친 여러분! 더럽혀지지 않은 순수한 영혼을 지닌 나의 미챠가 한 일이 무엇이란 말이에요? 그 애는 동지들을 따라서, 사랑하는 모든 이를 따라서 행진을 한 것이오. 저 여자분의 말씀이 옳다면 어찌 우리가 우리의 자식들을 내버릴 수 있단 말입니까? 그 애들이 우리에게 잘못한 것이라도 있소?"

어머니는 이 말에 온몸을 떨고 하염없이 눈물만 흘렸다.

"집으로 가세요, 닐로브나! 가요, 너무 지치셨어요, 어머니."

시조프가 큰 소리로 말했다.

그의 얼굴은 창백했고 헝클어진 턱수염이 사뭇 떨렸다. 그가 갑자기 미간을 찡그리더니 험악한 인상으로 주위의 모든 사람을 쏘아보며 꼿꼿이 서서 분명하게 말을 이었다.

"내 아들 마트베이는 여러분도 알다시피 공장에서 일을 하다 죽었소. 그 애가 지금 살아 있다면 난 그 애가 저 젊은이들과 나란히 갈 때 말리지 않았을 거요. 그리고 아마 이런 말도 했겠지. 가라, 애야, 마트베이! 너도 가, 그게 바로 정당한 이유요 정직한 길이다!"

그가 잠시 말을 멈추자 모두 입을 다물고 비통한 표정을 지었다. 뭔가 거대하고 새로운 감정이 사람들을 휘감았다. 그렇지만 이제 두려운 분위기는 아니었다. 시조프가 손을 흔들며 말을 이었다.

"이 아주머니가 바로 진실을 말씀하셨소. 우리 자식들은 삶을 이성적으로 명예롭게 살고자 했지요. 그런데 우린 애들을 버린 거예요, 우리가 애들 곁을 떠났소! 가세요, 닐로브나!"

"사랑하는 여러분! 삶은 자식들을 위해 있고, 땅도 그들을 위해 있는 겁니다."

눈물을 글썽이며 어머니가 말했다.

"가세요, 닐로브나! 자, 지팡이를 들고 기대요."

시조프가 동강 난 깃대를 어머니에게 쥐여주며 말했다.

어머니를 바라보는 모든 이들의 눈길에 슬픔과 존경의 빛이 가득했다. 동정 어린 따뜻한 말들이 웅성거리며 어머니를 배웅했다. 시조프가 말없이 사람들을 비켜 세웠다. 사람들은 입을 다물고 길을 내주면서, 어떤 맹목적인 충동에 이끌려 어머니의 뒤를 천천히 따랐다. 짧게짧게 주고받는 말들이 얼핏 들리기도 했다.

집 대문에 닿은 어머니는, 대문 옆에서 두 동강 난 깃대에 몸을 기댄 채 사람들에게로 몸을 돌려 감사하다며 고개 숙여 절했다.

"여러분, 고맙습니다!"

그리고 자신이 상상하고 바라는 생각이 예전에 자기 마음속에 이미 생겨났던가, 기억을 떠올리면서 중얼거렸다.

"만일 예전에 사람들이 예수 그리스도를 위해서 죽지 않았었다면 우리의 예수 그리스도는 이제껏 존재하지 않았을지도 모르지."

군중은 말없이 그녀를 바라보고 있었다.

어머니는 사람들에게 다시 한 번 고개 숙여 인사하고 집 안으로 들어갔다. 시조프도 고개를 숙이고 그녀를 따라 들어갔다.

사람들은 문간에 서서 잠시 웅성거리며 이야기를 나누었다.

그러고 나서 그들은 말없이 천천히 흩어져갔다.

제2부

1

그날 하루는 잡다하게 섞여 얼룩진 기억과, 어머니의 몸과 마음을 꽉 붙잡고 피곤하게 짓누르는 상태 속에서 지나갔다. 키 작은 장교가 잿빛 점으로 깡충거리기도 하고 회오리바람 같은 행렬 사이로 파벨의 구릿빛 얼굴이 어른거리기도 했으며, 안드레이의 미소를 머금은 두 눈동자가 얼핏 스치기도 했다.

어머니는 방 안을 서성이다 창가에 앉아 한참 거리를 내다보다가는 다시 일어나 눈썹을 내리깔고 자리에서 떠났다. 그러다간 다시 목표도 없이 무언가를 찾는 것처럼 방 안을 서성거렸다. 물을 마셔 보았지만 여전히 목이 말랐고, 더구나 가슴 가득한 고뇌와 상처를 태우는 뜨거운 불길은 꺼질 줄 몰랐다. 하루가 같은 하루가 아니라 둘로 나뉘었다. 처음엔 그래도 어떤 의미와 내용이 있는 시간이었으나 이제는 물방울처럼 똑똑 떨어져 우울하게 소모되어 버리고 게다가 어머니 앞에 그런 날이 끊임없이 이어질 것만 같았다. 황량하고 당혹스런 마음속에서 의문 하나가 흔들거리고 있었다.

'이젠 무얼 어떻게 한다지?'

마리야 코르수노바가 찾아왔다. 그녀는 손을 흔들기도 하고 고래고래 소리를 지르기도 하고, 울다 웃기를 되풀이했다. 발을 구르다가 금세 뭔가를 제안하기도 하고 약속을 하는가 하면 누군가에게 욕설을 퍼부었다. 이 모든 수선에도 어머니는 요지부동이었다.

마리야가 새된 목소리로 입을 열었다.

"아휴, 사람들이 화나니까 대단합디다! 공장이 결국 다 들고 일어났어요! 다들 들고 일어났다고요!"

"그래요! 그래요!"

어머니가 머리를 흔들며 나직이 맞장구를 쳤다. 어머니의 두 눈은 안드레이와 파벨과 함께 자신을 떠나 이미 과거가 되어 버린 무엇인가에 고정되어 있었다. 울 수도 없었다. 심장이 말라 오그라들다 못해 멎는 듯싶었고 입술은 물론 입안까지 바짝 타들어갔다. 손이 떨리고 등가죽에 소름이 끼치면서 경련이 일었다.

저녁 때 헌병들이 들이닥쳤다. 어머니에게서는 놀라거나 겁먹은 기색을 전혀 발견할 수 없었다. 큰 소리로 떠들면서 이상스럽게 쾌활한 분위기로 들어오는 그들의 얼굴엔 흐뭇함과 만족감이 느껴졌다. 얼굴이 누런 장교가 이를 자랑스럽게 드러내며 입을 열었다.

"어, 안녕하시오? 영광스럽게도 세 번째 만남이던가요, 그렇죠?"

어머니는 입을 꾹 다물고서 마른 혀로 입술을 쓸어 핥았다. 장교는 설교조로 장황한 사설을 늘어놓았다. 어머니는 그가 말하면서 무슨 기쁨을 느끼는지를 이해했다. 그렇지만 그의 말은 한 마디도 귀에 들어오지 않았고 신경쓸 일도 전혀 못 되었다. 그들은 귀뚜라미처럼 끊임없이 재잘거렸다. 그러다 장교가, "그건 당신 잘못이오, 아주머니. 자식이 신과 황제를 경외하지 못하게 한 것 말이오" 했을 때 어머니는 문 옆에 서서 그를 보며 무뚝뚝하게 대꾸했다.

"맞소, 자식들이 바로 우리의 심판관이라오. 우리가 자식들을 그런 길로 들어서게 버려둔 데 대해선 그 애들이 심판할 거요."

"뭐가 어째요? 크게 말해 보시오!"

장교가 버럭 소리를 질렀다.

"내 말은 심판관은 바로 우리의 자식들이라는 거요!"

어머니가 한숨을 쉬며 되풀이했다.

그러자 장교는 화가 치미는지 무슨 말인가를 빠르게 지껄였다. 그러나 그의 말은 허공을 맴돌 뿐 어머니에게는 아무 자극도 주지 못했다.

마리야 코르수노바는 어쩌다 보니 가택수색에 참관했다. 그녀는 어머니 옆에 나란히 서 있었는데, 어머니에게는 눈길도 주지 않고 장교가 던지는 질문에 당황해서 연신 굽실거리며 똑같은 대답만을 했다.

"전 아무것도 모릅니다, 나리! 전 일자무식에다 행상으로 겨우 입에 풀칠이나 하고 있고 워낙 미련한지라 아는 것도 없는 아주 무식쟁이 여편넵죠."

"그만, 입 닥쳐!"

장교가 호통을 쳤다.

마리야에게 어머니의 몸을 수색하라는 명령이 떨어졌다. 마리야는 눈만 꿈벅이다가 휘둥그레진 눈으로 장교를 보면서 놀란 듯 말했다.

"나리, 제가 할 수 있는 일이 따로 있습죠, 이런 일을 어떻게……."

장교는 발을 구르며 화를 냈다. 마리야는 눈을 내리깔고서 나지막이 어머니에게 간청했다.

"어쩌겠소, 단념하구려, 펠라게야 닐로브나."

어머니의 몸을 더듬던 마리야가 핏대 오른 얼굴로 중얼거렸다.

"오, 개 같은 놈들!"

"거 뭐라고 지껄이는 거야?"

마리야가 어머니의 몸을 수색하고 있는 구석을 지켜보던 장교가 핏대를 세우며 호통을 쳤다.

"여편네들끼리 살림 걱정 했습죠, 나리!"

마리야가 공포에 사로잡혀 중얼거렸다.

조서에 서명하라는 장교의 명령을 듣고, 어머니는 서툰 손을 놀려 눈에 잘 띄는 두드러진 글씨로 서명했다.

'노동자의 미망인 펠라게야 닐로브나.'

헌병들은 돌아갔다. 어머니는 창가에 팔짱을 끼고 눈도 깜박이지 않고 조금도 움직이지 않은 채 앉아 딱히 어디를 본다고 할 순 없지만 한참동안 정면을 뚫어져라 바라보았다. 눈썹은 올라가고 입술은 이가 아플 정도로 꼭 다물어져 있었다. 등잔에 기름이 타들어 가고 불꽃이 잠시 빛을 내더니 곧바로 꺼졌다. 어머니는 등잔에 대고 입김을 불고서 어둠 속에 가만히 앉아 있었다. 그녀는 아무런 악의도 느끼지 못했고 마음에 상처가 났다는 감정도 없었다. 구슬픈 공허감이 차가운 먹구름처럼 그녀 가슴을 가득 채우자 심장 고동 소리가 억눌려 점점 약해졌다. 그녀의 마음은 완전히 비어 공허했다. 그녀는 창가에 오랫동안 서 있었다. 그렇게 한참을 있자니 오금이 저리고 눈이 아파 왔다. 마리야가 창문 밑에 멈춰 서서 외치는 소리가 들렸다.

"펠라게야, 잠들었수? 끔찍이도 불행한 순교자 같으니…… 주무시구려! 그들은 사람들이 다 이단자라고 욕하고 있다우!"

어머니는 옷도 벗지 않고 곧장 침대에 누워 마치 깊은 호수 속으로 빠져들듯 빠르게 깊은 잠 속으로 빠져들었다.

그녀는 꿈속에서 소택지 너머 시내로 향하는 길 어귀에서 노란 모래언덕을 보았다. 그 끄트머리, 모래를 퍼올리고 있는 작은 구덩이와 닿아 있는 낭떠러지 위에 파벨이 서 있고 그 옆에서 안드레이가 조용하면서도 낭랑한 목소리로 노래를 부르고 있었다.

  "일어나세, 깨어나세, 노동자들이여!"

어머니는 모래언덕의 옆길을 따라서 걷다가 손바닥을 이마에 대고서 아들을 바라보았다. 하늘을 배경으로 아들의 모습이 또렷한 선으로 그려졌다. 그녀는 아들에게 다가가기가 부끄러워 마음을 정하지 못하고 있었다. 왜냐하면 아기를 가졌기 때문이다. 그리고 두 팔에는 갓난아기가 안겨 있었다. 앞으로 계속 걸어 나갔다. 들판에서는 많은 아이가 빨간 공으로 공놀이를 하고 있었다. 아기는 자꾸 어머니의 손을 밀치고 아이들이 노는 데로 가려고 발버둥치다가 갑자기 큰 소리로 울어댔다. 어머니가 아기에게 젖을 주고 모래언덕으로 돌아와 보니 그곳에는 병사들이 버티고 서서 어머니를 향해 총검을 들고 있었다. 어머니는 재빨리 들판 한복판에 서 있는 교회, 구름으로 지은 듯한, 하얗게 빛나는 교회로 줄달음질했다. 교회는 그지없이 높은 곳에 있었다. 거기선 누군가의 장례식이 행해지고 있었는데, 새카맣고 큼직한 관은 빈틈없이 뚜껑이 꽉 닫혀 있었다. 그리고 하얀 제복을 입은 사제와 부제가 노래를 부르며 교회 안을 서성이고 있었다.

  "그리스도가 죽음에서 부활하셨네."

부제가 향을 들고 와 어머니에게 웃으며 인사를 건네는데, 새빨간 머리카락, 쾌활한 표정으로 보아 영락없이 사모일로프와 비슷했다. 위쪽 둥근 지붕으로부터 넓은 햇살이 땅으로 내리비치고, 양쪽 성가대석에서는 어린아이들이 조용히 노래를 부르고 있었다.

  "그리스도가 죽음에서 부활하셨네……."

사제가 예배당 한복판에 멈춰 서서 갑자기 소리쳤다. "저들을 체포해!" 제복이 벗겨지고 얼굴엔 희끗한 콧수염이 나타났다. 모두가 달아나느라 정신이 없는 와중에 부제도 향을 내던지고 두 손으로 머리를 감싸 쥐고 줄행랑을 놓는데, 그 모습이 마치 소러시아인을 닮았다. 어머니는 안고 있던 아기를 사람들의 발밑 마룻바닥에 떨어뜨렸다. 사람들이 겁에 질린 얼굴로 벌거벗은 아기를 쳐다보면서 그 옆을 지나 뛰어갔다. 어머니는 무릎을 꿇고 그들에게 애원하다시피 소리쳤다.

"아이를 내버리지 말아요! 아이를 데려가요!"

"그리스도가 죽음에서 부활하셨네."

소러시아인이 뒷짐을 진 채 웃으면서 노래를 불렀다.

어머니는 허리를 굽혀 아기를 안아올려서는 목재가 실려 있는 짐차 위에 뉘었다. 그 옆으로 베솝시코프가 천천히 걸어가면서 너털웃음을 지으며 말했다.

"그들은 제가 감당하기 어려운 일을 줬어요."

거리는 진흙투성이였다. 집집마다 창문으로 사람들이 얼굴을 내밀고, 휘파람을 불며 고함치고, 손을 흔들며 야단들이었다. 햇볕이 쨍쨍 내리쬐어 그늘 하나 찾아보기도 힘들었다.

"노래하세요, 어머니! 삶이란 바로 그런 거예요!"

소러시아인이 말했다. 그리고 다정하고도 즐거움에 겨운 소리로 노래를 불러 이런저런 소음들을 죄다 자기 목소리로 삼켜 버렸다. 어머니는 그의 뒤를 따라 걸으면서 투덜댔다.

"그가 왜 날 놀리는 거지?"

그러나 갑자기 뭔가에 발이 걸려 넘어졌고 이내 심연 속으로 빨려 들어갔다. 그녀는 떨어지는 동안 무서운 비명을 들었다.

어머니는 오한으로 몸을 떨고 식은땀을 흘리면서 잠에서 깨어났다. 어머니의 귀는 그녀의 가슴 쪽으로 기울어 있었고, 자신의 가슴이 텅 비어 있어서 놀랐다. 공장 증기 기적이 사람들을 여전히 일터로 부르고 있었다. 어머니는 이게 두 번째 신호이려니 생각했다. 방 안에는 책이며 옷가지가 너저분하게 흐트러져 있었다. 모든 게 제자리에 있지 않고 넘어지고 뒤집어져 있었으며 바닥에는 여기저기 더러운 발자국이 어지럽게 찍혀 있었다.

어머니는 자리에서 일어나 씻지 않고 기도도 하지 않고 방을 먼저 정리했다. 부엌으로 가 보니 붉은 천 조각이 매달려 있는 막대기가 눈에 띄었다. 어머니는 막대기를 보자마자 벽난로 속에 던져 넣으려다가 잠시 숨을 한 번 내리쉬었다. 그리고 막대기에서 깃발을 떼어낸 다음, 조심스레 접어서 주머니 속에 넣었다. 그녀는 찬물로 창들을 닦고 마루를 훔친 뒤, 마지막으로 몸을 닦았다. 그리고 옷을 갈아입고서 사모바르를 준비했다. 그녀는 부엌 창가에 앉아 자문해 보았다.

'이젠 무얼 어떻게 한다지?'

아직 기도 전이라는 것을 깨달은 어머니는, 성상 앞에서 잠시 시간을 보낸 뒤 다시 자리로 와서 앉았다. 마음은 여전히 휑뎅그렁 비어 있었다.

시계추는 항상 힘 있게 울리면서 이렇게 말하는 듯했다. "난 목표까지 가야 해! 난 목표까지 가야 해!" 그러면서도 성급한 똑딱똑딱 소리를 눌러 느슨하게 했다.

파리들이 무슨 계획이라도 있는 듯 천천히 주위를 날아다니며 윙윙거렸다.

그녀는 문득 언젠가 젊은 시절의 한 광경이 떠올랐다.

잔사일로프 씨의 오래된 공원에 수련이 무수히 피어 있는 커다란 연못이 하나 있었다. 날씨가 흐린 가을 어느 날, 어머니는 연못가를 거닐다가 물 한가운데 조그만 배 하나가 떠 있는 것을 보았다. 연못은 시커멓고 고요했으며 작은 배는 누런 낙엽이 뿌려져 있는 수면 위에 풀칠이라도 한 듯 찰싹 붙어 있었다. 사공도 없고 노도 없는 배 하나가 썩은 낙엽으로 뒤덮인 거무튀튀한 물 위에 외로이 떠 있는 모습에 그녀는 뜻 모를 슬픔과 비애를 느꼈다. 어머니는 한참을 연못가에 붙박인 듯 서서, 누가, 왜 배를 바닷가에서 연못 가운데로 밀어놓았을까 생각해 보았다. 이제 보니 그녀에게 자신은 마치 그 배와 같았다. 그때 그 배를 보면서 시체를 기다리고 있는 관을 떠올렸기 때문이다. 그날 저녁 그 연못에서 잔사일로프 씨의 직원 아내가 익사했다는 사실이 알려졌다. 작은 키에 부스스한 머리카락을 늘 흩날리며 빠른 걸음을 걷던 여자였다.

어머니는 손으로 얼굴을 문질렀다. 여러 가지 잡다한 추억담들을 지워보려는 듯했다. 그녀의 생각은 알록달록한 리본처럼 파드닥거렸다. 예전에 지녔던 자신의 인상들에 매료되어 그녀는 한동안 앉아 식은 찻잔을 뚫어지게 바라보고 있었다. 점점 욕망이 일어났다. 누군가 현명하고 단순한 사람들을 만나서 말을 하고, 여러 가지 일들에 대해 물어보고 싶어졌다.

마치 그녀의 바람을 알았는지, 점심을 먹고 난 뒤 니콜라이 이바노비치가 불쑥 찾아왔다. 그러나 막상 그를 보자 갑자기 불안해진 그녀는 인사도 받는 둥 마는 둥 했다.

"이봐요, 친구, 쓸데없이 왜 왔수? 위험해요. 행여 사람들 눈에 띄기라도 하는 날이면 파샤도 같이 잡혀가 버릴 텐데……. 조심성이 너무 없구려! 여기서 당신이 발각되면 그들이 분명히 잡아가고 말 거요."

"아시는지 모르겠지만 전 파벨과 안드레이, 이들 두 사람과 사전에 약속한 게 있습니다. 만약에라도 그들이 체포되면 다음 날 바로 어머니를 시내로 옮기기로 말이죠."

어머니의 손을 힘주어 부여잡은 그는 안경을 고쳐 쓰고 어머니 얼굴에 자기 얼굴을 바짝 들이대며 서둘러 설명했다.

"그들이 벌써 집을 수색하던가요?"

그가 다정하면서도 고통스런 목소리로 물었다.

"그럼요. 다 뒤지고 더듬고 거드름피며 한 바퀴 돌고 한바탕 난리법석을 떨고 갔죠. 부끄러움이나 양심이라고는 털끝만큼도 없는 사람들이라오!"

"그놈들이 뭐하러 부끄러워하겠어요?"

니콜라이는 어깨를 들썩이며 어머니가 시내로 옮겨가야만 하는 이유를 조목조목 설명했다. 어머니는 진심에서 우러나오는 염려가 담긴 그의 목소리를 듣고 창백하게 미소 지으며 그를 쳐다보았다. 그녀에게 확신을 주는 그의 다정한 느낌에 놀랐다.

"파샤도 원하는 일이라면 뭘 마다하겠소만……."

"그 일에 관해서라면 아무 염려 마세요. 전 홀몸이고, 하나 있는 누이도 어쩌다가 한 번씩밖에는 찾아오지 않으니까요."

"공짜로 밥만 축내긴 싫은데."

어머니가 말했다.

"원하신다면 뭔가 할 일을 찾을 수 있을 거예요."

어머니에게 일이란 이제 아들과 안드레이가 하고 있는 일과 따로 떼어놓고 생각할 수조차 없었다. 어머니는 니콜라이에게 바짝 다가앉아 그의 눈치를 살피며 다시 물었다.

"그래? 내가 할 만한 일이 있겠수?"

"제 살림이란 게 워낙 단출하고, 또 전 총각이어서……."

"내가 하는 말은 그런 집안일 같은 거 말고, 그거 있잖아요, 세계적인 일, 그런 거."

어머니가 나직이 말했다.

어머니는 슬픈 듯 한숨을 들이쉬었다. 자신을 이해해주지 못하는 니콜라이가 야속했다. 그는 일어서서 그녀 쪽으로 허리를 구부리고 근시안으로 웃음을 흘리며 생각에 잠긴 듯 말했다.

"원하시는 대로 당신이 세계적인 일을 할 수 있게 될 테죠."

그녀는 단순하고 깨끗하게 자신의 생각을 재빨리 표현했다. "일단 내가 파벨을 도울 수만 있으면, 난 일을 다시 잘 해낼 수 있을 거요. 아들의 명분을 위해 일하는 사람들이 많으면 많을수록 그 애의 진실은 사람들 앞에 더 분명히 나타날 테지."

그러나 이런 생각들은 그녀의 희망이 의미하는 전체적 힘이라든가 복잡한 성격 같은 면을 충분히 나타내지는 못했다.

"내가 무슨 일을 할 수 있겠수?" 그녀는 조용히 물었다.

그는 잠시 생각해 본 다음, 혁명적인 일의 전문적인 세부 설명을 들려주었다. 다른 일들에 대해서는 이렇게 말했다.

"아, 참! 파벨을 면회하러 감옥에 가실 때 저번에 신문을 요청하던 그 농부들의 주소라도 물어봐 주신다면……."

어머니가 기뻐하며 소리쳤다.

"그 사람들이라면 내가 잘 알지! 내가 그들 주소지를 찾을 수 있어! 신문을 줘요, 내가 전달할 테니. 필요한 게 뭔지 말만 해요. 내가 다 할 테니! 내가 불온문서들을 가지고 다닌다고 누군들 생각할 수 있겠소? 주님이 보우하사, 백 파운드도 넘는 유인물을 공장에 날랐다니까, 내가!"

어머니는 불현듯 배낭을 짊어지고 지팡이를 들고서 숲과 들을 지나 어디로든 떠나고만 싶었다.

"제발, 그 일에 나도 끼워 줘요! 내가 가지 못할 곳이 어디 있겠어? 이 마을 저 마을을 돌아다니다보면 길눈도 훤해지겠지. 비가 오나 눈이 오나 쉬지 않고 돌아다니겠소, 진리를 위해 순례자처럼. 이게 나 같은 여자로서 하찮은 소임이 아니잖우? 방랑자의 인생은 훌륭해. 방랑자는 세상을 두루 돌아다니면서, 아무것도 소유하지 않고, 그저 빵만 있으면 그뿐이지. 아무도 그를 속이지 않고, 그래서, 아무도 모르게 조용히 지구를 헤매고 다니는 거요. 그래서 나도 갈 거요. 안드레이에게, 파샤에게, 아무튼 그 애들이 사는 곳으로 가야지."

하지만 예수의 이름으로 집도 절도 없는 순례자가 되어 오두막 창문 밑에서 구걸이나 하고 다닐 자신의 처지를 생각하니 왠지 모를 설움이 복받쳤다.

니콜라이가 조심스럽게 어머니의 손을 잡고 따뜻하게 어루만졌다. 그가 시계를 들여다보고는 입을 열었다.

"이 얘기는 나중에 하시죠, 뭐. 당신은 위험한 짐을 당신의 어깨에 짊어지고 있어요. 당신이 하려고 의도한 일이 있으면 그 일을 아주 신중하게 생각해봐야 해요."

"이봐요, 니콜라이! 내가 무슨 생각을 해야되누? 이런 일의 명분이 아니면 뭣 때문에 내가 살아야 해? 어느 누구에게든 내가 도움이나 되겠어? 나무가 자라면 그늘을 만들어 주잖우. 또 나무토막으로 갈라져서 사람들을 따듯하게 덥혀 주고. 말 못하는 나무 한 그루라도 인생에 도움이 되는데, 난 사람이라오. 아이들, 저기 가장 혈통 좋은 사람들, 그리고 거기에 진심으로 있는 가장 좋은 사람은 그들의 자유와 삶을 포기한 채 자기 자신에 대한 동정심도 없이 죽고 말아! 그런데 한 어미가 되어서 어떻게 아무 일도 안 하고 방관만 한단 말이오?"

군중 맨 앞에 서서 손에 깃발을 들고 행진하는 아들의 모습이 그녀의 마음 앞에서 빛을 발했다.

"내 아들이 진리를 위해 자기 인생을 포기하는 마당에 내가 어떻게 게으름을 피우겠수? 난 잘 알아, 알고말고. 파벨은 진리를 위해 일하고 있는 게야. 내가 저 장작더미 옆에서 산 지가 5년째라우. 내 가슴은 녹아서 타 버리기 시작했어. 자네가 무엇을 위해 있는 힘을 다해 노력하는지 나도 알고 있다네. 자네들 모두가 어떤 짐을 어깨에 짊어지고 있는지도 잘 알고. 제발 날 데려가 주게나, 아들을 도울 수 있게! 날 데려가 주게!"

니콜라이의 낯빛이 창백해졌다. 그는 깊은 한숨을 들이쉬더니 연민에 찬 눈길로 어머니를 찬찬히 보고 말했다.

"그런 말씀은 처음 들어봐요."

"내가 무슨 말을 하겠나?"

어머니는 안타까운 듯 고개를 저으며 힘없이 두 팔을 늘어뜨리고 말했다.

"어미의 심정을 어떻게 전해야 할지 도무지 난……."

가슴속에선 힘이 점점 자라나고 흥분되어 벌떡 일어났다. 그리고 분노가 머리끝까지 밀려와 말했다.

"많은 사람이…… 눈물을 흘릴 날이 올 거요…… 악독하고 양심이라곤 털 끝만치도 없는 놈들까지도! 난 그들에게 맛을 보여줄 테요. 그들이 예수에 게 쓴 잔을 마시게 한 대로, 또 우리 아이들에게 지금 쓰디쓴 맛을 보게 한 대로 톡톡히 갚아 줄 거라고요. 그들은 어미라는 사람의 마음을 멍들게 했으 니 말이야!"

니콜라이는 일어서서 그의 떨리는 손가락으로 빈약한 수염을 쓸어 당기며 낯선 목소리로 느릿느릿 말했다.

"언젠가 당신이 그들에게 말할 날이 있겠죠, 난 그렇게 생각해요!"

니콜라이가 자리에서 일어나 다시 시계를 들여다보고 급히 물었다.

"그럼 일단 결정된 겁니다, 저 있는 시내로 이사하시기로."

어머니는 말없이 고개만 끄덕였다.

"언제가 좋을까요? 빠를수록 좋겠죠? 전 어머님이 걱정될 거예요, 정말 입니다!"

어머니는 놀라 그를 쳐다보았다. 아니 이런 사람이 다 있다니! 그는 고개 를 숙이고 당혹스런 미소를 지었다. 그는 새우등에 근시의 눈, 평범한 검은 조끼 차림새로 그녀 앞에 서 있었다.

"수중에 돈 있으세요?"

그가 시선을 떨어트리며 물었다.

"없는데……."

니콜라이는 호주머니에서 지갑을 꺼내 어머니 앞에 내밀었다.

"자요, 여기 돈 있으니까 필요한 만큼 가져가세요."

어머니는 자신도 모르게 나오는 웃음을 억지로 참고 고개를 설레설레 흔들며 말했다.

"당신은 다른 사람들과 달라도 참 달라. 돈도 당신에겐 아무런 가치가 없어. 사람들은 돈이라면 사족을 못 쓰고 영혼마저 팔아치우겠다고 난린데. 당신에겐 돈은 그냥 수많은 종잇조각, 구리조각일 뿐이야. 가만 보면 당신에게 돈은 친절을 베풀 때 말고는 아무 데도 필요없어, 그죠?"

니콜라이 이바노비치가 웃으며 나직이 대꾸했다.

"지긋지긋하리만치 폐를 끼치는 게 바로 돈이에요. 줄 때건 받을 때건 항상 거북하고……."

니콜라이는 맞잡은 손에 따뜻하게 힘을 주면서 다시 한 번 물었다.

"되도록이면 빨리 오실 거죠?"

그러고는 언제나 그렇듯 습관대로 조용히 떠났다.

어머니는 그가 다녀간 지 사흘이 지나서 시내로 이사할 준비를 했다. 궤짝 두 개밖에 안 되는 짐을 짐마차에 싣고 촌마을을 떠나 들판을 가로질러 가면서 뒤를 돌아보니 이젠 여기도 마지막이라는 생각에 가슴이 아팠다. 이곳은 어머니의 삶에 있어 가장 암울하고 괴로운 시절을 보냈던 곳이기도 했고, 또 다른 다채로운 삶을 시작한 곳이기도 했다. 다음 날이 되면 그 전날은 모두 삼켜져 버리고, 나날이 새로운 슬픔과 새로운 기쁨, 새로운 생각, 새로운 감정으로 가득 찼다.

공장 건물이 어설프게 거대한 검붉은 거미와도 같이 꿈틀대면서 굴뚝을 하늘 높이 쳐들고 있었다. 공장 가까이에 바짝 단층짜리 노동자들의 숙소가 다닥다닥 붙어 있었다. 숯검정으로 새까맣게 그을은 땅바닥에 납작하게 세워진 잿빛 숙소들은 소택지 가장자리에 비좁게 모여서 흐릿한 창문을 통해 서로를 천진하게 바라보고 있었다. 그 위로는 공장 색깔에 눌려 검붉은 빛을 띠고 있는 교회 건물이 높이 솟아 있으나 그녀가 보기에 종탑은 공장 굴뚝보다 낮았다.

어머니는 한숨을 내쉬고 외투 깃을 여몄다. 목이 콱콱 막혔다. 그녀는 슬픈 기분이 들었지만, 그것은 단지 더운 한낮의 먼지처럼 메마른 슬픔이었다.

"이라!"

마부가 채찍으로 말 잔등을 후려치면서 소리쳤다. 다리가 굽은 마부는 키를 가늠하기가 어려웠다. 머리카락은 색이 바랜 듯 희끄무레했고, 눈동자도 부옇게 흐렸다.

마부는 좌우로 흔들거리면서 마차 옆에서 나란히 걸었다. 마부의 모습으로 보면, 난 지금 마차의 방향엔 전혀 관심이 없어, 확고하게 말하고 있는 듯했다.

"이랴!"

그는 단조로운 목소리로 연신 고함을 치면서 진흙이 덕지덕지 붙은 무거운 장화를 끌며 우스꽝스럽게 앞으로 성큼성큼 발걸음을 옮기고 있었다. 어머니는 주변을 둘러보았다. 들판은 그녀의 영혼만큼이나 암울하고 따분했다.

"아주머니는 절대 궁핍에서 벗어날 수 없을 거요, 어딜 가든 다 똑같으니까. 가난에서 멀리 데려가 주는 길은 이 세상에 없다우, 길이란 길은 다 가난으로만 통해 있소, 그 어떤 길도 가난에서 벗어나 있질 못하지."

마부는 따분하게 느릿느릿 말했다.

말은 맥없이 연신 머리를 흔들면서 햇빛에 달구어진 메마른 모래땅에 무거운 발을 깊게 빠트리고 있었다. 발아래에서 모래땅이 부드럽게 갈라졌다. 기름칠이 덜 된 짐마차가 곧 부서질 듯 삐걱거리는 소리를 냈다.

2

니콜라이 이바노비치는 인적이 드문 조용하고 황량한 도시 변두리에, 오래되고 시커먼 이층집 양옆에 붙은 별채에서 살고 있었다. 녹색 칠이 되어 있는 작은 별채에는 점점 무성해진 작은 정원이 있었는데, 라일락과 아카시아, 그리고 갓 심은 백양목의 은빛 잎사귀들이 니콜라이가 쓰고 있는 세 개의 방 창문을 통해 새로운 듯 다정하게 방 안을 엿보고 있었다. 방은 조용하고 깔끔했으며 마룻바닥엔 온갖 무늬의 그림자들이 소리 없이 떨고 있었다. 또 벽에는 책들이 가득한 선반들이 줄지어 튀어나와 있고, 그 위로 근엄해 보이는 사람들의 초상화가 걸려 있었다.

"이 방이 쓰시기에 괜찮겠어요?"

니콜라이가 어머니를 작은 방으로 안내하며 말을 건넸다. 창문 하나는 정원으로 나 있고, 다른 하나는 풀이 무성한 마당으로 나 있는 방이었다. 벽은 죄다 책장과 선반으로 빈틈이 없었다.

"난 차라리 부엌이 좋은데. 작은 부엌이 밝고 깨끗해서……."

어머니가 말했다.

어머니가 보기에 니콜라이는 좀 놀라는 눈치였다. 그가 당황한 듯 난처해하며 설득하는 바람에 어머니도 더는 사양할 수 없었다. 니콜라이는 곧 격려를 해주었다.

방 세 개는 모두 특별한 분위기가 배어 있었다. 숨을 쉬기는 편하고 상쾌할지 모르겠으나, 매우 고요해서 저절로 목소리가 기어들어갔다. 벽에 걸린 초상화 속 인물들이 명상을 방해하지 말라고 무의식중에 경고하는 듯했다.

"꽃에 물을 주어야겠군."

창가에 놓여 있는 화분의 흙을 보고 어머니가 말했다.

"예, 맞아요. 꽃을 좋아하긴 하는데 바쁘다 보니 신경 쓸 정신이 있어야지요."

주인이 죄지은 사람처럼 말했다.

니콜라이를 유심히 살펴본 어머니는, 그가 자기의 편안한 집에서도 걸음걸이를 낯선 이방인처럼 조심하고 있다는 사실을 알 수 있었다. 주변의 모든 것들과 전혀 어울리지 않는 사람 같아 보였다. 그는 흉상이라든가, 그런 작은 물건들을 얼굴을 바짝 들이대고 가는 손가락으로 안경을 고쳐 써가면서 실눈을 뜨고 꼼꼼하게 살피곤 했다. 어머니와 함께 자기 방에 들어갈 때도 어머니만큼이나 모든 물건이 낯선 듯 보였다. 일단 거기에까지 생각이 미치자 어머니는 내 집처럼 편안함을 느낄 수 있었다. 어머니는 틈나는 대로 니콜라이의 뒤를 따라다니며 물건이 놓인 자리와, 그의 생활 습관을 시시콜콜 물었다. 그럴 때마다 그는 마치 죄인처럼 대답했다. 하지 말아야 할 일을 언제나 알고 있으면서도 자신도 어쩔 수 없이 하고 있다는 듯이.

꽃에 물을 주고, 피아노 위에 널브러져 있는 악보들을 차곡차곡 정리한 어머니는 사모바르를 보고 말했다.

"좀 반짝반짝하게 닦아야겠어."

그는 광택 하나 없이 무딘 사모바르의 겉을 문지른 손가락을 코끝에 갖다 댔다. 그런 그가 어머니를 너무도 심각하게 쳐다보아서 어머니는 피식 웃음이 나왔다.

어머니는 잠자리에 누워 지난날을 떠올리다가 무엇에 놀라기라도 한 듯 베개에서 머리를 들고 주위를 둘러보았다. 생전 처음 경험해보는 남의 집 잠자리임에도 불구하고 불편하다는 느낌은 전혀 없었다. 니콜라이에 대해 열심히 생각하다가 어머니는 그를 위해서 할 수 있는 최선을 다하고, 가능하다면 그의 삶에 어떤 따스함을 불어넣어주고 싶은 마음이 절로 생겼다. 니콜라이의 부끄러워 어색해하고 당황해하는 표정에 어머니는 감동해서 혼자 한숨 섞인 미소를 지었다. 그러자 아들 파벨과 안드레이 생각이 퍼뜩 떠올랐다. 소리 높이 펑펑 울리는 페자의 목소리가 기억났고, 눈앞에 새로운 소리로 옷을 입혀 새로운 생각을 비추는 메이데이의 축제 광경이 한 폭의 그림처럼 떠올랐다. 그날의 일들은 메이데이 자체만큼 이상했었다. 시합에서 한 대 얻어맞아 땅바닥에 머리를 처박고 곤두박질해야만 하는 이전의 슬픔과는 질적으로 달랐다. 그것은 수십 개의 날카로운 송곳으로 가슴을 찔러 그녀의 눈을 크게 뜨게 하고 굽었던 등을 펴게 만드는, 정말 은근한 분노를 불러일으키는 슬픔이었다.

어머니는 여태껏 들어본 적 없는 도시 밤거리의 소음에 귀를 기울이며, 우리 아이들이 세상으로 나아가고 있는 거야, 생각했다. 거리의 소음들은 멀리서 들려오는 한숨소리처럼 와서, 정원의 낙엽들을 흔들고 열린 창문을 통해 방 안으로 기어들어와서는, 기절하듯 자취를 감추었다.

이튿날 아침 일찍 어머니는 반짝이도록 깨끗이 씻은 사모바르에 물을 끓이고 최대한 소리가 나지 않도록 식탁에 접시들을 올린 다음, 부엌에 앉아서 니콜라이가 일어나기만을 기다렸다. 그때 기침 소리가 들리고 한 손에 안경을 든 그가 목을 어루만지면서 부엌에 들어섰다. 아침인사에 답한 어머니는 사모바르를 방으로 가져갔다. 니콜라이는 세수를 하다가 마룻바닥에 물을 튀기고 비누와 칫솔을 바닥에 떨어트리고는 불만에 차서 자기 자신이 못마땅한 듯 투덜거렸다.

차를 마시려고 자리에 앉아 니콜라이가 어머니에게 말을 걸었다.

"전 지방자치회에서 매우 끔찍한 일을 보고 있습니다. 농민들이 어떻게 피폐해 가고 있는가를 관찰하는 일이랍니다."

그러고는 죄지은 사람처럼 멋쩍게 웃어 보이며 말을 이었다.

"굶주림에 지친 사람들은 너무 젊은 나이에 굶어 죽어 무덤행이고, 아이들은 태어날 때부터 너무 쇠약해서 가을 파리처럼 시들시들 죽어갑니다. 우린 왜 그렇게 비참한지 다 압니다. 그냥 지켜보면서 우리는 꼬박꼬박 월급을 받지요. 저희가 하는 일은 그게 다예요. 정말입니다. 그냥 그 일만 하면 돼요."

"그럼 지금 자넨, 학생인가?"

어머니가 물었다.

"아뇨, 전 촌마을 선생이었답니다. 아버지가 바트카에 있는 공장 관리인이셨기 때문에 전 선생이 될 수 있었어요. 그렇지만 전 농부들에게 책을 나누어 주기 시작했습니다. 그 때문에 옥살이도 했고요. 출옥해서 서점 점원으로 일을 하기도 했는데, 저의 부주의로 그 일도 금방 그만두게 되었고 다시 감옥에 가는 신세가 되었다가 결국 아르한겔스크로 유형을 가게 되었답니다. 거기서도 그 지방 지사의 눈 밖에 나는 바람에 백해(白海) 연안 벽촌으로 보내져 그곳에서 5년을 살았어요."

그의 이야기는 따스한 햇살로 가득 넘치는 방 안에 잔잔하게 울렸다. 이런 종류의 이야기라면 처음 듣는 것도 아니건만 어머니로서는 이해되지 않는 구석이 많았다. 그런 고통을 당하고도 어떻게 저리도 평정하게 이야기를 할 수 있는가, 왜 그는 겪은 고통을 아무에게도 탓하지 않을까, 왜 그런 고통을 불가피하게 여길까?

"누이가 오늘 올 겁니다."

니콜라이가 말했다.

"누이는 결혼을 했수?"

"과부랍니다. 남편이 시베리아로 유형을 갔다가 구사일생으로 탈출했는데, 도중에 감기에 걸려 2년 전에 외국에서 그만 죽고 말았죠."

"손아래 누이요?"

"아뇨, 저보다 여섯 살 위예요. 제가 신세를 많이 지고 있어요. 누이의 피아노 연주를 들으실 수 있을 거예요. 저게 누이 피아노랍니다. 여기 있는 물건 대부분이 다 누이 것이고, 제 거라면 책 정도나 있을까……."

"누이가 사는 데는 어딘데?"

니콜라이가 피식 웃으며 대답했다.

"딱히 어디라고 할 수 없어요. 용감한 사람을 필요로 하는 곳이 있으면 거기가 바로 누이가 사는 데니까요."

"그럼 누이도 역시 우리 하는 일에?"

"물론이죠."

그가 일하러 나가고 집을 비우자 어머니는 사람들이 밤낮 구분 없이 조용하게 결연한 의지로 벌여나가고 있는 이 '운동'에 대해 깊은 생각에 빠졌다. 그런 사람들을 생각할 때면 어머니는 깊은 밤에 거대한 산 앞에 서 있는 기분이었다.

정오쯤, 몸매가 늘씬한 여인이 찾아왔다. 어머니가 문을 열어주기 무섭게 그 여인은 바닥에 누런 여행가방을 내던지고 다급하게 어머니의 손을 잡으며 물었다.

"아주머니가 파벨 미하일로비치의 어머니시군요, 그렇죠?"

"그렇습니다만……."

어머니는 여인의 풍족해 보이는 겉모습에 당혹스러워하며 대답했다.

"제가 상상했던 그대로세요."

거울 앞에서 모자를 벗으며 여인이 말했다.

"파벨 미하일로비치와는 오랜 친구 사이에요. 파벨이 어머님 말씀을 어찌나 하던지……."

그녀는 목소리가 둔하고 말도 느렸지만 움직임만은 민첩하고 활기차 보였다. 그녀의 크고 맑은 잿빛 눈은 앳된 미소를 머금고 있었지만 그래도 관자놀이 근처에는 잔주름이 졌고 귀 위로는 희끗한 머리카락이 은빛으로 반짝거렸다.

"배가 고프네요. 커피 한 잔 부탁드려요."

여인이 말했다.

"내 얼른 끓여 오리다."

어머니는 선반에서 커피 기구를 꺼내면서 조용히 물었다.

"파샤가 내 얘길 합디까?"

"그럼요, 얼마나 많이 했다고요."

여인은 조그만 가죽 담뱃갑에서 담배 한 개비를 뽑아 불을 붙여 물고서 방 안을 서성이며 물었다.

"파벨 때문에 걱정이 많이 되시죠?"

어머니는 커피 주전자 밑에서 흔들리는 알코올 램프의 불꽃을 쳐다보면서 미소를 지었다. 처녀가 나타났을 때의 당혹감은 여인을 만난 커다란 기쁨 때문에 사라졌다.

'내 얘길 많이 했구나, 사랑스런 내 아들!'

어머니는 이런 생각을 하면서 천천히 말했다.

"물론이죠, 맘이 편하지를 못 해요. 하지만 이전에 더 나쁜 경우도 허다했는데요 뭐. 지금은 파샤가 혼자가 아니라는 사실도 알고, 또 나도 혼자가 아니니까……."

그리고 여인의 얼굴을 들여다보면서 물었다.

"이름이 어떻게 되우?"

"소피아예요."

소피아는 대답하고서 업무에 충실한 투로 말하기 시작했다.

"중요한 문제는 모두 감옥에 오래 있지는 않을 거라는 거예요. 곧 형을 언도받게 될 테니까요. 그들이 유형에 처해지는 대로 우린 곧바로 파벨 미하일로비치를 탈출시킬 계획에 착수할 겁니다. 시베리아에서는 그가 할 일이 없어요. 파벨은 여기서 꼭 필요한 인물이에요."

어머니가 미심쩍은 눈초리로 소피아를 쳐다보았다. 소피아는 담배꽁초를 버릴 만한 곳이 없는지 두리번거리더니 결국 화분에 담겨 있는 흙에 비벼 꺼버렸다.

"그러면 꽃에 별로 안 좋을 텐데!"

어머니는 무심결에 중얼거렸다.

"죄송해요. 니콜라이도 늘 잔소리를 한답니다."

소피아는 간단히 말하고는 화분에서 담배꽁초를 꺼내 창밖으로 홱 집어던졌다.

어머니는 당혹스럽고 미안해서 소피아에게 말했다.

"미안해요! 난 그저 생각 없이 한 소린데. 내가 잔소리 늘어놓을 자격은 없죠?"

"아니에요, 제가 잘못한 점이 있으면 당연히 따끔하게 야단을 쳐 주셔야죠. 안 그런가요?"

어깨를 으쓱이며 소피아가 말했다.

"나도 알아요, 하지만 난 항상 나 때문에 더 나빠지는 걸 잊어요. 참 추한 습관이지요…… 담배꽁초를 아무데나 버려서 재로 더럽혀 놓는 건…… 특히 여자들이 그러면 더 추하고. 일을 해야만 방이 깨끗하죠. 그래서 일이란 모두가 존경받아야 마땅하고요. 커피가 준비됐나요? 고마워요! 그런데 왜 잔이 하나뿐이죠? 당신은 안 마시세요?"

그러고는 갑자기 어머니의 어깨를 양손으로 감싸더니 자기에게 바짝 끌어당겼다. 그리고 어머니의 눈을 바라보면서 놀란 듯 물었다.

"왜요, 제가 좀 불편하게 해드렸나요?"

어머니가 웃으면서 대답했다.

"난 그저 담배꽁초에 대해서 한마디 했을 뿐인데 내가 쑥스러워 보이우? 어제 여기로 이사 왔는데 내 집처럼 편하고 오랫동안 알고 지냈던 것 같아, 무서울 것도 없고 말을 가려서 할 필요도 없고……."

그녀는 놀라움을 감추지 않았다.

"그러셔야죠."

"난 지금 하도 머리가 어지러워서 나 자신에게 낯설 정도라오. 전에는 상대방과 오랫동안 같이 있어야만 마음을 열고 말했었다우. 그런데 이젠 마음이 항상 열려 있어서, 예전엔 생각지도 못했던 말까지 터놓고 이야기할 수 있게 되었다오. 물론 말도 많이 하고."

소피아는 담배 한 대를 다시 피워 물고 아무 말 없이 다정한 회색빛 시선으로 어머니의 얼굴을 들여다보았다.

"참, 아까 탈출 계획에 대해 이야기한 것 같은데, 그럼 파샤는 어떻게 되지? 어떻게 평생 도망자로 살아?"

어머니는 마침내 자신을 흥분시켰던 생각에 대해 언급했다.

"그건 아무 일도 아니에요."

소피아는 자기 잔에 커피를 다시 가득 따르고서 대꾸했다.

"그런 식으로 도망친 뒤 사는 사람이 수십 명 남짓 되는데 그 사람들과 함께 살 거예요. 지금도 막 한 사람을 만나 배웅하고 오는 길인데, 또 다른 사람 역시 참 중요한 인물이죠. 남부에서 운동에 참여했어요. 5년 유형에 처해졌는데 지금까지 석 달 반가량 남았어요. 그래서 그만한—귀부인—을 찾아보는 거예요. 제가 항상 옷을 이렇게 입는다고 생각하세요? 이렇게 좋은 의

복, 호화로운 비단 소리를 전 참을 수가 없어요. 인간은 본성적으로 단순해서 옷도 단순하게 입어야 해요, 아름답지만 단순하게요."

어머니는 그녀를 물끄러미 보면서 미소를 머금고 고개를 저으며 생각에 잠겨서 이야기했다.

"분명한 건, 그날, 그 5월 1일이 날 변하게 만들었다는 거요. 왠지 내가 동시에 두 길을 가고 있는 것처럼 두려운 기분 말이우. 처음엔 이해가 되는 것 같더니 갑자기 눈앞에 안개가 자욱하게 낀 듯했지. 여기 당신이 왔어! 숙녀야, 그것도 이 운동에 참여하고 있고…… 파샤를 잘 알고, 인정해주고 있어. 고맙다는 말밖에는 할 말이 없네."

"천만에요, 고마워해야 할 사람은 바로 전데요, 뭐!"

소피아가 웃었다.

"나한테 말이오? 파샤가 하는 운동에 대해 가르쳐주지도 못했는걸."

한숨을 몰아쉬며 어머니가 말했다.

"이제 말하는데, 난 세상 모두가 단순하고 가까워 보여. 그런데 문득 이 단순성이란 게 뭔지 모르겠다우. 그럼 다시 난 조용히 있지. 그렇지만 조용히 있다 보면 곧 점점 두려운 생각이 들어. 난 평생 늘 두려워하며 살아왔지만, 두려워할 대상이 많으면 별로 두렵지가 않아. 왜 그렇지? 난 이해할 수가 없다우." 그녀는 할 말을 잃고 멈추어 섰다.

소피아는 그녀를 심각하게 쳐다보고 기다리다가, 어머니가 흥분해 있는 모습을 보고는 어머니에게 맞는 마땅한 표현을 찾지 못해서 자기가 계속 대화를 이어갔다.

"모든 걸 이해하실 때가 올 거예요. 사람에게 힘과 신뢰를 주는 가장 중요한 요소가 뭘까요. 그건 일을 하는 어떤 이유를 그가 언제 진심으로 사랑하기 시작할까, 또 그것이 모든 사람에게 적용할 좋은 이유라는 사실을 알게 되는 거죠. 그런 사랑이 있고, 또 모든 게 있는데, 사랑하려는 사람이 없어요. 자, 이제 이 모든 호화로움에서 제가 빠져나올 때예요."

소피아는 담배꽁초를 차반침에 비벼 끄고 머리를 흔들었다. 숱이 많은 금발 머리칼이 등에서 굽이쳤다. 그녀는 미소를 지으며 걸어나갔다. 어머니는 그녀가 가는 모습을 지켜보며 한숨을 쉬고 주위를 둘러보았다. 그녀의 생각은 이제 멎었다. 반은 졸립고, 알 수 없는 부담감에 숨 막히는 상태로 접시들을 주워모았다.

네 시에 니콜라이가 집으로 돌아왔다. 같이 식사를 하는 자리에서 소피아
는 도망자를 만나 위기의 순간에 그를 숨겨준 일, 무서웠던 첩자 한 명을 사
람들 가운데서 보았던 일, 그리고 도망자의 재치 넘치는 행동에 대해 간간이
웃음을 터트리면서 시시콜콜 늘어놓았다. 그녀의 말투에서 어머니는 힘겨운
일을 마치고 만족해하는 노동자의 뽐내는 기분을 느꼈다.

소피아는 이제 흐르는 듯한 비둘기색 드레스를 입고 있었는데, 그녀의 어
깨에서 발목까지 따스하게 물결쳤다. 옷 때문인지는 몰라도 부드럽고, 소리
없이 조용해졌으며, 키도 더 커 보이고 눈도 깊고 어두워 보였다. 동작 역시
긴장감이 덜하고 자연스러워졌다.

"소피아, 해야 할 일이 하나 더 생겼어."

식사가 끝난 뒤 니콜라이가 먼저 입을 열었다.

"누나도 알겠지만 우리가 농촌신문을 계획하고 있었는데 최근의 검거 사
건 때문에 그쪽 사람들과 연락이 끊겨 버렸어. 이제 신문을 배포할 사람을
찾는 일은 어머니의 도움에 의지할 수밖에 없어. 누나가 어머님과 함께 그곳
으로 가 줘야겠어, 되도록 빨리 하도록 해."

"좋아!"

소피아가 대답했다.

"우리 같이 갈 거예요, 닐브로나!"

"그래, 같이 갈 거야."

"거리가 먼가?"

"80베르스타가량 될 걸요, 아마?"

"멋지겠는걸! 그건 그렇고 피아노 좀 쳤으면 좋겠는데. 어때요, 들어주실
수 있겠죠, 펠라게야 닐브로나?"

"무슨 걱정이우, 그냥 내가 없다 생각하면 되지, 뭐!"

어머니는 폭신한 소파의 한 귀퉁이에 자리를 잡으며 대답했다.

어머니는 남매가 일부러 자신을 특별하게 대하지 않으려고 애를 쓰고 있
다는 사실과 자신도 모르게 그들의 대화 속으로 자연스럽게 빠져들었다는
사실을 깨달았다.

"잘 들어 봐, 니콜라이! 그리그의 곡인데 오늘 악보를 가져왔어. 창문 좀 닫아 주고."

소피아는 악보를 펼치고 왼손으로 피아노 건반을 가볍게 두드렸다. 피아노 건반줄들이 굵고 재미있는 음으로 노래하기 시작했다. 다른 음조가 깊은 숨을 크게 들이쉬며 조금 전의 첫 음조에 합쳐져 풍부한 소리를 이루면서도, 그 자체 무게보다 못한 소리로 바르르 떨리고 있었다. 오른손 손가락 밑에서 이상하리만치 맑은 음이 울려 퍼지며 흘러나와, 마치 놀란 새 무리처럼 동요하고 흔들리고 서로 부딪히면서 정신없이 줄행랑쳤다.

어두운 배경에서는 낮은 음조가 폭풍에 지친 바다의 파도처럼 침착하고 조화로운 마침(카덴스)으로 곡조를 냈다. 누군가가 소리치고, 반란을 일으켜 크게 흥분하여 한심하게 외치는 소리가 무기력한 분노로 '왜?'냐고 심문하며 호소하다가는, 희망을 잃고 점점 침묵해 갔다. 그러고 나서 다시 후회스러운 비탄의 곡조가 울려 나와서, 깊이 있게 낭랑하고 맑았다가, 또 억눌려서 맥이 빠졌다. 이 곡조에 화답하여 어두운 음색의 굵직한 파도가 밀려왔는데, 폭넓고 낭랑하게, 그리고 그저 그렇게 희망 없이 들렸다. 굵은 소리의 파도는 자체적인 깊이와 힘으로, 비탄의 울음소리를 내는 청객을 물에 흠뻑 젖게 했다. 심문과 호소, 신음이 걱정스러운 곡조에 혼합되었다. 가끔씩 음악이 흐느끼고 슬퍼하면서 온 힘을 다해 높이 날아올랐다. 그리고 다시 스스로를 치닫게 해서는 낮게 기어 여기저기서 빽빽하고도 떨리는 낮은 음조로 흐느적거리며 흔들렸다. 그러다가 좌초해서 음조들 속으로 사라졌다. 그리고 다시 한 번 마침(카덴스)까지 돌진하면서 희망 없이 조용하게 우르릉거리면서, 음량이 점점 커졌고, 정면으로 크게 울린 음이 넓게 번지는 습기 찬 음조에 녹아서 해체되었다. 이 음은 똑같이 고른 크기의 힘과 평정에 의해 한숨으로 이어져서 절대 지칠 줄을 모르는 것이었다.

처음에는 그 음악소리가 어머니를 감동시키지 못했다. 어머니의 귀에 혼란스럽게만 울릴 뿐 음악을 이해할 수가 없어서였다. 서로 복잡하게 얽혀 있는 음들의 혼합에서 어떤 멜로디를 분간해낼 수 없었다. 그녀는 졸음이 밀려와 반쯤 감긴 눈으로 니콜라이를 쳐다보았다. 그는 발을 꼬고 소파의 반대 귀퉁이에 앉아 누이의 진지한 옆모습과 숱 많은 금발머리를 보고 있었다.

햇빛이 방 안으로 비쳐 들어왔다. 한 줄기 햇빛이 수심에 잠긴 듯이 떨리다가, 처음엔 소피아의 머리와 어깨에 걸리고 다음엔 피아노 건반 위로 옮겨가 여인의 손가락 밑에서 눌려 새의 날갯짓처럼 파드닥거리며 떨렸다. 아카시아 가지들이 창밖에서 이리저리 흔들리고 있었다. 방 안에 가득 퍼진 음악 소리에 어머니는 눈치채이지 않고 잊힌 과거의 추억을 일깨웠다.

거의 같은 고조의 세 가지 음조가 페자 마진의 목소리처럼 울리고, 소리의 시냇물 속에서 세 마리의 은빛 민물고기처럼 빛났다. 가끔씩 또 하나의 음조가 이 간단한 곡조들에 합해져서, 다정하면서도 슬프게 쓰다듬으며 마음을 감쌌다. 그녀는 그 곡조들의 재잘거리는 소리를 귀 기울여 기다리게 되었다. 오직 그 음악 소리만이 귀에 들어왔다. 음악 소리는 점차 떠들썩한 혼돈과 구별되었고, 마침내 그녀는 그 떠들썩한 혼돈에 귀머거리가 되었다.

그리고 어떤 이유 때문에 기억들이 되살아났는데, 그것은 그녀의 희미한 과거로부터 오랫동안 잊혔던 잘못된 삶에 대한 기억들이었다.

언젠가 거나하게 취해 밤늦게 집에 돌아온 남편은 다짜고짜 그녀를 침대에서 끌어내 바닥에 내팽개치고 옆구리를 걷어차며 호통을 쳤다.

"멀리 꺼져 버려, 너만 보면 머리가 깨질 듯이 아파! 나가!"

어머니는 남편의 주먹을 피하려고 두 살배기 아들을 끌어안고 바닥에 웅크리고 앉아 아들을 방패처럼 뒤집어쓰고 있었다. 아기는 놀라서 그녀의 팔 안에서 귀청이 찢어지도록 울어댔다. 제대로 입지도 못했고 몸에선 열이 났다.

"꺼져 버려!"

남편이 버럭 소리를 질렀다.

어머니는 벌떡 일어나 부엌으로 달아났다. 어깨에 웃옷 하나를 겨우 걸치고 등에 업은 아기를 숄로 대충 감싸고서 반항은 고사하고 불평 한마디 하지 못한 채 거리로 뛰쳐나왔다. 맨발에 웃옷 속에는 셔츠뿐이었다. 때는 5월이라 밤공기가 선선했다. 거리의 찬 먼지가 발끝에 부딪치며 발가락 사이에 뽀얀 먼지가 금세 수북이 쌓였다. 아기는 버둥거리며 울음을 그칠 줄 몰랐다. 어머니는 아들을 품에 꼭 안았다. 아기를 조용히 달래면서 두려움에 쫓겨 길을 따라 걸어 내려갔다.

날이 밝아오고 있었다. 누군가 거리를 지나다가 반쯤 벗은 거나 다름없는 자신의 모습을 보지나 않을까 마음이 두렵기도 하고 부끄럽기도 했다. 어머니는 소택지 쪽으로 달려가 무성한 사시나무 아래 땅바닥에 털썩 주저앉았다. 밤공기를 이불 삼아 덮어쓰고 휘둥그레진 두 눈으로 어둠 속을 바라보면서 꼼짝하지 않고 그대로 한참을 앉아 있었다. 겁에 질린 채 흐느끼며 아기를 위해 자장가를 불렀다. 아기는 잠이 들었고, 그녀는 분노한 자신의 마음을 달래려고 또 자장가를 불렀다.

갑자기 들새 한 마리가 머리 위에서 파닥거리며 멀리 날아갔다. 그 바람에 어머니는 깜짝 놀라 자리에서 일어났다. 추위에 덜덜 떨면서, 새로운 모욕과 구타의 공포에 맞서기 위해 집으로 돌아왔다.

연주의 막바지에 그저 그렇게 무심하고 차가운 느낌의 화음이 무겁고도 낭랑한 숨을 들이쉬었다가 내쉬며 점점 자취를 감추고 있었다.

소피아는 몸을 돌려 니콜라이를 보고 다정하게 물었다.

"어때? 맘에 들었어?"

"훌륭해! 아주 멋진 곡인걸?"

니콜라이가 고개를 끄덕이며 말했다.

소피아는 어머니의 얼굴을 쳐다보았지만 아무 말도 하지 않았다.

"사람들은 음악을 들을 때는 아무 생각도 하지 않아야 한다고 말해요. 그렇지만 전 그럴 수 없어요." 니콜라이가 무슨 생각을 하듯이 소파 깊숙이 몸을 뒤로 젖히면서 말했다.

"나도 그렇게 안 돼요." 소피아가 아름다운 멜로디 화음을 치면서 말했다.

"난 음악을 들었는데, 사람들이 마치 자연에게 묻는 것처럼 들렸어, 비통해하고 으르렁거리면서 화가 나 반항하면서 '왜 이러는 거예요?' 외치는 소리 같았다고. 자연은 대답하지 않고 그저 조용히 끊임없이, 영원히 창작을 하고 있었어요. 자연의 어머니가 말이 없는 가운데 그녀의 대답이 들려왔어요, '나는 아무것도 모른단다.'"

어머니는 니콜라이가 하는 말에 조용히 귀 기울였지만 그의 말을 이해하지 못했고 또 이해되기를 바라지도 않았다.

어머니의 가슴에서 추억담들이 잔잔하게 메아리쳤다. 어머니는 음악이 더 듣고 싶어졌다.

그녀의 기억들과 나란히 그녀 앞에 상념이 펼쳐졌다.

'여기 이 남매가 다정하게 우정으로 살아가는 모양이란 정말 평화롭고 조용해. 음악을 듣고 책을 읽잖아. 서로 욕을 하는 법도 없고 술을 마시지도

않고, 밑바닥 인생들이 다 그렇듯 즐거움에 아귀다툼을 벌이는 일도 없어.'

소피아는 담배를 피워 물었다. 그녀의 흡연습관은 거의 줄담배였다.

"이 곡은 죽은 코스챠가 참 좋아했었어."

담배 연기가 베일처럼 급히 소피아를 감쌌을 때 그녀가 말했다. 그녀는 낮고 슬픈 화음을 다시 쳤다.

"난 정말 이 곡을 그이한테 쳐주는 걸 좋아했어! 그이가 음악을 얼마나 말로 잘 표현했었는지 기억하지, 니콜라이?" 그녀는 말을 잠시 멈추고 웃었다. "그이는 정말 감성적이었어! 정말 좋은 감정을 지닌 사람이었지. 모든 사물에 열정적이고, 모든 것에 완벽한 남자였어!"

'남편 생각이 많이 날 거야. 그런데도 웃음을 잃지 않는군.' 어머니는 유심히 그녀를 보며 생각했다.

"그이와 있으면 정말 행복했어."

소피아가 나직이 말했다. 행복했던 남편과의 추억담에 맞추어 경쾌한 음을 눌렀다.

"그이는 정말 인생을 아는 유능한 사람이었어. 항상 기쁨으로 환히 빛났었지, 자신감에 찬 어린 아기 같은 기쁨으로 말이야!"

'어린 아기 같이.' 어머니는 혼잣말로 중얼거리며 무언가에 공감한다는 듯이 고개를 저었다.

"맞아, 그 사람 영혼은 항상 노래하고 있었어."

니콜라이가 턱수염을 문지르며 말했다. 소피아가 남동생에게 고개를 돌리고 천천히 두 팔을 뻗쳤다. 그녀는 푸르스름한 담배연기에 둘러싸인 채 황홀해 하는 목소리로 말했다. "내가 처음에 이 곡을 그이에게 연주해주었을 때 그이는 이렇게 표현했어. 먼 북구의 황량한 바닷속, 회색빛의 차가운 하늘이 이룬 둥근 뚜껑 아래, 검은 섬이 외로이 홀로 떠 있소, 그 섬은 사람이 하나도 없는 바위요, 얼음으로 뒤덮여 있지. 매끈하게 반짝거리는 해변이 갑자기 회색빛 파도 속으로 내려가 버리고, 푸르고 투명한 얼음 덩어리들은 차가운 물을 흔들며 사납게 떠서 섬의 검은 바위에 부딪친다오. 그 얼음 덩어리들의 부딪는 소리가 황량한 바다의 죽은 정적 속에서 슬프게 울리고, 깊이를 알 수 없는 바닷물 위에 오랫동안 얼음들이 떠다닐 때 부서지는 파도가 주위에 물을 튀기며, 바다 한가운데의 그 외로운 바위섬으로 얼음들을 데려가지. 그 소리는 소름이 끼쳐, 얼음 덩어리들이 해변에 부딪혀 부서지며 슬프게 묻지, '왜 이러는 거죠?'"

소피아는 이제 막 불을 붙인 담배를 어디론가 집어던지고 피아노 쪽으로 돌아서서 다시 비탄의 소리를 울리며 피아노를 치기 시작했다. 그 비탄은 먼 북구의 바다에 떠 있는 황량한 섬의 해변에 다다른 외로운 얼음 덩어리들의 슬픔이었다.

어머니는 그 간단한 사색적 스케치를 들으면서 참을 수 없는 슬픔에 압도되었다. 그 그림은 그녀의 과거와 기이하게 섞였고, 그녀의 추억들이 그 과거사에 점점 더 깊은 구멍을 내었다.

"음악 속에서 사람들은 모든 걸 들을 수 있습니다." 니콜라이가 조용히 말했다.

소피아는 어머니 쪽으로 돌아서서 물었다.

"제가 너무 시끄럽게 굴어서 혹 아주머니께 폐가 되지 않는지 모르겠어요."

어머니는 조금만 짜증이 나도 억누를 수가 없었다.

"내게 신경 쓸 필요 없다고 말했잖수? 그냥 앉아서 듣고 내 생각을 한다우."

소피아가 말했다.

"그렇지 않아요. 이해하셔야만 해요. 여자라면 누구나 음악을 이해하지 않고는 못 배기죠, 그것도 슬픔에 빠졌을 때는……."

소피아는 힘차게 건반을 두드렸다. 마치 누군가가 충격적인 소식을 듣고 마음을 찔린 듯한 비명이 울렸다. 그의 손목을 비틀어 강제로 고통의 소리를 쥐어짜낸 것만 같았다. 젊은 목소리가 놀란 듯 떨고 사람들은 황급히 줄달음을 쳤다. 그리고 다시 다른 모든 소리를 누르는 커다란 분노의 목소리가 터져 나왔다. 얼핏 재앙이 일어난 소리였는데, 분명 누군가가 모욕을 받아서 저 밑바닥에서 나오는 고통의 소리였다. 불평에다 분노까지 부추겼다. 그 다음엔 어떤 다정하고 영향력 있는 사람이 나타나서는 노래를 부르기 시작했는데, 꼭 안드레이와 비슷해서, 간곡한 권고로 자기 자신에게로 상대방을 불러들이는 듯이 노래를 불렀다. 낮은 바리톤 음의 그 목소리들은 따분하고 불쾌한 곡조로 우르릉거렸다.

소피아는 오랫동안 피아노를 연주했다. 그 음악은 어머니에게 동요를 일으켜서, 그 음악이 무슨 말을 하고 있는지 묻고 싶은 욕망을 일게 만들었다. 흐릿한 감각적 돌풍이 일고, 생각들이 그녀의 마음속에서 재빨리 연이어 지나갔다. 슬픔과 걱정이 슬며시 양보하고 물러나면서 조용한 기쁨의 순간이 대신했다. 눈에 보이지 않는 새들의 무리가 방 안에서 날아다니며, 곳곳마다 침투하여 애무하는 날갯짓으로 마음을 감동시키고 달래고, 또 동시에 불안하게 놀래는 기분이었다. 어머니의 가슴속에 이는 감정을 말로 정해놓기는 어려웠다. 그 감정들은 어머니의 마음을 당혹스런 희망을 지니도록 대담하게 부추기기도 하고, 신선하고도 굳은 포옹으로 어루만져 주기도 했다.

어머니는 이들 남매에게, 그리고 일반적으로 모든 사람에게 따뜻한 말 한마디를 해주고 싶은 다정한 충동이 일었다. 어머니는 음악에 매료되어 남매를 위해 꼭 필요한 일을 해 줄 수 있으리라는 희망을 품게 되었다. 그러자 입가에 웃음이 흘렀다.

어머니는 할 일을 찾아 두리번거렸다. 그리고 사모바르를 올려놓기 위해 부엌으로 총총히 사라졌다. 차를 따르면서도 그녀가 희망하는 기분이 채워지지 않았다. 희망이 완고하게 어머니의 가슴속에서 버티고 있는 탓에, 차를 따르면서도 불안한 미소를 지으며 흥분한 듯 말하기 시작했다. 그녀는 소피아와 니콜라이와 자기 자신을 똑같이 따스하게 쓰다듬으며 말을 헌사하는 것처럼 보였다.

"우리 같은 사람들, 어둡고 비참한 삶을 살아가는 사람들도 모든 걸 느낄 줄 안다오. 단지 생각이 우리 안에서 떠돌 뿐이야. 이해는 하는데 말로 표현을 하지 못하는 것처럼 부끄러운 일은 없어. 그러다 보니 자신의 생각에 대해 화가 나는 것이고. 그런 생각을 불어넣은 사람에게도 화가 나지요. 우린 우리가 품고 있는 생각들을 다 쫓아내 버린다오. 알겠지만, 삶이 너무 힘이 들어서 그런 게야. 그저 사방에서 얻어맞는 일 말고 뭐가 있겠어. 그러니 쉬고 싶고, 결국 열정적 영혼을 갖고 우리의 일을 요구하려는 생각이 들게 된다오."

니콜라이는 안경을 닦으면서 가만히 귀를 기울이고 있었고, 소피아는 눈을 크게 뜨고서 담배가 재로 타들어가는 것도 잊고 어머니의 얼굴만을 빤히 쳐다보고 있었다. 소피아는 피아노 옆에 유연하고 맵시 있게 몸을 반쯤 틀고 앉은 채로 가냘픈 오른쪽 손가락으로 가볍게 건반을 두드렸다. 수심에 잠긴 화음이 어머니의 말과 미묘하게 섞였다. 어머니는 자신의 새로운 감정과 생각을 단순하고 진심 어린 말에 섞어서 나타냈다.

"난 이제야 나나 나와 같은 처지에 있는 사람들에 대해 할 말을 하게 되었어, 인생을 이해하기 때문이야. 비교할 줄 알게 되면서부터 이해하기 시작했지. 이전에는 나와 비교할 사람도 없었어. 우리 사는 게 특별한 무엇도 없고, 죄다 그게 그거지. 하지만 다른 사람들의 삶을 보게 되면서 내 삶을 돌이켜 보게 되었어. 지독히도 비참하고 암담했던 추억담들이지. 그렇지만 다시는 돌아갈 수 없잖우, 게다가 돌아갈 수 있더라도 그 젊음을 다시 되찾을 수가 없을 테고 말이야. 그래서 난 굉장히 많이 이해하고 있다고 생각해. 여기서 난 당신들을 보고 있고, 더구나 내가 만나보았던 당신들의 동료들 모두를 기억하고 있다우."

어머니는 목소리를 약간 낮추어 말을 이어나갔다.

"어쩌면 내가 괜한 이야기를 하고 있는지도, 정말 쓸데없는 말을 늘어놓고 있는지도 모르지. 그런 거라면 당신들이 예전부터 다 알고 있는 걸 텐데. 그러니 그저 나 혼잣말이거니 생각해도 좋아. 당신들이 곧장 날 나란히 옆에 있게 했어. 그런데 내가 필요하기는 한 건지, 당신들은 도대체 날 이용하지도 않고 있단 말이우, 나에게서 아무 기쁨도 얻지 못하고 있다는 것도 난 알고 있고. 그래도 날마다 내 마음은 점점 성장해서, 오, 고맙게도 하느님! 마음이 선의(善意)로 성장해서 모든 사람을 위해 좋은 일을 할 희망을 품게 됐다오. 이게 다 당신들에게 감사하다는 말이오."

행복에 겨워 감사의 눈물을 흘리느라 어머니의 목소리는 잠겨 버리고 눈은 미소를 머금은 채 그들을 바라보고 있었다. 그녀는 말을 이었다.

"당신들한테는 내 가슴을 열어 보이고 싶다오. 당신들이 잘되기를 바라는 내 마음이 얼마나 간절한지 보여주기 위해서라도."

"우리 눈엔 벌써 다 보여요. 어머니는 우리에게 휴일 같은 안식을 주고 계세요."

나직한 목소리로 니콜라이가 말했다.

어머니는 다시 이야기를 시작했다. 소피아와 니콜라이에게 자신의 비참하고 가난한 인생과 잘못된 삶에 대해서, 그리고 참고 참는 고통들에 대해서 말해주었다. 갑자기 그녀는 이야기를 멈췄다. 자기 자신의 이야기에서 빗나가서 아예 다른 사람 이야기로 벗어나서 말하고 있다는 생각이 들어서였다. 단순하게 말하면서, 악의 없이 입술에 슬픈 미소를 머금고 자신의 단조롭고 우울했던 회색빛의 나날들에 대해 슬픈 스케치를 그려 보였다. 남편이 구타했던 일들을 일일이 늘어놓으면서, 스스로 놀랐다. 남편이 손찌검한 이유란 그렇게도 사소했었다는 데에 놀라고, 또 그런 불행을 피하지 못한 무능한 자신에 대해 놀랐다.

남매는 가축 취급을 당하면서도 아무 불평도 하지 못하고 자신이 취급당한 그대로의 존재라고 오랫동안 느끼고 살았던 한 인간의 솔직한 고백을 말없이 듣고 있었다. 수천의 사람들이 어머니의 입을 빌려 자신들의 이야기를 하고 있는 것 같았다. 그녀의 존재는 평범하고 순박했지만 그것이 일반 대중이 살아온 단순하고 일반적인 존재이자 그녀의 인생 이야기였다. 대다수의 더 많은 사람이 이제까지 그런 상징적인 의미의 삶을 살았기에 말이다. 니콜라이는 팔꿈치를 탁자에 올려 턱을 괴고서 꼼짝도 않고 안경 너머로 어머니를 지그시 바라보았다. 긴장한 탓인지 두 눈에 힘이 들어가 있었다. 소피아는 의자에 등을 깊숙이 기대고 앉아 때로는 놀라 떨기도 하고 때로는 혼자 투덜거리며 고개를 젓기도 했다. 얼굴은 한결 초췌해지고 파랗게 질려 있었고 눈은 퀭하니 패였다.

"언젠가 한번은 나 자신이 가장 불행하게 느껴지던 때가 있었어요. 정말 열병이라도 앓고 있는 듯했죠."

소피아가 고개를 숙이고 입을 떼었다.

"유형생활과 다를 게 없었어요. 시골 아주 작은 마을이었는데 할 일도 없고 나 자신 말고는 생각할 것도 없었죠. 모든 내 불행한 신세를 한 무더기로 쓸어 모아서 무게를 달아보았어요. 더 잘할 일이 아무것도 없어서 그랬지요. 결국엔 사랑하는 아버지와 다투고 학교에서도 쫓겨났어요. 그 뒤에 겪었던 모욕, 옥살이, 절친했던 친구의 배신, 남편의 체포, 다시 옥살이, 그리고 다시 유형, 남편의 죽음 등. 하지만 제가 겪은 모든 불행에 열 곱을 한대도 당신의 고단한 삶의 단 한 달에도 미치지는 못할 것 같네요, 펠라게야 닐로브나. 어머니는 오랜 세월 동안 단 하루도 그런 고통에서 벗어나신 적이 없는 거잖아요? 도대체 도저히 상상도 할 수 없는 고통을 견뎌낼 힘이 어디서 나오는 거죠?"

"익숙해진 게지."

어머니가 한숨을 내쉬며 대답했다.

"전 제가 인생을 나름대로 좀 안다고 생각했어요."

니콜라이가 부드럽게 말을 받았다.

"그런데 책에서도 읽을 수 없고 제 불완전한 인생경험으로는 도저히 상상할 수도 없는 이야기들을 이렇게 막상 직접 들으니 정말 삶이라는 것이 얼마나 끔찍한지를 새삼 알겠어요. 사소하지만 끔찍한 일들이에요. 사소한 어리석음들이 일 초 일 초마다 쌓여서 수많은 해가 지나게 되니까요."

대화가 사색적으로 조용히 그리고 빠르게 흘러 모든 측면의 일상적인 삶 전체로 귀결되어 무르익고 있을 때, 어머니는 지난 추억을 떠올리며 미소를 짓기도 했고, 암울 속에 삼켜져 버린 젊은 옛 시절에서 일상의 잘못된 일들을 끄집어내서 벙어리가 된 공포라 칭할 수 있는 엄청난 고통스러운 장면을 말하기도 했다. 어머니가 다시 입을 열었다.

"좀 쉬어야 할 텐데, 내가 괜한 너스레 말을 꺼내서! 시간이 이렇게 된 걸, 쉬어야 할 텐데. 아무리 해도 이야기를 다 할 수 없다우."

남매는 말없이 어머니와 인사하고 자리를 떴다. 인사를 하는 니콜라이의 고개가 예전보다 더 숙여지고 마주잡은 손에도 한결 힘이 들어가는 것 같았다. 소피아는 방까지 어머니를 따라와 조용히 말했다.

"이제 쉬세요, 안녕히 주무세요."

소피아의 목소리에선 훈훈한 기운이 느껴졌고 회청빛 눈은 어머니의 얼굴을 더욱 부드럽게 쓰다듬고 있었다.

어머니는 소피아의 손을 감싸 쥐고 꼭 누르며 대답했다.

"고마워요! 당신은 좋은 사람이에요."

3

소피아와 니콜라이와 함께 끊임없이 대화를 한 지 사흘이 지났다. 어머니는 과거의 이야기를 계속했는데, 그 옛일은 그녀의 일깨워진 영혼 저 깊이에서부터 완고하게 자꾸만 솟아나와서 그녀 자신조차도 불안했다. 그녀의 과거가 왜 그런 건지 자꾸만 설명을 요구하고 있었다. 남매가 그녀의 이야기를 귀 기울여 들었기 때문에 어머니의 마음은 점점 더 넓게 열리고, 이제 이전에 살았던 삶의 어둡고 비좁은 새장으로부터 해방되고 있었다.

며칠이 지나서 어머니와 소피아는 거지나 다름없는 차림으로 니콜라이 앞에 나타났다. 거의 누더기가 된 꽃무늬 무명옷에 역시 무명 외투를 걸치고 어깨엔 자작나무 껍질 배낭을 메고 있었으며, 손에는 지팡이가 들려 있었다. 옷 탓인지 소피아의 키가 더 커 보였고 창백한 낯빛은 더욱 엄격해 보였다.

"누이는 평생 수도원들 주변을 맴돈 행색이군."

작별 인사를 나누며 니콜라이는 누이의 손을 꼭 잡았다. 그 모습에서 어머니는 다시 한 번 남매의 솔직하고 침착한 관계를 엿볼 수 있었다.

어머니에게는 익숙지 않은 분위기였다. 남매 사이엔 입맞춤도 다정한 말 한마디도 오가지 않았지만 진정 서로를 위로했다. 어머니가 익숙한 삶의 사람들은 툭하면 입을 맞추고 다정한 말을 건네는 것 같지만 정작은 굶주린 개처럼 서로 물어뜯고 안달이었다.

두 여인은 말없이 거리를 지나 들판에 이르렀다. 어깨를 나란히 하고 오래된 자작나무가 두 줄로 줄지어 서 있는 넓고 평탄한 길을 따라 걸음을 재촉했다.

"고단하진 않겠수?"

어머니가 물었다.

"제가 별로 걸어본 적이 없겠거니 생각하시나 보죠? 이미 오래전부터 걷는 데는 자신이 있어요."

소피아는 현재 자신이 하고 있는 혁명적인 일에 대해서 마치 어린 시절 일삼던 장난을 자랑하듯 이야기했다. 첩자들의 눈을 속이기 위해 가명과 위조 증명을 사용하고 또 변장까지 해야만 했던 일, 엄청 많은 양의 금서를 여러 도시를 돌며 배포했던 일, 유형당한 동지의 탈출계획을 세우고 외국까지 동행해 주었던 일 등, 이야기에 끝이 없었다. 한번은 집에다 비밀 인쇄소를 차렸는데 어떻게 냄새를 맡았는지 헌병들이 들이닥친 적도 있다고 했다. 놈들이 오기 바로 직전에 겨우 하인으로 변장하고 집을 나서다 대문간에서 그녀를 찾아온 손님들과 정면으로 부딪쳤다. 그들을 거기서 만난 것이었다. 한겨울에 겉옷도 제대로 걸치지 않고 머리에 수건 하나만을 뒤집어쓰고 손에 석유통을 하나 들고서 살을 에는 추위 속에서 시내의 끝에서 끝을 가로질러 헤맺다고 했다. 또 한번은 지인을 만나러 낯선 도시에 간 일이 있었는데, 그 집 현관을 들어서는 순간 그들의 본부구역으로 통하는 계단참에서 그 아파트를 수색하고 있는 기척을 눈치챘다. 돌아나가기에도 늦었다고 판단해서, 일 초도 지체 없이 아랫집 초인종을 대담하게 누르고서 누구에게 가는지도 모를 여행용 가방을 들고 들어가 자신의 처지를 설명한 적도 있다고 했다.

"원하신다면 절 헌병에게 넘길 수도 있겠지만 그런 어리석은 행동을 하실 분으로 보이지는 않는군요."

소피아는 자신감 넘치는 목소리로 또박또박 이야기했다. 그 집 사람들은 너무 놀라 혹시 누가 문을 두드리지 않을까 두려워 밤을 새웠다. 하지만 그래도 소피아를 헌병에게 넘길 생각은 하지 않았고, 오히려 이튿날 아침 헌병들의 어리석음을 그녀와 함께 이야기하며 웃었다. 언젠가는 이런 일도 있었다. 소피아가 수녀로 변장하고 기차에 올라 일등칸에 자리를 잡았는데 공교롭게도 그녀를 잡으려는 첩자와 동석하게 되었다. 그 첩자는 자기의 능숙함을 자랑삼아 떠벌리며 자신이 하는 일을 이야기하더라고 했다. 첩자는 자기가 찾는 여자가 이 열차 이등칸 어디에 타고 있을 거라고 확신하며 매 역마다 자리를 비웠는데, 다시 자리로 돌아올 때면 으레 이런 말을 했다.

"확실하지는 않지만 그 여자 아마 깊은 잠에 빠졌을 겁니다. 아마 그들도 지치지 않았겠어요? 우리나 매한가지 고달픈 생활이죠."

어머니는 소피아의 이야기를 듣고 웃지 않을 수 없었다. 어머니의 눈길은 다정스러웠다. 큰 키에 마른 몸매를 지닌 소피아는 경쾌하면서도 의연하게 걸었다. 걸음걸이나 말하는 품, 부드럽지는 않지만 건강한 목소리, 좀 뻣뻣해 뵈고 게다가 대담해 보이며, 곧고 둔감한 모습에서는 강건한 정신과 대담한 쾌활함이 보였고, 공간과 자유에 대한 목마름이 느껴졌다. 두 눈은 무엇을 향하든 젊은이다운 눈길이었고, 그녀의 마음을 어린아이처럼 즐겁게 하는 무언가를 정탐하곤 했다.

"좀 보세요, 정말 멋진 소나무네요."

소피아가 나무를 가리키며 소리쳤다. 어머니가 가던 걸음을 멈추고 살펴보니 그 나무는 다른 나무들보다 키도 크지 않고 그렇다고 잎이 무성하다고도 할 수 없는 평범한 나무였다.

"좋은 나무구려!"

어머니가 미소 지으며 대답했다.

"들리세요? 종달새예요!"

소피아는 고개를 들고 그 명랑한 새를 보려고 드넓고 푸른 하늘을 들여다보았다. 그녀의 회청빛 눈에는 애정이 어려 있었고, 몸은 마치 땅을 박차고 높이 올라 청명한 하늘에서 어렴풋이 들려오는 음악소리에 가 닿기라도 하려는 듯한 몸짓이었다. 때로 그녀는 나긋나긋한 허리를 구부려 들꽃을 꺾는가 하면, 가늘고 민첩한 손가락을 놀려 가냘프게 떨리는 꽃잎을 쓰다듬거나 조용하고 귀엽게 콧노래를 흥얼거리기도 했다.

그들 위로 봄의 태양이 다정하게 타올랐다. 그 푸른 빛은 깊이 있고 부드럽게 발하고 있었다. 양쪽 길가를 따라서 짙은 소나무 숲이 뻗어 있고, 들판은 신록으로 파릇파릇했으며, 새들이 노래하고, 두껍게 끈적이는 송진향 대기가 얼굴을 따스하고 부드럽게 스쳤다.

이런 모든 분위기에 어머니는 이토록 맑은 눈망울을 가진 여인에게 친근감을 느끼지 않을 수 없었다. 그러다 보니 자신도 모르게 소피아에게 바짝 붙어서 보조를 맞추어 걷게 되었다. 마치 소피아의 원기왕성한 대담스러움과 신선함을 자신에게로 끌어들이려는 욕망에 사로잡힌 듯했다.

"어쩜 이렇게 소녀 같을까!"

어머니는 한숨을 쉬었다.

"제 나이 벌써 서른둘인 걸요?"

소피아가 대꾸했다.

블라소바는 미소를 지어 보였다.

"나이 얘기를 하는 게 아니라우. 솔직히 얼굴만 봐서는 나이가 들어 보이지. 하지만 댁의 눈빛과 목소리는 영락없는 소녀라서 너무 생생하고 봄 같다는 말이오. 당신 삶이 그렇게 험하고 힘든데도 마음은 언제나 웃고 있으니 하는 말이지."

"그래요, 마음이 웃고 있어요." 소피아가 생각에 잠겨 되풀이했다. "참 단순하고도 훌륭하게 말씀을 잘하시네요. 험한 인생이라고 하셨죠? 그렇지만 저는 제 인생이 험하다는 느낌이 안 들어요. 이보다 더 좋은 삶도, 더 재미있는 삶도 상상할 수가 없으니까."

"사람들 모두가 인간의 마음에 닿는 길들을 어떻게 아는지 그 방법을 아는 게 전 무엇보다도 기뻐요. 사람의 내면에 있는 것은 모두가 스스로에게 스스럼이 없어져요. 두려움이나 주의 없이 친해질 수 있지요. 정확히 말하는 거예요. 마음은 전체적으로, 사람들을 마주 대하려고 열린 마음을 통째로 다 던져 버려요. 전 모든 사람에 대해서 골똘히 생각해요. 사람들은 모두가 다 한결같이 세상의 사악함을 극복하지요, 사악함을 틀림없이 극복하고말고요."

"우린 승리할 거예요, 왜냐고요? 일하는 노동자들과 함께 있기 때문이죠." 소피아는 확신에 차서 말했다. "일을 할 수 있는 우리의 힘, 그리고 진리가 승리하리라는 신념을 우린 당신과 사람들로부터 얻고 있지요. 사람들은 정신적 육체적 힘이 끊임없이 지치지 않고 솟는 원천이니까요. 모든 가능성이 사람들에게 주어져 있으니까, 그들과 함께라면 모든 걸 얻을 수 있다고요. 사람들의 의식과 영혼을, 위대한 어린 영혼, 자유가 주어지지 않은 영혼을 일깨우기만 하면 돼요." 그녀는 부드러운 목소리로 간단히 말하고 생각에 잠겨, 옅은 아지랑이가 꼬물꼬물 피어오르는 깊고 굽이진 비탈길을 내려다보았다.

소피아의 말은 어머니의 마음에 복잡한 감정을 불러일으켰다. 웬일인지 어머니는 소피아에게 연민을 느꼈다. 그렇지만 어머니의 동정심은 불쾌한 기분과는 거리가 멀었고, 친해서 생긴 감정도 아니었다. 어머니는 여기에 그렇게 발로 걸어서 위험한 짐을 등에 지고 나르는 숙녀가 있다는 사실이 그저 놀라웠다.

"그렇게 일하는 대가를 누가 줄까요?"

소피아는 어머니의 생각에 자신 있게 대답했다.

"우린 벌써 모든 대가를 받았어요. 우리가 만족해하는 삶을 찾았거든요. 어떤 삶이냐고요? 우린 대략적으로 폭넓으면서도 완전한 삶을, 그것도 우리 영혼의 힘 모두를 쏟아부어서 살아요. 달리 우리가 원할 수 있는 삶이 또 있겠어요?"

두 사람은 허파를 향기로운 공기로 가득 채우면서 빠르지 않은 적당한 걸음걸이로 처음부터 끝까지 쾌활하게 걸어갔다. 어머니는 순례를 하고 있는 기분이었다. 어린 시절 휴일이면 영험이 나타난다던 성상을 보기 위해 마을을 벗어나 한참 먼 수도원에 다녀오던 생각이 났다.

가끔 소피아는 하늘과 사랑에 대한 처음 듣는 새 노래를 흥얼거리기도 하고 갑자기 들판과 숲, 볼가 강에 대한 시를 읊조리기도 했다. 그때마다 어머니는 늘 미소로 화답하고 자신도 모르게 음악에 따라 곡조와 운율에 맞추어 고개를 끄덕였다.

어머니의 가슴은 부드럽고 슬픈 따스함으로 가득 찼다. 마치 한여름 밤 오래된 작은 정원의 분위기 같은 기분이었다.

사흘이 걸려서 어머니와 소피아는 마침내 시골 마을에 도착했다. 어머니는 들녘에서 일하고 있는 농부에게 타르 공장이 어디에 있는지 묻고서 다시 수풀이 우거진 험한 산길을 따라 내려갔다. 둥그런 작은 공터를 가로질러 나무뿌리들이 마치 계단처럼 줄지어 튀어나와 있었고, 그 공터엔 석탄 찌꺼기와 타르가 묻어 떡이 된 톱밥이 지저분하게 가득 어질러져 있었다.

"이제 다 온 것 같은데!"

어머니가 조심스런 눈길로 주변을 살피며 말했다.

가는 통나무와 나뭇가지들로 엉성하게 지은 판잣집 옆에, 대패질을 하지 않아 거친 널빤지 세 개를 간단히 버팀다리 위에 겹쳐 놓고 다리는 흔들리지 않게 땅에 깊게 박혀 있는 탁자가 있었다. 온몸이 온통 시커메지고 셔츠 앞자락을 풀어헤친 르이빈과 예핌, 그리고 젊은 친구 둘이 그 탁자에 앉아 식사 중이었다. 어머니 일행이 오는 걸 처음 본 사람은 르이빈이었다. 그는 손을 눈 위로 올리고 그들이 더 가까이 오기를 말없이 기다렸다.

"잘 있었어요, 미하일 형제!"

어머니가 멀리서부터 소리쳤다.

르이빈은 자리에서 일어나 천천히 걸어 나오더니 어머니를 알아보고 멈춰서서 웃으며 시커먼 손으로 턱수염을 쓸어내렸다.

"순례 중이라오."

어머니가 한 발짝 더 그에게 다가서며 말했다.

"그냥 지나는 길에 남동생을 한번 볼까 해서 들렀다우. 이 사람은 내 친구 안나요."

어머니는 자기의 수완에 짐짓 만족하며 심각한 표정의 소피아를 힐끔거렸다.

"그래 어떻게 지내셨습니까?"

르이빈의 미소가 꽤 무뚝뚝했다. 그는 어머니의 손을 잡고 흔들며 소피아에게는 고개를 약간 숙여 인사하고 말했다.

"거짓말 같은 건 안 해도 돼요. 여긴 도시가 아닙니다. 거짓말은 필요 없어요. 다 우리 편인 걸요. 좋은 사람들이에요."

예핌은 그냥 자리에 앉은 채로 두 순례자를 유심히 살피고, 동료들에게 뭐라고 속삭였다. 여인네들이 탁자 쪽으로 다가가자 예핌은 벌떡 일어나 고개 숙여 인사했고, 그의 동료들은 미동도 하지 않았다. 마치 손님이 오든 말든 무슨 상관이냐는 품이었다.

"우린 여기서 수도승처럼 삽니다."

르이빈이 가볍게 어머니의 어깨를 감싸 안으며 말했다.

"찾아오는 사람이라곤 하나도 없어요. 주인이란 사람은 이 마을엔 없고 그 마나님은 병원 신세를 진 지 오래라 내가 여기 관리책임자라고 할 수 있죠. 이리 앉으세요. 시장하시죠? 예핌, 여기 우유 좀 내오게나."

예핌이 판자 움막으로 걸어갔다. 서두르는 기색을 찾아볼 수 없었다. 순례자들이 어깨에 메고 있던 배낭을 벗으려 하자 젊은이들 가운데 키가 크고 마른 사내가 일어나 거들었다. 나머지 한 사내는 무슨 생각이라도 하는 듯 탁자에 팔꿈치를 괴고서 머리를 긁적이며 나지막이 콧노래를 흥얼거렸다. 톡 쏘는 신선한 타르 냄새가 낙엽 썩는 냄새와 섞여 새 방문객들은 숨이 막히고 머리가 멍했다. 르이빈이 키가 큰 사내를 가리키며 말했다.

"이 사람은 야코프이고, 저 친구는 이그나트라고 합니다. 참, 아드님은 그래 어떻게 지냅니까?"

어머니가 한숨 섞인 목소리로 대답했다.

"감옥에 있어."

르이빈이 소리쳤다.

"또 감옥에 갔어요? 좋아서 하는 일인 모양이지만 그래도……."

이그나트는 콧노래를 그쳤고, 야코프는 어머니의 손에서 지팡이를 받아들며 말했다.

"앉으세요, 꼬마 어머니."

"아니, 여태 서 계셨네요? 좀 앉으세요."

르이빈이 소피아에게도 자리를 권했다. 소피아는 말없이 나무 둥치 위에 앉아 르이빈을 신중하게 세심히 살폈다.

"언제 잡혀 갔어요?"

르이빈이 어머니 맞은편에 자리를 잡고 앉으며 묻고는 이내 고개를 저으며 소리쳤다.

"정말 운이 나쁘셨군요, 닐로브나!"

"오, 그럴 수도 있지!"

어머니가 대답했다.

"이력이 붙으신 모양이죠?"

"이력이 붙은 게 아니고 내가 도와줄 도리가 없다는 걸 알게 됐다는 편이 옳아."

"그렇군요! 자, 이야기 좀 해주세요."

예핌이 우유병을 가져와 식탁에서 잔을 집어 들고 물에 행군 다음, 우유를 따르더니 소피아에게 아무렇게나 밀어 놓고는 어머니의 이야기에 귀를 기울였다. 그는 소리가 나지 않도록 행동 하나하나에 조심했다. 어머니가 이야기를 마치고 나서도 모두 한참 말없이 서로 바라보고만 있었다. 이그나트는 자리에 앉은 채로 널빤지에다 손톱으로 무슨 모양을 그리고 있고 예핌은 르이빈 바로 뒤에 서서 그의 어깨 위에 팔꿈치를 괴고 있었으며, 나무 둥치에 기대고 선 야코프는 팔짱을 낀 채 고개를 갸웃거리고 있었다. 소피아는 곁눈질로 농부들을 살폈다.

"그래요,"

르이빈이 천천히 침통하게 말꼬리를 늘였다.

"그들은 그 길을 택한 거예요. 그렇게 숨기지 않고 떳떳하게 일을 해나가기로 한 거죠."

"여기서, 음…… 우리가 만약 그런 행진을 하면 농부들을 난도질하고 말 거야."

예핌이 무례한 미소를 지어 보이며 말했다.

"얻어맞다 뿐이겠어요!"

이그나트도 고개를 끄덕여 거들고는 말했다.

"그럼 안 되죠, 공장에 갔으면 좋으련만. 아무렴 여기보다야 낫겠지."

"파벨이 재판을 앞두고 있다고 말씀하셨죠?"

르이빈이 물었다.

"맞아, 재판하기로 결정됐어."

"혹시 무슨 형을 받게 될지도 아세요? 들은 소식이 있나요?"

"강제노역 아니면 시베리아 종신유형이겠지."

어머니가 차분하게 대답했다.

젊은이 셋이 놀라 동시에 어머니의 얼굴을 일제히 쳐다보았고, 르이빈은 고개를 떨구고 천천히 물었다.

"파벨은 애초에 모의를 할 때부터 자기가 어떻게 될 줄을 알았겠죠?"

"나도 잘 모르지만, 아마 그랬겠지."

"물론 알고 있었죠."

소피아가 큰 소리로 말했다.

모두는 일제히 입을 다물고 미동도 하지 않았다. 모두가 한 가지 차가운 생각에 온몸이 굳은 듯했다.

"그랬을 거야."

르이빈이 느리게 위엄 있는 어조로 말을 받았다.

"나도 그가 알고 있었을 거라고 생각했어요. 신중한 사람이라면 뛰어오르기 전에 먼저 살펴보죠. 이봐 젊은 양반들, 이제 알겠어? 그 사람은 총검에 얻어맞고 강제노역에 처해질 걸 뻔히 알면서도 자신의 길을 간 거야. 자신을 위해 꼭 가야 할 길이라고 느끼고서 갔던 거지. 어머니가 그 길에 누워 있어도 어머니를 밟고 지나갔을 거라고. 닐로브나, 어머니를 밟고 지나갈 거라고 할 수 있겠죠?"

"그럴 게야."

어머니는 몸을 떨었다. 그리고 주위를 둘러보고 깊은 한숨을 쉬었다. 소피아가 말없이 어머니의 손을 어루만졌다.

"그는 당신을 위해서 그러는 거예요!"

르이빈이 좌중을 까만 눈으로 쳐다보며 가라앉은 목소리로 말했다.

자리에 모인 모두가 다시 입을 다물었다. 가는 햇살이 황금빛 리본처럼 짙고 냄새나는 대기 중에서 떨리고 있었다. 어디선가 까마귀가 대담하게 자신감에 찬 소리로 까악까악 울었다. 어머니는 주위를 둘러보았다. 메이데이에 벌어졌던 일들이 눈에 선해서 고통스러웠고, 아들과 안드레이에 대한 걱정이 마음을 사로잡았다. 좁은 공터에는 깨진 나무통들이 여기저기 널브러져 있고, 뿌리째 뽑힌 그루터기들이 죽어서 말라빠진 뿌리를 뻗치고 거꾸로 처박혀 있고 나무 부스러기들이 바닥에 가득했다. 공터 주위에 무성히 자라 있는 참나무들과 자작나무들은 어느새 사방으로부터 공터를 조금씩 내리 덮치면서 이 불쾌한 쓰레기 오물들을 처분하길 원하기라도 하는 듯했다.

야코프가 불쑥 나무에서 멀어져 다가서더니 한쪽으로 걸음을 옮겼다. 이내 걸음을 멈추고 머리를 흔들면서 큰 목소리로 무뚝뚝하게 말했다.

"그럼 우리가 예핌과 함께 군대에 가면 파벨 같은 친구들을 겨눈단 말입니까?"

"그럼 자네는 그들이 누구에게 총부리를 겨누게 할 거라고 생각했나?"

르이빈이 침울하게 반박했다.

"우리는 우리 스스로의 목을 죄도록 알게 모르게 강요받고 있어. 그럴 때 사기수단이 개입되는 거라고."

"전 누가 뭐래도 군대에 갈 겁니다."

예핌이 단호하게 의견을 말했다.

"누가 말린데? 가!"

이그나트가 외쳤다. 그리고 예핌의 얼굴을 다시 똑바로 쳐다보며 웃는 얼굴로 말했다.

"하지만 만약에 날 쏠 날이 오거든 꼭 머리를 겨냥해 줘. 괜히 상처만 낼 생각 말고 한 방에 죽여 달란 말이야."

"그쯤은 나도 알아."

예핌이 거칠게 소리쳤다.

"잠깐만, 이보게들!"

르이빈이 섬세하고 심각한 동작으로 손을 들어올리고, 이 작은 회합 사람들의 시선을 의도적으로 멀리하며 말했다.

"여기에 바로 그 친구의 어머님이 계시네!"

르이빈이 어머니를 가리켰다.

"이분의 아들은 지금 자기 몸을 내던졌어."

"그런 괜한 소린 왜 해요?"

어머니가 침통해하며 작은 목소리로 말했다.

"해야죠. 어머니의 머리카락이 헛되이 세게 하지 않기 위해서라도 해야죠. 자, 이보게들! 이 어머니는 아들을 잃었지만, 그게 뭐란 말인가? 그가 어머니를 죽였나? 닐브로나, 책 가져오셨나요?"

어머니는 말없이 르이빈을 쳐다보다가 잠시 뒤 입을 열었다.

"가져왔수."

르이빈이 손바닥으로 탁자를 치며 말했다.

"그럼 그렇지! 처음 어머니를 보는 순간 금방 알아챘어요. 그 일 때문이 아니라면 여기까지 행차하실 일이 뭐가 있겠어요? 자네들 보고 있어? 아들을 대오에서 끌어내니까 대신 어머니가 자식의 자리로 내려서신 거란 말이야."

르이빈은 젊은이들을 다시 눈으로 평가하면서 눈썹을 찡그리고 진지하게 말했다. 그는 갑자기 테이블을 두 손으로 내리치고, 몸을 쭉 펴면서 불쾌한 표정으로 말했다.

"그 사람들은 자기들의 눈 먼 손이 무슨 씨를 뿌리는지 모르고 있지. 그들은 우리의 힘이 언제 완전해져서 그들의 저주받은 잔디를 죽이기 시작할지 알게 될 거야. 그들은 그때 알게 될 거라고!" 르이빈은 악담을 퍼부었다.

어머니는 르이빈이 악담을 퍼붓는 걸 보고 겁이 났다. 어머니가 미하일의 얼굴을 찬찬히 살펴보니 어딘가 모르게 많이 변해 있음을 느낄 수 있었다. 한결 퀭해진 얼굴에 턱수염이 멋대로 자라 있고, 그 아래로 튀어나온 턱뼈가 뾰족하게 도드라져 보였다. 푸르스름한 두 눈의 흰자위 부분에 핏발이 서 있어서 마치 오랫동안 잠 한숨 제대로 못 잔 듯했고, 코도 전보다 뾰족하게 살집이 빠져 탐욕스럽게 굽어 있었다. 본디 붉었던 셔츠에 타르가 묻은 채 깃이 풀어헤쳐져서 그의 메마른 쇄골과 무성하게 난 뻣뻣한 검은 가슴털이 드러났다. 전체적으로 볼 때 전보다 훨씬 음산하고 침울한 분위기였다. 핏발선 두 눈에서 엿보이는 붉은 섬광은 그의 검은 얼굴에 정복되지 않는 침울한 분노의 불길을 돋우고 있었다. 소피아는 파리해진 얼굴로 입을 꾹 다물고 농부들에게서 눈을 떼지 않았다. 이그나트는 눈을 가늘게 뜨고 연신 머리를 내두르고 있었고, 야코프는 다시 벽에 바짝 기대서서, 시커메진 손가락으로 화가 나서 통나무 껍질을 벗기고 있었다. 예핌은 어머니의 등 뒤에서 탁자의 세로 방향을 따라 천천히 왔다 갔다 하고 있었다. 르이빈이 말을 이었다.

"일전에 면서기라는 자가 한번은 날 불러 세워놓고 이런 말을 합디다. 이 파렴치한 놈아, 그래 사제한테 뭐라고 지껄였어? 그래서 내가 대답했죠. 내가 왜 파렴치한 놈이야? 입에 풀칠하느라 이마에 땀이 마를 날이 없고 남한테 해가 되는 일은 눈곱만치도 한 일이 없는데! 그랬더니 내게 고함을 치고 얼굴을 때리는 겁니다. 사흘 낮밤을 유치장에 잡혀 있었어요. 그게 당신들이 사람들과 소통하는 방식입니다. 안 그래요? 용서란 말은 그놈들에게 안 통해, 망할 놈들! 꼭 내가 아니더라도 네놈, 아니면 네놈의 자식놈들한테 누구든지 내가 받은 이 치욕에 대해 복수할 테다. 꼭 기억해둬라! 네놈들이 민중의 가슴을 쇠 발톱으로 할퀴어 놓고 거기에 악한 마음을 심어 놓았으니 용서는 꿈도 꾸지 마라, 이놈들아!"

르이빈은 점점 들끓어 오르는 증오심에 어쩔 줄 몰라 했다. 그의 떨리는 목소리에 어머니는 두려웠다.

"그런데 내가 사제에게 뭐라고 했는지 알아요?"

한결 진정된 말투로 르이빈이 말을 이었다.

"마을 집회가 끝나고 그놈이 농부들과 길거리에 빙 둘러앉아 하는 말이, '사람들이란 가축 무리와 같아서 늘 목동이 있어야만 한다'는 거요. 내가 그래서 비아냥거리는 말투로 끼어들었지. '여우를 숲의 우두머리로 삼으면 새는 한 마리도 안 남고 깃털만 널려 있게 되겠지'라고요. 그러자 그자가 날 힐끔 째려보더니 하는 말이, 민중은 참아야만 하니까 그럴 수 있는 인내심을 그들에게 달라고 하느님께 기도나 올리라고 하더군요. 그래서 내가 다시 그 말을 받아서 민중은 기도를 많이 하지만 하느님은 시간이 없어서 그 기도를 제대로 듣지 않는 게 틀림없다고 대답해주었죠. 그 사제가 어떤 기도를 하냐고 따져 물으며 내게 트집을 잡더군요. 내 평생 기도제목은 딱 한 가지인데, 아마도 사람들의 기도가 다 저와 같을 거라고 말했죠. '주여, 주인 나리께도 벽돌 나르는 법과 돌을 먹는 법, 그리고 나무에 침을 뱉는 법을 가르쳐 주옵소서!' 했더니 그자가 내 말을 중간에서 막는 거예요. 저…… 당신은 귀족 마나님이신가요?"

르이빈이 하던 말을 멈추고 불쑥 소피아에게 물었다.

소피아는 뜻밖의 질문에 당황스러워하며 되물었다.

"무슨 이유로 날 귀족 마나님이라고 하는 거지요?"

르이빈이 웃었다.

"왜냐고요? 이유라······ 딱 보니 별 아래 태생일 것 같아서요. 다른 이유가 없습니다. 무명 수건을 머리에 썼다고 해서 귀족의 약점을 사람들 눈에서 숨길 수 있을 것 같소? 사제가 아무리 거적을 뒤집어써도 우린 금방 알아봅니다. 예컨대, 당신은 지금 젖은 탁자 위에 팔꿈치를 올리다가 깜짝 놀라 이마를 찡그렸어요. 게다가 당신은 노동자의 것이라고 하기에는 너무 곧은 허리를 갖고 있고······."

어머니는 르이빈이 비아냥거리는 말투로 소피아를 모욕할지도 모른다고 판단하고 서둘러 따끔하게 말했다.

"이 부인은 내 친구요, 미하일 이바노비치. 참 좋은 사람입니다. 이 일을 하느라 머리카락이 다 셌다오. 그러니 너무 그렇게······."

르이빈이 깊은 한숨을 몰아쉬었다.

"왜요? 지금 내가 한 말이 모욕으로 들렸습니까?"

"내게 하고 싶은 말이라도 있으신 모양이네요?"

소피아가 르이빈을 노려보며 무뚝뚝하게 되물었다.

"맞아요. 얼마 전에 야코프의 사촌 되는 사람이 여기에 새로 왔는데, 폐병을 앓고 있어요. 물정에 대해 좀 밝은 사람이지요. 그 사람을 불러도 괜찮겠습니까!"

"상관없어요, 맘대로 하세요."

소피아가 대꾸했다.

르이빈이 소피아를 쳐다보며 눈살을 찌푸리더니 목소리를 낮추어 말했다.

"예핌, 자네가 좀 그 사람한테 가 주겠나? 가서 어두워지거든 이리 좀 건너오라고 일러주게."

예핌이 모자를 쓰러 움막으로 들어갔다. 그리고 누구와도 눈을 마주치지 않고 천천히 걸어서 숲 속으로 사라졌다. 르이빈이 고갯짓으로 그가 가는 방향을 가리키며 쉰 목소리로 말했다.

"저 친구는 지금 고민에 빠져 있소. 고집스럽죠. 군대에 가야 하는데, 여기 야코프도 그렇고. 야코프는 안 가겠다고 하고, 저 친구도 군대에 안 가겠다고 고집을 부리는데, 예핌은 가서 군인들을 선동할 마음을 품고 있다는 겁니다. 내 생각은 이마로 벽을 뚫는 격이야. 또 총을 어디에 들이댈 건가?

그들은 자기 자신들을 공격하게 될 것을 몰라요. 내가 그렇게 충고를 하건만 그는 여전히 괴로워한답니다. 이그나트도 그의 맘을 돌려보려고 무던 애를 씁니다만 헛수고입니다."

이그나트가 르이빈에겐 눈길도 주지 않고 이마를 찡그리며 침통한 어조로 말했다.

"아니, 헛수고만은 아녜요. 군대라는 곳이 일단 발을 들여놓으면 변하지 않고는 배길 수가 없는 곳이다 보니 그 친구 아마 나중엔 다른 군인이나 별반 다를 게 없는 평범한 군인이 될 겁니다."

"설마! 차라리 군대를 탈영하는 게 나을 거야. 러시아가 얼마나 넓은데 그 친구를 찾을 수 있겠어? 그가 새 신분증 하나 구해서 이 마을 저 마을 떠돌아다니면……."

르이빈이 생각에 잠겨 대꾸했다.

"나도 그럴 거요. 일단 정부와 싸우기로 작정했으면 정면으로 부딪치는 거죠."

야코프가 발로 장작을 두드리며 말했다.

대화가 끊겼다. 꿀벌과 땅벌들이 분주히 숨 막히는 대기를 맴돌며 윙윙거렸다. 새들이 지저귀고, 어딘가 멀리서 길을 잃고 들판을 헤매는 노랫소리가 들려왔다. 잠시 침묵이 흐른 뒤 르이빈이 입을 열었다.

"자, 일을 시작해볼까? 좀 쉬시겠소들? 움막 안에 판자로 만든 침상이 있어요. 이분들한테 마른 나뭇잎 좀 모아다 드리게나, 야코프. 참 어머니께선 가지고 오신 책들을 주세요."

어머니와 소피아는 자루를 풀었다. 르이빈이 그들 위로 몸을 구부리며 흐뭇해서 말했다.

"맞아요, 이거예요. 아이고, 많이도 가지고 오셨네요. 이 일을 한 지 오래되었나 봅니다. 그래, 성함이 어찌된다 했죠?"

르이빈이 소피아를 보며 물었다.

"안나 이바노브나입니다. 12년째 이 일을 하고 있어요. 왜 묻죠?"

"그냥요. 감옥엔 가 보았소?"

"물론이오."

르이빈이 잠시 침묵을 지키고 있다가 책 꾸러미 하나를 손에 집어 들고는 이를 드러내며 말했다.

"내 말투에 기분 나빠하지 마세요. 농부와 귀족의 관계는 물과 타르 관계 같아서 함께 일하기가 어렵고 서로 튀어오르며 달아나기 일쑤죠."

"난 귀족 마나님이 아니라 그냥 한 인간일 뿐입니다."

소피아가 조용히 웃으며 반박했다.

"그럴 수도 있죠. 믿기 어렵지만 사람들이 그렇다고들 하더군요, 개도 예전엔 늑대였다고 말하고. 가서 이 책들을 숨겨야겠어요."

르이빈이 말했다.

이그나트와 야코프가 르이빈에게 다가와 손을 내밀었다.

"우리에게 좀 주세요."

이그나트가 말했다.

"모두 같은 종류인가요?"

르이빈이 소피아에게 물었다.

"다 달라요. 여기 신문도 있고."

"오!"

세 남자가 판자 움막 안으로 서둘러 들어갔다.

"농부들이 아주 불이 붙었어."

생각에 잠겨 르이빈의 뒷모습을 바라보며 어머니가 나지막이 말했다.

"맞아요, 저도 저 사람 같은 얼굴은 처음 봐요. 마치 순교자의 얼굴 같네요. 우리도 안으로 들어가요, 저들을 더 보고 싶어요."

여자들이 문에 들어섰을 때, 남자들은 이미 신문에 몰두해 있었다. 이그나트는 판자 위에 앉아서 무릎 위에 신문을 펼쳐 놓고 손가락으로 머리카락을 쓸어내리고 있었다. 그는 고개를 들어 힐끗 여인들을 보고서 다시 그의 신문 위로 구부렸다. 르이빈은 지붕의 갈라진 틈새로 햇살이 들어와 신문에 비치도록 서 있었다. 그는 신문을 읽고 있는 모양으로 입술을 움직였다. 이그나트 역시 무릎을 꿇고 앉아 판자로 짠 침상에 가슴을 바짝 기대고서 신문을 읽는 중이었다.

소피아는 진실을 말하려고 하는 남자들의 열정을 느꼈다. 그녀의 얼굴은 즐거운 미소로 밝아졌다. 조심스럽게 구석 쪽으로 걸어가서 어머니 옆에 자리를 잡고, 어머니의 어깨에 팔을 얹고서 주위를 둘러보았다.

"미하일 아저씨, 우리 농부들을 거칠게 대하는 대목이 많아요."

야코프가 돌아보지 않은 채 중얼거리자 르이빈이 그를 돌아보고는 웃으며 대꾸했다.

"그게 다 우릴 사랑해서 그러는 거야. 사랑에 빠진 사람은 무슨 말이든 다 지껄여도 욕설은 하지 않아."

이그나트가 깊은 숨을 몰아쉬고 나서 고개를 들고 비꼬듯이 웃다가 눈을 지그시 감고 찡그려 쳐다보며 말했다.

"여기 이렇게 적혀 있어요. '농부들은 인간이기를 포기했다.' 물론 맞는 말이지만."

그의 단순하고 정직한 얼굴에 어떤 불쾌감을 주는 그림자가 미끄러지듯 비쳤다.

"글쎄, 당신들도 이런 탈을 며칠 걸치고 그 속에서 돌아보지 그래. 그럼 우린 당신들 모습이 어떻게 될지 보게 될걸, 잘난 체는 그만두시지!"

"난 좀 누워야겠는걸."

어머니가 소피아에게 속삭였다.

"이제 지쳤어, 고단하기도 하고 머리가 어찔어찔해. 부인은 어떻수?"

"전 괜찮아요."

어머니는 침상에 몸을 펴고 눕자마자 금세 잠이 들었다. 소피아는 어머니 바로 옆에 걸터앉아, 책을 읽고 있는 사람들을 유심히 살피면서 어머니의 얼굴 위로 날아다니는 벌들을 열심히 쫓아보냈다. 르이빈이 다가와 물었다.

"어머닌 잠드셨소?"

"예."

르이빈은 잠시 말없이 서서 어머니의 잠든 얼굴을 내려다보고는 부드럽게 말했다.

"이분은 자식을 위해서, 자식의 길을 따라 나선 최초의 어머니일 거요. 최초의 어머니."

"주무시는 데 방해가 될지 모르니 그만 밖으로 나가죠?"

소피아가 제안했다.

"그럽시다. 우리도 일을 해야 하니까. 물론 같이 이야기를 나누고 싶지만 저녁 때 하기로 합시다. 가세, 젊은 친구들!"

4

세 남자는 움막에 소피아를 남기고 나갔다. 그런 뒤에 멀리서 도끼질 소리가 들려왔다. 메아리가 나뭇잎을 통해 울리며 방황했다. 소피아는 반쯤 잠든 휴식 상태에서 문 밖에 앉아 숲의 강한 향기에 취해 콧노래를 흥얼거리며, 저녁이 어슴푸레 다가오며 점점 숲을 감싸안는 광경을 지켜보고 있었다. 그녀의 회청빛 눈이 누군가에게 부드럽게 미소 지었다. 붉어지는 태양빛이 점차 기울어지고 있었다. 숲은 어두워져서 점점 짙어가는 듯이 보였다. 나무 그림자들이 숨 막힐 듯 답답하게 숲 속 공터 가까이로 점점 번져와서 더욱 친근하게 숲을 감싸며 공터를 덮었다. 황소들이 낮게 우는 소리가 멀리서 들려왔다.

일꾼들 넷이 작업을 끝내고 흡족한 낯빛으로 돌아왔다. 그들 목소리에 잠이 깬 어머니는 오두막 밖으로 나와 하품을 하며 미소를 지어 보였다.

르이빈은 한결 조용해지고 덜 우울해 보였다. 그의 몸에 남아 있던 흥분 찌꺼기가 피곤함 속으로 고스란히 빠져 버렸기 때문이었다.

"어그나트, 우리 차 한 잔 따뜻하게 마실까! 돌아가면서 여기서 집안일을 하세나. 오늘은 이그나트가 우리에게 음식과 음료를 준비해 주는 거야."

르이빈이 이그나트에게 말했다.

"오늘은 내 순번을 사양하고 싶은 걸요!"

이그나트가 옥외 모닥불을 피우려고 장작과 나뭇가지를 모으면서 말했다.

"우리 모두가 우리 집 손님에게 관심을 갖지 않는 사람이 없어!"

예핌이 소피아와 나란히 앉으며 말했다.

"내가 도와줄게, 이그나트!"

야코프는 뜨거운 재에 구워 낸 빵 한 덩어리를 가지고 나와 여러 조각으로 잘라서 탁자 위에 나누어 놓았다.

"가만! 기침 소리가 들리는 것 같은데……. 들려요?"

예핌이 소리쳤다.

르이빈이 가만히 귀를 기울이더니 고개를 끄덕이며 덧붙였다.

"그래, 누가 오는 것 같군……."

그러고는 소피아를 보며 말했다.

"이제야 증인이 오나 봅니다. 그와 함께 도시를 돌아다니다 그에게 광장에서 민중에게 연설을 하게 했었죠. 그는 항상 같은 말을 했지만, 모두가 들어야만 했습니다."

정적과 어둠이 깊어지고 사람들의 목소리가 한결 은은해졌다. 소피아와 어머니는 농부들을 지켜보았다. 모두의 거동이 굼떠 보였고 발걸음 또한 무거워 보였으며 이상스럽게도 조심성이 엿보였다. 또한 여인들에게서도 눈을 떼지 않고 둘이 나누는 대화에 귀를 기울였다.

숲 속에서 키가 구부정하게 큰 사내가 공터로 걸어 나왔다. 지팡이에 몸을 의지한 채 천천히 걸음을 옮겨 놓고 있었는데, 가쁜 숨소리 역시 요란하게 들렸다.

"저기 사벨리가 와요!" 야코프가 소리쳤다.

"접니다."

사내는 목쉰 소리로 말을 마치고 기침을 해댔다.

사내는 발뒤꿈치까지 내려오는 허름한 외투를 걸치고 있었고, 쭈글쭈글한 둥근 모자 밑으로 까칠한 누런 머리카락이 서로 엉켜 늘어져 있었다. 누렇게 핏기가 하나도 없는 얼굴에는 연한 빛의 빈약한 턱수염이 듬성듬성 자라 있었고 입은 반쯤 벌려진 채였으며 이마 밑 두 눈은 폭 패여, 열병에 걸린 듯 반짝거렸다.

르이빈이 소피아를 소개하자 사내가 소피아에게 물었다.

"책을 가져오셨다고 들었습니다만!"

"예, 들으신 대로입니다."

"감사합니다. 민중을 위하는 일이지요. 민중 자신은 아직 책의 진실을 이해할 줄 몰라요. 고마워할 줄도 모릅니다. 그래서 그걸 조금이나마 이해하는 제가 그들을 위해서 감사를 드리는 겁니다."

사내는 걸신들린 듯 재빠르게 메마른 입술 사이로 대기를 들이마시며 가쁜 숨을 몰아쉬었다. 목소리는 토막토막 끊어졌고, 허약한 손의 앙상한 손가락들은 외투 단추를 꿰려고 애쓰면서 가슴을 더듬었다.

"이토록 늦은 시간에 숲에 계시면 몸에 해로워요. 숲은 습도가 높으니까요."

소피아가 말했다.

"이렇게 된 마당에 나에게 좋고 말고가 어디 있습니까? 남은 일은 죽음뿐이랍니다."

사내가 가쁜 숨을 몰아쉬며 대꾸했다.

사내의 목소리를 듣는 자체가 괴로움이었다. 그의 모습은 그가 이미 자신의 무기력을 깨닫고 있다고 느끼게 해서, 정말 쓸모없는 연민만을 불러일으켜서 마음이 불편해지고 침통한 기분이 되었다.

모닥불이 활활 타오르면서 주위의 모든 사물이 사뭇 전율하고 흔들거리며 아른거렸다. 놀란 그림자가 겁을 집어먹은 듯 숲으로 내달았고, 불길 바로 위에선 심각한 표정을 한 이그나트의 둥근 얼굴이 불빛에 가물거렸다. 불꽃이 차츰 사위어갔다. 연기 냄새가 진동하고 정적과 어둠이 병자의 거친 말소리에 신경을 곤두세웠다.

"하지만 전 범죄의 증인으로서 아직도 사람들에게 유익한 일을 할 수가 있습니다. 자, 저를 보세요. 제 나이 겨우 스물여덟입니다. 하지만 전 죽어가고 있어요. 10년 전만 해도 백 킬로가 넘는 짐을 어깨에 어렵잖게 짊어졌죠. 건강엔 자신이 있었기에 칠십까지는 무덤에 떨어지지 않고 거뜬하겠거니 생각했습니다. 그런데 10년을 살고 막다른 골목에 들어선 거죠. 지주들에게 40년 인생을 강탈당했어요. 자그마치 40년을, 그들이 내 인생의 40년을 훔쳤다는 거죠!"

"이 친구가 요즘 입에 달고 사는 노랩니다." 르이빈이 퉁명스럽게 말했다.

다시 모닥불이 타올랐다. 이번 불길은 한층 강하고 밝았다. 그림자들이 다시 숲을 향해 뛰어들었고, 이내 다시 뒤로 쏜살같이 돌아와 말없이 놀라서 불꽃 주위에서 떨며 춤을 추었다. 불길 속에서는 마른 나뭇가지들이 탁탁 소리를 내고 나뭇잎들 또한 끊임없이 부스럭거렸다. 달아오른 대기의 아지랑이 물결에 놀라서 쾌활하고 활달한 불길의 혓바닥들이 노랗고 붉은빛으로 까불며 장난을 치다 서로 얼싸안으며 위로 솟구쳐 불꽃을 뿌렸다. 타오르는 불꽃잎새들이 이리저리 떠다니자, 하늘의 별들이 불꽃들을 보고, 올라오라고 유혹이라도 하듯 미소 지었다.

"그것은 내 한탄만은 아니오. 수천의 사람들이 그렇게 한탄스런 노래를 부르지만, 불행한 사람들 모두에게 어떤 교훈이 유익한지를 그들은 모르고 있어요. 일 때문에 죽을 정도로 고통을 당한 사람들이 얼마나 많이 불구가 되고, 굶주려서 말없이 죽어갔는지! 크게 소리쳐야 해요, 형제들, 크게 소리쳐야 한다고요!" 그는 잔뜩 웅크리고 발작적으로 기침을 하며 떨었다.

"왜요?" 예핌이 물었다. "나의 불행은 내 문제예요. 그냥 나의 기쁨만을 봐주면 돼요."

"이야기 방해하지 마." 르이빈이 책망했다.

"당신은 자처해서 말했어요. 사람은 자기 불행을 뽐내서는 안 된다고." 예핌이 이맛살을 찡그리고서 의견을 말했다.

"그건 다른 문제야. 사벨리의 불행은 보통 사람들과 같아, 자기 혼자만의 불행이 아니라고. 아주 다른 문제지." 르이빈이 진지하게 말했다. "땅속까지 깊이 들어가서 숨이 막혀 있었던 사람이 여기 있지. 이제 그가 세상에 대고 소리치고 있어, '조심해요, 거기에 가면 안 돼요!'"

사내는 허리를 구부리고 온몸을 떨면서 발작적으로 기침을 해댔다.

야코프가 작은 사과주스 양동이를 탁자 위에 올려놓고 파 한 단을 놓으며 아픈 병자에게 말했다.

"이리 와요, 사벨리! 우유를 좀 가져왔어요."

사벨리는 갸우뚱 고개를 저으며 거절했지만, 야코프가 그의 겨드랑이 밑에 손을 넣어 일으켜 세우고 탁자로 데려왔다.

분위기가 불편해지자 소피아가 부드러운 말로 르이빈을 나무랐다.

"이봐요, 당신은 뭐하려고 저 사람을 이리로 불렀어요? 금세라도 숨이 넘어갈지도 모르는데……"

"그럴지도 모르죠."

르이빈이 반박하는 투로 대꾸했다.

"사람들 있는 데서 죽게 돼요. 하지만 기력이 있을 때까지 이야기를 하게 해야지요. 여태 하찮은 일로 인생을 망쳤으니 사람들을 위해서 좀더 오래 이야기하도록 내버려둬도 돼요. 별일 없을 겁니다, 괜찮아요."

"당신은 그런 데에 무슨 특별한 재미라도 붙인 사람 같이 말을 하는군요."

소피아가 핀잔을 주었다.

르이빈은 소피아를 쳐다보고는 침통한 목소리로 말했다.

"십자가에 매달려 신음하는 그리스도를 즐기는 사람들은 바로 지주 나리님들입니다. 우린 사람들에게서 뭔가 배우기를 원하고, 당신 역시 뭔가 배우는 바가 있기를 바라는 마음뿐입니다."

탁자에 있던 병자가 다시 이야기를 시작했다.

"그들은 노동으로 사람들을 폐인으로 만들다시피 했어요. 도대체 무엇 때문이란 말입니까? 난 네페도프의 공장에서 인생을 망쳤는데, 주인이란 작자는 어떤 주연급 오페라 가수한테 홀딱 빠져서 금세숫대야를 선물했어요. 그 여자 화장실 비품이 모두가 금이었다니까요. 그깟 세숫대야가 내 인생의 피, 바로 내 인생을 망친 거라고요. 그걸 위해 내 인생을 빼앗았단 말이죠! 죽도록 일했건만 그놈은 내 피를 빨아 자기 첩을 즐겁게 해준 거죠. 내 피로 그 여자에게 금세숫대야를 사주었습니다."

"인간이란 자고로 하느님의 형상을 따라 창조되었건만 겨우 그런 일에 인생이 허비되다니…… 잘하는 일이군!"

예핌이 미소 지으며 말했다.

르이빈이 손바닥으로 탁자를 내리치며 소리쳤다.

"그러니 입만 다물고 있다고 해서 잘하는 일이 아니야!"

"그냥 참고 넘어가서는 안 돼!"

야코프가 나직한 목소리로 거들었다.

이그나트가 웃었다.

어머니는 세 젊은이가 말은 거의 하지 않지만 굶주린 영혼처럼 만족할 줄 모르고 탐욕스럽게 갈구하듯 모든 이야기를 귀담아 듣고, 르이빈이 이야기할 때마다 그들이 르이빈의 얼굴을 뚫어지게 바라보고 있다는 사실을 눈치챘다. 사벨리의 이야기는 젊은이들의 얼굴에 이상스럽게 날카로운 미소가 묻어나게 했다. 그들의 태도에서는 병자에 대한 연민이라곤 눈곱만치도 찾아 볼 수 없었다.

소피아에게 몸을 기울이며 어머니가 귓속말로 물었다.

"저 사람 하는 말이 과연 진실일까?"

소피아가 큰 소리로 대꾸했다.

"그럼요, 진실이고말고요. 그런 선물에 관한 기사가 신문에 실린 적이 있었어요. 모스크바에서 실제 있었던 일이죠."

"그런데도 그자가 아무 벌도 받지 않았소?" 르이빈이 무뚝뚝하게 물었다.

"그런 자는 마땅히 죽여 없애야 했소. 민중 앞에 끌어내 사지를 찢어서 그 더러운 살덩이들을 개에게나 던져 버렸어야 한다고요. 민중이 들고 일어서면 그때는 대대적인 사형집행을 할 거요. 민중은 그동안의 자기들 잘못을 씻어내려고 많은 피를 흘리게 될 테지. 민중의 피. 사실 그렇게 흐르는 피는 그들의 정맥에서 빼냈으니까 주인은 바로 민중이에요."

"쌀쌀하군!"

병자가 말했다.

야코프가 병자를 부축해 일으켜서 모닥불 가까이로 옮겨 앉혔다. 장작더미 모닥불이 고르고 눈부시게 타올랐고, 얼굴 없는 그림자들이 그 주위에서 이리저리 흔들리고 있다. 사벨리는 나무둥치에 걸터앉아 메마르고 투명하게 앙상한 손을 뻗어 불을 쬐며 기침을 했다. 르이빈이 한쪽으로 고갯짓을 한 뒤 소피아에게 조용히 말을 건넸다.

"그런 현실들은 책보다도 한결 신랄하답니다. 기계에 손이 잘리거나 노동자가 목숨을 잃는 건 일정 부분 노동자 자신의 탓이라고 할 수 있는 여지가 있어요. 하지만 이처럼 인간에게서 완전히 피를 빨아먹을 대로 빨아먹고 시체 버리듯 내팽개친다면 어떤 말로도 설명이 안 돼요. 온갖 종류의 살인을 난 다 이해할 수 있지만 장난삼아 저지르는 학대는 결코 용납할 수 없어요. 주인급 지식인들이 민중을 학대하는 이유, 우리 모두를 이토록 고통 당하게 하는 목적이 도대체 뭐예요? 놈들은 장난삼아, 그저 즐기려고, 이 땅에서 좀 더 편히 살아보겠다고, 그리고 우리의 피를 빨아서 여가수도 사고, 말들도, 은제 칼도, 순금접시도, 또 아이들을 위해 값비싼 장난감도 사는 겁니다. 너희는 그저 일이나 해라, 더 많이 일해, 일해, 일해, 그러면 난 네놈들 노동의 대가로 돈을 모아서 애인한테 금세숫대야나 선물하련다, 뭐 이런 식이죠."

어머니는 듣고 보았다. 다시 한 번, 그녀 앞에 펼쳐진 어둠 속에서 파벨과 동료들이 함께 나아가고 있는 길이 밝게 빛나는 줄무늬처럼 곧게 뻗어 있는 광경을.

저녁식사를 마치고 모두 모닥불 주위에 빙 둘러앉았다. 불길이 나뭇가지를 곧장 먹어치웠고, 등 뒤로는 어둠이 숲과 하늘을 집어삼킨 채 드리워져 있었다. 병자는 눈을 부릅뜨고 불길을 보며 연신 기침을 해댔다. 온몸을 부르르 떠는 것이 마치 얼마 남지 않은 그의 삶이 스스로 참지 못하고서 그의 가슴을 뿌리치고 떠나려는 듯했으며 질병으로 지쳐서 메마른 몸뚱이를 서둘러 버리려는 것 같았다.

"어때요? 안으로 들어가는 게, 사벨리?"

야코프가 허리를 굽혀 병자에게 쉬라고 권했다.

"왜? 난 여기에 좀 더 앉아 있고 싶은데. 사람들과 이렇게 함께할 시간도 내겐 얼마 남지 않았어. 시간이 거의 없다고."

그가 힘겹게 대꾸했다. 그리고 모인 사람들 전체를 한동안 말없이 둘러보더니 파리한 미소를 지으며 말을 이었다.

"여러분과 함께 있다는 게 여간 기쁜 게 아니에요. 전 여러분을 보면서 이런 생각을 한답니다. 여기 있는 바로 이 사람들이 강탈당한 사람들의 잘못된 삶을 위해서, 탐욕의 희생물로 스러져간 민중을 위해서 복수를 해주겠지, 라고 말이죠."

병자의 말에 어느 누구도 대꾸하지 않았다. 그는 이내 머리를 힘없이 아래로 떨구고 꾸벅꾸벅 졸았다. 르이빈이 잠깐 그에게 시선을 돌리고서 나지막한 목소리로 입을 열었다.

"이 사람은 우리를 찾아와 앉아서 늘 한 가지, 이렇게 인간을 조롱하는 이야기를 한답니다. 그의 조롱은 그의 영혼 전부예요. 다른 감정은 아무것도 느낄 수 없는 사람처럼 말입니다."

"당신이라면 그 이상 무얼 더 바랄 수 있단 말이오? 수천의 사람들이 매일 노동으로 죽어가고 그 덕분에 지식인 주인들은 장난삼아 돈을 물쓰듯 하고 있는데, 무슨 말이 더 필요하겠어요?"

어머니가 생각에 잠겨 말했다.

"이젠 그에게서 그런 이야기 듣기도 지겨워요. 한 번만 들어도 잊지 못할 이야기를 저 사람은 늘상 지껄여대니까."

이그나트가 작은 목소리로 말했다.

"그 한 가지에 모든 이치가 오글오글 들어 있다네, 모든 삶도 그렇지만. 잘 기억해두라고!"

르이빈이 침통한 어조로 말했다.

병자는 몸을 한 번 뒤척이더니 눈을 동그랗게 뜨고는 땅바닥에 드러누웠다. 야코프가 살며시 자리에서 일어나 오두막 안으로 들어가 짧은 외투 두 개를 가져와 그의 사촌을 둘러싸고 다시 소피아 옆에 나란히 앉았다. 붉게 활활 타는 불꽃이 주위에 둘러앉은 사람들의 시커먼 모습을 밝게 비추며 짜증스러운 듯 미소 지었다. 사람들의 목소리가 나무가 타며 부드럽게 바스락거리는 소리와 불꽃의 탁탁거리는 소리에 슬프게 섞였다.

소피아가 삶의 권리를 찾기 위한 전 세계적 민중 투쟁, 옛날 독일 농민들의 투쟁, 아일랜드인들의 불행, 그리고 자유를 위한 빈번한 싸움에서 이룩한 프랑스 노동자들의 위대한 업적에 대해서 이야기했다.

융단 같은 밤의 옷을 입은 숲 속에, 벙어리 나무들로 둘러싸인 숲 속 공터에, 모닥불꽃의 장난스러운 얼굴 앞에, 세계를 뒤흔들었던 사건들이 되살아나고, 지구상의 한 나라가 검열을 받으며 하나씩 지나가면서, 피를 흘리고 전투로 지친 일들이 떠올려졌고, 자유와 진리를 위해 몸을 내던진 투사들의 이름이 되새겨졌다.

마치 먼 과거로부터 거슬러 흘러나오듯 여자의 목소리가 은은히 울려 퍼지고 있었다. 그 목소리는 희망을 일깨우고 확신을 불러 일으켜, 모인 사람들은 자신들의 정신적 형제들에 대한 소식에 음악처럼 말없이 귀를 기울이지 않을 수 없었다. 그들은 여인의 여위고 창백한 낯빛을 바라보며 그녀의 회청빛 눈이 지어 보이는 미소에 화답하여 미소 지었다. 그들 앞에는 전 세계 모든 민중의 성스러운 과업, 즉 자유와 평등을 위한 끊임없는 투쟁이 한결 선명하고 한층 성스럽게 이야기되었다. 세계의 민중은 암울과 피로 얼룩진 장막으로 드리워진 자신들의 희망과 사상을 발견하였고 마음속으로는 이성과 감정으로 세계와 관계하며 그 안에서 친구들을 보았던 것이다. 세계 안의 친구들은 이미 오래전에 만장일치로 이 세상의 참진리 쟁취를 위한 결의를 다져왔고 헤아릴 수조차 없는 자신들의 고통을 헌정해왔으며 자신들의 피를 강물이 되도록 쏟았다. 이 피로 인류는 밝고 명랑한 새로운 삶에 자신을 바쳤다. 모든 이와의 정신적 유대감이 생겨나서 성숙했으며 모두를 포용하고 모두를 자신 안에서 하나로 결속하려고 불타오르는 새로운 가슴이 탄생했다.

확신에 찬 소피아의 목소리가 울렸다.

"만국의 노동자들이 고개를 들고, 그만하면 됐어! 단호히 말할 그날이 다가오고 있어요. 우리는 이런 삶을 더는 원치 않습니다. 그날이 오면 자신들의 탐욕으로 세상을 다 소유한 척하는 자들의 대단한 힘은 삽시간에 무너져

내리고 그들의 발밑에서 사라져 결국 그들이 발 디딜 곳이라곤 하나도 남지 않게 될 것입니다."

"반드시 그렇게 되고말고! 자기 자신을 동정하지 말아요, 그럼 모든 걸 극복하게 될 거요."

르이빈이 고개를 수그리며 맞장구를 쳤다.

그들은 자기들을 세계와 이어주는 밝은 실마리를 끊어 버리게 되나 않을까 조바심을 내며, 이야기의 흐름을 방해하지 않으려고 애를 쓰며 미동도 하지 않았다. 어쩌다가 한 번씩 누군가가 나뭇가지를 조심스럽게 모닥불에 얹어 놓기도 했고, 모닥불에서 불티와 연기가 올라올 때면 그들은 그것이 여인에게 가지 못하도록 손을 내저어 부채질을 마다하지 않았다.

한번은 야코프가 일어나 나지막한 목소리로 부탁했다.

"잠깐만 기다려주세요."

그리고는 안으로 뛰어 들어가 옷가지를 몇 벌 가지고 나와 이그나트와 함께 말없이 여자들의 발과 어깨춤을 감싸주기도 했다. 소피아는 다시 이야기를 계속하면서 승리의 날을 그리는가 하면, 사람들에게 자신들의 힘에 대한 믿음을 심어주기도 하고, 혹은 배부른 자들의 바보 같은 장난을 위해 일생을 척박한 고통에 빼앗겨 버린 모든 이와의 유대감을 일깨워주기도 했다.

새벽 어스름, 소피아는 고단한지 잠시 입을 다물고 있다가 이내 미소를 지으며 자기를 둘러싼 진지하면서도 밝게 빛나는 얼굴들을 둘러보았다.

"이제 그만 떠날 시간이라오."

어머니가 말했다.

"시간이 다 됐군요."

소피아는 피로한 기색으로 말을 받았다. 누군가가 요란스럽게 한숨을 내쉬었다. 르이빈이 평소와는 다르게 부드러운 어조로 말했다.

"떠나신다니 섭섭하군요. 좋은 말씀을 해주셨어요. 위대한 과업이 민중을 단단히 뭉치게 해줄 겁니다. 수백만 민중의 뜻이 당신의 마음과 같다는 걸 아신다면 한결 마음이 나아지실 겁니다. 선량함 속에 바로 거대한 힘이 있는 게 아니겠습니까?"

"선을 베푸셨으니 필시 복 받으셔야죠." 예핌은 살며시 웃으며 이렇게 말하고 얼른 자리에서 일어섰다.

어머니 269

"이분들은 떠나서야만 해요, 미하일 아저씨. 딴 사람들 눈에 띄기 전에 말이죠. 우리가 이 책들을 돌리면 당국에선 이 책들의 출처를 캐내려 들 게 아니겠어요? 그때 누구건 기억을 더듬어 만약에라도 여기에 이상한 순례자들이 왔었네 하고 떠들기라도 하면……."

"저, 고맙습니다, 어머니. 친히 이런 어려운 일을 다 하시고!"

르이빈이 예핌의 이야기를 가로막으며 입을 열었다.

"전 당신을 볼 때마다 파벨 생각을 한답니다. 지금 가시는 이 길은 너무나 훌륭한 길입니다."

한결 마음이 진정된 르이빈의 얼굴에선 넓고 선한 웃음이 피었다. 공기가 꽤나 찼지만 그는 셔츠 하나만 입고 더구나 윗단추를 아래쪽까지 풀어헤쳐 가슴을 온통 드러낸 채였다. 어머니는 그의 당당한 풍채를 보고 미소 지으며 다정하게 충고를 해주었다.

"뭘 좀 걸치지 그러시오, 날도 쌀쌀한데!"

"내 몸 안은 불덩이 같은 걸요."

르이빈이 대수롭지 않게 대꾸했다.

젊은이 셋은 모닥불 가에 서서 조용히 이야기를 나누고 있었는데, 그들의 발 옆에는 짧은 털가죽 외투로 몸을 감싼 병자가 죽은 듯이 누워 있었다.

하늘이 밝아짐에 따라 밤 그림자도 더불어 사위어 갔으며 나뭇잎들이 태양을 기다리며 떨고 있었다.

"자, 이젠 작별의 순간이 온 것 같습니다. 뵙고 싶으면 시내에 가서 어떻게 찾으면 될까요?"

르이빈이 소피아의 손을 꼭 눌러 잡으며 말했다.

"우선 날 찾으시구려!"

어머니가 대신 대답했다.

젊은이들이 소피아에게 몰려가 말없이 그녀의 손을 꼭 잡았다. 서투르긴 해도 다정하기 이를 데 없었다. 너나할 것 없이 감사하는 마음과 다정한 마음에 만족해 있는 모습이 역력했는데, 아마도 어떤 귀족적 품위에 당황한 기분을 숨기려 하는 것 같았다. 밤잠을 못 잔 탓에 메마른 두 눈에 미소를 머금고서, 발을 바꾸어 디디며 그들은 말없이 소피아의 눈을 마주 보았다.

"가기 전에 뭐 좀 드시지 않겠어요?" 야코프가 물었다.

"뭐 먹을 게 좀 있어요?"

예삠이 물었다.

"좀 있어."

이그나트가 멋쩍은 듯 머리를 긁적이며 말했다.

"없어, 내가 아까 몽땅 엎질렀거든."

셋은 한바탕 웃음을 터뜨렸다.

그들이 이야기하고 있는 것은 우유에 대해서였지만, 어머니와 소피아는 그들이 딴 생각들을 하고 있음을 느낄 수 있었다. 그리고 무언지는 모르지만 자신들에게 좋은 일이 있기를 막연히 바라고 있는 느낌이었다. 이에 소피아 도 당혹감과 겸손한 겸연쩍음을 느껴서 조용하고 따스한 목소리로 이 한마 디밖에는 더 할 말을 찾지 못했다.

"감사합니다, 동지들!"

그들 사이에 눈길이 오갔는데, '동지'라는 한마디 말에 부드러운 충격을 받은 눈치였다.

병자의 무딘 기침소리가 들렸다. 장작더미에 남아 있던 불길마저 꺼져 버 렸다.

"안녕히 가세요."

농부들이 가라앉은 목소리로 작별인사를 했다. 구슬픈 작별의 말이 여인 들의 귓전에 오래도록 울렸다.

어머니와 소피아는 서두르는 기색도 없이 여명의 숲길을 따라 걸었다. 소 피아의 뒤를 따라 분주히 걷던 어머니가 말을 걸었다.

"훌륭해, 마치 꿈속을 헤매는 기분이랄까, 정말 좋아! 사람들은 진리를 알고자 한다오, 소피아. 진리를 꼭 알고 싶어 해. 꼭 멋진 휴일 이른 새벽에 교회에 와 있는 기분이구려. 신부도 아직 오지 않고 교회 안은 어둡고 조용 할 때 말이우. 그럴 때 교회 안은 왠지 모르게 섬뜩하기도 하지만, 사람들은 벌써 하나둘씩 모여들지. 성상 앞엔 촛불이 켜지고 곧 등불마저 켜져서 차츰 차츰 어둠을 몰아내면서 '하느님의 집'을 밝게 비추잖수."

"그렇다마다요. 다만 여기서 '하느님의 집'이란 세상 전부를 말함이죠."

소피아가 대꾸했다.

"세상 전부라."

어머니는 생각에 잠긴 듯 고개를 끄덕이며 되풀이했다.

"그 말 참 근사하군. 믿기는 좀 어렵지만……."

어머니와 소피아는 길을 걸으며 르이빈과 병자에 대해서, 그리고 소심한 탓인지 말도 별로 없고 매사에 서투르면서도, 자신들에 대해서 세심한 배려로 고마운 우정을 솔직하게 보여주었던 젊은 농부들에 대해서 이야기를 나눴다. 탁 트인 들판에 들어서자 맨 먼저 떠오르는 태양이 그들을 맞아주었다. 아직 보이지는 않았지만 태양은 이미 하늘에 투명한 부챗살 모양의 장밋빛 햇살을 펼치고 있었고, 풀잎에 맺힌 이슬방울들은 활기 넘치는 봄의 기쁨을 알리는 갖가지 색깔의 보석으로 반짝이고 있었다. 새들도 갓 잠에서 깨어나 즐겁고 성급한 소리로 아침에 청신한 기운을 불어넣고 있었다. 까마귀 떼가 까악 까악 분주히 울며 굼뜬 날갯짓을 했다. 검은 당까마귀가 가을 밀 속에서 총총히 뛰어다니다가, 갑자기 크게 지저귀며 대화를 하고는 했다. 어디선가 슬프게 휘파람 소리를 내는 꾀꼬리들이 왠지 불안하게 경계하는 음조로 노래했다. 종달새가 태양에 닿으려고 날갯짓을 하며 높이 날아올랐다. 시야가 높이 열리고, 밤의 그림자들이 저 멀리 언덕에서 솟아올랐다.

"때로는 말을 하고 싶어서 당신에게 말을 걸어오는 사람이 있지. 하지만 그 사람이 쉬운 말로 하지 않으면 당신은 그를 이해하지 못할 게요. 하지만 말 한마디에 갑자기 모든 게 명백해질 거라오."

어머니가 생각에 잠겨 이야기를 꺼냈다.

"이를테면 그 병자가 바로 그런 경우랄 수 있지. 나는 그 사람의 말을 듣고 공장, 아니 그뿐만 아니라 모든 곳에 있는 노동자들이 어떻게 착취당하고 있는지를 비로소 알게 되었수. 하지만 사람들은 그런 생활에 익숙해져 있어서인지 그걸 가슴으로 느끼진 못하는 것 같습디다. 그런데 그가 불쑥 당신한테 그런 사악하고 비굴한 삶을 돌아보게 한 거요! 세상에나! 사람들이 어찌 평생 죽도록 일만 할 수 있겠소? 그것도 주인들이 저 자신만을 즐기고 살기 위해서 말이오. 그건 정말 부당한 소리요."

어머니의 생각은 이 사건 때문에 억제되었다. 그 사건은 어렴풋하나, 날카로운 섬광으로 언젠가 알기는 했었지만 곧바로 잊힌 일련의 비슷한 사실들에 대해서 어머니를 일깨웠다.

"분명한 건, 그자들은 이미 모든 것에 만족한 상태였다는 거요. 어떤 지방

관리 하나를 내가 아는데 그자는 말을 타고 시골길을 가면서 농부들에게 말한테 인사를 하라고 강요했어요. 그리고 인사를 하지 않는 사람은 모두 그 자리에서 체포했다오. 도대체 그럴 필요가 있냐고? 도무지 이해할 수가 없는 기가 막힌 일이지."

어머니는 잠시 말을 멈추고 한숨을 쉬었다.

"가난한 사람은 가난 때문에 어리석고, 부자는 탐욕 때문에 어리석은 거요."

소피아가 아침처럼 활기가 넘치게 노래를 부르기 시작했다.

5

어머니의 생활은 이상스러울 만큼 평온하게 흘러갔다. 간혹 어머니는 그런 평온함이 놀랍기까지 했다. 아들은 여전히 감옥에 있었다. 무거운 형벌이 아들을 기다리고 있다는 것을 잘 알면서도, 매번 그런 생각을 할 때면 의지와는 무관하게 안드레이, 페자를 비롯하여 생면부지로 이름만 들어본 적 있는 사람들이 차례로 생각났다. 모든 사람의 운명이 아들의 운명 속에 흡수되어 있는 것만 같았다. 그녀 안에 슬며시 사색적인 기분이 들어서, 그녀의 내면적인 시선이 그에게 집중되었다가 주변 모두에게로 퍼져나갔다. 가늘고 불규칙한 빛들처럼 그런 기분은 모든 주변인물을 조금씩 짧게 비추다가 어느 순간 모든 곳을 비추면서 전체를 한 폭의 그림으로 만들려고 했다. 그녀의 마음은 어떤 하나의 사물에 머물지 못하도록 방해받고 있었다.

소피아는 곧바로 어딘가로 길을 떠났다가 닷새가 지나서야 생기발랄한 모습으로 돌아왔다. 그러나 몇 시간 있다가 다시 길을 나서 두 주일쯤 되어갈 무렵 돌아왔다. 그녀는 인생의 넓은 원을 따라 태어난 것처럼 보였다.

니콜라이는 늘 단조롭고 꼼꼼한 생활을 했다. 아침 여덟 시면 차를 마시고 신문을 읽으면서 새로운 소식들을 어머니에게 들려주었다. 그는 러시아 국회에서 상인들이 연설한 내용을 악의 없이 되풀이했고, 시내 생활을 알기 쉽게 묘사했다.

그의 말을 들으면서 어머니는 삶의 현실을 투명하고 분명하게 보았다. 삶은 있는 자의 맷돌에 사람들을 인정사정없이 깔아뭉겠다.

아홉 시에 니콜라이는 출근을 했다. 어머니는 방 정리를 하고 점심을 준비하고 세수를 한 다음, 깨끗한 옷으로 갈아입고 자기 방에 앉아 그림들을 보거나 책을 뒤적거렸다. 이미 책 읽을 줄은 알게 되었지만 읽으려고 긴장한 탓인지 금세 지쳐서 문맥을 파악하지 못한 채 책을 덮었다. 하지만 그림들만은 너무나도 좋아서 매번 놀라며 감상했다. 그림들은 새롭고 경이로운 세계, 그러면서도 이해할 수 있고 느낄 수 있는 세계를 그녀 눈앞에 펼쳐놓았다. 거대한 도시들과 아름다운 건물이 그녀의 눈앞에 세워져서, 기계와 선박, 기념품들, 그리고 무한한 부귀가 이렇게 여러 가지 자연의 산물들을 가지고 마음을 지배했다. 인생이 끊임없이 넓어지면서 매일매일 어떤 새롭고도 굉장한 놀라운 일들이 생겨났다. 여인에게 일깨워진 배고픈 영혼이 세상의 수많은 부자들에게 점점 더 강하게 일깨워졌고, 수없이 많은 미인들에게도 일깨워졌다. 그녀는 특히 절묘하게 2절판으로 된 동물학 지도책을 통독하는 데 빠져들었다. 비록 그 책은 외국어판이기는 했어도 그녀는 이 세계의 미(美)와 부(富)와 광대한 넓이를 분명하게 알 수가 있었다.

"대지는 정말 굉장해!"

어머니가 니콜라이에게 저녁 식탁에서 말했다.

"맞아요, 게다가 사람들이 자리를 차지하려고 붐비고 있죠."

무엇보다도 어머니를 황홀경에 빠지게 한 것은 곤충들, 그 가운데서도 특히 나비였다. 그녀는 말했다.

"얼마나 아름다워, 니콜라이 이바노비치? 가는 곳마다 얼마나 많은 아름다움이 그 황홀함을 뿜내고 있냐고. 하지만 모두가 우리로부터 차단되어 있고, 곁을 스쳐 날아도 눈에는 보이질 않아요. 사람들은 그저 허우적거릴 뿐, 아는 것 하나 없고 어느 무엇에도 도취될 수 없어요. 또 그렇게 할 욕망도 없어요. 대지가 얼마나 풍요로운지, 얼마나 경이로운 사물들이 많이 살고 있는지를 사람들이 안다면, 얼마나 많은 사람이 행복을 얻게 될까?"

니콜라이는 그녀의 황홀한 기분을 귀 기울여 듣고 웃으면서 새로 그린 그림책을 가져다 주었다.

저녁이면 종종 그의 집은 손님들로 들끓었다. 알렉세이 바실리예비치는 창백한 얼굴에 검은 턱수염을 기른 미남으로, 차분하고 게다가 과묵했다. 로만 페트로비치는 머리가 둥글고 부스럼투성이에다 늘 무엇이 그리 탐탁지 않은지 입으로 '쯧쯧' 소리를 내었다. 또 이반 다닐로비치는 작은 키, 마른 체격에 뾰족한 턱수염을 기르고 숱이 적은 데다 성급하고 목소리마저도 가늘고 높아 부엉이처럼 크고 날카로운 소리를 냈다. 그리고 항상 스스로 동지들에게 점점 악화되어 가는 자신의 병에 대해서 농담을 즐기는 이고르가 있었다. 간혹 멀리 여러 도시에서 찾아오는 다른 사람들의 모습도 눈에 띄곤 했다. 니콜라이는 그들과 오랜 시간에 걸쳐 차분한 대화를 나누었는데, 언제나 세계 만국의 노동자라는 하나의 주제로 일관했다. 동료들은 노동자들에 대해 논쟁을 하다 서로 열이 올라 손을 내젓기도 하고 차 몇 잔을 거푸 마시기도 했다. 니콜라이는 가끔 시끄러운 와중에도 서로 나눈 이야기를 기초로 성명서를 작성하여 동지들에게 읽어주었고, 동지들은 그 자리에서 인쇄체 글자로 옮겨 적었다. 어머니는 찢긴 초고 뭉치들을 조심스럽게 주워 모아 불태웠다. 그녀는 그들에게 차를 따라주면서 모인 사람들이 인생과 노동자들에 대해 논쟁하며 보이는 열정에 놀라지 않을 수 없었다. 또 그들은 어떻게 하면 노동자들에게 진실에 대한 사상의 씨를 더 빨리 더 잘 뿌려서 그들의 정신을 고양할 수 있을까에 대한 방법을 가지고 논쟁을 벌였는데, 그 방법에도 놀랐다. 이 문제들은 항상 동료들을 화나게 했으며, 이들의 삶은 자신들 위주로 뱅뱅 돌았다. 종종 그들은 어떤 문제에 대해서 서로 반박하고 비난하면서 화를 내고 다시 또 논쟁을 벌이곤 했다.

어머니는 자기가 이 사람들보다 노동자의 삶에 대해서 더 잘 알고 있으며, 그들이 상정한 과제의 중대성을 한결 더 명백히 보고 있다고 생각했다. 그래서 그녀는 어떤 때는, 남녀관계 드라마의 극적인 관계를 이해조차 못하면서 신랑신부 놀이를 하는 어린아이들을 어른들이 우울해서 제멋대로 대하듯 모든 사람을 대하기도 했다.

가끔 사샤도 찾아왔는데 단 한 번도 오래 머무르는 적이 없었고 늘 웃지도 않고 사무적으로 이야기했으며, 매번 떠날 때마다 잊지 않고 어머니에게 이렇게 묻곤 했다.

"파벨 미하일로비치는 어때요, 건강하죠?"

"덕택에! 아무 일 없어, 기운도 좋아 보이고."

"안부 전해주세요." 처녀는 당부하고서 사라지곤 했다.

한번은 어머니가, 파벨이 너무 오래 잡혀 있고 또 재판이 자꾸 연기된다고 사샤에게 불평을 한 적이 있었다. 사샤는 우울하게 바라보며 말없이 손가락만 꼼지락거렸다.

닐로브나는 그녀에게 이런 말을 해주고 싶었다.

'사랑스러워라! 난 네가 파벨을 좋아하고 있다는 걸 안다.'

그러나 어머니는 처녀의 심각한 얼굴과 꽉 다문 입술, 그리고 지레 말을 사양하겠다는 듯한 냉랭하고 사무적인 말투 때문에 말 한마디도 입 밖에 내지 못했다. 한숨을 내쉬고 어머니는 아무 말 없이 처녀의 내민 손을 잡았다. 그리고 속으로 생각했다.

'정말 가엾은 처녀야!'

한번은 나타샤가 찾아왔다. 어머니를 보자마자 무엇이 그리 반가운지 키스를 하고는 다짜고짜 묻지도 않은 말을 방금 생각난 듯이 조용히 꺼냈다.

"제 어머니가 돌아가셨어요, 돌아가셨답니다. 불쌍한 어머니."

그녀는 손으로 재빨리 눈물을 훔치고는 말을 이었다.

"어머니가 너무 불쌍해서 마음이 아파요. 이제 쉰도 안 된 나이에 벌써 가시다니. 아직도 살 날이 창창했었는데. 하지만 달리 생각하면 그렇게 사시느니 차라리 돌아가신 게 낫다는 생각도 들어요. 늘 어머니는 혼자였어요. 모두에게 외면만 당하시고 누구에게도 필요한 사람이 되지 못했고 아버지의 호통에 놀라기만 하셨는데, 그걸 어떻게 살고 있다고 할 수 있겠어요? 사람들은 무언가 좋은 일을 기대하면서 사는데 제 어머니는 모욕이 전부인 삶을 사셨어요."

생각에 잠겨 있던 어머니가 입을 열었다.

"당신 말이 옳아, 나타샤! 사람이란 뭔가 좋은 걸 기대하며 살게 마련인데, 기대할 게 없다면 그게 어디 삶이야?"

그리고 나타샤의 손을 어루만지며 물었다.

"그럼 이제 아가씨 혼자로군?"

"네, 혼자예요!"

나타샤가 부드럽게 대꾸했다.

어머니는 잠시 입을 다물고 있다가 갑자기 미소를 지으며 말했다.

"너무 상심 말아요! 선량한 사람은 혼자 살지 않아. 선한 사람 주위에 항상 사람들이 모여들게 마련이거든."

나타샤는 방직공장 부속학교 교사였다. 어머니는 가끔씩 그녀에게 금서와 성명서, 신문 등을 조달해 주었다.

문학서적을 전달하는 이런 일이 바로 어머니의 일이었다. 한 달에도 몇 차례씩 어머니는 수녀나 레이스와 손으로 짠 베천을 뒤집어쓴 행상아낙, 아니면 부잣집 마나님이나 순례자로 변장하고, 등에는 가방을 짊어지고 양 손에는 여행 가방을 들고서 여기저기 분주히 돌아다녔다. 기차나 증기기관 배, 호텔이나 여인숙 등 어디서나 어머니는 단순하고 드러나지 않게 처신했다. 그녀는 아무리 생면부지의 사람이라도 두려움 없이 이야기를 나누고 상냥하면서도 붙임성 있게 말을 한 첫 번째 인물이었다. 게다가 오래전부터 많이 듣고 보아온 경험이 있는 사람으로서 태도가 확신에 차 있었다.

어머니는 인생의 불평과 당혹감, 슬픔에 대해서 사람들과 이야기 나누기를 즐겼다. 누구나 갖게 되는 날카로운 불만의 소리를 들을 때마다 기쁨에 가슴이 설렜다. 자신들의 가혹한 운명에 저항하면서, 가슴속에 묻어 둔 문제들에 대한 답을 절실히 구하고자 하는 불만이었다. 어머니의 눈앞에는 인간의 삶, 배를 채우기 위해 싸우는 끊임없이 고단하고 불안한 삶의 광경이 다채롭게 펼쳐졌다. 어디를 가든지 인간을 기만하고 무언가를 기어코 우려내려는, 자신만을 위해 더욱 많은 것을 착취하고 피를 빨아먹는 파렴치하고 노골적인 욕망이 눈에 들어왔다. 그리고 어머니는 부족함 없는 이 세상의 지치지 않는 부에 둘러싸여서 겨우 목숨 부지할 정도로 배를 채우며 살고 있는 민중이 존재한다는 사실을 알았다. 정작 하느님에게는 아무런 쓸모도 없는 금은보화로 가득한 교회들이 도시들마다 세워져 있지만, 바로 그 입구에는 동전 한 닢이라도 얻어 보려고 바동대는 거지들이 바글거렸다. 전에도 돈 많은 교회들과 금실로 박은 사제복, 그런가 하면 구차한 민중의 판잣집이나 웃음이 절로 나오는 누더기 옷들을 보아 왔지만, 그때는 그것이 당연한 줄 알았다. 그러나 이제는 그러한 차이가 가난한 삶을 살아가는 사람들에게는 결코 화해할 수 없는 모욕적인 일이며, 교회 또한 부자들보다는 헐벗은 자들에게 더 가깝고 절실하다는 사실을 깨달았다.

그림을 통해서 보든 이야기로 듣든지 간에, 그리스도는 가난한 사람들의 친구로 옷도 검소하게 차려 입었음을 알 수 있었다. 그런데도, 정작 가난한 사람들이 상처 받은 마음을 위로받기 위해 찾는 교회에서 그리스도는 가난한 사람들 앞에서 혐오스러울 만큼 사치스러운 금과 비단으로 온몸을 두르고 있는 게 지금의 실정이다. 어머니는 자신도 모르게 르이빈의 말을 떠올렸다.

"저들은 우리 때문에 하느님마저 훼손하고 있어요. 그들은 우리를 기만하려고 모든 것을 자기들 손 안으로 돌려놓고, 하느님에게 거짓과 중상모략의 옷을 입혀놓았죠. 게다가 우리의 영혼을 왜곡하려고 자기들의 얼굴을 왜곡했고요."

어머니는 자신도 모르는 사이에 기도가 뜸해졌고, 대신 그리스도와 민중에 대한 생각을 더 많이 하게 되었다. 민중이란 그리스도를 모르는 체하고 이름조차 입에 올리지 않으면서도 그리스도의 의지에 따라 삶을 살아가며, 그리스도와 마찬가지로 세상을 가난한 이들의 왕국이라 생각하고 세상 모든 재물을 사람들이 똑같이 나누어 갖기를 바라는 사람들이었다. 그녀가 깊이 생각할수록, 그녀가 보고 들은 모든 것은 점점 그녀의 영혼 속에서 큰 자리를 차지해갔다. 생각들은 점점 불어나서 기도하는 사람의 밝은 면을 취했다. 어두운 세계 전체와 인생 전체, 그리고 모든 사람에게 불빛을 퍼트리기조차했다. 비록 여태까지는 두려움과 희망이, 기쁜 마음과 슬픔이 한데 뒤섞여 묘하고 당황스러운 사랑으로 대했던 그리스도가 이제는 가까이 다가와 있는 느낌이었고, 이전과는 영 다른 그리스도인 것이다. 그의 지위는 더 높고 더 명료하게 보일 뿐만 아니라 그리스도의 얼굴이 그녀에게 더욱 분명하게 보였고, 더욱 기쁨으로 환하게 빛나 보였다. 이제 그리스도의 눈은 그녀에게 확신에 찬 미소를 보여주었고, 살아 있는 내면의 힘을 보여주어서, 마치 그리스도가 현실적으로 인간 세계를 위해 그의 이름을 걸고 후하게 피를 흘리면서 인간들을 닦아주고 생기를 불어넣어주는 능력을 발휘한 듯이 보였다. 그런데 겸손하게 피를 흘린 이들은 많은 사람 가운데 불행한 친구 한 사람을 호명하기를 꺼렸다. 여행을 마치고 니콜라이에게 돌아올 때면 어머니는 언제나 길에서 보고 들은 것으로 깨달음을 얻은 듯 흥분에 휩싸여 어찌할 바를 몰랐다. 또한 성공리에 끝낸 임무에 용감한 기분이 되어 만족했다. 저녁에 어머니는 니콜라이에게 말했다.

"사방천지를 돌아다니며 많은 것을 볼 수 있어서 얼마나 좋은지 몰라요. 당신이야 세상이 어찌 돌아가고 있는지 누구보다 잘 알겠지만. 민중은 삶의 끄트머리로 쓸려가 쌓여 있다오. 아프게 상처받고도 계속 돌아다녔지만, 사실 그들은 돌아다니길 원치 않았고, 생각에만 잠겨 있었지. 무엇 때문에, 왜 나를 몰아내는 거지? 세상엔 없는 것 없이 이리도 풍족한데 왜 나만 굶고 있냐고? 지천에 깔린 게 똑똑한 이들이구먼! 그런데도 우린 바보같이 어둠 속에 있어야 한다우. 그럼 그분, 자비로운 하느님은 대체 어디 계신 거야? 그분의 눈빛에는 부자와 거지의 구분도 없고 그분의 마음속에서는 모두가 소중한 어린 양인데. 민중은 조금씩 자신의 삶에 저항하고 있어요. 스스로를 걱정하지 않으면 불의에 목을 졸려 죽게 될 거라는 직감을 하기 시작한 거지."

그리고 어머니는 여가가 있으면 책에 열중해서 다시 그림들을 살펴보고 매시간 새로움을 발견했는데, 이 새로움은 그녀의 눈앞에 인생의 파노라마를 넓혀주었고, 또 자연의 미와 인간의 활력 있는 창조력을 펼쳐주었다.

니콜라이는 그림책을 자세히 들여다보고 있는 어머니를 볼 때면 환한 미소를 지으며 또 다른 경이로운 이야기를 해주곤 했다. 그러면 인간의 대담성에 놀란 어머니는 의심이 간다는 투로 니콜라이에게 묻는 것이었다.

"아니, 어떻게 그럴 수가 있지!"

그러면 니콜라이는 자기가 한 예언에 대해 흔들리지 않는 확신을 갖고 안경 너머로 어머니의 얼굴을 부드러운 시선으로 바라보며 미래에 대한 이야기를 들려주었다.

"사랑의 욕망이란 측정할 수 없고, 그 능력 또한 끝이 없답니다. 하지만 세계는 아직도 인간의 영혼을 살찌우는 일에는 게으름을 피우고 있습니다. 왜냐하면 요즘은 어느 누구나 의존에서 자신을 해방하길 바라면서도 지식이 아니라 돈을 모으는 데만 눈이 뻘게 있기 때문이지요. 하지만 민중이 탐욕을 말살하는 날, 그들이 강제노동의 쇠사슬로부터 자신을 해방할 그날은 오고 말 것입니다."

어머니는 긴장해서 그의 말에 귀 기울였다. 그녀는 그가 하는 말의 의미를 전적으로 다 이해할 수는 없었지만, 그 말에 활기를 불어넣어 주는 평온한 믿음은 시간이 가면 갈수록 더욱 선명하게 가슴에 새겨졌다.

"이 세상엔 해방된 민중이 너무 적어요. 그게 바로 이 땅의 불행이랍니다." 그가 말했다.

그 말을 어머니는 이해할 수 있었다. 그녀는 탐욕과 악으로부터 자신을 해방한 사람들을 익히 알고 있었고, 만약 그런 사람들이 더 많아지면 어둡고 이해하기 어려운, 무서운 삶의 얼굴은 한결 더 상냥해지고 소박해져 결국엔 선하고 밝은 얼굴이 될 것을 이해하고 있었다.

"인간은 어쩔 수 없이 잔인해질 수밖에 없습니다."

니콜라이가 우울하게 말했다.

어머니는 소러시아인의 말을 떠올리며 또렷이 수긍이 가는 듯 고개를 끄덕였다.

6

하루는, 한 치의 오차도 없는 철두철미한 시간관념의 소유자 니콜라이가 평소보다 훨씬 늦은 시간에 집에 돌아와, 씻지도 않고 약간은 흥분된 어조로 두 손을 비비며 다급하게 말했다.

"혹 소문 들으셨어요, 닐로브나? 오늘 우리 동지 가운데 하나가 면회시간에 탈옥했어요. 그게 누군지는 아직 모르고요."

그 말을 듣는 순간 어머니는 몸을 비틀거렸다. 흥분한 나머지 의자에 털썩 주저앉으며 억지로 목소리를 낮추어 물었다.

"설마 파샤는 아니겠지?"

"장담할 수야 없죠. 어쨌든 몸을 숨길 수 있도록 도와줘야 할 텐데 어디서 그 탈옥자를 찾느냐가 문제라고요. 저도 지금 이 거리 저 거리 다 찾아보고 오는 중입니다. 혹시나 만날 수 있을까 해서요. 바보 같은 짓인 줄은 알지만 그래도 팔짱만 끼고 있을 순 없잖아요? 다시 나가보려고 해요."

"나도 갑시다!"

어머니가 소리쳤다.

"어머님은 이고르한테 가 보세요. 그 사람이라면 뭔가 들은 게 있을지도 모르니까요."

니콜라이가 서둘러 집을 나서며 제안했다.

어머니는 수건을 머리에 질끈 동여매고, 기대하는 마음에 가슴 졸이며 급히 길을 따라 갔다. 눈앞이 아득해지고 심장이 더욱 쿵쾅거렸다. 고개를 숙인 채 걸음을 재촉했다. 눈앞이 그저 캄캄할 따름이었다.

날씨가 매우 더웠다. 어머니는 숨을 헐떡이며 이고르의 방으로 통하는 계단참에 다다랐을 때 멈추어 서고 말았다. 거의 기절할 지경이어서 더 나아갈 수가 없어서였다. 그녀는 돌아서서 놀라움에 조용히 흐느껴 울며 잠시 눈을 감았다. 그녀가 보니 니콜라이 베솝시코프가 주머니에 손을 끼워넣고 서서 그녀에게 미소를 보내고 있는 것 같았다. 그러나 다시 보니 그곳엔 아무도 없었다.

"틀림없이 니콜라이였는데……."

어머니는 혼잣말을 하고서 천천히 계단을 오르며 무슨 소리라도 들리려나 귀를 기울였다. 그녀는 느릿느릿 걷는 발소리를 들었다. 돌아서는 계단참에서 몸을 구부려 아래쪽을 내려다 보았는데, 거기에서 다시 그녀에게 미소 짓고 서 있는 곰보투성이 얼굴을 보았다.

"니콜라이! 니콜라이!"

그녀는 혼잣말을 하고서 그를 만나려고 뛰어내려갔다. 실망해서 상처를 받은 그녀의 마음은 아들 때문에 더욱 아팠다.

"가세요, 가세요!" 그는 손을 내저으며 조용히 응답했다.

그녀는 재빨리 계단을 뛰어올라 이고르의 방으로 들어갔다. 소파에 그가 누워 있었다. 그녀는 숨이 거의 막혀서 속삭이듯 말했다.

"니콜라이가 감옥에서 나왔어!"

"어떤 니콜라이요? 니콜라이가 두 명이에요."

이고르가 베개에서 머리를 들며 물었다.

"베솝시코프. 여기 오는 사람인데요!"

"좋아! 하지만 그를 만날 수가 없군."

베솝시코프는 이미 방에 들어왔다. 그는 방문을 걸어 잠그고 모자를 벗고 조용히 미소 지으며 자기 머리를 매만졌다. 이고르는 팔꿈치를 받친 채로 일어섰다.

"신사 양반, 편히 앉으시죠." 그는 고개를 끄떡하며 말했다.

니콜라이는 아무 말도 하지 않고 얼굴에 큰 미소를 지으며 어머니에게로 다가가서 손을 꼭 잡았다.

"제가 당신을 만나지 않았다면 감옥으로 되돌아갔을지도 모르지요. 전 시내에서 아는 사람이 하나도 없거든요. 제가 변두리 마을로 나갔다면 그들은 저를 즉시 붙잡았을 거예요. 그래서 저는 걸어서 돌아다니며 생각했어요,

'난 정말 바보야, 왜 탈출한 거지?' 그런데 갑자기 닐로브나가 뛰어가는 모습이 보여서 따라온 거예요."

"어떻게 도망친 거야?"

어머니가 물었다.

베솝시코프는 겸연쩍은지 소파 한 귀퉁이에 걸터앉아 이고르의 손을 꼭 잡았다.

"사실 저도 실감이 안 나요."

그가 어리둥절한 표정으로 말했다.

"뜻밖에 기회가 왔어요. 산책을 하고 있는데, 죄수들이 간수 한 명을 두들겨 패지 않겠어요? 그 사람은 도둑질을 했다고 헌병 초소에서 쫓겨났던 두 사람 가운데 하나예요. 그는 전에 간첩이었는데, 지독한 고문으로 많은 사람의 인생을 망쳐놨던 사람이에요. 그들이 그를 실컷 두들겨 패서 그곳이 시끌벅적하더군요. 간수들이 겁이 나서 호루라기를 불어댔어요. 그 와중에 가만 보니 감옥 문이 열려 있기에 다가가서 보니 멀리 들판과 시내가 한눈에 들어오는 거예요. 그래서 그냥 앞으로 걷게 됐죠. 서두르지도 않고 그냥 정말 꿈속에서처럼 걸어갔어요. 얼마를 걷다 정신을 차리고 '내가 어디로 가고 있지?' 생각해 보았죠. 뒤를 돌아보니 감옥문은 벌써 굳게 닫혀 있더라고요. 문득 겁이 나더군요. 딱히 누구에게라고 할 것 없이 모든 동료에게 미안하더군. 좀 바보 같은 짓이었어요. 난 탈출할 생각은 없었거든요."

"흠, 그럴 땐 신사양반, 다시 돌아가 정중하게 문을 두드리고 들어가게 해달라고 부탁이라도 하지 그랬어? '죄송합니다, 제가 잠깐 정신을 딴 데 팔다 실수했지만, 여기 다시 왔소…….'"

이고르가 말했다.

"그러게요."

베솝시코프가 웃으며 말을 이었다.

"내가 그렇게 했어도 바보 같은 짓이었겠죠. 무엇보다 동지들한테 좋을 리 없고요. 난 그냥 말없이 걸었어요. 그렇게 걷다가 어린아이의 장례행렬과 마주쳤어요. 영구마차 뒤를 따랐어요. 아무도 보지 않고 고개를 푹 숙이고 묘지에 앉아 맑은 공기를 쐬니 한 가지 생각이 머리를 스치는 거예요."

"한 가지 생각?"

이고르가 반문하고 한숨을 쉰 다음 덧붙였다.

"내가 보기에 거기서 복잡한 생각은 안 났을 것 같은데."

베솝시코프가 머리를 저으며 불안한 표정 없이 천진난만하게 웃었다.

"하지만 지금의 내 머리는 전처럼 그렇게 텅 비어 있지 않아. 그건 그렇고, 이고르 이바노비치, 아직도 낯빛이 영 안 좋아 보여요."

"자기가 하는 일에 최선을 다하면 그만인 거지. 누구나 최선을 다할 권리가 있고말고, 계속해봐!"

이고르가 심하게 기침을 해대며 대답을 피했다.

"그 다음엔 그 지역 박물관으로 갔지. 거기서 서성거리며 사방을 두리번거리자니, '이제 어디로 간담?' 하는 생각까지 하게 되더라고. 나 자신에 대해 화가 나더군요. 게다가 얼마나 배가 고팠는지 몰라요. 다시 거리로 나와 정처 없이 걷는데, 말동무가 없어 심하게 우울하더군. 보니까 경찰들이 사람들을 철저히 검문하고 있는 거예요. '이런, 이제 곧 꼼짝없이 하느님 재판에 얼굴을 들고 나가게 되는구나' 하고 생각했죠. 그런데 갑자기 저 반대쪽에서 어머니가 내 쪽으로 뛰어오시는 게 보이잖아요. 그래서 살짝 몸을 돌렸다가 어머니가 멀리 앞섰을 때 줄곧 뒤를 따라온 거죠. 이게 전부랍니다."

"정말 난 전혀 몰랐어,"

어머니가 죄지은 사람처럼 말했다.

"아마 동지들은 내 걱정을 하고 있을 거예요. 내가 어디 있을지 분명 궁금해 하고 있겠지."

머리를 긁적이며 베솝시코프가 말했다.

"하지만 간수들도 걱정하긴 마찬가지야. 간수들에겐 안 미안하고?"

이고르가 끼어들어 지분거렸다. 그는 소파 위에서 털썩 옮겨 앉으며 진지하게 걱정하며 말했다.

"이제 농담은 집어치우기로 하고, 자네를 숨겨야겠는데, 당연히 해야 할 일이지만 결코 기분 좋고 쉬운 일은 아냐. 내가 몸이라도 성하면 어떻게라도 해보겠지만……."

이고르는 긴 한숨을 몰아쉰 다음, 손으로 가슴을 치다가 약하게 문질렀다.

"많이 아픈가봐요, 이고르 이바노비치!"

베솝시코프는 우울하게 말하고 이내 고개를 떨어뜨렸다. 어머니는 한숨을 내쉬고, 걱정스러운 눈길로 작고 비좁은 방을 둘러보았다.

"내 몸은 내가 알아서 할 일이고, 어머님, 파벨이 어떤지 좀 물어보세요. 무관심한 척하실 필요가 없잖아요."

이고르가 말했다.

베솝시코프의 얼굴에 웃음이 가득 퍼졌다.

"파벨은 아주 건강하게 잘 있어요. 거기선 우리 가운데 가장 윗사람이나 마찬가지랍니다. 도맡아서 간수들과 이야기를 나누는데 거의 아랫사람에게 명령하듯 해요. 누구나 존경해요."

블라소바는 베솝시코프의 이야기를 들으면서 고개를 끄덕였다. 그가 곁눈질로 퉁퉁 붓고 파리한 이고르의 얼굴을 살피니 표정은 없고, 오로지 두 눈만 살아 유쾌하게 반짝이고 있었다.

"먹을 것 좀 갖다 주시겠어요? 정말 배가 고파 죽을 지경이에요."

베솝시코프가 갑자기 소리치며 소심하게 웃었다.

"어머님, 선반 위에 빵이 있어요, 니콜라이에게 좀 주세요. 복도로 나가시면 왼쪽으로 두 번째 문이 보일 거예요, 그 문을 두드리세요. 여자가 문을 열어주거든, 이고르가 시켜서 왔는데 가진 음식 있거든 죄다 여기로 가져오란다고 말씀하세요."

"왜? 전부 다 가져와서 뭐 하게?"

베솝시코프가 그럴 필요까지는 없지 않느냐는 투로 말했다.

"걱정 마, 많지도 않아. 전혀 문제없을 거야."

어머니는 복도로 나가 문을 두드리고 긴장해서 대답에 귀 기울이며 두려움과 슬픔에 잠겨 이고르를 생각했다.

그가 죽어가고 있다는 것을 알고 있었다.

"누구세요?"

문 안쪽에서 누군가가 물었다.

"이고르 이바노비치가 보내서 왔어요. 그가 당신에게 와 달라고 부탁했어요."

어머니가 낮은 목소리로 대답했다.

"곧 나가지요."

문은 열리지 않고 대답소리만 들렸다. 어머니는 잠시 기다렸다가 다시 문을 두드렸다. 그러자 문이 급히 열리며 키가 크고 안경을 쓴 부인이 복도로 나왔다. 주름장식을 단 허릿단을 재빨리 여미며 거친 목소리로 어머니에게 물었다.

"무슨 일이죠?"

"전 이고르 이바노비치가 보내서 온 사람입니다만……."

"아, 네, 어서 오세요. 맞아요, 한 번 뵌 적이 있는 것 같아요! 그동안 안녕하셨어요? 여긴 워낙 어두워서……."

부인이 낮은 목소리로 외쳤다.

닐로브나는 부인을 쳐다보았다. 아주 가끔 니콜라이 방에 와 있던 것을 본 기억이 났다. 모두 한 동지였구나! 생각이 어머니의 머리를 스쳤다.

부인은 어머니를 앞장서게 하고 물었다.

"더 나빠졌나요?"

"네, 누워 있어요. 부인께 음식 좀 가져다달라고 부탁했어요."

"그래요, 그 사람은 음식이 필요없을 텐데."

그들이 방에 들어서자 이고르가 말했다.

"친구가 왔구려, 난 이제 조상들에게 가야 하려나 봐. 류드밀라 바실리예브나, 이 사람은 간수의 허락도 없이 감옥을 나와 버렸다오. 대단하지 않소? 우선 먹을 것 좀 주고 어디에라도 숨겨주구려."

부인은 고개를 끄덕이고 병자의 얼굴을 유심히 들여다보더니 위엄 있는 목소리로 입을 열었다.

"이고르, 수다스럽기는…… 말 많이 하면 안 좋다는 거 알잖아요. 손님들이 찾아왔으면 진작 날 불렀어야죠. 약을 두 번이나 거르고. 왜 멋대로 행동해요? 당신 입으로 말했잖아요, 약을 먹고 나면 숨쉬기가 더 편하다고. 나한테 와 있어요. 이제 곧 병원에서 당신을 데리러 사람이 올 거예요."

"날 병원에 보내겠다고?"

이고르가 오만상을 찡그리며 물었다.

"네, 나도 따라가서 거기 같이 있을 게요."

"거기까지 따라온다고?!"

"조용히 해요!"

말을 하면서 부인은 이고르의 가슴에 이불을 고쳐 덮어주고 베솝시코프를 뚫어지게 쳐다본 뒤 눈대중으로 병에 들어 있는 약의 양을 어림짐작해 보았다. 낮은 목소리였지만 고르고 낭랑했으며 거동 하나하나가 경쾌했다. 얼굴은 창백했고 눈 주위에 푸른 자국이 커다랗고 둥글게 나 있었다. 새카만 눈썹은 위로 올라가 콧대 미간에서 거의 맞붙어 짙고 엄격한 눈매가 깊어 보였다. 왠지 그런 얼굴이 어머니의 마음에 들지 않았다. 엄격하고 움직임도 없이 오만해 보이는 데다 눈길엔 광채도 없었다. 말투가 또한 항상 명령조여서 마음에 걸렸다.

부인이 말을 이었다.

"우린 나갔다가 곧 돌아올게요. 이고르에게 약을 좀 먹여 주시겠어요? 큰 숟가락 하납니다."

"그래요." 어머니가 말했다.

"말을 시키지 마세요."

부인은 말하고서 베숍시코프를 앞세우고 집을 나섰다.

"대단한 여자야!"

이고르가 한숨 섞인 목소리로 말했다.

"멋진 여잡니다! 어머님께서 잘 도와주셔야 합니다. 보시다시피 그 여자는 요즘 많이 지쳐 있어요."

"이야기는 그만하구려. 자, 약을 먹어야지."

어머니가 부드럽게 말했다

이고르는 약을 단숨에 삼키고 왠지 한쪽 눈살을 찌푸리며 말을 이었다.

"전 어차피 곧 죽을 거예요, 말을 하든 안 하든."

그는 다른 쪽 눈으로 어머니를 바라보았다. 입술 모양이 천천히 변하면서 미소가 번졌다. 어머니는 고개를 떨구었다. 가슴을 저미는 연민에 눈물이 주르르 흘렀다.

"너무 신경 쓰실 것 없어요, 어머님. 당연한 거죠. 삶의 기쁨은 늘 죽음의 의무를 가지고 다니니까요."

어머니는 그의 머리에 가만히 손을 얹고 다시 속삭였다.

"말일랑 그만하고 그대로 있어요."

이고르는 심장이 딱딱 부딪치며 뛰는 소리를 듣는 듯이 두 눈을 지그시 감고 고집을 피웠다.

"입을 다물고 있다 해서 뭐 나아질 게 있나요? 제가 침묵을 지켜서 얻는 게 뭐가 있겠어요? 죽으면 그쪽 세상에는 여기처럼 좋은 사람들도 없을 테니까 이렇게 이야기를 나누는 즐거움도 잃을 텐데."

어머니가 조심스럽게 그의 말을 가로막았다.

"곧 그 부인이 돌아올 텐데, 그러면 당신에게 말을 시켰다고 아마 날 나무랄 거요."

"그 여자는 부인이 아니라 혁명투사요, 촌마을 필경사 역할을 하는 선생의 따님이랍니다. 모르긴 해도 어머님을 나무랄 거예요. 그 사람한테 꾸지람을 듣지 않는 사람이 없습니다. 늘 그래요."

이고르는 입술을 힘겹게 움직이며 이웃의 이야기를 들려주었다. 두 눈엔 미소가 흘렀다. 어머니는 그가 일부러 농담을 섞어 그녀를 놀리고 있음을 눈치챘다. 시퍼런 반점투성이 얼굴을 보니 그가 죽음이 가까워졌다는 생각에 불안했다.

류드밀라가 들어와 문을 조심스럽게 닫고 블라소바를 돌아보며 말했다.

"당신 친구 옷을 꼭 갈아입혀야 하는데, 서둘러 출발해 주세요, 펠라게야 닐로브나. 지금 곧바로 가서서 입힐 만한 옷을 가져오세요. 소피아가 여기 없는 게 유감이네요. 사람 숨기는 일이라면 소피아가 전문인데."

"내일 와요!"

블라소바가 어깨에 숄을 두르며 말했다.

일을 맡을 때면 늘 어머니는 그 일을 제대로 해내고픈 강한 열망에 휩싸였다. 그래서 지금도 그녀 앞에 놓인 임무 이외에는 다른 생각이 머리에 들어오지 않았다. 그래서 무언가에 몰두해 있는 분위기로 눈을 내리깔고 물었다.

"어떤 옷으로 갈아입히면 좋을까요?"

"아무래도 괜찮아요. 어차피 밤에만 나다닐 테니까요."

"밤에는 더 안 좋은데. 거리에 인적도 뜸하고 감시의 눈초리도 더 삼엄하고 게다가 그 사람이 좀 겁쟁이라서……."

이고르가 목이 쉰 소리로 웃었다.

"어머님은 아직도 소녀 같아요."

"병원으로 찾아가도 되겠수?"

어머니가 물었다.

이고르는 기침을 깊게 하며 고개를 끄덕였다. 류드밀라가 검은 눈으로 어머니를 쳐다보며 말을 이었다.

"저와 교대로 간호하실래요? 정말요? 그렇게 하세요. 우선 얼른 다녀오세요."

부인은 성격이 아주 좋은 여자처럼 활력 있게 어머니의 손을 잡고 문 밖으로 나가서 조용히 말했다.

"제가 마구 쫓아낸다고 화내지 마세요. 무례한 줄은 알지만. 이고르에게는 말을 하는 것이 아주 해롭거든요. 전 포기하지 않아요. 아직 회복할 수 있을 거예요."

부인은 손뼈가 으스러질 정도로 세게 손을 움켜쥐었다. 그녀의 눈까풀이 지친 듯이 아래로 처졌다. 어머니는 이 말에 적잖이 당황스러워서 중얼거렸다.

"그렇게 말하지 말아요. 그건 말도 안 돼요! 누가 무례하다고 생각해요? 갈게요, 안녕히 계세요."

"조심하세요, 첩자들 말이죠."

부인이 조용히 말했다.

"알고 있어요."

어머니는 적잖은 자부심을 갖고 대답했다.

어머니는 대문을 빠져나와 잠시 멈추어 서서 수건을 고쳐 쓰는 척하며 은밀히 사방을 살폈다. 이제는 북적거리는 행인들 사이에서도 첩자를 구별할 줄 알게 되었다. 첩자들은 발걸음이 지나치게 조심성이 없다는 점을 이미 알고 있었다. 그들은 자유로운 듯 보이려고 긴장하고 있기 때문에 얼굴에 지루한 표정이 나타났고, 거짓을 진실 뒤에 사악하게 숨기느라 끊임없이 불쾌하고 날카로운 눈길로 지키고 자신의 죄 때문에 괴로워했다.

이번에는 그런 낯익은 얼굴을 찾아내지 못했다. 그래서 서두를 것도 없이 거리를 따라 내려가 마차를 불러 세우고 시장으로 가자고 말했다. 베솝시코프가 갈아입을 옷을 살 때, 어머니는 남편이 술주정뱅이여서 한 달에 한 번씩은 새 옷을 사 입혀야 한다고 남편 욕을 해대면서 옷 파는 여편네와 억세게 흥정을 했다. 이러한 과장된 수다에 관심을 갖는 사람은 하나도 없었지만 자신의 능청스러운 꾀를 자랑스럽게 생각했다. 어머니가 억세게 흥정을 한 이유는 시장으로 오는 길에 경찰들이 베솝시코프에게 갈아입힐 옷이 필요하다는 것을 알고 시장에 형사를 보낼지도 모른다고 생각해서였다. 자연스럽게 행동하면서 조심스럽게 모든 일을 처리한 어머니는 이고르의 집으로 돌아와 베숍시코프를 시내 변두리까지 데리고 가야 했다. 두 사람은 서로 거리의 양쪽 가장자리로 멀찍이 떨어져 걸었다. 베숍시코프가 고개를 숙이고 붉고 누런 빛의 긴 옷자락 속에서 다리를 꼬며 무거운 발걸음을 성큼성큼 옮기고 있는 모습을 보고 어머니는 너무나 재미있어 웃음이 나왔다. 그의 모자는 코 위까지 떨어져 있었다. 한적한 거리를 내려오다가, 두 사람은 사샤를 만났다. 어머니는 고갯짓으로 베숍시코프에게 작별인사를 하고 집으로 향하며 안도의 한숨을 쉬었다.

'하지만 파샤는 아직 감옥에 있어. 그리고 안드류샤도…….'

슬픔이 복받쳐 올랐다.

걱정스럽게 소리치는 니콜라이의 목소리가 어머니를 맞았다.

"어머니, 알고 계세요? 이고르의 몸 상태가 아주 안 좋다는군요. 병원으로 실려갔는데, 류드밀라가 어머님보고 병원으로 오시라고 하던데요?"

"병원으로?"

니콜라이는 안경을 신경질적으로 고쳐 쓰고 어머니가 웃옷을 입도록 도와주면서 메마르고 뜨거운 손으로 어머니의 손을 잡고, 낮고 떨리는 목소리로 말했다.

"됐어요. 이 보따리를 들고 가세요. 베숍시코프 일은 잘 처리하셨어요?"

"다 잘되고 있어."

"저도 이고르한테 가보겠어요!"

어머니는 어찌나 피곤한지 머리가 빙글빙글 도는 듯했다. 니콜라이가 감정을 드러내는 모습을 보니 왠지 어떤 슬픈 드라마의 끝이 될 것만 같은 불길한 예감이 들었다.

'그가 죽어가고 있어, 죽어가고 있어.'

어두운 생각이 어머니의 머리를 둔탁하게 때렸다. 그러나 작지만 깨끗하고 밝은 병실에 도착해 이고르가 하얀 베개에 기대어 침대에 앉아 열정적으로 너털웃음을 짓고 있는 것을 보고 일단 안도의 숨을 내쉴 수가 있었다. 어머니는 웃으며 문에 기대어 서서 이고르가 의사에게 목 쉰 소리로 하는 말을 들었다.

"치료라, 그건 개혁이라고 할 수 있어."

"어리석은 소리 하지 마, 이고르!"

의사가 가는 목소리로 부질없이 참견하여 외쳤다.

"난 혁명가야! 개혁을 증오한다고!"

의사는 깊은 생각에 잠긴 표정으로 수염을 쓸어당기며 이고르의 얼굴에 난 종기를 만져보았다.

그 의사는 어머니도 익히 잘 아는 사람으로 이름은 이반 다닐로비치였고, 니콜라이의 가장 가까운 동지들 가운데 하나였다. 어머니는 이고르에게 다가갔다. 그는 어머니를 반갑게 맞으면서 혀를 살짝 내밀었다. 의사가 돌아보았다.

"아, 닐로브나! 안녕하셨습니까? 앉으세요. 손에 든 건 뭐죠?"

"아마 책일 거야."

"책을 읽으면 안 돼."

"저 의사는 날 무슨 노리갯감으로 만들 작정이야."

이고르가 투덜거렸다.

"조용히 하세요!"

의사는 명령하고 작은 수첩에다 무언가 써내려갔다.

가래 끓는 소리에 이어 짧고 거친 숨소리가 이고르의 가슴에서 터져 나왔고, 얼굴에는 작은 땀방울이 송골송골 맺혔다. 부어오른 무거운 손을 천천히 들어올려 손바닥으로 이마의 땀을 훔쳤다. 이상하리만치 꼼짝도 않는 통통 부어오른 볼 때문에 그의 둥글고 선해 뵈는 얼굴이 전혀 딴 사람의 얼굴로 변해서, 모든 모습이 정말 죽은 듯 푸른빛 속에서 사라지고 말았다. 부어오른 얼굴에서 움푹 팬 두 눈만이 관대한 미소로 반짝이며 바라보고 있을 따름이었다.

"에이, 과학이란 게 뭔지, 난 너무 피곤해! 누워도 되지?"

이고르가 물었다.

"안 돼."

의사가 잘라 말했다.

"그럼, 자네 나가고 나면 눕지 뭐."

"닐로브나, 이 사람 눕지 못하도록 하세요. 해롭습니다."

어머니는 고개를 끄덕였다. 의사는 종종걸음으로 서둘러 병실을 빠져나갔다. 이고르는 고개를 뒤로 젖히고 두 눈을 꼭 감은 채 무기력에 빠져 꼼짝도 하지 않았다. 다만 손가락을 조용히 움직일 따름이었다. 작은 병실의 하얀 벽으로부터 마른 냉기와 알 수 없는 슬픔이 새어나왔다. 커다란 창을 통해서는 보리수 나무의 빽빽한 윗부분이 보였고, 뿌옇게 먼지가 내려앉은 잎새들 사이로는 성큼 다가온 가을의 차디찬 접촉 때문에 생긴 누런 반점들이 반짝이고 있었다.

"죽음이 내게로 머뭇거리며 다가오고 있습니다."

이고르가 두 눈을 꼭 감은 채 미동도 않고 입을 열었다.

"죽음이란 자가 절 데려가는 게 조금은 안되어 보였나봐요. 전 그래도 사람들에게 붙임성이 꽤나 있는 놈이었지요."

"말하지 말아요, 이고르 이바노비치!"

어머니가 살며시 그의 손을 어루만지며 애원하듯 말했다.

"잠시만요, 어머님. 그렇지 않아도 곧 입을 다물게 될 텐데요."

때때로 숨을 헐떡이며 간신히 한 마디씩 연신 내뱉고 기절할 듯이 한참 침묵했다가 또 말을 잇곤 했다.

"어머님이 곁에 계셔서 너무 좋아요. 얼굴을 뵈니 정말 기뻐요. 당신의 눈도 순수함도 초롱초롱해요. 가끔 이런 질문을 자신에게 던지곤 한답니다. '종말은 어떻게 될까?' 다른 사람들이 그렇듯 감옥과 유형과 모든 종류의 모욕적 분노가 당신을 기다리고 있을 거라고 생각하면 슬퍼져요. 감옥이 두렵지 않으세요?"

"두렵지 않아요."

어머니가 대수롭지 않게 대꾸했다.

"당연하시겠죠. 감옥은 정말 비열한 곳이죠. 저를 이렇게 녹초가 되게 만든 것도 바로 그 감옥이거든요. 솔직히 전 죽고 싶지 않아요."

아직 더 살 수 있다고 어머니는 말하고 싶었지만 그의 얼굴을 보는 순간 말이 입에서 얼어붙었다.

"제가 아프지 않았다면 아직 일을 꽤 잘할 수 있어요. 일을 할 수 없다는 건 삶의 의미가 없다는 거죠. 살아 있는 자체가 어리석은 일이 되죠."

'옳은 소리요. 하지만 그런다고 무슨 위안이 되려나.'

어머니는 자신도 모르게 안드레이의 말을 떠올리고 무거운 한숨을 내쉬었다. 온종일 이리 뛰고 저리 뛰어서인지 무척이나 허기가 졌다. 병자의 단조롭고 눅눅하고 목 쉰 속삭임이 방 안을 가득 메우며 매끄럽고 차갑게 반짝이는 벽을 힘없이 기어올랐다. 창문에 잇닿은 보리수 나무의 윗부분이 조용히 떨렸다. 땅거미가 짙어가고, 베개 위에 누운 이고르의 얼굴이 거무죽죽하게 변했다.

"왜 이리 기분이 좋지 않을까?"

이고르는 두 눈을 감더니 조용해졌다.

어머니는 그의 숨소리를 들으며 주위를 둘러보고 슬픔의 차가운 감정에 휩싸여 그대로 앉아 있다가 깜빡 잠이 들었다. 병실 문이 조심스럽게 닫히며 나는 희미한 소리에 잠을 깼다. 놀란 어머니는 자신을 쳐다보고 있는 이고르의 다정한 눈길을 보았다.

"깜빡 졸았군, 미안해요."

그녀는 조용히 말했다.

"제가 죄송하죠."

그도 조용히 대답했다.

부스럭거리는 소리가 들리는가 싶더니 이내 류드밀라의 목소리가 들렸다.

"그들이 어둠 속에 앉아서 속삭여요. 여긴 스위치가 어디 있지?"

병실 안이 갑자기 흔들리면서 허옇고 낯선 불빛으로 가득 채워졌다. 병실 한가운데 키가 큰 류드밀라가 서 있는데, 검정 옷차림에 아주 꼿꼿하고 심각했다.

이고르가 그녀에게 눈길을 옮기고서 움직이려고 바동대며 손을 가슴께로 끌어올렸다.

"왜 그래요?"

류드밀라가 그에게 몸을 던지며 소리쳤다.

이고르는 움직이지 않는 눈으로 어머니를 바라보다가, 이제는 눈이 커 보이고 이상하게도 밝아 보였다. "기다려!" 그는 속삭였다. 입을 크게 벌리고 고개를 위로 쳐들고 한쪽 팔을 앞으로 내밀었다. 어머니는 그 팔을 조심스럽게 잡고 숨죽여 그의 얼굴을 쳐다보았다. 갑자기 그가 발작적으로 격렬하게 목을 움직여 고개를 뒤로 던지듯 젖히더니 크게 소리쳤다.

"숨 막혀, 숨 좀 쉬게 해 줘!"

이고르의 몸이 가볍게 떨렸고, 부릅뜬 두 눈에는 침대밑에서 타고 있는 싸늘한 램프의 불빛이 광택도 없이 비쳤다.

"사랑하는 이고르!"

어머니가 속삭였다. 그의 손을 꼭 잡았을 때 손이 갑자기 무겁게 늘어졌다.

류드밀라가 천천히 침대를 벗어나 창가에 서서, 어딘지 멀리 허공을 쳐다보며 블라소바가 한 번도 들어 보지 못한 큰 목소리로 말했다.

"죽었어요!"

류드밀라는 허리를 굽혀 팔꿈치를 창턱에 여전히 기대고 있다가 메마르고 놀란 어조로 되풀이했다. "그가 죽었어요! 사나이처럼 불평 없이 조용히 죽었어요." 그리고 마치 누군가에게 머리를 한 대 얻어맞기라도 한 것처럼 갑자기 무릎을 꿇고 주저앉아서 얼굴을 두 손으로 감싼 채 멍하고 숨이 막힌 신음을 터트렸다.

7

어머니는 이고르의 육중한 두 손을 포개어 그의 가슴 위에 올려놓고 이상하게도 따뜻했던 머리를 가지런히 하고, 눈물을 닦으며 류드밀라에게 다가갔다. 그리고 그녀의 숱 많은 머리카락을 말없이 어루만졌다. 류드밀라가 천천히 그녀에게로 돌아서자 윤기 없는 두 눈이 병자의 눈처럼 퀭하게 보였다. 류드밀라는 일어나 떨리는 입술로 속삭였다.

"저 사람과 나는 오랫동안 알고 지냈어요. 우리는 걸어서 유형도 같이 가고 감옥에도 같이 앉아 있었어요. 간혹 견디기 힘들고 혐오스러워서 정신적으로 망가지는 사람들도 있었죠……."

류드밀라는 크게 메마른 신음을 내며 목이 메었다. 흐느낌과 섞인 신음을 애써 참으면서, 얼굴을 어머니의 얼굴 가까이에 대며 빠르게 속삭였다. 눈물도 흘리지 않고 고통스러워 신음을 냈다.

"그런데 이 사람은 쾌활하려고 무척 애를 썼어요. 농담도 잘하고 웃기도 잘했죠. 자신의 부족한 면을 채우려고 여러 가지 방법으로 노력하고 스스로 용기를 내려고 애썼죠. 항상 착하고 정신이 맑고 자상한 사람이었어요. 시베리아는 게으름으로 사람들이 몸을 망치고 삶에 대해 추한 감정을 일으키는 곳이죠. 이고르는 그런 감정들과 얼마나 잘 싸워나갔던지…… 아주머니도 그런 그를 보았다면 훌륭한 동지라고 감탄하지 않을 수 없었을 거예요. 개인적인 삶은 힘들고 견디기 어려울 정도로 고통스러웠지만 불평 한 번 하는 적이 없었죠. 그의 불평을 들어본 사람이 한 명도 없어요, 절대로요! 여기서 다른 사람들보다도 그와 더 가까이 지내왔어요. 전 그동안 그의 마음과 가슴에 많은 신세를 졌어요. 그는 할 수 있는 모든 힘을 다해 절 도왔어요. 늘 외롭고 지쳐도 단 한 번도 사랑이나 관심 따위의 보답을 요구하지 않았습니다."

류드밀라는 이고르에게 다가가 허리를 굽혀 손에 키스하고 목멘 소리로 비장하게 말했다.

"동지여! 비할 데 없이 소중하고 사랑스러운 친구여! 무어라 감사의 마음을 표현해야 좋을지……. 잘 가요. 나 역시 당신처럼 일하겠어요, 지칠 줄 모르고 열심히. 어느 누구도 의심치 않고 내 전 생애를 바쳐서. 안녕히 가세요."

류드밀라의 건조하고 날카로운 흐느낌에 몸이 떨렸다. 터져 나오는 울음을 억지로 참으며 이고르의 발치에 머리를 묻었다. 어머니는 말없이 눈물만 흘리고 볼이 달아올랐다. 왠지 눈물을 참고 류드밀라에게 힘이 넘치는 위로의 말을 건네고 싶었다. 또한 이고르에 대한 사랑과 슬픔이 담긴 덕담을 해주고 싶었다. 눈물을 머금은 눈으로 이고르의 통통 부은 얼굴, 눈꺼풀에 가려진 잠든 듯한 두 눈, 밝게 들떠 미소를 담고 있는 흙빛 입술을 넋을 잃고 바라보았다.

이반 다닐로비치가 여느 때와 마찬가지로 종종걸음으로 병실 문을 열고 들어와 한가운데 서서, 두 손을 재빠르게 호주머니에 찔러 넣고 신경질적인 목소리로 크게 외쳤다.

"오래 됐나요?"

여자도 대답하지 않았다. 그는 조용히 발을 구르다 이마를 훔치고 나서야 이고르에게 다가가 그의 팔을 만져 보고 한편으로 비켜섰다.

"새삼 놀랄 일도 아니지. 이런 심장이라면 이미 반 년 전엔 죽었을 거야."

목소리가 갑자기 높게 삐거덕거리다가 멈췄다. 벽에 기대어 선 채로 그는 턱수염을 빠르게 말아올리면서 한쪽 눈을 찡그리고 침대 옆에 서 있는 사람들을 재빨리 쳐다보았다.

"또 한 사람이 이렇게……."

그가 중얼거렸다.

류드밀라가 자리에서 일어나 창문께로 다가갔다. 일 분쯤 뒤 그들 세 사람은 창문 옆에 붙어 서서 가을밤의 어스름한 얼굴을 서로 쳐다보았다. 시커먼 나무 꼭대기 위로는 별 무리가 반짝거려서 하늘이 끝없이 멀고 깊어 보였다.

류드밀라는 어머니 손을 잡고 어머니 어깨에 머리를 기댔다. 의사는 신경질적으로 입술을 깨물면서 손수건으로 코안경을 닦았다. 창문 너머 정적 속에선 도시의 밤 소음이 지친 듯 숨을 들이쉬었고 그때마다 찬 공기가 사람들의 얼굴에 와 부딪쳤다. 류드밀라가 사뭇 몸을 떨었다. 볼을 따라 눈물이 흐르고 있었다. 병원 복도에서는 혼란스럽고 우울한 소리가 들렸다. 세 사람은 붙박인 듯 창가에 서서, 어둠 속을 바라볼 뿐 아무도 말을 꺼내지 않았다.

어머니는 자기가 이 자리에 있을 필요가 없다고 느끼고 조심스럽게 손을 빼 문 쪽으로 다가가며 이고르에게 작별 인사를 했다.

"가십니까?"

의사가 쳐다보지도 않고 서서 나지막이 물었다.

"네."

거리에 나와 어머니는 류드밀라를 동정하며 생각했다. 류드밀라의 눈에 글썽이던 눈물이 떠올랐다.

'제대로 실컷 울지도 못하고…….'

어머니는 하얗고 밝은 병실 창문 옆에 기대 서 있던 류드밀라와 의사, 그 뒤에 감겨 있던 죽은 이고르의 눈을 떠올렸다. 모든 사람에 대한 복받쳐 오르는 연민에 가슴이 눌리고, 무거운 한숨이 복잡한 감정 때문에 절로 나오고 걸음이 빨라졌다.

'서둘러야겠어.'

이렇게 우울한 순간에도 어머니는 마음 안에서 용기를 주는 어떤 힘이 마구 등을 떠민다는 생각을 했다.

다음 날 온종일 어머니는 장례식 준비를 하느라 무척 바쁜 하루를 보냈다.

니콜라이와 소피아가 함께 차를 마시고 있던 저녁 무렵 사샤가 찾아왔다. 이상하리만치 쾌활한 기분이 철철 넘쳐 보였고, 뺨은 발그레 홍조를 띠고, 두 눈은 반짝반짝 빛났다. 어머니는 그녀가 어떤 희망에 부풀어 있음을 쉽게 짐작할 수 있었다. 그녀의 그런 기분은 죽은 이에 대한 슬픔과 어울리지 못해서, 어둠 속에서 갑자기 타오른 불꽃처럼 모두를 당황하고 아연하게 만들었다. 니콜라이가 생각에 잠겨 손가락으로 책상을 두드리다가 조용히 미소 지으며 입을 열었다.

"사샤, 오늘은 어쩐 일인지 예전의 당신과 달라 보여요."

"그럴지도 모르죠."

사샤가 유쾌하게 웃으며 대꾸했다.

"우린 이고르 이바노비치에 대해서 이야기를 하고 있어요."

"정말 대단한 사람이죠, 안 그래요? 늘 얼굴에 미소를 잃지 않고 농담을 즐기던 분이셨어요. 일에 대한 열정 또한 대단했죠! 가히 혁명의 예술가라 할 만한 사람이었어요. 위대한 장인이 그렇듯 혁명사상을 아주 능숙하게 다루었으니까요. 그리고 너무도 간결하게, 그러면서도 힘이 넘치는 붓으로 늘 거짓과 폭력, 그리고 불의의 그림을 선명하게 그렸죠! 그리고 그는 유머로 성질이 무서운 사람들을 누그러트리는 능력이 정말 대단했지요! 그의 유머는 사실의 힘을 줄여 버리지는 않고 단지 그의 마음속 생각을 더욱 밝게 비추어 주는 그런 기분이었어요. 항상 우스웠어요! 전 그에게 큰 빚을 지고 있어서, 그 사람의 즐거운 눈빛과 재미를 절대로 잊을 수가 없답니다. 그리고 내가 그를 사랑하고 있는지 의심이 갈 때, 난 그가 나에 대해 지니고 있는 생각의 영향을 항상 느끼게 될 거예요."

사샤가 말했다.

두 눈에 우울한 미소를 머금고 나지막한 목소리로 말은 하고 있지만 눈매에 감추어져 있는 어떤 불가사의한 불꽃은 없어지지 않았다. 누가 봐도 의기 양양한 빛이 역력했다.

사람들은 자신의 기분을 좋아했다. 가끔은 자신들에게 해를 끼치는 기분조차도 즐겼고, 그들을 반하게 하는 기분도 즐겼으며, 종종 슬픔에서조차 예민한 기쁨을 누리기도 했다. 그런 기쁨은 마음을 갉아먹었다. 니콜라이와 어머니, 그리고 소피아는 동료의 죽음으로 생긴 슬픈 분위기가 명랑한 사샤의 출현으로 즐거워지기를 바라지 않았다. 그들의 슬픔에 의지해서 먹고살아야 하는 우울한 권리에 대해 무의식적으로 방어하면서, 그들은 자신들의 감정을 그 처녀에게 부과하려고 애썼다.

"그런 그가 지금은 이 세상 사람이 아니랍니다."

소피아가 사샤를 조심스럽게 바라보며 말했다.

사샤는 영문을 모르겠다는 듯이 황망히 모두를 둘러보았다. 두 눈썹이 잔뜩 일그러졌다. 고개를 떨구고 천천히 머리카락을 쓸어 넘기며 잠시 아무 말도 하지 못했다.

"죽다뇨?"

사샤가 큰 소리로 외치고는 다시 믿을 수 없다며 모두를 둘러보았다.

"그렇지만 사실이에요." 니콜라이가 미소 지으며 말했다.

사샤가 일어서서 방 안을 이리저리 서성거리다가 갑자기 멈춰서며 이상한 목소리로 말했다.

"무슨 말이죠, 죽다니요? 뭐가 죽어요? 이고르에 대한 내 존경심이, 아니면 동지에 대한 내 사랑이 죽기라도 했단 말인가요? 아니면 그의 정신적 활동에 대한 내 기억이? 용감하고 고결한 인간으로서의 그에 대한 내 생각이 다 사라졌다는 건가요? 대체 이 모든 것이 죽었다는 말이 가당키나 해요? 난 알아요. 그의 내면에 있는 가장 좋은 면이 내게서 사라질 수 없다는 것을 말입니다. 우린 사람에 대해 너무 쉽게 단정 짓는 데 익숙해진 것 같아요. 이를테면, 그는 죽었어, 라고 말이죠. 우리가 너무 빨리 잊는 이유는, 그의 성인 시절에 대해 우리가 지니고 있는 인상과, 진리와 행복의 승리를 위해 스스로를 부정하는 고통이 사라지기를 우리가 바라지 않는 한 사람은 절대로 죽지 않기 때문입니다. 우리는 살아 있는 마음속에서 모든 것이 항상 살아 있어야 한다는 사실을 잊어버리지요. 인간의 몸과 더불어 영원히 살아 있는 존재와 영원히 빛이 나는 존재를 서둘러 묻어 버리지 마세요. 교회는 파괴되어도 신은 영원히 죽지 않는 이치지요."

잔뜩 흥분한 사샤는 다시 책상에 앉아 팔꿈치를 괴고 한층 낮은 목소리로 더욱 비장하게 말을 이었다. 미소를 띤 두 눈엔 눈물이 그렁그렁했다.

"내가 어쩌면 바보 같은 소리를 하고 있는지도 모르겠어요. 하지만 삶의 멋진 복잡성 때문에 나는 취했고 삶이 다양해서 넋을 잃고 말았어요. 기적처럼 보였어요. 어쩌면 우린 감정 표현에 너무 인색한 삶을 살고 있는지 모릅니다. 우린 많이 생각하면서 살다가 어느 정도는 우리 생을 망치기도 해요. 평가나 할 줄 알지 느끼지는 못하는 겁니다."

"혹 무슨 좋은 일이라도 있었어요?"

소피아가 웃으며 물었다.

"네, 있었죠."

사샤가 고개를 끄덕이며 말을 이었다.

"아주 좋은 일이랍니다. 밤을 새워 베솝시코프와 이야기를 나누었어요. 예전에 난 그를 별로 달갑게 생각하지 않았어요. 무례하면서도 음침해 보였거든요. 물론 정말 그랬어요. 뭔가 모든 사람을 질리게 만드는 어둡고 단단한 분노가 그 사람 안에 살고 있었죠. 그는 항상 자신을 그대로 마치 시체처럼 사물들의 중심에 놓고서 조심스럽게 말하곤 했지요, '나는, 나는, 나는.' 그럴 때면 좀 부유한 계층 같은 면이 있었는데, 저속하고 짜증나는 분위기였고요."

사샤는 미소를 지어 보이고 열렬하게 모두를 받아들였다.

"그랬던 그가 이런 말을 하지 않겠어요? '동지들!' 하고 말입니다. 이럴 땐 귀를 기울여 주어야 합니다. 자신도 어쩔 줄을 몰라 하지만 그래도 얼마나 부드러운 사랑을 담은 말을 하는지 정말 표현키가 어려워요. 솔직해지고 성실해졌어요. 또 일에 대한 열정도 느껴지고요. 자신을 발견한 겁니다. 자신의 힘이 얼마나 되는지 알고, 자신과는 다른 존재에 대해 알게 된 거죠. 중요한 건 그의 안에 진정 동지를 사랑하는 감정이 싹트기 시작했다는 사실입니다. 삶의 어려운 시기에 사랑하는 동지애 말이에요."

블라소바는 사샤의 말을 유심히 들었다. 한결 기분이 누그러져 사샤를 보는 것만으로도 유쾌했다. 언제나 엄격하던 그녀가 이젠 부드러워져서 명랑하고 행복했다. 동시에 그녀의 영혼 저 깊은 곳에서 질투하는 마음도 일어났다.

"파샤는 어때요?"

사샤가 말을 계속했다.

"요즘은 동지들에 대한 생각뿐인 것 같아요. 뭐라고 했는지 아세요? 동지들을 탈옥시킬 필요가 있다고 설득하는 거예요. 정말 어렵지 않은 일이라고 하면서 말이죠."

소피아가 고개를 들고 활기에 넘쳐 말했다.

"어떻게 생각하는데요, 사샤? 그저 생각뿐 아닌가요?"

어머니가 테이블에 차 한 잔을 올려 놓을 때 찻잔이 떨렸다. 사샤는 미간을 찡그리고 활력은 사라져 버렸다. 잠시 입을 다물고 있다가 다시 심각한 목소리로 말했다. 하지만 즐거우면서도 혼란한 때처럼 미소를 짓고 있었다.

"사실 그 사람 확신대로라면 시도는 해볼 필요가 있어요. 우리의 의무이기도 하고요."

사샤는 얼굴이 빨갛게 변해서 의자에 털썩 주저앉았다. 더는 말이 없었다.

'사랑스러운 사샤!' 어머니는 웃으며 생각했다. 소피아도 웃었고 니콜라이 역시 부드러운 눈길로 사샤의 얼굴을 쳐다보면서 조용히 웃었다. 순간 사샤가 고개를 들어 심각한 눈으로 모두를 쳐다보았다. 얼굴은 하얗게 질리고 두 눈은 번뜩였다. 마음이 상했는지 냉담한 어조로 말했다.

"웃고들 있군요. 여러분을 이해합니다. 내 사적인 감정 때문에 이러는 거라고 생각하실 거예요."

"누가 그런 생각을 해요, 사샤?"

소피아가 자리에서 일어서서 그녀에게로 가며 반문했다. 처녀는 불안한지 창백해져서 소리쳤다.

"아니에요, 난 빠질래요. 여러분의 생각이 정 그렇다면 그 문제의 결정에 난 참여하지 않겠어요."

"그만해요, 사샤!"

니콜라이가 차분하게 말했다.

어머니도 다가가 사샤의 머리에 조용히 키스했다. 사샤는 어머니의 손을 잡고 볼을 손에 기대며 빨갛게 변한 얼굴로 고통스럽고도 행복한 어머니의 눈을 쳐다보았다. 어머니는 조용히 그녀의 머리를 쓰다듬었다. 그녀는 슬펐다. 소피아가 사샤 옆에 나란히 앉아 어머니의 어깨를 감싸 안고 그녀의 눈을 보며 미소 지었다.

"당신은 이상한 사람이에요."

"맞아요, 바보 같은 성인이에요."

사샤가 자신을 인정하고 말을 이었다.

"하지만 어두운 그림자는 좋아하지 않아요."

갑자기 니콜라이가 사무적이면서도 심각한 어조로 말을 가로막았다.

"동지들을 탈옥시키자는 데 무슨 이견이 있겠어요? 그런데 무엇보다 당사자들이 과연 탈옥을 원하는지 알아볼 필요가 있습니다."

사샤가 고개를 떨구었다.

소피아는 담배를 피워 물고 동생을 바라본 뒤 팔을 크게 벌려서 구석 어딘가로 성냥개비를 집어던졌다.

"탈옥을 원하지 않을 리 없다는 생각이 드네요."

어머니가 한숨 섞인 목소리로 물었다.

소피아는 그녀에게 고개를 끄덕여 보이고 미소 지으며 창가로 다가갔다. 어머니는 다른 사람들이 대답하지 못하자 이해할 수 없어 당황하여 그들을 쳐다보았다. 그녀는 탈옥 가능성에 대해 좀 더 많이 듣고 싶었다.

"베숩시코프를 한번 만나봐야겠어요."

니콜라이가 말했다.

"좋아요, 내일 시간과 장소를 정해 연락할게요."

사샤가 대답했다.

"그가 앞으로 어쩔 거래요?"

소피아가 방 안을 서성이며 물었다.

"새로 만들 인쇄소 식자공 자리를 주선해 주기로 결정했어요. 하지만 그전까지는 숲 속 사람들과 같이 지내게 될 겁니다."

사샤의 두 눈썹이 잔뜩 찌푸려지고, 얼굴은 평상시의 심각한 표정으로 돌아갔으며 목소리 또한 신랄해졌다. 니콜라이가 접시를 닦고 있는 어머니에게로 다가가 말을 꺼냈다.

"모레 파벨을 보시게 될 거예요. 면회 가시거든 쪽지를 꼭 그에게 전해야 해요. 이해하시겠죠? 우리가 알아야만 하거든요."

"알았어요, 알았어. 틀림없이 전하리다. 그게 내 일이지."

어머니가 서둘러 대꾸했다.

"전 이만 가겠습니다."

사샤가 입을 꾹 다물고 모두와 악수를 나누었다. 그녀는 왠지 무거워 보이는 발길을 똑바로, 울지 않고 재촉했다.

소피아는 의자에 앉아 있는 어머니의 어깨에 손을 얹고 흔들며 미소를 지어 보였다.

"어머니, 저런 딸자식 하나 있었으면 하는 생각 안 드세요?"

"오! 단 하루라도 둘이 있는 모습을 볼 수 있으면 좋으련만!"

닐로브나가 울먹이며 말했다.

"맞아요. 아주 작은 기쁨으로 모두가 행복해져요."

니콜라이가 작은 목소리로 말했다.

"그런데 작은 기쁨을 바라는 사람은 없죠. 기쁜 일이 많아지면 가치가 떨어지고."

소피아가 피아노 앞에 앉아 뭔가 슬프고 애절한 곡조를 두드리기 시작했다.

8

이튿날 이른 아침에 남녀 수십 명이 병원 앞에 서서 동지의 관이 길로 나오기만을 기다리고 있었다. 사람들 주변에는 첩자들이 서성거리며 여기저기 터져 나오는 소리에 귀를 기울이고 사람들의 얼굴과 행동을 주시하고 있었다. 맞은편 거리에서는 권총을 허리에 찬 경찰 한 무리가 감시의 눈을 번득이고 있었다. 첩자들의 파렴치한 행위와 경찰의 비웃음, 그리고 이들이 언제 행동을 개시할지 모른다는 생각에 군중 사이에 위기감이 한껏 고조되어 있었다. 어떤 이들은 흥분감을 감추기 위해 농담을 건네기도 하고, 어떤 이들은 모욕감을 외면하느라 불쾌한 표정을 지으며 눈을 깔기도 했으며, 어떤 이들은 치밀어 오르는 분노를 자제하지 못하고, 말 이외에는 무장할 것이 없는 사람들을 두려워하는 정부를 빈정대기도 하였다. 연푸른 가을 하늘이 노란 낙엽들이 나뒹구는 잿빛 자갈길을 음울하게 비추었다. 바람이 사람들의 발밑에서 소용돌이쳤다.

어머니는 군중 속에 서서 낯익은 얼굴들을 하나씩 헤아리며 슬픔에 가득 차 이런 생각을 했다.

'너희들이 많이 보이지 않는구나, 많이 없어.'

병원 문이 열리고 화환과 리본으로 장식된 관이 거리로 운구되었다. 사람들은 한 가지 생각으로 일치한 듯 모두 모자를 벗어 들었다. 붉은 얼굴에 까만 수염을 무성하게 기른 키 큰 장교가 군중 사이를 인정사정없이 비집고 들어오고, 그 뒤를 따라서 병사들이 보도에 무거운 군화 소리를 내며 밀치고 들어와 관의 주위에 열을 맞추어 섰다. 장교가 거칠게 명령했다.

"리본을 떼시오!"

장교 주위로 젊은 남녀 무리가 몰려들어 잔뜩 흥분하여 삿대질을 하거나 고함을 치면서 서로 뒤로 밀치느라 난리였다. 어머니의 눈앞에 불안해서 창백한 얼굴들이 어른거렸다. 몇몇 사람은 울면서 입술을 떨고 있었다.

"폭력은 물러가라!"

젊은이의 목소리가 신경질적으로 터져 나왔다가 그 격렬한 항의는 이내 시끄러운 소음 속에 묻혔다. 어머니는 비애감에 가슴속에서부터 비참함을 느꼈다. 그녀가 옆에 있던 허름한 옷차림의 청년을 돌아다보며 격앙된 어조로 말했다.

"동료를 묻으라고 해놓고 묻지 못하게 하면 어쩌자는 거야? 무슨 뜻이냐고?"

더욱 소란스러워지면서 적대감이 강하게 고조되었다. 사람들의 머리 위에서 관 뚜껑이 흔들렸다. 리본이 바람에 날려 사람들의 머리와 얼굴을 덮었고, 실크의 사각거리는 소리가 신경질적으로 들렸다.

어머니는 충돌이 일어날까 두려운 전율에 사로잡혀 서둘러 양 옆에 서 있는 사람들에게 낮게 속삭였다.

"저 사람들 하고 싶은 대로 하게 내버려 두지 왜 그래요? 지금은 그냥 리본을 떼는 게 좋겠어요. 일단 양보를 해야지 어쩔 도리가 없잖아요?"

다른 소란을 압도하고도 남을 누군가의 고함이 들렸다.

"여러분, 가시는 님의 마지막 여행길을 방해하지 맙시다. 당신들의 괴롭힘에 끝내 목숨을 잃은 사람입니다!"

누군가가 피리로 크게 노래 부르기 시작했다.

'죽음의 투쟁에서 당신의 희생자가 쓰러진다.'

"리본을 떼라, 야코블레프! 칼로 잘라버려!"

칼집에서 칼을 뽑는 금속성 소리가 들렸다. 어머니는 곧이어 터져 나올 비명을 듣지 않으려고 아예 눈을 감아 버렸지만 점점 조용해졌다. 사람들은 처음엔 궁지에 몰린 늑대처럼 으르렁대다가 금세 고개를 떨구고 무기력함을 의식해서 참담했다. 입을 꾹 다문 채로 발소리를 거리에 가득 채우며 앞으로 나아가고 있었다.

앞에서는 짓이겨진 꽃들이 붙어 있는 강탈당한 관 뚜껑이 허공을 미끄러져 가고, 좌우로 흔들리면서 말을 탄 경찰들이 가고 있었다. 어머니는 인도를 따라 걸어가고 있는데, 빽빽이 둘러선 군중 때문에 관이 보이지 않았다. 모르는 새에 군중의 수가 늘어 넓은 거리를 가득 메우고 있었다. 군중 뒤에서도 잿빛 말을 탄 경찰들이 눈에 띄었고, 양옆으로는 경찰들이 칼에 손을 얹고서 걷고 있었다. 도처에서 어머니가 익히 알고 있는 첩자들의 날카로운 시선이 사람들의 얼굴을 유심히 살폈다.

'안녕, 우리 동지여, 안녕……'

어떤 두 사람의 아름다운 목소리가 서글프게 노래를 부르기 시작했다.
"안 됩니다!"
고함이 들렸다.
"지금은 일단 조용히 있읍시다, 여러분!"
고함은 비장하면서도 인상적이었다. 슬픈 노랫소리가 그치고 이야기소리도 한층 수그러들었다. 다만 보도를 구르는 절도 있는 발걸음 소리만이 답답하면서도 단조롭게 거리를 메웠다. 그 소리는 사람들의 머리 위로 솟구쳐 투명한 하늘 위로 자취를 감추었다. 그리고 멀리서 들려오는 천둥의 첫 진주 알갱이와 같이 공기를 통해 날아올랐다. 사람들은 말없이 슬픔과 저항심을 가슴에 품었다. 자유를 위해 전쟁을 평화적으로 할 수가 있을까? 헛된 환상일 뿐이지! 폭력에 대한 증오, 자유에 대한 사랑이 불타올랐다. 그래서 환상에 대한 마지막 찌꺼기를, 아직도 마음속에서 소중한 찌꺼기를 재가 될 때까지 태워 버렸다. 발걸음을 더욱 무겁게 옮기며, 고개는 바짝 쳐들고, 차갑고도 빈틈없이 보이는 눈길로 쳐다보았다. 앞질러 생각하는 기분에 모든 일이 해결된 것 같아 보였다. 차가운 바람이 점점 더 세게 불어서 사람들 앞에 널브러져 있는 귀찮은 먼지 구름과 길거리 쓰레기들이 날아가 버렸다. 바람은 그들의 옷과 머리카락 속으로 스며들었고, 가슴에 세게 부딪혔다.

사제도 없고 가슴을 저미는 노래도 없는 무언의 장례식과 생각에 잠긴 얼굴들, 그리고 찌푸린 눈썹들은 어머니의 가슴을 무겁게 했다. 생각이 천천히 회전하면서 그녀의 표현이 우울해졌다.

'너희 가운데 진실의 편에 서는 자는 적으리니……. 그런데 그들은 너를 두려워하나니!'

어머니는 고개를 숙인 채 주위를 둘러보지 않고 걸었다. 그녀가 보기에 그들은 이고르가 아니라 그녀가 알지 못하는 미지의 무언가를 나르고 있는 것 같았다.

공동묘지에서는 오랫동안 행렬이 무덤들 사이로 난 좁은 통로로 들어가고 나오고 했다. 장례행렬은 불쾌한 작은 십자가들이 여기저기 꽂혀 있는 공터로 나올 때까지 이어졌다. 사람들은 묘지 주위에 모여 숙연한 분위기로 하나같이 입을 다물고 있었다. 엄숙하고 조용한 죽은 이들의 삶이 왠지 묘한 약속을 하고 있다는 생각이 들어 어머니의 가슴은 떨리면서도 기대에 차서 차분히 가라앉았다. 묘지들 사이로 바람이 윙윙 소리를 내며 지나다니고 관 뚜껑 위에서는 꽃들이 떨리고 있었다.

경찰들이 경계태세로 허리를 꼿꼿하게 펴고 한 줄로 늘어서서 자신들의 상관을 쳐다보고 있었다. 새 묘지 위로 모자를 쓰지 않아 긴 머리카락이 나풀대는 키 큰 젊은이가 올라섰다. 눈썹이 새카맣고 얼굴이 창백했다. 동시에 그 상관의 목쉰 목소리가 들렸다.

"신사숙녀 여러분!"

"동지들!" 검은 눈썹의 남자 목소리가 울려 퍼졌다.

"내 말 들으시오! 경찰국장의 명령에 따라 연설을 허락할 수 없소!" 상급 경찰이 소리쳤다.

젊은이는 차분한 소리로 말했다. "단 몇 마디만 하겠습니다, 동지들! 우리 선생님과 친구의 묘지에 묵념으로 절을 하고 그의 생전 의지를 결코 잊지 맙시다. 우리 모두 저마다 우리나라 불행의 근원을 위해 끊임없이 무덤을 팝시다. 무덤을 짓밟는 사악한 전제군주적 힘이 바로 불행의 근원입니다!"

"체포하라!"

경찰이 소리쳤다. 하지만 그 소리는 여기저기서 터져 나오는 고함에 묻혔다.

"전제 타도!"

경찰들이 군중을 밀치고 연설자를 향해 돌진했다. 그러나 군중에 에워싸인 그는 여전히 손을 흔들며 소리치고 있었다.

"자유 만세! 우리는 자유를 위해 살고 죽을 것이다."

어머니는 순간적인 공포에 눈을 감았다. 활력에 넘쳐서 폭풍처럼 혼란스러운 소리에 어머니는 귀가 멍멍해졌다. 땅이 그녀의 발밑에서 흔들렸고, 공포에 사로잡혀서 숨이 막힐 지경이었다. 깜짝 놀라게 하는 경찰관의 호각소리가 공기 중에 퍼졌다. 상관의 무례한 명령 소리가 들렸다. 여인들이 신경질적으로 울부짖었다. 나무 울타리가 갈라지고 수많은 발자국 소리가 메마른 땅 위에 무디게 울렸다. 낭랑한 목소리가 다른 모든 목소리를 누르고 전쟁 나팔 소리처럼 요란하게 울렸다.

"동지들! 조용히 하시오! 자기 자신을 좀 더 존중하세요! 난 가겠어요! 동지들, 난 꼭 갈 거요!"

어머니는 그를 올려다보고 작은 소리로 비명을 질렀다. 알 수 없는 충동에 휩쓸려 그녀는 앞으로 밀려 나갔다. 멀지 않은 무덤 사이의 닳아빠진 길에서 경찰들이 장발의 사내를 에워싸고 달려드는 사람들에게 폭행을 가하고 있었다. 허공에서는 경찰들이 뽑아 든 칼들이 사람들의 머리 위로 날았다가 독기를 품은 쉭 소리를 내며 재빨리 다시 떨어졌다. 부서진 울타리 조각들이 마구 날아다니고 서로 뒤엉킨 사람들의 악의에 찬 비명이 야만적인 춤을 추며 빙글빙글 돌았다. 젊은이의 창백한 얼굴이 갑자기 보였다. 악의에 찬 분노의 돌풍 위로 사내의 신념에 찬 낮은 목소리가 울려 퍼졌다.

"동지들! 무엇을 위해 자신을 던지럽니까? 우리의 과업은 머리를 무장하는 겁니다."

그는 극복했다. 사람들은 손에 들었던 몽둥이를 던져 버리고 군중으로부터 하나둘 떨어졌다. 어머니는 사람들을 밀치고 앞으로 나갔다. 그녀는 중절모자가 목 뒤로 넘어간 채 사람들을 옆으로 밀치고 있는 니콜라이의 모습을 혼란 속에서 바라보다가 그의 비난하는 목소리를 들었다.

"다들 정신이 나갔소? 진정들 하세요."

그의 한쪽 손이 시뻘겋게 물들어 있는 것처럼 보였다.

"니콜라이 이바노비치, 도망쳐요!"

어머니가 그에게로 밀치고 가며 소리쳤다.

"어디로 가세요? 그쪽으로 가면 두들겨 맞아요."

소피아가 어머니의 어깨를 잡고 바로 옆에 섰다. 모자도 쓰지 않고 재킷은 풀어 헤쳐진 채 다른 한 손으로는 어린애나 진배없는 젊은이를 붙잡고 있었다. 상처가 난 얼굴을 손으로 잡고 있던 젊은이가 떨리는 입술로 중얼거렸다.

"손 놓아 주세요, 전 아무렇지도 않아요."

"이 아이 좀 맡아주세요. 우리 집으로 데려가세요. 손수건이 여기 있으니까 얼굴을 싸매주시고요."

소피아는 급히 말을 전하고 젊은이의 손을 어머니에게 건네며 앞으로 뛰어나갔다.

"얼른 빠져나가세요. 아니면 어머니가 체포될 거예요."

사람들이 공동묘지 주변의 사방으로 흩어졌고 그들 뒤를 따라서 경찰들이 심하게 무덤 사이를 헤집고 다녔다. 무거운 군화소리와 군복 펄럭이는 소리에 어색하게 휘말려 있었다. 욕설이 난무하고 칼이 날아다녔다.

"얼른 가자꾸나! 이름이 뭐지?"

어머니가 손수건으로 젊은이의 얼굴을 닦으며 속삭였다.

젊은이가 피를 흘리며 중얼거렸다.

"이반이에요, 걱정하지 마세요. 전 하나도 아프지 않아요. 놈들이 칼자루로 후려쳤어요. 그래서 저도 막대기로 놈을 때렸어요. 비명을 지르더라고요."

그리고 피 묻은 주먹을 휘두르며 의미심장한 목소리로 외쳤다.

"두고 봐, 예전의 우리가 아냐. 우리 노동자들이 모두 들고 일어나는 날엔 주먹 한 방 쓰지 않고 네놈들을 끝장내줄 테니까."

"서둘러!"

어머니가 공동묘지 담장에 조그맣게 나 있는 쪽문으로 걸음을 재촉했다. 담장 너머 들판에 경찰들이 숨어 있다가 느닷없이 덮치지는 않을까 걱정이 되었다. 그래서 어머니는 문을 조심스럽게 열고 바깥을 살폈다. 회색빛 의복을 차려 입은 가을 땅거미만이 눈에 들어왔다. 너무도 고요하고 적막해서 곧 안심이 되었다.

"우선 네 얼굴부터 묶자."

"그럴 필요 없어요. 그대로 둬도 부끄러울 것 없어요. 정당한 싸움이었어요, 서로 한 방씩 먹였으니까."

어머니는 서둘러 상처를 동여맸다. 흐르는 피를 보자 안쓰러움에 어머니의 가슴이 저렸다. 또한 손가락에 느껴지는 피의 축축하고 따뜻한 촉감에 공포를 느꼈다. 어머니는 아무 말 없이 젊은이의 손을 잡고 서둘러 들판을 가로질러 갔다. 헝겊 사이로 입을 삐죽이 내밀고서 그가 웃으며 말했다.

"절 어디로 데려가시는 거죠? 전 혼자서도 갈 수 있어요."

그의 다리가 풀려 비틀거리고 두 팔에 힘이 하나 없이 늘어져 있는 것을 어머니는 한눈에 알 수 있었다. 젊은이가 대꾸할 틈도 주지 않고 다시 물었다.

"전 양철공 이반입니다만, 아주머니는 누구시죠? 이고르 이바노비치가 이끌던 모임엔 양철공 셋을 포함해서 열두 명이 속해 있었어요. 우린 정말 그분을 사랑했습니다. 고인의 명복을 빌어야죠. 비록 제가 하느님을 믿고 있지는 않지만…… 그들은 하느님과 우리를 속이는 개들이에요. 우리가 권력에 복종해서 반항하지 않고 참을성 있게 인생의 고통을 겪게 하지요."

어딘지 길 위에서 어머니는 지나는 마부를 불러 이반을 태우고 속삭였다.

"이젠 입을 다물어야 해."

그리고 손수건으로 입을 감쌌다.

젊은이는 입을 자유롭게 놀릴 수 없다는 것을 알고 두 팔을 무릎 위에 늘어뜨렸다. 그러면서도 연신 수건 안에서 입을 움직여 중얼거렸다.

"전 사랑하는 당신들을 위해 오늘의 폭행을 절대 잊지 않을 겁니다. 이고르 전에는 치토비차라는 사람이 엄격하고 싫증나는 학생이었는데, 우리에게 정치경제학을 가르쳐 주었어요. 물론 그 학생도 체포됐지만요."

어머니는 이반 목소리를 낮추려고 그를 껴안아 머리를 가슴으로 잡아당겼다. 갑자기 젊은이의 몸이 축 처지는가 싶더니 아무 소리도 들리지 않았다. 어머니는 공포에 질려서 꼼짝도 못하고 곁눈으로 주변을 힐끔거렸다. 골목 어딘가에서 경찰이 튀어나와 이반의 상처에 맨 붕대를 보고 붙잡아 죽일 것만 같았다.

"술에 취했소?"

마부가 인자한 미소를 지으며 몸을 돌려 물었다.

"인사불성이 되도록 마셨답니다."

어머니가 한숨 섞인 목소리로 대꾸했다.

"아드님이신가요!"

"예, 신발 제조공이랍니다. 난 식당 요리사고요."

말에 채찍질을 해대면서 마부는 다시 뒤를 돌아보며 한결 낮은 목소리로 말했다.

"그런데 방금, 혹 들으셨는지 모르겠는데, 공동묘지에서 난리가 났다고 하네요. 정부의 감시를 받으며 반정부 활동을 오랫동안 해온 영향력 있는 인물의 장례식이 오늘 있었대요. 정부에 대해서 따지는 까마귀 한 마리라네요. 그와 비슷한 친구들이 모여 장사를 지냈고, 모인 사람들이 구호를 외쳤다나 봐요. '전제 타도! 전제정치가 사람들을 망치고 있다'라고 말이죠. 경찰들이 사람들을 개 패듯 팼어요. 사람들이 그러는데 정말 몇 사람을 죽이더라는 겁니다. 경찰도 폭력을 당한 것 같아요."

잠시 말이 없던 마부가 슬픔에 잠겨 고개를 저으며 이상한 목소리로 말을 이었다.

"놈들 하는 짓이, 죽은 이에게도 고통을 안기고 이미 잠든 사람도 다시 깨울 정도라니까요."

마차가 자갈길을 달리느라 무척 털털거렸고, 그럴 때마다 이반의 머리가 어머니의 가슴에 부딪쳤다. 마부가 다시 돌아앉으며 혼잣말처럼 중얼거렸다.

"민중이 동요해서 끓어오르고 있고, 가끔씩 혼란이 일고 있소. 그래요! 어젯밤만 해도 이웃집에 경찰들이 들이닥쳐 밤새 난리를 쳐대더니 아침에 철물공 한 사람을 잡아갔답니다. 밤에 강으로 끌고 가 빠뜨려 죽인다고 하더라고요. 참 괜찮은 사람인데…… 그 철물공은, 글쎄, 현명해서 이해를 굉장히 잘하는 사람이었는데 이해하는 게 금지되어 있는 모양이에요. 그는 우리에게 와서 묻곤 했어요. '마부의 인생이란 어떤 것이죠?' 우린 말했어요, '정말이지, 마부의 인생은 개보다도 못하죠.'"

"세워주세요!"

어머니가 말했다.

마차가 갑자기 서자 이반이 잠에서 깨어나 약하게 신음을 냈다.

마부가 말했다.

"아주 곤드레가 되었군! 그놈의 술이 원수지!"

간신히 마차에서 발을 옮겨 내린 이반은 온몸을 비틀거리면서 문 쪽으로 걸음을 옮겼다. 그리고 말했다.

"괜찮아요, 동지. 혼자 걸을 수 있어요."

9

이미 집에 돌아와 있던 소피아는 담배를 입에 물고 어머니 일행을 맞았는데, 조금 언짢은 듯했으나 평소처럼 대담하고 자신에 찬 모습이었다.

소피아는 부상자를 소파에 누이고 능숙하게 머리를 동여맨 수건을 풀었다. 담배 연기 사이로 두 눈을 잔뜩 찡그리고 있었다.

"이반 다닐로비치, 여기 환자를 데려왔어요. 피곤하시겠어요, 닐브로나! 놀라고 두려우셨죠? 좀 쉬세요, 니콜라이, 닐로브나에게 포트와인 한 잔 갖다 드려!"

놀라운 경험을 한 어머니는 숨도 제대로 쉬지 못하고 가슴을 에는 통증을 느끼며 중얼거렸다.

"내 걱정은 하지 마세요."

하지만 어머니는 관심과 친절이 필요했다.

손에 붕대를 감은 니콜라이와 의사 이반 다닐로비치가 옆방에서 건너왔다. 의사의 옷은 더럽혀져 있었고, 부스스한 머리는 고슴도치처럼 서 있었다. 의사는 재빨리 이반에게로 다가가 허리를 구부리며 말했다.

"물 좀 가져와요, 소피아 이바노비치, 아주 많이. 깨끗한 가제하고 약솜도."

어머니가 부엌으로 향했다. 그러나 니콜라이가 왼쪽 손으로 어머니의 팔을 잡아 식당으로 끌면서 부드럽게 말했다.

"어머님한테 한 소리가 아니고 소피아한테 한 소리예요. 어머니, 많이 힘드셨죠?"

어머니는 니콜라이의 변함없는 인정어린 눈길을 접하자 못내 감정을 추스르지 못하고 흐느꼈다.

"오, 사랑하는 니콜라이, 너무나도 끔찍한 일이었어! 놈들이 사람들을 때려눕혔어! 마구 때렸다고!"

포도주를 따라 주고 고개를 끄덕이면서 니콜라이가 말했다.

"저도 보았습니다. 양쪽이 약간씩 흥분했던 겁니다. 하지만 너무 걱정하지 마세요. 놈들이 비록 칼등으로 사람들을 사정없이 두들겨 패긴 했어도,

치명상을 입은 사람은 단 한 사람뿐이더군요. 내 눈앞에서 벌어졌어요. 간신히 사람들 틈에서 그 사람을 끄집어 냈답니다."

니콜라이의 얼굴과 목소리, 그리고 방 안의 따뜻하고 밝은 분위기에 어머니는 어느 정도 안정을 찾았다. 그녀가 고마움이 담긴 눈길로 니콜라이를 쳐다보며 물었다.

"당신도 맞았군, 그런가?"

"제가 조심하지 못해서 무언가에 손이 걸린다 싶었는데, 나중에 보니 살갗이 찢어져 있더라고요. 차 좀 드세요. 날씨도 찬데 옷을 너무 얇게 입으셨어요."

어머니는 찻잔을 집으려고 손을 뻗다가 손가락에 말라 엉겨 붙어 있는 핏자국을 발견하고 자신도 모르게 얼른 손을 무릎 위로 내려 숨겼다. 치마도 축축했다.

이반 다닐로비치가 옷소매를 걷어 올리고 조끼 차림으로 들어왔다. 그리고 니콜라이의 무언의 질문에 가는 목소리로 대답했다.

"얼굴에 난 상처는 별것 아닌데 두개골을 다쳤어. 아주 심한 건 아니고, 건장한 친구지만, 피를 너무 많이 흘렸으니 병원으로 데리고 가는 게 어떨까 싶어."

"그럴 필요까지야 있겠어? 그냥 여기 있게 놔둬!"

니콜라이가 소리쳤다.

"오늘하고 내일은 그냥 여기 있어도 괜찮겠지만, 내 생각엔 병원에 입원하는 게 나을 것 같아. 난 이제 왕진 올 시간도 없어. 자네도 공동묘지에서 있었던 일을 유인물로 만들어야 할 것 아닌가."

"물론이지!"

니콜라이가 대답했다.

어머니는 조용히 일어나 부엌으로 갔다.

"어디 가세요, 닐로브나?"

니콜라이가 당황해하며 어머니를 배려해서 붙잡았다.

"소피아가 혼자 다 알아서 할 거예요."

어머니는 움찔하며 어색하게 웃으며 대답했다.

"내 몸도 피가 묻어서."

방에서 옷을 갈아입으면서 어머니는 다시 한 번 이 사람들의 침착성과, 끔찍한 일을 당하고도 지혜롭게 참고 이겨내는 능력에 대해 생각했다. 그것은 진리의 이름으로 그들에게 일이 주어지고 요구되면 즉시 응할 수 있는 그들의 준비태세를 분명히 증언해주는 능력이었다. 그러자 정신도 맑아지고 두려움도 사라졌다. 환자가 누워 있는 방에 들어가 보니 소피아가 허리를 굽히고 환자에게 이야기를 하고 있었다.

"바보같은 짓이야, 친구!"

"아마 난 당신에게 폐를 끼칠 거예요."

그가 들릴 듯 말듯 말했다.

"입 다물고 있는 게 좋아."

어머니는 소피아 뒤에 서서 두 손을 그녀의 어깨에 올리고 환자의 얼굴을 지그시 바라보면서 마차 안에서 그가 조심성 없이 했던 헛소리 때문에 얼마나 놀랐었는지 이야기했다. 가만히 이야기를 듣고 있던 이반의 두 눈이 열병을 앓는 이의 눈처럼 불탔다. 입술이 세게 부딪쳤다. 그리고 당혹스럽다는 듯 소리쳤다.

"아, 정말 바보 같으니라고!"

"이제 우린 여기서 나갈게."

소피아가 환자의 옷을 여며주면서 말했다.

"푹 쉬도록 해."

소피아와 어머니는 부엌으로 나가 낮에 있었던 일에 대해 오랫동안 이야기했다. 벌써 미래에 대한 확신을 품고 다음 일의 방법을 모색하였기에, 그날의 일이 먼 옛날의 일처럼 여겨졌다. 얼굴엔 지친 기색이 완연했지만, 생각만은 자신감에 차 있었다. 의자에 앉아 신경질적으로 몸을 뒤척이던 의사는 자신의 날카로운 목소리에 힘을 주며 말했다.

"선전이야 선전! 요즘은 선전이 너무 적어. 젊은 노동자들이 옳아. 광범위하게 선동을 이끌 필요가 있어. 내 말은 노동자들이 옳다는 거야."

니콜라이가 잔뜩 인상을 쓰며 대꾸했다.

"도처에서 책이 부족하다는 불만의 소리가 들리는데도 우린 변변한 인쇄소 하나를 갖고 있지 못 해. 게다가 류드밀라는 이젠 거의 탈진한 상태라 도와줄 사람을 찾지 못하면 아마 쓰러지고 말 거야."

"베솝시코프는 어떨까?"

소피아가 물었다.

"시내에서 살 수 없잖아. 새 인쇄소를 차리기 전에는 아무 일도 할 수 없어. 다른 사람이 하나 더 필요한데."

"내가 하면 안 될까?"

어머니가 조용히 물었다.

모두 어머니에게 시선을 돌렸다. 잠시 아무 말도 없었다.

"좋은 생각이네요."

소피아가 맞장구를 쳤다.

"안 돼요. 어머니가 하기에는 너무나 힘든 일이에요. 시 외곽에서 살아야 할 텐데 그렇게 되면 파벨에게 면회 가시는 것도 그만두어야 할지 몰라요."

니콜라이가 냉정하게 말했다. 어머니가 한숨 섞인 목소리로 말했다.

"파샤를 위해서도 크게 나쁠 건 없어. 면회를 가면 가슴만 더 미어져. 대화도 서로 못 나누게 되어 있거든. 아들 앞에 바보처럼 서 있는 게 할 수 있는 일의 전부야. 간수들이 내가 무슨 쓸데없는 소리나 하지 않는지 내 입을 감시하고 있는데 뭐."

최근의 사건들로 인해 심신이 피곤하던 차에 복잡한 시내에서 벗어나 외곽에서 살 수 있다는 말을 듣고 어머니는 어떻게 해서든지 그렇게 하고 싶었다.

"지금 무슨 생각 중이야, 이반?"

니콜라이가 화제를 바꾸며 의사에게 물었다.

"우리에게 사람이 너무 없다는 생각을 하고 있었어. 더 정열적으로 일을 시작해야만 해. 그러려면 파벨과 안드레이를 설득하는 수밖에 없어. 두 사람이 아무 일도 하지 않고 감옥에 앉아 있으면 우리에게 너무도 큰 손실이야."

고개를 들면서 의사가 찜찜한 표정을 지으며 대꾸했다. 니콜라이가 인상을 쓰며 모르겠다는 듯 고개를 젓고 어머니 눈치를 보았다. 어머니는 함께 있는 자리에서 아들 이야기를 하면 사람들이 불편하게 생각한다는 것을 알아채고 방으로 건너갔다.

어머니의 마음 한 구석에는 자신의 진정한 바람을 알아주지 않는 사람들에 대한 서운함이 자리 잡았다. 잠이 오지 않아 뜬눈으로 침대에 누워 있자니 수군거리는 소리가 들렸다.

지난날은 이해할 수 없는 일들과 불길한 징조로 가득 차 있어서 정말 다시 떠올리고 싶지 않았기에 불길한 생각을 떨쳐 버리려고 파벨에 대해 생각했다. 아들이 자유의 몸이 될 날을 상상해 보았다. 동시에 무서운 생각도 들었다. 주변에서 벌어지고 있는 모든 일이 점점 무르익으면서, 다가올 격렬한 충돌을 예견하고 있었다. 무언의 인내도 이제 한계점에 도달해서 분노가 눈에 띄게 고조되고 신랄한 말들이 나돌며 도처에서 뭔가 새로운 움직임이 일고 있었다. 전단지가 나돌 때마다 저잣거리와 가게에서, 하인들과 노동자들 사이에서 논쟁이 벌어졌다. 누군가 체포되면 마음 놓고 드러내지는 못하지만 의혹의 눈길들이 고개를 들어 의심스러운 체포 동기에 대해 무성한 억측들이 난무했다. 시간이 가면 갈수록 어머니는 들을 때마다 그녀를 놀라게 했던 폭동이니 사회주의니 하는 말들이 이제는 평범한 사람들 사이에서도 아주 빈번히 사용되고 있음을 알 수 있었다. 물론 의미를 제대로 알고 사용하기보다 우스갯소리로 편하게 사용하곤 했지만 그래도 그 이면에는 의미를 알고자 하는 강한 욕망과 증오심, 그리고 공포가 숨겨져 있었다. 또한 희망과 위협이 뒤섞인 어두운 삶 속에서도 어떤 움직임이 느릿느릿 넓은 원을 그리며 고개를 들고 일어났고, 잠자던 사고들이 깨어났고, 일상적 사건들에 대한 안일 무사한 태도들이 뿌리에서부터 흔들리고 있었다. 어머니는 누구보다도 또렷하게 이러한 현상을 감지했다. 왜냐하면 어머니는 누구보다도 삶의 비참함을 잘 알고 있었고, 사람들의 얼굴에 패인 망설임과 격분이라는 주름살을 정확히 볼 수 있었기 때문이다. 기쁨과 놀라움이 교차했다. 아들의 일이기에 기쁨이었다고 말한다면, 다른 한편으로는 아들이 감옥에서 나오면 누구보다도 앞장서리라는 생각에 자신도 모르게 두려움을 느꼈다. 그것은 바로 죽음을 의미하기 때문이었다.

가끔 아들의 형상은 옛날이야기에서나 봄직한 영웅의 모습을 띠고 있어, 익히 들어 마음에 담고 있던 용감무쌍한 영웅들과 성인들이 아들의 모습에 하나로 결합되곤 했다. 그때마다 자랑스러운 마음에 환호성이 절로 나왔다.

'모든 일이 잘 될 거야, 그렇고말고. 모든 일이!'

아들에 대한 어머니의 사랑이 고통의 불길을 끼얹어 결국 보편적 사랑의 성장을 방해함으로써 위대한 감정의 자리를 불안의 잿더미가 차지하게 되었다.

'파샤는 죽게 될 거야. 사라지고 말 거라고.'

정오쯤에 어머니는 감옥 면회실에서 파벨과 마주 앉았다. 눈물이 그렁한 눈으로 수염이 덥수룩한 아들의 얼굴을 바라보며 손에 쥐고 있던 쪽지를 건넬 기회만을 엿보고 있었다.

"전 잘 지내요. 모두 별일 없겠죠? 어머니는 어떠세요!"

아들이 낮은 목소리로 물었다.

"잘 지내고 있단다. 이고르 이바노비치가 죽었어."

어머니가 무심코 말을 꺼냈다.

"예?"

파벨이 외마디 비명과 함께 고개를 떨구었다.

"장례식 날에는 경찰이 마구 폭력을 휘둘렀고 한 사람을 잡아갔단다."

어머니가 담담하게 말했다. 부교도관이 당황한 듯 입술을 삐죽이다가 벌떡 일어나 말했다.

"그런 말은 못하게 되어 있는 거 잘 알잖아요? 정치적인 문제를 거론하는 건 금지되어 있소."

어머니는 의자에서 일어나 이해할 수 없다는 표정을 지으며 말했다.

"정치 얘기를 하자는 게 아니고 그저 싸움이 있었다고 말하는 거라오. 없는 싸움을 지어낸 것도 아니고. 정말이오. 머리를 다친 사람도 있어요."

"마찬가집니다. 조용히 하세요. 그냥 가족이나 집안 이야기 같은 사적인 이야기만 허용됩니다."

부교도관이 우울하고 난처한 표정으로 책상 앞에 앉아 서류를 뒤적이며 귀찮은 듯 덧붙였다.

"당신이 하는 말에 대해서 내가 책임을 져야 한단 말입니다."

어머니는 주위를 살피다 재빨리 파벨의 손에 쪽지를 건네고 홀가분한 마음으로 한숨을 내쉬었다.

"내가 무슨 말을 해야 할지 모르겠다."

파벨이 미소를 지었다.

"저도 그래요."

간수가 신경질적으로 소리쳤다.

"그럼 면회는 왜 왔어요? 할 얘기도 없으면서 와서 사람 신경이나 건드리고······.”

“재판이 곧 열린다던?”

입을 다물고 있던 어머니가 말했다.

“며칠 전 검사가 다녀갔는데 곧 있을 거라고 하더군요.”

“네가 이곳에 있은 지도 벌써 반 년이 되었구나!”

모자는 서로 별로 중요하지 않은 말 몇 마디를 더 나누었다. 어머니는 아들이 사랑을 담은 부드러운 눈으로 자신을 바라보고 있음을 느꼈다. 침착하고 태연한 모습이 예전과 다를 바가 없었다. 다만 수염이 덥수룩해졌고 팔목이 야위어 나이가 약간 들어 보였다. 어머니는 아들의 기분을 좋게 해주기 위해 베솝시코프에 대한 이야기를 꺼내고 싶었다. 그래서 그렇고 그런 자질구레한 이야기를 하듯이 목소리에 변화를 주지 않고 말을 이어나갔다.

“일전에 네 대자(代子)를 만났단다.”

파벨이 대자가 누구냐고 묻는 눈으로 어머니를 쳐다보았다. 어머니는 베솝시코프의 곰보 얼굴을 상기시켜 주려고 손가락으로 볼을 콕콕 찔렀다.

“별일 없이 잘 지내더구나. 몸도 건강하고. 곧 일자리도 구하게 될 거야.”

아들이 알아듣고 고개를 끄덕이더니 눈웃음을 치며 대답했다.

“참 잘됐네요.”

“그래 맞아.”

어머니는 아들을 기쁘게 하여 너무나도 기분이 좋았다. 작별 인사를 하면서 아들은 어머니의 손을 힘 있게 잡았다.

“고맙습니다, 어머니.”

아들에 대한 친근한 애정이 취기가 돌듯 가슴에 밀려왔다. 어머니는 대답을 할 만한 기운도 없어 말없이 악수로 대신했다.

집에 와보니 사샤가 기다리고 있었다. 사샤는 어머니가 파벨을 면회하는 날이면 어김없이 모습을 나타냈다. 사샤는 파벨에 대해서는 아무 질문도 하지 않았다. 그러면서 행여 어머니가 아들에 대한 이야기를 하지 않으면 어머니의 얼굴을 뚫어지게 쳐다보기만 하며 만족해했다. 그러나 이번만큼은 웬일인지 먼저 질문을 던졌다.

“그 사람 어때요?”

“괜찮아, 건강해!”

"쪽지는 전하셨죠?"

"그럼! 아주 감쪽같이 찔러주었지."

"읽어보던가요?"

"어디서? 보는 데서야 읽을 수가 없잖아."

"그렇죠, 제가 잠시 깜빡했네요."

처녀가 천천히 말했다.

"일주일만 더 기다리죠, 일주일만 더! 동의할 것 같던가요? 어떻게 생각하세요?"

사샤는 인상을 잔뜩 쓰면서 어머니를 뚫어지게 쳐다보았다.

"잘은 모르지만 큰 위험만 없다면야 탈옥하지 않을 이유가 없지 않겠어?"

처녀는 고개를 젓고 무뚝뚝하게 물었다.

"환자한테 뭘 먹여야 할지 혹 아세요? 먹을 걸 좀 달라고 하던데."

"아무거나 괜찮아, 있는 거 아무거나! 가서 뭐라도 먹을 게 있는지 보도록 할게."

어머니는 부엌으로 향했고, 사샤는 어머니의 뒤를 쫓았다.

"도와드려요?"

"그럼 고맙지."

어머니가 벽난로 위로 손을 뻗어 항아리를 집었다. 처녀가 조용히 말했다.

"잠깐만요!"

사샤의 얼굴이 창백해지고 침울한 눈이 더 커졌다. 그리고 파르르 떨리는 입술로 가까스로 입을 열었다.

"어머니께 부탁이 있어요. 그 사람 절대 동의하지 않을 거예요. 전 알아요. 설득해 주세요. 정말 없어서는 안 될 사람이에요, 그러니 얼마나 우리에게 필요한 사람인지 잘 말씀해주세요. 혹 병이라도 날까 제가 걱정하고 있다는 말도요. 재판이 아직도 열리지 않고 있으니…… 부탁드려요!"

그녀는 매우 힘들게 이야기하고 있었다. 똑바로 서서 눈길을 옆으로 돌리고 이야기를 하는 그녀의 목소리가 사뭇 떨렸다. 피곤한 듯 눈을 내리깔고 입술을 깨물었고, 움켜쥔 주먹에서는 심지어 뼈마디 소리가 들렸다.

어머니는 처녀의 복받치는 감정에 당혹감을 감출 수 없었지만, 곧 이해하게 되었다. 슬픔에 사로잡힌 어머니는 뜨겁게 사샤를 껴안고 낮은 목소리로 속삭였다.

"애처롭기도 해라! 파벨은 자신 말고는 누구의 말도 듣지 않는단다. 절대로 안 들어."

두 사람은 껴안은 채로 한 마디도 하지 않았다. 잠시 뒤 사샤는 어깨에서 어머니의 손을 내리며 떨리는 목소리로 입을 열었다.

"어머니 말씀이 옳아요. 모두 부질없는 짓이죠, 애만 탈 뿐이고……."

그리고 갑자기 심각해지더니 화제를 돌렸다.

"환자에게 음식 좀 갖다 주어야죠."

어느새 사샤는 이반의 침대맡에 앉아 다정하고 걱정스럽게 물었다.

"머리가 많이 아파요?"

"많이 아프진 않은데 모든 게 혼란스러워요! 그리고 기운이 없어요."

이반이 수줍게 담요를 끌어당기며 대답하고는 눈이 부시다는 듯 찡그렸다. 사샤는 자기가 있어서 그가 음식을 제대로 먹지 못하고 있다고 생각하여 얼른 일어나 자리를 피해주었다.

이반은 침대에서 일어나 앉아 방을 나가는 사샤의 뒷모습을 보며 중얼거렸다.

"굉장한 미인이군요!"

그의 눈은 맑고 이는 고르고 촘촘했으며 목소리에서는 아직 천진난만함이 묻어났다.

"나이가 어떻게 되지?"

어머니가 생각에 잠겨 물었다.

"열일곱이요."

"부모님은 어디 사셔?"

"시골에요. 전 열 살 되던 해에 학교를 마치고 여기로 왔어요. 성함이 어떻게 되시죠, 동지?"

어머니는 이 동지란 말을 들을 때면 언제나 기분이 묘하고 들떴다. 그녀가 미소를 지으며 반문했다.

"이름은 알아서 뭐하게?"

젊은이는 당황한 듯 잠시 말이 없다가 설명했다.

"우리와 함께 모임에서 책을 읽던 학생이 한 명 있었는데 늘 노동자인 파벨의 어머니 이야기를 들려주곤 했어요. 메이데이 시위에 대해서도요."

어머니는 고개를 끄덕이며 귀를 쫑긋 세웠다.

"그 사람은 우리 당의 깃발을 처음으로 공개적으로 들어올렸어요."

젊은이는 아주 자랑스럽게 말했다. 그의 우쭐함이 어머니의 가슴에 깊은 울림을 주었다.

"전 그 자리에는 없었는데요, 따로 독자적인 시위를 계획했다가 실패했어요. 우리는 수가 너무 적었거든요. 하지만 올해는 달라요, 두고 보세요!"

젊은이는 미래의 사건을 미리 즐기느라 목이 메는지 허공에 숟가락을 내저으며 말을 이었다

"블라소바라는 분이 어머니라는군요. 시위가 있고 나서 그분도 우리 당에 들어왔대요. 정말 기적이라고들 말한답니다!"

어머니의 얼굴에 화색이 돌았다. 젊은이의 열정적인 찬사를 듣게 되어 너무 기분이 좋았다. 흐뭇하기도 하고 약간 거북하기도 했다. 어머니는, 내가 바로 그 블라소바야, 말해주고 싶었다. 그러나 억지로 참고 입가에 엷은 미소를 띠며 속으로 중얼거렸다.

'할망구가 주책이야!'

"어서 더 먹어! 좋은 일을 하려면 얼른 몸이 나아야지."

젊은이를 바라보며 약간 흥분해서 말했다. 문이 열리고, 눅눅한 가을 찬바람과 함께 소피아가 들어왔다. 추위 때문에 얼굴이 상기된 채로 미소 지으며 활기차게 들어왔다.

"첩자들이 내가 무슨 부잣집 새색시 남편이나 되는 듯이 감시를 하더군요, 정말이에요! 이제 여기를 떠날 때가 됐어요. 좀 어때, 바냐(이반의 애칭)? 괜찮아? 파벨은 어때요, 닐로브나? 뭐라고요? 사샤가 와 있어요?"

파피루스를 피워 물은 소피아는 회색빛 눈길로 어머니와 젊은이를 훑어보면서 대답도 기다리지 않고 질문을 퍼부었다. 어머니는 소피아를 보면서 마음속으로만 미소를 짓고 생각했다.

'정말 좋은 사람들과 한 편이 되었어!'

소피아는 다시 이반 쪽으로 몸을 기울이며 두 배나 친절을 돌려주었다.

"얼른 나아야지! 와인 좀 가져올게."

그리고 식당으로 나갔다. 거기서 소피아가 사샤에게 말했다.

"벌써 3백 부나 준비가 되었더라고! 그렇게 일을 하다간 몸을 망치고 말 거야. 영웅주의가 따로 없어. 그런 사람들과 하나가 되어 동지가 되고 함께 일을 한다면 정말 큰 행복이 아닐까!"

"맞아요."

사샤가 조용히 대답했다.

저녁 때 차를 마시며 소피아가 어머니에게 말했다.

"닐로브나, 다시 한 번 시골에 다녀오셔야겠어요."

"그래요? 언제?"

"내일이면 좋겠는데요. 다녀오실 수 있겠어요?

"당연해요."

"마차를 타고 가세요!"

니콜라이가 낮은 목소리로 말했다.

"우편 마차를 빌려 타세요. 지난번하고는 다른 길로, 니콜스코예 마을을 지나서 가세요."

니콜라이의 어두운 표정이 두려움을 갖게 했다.

"니콜스코예를 지나는 길은 멀어!"

어머니가 한마디 하고 나섰다.

"마차를 타고 가려면 돈도 많이 들고."

니콜라이가 어머니의 말을 받았다.

"난 이번 모험에 절대 반댑니다. 거긴 불안해요. 벌써 체포 작전이 시작되어서 선생 하나가 잡혀 들어가기도 했고, 르이빈은 도망쳤어요, 분명해요."

소피아가 손가락으로 탁자를 두드리며 끼어들었다.

"책을 거르지 않고 꾸준하게 배포하는 일도 우리에게는 중요해. 닐로브나, 가시겠어요? 두렵지 않으시죠?"

어머니는 약간 자존심이 상했다.

"내가 두려워한 적이 한 번이라도 있어요? 이 일을 처음 시작할 때부터 두려움은 하나도 없었다고요. 그런데 갑자기……."

어머니는 말을 다 하지 못하고 고개를 숙였다. 두렵지는 않으냐, 불편한 점은 없느냐, 이 일을 할 수 있겠느냐, 그런 질문을 받을 때마다 어머니는 그들이 자신을 따돌리려는 것 같아 마음이 상했다. 그리고 자신을 다른 동지와 다르게 대하고 있다는 생각을 떨쳐 버릴 수가 없었다.

더욱이 온종일 쉴 틈 없이 바쁜 날들이 오면, 처음엔 소동 때문에 불안하거나 또 일들이 너무 빨리 진행돼서 마음이 두근거리다가도, 곧 점차 소동에 익숙해지면서 자신이 느낀 여러 가지 인상과 충격에도 아무렇지 않았다. 그녀는 일을 하고 싶은 욕망에 잔뜩 부풀어 있었다. 그녀의 상태가 이러했기 때문에 소피아의 질문은 그녀를 몹시 불쾌하게 만들었다.

"나보고 두려운지 안 두려운지 물어봐야 소용이 없지. 또 여러 가지 일들을 해도 난 전혀 두렵지 않았어. 사람들은 무언가를 소유한 사람을 두려워하더군. 내가 무얼 가졌지? 아들 하나밖에 없어. 난 늘상 그 애 때문에 마음을 졸여왔기 때문에 고통을 두려워하는 데에 익숙해졌어. 고통이 없으면……글쎄, 그때는 어떨까?"

"기분이 상하셨어요?" 소피아가 큰 소리로 말했다.

"아니, 그게 아니라, 당신들 사이에서는 이런 질문을 절대 하지 않잖아!" 어머니가 한숨을 내쉬며 말했다.

니콜라이가 얼른 안경을 벗었다가 코에 맞추어 쓰고는 누이의 얼굴을 뚫어져라 바라보았다. 당혹스러운 침묵에 놀란 어머니는 왠지 미안한 마음이 들어 의자에서 일어났다. 무슨 말이라도 해주고 싶었다. 순간 소피아가 어머니의 손을 잡고 말했다.

"용서해주세요! 다시는 그런 말 하지 않을 게요."

어머니는 그저 웃을 수밖에 없었고, 몇 분이 지나서 세 사람은 시골로의 여행에 대해 진지하고 다정하게 이야기를 나누고 있었다.

10

이튿날 새벽, 어머니는 가을비에 젖은 도로를 따라 덜커덩거리며 달려가고 있는 우편 마차에 타고 있었다. 습기를 머금은 찬바람이 얼굴을 때리고 흙탕물이 튀었다. 한편 마부석에 비스듬하게 자리를 잡은 마부는 코를 킁킁거리며 생각에 잠겨 불평했다.

"내가 그 사람, 그러니까 형에게, 반으로 나누자고 했죠. 그래서 우린 나누기 시작했답니다."

마부가 갑자기 왼쪽 말에 채찍질을 하며 성난 목소리로 외쳤다.

"이랴! 달려, 마녀의 자식, 망할 놈의 말아!"

살이 토실토실한 까마귀들이 경계심을 늦추지 않고 벌거벗은 경작지를 뛰어다녔고, 찬바람이 휘파람 소리를 내며 그들을 덮쳤다. 까마귀들은 바람에 제 옆구리를 내맡기고 깃털을 날리며 넘어지지 않으려고 안간힘을 쓰다가 결국은 푸드덕 날갯짓을 하며 다른 장소로 날아갔다.

"그런데 내가 속았어요. 보니까 내 몫이 하나도 안 남았더라고요."

마부가 말했다.

어머니의 귀에는 마부의 말이 꿈속에서 들리는 듯했다. 엉뚱한 생각이 그녀의 마음속에서 자라났다. 머릿속에서는 최근 몇 년간 겪었던 사건들이 파노라마처럼 스치고 지나갔다. 사건이 벌어진 어디에서나 자신의 모습을 발견할 수 있었다. 전에는 삶이 자신과는 동떨어진 곳에서 이유도 목적도 없이 흘러갔다. 지금은 많은 일이 바로 눈앞에서 벌어지고 있고 모든 일이 자신의 도움을 기다리고 있었다. 때문에 가슴속에서 자신에 대한 불만과 만족, 의혹과 잔잔한 우수의 감정이 복잡하게 뒤엉켰다.

그녀 주위의 모든 풍경이 느리게 움직이는 듯했다. 하늘에서는 먹구름이 서로 힘겹게 뒤쫓고, 길가에는 비에 젖은 나무들이 제 헐벗은 꼭대기를 흔들며 반짝이고, 언덕들이 나타났다가 헤엄치며 뿔뿔이 흩어졌다. 온종일 흐린 날이 태양을 만나려고 부산을 떨며 찾아 헤매는 분위기였다.

마부의 볼멘 소리와 마차 방울소리, 바람의 습한 속삭임과 휘파람 소리가 굽이쳐 길게 떨며 단조롭게 흐르는 시냇물에 바람을 일으키며 섞여들었다.

"부자는 너무 많아서 천국에 들어갈 수 없다는 것을 누구나 잘 알고 있지만, 일단 재물을 모으기 시작하면 권력이 친구가 되는 법이죠!"

마부가 자리에서 몸을 흔들며 중얼거렸다.

역에 도착하자 마부는 말을 풀고 애원조로 어머니에게 말했다.

"술이라도 한 잔 받아먹게 돈 좀 주시겠소?"

어머니가 동전 한 닢을 주자, 마부는 동전을 손바닥에 굴리며 실망해서 말했다.

"3코페이카로는 보드카나 한 잔 걸치고 2코페이카로는 빵이라도 사 먹어야겠네요."

덜컹거리는 마차에 시달리고 추위에 떨던 어머니는 정오가 지나서야 겨우 니콜스코예라는 큰 마을에 도착했다. 우선 선술집으로 들어가 차를 시키고, 무거운 여행가방을 의자 밑으로 밀어 넣고 창가에 앉아 광장을 내다보았다. 발자국으로 더럽혀진 카펫과도 같이 누런 잔디가 깔린 넓지 않은 광장과, 지붕이 왠지 축 늘어져 보이는 길고 낡은 관청 건물이 창문을 통해 보였다. 관청 현관 계단에는 긴 턱수염의 대머리 농부가 홑내의 차림으로 파이프 담배를 피우고 있었다. 돼지 한 마리가 꿀꿀거리며 잔디밭을 돌아다니고 있었는데, 무슨 불만이라도 있는지 주둥이를 땅바닥에 처박고서 연신 머리를 흔들었다.

먹구름이 떼를 지어 떠다니다 뒤엉켜 쌓여서 서로 빨아들이고 있었다. 사위가 어둑하고 침울하고 적적해서 마치 인생이 어디론가 사라져 버린 것만 같았다.

갑자기 코사크군 하사 한 명이 거칠게 말을 몰아 광장으로 달려와서는, 계단 옆에 밤색 말을 매어 놓고 허공에 가죽 채찍을 휘두르며 농부에게 고함을 질렀다. 고함은 유리창을 흔들 정도로 우렁찼지만, 무슨 말인지는 도무지 알아들을 수가 없었다.

농부가 벌떡 일어나 손짓을 하자, 하사는 마당에 뛰어내려 말고삐를 감아 농부에게 건네고, 울타리를 잡고 계단을 올라 관청 문 안으로 사라졌다.

다시 정적이 찾아왔다. 말들이 발굽으로 부드러운 흙을 차올렸다. 어린 소녀가 역사 안으로 들어왔다. 짧고 노란 머리카락을 목까지 땋아 늘이고, 동그란 얼굴에 상냥스런 눈을 가진 소녀였다. 소녀는 모서리가 떨어져나간 쟁반에 담긴 접시들을 들고 와 입술을 깨물며 고개를 숙여 인사했다.

"꼬마 아가씨, 안녕?"

어머니가 다정하게 말했다.

"안녕하세요?"

소녀가 도자기 접시와 찻잔을 탁자에 내려놓으며 갑자기 활기 띤 목소리로 말했다.

"방금 강도를 잡았는데, 지금 이리로 끌고 오는 중이래요."

"정말? 어떤 강도?"

"잘은 몰라요."

"무슨 잘못을 했대?"

"잘은 모르고요, 잡았다는 말만 들었어요. 마을 관청 수위가 경찰서장을 부르러 달려가서 소리쳤어요. '그를 잡았어요, 그들이 그를 여기로 데려오고 있어요.'"

창밖을 내다보니 광장에 모여든 농부들이 눈에 들어왔다. 어기적거리며 점잔을 떨며 걷고 있는 이들이 있는가 하면, 달리면서 황급히 외투 단추를 채우는 이도 있었다. 사람들은 모두 관청 계단 옆에 모여들어 모두가 왼쪽 한 곳을 일제히 바라보았다. 이상하게 조용했다.

소녀 역시 창가로 가서 거리를 내다보다가 조용히 방을 빠져나갔다. 문이 요란한 소리를 내며 닫혔다. 어머니는 온몸이 떨렸다. 여행가방을 의자 밑으로 더욱 깊숙이 밀어 넣고, 숄을 머리에 두르면서 문을 향해 급히 발걸음을 떼었다. 갑자기 뛰고 싶은 불가사의한 충동이 일었지만 애써 참아야 했다.

관청 계단을 오르던 어머니의 두 눈에 놀라운 광경이 들어왔다. 얼굴이 달아오르고 숨이 막히는 듯했으며 두 발 역시 굳어 버렸다. 두 팔을 등 뒤로 포박당한 르이빈이 경찰 두 명에게 각각 양쪽 팔을 잡힌 채 광장 복판으로 걸어오고 있는 것이 아닌가! 경찰들은 규칙적으로 지팡이를 땅바닥에 내리치고 있었다. 계단에서 한 무리의 사람들이 말없이 기다리고 있었다. 방향을 가늠하지 못할 만큼 아득해진 채로 어머니는 르이빈에게서 눈을 떼지 않았다.

어머니는 정신을 차리고 심호흡을 크게 했다. 은색의 수염을 덥수룩하게 기른 농부 하나가 계단 옆에 서서 푸른 눈으로 어머니를 쏘아보고 있었다. 어머니가 기침을 한 번 하고는 두려워서 힘이 풀린 손으로 목을 문지른 뒤 용기를 내어 질문을 던졌다.

"무슨 일이오?"

"보시는 대롭니다!"

농부가 퉁명스럽게 대꾸하고는 획 돌아섰다. 농부 한 사람이 그녀 옆으로 더 다가와 합세했다.

"에이, 도둑놈! 끔찍한 꼴이라니!"

한 여자가 소리쳤다.

경찰들이 군중 앞에 멈추어 섰다. 군중의 수는 어느새 많이 불어났지만 말소리는 전혀 들리지 않았다. 갑자기 허공으로 르이빈의 우렁찬 목소리가 울려 퍼졌다.

"여러분! 나는 도둑이 아닙니다. 훔친 게 아무것도 없습니다. 불도 지르지 않았고요. 나는 오로지 진실을 말했을 뿐이고, 그들은 그걸 이유로 나를 붙잡았습니다. 혹시 우리 농부들 삶의 진실을 써놓은 믿을 만한 책에 대해서 들어보신 적 있습니까? 나를 체포한 이유가 바로 그 책입니다. 내가 바로 그 책을 배포한 장본인이거든요."

사람들이 르이빈을 더욱 빽빽하게 에워쌌다. 그의 목소리가 나직하면서도 차분하게 울려 퍼졌다. 어머니는 정신이 번쩍 들었다.

"들었어?"

옆에 선 농부가 푸른 눈을 가진 농부의 옆구리를 쿡 찌르며 물었다. 농부는 묻는 말에 대답도 하지 않고 고개를 들어 어머니의 얼굴을 쳐다보았다. 옆에 선 다른 농부도 덩달아 어머니에게 시선을 돌렸다. 푸른 눈의 농부보다 한결 젊어 보였다. 턱수염이 드문드문 난 얼굴은 야위고 주근깨가 나 있었다. 둘은 계단에서 한 발짝씩 뒤로 물러섰다.

"두려워하고 있어!"

어머니는 자신도 모르게 중얼거렸다.

어머니는 정신을 더욱 집중했다. 계단 위에서 어머니는 상처로 엉망이 된 르이빈의 얼굴에서 불타는 눈빛을 보았다. 상대방도 자신을 알아보았으면 하는 마음에 까치발을 하고 목을 그에게로 쭉 내밀었다.

사람들은 인상을 쓰며 구경만 할 뿐 아무도 입을 열지 않았다. 군중 뒤편에서 이따금 작은 말소리가 들려올 뿐이었다.

"농부 여러분!"

르이빈이 묘하게 풍부한 목소리로 소리쳤다.

"책을 믿어야 합니다. 책 때문에 난 죽을지도 모릅니다. 책의 출처를 알아내기 위해 놈들은 날 심하게 고문했습니다. 매질을 당하겠지만 난 그래도 참을 것입니다. 왜냐하면 진실이 담겨 있는 책은 우리에게 빵보다 더 소중하기 때문입니다. 이것이 바로 여러분에게 내가 하고 싶은 말입니다."

"저런 일을 하는 이유가 뭘까?"

계단 옆의 농부가 조용히 말했다.

"다 부질없어. 사람 목숨은 두 번이 아니라 한 번 죽게 되어 있거든."

푸른 눈의 농부가 느리게 대답했다.

"다 똑같아. 어쨌든 그는 죽음을 마다하지 않을 거야."

갑자기 하사가 계단 옆에 나타나 비틀거리며 술 취한 목소리로 외쳤다.

"왜 이리 사람이 많아? 거기 누가 지껄이는 거야!"

계단을 단번에 뛰어내린 하사는 르이빈의 머리채를 움켜쥐고 이리저리 흔들며 소리쳤다.

"네놈이 지껄인 거지, 개놈의 새끼, 너 맞지?"

군중이 웅성거리며 서서히 동요했다. 어머니는 슬픔 때문에 기운이 빠져 고개를 숙였다. 농부 가운데 누군가가 한숨을 쉬었다. 르이빈의 목소리가 다시 들렸다.

"자! 여러분의 눈으로 똑똑히 보세요!"

"조용히 못 해?"

하사가 르이빈의 얼굴 관자놀이에 주먹을 날렸다. 르이빈이 비틀거렸다.

하사는 르이빈에게 달려들어 얼굴과 가슴, 배를 닥치는 대로 때렸다.

"그만 때려!"

군중 가운데 누군가가 무뚝뚝하게 소리쳤다.

"왜 그렇게 사람을 패는 거야?"

다른 목소리가 합세했다.

"이리 와봐!"

푸른 눈의 농부가 고갯짓을 하며 말했다. 두 사람은 전혀 서두르는 기색도 없이 관청으로 향했고 어머니는 그들을 인자한 눈길로 전송했다. 어머니는 약간 마음이 놓였다. 하사가 다시 계단으로 뛰어올라 위협적으로 주먹을 휘두르며 미친 듯이 소리쳤다.

"저 관리놈들을 이리 끌고 와! 말하잖아! 말한 대로……"

"그러지 마!"

군중 속에서 묵직한 목소리가 울렸다. 어머니는 그 목소리의 장본인이 푸른 눈의 농부, 바로 그 사람임을 단번에 알 수 있었다.

"젊은이들! 그냥 나 몰라라 해서야 되겠습니까? 여러분! 모른 체하면 끌고 가서 초주검이 되도록 매질을 가할 게 뻔합니다. 그리고 나중엔 우리에게 죽였다고 뒤집어씌울 겁니다. 그냥 놔둬선 안 됩니다!"

"농부 여러분!"

르이빈의 목소리가 다시 울렸다.

"여러분의 삶이 어떤지 정말 모르겠습니까? 얼마나 수탈을 당했고 얼마나 속고 있으며 얼마나 피를 빨리고 있는지 정말 이해를 못하겠습니까? 여러분은 모든 것을 끊임없이 따라가서, 모든 것이 여러분에게 의지하지요. 여러분은 이 지구상에서 모든 것의 밑바탕이 되는 최고의 힘입니다만 과연 어떤 권리를 갖고 있습니까? 굶어 죽을 권리가 기다리고 있어요. 그것이 여러분의 유일한 권리 아닙니까!"

농부들이 서로 수군대며 소리쳤다.

"다 옳은 소리야!"

"경찰서장 나오라고 해! 서장 어디 있어!"

"하사가 서장에게 갔다!"

"관리를 부르든 말든 그건 우리가 상관할 일이 아니고."

웅성거림이 시간이 갈수록 더욱 시끄럽게 거세졌다.

"말을 하시오! 우리가 당신을 때리지 못하도록 하겠소!"

"이봐요, 관리들. 저 사람 묶인 손을 풀어줍시다!"

"보세요, 그럴 필요 없어요!"

"풀어줘요!"

"나중에 후회할 일, 그걸 조심해야 해요."

르이빈이 다른 목소리를 압도하면서 차분하고 힘 있게 외쳤다.

"손이 묶인 걸 후회하지 않습니다. 난 도망치지 않을 겁니다, 여러분! 난 진실을 피해 숨지 않겠습니다. 진실은 내 안에 살아 있습니다."

무리로부터 떨어져 나온 사람들이 삼삼오오 둥글게 모여들어 정직한 표정으로 서로 고개를 끄덕이며 수군거렸다. 몇몇 사람은 미소 지었다. 그럼에도 불구하고 군중의 수는 점점 불어났다. 대부분의 사람은 허겁지겁 옷을 주워 입고 뛰어나온 티가 나고, 얼굴이 흥분되어 있었다. 르이빈을 둘러싸고 사람들이 검은 거품처럼 끓어올랐다. 르이빈은 군중 한가운데서 손을 머리 위로 올려 흔들며, 때로는 큰 소리로 외치고, 때로는 침묵하고, 열심히 주의를 기울이면서, 낯선 말로 항의하는 이들에게 받아치곤 했다.

"고맙습니다, 여러분! 난 여러분의 삶을 위해 여기 섰습니다."

르이빈은 턱수염을 쓸어내리고 피투성이가 된 손을 다시 위로 들어올렸다.

"나의 피입니다. 진실을 위해 흘린 피란 말입니다!"

계단을 내려간 어머니는 에워싼 사람들로 인해 르이빈이 보이지 않아 다시 계단에 올라섰다. 가슴이 뭉클하고 분명하지는 않지만 흐뭇한 그 무엇이 고개를 들었다.

"농부 여러분! 읽기 위해 눈을 크게 뜨셔야 합니다. 진실을 이야기하는 사람들이 신을 믿지 않는 폭도라고 매도하는 정부와 사제들을 절대 믿지 마세요. 진실은 은밀하게 퍼져 민중 안에 보금자리를 마련하고 있습니다. 정부에게 있어 진실은 칼이자 불길일 뿐입니다. 그러나 진실은 그들의 목을 치고 불로 태울 것입니다. 진실은 우리의 좋은 친구이지만 정부에게는 원수입니다. 진실이 제 모습을 드러내지 않는 이유가 바로 여기에 있습니다."

다시 군중 속에서 푸른 눈의 농부가 고함쳤다.

"옳소, 그가 복음을 말하고 있어!"

"아, 우리 형제님, 당신 죽을 거요, 그것도 당장!"

"밀고자가 누군가?"

"사제다!"

경찰 하나가 말했다.

농부 둘이 심한 욕설을 퍼부었다.

"저기를 보시오, 젊은이들!"

급박함을 경고하는 외침이 들렸다.

얼굴이 펑퍼짐하고 키가 큰 건장한 체격의 지역 경찰서장이 군중을 향해 걸어오고 있었다. 군모를 삐딱하게 쓰고 있었는데, 콧수염이 한 쪽은 위로, 다른 한 쪽은 아래로, 비대칭으로 나 있어서 마치 애꾸눈 사내의 얼굴처럼 보였다. 게다가 의미 없는 죽은 미소를 짓고 있어 더욱 밉살스럽게 보였다. 왼손에는 장검이 들려 있고 오른손은 허공을 향해 휘둘렀으며, 발소리가 둔탁하면서도 억세게 들려왔다. 사람들이 길을 열어주었다. 사람들의 얼굴에서는 의기소침한 빛이 역력했고 시끌벅적하던 아우성도 언제 그랬냐 싶게 가라앉았다.

"무슨 문제야!"

경찰서장이 르이빈을 위아래로 훑으며 물었다.

"손에 왜 포박을 하지 않았어? 이봐, 어서 묶어!"

서장의 목소리는 우렁차고 카랑카랑했지만 별다른 특색은 없었다.

"포박을 했었는데 사람들이 풀어주었습니다."

경찰 하나가 대답했다.

"사람들! 어떤 사람들?"

"그게 누군데? 누구야?"

서장이 칼자루를 뒤로 당겼다가 푸른 눈을 가진 농부의 가슴을 겨냥해 던졌다.

"너야, 추마코프? 또 어떤 놈이야? 미쉰, 너?"

그리고 오른손으로 옆에 선 사람의 턱수염을 잡아당겼다.

"해산해, 이놈들아! 안 그러면 정말 본때를 보여주겠다!"

서장의 목소리와 얼굴 표정에서는 흥분 상태나 협박의 깊이가 드러나지 않았다. 그는 매우 차갑고 기계적인 말투로 말하면서 우악스럽고 긴 손으로 사람들을 밀쳤다. 사람들이 고개를 숙이거나 돌리면서 멀찍이 물러섰다.

"뭐해? 뭐하는 놈들이야? 어서 묶으란 말이야!"

서장은 아주 상스런 욕설을 퍼붓고 다시 르이빈을 쳐다보더니 무심하게 외쳤다.

"손을 등 뒤로!"

"내가 포박을 당할 이유가 없어. 도망갈 생각이 전혀 없는데 왜 포박을 한다는 거요?"

"뭐야?"

경찰서장이 르이빈에게 성큼 다가서며 외쳤다.

"그만큼 사람들을 괴롭혔으면 이젠 족할 때도 되지 않나, 짐승 같은 놈들!"

르이빈의 목소리가 다소 커졌다.

"네놈들에게도 파멸의 날은 곧 올 것이다! 단단히 모든 대가를 치를 거라고."

경찰서장이 콧수염이 난 윗입술을 잡아당기며 르이빈 앞에 섰다. 그리고 한 발 물러나 휘파람을 불었다.

"아니, 뭐 이런 저주받을 불한당이 다 있어? 뭐? 지금 뭐라고 말했어? 놈들이라고?"

그러고는 느닷없이 르이빈의 얼굴을 세차게 후려쳤다.

"넌 주먹으로 진실을 죽일 수 없어! 너한테는 나를 칠 권리가 없어, 개새끼!"

르이빈이 서장에게 대들었다.

"내가 못할 줄 알아?"

서장이 느릿느릿 말했다.

그리고 다시 르이빈의 머리를 향해 주먹을 날렸다. 르이빈이 머리를 물오리처럼 자기 가슴에 처박는 바람에 주먹이 허공을 가르면서 서장은 하마터면 넘어질 뻔했다. 군중 속에서 키득거리는 소리가 들렸다. 르이빈이 다시 격분하여 외쳤다.

"다시 말하지만, 넌 나를 때릴 권리가 없어, 이 악마야!"

경찰서장은 주위를 살폈다. 사람들이 입을 꾹 다물고 침울한 표정으로 주위를 에워쌌다.

"니키타!"

서장이 두리번거리며 누군가를 불렀다.

"야, 니키타!"

짧은 외투 차림에 키가 작고 다부진 체격을 한 농부 하나가 군중 속에서 나왔다. 그는 부스스한 머리로 고개를 떨구고 있었다.

"니키타!"

서장이 콧수염을 꼬면서 의도적으로 말했다.

"보기 좋게 따귀 한 방 날려봐!"

농부가 앞으로 나와 르이빈 앞에 서서 손을 들었다. 르이빈은 농부의 얼굴을 똑바로 쳐다보면서 무겁게 말했다.

"자, 똑똑히 보시오. 짐승만도 못한 놈들이 어떻게 여러분 손으로 여러분의 목을 조르게 만드는지! 보세요, 보세요! 생각해 보라고요! 그가 왜 나를 때리려고 하죠? 왜요? 제가 묻습니다."

농부는 천천히 손을 들어 르이빈의 얼굴을 힘없이 쳤다.

"이봐, 니키타!"

군중 속에서 가라앉은 외침이 들렸다.

"하늘이 무섭지 않아?"

"어서 주먹을 날려!"

서장이 농부의 뒷목을 찌르며 호통쳤다.

농부는 한쪽으로 비켜서서 고개를 숙이고는 침울하게 말했다.

"더는 못 하겠습니다."

"뭐?"

서장의 얼굴에 경련이 일었다. 그러더니 발을 구르고 욕설을 퍼붓고는 느닷없이 르이빈에게 달려들었다. 첫 주먹이 허공을 쌩 하고 지나갔다. 르이빈이 비틀거리다가 팔을 내저었다. 두 번째 주먹에 르이빈은 그대로 바닥에 나뒹굴었다. 서장은 르이빈의 가슴과 옆구리, 머리, 가리지 않고 사정없이 발길질했다.

군중이 적대적으로 흥분하여 술렁이며 여기저기서 요동치고, 개중에는 경찰서장에게 달려드는 사람도 있었다. 공격을 눈치챈 경찰서장이 칼집에서 군도를 뽑아들고는 쏜살같이 피했다.

"뭐야, 해보겠다고? 폭동을 일으키시겠다?"

경찰서장의 목소리가 떨리고 갈라지더니 나중엔 아주 쉬어 버렸다. 서장은 목소리와 함께 침착성을 잃었다. 목을 움츠리고 등을 구부린 그는 눈을 이리저리 굴리며 뒤로 넘어졌다. 그가 조심스럽게 뒷걸음질쳤다.

"좋아! 너희 원하는 대로 저놈을 데리고 가! 지금은 물러선다만! 못된 놈, 저놈은 황제 폐하께 반기를 든 정치범이야. 폭동을 휘젓고 있다고, 알아? 그런데도 너희는 저놈을 두둔해. 그렇다면 네놈들도 다 똑같이 폭도야! 반역자라고!"

어머니는 두려움과 안타까움에 눈도 깜빡이지 않고 붙박인 듯 서 있었다. 마치 무서운 꿈을 꾸고 있는 듯한 몽롱한 상태였다. 성난 사람들의 웅성거리는 소리와 서장의 떨리는 목소리, 누군가의 속삭임이 귓속에서 윙윙거렸다.

"죄가 있다면 재판을 받아야지!"

"그리고 때리지 마시오!"

"넓은 아량으로 용서해주시오!"

"정말, 그게 무슨 뜻이야? 대체 너희는 법도 없군."

"뭐라고, 그게 가능해? 그런 식으로 폭력을 휘두르면 도대체 어떻게 뒤를 감당할 수 있겠어?"

"악마들! 고문자들!"

사람들은 두 무리로 갈라졌다. 한 무리는 서장을 에워싸고 서서 소리를 치기도 하고 설득하기도 했으며, 또 다른 무리는 비록 수는 적지만 폭행을 당한 사람 주위에 남아서 수군거리고 있었다. 몇 사람이 땅바닥에서 그를 일으켜 세우려 하자 경찰들이 다시 그의 손을 포박하려고 했다.

"기다려, 악마들아!"

사람들이 소리쳤다.

르이빈이 얼굴과 수염에 묻어 있는 진흙과 피를 훔치며 주위를 둘러보았다. 그의 눈길이 어머니의 얼굴에 가 닿았다. 그녀는 놀라서 자신도 모르게 손을 흔들고 몸을 앞으로 내밀었다. 르이빈이 고개를 돌렸다. 잠시 뒤 다시 그의 시선이 어머니의 얼굴에 머물렀다. 르이빈은 허리를 곧추세우고 피범벅이 된 뺨을 부르르 떨었다.

'날 알아봤을까? 정말 날 알아봤을까?'

어머니는 희비가 엇갈린 상태로 고개를 끄덕였다. 다음 순간 가만 보니 어느새 르이빈 옆에 푸른 눈의 농부가 서 있었다. 농부의 시선과 마주치는 순간 어머니는 닥칠 위험에 정신이 번쩍 났다.

'내가 왜 이럴까? 이러다가는 나까지 잡혀 가겠는걸.' 농부가 무어라고 귓속말을 건네자 르이빈이 고개를 저으며 떨리는 목소리로 분명하게 용기를 내어 말했다.

"아무 걱정 마세요! 이 땅에서 난 혼자가 아니랍니다. 모든 진실을 잡을 수는 없습니다. 나의 추억이 있는 곳이 남게 될 겁니다. 그렇습니다. 그들이 내 삶의 터전을 엉망으로 만들기는 했지만, 그곳에 친구들과 동지들이 더 있지 않습니까?"

'르이빈이 나 들으라고 하는 소리야!'

어머니는 문득 생각했다.

"그날이 오면 독수리들이 자유로이 창공을 날고 민중은 해방될 것입니다."

어떤 여인이 물통을 들고 와 흐느끼면서 르이빈의 얼굴을 씻어주었다. 여인이 흐느끼며 중얼거리는 소리와 르이빈의 말이 뒤섞여 어머니로서는 한

마디도 알아들을 수가 없었다. 농부 한 무리가 서장 앞으로 나서고 누군가가 소리쳤다.

"자, 나도 붙잡아 가시오. 또 누가 나서겠소?"

바로 전과는 달리 한층 비굴해진 경찰서장의 목소리가 들렸다.

"난 너를 때릴 수 있지만 넌 날 때릴 수도 없거니와 그럴 용기도 없을 거다, 멍청아!"

"아하, 그래? 당신 누구지, 희생양? 신이라도 돼?"

르이빈이 소리쳤다.

이때 그리 크지 않은 소리가 그의 목소리를 덮어 버렸다.

"말대꾸하지 말아요, 아저씨! 바로 저 관료들에게 맞서고 있는 거잖아요."

"너무 화 내지 마세요, 나리. 이 사람은 지금 제정신이 아닙니다."

"입 다물어, 이 바보야!"

"이제 곧 시내로 호송될 거야!"

"거긴 그래도 법이 살아 있죠!"

군중의 화해와 간청의 목소리가 불분명한 허망함과 뒤섞여 절망적으로 들렸다. 경찰들이 르이빈의 팔을 붙들고 관청으로 끌고 가, 문을 닫고 사라졌다. 모였던 농부들이 천천히 흩어졌다. 어머니는 푸른 눈의 농부가 광장을 가로질러 걸어가면서 곁눈질로 힐끔거리는 모습을 보았다. 기운이 쭉 빠지고 외로움 때문에 우울한 감정이 가슴을 아프게 저몄다.

'도망갈 필요가 없지, 없어!'

그리고 층계 난간을 잡고 무작정 기다렸다. 경찰서장이 관청 계단 위에 서서 두 손을 내저으며 힐책하는 소리로 떠들었다. 목소리는 공허하고 인정이라곤 찾아보기 어려웠다.

"머저리들! 빌어먹을 악당들! 아무것도 모르면서 어디라고 끼어들어? 관헌에서 하는 일에! 짐승들! 차라리 내게 고맙다고 해야 해. 무릎을 꿇고 내 은혜에 감사해야 한다고. 내 말 한 마디면 죄다 중노동 감이야."

스무 명 남짓한 농부들이 모자를 벗고 서서 조용히 그의 말을 들었다. 점점 어둠이 짙게 깔리고 먹구름마저 낮게 드리워졌다. 푸른 눈의 농부가 계단을 걸어 올라오며 한숨 섞인 목소리로 말했다.

"우리가 여기서 하는 일이 그렇지요!"

"그래요."

어머니가 나지막이 대답했다.

농부가 눈을 크게 뜨고 불쑥 질문을 던졌다.

"뭐하시는 분이죠?"

"부인들에게서 레이스나 아마포 천을 사러 다니죠."

농부는 천천히 턱수염을 쓰다듬었다. 그리고 관청 쪽을 보더니 작은 목소리로 무뚝뚝하게 말했다.

"여기선 그런 물건은 살 수 없을 텐데요."

어머니는 땅바닥을 쳐다보며 선술집으로 다시 들어갈 기회만을 엿보고 있었다. 잘생긴 농부는 속이 깊어 보이면서도 눈에는 슬픔이 서려 있었다. 넓은 어깨와 건장한 체격의 그는 헝겊 조각을 덧댄 외투를 입고 있었는데, 그 안에는 깨끗한 사라사 무명 셔츠와 붉은 색깔의 평범한 바지를 입었고, 양말은 신지 않은 맨발이었다.

어머니는 웬일인지 안도의 한숨이 나왔다. 그녀는 갑자기 묻고 싶은 본능을 참지 못하고 그에게 질문을 던졌다. 스스로도 깜짝 놀랐다.

"오늘 댁에서 하루 신세를 져도 될까요?"

갑자기 온몸의 근육과 뼈마디가 세게 조여들었다. 그녀는 가슴을 펴고 숨을 죽이며 가만히 농부의 눈치를 살폈다. 섬뜩한 생각이 들기도 했다.

'내가 니콜라이 이바노비치, 소뉴슈카를 파멸시키게 될 거야. 파샤를 오랫동안 못 보게 될지도 몰라. 그들이 그를 죽일 수도 있어.'

땅을 보고 있던 농부는 전혀 서두르는 기색도 없이 외투자락 앞을 여미며 대답했다.

"하룻밤 묵으시겠다고요? 좋아요, 안 될 게 뭐 있겠습니까? 다만 집이 좀 누추한지라!"

"그런 거 가릴 처지가 아니에요. 괜찮습니다. 전 호화판에 익숙지 않아서요."

어머니 자신도 모르게 대답이 툭 튀어나왔다.

"그럼 좋으실 대로 하세요. 우리 집에서 하룻밤 묵고 가세요."

어머니의 표정을 살피는 농부의 시선에 호기심이 가득했다.

이미 어둠이 짙어져 황혼 속에 농부의 두 눈이 더욱 차갑게 번득였고, 얼굴은 매우 창백해 보였다. 어머니는 주위를 둘러보고 고통 속으로 떨어지는 듯이 작은 목소리로 말했다.

"난 바로 출발해도 되니까 가방 좀 들어주겠소?"

"그러시죠."

농부는 으쓱 어깻짓을 하고 다시 외투자락을 여미면서 다정하게 말했다.

"마침 저기 마차가 가네요."

군중이 흩어지기 시작한 뒤에, 관청 계단에 머리와 얼굴을 회색 천으로 감은 르이빈이 두 손을 결박당한 채 대기 중인 마차에 떠밀려 들어갔다.

"잘들 계시오, 여러분!"

르이빈의 목소리가 저녁 어스름의 한기 속으로 울려 퍼졌다.

"진실을 찾아 잘 간직하시오! 진실을 위해 자신을 바치기를 두려워해서는 안 됩니다."

"조용히 해, 개새끼!"

어디선가 경찰서장의 목소리가 들렸다.

"이봐, 어서 말을 가져와! 멍청한 것!"

"여러분을 슬프게 만드는 것이 무엇입니까? 여러분의 삶은 과연 어떻습니까?"

마차가 출발했다. 경찰 사이에 끼어 앉은 르이빈이 무뚝뚝하게 계속 소리쳤다.

"무엇 때문에 우리가 굶어 죽어갑니까? 자유를 위해 싸워야 합니다. 자유가 빵과 진실을 줄 겁니다. 안녕히 계시오, 여러분!"

마차 바퀴 소리와 말발굽 소리, 경찰관의 목소리가 르이빈의 말을 삼켜 버렸다.

"끝났어요!"

고개를 끄덕이며 반응을 보인 농부가 다시 어머니를 향해 작은 목소리로 말했다.

"역사에 조금만 앉아 계세요. 곧 오겠습니다."

11

어머니는 선술집의 방으로 돌아왔다. 사모바르 바로 앞자리에 앉아 빵 조각 하나를 집어 들었다가 도로 접시에 내려놓았다. 식욕이 없었다. 명치 끝이 다시 쓰렸다. 속이 메스꺼워 기운이 없고 심장에서는 피가 말랐으며 정신이 아찔했다. 눈앞에 푸른 눈의 농부가 떠올랐다. 찜찜한 구석이 있어 믿음이 가지 않았다. 어쩌면 관청에 신고할지도 모른다고 생각하니 자신도 모르게 자꾸 숨이 콱 막혔다.

'날 알아본 게 분명해! 뭔가 눈치를 챈 거야.'

여기까지 생각이 미치자 갑자기 멍하고 힘이 빠졌다. 더는 아무 생각도 나지 않았다. 견디기 힘든 우울함과 구토의 느낌만 들었다.

조금 전의 소란을 뒤로하고 창밖에는 겁에 질린 정적이 찾아왔다. 무언가를 발가벗기고 더욱 절실한 고독을 가슴 안에 심으며 머리를 온통 잿빛의 어스름으로 채웠다.

소녀가 들어와 물었다.

"계란말이 좀 갖다 드릴까요?"

"아니, 괜찮아. 별로 생각이 없구나. 그냥 고함에 조금 놀랐을 뿐이란다."

소녀가 다가와 흥분되기는 했지만 그래도 차분한 목소리로 이야기했다.

"서장이라는 사람 너무 심했어요! 가까이서 보니까 이가 다 부러져서 침과 함께 시커먼 피가 튀더라고요. 눈알도 빠져나간 것 같아요. 하사는 곤드레가 되도록 취해서 술을 더 달라고 하더라고요. 하는 말이, 맞은 사람의 패거리가 있는데 수염을 기른 사람이 나이도 가장 많고 대장 격이래요. 잡힌 사람은 셋이고 한 사람이 도망쳤다던데, 그중에는 선생도 있다나 봐요. 하느님도 믿지 않는데다가 교회를 헐어 버리라고 사람들을 부추긴대요. 농부들 가운데에는 동정하는 무리도 있고 죽여야 한다고 강하게 말하는 무리도 있답니다. 어떻게 그럴 수가 있어요!"

어머니는 소녀가 내뱉는 두서없는 이야기에 신경을 쓰며 자신의 불안감을 지워 버리려고 애를 썼다. 이야기를 잘 들어주니 소녀는 신이 난 듯했다. 그래서인지 숨까지 헐떡이며 이야기를 하느라 애를 썼다.

"아버지는 이게 흉년 탓이래요. 두 해나 연속해서 흉년이 드니 오죽 기운이 빠지겠어요? 그래서 농부들이 날뛰는 거라더군요. 정말 끔찍해요. 모이기만 하면 서로 헐뜯느라고 안달이에요. 얼마 전에 제때 세금을 못 내서 보쉰코프라는 사람이 팔려간 적이 있는데, 집달리에게, '이게 내가 네놈에게

낼 체납금이다'라면서 주먹을 휘두른 적도 있어요."

문 밖에서 육중한 발걸음 소리가 들렸다. 어머니는 탁자를 짚고 일어섰다. 푸른 눈의 농부가 들어와 모자도 벗지 않고 대뜸 물었다.

"짐은 어디 있죠?"

농부는 가방을 사뿐 들어 올리며 말했다.

"빈 가방인가 봐요. 마리카, 집에 모셔다 드릴래?"

농부는 뒤도 돌아보지 않고 나갔다.

"묵으실 거예요?"

소녀가 물었다.

"응, 먼저 레이스를 좀 사고서."

"여기서는 레이스를 안 만드는데. 틴코프와 다리나야에 가면 있을까…… 여기에는 없어요."

"내일 가보마."

찻값을 지불하면서 3코페이카를 집어주니 소녀는 무척이나 좋아했다. 거리로 나와 소녀는 맨발로 젖은 땅을 소리나게 밟고 가며 말했다.

"제가 다리나야로 가서, 아는 아줌마한테 부탁하고 레이스를 여기로 가져오라고 할 수도 있어요. 그럼 일부러 가실 필요가 없잖아요. 기껏해야 12베르스타 거린데요."

"그럴 필요까지는 없단다, 애야."

소녀와 나란히 걸으며 어머니가 말했다. 찬 공기를 쐬자 정신이 맑아지면서 생각이 또렷해졌다. 아직 혼란스럽기는 하지만 나름대로 정리를 하고 나니 거듭거듭 자신을 향한 질문이 마음속에서 고개를 들었다.

'어쩐다? 만약 내가 정직하게 이야기를 하면……'

날은 어둡고 습하고 싸늘했다. 어느 농가의 창문을 통해 꼼짝도 하지 않는 빛이 희미하게 새어나왔다. 정적 속에서 간간이 가축들이 우는 소리가 들렸다. 마음이 무거웠다.

"여기예요. 너무 초라한 숙소를 택하셨네요. 이 집 농부는 아주 가난하거든요."

소녀가 말했다.

소녀는 문을 더듬어 찾아 열고는 안채를 향해 큰 소리로 외쳤다.

"타티아나 아줌마. 숙박할 분이 오셨어요!"

그리고 어느새 뒤돌아 뛰어가고 있었다. 어둠 속에서 소녀의 목소리만 들렸다.

"안녕히 계세요!"

어머니는 문턱에 서서 이마에 손을 올리고 주위를 살폈다. 농가는 침침하고 좁은 감이 있지만 깨끗하고 단정했다. 벽난로 뒤에서 젊은 여인이 머리를 빼꼼 내밀고 말없이 인사를 건네더니 다시 사라졌다. 한쪽 구석에 놓인 탁자 위에서는 등불이 타고 있었다.

농가 주인으로 보이는 사내가 탁자에 앉아 모서리를 손가락으로 두드리면서 어머니의 눈을 뚫어져라 바라보았다.

"들어오세요."

갑자기 그가 말문을 열었다.

"타티아나, 가서 표트르 좀 불러오구려, 어서!"

여인은 손님에게는 눈길도 주지 않고 서둘러 집을 빠져나갔다. 어머니는 주인 맞은편 의자에 앉아 주변을 살폈다. 여행가방이 보이지 않았다. 가끔 등불꽃 튀는 소리만이 간간이 들릴 뿐 농가는 조용했다. 어머니는 잔뜩 이맛살을 찌푸린 농부의 얼굴에서 어떤 걱정스러워하는 마음을 읽었다. 괜히 화가 치밀었다.

"내 여행가방은 어디 있죠?"

어머니는 자신도 모르게 큰 소리로 물었다.

그러자 농부가 어깨를 움찔하며 사려 깊은 목소리로 대답했다.

"걱정 마세요, 없어지지 않을 테니."

한껏 낮춘 근심 어린 목소리로 말을 이었다.

"아까는 애 앞이라서 일부러 가방이 비었다고 거짓말을 했습니다만 아니더군요. 비어 있기는커녕 너무 무겁더군요."

"그런데요? 그게 어떻단 말이죠?"

농부는 자리에서 일어나 어머니에게로 다가오더니 나지막한 목소리로 물었다.

"아까 그 사람, 아는 사람입니까?"

어머니는 놀랐지만 힘을 주어 대답했다.

"아는 사람이오."

간결한 대답 한마디에 어머니의 속마음은 이제 다 드러난 꼴이 되어 버렸다. 마음이 편해지자 어머니는 의자에 몸을 바짝 대고 자세를 고쳤다.

농부가 피식 웃었다.

"그럴 줄 알았습니다. 서로 신호를 보내는 걸 봤어요. 그래서 살짝 귓속말로 물었죠. 계단 위에 서 있는 아주머니를 아냐고."

"뭐라든가요?"

어머니가 재빨리 물었다.

"그 사람이요? 우리 편은 많다고 하더군요, 아주 많다고."

농부가 손님을 호기심 어린 눈으로 쳐다보더니 다시 말을 이었다.

"정말 대단한 사람입니다. 용감하고…… 자신 있게 내가 누구인지를 대놓고 말할 수 있는…… 두들겨 맞으면서도 전혀 굴하지 않던……."

가냘픈 목소리, 이목구비가 지나치게 뚜렷하지 않은 얼굴, 크고 맑은 두 눈이 점점 어머니의 마음에 들었다. 두려움과 슬픔 대신 르이빈에 대한 애통하는 마음이 가슴속에 자리를 잡았다. 그것이 갑자기 심한 증오심으로 변하더니 급기야 자신도 모르는 분노로 폭발하고 말았다.

"날강도에 미친놈들!"

그리고 결국 울음을 터뜨리고 말았다.

농부가 한 발 물러서며 고개를 끄덕였다.

"관헌에서 사람들을 포섭하느라 혈안이 되어 있어요."

그리고 어머니에게로 몸을 획 돌리더니 나직한 목소리로 말했다.

"이건 순전히 제 추측입니다만, 여행가방 속에 들어 있는 물건이 혹시 전단 아닙니까?"

"맞아요. 그 사람한테 전하려던 겁니다."

어머니가 눈물을 닦으며 대답했다.

농부는 인상을 잔뜩 쓰고 턱수염을 한 손에 모아 쥔 채, 멍하니 어딘가를 바라보면서 한동안 아무 말도 하지 않았다.

"전단이라면 우리도 받아본 적이 있습니다. 책도 마찬가지고요. 그 사람은 우리도 아는 사람이었어요, 전에 본 적이 있습니다."

농부는 가만히 서서 생각에 잠겨 있다가 불쑥 물었다.

"이제 어쩔 셈이죠? 이 여행가방 말입니다."

어머니가 그를 보며 말했다.

"당신에게 맡기겠어요."

농부는 놀라지도, 거절할 생각도 없이 다만 짧게 되풀이했다.

"우리에게……"

농부가 무언의 동의로 고개를 끄덕이며 쥐고 있던 턱수염을 놓고 자리에 앉았다.

생각만 하면 어머니의 눈앞에는 끔찍하게 두들겨 맞던 르이빈이 떠올랐다. 그 모습만 떠올리면 다른 생각을 할 수가 없고 인간의 고통과 치욕에 대한 분통함이 다른 모든 감정을 덮어 버렸다. 이미 여행가방은 안중에도 없었다. 눈물이 하염없이 흐르고, 얼굴은 일그러질대로 일그러졌다. 그러나 목소리만큼은 힘이 있었다.

"놈들은 닥치는 대로 약탈하고, 목을 조이고, 진창에 사람을 처넣고 짓밟고 있어요. 저주 받을 놈들 같으니라고!"

"그게 다 힘이 있기 때문입니다. 놈들의 힘은 막강하거든요."

농부가 조용히 거들었다.

"그 힘이 도대체 어디서 나온 거죠? 우리에게서 빼앗아 간 겁니다. 민중에게서."

어머니가 한껏 목청을 돋우어 소리쳤다.

"맞—아—요!"

농부는 말꼬리를 길게 늘였다.

"바퀴 소리가 나는군!"

농부는 갑자기 긴장을 하면서 문밖의 소리에 신경을 곤두세우고 나직하게 말했다.

"오나 보네요."

"누가요?"

"아마 우리 쪽 사람들일 겁니다."

농부의 아내가 들어오고 뒤이어 농부 하나가 터벅터벅 집 안으로 걸어 들어왔다. 그는 모자를 벗어 집어던지고 집주인에게로 다가와 물었다.

"무슨 일이야?"

주인이 의미심장하게 고개를 끄덕였다.

"스테판."

벽난로 옆에 서 있던 여인이 말했다.

"오느라 고단하실 텐데 뭐 먹을 거라도 내올게요."

"말씀만으로도 고맙습니다만, 생각이 없습니다."

어머니가 대답했다.

농부는 어머니에게로 다가와 발작적인 목소리로 빠르게 말했다.

"그럼 제 소개를 하겠습니다. 전 표트르 이고로프 랴비닌인데, 보통 쉴로라고 부릅니다. 어느 정도 당신들이 하는 일을 이해할 수 있습니다. 글을 깨우쳤죠. 이를테면 바보는 아닌 셈이죠."

그는 어머니가 내민 손을 꽉 잡고 세차게 흔들더니 주인을 쳐다보았다.

"이봐, 스테판, 자네가 봐봐! 바르바라 니콜라예브나는 아주 좋은 안주인이야, 정말이야. 가끔 이 모든 일을 허튼 일이고 헛소리라고 말하긴 하지만 말이야. 어린애나 마찬가지인 풋내기 학생들이 아직은 어리석어서 민중을 불안케 하고 있어. 하지만 아주 성실한 농부 하나가 당연한 듯 체포되어 끌려가는 광경을 우리 눈으로 똑똑히 보았잖아. 게다가 귀부인의 피는 한 방울도 섞여 보이지 않는 부인께서 우리를 찾아주셨고. 무례를 용서하세요. 태생이 어떻게 되시죠?"

쉴로는 숨도 안 쉬고 매우 빠르고도 뚜렷하게 말했다. 턱수염이 신경질적으로 떨리고, 가늘게 뜬 두 눈은 어머니의 얼굴과 몸을 더듬었다. 옷은 헤지고 머리카락은 엉망으로 헝클어져 있어, 마치 싸움에서 적을 보기 좋게 물리치고 좋아 어쩔 줄 몰라 하는 승리자 같았다. 어머니는 그의 활달함과 솔직하면서도 간결하게 핵심을 찌르는 말주변에 홀딱 반했다. 어머니가 부드러운 눈길로 얼굴을 쳐다보며 대답하자, 그는 다시 한 번 어머니의 손을 힘 있게 흔들면서 과묵한 표정을 지어 보였다.

"스테판, 자네도 봐서 알겠지만, 정말 순결한 일 아닌가? 정말 멋진 일이야! 되풀이하지만, 민중 스스로가 시작한 일이야. 그러나 여기 부인께서는 진실을 이야기하지 않을 거야. 득이 될 하등의 이유가 없거든. 난 이 부인을 존경해, 정말! 선량한 사람이라면 우리에게 선을 베풀고 싶어 해야 당연하지만, 아주 인색하게, 자신에게 손해가 되지 않을 정도일 거야. 그래도 사람들은 앞으로 곧바로 나아가길 원해. 어떠한 손해도 해악도 두려워할 이유가 없거든. 봤지? 민중에게는 삶 자체가 해악이었고, 어디를 가나 손해여서 다른 길이 없어. 사방을 둘러봐도 아무것도 없어. 단지 사방에서 들려오는, '멈춰!' 소리만 있을 뿐이야!"

"맞는 말이야!"

스테판이 고개를 끄덕이며 맞장구를 치고 바로 덧붙였다.

"이분이 아까부터 짐 걱정을 하고 계셔."

표트르는 능청스럽게 어머니에게 눈짓을 보내고 걱정하지 말라는 듯 손을 흔들며 다시 이야기를 시작했다.

"걱정하지 마세요! 다 잘 될 겁니다, 어머니. 여행가방은 제가 보관하고 있어요. 아까 스테판이 와서 어머니에 대해 이야기를 해주었어요. 역시 이 일을 하고 계시고, 아까 그 사람과 아는 사이더라고 말이죠. 그래서 제가, 조심해 스테판! 이런 중요한 일은 함부로 떠벌리는 게 아냐, 하고 충고를 해주었습니다. 아주머니도 우리를 한눈에 알아보셨을 겁니다. 정직한 사람의 얼굴은 어디에서든 눈에 띄는 법이거든요. 솔직히 거리에 나가 봐도 그런 얼굴은 흔하게 볼 수 없어요. 여행가방은 제가 잘 보관하고 있어요."

그는 어머니 옆에 자리 잡고 앉아 눈을 빤히 쳐다보면서 말을 이었다.

"만약 여행가방을 어떻게든 처리하고 싶으시다면 우리도 기꺼이 도와드릴 용의가 있습니다. 우리에게도 책이 필요하거든요."

"우리한테 다 주고 싶다고 말씀하셨어!"

스테판이 한마디 거들었다.

"최고입니다, 어머니! 모든 걸 우리가 알아서 하겠습니다!"

그는 벌떡 일어나 웃음을 터트리며 빠른 걸음으로 집 안을 왔다 갔다 하다가 만족스러운 듯 말했다.

"이 문제는 아주 단순합니다. 한 곳에서 탁 잡아채서 다른 곳에서 매듭지면 되거든요, 아주 좋아요! 어머니, 신문은 아주 유용해서 스스로 알아서 일을 한답니다. 사람들 눈을 밝게 만들죠. 지식인급 주인들이야 물론 좋아할 리 없겠죠. 전 여기서 7베르스타 정도 떨어진 어느 부인 집에서 목수로 일하고 있는데, 정말 좋은 분이어서 가끔 읽어보라며 책을 줄 때가 있어요. 읽다

보면 정신이 번쩍 들어요. 정말 고마운 부인임에는 틀림없습니다. 언젠가 한 번은 제가 책과 신문을 읽어보라고 드린 적이 있는데 어지간히 기분이 상했던 모양입니다. 바로 이렇게 말하더라고요. '집어치워, 표트르! 순진한 어린애들이나 할 일이야. 그런 일을 하면 고통만 당하고 결국 기다리는 건 감옥살이 아니면 시베리아 유형이라고!'"

표트르는 잠시 생각에 잠겨 뜸을 들이다 다시 말을 이었다.

"어머니, 말해주세요. 아까 그 사람은 친척뻘이라도 되는 사람입니까?"

"아뇨, 잘 모르는 사람이에요."

어머니가 대답했다.

표트르는 그럴 줄 알았다는 듯 미소를 지으며 고개를 뒤로 젖혔다. 그러고 보니 어머니는 르이빈에 대해 어울리지 않게 너무 '낯선 사람'이라고 하지 않았나 싶어 마음에 걸려 덧붙여 설명했다.

"친척은 아니지만 오래전부터 알고 지내는 사이로 친오라비처럼 존경하는 사람이지요."

적절한 말을 찾지 못해서 화가 난 어머니는 조용히 나오는 신음을 억제하지 못했다. 애처로운 정적이 농가를 가득 채웠다. 표트르는 고개를 한 쪽 어깨에 파묻고 있었고, 숱이 적어 좁고 날카로운 수염은 우스꽝스럽게 한쪽으로 튀어나와 있어, 혀를 내밀고 놀리고 있는 사람의 그림자를 만들며 벽에 흔들리고 있었다.

스테판은 탁자 위에 팔꿈치를 괴고서 손가락으로 연신 탁자를 두드렸다. 그의 아내는 어둠 속에서 벽난로에 바짝 기대 서 있었는데, 어머니는 그녀의 두 눈이 자신을 향하고 있음을 직감할 수 있었다. 검게 그을린 계란형 얼굴에 오뚝한 코, 잘린 듯한 짧은 턱이 눈에 띄었다. 푸른 눈에는 신중함과 날카로움이 느껴졌다.

"친구라는 뜻이군요."

표트르가 조용히 말했다.

"정말 대단한 사람이더군요. 자신의 가치를 알고 있는 사람이에요. 타티아나, 당신은 늘……."

"그 사람 결혼은 했어요?"

타티아나가 그의 말을 가로챘다. 그리고 다시 작고 얇은 입술을 굳게 다물었다.

"부인과 사별한 홀아비랍니다." 어머니가 슬픈 표정으로 대답했다.

타티아나가 작은 목소리로 빈정댔다.

"그래서 그 사람이 용감했군요. 아내가 있는 사람이 그런 길을 가겠어요? 벌벌 떨겠지."

"나보고 하는 소리요? 난 아내가 있는데 모든 일이……."

표트르가 설명했다.

"됐어요, 그만해요!"

여인은 눈도 돌리지 않고 입술을 삐죽거리며 대답했다.

"그런데 당신은 뭐죠? 늘 말만 앞서고 어쩌다 책 한 권 읽을까 말까 하고서, 스테판과 구석에 숨어서 속닥거리는 것이 사람들한테 무슨 소용이래요?"

"내 말을 솔깃해서 듣는 사람이 얼마나 많은데!"

자존심이 상했는지 농부가 조용히 나무랐다.

"그래도 여기선 내가 누룩과 같은 존재인데, 말을 그렇게 함부로 하면 안 되죠."

스테판이 자기 아내를 말없이 쳐다보더니 다시 고개를 숙였다. 타티아나가 물었다.

"남자들이 결혼하는 이유가 뭐죠? 일할 여자가 필요하기 때문이라고들 하던데 무슨 일을 해야 하죠?"

"그 정도면 됐어! 더 해야겠어?"

스테판이 심기가 불편하다는 듯 잘라 말했다.

"이 따위 일에 무슨 의미가 있나요? 어차피 매일 굶주리며 사는 건 마찬가지 아닌가요? 애들이라도 태어나면 애들 돌보느라 시간이 없고, 애 키우는 일을 해봐야 빵 조각 하나 누가 주는 법이 없으니……."

주인 여자는 어머니 옆에 자리를 잡고 앉아서 불평도 슬픔도 아닌 말을 고집스럽게 했다.

"아이 둘이 있었죠. 첫째는 두 살 때 끓는 물에 데어서 죽었고, 둘째는 지긋지긋한 집안일을 하느라 사산했어요. 무슨 낙이 있겠어요? 내 말은, 남자들은 쓸데없이 왜 결혼을 하냔 말입니다, 제 손만 묶는 일인데. 그냥 자유롭게 살면서 모든 사람에게 필요한 일을 하고, 진실을 위해 곧바로 공개적으로 나아갈 수 있었을 텐데 말입니다. 제가 틀린 말을 했나요, 어머니?"

"그래요, 다 맞는 말이오."

어머니가 맞장구를 쳤다.

"옳은 소리요, 삶을 견디고 살자면 달리 방법이 없겠죠."

"바깥양반 있으세요?"

"죽었어요. 아들 하나 있어요."

"어디에 있죠? 함께 사시나요?"

"옥살이 중입니다."

어머니가 대답했다.

이런 말을 할라치면 매번 처량했지만 이번만큼은 은근히 뿌듯했다.

"이번이 두 번째라오. 하느님의 진리를 이해하려고 태어나서 몸을 사리지 않고 세상에 널리 씨를 뿌린 때문이죠. 아들놈은 아직 어린데 총명하고 아주 잘생겼어요. 신문 발행을 계획해서 미하일 이바노비치가 일을 시작하도록 도왔답니다. 나이가 두 배도 넘는 미하일 같은 사람에게 말이죠. 바로 그 일로 잡혀 들어가 옥고를 치르고 있는데, 만약 시베리아 유형에 처해지면 탈출해서 하던 일을 계속하게 될 겁니다."

말을 하면 할수록 어머니의 마음속에는 자부심이 커져, 영웅의 모습을 만들어내려 하다보니 말 표현이 필요했다. 그녀가 그날 직접 목격했던 무감각한 공포와, 수치심을 모르는 잔인함 때문에 겪은 우울한 사고를 어머니는 무언가 좋고 밝은 일로 상쇄할 필요가 있었다. 건강한 영혼이 이렇게 요구되자 본능적으로 굴복하여, 어머니는 순수하고 밝게 빛나는 일이 눈에 보이면 모두 참여했다. 그리고 그 일을 눈부시고 순수한 불길 위에 쌓아 놓았다.

"벌써 그런 사람들은 이 땅에 많이 태어났건만 앞으로도 더욱 많은 이들이 태어나, 모두가 함께 죽는 그날까지 민중의 자유와 진리를 위해 일어설 겁니다."

어머니는 더는 주저하지 않고, 비록 이름은 입에 올리지 않았지만 탐욕의 사슬로부터 민중을 자유롭게 하기 위한 은밀한 운동에 대해서 아는 대로 이야기했다. 정말 소중한 사람들에 대해 이야기하면서 충격적인 삶으로부터 깨우친 끝없는 사랑을 온 마음을 다해 이야기에 쏟아 부었다. 어머니는 자신의 기억 속에 일어나는 인물들에게 따뜻하게 현혹되었다.

"온 세상과 모든 도시를 운동의 물결이 쓸고 지나치고 있어요. 사실 선한 사람들의 힘을 재고 평가하기란 어려운 일입니다. 물결은 더욱 거세져서 승리의 그 순간까지 더욱 높아갈 것입니다."

말에 전혀 거침이 없었다. 어머니는 실에 온갖 구슬을 꿰듯 피와 오욕으로 물든 지난 세월의 흔적을 단번에 씻어 버리고 싶었다. 어머니는 이야기를 듣는 농부들이 그 말이 미치는 곳에 마치 뿌리를 내린 나무처럼 꼼짝 않고 서서 넋을 잃고 자신을 쳐다보고 있다는 사실을 알았다. 옆에 앉은 여인의 숨소리가 고르지 않게 들렸다. 이 모든 것으로 인해 어머니가 사람들에게 했던 약속의 힘은 시간이 갈수록 강해졌다.

"비참한 삶을 살아가고 있는 사람들과 빈곤과 불의에 신음하던 사람들이, 배부른 자들과 그들의 아첨꾼들을 물리치고 있어요. 민중을 위해 감옥에서 죽음의 고통을 달게 받으려 하는 이들을 위해 우리는 떨쳐 일어서야 합니다. 비록 고난의 길이 되겠지만 무엇이 과연 민중의 행복을 보장하는 길이 될지에 대해 솔직하게 이야기를 할 것입니다. 그렇다고 강요는 하지 않습니다. 그렇지만 한 번 그들 곁에서 보면 절대 그들을 버릴 수가 없을 거예요. 옳은 길이 어떤 길인지, 우리의 갈 길이 어떤 길인지 직접 눈으로 확인할 수 있을 것이기 때문입니다."

오래전부터 꿈꾸던 일을 성취한 기쁨이 너무나도 컸다. 지금 이 순간 진실에 대해 사람들에게 이야기를 하고 있었다.

"그런 사람들과 함께라면 가지 못할 곳이 없습니다. 작은 일에 만족해서 가던 길을 멈추지는 않는 사람들이거든요. 모든 기만과 악과 탐욕을 물리치는 날까지 전진할 거예요. 결코 구경만 하지는 않을 겁니다. 전체 민중이 하나가 되어 한 목소리로, '나는 주권자로서 만인의 평등을 위한 법을 만드노라!' 외치는 그날까지."

말을 하느라 지친 어머니는 잠시 입을 다물고 주위를 둘러보았다. 더는 말이 필요 없었다. 어머니를 바라보는 눈에는 어떤 기대감이 느껴졌다. 표트르는 팔짱을 끼고서 인상을 쓰고 있었다. 그 때문인지 엷은 미소가 뺨에서 파르르 떨렸다. 스테판은 한 손을 탁자 위에 올려놓고 윗몸을 앞으로 쭉 내밀고서 어머니의 말에 귀를 기울였다. 그림자가 내려앉은 얼굴이 한결 멋져 보였다. 그의 아내는 어머니 옆에 앉아 시종일관 몸을 숙이고 자기 발만 쳐다보고 있었다.

"정말 지당하신 말씀입니다."

표트르가 속삭이듯 말하고서 긴 의자에 털썩 주저앉았다.

스테판이 일어서며 아내를 한 번 힐끔 쳐다보고 나서 뭔가를 잡으려는 듯 허공에 손을 쭉 내밀었다.

"한 번 시작했으면 죽을 각오를 하고 달려들어야지, 암!"

"그렇고말고. 뒤를 돌아보면 안 돼!"

"사방으로 이 일이 확산되고 있어." 스테판이 말했다.

"전국 방방곡곡으로 퍼질 거야." 표트르가 덧붙였다.

두 사람은 모두 어둠 속에서 발로 더듬어 걸어가는 남자들처럼 말했다.

어머니는 벽에 등을 기댄 채, 고개를 뒤로 젖히고 다른 사람들의 말에 귀를 기울였다. 타티아나가 일어나 주위를 둘러보더니 다시 자리에 앉았다. 농부들의 얼굴을 바라보는 그녀의 눈에서 불만에 가득한 싸늘함이 느껴졌다.

"말씀을 듣고 보니 제가 얼마나 한스러운 삶을 살아왔는지 조금이나마 이해할 수 있겠군요."

"두말하면 잔소리죠."

어머니가 거들었다

"말씀을 어찌나 잘하시던지 머리가 아닌 가슴으로 말씀하신다는 생각을 했어요. 정말 대단하세요. 그런 사람들과 그들의 삶을 살짝 엿보기라도 했으면 좋으련만! 저 역시 글을 알아서 책을 읽을 때면 많은 생각을 하게 됩니다. 밤을 꼬박 새워가며 책을 읽은 적도 있어요. 하지만 무슨 소용이 있어요? 생각을 하지 않으면 헛된 삶을 사는 건 불을 보듯 뻔한데."

말을 하는 그녀의 두 눈에서 냉소가 느껴졌다. 팽팽해진 줄을 잡아당기듯 위태로웠다. 농부들은 여전히 아무 말도 하지 않았다. 바람이 유리창을 더듬고서 지붕 위에서는 지푸라기 소리를 냈으며, 굴뚝으로부터 흐느끼는 듯한 이상한 소리가 들리기도 했다. 마지못해 그러는 듯 이따금 빗방울이 창문을 두드렸다. 남포등 불꽃이 꺼질 듯 흔들리며 눕더니 다시 살아나 방 안을 밝혔다.

"어머니의 말씀을 듣고, 인간이라면 과연 무엇을 위해 살아야 할지 깨닫게 되었어요. 그런데 이상한 점은, 말씀을 듣고 있자니 모든 상황이 전혀 낯설지가 않다는 겁니다. 한 번도 들어본 적 없고 생각을 해본 적도 없는데 말이죠."

"타티아나, 무얼 좀 먹고 불을 이제 꺼야 하지 않을까? 불이 켜져 있는 걸 보고 사람들이 수군거리면 우리야 상관없지만, 손님에게 혹시 해가 되지 않을까 해서……."

스테판이 천천히 말했다.

타티아나가 자리에서 일어나 벽난로 쪽으로 걸어갔다.

"다 맞는 소리야! 이제 정신을 똑바로 차려야 해. 전단이 나돌기 시작하면 이젠……."

표트르가 웃으며 말했다.

"나야 체포된다 해도 대수로운 일도 못 되지."

타티아나가 탁자로 다가와 말했다. "좀 비켜 봐요!"

표트르는 일어나 비켜서서 그녀가 식탁보 씌우는 모습을 보며 말했다. "우리 형제들의 가치는 금전 수십, 수백 냥과도 바꿀 수 없을 만큼 굉장한 거야."

어머니는 왠지 그가 가엾게 느껴졌고 그럴수록 마음에 들었다.

어머니가 다시 입을 열었다.

"그런 판단은 그다지 옳게 생각되지 않네요. 누구든 피 이외에는 아무것도 필요로 하지 않는 사람들이 내리는 평가에 동의해서는 안 돼요. 스스로 자신의 가치를 알아야만 합니다. 절대 적들을 위해서가 아니에요. 친구들을 위해서죠."

"우리에게 대체 어떤 친구들이 있다는 겁니까?"

농부가 조용히 소리쳤다.

"민중에게는 친구가 있어요……."

"있긴 있되 여기에 없어서 문제 아닙니까?"

스테판이 생각에 잠겨 반문했다.

"그렇다면 여기서도 만들면 되죠."

스테판이 잠시 생각에 잠겨 있다가 조용히 말했다.

"네, 그러면 되긴 할 텐데……."

"식탁으로 오세요!"

타티아나가 어머니를 이끌었다.

어머니의 말에 잔뜩 의기소침해 있던 표트르가 저녁을 먹으면서 다시 활기를 띠며 빠르게 말했다

"어머니, 사람들의 눈에 띄지 않게 내일 아침 일찍 여기를 떠나셔야 좋을 것 같습니다. 시내 쪽 말고 다음 역으로 출발하세요. 역마차를 타셔야 해요."

"왜? 내가 모셔다 드리면 되지."

스테판이 말했다.

"그러면 안 돼! 만약에 어머니가 자네 집에서 잤느냐고 물으면—'잤다.' '그녀가 언제 떠났나?' '그녀가 떠나는 걸 보았다.' '아하, 그랬다고? 그럼 감옥으로 가세!' 이렇게 될 거라네, 이해가 가나? 감옥에 가는 걸 서둘러서는 안 되지. 누구에게나 차례가 있어. '때가 되면 황제도 죽는다' 하잖아. 또 다르게 말할 수도 있어. 그 부인이 하룻밤 신세를 지고 말을 빌려 떠났고, 누군가가 마을을 지나다가 마을의 누군가와 잤다, 그럼 얘기는 아무 일도 없이 끝나게 되지."

"표트르, 두려워하는 법을 어디서 배웠죠?"

타티아나가 비아냥거리는 투로 물었다.

그러자 표트르가 무릎을 탁 치며 소리쳤다.

"남자라면 모름지기 모르는 게 있어서는 안 돼요! 두려워할 줄 알아야 진정 용감해질 수 있는 것이지. 신문 때문에 바가노프가 경찰에게 끌려가 얼마나 고초를 겪었는지 기억하잖아? 바가노프 그 사람은 이젠 억만금을 준다고 해도 다시는 신문을 손에 들지 않을 거야. 어머니, 절 믿으세요. 제가 아주 재주가 많은 사람입니다. 그건 누구나 다 아는 사실입니다. 책과 전단을 감쪽같이 뿌릴 수 있습니다. 우리는 물론 배움도 짧고 겁도 많지만 이제 눈을 크게 뜨고 주변에서 일어나는 일을 똑바로 쳐다볼 때가 됐어요. 책이 우리에게 주는 답은 간단해요. 문제가 어디에 있는지 생각하고 사고하라! 배움이 짧은 사람이 배움이 긴 사람보다 더 많이 이해하는 경우도 있습니다. 배운 사람이 배까지 부를 때는 점입가경이라고 할 수 있죠. 안 가본 데가 없이 다니면서 많이도 보았는데, 별 게 없어요. 어떻게든 산 입에 거미줄이야 치겠

어요? 그런데 웅덩이 속에 주저앉아 살지 않으려면 비범한 머리가 필요합니다. 관헌도 농부들로부터 추운 바람이 불어오는 것만큼이나 쥐 냄새를 잘 맡아요. 농부들이 잘 웃지도 않고 사교성이라고는 없어서 관헌이라면 이제 지긋지긋해 합니다. 최근에 여기서 그리 멀지 않은 스몰랴코보에서 무슨 일이 있었냐 하면, 관헌에서 세금을 거두겠다고 사람들을 파견했는데 농부들이 들고 일어났어요. 급기야는 경찰서장이 직접 나서야 하는 상황이 벌어졌죠. '네놈들은 다 개새끼들이야! 지금 하고 있는 짓이 황제에 대한 반역이란 걸 알기나 해?' 소리쳤어요. 거기서 스피바킨이라는 농부가 이렇게 대꾸를 했답니다. '빌어먹을, 그 황제에게나 가 버려! 달랑 남은 속옷까지 벗겨가는 판국에 황제가 뭐야?' 대단하지 않습니까, 어머니? 결국 스피바킨은 감옥에 끌려갔지만 지금 아이들까지도 그 말을 외우고 다녀요. 그 말을 외칩니다! 그리고 아마도 우리 시대의 말은 사람보다 나을 겁니다. 사람들은 생계를 꾸려가는 일에 집어 삼켜져서 바보가 되어 죽습니다. 그렇다고요."

표트르는 먹지도 않고 단지 빠르게 속삭이며 말했는데, 그의 짙고 악동 같은 눈이 명랑하게 빛났다. 그는 시골 생활에서 보고 들은 수많은 사소한 일들을 어머니 앞에서 거침없이 재빠르게 이야기했다. 마치 가득 찬 돈지갑에서 동전이 좌르르 쏟아지는 것만 같았다.

"좀 먹으면서 이야기 하셔."

스테판이 몇 번이나 먹기를 권했다.

그러면 표트르는 빵조각과 숟가락을 집어들긴 하는데 여전히 먹을 생각은 않고 방울새가 노래를 부르듯 그렇게 이야기에 열을 올렸다. 마침내 식사가 끝나자 자리에서 일어나며 말했다.

"이제 집에 갈 시간이네요."

표트르는 어머니의 손을 잡고 고개를 끄덕이며 말했다.

"어머니, 안녕히 주무세요! 어쩌면 이게 마지막일지도 모르겠네요. 하여튼 참 좋았다는 말씀은 드리고 싶어요. 만나 뵙게 되고, 유익한 이야기를 들을 수 있어서 너무 좋았습니다. 대단하세요. 여행가방 속에 전단지들 말고 다른 건 없나요? 숄? 숄이라니, 정말 대단하십니다. 스테판, 꼭 기억해 둬! 곧 가방을 갖다 드릴 겁니다. 가지, 스테판! 그럼 이만, 행운을 빕니다."

사람들이 빠져나가자 바퀴벌레가 기어 다니고, 지붕 위로 바람이 휘몰아쳐서 굴뚝의 작은 덮개를 두드리고 가랑비가 단조롭게 창문을 때리는 소리가 귀에 들려왔다. 타티아나가 부엌과 헛간에서 가져온 옷가지들을 긴 의자에 깔아 어머니의 잠자리를 만들어 주었다.

　　"호탕한 사람이군요."

　　어머니가 말했다.

　　안주인이 어머니를 곁눈질로 쳐다보며 대답했다.

　　"말소리가 커서 늘 가까이서 말하는 것 같죠."

　　"그럼 바깥양반은 어때요?"

　　"보통이죠. 좋은 사람이고, 술을 입에도 안 대고, 사람들과도 잘 지내요. 특별할 게 없는 사람이에요. 그런데 한 가지, 마음이 약해서 그게 탈이죠."

　　안주인은 자세를 고치고서 잠시 아무 말도 하지 않고 있다가 물었다.

　　"이런, 요즘 시대가 원하는 게 뭐죠? 지금 절실한 건 사람들의 항거죠? 물론이죠! 다들 생각은 있지만 속으로만 하고 있는 모양이에요. 소리를 내야만 할 텐데……. 그러기 위해서는 누군가 먼저 나설 결심을 해야겠죠."

　　안주인은 자리에 앉더니 불쑥 이런 질문을 던졌다.

　　"말씀 좀 해주세요. 젊은 아가씨들도 이런 일을 하나요? 노동자들을 찾아다니며 책을 읽어줘요? 혹시 수다스럽다거나 겁이 많고 그렇진 않나요?"

　　어머니의 대답을 귀담아듣더니 깊은 한숨을 내쉬었다. 그리고 고개를 숙이고 다시 입을 열었다.

　　"어떤 책에서 '의미 없는 삶'이란 말을 읽은 적이 있어요. 난 이 말뜻은 바로 이해할 수 있었죠. 그런 삶을 잘 알고 있거든요. 생각은 있되 서로 관련을 맺지 못하고, 목동이 없는 양 떼처럼 저마다 따로 노는, 그렇다고 한데 모을 이유도 그럴 사람도 없는, 그렇고 그런 삶, 이게 바로 의미 없는 삶이 아니던가요? 정말 벗어나고 싶지, 그냥 그런 삶에 묻혀 살고 싶지는 않아요. 희미하게 뭔가를 이해는 할 것 같은데 아무것도 할 수 없는 데서 오는 무력감이 정말 고통이 되는 모양이에요."

　　어머니는 여인의 공허한 푸른 눈빛에서, 야윈 얼굴과 목소리에서, 그 고통을 읽을 수 있었다. 어루만져 주고 위로해 주고 싶었다.

　　"당신은 벌써 뭘 해야만 하는지 다 알고 있군요."

타티아나가 가만히 어머니의 말을 잘랐다.

"사람은 능력이 있어야지요. 잠자리를 마련했어요. 좀 누우세요."

타티아나는 벽난로로 다가가 무엇에 홀린 사람처럼 가만히 서 있었다.

어머니는 옷도 벗지 않고 잠자리에 들었다. 온통 쑤시지 않는 데가 없고 너무나 고단해서 절로 신음이 입 밖으로 새어 나왔다. 타티아나가 불을 껐다. 오두막에 짙은 어둠이 차면서 그녀의 단조로운 목소리가 들렸다. 마치 숨이 막히는 어둠 속에서 뭔가를 살살 긁는 듯했다.

"기도를 하지 않으시네요. 저 역시 하느님의 존재를 믿지 않아요. 기적도 없고요."

어머니는 긴 의자 위에서 불안하게 몸을 뒤척였다. 한없이 깊은 어둠이 창문을 통해 집 안을 엿보고, 사각거리는 소리가 들릴 듯 말듯 정적을 깨뜨렸다. 어머니는 속삭이는 목소리로 입을 열었다.

"신에 관해서는 아는 바가 없지만 그리스도는 믿죠…… 그리스도의 말씀도 믿고…… 네 이웃을 네 몸같이 사랑하라는 가르침도 난 믿는다오."

타티아나는 아무 대꾸도 하지 않았다. 어둠 속에서 까만 벽난로 때문에 잿빛으로 희미하게 가물거리는 그녀의 모습이 보이는 듯했다. 꼼짝도 하지 않고 있었다. 어머니는 무거운 마음으로 눈을 감았다.

"아들의 죽음을 생각하면 신이건 인간이건 용서할 수 없어요, 결코!"

어머니는 이 말을 듣고 가슴이 너무 아파서 그대로 잠을 청할 수가 없었다. 그래서 조용히 일어나 앉았다.

"아직 젊으니까 아이는 또 가질 수가 있을 거요."

어머니는 부드럽게 위로의 말을 건넸다. 잠시 뒤 여인이 속삭였다.

"아뇨! 다시는 아이를 가질 수 없다고 의사가 말하던 걸요."

쥐 한 마리가 마루를 내달렸다. 뭔가 깨지는 듯한 소리가 어렴풋이 들려서 정적이 깨졌다. 가을비가 야윈 손바닥으로 지붕을 더듬는 모양이었다. 초가지붕을 때린 큰 물방울들이 땅바닥에 떨어지며 음산한 소리를 내어 깊어가는 가을밤의 정취가 더할 나위 없었다. 발소리가 길 쪽에서 들리는가 싶더니 어느새 현관에서 멈췄다. 어머니의 졸음이 달아났다. 문이 조심스레 열리고 누군가의 속삭이는 음성이 들렸다.

"타티아나, 벌써 잠들었어?"

"아직요."

"어머니는 주무셔?"

"그런 것 같아요."

잠깐 불꽃이 번쩍이더니 금세 어둠 속에 묻혔다. 농부가 어머니에게 다가와 염소 가죽으로 지은 담요를 발까지 골고루 덮어주었다. 그의 단순한 자상함에 가슴이 찡했다. 어머니는 감았던 눈을 뜨고 빙그레 웃었다. 스테판이 말없이 옷을 벗고 다락방으로 기어 올라갔다. 다시 조용해졌다.

12

어머니는 잠에 취한 정적의 부드러운 술렁임에 귀를 기울였다. 눈앞에 피투성이가 된 르이빈의 얼굴이 어른거렸다.

다락방에서 속닥거리는 소리가 들렸다.

"이 일을 어떤 사람들이 하고 있는지 잘 봤죠? 고통이란 고통은 이미 다 경험하고서 나이든 사람들까지도 이 일에 뛰어들고 있어요. 이젠 좀 쉬어도 될 텐데. 당신은 젊고 똑똑해요, 스테판!"

"무턱대고 달려든다고 능사는 아니야!"

남자의 굵은 목소리가 대답했다.

"전에도 그 소리 하더니만."

말소리가 끊어졌다가 다시 스테판의 목소리가 들렸다.

"자, 이렇게 해야 해! 당신은 먼저 농부들을 하나하나 만나야 해. 마코프나 올레샤 같은 사람들. 올레샤는 글 좀 알잖아. 물론 덕분에 경찰에게 호되게 당한 적이 있긴 하지만. 쇼린도 있고 머리가 비상한 세르게이도 있고, 크냐제프도 정직하고 용감하잖아. 이 정도면 제대로 사고 한 번 칠 수 있지 않겠어? 그리고 어머니가 말한 사람들도 만나봐야겠어. 이제 난 시내에 가서 장작을 패주고 돈을 좀 마련해야 할까봐. 당신은 이 문제를 조심스럽게 다루어야 해. 인간의 가치는 인간 자신이 부여한다고 하던 어머니의 말이 생각나. 옳은 소리야. 당신이 높은 가치를 차지하면, 그 가치를 당신 자신에게 놓아두어야 한다는, 그런 문제라고. 그 농부를 봐! 당신은 그를 신 앞에까지 데려가 세워 둘 수 있고, 말할 것도 없이 경찰서장 앞에 세워 둘 수도 있어. 그는 굴복하지 않겠지. 그는 자신의 것을 완고하게 나타낸다고. 거기에 빠져들었기 때문이야. 그리고 니키타, 왜 그의 명예가 갑자기 꺾인 걸까, 놀라운 결과 때문에? 아니야, 만일 사람들이 호의적으로 무언가를 함께 시작하려 한다면, 그들은 모든 이를 자신들의 뒤에 질질 끌고 갈 거라고."

"친절하게! 그들은 사람을 우리 눈앞에서 때리고, 우리는 그저 입만 크게 벌리고 서 있지."

"우리는 잠깐만 기다리면 돼, 그리고 우리 손으로 사람을 때리지 않은 데 대해 신에게 감사해야만 해. 사람을 때릴 권리를 가진 사람은 없어. 맞아, 정말 그래. 가끔씩 관리들이 우리에게 사람을 때리도록 강요하면 우리도 그땐 어쩔 수 없겠지만. 아마도 우리는 동정심 때문에 울기도 하겠지, 그래도 때리지 않나. 사람들은 덜 추악해지려고 용기를 내는 일이 없지. 그러면 그들은 죽게 돼. 그들은 우리에게, '너는 내가 원하는 대로 늑대가 되든, 돼지가 되든 해라.' 명령을 하지만, 사실 사람이 되라는 명령은 금지되어 있어. 그리고 용감한 사람은 그들이 곧장 쫓아내서 다음 세상으로 보낸다네. 하지만 아니지. 우리는 많은 사람을 위해 용감해져서 무슨 일이 있어도 언제든 일어설 수 있어야만 한다는 말이야."

스테판은 한참을 속삭였는데, 목소리가 작아져서 어머니는 더는 알아들을 수가 없었다. 그러다 다시 목소리가 커지는가 싶더니 이내 아내의 만류가 이어졌다.

"말소리를 낮춰요, 어머니가 깨시겠어요."

어머니는 깊은 잠에 빠졌다. 꿈도 꾸지 않고 마음껏 잤다. 새벽 어스름이 오두막의 창문을 들여다보고 마을 위로 구릿빛 교회 종소리가 울려 퍼지며 차가운 정적을 흔들 때쯤 해서, 어머니는 타티아나가 깨우는 소리에 눈을 떴다.

"사모바르를 올려놨어요. 새벽이라 쌀쌀하니까 잠도 깨실 겸 차 한 잔 들고 출발하세요."

스테판은 턱수염을 쓸어내렸다. 시내에서 어머니를 찾을 수 있는 방법을 물었다. 얼굴에서 어떤 의지가 엿보여서 어머니는 좋은 인상을 받았다. 차를 마시며 그가 말했다.

"정말 기적이 따로 없어요."

"무슨 말이죠?"

타티아나가 물었다.

"우리가 만나게 된 것 말이야. 정말 우연찮게……."

어머니는 생각에 잠겨 있다가 자신감 넘치는 어조로 말했다.

"일은 놀라울 만큼 모든 게 단순하죠."

주인 부부는 어머니와 작별하면서 모든 감정을 드러내고 싶었지만 참고 말도 아꼈다. 대신 정을 듬뿍 담아 진심 어린 염려를 해주었다.

마차를 타고 오면서 어머니는 줄곧 스테판 생각을 했다. 분명 조심스럽게 소리도 크게 내지 않으면서 마치 두더지처럼 열심히 일을 할 테고, 그러면 아내는 여전히 불평을 늘어놓으며, 자식을 잃은 어머니의 분노가 사라지지 않는 한 그녀의 푸른 눈에서 이글거리는 불길은 결코 잡히지 않을 것이다.

르이빈의 피투성이 얼굴과 충혈된 눈빛과 외침이 떠오르면서 어머니는 가슴이 저미어왔다. 사나운 짐승 앞에 던져진 먹잇감의 고통스러운 무력감이 이보다 더할까? 시내까지 오는 동안 내내 헝클어진 머리와 찢긴 옷과 포박당한 두 손, 진실에 대한 믿음으로 불타오르던 르이빈의 두 눈이 머리를 떠나지 않았다. 날씨마저 짓궂던 그날에 보았던 르이빈의 모습은, 늘 무력하게 땅 위에 점점이 박혀 있는 시골 마을들의 배경과 겹쳐졌다. 마음이 약한 탓에 진리의 날이 오기만을 숨어 기다리지 않으면, 아무런 희망도 없이 그저 일생을 살아야 하는 것이 우리의 인생이다.

어머니에게는 삶이란 경작하지 않은 언덕배기 들판으로, 경작자들을 기다리며 자유롭고 정직한 사람들의 손에 알찬 수확을 쥐어주겠다고 약속한다는 생각이 들었다.

'내게 진리와 이성의 씨를 뿌려 영양을 주소서! 백 배의 수확을 돌려 드리겠나이다.'

그녀가 저 멀리로 시내의 지붕들과 탑들을 보았을 때, 따스한 기쁨이 그녀의 불안하고 지친 가슴에 활력을 주고 편안하게 해주었다. 생각에 사로잡힌 사람들의 얼굴이 그녀의 기억 속에 불빛처럼 반짝였다. 기억 속의 인물들은 그때그때, 끊임없이 완벽하고 확실하게 생각의 불길을 타오르게 하고 온 땅에 불꽃들을 뿌렸다. 그녀의 영혼은 조용한 희망으로 넘쳐서 그녀가 지닌 힘을 이 사람들에게 모두 주었다. 어머니가 그들에게 준 사랑은 그들의 생각에 의해 깨어나서 활기를 얻고 두 배가 된 사랑이었다.

집에 도착하니 니콜라이가 머리카락이 부스스한 채로 두 손에 책을 들고 문을 열어주었다.

"벌써 다녀오세요?"

그가 반갑게 소리쳤다.

"빨리도 다녀오셨네요! 기뻐요, 아주 기뻐요."

니콜라이의 눈이 안경 너머에서 부드럽고 생기 있게 반짝였고, 애정 어린 미소를 지으며 어머니가 외투를 벗도록 도와주었다.

"어제 저녁에 여기서 가택 수색이 있었는데, 보이시죠? 이유가 뭘까 생각했어요. 혹시 어머니께 변고가 생기지 않았나 걱정했어요. 다행히 어머니는 체포되지 않았군요. 어머니께서 잡히셨으면 절 이렇게 가만 놔두었겠어요?"

니콜라이는 어머니를 식당으로 이끌면서 흥분한 목소리로 말을 이었다.

"그런데 직장에서 쫓겨나게 생겼어요. 크게 화를 낼 일도 아니죠. 말을 소유하고 있지 않은 농부의 수나 파악하는 일에 진절머리가 나던 참이거든요."

집 안은 마치 발작을 일으킨 힘센 장사가 벽을 밖에서 안으로 밀고 흔들어 놓은 것처럼 엉망이었다. 벽에 걸려 있던 초상화들이 바닥을 뒹굴고, 벽지는 다 찢기고, 마루 널빤지가 하나 뽑혀 있고, 창문턱은 떨어져 나가고 없었다. 게다가 부엌 바닥엔 여기저기 재가 뿌려져 있었다. 어머니는 전에도 당해본 일이라서 눈앞에 펼쳐진 광경이 낯설지가 않았다.

식탁 위에는 차갑게 식은 사모바르와 씻지도 않은 접시들과 먹다 남은 소시지, 종이에 싼 치즈 조각들, 빵 부스러기가 묻어 있는 책들이 너절했고, 게다가 사모바르용 숯이 한가운데 자리를 차지하고 있었다. 어머니가 빙그레 웃자 니콜라이도 따라 웃었다.

"제가 진작 치웠어야 하는데, 괜찮아요! 신경 쓰실 거 없어요. 또 한 번 들이닥칠 거 같기에 그냥 놔두었어요, 사실은. 그건 그렇고 다녀오신 일은 어땠어요?"

갑작스런 질문에 가슴이 뜨끔했는데, 그것은 순전히 르이빈에 대한 생각 때문이었다. 왠지 가슴이 떨려 르이빈의 이야기를 선뜻 꺼낼 수가 없었다. 한 가지라도 빠뜨리면 어쩌나 하는 마음에 되도록 차분하게 그 놀랍고 당황스러웠던 사건에 대한 이야기를 털어놓았다.

"르이빈을 잡아갔어."

니콜라이의 얼굴이 일그러졌다.

"정말요? 어떻게요?"

어머니는 그의 질문이 이어질까봐 손짓으로 제지하고, 마치 판사 앞에서 고문에 대한 불만을 호소하는 피의자처럼 말을 이어갔다. 몸을 뒤로 젖히고 의자에 앉아 있던 니콜라이는 얼굴이 새파랗게 질려 이를 악물었다. 천천히 안경을 벗어 식탁 위에 올려놓더니 마치 보이지 않는 거미줄이라도 떼려는 듯 얼굴을 두 손으로 거칠게 훑었다. 얼굴은 일그러질대로 일그러졌고 광대뼈는 더욱 두드러졌으며 콧구멍이 벌름거렸다. 어머니는 여태껏 그렇게 절망적인 얼굴을 본 적이 없었다.

그녀의 자초지종을 들은 니콜라이는 자리에서 일어나 두 손을 호주머니에 찔러 넣고 한동안 말없이 방 안을 서성거렸다. 그러다가 불안증을 억누르고 눈에 고통의 빛을 띠며 어머니의 얼굴을 들여다보았다. 그의 얼굴빛은 거의 침묵하고 있었고 어머니는 말없이 눈물만 흘렸다.

"그는 빼어난 사람이었는데, 귀족이에요! 옥살이가 아마 쉽지만은 않을 거예요. 그런 종류의 사람들에겐 모르긴 몰라도 감옥살이가 불행일 테니까요."

어머니의 앞에서 걸으면서 그는 울리는 목소리로 외쳤다.

"물론, 경찰간부나 경찰들 모두가 별 볼 일 없는 사람들이죠. 그들은 똑똑한 악당의 손에 달라붙어 있어요. 그렇지만 난 짐승을 죽여서 아예 야수로 만들 작정이에요!"

그는 흥분을 억제하려고 애썼지만 어머니는 그 흥분을 감지했다. 다시 그는 방 안을 성큼성큼 가로질러 걸으면서 분노하여 말했다.

"얼마나 무서운지 보세요! 어리석은 사람들이 서로 모여서 사람들에게 치명적인 힘으로 저항하여 폭력을 휘두르고, 억압하고, 모든 사람을 탄압하고 있어요. 야만족들은 빠른 걸음으로 성장합니다. 그래서 잔혹성이 삶의 법이 되고, 나라 전체가 부패하지요. 생각해 보세요! 한쪽에서는 때리다가 짐승으로 변해요, 그래서 벌 받는 데에도 면역이 되고요. 게다가 고통에서 오는 자극적인 탐욕으로 병들게 합니다. 이런 병은 노예 같은 마음 자세와 짐승 같은 습관에서 나온 힘을 자랑하려는 자들의 구역질 나는 병이죠. 또 어떤 사람들은 복수에 대한 희망을 품고 독 같은 폭력에 중독됩니다. 또 어떤 사람들은 폭력에 몸이 망가져서 바보가 되거나 장님이 되지요. 그들이 나라를 망치고 병들게 한다고요!"

그는 말을 멈추고 팔꿈치를 문설주에 기대었다. 두 손으로 머리를 움켜쥐고 침묵하며 이를 악물었다.

"당신도 모르는 사이에 이 짐승 같은 삶에서 스스로 짐승이 되고 맙니다."

애처로운 미소를 흘리며 그는 어머니에게로 다가와 손을 쥐고 물었다.

"어머니의 여행가방은 어디 있죠?"

"부엌에!"

어머니가 짧게 대꾸했다.

"지금 문밖에는 첩자들이 숨어 있어요. 전단을 몰래 빼돌리기가 불가능해요. 그렇다고 마땅히 숨길 데도 없고, 낌새를 보니 오늘 밤 다시 들이닥칠 모양이에요. 이건 순전히 제 생각인데…… 공들여 놓고 이미 잃어버린 일에 미련이 있기는 하지만 전단을 다 태워 버리면 어떨까요!"

"뭐라고?"

"모든 것이 가방 속에 들어 있죠."

어머니로서는 그런 그의 반응을 이해할 만했다. 서운한 감도 없지 않았지만 어쨌든 성공적으로 임무를 완수했다는 자부심에 자신도 모르게 얼굴에 미소가 흘렀다.

"아무것도 없어. 단 한 장도 남지 않았어."

어머니는 점점 신이 나서, 르이빈이 떠난 뒤에 동정심 많은 농부들의 손에 전단을 넘겨준 자초지종을 이야기했다. 니콜라이는 이야기를 들으면서 처음엔 불안한 듯 인상을 쓰다가, 놀라며 마침내 소리쳤다.

"최고예요! 닐로브나, 아세요?"

그가 어머니의 손을 힘주어 잡으며 당황해서 말을 더듬거렸다.

"어머니께서는 인간의 해방에 대해 굳게 믿으셔서 절 감동시켰어요. 어머니의 영혼이 그렇게 훌륭해요. 단지 제 친어머니를 사랑해 드리지 못한 까닭에 어머님을 사랑합니다."

어머니는 그의 목을 안고 행복하게 흐느껴 울며 그의 머리에 키스했다.

그는 새로운 기분에 불안해서 나지막이 말했다.

"아마 제가 괜한 소리를 하고 있는지도 모르지만, 솔직히 말하면 당신은 아름다운 사람이에요, 닐로브나, 그래요!"

"사랑하는 니콜라이, 나도 사랑해. 내 영혼과 내 마지막 핏방울까지 다해서 너를 사랑해!" 그녀는 뜨거운 기쁨의 물결에 숨이 막힌 듯한 표정으로 말했다.

두 사람의 목소리는 떨리는 하나의 말로 섞여서, 두근거리는 느낌으로 사람들의 마음을 사로잡는 듯했다.

"어머니에게는 크고 부드러운 힘이 있어요. 그 힘이 사람의 마음을 자기도 모르게 당신에게로 이끌리게 합니다. 어쩌면 그렇게 선명하게 사람들을 묘사하고 또 그렇게 사람을 알아보세요!"

"난 당신들 인생을 안다오, 이해하고 있어, 사랑하는 니콜라이!"

"사람들은 어머니를 사랑해요. 사람을 사랑하는 일은 그렇게도 놀랍고 대단하지요, 훌륭해요!"

어머니는 열에 들떠서 그의 머리를 쓸어내리며 속삭였다. "사랑하는 니콜라이, 난 당신이 할 일이 많이 쌓여 있어서 그만큼 인내심도 필요하다는 걸 알고 있어. 당신의 힘은 쓸데없이 소모되어서는 안 돼. 당신의 힘이 삶에 꼭 필요하니까. 다른 어떤 일이 일어났는지 잘 들어봐. 어떤 여자가 있었지, 한 남자의 여자가."

니콜라이는 어머니의 옆자리에 앉아 좀 당황한 기색으로 그의 행복한 얼굴을 갸우뚱 옆으로 기울이고서 자기 머리카락을 쓰다듬었다. 그리고 곧 그는 어머니를 돌아다보며 머리를 긁적였고, 어머니의 간결하면서도 열정적인 이야기에 귀를 기울였다.

"기적 같은 성과예요!"

그가 소리쳤다.

"어머님이 감옥에 들어가게 될지도 몰라요, 갑자기…… 그래요, 결국 농부들도 동요하기 시작했고, 자연스런 현상이죠. 우리는 마을을 위해 특별한 사람들이 필요하거든요. 사람들 말이에요! 우리는 정말 사람이 부족해요. 우리의 삶이 그걸 요구하고 있죠."

"이런 때 파샤나 안드류샤가 옆에 있다면 좋으련만!"

어머니가 나직한 목소리로 탄식했다.

니콜라이가 어머니를 보고 고개를 떨구며 말했다.

"닐로브나, 솔직히 말을 꺼내기 좀 거북하지만 그래도 말씀드려야만 하겠습니다. 제가 파벨을 잘 아는데, 아무래도 탈옥하지 않을 겁니다. 재판을 원할 겁니다. 그렇게 할 수 있는 한 최선을 다해보겠다는 마음이죠. 결코 피하지 않을 거예요. 물론 그럴 필요도 없고요. 아마 시베리아에 가서야 도망치겠죠."

어머니는 긴 한숨을 몰아쉬고 조용히 대답했다.

"나도 잘은 모르지만, 어떻게 해야 최선인지 파샤가 잘 알아요."

"고맙습니다, 닐로브나! 저는 방금 대단한 순간을 맛보았습니다. 아마도 제 인생의 가장 좋은 순간입니다. 고맙습니다! 이제 서로 행복하게 힘찬 키스를 나눠요!"

그들은 서로 눈을 바라보며 포옹하고 동지애를 나누듯 키스했다.

"훌륭해요!" 그는 부드럽게 말했다.

어머니는 그의 목에 두른 그녀의 손을 풀고서 조용하고 행복하게 웃었다.

잠시 뒤 니콜라이가 말했다.

"말씀하신 농부들이 어서 찾아왔으면 좋겠어요. 아시겠지만, 르이빈에 대한 전단을 만들어서 시골에 배포해야 합니다. 그렇게 용감해야만 그 사람을 더욱 강하게 만들 수 있습니다. 오늘 제가 쓰고 류드밀라가 신속하게 인쇄를 할 겁니다. 문제는 어떻게 시골로 가져가냐는 것입니다."

"내가 가져가면 되지!"

"그건 안 될 말씀입니다. 제 생각에 그런 일에는 베솝시코프가 적격인데, 아닌가요? 한번 말이나 해볼까요?"

"그러지, 말만 잘하면 괜찮을 거 같은데."

"제가 잘할 수 있을까요?"

"너무 걱정할 것 없소."

니콜라이는 앉아서 글을 쓰기 시작했다. 식탁을 치우며 살짝 보니까 새카맣게 종이를 메워나가는 그의 손이 펜과 함께 떨렸다. 가끔 목에서 경련이 이는지 머리를 뒤로 젖히고서 눈을 감고는 했는데, 감동스러운 장면이었다.

"그들을 혼내줘야 해! 그 악당들을 동정해서는 안 돼!" 어머니는 숨을 죽이며 조그맣게 말했다.

그는 일어서며 말했다. "그쪽이에요! 준비됐어요! 전단물을 어머님 몸 어딘가에 숨기세요. 하지만 헌병들이 들이닥치면 어머니까지도 수색할 테니 각오하세요!"

"그런 녀석들은 개들이나 데려가라지!" 어머니는 작은 소리로 대답했다.

저녁 때 의사 이반 다닐로비치가 찾아왔다.

"관헌들이 갑자기 왜 이렇게 설치지?"

방 안을 서성이며 이반이 중얼거렸다.

"간밤에 일곱 집이나 가택 수색을 당했다더군. 환자는 어디 있어?"

"어제 나가서 아직 돌아오지 않았어. 알겠지만 오늘은 독서모임이 있는 토요일이라 빠질 수가 없다고 하더군."

"아니, 바보 아냐? 그런 깨진 머리를 해가지고 책을 읽겠다니!"

"만류해봤지만 소용없었어."

"우쭐대고 싶었던 게죠. 친구들, 날 좀 봐, 난 피를 흘렸어, 라고 말이야."

어머니가 한마디 거들고 나섰다. 의사는 어머니를 보고 사나운 인상을 쓰더니 입술을 깨물며 말했다.

"우웩! 피에 굶주리셨어!"

"이반, 여기 있어야 별 도움이 안 되니까 이만 돌아가요. 우린 지금 손님을 기다리는 중이니까. 닐로브나, 이 사람한테 제가 드린 종이를 주세요."

"새로 작성한 건가?"

"가서 인쇄소에 넘겨요."

"알았소, 받아가서 배포하겠어. 그럼 된 건가?"

"응. 대문 앞에 첩자가 있어."

"봤어. 우리 집도 마찬가지야. 잘 있게! 사나운 아주머니도 안녕히 계세요! 참, 이봐, 공동묘지에서 있었던 일이 잘 마무리된 거 알고 있지? 시내 전체가 그 일로 떠들썩했어. 그 일에 대해 자네가 쓴 전단이 아주 훌륭했어. 시기도 좋았고. 좋은 투쟁이 나쁜 평화보다는 훨씬 낫다고 내가 입버릇처럼 말하잖아."

"옳아. 어서 가봐!"

"예의바르기는! 악수나 해요, 닐로브나. 그건 그렇고 그 젊은이는 바보 같은 행동을 했어. 그가 어디 사는지 알아?"

니콜라이가 주소를 적어 주었다.

"내일 다녀와야겠어. 좋은 젊은이야, 그렇지?"

"그렇고말고."

"그를 잘 보살펴 주어야 해. 아주 건강한 머리의 소유자거든."

의사가 집을 나서며 말했다.

"그런 젊은이들이 나중에 진정한 프롤레타리아 인텔리겐치아가 되어야 해. 계급갈등이 분명히 없는 곳을 향해 떠날 때 남자들이 우리를 대신해야 지."

"오늘 왜 그렇게 말이 많아, 이반?"

"기분이 좋아서 그래, 딴 이유 없어. 자, 가야겠네. 감옥 갈 날만 기다리 고 있지? 그 안에서 편히 쉴 수 있길 바라."

"고맙긴 한데, 나 안 피곤하거든!"

노동자들을 진심으로 걱정하는 둘의 대화를 듣고 있자니 어머니는 너무나 도 흐뭇했다.

의사를 보내고 니콜라이와 어머니는 밤에 오기로 되어 있는 손님들을 기 다렸다. 니콜라이는 유형생활을 한 동지들 이야기를 했다. 그중에는 이미 탈 출해서 현재 다른 이름으로 활동하고 있는 이도 있었다. 빈 벽에 그의 목소 리가 메아리쳤다. 마치 자유의 위대한 사업에 자신을 바친 이름 없는 영웅들 의 믿을 수 없는 이야기에 놀라기라도 한 것 같았다.

따스한 밤 그림자가 일면식도 없는 사람들에 대한 사랑으로 가슴에 불을 지피며 한 여인을 부드럽게 감싸 안자, 그녀의 상상 속에서 그 사람들은 끊 임없이 남성미가 넘치는 거대한 인간의 모습으로 연합되어 있었다. 이 거인 은 지치지도 않고 천천히 세상의 온갖 거짓 곰팡이를 걷어내고 사람들에게 단순하지만 명백한 삶의 진실을 벗은 그대로 드러내며 땅 위를 성큼성큼 걸 어 다녔다. 위대한 진실이 죽음에서 사람들을 일으켜 세우고, 세계를 겁주어 노예로 만들었던 괴물 삼형제, 즉 탐욕과 악과 거짓으로부터 진정한 해방을 약속해 주었다. 그 모습은, 살아오며 기회가 많지는 않았지만, 기쁨과 감사 의 기도를 성상 앞에서 드릴 때 받았던 은혜와 같았다. 오래 전의 일이라 기 억은 가물거렸지만 은혜의 감정만큼은 남아 지금도 영혼 깊은 곳에서 무엇보다 밝게 타올랐다.

"헌병들이 오늘은 안 오는군!"

니콜라이가 이야기를 하다가 불쑥 외쳤다.

어머니는 그를 보고 잠시 침묵을 지키고 있다가 치미는 분노를 참지 못하고 소리쳤다.

"오, 잘됐지, 오면 개들에게나 보내야 해!"

"물론 그렇죠? 주무셔야죠. 모르긴 해도 고단하실 거예요. 정말 정정하세요. 그렇게 많은 어려운 일을 겪으면서도 아무렇지도 않게 견뎌내시는 걸 보니. 물론 새치는 많이 느셨어요. 가서 쉬세요."

그들은 서로 손을 꼭 잡았다가 놓았다.

13

어머니는 곧 조용히 잠 속에 빠져들었다가, 아침 일찍 나지막이 부엌 문 두드리는 소리에 놀라 잠을 깼다. 아직도 어둡고 고요하건만 집요하게 두드리는 소리가 위험을 알리듯 정적을 깨트렸다. 황급히 옷을 주워 입은 어머니는 재빨리 부엌으로 달려나가 문 앞에서 물었다.

"누구요?"

"문 여시오!"

조용한 목소리가 간청하듯 말했다.

어머니가 빗장을 벗기고 발로 문을 밀자, 이그나트가 명랑하게 말하며 안으로 들어왔다.

"휴, 제대로 찾아왔네."

그는 허리까지 진흙투성이였는데, 얼굴은 창백했고 눈은 충혈되고 곱슬머리는 모자 밑으로 삐져나와 제멋대로 헝클어져 있었다.

"한바탕 난리가 났었습니다." 그가 등 뒤로 문을 걸어 잠그며 속삭였다.

"나도 알고 있어."

젊은이가 깜짝 놀라 눈을 껌뻑이며 물었다.

"어떻게 아셨죠?"

어머니는 묻는 말에 짧게 대답하고 서둘러 물었다.

"나머지 두 명도 잡혀 갔나?"

"다행히 몇 명이 자원입대를 해서 자리에 없었기 때문에 미하일 르이빈 아저씨를 포함해서 다섯 명이 잡혀 갔어요."

그는 코로 한숨을 크게 내쉬고 웃으며 말했다.

"그리고 저만 남았어요. 아마 저를 찾느라고 혈안이 되어 있을 겁니다. 나를 볼 테면 보라지요. 저는 거기에 다시는 돌아가지 않아요, 아무것도 볼 게 없으니까. 거기에는 전혀 다른 사람들이 있더군요, 일곱 명 정도 되는 사람들과 젊은 처녀 한 명. 신경 쓰지 마세요! 다 믿을 만한 사람이니까."

"어떻게 여길 찾았소?"

어머니가 물었다. 방문이 조용히 열렸다.

"저요?"

긴 의자에 앉아 주위를 둘러보며 이그나트가 크게 말했다.

"일이 있기 몇 분 전에 꼬마 하나가 창문을 두드리면서 놈들이 오고 있다고 알려주었어요."

이그나트는 풀어 헤친 옷자락으로 얼굴을 훔치며 웃으면서 말을 이었다.

"미하일 아저씨는 쇠망치로 후려쳐도 꿈쩍도 하지 않을 분이에요. '이그나트, 시내로 어서 뛰어가! 일전에 오셨던 아주머니 기억하지?' 그리고 쪽지를 써주셨어요. '거기로 가! 안녕, 형제들' 하며 제 등을 밀더군요. 전 오두막에서 뛰쳐나와 숲 속을 기었어요. 발소리와 왁자지껄한 소리가 사방에서 들렸어요. 그 주변에 그들이 많이 있는 것 같더라고요. 바스락거리는 소리를 사방에서 들을 수 있었어요, 타르 주변에 이는 거품같이. 전 관목 아래 누워 있었는데 제 옆으로 지나갔어요. 전 이때다 싶어 뒤도 안 보고 뛰었죠. 이박삼일을 쉬지 않고 걸었습니다. 발이 일주일 동안은 아플 거예요."

스스로 만족스러운지 그의 갈색 눈엔 미소가 흐르고 불그레한 입술은 약간 떨렸다.

"차를 곧 내올게. 사모바르를 준비하는 동안 좀 씻어."

"쪽지 먼저 받으세요."

이그나트는 가까스로 발을 들어 의자 위에 올리고 신음을 내며 다리의 붕대를 풀기 시작했다.

"겁이 나서, '난 가망이 없어.' 생각했어요."

니콜라이가 문에 나타났다. 이그나트는 당황해서 발을 방바닥에 떨어트렸다가 올리려 했지만 비틀거리면서 하던 말을 멈추고 긴 의자에 털썩 앉았다.

"가만히 앉아 있어!" 어머니가 소리쳤다.

"안녕하세요, 동지!" 니콜라이는 눈을 찡그리면서 선량한 표정으로 고개를 끄덕였다. "내가 도와줄게."

농부 앞에 무릎을 꿇고 바닥에 앉아 그는 그 더럽고 축축한 붕대를 풀어주었다.

"이런!" 니콜라이는 발을 뒤로 끌어당기면서 놀라 눈을 깜박거리며 조용히 소리쳤다. 그는 어머니를 줄곧 쳐다보고 있었다. 어머니는 그의 시선을 의식하지 않았다.

"양쪽 다리를 알코올로 깨끗이 문질러 닦아야겠어."

"물론이죠." 니콜라이가 말했다.

이그나트는 당황해서 코를 킁킁거렸고, 니콜라이는 쪽지를 찾아 펼친 뒤 들여다보고서 그 구겨진 회색 종이를 어머니에게 건넸다.

"당신에게 보내는 쪽지예요."

"읽어봐요."

'어머니, 모든 일을 빠짐없이 돌봐주어야 해요. 키 큰 처녀에게 말하세요, 우리가 일하는 이유에 대해 그들이 더 많이 쓰도록 하라고. 부탁드릴게요. 르이빈에게도 안부 전합니다, 안녕, 르이빈.'

"사랑하는 내 아들!" 어머니는 슬프게 말했다. "그들은 이미 그의 목을 붙잡은 거야, 그래서……."

니콜라이는 천천히 손을 내려 쪽지를 집어들었다.

"참 아름답구먼! 감동적이기도 하고 교육적이기도 하고." 그는 느릿느릿 경의를 표하며 말했다.

이그나트는 맨발을 더러운 손으로 매만지며 흔들고 두 사람을 쳐다보았다. 어머니는 눈물이 흐른 얼굴을 애써 감추고 세숫대야에 물을 떠와서 바닥에 앉아 이그나트의 발에 손을 뻗었다. 이그나트가 깜짝 놀라 발을 의자 밑으로 숨겼다.

"왜 그러세요?"

"발 어서 이리 내."

"가서 알코올을 가져오겠습니다."

니콜라이가 말했다.

이그나트가 발을 의자 밑으로 더욱 깊숙이 밀어 넣으며 투덜댔다.

"어떻게 하려고요? 그렇게 하면 안 되는데."

어머니는 대꾸하지 않고 나머지 신발도 벗기기 시작했다.

이그나트의 둥근 얼굴이 놀란 표정 때문에 길어졌다. 그는 어쩔 줄 몰라 눈을 크게 뜨고 주변을 둘러보았다.

"왜 이러세요, 간지러울 텐데!"

"참을 수 있을 거야." 어머니가 대답하고 그의 발을 씻기기 시작했다.

이그나트는 큰 소리로 콧방귀를 뀌고, 목을 겁에 질린 채 움직거리면서 어머니를 내려다보고 우스꽝스럽게 아랫입술을 늘어트렸다.

"그런데 그들이 미하일 이바노비치를 때린다는 걸 알고 있수?" 그녀는 떨듯이 말했다.

"뭐라고요?" 농부는 두려운 듯이 소리쳤다.

"응. 끌고 올 때부터 만신창이가 되어 있었다오. 니콜스코예에서도 하사에게 맞고 서장에게 맞아서 피가 다 났어."

"충분히 그럴 수 있는 놈들이에요!"

젊은이가 인상을 쓰며 말했다. 어깨가 떨렸다.

"저도 두려워요. 마귀가 따로 없어요. 농부들이 때리진 않았죠?"

"때린 사람이 있었어. 서장이 명령을 내렸거든. 하지만 폭력은 안 된다며 나서는 이들도 있었고."

"네에, 농부들도 이젠 어디에, 누가, 왜 서 있는지를 깨닫기 시작했어요."

"생각이 있는 사람들이 있더군."

"어디엔들 그런 사람들이 없겠어요? 워낙 수가 적어 찾기 힘들어서 그렇죠."

니콜라이는 알코올 통을 가져다주고 사모바르에 석탄불을 조금 지피고서 말없이 방을 나갔다. 그가 나가는 모습을 이상하게 쳐다보던 이그나트가 궁금한 듯 어머니에게 속삭였다.

"귀족인가요?"

"우리 일에 그런 구분은 없어. 다 동지일 뿐이야."

"참 신기하네요."

이그나트가 회의적이면서도 당황한 투로 말했다.

"뭐가 신기해?"

"그냥요. 한쪽에서는 당신 얼굴에 주먹을 날리고 다른 한쪽에서는 당신 발을 씻기잖아요, 그럼 중간에는 뭐가 있을까요?"

문이 열렸다. 문지방에 서서 니콜라이가 대답했다.

"중간에는 주먹질을 한 이에게 아첨하고 당한 사람에게서는 피를 빼먹는 사람들이 있지. 중간이란 바로 그런 거요."

이그나트는 존경스러운 눈으로 쳐다보면서 입을 다물고 있다가 다시 말을 이었다.

"그럴듯하네요!"

젊은이가 자리에서 일어나 제자리걸음을 몇 번 해보고서 말했다.

"담금질이 잘된 쇳덩이 같아요. 감사합니다."

세 사람은 식탁에 앉아 차를 마셨다. 그 자리에서 이그나트가 믿음직한 목소리로 운을 뗐다.

"저는 신문 배달을 했어요. 걷는 데 자신 있거든요."

"읽는 사람이 많은가?"

니콜라이가 물었다.

"글을 읽을 줄만 알면 다 읽죠. 부자들도 읽는데요, 뭐. 물론 우리한테서 가져가지는 않지만요. 대지를 피로 씻고 있는 이들이 바로 지주와 부자 발 아래 깔려 있는 농민들이라는 사실을 아마 잘 알고 있을 거예요. 농민 스스로 토지를 분배하고 더는 지주도 일꾼도 존재하지 않는 세상이 오게 될 겁니다. 아니면 투쟁이 왜 필요하겠어요?"

이그나트는 화가 난 듯 의심이 가득한 표정이었다. 심지어 니콜라이를 보는 눈에도 경계의 빛이 역력했다. 니콜라이는 말없이 웃기만 했다.

"세상이 서로 싸워서 승자와 패자가 갈린다면, 내일 또 똑같이 부자와 가난한 자로 나뉘게 되겠죠. '이젠 됐습니다' 말할 수 있겠어요? 재물은 바람에 날리는 모래와 같아서 가만 있지 못하고 이리저리 날리게 되리라는 것을 우리는 잘 알고 있지 않습니까? 그렇다면 도대체 뭘 어떻게 해야 하나요?"

"화내지 마!"

어머니가 농담조로 말했다.

"어떻게 하면 좀더 빨리 르이빈 체포에 관한 전단을 그곳에 보낼 수 있을까요?"

생각에 잠겨 있던 니콜라이가 입을 열었다.

"전단이 있어요?"

이그나트가 잔뜩 긴장해서 물었다.

"물론."

"절 주세요, 제가 가져가죠."

젊은이가 손을 비비며 제안했다. 어머니는 눈길도 주지 않고 그저 미소만 지었다.

"조금 전에 이젠 지쳤고 무섭다고 하지 않았던가?"

"두려움은 두려움으로 이기고, 일은 일로 이겨야죠. 왜 비웃죠, 네?"

"아직 애야!"

어머니는 너무 흐뭇해서 나오는 웃음을 참기 힘들었다. 따라 웃는 이그나트 역시 민망하기는 마찬가지였다.

"사실 그렇죠, 뭐."

니콜라이가 눈웃음을 치며 이그나트에게 말했다.

"자네가 거기로 가게 되지는 않을 거야."

"왜요? 그럼 전 어디로 가죠?"

이그나트가 걱정하며 말했다.

"다른 사람이 가게 될 텐데, 뭘 어떻게 해야 할지 잘 설명해주도록 해. 알았지?"

"알겠습니다."

뭔가 좀 꺼림칙하다는 투로 이그나트가 대답했다.

"자네에게는 적당한 신분증을 만들어 주고 산림 간수 일을 주선해주도록 할게."

젊은이는 고개를 들고 불안한 듯 물었다.

"그러다가 농부들이 뗄감 때문에 산에 올라오면 저는 어쩌죠? 잡아요? 그런 일은 못하는데."

어머니가 웃자 니콜라이 역시 따라 웃었고, 이 때문에 젊은이는 다시 기분이 상했다.

"걱정하지 않아도 돼."

니콜라이가 그를 안심시켰다.

"농부들을 체포하는 일은 없을 거야. 우리를 믿어."

"하는 수 없죠!"

이그나트가 좀 안심이 되는지 웃으며 말했다.

"공장에 취직하고 싶었어요. 그곳에는 똑똑한 사람들만 있다고 해서."

어머니가 일어나 창밖을 보며 말했다.

"이게 인생인가 봐. 하루에도 다섯 번 넘게 웃다 울다를 반복하는 것! 이제 다 됐으면, 이그나트, 가서 눈 좀 붙이지 그래."

"아직 자고 싶지 않은데……."

"어서 가서 자."

"규율이 엄격하네요. 네, 자러 갑니다. 차 잘 마셨고, 친절하게 대해주셔서 감사합니다."

어머니의 침대에 누우면서 이그나트는 머리를 긁적였다.

"이제 침대에서 타르 냄새가 진동할 거예요. 크게 신경 쓸 일은 아니지만…… 잠이 올 것 같지가 않군요. 아까 중간 계급에 대해 하신 말씀은 아주 옳다는 생각이 들어요."

갑자기 코 고는 소리가 크게 들렸다. 그는 눈썹을 치키고 입을 반쯤 벌리고서 잠이 들었다.

저녁 때 이그나트는 지하실에서 베솝시코프와 마주 앉아서 긴장한 얼굴로 이야기를 주고받고 있었다.

"가운데 창문을 이렇게 네 번……."

"네 번?"

베솝시코프가 걱정스러운 듯 물었다.

"처음에 먼저 세 번, 이렇게!"

그는 손가락으로 탁자를 두드리며 셈을 했다.

"하나, 둘, 셋, 그리고 조금 기다렸다가 다시 한 번."

"알겠어요."

"빨간 머리 농부가 문을 열고 산파 때문에 왔냐고 물을 겁니다. 그러면,

'네, 공장장이 보내서 왔습니다' 대답하세요. 그러면 그쪽에서 다 알아서 할 거예요."

두 사람은 서로 머리를 맞대고 앉아서 이야기를 나누고 있었는데, 둘 다 체격이 건장했다. 어머니는 팔짱을 끼고 식탁 옆에 서서 두 사람을 번갈아 쳐다보았다. 비밀스러운 속임수와 암호, 그리고 이어지는 대답이 왠지 아이들 같아서 마음속에서 웃음이 나왔다.

"아직도 애들일 뿐이야."

벽에 걸려 있는 램프가 바닥에 널브러진 찌그러진 물통과 지붕용 함석 조각들을 비추었다. 곰팡이와 유화물감의 칙칙한 냄새가 방 안에 가득했다.

두툼한 가을 털외투 차림의 이그나트는 옷이 꽤나 마음에 드는지 연신 옷을 만지작거리면서 싱글벙글했다. 그런 그를 보는 어머니의 가슴이 애틋했다.

'다 자식 같은 애들이야!'

이그나트가 자리에서 일어서며 말했다.

"됐죠? 먼저 무라토프에게 가서 잊지 말고 산파를 청해야 합니다."

"명심하겠습니다."

베솝시코프가 대답했다.

그러나 이그나트는 아직도 니콜라이의 기억력을 믿지 못하는지 되풀이해서 설명하고 암호를 일일이 다짐해 주고 나서 손을 내밀었다.

"안부 부탁합니다. 보면 알겠지만 다 좋은 사람들입니다."

이그나트는 흡족한 표정으로 외투를 만지작거리면서 어머니에게 물었다.

"가도 되죠?"

"잘 찾아갈 수 있겠어?"

"그럼요! 찾고말고요. 안녕히 계세요, 동지들!"

그리고 그는 새로 산 모자를 수탉처럼 멋으로 삐딱하게 쓰고 호주머니에 손을 찔러 넣고 가슴을 힘껏 내밀더니 집을 나섰다. 그의 이마와 관자놀이에 흘러내린 곱슬머리가 바람에 날렸다.

베솝시코프가 가벼운 걸음으로 어머니에게 다가와 말했다.

"저도 이제 할 일이 생겼어요! 얼마나 근질근질하던지……. 그냥 이렇게 숨어 있을 바에는 왜 탈옥을 했나 싶더라고요. 그 안에서는 차라리 배우기라도 하죠. 파벨한테 정말 많은 걸 배웠어요. 정말 유익했어요. 어머니, 그런데 탈옥 건은 어떻게 결정을 봤어요?"

"나도 잘 몰라."

대답하는 어머니의 입에서 저절로 한숨이 나왔다. 베솝시코프가 어머니의 어깨에 손을 얹고는 다정하게 말했다.

"별로 어려운 일이 아니라고 말씀하세요. 어머니 말씀은 다들 잘 듣잖아요. 감옥 가까이에 가로등이 있는데, 맞은편은 텅 빈 공터고, 왼쪽은 공동묘지, 오른쪽이 시내로 통하는 길이거든요. 점등원이 매일 낮에 와서 등을 닦습니다. 그러니까 사다리를 가로등에 걸치고 기어 올라가서, 줄사다리를 벽꼭대기 위에 걸어 감옥소 마당으로 던지는 거죠. 그리고 도망치면 그만입니다. 미리 벽 뒤에 사람들을 숨겨 놓고 예정된 시간에 소동을 일으키게 해서주의를 쏠리게 한 다음, 한 명씩 줄을 타고 담을 넘으면 돼요. 추적은 우선빈 집터와 공동묘지에 집중되기 때문에 그들은 시내로 조용히 잠입합니다."

베솝시코프는 어머니의 얼굴 앞에서 재빨리 손짓 발짓을 해가며 자신의계획을 그려 보였다. 그 계획의 상세한 내용은 명확하고 단순하고 현명했다. 예전에는 음울한 눈빛도 그렇고 꽉 막히고 매사에 서툰 사람이라고 생각했는데, 이제 보니 따뜻한 마음도 있으면서 자신의 일에 확신까지 갖고 있는, 전혀 다른 사람이 되어 있었다.

"성공할 수 있다는 생각을 하루도 거르지 않고 온종일 하게 되면 다른 생각은 할 겨를이 없어요. 감옥이라고 다를 바 있나요?"

"그러다 총에라도 맞으면!"

어머니가 사색이 되어 중얼거렸다.

"총을 누가 쏴요? 군인도 없고 그나마 간수들이 소지하고 있는 권총은 못을 박는 데나 쓸까……."

"그렇다면 아주 어려운 일은 아니겠어."

"준비가 얼마나 철저한지 한번 들어보세요. 어머니는 그대로 전하기만 하면 됩니다. 전 준비가 다 됐어요. 줄사다리와 걸쇠도 구했고, 이 집 주인장이 점등원이 되어 주기로 말을 맞췄어요."

문 밖에서 누군가의 목소리와 기침소리, 쇠붙이 소리가 함께 들려왔다.

"오나 보군."

베솝시코프가 말했다.

열린 문으로 함석 목욕통이 들어오고 그와 함께 목이 잠긴 목소리가 들렸다.

"제발 좀 들어가 다오."

잠시 뒤 모자도 쓰지 않은 백발의 둥근 머리가 집 안으로 쑥 들어왔는데, 튀어나온 눈에다 수염이 덥수룩하기는 해도 인상은 좋아 보였다. 그가 면도를 말끔히 한 볼을 한껏 부풀려 가래침을 뱉고서 목이 쉰 듯한 소리로 인사했다.

"안녕들 하십니까?"

"이분한테 한번 물어보세요!"

베솝시코프가 소리쳤다.

"나한테요? 뭘요?"

"탈옥에 대해서……."

"아하!"

시커먼 손가락으로 콧수염을 쓸어내리며 주인이라는 사람이 말했다.

"야코프 바실리예비치, 그게 어렵지 않은 일이라고 말해도 여기 계신 분이 믿지를 않아요."

"음, 믿지 않는다? 그럴 마음이 없으신 게죠. 우리는 원하니까 믿고."

태연히 말을 마친 집주인이 갑자기 허리를 숙이고 심하게 마른기침을 했다. 그리고 가슴을 비벼대면서 방 한가운데 서서 숨을 헐떡이더니 휘둥그레진 눈으로 어머니를 훑었다.

"결정은 파샤와 동지들의 몫이요."

어머니가 말했다.

베솝시코프는 고개를 숙였다.

"파샤가 누구요?"

집주인이 자리에 앉으며 물었다.

"내 자식놈입니다."

"성이 어떻게 되오?"

"블라소프요."

집주인은 고개를 끄덕이더니 담배쌈지를 꺼내 들고 파이프를 빨아들인 다음 칼칼한 목소리로 말했다.

"들은 적이 있소. 내 조카가 그 사람을 알지. 그 애도 감옥에 있는데, 혹시 예프첸코라고 들어보셨소? 내 성은 고둔이요. 곧 젊은 사람들은 죄다 감옥에 가고 우리 같은 늙은이들만의 세상이 오겠지. 헌병이 와서 말하는 걸 들으니, 내 조카가 시베리아로 보내질 거라고 하더군요. 그를 추방한다고, 개새끼들!"

그는 파이프에 불을 붙이고, 마룻바닥에 자주 침을 뱉다가 베솝시코프를 돌아다보았다.

"그래서 어머니는 원하지 않는다고요? 그야 어머니가 알아서 하실 일이지. 인간이란 자유로워서 원하는 대로 느낄 수 있어. 감옥에 앉아 있기가 피곤하면 가고, 가기가 피곤하면 앉아 있어. 강도를 당했나? 그럼 아무 말도 하지 마. 얻어 맞았나? 그럼 참아. 죽었으면 죽은 채로 있어. 그게 확실한 상황이야. 그래서 난 사브카를 꼭 구해가고 말 거야!" 그가 퉁명스럽게 짖어 대는 말은 선량한 천성을 지닌 모순 덩어리라서 어머니는 기겁을 했다. 그렇지만 그의 마지막 말 때문에 어머니는 질투심이 일었다.

차가운 비바람을 맞으며 거리를 걸어가면서 어머니는 니콜라이 베솝시코프 생각을 했다.

'완전히 사람이 변했어!'

그리고 고둔이라는 사람을 떠올리며 거의 기도하는 마음으로 생각해보았다.

'새로운 삶을 살아가는 사람이 나 하나만은 아닌 모양이야! 그런 새 삶을 바라보는 사람들이 더 많아서, 이들의 때를 소각해 버리려면 큰불이 일어나지.'

이런저런 생각을 하고 나니 아들에게까지 생각이 미쳤다.

'탈옥에 동의하면 좋으련만!'

일요일에 감옥소에서 면회를 마치고 파벨과 헤어질 때 어머니는 손에 작은 종이 덩어리가 쥐어져 있는 느낌이었다. 그녀는 종이 덩어리 때문에 손바닥을 덴 것처럼 놀라서 무언가를 묻고 간청하는 눈길로 아들의 얼굴을 들여다보았다. 정말 궁금한 점도 많았건만 아무 대답도 듣지 못했다. 파벨의 푸른 눈은 평소처럼 평범하고 침착하고, 그녀에게 친근한 미소를 보내고 있었다.

"잘 지내!"

어머니가 탄식에 가까운 작별 인사를 했다.

아들이 다시 손을 내밀었다. 표정이 아주 다정스러웠다.

"안녕히 가세요, 어머니!"

어머니는 손도 내밀지 않고 잠시 기다렸다.

"걱정하지 마시고, 너무 언짢아하지 마세요."

아들이 속삭였다.

말과 함께 고집이 있어 보이는 이마의 주름살이 대답을 하고 있었다.

"무슨 그런 말을 하니? 네가 고생이지."

어머니가 고개를 숙이고 중얼거렸다.

어머니는 서둘러 면회실을 나왔다. 눈물을 보이거나 입술을 떨거나 해서 괜한 걱정을 끼치면 어쩌나 하는 마음에 눈길도 주지 않았다. 거리를 따라 걸어가는데 아들의 답이 적힌 쪽지를 쥐고 있는 손 마디마디가 아프고 어깨를 얻어맞은 것처럼 손 전체가 무거웠다. 집에 돌아와 쪽지를 니콜라이에게 전해주고 그가 펼치기만을 기다렸다. 뭔지 모를 기대감에 전율이 일었다. 드디어 니콜라이가 입을 열었다.

"예상했던 대로예요. 제가 읽어볼게요. '우리는 탈옥하지 않을 것이오, 동지들! 그럴 수도 없습니다. 어느 누구도 원치 않아요. 자신에 대한 존경심을 잃고 싶지 않아요. 최근에 체포된 농부를 보살펴 주세요. 보살핌을 받기에 충분한 사람입니다. 정성을 쏟을 만한 가치가 있다는 말이죠. 여기서 아주 어려움을 겪고 있어요. 교도소 측과 매일 충돌하고 있어요. 24시간 독방 신세를 졌습니다. 아무래도 고문에 죽음을 당하지 않을까 싶어요. 우리도 온 마음을 다해 노력하고 있어요. 어머니께 말씀 잘 해주세요. 어머니도 이젠 모든 걸 이해하시니까요.'"

어머니는 고개를 들고 떨리는 목소리로 말했다.

"나한테 하려는 말이 무엇인지 난 이해할 수 있어!"

니콜라이는 손수건을 꺼내고서 몸을 돌려 코를 풀고 말했다.

"보다시피 코감기가 걸렸나 봐요."

그는 안경을 고쳐 쓰기 위해 손으로 눈을 가리고 방 안을 서성이다가 잠시 뒤 입을 열었다.

"보셨다시피 일을 성사하기는 힘든 상황입니다."

"상관없어! 재판을 하게 되겠지."

어머니가 인상을 썼다. 안개처럼 희미한 애절함이 가슴으로 밀려왔다.

"페테르부르크의 동지가 보내온 편지가 있습니다."

"시베리아에서도 탈출은 가능할까? 할 수 있을까?"

"물론이죠! 편지에 따르면 재판이 곧 열린답니다. 결과는 불을 보듯 뻔한데, 유형을 가게 될 거라네요. 아시겠지만, 조잡스러운 사기극이 신성한 재판을 저속한 코미디로 만들고 있어요. 판결은 이미 재판도 열리기 전에 페테르부르크에서 만들어지는 거죠."

"그만하면 됐어, 니콜라이."

어머니가 단호하게 말했다.

"나를 위로할 필요도 내게 설명할 필요도 없어. 파샤는 일부러 자신이나 다른 사람들을 고통스럽게 만드는 일은 절대 하지 않을 거야. 암! 그런 일은 안 하지! 게다가 이 어미를 얼마나 사랑하는데, 암! 내 생각을 얼마나 하는지 알지? 편지에도 잘 말씀드리고 위로하라고 썼다며!"

어머니는 가슴이 두근거리고 흥분한 때문인지 머리가 어지러웠다.

"정말 멋진 아드님을 두셨어요!"

니콜라이가 전에 없이 큰 목소리로 소리쳤다.

"저는 아드님을 매우 존경하고 사랑합니다."

"자, 이젠 르이빈에 대해서 생각해야지."

어머니가 제안했다.

지금 당장 무슨 일이든지 하고 싶어서, 차라리 지쳐서 쓰러질 때까지 어딘가로 마냥 걷고만 싶었다. 그러고 나서 잠들면 그날의 일은 만족이었다.

"네, 좋아요."

방 안을 계속 서성거리며 니콜라이가 대답했다.

"왜 안 되는 거지? 사샤가 옆에 있으면 좋으련만."

"곧 오겠지. 내가 파샤를 보고 오는 날이면 어김없이 오곤 하니까."

고개를 떨구고 생각에 잠겨 입술을 실룩이고 턱수염을 말면서 니콜라이가 어머니 옆자리에 앉았다.

"누이가 없어서 유감이네요. 르이빈의 일을 해결하러 갔거든요."

"파샤가 그 안에 있는 동안 르이빈 일을 잘 처리하면 그 애한테도 기쁜 일일 거야."

어머니가 말했다.

벨이 울렸다. 두 사람은 서로의 얼굴을 쳐다보았다.

"사샤예요."

니콜라이가 속삭였다.

"사샤에게 어떻게 이야기할 거야?"

어머니도 속삭이며 대꾸했다.

"음, 글쎄요, 힘들어요."

"사샤가 너무 안 됐어."

벨이 그다지 크지 않게 다시 울렸다. 문밖에 있는 사람도 상황을 살피느라 주저하고 있는 게 분명했다. 니콜라이와 어머니가 동시에 자리에서 일어났지만 부엌문에서 니콜라이가 발길을 돌렸다.

"아무래도 어머님께서 말씀하시는 게 낫겠어요." 그는 말했다.

"그 사람이 동의 안 하죠?"

어머니가 문을 열기가 무섭게 사샤가 물었다.

"안 하더구나."

"그럴 줄 알았어요."

사샤는 아무렇지도 않은 듯 말은 하고 있지만 어느새 얼굴은 창백하게 사색이 되어 있었다. 외투 단추를 풀다가 다시 두 개를 채웠다. 그러니 외투가 벗겨질 리 만무했다. 다시 입을 열었다.

"비에다 바람까지, 정말 구질구질해요. 파벨은 건강하죠?"

"응."

"오직 건강하고 쾌활하기만 하네요."

사샤가 자기 손을 내려다보면서 우울한 목소리로 중얼거렸다.

"르이빈의 탈출을 도우라는 쪽지를 보냈어."

어머니는 그녀에게 눈길도 주지 않고 말했다.

"그래요? 이번 계획을 이용하면 되겠네요."

"내 생각도 마찬가지요."

니콜라이가 방에 들어서며 말했다.

"잘 지냈어, 사샤?"

"무슨 문제 있어? 계획이 성공할 거라 모두 동의하지? 나는 그리리라 믿는데."

손을 내밀면서 사샤가 물었다.

"누가 주도를 하느냐가 문젠데, 다들 바쁘다 보니……."

"내게 맡겨 줘!"

사샤가 벌떡 일어서며 빠르게 말했다.

"내가 그 일을 할 시간은 좀 있거든."

"알았어. 하지만 다른 동지들의 의견도 꼭 물어봐야 해."

"좋아, 물어보지. 지금 당장 가봐야겠네."

사샤는 다시 가는 손가락으로 외투 단추를 꼼꼼히 채웠다.

"좀 쉬지 않아도 되겠어?"

어머니가 물었다.

그녀는 미소를 짓고 가라앉은 목소리로 대답했다.

"걱정 마세요, 전 피곤하지 않아요."

그리고 두 사람과 악수를 나누고 떠났다. 냉정하면서도 숙연한 모습이었다.

14

어머니와 니콜라이는 창문으로 다가가 마당을 가로질러 대문 밖으로 사라지는 사샤를 지켜보았다. 니콜라이는 조용히 휘파람을 불며 탁자에 앉아 글을 쓰기 시작했다.

"사샤가 이번 일을 열심히 하다 보면 맘이 좀 가벼워질 거야."

어머니가 조용히 말했다.

"네, 맞습니다."

니콜라이가 대꾸를 하고는 돌아서서 어머니에게 웃으며 물었다.

"어머니는 인생의 쓴 맛은 이미 다 보셨죠? 사랑하는 사람으로 인해 가슴 아파 보신 적이 없나요?"

"글쎄."

어머니가 손을 내저었다.

"무슨 고통 말이우? 내가 결혼하고 싶었던 사람이 있었거나, 그런 일로 고통 받은 적이 있냐는 말이우?"

"그런데 맘에 든 사람이 아무도 없었나요?"

어머니는 잠시 생각에 잠겼다가 대답했다.

"사랑하는 애야, 잘 기억이 나지 않아. 맘에 드는 사람이 없을 리가 있나? 누군가는 맘에 들었겠지만 지금은 기억이 나질 않아!"

어머니는 다시 한 번 그를 쳐다보고 슬픈 표정으로 침착하게 간단히 말을 맺었다.

"남편에게 너무 많이 맞아서 그 이전의 기억은 내 영혼에서 다 지워져 버렸어."

니콜라이가 시선을 식탁으로 돌렸다. 어머니가 방을 잠시 비웠다가 돌아오자 그는 다정한 눈길로 바라보며 그녀를 따스하게 쓰다듬듯 지난 옛 추억을 더듬어 이야기했다.

"제게도 사샤처럼 사랑의 추억이 있답니다. 사랑한 처녀가 있었는데, 정말 멋진 사람이었어요. 20년 전에 만나서 사랑했고 사실 지금도 여전히 사랑해요. 앞으로도 영원히 사랑할 겁니다, 영원히!"

그의 눈을 보니 그 안쪽에서 따스하면서도 밝은 빛이 비치고 있었다. 의자에 앉아 깍지 낀 두 손으로 팔베개를 하고 있었는데, 호리호리하지만 건장한 그의 몸은 마치 태양을 향해 뻗은 나무줄기와도 같이 꼿꼿했다.

"그럼 결혼을 왜 안 했지? 결혼을 했어야지."

"그 여자 시집 간 지 5년이 넘었어요."

"그 전에 무슨 일이 있었어? 그녀가 당신을 사랑하지 않았나?"

잠시 생각에 잠겨 있던 그가 어렵게 입을 열었다.

"저를 사랑했어요. 확신해요. 어머니도 아시겠지만 일이 늘상 그렇게 될 수밖에 없어요. 그 사람이 감옥에 가면 내가 나오고 내가 들어가면 그 사람이 나오고, 또 엇갈려 유형을 가기도 하고요. 사샤의 입장과 같았죠. 결국 그 사람은 10년형을 받고 시베리아로 멀리 떠나게 되었죠. 정말 따라가고 싶은 마음은 굴뚝같았는데, 저도 그렇고 그녀도 그렇고 부끄러웠어요. 거기서 남자를 만난 거죠. 제 동지 가운데 한 사람인데 정말 훌륭한 젊은이였어요. 지금은 둘이 외국에서 살고 있어요. 그렇게 됐죠……."

니콜라이는 말을 마치고 안경을 벗어 불에 비추어 보며 꼼꼼히 다시 닦기 시작했다.

"아, 가엾어라!"

어머니는 탄식하며 머리를 저었다. 그가 너무나도 안쓰러웠다. 동시에 그녀는 왠지 따스하게 어머니다운 미소를 짓지 않을 수 없었다. 그가 자세를 바로잡고서 펜을 들더니 손을 털어 흔들며 속도의 리듬을 깨트리고 말을 이었다.

"가정생활은 혁명가의 에너지를 저하시킵니다. 항상 감소하게 마련입니다. 애들도 안전하게 돌봐야 하고 먹고살자니 엄청나게 일해야 합니다. 혁명가라면 자신의 모든 에너지를 최소한으로 끊임없이 발휘해서 깊고 넓게 발전시켜야 하거든요. 그러기 위해서는 시간이 필요하고 또 우리는 누구보다 앞장을 서야만 합니다. 왜냐하면 우리 노동자들은 낡은 세상을 무너뜨리고 새로운 삶을 창조할 역사적 소명을 받았기 때문이죠. 만일 우리가 내딛던 발걸음을 멈추거나 지쳐서 쓰러진다면, 혹은 눈앞의 작은 승리에 도취된다면, 운동의 방향을 엉망으로 만드는 악이 됩니다. 혁명가는 어느 한 개인에게 가까이 붙어서는 안 되지요. 다른 개인과도 나란히 걸을 수 없습니다, 평생 동안 말이에요. 자신의 신념을 왜곡해서는 안 됩니다. 그래서 우리는 우리의 목표가 작은 정복에 불과하지 않고 완전한 승리라는 사실을 절대 잊지 말아야 합니다!"

그의 목소리는 단호해졌고, 얼굴은 창백했지만 두 눈은 그의 특유한 힘으로 타올랐다. 다시 벨소리가 크게 울렸다. 류드밀라가 철에 안 맞게 얇은 외투를 걸친 때문인지 두 뺨이 새빨갛게 변해서 들어왔다. 낡아 해진 덧신을 벗으면서 곤혹스러운 목소리로 물었다.

"재판 날짜가 정해졌어요. 다음 주랍니다."

"그게 정말이야?"

방 안에서 니콜라이가 소리쳤다.

어머니는 기뻐할 수도 없고 슬퍼할 수도 없는 묘한 흥분을 느끼며 그에게로 갔다. 류드밀라가 어머니와 보조를 맞추어 걸으며 비꼬는 소리로 나지막이 말했다.

"네, 정말 그래요! 형사 처벌 변호 차장 쇼스탁이 유죄처럼 취급하는 소송을 제기했어요. 법정에서 그들은 아주 공개적으로 말했지요. 판결은 이미 정해져 있다고요. 그게 무슨 의미죠? 정부가 반정부 운동가들을 너무 헐렁하게 처벌할까봐 두려워한 결과일까요? 정부가 관리들의 부패를 너무 오랫동안 심하게 방관해왔기 때문에 정부는 아직도 설마 자기들이 악당 쪽이 되리라는 확신을 갖지 않고 있는 모양이죠?"

류드밀라는 두 손바닥으로 홀쭉해진 뺨을 비비며 소파에 앉았다. 두 눈에는 경멸의 빛이 뚜렷했고 목소리에는 분노가 점점 짙어가고 있었다.

"뭣하러 흥분해, 류드밀라. 아무리 말을 해봐야 놈들에겐 쇠귀에 경 읽기야!"

니콜라이가 그녀의 흥분을 달랬다.

"언젠가는 그들이 내 말을 듣게 할 거야!"

거무스름한 눈 밑이 떨리면서 그녀의 얼굴에 불길한 그림자를 던졌다. 그녀는 입술을 깨물었다.

"당신은 나한테 반대하면 돼, 그게 당신의 권리요. 난 당신의 적이지. 그렇지만 당신의 힘을 변호하려고 사람들을 타락시켜서는 안 돼요. 내가 그들을 무의식적으로 업신여기도록 만들지 말아요. 내 영혼이 당신의 차가운 비웃음에 중독되게 하지는 말라고요!"

니콜라이는 안경 너머로 그녀를 보면서, 두 눈을 찌푸리고 고개를 저었다. 그러나 그녀는 말을 멈추지 않고 마치 그녀가 혐오하는 사람들이 자기 앞에 있기라도 하듯이 말을 이었다. 어머니는 긴장해서 귀를 기울였다.

아무리 귀를 기울여 들어보려 해도 어머니의 귀에는 한 마디도 들리지 않았다. 자신도 모르게 되풀이 중얼거리고 있었다.

'재판이 다음 주에 열려, 재판이!'

그녀는 무슨 일이 벌어질지, 재판이 파벨을 어떻게 처벌할지, 혼자서는 예측할 수가 없었다. 그녀의 머리는 많은 생각으로 뒤죽박죽이 되고, 눈앞은 아찔하고, 몸은 무언가 끈적이는 것이 뒤덮으며 춥고 고통스럽게 만들었다. 그런 느낌이 점점 커지면서 핏속으로 스며들어 그녀의 마음을 장악하고 짓눌렀으며, 마음속에 살아 숨쉬는 용감한 모든 것을 중독시켰다.

그녀는 그 고통의 무게에 놀라서 희망을 잃은 채로 하루를 살고, 또 다음 날을 살았다. 그러나 사흘째 되던 날 사샤가 찾아와 니콜라이에게 말했다.

"모든 준비가 끝났어요! 오늘이 그날이에요, 한 시에요!"

"모든 준비가? 벌써?"

그가 깜짝 놀라 반문했다.

"물론이죠, 왜 안 돼요? 내가 할 일은 르이빈이 피해 있을 장소와 입을 옷을 준비해 놓는 것이고 나머지는 고둔이 다 알아서 할 거예요. 르이빈은 시내 한 구간만 무사히 통과하면 돼요. 시내에서 베숩시코프가 변장을 하고 기다렸다가 옷과 모자를 건네주고 도피 통로를 가르쳐 줄 겁니다. 내가 기다리고 있다가 옷을 갈아입혀 데려가면 그만입니다."

"나쁘지 않은데? 그런데 고둔이 누구죠?"

니콜라이가 물었다.

"본 적이 있잖아요. 그 사람 집에서 당신은 열쇠수리공과 이야기했었죠."

"아! 기억나요. 그 괴짜 노인!"

"퇴역 군인인데, 지붕 이는 장인이죠. 식견도 풍부하고 모든 강압에 대해 증오심을 갖고 있어요. 어찌 보면 철학자예요!"

말없이 그녀의 말을 듣고 있자니 어머니의 마음 한구석에서는 알 수 없는 무언가가 떠올랐다.

"고둔 씨는 조카를 탈옥시키고 싶어해요, 기억나세요? 예프첸코라고, 대단한 그 대장장이를 좋아했었잖아요."

니콜라이가 고개를 끄덕였다.

"고둔 씨의 계획은 거의 완벽하지만 난 좀 의심이 가요. 모든 통로가 개방되어 있어서 만약에 벽에 줄사다리가 내려지면 감옥소 수감자들이 보고 너도나도 도망치겠다고 달려들지 않겠소?"

사샤는 눈을 감고 잠시 생각에 잠겼다. 어머니가 그녀에게 다가갔다.

"서로 방해가 될 거야."

세 사람이 모두 창가에 서 있었다. 어머니는 두 사람 뒤에 서 있었다. 두 사람의 빠른 대화 소리를 들으며 어머니의 감정은 훨씬 강해지면서 불편하고 불안해졌다.

"내가 거기로 가야겠어."

어머니가 불쑥 말했다.

"왜요?"

사샤가 물었다.

"안 돼요, 어머님! 어머님은 붙들리고 말아요. 그러면 안 돼요."

니콜라이가 충고했다.

어머니는 그들을 쳐다보면서 다정하고 고집스럽게 말했다.

"아냐, 내가 가야겠어."

두 사람은 서로 눈짓을 주고받았다. 사샤가 어깨를 으쓱이며 말했다.

"물론, 희망이란 집요하지요!"

사샤는 돌아서서 어머니의 손을 잡고 어머니의 어깨에 고개를 기대고서, 낯설고 간단하면서도 진심이 담긴 목소리로 말했다.

"이런 말 드리기는 죄송한데요, 어머니는 헛된 기대를 하고 계세요. 그 사람은 탈옥하지 않을 거예요."

"오, 제발, 나도 데려가 줘. 절대 방해가 되지 않을 거야. 가야만 해. 탈옥이 가능할 거라고 믿을 수가 없어!"

어머니는 겁에 질려 떨면서 사샤를 가슴에 꼭 끌어안았다.

"더는 만류할 수가 없겠네요."

사샤가 니콜라이를 보며 간단히 말했다.

"결정은 알아서 해요."

니콜라이가 고개를 숙이며 대답했다.

"우린 붙어서 다니면 안 돼요. 어머니는 빈 공터의 정원 쪽으로 가세요. 거기서 감옥의 벽이 보일 거예요. 그러다 사람들이 뭐하고 있냐고 물으면 어쩌실래요?"

어머니가 기뻐하며 자신 있게 대답했다.

"둘러댈 말은 내가 생각해 볼게!"

"감옥 간수들이 어머니 얼굴을 알고 있다는 사실을 명심하셔야 해요. 만약 간수들이 알아보기라도 하는 날이면……." 사샤가 말했다.

"못 알아볼 거야."

어머니가 부드럽게 웃었다.

한 시간 뒤 어머니는 감옥 뒤편 들판에 있었다. 매서운 바람이 불어 외투 자락을 날리고 땅을 얼리고, 여인이 지나는 오래된 낡은 정원 울타리를 흔들며 지나 낮은 감옥 담장에 덜커덩거리며 세차게 부딪쳤다. 담장 너머에서 누군가의 외침 소리가 찬바람에 실려 높이 솟구치더니 허공에서 흩어지며 자취를 감추었다. 하늘에는 구름이 서로 경쟁하듯 내달리고 있었고 어쩌다 구름 틈새들 사이로 푸른 하늘이 엿보였다.

뒤편으로는 시가지가, 정면으로는 공동묘지가 보이고 오른쪽으로 20여 미터 떨어진 거리에 감옥이 위치하고 있었다. 공동묘지 가까이에는 병사 한 명이 고삐로 말을 부리고 있었고, 다른 병사가 그 옆에 서서 큰 소리로 발을 구르고 소리를 지르고 휘파람을 불며 낄낄댔다. 감옥 주변에는 그 밖에 아무도 눈에 띄지 않았다. 순간 충동이 일어 어머니는 그들에게로 곧바로 걸어갔다. 그들 가까이 다가간 그녀가 소리쳤다.

"군인 아저씨들! 이 근방에서 염소 한 마리를 혹시 못 보셨소?"

그들 중 한 명이 대답했다.

"못 봤어요."

어머니는 곁눈으로 오른쪽과 뒤쪽을 살피면서 그들을 지나치며 공동묘지 담장을 향해 천천히 걸어갔다. 갑자기 다리가 후들거리면서 땅에 얼어붙어 버린 듯 발걸음을 뗄 수가 없었다. 감옥 모퉁이 저편에서 등불지기처럼 어깨에 사다리를 멘 곱사등 노인이 걸어 나왔다. 어머니는 놀라서 눈을 휘둥그레 뜨고 얼른 병사들부터 살폈다.

병사들은 한 지점에서 발을 구르고 있었고, 말은 그들 주위를 맴돌고 있었다. 사다리 쪽을 보니 어느새 노인은 담장에 기대어 놓은 사다리를 타고 기어오르고 있었다. 그는 담장 안을 향해 손짓을 하고는 재빨리 내려와 모퉁이 뒤로 총총히 사라졌다. 바로 그 순간 담장 위로 미하일의 시커먼 머리가 불쑥 튀어 오르고 이어서 몸통이 따라 올라오더니 곧바로 담장을 타고 넘어 아래로 미끄러지듯 떨어졌다. 털모자를 쓴 다른 머리가 미하일의 머리 옆에 보이는가 싶더니 시커먼 덩어리 하나가 땅바닥에 굴러 떨어져 모퉁이 뒤로 자취를 감추었다. 미하일은 허리를 펴고 주위를 살펴보았다.

"뛰어요, 뛰어!"

어머니가 초조하게 발을 구르며 속삭였다.

귀에서 웅웅거리는 소리가 났다. 큰 고함이 그녀에게 들렸다. 세 번째 머리가 담장 위로 올라왔다. 어머니는 가슴에 손을 올리고 보고 있는데 기절할 것만 같았다. 수염은 없고 옅은색 머리카락인 머리가 마치 몸에서 뭔가를 털어내려는 듯 위로 솟구치더니 곧바로 담장 너머로 사라졌다. 고함이 점점 커지고 활기가 넘쳤다. 바람은 그 가늘게 떨리는 소리를 허공에 날렸다. 미하일은 담장을 따라 걷다가 어느새 어머니 옆을 스쳐 지나며 감옥과 시내의 집들 사이에 공터를 가로질러 가고 있었다. 그런데 어머니가 보기에 그는 너무 천천히 걸으면서 고개를 요령 없이 쳐들고 있었다. '저 사람 얼굴을 본 사람이라면 모두 저 얼굴을 영원히 잊지 못할 걸.' 어머니는 속으로 속삭였다.

"서둘러요, 서둘러!"

감옥 담장 너머에서 뭔가가 부딪는 소리와 유리창 깨지는 날카로운 소리가 들렸다. 병사 한 명이 제자리에 단단히 서서 말고삐를 잡아끌고 있었고, 말은 제자리에서 뛰고 있었다. 다른 병사는 주먹을 입에 대고 감옥을 향해 소리를 지르더니 다시 귀를 쫑긋하고 무언가를 열심히 듣는 고갯짓을 했다.

잔뜩 긴장한 어머니는 고개를 돌려 사방을 살펴보았지만 아무것도 믿을 수가 없었다. 여태껏 복잡하게만 여겨졌던 계획이 이렇게 간단하고 신속하게 이루어지고 나니 바보가 된 기분이 들었다. 르이빈의 모습이 시야에서 사라진 지 오래였다. 긴 외투를 입은 키 큰 사내가 걸어가는데 소녀가 뒤를 따르고 있었다. 모퉁이 뒤에서 간수 셋이 나타나 오른손을 일제히 앞으로 내밀고 뛰는 모습이 보였다. 병사 하나가 그들 앞에서 뛰기 시작했고, 남은 병사는 다루기 힘든 그 말에 올라타려고 바동거려보지만 말은 계속해서 펄쩍펄쩍 뛰고 있었다. 끊임없이 울리는 호각 소리가 허공을 찢었다. 필사적인 고함에 어머니는 위험을 직감했다. 어머니는 벌벌 떨면서 간수들의 뒤를 쫓아 공동묘지 울타리를 따라 걸었다. 간수들과 병사는 감옥의 다른 쪽 모퉁이를 돌아 이내 사라졌다. 그들과 일정한 거리를 두고 감옥 부간수가 뛰고 있었는데, 단추가 풀린 외투를 보고 한눈에 알아볼 수 있었다. 어디선가 경찰이 모습을 나타냈고 사람들도 뛰어왔다.

좋은 일이라도 있는 듯 바람이 소용돌이치며 위로 솟구쳐서, 듣기에도 곤혹스러운 고함과 호각 소리를 어머니의 귓전에 전해주었다.

"여기에 항상 있었어요."

"사다리요?"

"그런데 무슨 일이에요? 제기랄!"

"병사들을 체포해!"

"경찰!"

호각 소리가 다시 들렸다. 왁자지껄한 소란에 그녀는 즐거워져서 더욱 대담하게 성큼성큼 걸으며 생각했다. '그래, 가능해. 그는 그렇게 할 수 있었

어!'

그렇지만 아들에게도 자부심이 없다면 아들의 고통은 어머니의 마음속에
더는 공감될 수가 없었다. 그래서 오직 아들에 대한 두려움만이 이전처럼 망
연자실해질 때까지 가슴을 짓눌렀다.

울타리 너머 모퉁이에서 검은 곱슬 수염의 경찰 두 명이 갑자기 모습을 드
러냈다.

"멈춰요!"

경찰 하나가 숨을 헐떡이며 소리쳤다.

"혹시…… 수염이 덥수룩한…… 사내 하나가 뛰어가는 걸 못 보셨소?"

어머니는 울타리 너머를 가리키며 태연하게 대답했다.

"저리로 뛰어가던데, 무슨 일이 있나요?"

"이고로프, 뛰어! 호각을 불어! 오래 됐소?"

"네, 일 분쯤 됐을 걸요."

그러나 호각 소리 때문에 그녀의 목소리가 들리지 않았다. 경찰은 대답도
기다리지 않고 정원 쪽으로 손을 흔들면서 작은 언덕의 흙길을 전속력으로
달려갔다. 그를 따라서 고개를 숙이고 호각을 불면서 젊은 경찰이 내달렸다.

어머니는 그들 뒤에서 고개를 끄덕이며 스스로 만족해서 집으로 갔다. 들
판을 벗어나 길로 들어섰을 때 마차 한 대가 그녀의 길을 지났다. 고개를 들
자 한 젊은이가 마차 안에 보였는데, 밝은색 턱수염에 얼굴이 창백하고 지쳐
있었다. 그 젊은이도 그녀를 보았다. 그는 비스듬히 앉아 있었다. 그의 어깨
가 왼쪽보다 오른쪽이 올라가 있는 까닭은 그의 지위 때문인 게 분명했다.

집에서 니콜라이는 그녀를 즐겁게 만났다.

"살아 있어요? 어떻던가요?"

"거기 상황은 어때요!"

"성공한 것 같은데."

어머니는 세세한 것까지 기억해내려고 애를 쓰며 눈으로 본 탈옥 상황을
이야기했다. 니콜라이도 역시 탈옥 성공에 놀랐다.

"운이 좋았어요!"

니콜라이가 손을 비비며 말했다.

"하지만 두려웠어요. 귀신만 알 겁니다! 제 진심이 담긴 충고 기억하시

죠? 재판을 두려워 마세요. 재판이 빨라지면 빨라질수록 파벨의 자유는 그만큼 앞당겨지는 겁니다. 유형 길에서도 탈출할 수 있을 테니까. 저희만 믿으세요. 재판이 대개 다 그래요."

니콜라이는 어머니에게 재판 과정에 대해 자세히 들려주었다. 어머니는 그가 무언가를 두려워하면서도 어머니에게 용기를 심어주기 위해 애쓰고 있음을 알았다.

"내가 재판정에서 판사들에게 쓸데없는 소리나 하지 않을까 생각하지?"

어머니가 갑자기 물었다.

"내가 애원할까봐서?"

니콜라이는 마음이 상한 듯 자리에서 벌떡 일어나 그녀에게 손사래를 쳤다.

"무슨 그런 말씀을 하세요? 저를 모욕하지 마세요!"

"날 용서해, 용서해! 혹시 내가 모르는 사실이 있을까봐 두려워."

어머니는 더 아무 말 없이 방 안을 두리번거렸다.

"놈들이 파샤를 모욕하고 괴롭히지는 않을까, 하는 생각이 자꾸 들어. '이봐, 촌놈, 무지렁이 촌놈, 뭔 꿍꿍이속이 있는 거야' 비아냥거리면서 말이야. 자존심이 강한 아이니 분명 말대꾸를 할 테고, 안드레이가 거들며 놈들을 비웃겠지. 그러면 다들 신경이 날카로워질 테고, 그 가운데에는 참을성이 부족한 사람이 있기 마련이니까 재판이 어떻게 흘러갈지는 뻔한 거지. 다시 못 보게 될까봐 겁이 나."

니콜라이는 심각하게 앉아서 턱수염만 잡아당겼다.

"이런 생각이 머리에서 떠나질 않아!"

어머니가 말을 이었다.

"재판이란 정말 끔찍해! 모든 걸 다 빼앗아 가 버리면 어쩌지? 두려워! 정작 무서운 건 형벌이 아니라 재판이야! 어떻게 말로 표현할 수가 없어."

어머니 생각에 니콜라이는 절대 이런 두려움을 이해할 수 없을 것만 같았다. 그래서 그가 이해를 못하는 까닭에 그녀는 자신의 소심증을 더는 해석할 수가 없었다. 그렇지만 이러한 소심증은 그 다음 사흘 동안 더욱 심해지고 확대됐다.

결국 재판 날이 되었을 때, 목과 등을 무겁게 짓누르는 부담감을 지니고 법정에 나갔다.

가는 길에 변두리에서 알던 사람들이 인사를 했다. 그럴 때마다 말없이 고개만 숙이고 법원 복도에 바글거리는 사람들을 헤치며 나아갔다. 법정 복도와 재판정에서 피고들의 친척들을 만났는데, 그들은 쉴 새 없이 서로 속닥거렸다. 죄다 쓸데없는 말들 같았다. 그들이 이해가 되지 않았다. 다들 똑같은 슬픔에 잠겨 있었는데, 그러면 그럴수록 어머니는 그 영향을 받아서 의기소침할 수밖에 없었다.

"같이 옆에 앉으세요."

시조프가 벤치로 가며 말했다.

고분고분 말을 듣고 자리에 앉아 옷매무새를 여미고 주위를 둘러보았다. 눈앞에서 초록색 줄무늬와 붉은 줄무늬, 얼룩이 떠다니고 누런색의 가는 실타래가 반짝였다.

"댁의 아들이 우리 그리샤를 망쳐놨어!"

부인 하나가 옆에 자리를 잡으며 투덜댔다.

"입 다물어, 나탈리아!"

시조프가 험악하게 대꾸했다.

돌아보니 그 부인은 사모일로프였다. 건너편에 남편도 앉아 있었다. 대머리에 툭 튀어나온 광대뼈와 비쩍 마른 체구, 덥수룩한 턱수염이 인상적인 사내였다. 눈을 이리저리 굴리느라 정신이 없는 듯했고 턱수염이 가늘게 떨리고 있었다.

희미한 빛이 높은 창을 통해 법정을 비추고, 밖에서는 눈이 미끄러지듯 내리고 있었다. 두 개의 창문 사이에 걸려 있는 금박 테두리 황제의 초상화와 둔탁한 진홍빛 커튼이 법정의 분위기를 매우 무겁게 만들었다. 초상화 앞에는 법정을 꽉 채우고도 남음직한 넓은 테이블이 녹색 천을 뒤집어 쓴 채 자리를 잡고 있고, 오른쪽 벽 앞에는 창문을 사이에 두고 나무의자 두 개가 놓여 있었으며, 왼쪽 벽 앞에는 빨간 안락의자들이 가지런히 정돈되어 있었다. 녹색 옷깃에, 복부에 노란 단추를 채운 근무자들이 왔다 갔다 하며 부산을 떨었다. 소곤거리는 소리가 탁한 공기 속을 겁먹은 듯 배회하고 약국에서 나는 것과 같은 매캐한 냄새가 진동했다. 색채와 빛, 소리, 냄새가 눈을 짓무르게 하고, 숨을 쉴 때마다 가슴을 누르며 잡다한 생각을 불러일으켜 두려움을 더하게 만들었다.

갑자기 누군가 큰 소리로 외쳤다. 자신도 모르게 어머니는 몸을 떨었다. 소리에 맞춰 모두 자리에서 일어서자 어머니도 시조프의 손을 잡고 일어섰다.

법정 왼쪽 구석, 큰 문이 열리고, 안경을 쓴 늙은이가 앞뒤로 몸을 흔들며 걸어 들어왔다. 자그마한 잿빛 얼굴에는 흰 구레나룻이 듬성듬성했고, 말끔하게 면도를 한 인중은 입속으로 푹 꺼져 있었으며, 날카로운 턱뼈와 턱은 빳빳하게 세운 옷깃에 받쳐져 있어, 마치 그 밑으로 목이 더는 없는 것처럼 보였다. 뒤편에는 붉은 피부에 둥근 얼굴, 단정한 인상을 풍기는 젊은이가 그의 팔을 잡고 있었고, 그 뒤를 따라 금술을 박은 법복 차림의 세 사람이 걸어 나왔다.

그들은 테이블 앞에서 한참 뜸을 들이다가 마침내 안락의자에 앉았는데, 생기 없이 깨끗이 면도한 얼굴에 어딘지 어설퍼 보이는 제복 차림의 사내가 두툼한 입술을 무겁게 소리 없이 움직이며 노인에게 무슨 말인가를 하기 시작했다. 노인은 몸을 희한하게 세우고 그의 말에 귀를 기울이고 있었는데, 어머니는 노인의 코안경 너머로 무색의 작은 사마귀 두 개가 콧등에 나 있는 걸 보았다.

책상 끄트머리에서는 머리가 벗겨진 키 큰 사내가 서 있는 채로 기침을 하면서 서류를 뒤적이고 있었다.

늙은이가 앞으로 몸을 기울이고 입을 열었다. 첫마디는 분명 발음을 했지만 다음 말들은 가는 잿빛 입술 속으로 말려 들어가는 느낌이었다.

"개정합니다……."

"보세요!"

시조프가 어머니를 쿡 찌르면서 속삭이고는 자신은 자리에서 일어났다.

쇠창살 뒤쪽 벽에서 문이 열리자, 군도를 뽑아 어깨 위에 받쳐 든 헌병 하나가 걸어 나오고, 그 뒤를 따라서 파벨과 안드레이, 페자 마진, 구세프 형제, 사모일로프, 부킨, 소모프, 그리고 이름을 모르는 젊은이 다섯이 모습을 나타냈다. 파벨은 부드러운 미소를 짓고 있고, 안드레이 역시 고개를 끄덕이며 히죽거렸다. 그들의 미소와 생기 넘치는 얼굴, 행동으로 인해 법정 안은 한결 밝고 자연스러워졌다. 또한 긴장감이 넘치던 침묵이 깨지는 듯했다. 윤기가 번쩍번쩍 흐르던 황금 법복의 광채도 옅어지고, 성성한 기운으로 인해 분위기가 한껏 고조되었다. 그때까지 어머니 뒤편에 앉아서 무거운 침묵만을 지키고 있던 사람들도 이제 어머니 귀에 들릴 정도로 술렁댔다.

"두려워하는 기색이 하나도 없어."

시조프의 속삭이는 소리가 들렸는데, 오른편에 앉아 있던 사모일로프는 흐느껴 울기 시작했다.

"정숙!"

절도 있는 고함이 들렸다.

"미리 경고합니⋯⋯."

늙은이가 말했다.

15

파벨과 안드레이가 나란히 앉고, 같은 줄에 마진과 사모일로프, 구세프 형제가 앉았다. 턱수염을 말끔히 면도한 안드레이는 콧수염은 그대로여서 언뜻 보면 고양이를 닮았다. 얼굴에서는 보지 못하던 새로운 표정이 엿보였고 꼭 다문 입술에서는 비장함이, 눈에선 빛이 번득였다. 마진의 윗입술에는 두 개의 검은 줄이 나 있고, 얼굴은 이전보다 통통해진 듯했다. 사모일로프의 곱슬머리와 이반 구세프의 환한 웃음은 여전했다.

"아, 페드카, 페드카!"

시조프가 고개를 숙이고 속삭였다.

어머니는 숨쉬기가 조금 편해졌다는 느낌이 들었다. 늙은 재판장이 알아듣기 힘든 목소리로 질문을 던졌다. 피고들에게는 눈길도 주지 않고 질문을 했는데, 머리는 여전히 법복 옷깃 위에 꼼짝도 않고 얹혀 있었다. 아들의 침착하고 짧은 대답이 이어졌다. 어머니의 눈에는 왠지 판사의 얼굴이 그다지 흉악해 보이지는 않았다. 막연하게나마 고개를 드는 기대감에 한시도 재판정에서 눈을 뗄 수가 없었다.

얼굴에 기름기가 흐르는 사내가 서류를 뒤적이며 읽고 있었는데, 목소리가 단조로워서 법정은 너무나도 답답한 느낌이었다.

사람들은 마치 마비라도 된 것처럼 자리에서 꼼짝도 하지 않았다. 변호사 네 명이 똑똑한 목소리로 피고들과 이야기를 나누고 있었는데, 모두의 움직임에 힘이 있어서 한 마리의 거대한 검은 새를 연상시켰다.

늙은 재판장의 옆으로는 작은 눈에 두툼한 눈꺼풀, 살이 뒤룩뒤룩 찐 판사가 의자에 꼭 끼어 앉아 있고, 그 반대편에는 창백한 얼굴에 붉은 수염을 기른 새우등 판사가 앉아 있었다. 그는 모든 일이 다 귀찮다는 듯 고개를 뒤로 젖히고, 눈을 지그시 감고서 깊은 생각에 잠겨 있었다. 검사의 얼굴도 지치고 따분해 보이기는 마찬가지였다. 판사 뒤에는 시장이 생각에 잠긴 채 자신의 뺨을 어루만지면서 앉아 있었는데, 살은 쪘지만 그래도 믿음직스러운 구석이 있어 보였다. 옆에는 희끗희끗한 머리에 크고 선해 보이는 눈, 붉은 얼굴의 귀족 단장이 앉아 있고, 그 옆에는 민소매 옷을 입은 지방 원로가 자리를 잡고 있는데, 배가 너무 나와서 자신도 앉아 있기 곤혹스러운지 연신 옷자락으로 배를 가려보았지만 옷자락이 그대로 있지 못하고 흘러내렸다.

"여기에는 피고도 판사도 없습니다."

신념에 찬 파벨의 목소리가 법정 안에 쩌렁쩌렁 울려 퍼졌다.

"포로와 승리자만 있을 뿐입니다."

법정 안이 물을 끼얹은 듯 조용해졌다. 짧은 시간이었지만 어머니의 귀에는 긁는 듯한 소리를 내며 뭔가를 써내려가는 펜 소리와 자신의 심장 고동소리만이 들렸다.

재판장 역시 잠시 무엇에 홀린 것처럼 귀를 쫑긋거리며 앉아, 다음 상황을 기다리는 듯했다. 배심원들이 술렁였다. 바로 그때, 재판장이 입을 열었다.

"음, 좋아. 안드레이 나호드카, 유죄를 인정합니까?"

누군가가 속삭였다.

"일어나요!"

안드레이가 천천히 자리에서 일어나 자세를 바로잡고 콧수염을 잡아당기면서 늙은 재판장을 곁눈으로 힐끔 쳐다보았다.

"누구에게 죄를 인정하라는 겁니까?"

소러시아인이 어깨를 움찔하며 똑 떨어지는 목소리로 전혀 서두르는 기색도 없이 입을 열었다.

"난 누굴 죽이거나 뭘 훔친 적도 없고, 다만 서로 죽이고 강도짓을 하게 만든 그런 삶의 질서에 동의하지 않았을 뿐입니다."

"요점만 말하시오. 그렇소, 안 그렇소?"

늙은이가 애써 분명하게 말했다.

어머니는 자신의 뒷줄에서 전해오는 술렁임을 느낄 수 있었다. 사람들은 얼굴에 기름기가 흐르는 사람이 내뱉는 저급한 말들의 거미줄에서 벗어나려는 듯 웅성거렸다.

"사람들 말을 듣고 계세요?"

시조프가 속삭였다.

"들려요."

"페도르 마진, 대답하시오!"

"싫습니다!"

페자가 자리에서 벌떡 일어나 자신 있게 대답했다. 얼굴은 흥분한 탓에 잔뜩 상기되어 있고 눈은 반짝였으며, 이유는 모르지만 뒷짐을 지고 있었다.

시조프가 나직이 신음을 냈고, 어머니는 놀라움에 눈을 크게 떴다.

"나는 변론을 거부합니다. 아무 말도 하지 않겠습니다. 재판 자체를 저는 불법이라고 생각합니다. 당신들이 대체 누굽니까? 민중이 당신들에게 우리를 재판할 권리를 주었습니까? 천만에요, 그런 적 없습니다. 난 당신을 모릅니다!"

그가 자리에 앉았다. 열띤 얼굴을 안드레이의 어깨 뒤에 숨겼다.

살찐 판사가 재판장에게 고개를 숙이고 귓속말을 했다. 창백한 얼굴의 판사는 눈을 치켜뜨고, 피고인들을 비스듬히 내려다보고는 테이블 위에 두 손을 올리고 서류에 뭔가를 쓰고 있었다. 지방 원로 판사는 고개를 돌려 조심스럽게 발을 옮기고서 배를 무릎 위에 올리고 다시 그 위에 손을 얹어 배를 가렸다. 재판장이 붉은 콧수염의 판사에게 몸을 돌려 무슨 말인가를 하자 판사는 고개를 숙이고 들었다. 귀족 단장은 검사와 이야기를 나누고 있었고, 시장은 뺨을 비비며 귀를 기울였다. 노인의 둔탁한 목소리가 울렸다.

"우리 아이, 말 한번 시원스럽게 하지 않았소? 정곡을 찔렀어요. 최고야!"

시조프가 뿌듯해하며 어머니의 귀에 속삭였다.

어머니는 마땅한 답이 떠오르지 않아 그냥 미소만 지어 보였다. 지금 벌어지고 있는 상황은 뭔가 무서운 일을 앞둔 따분한 서곡일 뿐, 곧 끔찍한 공포로 사람들을 꼼짝 못하게 만들 일이 벌어질 것만 같았다. 어쨌든 파벨과 안드레이의 말은 용기와 결연한 의지를 담고 있어, 마치 법정이 아닌 공단의 집에서 이야기를 나누고 있다는 생각이 들 정도였다. 페자의 재치 있는 공격이 그녀는 즐겁게 느껴졌다. 뭔가 용감하고 신선한 분위기가 법정을 가득 채웠다. 어머니는 뒷좌석 사람들의 술렁거림을 느꼈고, 이것이 혼자만의 느낌이 아니라고 짐작했다.

"의견을 논고하세요."

늙은 판사가 말했다.

대머리 검사가 자리에서 일어나 손으로 책상을 짚고 서서 일일이 숫자를 인용하며 빠르게 논고했다. 목소리에서 무서운 면은 찾아보기 힘들었다.

그러나 동시에 무자비한 공포가 어머니의 가슴을 짓눌렀는데, 거기에는 어머니에게 적대감을 가진 불편한 의혹이 있었다. 그것은 위협하거나 소리치지도 않았고, 눈에 보이지도 않고 소리도 없었으며, 손으로 만질 수 있는 것도 아니었다. 먹구름이 끼어 한 치 앞도 분간하기 어려운 판사들의 냉혹한 태도에서 비롯된 것임은 두말할 필요가 없다. 보면 볼수록 판사들은 정말 이해하기 힘들었다. 파벨이나 페자에게 화를 내지도, 심한 말로 모욕을 주지도 않았지만, 질문을 할 때마다 모두 부질없는 짓이라는 듯 머뭇머뭇했다. 대답을 끝까지 듣는 데는 노력이 필요했다. 그들은 이미 모든 것을 알고 있어서 관심이 없다는 듯이 보였다.

그녀 앞에서 헌병 하나가 낮은 목소리로 증언했다.

"다들 파벨 블라소프를 주동자로 지목했습니다."

"그럼 나호드카는?"

살찐 판사가 느릿느릿 물었다.

"역시 주동자로 지목했습니다."

변호인 가운데 한 사람이 일어나 말했다.

"이견 있습니다."

늙은 판사가 누군가에 대한 질문을 했다.

"당신은 더 할 말 없소?"

어머니가 보기에 판사들은 하나같이 건강이 안 좋아 보였다. 병적인 피로와 지겨운 권태가 그들의 자세와 얼굴, 목소리에서 묻어났다. 법복과 법정, 증언, 변호, 그리고 안락의자의 자리를 지켜야 하고 문답을 주고받아야 한다는 의무감이 고통스럽고 짜증나는 일임에 분명했다.

알고는 있지만 거의 안면이 없는 주인급 지식인들이 있었다. 지금 그녀는 판사들의 얼굴을 보면서 무언가 새롭고 이해할 수 없으면서도, 동정심을 자아내고, 그렇지만 또 오히려 두려움을 불어넣는 인상을 받았다. 친근한 누런 얼굴의 장교가 파벨과 안드레이에 대한 중요한 진술을 그 판사들 앞에서 심각한 분위기로 하고 있었다. 진술을 듣고 있는 어머니의 머릿속에 무의식적으로 이런 생각이 떠올랐다.

'네가 뭘 안다고 그러니, 내 아들, 내 보호자.'

쇠창살에 갇힌 사람들을 바라보는 어머니의 마음속에는 이제 두려움도 경계심도 동정심도 남아 있지 않았다. 가슴 한구석에서 존경과 애정이 뒤섞여 그녀의 마음을 따스하게 감쌌다. 존경은 의외로 평온했고, 사랑은 즐겁게도 또렷해졌다. 건장한 젊은이들이 판사와 증인의 단조로운 진술과 검사와 변호인의 건조한 논쟁에는 전혀 관심도 없다는 듯 대범하게 나란히 앉아 있었다. 가끔 냉소적인 미소를 짓기도 하고 서로 이야기를 나누기도 했다. 파벨과 안드레이는 줄곧 변호인과 조용히 이야기를 나누고 있었다. 어제 니콜라이 집에서도 만난 적이 있는 변호사였다. 누구보다 마진의 기분이 좋아 보였다. 생기가 넘치고 표정도 밝았다. 사모일로프는 가끔 이반 구세프와 이야기를 나누었다. 이반은 무엇이 그리 좋은지 옆에 앉은 동지의 옆구리를 찌르기도 하고, 웃다가 얼굴이 빨개져서 고개를 숙이기도 했다. 벌써 코를 두 번이나 킁킁거리고는 얼마 동안은 볼을 부풀리고서 진중해 보이려고 애쓰고 있었다. 그래서 동료들 각자의 내면에서는 젊음이 그들의 유행방식에 따라 발산되고 생기가 넘쳤는데, 그의 생생한 감격을 억제하는 능력이 가볍게 파열되었다.

시조프가 팔꿈치로 어머니를 찔렀다. 돌아보니 그의 얼굴에 뿌듯함과 약간의 집착이 교차하고 있었다.

"반항하면서 저들이 얼마나 당당한지 좀 봐요! 믿음직스럽지 않소? 남작이라고요, 에? 저들에게 형이 선고돼요!"

"누가 선고를 받나요? 누구에게 선고를 내릴 거냐고요?"

증인들의 신속하고 무미건조한 증언이 이어졌고 판사들은 들으며 마지못해 질문을 던지고는 있지만 지쳐서 창백한 표정으로 멍하니 허공을 바라보았다. 그들은 새 소식이나 새로운 사실은 아무것도 기대하지 않고 있었다. 살찐 판사는 가끔 포동포동한 손으로 웃음을 감추듯 입을 가리고 하품을 했고, 붉은 수염의 판사는 더욱 창백해져서 손으로 관자놀이를 누르며 슬픈 눈을 크게 뜨고 천장을 바라보았다. 검사는 이따금 서류에 뭔가를 적고는 귀족 단장에게 잘 들리지도 않는 목소리로 귓속말을 했고, 그러면 귀족 단장은 허연 턱수염을 쓰다듬거나 눈알을 굴리면서 딴전을 피웠다. 시장은 발을 꼬고 앉아서 소리 없이 무릎을 마주치거나 손가락 관절을 꺾었다. 진술을 귀 기울여 듣고 있는 지방 원로를 제외하면, 대부분 아무 생각 없이 자리만 지키고 앉아 있는 듯했다. 지방 원로는 고개를 쳐들고 앉아 불룩한 배를 무릎으로 받쳐 들고 있었고, 재판장은 의자에 깊숙이 앉아서 꼼짝도 하지 않았다. 재판이 길어짐에 따라 사람들은 따분해하기 시작했다.

"휴정을 선언합니……."

늙은 재판장이 서두를 꺼내 놓고는 얇은 입술로 중얼거렸다.

웅성거리는 소리와 탄식, 고함, 기침 소리, 발 구르는 소리로 인해 법정 안이 소란스러웠다. 피고인들은 법정 밖으로 끌려 나갔다. 나가면서 친지들에게 웃으며 고개 숙여 인사했다. 이반 구세프가 누군가를 향해 소리쳤다.

"겁내지 마, 이고르!"

어머니와 시조프는 복도로 나왔다.

"어디 가서 차라도 한 잔 하시겠소?"

시조프가 걱정스러운 듯 말했다.

"한 시간 반이나 남았소."

"생각이 없어요."

"그럼 나도 그만두겠소. 그런 애들이 또 어디 있단 말입니까? 정말 대단한 아이들이에요! 우리 페자, 보셨소?"

사모일로프의 아버지가 손에 모자를 벗어 들고서 다가왔다. 그가 멋쩍은 미소를 지으며 말했다.

"우리 그리고리 어땠습니까? 변론도 거부하고 한 마디 말도 하지 않았소. 봐서 알겠지만 그 애가 처음으로 그런 생각을 했어요. 펠라게야, 당신 아들은 변호인 편을 들었지만 우리 애는 아무것도 필요 없노라고 말하지 않던가요? 이어서는 네 명이 줄줄이 변론을 거부했잖습니까!"

바로 옆에 그의 아내도 서 있었다. 자주 눈을 깜빡이면서 손수건으로 코를 훔쳤다. 사모일로프가 손으로 턱수염을 잡고 바닥을 보며 말을 이었다.

"재판, 이거 말도 안 되는 겁니다. 처음에는 그 악동들이 쓸데없는 생각을 해내서 아무 대가도 없이 자신을 망치고 있다고 생각했어요. 그런데 갑자기 당신이 이런 생각을 하지 뭡니까? '그 악동들이 옳을지도 모른다.' 공장에서 그들의 수가 그렇게 불어나리라고 상상인들 했습니까? 그들은 언제나 잡혀 들고 말지만 파괴되지는 않지요. 그렇지만 강에 가서 파괴되는 보통 물고기에 지나지 않습니다. 그래요, 당신은 또 이렇게 생각합니다, '그 애들에게는 힘도 있다'고."

"우리가 뭘 이해하겠소, 스테판 페트로프!"

시조프가 말했다.

"이해하기가 쉽진 않죠."

사모일로프가 맞장구를 쳤다.

그의 아내가 숨을 쉴 때마다 콧소리를 내며 말했다.

"다들 건강해 뵈긴 하던데……."

그녀는 주름진 커다란 얼굴에 거리낌없는 웃음을 지으며 말을 이었다.

"이봐요, 닐로브나! 아까 댁 자식놈 탓이라는 말로 한 방 먹인 일에 너무 노여워하지 말구려. 솔직히 말해서 누가 잘못인지는 개도 다 아는 사실인 걸요. 헌병과 첩자놈들이 한 통속이 되어서 우리 바실리 그리고리에 대해서 뭐라고 하는지 들었소? 나쁜 놈들!"

그녀는 자기 아들을 자랑스러워하고 있는 게 분명했다. 어머니만은 그 마음을 이해하고도 남음이 있었다. 그래서 친절하게 웃으며 대답했다.

"젊은 가슴은 항상 진리에 가까이 있게 마련이랍니다."

사람들이 하얀 복도에 구불구불 줄을 서서, 마치 거센 바람이 불기 전에 제자리걸음으로 소용돌이치는 먼지처럼 북적댔다. 모든 사람이 무언가 딱딱하고 단단한 의지할 곳을 찾아 헤매는 듯했다.

키가 크고 얼굴이 붉은 부킨의 형은 손을 마구 내저으며 확신에 차서 크게 외쳤다.

"지방 원로 클레파노프는 이번 재판에 전혀 어울리지 않아."

"입 다물어, 콘스탄틴!"

작은 체구의 노인이 조심스럽게 주변을 살피며 타일렀다.

"왜요? 하고 싶은 말은 할래요. 소문에 따르면 그는 작년에 그의 집 집사의 마누라 때문에 집사를 죽였대요. 그에게는 무슨 판결이 내려지죠? 대답해 줘요. 지금 마누라가 그 집사 마누라예요. 말이나 되는 소립니까? 뿐만 아니라 그자는 알 만한 사람은 다 아는 가장 나쁜 도둑놈입니다."

"오, 내 작은 보호자, 콘스탄틴!"

"다 맞는 말이야."

사모일로프가 거들었다.

"틀린 말이 아냐. 재판 이거 다 엉터리야!"

사모일로프가 말했다.

부킨이 그의 목소리를 듣고는 달려와 사람들의 주목을 받으며 흥분해서 상기된 얼굴로 말했다.

"강도나 살인자를 재판하는 일은 농민이나 평민들로 구성된 배심원이 하지 않습니까? 그런데 정부에 반대한 사람들을 정부가 다시 재판하는 일이 말이 됩니까? 콘스탄틴! 왜 그들이 정부에 반대하지? 아아! 그들이……."

"아니, 기다려! 페도르 마진은 진실을 말했어. 만일 당신이 나를 모욕하면, 난 당신 턱에 한 방 날리고 당신은 그 때문에 나를 재판하지. 물론 나는 유죄 판결을 받을 테고. 그렇지만 제일 먼저 죄를 지은 쪽은 누구요? 당신인가? 물론, 당신이고말고!"

새치머리, 매부리코에 가슴에는 훈장을 단 경비원이 모여 있는 사람들을 밀치면서 그에게 다가와 삿대질을 하며 소리쳤다.

"이봐, 떠들지 마! 여기가 어딘지 몰라? 여기가 무슨 술집인 줄 알아?"

"왜요? 나도 여기가 술집이 아니라는 것쯤은 압니다. 자, 내 말 좀 들어봐요. 내가 나리를 때리고서 내가 재판을 한다고 생각하면 그래, 당신은 어떤 생각이 들겠습니까?"

"여기서 당장 끌어내라고 명령을 내리겠다!"

경비원이 완고하게 말했다.

"어디로요? 뭘 잘못했다고?"

"길거리로. 더는 지껄이지 못하게."

부킨이 모두를 둘러보고서 다시 말을 했다.

"저들에게 무엇보다 중요한 일은 사람들의 입을 틀어막는 것입니다."

"그래서, 네 생각은 어떤데?"

노인이 역성을 냈다. 부킨이 손을 내밀고 다시 대중을 훑어본 뒤 한결 나직한 목소리로 말했다.

"그건 그렇고 왜 사람들을 가려서 법정에 들이죠? 왜 친인척들만 들여보내? 공정한 재판을 할 생각이 있으면 사람들이 다 보는 앞에서 당당하게 해야지. 뭔가 두려우니 그렇지."

사모일로프가 부킨의 말을 받아 되풀이했다. 하지만 조금 전의 목소리보다 더 컸다.

"재판이 엉터리야. 그건 맞는 말이지."

어머니는 니콜라이에게서 들은 공평하지 못한 재판에 대해 더 알려주고 싶었지만 자신도 아직 어설프게 이해하고 있었고 그나마 일부는 잊고 있었다. 애써 생각해내려고 기를 쓰는 통에 보니 몇 발자국 떨어진 곳에서 허연 수염을 기른 건장한 사내가 자신을 주시하고 있지 않은가! 오른손을 바지 주머니에 넣고 있어서 왼쪽 어깨가 오른쪽 어깨보다 낮게 보였는데, 가만 생각해보니 어디서 많이 본 듯했다. 그렇지만 하던 생각을 마저 하느라 그 사내에 대해서는 금세 잊었다.

일 분쯤 지났을까, 누군가 조용히 묻는 말이 어머니의 귀에 들어왔다.

"왼쪽의 저 여인 맞아?"

누군가가 큰 목소리로 기쁨에 겨워 대답했다.

"네!"

어머니는 주위를 둘러보았다. 짝짝이 어깨의 사내가, 짧은 외투에 무릎까지 올라오는 장화를 신고 있는 검정 턱수염 젊은이에게 뭔가를 이야기하고 있었다.

기억이 날 듯 말 듯하면서도 아무것도 확실하지 않았다.

경비원이 법정 문을 열고 외쳤다.

"가족 친지 여러분! 입장권을 보여주고 들어가시오."

투덜대는 듯한 목소리가 바로 이어졌다.

"입장권이라니? 누가 서커스 보러 왔대?"

사람들이 흥분과 분노로 술렁였다. 서로 수군거리고 심지어 경비원과 입씨름을 하는 이도 있었다.

시조프가 긴 나무의자에 앉으며 투덜투덜했다.

"왜요?"

어머니가 물었다.

"그냥요. 사람들이 멍청해서! 사람들은 아무것도 몰라요. 그저 더듬거리며 살죠, 더듬어 가면서."

종지기가 종을 쳤다. 누군가 무미건조한 목소리로 알렸다.

"속개하겠습니다!"

다시 사람들이 모두 자리에서 일어나고 마찬가지의 절차를 밟아 판사들이 들어와 자리에 앉았다. 이어서 피고인들이 끌려 들어왔다.

"주목해 주세요! 곧 검사 논고가 있을 거요."

시조프가 속삭였다.

어머니는 목을 길게 빼고 몸통을 앞으로 내밀었다가 무서운 일이 있을 것만 같아 다시 뒤로 움츠러들었다.

검사는 판사들 바로 옆에 서서 고개를 그들에게로 약간 돌리고 팔꿈치를 책상에 기댄 채, 일단 숨을 몰아쉬고 허공에 손을 내저으며 논고를 시작했다. 어머니는 첫 몇 마디는 알아듣지 못했는데, 그 뒤 검사의 논고는 막힘이 없이 때로는 빠르게, 또 때로는 느리게 물 흐르듯 이어졌다. 논고가 마치 회색 재봉 솔기처럼 줄을 늘어서는가 하면, 갑자기 튀어나와 설탕 조각 위에 모여든 파리 떼처럼 윙윙거리며 맴돌기도 했다. 어머니는 그러나 논고에서 공포와 위협은 전혀 발견할 수 없었다. 눈처럼 차고 재처럼 희뿌연 말들이 쏟아져 나와 미세 먼지와도 같이 법정을 가득 채웠다. 감정도 싣지 않은 무미건조한 검사의 논고는 파벨과 동지들에게 일말의 감흥도 불러일으키지 못했다. 솔직히 누구도 논고를 듣지 않았고 그저 태연하게 앉아 귓속말로 대화를 나누거나 웃거나 웃음을 참았다.

"거짓말!"

시조프가 속삭였다.

어머니라면 그렇게 말할 수는 없을 것이다. 논고를 들어보니, 특정인 한 사람만을 내세우지 않고 동료 모두에게 혐의를 두고 있었다. 실제로 파벨에 대한 논고가 끝나고 페자에 대한 논고를 하면서, 은근슬쩍 그를 파벨의 옆에 갖다 붙이더니 마지막에는 둘에게 부킨을 집요하게 던져 엮는 것이었다. 마치 그들 모두를 한 자루에 담아 바느질해서 다른 사람 위에 얹는 식이었다. 겉으로는 전혀 만족스럽지도, 감동적이지도, 무섭지도 않아 보이는 검사의 논고에서 그 이면에 숨겨진 무시무시한 진실을 캐내기 위해 어머니는 검사의 얼굴과 눈과 목소리와 허공을 허우적거리는 가냘픈 손을 눈으로 쫓아다녔다. 뭔가 무서운 사실이 숨겨져 있었다. 그녀는 그것을 직감할 수는 있었지만 손끝에 감지되지 않아서 의식할 수 없었으며, 그래서 다시 그녀의 마음은 메마르고 따끔따끔한 먼지로 뒤덮였다.

그녀는 판사들을 바라보았다. 분명 판사들 또한 아주 귀찮다는 듯 논고를 듣고 있었다. 생기 없고 누렇거나 희뿌연 얼굴들에서는 아무런 표정도 읽을 수 없었다. 허약해 보이는 사람, 뚱뚱해 보이는 사람, 매우 야윈 사람, 움직임 없이 듣지도 보지도 못하는 난청자들, 이들 모두가 이 방에 가득한 무딘 권태로움 속에 점점 어두워졌다. 검사의 논고는 눈에 보이지 않는 아지랑이처럼 공기 속을 이리저리 떠돌며 판사들 주변에서 메마른 무관심의 구름 속으로 사라졌다. 늙은 재판장은 전혀 움직이지 않았다. 이따금 안경 너머로 보이는 허연 사마귀가 사라졌다가 다시 나타나 얼굴 전체로 퍼지는 듯했다.

어머니는 죽음과도 같은 무관심과 냉담함을 보면서 의구심을 품지 않을 수 없었다.

"저들이 지금 재판 중인가?"

가슴을 짓누르는 의구심과 무시무시한 일이 점점 가까워지고 있다는 불길한 예감에 모욕감은 더더욱 참기 힘들었다.

검사의 논고가 갑자기 뚝 그쳤다. 검사는 판사들에게 인사를 하고 자기 자리에 앉았다. 귀족 단장이 눈을 굴리며 고개를 끄덕이고, 시장은 손바닥을 비볐으며, 지방 원로는 배를 만지며 빙그레 웃었다.

재판장이 서류에 얼굴을 들이밀고 말했다.

"다음, 페도세예프, 마르코프, 자가로프의 변론을 하세요."

니콜라이의 집에서 보았던 변호사가 자리에서 일어났다. 푸짐한 인상이 좋아보였는데, 웃고 있는 눈만은 얼마나 날카롭던지 마치 잘 갈린 칼로 허공에서 뭔가를 베는 듯했다. 변론은 천천히 우렁차게 이루어졌지만 어머니의 귀에는 어차피 한마디도 들어오지 않았다.

"저 사람 말 알아듣겠소? 알아듣겠냐고? '민중이 가난해서 모두가 미쳐

제정신이 아니다' 말하네요. 저 사람이 페도르요? 저 사람은 그들이 아무것도 이해하지 못하는 야만인이라고 말하고."

잘못된 감정이 자라서 반항으로 변했다. 변호사가 재빠르게 큰 목소리로 말하고 있는 가운데 시간은 더욱 빨리 지나갔다.

"가슴에 세심하고 정직한 마음을 간직하고 살아 있는 강인한 사람이라면, 생기 없이 뭉툭해진 냉소주의와 부패, 사기를 공개적으로 가득 채운 이런 인생에 대항해서 힘으로 반항하지 않을 수가 없습니다. 정직한 사람들의 눈에는 확실한 모순이 보이기 마련이지요……."

얼굴이 푸르죽죽한 판사는 재판장 쪽으로 얼굴을 기울이고서 무슨 말인지 속삭였다. 그러고 나서 늙은 재판장은 냉담하게 말했다.

"좀 더 신중해 주시오!"

"그럼 그렇지!"

시조프가 나지막이 맞장구를 쳤다.

'지금 재판하고 있는 거지?' 어머니는 생각했다. 그녀의 귀에 들려오는 말들은 하나같이 텅 비고 채워지지 않은, 마치 뻥 뚫린 배관처럼 느껴졌다. 그 때문에 그녀는 소름끼치도록 무섭기까지 했다.

"다들 시체같아."

어머니가 시조프에게 말했다.

"두려워하지 말아요. 모두 살아 있어요."

어머니는 재판장 쪽을 바라보았는데, 사람들의 얼굴에는 불안의 그림자가 드리워져 있었다.

변호사 한 사람이 변론하고 있었는데, 작은 체구에 날카로우면서도 창백하고 냉소적인 얼굴이었다. 그는 매우 정중하게 말했다.

"존경하는 재판장님, 저는 여기 계신 고결한 기소 변호인과 안보국, 그리고 보통 간첩이라고 불리는 사람들에게 주목해주실 것을 정중하게 요청하는 바입니다……."

얼굴이 푸르죽죽한 판사가 재판장에게 무어라고 귓속말을 했다.

검사가 벌떡 일어섰다. 잠시 어수선한 분위기 속에서 변호인이 한결같은 목소리로 말을 이어나갔다.

"이미 들어서 알고 있겠지만, 간첩 가이만(Gyman)이 검사로부터 고문을 당했다고 증언했습니다. 그 결과로 보면 검사의 주장은 증거로 채택되어서는 안 되며, 당연히 검찰로부터 비난받아야 할 일이라고 생각합니다."

검사가 벌떡 일어나 조서의 어떤 구절 하나를 성난 목소리로 빠르게 읽어나갔고 그것이 끝나자 재판장이 훈계조로 말을 했다. 변호인은 정중하게 머리를 숙이고 끝까지 재판장의 말을 듣고서야 다시 변론을 시작했다.

"만약 기소 변호인 측에서 이 사실에 대해 반론을 제기한다면 저로서는 다른 방법이 없겠지만, 그러나 제 변호 계획을 바꾸지는 못할 것입니다. 어쨌든, 검사 측의 지나친 행위는 이해가 되지 않습니다."

"그의 편을 들어줘!"

시조프가 말했다.

"있는 힘껏 도와주란 말이야! 그의 영혼까지도 다 보이란 말이야!"

법정이 활기를 띠기 시작했다. 폭발 직전의 긴장감이 감돌았다. 변호인은 분위기를 탄 예리한 변론으로 늙은 판사들의 살가죽을 간질였다.

파벨이 자리에서 일어나자 법정은 갑자기 숙연해졌다. 어머니는 몸을 최대한 앞으로 당겼다. 파벨의 변론이 시작되었다.

"나는 당원으로서 당의 재판만을 인정하기에 변론을 거부합니다. 다만 역시 변론을 거부했던 동지들의 뜻에 따라 당신들이 잘못 이해하고 있는 부분만 설명하고자 합니다. 검사는 우리가 사회민주주의 깃발 아래 일으킨 일을 절대 권력에 반하는 폭동이라고 규정하고 시종일관 우리를 황제에 대항한 폭도로 간주하고 있습니다. 분명히 말씀드립니다만, 우리에게 전제란 나라 전체를 속박하고 있는 족쇄에 불과합니다. 민중에게 채워져 있는 가까운 족쇄부터 푸는 것이 우리의 당면 임무입니다."

신념에 찬 당당한 목소리로 인해 법정은 더더욱 숙연해졌고, 따라서 벽과 벽의 거리가 더욱 멀게 느껴졌다. 파벨 또한 사람들 사이에서도 더욱 두드러져 보였다.

판사들이 술렁대며 동요했다. 귀족 단장이 한 판사에게 귓속말을 전하자 판사는 고개를 끄덕이고 곧바로 늙은 판사에게 몸을 돌렸다. 바로 그때 반대편 덩치 큰 판사도 늙은 판사에게 뭔가를 속삭이고 있었다. 늙은 판사가 안락의자를 좌우로 흔들면서 파벨에게 무슨 말인가를 했는데, 그 목소리는 굴하지 않고 흘러나오는 파벨의 말소리에 묻혀 버렸다.

"우리는 사회주의자입니다. 이 말은 우리의 적이 사유제(私有制)라는 것을 의미합니다. 사유제란 민중을 분열하고 서로 대항하게 만들어 서로를 무장시키고, 화해 불가능한 반목을 조장하고 이러한 반목을 감추거나 정당화하려고 거짓말도 서슴없이 내뱉을 뿐만 아니라, 거짓과 위선과 악으로 모든 사람을 타락시킵니다. 우리는 자신 있게 말할 수 있습니다. 인간을 한낱 자신의 부 축적의 도구로만 생각하는 사회는 반인간적이며, 우리는 그런 사회와 적대적인 관계일 수밖에 없다는 말입니다. 우리는 그런 사회의 위선적이고 거짓된 도덕과는 화해할 수 없습니다. 그런 사회가 지향하고 있는 개인에 대한 냉소적인 태도와 잔인성은 우리와는 반대되는 개념이어서, 우리는 그런 사회에 의한 인간의 육체적, 도덕적 예속의 여러 형태에 대항해 투쟁하기를 원하고 또 투쟁할 것입니다. 우리는 노동자입니다. 아이들 장난감에서 거대한 기계까지 어느 것 하나 우리의 노동을 거치지 않고 만들어지는 것은 없습니다. 우리는 우리의 인간적 가치를 위해 투쟁할 권리를 박탈당한 사람들입니다. 너 나 할 것 없이 모두 우리를 자기들의 목적달성 수단으로 만들려고 노력해 왔고 실제로 만들어왔습니다. 우리는 머지않아 모든 권력을 정복하고 우리가 향유할 수 있는 만큼의 자유를 쟁취하고자 합니다. 우리의 슬로건은 간단합니다. 사유제를 폐지하라! 모든 생산수단은 민중에게로! 모든 권력은 민중에게로! 모든 이에게 노동의 의무를! 보시다시피 우리는 폭도가 아닙니다!"

파벨이 빙그레 웃으며 손으로 천천히 머리카락을 쓸어내렸다. 그의 갈색 눈에서 불꽃이 튀었다.

"좀 더 요점만 말하도록 하시오!"

재판장이 큰 소리로 외쳤다.

그는 몸을 돌려 파벨을 뚫어져라 쳐다보고 있었다. 어머니가 보기에, 그의 흐리멍덩한 왼쪽 눈에서 사악과 탐욕의 불꽃이 번뜩이는 것만 같았다. 또한 파벨의 얼굴을 쳐다보고 있는 판사들의 눈은 마치 아들의 몸에 들러붙어 탐욕스럽게 피를 빨아먹으며 자신들의 늙고 쭈글쭈글해진 몸뚱이에 새 기운을 불어넣으려는 것만 같았다. 건장한 체격에 키가 훤칠한 파벨은 당당하게 서서 손을 앞으로 내밀면서 똑똑한 목소리로 말을 이었다.

"우리는 혁명가입니다. 명령하는 사람과 명령에 따라 일만 하는 사람이 구별되는 사회가 존재하는 한 우리는 혁명가가 되기를 원합니다. 당신들처럼 도저히 화해할 수 없는 적의 이익을 위해 군림하는 사회에 우리는 대항할 것이며, 승리하는 그날까지 화해란 있을 수 없습니다. 우리 노동자들은 끝내 승리할 것입니다. 당신들이 믿는 자들은 생각처럼 그렇게 강하지 못합니다. 민중의 희생을 담보로 모으고 지킨 재산과 민중을 지배하는 데 의지하는 힘은 지금 민중 내부에 반감을 사고 있고, 당신들 자신을 육체적으로 도덕적으로 타락시키고 있습니다. 사유재산을 지키기 위해서는 지나칠 만큼 많은 노력이 필요합니다. 당신들, 민중의 지배자들은 본디 우리보다 더한 노예입니다. 당신들이 정신적으로 예속되어 있다면 우리는 다만 육체적으로 예속되어 있을 뿐입니다. 당신들은 자신을 정신적으로 압살하는 편견과 관습의 굴레에서 결코 자유로울 수 없지만 우리를 정신적으로 해방하는 데 장애물은 아무것도 없습니다. 우리를 독살하려고 당신들이 먹인 독약은 우리의 의식 속에 쏟아 부은 해독제보다 의외로 약합니다. 우리의 의식은 끊임없이 성장하고 발전해서 마침내는 꺼지지 않는 불길로 타올라 이제 당신들만의 전유물로 알고 있던 가장 좋고 가장 건강한 요소들을 돌려받고 있습니다. 눈이 있으면 보십시오! 이미 당신들에게는 권력을 위해 이념적으로 싸울 사람들도 없고, 역사적 정당성이라는 중압감에서 당신들을 지켜줄 존립 기반을 다써 버린 지 오래며, 당신들은 사상의 영역에서 더는 새로움을 창조할 능력도 없는, 말 그대로 정신적 불구자가 되어 버렸습니다. 우리의 사상은 지금 이 순간도 자라고 있습니다. 나아가 점점 더 밝게 타올라 마침내 민중을 해방투쟁의 기치 아래 모이게 할 것입니다. 노동자의 위대한 역할에 대한 인식이 만국의 노동자들을 하나로 결합하고 있는 이 마당에, 이런 사회와 삶의 변화를 잔인함과 냉소주의로 막을 수 있을 것이라고 생각합니까? 당신들의 냉소주의는 드러난 지 오래고, 잔인함 또한 염증이 난 지 오랩니다. 결국 지금은 우리의 목을 조르고 있지만, 머지않아 그 손도 동지가 되어 우리의 손을 잡게 될 겁니다. 당신들에게 황금덩어리를 안겨 주었던 기계의 힘은 당신들을 서로 이간질하고 말살하겠지만, 우리의 힘은 모든 노동자의 줄기차게 성장해가는 단결의식에서 나온, 진정 살아 있는 힘입니다. 당신들이 하는 모든 행동은 범죄행위입니다. 왜냐하면 인간을 노예로 만들기 때문입니다. 반면 우리의 일은 그동안 민중을 위협해왔던 당신들의 거짓과 사악함과 탐욕에 의해 태어난 유령과 괴물로부터 세계를 해방하게 될 겁니다. 당신들은 삶으로부터 인간을 떼어놓고 파멸시켰지만 사회주의는 당신들이 파멸시킨 그 세계를 하나의 거대한 전체로 결합하고 있습니다. 반드시 이루고야 말겠습니다!"

파벨은 말을 마치고 잠시 있다가 다시 낮지만 한층 힘이 넘치는 목소리로 되풀이했다.

"반드시 이루고야 말겠습니다!"

판사들은 인상을 쓰고 서로 귓속말을 주고받으면서도, 시종일관 파벨에게서 탐욕스러운 시선을 떼지 않았다. 자신들의 더러운 눈길로 유연하면서도 강한 파벨의 몸을 더럽히고, 그도 모자라 건강한 힘과 신선함을 질투하고 있음을 어머니는 느낄 수 있었다. 동지의 연설을 주의 깊게 듣고 있는 피고들의 얼굴이 보다 환해지고 눈에는 기쁨이 넘쳤다. 어머니는 아들의 말을 하나도 빠뜨리지 않고 머릿속에 차곡차곡 줄을 맞추어 쌓아 놓았다. 늙은 재판장이 몇 번이나 파벨의 말을 막고 뭔가를 열심히 설명했는데, 한번은 재판장까지도 언뜻 안타까운 미소를 지었다. 파벨은 청자들로 하여금 자신의 말에 귀를 기울이도록 만드는 타고난 능력이 있어서, 심지어 판사들마저도 자신의 의지에 복종시키면서 이야기를 펼쳐 나갔다. 하지만 끝내는 재판장이 파벨에게 손을 뻗어 고함을 질렀다. 그에 대한 답으로 파벨의 목소리는 약간 냉소적이 되었다.

"결론적으로 말씀드리자면, 저는 사적으로 당신들에게 모욕을 주려고 의도했던 적이 없습니다. 한편으로는 그와 반대로 재판이라 부르는 이러한 코미디에 어쩔 수 없이 참여하게 된 나는 정작 당신들에게 연민을 느끼지 않을 수 없습니다. 어찌되었든 당신들도 우리와 같은 인간이기에, 비록 당신들이 우리의 적이기는 하지만, 자신의 인간적 가치의 양심마저 버릴 정도로 타락한, 그리고 폭력의 도움에 부끄럽게도 비굴해진 당신들의 모습을 보고 있노라면 분노와 슬픔을 가눌 길이 없습니다."

판사에게는 눈길도 주지 않고 파벨은 자리에 앉았다. 어머니는 숨을 멈추고 판사들을 보면서 다음 순간을 기다렸다.

안드레이는 행복감에 도취되어 파벨의 손을 잡았고, 사모일로프와 마진과 다른 피고들은 모두 활기를 띠며 악수를 청했다. 동지들의 환호에 잠시 당황한 파벨은 빙그레 웃고 어머니의 자리를 향해서 고개를 끄덕였다. 이렇게 묻고 있는 듯했다.

'제 말이 맞죠?'

어머니는 따스한 기쁨이 번져서 온몸으로 떨며 그에게 답해 주었다.

"봐요, 재판은 이제부터요!"

시조프가 속삭였다.

"멋지게 한 방 먹였네요, 그렇죠, 어머니?"

16

어머니는 아들이 용기 있게 말해서 만족스러워 고개를 끄덕이며 미소 지었다. 아니, 어쩌면 아들이 연설을 끝마쳤기에 더욱 만족했다. 어머니의 머릿속에는 그 연설 때문에 파벨이 더욱 위험해질 것 같은 생각이 스쳐 지나갔다. 그렇지만 자부심 때문에 가슴이 두근거리고, 아들이 한 연설이 어머니의 가슴속에 자리 잡는 것 같았다.

그런데 갑자기 안드레이가 자리에서 벌떡 일어나 몸을 앞뒤로 흔들거리며 판사들을 곁눈으로 힐끔거리고 변론을 시작했다.

"친애하는 변호인!"

"법정은 당신 앞에 있지 변호 앞에 있지 않습니다!"

얼굴에 병색이 완연한 판사가 화난 소리로 크게 외쳤다. 어머니는 안드레이의 표정을 보고 그가 뭔가 조롱 섞인 말을 하려 한다고 눈치챘다. 콧수염이 떨리고 눈은 교활하게 히죽히죽 웃는, 마치 고양이 웃음 같은 미소가 그의 눈에서 빛났다. 기다란 손으로 자신의 머리를 쓰다듬으며 한숨을 들이쉬었다.

"그런가요?"

안드레이가 고개를 앞뒤로 흔들거리며 말했다.

"난 당신들이 판사가 아니라 변호사라고 생각했어요."

"사건의 직접적 핵심만을 말하세요!"

재판장이 무뚝뚝하게 말했다.

"핵심이요? 좋습니다! 전 이미 당신들을 자주적이고 공정하고 정직한 판사로 생각하도록 강요받았습니다."

"재판은 당신이 이러쿵저러쿵할 성질이 아닙니다!"

"그런가요? 그렇다 치고, 하던 말을 계속하겠습니다. 여러분은 내 편 낯선 편도 구분이 없는 자유로운 사람들입니다. 지금 앞에는 두 진영이 있는데, 한편에서는 '난 그에게 강도를 당하고서 완전히 묶여 있었다'고 불평하며, 다른 한편에서는 '내게 강도짓을 할 권리가 있다, 난 양팔이 있기 때문이다' 주장을 하고 있습니다."

"개인적 진술은 빼고 핵심만 말하세요!"

"왜요? 전 노인들이 개인 진술을 좋아한다고 들었는데요, 특히 버릇없는 말을 말입니다."

"변론을 중단하시오. 사건의 직접적 핵심만 말하시오. 익살이나 어울리지 않는 농담을 빼고 말해요."

소러시아인은 늙은 재판장을 말없이 쳐다보고 있다가 머리를 긁적이더니 진지하게 말을 이었다.

"직접적 핵심이라고 하셨습니까? 내가 왜 직접적 핵심에 대해서 당신에게 이야기를 해야만 하는데요? 나의 동지가 당신들에게 말한 것으로도 충분하지 않을까요? 나머지만 당신께 말하죠. 언젠가는 다른 동지들이……."

늙은 재판장이 벌떡 일어나 소리쳤다.

"발언권을 박탈하겠소! 다음, 그리고리 바실리 사모일로프!"

소러시아인은 입술을 꼭 다물고서 천천히 의자에 앉았다. 바로 옆에서 사모일로프가 곱슬머리를 흔들며 자리에서 일어났다.

"검사 양반은 동지들을 일컬어 '야만인', '문화의 적'이라 했습니다만……."

"피고와 직접 관련된 진술만 하세요."

"이 사건에 관련이 있습니다. 정직한 사람과 관련이 없는 일은 없습니다. 내 말을 막지 말아달라는 부탁을 드리고 싶습니다. 나는 우선 당신들의 문화가 도대체 어떤 종류인지 묻고 싶습니다."

"우리는 피고와 토론을 하려고 여기 있는 게 아닙니다. 요점만 말하시오!"

늙은 재판장이 이를 드러내며 말했다.

안드레이의 행동은 분명히 판사들로 하여금 태도를 바꾸게 만들었다. 그의 말이 판사들에게서 무엇인가를 닦아낸 듯 보였다. 그들의 잿빛 얼굴에 얼룩얼룩 홍조가 나타나고 눈에서는 차가운 초록빛 불꽃이 이글거렸다. 파벨의 연설은 흥분시키기는 하나 자연스럽게 우러난 존경심으로 판사들이 화를 누그러트린 반면, 소러시아인은 자제력을 깨트려서 그 밑에 눌려 있던 본래의 모습을 드러나게 만들었다. 그들은 사모일로프를 바라보고, 서로 이상하게 비꼬는 얼굴로 속삭였다. 그들은 또한 자신들을 위해 극도로 재빨리 움직이기 시작했다. 그들은 그를 붙잡아서 그의 몸을 괴롭히면서 악을 쓰고 소리치며 살아 있는 기쁨을 맛보고 싶어 하는 인상이었다.

"당신들은 첩자들을 길러내고, 여인들과 처녀들을 타락시키고 있으며, 도둑질과 살인을 하지 않으면 안 될 상황으로 사람들을 내몰고 있습니다. 더욱이 술로 인간을 해치고 있습니다. 국제적인 살육과 만국민의 거짓과 타락, 그리고 야만성이 당신들의 문화라는 겁니다! 그래요, 이것이 문화라면 우리는 의당 문화의 적이기를 자처합니다."

"경고합니다!"

늙은 재판장이 턱을 흔들며 외쳤다.

그러나 사모일로프 역시 빨갛게 상기된 얼굴로 눈을 번뜩이며 소리쳤다.

"그러나 우리는 당신이 학대하고, 지하 감옥에서 썩게 하고, 미치게 만든 다른 문화의 창시자들을 존경하고 칭찬하고 감탄합니다."

"역시 발언권 박탈이오. 다음, 페도르 마진!"

아직 어린 티를 벗지 못한 마진이 샴페인 병을 떠난 코르크 마개처럼 벌떡 튀어 일어나, 짧게 스타카토처럼 단어를 끊어가며 말했다.

"나…… 나는…… 맹세합니다! 당신이 내게 유죄 판결을 내린 사실을 알고 있습니다."

가쁜 숨을 몰아쉬는 그의 얼굴이 새하얗게 질려 있었다. 그의 두 눈이 얼굴 전체를 삼키는 것 같았다. 그는 손을 앞으로 내밀며 소리쳤다.

"맹세코! 어디로 날 추방한다 해도 난 꼭 도망쳐서 다시 돌아와 평생 이 일을 계속할 겁니다! 맹세코!"

시즈프가 법정이 떠나가라 환호성을 질렀다. 그러자 방청객들이 흥분해서 이상스럽게 멍한 분위기로 웅성거렸다. 흐느껴 우는 여인이 있는가 하면 숨넘어가는 소리로 기침을 해대는 이도 있었다. 엉겁결에 놀란 헌병들이 피고

인들과 방청객을 사악하게 노려보았다. 판사들도 따라서 동요하자 재판장이 날카롭게 소리쳤다.

"구세프 이반!"

"거부하겠소!"

"구세프 바실리!"

"거부하겠소!"

"부킨 페도르!"

얼굴이 하얗고 병약해 보이는 젊은이가 힘들게 자리에서 일어나 고개를 까딱이며 천천히 말을 시작했다.

"여러분은 부끄러운 줄 알아야 합니다. 난 병에 걸렸지만 단 하나 정의가 무엇인지만은 압니다."

그는 손을 머리 위로 쳐들고, 눈을 살짝 감고서 더는 말을 하지 않았다. 마치 멀리 무언가를 쳐다보고 있는 것 같았다.

"그래서 어쨌다는 거요?"

안락의자에 몸을 깊숙이 파묻으며 재판장이 화난 목소리로 말했다.

"당신들은 그래서……."

부킨은 침통한 표정으로 의자에 털썩 주저앉았다. 다 하지 못한 말 속에서 아주 심각한, 아니면 비난의 어떤 여운을 느낄 수 있었다. 단지 몇 사람만의 느낌이 아니었다. 심지어 판사들도 혹시나 방청객이 이 말에 술렁이면 어쩌나 하는 조바심에 잔뜩 주의를 기울였다. 지금은 방청석의 동요도 가라앉고 허공에는 조용한 흐느낌만이 머물고 있었다. 잠시 뒤, 검사가 어깨를 움츠리며 히죽거리고 귀족 단장이 기침을 하자, 다시 법정이 술렁였다.

어머니는 너무 지쳐서 숨 막혀 기절할 것만 같았다. 작은 땀방울이 이마에 송골송골 맺혔다. 사모일로프의 어머니는 긴 의자에 부산하게 움직거리며 앉아서, 어깨와 팔꿈치로 어머니를 쿡쿡 찌르고, 또 자신의 남편에게 숨죽인 소리로 속삭이기도 했다.

"이게 뭐예요? 아니 어떻게 이럴 수가 있어?"

"뭐가 이럴 수가 있어? 안 보여?"

"그럼 우리 바실리는 어떻게 되는 거예요?"

"조용히 있어."

알 수 없는 무언가 때문에 대중이 삐걱거리고 있었다. 모든 사람은 눈앞에 크기와 모양을 가늠할 수도 없는 물체가 엄청난 흡입력을 가지고 나타나, 밝게 타오르고 있기라도 한 듯 눈을 깜빡였다. 그리고 사람들은 그들에게 분명히 떠오르는 이 대단한 물체를 이해하지 못하기 때문에, 그들은 그 물체의 중요성을 작게 만들어서, 그 의미가 깨끗하고 분명하도록 했다. 부킨의 형이 아무 거리낌 없이 큰 소리로 중얼거렸다.

"아니, 왜들 말을 못하게 하는 거야? 검사는 자기가 하고 싶은 말을 잘도 하면서……."

피고인석 옆에 선 관리가 사람들 머리 위로 손을 내저으면서 굵직한 목소리로 말했다.

"조용! 조용히 하시오!"

사모일로프가 몸을 뒤로 젖히고 아내에게 갑자기 소리쳤다.

"죄가 있어도 그렇지, 해명할 기회를 줘야 하는 거 아냐? 그들이 반기를 들었다는데, 난 알고 싶어. 나와 결코 무관한 일이 아니란 말이야."

"조용!"

관리가 그에게 삿대질로 위협하며 고함을 쳤다.

시즈프는 침통한 표정으로 고개를 끄덕였다.

어머니는 판사들에게서 한 순간도 눈을 떼지 않았다. 모두 점점 더 흥분하면서 들리지 않게 작은 목소리로 이야기를 주고받고 있었다.

얼음처럼 차고 결코 믿음이 가지 않는 그들의 말소리는 어머니의 얼굴에 와 닿아 뺨을 부르르 떨게 만들고 혐오스러운 느낌을 갖게 했다. 혹 판사들이 나누는 이야기의 주제가 아들과 그 동료들의 신체, 뜨거운 피와 힘으로 이루어진 근육, 신체의 각 기관들에 대해서가 아닐까, 생각이 들었다. 젊은 그들의 건강한 육체가, 부자들의 사악하고 무기력한 질투심과 병든 자의 탐욕성에 불을 지피기도 하는 것이다. 이런 느낌은 가난한 자들이 갖는다. 건강에 안 좋은 탐욕은 신체가 지치고 아픈 병자들이 느끼듯이. 노동으로 풍요로운 삶을 만들어 마음껏 즐기고, 창조하지 못할 것이 없는 육체를 그들은 탐을 내며 침을 흘렸다. 저 젊은이들은 늙은 판사들에게, 쇠약해진 짐승의 복수심에 불타는 고통의 흥분을 불어넣고 있었다. 쇠약해진 짐승은 바로 눈앞에 널린 먹잇감마저 먹을 힘이 없어서, 음침하게 그 무력감을 향해 울부짖는다.

무례하고 이상스러운 생각이 머리를 떠나지 않았다. 어머니는 더욱 판사들을 뚫어져라 쳐다보았다. 그들은 한때 남부럽지 않게 살았으나 지금은 빈털터리가 되어 굶주리고 있는 인간들의 무기력한 분노로 인한 흥분된 탐욕을 굳이 숨기지 않고 있는 듯했다. 한 여자로서 어머니에게 아들의 육체는 영혼의 육체 이상의 소중한 가치가 있게 마련이다. 그렇기에 이런 맥 빠진 시선들이 아들의 얼굴을 더듬고 가슴과 어깨, 팔뚝을 기어 다니고 뜨거운 피부에 문대는 것을 보면, 비난 받아 마땅한 그들이 자신들의 청춘에 대한 되살아나는 탐욕과 질투에 눈이 멀어, 반은 죽은 것이나 진배없는 육체 안을 흐르는 몇 방울의 피에 불을 지필 수 있지 않을까 하는 희박한 가능성에 죽기 살기로 매달리고 있구나, 하는 안쓰러운 생각이 들기도 했다. '아들도 이러한 불쾌한 자극에 기분이 상해 나를 보고 있구나.' 어머니는 생각했다.

파벨은 약간 피곤해 보이는 눈으로 어머니의 얼굴을 차분하고 부드럽고 따듯하게 쳐다보았다. 가끔 고개를 끄덕이며 웃어 보이기도 했다. 어머니는 그 미소를 이해했다.

"지금 어서!" 어머니가 말했다.

가장 늙은 판사가 손으로 책상을 짚으며 일어섰다. 그는 머리가 판사복의 깃에 파묻힌 채로 조금도 움직거림 없이 단조로운 목소리로 문서를 읽기 시작했다.

"판결문을 읽고 있소." 시조프가 들으면서 말했다.

다시 조용해지고, 사람들 모두가 그 늙은 판사를 쳐다보았다. 그는 체구가 작고 무표정하고 곧았으며, 마치 그가 보이지 않는 손에 들고 있는 지팡이와 같은 모습이었다. 다른 판사들도 일어섰다. 지방 원로는 머리를 한쪽 어깨 쪽으로 기울여 천장을 쳐다보았고, 시장은 가슴에 양손을 포개어 얹고 있었으며, 귀족 단장은 수염을 쓰다듬고 있었다. 병자 같은 얼굴의 판사와 그 옆의 부어오른 사람, 그리고 검사 대리는 곁눈질로 피고인들을 주시하고 있었다. 그리고 판사들의 뒤쪽으로는 붉은 군복 코트를 입은 황제의 무표정하고 창백한 얼굴이 그들의 머리 위 초상화 속에서 내려다보고 있었다.

"유형!" 시조프는 안도의 한숨을 쉬고 긴 의자 뒤로 털썩 주저앉으며 말했다. "이거 참, 물론이지! 하느님 감사합니다! 그들이 유형지에서 힘든 노동을 할 거라고 하더군요. 너무 걱정할 필요는 없어요, 어머니, 별일 아니니까."

생각과 긴장된 부동자세에 지친 어머니는 노인의 즐거움을 이해했다. 그 즐거움은 희망이 보이지 않는 음침함으로부터 맥 빠진 영혼이 용감하게 부추겨 올려지는 즐거움이었다. 그러나 그녀에게 그리 많은 생동감을 불어 넣지는 못했다.

"왜 그래요, 알고는 있었지만." 그녀는 대답했다.

그들은 철창 쪽으로 걸어갔다. 어머니는 아들의 손을 꼭 눌러 잡으며 눈물을 흘렸다. 그와 페자는 다정하게 이야기 나누며 미소 짓고 농담도 했다. 모두가 흥분되어 있었지만 밝고 명랑했다. 여인들은 울었다. 그러나 블라소바처럼, 슬픔보다는 습관적으로 울었다. 그들은 갑작스럽게 예기치 않게도 머리에 충격을 받았다기보다는 아이들을 떼어놓아야 하는 슬픈 의식만을 경험했다. 부모들의 머릿속에는 자식들에 대한 희비가 엇갈리는 감정으로, 본능적인 자식 사랑과 자식에 대한 존경심의 결합, 자식을 보지 못하고 남은 인생을 살아야 하는 막막함, 자신의 신념을 거침없이 이야기하는 젊은이들에 대한 호기심 등 만감이 교차했다. 생각은 있으나 표현할 수 없고, 말은 하고 있으나 옷가지나 건강 걱정 따위의 아주 평범한 주제가 대부분이었다.

"사람들 모두가 지칠 거야. 우리도 그렇고, 그들도 그렇고."

사모일로프가 그의 아들에게 말했다.

형 부킨은 악수를 하며 동생에게 말했다.

"정의는 살아 있다. 그 밖에 더 필요한 건 없어!"

동생 부킨이 대답했다.

"찌르레기를 잘 돌봐 줘. 나는 그 새가 너무 좋아."

"잘 돌볼게! 나중에 돌아와보면 예쁘게 자라 있을걸."

"난 거기서 할 일이 없어."

시즈프도 조카의 손을 잡고 천천히 말했다.

"페도르, 여행을 한다고 생각해라."

페자가 허리를 숙여 귀에 무슨 말인가를 속삭이고서 의미심장한 미소를 지어 보였다. 호송 병사도 따라서 웃다가 이내 엄숙한 표정으로 돌아와 한마디 던졌다.

"자, 가자!"

어머니도 겉으로는 옷가지나 건강 이야기를 하고 있지만 마음속으로는 사샤와 자신과 아들에 대한 수만 가지 상념이 교차했다. 그 밑바닥에는 일종의 부담감이 없지 않았으나, 차츰 아들에 대한 사랑으로 바뀌면서 어떻게 하면 아들을 기쁘게 해줄까, 마음만 간절해졌다. 무서운 일이 벌어지리라는 예감은 사라지고 그저 판사들 생각에 소름이 약간 끼쳤다. 한쪽 구석에는 판사들에 대한 어둡고 비인간적인 생각이 남았다.

"젊은 사람들은 젊은 판사가 재판했어야지, 늙은이들이 재판을 하다니." 그녀는 아들에게 말했다.

"사람들을 억압하지 않아서 죄를 짓지 않고 살게 해주어야 더 옳지요." 파벨이 답했다.

어머니는 소러시아인이 사람들과 이야기를 나누는 모습을 보고 정작 파벨보다 사랑이 더 절실한 사람이라는 생각에 다가가 말을 건넸다.

안드레이는 감사히 답례하며 미소 짓고 다정하게 농담을 건넸다. 여전히 약간 우습고 유연하고 근육질이었다.

마침내 피고인들이 이끌려 나갔다. 어머니는 법정을 빠져나왔다. 시내에는 벌써 어둠이 깔리고, 거리에는 가로등이 밝혀져 있고, 하늘엔 별 무리가 반짝이고 있는 모습을 보고 어머니는 놀랐다. 아직도 사람들이 법원 근처에 무리지어 있었는데 대부분 젊은이들이었다. 얼어붙은 허공에서 사각사각 눈 내리는 소리가 들렸다. 잿빛 방한 두건을 뒤집어쓴 사내가 시조프의 얼굴을 보고 황망히 물었다.

"판결은 어찌 되었답니까?"

"유형이오."

"모두요?"

"그렇소."

"고맙습니다!"

사내는 걸어서 가 버렸다.

"보세요."

시조프가 말했다.

"사람들이 관심이 많아요."

갑자기 젊은 남녀 십여 명이 그들을 에워쌌고, 이런저런 설명들이 비 오듯이 쏟아져내려서, 훨씬 더 많은 사람을 불러들였다. 어머니와 시즈프는 걸음을 멈추었다. 판결과 피고들의 처신, 변론들이 어떠했는지에 대해 질문을 받았다. 질문하는 목소리들에는 열렬한 호기심이 느껴졌는데, 성실하고 따스한 기분이어서 가능한 한 자세하게 이야기해주고 싶은 마음이 저절로 생겼다.

"여러분! 여기 계신 이분이 파벨 블라소프의 어머니시랍니다!"

누군가 이렇게 고함을 치자 시끄럽던 주위가 순식간에 조용해졌다.

"악수를 청해도 되겠습니까!"

누군가의 억센 손이 어머니의 손을 움켜쥐었고, 동시에 누군가의 한껏 들뜬 목소리가 들렸다.

"아드님은 우리 모두에게 용기의 모범입니다."

"러시아 노동자 만세!"

"가난한 노동자 만세!"

"혁명 만세!"

우렁찬 고함이 점점 커지고 수도 배로 불어나 열기가 하늘을 찔렀고, 그 통에도 사람들이 여기저기에서 몰려와 어머니와 시즈프를 빽빽이 에워쌌다. 경찰의 호루라기 소리가 허공을 갈랐지만 결코 고함을 누를 수는 없었다. 늙은 시즈프는 미소만 지었다. 어머니는 이 모든 일이 꿈만 같았다. 여기저기서 내미는 손을 잡아주고 인사를 하느라 정신이 없었다. 기쁨의 눈물이 흐르고 목이 메었다. 가까이서 누군가의 맑은 목소리가 신경질적으로 들렸다.

"동지들, 친구들, 러시아 민중을 말살해 온 전제 군주 괴물이 오늘 또다시 자신의 밑 빠진 탐욕의 입을 벌렸습니다."

"이제 그만 갑시다, 어머니."

시즈프가 말했다.

바로 그 순간 어디선가 사샤가 나타나 어머니의 팔을 잡아끌었다.

"이리 오세요! 그들이 체포할 거예요. 뭐라고요? 유형이래요? 시베리아로요?"

"그래, 그렇다는 구나."

"연설 어땠어요? 말씀 안 하셔도 전 알아요. 그이는 누구보다 강하고 솔직하죠. 엄숙하기도 하고요. 예민하면서도 자상해요. 단지 자신을 드러내기를 부끄러워해서 탈이지만요. 그리고 직접적이고 명백하고, 단호해요, 마치 진리 그 자체 같아요. 정말 훌륭해요. 그의 내면에는 모든 것이 있어요, 모든 것이! 그러나 그는 종종 아무 대가도 없이 자신을 자제해요. 일하는 명분을 방해하지 않으려고 그러지요. 저는 알아요.”

그녀의 뜨겁고 낮은 속삭임, 사랑의 말에 어머니의 분노는 가라앉았고, 지친 몸이 회복되어 힘이 솟았다.

“언제 파벨에게 갈 거야?”

어머니는 사샤의 손을 잡아끌면서 나직한 목소리로 다정하게 물었다. 사샤는 확신에 차서 정면을 지그시 바라보며 대답했다.

“하던 일을 넘겨줄 사람만 찾으면 바로 떠나려고요. 돈은 벌써 있어요. 일정에 따라서 갈 거예요. 저도 선고만 기다리고 있는 신세잖아요, 아시다시피. 아마 저도 시베리아로 보내겠죠. 그럼 그때 가서 그이가 있는 곳으로 보내달라고 청원하려고 생각하고 있어요.”

뒤에서 시조프의 목소리가 들렸다.

“내 안부도 잊지 말아요! 시조프라고 하면 아마 알 거요. 페자 마진의 삼촌이지.”

사샤가 뒤를 돌아보고 손을 쭉 내밀었다.

“저도 페자를 알아요. 전 알렉산드라입니다.”

“그럼 부친은 어떻게 되지?”

그녀는 그를 바라보고 말했다.

“아버지가 안 계세요.”

“돌아가셨다는 말인가?”

“아뇨, 살아 계세요!”

처녀가 흥분해서 대답했다. 얼굴에서 완고한 고집이 읽혔다.

“아버지는 지주예요. 지방 군수이기도 하고요. 아버지는 농민을 착취할 뿐만 아니라 폭력까지 휘두르지요. 저는 내 아버지를 인정할 수가 없어요.”

“무슨 말인지 알겠소.”

시조프는 깜짝 놀라 잠시 입을 다물고 있다가 곁눈질로 처녀를 보며 말했다.

“자, 어머니, 잘 가시오. 난 왼쪽으로 꺾어야 해요. 또 만납시다, 아가씨! 아버지한테 너무 심하게 하지 말아요. 남이 참견할 일은 아니지만……."

"만약 아들이 돼먹지 못해서 남한테 폐만 끼치고 아버지한테 대들기나 한다면, 아저씨는 안 그러겠어요?"

사샤가 크게 언성을 높였다.

"글쎄, 나도 마찬가지겠지."

시조프가 망설이다 대답했다.

"아저씨에게 아들보다 정의가 더 소중하듯, 제게도 역시 아버지보다 정의가 더 소중합니다."

시조프가 고개를 끄덕이며 웃고서 한숨을 쉬어가며 말했다.

"아주 똑똑한 아가씨네! 조금만 더 같이 있다간 두 손 두 발 다 들어야겠어. 성격이 대단해! 잘 가요, 행운이 있기를 빌겠소. 남에게도 잘해주고, 알겠소? 잘 가요, 닐로브나! 파벨을 보거든 연설 잘 들었노라고 전해 주구려. 다 이해할 수도 없고 약간 무섭게 들리는 말도 있었지만 말은 다 옳더라고 전해주고. 그 젊은이들은 진리를 찾은 거요, 그래요."

그는 모자를 들어 올리고 침착하게 길모퉁이를 돌아갔다.

"좋은 분인 것 같아요. 그 사람들은 일하는 이유를 주는 데 유용하지요. 예를 들면 그들에게 문학서적을 숨긴다든가."

사샤가 큰 눈으로 미소 지으며 말했다.

어머니의 눈에 그녀의 얼굴이 오늘따라 한결 부드럽고 선하게 보였다. 그리고 시조프에 대한 얘기를 들으면서 생각했다. '언제나 일을 하는 이유에 대해서 논하지. 오늘도.' 그 이유가 어머니의 마음속에 불길로 각인되었다.

17

집에 돌아와 둘은 소파에 꼭 붙어 앉았다. 어머니는 차분한 마음으로 쉬면서 파벨을 만나러 가야 할 사샤의 여정에 대해 이야기를 시작했다. 처녀는 슬픔에 잠겨 짙은 눈썹을 치키고 꿈을 꾸는 듯한 큰 눈으로 먼 곳을 바라보았다. 창백한 얼굴에 평화로운 명상이 잔잔히 퍼졌다.

"나중에 애가 생기면 내가 달려가 재미있게 얼러줄게. 살기에 여기보다 못하진 않을 거야. 파샤도 일감을 얻을 수 있을 테고. 손재주가 비상하니까."

"네, 좋아요." 사샤가 생각에 잠겨 말했다. 그리고 무언가를 집어던지듯 갑자기 억양이 들어간 목소리로 간단히 말했다.

"그 사람은 거기서 살지 않을 거예요. 그는 그곳을 떠날 거예요, 물론이에요."

"어쩌려고 그러는 거니? 애들이 생기면 어쩌고?"

"모르겠어요. 가보면 알게 되겠죠. 거기서는 그가 저를 무시해야만 해요. 저는 그를 막으려고 강요할 수 없고요. 어느 순간에는 그는 자유예요. 구속할 생각도 없어요. 저는 그의 동지요, 아내죠, 물론이에요. 그렇지만 그 사람이 하는 일의 환경이 그렇게 수 년 동안 그렇고 그러니까, 저는 우리의 유대 관계를 다른 사람들과의 관계처럼 그렇게 보통으로 여길 수가 없어요. 그와 헤어지기가 힘들 거라는 사실을 저는 알고 있고요. 그래도 물론 저는 잘 살아나가겠죠. 제가 남자를 소유물로 여길 줄 모른다는 사실을 그가 알고 있어요. 그를 억제하지 않을 거예요, 그러지 않아요."

어머니는 사샤가 자기가 한 말은 꼭 책임을 지는 사람으로 알고 있기에 너무나 가엾은 생각에 꼭 안으며 말했다.

"가엾어라! 네가 얼마나 힘들게 될지!"

사샤가 어머니의 품으로 파고들며 부드러운 미소를 지어 보였다. 목소리는 부드러우면서도 힘이 있었다. 얼굴이 붉어졌다.

"그때까지는 아직 시간이 많이 남았어요. 하지만 제가 지금 힘들어한다고 생각지는 마세요. 저는 희생은 하지 않아요. 제가 하고 있는 일이 무엇인지 잘 알기 때문에 기대감도 어느 정도여야 하는지 알고 있다고요. 제가 그 사람을 행복하게 해줄 수 있다면 그게 제 행복이에요. 제 목표, 제 희망은 그 사람의 원기를 북돋워 주는 일이에요. 그래서 그에게 제가 줄 수 있는 만큼 큰 행복과 사랑을 줘야지요. 저는 그 사람을 무척 사랑하고, 그 사람도 저를 사랑하기 때문에, 저는 알아요, 제가 그에게 주는 것을 그가 제게 돌려줘서 우리는 서로 부자가 되리라는 사실을요. 우리의 힘이 이룰 수 있는 모든 것을 발휘해서 그렇게 될 겁니다. 그런 뒤에는 만일 필요하다면, 우리는 친구로 헤어질 수도 있고요."

사샤는 오랫동안 말없이 어머니와 함께 방 안 구석에서 서로 꼭 붙어 앉아 자신들이 사랑하는 그 남자를 생각했다. 조용하고, 음울하고, 따뜻했다.

니콜라이가 갑자기 피곤한 모습으로 나타나 급히 말했다.

"사샤, 되도록 빨리 여기를 떠나요. 아침부터 첩자 두 놈이 내 뒤를 밟고 있는데, 아무래도 체포할 모양이에요. 숨으려고 하는 분위기가 분명하니까 아마 누군가를 체포한 듯한 냄새가 나요. 내 본능적인 직감으로는, 어디선가 무슨 일이 터졌다고요. 파벨의 연설문을 입수했는데, 곧바로 인쇄하기로 결정됐어요. 이걸 류드밀라에게 전해줘요. 연설문이 너무 멋져요, 닐로브나. 그의 연설이 톡톡히 한 역할을 할 거예요. 첩자들을 조심해요, 사샤. 잠깐만 기다려요, 이 전단문들도 숨겨야 해요. 예를 들면, 당신이 이 전단문을 이반에게 전해줘요."

이야기를 하면서도 그는 추위에 언 손을 세게 비비거나, 책상으로 다가가 서랍을 열고는 서류뭉치를 꺼내어 찢기도 하고 옆으로 치워 놓기도 했다. 걱정이 되는지 태도가 정신이 없어 보였다.

"청소한 지가 오래되니까 쓰레기만 쌓이네요! 제기랄! 보셔서 아시겠지만 어머님은 오늘 밤 다른 곳에서 주무셔야 할 것 같아요. 한바탕 소동이 벌어질 텐데, 어쩌면 어머님도 잡아갈지 몰라 걱정이 돼서 그래요. 어머님은 연설문을 여기저기 뿌려주셔야 해요."

"흠, 날 잡아가서 어쩌게? 그렇지 않을 거야."

어머니가 말했다.

니콜라이가 양 팔뚝을 자기 눈앞에서 내저으며 단호하게 말했다.

"제가 눈치가 빠른 사람입니다. 더구나 어머님은 류드밀라를 도와야죠. 악마에게서 피하는 게 상책이에요."

아들의 연설문 인쇄에 참여할 수 있으리라는 가능성에 기뻐서 어머니는 말했다.

"상황이 그렇다면야 서둘러 가야지. 그렇지만 내가 겁낸다고 생각지는 말아."

"좋습니다! 제 여행가방하고 셔츠가 어디 있는지 말씀해주세요. 그리고 어머님은 뭐든 욕심껏 싸서 가져가세요. 전 이제 개인 재산을 관리할 능력을 빼앗겼거든요. 저는 완전한 대비책을 준비 중이에요. 저들에게는 불쾌하겠지만."

사샤는 말없이 찢어진 종이들을 난로 속에 집어넣고 불을 붙인 다음, 그 재들을 살살 다른 재들과 섞어 놓았다.

"이봐요, 사샤! 그만하고 어서 떠나요!"

니콜라이가 손을 내밀며 말했다.

"잘 가요. 새롭고 흥미 있는 일이 생기거든 잊지 말고 책으로 만들고. 그럼, 잘 가요, 친애하는 동지! 몸조심 하고요."

"오래 걸릴까요?"

사샤가 물었다.

"누가 알겠소? 분명한 건 내 신변에 무슨 나쁜 일이 있다는 거죠. 닐로브나, 사샤와 같이 가세요. 아시겠어요? 두 사람은 미행하기가 더 힘드니까. 그렇죠?"

"지금 나가요!"

어머니는 옷을 갈아입으며 생각했다. '개인적 자유를 걱정하는 모든 사람을 위해 열심히 노력하는 사람들이 너무도 적어.' 체포를 예상하는 니콜라이의 단순함과 사업가적 태도는 두 가지 모두 그녀로서는 놀랍고도 감동적이었다. 니콜라이를 주의 깊게 관찰해 보았지만 그녀는 그에게서 흡입력 있는 분위기밖에는 찾아보지 못했다. 그런 분위기 때문에 평소에 다정하고 부드럽던 그 눈빛과 얼굴에는 어두운 그늘이 졌다. 초조해하는 모습도, 눈곱만큼의 흥분도 엿볼 수가 없었다. 이 사람은 그 누구보다도 그녀에게 소중했고, 호들갑을 떨지도 않았다.

누구에게나 친절하고 다정하고 편애를 모르면서도 언제나 외로운 그는, 누가 보더라도 예전의 모습 그대로 모든 사람과 모든 사물에 대해 낯선 사람처럼 보였다. 단지 일을 하는 목적에 대해서만 낯선 이가 아니었다. 혼자만이 먼저 떨어져서, 은밀한, 어딘가 사람들보다는 앞서 있는 삶을 살아가고 있었다.

이제 그녀는 그에게 미안하고 고통스러운 기분을 느꼈지만, 니콜라이가 보게 되면 불안해할까 봐, 또 항상 그런 환경에 있을 때마다 그랬던 것처럼 그가 다소 우스꽝스러워질까 봐 감정을 억제했다.

어머니가 다시 방 안으로 들어가 보니 니콜라이는 사샤의 손을 잡고 이야기하고 있었다.

"훌륭해요! 그렇게 하면 그 사람이나 당신을 위해서도 좋을 거라고 확신하오. 사실 얼마간의 개인적 행복은 그렇게 해롭지 않으니까. 그가 자신의 가치를 잃지 않도록 하기 위해서는 개인적 행복이 조금은 필요하지요. 어머님, 준비되셨어요?"

그는 어머니에게로 다가와 웃으며 안경을 고쳐 썼다.

"자, 안녕히 가세요. 전 석 달, 넉 달, 길게 잡아 반 년 정도 생각하고 있어요. 반 년이면 남자 인생에서 그렇게 짧은 시간도 아니죠. 몸조심 하세요, 부디. 아시겠어요? 우리 포옹해요."

왜소한 그는 어머니의 목을 꼭 끌어안고 함박웃음을 지으며 말했다.

"어머님을 사랑하게 되었나 봅니다. 오래 이렇게 있고 싶네요."

어머니는 말없이 그의 이마와 볼에 키스했다. 그녀의 양손이 부들부들 떨렸다. 혹시나 그가 눈치챌까 봐 얼른 손을 풀었다.

"조심해서 가세요. 특히 내일이 문제예요. 이렇게 하세요. 가서서 아침에 남자애를 하나 보내세요. 류드밀라가 그런 일할 만한 아이를 하나 데리고 있을 거예요. 잊지 말고 조심하라고 이르시고요. 그럼 안녕히 가세요, 동지! 다 잘돼야 할 텐데……."

길을 걸으며 사샤가 어머니에게 빠르게 말했다.

"필요하다 싶으면 이 일처럼 단순하게 죽음에까지 갈 사람으로 보여요. 아마 서두르기조차 할 거예요. 죽음이 빤히 그의 얼굴을 쳐다본다 해도 그 사람, 안경을 고쳐 쓰고 '훌륭하십니다' 말하고는 그냥 죽을 사람이죠."

"난 그를 진심으로 사랑한단다."

어머니가 속삭였다.

"전 다만 놀랍다는 생각뿐 사랑까지는 모르겠어요. 존경하기는 하죠. 선량하고 부드럽고. 하지만 왠지 무뚝뚝해서 인간적이라는 생각은 아직 안 들어요. 우린 지금 미행을 당하고 있는 것 같아요. 여기서 헤어지는 게 낫겠어요. 첩자가 쫓고 있다고 생각되거든 류드밀라 집으로 들어가지 마세요."

"알고 있어."

어머니가 말했다. 하지만 사샤가 고집스럽게 덧붙였다.

"누가 뒤쫓을 땐 들어가지 마세요. 여의치 않으면 제게로 오세요. 안녕, 다시 만나요!"

사샤는 뒤로 돌아 재빨리 오던 길로 방향을 바꾸었다.

얼마 뒤 어머니는 류드밀라의 작은 방에 앉아 난롯불을 쬐고 있었다. 허리 띠를 졸라 맨 검은 외투 차림의 류드밀라는 사각거리는 발소리와 함께 명령 조의 말투로 연신 중얼거리며 방 안을 천천히 거닐고 있었다.

"사람들은 악한 게 아니라 어리석어요. 가까이 손으로 잡을 수 있는 사물 만 보거든요. 하지만 가까이 있으면 싸고 멀리 있으면 비싼 법이지요. 삶이 다르고, 더 가볍고, 또 사람들이 좀 더 합리적이라면 모두에게 편하고 즐거 울 텐데. 멀리에서 얻으려면 눈앞의 현실로 당신 자신을 방해해야만 해요."

닐로브나는 인쇄하는 장소가 어딘지 궁금했지만 좀처럼 종잡을 수가 없었 다. 길 쪽으로 창문이 세 개가 나 있는 방에는 폭신한 의자 하나와 책장과 책상, 의자, 벽에 붙인 침대, 그 구석에 세면대, 다른 쪽 구석에 벽난로, 벽 그림, 그리고 사진 몇 점 외에는 아무것도 없었다. 모두 새것이라 튼튼하고 정돈 또한 완벽했다. 여주인의 수도사 같은 모습에는 차가운 그림자가 드리 워져 있어 분명 무언가 감추고 있는데 그게 무엇인지는 정확히 알 수 없었 다. 어머니는 여러 개의 문에 시선을 돌렸다. 그 가운데 하나 곁방으로부터 통하는 문에서 그녀가 들어왔다. 다른 하나는 난로 옆에 붙어 있는데 높기만 했지 폭은 좁은 문이었다.

"난 일 때문에 온 거예요."

어머니는 그 여주인이 자기를 보고 있다는 걸 알고 당황해서 말했다.

"알고 있어요. 아무 용건 없이 절 찾아오는 사람은 없거든요."

류드밀라의 목소리에서 뭔가 심상치 않은 낌새를 차린 어머니는 그녀의 얼굴을 똑바로 쳐다보았다. 류드밀라는 입가에 엷은 미소가 걸리고 안경 너 머에는 둔감한 눈이 어슴푸레 빛났다. 어머니는 류드밀라의 눈길을 피하면 서 파벨의 연설문을 건네주었다.

"여기 있어요, 그들이 되도록 서둘러 인쇄해달라더군요."

그리고 니콜라이가 체포에 대비하고 있더라는 이야기를 했다.

류드밀라는 묵묵히 종이를 허리춤에다 찔러 넣고 의자에 앉았다. 안경 알 에 빨간 불빛이 반사되고 굳은 얼굴에는 뜨거운 미소가 감돌고 있었다.

"놈들이 들이닥치면 총을 쏘겠어요."

그녀는 누그러트린 목소리로 장담했다.

"저는 폭력으로부터 자신을 지킬 권리가 있어요. 다들 이런 생각을 갖도록 하기 위해서라도 전 그들과 싸워야 합니다."

불빛이 스친 그녀의 얼굴은 준엄하고 다소 거만해 보이기까지 했다.

'당신 인생이 아주 즐겁지는 못하구먼.'

어머니는 동정심에 이런 생각을 해보았다.

류드밀라는 처음에는 마지못해 파벨의 연설문을 읽기 시작했다. 그러나 점점 종이 가까이로 고개를 숙이더니 재빨리 종잇장을 넘기고는 다시 일어나 자세를 바로 하고 어머니에게로 다가갔다.

"훌륭해요. 제가 좋아하는 내용이네요. 비록 이 부분에도 조용한 분위기가 있기는 하지만 말이에요. 그렇지만 연설은 음침한 드럼 비트라서, 그 드럼 연주자는 강력한 남자이지요."

그녀는 무슨 생각을 하는지 고개를 숙였다.

"전 어머니와 아드님에 대해 이야기하고 싶은 생각은 없었어요. 만나 본적도 없거니와 슬픈 이야기라면 아주 질색이거든요. 전 유형의 시간이 다가온다는 게 무얼 뜻하는지 잘 알아요. 하지만 한 가지 말하고 싶은 것은, 분명 아드님이 멋질 거라는 겁니다. 그는 젊은 사람임이 분명하지만, 위대한 영혼이지요. 그런 아들을 가진다면 분명 멋지기도 하고 지옥 같기도 하겠죠."

"그럼, 좋고말고. 지금은 두렵지 않아요."

류드밀라는 매끈하게 빗어 내린 머리카락을 검게 그을린 손으로 매만지며 가볍게 한숨을 쉬었다. 가볍고 따스한 그림자가 그녀의 두 뺨에서 떨렸는데, 틀림없이 웃음을 참느라 생긴 그림자였을 것이다.

"우린 곧 인쇄를 할 거예요. 좀 도와주시겠어요?"

"물론이지."

"전 얼른 조판을 할게요. 좀 누우세요. 힘든 하루였으니 고단하실 거예요. 여기 침대에 누우세요. 전 잠을 잘 안 자요. 밤에 도움이 필요하면 도와달라고 깨울게요. 누우실 때 불 끄세요."

그녀는 난로에 장작 두 개를 집어넣고 한 번 기지개를 켜고는 난로 옆의 좁은 문으로 들어가 안에서 닫았다. 어머니는 여주인이 사라지는 것을 보고 있다가 옷을 벗으며 생각했다.

'완고한 사람도 가슴이 불타오르는 모양이구면. 속일 수가 없지. 사람들 모두가 사랑을 해. 당신은 사랑하지 않으면 살 수가 없다오.'

피곤해서 머리는 어지러웠지만 마음은 이상하리만큼 평온했고, 내면에서 부드럽고 다정한 빛이 평온히 가슴을 채우며 모든 것을 비추었다. 이러한 평화로움은 전혀 낯설지 않았는데, 격한 흥분 뒤에 찾아왔었다. 그 평온함은 처음에는 아주 약간 그녀를 괴롭히고 방해하더니 이제는 그녀의 영혼을 넓혀주었고, 게다가 강력하고 형태 없는 어떤 생각으로 영혼을 튼튼하게 해주었다. 항상 그녀 앞에는 아들과 안드레이, 니콜라이, 사샤의 얼굴이 떠올랐다. 그녀는 그들에게서 기쁨을 찾았다. 그들은 아무 생각도 일으키지 않고 스쳐 지나가면서 단지 가볍게, 그리고 슬프게 그녀의 마음을 감동시키기만 했다. 그리고 그녀는 등불을 끄고, 차가운 침대 시트 속으로 들어가서 몸을 웅크린 뒤 금세 깊은 잠 속으로 빠져들었다.

18

눈을 떴을 때는 이미 청명한 겨울 아침의 싸늘하고 밝은 빛이 방 안을 가득 채우고 있었다. 류드밀라는 손에 책을 들고 소파에 누워 평소답지 않은 미소를 지으며 어머니를 쳐다보고 있었다.

"아니, 이럴 수가!"

어머니가 왠지 당황해서 외쳤다.

"나 좀 봐! 내가 오래 잤나요?"

"안녕히 주무셨어요!"

류드밀라가 대답했다.

"열 시가 다 됐어요. 일어나셔서 차 좀 같이 드세요."

"좀 깨우지 그랬어요?"

"그러려고 했었죠. 그런데 와 보니 얼마나 달콤하게 주무시던지!"

류드밀라는 유연하면서도 힘 있는 동작으로 소파에서 일어나 침대로 다가와 어머니 얼굴 가까이까지 고개를 숙였다. 그녀의 윤기 없는 눈에서 어머니는 어떤 사랑스럽고 친밀하고 이해할 것 같은 무언가를 느낄 수 있었다.

"좋은 꿈을 꾸셨나 본데 제가 방해나 안 되었는지 모르겠네요."

"꿈도 안 꾸고 잤어요."

"어쨌든 죄송해요. 주무시면서 웃고 계시던데 어찌나 흐뭇하던지. 그렇게 평온하고 좋아 보일 수가 없었어요."

류드밀라가 웃음을 터뜨렸다. 벨벳처럼 아주 부드러운 웃음소리가 흘러나왔다.

"전 어머니에 대해서, 어머니의 인생에 대해서 생각했어요. 힘든 인생이셨죠?"

어머니는 미간을 찡그리며 생각에 잠겨 아무 말도 하지 않았다.

"당연히 힘드셨겠죠!"

류드밀라가 소리쳤다.

"잘 모르겠소."

어머니가 조심스럽게 말했다.

"이따금 힘들 때도 있어요. 요즘 너무 많은 일을 겪어서. 게다가 하나같이 심각하고 놀라운 일인데, 휙 지나가 버리죠. 꼬리에 꼬리를 물고 아주 빠르게……."

낯익은 거친 흥분의 물결이 어머니의 가슴에 출렁여 마음은 이러저러한 형상과 상념들로 가득 찼다. 그녀는 말로 생각들을 재빨리 포장하며 침대에서 일어나 앉았다.

"모든 일이 진행되는 방향은 일정해요. 집이 불탈 때 불길이 위로 향하지! 여기서는 정면으로 총을 쏘고, 저기서는 불길이 위로 타오르고 있고, 어느 때보다도 더 밝게 더 힘 있게. 알겠지만, 대단히 힘이 들어요. 사람들은 고통을 당하고, 폭력을 당하고, 게다가 잔인하게 당한다오. 모든 사람이 억압당하고 감시를 당해요. 그들은 숨기도 하고, 원숭이처럼 살기도 하고, 또 기쁨을 많이 누리지 못하도록 통제돼요. 그렇게 힘들어요. 그래서 당신이 그들을 볼 때, 고된 일들과 악하고 힘든 일들이 그 사람들 주변에 도사리고 있는데, 외면이 아니라 내면에 도사리고 있지."

류드밀라는 재빨리 고개를 들고 무엇이라도 감싸 안을 듯한 깊은 눈길로 어머니를 바라보았다. 어머니는 말로써 자신의 생각을 모두 표현할 수 없다는 사실에 스스로 짜증나고 불쾌했다.

"어머니에 대한 이야기가 아니군요." 여주인이 나지막이 말했다.

어머니는 침대에서 일어나 옷을 입으며 말했다.

"나에 대해서가 아니라고? 그래요, 여기, 내가 사는 이 모든 곳에서 내 한 몸 생각만 한다면 정말 고통이요. 이 사람을 사랑하기도 하고, 저 사람이 소중하기도 하고, 모든 사람이 다 두렵기도 하고, 또 모든 사람 때문에 가슴이 미어지는데 어떻게 나 자신만을 챙기고 물러나 있겠소? 모든 것이 당신의 마음속으로 몰려 들어가서 당신 자신을 모든 사람 앞에 끌어낸다오. 그런데 당신은 한 옆으로 물러나 있을 수 있겠어? 그러기는 힘들지."

류드밀라가 웃으며 부드럽게 말했다.

"아마 그럴 필요가 없겠지요."

"그럴 필요가 있는지 없는지를 나는 잘 모르지만, 내가 아는 한 가지는, 사람들이 삶보다 점점 더 강해지고 있고, 삶보다 더 현명해지고 있다는 분명한 사실이에요."

어머니는 반쯤 옷을 입은 채로 방 한가운데 서서 생각에 잠겼다. 자신과 아들에 대한 불안과 공포로, 그리고 아들의 몸 하나 건사하겠다는 일념으로 살아온 여자는 이미 어디론가 멀리 떠나 버려 어쩌면 흥분의 불길 속에 던져져 버린 느낌이 들었다. 그러고 나니 그녀의 영혼은 가벼워지고 그간 쌓였던 불순물들이 말끔히 씻긴 듯했고, 가슴에서는 새로운 힘이 솟아올라 그녀의 생각을 고쳐주었다. 자신의 속마음은 과연 무엇인지 알고 싶기도 하고, 그러다가 불안했던 옛 기억이 일깨워지면 어쩌나 싶은 불안한 마음도 있어서 그녀는 자기 자신과 교감했다.

"무슨 생각을 그렇게 하세요?"

류드밀라가 그녀에게 다가가며 다정하게 물었다.

"나도 잘 모르겠어."

두 사람은 서로 쳐다보며 미소만 지을 뿐 아무 말도 하지 않았다. 잠시 뒤 류드밀라가 방을 나서며 말했다.

"사모바르가 끓고 있나 모르겠네?"

어머니는 창밖을 내다보았다. 차갑고 상쾌한 날씨가 거리에서 빛났다. 어머니의 가슴은 밝게 빛나다 못해 뜨거웠다. 그녀는 낯선 누군가에게 혼동된 감사의 감정으로, 그녀의 영혼 속에 들어온 모든 사실을 즐겁게 털어놓고 싶어서, 그날 저녁의 붉은 노을빛으로 영혼에 불을 켰다. 한동안 하지 않았던 기도가 하고 싶어졌다. 어떤 젊은이의 얼굴이 떠오르고 뇌리에서 외침 하나가 울렸다. '이분이 파벨 블라소프의 어머니시랍니다!' 사샤의 유쾌하고 다정하게 반짝이는 눈, 르이빈의 시커멓고 커다란 윤곽이 불쑥 나타나고, 단호한 아들의 구릿빛 얼굴, 당황한 듯 눈을 깜빡이는 니콜라이의 모습이 눈앞을 스쳤다. 모든 상념이 깊으면서도 가벼운 탄식과 함께 떨렸다.

"니콜라이 말이 맞았어요."

류드밀라가 방으로 들어서며 말했다.

"그가 체포된 게 분명해요. 말씀하신 대로 남자애를 보냈는데, 경찰이 마당에는 물론이고 대문 뒤에도 숨어 있더래요. 집 지키는 사람은 안 보이고, 첩자들이 어슬렁거렸어요. 애가 다 알거든요."

"그래요? 아, 정말 가여운 사람 같으니……."

어머니가 고개를 끄덕이며 말했다.

어머니는 한숨은 나오는데 슬픔 때문에 나오는 한숨이 아니었다. 마음속으로 조용히 스스로에게 놀랐다.

"최근, 도시 노동자들과의 독서 모임이 잦았어요. 벌써 그만두고 피했어야 했어요."

류드밀라가 얼굴을 찡그리면서 말을 이었다.

"동지들이 여러 번 몸을 숨기라고 했지만 그가 어디 귀담아듣나요? 생각같아서는 충고도 필요 없고 강요할 필요도 없는데……."

까만 머리, 아름다운 눈, 매부리코의 소년이 얼굴이 붉어진 채로 문으로 들어섰다.

"차를 들여올까요?"

소년이 낭랑한 목소리로 물었다.

"그래, 세료자. 이 아이는 제가 키우는 아이에요. 전에 만난 적이 있나요?"

"아니."

"저 애가 가끔 니콜라이에게 갔었죠. 제가 보냈었어요."

어머니 눈에 오늘따라 류드밀라가 다르게 보였다. 한결 솔직하고 친밀하게 느껴졌다. 균형 잡힌 몸매에서 연출되는 유연한 몸놀림 속에는 엄격하고 창백한 얼굴을 어느 정도 부드럽게 해주는 아름다움과 힘이 느껴졌다. 하룻밤 사이 눈 아랫부분이 더욱 짙게 보였다. 누가 보더라도 마음속에서 팽팽한 줄을 잡아당기고 있는 긴장감을 눈치챌 수 있었다.

소년이 사모바르를 들고 들어왔다.

"인사해라, 세료자! 이분은 펠라게야 닐로브나 아주머니인데 어제 재판을 받은 노동자의 어머니란다."

세료자는 말없이 고개인사를 하고 어머니의 손을 잡았다 놓더니 빵을 가져와 식탁에 놓았다. 류드밀라는 차를 따르면서 경찰의 진정한 표적이 누구인지 밝혀질 때까지 집에 가지 말라고 제안했다.

"어쩌면 놈들이 기다리는 사람이 어머니일 수도 있어요. 아마 어머니를 심문하려고 할 거예요."

"심문할 테면 하라지? 체포를 한다 해도 달라질 건 없어요. 죄가 있다면 파샤의 연설문을 들고 다니며 뿌린 죄밖에 뭐가 더 있수?"

"조판이 다 끝났어요. 내일이면 시내와 교외에 배포할 수 있을 거예요. 혹시 나타샤를 아세요?"

"알다마다."

"그 사람한테 전하세요."

아이는 신문을 읽고 있어서 다른 말에는 신경도 쓰지 않는 듯 보였다. 이따금 시선이 신문을 떠나 어머니의 얼굴에 머무를 때도 있었는데, 어머니는 신선한 시선과 마주칠 때면 괜히 기분이 좋아져 웃음이 새어 나왔다. 류드밀라는 다시 니콜라이의 체포에 대한 이야기를 꺼냈지만 여전히 유감의 빛은 없었다. 어머니에게 그런 그녀의 말투는 당연하게 여겨졌다. 그날따라 시간이 다른 날보다 빨리 흘러서, 그들이 차를 다 마셨을 때는 벌써 한낮에 가까웠다.

"하지만!"

류드밀라가 소리쳤다.

바로 그때 문을 급하게 두드리는 소리가 들렸다. 아이가 자리에서 벌떡 일어나 귀엽게 인상을 쓰고 의심의 눈초리로 류드밀라를 보았다.

"문 열어줘, 세료자. 누구일까?"

그리고 그녀는 침착한 태도로 손을 치마 주머니에 찔러 넣고서 어머니에게 말했다.

"만약 헌병이면, 아주머니는 이쪽 구석으로 물러나세요. 그리고 세료자, 너는……."

"저도 알아요! 깜깜한 뒷복도로 해서……."

소년이 밖으로 나가며 나직이 대답했다.

어머니는 빙그레 웃었다. 그녀는 이런 호들갑에 전혀 동요가 되지 않았다. 불길한 예감이라곤 없었기 때문이다.

키가 작은 의사가 들어왔다. 그리고 서두르는 말투로 말했다.

"첫 소식은, 니콜라이가 체포되었다는 겁니다. 아하, 닐로브나, 여기 계셨군요? 체포 순간에 거기 안 계셨네요?"

"그 사람이 저를 여행 보내면서 여기로 피신하라고 했어요."

"음, 소용없는 일을 했네요. 두 번째 소식은, 간밤에 젊은이 여러 명이 파벨의 연설문을 약 오백 장 가량 등사했다는 겁니다. 썩 잘 나왔더군요. 평이하면서도 명확하게 말이죠. 저녁 때 시내에 뿌리겠다는 계획이에요. 내 생각은 좀 다른데, 시내에는 인쇄된 것이 낫지 않을까요? 등사한 건 어디든지 보낼 때 쓰기로 하고요."

"나한테 줘요. 내가 나타샤한테 가져가겠소."

어머니가 활기를 띠며 소리쳤다.

어머니는 가능한 한 빨리 연설문을 배포해서 온 세상에 파벨의 말이 퍼지기를 바랐다. 얼른 대답을 달라는 눈으로 간청하려고 의사의 얼굴을 쳐다보았다.

"이런 때, 때맞춰 당신이 이런 일을 하게 되리란 걸 귀신이 아닌 다음에야 누가 생각했겠어요?"

의사가 망설이듯 말하고 시계를 꺼냈다.

"지금 시각이 12시 48분이니까 2시 5분 열차를 타면 거기에 5시 15분에 도착하겠군요. 저녁때니까 그리 늦은 시간은 아닐 겁니다. 그건 중요한 문제는 아니에요!"

"중요한 문제가 아니다."

류드밀라가 되풀이하며 눈살을 찌푸렸다.

"그럼, 뭐예요?"

어머니가 그렇게 묻고는 자신의 생각을 말했다.

"요점은 그 일을 잘 해내기만 하면 되는 거네. 그리고 그 일은 내가 잘할 수 있지."

류드밀라가 어머니를 뚫어지게 바라보더니 이마를 쓸어올리며 말했다.

"어머니가 하기에는 너무 위험한 일이 아닐까 싶어서……."

"왜?"

어머니가 열에 들떠서 도전하듯 외쳤다.

"왜냐하면."

의사가 재빨리 끼어들었다.

"어머니는 니콜라이가 체포되기 한 시간 전에 집에서 사라졌어요. 그리고 공장으로 다시 떠났는데, 공장에서는 나타샤의 숙모로 알고 있죠. 그런데 어머니가 공장에 도착하자마자 불온 전단이 나돌았다고 생각해 봐요. 이 모두가 어머니 목에 올가미를 씌우게 될 테죠."

"그곳에는 날 알아볼 사람이 없어요."

어머니가 확신에 찬 어조로 잘라 말하며 자신의 희망에 집착했다.

"돌아와 체포를 당하면 심문을 하겠죠. 어디에 다녀왔냐고."

잠시 말을 멈추고 생각에 잠겨 있던 어머니가 다시 큰 소리로 말을 이었다.

"대답을 어떻게 할까, 생각해 둔 게 있어요. 거기서 난 곧장 교외로 갈 거요. 아는 사람이 사는 곳으로. 시조프라는 사람입니다. 그 사람한테 재판이 끝나고 내가 곧장 그리로 와서 슬픔을 달래느라 쭉 머물렀다고 말하게 하면 돼요. 그도 역시 슬픔을 당한 사람이오. 조카가 재판을 받았거든. 그가 나도 옹호해줄 거요. 알겠수?"

어머니는 그들도 어쩔 수 없이 어머니의 바람에 따르고 있다는 생각에 얼른 확답을 듣고 싶어서 더욱 완강하게 버텼다. 역시나 그들은 손을 들었다.

"정 그러시면, 가세요."

의사가 마지못해 동의했다.

류드밀라는 입을 꾹 다물고 생각에 잠겨 방 안을 서성거렸다. 얼굴이 약간 어두워지고 볼이 패였으며 갑자기 자라난 머리를 받치고 있기도 힘이 드는지 목 근육이 눈에 띌 정도로 뻣뻣해져 있었다. 그리고 머리가 무의식중에 가슴까지 푹 수그러졌다. 어머니는 이것을 스스로 알아챘다. 의사가 마지못해 동의했다고 생각하자 어머니도 어쩔 수 없이 한숨이 나왔다.

"다들 내 걱정을 하고 있군요. 자기 몸도 돌보지 않으면서……."

어머니의 기쁨의 물결은 점점 더 높아졌다.

"당치 않습니다. 우리는 우리 몸을 돌보고 있고 마땅히 그래야죠. 우리는 쓸데없이 힘을 낭비하는 사람들을 비난합니다. 자, 어머님 하실 일이 이렇습니다. 역에 가시면 거기서 연설문을 넘겨받으실 겁니다." 의사가 대답했다.

그는 연설문을 넘겨받는 방법에 대해 설명하면서 어머니의 얼굴을 빤히 들여다보았다.

"그럼, 성공을 빌겠습니다. 행복하시죠?"

인사를 하고 집을 나서는 의사의 얼굴에는 아직 우울한 기분과 불만이 가시지 않은 듯했다. 그가 문을 닫고 나가자 류드밀라는 어머니에게 조용히 웃으며 말했다.

"당신은 좋은 분이에요, 당신을 이해해요."

그녀는 어머니의 팔을 잡았다 놓고서 다시 방 안을 거닐었다.

"제게도 아들이 있습니다. 벌써 열세 살인데, 지금은 아빠와 살고 있죠. 남편은 검사보랍니다. 아마 벌써 검사가 되었을지도 몰라요. 그래서 아이가 그와 함께 있지요. 아이가 커서 어떤 사람이 될까, 생각을 자주 합니다."

촉촉한 그녀의 목소리가 떨리는가 싶더니 잠시 침묵이 흐르고, 생각에 잠긴 듯 조용히 말을 이었다.

"아이를 키우는 사람은, 나와 가까운 사람들의 공인된 적이자, 내가 이 세상에서 가장 훌륭한 사람들이라고 여기는 이들의 적이기도 합니다. 아이는 나의 적으로 성장하게 될 겁니다. 아이와 난 결코 함께 살아서는 안 되기에 난 지금 낯선 이름으로 살고 있습니다. 못 본 지 8년이 되었어요."

류드밀라는 창가에서 걸음을 멈추고 창백하고 암울한 하늘을 바라보며 계속 말했다.

"아이 곁에 있을 수만 있다면 나도 훨씬 강해지고 늘 고통스러운 가슴의 상처를 달고 살지 않아도 될 텐데……. 차라리 이럴 바에는 아이가 죽어버리는 게 더 나을 것 같아요."

그녀는 잠시 말을 멈추고, 좀 더 단호하고 요란스럽게 덧붙였다.

"가엾어라!"

어머니는 강한 무엇인가가 가슴속에서 타오르는 기분을 느끼며 조용히 말했다.

"어머니는 행복한 분이에요!"

류드밀라가 웃으며 말했다.

"정말 멋져요. 아들과 어머니가 같은 길을 간다니 말이죠. 정말 드문 경우군요!"

어머니는 자신도 모르게 큰 소리로 외쳤다.

"암, 좋고말고요!"

이어서 무슨 비밀이야기라도 하듯이 낮은 목소리로 말을 이었다.

"남들과 다른 삶이오. 당신들, 니콜라이 이바노비치, 진실한 사람들과 더불어 나란히 한길을 가게 되었다는 것도 대단한 일이에요. 별안간 사람들이 모두 날카로워진 건 다 이해할 수 있지만 말들은 이해할 수 없다오. 그래도 다른 것들은 다 이해할 수 있어요!"·

"바로 그겁니다, 바로 그거예요!"

류드밀라가 말했다.

어머니는 손을 가슴에 얹고서 속삭이듯 말했다. 마치 하고 있는 말들을 다시 머릿속에서 되뇌는 듯했다.

"아이들이 세계를 누비고 있어요. 세계 방방곡곡 어느 곳 하나 빼놓지 않고 한 가지 목표를 위해 걸어가고 있다는 걸 이해할 수 있어. 가장 훌륭한 가슴과 정의로운 이성의 소유자들이 행진을 하며 모든 사악함과 모든 어둠을 가차없이 공격하고 진격을 거듭해 무거운 발길로 짓밟고 있어요. 모든 것을 이해하고, 모든 사람을 정당화하면서 그들은 전진해요. 건강한 젊은이들이 굳은 의지로 오직 한 가지 목표, 정의에 쏟아 붓고 있다오. 인간의 고통의 굴레를 벗기고 이 세상의 재앙을 없애기 위해 스스로 무장하고 진격해서, 끝내 흉악한 무리를 무찌르고 말 거요. 새로운 태양에 불을 지펴야 해. 누군가 말했지, 불을 지피자고! 그들은 불을 지필 게야. 우리는 우리의 상처 받은 가슴을 하나로 모아야 해요. 그래서 우리는 인생 전체를 말끔히 세척할 테고, 그들도 그럴 거요."

어머니는 하늘을 향해 손을 쳐들고 흔들었다.

"태양이시여!"

그렇게 외친 그녀는 자신의 가슴을 쳤다.

"지금 여기에 영원히 꺼지지 않을, 인간의 행복을 위한 영광스럽고 거룩한 태양에 불이 밝혀질 것입니다. 삶과, 사랑과, 인간이 원하는 모든 희망을 위하여!"

새로운 믿음에 불을 지피자 잊었던 기도 소리가 되살아나서 어머니의 가슴속에서 불꽃이 튀듯 그것들이 쏟아져 나왔다.

"진리와 이성의 길을 걷고 있는 아이들이 모두에게 사랑을 선사할 겁니다. 그리고 새로운 하늘 속의 모든 것을 옷 입히고 영혼의 깊이에서 우러나오는 꺼지지 않는 불꽃으로 모든 것을 환하게 비출 겁니다. 그래서 세상 전체에 대한 그 아이들의 사랑에서 태어난 인생이, 그런 새로운 인생이 현실에 나타날 거요. 그런데 이런 사랑을 누가 없앨 거요, 누가? 어떤 힘이 이보다 더 강하겠습니까? 누가 감히 이 힘을 막겠소? 세상이 새로 태어나고 생명들이 승리의 찬가를 부르는……."

어머니는 어찌나 흥분했는지 힘들어하며 숨을 헐떡였다. 류드밀라는 무엇을 깨뜨릴까봐 겁을 집어 먹은 사람처럼 소리 없이 조심스럽게 어머니에게서 물러났다. 유연한 발걸음을 내디디며 윤기 없는 눈으로 자기 구두코만을 응시했는데, 키도 더 커 보이고 꼿꼿한 몸은 더 여위어 보였다. 볼은 푹 패고 엄숙한 얼굴은 무슨 생각을 그리 골똘히 하는지 진지했으며, 입술은 꽉 다물어져 있었다. 방 안의 정적이 어머니의 마음을 한결 안정시켰다. 어머니는 류드밀라의 기분을 눈치채고 죄 지은 사람처럼 낮은 목소리로 말했다.

"내가 잘 알지도 못하면서 너무 지껄여서……."

류드밀라는 깜짝 놀라 재빨리 몸을 돌리고서 얼른 입을 열었다. 그리고 무엇을 제지하기라도 하려는 듯 어머니에게 손을 내밀었다.

"천만에요, 그렇지 않아요! 이제 이런 이야기는 그만 하기로 해요. 말씀하신 대로 되어야죠."

그리고 한결 침착한 목소리로 말을 이었다.

"곧 떠나셔야겠어요, 갈 길도 먼데."

"서둘러야겠군. 내가 지금 얼마나 기쁜지 당신은 모를 거요. 아들의 말을 전해야죠, 내 핏줄의 말을! 내 영혼의 말을!"

어머니는 웃음을 보였지만 그 웃음은 류드밀라의 얼굴에 아무런 반응도 일으키지 못했다. 자신의 기쁨이 류드밀라 때문에 반감이 되고 있다고 느꼈다. 그러자 자신의 불을 이 굳어 있는 영혼에 붙여주어야겠다는 생각이 갑자기 들었다. 그녀의 영혼이 불타고, 그녀의 가슴도 기쁨으로 가득 차기를 바랐다. 어머니는 류드밀라의 손을 꼭 잡고 말했다.

"사랑하는 류드밀라! 모든 사람을 비추어 줄 빛이 우리의 삶 속에 이미 있고, 또 때가 되면 사람들이 그 빛을 발견하고 진심으로 감싸 안으리라는 것을 당신이 알게 되면 얼마나 기쁜 일인가요!"

선량해 보이는 큰 얼굴이 부르르 떨리고, 눈에는 시원스런 미소가 피어올랐다. 눈썹이 마치 그 미소를 감추려는 듯 약간 떨렸다. 위대한 생각에 도취된 그녀는 자신의 가슴에 불을 지폈던 모든 것, 여태껏 살아오면서 겪었던 모든 생각을 크고 단단한 수정 같은 언어 속에 꼭꼭 눌러 담았다. 그러자 봄 태양의 창조적 힘으로 밝게 빛을 내더니 가을의 가슴 한편에서 더욱 힘차게 성장해서 더욱 밝은 꽃을 피우고 빨갛게 물들었다.

"그건 사람들에게 새로 태어난 신과 같다고나 할까! 각자는 모두를 위함이요, 모두는 각자를 위함이라오. 이게 바로 당신들을 생각하는 나만의 방식이랍니다. 당신들은 모두 동지이고 혈육이며 진리의 어머니의 자식들이오. 진리가 당신들을 낳았어요, 당신들이 살아가는 진리의 힘으로."

다시 흥분의 물결에 스스로 도취된 어머니는 잠시 말을 끊고 숨을 들이쉰 다음, 포옹이라도 할 것처럼 두 팔을 넓게 벌리고서 말했다.

"속으로 '동지!' 부르면 마치 그들의 발걸음 소리가 들리는 듯해요. 많은 사람이 어디선가 나타나 한곳을 향해서 함께 걷지요. 그들의 외침이 들리고, 즐거워하는 모습이 보여요. 그 느낌은 마치 세계 모든 교회가 한꺼번에 울리는 축제의 종소리를 듣는 듯해요."

류드밀라의 얼굴이 놀란 듯 붉어지고 입술은 떨렸으며 두 눈에서는 커다랗고 투명한 눈물 방울이 줄줄 흘러내렸다. 이것이 바로 어머니가 바라는 바였다.

어머니는 그녀를 꼭 끌어안고 가슴에 복받치는 승리감에 미소를 지었다. 헤어질 때 류드밀라는 어머니를 쳐다보며 나직이 물었다.

"어머니는 어머니에게 무슨 좋은 일이 일어나고 있는지 알고 계세요?" 그러고 나서 스스로 답했다. "아주 기쁘고 만족할 만한 일이에요, 높은 산 위에서 맞은 아침 같아요."

19

거리에 나서자 몹시 찬 공기가 진하게 온몸을 감쌌다. 목구멍을 파고들며 코끝을 자극하는 바람에 숨을 쉬기가 힘들었다. 어머니는 걸음을 멈추고 주위를 둘러보았다. 멀지 않은 길모퉁이에 털모자를 눌러 쓴 마부가 서 있고, 멀리서 곱사등의 어떤 사람이 양 어깨에 머리를 폭 박고서 걸어오고 있었는데, 앞에 선 병사 하나가 귀를 비비며 뛰어가고 있었다.

'모르기는 해도, 가게에 심부름을 가는가 봐.' 이런 생각을 하며 어머니는 발밑에 밟히는 눈의 사각거리는 소리에 흐뭇해하면서 걸음을 재촉했다. 생각보다 일찍 역에 당도했으므로 기차는 아직 도착하지 않았지만, 담배 연기로 자욱하고 지저분한 삼등 대합실은 벌써 많은 사람들로 북적댔다. 바깥 날씨가 너무 쌀쌀해서 철도 노동자들과 마부들, 초라한 행색의 노숙자들이 몸을 녹이려고 몰려들었기 때문이었다. 승객들은 물론이요, 농부 몇 명, 너구리 털외투를 걸친 뚱보 상인, 사제와 곰보자국이 난 딸, 병사 대여섯 명, 북적거리는 상인들이 뒤섞여 있었다. 사람들은 소리를 고래고래 지르고 수다를 떨며 간이식당에서 차와 술을 마셨다. 매점에는 떠들썩하게 웃어대는 사람들도 있었는데, 그들의 머리 위로는 연기 구름이 뭉게뭉게 피고 있었다. 문을 여닫을 때마다 삐거덕 소리가 나고, 잘 닫히지 않는 문을 억지로 닫을 때마다 창문이 덜컹거렸다. 담배 냄새와 기계 기름 냄새, 생선 냄새가 콧구멍을 심하게 자극했다.

어머니는 눈에 가장 잘 띄는 입구 옆에 자리를 잡고 앉았다. 문이 열릴 때마다 찬 공기가 밀려와 어머니를 때렸다. 왠지 기분이 나쁘지 않아서 찬 공기를 마음껏 마셨다. 두 손에 꾸러미를 잔뜩 든 사람들이 들어왔다. 그들은 두툼한 옷을 입고 있었는데 눈치없이 문을 밀고 들어와서는 간간이 욕을 섞어가며 불평을 늘어놓고 이내 짐 꾸러미를 긴 의자 위나 바닥에 던졌다. 그러고는 외투 깃이나 소매의 마른 부분으로 턱수염과 콧수염을 훔치고 내내 입김을 불어 날렸다.

젊은 사람 하나가 두 손에 누런 여행가방을 들고 들어와 주위를 살피더니 어머니에게로 곧장 걸어왔다.

"모스크바로, 조카에게 가시나요?"

그가 나직이 물었다.

"네, 타냐에게 갑니다."

"여기 있습니다."

그는 어머니 가까이에 있는 의자에 가방을 올려놓고 재빨리 담배 한 개비를 꺼내어 불을 붙이더니 모자를 조금 들어올리고 다른 쪽 문으로 말없이 사라졌다. 어머니는 차가운 가방 곁을 어루만지다가 팔꿈치를 괴고서, 흡족한 표정으로 사람들을 살펴보았다. 잠시 뒤 자리에서 일어나 플랫폼으로 나가는 문 가까이의 자리로 옮겼다. 가방이 그렇게 무거운 편이 아니어서 가뿐히 들어올릴 수가 있었다. 어머니는 고개를 들고 눈앞에 번쩍거리는 사람들의 얼굴을 찬찬히 살피며 걸어갔다.

짧은 외투 차림에, 게다가 짧은 옷깃을 올려 세운 어떤 젊은 사내가 어머니를 쿡 찌르더니 말없이 물러나며 손을 머리 쪽으로 흔들었다. 어디선가 본 듯한 느낌이 들어 뒤를 돌아보니 그가 옷깃에 감춰진 반짝이는 눈으로 쳐다보고 있지 않은가. 그의 주의 깊은 눈초리가 바늘처럼 찔렀다. 갑자기 가방을 든 손이 부들부들 떨리고 가방 또한 무겁게 느껴졌다.

'낯이 익어.'

마음 한구석에 자리 잡은 달갑지 않은 혼란스러운 기분을 지워보려고 애를 써보았다. 조용하면서도 강력하게 그녀의 마음을 억누르고 있는 차가운 감정이 무엇인지 분명하지 않았다. 그런데 그 감정이 목구멍에서 점점 살아나서 그녀의 입안이 바싹바싹 마르고 입맛이 썼다. 그 기분 때문에 다시 한 번 주변을 돌아보았다. 그때 그는 조심스럽게 제자리걸음만을 하고 있었는데, 얼핏 보기에 어떤 일에 대한 결심을 선뜻 하지 못한 채 무언가를 원하고 있는 듯한 모습이었다. 오른손을 외투 단추 사이에 찔러 넣고 왼손은 호주머니에 넣고 있었고, 이 때문에 오른쪽 어깨가 왼쪽 어깨보다 올라가 보였다.

어머니는 서두르지 않고 긴 의자로 다가가 앉았다. 동작 하나하나가 어찌나 조심스럽던지 마치 뭔가에 찔리기라도 할까봐 두려워하고 있는 사람으로 보였다. 불길한 예감이 들었다. 기억을 더듬어 보니 두어 번 만난 적이 있는 사람이었다. 한 번은 르이빈이 탈옥한 뒤 교외 들판에서였고, 또 한 번은 법정에서였다. 경찰에게 르이빈의 도주로를 엉뚱한 곳으로 말해준 적이 있었는데 바로 그 경찰이었다. 어머니를 알고 있는 그들은 여태껏 어머니의 뒤를 밟아왔다는 증거였다.

'걸려든 건가?'

어머니는 자문해 보았다. 다음 순간 자신도 놀라며 속으로 대답했다.

'아직 아닐지도 모르지.'

그러다 다시 체념한 듯 신중하게 말했다.

'걸려든 거야!'

주위를 살폈지만 눈에는 아무것도 안 보이고 한 가지 생각만 불꽃처럼 머릿속에서 타다 말다를 되풀이했다.

'가방을 두고 그냥 가 버릴까?'

그러나 동시에 다른 생각의 불꽃이 더욱 빛을 발했다.

'얼마나 잃게 될까? 아들의 연설을 아무에게나 줘 버린다고?'

어머니는 가방을 바짝 끌어당겼다.

이런 생각들이 마치 누군가 억지로 머리에 찔러 넣은 것처럼 낯설게만 느껴졌다. 생각의 불이 다시 활활 타오르더니 머리에 화상을 입히고 불이 붙은 가는 채찍으로 가슴을 내리쳤다. 통증도 통증이지만 모욕감은 더해서, 자신은 물론이거니와 파벨과, 가슴과 함께 성장한 모든 것으로부터 자신을 떼어놓고 있는 것만 같았다. 어떤 적대적인 힘이 집요하리만치 자신을 억누르고 어깨와 가슴을 쥐어짜고 마구 헐뜯으면서 헤어날 길 없는 공포 속으로 몰아넣고 있다는 생각이 들었다. 관자놀이에서 핏줄이 고동치고 머리가 지끈거렸다.

어머니는 자신의 존재를 뒤흔드는 듯한 느낌 속에서 애써 이러한 교활하고 비겁하며 유치한 불꽃들을 꺼 버리고 자신에게 명령조로 말했다.

"그만하면 됐어!"

무겁기만 하던 어머니의 마음이 가벼워졌다. 다시 용기를 얻은 그녀가 덧붙였다.

'아들 이름에 먹칠을 할 순 없어. 아무도 겁내지 않잖아.'

어머니의 눈이 누군가의 쓸쓸하고 겁먹은 시선과 맞닥뜨렸다. 잠시 뒤 르이빈의 얼굴이 기억 속에서 가물거렸다. 동요의 시간도 지나 이젠 한결 마음이 가벼워지고 심장의 고동 소리도 잠잠해졌다.

'이제 어떻게 될까? 나를 어떻게 하려는 걸까?'

주위를 살피며 더 날카롭게 생각했다.

첩자가 경비원을 불러 무슨 말인가를 속삭이며 눈으로 어머니를 가리켰다. 경비원은 쓱 건성으로 쳐다만 보고 돌아갔다. 다른 경비원이 와서 한참을 귀 기울여 듣고는 양미간을 찌푸렸다. 그는 건장한 체격에 꽤 나이가 든 사람으로, 백발인데다 면도도 하지 않았다. 그는 첩자에게 고개를 끄덕이고 어머니가 앉은 의자 쪽으로 다가왔다. 첩자는 재빨리 자취를 감추었다.

노인은 무서운 눈으로 유심히 어머니의 얼굴을 노려보며 느릿느릿 걸어왔다. 어머니는 벌벌 떨며 의자에 깊숙이 몸을 붙이고 앉았다.

'때리지만 말았으면, 때리지만 말았으면!'

그가 어머니 옆에 말없이 다가서자 어머니가 그를 올려다봤다.

"무얼 그리 보고 있소?" 그가 평범한 목소리로 물었다.

"아무것도 아니오."

"이런 도둑 같으니! 나이 꽤나 먹어서는……."

그의 말이 뺨을 한 대, 두 대 치는 것만 같았다. 악의에 찬 말로 볼을 찢고 눈알을 뽑는 듯했다.

"난 도둑이 아닌데 왜 거짓말을 하는 거요!"

어머니는 혼신을 다해 외쳤다. 눈앞이 빙글빙글 돌고 쓰디쓴 모욕감에 억장이 무너졌다. 가방을 힘껏 당겼다. 그러자 가방이 열렸다.

"보시오, 다들 와서 이걸 보란 말이오!"

어머니는 이렇게 소리를 치며 자리에서 벌떡 일어나 연설문 한 다발을 끄집어내 머리 위에서 흔들었다. 정신없는 통에서도 어머니는 사방에서 쏟아져나와 달려오는 사람들의 고함을 들었다.

"무슨 일이야?"

"저기, 첩자가 있군."

"이게 뭔 일이래?"

"저 여자가 도둑질을 했다고 하던데……."

"그럴 사람으로 보이진 않는데……. 도둑이 소리를 질러?"

"저 여자는 훌륭한 사람인데! 나의, 나의!"

"도대체 누굴 잡은 거야?"

"난 도둑이 아니오!"

어머니는 사방에서 모여든 사람들을 보고 적잖이 마음을 놓으며 힘껏 외쳤다.

"어제 정치범들에 대한 재판이 있었고, 내 아들 블라소프도 재판을 받았습니다. 아들이 변론을 했습니다. 바로 이겁니다. 난 지금 전단을 운반 중이었습니다. 사람들로 하여금 읽고 진리에 대해 생각할 수 있도록……."

누군가가 조심스럽게 손에서 전단을 뭉치째 잡아챘다. 어머니는 허공에서 전단을 흔들다가 군중에게 냅다 뿌렸다.

"누가 칭찬을 해준다고 그래!"

누군가의 겁먹은 목소리가 들렸다.

어머니는 사람들이 저마다 유인물을 낚아채서 품 속이며 호주머니 속에 감추는 모습을 보았다. 흔들릴 이유도 없고 당당했다. 더욱 침착해지고 정신이 바짝 들었으며 자랑스럽기까지 했다. 참아왔던 기쁨이 최고조에 달했다. 얼른 가방에서 전단 다발을 꺼내어 좌우로 뿌리며 사람들 손에 쥐여주었다.

"무엇 때문에 내 아들과 동지들이 재판을 받았는지 여러분은 알고 있습니까? 죄다 말씀드리겠습니다. 어미의 진심을 믿어주세요. 다 세어 버린 머리카락을 믿어주세요. 여러분에게, 모든 사람에게, 정직한 사람들에게 성스러운 진리를 일깨우고 있다는 이유로 재판을 받았습니다. 어제 나는 진리가 과연 무엇인지 알게 되었습니다. 진리와는 누구도 논쟁을 벌일 수가 없습니다. 그 어느 누구도!"

군중은 아무 말이 없었지만 그 수는 더욱 불어나서 이제는 어머니를 에워싸고 있는 모양이 마치 살아 있는 몸으로 엮은 반지와 같았다.

"빈곤과 굶주림, 질병이 죽기 살기로 일한 대가입니다. 우리를 못 잡아먹어 안달이어서 매일 노동과 진흙구덩이, 사기 속에서 우리의 생명을 앗아가고 있습니다. 반면 다른 사람들은 우리의 노동으로 마음껏 즐기고 배불리 먹으면서도 쇠사슬에 묶인 개처럼 우리를 무지 속에 가둬두고 있습니다. 우리는 사실 아는 것도 없고 늘 두려움에 떨며 살아왔습니다. 밤이 바로 우리의 삶이었습니다. 그것은 무서운 꿈이에요, 그들은 강한 독약으로 우리를 중독시켰고, 우리의 피를 마셨어요. 그래서 스스로 비만이 되고 구토가 날 때까지 탐욕에 들끓는 사악한 하인들을 과잉 부양했어요. 그렇지 않은가요?"

"옳소!"

짤막한 대답이 이어졌다.

군중 뒤에 첩자와 헌병 둘이 서 있는 모습을 본 어머니는 얼마 남지 않은, 어쩌면 마지막일지도 모르는 전단 뭉치를 서둘러 집으려고 가방에 손을 넣었다. 벌써 누군가의 낯선 손이 기다리고 있었다.

"가져가요, 가져가!"

어머니는 고개를 끄덕이며 말했다.

얼굴빛이 지저분한 사람이 어머니에게 속삭였다.

"누구에게 말해야 하나요? 누구에게 알려야 하죠?"

어머니는 대답하지 않았다.

"지금의 삶을 바꾸려면, 인간이 자유를 얻으려면, 사람들이 죽음으로부터 스스로 깨어나야 합니다. 내가 그랬던 것처럼, 또 누군가 이미 진실을 깨달은 사람처럼 말입니다. 왜냐하면, 그 누구도 진실을 크게 외치고 다닐 수 없도록 적들이 강한 힘으로 사람들을 가두고 고통을 주기 때문입니다. 부(富)는 곧 힘이고, 진실과는 친구가 될 수 없습니다. 그러므로 진실은 부자의 적일뿐입니다. 그리고 이 대립 관계는 영원할 것입니다. 우리의 젊은이들이 진실을 전하고 있고, 영리하고 청렴한 사람들이 그 일을 함께하고 있습니다. 지금은 아주 적은 사람들이 그 일을 하고 있어 힘이 없지만, 사람들의 뜨거운 가슴과 열정을 자유와 진실에 쏟아 부어 나날이 힘을 모으면, 머지않아 그 누구도 막을 수 없는 큰 힘을 갖게 될 날이 옵니다. 그리고 그 열정은 우리의 힘겨운 삶을 따뜻하게 감싸고 활기를 주며, 나아가서는 영혼을 팔며 살고 있는 부의 권력으로부터 우리를 해방할 겁니다. 진실을 믿으세요!"

"해산하라!"

헌병들이 사람들을 밀치며 소리쳤다. 사람들은 마지못해 길을 내주면서도 단결된 힘으로 헌병들을 에워싸며 '적어도 우리는 네놈들을 앞으로 보내주고 싶은 마음은 없다'고 외치듯 앞길을 방해했다. 선량해 보이는 얼굴에 크고 솔직한 눈을 가진 백발의 여인에게 사람들은 매료되었다. 삶에 찌들고 깨질 대로 깨진 사람들이 어머니의 말에 불이 붙어 하나의 전체로 결합되었다. 어쩌면 거짓된 삶에 모욕당한 많은 가슴들이 오래 전부터 애타게 갈망했던 일인지도 모른다. 가까이 서 있는 사람들은 모두 말이 없었지만, 어머니는 그들의 어두운 표정과 화가 난 얼굴에서도 따뜻한 숨결을 느낄 수 있었다.

"벤치에서 일어나요!" 그들이 말했다.

"난 즉시 체포될 거야, 그럴 필요는 없는데."

"빨리 말해요, 그들이 오고 있어요!"

"정직한 사람들을 만나세요. 가난에서 벗어날 수 있도록 조언을 줄 만한 사람을 찾으세요. 동지들, 힘에 굴복도, 양보도, 화해도 하지 마세요. 노동자들이여 일어나라! 삶의 주인은 당신 자신입니다! 당신의 삶은 오로지 노동뿐이에요. 자신을 바라보십시오! 당신은 속박된 채 죽음을 당하고 영혼을 강탈당했습니다. 우리는 마음과 정신을 함께 모아 힘을 길러야 합니다. 그래야만 현실에서 벗어날 수 있습니다. 여러분은 친구도 없고 오로지 자신뿐입니다. 그 말은 여러분에게는 노동자밖에 없다는 뜻입니다. 그래서 우리의 친구인 노동자들이 노동자들을 위해서 감옥으로 끌려가 고통 받으며 죽어가는 것입니다. 그들은 잘못을 저지르거나 거짓말을 한 것이 아니란 말입니다."

"비켜! 해산!"

헌병들의 외침이 점점 가깝게 들렸다. 어머니 앞에서는 사람들이 서로 팔을 잡고 함께 흔들고 있었다.

"여행 가방 안에 든 게 이게 다요?" 누군가가 속삭였다.

"그걸 가져가요, 다 가져가!" 어머니가 크게 말했다. 그 소리가 그녀의 가슴에 노래 한 곡으로 각인되는 기분이었다. 자신의 말소리가 고통 때문에 지속되지 못하고 쉬어서 떨렸으며 깨져 버렸다.

"내 아들의 말은 노동하는 인간, 매수당하지 않은 깨끗한 영혼의 말입니다. 용기가 있어 매수되지 않았음을 명심해야 합니다."

"그의 말은 정직합니다. 필요하면 진실을 지키기 위해 스스로 불리해지기조차 합니다. 그래서 노동자 여러분, 당신들에게로 갑니다. 타락하지 않고 현명하며, 두려움이 없는 당신들에게로요. 마음을 열고 이 말을 가져가서 삶에 도움을 받으세요. 그러면 모든 것을 이해하고, 진리와 인류의 자유를 위해 모든 것에 대항해 싸울 힘이 생긴답니다. 이 말을 가져가서 믿고 모든 사람의 행복을 향해 가세요, 지극한 기쁨을 누리면서 새로운 삶으로 향해 가는 거예요!"

마침내 가슴을 한 대 얻어맞은 어머니는 비틀거리며 의자에 털썩 주저앉았다. 사람들의 머리 위로 헌병의 손이 번쩍였다. 그 손들은 옷깃과 어깨를 움켜쥐고 몸뚱이를 냅다 집어던지는가 하면 모자를 갈기갈기 찢어 멀리 날리기도 했다. 눈앞이 캄캄해지고 빙글빙글 돌았다. 하지만 어머니는 지친 몸을 다시 일으켜 세우고 죽을힘을 다해 외쳤다.

"여러분, 여러분의 힘을 하나로 모아야 합니다!"

헌병 하나가 붉어진 큰 손으로 어머니의 멱살을 잡고 흔들었다.

"조용히 해!"

어머니는 벽에 뒷목을 부딪쳤다. 그녀는 두려움의 연기 속에서 잠시 눈앞이 캄캄해지고 숨이 막혔지만 그녀의 마음은 연기를 떨쳐 버리며 다시 분명하게 타올랐다.

"저리 가!"

헌병이 외쳤다.

"두려워할 필요 없어요. 여러분이 여태껏 살아오며 당하고 견뎌냈던 고통보다 더한 고통은 없습니다!"

"조용히 있으라고 했잖아!"

헌병이 어머니의 한쪽 팔을 잡아당겼다. 그리고 또 다른 헌병이 어머니의 다른 한쪽 팔을 잡고 끌고 갔다.

"하루도 거르지 않고 당신의 심장을 후벼내고, 가슴을 말리는 고통을 당하고, 힘을 빼며 살아왔으니 그보다 더 쓴 고통이 어디 있을까."

첩자가 앞으로 달려 나오더니 주먹으로 어머니의 얼굴을 후려쳤다. 그리고 찢어지는 목소리로 외쳤다.

"조용히 해, 쭈그렁 할망구!"

휘둥그레진 어머니의 눈에서 불꽃이 튀고 턱이 부르르 떨렸다. 미끄러운 돌바닥을 딛고 마지막 힘을 다해 일어서며 어머니가 소리쳤다.

"부활한 영혼은 죽일 수가 없어!"

"개 같은 년!"

첩자가 다시 주먹을 날렸다.

어떤 검붉은 것이 순간 어머니의 눈을 가리고 찝찔한 피가 입안에 고였다. 어떤 폭발적인 목소리가 그녀에게 활기를 주었다.

"그녀를 때리지 마라!"

"맙소사! 뭐야?"

"악한 같으니!"

"저 사람을 혼내줘!"

"피로 이성을 죽이지는 못 해!"

어머니는 목과 등을 떠밀리고 어깨, 머리 할 것 없이 사정없이 두들겨 맞았다. 사방이 돌고 비명과 흐느낌과 호각 소리가 뒤섞여 검은 소용돌이를 일으켰다. 귀가 묵직하면서 먹먹해지고 목이 아팠으며 질식할 듯 숨이 막혔다. 바닥이 발 아래서 내려앉고 흔들리고, 다리가 굽으면서 온몸이 무엇에 데기라도 한 듯 떨리며 힘없이 무거워지고 비틀거렸다. 눈만은 부릅뜨고, 수많은 다른 눈들이 용감하고 날카로운 불꽃들로 타오르는 것을 보았다. 그 눈의 불꽃들은 그녀가 마음속으로 사랑하는 모습들이었다. 어머니는 문 안으로 떠밀려 들어갔다.

어머니는 헌병의 손을 뿌리치고 문설주를 끌어안다시피 붙들었다.

"피의 바다에 진리를 묻지는 못 해."

그들이 손을 후려쳤다.

"바보들! 너희 스스로에게 악만 쌓이게 하다니!"

헌병이 어머니의 목을 잡고 짓눌렀다.

어머니는 그르렁거리며 쉰 목소리를 냈다.

"불쌍한 것들…… 미안해, 짐승들……."

На дне

밑바닥

나오는 사람들

미하일 이바노비치 코스틸료프('목발' '구부러진 못' 등의 의미) 54세, 여인
  숙 주인
바실리사 카르포브나 코스틸료프의 아내, 26세.
나타샤 바실리사의 여동생, 20세
아브람 메드베데프('곰'이라는 뜻) 자매의 삼촌, 경찰, 50세
바시카 페펠('재'라는 뜻) 28세
안드레이 미트리치 클레시치('펜치'라는 뜻) 자물쇠 기술자, 40세
안나 클레시치의 아내, 30세
나스탸 미혼여성, 24세
크바시냐('반죽통'이라는 뜻) 고기만두 파는 여자, 40세가량
부브노프 모자 장수, 45세
사틴과 배우 거의 동년배, 40세가량
남작 33세
루카 순례자, 60세
알료시카 구두 수선공, 20세
애꾸눈 조프와 타타르인 짐꾼
그 밖에 이름도 없고 대사도 없는 부랑자 몇 명.

제1막

동굴 같은 지하실.

무거운 석조에 회반죽 칠이 벗겨진 검댕 투성이의 둥근 천장. 조명은 객석과 오른쪽 네모난 창을 통해 위에서 아래로 비추고 있다. 오른쪽 구석에는 얇은 널빤지로 칸을 지른 페펠의 방이 있고, 그 문 옆에 부브노프의 널빤지 침대. 왼쪽 구석에 커다란 러시아식 벽난로. 왼쪽 돌벽에 부엌으로 통하는 문이 있고, 거기에는 크바시냐, 남작, 나스탸가 살고 있다. 난로와 문 사이 벽에 넓은 침대가 있고, 지저분한 사라사 커튼이 걸려 있다. 모든 벽에 판자 침대가 붙어 있다. 무대 바로 앞, 왼쪽 벽 가장자리에 바이스와 작은 모루를 장치한 나무 그루터기가 있고, 그보다 약간 낮은 그루터기가 또 하나 있다. 거기에 클레시치가 모루를 향해 걸터앉아 헌 자물쇠에 열쇠를 이것저것 맞춰보고 있다. 그 발밑에는 갖가지 열쇠를 철사줄에 꿴 커다란 꾸러미 두 개, 일그러진 양철 사모바르, 쇠망치, 크고 작은 줄이 널려 있다.

이 여인숙 한가운데에는 커다란 탁자 하나, 긴 의자 두 개, 둥근 걸상 하나가 있는데, 모두 칠도 하지 않은 채 지저분하다. 그 큰 탁자를 향해, 사모바르 앞에 크바시냐가 앉아 주부 행세를 하고 있다. 남작은 흑빵을 씹고 있고, 나스탸는 걸상에 앉아서 탁자에 팔꿈치를 괴고 너덜너덜해진 얇은 책을 읽고 있다. 커튼이 쳐진 침대에서는 안나가 기침을 하고 있다. 부브노프는 침대에 앉아, 나무로 만든 모자 틀을 무릎 사이에 끼고 헌 바지 뜯은 것을 거기에 대보면서, 어떻게 재단할지 궁리 중이다. 그 옆에는 모자챙을 만들기 위해 뜯어낸 골판지 상자 하나, 그리고 기름 먹인 천과 헝겊 조각이 흩어져 있다. 사틴은 방금 잠에서 깨어나 침대에 누운 채 신음하고 있고, 벽난로 위에서는 모습이 보이지 않는 배우가 몸을 뒤척이며 기침을 하고 있다.

이른 봄, 아침.

남작　계속 말해봐!

크바시냐　아이참 말도 많으셔, 그만 좀 해. 나도 산전수전 다 겪었어……
　　이젠 새우튀김 1백 마리를 준대도 결혼 따위는 하지 않을 거니까!

부브노프　(사틴에게) 뭘 그렇게 툴툴거려?

사틴이 신음을 내고 있다.

크바시냐　이래봬도 난 누구의 눈치도 보지 않는 자유로운 여자야. 그런 걸
　　이제 와서 남의 호적에 들어가 남자의 노예로 떨어지라고, 홍! 웃기시네!
　　미국 왕세자라고 해도 내가 결혼 따위 할 것 같아?

클레시치　거짓말하고 있네!

크바시냐　뭐가 어째요?

클레시치　거짓말 말라고, 경찰 아브람과 결혼할 거면서……

남작　(나스탸의 책을 빼앗아 제목을 읽는다)《운명적인 사랑》이라…… (웃는다)

나스탸　(오른손을 뻗으며) 이리 돌려줘요…… 장난치지 말고!

남작이 그녀를 보면서 책을 높이 흔든다.

크바시냐　(클레시치에게) 이 죽지도 못한 빨강머리 놈아! 거짓말은 당신이
　　하고 있지! 나한테 어쩜 그리 뻔뻔스러운 말을 할 수 있어?

남작　(책으로 나스탸의 머리를 때리면서) 너 바보지? 응, 나스탸……

나스탸　(책을 낚아채며) 이리 달라니까……

클레시치　정말 대단한 마님 나셨군…… 그러면서 아브람쿠란 놈과 엮일 생
　　각으로…… 오직 그것만 기다리고 있으면서……

크바시냐　당연하지! 당신이 무슨 상관이야! ……미안해서 어쩌지! 그런
　　데 당신은 마누라를 죽도록 고생만 시키지 않았어?

클레시치　닥쳐, 늙어빠진 암캐! 너야말로 무슨 상관이야……

크바시냐　저 봐, 저 봐, 꼴에 듣기 싫단 말이지?

남작　어이쿠, 또 시작이군! 어이, 나스탸, 정신은 말짱한 거야?

나스탸　(머리를 들지 않고) 그만 하라니까요…… 저리 가요!

안나 (커튼에서 고개를 내밀고) 또 하루가 시작됐네! 제발 부탁이니…… 소리 좀 그만 질러요…… 싸우지들 말고!

클레시치 또 우는 소리야!

안나 허구한 날 지겹지도 않아요? ……하다못해 죽는 것만이라도 조용히 죽게 좀 내버려둬요!

부브노프 떠든다고 못 죽나……

크바시냐 (안나 옆으로 다가가서) 그런데 안나, 어떻게 저런 악당과 살았어?

안나 내버려 둬요…… 제발 좀 내버려 두라고요……

크바시냐 정말이지 그 참을성에는…… 두 손 두 발 다 들었어! ……어때, 가슴은 좀 가벼워졌어?

남작 어이 크바시냐! 이제 시장에 나갈 시간이야……

크바시냐 아, 가야지! (안나에게) 따끈따끈한 만두 좀 먹을래?

안나 고맙지만…… 먹고 싶지 않아요. 먹어봤자 뭐해요?

크바시냐 그래도 좀 먹어야지. 뜨거운 걸 먹으면 가슴이 좀 편해지잖아. 접시에 좀 남겨둘 테니까…… 먹고 싶을 때 먹어! 자 갑시다, 나리…… (클레시치에게) 흥, 욕심만 덕지덕지해가지고…… (부엌으로 사라진다)

안나 (기침을 심하게 하면서) 아, 못 견디겠어……

남작 (나스탸의 목덜미를 살짝 찌르며) 그만 좀 해, 이 바보!

나스탸 (중얼거린다) 시끄럽다니까…… 내가 당신에게 방해되는 거라도 있어요?

남작이 휘파람을 불면서 크바시냐를 뒤쫓아 퇴장한다.

사틴 (널빤지 침대 위에 일어나면서) 어제 날 때린 놈이 누구야?

부브노프 알아서 뭐하게?

사틴 하긴 그렇지만…… 그래도 도대체 뭐 때문에 때렸지?

부브노프 트럼프 했지?

사틴 했지……

부브노프 그래서 맞은 거군……

사틴 흥, 빌어먹을 놈들……

배우 (난로 위에서 머리를 내밀며) 언젠가 까무러칠 정도로 두들겨 맞을 날이 올 거야……

사틴 흥…… 아무것도 모르는 녀석이.

배우 모르긴 뭘 몰라?

사틴 뭐긴, 두 번 당하는 놈도 있나?

배우 (잠시 침묵하고) 모르겠네…… 왜…… 두 번 당할 수가 없는지?

클레시치 이봐, 그러지 말고 내려와서 방 청소나 하지그래…… 멍하니 있지 말고.

배우 무슨 상관이야……

클레시치 곧 바실리사가 와서, 무슨 상관이 있는지 가르쳐 줄 거야……

배우 흥, 바실리사가 뭔데! 오늘은 남작이 청소할 차례야…… 어이, 남작!

남작 (부엌에서 나오면서) 난 청소하고 있을 시간 없어…… 이제부터 크바시냐하고 시장에 가야 해.

배우 그건 네 사정이고…… 가고 싶으면 징역이든 뭐든 가도 좋아…… 하지만 오늘은 당신 차례야…… 난 다른 사람 몫까지 일할 생각은 없으니까……

남작 마음대로 해, 나스첸카가 청소해 줄 거야…… 이봐, 운명적인 사랑! 정신 차려! (나스탸의 손에서 책을 낚아챈다)

나스탸 (일어나면서) 어쩌라는 거예요? 이리 내요! 못된 사람. 그러고도 신사라고 할 수 있어요?

남작 (책을 돌려주면서) 나스탸! 나 대신 청소해 줘, 괜찮지?

나스탸 (부엌 쪽으로 가면서) 어림도 없지…… 누굴 뭘로 보고?

크바시냐 (부엌 입구에서 남작에게) 당신은 그만 가요! 당신이 가고 나면 청소쯤은 누가 해도 할 테니까…… 배우 양반! 부탁인데 좀 하지 그래요…… 그런다고 팔다리가 부러지기야 하겠어요?

배우 참 나, 왜 만날 나야…… 도무지 이해할 수가 없어……

남작 (부엌에서 짐판에 광주리를 걸어 매고 나온다. 광주리 안에는 누더기로 싼 단지가 들어 있다) 오늘따라 엄청 무겁군……

사틴 역시 남작이라 다르긴 하네……

크바시냐 (배우에게) 청소 잊지 말아요!

남작을 앞세워 현관 쪽으로 간다.

배우 (난로에서 내려오면서) 난 먼지를 마시면 안 되는데. (우쭐하여) 내 오거니즘(유기체)은 알코올 중독에 걸렸거든…… (판자 침대에 걸터앉아 생각에 잠긴다)

사틴 오거니즘…… 오르가논(논리조직)……

안나 안드레이 미트리치……

클레시치 또 왜?

안나 저쪽에 크바시냐가 나 먹으라고 남겨둔 만두가 있을 테니…… 당신이 먹어요.

클레시치 (그녀 옆으로 걸어간다) 당신은 안 먹고?

안나 생각 없어요…… 먹어서 뭐하게요? 당신은 일하는 사람이니…… 당신이나 먹어요……

클레시치 무서운 거야? 무서워할 것 없어…… 어쩌면 아직……

안나 가서 드세요! 난 너무 괴로워서…… 틀림없이 곧……

클레시치 (곁을 떠나면서) 괜찮아…… 곧 일어날 수 있어…… 흔히 있는 일이야! (부엌으로 나간다)

배우 (갑자기 꿈에서 깨어난 것처럼 큰 소리로) 어제 병원에서 의사란 녀석이 말했어. 당신의 오거니즘은 완전히 알코올 중독에 걸렸다고……

사틴 (미소 지으면서) 오르가논 말인가……

배우 (완고하게) 오르가논이 아니라 오, 거, 니, 즘……

사틴 시캄브리.[1]

배우 (부정하듯이 한 손을 내저으며) 에잇 멍청이! 난 진지하게 말하는 건데…… 정말로. 만약 오거니즘이 중독에 걸렸다면…… 바닥을 청소하고…… 먼지를 마시는 건 좋지 않다는 얘기라고……

사틴 불로장수의 마크로비오티카던가…… 허!

---

[1] 라인 강변에 살았던, 고대 게르만의 한 종족. 요컨대 사틴이 어려운 말을 많이 알고 있다는 한 예이다.

부브노프 뭘 중얼거리는 거야?

사틴 말이지…… 더 있어, 트랜센덴틀*2……

부브노프 뭔 소린데?

사틴 몰라…… 까먹었어……

부브노프 그럼 왜 그런 말을 하는데?

사틴 아무것도 아니야…… 난 인간의 말에 질려 버렸어…… 우리가 쓰는 모든 말에 싫증이 났다는 말이야! 모든 말을…… 아마도 천 번은 들었으니까……

배우 '햄릿'이라는 연극 속에 "말, 말, 말!"이라는 대사가 있어. 그건 정말 멋진 작품이지…… 난 그 연극에서 무덤 파는 일꾼 역할을 했는데……

클레시치 (부엌에서 나오면서) 그럼 이번에는 청소당번 역할을 하는 건가?

배우 상관 마…… (한 손으로 자기 가슴을 두드린다) 오필리아 님! 오, 이 몸도 잊지 말고 기도해 주오! ……

무대 뒤 어딘가 멀리서 희미한 웅성거림, 큰 소리로 외치는 소리, 경찰 호각 소리.
일을 시작한 클레시치는 줄로 삑삑거리는 소리를 내고 있다.

사틴 난 뜻을 알 수 없는 이상한 말들이 좋아…… 이래봬도 젊었을 땐…… 전신(電信) 쪽에 근무했거든…… 책도 꽤 많이 읽었지……

부브노프 전신 계통에서 일했단 말이야?

사틴 그랬지…… 아주 훌륭한 책이 있었어…… 그리고 재미있는 말도 많았지…… 난 이래봬도 교육을 많이 받은 인간이었으니까…… 알기나 해?

부브노프 들었어…… 골백번도 더 들었다고! 왕년에 무슨 일을 했든…… 그게 무슨 소용이야! ……나도 실은, 옛날에는 모피장이였어…… 내 공장도 있었지…… 그래서 내 팔은 샛노란 색이야. 염료로 내가 직접 모피에 색을 입혔으니 팔뚝까지 노랗게 물들어 버렸지. 팔꿈치까지 말이야! 그래서 난 생각했어, 이건 죽을 때까지 빠지지 않을 거라고…… 노란 손

---

*2 transcendental. 선험적인, 초월적인.

그대로 죽을 거라고…… 그런데 말이야, 지금은 봐…… 그냥 좀 지저분할 뿐이야…… 안 그래?

사틴 그래서 어쨌다는 거지?

부브노프 뭐 그렇다는 말이야……

사틴 그럼 왜 그런 말을 하는 건데?

부브노프 그냥…… 예를 들어 말해 봤을 뿐이야…… 다시 말해, 겉으로 아무리 물이 들어도 금방 빠져 버린다…… 언제 그랬냐는 듯이 없어진다, 그 말이지, 안 그래?

사틴 그런데…… 난 아무래도 뼈마디에 골병이 든 것 같아!

배우 (두 팔로 무릎을 끌어안고 앉는다) 교육 같은 건 다 쓸데없는 짓이야, 중요한 건 재능이지. 내가 알던 어느 배우는…… 대사를 읽을 때도 한 자 한 자 더듬거리면서 읽을 정도였지만, 그래도 주인공 역할을 훌륭하게 해냈고, 극장은 언제나 관객들의 갈채로 떠나갈 정도였어……

사틴 부브노프, 5코페이카 동전 하나 줘봐.

부브노프 2코페이카밖에 없는데……

배우 그러니까, 난 주인공을 하는 자에게 필요한 건 재능, 그것뿐이라는 걸 말하는 거야. 그런데, 재능이라는 건 자신을 믿는 거야, 자기 힘을 믿는 거지……

사틴 이봐, 그보다 5코페이카만 줘봐. 그러면 당신이 천재고, 영웅이고, 악어고, 서장님이란 걸 믿어주지…… 클레시치, 5코페이카만 줘.

클레시치 꺼져 버려, 빌어먹을 놈아! 여긴 어쩌면 너 같은 놈만 우글거리는지……

사틴 뭘 그렇게 앙알거려? 너도 무일푼이라는 거 이미 다 알고 있어……

안나 안드레이 미트리치…… 숨 쉬기가 괴로워요…… 답답해……

클레시치 그래서 어쩌라고?

부브노프 현관문 좀 열어줘……

클레시치 그렇군! 넌 침대 위에 앉아 있지만 난 바닥에 앉아 있으니까…… 먼저 네 자리부터 나에게 양보한다면 열어주지…… 난 감기 기운이 좀 있거든……

부브노프 (태연자약하게) 문 열어줬으면 하는 건 내가 아니라 네 마누라야……

클레시치 (음울하게) 하나하나 다 들어주다간 한도 끝도 없어……

사틴 어이구, 골이 지끈거려…… 흥! 인간들은 왜 그렇게 서로 머리를 때리지 못해서 안달인지.

부브노프 머리뿐만 아니라 온몸 여기저기 닥치는 대로지. (일어선다) 어디, 실이나 사러 가볼까…… 그런데 웬일로 오늘은 주인 부부가 코빼기도 보이지 않네…… 뒈져버렸나. (퇴장)

안나가 기침을 한다. 사틴이 두 손을 머리 아래 받치고 누운 채 꼼짝하지 않는다.

배우 (우울한 듯이 주위를 둘러본 뒤 안나 곁으로 다가간다) 좀 어때? 안 좋아?

안나 숨 쉬기가 괴로워요.

배우 괜찮으면 바깥으로 데려가 줄까? 자, 일어나봐. (여자가 몸을 일으키는 것을 도와준 뒤, 그 어깨에 헌 모피를 걸쳐주고 부축하면서 현관으로 데려간다) 됐어 …… 기운 차리고! 나도 환자야…… 알코올 중독……

코스틸료프 (문앞에서) 산책 가나? 잘 어울리는 한 쌍일세, 암염소와 숫염소가 나란히……

배우 여보시오, 길이나 비키슈…… 병자들이 지나가는 거 안 보여요?

코스틸료프 예, 예, 지나가, 지나가…… (찬송가 같은 노래를 콧노래로 부르면서 수상쩍다는 듯이 방 안을 둘러보고, 고개를 왼쪽으로 기울이면서 페펠의 방 안 기색을 살피는 눈치다. 클레시치는 괜히 열쇠꾸러미를 짤랑거리고 줄로 끽끽 소리를 내면서, 눈을 치떠 주인 모습을 지켜본다) 여전히 끽끽거리고 있군?

클레시치 뭐요?

코스틸료프 끽끽거리고 있다고. (사이) 그건…… 그렇고…… 내가 방금 뭘 물어보려고 했더라? (빠르고 작은 목소리로) 내 마누라 여기 안 왔어?

클레시치 못 봤는데……

코스틸료프 (조심스럽게 페펠 방 문에 다가가면서) 한 달에 겨우 2루블 내는 주제에 자리를 너무 많이 차지하고 있잖아! 침대가 한가득인 데다…… 자기는 그렇게 앉아 있고 말이야…… 안 되겠어! 5루블은 내야 할 자린데! 적어도 50코페이카는 올려야겠어……

클레시치 그보다는 차라리, 내 목에 새끼줄이라도 걸어서 조르시지 그래……
언제 뒈질지 모르는 목숨인데 허구한 날 방세 타령이나 하고 있으니……

코스틸료프 네놈을 목 졸라서 뭐에 쓰라고? 득볼 사람이 누가 있어서! 악
착같이 살아서 재미있는 꼴을 많이 봐야지…… 난 너한테 올려 받은 50코
페이카로 램프 기름이나 사야겠어…… 그러면 내 공물이 거룩한 성상 앞
에서 타오르는 거지…… 속죄도 되고, 네 죄도 소멸될 테니까 말이야. 하
긴 넌 자신의 죄 따위는 생각해본 적도 없겠지만…… 어때…… 아, 안드
류시카, 넌 꽤나 죄 많은 인간이야! 네 마누라가 저런 병에 걸린 것도 다
네 죄업 때문이지…… 세상천지에 널 좋아하거나 존경하는 사람은 하나도
없을걸…… 무엇보다 그 직업부터가 글러먹었어. 시끄럽고 얼마나 신경에
거슬리는지 알아?……

클레시치 (소리친다) 지금 나하고 한번 해보자는 거야?

사틴이 소리 높여 신음한다.

코스틸료프 (몸을 떨며) 어이쿠, 놀래라. 왜 그러나, 이 사람아……

배우 (들어온다) 그 여자를 간신히 현관에 앉히고 잘 덮어주고 왔어……

코스틸료프 친절도 하셔라, 형제! 잘했어…… 나중에 복 받을 거야……

배우 언제?

코스틸료프 저세상에 가면, 형제…… 저세상에선 우리가 한 일에 대해 모
두 정확하게 보상해주신단 말이야……

배우 그보다는, 지금 여기서 당신이 보상해주는 게 어때……

코스틸료프 내가 어떻게?

배우 빚을 절반쯤 깎아주는 거지……

코스틸료프 하하! 이 친구는 늘 실실거리고 농담만 한단 말이야…… 도대
체 친절이라는 것을 돈으로 살 수 있다고 생각하나? 친절은 어떤 보물보
다도 고귀한 거야. 하지만 네가 나에게 진 빚은 그저 빚일 뿐이야! 그러
니까, 그건 당연히 갚아야 한다 이거지…… 나 같은 늙은이한테는 아무
보상도 바라지 말고 친절을 베풀어야 하는 거란 말이야……

배우 사기꾼 영감탱이……

클레시치가 일어나 현관으로 간다.

코스틸료프 (사틴에게) 방금, 낄낄 씨지? 하하, 달아나는군! 저 녀석은 내가 싫은 모양이야……

사틴 악마가 아니고서야 누가 당신을 좋아하겠어……

코스틸료프 (냉소하면서) 그런 억지소리 그만해! 하지만 난 그래도 네놈들을 모두 좋아해…… 집도 절도 없는 구제불능, 불쌍한 형제들로 여기고 있거든…… (갑자기 빠른 소리로) 참…… 바시카는…… 방에 있나?

사틴 직접 보시지……

코스틸료프 (문으로 걸어가서 문을 두드린다) 바샤!

배우가 부엌 입구에 나타난다. 뭔가 우물우물 씹고 있다.

페펠 누구요?

코스틸료프 나야…… 나, 바샤.

페펠 무슨 일인데요?

코스틸료프 (뒤로 물러나면서) 문 좀 열어봐……

사틴 (코스틸료프 쪽은 보지 않고) 문을 여니 거기 한 여자가 있었다, 뭐 이런 건가……

배우가 코웃음 친다.

코스틸료프 (불안한 듯이 낮은 목소리로) 뭐? 누가 있다고? 어이…… 방금 뭐라고 했어?

사틴 뭐요? 나한테 하는 소리요?

코스틸료프 너, 방금 뭐라고 했잖아?

사틴 그거? 그냥…… 혼잣말한 건데……

코스틸료프 조심해, 형제! 농담도 정도가 있어야지, 응? (문을 세게 두드린다) 바실리!

페펠 (문을 열면서) 뭐요? 뭐가 이렇게 시끄러워?

코스틸료프 (방을 들여다보면서) 내가 그…… 뭐냐…… 그……

페펠 돈 가져왔어요?

코스틸료프 무슨 돈? 아니, 잠깐만……

페펠 돈 가져왔냐고요, 7루블. 시계 값 말이오……

코스틸료프 무슨 시계, 바샤? ……아, 그러니까 넌……

페펠 이봐요, 시치미 떼지 마쇼! 어제 모두가 보는 앞에서 당신한테 시계를 10루블에 팔았잖아요…… 3루블 받았으니까 나머지 7루블 주셔야지! 왜 눈만 끔벅거리고 이러실까? 괜히 건들거리고 다니면서 사람들 방해나 하면서…… 자기가 지금 뭐하고 있는지도 모르고……

코스틸료프 쉿! 그렇게 화내지만 말고, 바샤…… 그 시계 말인데, 도대체 그건……

사틴 장물이지……

코스틸료프 (엄격하게) 난 훔친 물건은 사지 않아…… 너 어떻게……

페펠 (상대의 어깨를 움켜잡으면서) 에이, 그럼 날 왜 찾는 건데요? 내게 무슨 볼일이 있어서?

코스틸료프 음…… 뭐 특별히…… 그럼 가지 뭐…… 정 그렇다면……

페펠 돌아가요, 얼른 가서 돈이나 가져와요!

코스틸료프 (나간다) 막돼먹은 놈! 어이구, 참……

배우 코미디가 따로 없군!

사틴 제법 하는데! 난 이런 게 아주 좋아……

페펠 도대체 뭐하러 온 거야?

사틴 (웃으면서) 모르겠어? 지 마누라 찾으러 온 거지…… 저런 인간을 얼른 때려눕히지 않고 왜 그냥 보냈어, 바실리?!

페펠 저런 작자 때문에 인생을 망칠 순 없으니까요……

사틴 너, 잘해 봐라. 곧 바실리사와 결혼해서…… 이 집 주인이 되는 거야 ……

페펠 그러면야 참 좋겠죠! 그렇게 되면 아저씨들, 우리 살림은 물론이고 순진한 나를 이용해 내 신세까지 망쳐놓을 걸요…… (침대에 걸터앉는다) 너구리 같은 영감탱이…… 자고 있는 사람 깨워서…… 진짜…… 멋진 꿈을 꾸고 있었는데. 낚시를 하고 있었는데, 뭐가 걸린 거예요, 어마어마하게 큰 도미류가! 꿈에서나 볼 수 있는 거대한 도미류 말이에요…… 그래서 낚싯대를 당기는데, 실이 끊어질까 걱정될 정도였죠! 뜰채를 준비해서…… 막 걷어내려는 참에……

사틴 도미류가 아니라 바실리사였겠지……

배우 바실리사는 이미 낚아챈 지 오래됐지……

페펠 (화를 내며) 에잇, 마귀들은 뭐하고 있나, 이런 사람들 안 잡아가고…… 그 여편네도 같이 데려가 버리지!

클레시치 (현관에서 들어온다) 어, 춥다! 더럽게 춥네……

배우 안나는 왜 안 데리고 와? 얼어 죽겠구먼……

클레시치 나타샤가 부엌으로 데려갔어……

배우 그 영감탱이가 쫓아낼 걸……

클레시치 (작업을 시작하려고 자리에 앉으면서) 그럼…… 나타샤가 데려오겠지……

사틴 바실리! 5코페이카만 줘……

배우 (사틴에게) 흥, 빌어먹을 놈…… 5코페이카가 뭐야! 바샤, 우리에게 20코페이카 은화를 주지 그래……

페펠 얼른 안 줬다간…… 1루블을 뜯기게 생겼군…… 자요!

사틴 지브롤터! 세상에 도둑보다 착한 인간은 없다니까!

클레시치 (음울하게) 돈 참 편하게 버는 놈들이지…… 놈들은…… 일도 하지 않고……

사틴 쉽게 돈 버는 놈들은 있지만, 그걸 쉽게 내놓는 놈은 많지 않아…… 일? 그야 즐겁게 일할 수 있도록 해준다면야 나도 못할 것 없지…… 그럼! 나도 할 수 있어! 일이 즐거우면 인생은 극락이지! 일이 의무면 인생은 지옥이고! (배우에게) 이봐, 사르다나팔루스!*3 슬슬 가볼까……

배우 그래, 네부카드네자르!*4 코가 비뚤어지게 마셔보자고. 술고래가 4만 명이나 있는 것처럼 말이야……

---

*3 고대 아시리아 제국 마지막 왕. 무척 사치한 생활을 한 것으로 알려져 있다.
*4 네부카드네자르 2세. 신(新)바빌로니아 제국 제2대 왕으로 제국 번영을 이끌었으며 바빌론 유수와 공중정원으로 유명하다.

두 사람이 퇴장한다.

페펠 (하품을 하면서) 아주머닌 좀 어때요?

클레시치 얼마 남지 않은 것 같아…… (사이)

페펠 아저씨를 보고 있으면, 왜 그렇게 돈도 되지 않는 일에 매달려 있나 싶어요.

클레시치 그럼 뭘 하나?

페펠 아무것도 하지 않는 거죠……

클레시치 우린 뭐 먹고 살고?

페펠 그래도 다들 살아가고 있잖아요……

클레시치 이 사람들? 이 사람들을 인간이라고 할 수 있을까? 건달이나 인 간쓰레기…… 흥, 그래, 인간이라고! 난 이래봬도 기술이 있어…… 저 인간들을 보면 내가 다 부끄럽다니까…… 난 코흘리개 때부터 일했어…… 그러니까 넌, 내가 이곳에서 벗어날 수 없을 거라고 생각하는 거지? 하지 만 난 나가고 말 거야…… 살가죽이 다 벗겨지는 한이 있더라도 기어서라 도 나가고 말 거라고…… 두고 봐…… 마누라가 곧 죽고 나면…… 난 이 곳에 온 지 반년밖에 안 됐지만…… 벌써 6년이나 지난 것 같은 기분이 들어……

페펠 여기 아저씨보다 못한 사람이 누가 있다고…… 괜한 소리 마세요……

클레시치 나보다 못한 사람이 없어? 명예심도 없고 양심도 없이 살아가고 있는 놈들이……

페펠 (무관심하게) 흥, 명예심이니 양심이니, 그런 게 대관절 뭐기에? 장화 대신 신을 수도 없는 걸…… 명예심이나 양심 같은 건 권력이니 세력이니 하는 걸 갖고 있는 놈들에게나 필요한 거라고요……

부브노프 (들어온다) 으으…… 얼어 죽을 것 같아!

페펠 부브노프 아저씨! 아저씬 양심 같은 것 있어요?

부브노프 뭐? 양심?

페펠 네, 양심!

부브노프 양심이 뭐에 쓰는 건데? 난 부자가 아니야……

페펠 내 말이 그 말이에요. 명예심이니 양심이니 하는 건 부자한테나 필요한 거라고, 맞잖아요! 그런데, 클레시치 아저씨가 우릴 걸고 넘어지네요. 우리에겐 양심이 없다느니 하면서……

부브노프 그자가 양심이란 걸 또 빌려달래?

페펠 뭘요, 그 사람은 워낙 많이 가지고 있는 걸요……

부브노프 그럼 뭐야, 팔고 싶은 건가? 흥, 여기 그런 것 살 사람, 아무도 없을 걸. 하다못해 찢어진 종이상자라면 내가 사주겠지만…… 그것도 현금으로 말고……

페펠 (설교하듯이) 아저씨도 참 바보야, 안드류시카! 양심이란 게 뭔지 사틴에게 물어보고 싶군…… 아니면 남작님에게라도……

클레시치 그런 녀석들하고 무슨 애기를 해……

페펠 아저씨보다는 똑똑할 걸요…… 술고래이긴 하지만……

부브노프 술고래가 똑똑하기까지 하면 도깨비에게 금방망이 격이지……

페펠 사틴의 말로는, 인간은 자기 이웃이 양심을 가지기를 바라고 있죠. 즉, 누구에게고 양심이 있으면 손해만 봐요…… 이건 사실이라고요……

나타샤가 들어온다. 그 뒤에 루카가 지팡이를 짚고, 어깨에 자루를 메고 허리에 냄비와 주전자를 매달고 들어온다.

루카 안녕들 하쇼, 나리들!

페펠 (콧수염을 쓰다듬으면서) 오, 나타샤!

부브노프 (루카에게) 나도 옛날에는 나리라는 소릴 들었지만, 지난해 봄부터……

나타샤 새로 오신 손님이에요……

루카 나에게는 모두 매한가지라오! 난 사기꾼이든 뭐든 존경하니까. 나로 말할 것 같으면, 어떤 벼룩도 나쁠 건 없다, 죄다 시커멓고 죄다 튀니까…… 그렇지 않소? 그런데 아가씨, 난 어디를 쓰면 되나?

나타샤 (부엌문을 가리키면서) 저쪽으로 가세요, 할아버지……

루카 고맙소, 아가씨! 난 어디든 가라는 곳으로 가…… 늙은이에겐 따뜻한 곳이 곧 고향이지……

페펠 재미있는 영감님을 모셔왔군, 나타샤……

나타샤 그야 댁들보다는 재미있죠…… 안드레이! 당신 아내는 우리 부엌에 있으니까…… 나중에 데리러 와요.

클레시치 알았어…… 갈게……

나타샤 아저씨도 아내한테 좀 더 잘해 주세요…… 이제 얼마 남지도 않은 것 같은데……

클레시치 알고 있어……

나타샤 물론 알고 있겠죠…… 하지만 알고만 있으면 뭐해요, 이해를 해줘야죠. 죽는 건 무서운 일이잖아요……

페펠 그런데 난 죽음이 전혀 무섭지 않아……

나타샤 그래요? ……잘났어, 정말……

부브노프 (휘파람을 불고) 실이 다 썩어 버렸어……

페펠 난 정말 무섭지 않다고! 못 믿겠으면 당장이라도 죽어줄 수 있어! 어디 칼을 가져와서 내 심장을 푹 찔러봐…… 끽소리 하지 않고 죽어줄 수 있어, 그것도 기꺼이! 그렇게 예쁜 손에 죽을 수 있다면야……

나타샤 (나가면서) 흥, 말은 잘하시네요. 하지만 딴 데 가서 알아봐요.

부브노프 (느릿느릿하게) 실이 다 썩어 버렸어……

나타샤 (현관문에서) 안드레이, 부인 데려가는 것 잊지 마세요……

클레시치 알았다니까……

페펠 참한 아가씨야!

부브노프 참하지. 나쁘지 않아……

페펠 저 아가씬 나한테…… 왜 저러는 거지? 언제나 새침하게 쏘기나 하고…… 하지만 어차피 마찬가지야. 이곳에 있으면 금방 타락하게 마련이거든……

부브노프 그것도 네 덕분에 말이지……

페펠 왜요, 왜 내 덕분이에요? 난 저 여자를 가엾게 생각하고 있는데……

부브노프 늑대가 양 생각하듯이 말이지……

페펠 무슨 소리예요! 난 정말로, 저 아가씨를 가엾게 여기고 있다고요…… 이런 곳에 있으면 안 돼요…… 내 눈에 다 보여요……

클레시치 하지만 조심해, 저 아가씨랑 얘기라도 하다가 바실리사에게 들키면 큰일이니까.

부브노프 바실리사? 그래, 자기 정부를 빼앗기고 가만히 있을 여자가 아니지…… 대단한 여자야……

페펠 (침대 위에 벌렁 눕는다) 지옥이나 가지 그래요…… 예언자 나타나셨네!

클레시치 곧 알게 될 거야…… 두고 봐!

루카 (부엌에서 노래를 부른다) 밤은 깊어가고…… 길은 보이지 않고……

클레시치 (현관으로 나가면서) 어허, 저 영감탱이도 짖어대는군……

페펠 아, 미치겠다…… 난 왜 이렇게 자꾸만 따분해지지? 평소에는 아무 일 없이 잘 지내다가도, 어느 날 느닷없이 마치 썰물이 빠져나가는 것처럼 따분해지니……

부브노프 따분해진다고?……

페펠 사실이에요!

루카 (노래한다) 아, 길은 보이지 않고……

페펠 영감님, 이봐요!

루카 (문밖을 내다보면서) 나 말인가?

페펠 그래요, 영감님. 노래 좀 그만해요.

루카 (나온다) 노래 싫어하나?

페펠 잘 부르면 좋죠……

루카 그럼, 난 잘 부르지 않는다는 건가?

페펠 그런 셈이죠……

루카 그래? 난 또 내가 제법 잘 부르는 줄 알았지. 뭐 모든 게 다 그렇지. 누구나 자기가 언제나 잘하고 있는 줄 알거든! 그런데 그게 남들은 그렇게 생각하지 않는단 말이야……

페펠 (웃으면서) 맞아요! 정말……

부브노프 따분하다고 할 땐 언제고, 웃고 있네.

페펠 그게 왜요? 까마귀처럼 생겨가지고……

루카 도대체 누가 따분하다는 건가?

페펠 나요, 나……

남작이 들어온다.

루카 그런데 저쪽 부엌에서 아가씨가 책을 읽으면서 울고 있어! 정말이야! 눈물을 뚝뚝 흘리면서…… 그래서 내가 아가씨, 무엇 때문에 울고 있지, 응? 하고 물었더니, 너무 불쌍해서요 하는 거야! 누가 불쌍한데? 물으니 이 책 속에 나오는 사람이요…… 그런 일로 우는 사람도 있다네, 나참! 아무래도 따분해서 그런가 봐……

남작 멍청해서 그렇지 뭐……

페펠 남작님! 차는 마셨어요?

남작 마셨어…… 왜?

페펠 차 반 병 더 드실래요?

남작 물론이지…… 그래서?

페펠 네 발로 납작 엎드려서 개처럼 짖어 봐요!

남작 미친놈! 너 장사꾼이야? 아니면 술 취했어?

페펠 어서 짖어 봐요! 그러면 위로가 좀 될 것 같으니까…… 당신은 나리님이잖아요…… 우리 같은 사람은 인간으로도 생각하지 않았던 시절이 있었겠죠…… 세상 일이란 게 다 그렇지요……

남작 그리고?

페펠 뭐냐고요? 그리고 지금은 당신이 개처럼 짖는 모습을 보고 싶다고요, 짖을 거죠…… 자, 짖어 줄 거죠?

남작 그래, 짖지 뭐! 더러운 놈! 하지만 내가 너보다 더 망했다는 것을 다 알고 있는데, 그런 짓을 시켜서 뭐가 재미있다는 거지? 내가 아직 네놈들보다 훨씬 위에 있었을 때 나를 네 발로 기게 했어야지……

부브노프 브라보!

루카 내 생각도 그래! ……

부브노프 옛날 일은 옛날 일, 남아 있는 건 찌꺼기뿐이지…… 이곳엔 나리고 나발이고 없어…… 모든 게 사라져 버리고 알몸뚱이 인간이 남아 있을 뿐이야……

루카 그러니까 모든 사람은 평등하단 말이군…… 그건 그렇고, 당신 정말 남작이었소?

남작 무슨 소리 하는 거야? 당신은 뭐야, 멍청인가?

루카 (웃는다) 난 백작도 만났고 공작도 만난 적 있어…… 하지만 남작을 만나는 건 처음이야, 그것도 이렇게 쫄딱 망해 버린 남작은……

페펠 (웃는다) 어이, 남작님! 이렇게 민망할 데가!

남작 이젠 철들 때도 되지 않았어, 바실리……

루카 오, 아까부터 당신들을 보고 있자니, 형제들! 당신들 생활은 거 참, 이거야 원!……

부브노프 아침에 일어나면서부터 이렇게 서로 짖어대는 게 우리네 생활이지……

남작 우리도 옛날에는 좀 더 나은 생활을 했지…… 정말이지! 난…… 아침에 눈을 뜨면 침대 속에 누운 채 커피를 마셨어…… 커피 말이야! 게다가 크림이 든 걸로…… 정말이야!

루카 인간이란 게 다 그런 거죠! 아무리 점잔 떨면서 양반걸음 걸어 봤자, 인간으로 태어나서 인간으로 죽는 거지…… 내가 이렇게 보고 있으니, 인간은 점점 똑똑해지고 재미있어지고 있어요…… 하지만 생활이 나빠질수록 더 나은 생활을 꿈꾸게 된단 말이야…… 고약한 일이야!

남작 영감은 도대체 뭐하는 사람이오? ……어디서 오셨소?

루카 나 말이오?

남작 순례자요?

루카 우리는 모두 지구의 순례자요…… 내가 듣기로, 우리가 사는 지구조차 우주를 돌아다니는 순례자라고 하더군.

남작 (엄격하게) 그야 그렇지. 하지만 영감님은 여권을 가지고 있소?

루카 (잠깐 사이를 두고) 당신은 뭐하는 사람이오, 형사요?

페펠 (유쾌한 듯이) 보통 아니시네, 영감님! 남작님, 한 방 먹었네?

부브노프 그래, 한 방 먹었어, 나리……

남작 (조금 겸연쩍은 듯이) 뭘, 별것도 아닌 걸 가지고. 농담 한마디 했을 뿐이오, 영감! 내게도 그런 서류 같은 건 있지도 않아……

부브노프 거짓말!

남작 그야…… 서류는 있지…… 하지만 그런 건 아무 짝에도 쓸모없어……

루카 그런, 서류니 뭐니 하는 건 다 그렇지…… 죄다 아무 소용없는 거라오.

페펠 남작님! 술이나 한 잔 하러 갑시다……

남작 좋지! 그럼, 영감, 또 봅시다…… 영감도 만만찮구려!

루카 세상엔 별의별 사람이 다 있지……

페펠 (현관문에서) 자, 어서 갑시다, 어서요. (나간다)

남작이 서둘러 그를 따라간다.

루카 저 사람, 정말로 남작이었답니까?

부브노프 누가 알겠어요? 하기야, 행세깨나 했던 건 확실한 것 같은데…… 저 사람은 지금도…… 이따금 양반 행세를 하니까요. 제 버릇 개 못 준다고, 양반입네 거들먹거리는 꼴이지요.

루카 양반근성이라는 건, 말하자면 천연두 같은 거라서…… 완쾌한 뒤에도 자국이 남는 법이지……

부브노프 하지만 어쨌든 좋은 사람이오…… 이따금 시비를 걸어서 탈이지…… 아까 영감한테 여권조사를 했을 때처럼……

알료시카 (손풍금을 들고 술에 취해 들어온다. 휘파람을 분다) 안녕, 여러분!

부브노프 왜 이렇게 시끄러워?

알료시카 아, 미안합니다…… 좀 봐주세요! 난 이래뵈도 예의바른 사람이라고요……

부브노프 또 흥청망청 마셔댔구면?

알료시카 마음대로 지껄이세요! 방금 부서장 메댜킨이 나를 지서에서 쫓아내면서 "앞으로 거리에서 네놈 냄새도 피워선 안 돼…… 꺼지라고" 하더군요! 흥, 나 이래뵈도 인격이 있는 인간이라고요…… 그런데 우리 주인은 사람 대접도 하지 않는단 말이야…… 도대체 우리 주인이 뭐기에? 쳇! 당최 알 수가 없어…… 글쎄, 그놈이야말로, 그 주인놈이야말로 술고래면서…… 그런데 난 아무 욕심도 없는 사람이에요! 난 아무것도 필요없어, 다 필요 없어! 난 이런 사람이니 20루블만 내고 사가란 말이야! 난 아무것도 필요 없어. (나스탸가 부엌에서 등장) 백만 루블을 줘 봐요, 난 그런 것 필요 없어! 다만 나 같이 어엿한 인간에게, 아무리 벗이라 해도 술고래가 명령하는 것은 싫어요! 싫어!

나스탸가 문 앞에 서서 알료시카를 보면서 고개를 설레설레 젓고 있다.

루카 (상냥하게) 이봐, 젊은이, 정신 좀 차려……

부브노프 멍청한 녀석……

알료시카 (마룻바닥에 드러눕는다) 자, 날 잡아 잡쉬! 난 아무것도 필요 없어. 난 이미 자포자기했어! 하지만 한 가지 묻고 싶은 게 있어. 내가 어디가 남보다 못해? 왜 내가 남보다 못하냐고? 설명 좀 해봐! 메댜킨이란 놈이 그러더라고, 길거리에 얼씬거렸다간 상판대길 갈겨 줄 거라고. 난 갈 거야 …… 가서 거리 한복판에 드러누울 거야. 죽일 테면 죽여보라지! 난 아무 것도 바라는 게 없는 사람이야!

나스탸 가엾어라! ……아직 어린데, 벌써…… 저렇게 억지를 부리고……

알료시카 (그녀를 보고 무릎을 짚고 일어난다) 아가씨! 맘젤!*⁵ 팔레 프랑세*⁶ …… 프레이스 크랑트!*⁷ 나, 한 잔 했어……

나스탸 (소리 높여 속삭인다) 바실리사!

바실리사 (재빨리 문을 열고, 알료시카에게) 너, 또 왔니?

알료시카 안녕하세요…… 자, 이쪽으로 오시죠……

바실리사 뭐야, 이 쥐새끼 같은 놈. 여긴 두 번 다시 얼씬도 말라고 그렇게 말했는데…… 또 끄떡거리고 찾아온 거야?

알료시카 바실리사 카르포브나…… 어때요, 괜찮으면 한번 장송곡을 연주 해 드릴깝쇼?

바실리사 (그의 어깨를 민다) 꺼져!

알료시카 (문 쪽으로 물러가면서) 잠깐만…… 너무하잖아! 장송곡이라니까…… 배운 지 얼마 안 됐어! 방금 배운 따끈따끈한 거라고…… 잠깐만 기다리라니까! 이거 너무하잖아!

바실리사 진짜 너무한지 아닌지 알게 해주지…… 동네방네 다 들리도록 네 놈 욕을 하고 다닐 테니까…… 이 이교도놈이…… 아직 대가리에 피도 안 마른 놈이 나에 대해 더러운 말을 나불대고 다녀?

---

*5 '마드무아젤'의 사투리.

*6 프랑스어 할 줄 알아?

*7 가격표.

알료시카 (달아나면서) 알았어, 가요, 가……

바실리사 (부브노프에게) 저런 놈은 두 번 다시 들이지 말아요! 알겠어요?

부브노프 내가 문지기도 아니고……

바실리사 당신이 뭐든 내 알 바 아니에요! 하지만 잊지 말아요, 당신은 남의 덕으로 여기 붙어먹고 살고 있으니까! 나에게 빚이 얼마나 있는 줄 알기나 해요?

부브노프 (태연하게) 아직 계산해보지 않아서……

바실리사 그럼 내가 계산해드릴까!

알료시카 (문을 열고 소리친다) 바실리사 카르포브나! 난 당신 같은 여자 하나도 안 무서워…… 안 무섭다고! (숨는다)

루카가 웃는다.

바실리사 댁은 누구예요?

루카 지나가던…… 길손이외다……

바실리사 하룻밤 머무는 거예요, 아니면 여기서 살 거예요?

루카 그건 봐서……

바실리사 여권은요!

루카 있소만……

바실리사 보여줘요!

루카 나중에 갖다 드리지…… 이녁 방으로……

바실리사 길손? ……그러세요? 차라리 사기꾼이라고 하는 게 훨씬 더 어울리겠어……

루카 (탄식하며) 아, 이거 너무 불친절하신 거 아닌가……

바실리사, 페펠의 방문 쪽으로 간다.

알료시카 (부엌에서 얼굴을 내밀고 속삭인다) 갔어요? 응?

바실리사 (그가 있는 쪽으로 돌아서서는) 아직도 여기 있어요?

알료시카가 몸을 숨기면서 휘파람을 분다. 나스탸와 루카가 웃는다.

부브노프 (바실리사에게) 없어……

바실리사 누가요?

부브노프 바시카……

바실리사 내가 언제 물어봤어요?

부브노프 알아…… 당신이 두리번거리기에 찾는 줄 알고……

바실리사 난 방이 잘 정리되어 있는지 검사하고 있을 뿐이에요, 알겠어요? 도대체 왜 여태까지 청소도 안 한 거예요? 청결을 유지하라고 몇 번이나 말했잖아요?

부브노프 오늘은 배우 차렌데……

바실리사 누구 차례든, 내 알 바 아니에요! 만약 보건소 직원이 와서 벌금이라도 매기면, 그땐 …… 당신들 모두 내쫓아 버릴 거예요!

부브노프 (태평하게) 그러면 뭐 먹고 살려고 그러시나?

바실리사 먼지 한 톨이라도 남아 있으면 가만 안 있을 테니까! (부엌으로 가서 나스탸에게) 넌 왜 여기서 얼쩡거리고 있어? 상판대기는 왜 퉁퉁 부어 있는 거지? 말뚝처럼 뻣뻣하게 서 있지만 말고 바닥이라도 쓸어! 나탈리야…… 못 봤어? 여기 왔지?

나스탸 몰라…… 못 봤어……

바실리사 부브노프! 내 동생 여기 안 왔어요?

부브노프 아…… 방금 이 영감님을 데리고 들어왔는데……

바실리사 그리고 그 사람은…… 집에 있었고?

부브노프 바실리? 있었지…… 여기서 클레시치하고 얘기하고 있었지, 나탈리야는……

바실리사 누구와 얘기했는지, 내가 그런 것 물었어요? 이 더러운 것 좀 봐…… 온통 먼지투성이야! 정말이지 당신들은…… 돼지나 다름없어! 좀 깨끗하게 청소해 봐요…… 알았죠! (빠른 걸음으로 나간다)

부브노프 어휴, 저 여편네, 저 사나운 성질 하고는……

루카 여간내기가 아니네……

나스탸 이런 생활을 하다보면 누구나 다 사나워지죠…… 저 여자처럼 저런 남편과 붙어살면 누구든지……

부브노프 뭐, 그렇게 찰떡같이 붙어 있는 것 같지도 않은데……

루카 저 아낙은 만날 저렇게…… 떽떽거리는가?

부브노프 맨날 저래요…… 애인을 찾아 왔는데, 없으니까……

루카 아하, 그래서 약이 올랐구먼. 허허! 이 세상 인간들은 참 가지가지 하지…… 온갖 협박을 늘어놓으면서 서로를 위협한단 말이야. 그리고 세 상은 역시 무질서하고, 부정으로 꽉 차 있어……

부브노프 누구나 질서는 좋아하지만, 지혜가 부족하지요. 그런데, 이쪽도 청소해야겠는 걸…… 나스탸! ……청소 좀 하지.

나스탸 흥, 내가 왜요! 내가 댁들 하녀도 아니고…… (잠시 침묵) 오늘은 술이나 실컷 마셔야겠어…… 떡이 되도록!

부브노프 그것도 좋지……

루카 아가씨, 왜 그러는 거요, 술을 마시다니? 조금 전까지 눈물을 짜고 있더니, 이제는 술을 마시겠다고?

나스탸 (도전하듯이) 실컷 취하면 또 울 거예요…… 왜요?

부브노프 너무 많이 마시진 말고……

루카 허나, 도대체 왜 그러는지, 그 이유나 들어봅시다. 여드름도 이유 없 이 생기는 법은 없으니까……

나스탸는 고개를 저으면서 대답하지 않는다.

루카 그렇다면…… 흠! ……도대체 인간이란 모두! 앞으로 다들 어떻게 될지…… 자, 그러면 이곳은 내가 청소하지 뭐. 빗자루는 어디 있나?

부브노프 현관문 밖에요……

루카가 현관으로 나간다.

부브노프 나스첸카!

나스탸 왜요?

부브노프 바실리사는 왜 알료시카를 못 잡아먹어서 안달인 거지?

나스탸 그야, 그 녀석이 그 여자는 이미 바시카에게 질렸다느니, 바시카는 그 여자를 버리고…… 나타샤를 노리고 있다느니 하면서 떠벌리고 다니니까 그렇죠…… 난 이제 여길 떠나서…… 다른 곳을 알아볼까 해요.

부브노프 왜? 어디로?

나스탸 정나미가 떨어졌어요…… 게다가 난 여기서는 있으나 마나 한 존재잖아요……

부브노프 (태연하게) 넌 어디 가든 마찬가지야…… 세상 사람들은 모두가 잉여인간이지……

나스탸가 머리를 흔들고는 일어나서 조용히 현관으로 나간다. 메드베데프가 들어오고 루카가 빗자루를 손에 들고 뒤따라 들어온다.

메드베데프 처음 보는 얼굴인 것 같은데……

루카 그럼 다른 사람들은 다 아시우?

메드베데프 관할 구역 사람이면 다 알아야지…… 당신은 모르는 얼굴인데……

루카 그건 말이오, 선생, 이 세상 전체가 당신 관할은 아니기 때문이지…… 어딘가 조금 남는 땅도 있게 마련이니까……

루카가 부엌으로 사라진다.

메드베데프 (부브노프 쪽으로 가면서) 그야 그렇지. 내 관할 구역은 그리 넓지 않소…… 그러면서도 넓은 곳보다 힘이 더 드니…… 지금도 교대하기 전에 구두수선공 알료시카를 강제로 연행하고 오는 길이오…… 길 한복판에 대자로 드러누워 아코디언을 켜면서, 아무것도 필요 없어, 아무것도 원치 않아! 하고 고래고래 소리를 지르는 통에…… 마차도 지나다니고, 왕래가 많은 길인데 말이야…… 언제 바퀴에 깔릴지도 모를 일이고…… 정말 구제불능인 망나니야…… 그래서 놈을 붙잡아…… 서에 보내 버렸는데, 어째 그런 말도 안 되는 소동을 좋아하는지……

부브노프 밤에 장기 두러 오지 않겠나?

메드베데프 그러지. 그런데…… 바시카는 어쩌고 있나?

부브노프 별일 있을 게 있나…… 똑같지 뭐……

메드베데프 그러니까…… 살아 있다는 얘기지?

부브노프 살아 있지 않으면 어떡해? 그놈은 살아갈 힘을 가지고 있어……

메드베데프 (의심스러운 듯이) 살아갈 힘? (루카가 양동이를 들고 현관으로 나간다) 홍…… 그런데, 바시카란 녀석에 대해…… 무슨 소문…… 들은 것 없나?

부브노프 나야 여러 가지로 소문을 듣고 있지……

메드베데프 바실리사에 대해 뭔가…… 눈치챈 건 없고?

부브노프 뭔데?

메드베데프 뭐…… 특별한 건 아니고…… 알면서 시치미 떼는 건 아니지? 다 아는 얘기니까…… (엄격하게) 거짓말하면 좋을 것 없어, 엉?……

부브노프 내가 거짓말 해서 뭐해?

메드베데프 그럼 됐고…… 에잇, 짐승 같은 놈들! 오만 소리를 다 지껄이고 있어. 바시카하고 바실리사가…… 어쩌고 하면서…… 하지만 그게 나와 무슨 상관이야? 난 그 애 아버지가 아니라 삼촌일 뿐이라고…… 뭣 때문에 날 비웃는 거야…… (크바시냐가 들어온다) 세상 사람들은 근성이 점점 고약해지고 있어…… 뭐든지 조롱하면 된다고 생각하고들 있으니…… 아! 크바시냐가 돌아왔군……

크바시냐 기분 나쁜 경찰나리가 오셨네! 이봐요, 부브노프! 이 사람이 또 시장에서 나를 붙들고 결혼해 달라고 하더군요……

부브노프 못 할 것도 없잖아…… 안 그래? 이 사람은 돈도 있고 게다가 어엿한 경찰나리인데……

메드베데프 내가? 허허!

크바시냐 뭐야, 머리도 허연 주제에! 남의 아픈 곳을 그렇게 건드리는 게 아니에요! 한두 번도 아니고! 난 이미 한 번 경험했다고요…… 여자가 결혼하는 건 한겨울에 얼음 구덩이 속으로 뛰어드는 것과 같은 거야. 뛰어들었다 하면 평생 잊지 못하게 되는 거지……

메드베데프 잠깐…… 남편도 남편 나름이지.

크바시냐 하지만 다 똑같아요! 남편이 죽었을 땐, 그래, 뒈져도 싼 인간이지, 얼마나 기쁜지 온종일 집에 혼자 앉아 있었다니까. 그렇게 앉아 있으니, 글쎄, 나에게 찾아온 행복이 믿어지지가 않더라니까……

메드베데프 남편이 무턱대고 때리면…… 경찰에 신고를 했어야지……

크바시냐 난 8년이나 하느님에게 호소해 왔어, 하지만 아무런 응답도 없었어!

메드베데프 이제 아내를 때리는 건 금지되어 있어…… 지금은 무슨 일이든 엄격한 법률이 있어서, 제대로 질서가 서 있다고! 사람을 함부로 때릴 수 없게 되어 있지…… 질서를 지키기 위해서 그러는 건 다르지만……

루카 (안나를 데리고 온다) 휴, 간신히 데려왔네…… 정말 이런 몸으로도 혼자 걸을 수 있다니! 자리가 어디지?

안나 (자기 자리를 가리키면서) 고마워요, 영감님……

크바시냐 봐요, 이게 남편 있는 여자의 모습이에요…… 똑똑히 보세요!

루카 이 사람은 너무 쇠약해졌어…… 그런데도 벽을 붙잡고, 신음하면서 현관을 기어오고 있더라고…… 당신들은 어떻게 이런 병자를 혼자 내버려 둘 수 있지?

크바시냐 깜박 잊었어요, 미안해요, 영감님! 아마 하녀가 산책이라도 나간 모양이네요……

루카 당신은 왜 웃고만 있지…… 도대체 한 인간을 이렇게 방치해 둬서야 되겠소? 인간은, 그게 어떤 인간이든, 나름대로 가치를 지니고 있는 법인데……

메드베데프 감시가 필요해! 갑자기 죽기라도 하면 어떡하려고? 그러다간 일이 더 복잡해져…… 잘 지켜봐야 한다고!

루카 옳은 말이오, 경찰 부장 나리……

메드베데프 흠, …… 사실은 난…… 아직 부장은 아닌데……

루카 아, 그래요? 하지만 보기에는 상당히 높아 보이시는데!

현관에서 시끄러운 소리와 속삭이는 소리, 고함치는 소리가 희미하게 들려온다.

메드베데프 뭐지, 싸움이라도 났나?

부브노프 그런 것 같군……

크바시냐 가서 보고 와야겠어……

메드베데프 나도 가봐야겠군…… 쳇, 쉴 새가 없다니까! 도대체 싸우겠다 는데 왜 말려야 하냐고? 내버려두면 알아서 떨어지는데…… 싸우다가 지 쳐 나가떨어진단 말이야…… 서로 실컷 싸울 만큼 싸우도록 내버려두면 될 걸…… 그러면 아픔을 잊지 못해 싸우는 것도 자연스럽게 줄어들 텐데 말이야……

부브노프 (침대에서 기어 내려오면서) 서장한테 가서 그대로 얘기해 보지 그러 셔……

코스틸료프 (문을 활짝 열고 소리친다) 아브람! 빨리 와봐…… 바실리사가 나 타샤를…… 죽이려고 해…… 빨리 오라니까!

크바시냐와 메드베데프, 부브노프가 현관으로 급히 달려간다.
루카가 고개를 저으면서 그들을 바라본다.

안나 오, 하느님…… 불쌍한 나타셴카!

루카 누가 싸우고 있는 거요?

안나 이 집 여자들이에요, 자매지요……

루카 (안나 곁으로 다가가면서) 무슨 일로?

안나 두 사람 다…… 배부르고…… 건강하니까……

루카 아주머닌 이름이 뭐요?

안나 안나예요…… 영감님을 이렇게 보고 있으니…… 우리 아버지를 꼭 닮 아서…… 아버지를 만난 것 같은 기분이에요…… 아버지도 다정하고 따뜻 한 분이셨지요……

루카 세상일에 시달리다보면 다 그렇게 둥글둥글해지게 마련이지……

갈라진 듯한 목소리로 웃는다.

—막이 내린다—

제2막

같은 무대. 저녁. 난로 옆 널빤지 침대 위에서 사틴, 남작, 애꾸눈 조프, 타타르인이 카드놀이를 하고 있고 클레시치와 배우가 옆에서 구경하고 있다. 부브노프는 자기 침대 위에서 메드베데프와 장기를 두고 있다. 루카는 안나 침대 옆 걸상에 앉아 있다. 램프 두 개가 방을 밝히고 있는데, 하나는 카드놀이를 하고 있는 사람들 옆 벽에 걸려 있고, 또 하나는 부브노프 침대 위에 걸려 있다.

타타르인　한 번만 더 해, 마지막으로……

부브노프　조프! 한 곡 뽑아봐! (노래하기 시작한다)

　　해가 뜨고 지니……

애꾸눈 조프　(따라 부른다)

　　감옥은 어두워……

타타르인　(사틴에게) 카드를 섞어! 잘 섞어야 해! 속임수를 쓴다는 거 다 알고 있으니까……

부브노프와 애꾸눈 조프　(함께)

　　밤이나 낮이나 교도관이, 에잇, 젠장! 나의 창을 지키고 있네……

안나　때리고 차고…… 무시하고…… 언제나 험한 꼴만 당해왔지요…… 언제나 험한 꼴만!

루카　아주머니! 너무 한탄하지 말구려!

메드베데프　어디에 두는 거야? 제대로 좀 해! ……

부브노프　아! 그렇지, 그렇지, 그렇지……

타타르인　(주먹으로 사틴을 위협하면서) 카드를 왜 숨겨? 내가 빤히 보고 있는데…… 에이, 야비한 놈!

애꾸눈 조프　그만 둬, 아산! 그래봐야 어차피 우린 속게 되어 있어…… 부브노프, 먼저 불러봐!

안나 전 한 번도 배불리 먹어본 기억이 없어요…… 빵 한 조각을 먹는데도 언제나 눈치를 보고…… 평생을 두려워서 벌벌 떨기만 했죠…… 남보다 조금이라도 많이 먹으면 안 된다고 생각하면서…… 전전긍긍…… 평생 누더기만 입고 살아왔어요…… 참 비참한 일생이지요…… 도대체 무슨 인과일까요?

루카 아, 딱하기도 하지! 고단하지 않소? 괜찮아요?

배우 (애꾸눈 조프에게) 잭을 내…… 잭을, 젠장!

남작 이쪽엔 킹이 있는데?

클레시치 맨날 당하기만 한단 말이야.

사틴 여기선 원래 그래……

메드베데프 퀸이다!

부브노프 이쪽에도 있어…… 자……

안나 아, 이제 죽을 것 같아요……

클레시치 거봐, 거봐, 어때! 공작, 집어치워! 집어치우라니까!

배우 이 친구, 너 아니면 할 줄 모를까봐?

남작 조심해, 안드류시카, 한 방에 날려보내 버릴 테니까!

타타르인 패 다시 돌려! 헤엄 잘 치는 놈이 물에 빠져 죽지…… 나도 그래!

클레시치 (고개를 저으면서 부브노프 쪽으로 간다)

안나 전 늘 생각해요, 하느님! 설마 저세상에서도 이 고통이 이어지는 건 아니겠죠? 설마 저세상에서도?

루카 그럴 리가 있겠소! 안심하고 편히 자요! 괜찮을 거니까! 저세상에 가면 편히 쉴 수 있어요! 조금만 더 참아요. 모두들 참고 견디고 있다오.
(일어나서 빠른 걸음으로 부엌으로 간다)

부브노프 (노래를 시작한다)
지킬 테면 지켜봐라……

애꾸눈 조프
우린 달아나지 않을 테다…… (둘이서 합창)
달아나고는 싶지만…… 에잇, 제기랄!

쇠사슬을 끊을 수가 없네

타타르인 (소리친다) 앗! 카드를 소매 속에 숨겼다!

남작 (당황하여) 무슨 소리야…… 그럼 네놈 콧구멍에라도 넣으란 말이야?

배우 (증명하듯이) 공작! 그건 자네 착각이야…… 누가 그런 짓 한다고 그래……

타타르인 내가 봤어! 사기꾼! 더 이상 못해!

사틴 (패를 모으면서) 이봐, 아산, 마음대로 해…… 우리가 사기꾼이라는 거, 너도 다 알고 있잖아. 그러면서 왜 하자고 그래?

남작 고작 20코페이카 은화 두 개 잃어놓고, 마치 3루블이라도 잃은 것처럼 난리군…… 그러고도 공작이야?

타타르인 (열을 올리며) 승부는 정정당당하게 해야지!

사틴 왜?

타타르인 왜라니, 왜긴 뭐가 왜야?

사틴 그러니까…… 왜냐고?

타타르인 몰라서 물어?

사틴 몰라. 넌 알아?

타타르인이 화가 나서 침을 뱉는다. 모두 놀리듯이 웃는다.

애꾸눈 조프 (부드럽게) 이봐 아산, 너도 참 별난 녀석이군! 생각 좀 해봐! 만약 이 친구들이 정직하게 살기로 했다간 사흘도 못 가서 굶어 죽어……

타타르인 그게 나하고 무슨 상관인데! 인간이면 정직하게 살아야지!

애꾸눈 조프 또 시작이다! 그보다 차나 마시러 가…… 어이, 부벤. 아, 이 쇠사슬, 나의 쇠사슬이여……

부브노프 너는, 강철 같은 옥지기……

애꾸눈 조프 가자, 아산카! (노래 부르면서 퇴장)
쇠아무래도 끊어지지 않네……

타타르인이 주먹으로 남작을 위협하며 동료 뒤를 따라 퇴장한다.

사틴 (남작에게 웃으면서) 나리께서 이번에도 보기 좋게 당하셨군! 아무리 교육을 받아도 카드 바꿔치기는 어려운가봐……

남작 (두 손을 벌리면서) 쳇, 얄미운 놈, 어떻게 그걸……

배우 재주가 없는 거지…… 자신감도 없고…… 그게 없으면…… 뭘 해도 죽어라고 안 돼.

메드베데프 내 손엔 퀸이 하나…… 그쪽 손엔 둘이라도 있어? 흥!

부브노프 하나라도, 괜찮지, 잘만 하면 말이야…… 자, 가자고.

클레시치 당했네, 아브람 이바노비치!

메드베데프 쓸데없는 참견이야…… 알겠어? 알았으면 잠자코 있어……

사틴 53코페이카 땄다.

배우 3코페이카는 내 거야…… 하지만 됐어, 3코페이카로 뭘 할 수 있다고.

루카 (부엌에서 나오면서) 기어이 타타르인을 벗겨먹었군. 그래서 보드카라도 한잔 걸치러 가는 건가?

남작 같이 갑시다!

사틴 영감 술 취한 모습을 보고 싶은데.

루카 맨정신일 때만 하겠어?

배우 갑시다, 영감…… 아리아를 한번 들려드릴 테니……

루카 아리아가 뭔데?

배우 시요, 시. 몰라요?

루카 시라! 시가 내게 무슨 소용 있어?

배우 아주 우스꽝스럽죠, 때로는 슬프기도 하고……

사틴 자, 가자고, 풍자시인. (남작과 함께 퇴장한다)

배우 금방 뒤따라갈게! 그래서 말이오, 영감, 예를 들어 말인데, 이런 시가 있어요…… 음, 그러니까…… 어떻게 시작하더라…… 어라? 잊어버렸어! (이마를 문지른다)

부브노프 장이야! 네 퀸은 죽었어…… 어디 받아보시지!

메드베데프 아, 거기 두는 게 아니었는데…… 잘못 뒀어!

배우 나의 오거니즘이 아직 알코올 중독에 걸리지 않았던 시절에는 꽤나 기억력이 좋았는데, 영감…… 지금은 보다시피…… 망가지고 말았어요! 난 이제 모든 게 엉망이 되고 말았어. 내가 이 시를 읊었다 하면 어김없이 환호성을…… 우레와 같은 갈채를 받았죠. 영감은 갈채가 뭔지 모르겠지만…… 말하자면 보드카 같은 거죠! ……먼저 이렇게 걸어 나가서 이런 자세로 섭니다…… (자세를 취한다) 그리고…… (침묵) 아무것도 기억이 안 나…… 한 마디도…… 기억이 안 나! 아주 좋아하는 시였는데…… 에라, 모르겠다!

루카 그래, 좋아하는 것을 잊어버리면 안 되지. 가장 좋아하는 것에 그 사람의 영혼이 담겨 있거든.

배우 그 영혼까지 다 마셔 버렸나 봐요, 영감…… 난 이제 틀렸어…… 하지만 어쩌다 요 모양 요 꼴이 된 걸까? 나에겐 신념이란 게 없어서 그래…… 난 이제 끝장이야……

루카 무슨 소리! 그보다…… 치료하면 된다네! 요즘엔 알코올 중독도 치료할 수 있다던데…… 그것도 공짜로 고쳐준다더군, 형제…… 술꾼을 위해 그런 병원이 생겼다고 말이야…… 즉, 공짜로 치료해주는 병원 말일세…… 말하자면 알코올 중독자도 같은 인간이라는 것을 인정하게 된 거지. 그래서 치료를 받으러 가면 오히려 반긴다는 거야! 그러니까 자네도 어서 가 보는 게 어때! 가 보라고……

배우 (생각에 잠겨) 어디로요? 그게 도대체 어디에 있나요?

루카 아, 그건 말이야…… 어느 도시인데…… 뭐라고 하더라? 뭔가 이상한 이름이었는데…… 걱정 말게, 내 금방 가르쳐 줄 테니까! ……그보다도 자네는, 뭐냐, 일단 준비부터 하게나. 술부터 줄이게! ……마음을 굳게 먹고 절제하면서 참는 거지…… 그리고 치료를 하고…… 다시 새로운 삶을 사는 거야…… 어떤가, 형제, 새롭게 시작하는 건? 자, 결심하게, 큰 맘 먹고.

배우 (미소 지으면서) 새롭게! ……처음부터…… 그거 좋지요…… 흠…… 새롭게. (웃는다) 그래…… 바로 그거야! 나도 할 수 있겠죠?! 그렇죠, 영감님?

루카 당연하지! 인간은 뭐든 할 수 있어…… 하려고 마음만 먹으면 말이야……

배우 (갑자기 꿈에서 깨어난 듯) 영감님도 괴짜시군요! 잠깐 갔다 올 게요! (휘파람을 분다) 영감님…… 나중에 봐요. (퇴장)

안나 할아버지!

루카 왜 그러오, 아주머니?

안나 저하고 얘기 좀 하면 안 될까요……

루카 (그녀에게 다가가면서) 그래, 얘기해 보구려……

클레시치가 돌아보고는 잠자코 아내 곁에 다가가 그녀를 바라보면서, 두 손으로 뭔가 얘기하는 듯한 몸짓을 한다.

루카 뭐하시나, 형제?

클레시치 (낮은 목소리로) 아무것도 아니오……

느릿느릿 현관문으로 걸어가서 몇 초 동안 그 앞에 서 있다가 사라진다.

루카 (그 모습을 지켜보면서) 저 사람도 괴로운 모양이군.

안나 전 이제 저 사람, 신경도 안 써요.

루카 저 사람이 당신을 때렸소?

안나 때린 정도가 아니에요…… 내가 이렇게 병에 걸린 것도 다 저 사람 때문이죠……

부브노프 내 마누라는…… 정부를 두고 있었지. 그 자식, 장기를 잘 뒀어, 그 나쁜 놈이……

메드베데프 음, 그래……

안나 할아버지! 뭐든 얘기 좀 해주세요, 괴로워서 죽을 것만 같아요……

루카 괜찮아, 별일 아니니까! 죽기 전에는 누구나 다 겪는 일이지. 걱정 말아요, 아무 일도 아니야! ……그러니까 당신은 곧 죽을 거고, 죽으면 편안해질 거요…… 이제 아무것도 걱정할 것 없어요. 마음을 편히 먹어요! 조용히 마음을 가라앉히고…… 누워 있어요! 죽음은 모든 것을 쉽게 해 주지…… 죽음은 우리에게 친절하다오…… 죽으면 편히 쉴 수 있다고 하지 않소? ……정말 그래요, 아주머니! 무엇보다 이 세상엔 그 어디에도 인간이 쉴 곳은 없으니까 말이오.

페펠이 들어온다. 거나하게 취했는지 머리가 헝클어지고 우울한 표정이다. 입구 가까이 있는 침대에 걸터앉아 아무 말 없이 꼼짝하지 않고 있다.

안나 하지만 만약 저세상에도 고통이 있으면 어떡하지요?

루카 그렇지 않아요! 절대로 없어요! 믿어야 해요! 다만 휴식이 있을 뿐, 그 밖에는 아무것도 없어요! 모두 당신을 하느님 곁으로 데려가서 이렇게 말할 거요. 하느님, 보십시오, 당신의 안나가 왔습니다……

메드베데프 (엄격하게) 이봐요, 영감은 저세상에서 하는 말을 어떻게 그렇게 잘 알고 있지? 에잇, 이 양반아……

페펠이 메드베데프의 목소리에 고개를 들고 귀를 기울인다.

루카 그거야 다 아는 수가 있지, 부장님……

메드베데프 (온화하게) 음…… 그렇군! 하기야…… 내 알 바 아니지…… 하지만…… 난 아직…… 부장은 아닌데……

부브노프 두 마리 잡았다……

메드베데프 어라, 제법인데? ……이런 젠장할!

루카 그러면, 하느님은 따뜻하고 자애로운 눈길로 당신을 보면서 이렇게 말씀하실 거요. 나는 내 딸 안나를 알고 있노라! 그리고 또 말씀하시기를, 이 안나를 천국으로 데려가거라! 그리고 편히 쉬게 해주어라…… 나는 알고 있노라, 이 여자는 매우 힘든 삶을 살아왔고…… 몹시 지쳐 있다…… 편히 쉬게 해주어라……

안나 (허덕이면서) 할아버지…… 아, 할아버지…… 만약 정말 그렇다면 얼마나 좋을까! 편히 쉴 수 있고…… 아무런 고통도 없다면……

루카 암, 그렇고말고! 아무 일도 없을 거요! 믿어요! 그리고 기쁜 마음으로 눈을 감아요, 아무것도 걱정 말고…… 난 말이야, 죽음이란 건 우리에게는 마치 아기를 대하는 어머니와 같은 거라고 생각해……

안나 네에…… 하지만…… 어쩌면, 병이 나을 수도 있지 않을까요?

루카 (미소 지으면서) 무엇 때문에? 아직도 고통이 부족해서?

안나 그래도…… 좀 더…… 살고 싶어요…… 조금만 더! 만약 저세상에

고통이 없다면…… 이 세상에서 조금 더 참고 견디는 것도…… 괜찮아
요!

루카 그야 저세상에는 아무것도 없어! ……깨끗해……

페펠 (일어서면서) 정말이야…… 어쩌면 정말이 아닐 수도 있고!

안나 (겁에 질려서) 오, 하느님……

루카 이봐, 잘생긴 젊은이……

메드베데프 누구야, 지금 떠들고 있는 게?

페펠 (그에게 다가가면서) 나요, 그게 뭐 잘못됐어요?

메드베데프 함부로 떠들지 마! 인간은 얌전하게 행동해야 해……

페펠 에잇, 이런 벽창호! 이런 사람이 삼촌이라고…… 나 참!

루카 (페펠에게 낮은 목소리로) 이봐 젊은이, 그렇게 떠들지 말라니까! 여기,
한 여자가 죽어가고 있어…… 이미 입술이 흙빛이 되었다고…… 방해하지
말게!

페펠 아, 영감이 그렇게 말한다면 그만 두죠! 대단한 인물 나셨군! 거짓말
도 그럴듯하고…… 얘기 솜씨도 그저 그만이야! 얼마든지 거짓말해 보시
지, 아무거나 상관하지 말고…… 이 세상엔 재미있는 일이 그리 많지 않
으니까!

부브노프 정말로, 죽어가고 있어요?

루카 이게 농담으로 할 소린가……

부브노프 그럼, 저 기침과도 이제 작별이군…… 저 기침은 정말 참기 어려
웠거든…… 또 두 마리 먹었다!

메드베데프 이런 젠장!

페펠 이봐요, 아브람!

메드베데프 내가 너에게 아브람이라고 불릴 나이가 아니지……

페펠 그럼 아브라시카! 나타샤는 어때요?

메드베데프 너하고 무슨 상관인데?

페펠 그러지 말고 얘기해 줘요. 바실리사가 그렇게 심하게 때렸어요?

메드베데프 그것도 네 알 바 아니잖아! 이건 집안일이야…… 네가 뭔데 그
래?

페펠 내가 누구든…… 마음만 먹으면 두 번 다시 나타샤를 볼 수 없게 만

들어 줄 테니까!

메드베데프 (장기를 내던지면서) 이놈이, 무슨 소리를 하는 거야? 도대체 누굴 두고 하는 소린데? 내 조카를 어쩐다고…… 이 도둑놈이!

페펠 도둑놈? 그래, 아직 당신한테 붙잡히지 않은 도둑놈이지……

메드베데프 두고 봐! 내 손으로 반드시 붙잡고 말 테니까…… 내가, 곧……

페펠 흥, 붙잡힐 줄 알고? 그러면, 당신들의 이 소굴은 끝장나고 말걸. 내가 검사 앞에서 잠자코 입 다물고 있을 줄 알아? 착각도 유분수지! 누가 나를 부추겨 도둑질을 시키고 장소를 가르쳐주었는지 물으면, 난 미시카 코스틸료프와 그 마누라라고 말해 줄 거니까! 또 장물아비가 누구냐고 물으면 미시카 코스틸료프와 그 마누라라고 말해 줄 거라고요!

메드베데프 거짓말 마! 누가 네놈이 하는 말을 믿을 줄 알고?

페펠 그런데 믿어요, 그게 사실이니까! 그리고 당신도 같이 걸고 들어가면…… 하하! 어쨌든 당신들을 모두 파멸시켜 줄 테니 그리 아쇼!

메드베데프 (당황하여) 거짓말 마! ……새빨간 거짓말! 내…… 내가 너에게 무슨 해코지를 했기에? 이 미친 개 같은 놈……

페펠 그럼 잘해준 건 또 뭔데?

루카 옳거니!

메드베데프 (루카에게) 영감…… 뭘 안다고 그렇게 깝죽거려? 당신하고 무슨 상관이야, 이건 집안일이라고!

부브노프 (루카에게) 가만히 있어요! 나나 당신 목에 밧줄이 걸리는 건 아니니까.

루카 (얌전하게) 난 그저 남에게 좋은 일을 하지 않은 건 나쁜 짓을 한 거나 마찬가지라고 말하고 싶을 뿐이야……

메드베데프 (이해하지 못하고) 그렇지! 우린 모두…… 서로 다 아는 사인데 …… 당신은, 대관절 누구지? (화난 듯이 콧방귀를 뀌며 서둘러 퇴장한다)

루카 대장이 화난 모양인데…… 허어, 그러고 보니, 아주 복잡한 집안인 것 같군.

페펠 바실리사에게 한바탕 하러 간 거예요……

부브노프 어이, 바실리, 어리석은 짓 하지 마, 아무래도 넌 용기가 너무 넘쳐서 안 된다니까…… 용기 같은 건 뭐냐, 숲 속에 버섯이나 따러 갈 때

필요한 거야…… 여기서는 아무짝에도 쓸모없어…… 어느새 네 목을 산 채로 비틀어 버릴 걸.

폐펠 걱정 마요! 이래봬도 야로슬라블리 출신인 걸. 그리 호락호락 붙잡히 지 않는다고…… 전쟁? 그까짓 것 하지 뭐……

루카 하지만 젊은이, 정말 자네는 얼른 이곳을 떠나는 게 좋겠어……

폐펠 어디로? 말해 봐요……

루카 글쎄…… 시베리아로 가!

폐펠 뭐요? 천만에! 시베리아라면 나랏돈으로 보내줄 때까지 기다려야죠 ……

루카 아니, 내 말 대로 가는 게 좋아. 그곳에 가면 자네도, 자신이 가야할 길이 보일 거야…… 그곳에서는 자네 같은 사람이 필요하다니까!

폐펠 내가 갈 길은 이미 정해져 있어요! 내 아버지는 평생 감옥에서 살면 서 나에게도 그렇게 주문했어…… 난 코흘리개 때부터 도둑놈, 도둑놈의 자식이라 불려 왔으니까……

루카 그런데 시베리아는 좋은 곳이라네! 황금의 나라지! 힘과 지혜가 있 는 자에게는, 온실 속 오이처럼 얼마든지 성장할 수 있어.

폐펠 영감! 왜 그렇게 거짓말만 하세요?

루카 뭐라고?

폐펠 뭘 못 들은 척해요? 왜 거짓말만 하냐고요?

루카 내가 도대체 무슨 거짓말을 했다고.

폐펠 모두 다…… 영감 말로는 여기도 좋고, 저기도 좋다, 그거잖아요…… 그게 거짓말이 아니고 뭐냐고요! 뭣 때문에 그런 거짓말을 하는 거죠?

루카 어허, 나를 믿으라니까. 그리고 가 보면 스스로 알게 될 거야…… 틀 림없이 나에게 감사하게 될걸…… 도대체 자네는 뭐하러 이런 데서 허송 세월하고 있나? 그리고 자네는 뭐하러 그렇게 진실을 원하는 거지? …… 잘 생각해 봐! 진실이라는 건, 어쩌면 자네에게는 파멸의 원인이 될 지도 모르는데……

폐펠 나에겐 다 같은 거예요! 파멸하라면 파멸하죠 뭐……

루카 자네도 참 묘한 사람이군! 무엇 때문에 스스로 자신을 못 죽여서 안 달인가? ……

부브노프 둘이서 왜 자꾸 똑같은 얘기를 되풀이하는 거지? 난 모르겠어…… 너에겐 도대체 어떤 진실이 필요한 건데, 바실리? 또 무엇 때문에 필요하지? 자신에 대한 진실이라면 네가 알고 있고…… 세상 사람들도 다 알고 있잖아……

페펠 잠깐, 그렇게 끼어들지 말아요! 이 영감 말부터 좀 들어보게…… 영감, 정말 하느님은 있나요?

루카, 웃으면서 잠자코 있다.

부브노프 인간은 모두 살아 있어…… 마치 나뭇조각이 강물 위를 떠다니듯이…… 아무리 집을 지어봐…… 나뭇조각은 다 흘러가 버리지……

페펠 그래서 신이 정말 있는지 말해보라니까요……

루카 (낮은 목소리로) 믿으면 있고, 믿지 않으면 없어…… 뭐든지 믿는 것은 있는 거라네……

페펠이 입을 다물고 놀란 눈을 크게 뜬 채 노인을 가만히 응시한다.

부브노프 어디, 차라도 마시러 가세…… 술집에나 같이 가지, 응?

루카 (페펠에게) 뭘 그렇게 보고 있나?

페펠 아무것도 아니에요…… 좀 기다려요…… 그러니까……

부브노프 그럼 나 혼자 간다…… (문 쪽으로 가다가 바실리사와 마주친다)

페펠 그러니까…… 영감은……

바실리사 (부브노프에게) 나스타샤 있어요?

부브노프 아니, 없어…… (퇴장)

페펠 아…… 왔구나……

바실리사 (안나 곁으로 가면서) 아직 살아 있어요?

루카 그냥 내버려 둬……

바실리사 아니, 영감님은…… 왜 이런 곳에 그러고 서 있어요?

루카 언제든지 가지…… 가라고 하면……

바실리사 (페펠의 방문으로 가면서) 바실리! 당신한테 할 애기가 좀 있는데……

루카, 현관문 쪽으로 가서 문을 열었다가 쾅, 소리가 나게 닫는다.
그리고 조용히 침대에 올라가서 다시 난로 위에 기어오른다.

바실리사 (페펠의 방 안에서) 바샤…… 이리 와요!

페펠 안 가…… 싫어……

바실리사 아니…… 왜 그래요? 왜 화를 내?

페펠 기분이 울적해서 견딜 수가 없어…… 쓸데없는 얘기하는 것도 이젠
지겨워……

바실리사 그럼, 나도…… 지겨워진 거야?

페펠 그래, 당신도……

바실리사가 어깨에 걸친 숄을 거칠게 당기며 두 팔로 가슴을 안는다. 안나
침대 곁으로 가서 가만히 커튼 속을 들여다본 뒤 페펠 곁으로 돌아온다.

페펠 자…… 말해봐……

바실리사 이제 와서 뭘 말하라는 거야? 아무리 당신이라도 억지로 사랑을
얻을 수는 없지…… 나도 동정심에 호소해서 사랑을 구걸할 성격도 아니
고…… 진실을 말해줘서 고맙다고 말하고 싶어……

페펠 뭐야, 그 진실이라는 건?

바실리사 내가 지겨워졌다는 말…… 아니면, 그 정도는 아니라는 거야?

페펠이 말없이 그녀를 바라본다.

바실리사 (남자 곁으로 다가가면서) 뭐 보고 있어? 내 얼굴을 잊어버렸나?

페펠 (커다랗게 한숨을 쉬면서) 바스카, 당신은 아름다워…… (여자, 그의 목에
팔을 감는다. 그러나 그는 어깨를 흔들어 그 팔을 뿌리친다) …… 하지만, 난 오늘
까지 당신에 대해선 한 번도 마음을 품은 적이 없었어…… 당신과 함께
살아왔지만…… 당신을 좋아한 적은 한 번도 없었다고……

바실리사 (조용히) 그래…… 그래서? ……

페펠 그래서, 이제 서로 아무것도 할 얘기가 없다는 뜻이지! 아무것도……

인제 그만 가줘……

바실리사 다른 여자라도 생겼어?

페펠 당신이 알 것 없잖아…… 만약 생겼다 해도 당신한테 중매 서달라고 부탁할 것도 아니고……

바실리사 (의미심장하게) 그거 아쉽게 됐네…… 혹시 알아, 누구 좋은 사람이라도 소개해 줄지? ……

페펠 (의심스럽다는 듯이) 도대체 누굴 두고 하는 말이야?

바실리사 알면서…… 시치미를 떼고 그래? 바실리…… 난, 솔직한 인간이니까…… (작은 소리로) 숨기지 않고 말해 버리는데…… 당신은 나를 끔찍하게 모욕했어…… 아무런 이유도 없이, 아무 일도 아닌 걸 가지고, 마치 채찍처럼 나를 후려쳤어…… 사랑한다 할 땐 언제고…… 느닷없이……

페펠 절대로 느닷없이가 아니야…… 이미 오래전부터 그랬어…… 무엇보다 당신한테는 정이 없어…… 여자에게는 정이 있어야 하는 건데…… 우린 짐승이야…… 우리에게는 정이 필요하고…… 서로를 길들여야 해…… 그런데 당신은 도대체 나에게 무엇을 길들였지? ……

바실리사 지나간 일은 뒤돌아볼 것 없어…… 나도 알고 있어, 인간은 스스로 자기를 어떻게 할 수 없다는 걸…… 이젠 사랑하지 않는다는 거지…… 좋아! 그렇다고 치자고……

페펠 그럼 이것으로 끝인 거지? 지저분하지 않게, 깨끗하게 헤어져서…… 다행이군!

바실리사 아, 잠깐만! 하지만…… 난 당신하고 이런 사이가 된 뒤부터…… 당신이 언젠가는 날 이 굴속에서 꺼내 줄 거라고, …… 남편과 삼촌…… 이 지옥 같은 생활에서 자유롭게 해줄 거라고, 믿고 기다려 왔어…… 어쩌면, 바샤, 난 당신한테 반한 게 아니라, 당신 속에 있는 나의 희망과 이런 생각에 반해 있었던 건지도 몰라…… 당신, 이해하겠어? 난 오로지, 당신이 날 꺼내 주기만 기다리고 있었어……

페펠 당신은 못이 아니고 나도 못 뽑는 연장이 아니야…… 난 이렇게 생각했어, 당신은 똑똑한 여자라고…… 그렇잖아, 당신은 영리하고…… 빈틈 없는 여자니까!

바실리사 (남자 위로 바짝 몸을 기울이고) 바샤, 그럼…… 이제부터 우리 서로

돕는 게 어때······

페펠 어떻게?

바실리사 (조용히, 그러나 강하게) 내 동생····· 좋아하고 있지? 알고 있어·····

페펠 그래서, 뭐야, 그래서 그 애를 그렇게 심하게 때렸던 거군! 조심해, 바스카! 이제부터 그 애한테 손가락 하나라도 건드리면 가만 안 돼·····

바실리사 기다려, 그렇게 화만 내지 말고! 조용히 사이좋게 얘기해도 알아들어····· 그렇다면 당신, 그 아이와 결혼해! 뿐만 아니라 당신에게 돈도 줄 수 있어····· 300루블 정도! 더 생긴다면 더 줄게·····

페펠 (뒤로 물러나면서) 잠깐만······ 그게 무슨 소리야? 왜 그러는 건데?

바실리사 그 대신, 나를 자유롭게 만들어줘····· 그 인간한테서! 그리고 내 목에서 이 밧줄을 풀어달란 말이야·····

페펠 (조용히 휘파람을 분다) 이크, 위험해, 위험해! 오호, 그거란 말이지! 이거야 원, 머리가 제법 잘 돌아간단 말이야····· 그러니까, 남편은 무덤에 처넣고, 정부는 징역살이 보내고, 그리고 자기만·····

바실리사 바샤! 왜 징역살이를 하는 건데? 당신이 직접 하지 않고····· 누구에게 시키면 되잖아! 만약 당신이 직접 한다 해도, 누가 알겠어? 나탈리아가 있잖아! ·····생각 좀 해봐. 돈이 손에 들어오는데····· 그것으로 어디론가 튀어 버리면····· 나는 평생 자유를 얻고, ····· 동생도 내 옆에 없는 게 더 행복할 거고. 나도 그 아이를 보는 게 괴로워····· 당신 때문에 그 아이가 미워서 견딜 수가 없어····· 도저히! 그래서····· 나도 모르게 그 아이를 때리고 괴롭히게 돼····· 때리고는 가엾어서, 때리는 내가 먼저 울어 버려····· 그러면서도 매질을 멈추지 않는 거야. 앞으로도 틀림없이 계속 그럴 거야!

페펠 짐승 같은 년! 자기가 한 짐승 같은 짓을 자랑하는 거야?

바실리사 자랑하는 게 아냐, 사실을 말하고 있는 거지. 이봐, 바샤, 생각 좀 해봐····· 당신도 내 남편 때문에····· 그 인간의 탐욕 때문에 두 번이나 감옥에 갔잖아····· 그 인간은 빈대처럼 나에게 들러붙어서····· 4년째 내 피를 빨아먹고 있어! 그런 인간이 나에게 무슨 남편이라고! 게다가 나타샤를 구박하고, 거지, 거지 하면서 무시하고 있어! 그 인간은 정말이지, 모든 사람에게 해충이라고·····

페펠 잘도 부추기는구나……

바실리사 내가 하는 말은, 모두 확실한 것뿐이야…… 이래도 내 마음을 모른다면, 멍청이지!……

코스틸료프가 가만히 들어와서 발소리를 내지 않고 다가간다.

페펠 (바실리사에게) 이제…… 그만 가줘!

바실리사 잘 생각해 봐. (남편을 본다) 뭐예요, 당신? 또 내 뒤를 밟은 거예요?

페펠이 벌떡 일어나, 살기 어린 눈으로 코스틸료프를 응시한다.

코스틸료프 아, 나야…… 나라고! 그런데 두 사람, 이곳에…… 둘만 있는 건가? 역시…… 둘이서 은밀하게 이야기하던 중이었군? (갑자기 발을 구르며 고함을 지른다) 야, 바스카…… 이 화냥년, 거지 같은 년…… 이 못생긴 년이! (상대가 아무 대꾸 없이 미동도 하지 않자 자신의 고함에 지레 놀라서) 아, 하느님, 용서하소서…… 바실리사, 네년이 또 나에게 죄를 짓게 하는구나…… 널 사방으로 얼마나 찾아다녔는지 알아? ……(소리를 지른다) 이제 잘 시간인데, 등잔에 기름 채우는 것도 잊어버리고…… 흥, 이 거지 같은…… 암퇘지…… (부들부들 떨리는 두 손을 그녀 쪽으로 휘두른다. 바실리사는 페펠을 돌아보면서 천천히 현관문으로 간다)

페펠 (코스틸료프에게) 이봐! 여기서 나가…… 꺼지라고!……

코스틸료프 (소리친다) 난, 이 집 주인이야! 네놈이나 꺼져! 도둑놈 주제에……

페펠 (공허한 목소리로) 나가, 미시카……

코스틸료프 네놈이 뭔데 나가라 말라야! 난 안 가…… 내가 네놈을……

페펠이 그의 목덜미를 붙잡고 흔든다. 난로 위에서 시끄러운 소리가 나고 고함을 치는 듯한 하품 소리가 난다. 페펠, 코스틸료프를 놓아준다. 코스틸료프, 소리를 지르면서 현관으로 달아난다.

페펠 (침대 위로 뛰어 올라간다) 누구야, 난로 위에 누가 있어?

루카 (고개를 내밀면서) 왜 그러나?

페펠 뭐야, 영감이었소?!

루카 (침착하게) 나야…… 나라고…… 아, 주 예수 그리스도여!

페펠 (현관문을 닫고 빗장을 찾지만 보이지 않는다) 에잇, 젠장…… 영감, 내려와요!

루카 금방…… 내려가마……

페펠 (거칠게) 난로 위에는 뭐하러 올라간 거요?

루카 그럼 어디로 가면 되는데?

페펠 하지만…… 영감, 현관으로 나가지 않았어요?

루카 현관은, 나 같은 늙은이에겐 너무 추워……

페펠 영감…… 들었어요?

루카 들었지! 어떻게 안 들을 수가 있겠나? 귀머거리도 아닌데. 허 참, 젊은이, 당신은 복이 많은 사람이야…… 정말 다행인 줄 알아!

페펠 (의아한 듯이) 뭐가 행복하단 말이오? 뭐가?

루카 내가 난로 위에 있었던 것 말이야.

페펠 흥…… 도대체 왜 그렇게 수선을 피웠어요?

루카 그러니까, 갑자기 더워져서 말이야…… 천애고아인 자네에게는 천만 다행이지…… 게다가 저 젊은이가 실수하게 해선 안 되는데…… 노인을 목 졸라 죽이게 해선 안 되는데 하는 걱정도 들고 해서……

페펠 그래요…… 그랬을지도 모르죠…… 그자를 너무 증오하니까……

루카 어려운 일 아니야…… 아주 간단한 일이지…… 흔히 그런 실수들을 하니까……

페펠 (웃으면서) 영감이 그랬군요? 영감도 실수한 적 있죠?

루카 젊은이! 내 얘기 잘 들어, 그 여자부터 버려야 해! 무슨 일이 있어도, 저런 여자는 가까이 해선 안 돼…… 남편? 저 여자가 곧 스스로 없애 버릴 거야. 그것도 자네 따위보다 훨씬 솜씨 좋게. 명심해, 자네, 저런 악마가 하는 말을 들어선 안 돼…… 나를 봐! 보다시피 완전히 대머리가 되었어…… 왜 이렇게 된 줄 알아? 다 저런 여자들 때문이야…… 난 저런 여자를, 어쩌면, 이 머리에 자라고 있는 머리카락 수보다 더 많이 만났을지도 몰라…… 하지만 저 바실리사, 저 여잔…… 체레미스인*¹보다 나쁜

밑바닥 **485**

여자야!

페펠 난 잘 모르겠군요…… 영감에게 고맙다고 해야 할지, 아니면 …… 영감도 역시……

루카 자네, 더는 아무 말도 필요 없어! 어차피 나보다 더 좋은 충고를 해 줄 수 있는 사람은 없을 테니까! 그냥 내 말 들어. 만약 마음에 드는 아가씨가 있다면, 손을 잡고 이곳을 떠나! 떠나라고! ……어딘가 먼 곳으로……

페펠 (음울하게) 인간이란, 도대체 알 수가 없단 말이야! 누가 선인이고 누가 악인인지…… 도무지 모르겠어……

루카 왜 알아야 하는 건데? 인간이란 이렇게도 되고 저렇게도 되고…… 기분 내키는 대로 사는 법이니까…… 오늘은 착한 사람이었다가 내일은 악당이 되고…… 만약 그 아가씨가 정말 마음에 든다면…… 데리고 도망가면 되는 거야…… 그게 아니면 혼자 가는 거고…… 자넨 아직 젊고 여자는 쎄고 쎘어……

페펠 (상대의 어깨를 꽉 붙들고) 그만 하고, 도대체 나에게 왜 그런 말을 하는 건지, 그 이유나 들어 봅시다……

루카 잠깐, 이 손 좀 놓고 말해…… 안나를 살펴보고 올 테니까…… 방금 몹시 괴로운 신음을 내는 것 같았는데…… (안나의 침대로 가서 커튼을 들쳐 들여다보고 손으로 만져본다. 페펠은 생각에 잠긴 듯, 당황한 모습으로 그를 지켜본다) 자비로우신 예수 그리스도여! 새로이 거두어 가신 당신의 딸 안나를 편히 쉬게 하소서……

페펠 (조용히) 죽었어요? …… (곁으로 다가가지는 않고, 발돋움하여 침대 위를 올려다본다)

루카 (조용히) 이제야 고통이 끝났군! ……그런데 이 여자 남편은 어디 있지?

페펠 술집에 있을 걸요, 틀림없이……

루카 알려야 하는데……

페펠 (몸서리를 치면서) 난 죽은 사람은 좋아하지 않거든요……

---

*1 러시아 동부에 사는 핀란드계 주민.

루카 (문 쪽으로 간다) 좋아할 사람이 누가 있어? ⋯⋯살아 있을 때 사랑해
야지⋯⋯ 살아 있을 때⋯⋯

페펠 나도 영감하고 같이 갈래요⋯⋯

루카 무서운가?

페펠 좋아하지 않는다니까요⋯⋯ (두 사람 서둘러 퇴장. 공허와 정적. 현관문 밖에
무슨 소리인지 알아들을 수 없는, 술렁거리는 소리가 희미하게 들려온다. 이윽고, 배우
가 들어온다)

배우 (문을 닫지 않고 문지방 위에 서서, 두 손으로 문기둥을 붙잡고 소리친다) 어이,
영감! 어디 있소? 생각났어⋯⋯ 들어봐요. (비틀거리면서 두 걸음 앞으로 나
아가, 자세를 잡고 읊기 시작한다)

사람들이여! 만약 세상이,
성스러운 진리의 길을 찾지 못해 헤맨다면,
인류에게 황금의 꿈을 불어넣는
어리석은 자에게 영광 있으리라.

나타샤가 배우 뒤에서 문 앞에 나타난다.

배우 영감! ⋯⋯

내일의 태양, 하늘 아래
사람의 길 비추는 것을 잊는다면,
세상을 비추는 건 온통
멍청한 자의 어리석은 꿈이리라

나타샤 (웃는다) 꼭 허수아비 같아! 술에 취해서⋯⋯

배우 (여자를 돌아보면서) 아, 너구나? 그런데 영감은 어디 있지⋯⋯ 귀여운
영감은? 이곳엔 아무도 없나보네⋯⋯ 나타샤, 잘 가! 잘 가⋯⋯ !

나타샤 (들어오면서) 인사도 하지 않고, 잘 가라는 거예요⋯⋯

배우 (나타샤 앞을 가로막으면서) 난, 여행을 떠날 거야. 가 버릴 거야⋯⋯ 봄

이 오면 난 아마 여기 없을 걸……

나타샤 비켜줘요…… 그래서 어디로 갈 건데요?

배우 어떤 도시를 찾으러…… 병을 고치려고…… 너도 이곳에서 나가는 게 좋을 걸…… 오필리아 님! ……수녀원에 가…… 알아? 그곳엔 오거니즘 병원이 있다고. 술꾼을 치료해주는 병원 말이야…… 훌륭한 병원이지…… 대리석…… 바닥이 대리석이야! 밝고…… 청결하고, 맛있는 음식이 있어 …… 그게 다 공짜래! 게다가 대리석 바닥, 그래! 난 그 병원을 찾아가서 병을 치료하고…… 처음부터 다시 시작하는 거지…… 난 지금 갱생의 길을 떠나려는 거야…… 그래, 리어왕이 말한 것처럼, 나타샤…… 나의 예명은 말이야, 스베르치코프 자볼지스키라고 해…… 그런데 아무도 몰라, 아무도! 여기서는 난 이름도 없는 촌뜨기지…… 이름을 잃어버린다는 것이 얼마나 수치스러운 일인지, 네가 알아? 개새끼도 이름이 있는데 말이야……

나타샤가 조심스럽게 배우 옆을 돌아가 안나의 침대 옆에 서서 들여다본다.

배우 이름이 없으면, 인간도 아니야……

나타샤 여기 좀 봐요…… 어서요…… 죽은 것 아니에요? ……

배우 (머리를 흔든다) 그럴 리가……

나타샤 (뒷걸음질 치면서) 정말이에요…… 좀 보라니까요……

부브노프 (문에서) 뭘 보고 있어?

나타샤 안나가…… 죽었어요!

부브노프 그럼 기침도 멎었겠군. (안나의 침대 쪽으로 가서 힐끗 쳐다본 뒤 자기 자리로 간다) 클레시치에게 알려야 하는데…… 이건, 그 사람 일이니까……

배우 내가 가서…… 애기하지…… 이 여자도 이름을 잃어버리고 말았군! ……(나간다)

나타샤 (방 한가운데서) 나도 곧…… 언젠가 이렇게…… 굴속에서…… 맞아 죽고 말겠지……

부브노프 (자기 침대 위에서 누더기를 펼치면서) 뭐라고? 뭘 중얼거리고 있는 거야?

나타샤 아니에요…… 그냥 혼잣말이에요……

부브노프 바시카를 기다리는 거지? 조심해, 바시카란 녀석, 언젠가 네 머리를 깨 버리고 말 테니까……

나타샤 누구에게 깨지든 마찬가지잖아요? 그럴 바엔 차라리 그 사람한테 깨지는 게 낫죠……

부브노프 (옆으로 눕는다) 그럼 그러던가 ……

나타샤 하지만, 그래도…… 이 여잔 죽는 게 더 나을지도 몰라. 가엾기는 하지만…… 아, 하느님! ……이 사람은 무엇을 위해 살았을까요?

부브노프 사람은 누구나 그래. 태어나고, 살고, 죽어가는 거지. 나도 곧 죽을 거고…… 너도…… 왜 가여워해야 하는 거지?

루카와 타타르인, 애꾸눈 조프와 클레시치가 들어온다.
클레시치는 그들 뒤에서 몸을 움츠리고 느릿느릿 들어온다.

나타샤 쉿, 안나가……

애꾸눈 조프 들었어…… 죽었으니 천국 가기를 빌어줘야지……

타타르인 (클레시치에게) 밖에 내다놔야 할 텐데! 현관으로 말이야! 여긴, 죽은 사람이 있을 곳이 아니야, 살아 있는 사람이 자는 곳이지……

클레시치 (낮게) 내다놔야지……

모두 침대 옆으로 간다. 클레시치는 사람들 어깨 너머로 아내 얼굴을 바라본다.

애꾸눈 조프 (타타르인에게) 자네, 냄새라도 날 거라고 생각하고 있나? 이 여자는 냄새가 날 리 없어! ……살아 있을 때부터 완전히 말라 버렸으니까……

나타샤 어머! 조금은 가엾다는 생각 안 들어요? ……누군가 한 사람쯤은 명복을 비는 말 한마디 해야 하는 게 아닐까요? 정말 당신들은……

루카 아가씨, 화내지 말아요…… 괜찮아! 이 사람들이나…… 우리나 어디 죽은 사람을 가엾게 여길 여유가 있는 사람들인가! 안 그래, 아가씨? 우리는 살아 있는 인간조차 가엾다고 생각하지 않는데…… 스스로 자신을 가련히 여길 수도 없는 자들이지…… 그러니 무슨 말을 하겠어!

부브노프 (하품을 하면서) 게다가, 죽어 버린 자에게 뭐라고 해봤자 소용없어 …… 앓고 있을 때라면 말을 알아듣기나 하지만, 죽어 버린 뒤에는 아무 소용없다고!

타타르인 (곁을 떠나면서) 경찰에 신고해야지……

애꾸눈 조프 경찰? 참, 그렇지! 클레시치! 경찰에 신고했나?

클레시치 아니, 아직. …… 매장을 해야 하는데, 나에겐 40코페이카밖에 없어……

애꾸눈 조프 그럼, 돈을 좀 빌려…… 우리도 좀 내고…… 누구는 5코페이카, 누구는 얼마 하는 식으로…… 있는 대로…… 하지만 경찰에 신고는 해야 해…… 조금이라도 빨리! 안 그러면 네가 때려 죽였다고 생각할 걸 …… 그렇잖아도 뭔가…… (침대로 가서 타타르인과 나란히 잘 준비를 한다)

나타샤 (부브노프의 침대 쪽으로 가면서) 아…… 난 오늘밤 틀림없이 안나 꿈을 꿀 거야…… 난 언제나 죽은 사람 꿈을 꾸거든요…… 혼자 가기는 무서워요…… 현관은 너무 깜깜한 걸요……

루카 (그녀를 지켜보면서) 아가씨는 살아 있는 인간을 무서워해야 해…… 난 해로운 말은 하지 않아……

나타샤 할아버지, 저 좀 데려다 주세요……

루카 그래…… 데려다 주지! (두 사람 퇴장한다. 사이)

애꾸눈 조프 아아, 아, 아, 아아! 이봐, 아산! 이제 곧 봄이야…… 그럼 우리도 따뜻하게 지낼 수 있겠지. 시골에선 벌써 지금쯤, 농부들이 쟁기와 괭이를 손질하고…… 논밭을 갈 준비를 하고 있을 거야…… 안 그래? 그런데 우리는 뭐 하고 있지? ……응, 아산? 뭐야, 벌써 코를 골고 있군. 에잇, 한심한 이슬람교도 놈……

부브노프 타타르인은 원래 잠이 많아……

클레시치 (방 한가운데 서서 멍하니 앞을 쳐다보고 있다) 그런데, 이제부터 난 뭘 해야 하지?

애꾸눈 조프 누워서 잠이나 자…… 할 일이 뭐 있다고……

클레시치 (조용히) 하지만…… 아내는…… 어떻게 하고? (아무도 대답하지 않

는다. 사틴과 배우가 들어온다)

배우 (소리친다) 오, 영감! 충성스러운 켄트여, 이리 와 봐요……

사틴 미클루호 마클라이*² 님이 행차하시는군…… 하하!

배우 이제 완전히 결심이 섰어! 이봐요, 영감, 그 도시는 어디 있소……
어이, 영감, 어디 있냐고?

사틴 파타 모르가나! *³ 이 영감쟁이가 날 감쪽같이 속였겠다…… 아무것도
있을 리가 없지! 도시도 없고 인간도 없고…… 아무것도 있을 리가 없
어!

배우 거짓말!

타타르인 (벌떡 일어난다) 주인은 어디 있어? 주인한테 갈 거야! 이거야 원,
잠을 잘 수가 있어야지. 이러고도 돈을 받아? 말도 안 돼…… 시체에……
술주정뱅이…… (빠른 걸음으로 퇴장. 사틴, 그를 바라보며 휘파람을 분다)

부브노프 (졸리는 목소리로) 잠이나 자자, 모두 떠들지 말고…… 밤이 되면
자는 거야!

배우 그래…… 틀림없어. 여기 죽은 사람이 있고…… '내 그물이 죽은 사
람을 건졌다네'…… 시에 나와 있어…… 베, 베란제의 시!

사틴 (외친다) 죽은 사람은 듣지 못해! 죽은 사람은 느낄 수도 없어…… 소
리쳐…… 짖어…… 죽은 사람은 듣지 못한다고! ……

현관에 루카가 나타난다.

---

*2 Miklukho-Maklai, Nikolai Nikolaevich(1846~1888). 러시아의 유명한 학자·여행가·사회활
동가.

*3 Fata Morgana. 신기루.

제3막

쓰레기가 널려 있고 잡초가 우거진 집 뒤 '공터'. 깊숙한 곳에 키가 큰 벽돌 방화벽이 하늘을 가리고 있다. 그 아래 말오줌나무 수풀. 오른쪽에는 뜰에 있는 부속건물, 헛간이나 마구간 같은 거무스름한 통나무 벽, 왼쪽에는 코스틸료프의 여인숙, 군데군데 회반죽칠이 벗겨진 잿빛 벽. 이 벽은 비스듬하게 서 있어서 그 뒤쪽 모퉁이가 공터 거의 한가운데까지 뻗어 있다. 이 벽과 붉은 벽돌벽 사이에 좁은 통로가 있다. 잿빛 벽에는 창문이 두 개, 하나는 지면과 같은 평면에, 또 하나는 그보다 1.5미터 높은 곳에 방화벽 가까이 뚫려 있다. 이 벽 끝에 미끄럼판을 위로 한 짐썰매와 길이 3미터 정도 되는 통나무가 뒹굴고 있다. 벽 오른쪽에는 낡은 널빤지와 각목들이 쌓여 있다. 해질 무렵, 태양이 방화벽을 붉게 물들이면서 기울어가고 있다. 이른 봄, 이제 막 눈이 녹은 뒤. 말오줌나무의 검은 가지도 아직 움이 트기 전이다. 통나무 위에 나타샤와 나스탸가 나란히 걸터앉아 있고, 짐썰매에는 루카와 남작이 앉아 있다. 클레시치는 오른쪽 벽 끝 목재 더미 위에 누워 있고, 지면에 닿을 듯한 창문에 부브노프의 얼굴이 보인다.

나스탸 (눈을 감고, 고개를 흔들어 박자를 맞추면서, 노래하듯이 이야기한다) 그래서 말이에요, 그 사람은 약속대로, 밤에, 뜰 안 정자로 왔어요…… 그때, 난 이미 오랫동안 그 사람을 기다리면서, 두려움과 슬픔으로 오들오들 떨고 있었죠. 그 사람 또한 온몸을 부들부들 떨면서, 백묵처럼 새하얗게 질려 있는 거예요. 하지만, 손에는 권총을 꼭 쥐고 있었죠……

나타샤 (해바라기씨를 씹으면서) 어머! 대학생은 다들 난폭하다고 하던데, 정말인가봐……

나스탸 그리고, 무서운 목소리로 나에게 말하는 거예요. 참으로 고귀한 내 사랑이여……

부브노프 하하! 참으로 고귀한?

남작 아니, 잠깐만! 싫으면 안 들으면 되잖아, 왜 거짓말을 못하게 방해하고 그래…… 그래서?

나스탸 참으로 사랑스러운 나의 연인이여! 그 사람은 이렇게 말했어. 내 부모님은 당신과의 결혼을 허락해 주지 않고…… 당신과 관계를 끊지 않으면 영원히 의절할 거라고 위협하고 있소. 이렇게 된 이상, 난 이제 자살하는 수밖에 없어…… 이렇게 말하는 거야. 그런데, 그 권총은, 엄청나게 큰 것이어서, 총알이 열 발이나 채워져 있었어…… 안녕, 사랑하는 내 마음의 벗이여! 나는 이미 굳게 결심했소…… 난 그대 없이는 도저히 살아갈 수가 없소. 그래서 나도 말했지. 잊지 못할 나의 벗…… 라울이여……

부브노프 (놀라서) 뭐라고? 응? 크라울이라고?

남작 (낄낄거리고 웃는다) 나스티카! 하지만 너…… 지난번엔…… 가스통이라고 하지 않았어?

나스탸 (벌떡 일어나면서) 입 다물어요…… 불한당들! ……들개들 같으니! 도대체…… 도대체 당신들이 사랑이 뭔지 알기나 해요? 진정한 사랑이 뭔지? 이래봬도, 난 그것을 경험했단 말이에요…… 진정한 사랑을 말이에요! (남작에게) 흥! 형편없는 작자 같으니! ……그러고도 교육을 받은 인간이라고요? ……침대에서 커피를 마셨다고요? ……

루카 어허, 이보게들, 가만히 좀 있어요! 남의 이야기를 방해하지 말고! 당신들은 사람을 존경해야 해…… 중요한 건 이야기가 아니라, 왜 그런 이야기를 하는가 하는 거니까. 그걸 알아야지! 자, 아가씨, 얘기해요, 얘기해, 이 사람들은 개의치 말고!

부브노프 흥, 까마귀 같으니, 아무리 깃털을 물들여 봐라…… 얘기하셔, 어서 얘기하셔……

남작 자…… 그래서!

나타샤 이 사람들은 상관하지 마…… 이 사람들이 뭐라고? 다 부러워서 그러는 거야…… 자기에겐 아무것도 이야깃거리가 없으니까……

나스탸 (다시 앉는다) 나도 싫어! 더는 이야기 안 할래…… 모두 진지하게 들어주진 않고…… 웃기만 하는 걸…… (갑자기 말을 끊고, 몇 초 동안 침묵한 뒤, 다시 눈을 감고, 한 손을 이야기 장단에 맞춰 흔들면서, 마치 멀리서 들려오는 음악

소리에 귀를 기울이는 것처럼, 열심히 소리 높여 이야기를 계속한다) 그래서요, 난 이렇게 대답했죠. 내 삶의 기쁨이여! 환하게 빛나는 보름달이여! 나도, 당신 없이는 이 세상을 살아갈 수가 없어요…… 난 미칠 듯이 당신을 사랑하고 있는 걸요. 앞으로도, 이 가슴에 심장이 뛰고 있는 동안은, 사랑하지 않을 수 없어요! 하지만…… 그리고 나는 이렇게 말했어요. 당신의 젊은 생명을 끊는 건 안 돼요. ……그건, 당신의 소중한 부모님에게 얼마나 중요한 것이겠어요, 그분들에게는 당신은 오직 하나뿐인 기쁨이에요…… 제발 나를 버려주세요! 차라리 내가 당신을 애타게 그리워하다…… 죽는 편이 나아요. 내 생명 따위…… 난 혼자예요! ……나는 이런 여자라고요! 제발 나를 죽게 해 주세요, 나 같은 건 살아 있으나 죽으나 마찬가지예요! 난 아무 쓸모도 없는 여자인 걸요…… 나에게는 아무것도 없어요 …… 아무것도…… (두 손으로 얼굴을 가리고, 소리 없이 운다)

나타샤 (얼굴을 돌리고 작은 소리로) 울지 마요…… 울 필요 없어!

루카가 싱글거리고 웃으면서 나스탸의 머리를 쓰다듬는다.

부브노프 (크게 웃어젖힌다) 아하하…… 웃기는 인형극이었어! 안 그래?

남작 (똑같이 웃는다). 어이, 영감! 이걸 정말이라고 생각하는 거요? 모두 '운명적인 사랑'이라는 책에 있는 내용이야…… 모두, 엉터리라고! 내버려 둬요……

나타샤 그게 아저씨랑 무슨 상관인데? 입 다물어요! ……귀신은 뭐 하나 몰라.

나스탸 (분개하면서) 돼먹지 않은 인간! 바보, 멍청이! 자기 영혼이나 찾아 보시지!

루카 (나스탸의 팔을 잡고) 자, 아가씨, 그만 저리로 갑시다! 괜히…… 화낼 필요 없어요! 난 알고 있어…… 난 믿어요! 아가씨가 진실하고 저 사람들이 엉터리인 게야…… 아가씨가 스스로, 그런 진정한 사랑을 했다고 믿는다면…… 누가 뭐래도 그건 진실인 거지! 진실이라고! 하지만, 그 사람에게 화내진 말아요. 한 지붕 아래 살고 있는 사람 아니오? ……그 사람은…… 틀림없이 부러워서 웃은 게야…… 그 사람은 틀림없이 진정한

사랑 같은 건 해본 적이 없을 테니까…… 한 번도 없었던 게 분명해! 자
자, 이제 저쪽으로 갑시다! ……

나스탸 (두 손을 가슴에 꼭 대고) 할아버지! 정말…… 그건 진실이에요! 모두
가 있었던 일이라고요! ……그 사람은요, 대학생이었는데…… 프랑스 사
람이었어요…… 이름은 가스토샤, 검은 턱수염을 기른 사람이었죠. 언제
나 에나멜 장화를 신고 있었어요…… 이게 거짓말이라면, 난 이 자리에서
벼락 맞아 죽어도 좋아요! 그리고 그 사람은 진심으로 날 사랑했어요……
진짜, 정말로!

루카 안다니까! 걱정 마시오, 난 믿고 있으니! 그래, 그 사람은 에나멜 장
화를 신고 있었단 말이지? 그래, 그래! 그래서, 아가씨도 그 사람을 사랑
했고? (모퉁이를 돌아서 퇴장)

남작 어리석은 아가씨야…… 사람은 착한데, 머리가 좀…… 도저히 봐줄
수가 없어!

부브노프 그건 그렇고, 도대체 인간이란 건…… 왜 이렇게 거짓말하는 것
을 좋아하는 걸까? 언제나 마치 예심판사 앞에 서 있는 것처럼 말이야…
… 거 참!

나타샤 그야, 거짓말이…… 진실보다 재미있으니까요…… 나도……

남작 무엇이 '나도'야? 그 다음엔 뭔데?

나타샤 여러가지를 상상한다고요…… 상상하고는 기다려요……

남작 뭘?

나타샤 (난처한 듯이 웃으면서) 뭐냐면요…… 글쎄요, 뭐 이런 거죠, 내일은
…… 누군가…… 누군가…… 특별한 사람이 찾아올 거야…… 그렇지 않
으면, 뭔가 있을 거야…… 뭔가, 지금까지 없었던 일이…… 벌써 오랫동
안 기다려 왔어요…… 늘 기다리고 있죠…… 하지만 무엇을…… 사실은,
아무것도 기다릴 것이 없는 건지도 몰라요.

(사이)

남작 (빙그레 웃으며) 기다릴 게 뭐 있어…… 난, 아무것도 기다리지 않아!
이미 모두…… 있었던 일이지! 지나간 일이야…… 끝난 일이라고! ……

그리고, 또!

나타샤 그렇지 않으면…… 내일쯤 덜컥 죽어 버리는 게 아닌가 하고 생각하죠…… 그러면, 어쩐지 불길한 예감이 들어요…… 여름은 죽음을 생각하기에 딱 좋은 계절 같아요…… 여름엔 벼락이 자주 치잖아요…… 언제 벼락에 맞아 죽을지 모르니까요……

남작 사는 게 영 재미가 없는 모양이구나…… 저 언니라는 것이…… 악마나 다름없으니 말이야!

나타샤 그럼, 여기 누구 재미있게 살고 있는 사람 있대요? 모두 재미없는 것 같은데…… 내가 보기에는……

클레시치 (그때까지 꼼짝도 하지 않고, 이야기에 끼어들지도 않다가, 갑자기 일어나서) 모두라고? 거짓말 마! 누가 모두 다야! 모두가 그렇다면…… 불평할 수가 없잖아! 화낼 것도 없고…… 안 그래?

부브노프 왜 그래, 이 사람아. 마귀라도 달라붙었어? 느닷없이 소리를 지르고 그래!

클레시치가 다시 자기 자리에 드러누워 뭐라고 중얼거린다.

남작 그럼…… 난 나스첸카하고 화해하러 가야겠어…… 안 그러면, 한잔 얻어 마시는 데 지장이 있을 테니까.

부브노프 으음…… 인간이란, 정말 거짓말을 좋아한단 말이야…… 하기야, 나스첸카라면…… 이해해! 그 앤 얼굴에 화장하는 데 익숙해져서…… 영혼까지 화장하고 싶어해…… 영혼에도 화사하게 색칠을 하고 싶어한다니까…… 그런데…… 다른 놈들이 거짓말을 하는 건 뭣 때문이지? 이를테면 루카 영감 말이야…… 하는 말마다 거짓말이야…… 그것도 득 될 게 아무것도 없는데 말이야…… 나이도 먹을 만큼 먹은 늙은이가…… 도대체 왜 그러는 걸까?

남작 (히죽 웃으면서 옆쪽으로 간다) 인간은 누구나 잿빛 영혼을 가지고 있어…… 그래서 예쁘게 색칠하고 싶은 거야……

루카 (모퉁이에서 나온다) 나리, 왜 그 아가씨를 못 잡아먹어서 안달이슈? 쓸데없는 방해 마시오…… 실컷 울게 내버려 두란 말이오…… 그 아가씨가 눈물 흘리며 우는 것도 즐거움인데…… 그게 당신한테 무슨 해가 된다고 그러시나?

남작 하도 엉터리 같은 얘기를 하니까 그러잖소, 영감! 난 그 애한테 오만 정이 다 떨어졌소! ……오늘은 라울, 내일은 가스통…… 그러고도 맨날 똑같은 이야기! 에잇, 그래도 뭐, 가서 화해하고 와야지…… (퇴장)

루카 그래 그래, 어서 갔다 오시오…… 그리고 좀 위로해 줘요! 사람을 위로하는 건 절대로 손해 볼 일은 아니니……

나타샤 할아버진 참 좋은 분이에요…… 어떻게 그럴 수가 있어요?

루카 내가 좋은 사람이라고? 흥…… 그럼 그렇다고 해두지…… 그래! (붉은 벽 저쪽에서 아코디언과 노랫소리가 조용히 들려온다) 어쨌든, 아가씨, 인간 세계에는, 누군가 좋은 사람도 있어야지…… 인간에게 연민을 느낄 줄 아는 사람 말이야! 그리스도는 모든 인간을 가엾게 여기시고, 우리에게도 그렇게 하라고 명령하셨지…… 그래서 말인데, 필요할 때 인간을 가엾게 여기는 건…… 좋은 일이야! 예전에 별장지기로 일한 적이 있었는데…… 톰스크 시 가까이 있는, 어느 기사의 별장이었어…… 그런데, 그곳은 말이야, 그 별장은 숲 속에 있어서 무척이나 쓸쓸하고 외진 곳이었지…… 겨울이었는데, 그 넓은 별장에 오직 나 한 사람뿐…… 정말 좋았어…… 끝내줬지! 그런데 어느 날, 불현듯, 별장에 몰래 숨어든 놈이 있었어!

나타샤 도둑이었어요?

루카 그래. 몰래 숨어들었으니, 도둑이 아니고 뭐겠어! ……난 총을 들고 나갔지…… 두 사람이더군…… 창문을 열려고 애쓰는 중이었는데, 거기에 정신이 팔려 내가 오는 건 보지도 않더군. 그래서 내가 소리쳤지, 이놈들아! ……썩 꺼져라! ……그런데 놈들은 도끼를 휘두르면서 나에게 덤벼들었어…… 그래서, 난 앞질러서…… 물러가! 안 그러면 쏘겠다, 이렇게 말했지…… 총으로 한 사람 한 사람을 겨냥하면서. 그러자 놈들은 그 자리에 털썩 무릎을 꿇으면서, 제발 살려달라고 애원하더군. 하지만 그때 난, 이미 화가 머리끝까지 나 있었지…… 그 도끼 때문에! 그래서 난 말했어. 이 숲의 마귀들아, 그러니까 내가 쫓아냈을 때 물러갔어야지. 이젠 어쩔 수 없으니, 누가 가서 나뭇가지를 꺾어와! 그러자 놈들은 얼른 가서 가지를 꺾어왔어. 난 다시 명령했어. 한 사람은 눕고, 한 사람은 그자를 나뭇가지로 때려! 놈들은 내가 시키는 대로, 번갈아가면서 서로를 때렸지. 그게 끝나자, 놈들이 애걸복걸하는 거야. 영감님, 제발 빵 좀 나눠 주십시오! 우리는 아무것도 먹지 못하고 걸어왔어요. 어떤가, 아가씨…… 이게 도둑이야. (웃는다)…… 이것이 도끼를 휘두른 놈들이라고! 그래…… 그들은 둘 다 착한 농부였어…… 그래서 난 말해 줬지. 숲의 마귀들아, 빵이 먹고 싶으면 처음부터 달라고 말했으면 되었을 것을. 그런데 그 대답이 기가 막히더군. 이미 수없이 부탁하고 애걸해봤지만 아무도 들어주지 않더라는 거야…… 그래서 완전히 될 대로 되라는 심정으로 그랬던 거지…… 그렇게 해서 두 사람은 그때부터 겨울 한 철을 나하고 함께 지내게 되었어. 스테판이라는 한 친구는 총을 메고 숲으로 자주 사냥을 나갔고…… 또 한 사람, 야코프라는 친구는 내내 병을 앓으면서 기침만 해댔지…… 그렇게 우리는 셋이서 별장을 지키고 있었던 셈이야. 봄이 오자, 두 사람은 작별인사를 하고 떠나 버렸어…… 러시아 쪽으로……

나타샤 틀림없이 탈주범이었죠? 죄수 말이에요.

루카 그래, 맞아, 탈주범이었지…… 유형지에서 달아난 거였어…… 착한 농부들이었는데! ……내가 만약 두 사람에게 동정을 베풀지 않았더라면, 두 사람은 아마 나를 죽이거나…… 뭔가 더 나쁜 짓을 했을지도 몰라…… 그리고 다시 재판소에 끌려가서 감옥에 갇히고 다시 시베리아로…… 도대체 그렇게 해서 무슨 소용이 있겠어? 감옥은 좋은 것을 가르쳐주는 곳이 아니야, 시베리아도 마찬가지고…… 하지만 인간은, 가르쳐주지…… 그럼! 인간은 좋은 것을 가르쳐줄 수 있어…… 아주 간단한 이치야.

(사이)

부브노프 음, 맞아요! ……하지만 난…… 아무래도 거짓말을 못 하겠어! 왜 그럴까요? 아마도 뭐든지 있는 그대로 진실을 얘기해야 한다고 생각하기 때문인 것 같아요! 빼고 말고 할 게 뭐 있다고!

클레시치 (갑자기 불에 데기라도 한 것처럼, 다시 벌떡 일어나서 소리친다) 진실이란 게 뭐지? 어디에 있어? (몸에 걸친 누더기를 두 손으로 쥐어뜯는다) 바로 이게 진실이야! 일거리도 없고…… 힘도 없어! 이것이 진실이라고! 몸 둘 곳

…… 이 한 몸 의지할 데가 없어! 이대로 칵 돼지는 수밖에…… 이것이 바로 진실이라고! 악마 같은 것! 그런 게 나에게 무슨 소용이야, 그, 그런 진실이 말이야! 그보다, 숨이나 좀 쉬게 해줘…… 숨 좀 쉬게 해달라고! 도대체 내가 무슨 죄를 지었는데? ……무엇 때문에 나에게 이런 진실이 필요한 거지? 난 살 수가 없는데, 빌어먹을, 살 수가 없다고…… 이것이 그 진실이야! ……

부브노프 어이구 저런…… 제정신이 아닌 모양이군! ……

루카 어허…… 그냥 듣기나 하게. 이보게! 자네는……

클레시치 (흥분해서 온몸을 부들부들 떤다) 이곳에선 말끝마다 진실, 진실! 영감, 영감은 모든 사람을 위로하고 있어…… 하지만, 난 솔직히 말해서, 모두를 증오하고 있지! 그리고 이 진실을 증오하고 있어…… 진실 따위 똥이나 처먹으라고 해, 저주받아야 한다고! 알겠소? 잘 기억해 두시오! 진실 따위는 저주 받아 마땅하다는 걸! (돌아보고 또 돌아보면서 모퉁이 저쪽으로 달려간다)

루카 아, 머리가 홱 돌아 버렸어…… 도대체 어디로 달려간 거지?

나타샤 꼭 실성한 사람 같아요……

부브노프 흥, 대단한 기염이군! 마치 연극이라도 하는 것 같잖아? ……흔히 있는 일이야…… 아직 고생을 덜해서 그래……

페펠 (모퉁이에서 어슬렁거리며 나온다) 여러분! 안녕! 너구리 루카 영감님, 여전히 이야기 중이시군요.

루카 자네가 봤으면 좋았을 걸…… 방금 여기서 무섭게 소리친 사람이 있었지!

페펠 클레시치란 작자겠죠, 안 그래요? 도대체 왜 그런대요? 꼭 끓는 물이라도 뒤집어 쓴 것처럼 달려가던데……

루카 그야 자네도 저렇게 충격을 받으면…… 뛰쳐나갈 거야……

페펠 (자리에 앉는다) 난 저 사람 마음에 안 들어요…… 더럽게 고약한 데다 거만한 놈이야. (클레시치 흉내를 낸다) '난 일하고 있는 인간이야.' 흥, 마치 다른 사람은 모두, 자기보다 형편없다는 듯한 말투잖아…… 일하는 게 좋으면 일하면 되지…… 일하는 게 그렇게 자랑인가? 만약, 일하는 것으로 인간의 가치가 정해진다면…… 말보다 나은 사람은 하나도 없게? ……말은 죽도록 마차를 끌면서도 아무 말 안 하잖아! 나타샤! 너희 식구는 모두 집에 있어?

나타샤 묘지에 갔어…… 그리고 저녁 예배드릴 거라던데……

페펠 그래서 너도 한가한 거구나…… 웬일로!

루카 (생각에 잠긴 기색으로 부브노프에게) 이보게…… 자네는 언제나 진실, 진실 하던데…… 진실이라는 게 늘 인간의 병을 고쳐주는 건 아니야…… 진실만 있으면 언제라도 영혼을 치료할 수 있는 게 아니라고…… 그 증거로, 한번은 이런 일이 있었지. 내가 알던 사낸데, 진실의 땅을 믿고 있는 자가 있었어……

부브노프 무슨 땅이요?

루카 진실의 땅. 이 세상에는 진실의 땅이 있다…… 거기에는 특별한 인간들이 살고 있다…… 훌륭한 인간들만 살면서 서로 존경하고, 아무리 사소한 일이라도 서로 돕고 있다…… 또 그들이 사는 곳에는 모든 것이 멋지고 훌륭하다! 그 사내는 그렇게 말하면서 늘 그 진실의 땅을 찾으러 떠날 궁리만 하고 있었어. 하지만, 그 사내는 가난해서 사는 게 말이 아니었지…… 그리고 끝내 자리에 누워 죽음을 기다리는 수밖에 없는 힘든 시간이 찾아왔을 때도, 그는 희망을 잃지 않고, 언제나 웃는 얼굴로, 이렇게 말하곤 했다네. 괜찮아! 참고 견뎌야 해! 좀 더 기다리면, 난 지금의 이 생활을 버리고, 진실의 땅을 찾아갈 수 있을 거야…… 그것은 그 사내의 유일한 기쁨이었던 거지. 그 진실의 땅이……

페펠 그래서요? 그 사람은 떠났어요?

부브노프 떠나긴 어딜 떠나? 하하!

루카 그런데, 그때 그곳으로, 거긴 시베리아였는데, 학자 한 사람이 흘러들어왔어…… 책이니, 지도니, 온갖 것들을 가지고 말이야…… 그래서 그 사내는 학자에게, 부디 나에게, 진실의 땅이 어디에 있는지, 어떻게 하면 그곳으로 갈 수 있는지, 가르쳐 주십시오 하고 부탁하더군. 그러자 학자는 당장 책과 지도를 펼치고…… 찾고, 또 찾았지만, 진실의 땅은 어디에도 없었어! 다른 것은 모두 확실하게 씌어 있고, 어떤 나라도 모두 정확하게 나와 있는데, 진실의 땅만은 나와 있지 않은 거야!

페펠 (낮은 목소리로) 에이, 없다고요? (부브노프, 큰 소리로 웃는다)

나타샤 끼어들지 마요…… 그래서요, 할아버지?

루카 그런데, 그 사내는 믿지 않는 거야…… 틀림없이 있을 테니까 잘 찾아보라고 부탁했지. 만약 진실의 땅이 나와 있지 않다면, 당신의 책과 지도는 아무 쓸모도 없는 거라면서. 그래서 학자도 화가 나서 말했지. 내 지도는 세상에서 가장 정확한 거다, 원래, 진실의 땅 따위는 어디에도 없다. 그러자, 이번에는 사내도 화를 내면서, 그런 게 어디 있어? 난 오랫동안 인내하고 또 인내하면서, 그것이 있다고 믿어왔는데! 그런데, 지도에 나와 있지 않다는 게 무슨 소리야! 이 사기꾼 …… 사내는 그렇게 학자에게 욕을 퍼부었지. 에잇, 날강도 같은 놈! 넌 건달이지 학자가 아니야…… 그리고 학자의 귀를 한 방 세게 갈기고! 연거푸 또 한 방! …… (잠시 말을 끊었다가) 그러고는 집으로 돌아가 목을 매고 죽어 버렸다네! (모두 침묵. 루카가 웃으면서 페펠과 나타샤를 바라본다)

페펠 (낮은 목소리로) 쳇, 빌어먹을…… 재미 대가리 하나도 없는 얘기잖아……

나타샤 이 세상의 거짓을 견디지 못한 거군요……

부브노프 (음울하게) 모두, 지어낸 이야기야……

페펠 흐응, 그럴 테지…… 그것이 진실의 땅이라는 건가…… 발견하지 못했다는 것이, 결국……

나타샤 하지만 가엾어요…… 그 사람……

부브노프 모두, 지어낸 이야기라니까…… 하하! 진실의 땅! 그곳으로 가자고? 아하하! (창문에서 사라진다)

루카 (부브노프의 창을 턱으로 가리키면서) 비웃고 있군! 거 참…… (사이) 그럼, 여러분! ……잘들 지내시오! 난 곧 이곳을 떠날 거요……

페펠 이번에는 어디로 가실 건데요?

루카 우크라이나 쪽으로…… 그곳에 새로운 종교가 생겼다는 얘기를 들었거든…… 어떤 건지 좀 보고 싶어서 말이야…… 그래! ……인간이란 늘 조금이라도 더 좋은 것, 좋은 것을 찾아 헤매지…… 하느님께서 부디 그들에게 인내심을 주시기를!

페펠 그래서, 영감님은 어떻게 생각해요…… 찾을 수 있을 것 같아요?

루카 인간 말인가? 그야 찾고말고! 찾는 자는 반드시 찾을 수 있다네……

열심히 찾는 자는 반드시 찾을 수 있어!

나타샤 정말 꼭 찾아내시기를…… 그래서 더 나은 것을 생각해낼 수 있었으면 좋겠어요……

루카 물론 생각해내고 말고! 다만, 아가씨, 그런 사람들을 도와주고…… 존경해야 해……

나타샤 하지만 제가 어떻게 남을 도울 수가 있죠? 나부터가…… 이렇게 보잘것없는 사람인데……

페펠 (단호한 태도로) 나타샤, 나 다시 한 번…… 너에게 말하는데, 응? ……여기, 영감님도 있으니까…… 영감님은 모든 걸 다 알고 계셔…… 어때, 나하고…… 같이 가지 않을래?

나타샤 어디로? 감옥이나 들락날락하려고?

페펠 도둑질은 그만두겠다고…… 벌써부터 말하지 않아! 그만둔다면 정말 그만둔다고! 난, 한 번 말한 건 무슨 일이 있어도 지켜! 나, 이래봬도 글을 읽고 쓸 줄도 알아…… 이제부터 일을 할 거야…… 이 영감님은, 자신의 의지로 시베리아에 가라고 하셨어…… 어때, 같이 가자, 응? …… 넌 내가 지금의 내 생활에 염증이 났다는 거 모르겠어? 응, 나타샤! 난 알고 있어…… 다 보고 있다고! ……그리고 세상에는 나보다 큰 도둑질을 하고도 잘 살고 있는 놈이 있다는 걸 생각하면서, 나 스스로 나를 위로해 왔어…… 하지만, 그것도, 나에겐 아무 소용이 없어! 그건 아무리 생각해도, 내가 원하는 게 아니야! 그렇다고 후회하고 있는 건 아니지만…… 난 양심이라는 것도 믿지 않아…… 하지만, 단 한 가지 느끼는 것이 있어. 그건, 삶을 바꾸지 않으면 안 된다는 거야! 좀 더 나은 삶을 살아야 해! 자기 자신을 존경할 수 있는 삶을 살아야 한단 말이야……

루카 옳은 말이야, 젊은이! 주여, 보호해 주소서, 그리스도여, 이 청년을 도와주소서! 정말 맞는 말이야, 인간은 자기 자신부터 존경해야 해……

페펠 난, 코흘리개 시절부터 도둑이야…… 모두 나를 언제나, 도둑 바시카, 도둑놈의 자식 바시카라고 불렀지! 좋아! 그래? 그렇다면 정말로 도둑놈이 되어주지! 그래서, 난 도둑이 되었어! ……알겠어? 내가 도둑이 된 건, 어쩌면, 세상에 대한 원망 때문이었는지도 몰라…… 누구 한 사람, 한 번이라도, 나를 다른 이름으로 불러준 적이 없기 때문이야…… 그러니까, 넌 내 이름을 불러줘…… 응? 나타샤, 어때?

나타샤 (슬픈 듯이) 하지만 난 아직 믿을 수가 없어…… 무슨 말을 해도…… 그리고 나, 오늘은 어쩐지 마음이 불안하고…… 기분이 착잡해…… 뭔가 이상한 일이라도 일어날 것 같은 느낌이 들어. 바실리, 정말 꼭 오늘 같은 날, 이런 이야기 안 하면 안 돼? ……

페펠 그럼 언제 얘기하면 될까? 오늘 처음으로 얘길 꺼낸 것도 아닌데……

나타샤 게다가, 왜 내가 당신하고 함께 가야 하는데? 그야 나…… 당신을 좋아한다고 했지만…… 그 정도로 좋아하지는 않아…… 물론 때로는…… 당신이 마음에 들 때도 있지만…… 또 가끔은 보기도 싫을 때가 있는 걸 …… 그러니까 난, 당신을 사랑하고 있는 건 아닌가봐…… 사랑을 할 땐 콩깍지가 씌어서 상대의 결점 같은 건 보이지 않는 법인데…… 그게 나에게는 보이는 걸……

페펠 괜찮아, 곧 사랑하게 될 거야. 걱정할 필요 없어! 내가 그렇게 되도록 만들어 줄게…… 넌 그저 나를 따라와 주기만 하면 돼! 1년 정도, 널 보아 오면서, …… 네가 무척 착실하고 착한 아가씨이고…… 믿을 만한 사람이라는 걸 알았어…… 그래서 완전히 너한테 반해 버렸다고!

잘 차려입은 바실리사가 창문에 나타나 문기둥에 기대서서 귀를 기울이고 있다.

나타샤 날 그 정도로 생각하고 있었던 거야? 그럼 우리 언니는 어쩌고……

페펠 (당황하여) 응? 그 여자? 그런 여자, 난 아무 관심도 없어……

루카 아가씨…… 그건 걱정할 것 없어! 빵이 없으면 술지게미라도 먹는 거지, 뭐…… 빵이 없을 땐 말이야……

페펠 (어두운 기색으로) 나타샤…… 제발 나를 가엾게 여겨 줘! 사는 건 괴롭기만 하고…… 이 짐승 같은 삶…… 즐거운 일은 하나도 없고…… 점점 늪 속에 빠져들어 가는데…… 붙잡을 것이 아무것도 없어…… 모두 썩은 것뿐이고…… 의지할 만한 건 하나도 없고…… 네 언니도…… 이 여자는 다르겠지 하고 생각했건만…… 또한 마찬가지였어…… 만약 그 여자가…… 그렇게 돈만 밝히지 않았다면…… 난 그 여자를 위해…… 무슨 짓이라도 했을 거야! 정말 그 여자가, 완전히 내 것이 되어 주기만 했다면…… 그런데 그 여자는 다른 것이 필요했어…… 그 여자에게…… 필요했던 건 돈이었어…… 자유가 필요했던 거라고…… 그리고 그 자유를 원하는 것도, 더욱 방탕하게 놀기 위해서였어. 그런 여자가, 나를 도와줄 리가 없잖아…… 그런데 넌, 어린 전나무처럼, 가시로 콕콕 찌르기는 하지만 믿음이 가……

루카 나도 권하고 싶군. 이봐요, 아가씨, 이 사람과 결혼해, 결혼하라고! 제법 괜찮은 젊은이야, 좋은 남자란 말이지! 다만, 아가씨가, 될 수 있는 대로 자주 이 사람에게, 자신이 좋은 젊은이라는 것을 깨닫게 해주면 돼, 다시 말해, 이 사람이, 그 사실을 잊지 않도록 일깨워주면 된다는 얘기야! 이 사람은 금방 아가씨를 믿게 될 거야…… 아가씨는 그저 이렇게만 말하면 돼. 바샤, 당신은 훌륭한 사람이에요…… 잊지 말아요! 이렇게 말이야. 잘 생각해 봐, 아가씨에게 달리 갈 데가 어디 있어? 아가씨 언니는 성질이 고약한 악녀고, 그 남편이라는 작자 또한 더 말할 것도 없는 늙은이…… 게다가 여기서의 이런 생활…… 사실 아가씨에게 어디든 갈 곳이 있느냐 말이야! 그런데 이 젊은이는 제대로 된 훌륭한 사람이야……

나타샤 물론 어디에도 갈 곳이 없기야 하죠…… 나도 알고 있어요…… 생각은 했죠…… 하지만 난…… 아무도 믿을 수가 없는 걸요…… 갈 곳은 어디에도 없지만……

페펠 길은 하나뿐이야…… 그 길을 함께 가지 않겠다면…… 그럴 바엔 차라리 죽여 버리고 말겠어……

나타샤 (미소 지으면서) 거봐…… 아직 당신 마누라가 되기도 전에, 벌써 죽이겠다고 하잖아.

페펠 (그녀를 껴안는다) 그만, 나타샤! 아무려면 어때!

나타샤 (그에게 몸을 바짝 기대면서) 그럼 바실리…… 나, 한 가지만 당신한테 말해 둘 게 있어…… 하느님께 맹세하지만! 당신이 한 번이라도 내게 손찌검을 하거나…… 모욕을 준다면…… 난, 목숨을 아까워하지 않을 거야 …… 스스로 목을 매거나, 아니면……

페펠 아아, 만약 내가 너에게 손가락 하나 건드린다면, 그 손은 그대로 오그라들어도 좋아! ……

루카 아가씨, 아무것도 의심하지 말아요! 이 사람이 아가씨에게 필요한 것보다, 아가씨가 이 사람에게 더 절실하게 필요하니까……

바실리사 (창문에서) 자, 자, 이제 그것으로 약속은 성립된 건가! 잘 살기 바라!

나타샤 앗, 언제 돌아온 거야! ……오, 하느님! 다 봤나봐…… 어떡하지, 바실리!

페펠 놀랄 거 뭐 있어? 이미 이렇게 되었으니 누구든 너에게 손가락 하나 건드리지 못하게 할 거야!

바실리사 걱정할 것 없어, 나타샤! 그 사람은 널 때리진 않을 테니까…… 그 사람은 때리지도 못하고, 사랑해 줄 줄도 모르는 사람이야…… 내가 잘 알고 있지!

루카 (작은 소리로) 으, 마귀 같은 여편네…… 독사 같은 여자……

바실리사 그 대신 말만 번지르르하지……

코스틸료프 (나온다) 나타시카! 이런 데서 뭐하고 있는 거야, 이 밥벌레야! 또 쓸데없는 수다 떨고 있지? 식구들 험담이라도 하던 중인가? 사모바르도 아직 준비가 안 됐잖아? 저녁 준비는 어떻게 됐어?

나타샤 (나가면서) 교회 간다고 하지 않았어요? ……

코스틸료프 어디에 가든 무슨 상관이야! 네 할 일이나 하면 되는 거지…… 시키는 대로만 하면 된다고!

페펠 닥쳐요! 이 여자는 오늘부터 당신들 하녀가 아니야…… 나타샤, 가지 마…… 아무것도 하지 마! ……

나타샤 바실리, 그런 말 하기엔 아직 일러! (퇴장)

페펠 (코스틸료프에게) 이제 그만들 하시지! 지금까지 실컷 부려먹었잖아…… 더 이상은 사양이야! 오늘부터 저 여잔, 내 여자야!

코스틸료프 네 여자라고? 언제 샀지? 얼마에 샀나?

바실리사가 깔깔거리고 웃는다.

루카 바샤! 자네는 어서 가……

페펠 당신들 조심해…… 함부로 날뛰다가는 곧 눈물 흘릴 날이 올 거니까!

바실리사 어머나, 무서워라! 무서워 죽겠네!

루카 바실리, 어서 가라니까! 저 여잔 자넬 부추기고 있어…… 꼬드기고 있는 거라고, 모르겠나?

페펠 그렇군요…… 하! 이 여자가, 어딜 수작을 부리려고 그래! 하지만 당신들 뜻대로는 되지 않을 걸!

바실리사 내가 원하지 않는 것도, 그렇게 되도록 가만히 보고만 있지 않을 거야, 바샤!

페펠 (주먹을 휘두르며 그녀를 위협한다) 어디 두고 보자고! ……(퇴장)

바실리사 (창문에서 사라지면서) 내가 결혼식을 준비해 주지!

코스틸료프 (루카에게 다가간다) 뭐하는 거요, 영감은?

루카 아무것도 아니오, 노인장!

코스틸료프 그래? ……당신도 곧 떠날 거라고 하던데?

루카 때가 되면……

코스틸료프 어디로 갈 거요?

루카 눈이 향하는 곳으로……

코스틸료프 그러니까, 떠돌아다니겠다는 말씀? ……도무지 한 군데 엉덩이를 붙이기가 어려운 처지인가 보지?

루카 누워 있는 돌 밑으로는 물이 흐르지 않는 법이니까……

코스틸료프 그건 돌 얘기고, 인간은 한 군데 정착을 해야지…… 인간이 바퀴벌레처럼 살면 되겠어? ……바퀴벌레는 어디든, 마음 내키는 대로 기어 가지만…… 인간은, 일정한 거처가 있어야 하지 않겠어? ……함부로 여기저기 기웃거리면 안 되지……

루카 그런데 말이오, 만약 어디에나 있을 곳이 있는 사람이 있다면, 어떨까?

코스틸료프 만약 그렇다면, 그자는 부랑자지…… 건달이고…… 인간은, 뭔가 쓸모가 있어야 해…… 일을 해야 한단 말이야……

루카 말은 잘하네!

코스틸료프 물론이지. 안 그러면 어쩔 건데? ……도대체, 순례자라는 건 뭐하는 놈들이야? 순례자란…… 남과 다른 데가 있는 별종을 말하는 거지 …… 만약 진짜 순례자라면, 뭔가 알고 있다 해도…… 뭔가 그…… 누구

에게도 필요하지 않다는 것을 안다 하더라도…… 또 그것이 진실이라 해
도…… 첫째로, 진실이라는 것이 모두 다 필요한 건 아니니까 말이야……
암! 그러니까 그건 자기 배 속에 잘 간직해 두고…… 잠자코 있어야 해.
만약 진정한…… 순례자라면…… 틀림없이 침묵을 지킬 거야! 이야기한
다 해도, 아무도 알아듣지 못할 이야기를 하는 거지…… 그리고 마음에
아무런 욕심도 없이, 무슨 일에도 남을 방해하지 않고, 함부로 소란을 떨
지도 않아…… 남이 어떻게 살든, 상관하지도 않고…… 그런 순례자는,
오로지 한결같은 마음으로 올바른 인생의 길을 지키는 법이야…… 숲 속
이나…… 동굴 속에서…… 사람들 눈을 피해 숨어 사는 법이라고! 그리
고·남을 방해하지 않고, 남을 비난하지도 않고…… 모두를 위해 기도하지
…… 모든 속세의 죄업을 위해…… 내가 지은 죄를 위해, 남이 지은 죄를
위해…… 모든 죄를 위해 기도하는 거야! 그런 사람이 속세의 번잡함을
피하려는 것도, 다 그 때문이지…… 기도하기 위해서란 말이야. 그런 거
라고…… (사이) 그런데 영감…… 당신은 도대체 어떤 순례자이신가? ……
신분증도 없지 않소…… 제대로 된 인간이라면, 신분증을 가지고 있어야지
…… 올바른 인간은 모두 신분증을 가지고 있다고…… 안 그렇소? ……

루카 그러나, 세상엔 이런 사람도 있는가 하면 저런 사람도 있는 법이니까
……

코스틸료프 잘난 척은 그만하시지! 수수께끼 같은 말만 하지 말고…… 내
가 당신보다 어리석어 보이나? ……도대체 무슨 개소릴 하고 있어……
인간이 어떠니 사람이 어떠니.

루카 내가 하는 말이 무슨 수수께끼라고 그러시나? 난 다만, 씨를 뿌리는
데, 적당하지 않은 땅도 있고…… 기름진 땅도 있다는 것뿐인데…… 기름
진 땅에는 무엇을 뿌려도…… 풍성한 결실을 맺지…… 암, 그렇고말고……

코스틸료프 그래서? 그게 어쨌단 말인데?

루카 뭐, 이를테면 당신 말이오…… 아무리 하느님이 당신에게, 미하일로
야! 인간이 되어라! ……하고 말해봤자, 쇠귀에 경 읽기, 아무 소용이
없다는 거야…… 당신은 당신대로, 언제까지나 변하지 않을 거란 말이지
……

코스틸료프 아…… 영감…… 모르고 있었나? 내 마누라 삼촌이 경찰이라

는 거? 내가 만약……

바실리사 (등장) 미하일 이바노비치, 차나 마시러 가요.

코스틸료프 (루카에게) 이봐, 영감…… 이 집에서 썩 꺼져 버려! 방 빼란 말이야! ……

바실리사 맞아, 이 집에서 나가요, 할아버지! ……할아버진 말이 많아요 …… 그리고 어쩌면 도망자일지도 몰라…… 수상해……

코스틸료프 오늘 안에 흔적도 없이 사라져 주셔! 그러지 않으면 …… 내가 어떻게 할지 두고 보슈!

루카 삼촌을 부를 건가? 불러보시지그래…… 탈주자를 붙잡았다고 말이야 …… 그러면 삼촌은 상금을 탈지도 모르지…… 3코페이카쯤? ……

부브노프 (창문에서) 거기서 무슨 흥정을 하고 있는 거요? 뭐냐고요, 3코페이카라는 게?

루카 나를 팔겠다고 협박하는 거야……

바실리사 (남편에게) 가요……

부브노프 3코페이카에? 흥, 조심하쇼, 영감…… 그자들은 1코페이카라도 팔아치울 놈들이니까.

코스틸료프 (부브노프에게) 너…… 부뚜막 밑에서 기어 나온 도깨비처럼, 눈만 껌벅거리고 있는 놈이! (아내와 함께 걸어 나간다)

바실리사 세상에는 뒤가 구린 인간이나…… 협잡꾼들이 얼마나 많은지! ……

루카 허, 식사 잘하시구려!

바실리사 (돌아보면서) 쓸데없이 주둥이 놀리지 않는 게 좋을 걸요…… 독버섯 같은 인간!

남편과 함께 모퉁이 저쪽으로 사라진다.

루카 오늘 밤 이곳을 떠나야겠어……

부브노프 잘 생각하셨소. 떠나야 할 때 떠나는 게 가장 좋죠……

루카 그러게 말이야……

부브노프 나도 경험이 있어요. 때맞춰 잘 달아난 덕분에 징역살이를 면한 건지도 모르거든.

루카 오호, 그래요?

부브노프 정말이오. 얘기하자면 이래요. 마누라란 년이 우리 집 염색 기술자와 붙어먹었지…… 그 기술자로 말하면, 그 솜씨 좋은 녀석이…… 개 가죽을 염색해서 미국너구리로 둔갑시키고…… 고양이를 캥거루…… 사향 뒤쥐 가죽으로 염색하고…… 어쨌든 못 하는 게 없는 기술자였소. 즉 그 놈하고, 마누라란 년이, 정분이 나고 말았는데, 그게 보통 미친 사이가 아니어서, 까딱하다간, 나를 독살하거나 뭔 일을 당하게 해서 이 세상에서 사라지게 만들 기세였어요. 그래서 내가 마누라를 때리려고 했더니…… 직공이 나에게 덤벼드는 것이었소…… 그자도 보통 솜씨가 아닙디다! 한번은, 내 턱수염을 반이나 뽑고, 갈비뼈도 하나 분질러 버렸지요. 그렇게 되니, 나도 화가 머리끝까지 나서…… 어느 날, 마누라 머리통을 쇠자로 후려친 적도 있고…… 한마디로 살벌한 전쟁이 시작된 셈이지! 하지만 생각해 보니, 언제까지 그러고 살아봤자 아무 소용이 없겠더군요…… 결국은 내가 당하고 말 테니까! 그래서 난, 마누라 년을 죽이기로 결심했어요…… 정말 단단히 결심했는데! 그런데 말이오, 바로 그때 문득 생각이 들더군요. 그리고 내가 먼저 집을 나오고 만 겁니다……

루카 그거 잘했소! 두 연놈에겐 그곳에서 개를 너구리로 둔갑시키며 살라 그러지 뭐!

부브노프 다만…… 공장이 마누라 명의로 되어 있어서…… 보시다시피 난 이렇게 빈털터리가 되었다오! 하지만 사실은 공장 같은 건 말아먹고 말았을 거요…… 술을 퍼마시느라고……

루카 술을? 아, 그랬군!……

부브노프 맞아요, 그것도 고약한 술고래지요! 한번 마시기 시작하면 끝장을 봐야 하니까. 주머니가 바닥날 때까지 마셔 버리거든요…… 게다가 난 게으름뱅이라, 일하는 게 죽어도 싫다니까요!

사틴과 배우가 다투면서 등장한다.

사틴 바보! 네가 어디에 갈 수 있을 것 같아…… 그런 건 모두 악마의 짓이야! 어이, 영감! 도대체 이 덜떨어진 친구한테 무슨 바람을 넣은 거요?

배우 거짓말! 영감! 이 친구에게 말 좀 해 주구려, 거짓말도 작작 하라고! 난 갈 거야! 난 오늘은 일을 했어, 길을 청소했다고…… 게다가 보드카는 입에 대지도 않았어! 이거 왜 이러셔! 자 봐, 15코페이카 은화 두 개, 그런데도 내 얼굴은 멀쩡하잖아.

사틴 바보 같은 소리 집어치워! 그 돈 이리 내, 내가 다 마셔주지…… 아니면 카드놀이에 걸든가……

배우 꺼져 버려! 이건 노잣돈이야!

루카 (사틴에게) 이보게, 자네는 왜 이 사람 마음을 흔들려고 하시나?

사틴 어이, 마법사, 하느님의 종, 어디 한번 나한테 말해 보시지, 나의 마지막이 어떨지? 난 도박으로 빈털터리가 되었어. 하지만 아직 희망을 버린 건 아니야. 알겠어, 영감? 세상에는 나보다 똑똑한 사기꾼도 있다고!

루카 재미있는 사람이군, …… 유쾌한 사람이야!

부브노프 어이, 배우! 이리 좀 와봐!

배우가 창가로 가서 그 앞에 쪼그리고 앉는다. 두 사람은 작은 소리로 이야기한다.

사틴 나도, 젊었을 땐 제법 인기가 많았어! 생각만 해도 기분이 좋아지는군! ……상냥한 젊은이였어…… 춤도 잘 추고, 연극도 하고, 사람을 웃기는 걸 아주 좋아했지…… 꽤 잘나갔다고!

루카 그런데 어쩌다가 길을 잘못 들었나, 응?

사틴 영감도 어지간히 호기심이 많으시네, 응? 뭐든지 시시콜콜 다 알려고 그래…… 그런 건 알아서 뭐하려고?

루카 세상을 알고 싶으니까…… 그런데 자네는 아무리 봐도 알 수가 없어! 자네처럼 용기 있고…… 똑똑한 사람이…… 갑자기……

사틴 감옥이오, 영감! 난 4년 7개월 동안 감옥에 있었소…… 그리고 거기서 나왔을 때는 이미 길이 막혀 버리고 난 뒤였어!

루카 어허 저런! 어쩌다가 감옥에 들어갔는데?

사틴 어떤 비열한 놈 때문에…… 욱하는 성질에 눈이 뒤집혀 그놈을 그만 때려죽이고 말았소…… 노름을 배운 것도 그 감옥에서였소……

루카 여자 때문에 살인을?

사틴 친척 누이 때문이었소…… 이쯤에서 그만합시다! 난 꼬치꼬치 캐묻는 것 좋아하지 않아요…… 게다가 이미 옛날 일이오…… 누이는 죽어 버렸소…… 벌써…… 9년 전 일이군…… 하지만, 그 누이는 정말 좋은 아이였소! ……

루카 자네는 그래도 아직 괜찮은 사람이야! 아까도 여기서…… 자물쇠 장수가 한바탕 난리를 쳤는데…… 거 참!

사틴 클레시치가?

루카 그렇네, 일이 없다고 소리소리 질렀지…… 도통 없다면서.

사틴 곧 익숙해질 거요…… 나도 일거리가 없는데 뭘.

루카 (작은 목소리로) 보시오! 호랑이도 제 말 하면 온다더니……

클레시치가 고개를 푹 숙이고 천천히 등장한다.

사틴 이봐, 홀아비! 왜 그렇게 풀이 죽어서 그래? 무슨 생각을 그리 하고 있나?

클레시치 생각할 게 있어서…… 앞으로 어떻게 해야 할까 하고! 장사 도구도 없고…… 모든 걸 장례식에 다 쏟아 부었거든!

사틴 내가 좋은 걸 가르쳐 주지. 아무것도 하지 마! 그저, 지구의 짐이 되라고! ……

클레시치 좋은 생각이군…… 그것도 좋지…… 하지만 난 아직 사람들 앞에 나서기가 부끄러워……

사틴 그만둬, 이 친구야! 자네가 아무리 개보다 못한 생활을 했다고 해도, 왜 세상 사람들에게 부끄러워해야 하나…… 생각 좀 해 보게. 자네가 일하지 않고, 나도 일하지 않고…… 그리고 몇백 명…… 몇천 명 인간이 모두 일을 하지 않아! 알겠어? 모두 일을 하지 않는다고! 모두 일을 내팽개치고, 아무도, 아무것도 하려고 하지 않으면, 그때는 어떻게 될 것 같아?

클레시치 모두 굶어죽겠지……

루카 (사틴에게) 자네, 그런 이야기는, 은둔파*¹ 교도들에게 가서 하는 게 어때…… 그런 사람들이 있다네. 그들을 은둔파라고 하지……

사틴 나도 알아요…… 그들은 바보가 아니에요, 영감!

코스틸료프의 창문 안에서 나타샤의 비명이 들려온다.
"내가 뭘 어쨌다고 그래요? 잠깐만…… 도대체 내가 뭘 어쨌다고."

루카 (걱정스럽게) 나타샤잖아? 그 아이 목소리 맞지? 응? 아, 또……

코스틸료프의 방에서 시끄러운 소리, 소란, 그릇 깨지는 소리와 함께 코스틸료프의 고함이 들려온다. "이…… 이교도년…… 화냥년이……"

바실리사 잠깐만…… 기다려요, 이년은 내가…… 이렇게…… 이렇게……

나타샤 아이고, 나 죽네! 사람 살려……

사틴 (창문을 향해 소리친다) 어이, 왜 그래!

루카 (애를 태우면서) 바실리를…… 바실리를 불러와야 해…… 아, 하느님! 형제들…… 이보시오들……

배우 (달려가면서) 내가 지금…… 바로 바샤를……

부브노프 요즘 저 사람들, 저 애를 심하게 잡는 것 같아……

사틴 갑시다, 영감…… 가서 증인이 되어 주자고요!

루카 (사틴을 따라간다) 내가 무슨 증인이 된다고! 말도 안 돼…… 바실리가 빨리 와야 하는데……

나타샤 언니…… 언니…… 아, 아, 아아악……

부브노프 입에 재갈을 물렸나보군…… 내가 가서 보고 와야겠다……

코스틸료프의 방에서 나는 소리, 점점 멀어지면서 잦아든다. 방에서 건물 밖으로 나간 모양이다. "기다려!" 하고 소리치는 주인 목소리가 들려온다. 쾅 하고 거칠게 문이 닫힌다. 그리고 그 소리가, 도끼로 자른 듯이 모든 소

---

*1 분리교파의 하나.

리를 끊어 놓는다. 무대가 조용해진다. 저녁 어스름.

클레시치 (무관심한 기색으로 짐썰매 위에 앉은 채, 세차게 손을 비비다가, 이윽고 뭔가 중얼거리기 시작한다. 처음에는 확실하지 않지만 점차 또렷해진다) 아, 어떻게 하면 좋을까? ……그래도 살아야 하는데…… (소리 높여서) 하다못해 몸 둘 장소라도 있어야지…… 어떡하나? 그게 없어…… 아무것도 없어! 외톨이, 오직 나 혼자야, 있는 거라곤…… 이 몸뚱이 하나뿐…… 아무도 도와주는 사람이 없어……

몸을 웅크리고 느릿느릿 퇴장. 몇 초 동안, 불길한 정적. 이윽고, 골목 어딘가에서 혼란스러운 소리와 사람들 목소리가 들려온다. 소리는 점차 높아지고 가까워진다. 이윽고 저마다 목소리가 또렷하게 들린다.

바실리사 난 저 애 언니예요! 내게 맡겨요……
코스틸료프 너한테 무슨 권리가 있어?
바실리사 징역수 주제에! ……
사틴 바시카를 불러! ……어서, 어이 조프, 저놈을 쳐!

경찰의 호루라기 소리.

타타르인 (무대로 달려나온다. 오른손에 붕대를 감고 있다) 그런 법이 어딨어, 벌건 대낮에 사람을 죽여?
애꾸눈 조프 (그 뒤에 메드베데프가 따른다) 쳇, 그래서 나도 한 방 먹여 줬어!
메드베데프 자넨 왜 싸움질이야?
타타르인 그럼 당신은? 당신 직무가 뭐야?
메드베데프 (짐꾼 뒤를 쫓아간다) 거기 서! 호루라기를 돌려줘! ……
코스틸료프 (무대로 달려 나온다) 아브람! 붙잡아…… 그놈을 잡아 처넣어! 살인자야……

모퉁이에서 크바시냐와 나스탸가 등장한다. 두 사람, 처참한 몰골을 한 나타샤의 팔을 붙잡고 데려온다. 사틴은 여전히 두 팔을 휘두르며 동생을 때리려 하는 바실리사를 붙잡으면서, 뒷걸음질로 나온다. 그녀 주위에서는, 악귀에 사로잡힌 듯한 알료시카가 춤을 추면서 그녀 귀에 대고 휘파람을 불고, 고함을 지르면서 으르렁거린다. 이윽고 누더기를 입은 남녀들이 등장한다.

사틴 (바실리사에게) 무슨 짓을 하는 거야? 올빼미 같은 년이……

바실리사 이거 놔, 전과자! 난 죽을 각오 했어, 내 기어이 저년을 갈기갈기 찢어서……

크바시냐 (나타샤를 멀리 떼어놓으면서) 이봐, 카르포브나, 그만 좀 해…… 이게 무슨 추태야!

메드베데프 (사틴을 붙잡는다) 에잇…… 붙잡았다!

사틴 조프! 이놈을 갈겨! ……바시카…… 바시카!

일동, 붉은 벽 옆의 통로에 모여서 밀치락달치락. 사람들이 나타샤를 오른쪽으로 데려가서 목재 더미 위에 앉힌다.

페펠 (길모퉁이에서 달려와서 아무 말 없이, 맹렬한 기세로 사람들을 밀친다) 나탈리아는 어딨어? 이놈이……

코스틸료프 (모퉁이에 숨으면서) 아브람! 바시카를 잡아…… 형제들, 같이들 도와서 바시카 놈을 붙잡아 줘! 도둑놈…… 저 강도를……

페펠 이놈이…… 음탕한 늙은이가! (팔을 마구 휘두르면서 노인을 때린다. 코스틸료프가 길모퉁이에서 윗몸만 보이는 모습으로 쓰러진다. 페펠이 나타샤에게 달려간다)

바실리사 바시카를 때려눕혀요! 여러분! 저 도둑놈을 때려눕혀요!

메드베데프 (사틴에게 소리친다) 너 같은 녀석이 끼어들 자리가 아니야…… 이건 집안일이라고! 모두 가족뿐이야…… 네놈은 뭐야?

페펠 이게 어떻게 된 일이야…… 그 여자가 널 왜 이 꼴로 만들어놨어? 칼로 그랬어?

크바시냐 이것 좀 봐, 짐승 같은 놈들! 이 아이 다리에 끓는 물을 부었어……

나스탸 사모바르를 엎은 거야……

타타르인 하지만, 그거, 실수일지도 몰라…… 잘 조사해볼 필요가 있어…
…… 함부로 말할 게 못 돼……

나타샤 (거의 실신할 지경이 되어) 바실리…… 날 데리고 가서…… 날 숨겨줘
……

바실리사 악! 사람들아, 여기 좀 봐요! 여기 좀 보라고요! 죽었어! 살해
당했어……

일동, 골목의 코스틸료프 옆에 모여든다. 군중 속에서 부브노프가 나와 바
실리에게 다가간다.

부브노프 (작은 목소리로) 바시카! 노인네가…… 아무래도…… 뻗어 버린
것 같아!

페펠 (이해가 안 된다는 듯이 상대의 얼굴을 쳐다본다) 가서…… 빨리 마차를 불
러서…… 병원에 데려가요…… 난 저 사람들과 결판을 낼 테니까!

부브노프 이봐, 내 말 잘 들어, 누군가가 노인네를 죽여 버렸어……

무대 위에서 나는 소리는 물을 끼얹은 모닥불처럼 잦아든다. 외침이 희미
하게 들려온다. "정말이야?" "거봐!" "그래서?" "가세, 형제!" "에잇, 빌
어먹을!" "앞으로가 큰일이야!" "경찰이 오기 전에 달아나세!" 점차 군중이
줄어든다. 사람들이 떠난다. 부브노프와 타타르인, 나스탸와 크바시냐가 코
스틸료프의 주검 옆으로 뛰어간다.

바실리사 (땅바닥에서 일어나면서, 기세등등한 목소리로 외친다) 내 남편을 죽였
어! ……바로, 이 남자가 죽였어! 바시카가 죽였다고. 난 봤어! 여러분,
내가 다 봤어요! 어때, 바샤? 경찰을 불러!

페펠 (나타샤 곁을 떠나면서) 에잇…… 비켜요, 비켜! (노인을 본다. 바실리사에
게) 어때? 기쁘지? (한쪽 다리로 주검을 찬다) 늙은 개가 뻗었군…… 이게
네가 원하던 것 아냐? ……그런데…… 이참에 네 모가지도 비틀어줄까?
(그녀에게 달려든다. 사틴과 애꾸눈 조프가 재빨리 그를 제압한다. 바실리사가 골목 안
으로 숨는다.)

밑바닥 515

사틴 정신 차려!

애꾸눈 조프 어, 어? 어디로 날라 버렸어?

바실리사 (나오면서) 어때, 바샤, 귀여운 친구? 마침내 너도 운이 다했구나
…… 경찰이 왔어! ……삼촌…… 호루라기를 불어요!

메드베데프 호루라기를 뺏겨 버렸어, 젠장!

알료시카 예 있답니다! (호루라기를 분다. 메드베데프가 그 뒤를 쫓는다)

사틴 (페펠을 나타샤 곁으로 데려가면서) 바시카, 걱정할 것 없어! 싸우다 일어
난 일이야…… 별일 없을 거야! 그럴 수도 있는 일이지……

바실리사 바시카를 붙잡아 둬! 그놈이 죽였어…… 내가 다 보고 있었어!

사틴 나도 세 대는 때렸을 걸? ……저런 놈을 죽이는 건 일도 아니지! 내
가 증인 서줄게, 바시카……

페펠 괜찮아…… 난 변명 따위 할 생각 없어…… 다만 바실리사만 끌고 들
어가면 돼…… 난 무슨 일이 있어도 저 여자를 끌고 들어갈 거야! 저 여
자가 이렇게 되기를 원했거든…… 저 여자가 나를 부추겨서, 남편을 죽이
게 했어…… 부, 부추겼다고! ……

나타샤 (갑자기 목소리를 높인다) 아…… 알았다! ……그런 거였어, 바실
리!? 여러분! 이 사람들, 공범이에요! 내 언니와 이 사람이…… 둘이서
공모한 거라고요! 오늘 일어난 일은 모두, 둘이서 꾸민 일이에요! 그렇
지, 바실리? ……당신은…… 그래서 아까 나에게 그런 말을 한 거지? …
…언니가 다 듣도록 하기 위해서? 여러분! 언니는, 이 사람의 정부예요
…… 여러분도 다 알고 있을 걸요…… 그건 모르는 사람이 없죠…… 두
사람은 공범이라고요! 언니가…… 이건 언니가, 이 사람을 부추겨서, 남
편을 죽이게 한 거예요…… 남편이 방해가 되니까…… 나도 방해물이었죠
…… 그래서 이렇게, 나를 병신으로 만들어 버렸어요……

페펠 나탈리아! 왜 그러는 거야…… 그게 다 무슨 소리냐고!?

사틴 어이구 참, 뭐가 어떻게 돌아가는 건지…… 원!

바실리사 아니야! 거짓말! ……난…… 아니에요, 이 바시카가 죽인 거예
요!

나타샤 두 사람은 한패예요! 저주받을 사람들! 두 사람 다……

사틴 흐응, 이건 연극이야! ……정신 차려, 바실리! 둘이서 널 물속에 빠

뜨리려 하고 있어.

애꾸눈 조프　뭐가 뭔지 하나도 모르겠네! ……아, 이건…… 보통 일이 아니야!

페펠　나탈리아! 너 정말…… 정말로 그렇게 생각하는 거야? 정말로 그렇게 믿고 있는 거야? 내가…… 이 여자와……

사틴　이건, 나타샤, …… 정말 잘 생각해야 해!

바실리사　(골목에서) 남편이 살해되었어요…… 경찰서장님…… 바시카 페펠이라는 도둑놈…… 그놈이 사람을 죽였어요…… 서장님! 내가 다 봤어요 …… 여기 있는 모든 사람이 다 봤다고요……

나타샤　(거의 정신을 잃고 몸부림치면서) 여러분…… 내 언니와 바시카가 죽었어요! 경찰 나리, 들어주세요…… 그건 이, 내 언니가, 부추긴 거예요… … 교사한 거라고요…… 자기 정부를…… 이 사람이 바로 그 정부예요, 그 불한당이에요! 두 사람이 죽었어요! 이 두 사람을 잡아가세요…… 심판해 주세요…… 그리고 나도 체포해서…… 감옥에 넣어주세요! 제발 부탁이에요…… 나도 감옥에! ……

—막이 내린다—

제4막

제1막과 같은 무대장치. 단, 페펠의 방은 없고, 칸막이 판자는 제거되어 있다. 그리고 클레시치가 앉아 있던 장소에도 모루가 보이지 않는다. 페펠의 방이 있었던 한쪽 구석에는 타타르인이 누워 몸을 뒤척이면서 이따금 신음을 낸다. 테이블 앞에는 클레시치가 앉아, 이따금 상태를 확인하면서 아코디언을 수선하고 있다. 탁자의 다른 한쪽에는 사틴과 남작, 나스탸가 앉아 있다. 그들 앞에는 보드카 병 하나, 맥주병 셋, 커다란 흑빵 조각이 놓여 있다. 난로 위에서는 배우가 가끔 몸부림을 치면서 기침을 한다. 밤. 탁자 한가운데에 놓인 램프가 무대를 비추고 있다. 문밖에는 바람이 분다.

클레시치 그래…… 그 사람은 그 소동 속에 홀연히 사라지고 말았지……

남작 경찰 손에서 빠져나가 버렸어…… 마치 불길에서 연기가 피어오르듯이……

사틴 죄를 지은 놈들은, 언제나 그런 식으로, 올바른 인간의 눈에서 사라져 버리는 법이야!

나스탸 하지만, 좋은 할아버지였어요! ……아저씨들은 인간이라고 할 수 없어요…… 아저씨들은 곰팡이나 쓰레기 같은 사람들이라고요!

남작 (술을 마신다) 아가씨, 당신의 건강을 위하여!

사틴 재밌는 영감이었지…… 그래! 여기 나스첸카가 완전히 반해 버렸을 정도니까……

나스탸 정말 그랬어요…… 아주 좋아했죠! 진심으로! 그분은, 뭐든지 다 알고…… 뭐든지 다 이해했거든요……

사틴 (웃으면서) 그러니까…… 대부분 사람들에게 그 영감은…… 이 없는 사람에게 죽 같은 것이었지……

남작 (웃으면서) 종기에 고약 같은 것 말이지? ……

클레시치 그 영감은…… 동정심이 있는 사람이었어…… 자네들에겐…… 동정심 같은 게 전혀 없지만……

사틴 내가 자네한테 동정심을 베푸는 게, 자네에게 무슨 보탬이 될까? ……

클레시치 자네가…… 남에게 동정심을 베풀 사람인가…… 화를 돋우지 않는 것만으로도 감지덕지지……

타타르인 (침대에 걸터앉아, 아기를 흔드는 것처럼, 아픈 손을 흔들고 있다) 그 영감, 좋은 양반이었어…… 마음에 법이라는 걸 지니고 있었지! 마음에 법을 지니고 있는 사람은 좋은 사람이야! 그 법칙을 잃어버린 사람은 틀렸다고 봐야지! ……

남작 그건 어떤 법인데, 공작?

타타르인 어떤…… 여러 가지지…… 자네도 어떤 건지 알잖아……

남작 그래서!

타타르인 인간을 모욕하지 말라, 이게 법이야!

사틴 그건 《형사징계법령》이라는 거야……

남작 또 있어, 《조정재판처벌조례》

타타르인 쿠란 속에 있어…… 너희의 쿠란은 법이요…… 영혼은 쿠란이니…… 바로 그거야!

클레시치 (아코디언을 시험하면서) 젠장! 아직도 소리가 새고 있어! 하지만, 공작이 하는 말, 사실이야…… 인간은, 법에 따라…… 복음서에 따라…… 살아가야 해……

사틴 자네나 그렇게 살아……

남작 잘해보셔……

타타르인 무함마드가 쿠란을 주면서 이렇게 말했어. 이것이 법이다! 여기에 적혀 있는 대로 하라! 이윽고 새로운 시대가 오고, 쿠란으로는 부족해지지…… 그러면 새로운 법을 만들어…… 그때마다…… 새로운 법을……

사틴 그렇군…… 그래서 그 때가 왔기 때문에, 《처벌법》이 생겼단 말인가…… 그래도 이건 꽤나 강력한 법인데…… 아마 그렇게 빨리 사라지진 않을 걸!

나스챠 (컵으로 테이블을 두드린다) 정말 뭘 어쩌겠다고…… 내가 여기, 이런 곳에서…… 아저씨들하고 함께 살고 있는 건지! 이젠 떠나야겠어요……

어디론가 가 버릴 거예요…… 이 세상 끝이라도!

남작 구두도 없이, 숙녀가?

나스탸 알몸이면 어때요? 네발로 기어서라도 갈 거야!

남작 그것 참 볼 만하겠구먼, 숙녀가…… 네 발로 기어간다……

나스탸 네, 기고말고요! 난 아저씨의 말상 같은 얼굴을 보지 않게 되는 것 만으로도 좋으니까요…… 아, 난 이제, 모든 게 싫어졌어! 세상도…… 인간도!

사틴 갈 테면 가지그래. 기왕이면 배우도 데리고 가…… 그 녀석도 그쪽으 로 가고 싶어 하니까…… 거의 세상 끝까지 가면 오르가논 병원이 있다는 걸 알아낸 모양이야……

배우 (난로 위에서 얼굴을 내밀면서) 오거니즘이야, 멍청한 녀석!

사틴 알코올 중독에 걸린 오르가논이겠지……

배우 그래! 그는 떠나겠지! 그는 떠날 거야…… 두고 봐!

남작 그라니, 누구 말인가, 각하?

배우 나!

남작 메르시, 여신의 종…… 뭐라고 하더라? 그 연극의 여신, 비극의 여신 말이야…… 그게, 뭐더라?

배우 뮤즈야, 바보! 여신이 아니라, 뮤즈라고!

사틴 라헤시스…… 헤라…… 아프로디테…… 아트로포스…… 이런 걸 하 나하나 구별하자면 끝이 없어! 이건 모두 그 영감이…… 배우에게 바람을 넣은 거야…… 알겠어, 남작?

남작 그 영감은 어리석어.

배우 무식한 놈들, 야만인! 멜포메네!*1 마음이 없는 자들! 곧 알게 되리 라, 그는 떠나리라는 걸! '실컷 처먹어라, 어둠의 패거리들이여'…… 이 런 구절이 베란제의 시에 있는데…… 정말 맞는 말이야! 그는 원하는 땅 을 찾아낼지니…… 거기에는…… 으음…… 없어…… 으음…… 아무것도 없어……

남작 아무것도 없다고, 각하?

---

*1 시의 신, 극의 수호신.

배우 그래! 아무것도 없는 곳이야! '이 구덩이야말로…… 나의 무덤…… 나는 죽었노라, 힘없이, 병들고 쇠약해서!' 도대체 자네들은 무엇을 위해 살고 있나? 무엇을 위해?

남작 이봐! 〈킨〉*²인지 〈천재와 탕아〉*³인지 모르겠지만, 그렇게 소리 지르지 마!

배우 아니, 내버려둬! 난 계속 소리 지를 거야!

나스탸 (탁자에서 머리를 들면서, 두 손을 흔든다) 맘껏 소리 질러 봐요! 내가 다 들어줄 테니!

남작 그건 또 무슨 뜻인가, 숙녀님?

사틴 좋다는 뜻이야, 남작! 빌어먹을! ……얼마든지 떠들라고 해…… 머리든 뭐든 마음대로 깨부수게 내버려둬…… 무슨 상관이야! 거기에도 의미는 있겠지! ……다만, 남을 방해하지는 마, 영감님이 말했듯이 말이야 …… 그래, 이것도 모두 그, 늙은 효모가 우리 모두를 발효한 거라고……

클레시치 그 영감은 우리 모두를 어디론가 유인해내고는…… 길을 가르쳐 주지 않았어……

남작 그 영감은 사기꾼이야……

나스탸 거짓말 말아요! 아저씨야말로 사기꾼이에요!

남작 닥쳐, 숙녀님!

클레시치 그자는…… 그 영감은 진실이라는 것을 싫어했어…… 언제나 진실에 기를 쓰고 반대했지…… 그것도 당연해! 도대체 어떤 진실이 있겠어? 그것이 없어도, 어차피 숨을 쉴 수 없는데…… 요컨대 공작을 봐…… 일을 하다가 손이 으스러졌어…… 아무래도 잘라 버려야 할 모양이야, 알겠어? ……이게 진실이라는 걸!

사틴 (주먹으로 테이블을 친다) 닥쳐! 자네들은, 모두, 돼지야! 이 벽창호들 …… 영감에 대해 이러쿵저러쿵 하지 마. (약간 부드럽게) 어이 남작, 당신이 가장 틀려먹었어! ……자네는, 아무것도 모르면서…… 거짓말만 지껄이고 있어! 영감은 사기꾼이 아니야! 진실이란 게 도대체 뭔가? 인간,

---

* 2 에드먼드 킨(Edmund Kean, 1789~1833). 셰익스피어의 악역을 장기로 비극배우로서 명성을 쌓았다.

* 3 알렉상드르 뒤마(Alexandre Dumas, 1802~1870)의 희곡.

이것이 바로 진실이야! 영감은 그것을 알고 있었어…… 하지만, 자네들은, 몰라! 자네들은 벽돌처럼 우둔해…… 나는 그 영감을 잘 이해하고 있어…… 그래! 영감은 거짓말을 했지…… 하지만 그건, 자네들을 가엾게 여기는 배려에서 나온 거짓말이라고, 빌어먹을! 가까운 사람에 대한 배려에서 거짓말을 하는 인간은 얼마든지 있지…… 난 알아! 책에서 읽었어! ……세상에는 인간의 마음을 위로하는 거짓말도 있고, 화를 누그러뜨리는 거짓말도 있어…… 노동자의 손을 으스러뜨리는 심한 일을 변호하는 거짓말도 있고…… 굶어 죽어가는 놈을 비난하는 거짓말도 있지…… 난 거짓말에 대해선 잘 알고 있어! 마음이 약한 사람이나…… 남의 피를 빨아먹고 사는 자에게는, 거짓말이 필요해…… 어떤 놈들은 거짓말로 버티고 있고, 어떤 자들은 거짓말에 에워싸여 있어…… 하지만, 올바른 인간…… 남에게 의지하지 않고, 남의 것을 욕심내지 않는 인간은, 거짓말을 할 필요가 조금도 없지. 거짓말은, 노예와 군주의 신앙이야…… 진실은, 자유로운 인간의 하느님이고!

남작 브라보! 대단한 웅변이었어! 나도 동의해! 자넨 꼭…… 멀쩡한 사람처럼 말하는군그래!

사틴 멀쩡한 인간이 사기꾼처럼 말하는 세상인데, 가끔은 사기꾼도 좋은 말 못하라는 법 있나? 그래…… 나도 지금은 거의 잊어버렸지만, 그래도 뭔가 기억나는 게 있어! 영감? 그 양반은 아주 똑똑한 사람이야! ……그 양반…… 더러워진 옛날 동전을 산(酸)으로 씻듯이, 나에게 뭔가 가르치려고 했지…… 자, 영감의 건강을 위해 건배하자고! 술을 따라……

나스탸가 컵에 맥주를 따라 사틴에게 건넨다.

사틴 (웃으면서) 영감은 그래도 자기 생각대로 살고 있어…… 그리고 자기만의 눈으로 사물을 보고 있지. 언젠가 내가, 영감! 인간은 무엇을 위해 살고 있는 거요? 하고 물었더니…… (일부러 루카의 목소리로 말하고 몸짓도 흉내 내면서) '그야, 인간은 더 나은 자를 위해 살고 있지! 이를테면 여기 소목장이가 있다고 하세. 그런데 민중은 모두 쓰레기 같은 인간들이야…… 그 속에서 소목장이가 한 사람 태어났는데…… 그때까지 한 번도 본 적이 없는 훌륭한 소목장이란 말이야. 그는 어떤 소목장이보다 뛰어나고, 그와 나란히 어깨를 겨눌 수 있는 자는 아무도 없어. 그 소목장이가 소목장이 일에 새롭고 독특한 기술을 가르치는 거야…… 그러면 소목장이 일이 한 꺼번에 20년 정도 진보하지…… 다른 일도 다 이것과 마찬가지라네…… 자물쇠공도…… 구두장이도, 다른 어떤 노동자도…… 농부도…… 또 지주들도 다 더 나은 인간을 위해 살고 있는 거야! 인간은 누구나, 자기 자신을 위해 살고 있는 것으로 생각하지만, 실은 좀 더 뛰어난 사람을 위해 살고 있는 셈이지! 한 100년…… 어쩌면 그 이상일지 모르지만, 인간은 모두, 더욱 뛰어난 인간을 위해 살고 있는 거라고!'

나스탸는 사틴의 얼굴을 조용히 응시한다. 클레시치도 아코디언을 고치던 손길을 멈추고, 열심히 귀를 기울인다. 남작은 고개를 깊이 숙이고 손가락으로 탁자를 가만히 두드린다. 배우는 난로에서 몸을 내밀더니 조용히 침대 위로 내려오려 한다.

사틴 '살아 있는 자는, 모두, 더 나은 인간을 위해 사는 거라네! 그러니까 어떤 인간이라도 존경해야 한단 말이지…… 그가 어떤 사람이고, 무엇을 위해 살아 왔으며, 무슨 일을 할 수 있는지, 우린 알 수 없으니까 말이야 …… 어쩌면 그 사람은, 우리를 행복하게 해주기 위해 살고 있는 건지도 모르고…… 또 우리에게 커다란 이익을 주기 위해 태어난 건지도 모르거 든…… 특히 어린아이를 존경해야 해…… 어린아이 말이야! 어린아이들 에게는 무한한 자유가 필요해! 우린 어린아이의 삶을 방해해서는 안 돼… … 어린이를 존경해야 한다네!' (조용히 웃고 나서 침묵)

남작 (생각에 잠겨서) 음, 맞아…… 더 뛰어난 인간을 위해서란 말이지? 이 이야기를 들으니…… 가족이 생각나는군…… 오래된 가문…… 예카테리 나 시대부터의…… 귀족이지…… 군인 집안이고! ……프랑스에서 왔는데 …… 러시아 궁정에 출사해서 점차 출세했지…… 니콜라이 1세 시대에, 할아버님이신 구스타프 드빌이…… 아주 높은 지위에 올랐어…… 재산도 많았고 수백 명이나 되는 농노…… 말…… 요리사가 있었지……

나스탸 거짓말하시네! 그럴 리가 없어!

남작 (펄쩍 뛰면서) 뭐? 그래서…… 나하고 한번 해보자는 거냐?

나스탸 그럴 리가 없어!

남작 (소리친다) 모스크바에 집! 상트페테르부르크에도 집! 마차…… 문장이 장식된 마차도 있었다니까!

클레시치가 아코디언을 들고 일어나서 옆으로 가더니, 거기서 이 다툼을 바라보고 있다.

나스탸 거짓말이야!

남작 닥쳐! 하인도 수십 명이나 있었다고! ……

나스탸 (재미있다는 듯이) 거짓말이라니까!

남작 죽을 줄 알아!

나스탸 (달아날 준비를 하면서) 마차는 무슨!

사틴 그만둬, 나스첸카! 너무 약 올리지 마……

남작 잠깐…… 화냥년 주제에! 내 할아버님은……

나스탸 할아버지가 있었다고! 그런 게 어딨어!

사틴이 웃는다.

남작 (분개하다 지쳐서 의자에 앉는다) 사틴, 저년에게…… 갈보년한테, 말해줘 …… 뭐야, 아직도 웃고 있어? 너도…… 내 말을 믿지 않는단 말이지? (주먹으로 탁자를 치면서 필사적으로 외친다) 에잇, 빌어먹을, 정말이라니까!

나스탸 (의기양양하게) 오, 그래서 악을 쓰나? 이제 알겠어, 남들이 믿어주지 않으면 사람이 어떻게 변하는지!

클레시치 (탁자 옆으로 돌아오면서) 난 치고 박고 싸울 줄 알았네……

타타르인 어허, 어리석은 사람들! 아주 못돼 처먹었어!

남작 난…… 누가 날 조롱하면 참지 못해! 나에겐 증거가 있어…… 서류가 있단 말이야, 개자식들!

사틴 그런 건 모두 갖다 버려! 그리고 할아버지의 마차에 대해선 잊어버려 …… 옛날이야기 속 마차로는 아무 데도 못 가……

남작 하지만, 이년이 돼먹지 않은 소릴 하잖아!

나스탸 자기는 어떻고! 말도 안 되는 소리나 하면서! ……

사틴 그야, 이 여자도 그런 말쯤 할 수 있지! 도대체 이 여자의 어디가 자네보다 못한가? 물론 이 여자의 과거에는, 마차나 할아버진커녕, 부모도 없었을지 모르지만……

남작 (흥분을 가라앉히고) 빌어먹을 자식…… 넌…… 잘도 그렇게 냉정하게 사리판단을 할 수 있을지 몰라도…… 아무래도 난 그런 면은 없는 것 같아……

사틴 간단해, 없으면 만들어. 도움이 될 거야…… (사이) 나스탸! 병원에는 자주 가나?

나스탸 거긴 뭐하러요?

사틴 나타샤에게 말이야.

나스탸 무슨 소리예요, 병원에서 나온 지가 언젠데…… 나가서 어디론가 가 버렸다고요! 아무데도 없어요, 지금……

사틴 그렇다면…… 완전히 사라져 버렸다는 거야?

클레시치 하지만 재미있는 걸. 누가 누구에게 무거운 형벌을 뒤집어씌울까? 바시카가 바실리사에게? 아니면 여자가 남자에게?

나스탸 그건 바실리사가 잘할 걸요! 그 여잔 교활하니까요. 아마 바시카가 감옥에 가게 되겠죠……

사틴 싸우다가 사람을 죽인 거니까, 감옥에 가는 걸로 끝일 걸……

나스탸 그렇다면 유감이네요. 보내 버리는 편이 훨씬 나은데…… 아저씨들도 모두…… 감옥으로 보내 버렸으면 좋겠어…… 그래요, 모두, 쓰레기처럼…… 무슨 구덩이 속에 쓸어넣어 버리면 좋을 텐데!

사틴 (깜짝 놀라서) 무슨 소리야? 너, 미쳤어?

남작 요 계집애, 귀싸대기를 날려줄까 보다…… 건방진 소리만 해대고!

나스탸 어디 해보시지! 털끝 하나라도 건드려 봐!

남작 내가 못할 줄 알고!

사틴 그만 해! 손댈 것도 없어…… 남에게 모욕을 줘선 안 돼! 아, 아무래도 나, …… 그 영감이 머리에서 떠나지가 않아! (낄낄 웃는다) 사람을 모욕해서는 안 돼! 하지만, 만약 내가 한 번이라도, 평생 잊을 수 없는 모욕을 당한다면…… 그때는 어떡하지? 용서할까? 천만에, 상대가 누구든지……

남작 (나스탸에게) 넌 이것만 기억해 둬, 난 말이야, 너 같은 여자가 상대할 수 있는 사람이 아니야! 알겠어…… 이 매춘부야!

나스탸 오, 그대 불행한 사내여! 하지만 아저씬…… 여태까지 내 덕분에 먹고 살았잖아요, 벌레가 사과를 파먹듯이!

사내들이 일제히 웃는다.

클레시치 정말…… 골 때리는 아가씨야! 사과라니!

남작 흥, 이거야 원, 화를 낼 수도 없고…… 저런 바보한테 말이야!

나스탸 비웃는 거예요? 거짓말쟁이들! 당신네가 비웃을 주제나 되나?

배우 (암울하게) 놈들을 때려눕혀 버려!

나스탸 아, 내가 할 수만 있다면! 당신네를 모두…… (탁자에서 찻잔을 집어 들더니 내동댕이친다) 이렇게 해주고 싶어!

타타르인 그릇이 무슨 죄가 있다고 그걸 깨? 이…… 바보 같은 년! ……

남작 (일어서면서) 좋아, 네년에게…… 버릇을 가르쳐 줘야겠어!

나스탸 (달아나면서) 이놈 저놈 모두 마귀에게 잡아먹혀 버려라!

사틴 이봐, 그만들 좀 하지! 도대체 누구한테 그렇게 대드는 거야? 뭘 어쩌겠다는 거냐고?

나스탸 늑대들! 이제 그만 뒈져 버려라! 늑대 같은 놈들!

배우 (암울하게) 아멘!

타타르인 으윽! 고약한 년, 러시아년! 뻔뻔스럽고…… 제멋대로야! 타타르 여자들은 달라! 타타르 여자들은 사리를 분별할 줄 알거든!

클레시치 고년, 한번 혼쭐을 내줘야 하는 건데……

남작 빌어먹을 년!

클레시치 (아코디언을 시험하면서) 다 됐다! 그런데 이 주인은 통 얼굴을 내밀지 않고 어디 간 거야…… 그 애송이, 술이나 퍼마시고 있겠지……

사틴 자, 한 잔 해!

클레시치 고맙지만 이제 잘 시간인데……

사틴 자네도 이제 우리에게 적응한 모양이군?

클레시치 (쭉 들이켜고, 한쪽 구석에 있는 침대로 간다) 뭐, 그럭저럭…… 어디에
든 인간은 있게 마련이니까…… 처음엔 그걸 몰랐어…… 그런데 결국…
… 알고 보니, 모두 인간이더라고……

타타르인이 침대 위에 뭔가 펼쳐놓고, 무릎을 꿇고 기도한다.

남작 (사틴에게, 타타르인을 가리키면서) 저기 봐!

사틴 그만 둬! 착한 젊은이야…… 방해하지 마! (낄낄 웃는다) 오늘은 내가
이상하게 마음이 너그러워지네…… 왜 그런가 몰라! ……

남작 한잔 했을 땐 넌 언제나 그래…… 그리고 똑똑해지고……

사틴 난…… 취해 있을 땐 모든 게 마음에 들어…… 흐음, 정말…… 저 녀
석 기도를 올리고 있는 건가? 아니 괜찮아, 좋아! 인간은 종교를 가지든
안 가지든…… 다 자기 맘이지! 인간은 자유야…… 무슨 짓을 하든 스스
로 대가를 치러야 해. 믿든 안 믿든, 연애에 대해서도 지혜에 대해서도,
인간은 모든 일에 스스로 책임을 져야 한다고, 그래서 인간은 자유로운 거
야! ……인간, 이게 바로 진실이야! 인간이란 도대체 뭔가? ……그건
너도 아니고, 나도 아니고, 그들도 아니야…… 모두 틀렸어! 그건, 너와
나, 그들, 영감, 나폴레옹, 무함마드…… 그 모두를 합친 거야! (손가락으
로 허공에 인간 형태를 그린다) 알겠나? 그건 어마어마하게 큰 거지! 그 속에
는 모든 것의 시작과 끝이 있어…… 모든 것은 인간 속에 있고, 모든 것
은 인간을 위해 있는 거야! 이 세상에 존재하는 건 오직 인간뿐이고, 그
것 말고는 모두 인간의 손과 머리가 하는 일에 지나지 않아! 인, 간! 어
때, 위대하지 않나? 정말 자랑스러운 이름이 아니냐고! 인, 간! 인간은
존경받아 마땅해! 동정해야 하는 것이 아니라…… 동정 따위를 해서 인간
을 낮출 필요가 어딨어…… 존경해야 해! 자, 우리 인간을 위해 건배하지
않겠나, 남작! (일어선다) 자신을 인간으로 느끼는 것, 그건 정말 좋은 일
이잖아! 난 전과자, 살인자, 사기꾼이야, 그래! 내가 거리를 지나가면,
모두 날 사기꾼이라도 보듯이 빤히 쳐다보고는…… 피하면서 지나가놓고
꼭 다시 돌아본다니까…… 그러고는 나를 향해, 형편없는 인간! 사기꾼!

일을 해, 일을! 그런다니까. 일을 하라고? 무엇을 위해서? 위장을 채우기 위해서? (깔깔 웃는다) 난 말이야, 배불리 먹는 데만 악착을 떠는 인간을 늘 경멸해왔어. 중요한 건 그런 게 아니야, 안 그래 남작! 그런 건 아무것도 아니라고! 인간은 그보다 더 높은 존재야! 인간은 잔뜩 부푼 위장보다 훨씬 더 고상한 존재라고!

남작 (머리를 흔들면서) 넌 상당한 이론가야…… 그건 좋아…… 그러다보면 틀림없이 심장이 따뜻해지겠지…… 나에겐 그게 없어…… 난 도저히 그런 게 불가능해! (주위를 둘러보며 작은 소리로 조심스럽게) 난 말이야, 친구, 이따금 무서워질 때가 있어. 알겠나? 어쩐지 두려워진다고…… 앞으로 어떻게 될지 생각하면 말이야.

사틴 (걷는다) 별것 아니야! 인간에게 두려울 게 뭐가 있겠어?

남작 내 얘기 들어봐…… 철들 무렵부터…… 내 머릿속엔 언제나 뿌연 안개 같은 것이 끼어 있었어. 난 언제나 아무것도 이해하는 것이 없었어. 나에겐 뭔가…… 조금 부끄러운 얘기지만…… 아무래도 내가, 평생 옷만 갈아입으면서 살아온 것 같은 느낌이 든단 말이야…… 왜 그런지 알 수가 없어! 난 학교에 다녔고, 귀족학교 제복을 입었지…… 하지만 뭘 배웠는지 도무지 기억이 나지 않아…… 결혼도 했어, 연미복을 입었고, 그 다음엔 잠옷을 입었지…… 하지만, 마누라는 정말 형편없는 여자였어. 그건 또 왜 그랬을까? 그것도 모르겠어…… 재산을 탕진하고 쥐색 양복과 불그스름한 갈색 바지를 입는 처지로 곤두박질쳤지…… 하지만 어째서 그렇게까지 망해 버렸는지, 알아챌 사이도 없었어…… 그러다가 관청에서 근무하게 되어…… 제복을 입고, 훈장이 달린 모자도 쓰게 되었지…… 그리고 공금을 횡령했고, 죄수복을 입게 되었어…… 그 다음이 바로 이 옷이야…… 모든 것이…… 마치 꿈같아…… 우습지 않아?

사틴 별로 우습지 않은데…… 차라리 한심해 보여……

남작 그래…… 나도 한심하다고 생각해…… 하지만…… 나도, 뭔가 목적을 가지고 세상에 태어난 게 아닐까, 안 그래?

사틴 (웃으면서) 그야 뭐…… 인간은 더 훌륭한 사람을 위해 태어나니까! (고개를 흔든다)

남작 그년…… 나스치카란 년! ……달아나 버렸군…… 어디로 갔지? 잠

깐 가서 보고 와야겠어…… 어디 있지? 아무래도…… 그년…… (나간다. 사이)

배우 이봐, 타타르! (사이) 공작!

타타르인 고개를 돌린다.

배우 나를 위해서…… 기도해 줘……

타타르인 뭐라고?

배우 (더욱 작은 소리로) 기도해 달라고…… 날 위해!

타타르인 (잠시 침묵한 뒤) 직접 기도해……

배우 (갑자기 난로에서 내려와 탁자로 다가가서, 떨리는 손으로 보드카를 따라 마신 뒤, 거의 뛰다시피 현관으로 사라진다) 나, 가네!

사틴 이봐, 벽창호! 어디 가는 건가? (휘파람을 분다. 여자용 솜저고리를 입은 메드베데프와 부브노프가 들어온다. 두 사람 다 한잔 걸치기는 했지만 취한 정도는 아니다. 부브노프의 한 손에는 비스킷 꾸러미, 다른 손에는 훈제 생선 몇 마리, 옆구리에 보드카 한 병, 양복 호주머니에도 한 병.)

메드베데프 낙타란 놈은, 말하자면, …… 당나귀 같은 거야! 귀가 없다 뿐이지……

부브노프 그만 둬! 당신이야말로 당나귀잖아.

메드베데프 낙타는 귀가 없어…… 그놈은, 코로 듣는다고……

부브노프 (사틴에게) 이봐! 널 술집으로 밥집으로, 얼마나 찾아다닌 줄 알아! 이 병부터 받아, 노는 손이 없잖아!

사틴 그보다 먼저 비스킷을 탁자 위에 놔, 그럼 당장 손이 하나 비잖아……

부브노프 그렇네! 이봐, 대장 나리, 봤어? 이 친구 말이야, 응? 정말 똑똑하잖아?

메드베데프 사기꾼은 모두 꾀가 많아…… 내가 잘 알고 있지! 꾀가 많지 않으면, 놈들은 일을 할 수가 없거든. 착한 사람은 멍청해도 되지만, 나쁜 인간은 아무래도 머리가 잘 돌아가야 한단 말이야. 그건 그렇고, 낙타에 대해선, 자네가 틀렸어…… 낙타는 사람을 태우는 동물이야…… 뿔도 없고…… 이빨도 없어……

부브노프 모두 어디 있어? 여긴 어째서 사람이 없는 거야? 다들 기어나와 봐,…… 내가 한턱 쏠게! 그 구석에 있는 건 누구지?

사틴 네놈도 곧 떡이 되도록 마시겠군? 허수아비!

부브노프 물론이지! 이번에 밑천을 좀 모았거든…… 조프! 조프 어디 있어?

클레시치 (탁자로 다가가면서) 없어……

부브노프 우, 후, 룰룰루! 야, 불도그! 부르, 부르, 부르! 칠면조! 짖지 마, 소리 지르지 마! 마시고 노는 거야. 기죽을 것 없어…… 내가 모두에게 한턱 쏜다니까! 난 한턱내는 걸 좋아해, 형제! 만약 내가 부자라면…… 난 말이야…… 공짜 술집을 차릴 거야! 정말이야! 그것도 악대와 합창단이 딸린 것으로 말이야…… 자, 자, 와서 먹고, 마시고, 노래를 들어 보시라…… 그리고 생명을 세탁하는 거야. 가난뱅이들은 몽땅 오라고! ……나의 공짜 술집으로! 이렇게 말해 줄 텐데! 그리고 사틴! ……너한테…… 내 자본을 반 떼어주겠어! 이렇게 말해 줄 텐데!

사틴 너, 그보다 지금 당장 가지고 있는 것만이라도 모두 내놔 봐……

부브노프 자본을 몽땅? 지금 당장 말이지? 좋았어! 자, 1루블…… 또 하나…… 20코페이카 동전…… 5코페이카 동전 두 개, 세 개…… 이게 다야!

사틴 좋아! 내가 보관하는 게 나을 걸…… 이 정도면 노름에서 내가 딸 수 있어……

메드베데프 내가 증인이야…… 돈을 보관한 거야…… 금액은 얼만데?

부브노프 당신이? 당신은, 낙타야…… 우리에겐 증인 따위 필요 없어……

알료시카 (맨발로 들어온다) 아저씨들! 나 발이 완전히 젖었어요!

부브노프 이리 와서 목이나 축여…… 그러면 나을 거야…… 귀여운 녀석…… 노래도 부르고 연주도 하고…… 정말 얼마나 멋지냐고! 하지만, 술은 마시지 마, 한심해! 그건 독이야…… 술은, 독이라고! ……

알료시카 그야 아저씨를 보면 알 수 있죠! 아저씬, 그냥 술에 취했을 때만 인간적이잖아요. …… 어이, 클레시치 아저씨! 아코디언 다 고쳤어요?
(춤을 추면서 노래한다)

내 얼굴이
잘생기지 않았다면
아주머니는 아마도 날
귀여워해주지 않았을 거야!

아, 완전히 얼어붙고 말았어요, 아저씨들! 어이 추워!

메드베데프 음…… 한 가지 묻겠는데, 그 아주머닌 누구를 말하는 거지?

부브노프 그만 둬! 당신, 이제 그런 버릇은 잊어버릴 때도 됐잖아! 당신은 이제 경찰도 아니잖아…… 모가지 당했으니까! 경찰도 아니고, 삼촌도 아니야……

알료시카 그냥 아주머니의 남편일 뿐이죠!

부브노프 당신 조카는 한 사람은 감옥에 가고 또 한 사람은 죽어가고 있어……

메드베데프 (거만하게) 거짓말 마! 그 앤 죽어가고 있지 않아. 행방을 모를 뿐이지!

사틴이 웃는다.

부브노프 그게 그거지, 형제! 조카가 없는 사람은 삼촌이 아니라고!

알료시카 여어, 각하! 퇴직하신 염소 나팔수 각하!

아주머닌 돈이 많다네
나는 빈털터리!
그 대신 행복한 청년,
좋은 청년이지!

으, 춥다!

조프가 들어온다. 그 뒤로 막이 내릴 때까지, 남녀 몇 명이 더 들어온다. 그들은 옷을 벗고 침대 위에 누워 중얼거린다.

애꾸눈 조프   이봐, 부브노프! 왜 달아났어?

부브노프   이리 와 앉아…… 노래나 부르자고, 친구! 내가 좋아하는 걸로 …… 응?

타타르인   밤이야, 잘 시간이라고! 노래는 낮에 불러!

사틴   뭐 어때서 그래, 공작! 너도 이쪽으로 와!

타타르인   어떻긴 뭐가 어때? 시끄럽지…… 노래를 부르면 시끄럽지……

부브노프   (그쪽으로 가면서) 공작! 손은 왜 그래? 잘려 나갔나?

타타르인   아니, 좀 더 두고 봐야지…… 자를 필요까진 없을지도 몰라. …… 손이, 쇠도 아니고 자르는 건 일도 아니지……

애꾸눈 조프   골치 아프게 됐군, 아산카! 손이 없어지면 자넨 끝장이야! 우리 같은 놈들은 손과 어깨로 값이 매겨지는 건데…… 손이 없으면, 인간도 아니지! 정말 끝장이라고! ……어쨌든 여기 와서 보드카나 마셔…… 그것 말고는 할 일도 없잖아!

크바시냐   (들어온다) 어이구, 이런, 이봐요들! 밖에는, 바깥은 지금 엄청나게 추워! 추워서 얼어 죽을 것 같아, 진눈깨비까지 흩날리고…… 우리 집 경찰관 나리 여기 계시나? 이봐요!

메드베데프   여기 있어!

크바시냐   또 내 저고리를 입고 있잖아? 아무래도 당신…… 또 술을 마신 모양이네, 그렇지? 도대체 어쩌려고 그런대?

메드베데프   부브노프의…… 생일이라고 해서…… 게다가 날씨도 춥잖아…… 진눈깨비도 내리고!

크바시냐   날 봐요…… 진눈깨비 핑계 대지 말고! 얼른 가서 잠이나 자라고요……

메드베데프   (부엌으로 간다) 자라면 자야지…… 나도 졸려…… 잘 시간이 됐어!

사틴   거 참…… 저 사람한테 왜 그렇게 심하게 굴어?

크바시냐   안 그러면 어떡해, 저런 사내는 혹독하게 다루어야 해. 내가 저 사람과 결혼한 건…… 뭔가 보탬이 있을 거라고 생각했기 때문이야…… 저 사람은 군인이니까. 그런데, 당신들은 모두 불한당들이고…… 난 여자잖아…… 저 사람까지 술만 퍼마시면, 난 어쩌란 말이야!

사틴 그야 당신 눈이 삐었던 게지……

크바시냐 하지만, 별 신통한 사람이 없는 걸…… 예를 들면, 당신도 나랑 사는 건 싫잖아…… 당신은 그런 사람이니까! 또 어쩌다 결혼한다 해도, 길어야 일주일일 걸…… 나를 내장까지 송두리째 노름에 쓸어 넣고 말테지!

사틴 (웃는다) 그래, 그건 맞는 말이야, 사모님! 분명히 그러고도 남지……

크바시냐 그러니까 말이야! 애, 알료시카!

알료시카 여기 있어요, 여기!

크바시냐 너, 나에 대해 뭐라고 씨불이고 다니는 거니?

알료시카 나요? 모두 다요! 모든 걸 다 정직하게, 이렇게요. 그 사람은 여자다! 대단한 여자다! 살과 비계와 뼈를 합치면 10파운드가 넘는데, 골은 비었어요!

크바시냐 흥, 그만해라! 나 이래봬도 뇌수는, 넘치고 넘칠 만큼 꽉 차있으니까…… 하지만 그 얘기가 아니고, 넌 왜 내가 우리 집 양반을 때린다고 떠들고 다녀?

알료시카 난 그냥, 아줌마가 그 사람 머리를 움켜쥐고 끌고 다니는 걸 보고, 당연히 때렸을 거라고 생각했을 뿐인데요……

크바시냐 (웃으면서) 요 못된 녀석! 보고도 못 본 척하면 될 걸 가지고, 뭐하러 집안일을 밖으로 퍼뜨리는 거야? ……그렇게 말하면 그 사람은 뭐가 되니? ……그 사람이 다시 술을 마시기 시작한 것도, 다 네놈의 혀 때문이란 말이다……

알료시카 그러고 보니, 암탉까지 술을 마신다는 얘기도 거짓말은 아닌가 보네?

사틴과 클레시치가 웃는다.

크바시냐 흥, 말 못해서 죽은 귀신이 있나! 넌 도대체 어떻게 생겨먹은 녀석이냐, 알료시카?

알료시카 아주 뛰어난 극상품이죠! 뭐든지 잘하고! 흔히 눈 가는 데 마음도 간다고 하는, 그런 사람!

부브노프 (타타르인의 침대 곁에서) 일어나! 어차피 잠자긴 글렀어! 노래나 한 곡조 뽑아봐…… 밤새도록 노래나 부르자고, 조프!

애꾸눈 조프 노래? 좋아, 그러자고……

알료시카 그럼 내가 반주를 넣을 게요!

사틴 어디 한번 들어볼까!

타타르인 (미소 지으면서) 그럼 악마 부브나여…… 술을 대령하라! 마시고, 놀고, 죽을 때가 오면 다 같이 죽자고!

부브노프 사틴, 저 친구한테 술을 따라 줘! 자, 앉게, 조프! 그런데 친구! 인간이란 하잘 것 없는 존재잖아, 안 그래? 나를 보라고, 한 잔 걸치니까 이렇게 기분이 좋은데 말이야! 조프! 이제 시작해! ……가장 좋아하는 걸로! 나도 따라 부를 테니까…… 그리고 실컷 우는 거야!

애꾸눈 조프 (노래를 시작한다) 밤이나 낮이나……

부브노프 (따라 부른다) 감옥은 어두워!

문이 활짝 열린다.

남작 (문지방 위에 서서 소리친다) 모두…… 이리 나와 봐! ……이리로! 공터에서…… 배우가…… 목을 맸어!

침묵. 모두 남작을 쳐다본다. 남작 뒤에서 나스탸가 나타나, 눈을 크게 뜬 채, 느릿느릿 탁자 쪽으로 다가간다.

사틴 (작은 목소리로) 쳇…… 노래를 망치고 말았군…… 바보 녀석!

—막이 내린다—

고리키 단편

첼카쉬

남쪽 푸른 하늘은 먼지로 뿌옇게 흐려 있었다. 이글이글 타오르는 태양은 마치 얇은 잿빛 면사포를 통해 내다보듯 푸른 바다를 내리쬐고 있었다. 끊임 없이 해면을 내리치는 노의 타격과 기선의 추진기, 비좁은 항구를 이리저리 오가는 터키 배를 비롯해 여러 돛단배들의 날카로운 용골(龍骨)이 가르는 물이랑에 태양은 물 위를 제대로 비추지 못했다. 화강암에 갇혀 자유를 빼앗 긴 파도는 미끄러져 가는 거대한 기선의 무게에 짓눌리며 뱃전과 해변에 부 딪칠 때마다 고통스럽게 거품을 흘리면서, 쓰레기에 더럽혀진 자신을 향해 서 씩씩대며 불평을 마구 토해내고 있었다.

닻을 내리는 쇠사슬 소리, 화물을 실은 화차를 연결하는 굉음, 어디선가 포장도로에 떨어지는 철판의 금속성 소리, 나무의 둔탁한 소리, 덜커덕거리 는 짐마차 소리, 때때로 찌를 듯이 날카롭고 탁하게 으르렁대는 고동소리, 짐꾼과 뱃사람과 세관원들 고함. 이 모든 소리는 귀청이 떨어질 듯한 노동의 음악소리에 용해되어 공중에서 더 높이 올라 사라질까봐 두려운 듯 항구 하 늘에 나지막하게 머무른 채 불안하게 떨고 있었다. 그러나 어떤 것은 거칠고 무서운 소리로 주위의 모든 것을 사납게 제압하고, 또 어떤 것은 날카로운 굉음으로 먼지투성이의 무더운 공기를 찢으면서, 지면으로부터 하늘로 새로 운 음파들이 끝없이 올라가고 있었다.

화강암, 쇠, 항구 포장도로, 배, 사람들 이 모두가 머큐리[1]를 찬양하는 열광적인 노래의 힘찬 음향을 호흡하고 있었다. 그러나 이것들 속에서 겨우 겨우 들리는 인간의 소리는 연약하고 우스꽝스럽기까지 했다. 최초로 이 소 음을 낳은 인간들 또한 우스꽝스럽고 가련했다. 그들의 모습, 먼지로 뒤덮인 누더기 옷을 걸치고 민첩하게 움직이며 등에 짊어진 무거운 짐 때문에 허리

---

[1] 그리스 신화에 나오는 상업의 신.

가 꺾인 듯한 작달막한 모습들이 먼지구름과 무더위와 시끄러운 바닷가 풍경 속에서 이리저리 분주하게 뛰어다니고 있다. 그들은 그들을 둘러싸고 있는 쇳덩이와 산처럼 거대하게 쌓인 짐, 덜컹거리며 돌아다니는 차량, 그리고 그들이 창조한 모든 것에 비하면 너무 보잘것없고 왜소하기만 했다. 그들이 만든 이 모든 것이 그들을 노예로 만들며 개성을 없애고 있었다.

몇 척씩 줄지어 서 있는 거대하고 육중한 기선들은 때때로 휘파람을 불면서, 가끔 쉬익쉬익 증기를 내뿜으며 깊은 한숨을 내쉬고 있었다. 이들이 내는 모든 소리는, 갑판 위를 몰려다니며 노예처럼 일해서 만든 산물을 창고에 채우고 있는 먼지투성이 인간의 모습에 대한 멸시의 비웃음으로 느껴진다. 자신의 창자를 채우기 위해 빵 몇 근을 얻으려고, 수천 근의 빵을 어깨에 짊어지고 쇳덩어리로 된 선박의 배 속으로 운반하는 인간들의 기나긴 행렬은 눈물겹도록 우스꽝스럽다. 피로와 소음과 무더위로 멍해진, 누더기를 걸친 땀투성이 인간들과 바로 그 인간들이 만든, 햇빛에 번쩍이는 강력한 기계들—그러나 증기가 아닌, 결국 그것들을 만든 인간의 근육과 피로 움직이는 기계들—이러한 대조에는 잔인한 아이러니의 냉혹한 일대 서사시가 깃들어 있다.

소음은 숨막힐 듯이 가슴을 짓누르고, 먼지는 콧구멍을 자극하면서 눈앞을 가리고, 찌는 듯한 무더위는 몸을 태워 힘을 빼고, 주위에 있는 삼라만상은 팽팽하게 긴장할 대로 긴장하여 더는 견디지 못하여 이제 곧 크게 폭발할 준비를 하고 있는 듯이 보였다. 그 폭발 뒤에 오는 고요한 기운 속에서 자유롭게, 그리고 편안하게 호흡할 수 있겠지. 지상에는 다시 고요가 깃들 것이고, 사람을 미치도록 우울하게 만드는 귀청이 떨어져나갈 듯한 먼지 섞인 이 시끄러움은 저절로 스러지겠지. 그리고 나면 도시에, 바다 위에, 하늘에 고요함과 맑음, 아름다움이 깃들리라······.

고르고 낭랑한 종소리가 열두 번 울려 퍼졌다. 마지막 청동의 종소리가 그쳤을 때 그 야만적인 노동의 음악은 그제야 조금 조용해졌다가 곧 둔하고 불만스러운 투덜거림으로 변했다. 이제 사람의 목소리와 바닷물이 출렁이는 소리만 들려왔다. 점심시간이 된 것이다.

1

일손을 멈춘 인부들이 장사치 아낙네에게서 먹을 것을 사고, 근처 보도 위나 그늘진 구석으로 식사할 자리를 찾아 소란스럽게 항구 여기저기로 흩어질 때였다. 노련한 늙은 늑대 같은 리쉬카 첼카쉬가 모습을 드러냈다. 그는 항구의 사람들에게 지독한 주정뱅이자 대담하고 잽싼 도둑으로 잘 알려져 있었다. 그는 맨발에다 낡고 해진 면바지를 입고 있었고, 깃이 해진 더러운 무명 셔츠에 남들이 흔히 쓰는 모자도 쓰지 않았다. 그의 셔츠 밖에는 검붉고 쭈글쭈글한 피부에 싸인, 힘없이 굵은 뼈마디가 튀어나와 있었다. 백발이 섞인 헝클어진 검은 머리칼, 주름투성이의 날카롭고 탐욕스런 표정의 얼굴을 지닌 그의 모습은 방금 자다가 일어난 것 같았다. 갈색 콧수염 한쪽에는 지푸라기 한 오라기가 묻어 있고, 또 한 오라기의 지푸라기는 면도한 왼쪽 뺨의 뻣뻣한 털 속에 붙어 있었다. 그리고 한쪽 귀에는 방금 꺾은 보리수의 작은 가지 하나가 꽂혀 있었다. 훤칠한 키에 뼈가 앙상하고 다소 구부정한 등을 가진 그는 느릿하게 돌이 깔린 길을 걸어갔다. 매부리코를 탐욕스럽게 벌름거리며, 차디찬 잿빛 눈알을 번쩍이며, 인부들 틈에서 누군가를 찾는 듯 날카로운 눈길을 주위에 던지곤 했다. 숱이 많고 긴 그의 갈색 콧수염은 고양이의 수염처럼 줄곧 떨리고 있었다. 그는 뒷짐 진 두 손을 서로 문지르며 길고 구부러진 갈고리 모양을 한 손가락을 쉴 새 없이 신경질적으로 비틀고 비벼댔다. 그는 누더기 차림을 한 수백 명의 부랑자들 가운데에서도 사람들의 이목을 끌기에 충분했다. 겉모습은 태연하지만 빈틈없는 걸음걸이에 온 신경을 집중하여 주위를 살피는 그는 먹이를 찾아 하늘을 나는 한 마리 독수리 같았다.

그가 석탄광주리가 빽빽이 쌓인 그늘 밑에 진을 친 부랑자와 인부들에게 다가가자, 어깨가 딱 벌어진 키가 작은 사내가 일어서며 그를 맞이했다. 그는 최근에 심하게 얻어맞은 듯 우둔해 보이는 얼굴에는 퍼렇게 멍이 들었고 목은 상처투성이었다. 그는 일어서자마자 첼카쉬와 나란히 걸으며 나직하고 조용한 목소리로 소곤거렸다.

"해군 소속 공장이 두 군데나 털렸대……. 수색 중이라는군."

"그래서?"

첼카쉬는 침착하게 상대방을 훑어보며 물었다.

"그래서라니? 수색 중이라고 말했잖아. 그것뿐이야."

"그럼, 수색하는 데 날더러 도와달라는 게야?"

첼카쉬는 미소를 지으며 이렇게 말한 뒤 의용함대의 창고가 높이 솟아 있는 쪽을 바라보았다.

"빌어먹을!"

동료는 오던 방향으로 휙 몸을 돌렸다.

"이봐, 잠깐 기다려! 도대체 누가 자네 얼굴에다 그렇게 먹칠을 했나? 낯짝이 말이 아니군……. 혹시 여기서 미쉬카 본 적 있나?"

"못 본 지 오래야!" 남자는 동료들 쪽으로 가면서 소리쳤다.

첼카쉬는 모두와 아주 막역한 사이인 듯 친근한 시선을 받으면서 앞으로 걸어갔다. 그러나 언제나 명랑하고 빈정대던 그도 오늘만큼은 왠지 침울해 보였고 무엇을 물어도 퉁명스럽고 날카롭게 대꾸했다.

이때 물건더미 뒤에서 군인의 행색을 하고 딱딱한 자세를 취한 먼지투성이의 세관 감시원이 불쑥 나타났다. 그는 첼카쉬가 가는 길을 오만하게 가로막고 섰다. 그러고는 왼손으로 단검의 손잡이를 움켜잡고 오른손으로는 첼카쉬의 옷깃을 잡으며 소리쳤다.

"거기 서! 어딜 가나?"

첼카쉬는 한 걸음 뒤로 물러서면서 감시원을 올려다보았다. 그의 입가에 메마른 미소가 어렸다.

마음씨는 착하나 능글맞고 불그스름한 감시원의 얼굴은 위협의 빛을 나타낸 탓에 불룩 부풀어올랐다. 이내 그의 둥근 얼굴은 자줏빛으로 변했고, 눈썹을 움찔거리며 눈을 부릅떠서 꽤 우스운 모양을 지어냈다.

"이봐, 항구 안에 들어서면 안 된다고 말했잖아! 그런데 또 들어와! 갈 빗대를 꺾어 버릴 거야!"

감시원이 위협하며 소리쳤다.

"안녕하쇼, 세묘느이치! 참 오랜만이오." 첼카쉬는 그에게 침착하게 인사하고 손을 내밀었다.

"너 같은 녀석은 평생 만나지 않았으면 좋겠어! 보기 싫으니 어서 꺼져, 꺼져버려."

그렇게 말하면서도 세묘느이치는 첼카쉬가 내민 손을 잡았다.

"그런 그렇고……." 첼카쉬는 세묘느이치의 손을 꼭 붙잡고 친구처럼 다정하게 흔들며 말을 이어나갔다.

"당신 미쉬카를 보지 못했소?"

"어떤 미쉬카 말이야? 미쉬카라고 이름 붙은 녀석은 한 놈도 알지 못해! 잔말 말고 어서 꺼져버려! 이러다가 창고계한테 들키면 넌……."

"거, 빨간 머리칼을 한 사람 말이오. 지난번 '코스트로마'에서 나와 함께 일했던……." 첼카쉬는 움직이지 않았다.

"너하고 같이 도둑질한 놈이라고 말해야지! 네가 말하는 미쉬카란 놈은 병원에 끌려갔어. 쇳덩이에 다리를 다쳤거든. 자, 나가! 점잖게 말할 때 나가라고. 안 나가면 네놈 목을 잡고 끌어낼 테다!"

"참, 당신도! 미쉬카를 모른다고 하더니…… 빤히 알고 있잖아. 그런데 왜 이리 화를 내는 거요, 세묘느이치?"

"이봐, 잔소리 말고 썩 나가!"

감시원은 화를 내며 사방을 둘러보더니 첼카쉬의 억센 손에서 자기 손을 빼내려 했다. 첼카쉬는 태연하게 짙은 눈썹 아래로 그를 바라봤고 그의 손을 꼭 쥔 채 말을 이었다.

"그렇게 서둘러 쫓아내지 마슈. 하고픈 말을 다 하면 나 스스로 물러날 테니까. 그런데 요즘 어떻게 지내쇼? 부인도 안녕하시고, 애들도 건강하지요?"

그러고는 눈을 번쩍이며 이를 드러내고 비웃음을 지으며 이렇게 덧붙였다.

"당신 집으로 한번 찾아가려고 하는데 어디 시간이 나야죠. 항상 술만 퍼마시고 있으니……."

"그만, 그만, 집어치워! 농지거리하지 마. 이 말뼈다귀 같은 놈아! 이봐, 정말이지…… 너 이 집 저 집, 이 골목 저 골목 누비며 도둑질을 하려는 거지?"

"왜 그런 짓을? 나나 당신이나 지금 이 상태가 영원히 지속되면 좋은 거요. 정말이지 충분하오, 세묘느이치! 듣자하니 또 두 군데나 털렸다고요? 이봐요, 세묘느이치, 거 조심하슈! 어찌하든 털리지는 않도록!"

흥분한 세묘느이치는 침을 탁 내뱉고 온몸을 떨면서 뭔가를 말하려고 했다. 하지만 첼카쉬는 태연하게 그의 손을 놓아주고 늘씬한 걸음걸이로 항구의 정문을 향해 되돌아갔다. 감시원은 거세게 욕설을 퍼부으면서 그의 뒤를 따랐다.

첼카쉬는 기분이 상쾌해졌다. 그는 이 사이로 조용히 휘파람을 불며 바지 주머니에 두 손을 찔러넣은 채, 신랄한 농지거리를 하며 천천히 걸어갔다. 평상시처럼 똑같은 농담과 신랄한 조소가 그에게 퍼부어졌다.

"어이, 그리쉬카 나리님이 널 보호하고 있어!"

점심을 먹은 뒤 땅 위에 사지를 쭉 뻗고 누워서 쉬는 인부들 가운데 하나가 소리쳤다.

"난 맨발이거든. 그래서 내 발가락 하나라도 다칠까 봐 세묘느이치 나리께서 내 뒤를 따라오는 거야." 첼카쉬가 대답했다.

두 사람은 문에 다다랐다. 병사 둘이 첼카쉬의 몸을 뒤진 다음 거리로 그를 내몰았다.

첼카쉬는 길을 가로질러 주막 맞은편 말뚝 위에 걸터앉았다. 항구 정문으로부터 짐을 가득 실은 마차들이 요란하게 줄지어 나왔다. 짐을 가득 실은 마차를 스쳐 지나가는 빈 마차 위에 앉은 마부들의 몸은 하늘로 통통 튀어올랐다. 항구는 울부짖는 듯한 굉음과 코를 찌르는 냄새와 먼지를 내뱉고 있었다.

첼카쉬는 이 엄청난 혼란 속에서도 기분이 아주 좋았다. 그의 눈앞에는 약간의 노력과 그보다는 좀 더 많은 꾀를 필요로 하는 확실한 돈벌이가 미소 지으며 그를 기다리고 있었다. 그는 눈을 가늘게 뜨면서 행복한 상상을 했다. 만사가 척척 들어맞아 호주머니에 돈뭉치가 들어오면 내일 아침에는 어디서 흐드러지게 술을 마시고 있을까. 그는 친구 미쉬카를 머리에 떠올렸다. 미쉬카의 다리만 부러지지 않았더라면 두 사람은 오늘 밤 작업에 둘도 없는 동행자였다. 첼카쉬는 미쉬카 없이 자기 혼자 그 일을 해내기에는 힘겨울 거라고 속으로 투덜거렸다. 오늘 밤 날씨는 어떨까? …… 그는 하늘과 거리의 여기저기를 바라보았다.

그가 있는 곳에서부터 여섯 발자국쯤 떨어진 포장도로 말뚝에 등을 기댄 채 한 젊은이가 앉아 있었다. 그는 푸른 줄무늬 셔츠와 같은 천의 바지를 입고, 짚신에 다 떨어진 챙이 없는 빨간 모자를 쓰고 있었다. 그 옆에는 작은 괴나리봇짐과 짚으로 싸서 다시 새끼줄로 정성껏 묶은 자루 없는 낫이 놓여 있었다. 딱 벌어진 어깨, 건강한 골격, 아마빛의 머리, 햇볕에 타고 바람에 그을린 얼굴, 그리고 크고 푸른 눈을 가진 젊은이가 신뢰의 눈빛으로 첼카쉬를 뚫어지게 쳐다보았다.

첼카쉬는 이를 드러내 보이며 혀를 내밀고는, 험상궂은 얼굴에 눈을 부릅뜨고 그 젊은이를 지그시 쳐다보았다.

젊은이는 처음에는 무슨 영문인지도 모르고 눈을 껌벅거리다가 낄낄 웃어대더니 외쳤다. "참 이상한 사람이군." 그는 땅바닥에서 몸을 떼지 않고 자기의 말뚝에서 첼카쉬가 기댄 말뚝 쪽으로 먼지를 피워올리며 괴나리봇짐을 질질 끌고 낫날로는 돌바닥을 치며 기어왔다.

"아저씨, 뭐 좋은 일이라도 있는 것 같습니다." 그는 바지를 추어올리면서 첼카쉬를 향해 입을 뗐다.

"일감이 있지 애송이, 진짜로 근사한……." 첼카쉬는 미소를 지으면서 까놓고 얘기했다. 그는 첫눈에 어린애같이 맑은 눈을 가진 이 건강하고 순진한 젊은이가 마음에 들었다.

"풀을 베고 왔지, 그렇지?"

"그래요. 1베르스타*² 베어줘야 겨우 동화(銅貨)로 반 코페이카 얻지요. 할 만한 일이 못 되죠. 게다가 일손은 많고요. 걸신들린 놈들이 몰려와서…… 벌지도 못하면서 품삯만 떨어뜨려요. 쿠바니에서는 60코페이카밖에 안 준다고요. 참 고마운 노동이지! ……그래도 예전엔 은화(銀貨)로 3, 4루블, 때로는 5루블씩도 주었다면서요?"

"전에라…… 예전에는 그곳에서 그런 일을 했지. 우선 카자흐 마을로 들어가서 '난 러시아 사람이오!' 하고 소리만 질러봐. 그러면 그 녀석들은 나를 흘끔흘끔 뜯어보며 만져보고 놀리곤 했지. 그러고는 3루블은 아무 말 없이 쥐어줬어. 그렇게 벌 때는 진탕 먹고 마실 수 있었지. 그때만 해도 웬만큼 만족한 생활을 할 수 있었어."

젊은이는 첼카쉬의 말을 들으면서 처음에는 입을 딱 벌리며 감탄의 빛을 띠었으나, 마침내는 이 부랑자가 거짓말을 한다고 생각했는지 입술로 '쩝' 소리를 내더니 깔깔거리며 웃어댔다. 첼카쉬는 미소를 콧수염 속에 감추면서 심각한 표정을 지었다.

"하여튼, 아저씨는 괴짜야. 진짜같이 얘길 해서 깜빡 속았네…… 하지만

---

*2 길이 단위, 1067미터.

옛날 그곳에서는……."

"뭐, 내가 뭐랬다고? 옛날엔 그곳에서 그랬다고 말했을 뿐인데……."

"잠깐만요!"

젊은이는 손을 흔들었다.

"아저씨는 구두장이인가요? 아니면 재봉사? ……도대체 무슨 일을 하세요?"

"내가 뭐하는 사람이냐고?"

첼카쉬는 되물었다. 그러고는 잠시 생각하더니 이렇게 말했다.

"난 어부야."

"어부라고요! 당신이? 그러면, 아저씨가 고길 잡아요?"

"왜, 고기를 잡으면 안 되나? 이곳 어부는 고기만 낚는 게 아니야. 그보다 물에 빠져 죽은 송장, 낡은 닻, 침몰한 배, 모든 걸 다 낚지. 그런 것들을 낚을 별의별 낚싯대가 다 있단 말이야……."

"또, 또 거짓말! ……혼자서 이런 노래를 하는 고기잡이 말이죠?"

　　우리는 그물을 던졌지
　　메마른 해변에
　　창고나 집 안에다가……

"그럼 넌 그런 고기를 봤단 말이냐?"

첼카쉬는 미소를 머금은 채 젊은이를 바라보며 물었다.

"아뇨, 보긴 어디서 봐요, 그냥 주워들었죠."

"어때, 마음에 들어?"

"그런 고기잡이가요? 그건 물어보나마나죠…… 살고 싶은 대로 살고 자유로우니까요……."

"그래, 넌 어때? 그 자유라는 게? ……너 정말 자유를 좋아하니?"

"왜 그런 걸 묻습니까? 난 내 자유의 주인이지요. 가고 싶으면 어디든 가고, 하고 싶은 것은 뭣이나 하고…… 더 뭘 원해요? 다만 몸만 탈 없이 지내고 목구멍에 풀칠만 할 수 있다면야 최고지요. 하느님만 믿을 뿐이죠……."

첼카쉬는 경멸스러운지 침을 탁 뱉고는 젊은이로부터 얼굴을 돌렸다.

"그런데 이건 내 신세타령이지만……." 젊은이는 말문을 열었다. "아버지가 죽었을 때 남긴 재산이라곤 하나도 없고, 어머닌 늙어빠지고, 땅은 파먹을 대로 파먹어 쓸모없고, 그럴 때 난 어떻게 해야 하죠? 어쨌든 살아가야 해요. 한데 어떻게요? 캄캄하단 말이에요. 그래서 난 잘산다는 처갓집에 갔지요. 아무튼 그들은 딸까지 주었지…… 그러나 빌어먹을 놈의 장인이 몫을 주긴 뭘 줘요. 그래서 난 그를 작살낼 작정이었지요. 오랫동안이나요……한 일 년쯤……. 골치 아픈 일이지! 그때 내게 150루블만 있었더라도 당장 독립할 수 있었을 거예요. 그리고 안치토프에게도 빚을 갚을 수 있었을 것이고! 그러면 난 마르타에게 그 몫을 나누어주고…… 필요없다고! 제기랄! 고맙지 뭐요. 이 마을에 그녀만이 계집이란 말이야. 난 완전히 자유롭게 된단 말이오. 맘 편안히 그래요, 그렇고말고."

젊은이는 한숨을 내쉬더니 다시 말을 이어갔다.

"그런데 이제 와서 또 처갓집 신세를 질 수는 없었어요. 나도 생각해 봤지요, 쿠바니로 가서 2백 루블을 긁어모을까 하고…… 그러나 모든 게 다 끝났어요. 일이 다 글러 버렸단 말이오! 날품팔이라도 해서 돈을 벌고 싶었지만 난 어떻게 내 힘으로 독립할 수가 없는가 봅니다. 아무래도 틀린 것 같아요. 헤헤!"

젊은이는 처가살이가 죽어도 싫은 듯했다. 그의 얼굴마저도 슬픔으로 흐려졌다. 땅바닥에서 무겁게 몸을 움직거렸다. 첼카쉬가 젊은이에게 물었다.

"그래, 자넨 지금 어디로 가나?"

"어디긴 어디요, 뻔하죠. 집으로 가는 거죠."

"이봐, 내가 어떻게 자네 가는 곳을 알겠나. 어쩌면 터키로 가려고 하는지 누가 알아."

"터키라니요?"

젊은이는 말꼬리를 잡아끌었다.

"정교신자가 어떻게 그곳엘 가요? 그걸 말이라고 합니까요."

"이 바보 같은 녀석!"

첼카쉬는 다시 그에게서 얼굴을 돌려 버렸다. 이 건장한 시골청년이 그에게 뭔가를 일깨워주었다.

막연하게 기분 나쁜 감정이 마음속 깊은 곳에서 꿈틀거렸다. 그래서 정신을 집중하여 오늘 밤 단행해야 할 일에 대해서 곰곰이 생각했지만 그럴 겨를조차 없었다.

욕지거리를 얻어먹은 젊은이는 부랑자를 곁눈질하면서 혼자 무엇인가를 중얼거렸다. 그의 볼은 우습게 부풀어 있었고, 입술을 앞으로 삐죽 내민 채 가늘고 가볍게 뜬 눈을 껌벅거렸다. 확실히 젊은이는 이 콧수염을 기른 부랑자와의 대화가 그렇게 빨리, 모욕적으로 끝나리라고는 생각하지 못한 것 같았다.

부랑자는 더는 그에게 관심을 두지 않았다. 그는 말뚝에 앉은 채 맨발의 더러운 발뒤꿈치로 박자를 맞추면서, 말뚝을 탁탁 치며 리듬에 맞춰 휘파람을 불었다. 젊은이는 그에게 분풀이를 하고 싶어졌다.

"이봐요, 고기잡이 아저씨! 술을 자주 하시오?"

그가 그렇게 말을 꺼내려던 순간 부랑자는 젊은이에게 재빨리 얼굴을 돌리며 물었다.

"이봐, 애송이! 오늘 밤 나하고 일하지 않겠나?"

"무슨 일인데요?"

젊은이는 의아스러운 듯 물었다.

"그거야 무슨 일이든 내가 시키는 대로만 하면 돼. 어때, 고기 잡으러 가지 않겠나, 넌 노를 젓기만 하면 되니까……."

"좋아요, 그런 일이라면 문제없지요. 할 수 있고말고요. 다만 당신과 함께 이상한 짓만 하지 않는다면요…… 아저씨를 전혀 이해할 수 없어요. 도무지 정체를 알 수가 없거든요……."

첼카쉬는 가슴속에 화상이라도 입은 듯 뜨끔해서 매몰차고 독기 서린 말투로 나지막이 말했다.

"이것 봐, 알지도 못하는 말은 함부로 지껄이는 게 아니야. 대갈통이라도 한 대 먹여야 정신 차리겠나 보군……."

그는 말뚝에서 뛰어내리더니 왼손으로는 콧수염을 잡아당기고 오른손으로는 쇳덩이를 움켜쥐듯 주먹을 쥐며 눈알을 번뜩였다.

젊은이는 덜컥 겁이 났다. 그는 겁에 질린 표정으로 재빨리 주위를 살핀 뒤 눈을 껌벅이며 땅바닥에서 일어섰다. 두 사람은 말없이 서로 눈으로만 상대방을 살폈다.

"맛 좀 볼래?"

첼카쉬가 거칠게 말했다.

부랑자는 이 새파란 애송이에게서 받은 모욕 때문에 속이 부글부글 끓었고 몸이 바르르 떨렸다. 그는 이 애송이와 얘기하는 동안 단지 그를 경멸했지만 이제는 갑자기 질투가 나서 싫어졌다. 질투의 감정은 젊은이의 맑고 푸른 눈, 햇볕에 탄 건강한 얼굴, 힘센 팔 때문에 생겨났다. 그리고 그는 어딘가 고향이 있고, 집이 있고, 부유한 농부가 그와 인척간이고, 게다가 그는 추억이 깃든 과거가 있었고 미래에 있을 행복한 생활을 가지고 있었다. 그러나 무엇보다도 싫어진 것은 자기와 비교해볼 때 한낱 보잘것없는 애송이가, 그 가치도 모르면서 감히 자유를 사랑한다고 입을 놀렸기 때문이다. 사람은 자기보다 못하고, 자기보다 수준이 낮다고 생각되는 인간에게서 자기와 같은 애증(愛憎)의 감정을 느끼게 된다. 그럼으로써 자기와 비슷한 사람이 되는 것을 유쾌하게 여기지 않는다.

젊은이는 첼카쉬를 보며 주인을 찾았다고 느꼈다.

"사실 나는……" 그는 말문을 열었다. "싫은 게 아니고…… 일거리를 찾고 있는 중이죠. 나로서는 누구와 함께 일하건 마찬가지입니다. 아저씨하고 일을 하든 다른 사람하고 하든. 단지 아저씨가 일꾼같이 보이지 않았기 때문에 그렇게 말한 것뿐이죠. 좀 말하기 뭐하지만, 지독하게…… 입은 옷이 누더기같이 보였단 말이에요. 하지만 뭐 누구에게나 있을 수 있는 일이죠. 정말이지 제가 본 주정뱅이들이란? ……얼마나 많이 봤는지 몰라요. 하지만 아저씨 같은 분은 처음이에요."

"그래, 좋아, 좋아. 그럼 승낙하는 건가?"

이미 부드러워진 첼카쉬가 물었다.

"나요? 물론이죠. 흔쾌히! 그런데 얼마 주실 겁니까?"

"나한테서는 일에 따라서 값이 결정되지. 어떠한 일을 하게 될 것인지, 또 어획량이 얼마나 될 것인지 거기에 달렸어. 아무튼 수입의 5분의 1은 받을 수 있어. 됐지?"

그러나 막상 얘기가 돈에 미치자 이 젊은이는 돈 계산은 정확해야 한다고 생각했는지, 고용주에게 분배의 정확성을 요구했다. 그의 말투는 다시 불안과 의혹에 휩싸였다.

"하지만 아저씨, 나로선 형편이 좋지 않아요." 이 말을 들은 첼카쉬는 본격적인 역할로 들어섰다.

"시끄러워! 기다려봐! 먼저 한잔 마시러 나가지."

그들은 나란히 거리를 걸었다. 첼카쉬는 주인으로서의 엄숙한 표정을 지으며 콧수염을 비틀었고, 젊은이는 언제라도 복종하겠노라는 표정을 하면서도 불안과 의심을 지우지 않았다.

"그래, 이름은 뭐지?" 첼카쉬가 물었다.

"가브릴라!" 젊은이는 대답했다.

두 사람은 더럽고 열기에 그은 어느 술집으로 들어갔다. 첼카쉬는 이 술집의 오랜 단골손님인 양 술 파는 곳으로 가서 친근한 어조로 보드카 한 병, 양배춧국, 불고기, 차를 주문했다. 그는 주문한 것을 계산해 보고는 술집 주인에게 퉁명스러운 말투로 "모두 외상이야!"라고 내뱉었다. 술집 주인은 말없이 고개를 끄덕였다. 가브릴라는 아무리 좋게 보고 싶어도 사기꾼 같은 모습을 한 첼카쉬가 이만큼의 붙임성과 신용을 가진 것에 대해 말할 수 없는 존경심을 느끼게 되었다.

"자, 이제부터 먹으면서 자세히 이야기하기로 하지. 넌 여기 잠깐 있어. 어딜 좀 다녀올게."

그는 나가 버렸다. 가브릴라는 주위를 둘러보았다. 술집은 지하실에 있었는데, 습기가 차고 어두웠다. 술집 안은 온통 썩은 보드카 냄새, 담배연기 냄새, 타르 냄새, 그 밖에 무엇인가 자극성 있는 냄새로 가득 차 숨이 막혔다. 가브릴라 건너편 테이블에는 선원 복장을 한 빨간 턱수염의 사내가 온몸에 석탄 먼지와 타르를 뒤집어쓴 채 술에 취해 있었다. 그는 쉴 새 없이 딸꾹질을 하면서, 두서없는 말 같지도 않은 가사로 된 노래를 무섭게 색색거렸고 목구멍에 걸린 듯한 그렁그렁한 소리로 콜록이며 노래를 불렀다. 아마도 러시아인은 아닌 듯했다. 그의 뒤에는 검은 머리칼에 햇볕에 탄 얼굴의 남루한 옷을 입은 몰다비아 여자 두 명이 똑같이 술취한 목소리로 노래를 빽빽 부르고 있었다.

잠시 뒤 어둠 속에서 서로 다른 모습을 한 몇 사람의 그림자가 나타났다. 그 사람들 모두 무섭도록 텁수룩한 머리를 하고 있었고, 반쯤 취한 데다가 소란스럽고 들떠 있었다.

가브릴라는 섬뜩해졌다. 그는 주인이 빨리 돌아왔으면 싶었다. 술집의 소음은 하나로 얽혀들어 무엇인가 거대한 짐승이 울부짖는 것 같았다. 그것은 수백의 잡다한 소리를 하나로 모아 맹목적으로 초조히 이 돌구멍으로 돌진해 나가려는데 출구를 찾지 못해 격하게 웅얼거리는 것 같았다. 가브릴라는 취하게 만드는 그 어떤 불쾌한 기운이 자기 몸속으로 스며드는 것을 느꼈다. 그 때문에 그의 머리는 빙빙 돌았고, 호기심과 공포에 싸여 돌아본 그의 눈은 흐려졌다.

첼카쉬가 돌아오자 둘은 먹고 마시며 이야기했다. 석 잔째에 가브릴라는 취해 버렸다. 그는 기분이 상쾌해졌고 자기에게 후하게 맛있는 것을 대접해주는 주인에게 유쾌한 말을 해주고 싶었다. 그러나 말은 거대한 파도처럼 목구멍까지 솟구쳐오르다가 갑자기 무거운 혀 밑으로 깔려 버리고 말았다.

첼카쉬는 그를 바라보고 조롱하듯이 웃으면서 말했다.

"벌써 취했군. 이런 멍청이 같으니라고! 다섯 잔 마시고 떨어지다니! 그래가지고 어떻게 일을 해."

"형님!"

가브릴라가 중얼거렸다.

"걱정 마세요, 난 형님을 존경해……자, 한번 입맞추게 해줘요, 네?"

"됐어, 됐어. 자, 한 잔 더."

가브릴라는 마셨다. 마침내 그의 눈에는 모든 것이 똑같은 모습으로 물결치듯 움직이고 있었다. 그러자 기분이 불쾌해지더니 이내 속이 메스꺼웠다. 그의 얼굴에는 멍청한 환희의 빛이 감돌았다. 무언가 말을 하려고 했으나 그의 생각과는 달리 우스꽝스럽게 입술만 달싹거려지고 이상한 신음만 새어나왔다. 첼카쉬는 그의 얼굴을 응시하면서, 마치 뭔가를 회상하듯 콧수염을 잡아 꼬며 시종 우울하게 앉아 있었다.

술집은 주정뱅이들의 소음으로 으르렁대고 있었다. 붉은 머리털의 수장은 테이블 위에 팔꿈치를 얹고 잠들어 버렸다.

"자, 이제 그만 가지!"

첼카쉬는 일어서면서 말했다. 가브릴라는 일어서려고 했으나 일어설 수가 없었다. 그는 주정뱅이의 무의미한 웃음을 터뜨리며 큰 소리로 자신에게 욕지거리를 퍼부었다.

"엉망이군!"

첼카쉬는 다시 그의 맞은편 의자에 앉으며 중얼거렸다.

가브릴라는 무의미한 눈으로 자신의 주인을 쳐다보며 내내 웃기만 했다. 첼카쉬는 생각에 잠겨 상대방을 뚫어지게 쏘아보았다. 그는 늑대의 앞발과 같은 자신의 손아귀에 쥐여 있는 한 사나이의 생명을 바라보고 있었다. 첼카쉬는 그 사내를 마음껏 휘어잡을 수 있는 힘이 자기에게 있음을 느꼈다. 그는 그것을 카드장처럼 꺾을 수 있고, 착실한 농부라는 틀 속에 곱게 앉혀 놓을 수도 있었다. 그는 자신이 다른 사람의 주인이 된 것을 자랑스럽게 생각했다. 첼카쉬는 운명이 건넨 술잔을 받아보았지만 이 젊은이는 한 번도 받아보지 못했음을 알았다. 그래서 그는 이 젊은 남자를 부러워하고 동정하고 조소하면서도 언젠가는 그도 자기와 같은 사람의 손아귀에 떨어질지도 모른다는 생각에 슬퍼했다. 그런데 이 모든 감정은 끝내 첼카쉬의 마음속에 오로지 아버지와 주인의 감정으로 융합되고 말았다. 이 꼬맹이가 불쌍하게 여겨졌지만, 필요하기도 했다. 그래서 첼카쉬는 가브릴라의 겨드랑이 밑에 팔을 끼고서 뒤에서 가볍게 무릎으로 밀며 술집 마당으로 나왔다. 그는 쌓아올린 장작더미의 그늘로 덮인 땅 위에 젊은이를 눕히고 자기도 그 옆에 앉아 담뱃대를 뻐끔뻐끔 빨았다. 가브릴라는 잠시 소란을 피우며 으르렁대더니 이윽고 잠이 들고 말았다.

2

"자, 준비됐나?"

첼카쉬는 노를 만지작거리고 있는 가브릴라에게 나지막이 물었다.

"금방 끝나요! 그런데 노걸이가 흔들거리는데 노로 한 대 칠까요?"

"안 돼! 조금이라도 소릴 내면 안 돼! 손으로 힘껏 박아봐. 그러면 제자리로 들어갈 테니."

종려나무와 백양나무와 삼나무의 통재목을 싣고 있는, 커다란 터키 배들로 하나의 선단을 이루고 있는 곳에서 두 사람은 떡갈나무 판자를 실은 돛단배와 어떤 배의 고물에 매여 있는 보트에서 일을 벌이고 있다.

밤은 어두웠고, 하늘에는 두껍고 어지러운 구름층이 움직였다. 바다는 잔잔했고 기름같이 검고 진했다. 바다에서 축축하고 짭짤한 냄새가 풍겨왔다. 물결은 뱃전과 기슭을 때리면서 첼카쉬의 작은 배를 가볍게 흔들며 부드럽게 소리 냈다. 기슭에서 바다 쪽으로 멀리 떨어진 공간에는 꼭대기에 색색의 램프를 단 뾰족한 돛대가 있었고, 하늘을 찌를 듯이 솟아 있는 여러 개의 검은 선체도 있었다. 수면은 이 램프의 불빛이 비쳐 온통 노란 점으로 물들었다. 그 노란 점들은 부드럽고, 거무칙칙한 벨벳 같은 바다 위에서 아름답게 떨고 있었다. 바다는 하루의 노동에서 지칠 대로 지친 노동자가 달콤하고 깊은 잠에 떨어진 것같이 잠들어 있었다.

"이제 가요!"

가브릴라가 물속에 노를 밀어넣으며 말했다.

"그래."

첼카쉬는 키를 힘차게 당기고 보트를 거룻배 사이 수로로 몰아넣으며 말했다. 보트는 미끄러운 물 위를 민첩하게 달렸다. 바닷물은 노의 타격으로 인광을 뿜은 듯 타올랐다. 이 인광의 긴 리본은 연하게 빛나며 보트의 고물에서 흔들거렸다.

"그래, 머리는 어때? 아직도 아프냐?"

첼카쉬가 부드러운 말투로 물었다.

"지독하게 아픈데요. 마치 쇳덩이가 윙윙거리는 것 같아요⋯⋯. 지금 물로 막 씻어보려고요."

"그보다 배 속을 씻어내! 그편이 빨리 좋아질 거야."

그러고 나서 첼카쉬는 가브릴라에게 병을 내밀었다.

"오, 그래요? 그거 참 좋군요!"

액체를 꿀꺽하고 넘기는 소리가 조용히 들렸다.

"어때, 기분 좋지? ⋯⋯ 좋아질 거야." 첼카쉬는 그만 마시게 했다.

보트는 소리 없이 경쾌하게 선박 사이를 달렸고, 어느새 큰 배들의 무리에서 벗어났다. 그러자 끝없는 힘찬 바다가 먼 푸르름 속에 나타나면서 그들 앞에 펼쳐졌다. 그곳에서는 바닷물에서 하늘을 향해 구름산이─부드러운 노란빛으로 가장자리를 두른 보랏빛 회청색 구름과, 바닷물 같은 푸른 구름과 인간의 지혜와 마음을 억누르는 것 같은 침울하고 무거운 그림자를 던지는 납빛 구름들이 떠오르고 있었다. 구름은 한 구름이 다른 구름 위로 서서히 기어오르고, 때로는 융합하고 때로는 서로 쫓으면서 그 빛깔과 모양이 뒤섞여 새로이 장엄하고 음침한 다른 윤곽으로 나타나곤 했다. 그래서 이 무심한 덩어리의 느린 움직임 속에는 그 어떤 숙명적인 것이 있었다. 바다 끝에는 언제나 상상할 수 없이 많은 구름이 있고, 그것들은 항상 시도 때도 없이 하늘을 기어오르는 것같이 보였다. 그러고는 하늘에 있는 수백만의 황금빛 눈들, 색색이 살아 있는, 꿈꾸듯이 반짝이는 별들이 잠자는 바다를 비추지 못하게 심술궂게 하늘을 가리고 있는 것 같았다.

"어때, 바다가 좋지?"

첼카쉬가 물었다.

"아뇨, 그냥 무섭기만 한데요." 가브릴라는 균형 있게 힘을 주어 노로 수면을 때리면서 대답했다. 바닷물은 들릴락 말락 한 작은 소리를 내고 긴 노의 찰싹거림에 물거품을 일으켰다. 이 거품은 따스하고 푸른 인광처럼 줄곧 반짝이고 있었다.

"무섭다고? 이런 바보 같은 녀석!" 첼카쉬는 조롱하듯이 내뱉었다.

섬나라 사람인 그는 바다를 사랑했다. 그는 곧잘 흥분하고 신경질적이고 탐욕적인 인상이었지만, 끝없이 자유롭고 힘차고 드넓은 검은 바다를 관찰하는 데 싫증 내지 않았다. 그래서 그가 사랑한 바다의 아름다움에 대한 물음에 이렇게 형편없는 대답을 듣는 것은 마치 모욕을 당하는 것과 같았다. 하지만 고물에 앉아 키로 물을 가르며, 이 벨벳과 같이 매끄러운 바다를 따라 멀리 가고 싶은 소망에 휩싸인 그는 침착하게 전방을 주시했다.

바다에 나서면 그의 마음속에는 온 마음을 감싸주는 넓고도 따스한 감정이 용솟음쳤다. 바다는 속세의 추악함에 물든 그의 영혼을 다소나마 정화해 주었다. 그는 그것을 소중히 여겼다. 또한 그는 삶에 대한 여러 가지 생각, 삶에서 오는 예민함, 가치를 놓아 버리게 되는 순간, 물과 대기가 나은 자아를 찾아줌을 알았다. 밤마다 바다에는 잠자듯 부드러운 바다의 숨결 소리가 은은히 울려 퍼졌고, 이 무한한 음향은 사람의 마음속에 평화를 불어넣었다. 이 음향은 사악함을 녹여내고 그 안에 올곧은 생명을 심었다.

"그런데 낚싯도구는 어디 있어요?"

갑자기 가브릴라는 불안한 듯 보트를 둘러보며 물었다.

"도구? 고물에 있어."

그러나 첼카쉬는 이 어린 녀석에게 거짓말을 한다는 것에 모욕감을 느꼈다. 그런데다 갑작스런 이 젊은이의 질문에 흐트러져 버린 여러 가지 상념들이 아쉬웠다. 그는 화가 났다. 가슴속과 목구멍에 치미는 날카로운 불덩어리 같은 감정이 그를 경련케 했다. 그는 위엄스럽고 거칠게 가브릴라에게 말했다.

"넌 그대로 거기 앉아 있기만 하면 돼! 남의 일에 참견 말고 네 일이나 잘해! 내가 널 고용한 건 노질이나 하라는 거야. 그러니까 노나 저어! 다시 혓바닥을 놀리면 그땐 좋지 않아. 알겠나?"

보트는 잠시 흔들리더니 멈춰 섰고, 노는 물방울을 튕기며 물속에 잠겼다. 가브릴라는 앉은 자리에서 불안한 듯이 몸을 꿈틀거리고 있었다.

"뭣 하는 거야! 이 새끼! 빨리 노를 저어!"

사나운 욕설이 대기를 진동했다. 가브릴라는 다시 노를 저었다. 보트는 마치 놀란 듯 요란스럽게 물을 가르며 신경질적으로 빨리 달렸다.

"좀 고르게 저어!"

첼카쉬는 새파랗게 질려 버린 가브릴라의 얼굴에 차가운 시선을 던졌다. 겁먹은 가브릴라는 고물에서 몸을 일으켜 노를 쥐었다. 앞으로 등을 굽힌 첼카쉬의 모습은 마치 덤벼들려는 고양이와도 같았다. 사납게 이를 부드득 가는 소리와 뼈와 뼈가 맞부딪치는 소리가 들렸다.

"방금 누가 소리쳤소?"

준엄한 고함이 바다 위에 울렸다.

"이 육시랄 놈아, 저어! 좀 더 조용히…… 죽여 버리겠어, 이 새끼……. 그렇지, 그렇게 저어! 하낫, 둘! 그렇게. 투덜대지 마! 입을 찢어 버릴 테다!" 첼카쉬는 씩씩거렸다.

"성모……마리……." 가브릴라는 공포와 고역으로 몸을 떨면서 맥 빠진 듯 이렇게 중얼거렸다.

보트는 경쾌하게 방향을 바꾸었다. 램프 불은 가지각색의 떼를 지어 흔들렸고 돛대의 숲이 보이는 항구 쪽으로 되돌아섰다.

"어이, 거기 소리치고 있는 게 누구요?"

이 소리가 다시 작게 바닷물 위로 울려 퍼졌다.

이번 소리는 먼저의 고함보다 멀었다. 첼카쉬는 마음이 놓였다.

"뭐야, 괜히 혼자서 소리 지르고 있어!"

그는 소리가 난 쪽을 향해 이렇게 말하고는 아직도 쉴 새 없이 기도문을 중얼대고 있는 가브릴라에게 얼굴을 돌렸다.

"이봐, 넌 재수가 좋았어! 저 악마들이 우릴 쫓아왔더라면 넌 마지막이었어, 알겠나? 난 널 눈 깜짝할 사이에 고기밥으로 만들 수도 있단 말이야!"

첼카쉬가 온화하게, 심지어 인정 어린 말을 하면 할수록 가브릴라는 더욱더 공포감에 몸을 떨며 빌었다.

"아저씨, 날 돌려보내 줘요! 제발 어디 좀 내려줘요! 아아! …… 난 이젠 글렀어요. 제발 하느님을 생각해서라도 놔줘요! 내가 아저씨한테 무슨 짓을 했나요? 난 이런 일은 할 수 없어요. 난 여태까지 이런 일은 해본 적이 없어서…… 처음이에요. 오, 하느님! 난 이제 파멸이에요. 어떻게 아저씨는 날 이렇게 속일 수 있죠, 네? 그건 죄예요…… 아저씨는 한 인간을 부질없이 멸망시키고 있어요…… 아, 이 일은……."

"어떤 일 말이냐?"

첼카쉬는 매섭게 따졌다.

"그래, 일이 어떻단 말이냐?"

젊은이의 공포가 그의 흥을 돋우었다. 그는, 가브릴라의 공포심과 가브릴라가 생각하는 '첼카쉬라는 인간이 얼마나 무서운 존재인가' 하는 상념의 즐거움을 맛보고 싶었다.

"나쁜 일이에요. 아저씨, 제발 절 보내줘요! 제가 아저씨한테 무슨 짓을 했어요, 네?"

"에잇, 입 닥쳐! 네가 필요없다면 난 처음부터 너 같은 놈을 끌고 오지도 않았어. 알았어? 그러니 잠자코 있어!"

"하느님!" 가브릴라는 탄식했다.

그러나 가브릴라는 더는 자기를 억제할 수 없었다. 조용히 훌쩍이고 울음을 터뜨리며 코를 풀고 자리에서 움직였다. 그러면서도 그는 계속 노를 저었다. 보트는 화살같이 질주했다. 또다시 배의 검은 선체들이 뱃길을 가로막았다. 보트는 다시 뱃전과 뱃전 사이의 좁은 수로를 팽이처럼 돌며 그 속에 모습을 감추었다.

"이봐, 살고 싶으면 지금 내가 하는 말을 잘 들어. 누가 뭐라고 물으면 잠자코 있어! 알겠나?"

"아아……!"

가브릴라는 이 준엄한 명령에 대한 대답으로 절망적인 탄식을 내뱉었다. 그리고 비통하게 덧붙였다.

"내 운명도 이것으로 끝장이로구나!"

"그만 저어!" 첼카쉬는 설득하는 말투로 속삭였다.

이 속삭임을 듣자 가브릴라는 생각할 능력마저 완전히 상실하고 말았다. 눈앞에 닥친 냉혹한 불행의 예감에 사로잡힌 그는 이미 죽은 사람이나 마찬가지였다. 그는 기계적으로 물속에 노를 내려 뒤로 잡아당기고 다시 그것을 올려 물속에 넣었다가 뒤로 잡아당겼다. 그러는 동안 그는 줄곧 자기의 짚신만을 응시했다.

음산하게 잠든 파도의 소음이 무서웠다. 여기가 항구…… 항구의 화강암 벽에서 사람 소리, 물소리, 노랫소리, 예리한 휘파람 소리가 들려왔다.

"멈춰!"

첼카쉬가 속삭였다.

"노를 놓고 두 손으로 벽을 꽉 받치고 있어! 조용히, 이 멍청아!"

가브릴라는 매끄러운 돌을 두 손으로 잡으면서 벽을 따라 보트를 움직였다. 보트는 무성하게 자라난 해초를 스치면서 소리 없이 움직였다.

"멈춰! 노를 이리 줘! 그런데 네 여행증명서는 어디 있지? 보따리에? 그럼 그 보따리를 이리 넘겨줘. 자, 빨리! 이건 네가 도망가지 못하게 하기 위해서야. 넌 이젠 도망칠 수 없어. 노 없이도 혹시 도망갈 수 있을지 모르나 여행증명서 없인 겁나겠지. 기다려! 그리고 조심해. 군소리하면 저 바닷속에다…… 알지!"

그러고는 갑자기 무엇을 두 손으로 잡더니 첼카쉬는 공중을 휙 날아 담 저편으로 자취를 감추었다.

가브릴라는 몸을 떨었다. 그것은 눈 깜짝할 사이에 행해졌다. 첼카쉬가 사라지자 그는 콧수염을 기른 말라깽이 도둑놈 앞에서 느꼈던 저주스러운 압박감과 공포가 사그라짐을 느꼈다.

도망치려면 지금이다! 그는 한껏 안도의 한숨을 내쉬며 주위를 둘러보았다. 왼쪽에는 돛대가 없는 시꺼먼 선체가—기척이 없고 거대한 무덤 같은—

솟아 있었다. 파도가 선체의 옆구리를 칠 때마다 배는 무거운 한숨을 내쉬며 멍멍하고 강한 메아리를 일으켰다. 오른쪽 선체의 수면에는 차디차고 무거운 방파제의 회색 돌담이 쭉 뻗어 있었고, 뒤에는 역시 검은 섬 같은 것이 보였다. 앞쪽의 돌담과 이 무덤 같은 선체 사이에는 검은 구름에 덮인 황량하고 말없는 바다만 있었다.

섬 위로는 시커먼 구름이 떠 있었다. 구름은 거대하고 무거운 모습으로 암흑 속에서 공포를 불러일으켰다. 그리고 그 중압으로 인간을 짓누르려는 듯 서서히 움직이고 있었다. 모든 것이 차고, 시커멓고, 불길했다. 가브릴라는 무서워졌다. 이 공포는 첼카쉬에게서 받은 공포보다 훨씬 더 무서웠다. 그리고 이 공포는 가브릴라의 가슴에 깊숙이 자리 잡고는 그를 마치 언 고깃덩어리처럼 보트의 앉은 자리에 단단하게 못 박아두었다.

주위의 모든 것은 고요했다. 바다의 한숨 소리 외에는 아무런 소리도 들리지 않았다. 구름은 여전히 느릿느릿 하늘을 기어오르고 있었다. 구름이 점점 더 많아져 바닷속에서부터 솟아올라, 하늘을 쳐다보고 있노라면 그것도 바다같이 생각되었다. 마치 또 하나의 졸고 있는 조용하고 미끄러운 바다 위에 뒤집어놓은 물결치는 바다 같았다. 구름은 회색의 곱슬곱슬한 물마루를 곤두세워 지상으로 돌진하는 파도, 바람이 만든 깊은 못에 가두어 놓은 파도, 혹은 곤두박질치지 않은 방금 일어난 파도 같았다.

가브릴라는 이 우울한 고요와 아름다움에 압도된 자신을 느끼며, 첼카쉬가 빨리 돌아왔으면 좋겠다고 생각했다. 만약 그가 거기에 눌러앉는다면? ……시간은 구름이 하늘을 기어가는 것보다 더 느리게 흘러갔다……. 주위의 고요는 시간이 흐르면서 더욱더 그를 불안하게 만들었다. 그때 방파제의 돌담 너머에서 물 튀기는 소리, 바스락거리는 소리, 그리고 속삭이는 듯한 소리가 들려왔다. 가브릴라는 이젠 정말 죽는구나 하고 생각했다.

"어이, 자는 거야? 이것 잡아! 조심해……." 첼카쉬의 나직한 소리가 들렸다.

돌담 위에서부터 뭔가 네모진 무거운 물건이 내려졌다. 가브릴라는 그것을 보트 안으로 끌어넣었다. 같은 것이 또 하나 내려졌다. 그리고 돌담을 넘어 첼카쉬의 큰 키가 나타나고, 동시에 어디선가 노도 나왔고, 가브릴라의 발밑에 그의 봇짐도 털썩 던져졌다. 첼카쉬는 무거운 숨을 씨익씨익 몰아쉬면서 고물에 앉았다.

가브릴라는 그를 바라보며 기쁜 듯하면서도 겁먹은 미소를 지었다.

"피곤하죠?"

그가 물었다.

"조금 피곤한데. 이 송아지 같은 녀석! 자, 빨리 저어! 온 힘을 다해 젓는 거야! …… 이봐, 넌 큰돈 벌었어! 일은 반쯤 끝났어. 이제 놈들의 눈에 띄지 않도록 빠져나가는 일만 남았어. 그쪽에 닿기만 하면 넌 네 돈을 가지고 네 마리아에게 가거라. 네게도 마리아는 있겠지, 애송이?"

"아, 아뇨!"

가브릴라는 온 힘을 다해 노를 저었다. 바닷물은 보트 밑에서 성난 소리를 냈고, 고물의 푸른 줄은 더 넓어졌다. 가브릴라는 온몸이 땀으로 흥건했지만 온 힘을 다해 계속 노를 저었다. 하룻밤 사이에 두 번이나 공포감을 경험한 그는 이제 또 다른 공포감을 경험할까 봐 두려웠다. 조금이라도 더 빨리 이 저주스러운 일을 끝내고 육지로 올라가고 싶었다. 그랬기에 진짜로 죽음을 당하거나 감옥에 갇히기 전에 이 도둑으로부터 도망쳐야 한다는 일념에만 몰두했다. 그는 당분간 어떤 일에 대해서도 그와 얘기하지 않고, 그의 말에 거역하지도 않고, 그가 명령하는 대로 무엇이든지 하겠다고 결심했다. 그리고 만약 아무 일 없이 그로부터 벗어난다면 내일 당장 기적을 행하는 성 니콜라이에 가서 기도를 드리리라 다짐했다. 지금 그의 가슴속에는 열정적인 기도문이 금방이라도 쏟아질 것 같았다. 그러나 그는 자기를 억제하고, 마치 증기기관과 같이 숨을 헐떡이며 말없이 눈을 치켜뜬 첼카쉬를 바라보았다.

그런데 마르고 길고 몸이 구부정한 첼카쉬는 마치 어디론가 날아가려는 새처럼 독수리의 눈으로 보트의 어둠을 바라보았다. 그는 육식조의 부리 같은 매부리코를 벌름거리며 한 손으로는 키의 손잡이를 움켜쥐고, 다른 한 손으로는 콧수염을 잡아당기고 있었다. 얇은 입술을 일그러뜨리며 미소를 짓느라 콧수염이 떨리고 있었기 때문이다. 첼카쉬는 자신의 성공에 만족했으며, 지독히 겁을 집어먹고 자신의 노예가 된 젊은이에게 만족했다. 그는 가브릴라가 애쓰는 모습을 보자 가엾은 생각이 들어 그에게 힘을 북돋아 주고 싶었다.

"이봐!"

미소를 띠면서 그는 조용히 말문을 열었다.

"어때, 깜짝 놀랐지?"

"뭘요……." 가브릴라는 한숨을 내쉬고 웅얼거렸다.

"이젠 그렇게 열심히 노질을 안 해도 돼. 이제 됐어. 한 군데만 더 빠져나 가면 된다. 좀 쉬어라."

가브릴라는 순순히 잠시 손을 멈추고 셔츠 소매로 얼굴의 땀을 훔치고는 다시 노를 저었다.

"자, 좀 더 조용히 저어! 물소리가 나지 않도록. 문을 하나 더 통과해야 만 해. 조용, 조용히! …… 여기엔 신중한 사람들이 있어…… 대뜸 한 방 쏠 수도 있어. 꽥소리 못하게 이마에 한 방 먹일지도 몰라."

이제 보트는 거의 완벽할 정도로 소리 없이 바다 위를 미끄러져 갔다. 다 만 노의 푸른 물방울이 바다에 떨어질 때마다 그 자리에 똑같은 모양의 물방 울이 만들어졌다. 어둠은 점점 더 깊어지고 바다는 조용해졌다. 이제 하늘도 소란치는 바다 같지 않았다. 비구름은 하늘 가득히 퍼져 있었고, 바다 위에 낮게 드리워져 움직이지 않는 무거운 휘장 같았다. 바다는 더욱더 조용해지 고 캄캄해졌으며, 짭짤하고 후덥지근하여 냄새를 더욱 강하게 풍겼다. 하지 만 전처럼 바다가 그렇게 넓어 보이지는 않았다.

"에잇, 비만 내린다면! ……" 첼카쉬가 속삭였다.

"그럼 우린 휘장 너머에서처럼 지나칠 수 있을 텐데."

보트 좌우의 검은 물 속에서 어떤 건물 같은 것이―움직이지 않고 스산 한, 새까만 거룻배들이 솟아났다. 그 거룻배들 가운데 한 배에서 불빛이 움 직였다. 누군가가 램프를 들고 왔다 갔다 했다. 바다는 거룻배들의 뱃전을 어루만지며 애걸하듯 나직하게 소리내고 있었다. 배들도 바다에게 양보하지 않겠다고 싸우는 듯 크고 생생한 메아리로 응답했다.

"보초선이다!" 첼카쉬는 겨우 들릴 정도로 속삭였다.

그가 가브릴라에게 좀 더 조용히 노를 저으라고 명령하자, 날카로운 긴장 감이 다시금 그를 붙잡았다. 그는 온몸을 앞으로, 어둠 속으로 내맡겼다. 그 는 자신이 쑥쑥 자라고 있는 것처럼 느껴졌다. 뼈와 근육이 몸 안의 둔한 품 과 함께 떨어져 나가고, 한 가지 생각으로 가득 차 있는 머리는 아팠다. 몸 의 피부는 떨리고, 다리는 작고 예리한 차가운 바늘로 찌르는 것 같았다. 긴장해서 어둠을 뚫어지게 바라본 탓에 눈은 피로해졌다. 그는 어둠 속에서 무엇인가가 막 일어나 그들을 향해 "서라, 도둑놈들아!" 하고 고함치기를 바랐다.

그래서 첼카쉬가 "보초선이다!" 하고 속삭이자 가브릴라는 몸을 떨었다. 날카롭고 타는 듯한 생각이 온몸을 타고 흘러내리면서 팽팽하게 신경을 긴장시켰다. 도와달라고 소리쳐 사람들을 부르고 싶었다. 그는 앉은 자리에서 몸을 조금 일으켜 가슴을 내밀고 공기를 흠뻑 들이마셨다. 그러나 갑자기 회초리로 내리치듯 그는 자신을 때린 공포에 위협당하여 두 눈을 감고 그 자리에서 넘어졌다.

······보트의 앞쪽, 수평선 멀리 시커먼 바다에서 거대하고 푸른 불칼이 솟아올라 밤의 어둠을 자르고, 그 칼끝으로 하늘의 비구름은 미끄러져 내렸다. 그 뒤 넓고 푸른 띠처럼 바다의 가슴에 누웠다. 그 불칼은 누워 있었고, 불칼의 빛나는 띠 속 암흑으로부터 그때까지 보이지 않았던 검고 말없는 배들이 짙은 밤안개에 감싸인 채 떠올랐다. 그 배들은 폭풍의 강력한 마력에 이끌려 오랫동안 바닷속에 있다가 바다가 낳은 불칼의 명령에 따라 이제 막 솟아오른 것처럼 보였다. 마치 하늘과 물 위의 모든 것을 보기 위해 바닷속에서 솟아오른 것 같았다. 밧줄은 돛대를 감고 있었다. 마치 그물로 얽힌 이 바다 밑바닥으로부터 검은빛의 거인들과 함께 건져 올려진 끈적끈적한 해초 같았다. 불칼은 바다의 심연에서 다시 하늘 높이 올라갔다. 시퍼런 불칼은 위로 올라가 번쩍이면서 다시 둘로 자르고 자세를 바꾸어 다른 방향으로 누웠다. 불칼이 어느 한 곳에 내리꽂히자 이전까지 보이지 않았던 선박들로 만들어진 섬이 보였다.

첼카쉬의 보트는 갑자기 멈추어 서서 어찌할 바를 모르는 듯이 물 위에서 흔들거렸다. 가브릴라는 두 손으로 얼굴을 가린 채 보트 바닥에 엎드렸다. 첼카쉬는 화가 나서 발로 그를 걷어차며 조용히 투덜거렸다.

"멍청이 같으니라고! 저건 세관의 순양함이야! 저건 조명이고······. 일어나, 이 얼간아! 이제 저 빛이 우리를 비추면 너와 난 끝장이야, 끝장! 자······."

그 어느 때보다도 강한 장화 뒤축의 일격이 가브릴라의 등에 떨어졌다. 벌떡 일어난 그는 아직도 눈 뜨기가 두려웠지만 앉았던 자리에 다시 주저앉았다. 그리고 그의 느낌을 믿고 노를 잡으며 보트를 움직였다.

"더 조용히! 죽여 버릴 테다! 자, 좀 더 조용히…… 에잇, 이 빌어먹을 놈! 뭐가 무서워? 응? 이 얼간아! 저건 초롱불일 뿐이야. 좀 더 조용히 노질을 해…… 이 시원찮은 놈아! 저놈들은 밀수출입을 뒤쫓고 있는 거야. 우린 못 잡아. 멀리 가 버렸어. 무서워하지 마, 우린 안 잡혀. 이제 우린……." 첼카쉬는 의기양양하게 주위를 둘러보았다.

"잘 빠져나왔어! ……휴, 넌 참 재수가 좋아. 얼간이 같은 녀석……."

가브릴라는 말없이 노를 저었다. 그리고 무겁게 숨을 내쉬면서 불칼이 오르내리던 쪽을 흘끔흘끔 쳐다보았다. 그는 그것이 초롱불일 뿐이라고 한 첼카쉬의 말을 결코 믿을 수 없었다. 차갑고 푸른 불빛은 바다를 은빛의 광휘로 반짝이면서 어둠을 가르고, 그 속에 뭔가 알 수 없는 것을 품고 있었다. 가브릴라는 다시금 우울한 공포에 빠져들었다. 그는 거의 기계적으로 노를 저었다. 그는 더욱더 몸을 웅크리며 마치 누군가 자신의 머리를 내려치기를 기다렸다. 그에게는 이미 아무것도, 어떤 소망도 존재하지 않았다. 그의 마음은 텅 비었고 무심했다. 이 밤의 격동은 그로부터 인간적인 모든 것을 빼앗아 버렸다.

그런데 첼카쉬는 의기양양했다. 흥분에 익숙한 그의 신경은 이미 가라앉아 있었다. 그의 콧수염은 음탕하게 떨렸고 두 눈에서는 불꽃이 타올랐다. 그는 자신이 위대하다고 느끼며 휘파람을 불어댔다. 그는 바다의 축축한 공기를 들이마시면서 주위를 휘둘러보았다. 그 뒤 눈길이 가브릴라에게 멈추자 그는 선량하게 미소를 지었다.

바람이 불어와 바다를 깨우자, 갑자기 바다는 잔물결을 일으키기 시작했다. 온 하늘을 뒤덮은 비구름은 다소 엷고 더 투명해졌다. 아직은 실바람이었지만 바람이 바다 위에서 자유롭게 불고 있는데도 비구름은 회색의 지루한 상념에 잠긴 듯 움직이지 않았다.

"이봐, 정신 차려, 이젠 괜찮아. 온 정신을 다 빼앗겨 헛껍데기만 남았잖아! 모든 게 끝났어. 어이……!"

첼카쉬가 그렇게 말하는데도 사람의 목소리를 들으니 가브릴라는 기분이 좋았다.

"듣고 있어요." 그가 조용히 말했다.

"그래, 그래, 이 약골아! 자, 키를 잡아라, 내가 노를 저을 테니. 피곤한 게로군!"

가브릴라는 아무런 생각 없이 그저 시키는 대로 자리를 바꿨다. 첼카쉬는 자리를 바꾸면서 그를 힐끗 봤는데, 다리를 부들부들 떨고 있었다. 그는 더욱더 이 젊은이가 불쌍해졌다. 첼카쉬는 그의 어깨를 가볍게 때렸다.

"자, 자, 겁내지 마! 돈을 많이 벌었잖아. 너에게 후하게 사례하마. 25루블이면 만족한가? 어때, 받고 싶지 않나?"

"난 아무것도 필요없어요. 그냥 육지에만 닿는다면……."

첼카쉬는 손을 흔들고 탁 침을 뱉고 나서 자신의 긴 팔로 노를 저었다.

바다는 잠을 깨고 일어나 작은 파도를 낳았다. 그 파도는 거품을 일으키면서 그들을 희롱하고 있었다. 거품은 꺼져내리면서 쉭쉭 소리를 내며 한숨을 내쉬었다. 주위는 온통 소음과 파도 소리로 가득 찼다. 어둠도 더욱 생기를 띤 것 같았다.

"자, 내게 말해 봐." 첼카쉬가 말문을 열었다 "넌 시골로 가서 결혼도 하고 땅을 일궈 농사를 지을 테지. 또 마누라는 아이를 낳을 테고 말이야. 그렇지만 먹을 게 충분치 못할 테니 넌 한평생 뼈 빠지게 일할 거고……. 그래, 어때? 그렇게 사는 게 무슨 재미가 있겠어?"

"무슨 재미냐고요?"

가브릴라가 겁먹은 듯이 쭈뼛거리며 대답했다. 어디선가 바람이 불어와 비구름을 갈라놓았다. 그 갈라진 비구름 틈에서 작은 별 한두 개가 그들과 바다를 비췄다. 별들은 때론 어디론가 사라졌다가 다시 반짝이면서 장난치듯 파도를 따라 뛰어올랐다.

"좀 더 오른쪽으로 몰아!"

첼카쉬가 말했다.

"곧 도착할 거다. 그래, 끝났어. 엄청난 사업이지. 자, 이것 봐라, 어때? 단 하룻밤에 난 5백 루블을 손에 넣었어!"

"5백 루블?!"

믿어지지 않는지 가브릴라의 말이 길게 늘어졌다. 그러나 금방 깜짝 놀라며 보트 안에 있는 꾸러미를 발로 차면서 재빨리 물었다.

"이게 도대체 무슨 물건이죠?"

"이건 값진 물건이지. 모두 제값을 받고 팔면 1천 루블은 족히 될 거야. 그러나 난 너무 비싸게 받지는 않아······기똥차지?"

"그, 그래요?"

가브릴라는 의심스러운 듯이 말꼬리를 끌었다.

"나에게 그만한 돈이 있다면······."

그는 갑자기 시골의 가난한 살림살이, 어머니와 친척들을 생각하자 한숨이 나왔다. 가족 때문에 그는 일을 찾아 돌아다녔고, 그 때문에 오늘 밤도 이렇게 심하게 괴로움을 당했다. 험한 산비탈 아래쪽을 따라 개울을 향해 있는 자작나무와 백양나무, 마가목, 오리나무 숲들에 둘러싸여 있는 조그만 고향마을이 머릿속에 떠올라 그의 마음을 흔들었다.

"그래, 굉장한 돈벌이야." 그는 슬프게 한숨을 내쉬었다.

"그래, 이제 너도 기차를 타고 집에 갈 수 있어. 집에선 계집들이 널 사랑할 테고, 안 그래? 어느 계집이든지 골라잡아. 집도 근사하게 뜯어고쳐야겠지. 그러려면 돈이 부족하겠군."

"그래요, 집을 고치려면 돈이 부족하지요. 우리 마을에선 재목이 비싸니까요."

"아냐, 낡은 집 정도는 충분히 고칠 수 있어. 말은 어때? 가지고 있나?"

"말요? 있지만 지독히 늙어서 쓸모가 없어요."

"그러니까 말도 있어야 한다는 소리군. 그것도 훌륭한 말이! 암소······ 양······ 새들도 여러 마리 있어야지. 그렇지 않나?"

"그만해요. 오, 하느님! 그렇게만 살 수 있다면······!"

"이봐, 산다는 것 자체는 별것 아니야. 나도 사는 의미 정도는 알고 있어. 나도 이전에는 보금자리도 있었고, 아버지는 마을에서 제일가는 부자였지······."

첼카쉬는 천천히 노를 저었다. 보트는 심술궂게 뱃전에 부딪치는 파도를 타고 흔들거리며 검은 바다 위를 천천히 움직였다. 바다는 더욱더 활기차게 장난쳤다. 두 사람은 흔들거리는 배에서 주변을 둘러보며 공상에 잠겼다. 첼카쉬는 조금이라도 가브릴라를 편안하게 해주기 위해 그를 격려하며, 시골에 대한 자신의 회상을 들려주었다. 첼카쉬는 처음엔 스스로를 조소하듯 말했다. 그러다가 상대방이 얘기할 기회를 먼저 주고, 자신이 환멸을 느껴 오랫동안 잊고 있었던 농촌생활의 즐거움을 가브릴라에게 말했다. 그러는 동안 그는 점점 얘기에 빠져들었고, 농촌생활에 대해 젊은이에게 묻기도 하며 이야기를 나누었다.

"농민들에게서 제일 중요한 건 자유야. 네가 너의 주인이지. 너는 보잘것 없지만 집도 있어. 너는 네 땅과 네 삶의 주인이야. 너는 모든 사람에게 존경받을 권리가 있어. 안 그래?"

첼카쉬는 의기양양하게 말을 끝맺었다.

가브릴라는 호기심을 갖고 첼카쉬를 바라보았는데, 그제야 그는 기운이 되살아났다. 얘기를 하는 동안 가브릴라는 누구와 얘기하는지조차 잊어버린 것 같았다. 가브릴라 앞에는 자기 자신과 똑같은 농군, 대대손손 영원히 땀으로 흙에 매여 있고 농촌에 대한 어린 시절의 추억으로 묶여 있는 농군, 흙 생각을 하지 않고 흙을 떠나 응분의 벌을 받고 있는 농군이 있을 뿐이었다.

"확실히 그래요, 아저씨! 그렇고말고요! 자신을 바라봐요, 흙을 떠나 살아가는 아저씨가 어떤 모습인가를. 어머니의 따뜻한 품속처럼 흙을 오랫동안 잊고 살 수는 없는 거죠."

첼카쉬는 생각에 잠겼다. 그는 그의 자존심, 무분별한 용기를 가진 자의 자존심이 누군가에 의해, 특히 그가 보기에 한 푼어치의 가치도 없는 자에 의해 모욕을 받자 부끄러웠다. 마치 가슴속이 타오르는 듯 뜨거워졌다.

"입 닥쳐!"

그는 난폭하게 소리쳤다.

"넌 내가 이 모든 것을 진지하게 말한 줄로 생각하는 것 같은데…… 넓게 생각하고 말해야지. 건방지게!"

"정말 이상한 사람이야." 가브릴라는 다시 겁을 냈다.

"내가 아저씨에 대해 말한 건 아저씨 같은 사람들이 아주 많다는 거예요. 세상엔 불행한 사람이 얼마나 많은데…… 빈둥대며 헤매는…….

"뭐야? 이 얼간아, 앉아서 노나 저어!"

첼카쉬는 어쩐 일인지 목구멍으로 쏟아져 나오려는 불 같은 욕설을 꾹 참고 짤막하게 명령했다.

그들은 다시 자리를 바꿨다. 첼카쉬는 꾸러미를 넘어 고물 쪽으로 가면서 가브릴라를 물속에다 걷어차고 싶은 강한 충동을 느꼈다.

짧은 대화는 중단되었지만, 첼카쉬는 지금도 가브릴라의 침묵 속에서 시골 냄새를 맡았다. 그는 파도를 따라 앞뒤로 흔들거리며 보트의 방향을 바로잡는 것도 잊고 과거를 회상했다. 파도는 이 보트가 목적을 잃어버린 것을 알기라도 한 듯, 보트를 점점 더 높이 쳐들고 있었다. 그리고 노 밑에 부드럽고 푸른 불꽃을 튀기면서 보트를 가지고 놀았다. 첼카쉬의 눈앞에는 지난 11년에 걸친 유랑생활의 두꺼운 벽에 의해 현재로부터 분리된 과거, 머나먼 과거들이 순식간에 파노라마처럼 펼쳐졌다. 그는 어린 시절의 자신, 고향마을, 선량한 잿빛 눈에 뺨이 붉은 뚱뚱한 어머니, 엄한 얼굴에 빨간 턱수염을 가진 거구였던 아버지를 머릿속에 떠올렸다. 또 그는 신랑의 모습을 한 자신, 긴 머리칼을 한 부드러우며 명랑한 검은 눈의 아내 안피사, 또다시 미남인 근위병이었던 자신을 떠올렸다. 이번엔 이미 백발이 되어 힘든 노동으로 허리가 굽은 아버지와 주름투성이의 어머니를 떠올렸다. 군복무를 끝마치고 돌아왔을 때, 온 동네가 자기를 환영해 주던 그 광경도 눈에 선했다. 아버지가 마을 사람들 앞에서 콧수염을 기르고 민첩하고 잘생긴 건장한 군인인 자신을 자랑했던 모습도 떠올렸다. 불행한 사람들에겐 천벌인 과거의 기억은 작은 조약돌 몇 개까지도 아름답게 되살려내고, 언젠가 마셔 버릴 독에 몇 방울의 꿀을 떨어뜨려 고통조차도 달콤하게 만든다.

첼카쉬는 고향 대기의 평화롭고 부드러운 숨결에 싸여 있는 것 같았다. 고향의 숨결은 어머니의 상냥한 말씨, 농부였던 아버지의 잊었던 말소리, 방금 눈이 녹은 촉촉한 대지와 방금 갈아놓은 대지, 가을 작물의 에메랄드빛 비단에 둘러싸여 있는 어머니, 대지의 촉촉한 내음을 그의 귓전에까지 실어다 주었다. 그는 그의 혈관 속을 흐르고 있는 피가 만들어낸 삶의 질서로부터 떨어져나와 내동댕이쳐진 외톨이인 자신을 느꼈다.

"이제 우린 어디로 가는 거죠?"

갑자기 가브릴라가 물었다.

이 말에 첼카쉬는 흠칫 몸을 떨고는 날카롭고 불안한 눈길로 주위를 둘러보았다.

"제기랄, 엉뚱한 데로 왔군. 좀 더 힘껏 저어⋯⋯."

"뭘 그렇게 골똘히 생각했죠?"

가브릴라가 웃으면서 물었다.

"피곤해서……"

"그럼 지금 이걸 처리할 수 없겠네요." 가브릴라는 발로 보따리를 툭 걷어차며 말했다.

"아냐, 안심해. 곧 그걸 넘겨주고 돈을 받을 테니…… 아무렴!"

"5백 루블!"

"최소한……"

"거, 굉장한 돈인데요. 나같이 불쌍한 놈에게 그 돈이 떨어진다면 난 그걸 껴안고 노래라도 부를 텐데……"

"농군처럼?"

"많이도 필요 없고 지금 바로……"

그리고 가브릴라는 잠시 공상의 나래를 펴고 날았다. 그런데 첼카쉬는 말이 없었다. 그의 콧수염은 축 늘어지고, 오른쪽 옆구리가 물이 튀어 흠뻑 젖었는데도 눈은 움푹 들어가 빛을 잃었다. 그의 모습에 어려 있던 사나운 모든 빛은 그의 더러운 셔츠와 구름의 겸손한 생각으로 지워졌는지 부드럽게 보였다.

그는 보트를 급히 돌려 시커먼 것이 솟아 있는 바다 쪽으로 방향을 잡았다.

다시 하늘은 온통 비구름으로 덮였다. 가늘고 따스한 비는 즐거운 듯이 소리를 내며 떨어져 파도 위를 때렸다.

"멈춰! 좀 더 조용히!"

첼카쉬가 명령했다.

보트는 이물로 거룻배의 선체를 딱딱 때렸다.

"망할 놈들, 자고 있나?"

첼카쉬는 뱃전으로부터 내려진 밧줄에 장대를 걸면서 투덜댔다.

"사닥다리를 내려! 제기랄, 비까지 오고 있어! 더 빨리 해치울 수 없어? 어이, 게으름뱅이들아! 야!"

"첼카쉬?"

뒤에서 가르랑거리는 상냥한 소리가 들려왔다.

"그래, 나야. 사닥다리를 내려!"

"칼리메라, 첼카쉬야!"

"사닥다리를 내려, 이 얼간이 새끼들아!"

첼카쉬가 소리쳤다.

"오, 오늘은 성이 나셨구먼⋯⋯자!"

"기어올라, 가브릴라!" 첼카쉬가 동료에게 몸을 돌리며 말했다.

잠시 뒤 그들은 갑판 위로 올라섰다. 거기에는 시커먼 턱수염을 기른 사람 셋이 몹시 신이 난 거친 말투로 지껄이면서 첼카쉬의 보트 뱃전을 내려다보았다. 길고 헐렁한 옷을 입은 세 번째 사내가 첼카쉬에게 다가와 말없이 그의 손을 잡았다. 그러고 나서 사내는 의심쩍은 눈으로 가브릴라를 힐끗 쳐다봤다.

"아침까지 돈을 해줘." 첼카쉬는 그에게 간단히 말했다.

"이제 난 잠을 좀 자야겠어. 가브릴라, 가자! 뭣 좀 먹고 싶지 않나?"

"잠을 잤으면 해요."

가브릴라가 대답했다. 5분 뒤 가브릴라는 코를 드르렁드르렁 골기 시작했고, 첼카쉬는 그의 옆에 앉아서 누군가의 장화를 자기 발에 맞추어 보기도 하고, 뭔가 생각에 잠겨 슬프게 휘파람을 불어댔다. 그러고 나서 그는 가브릴라 옆에 몸을 쭉 뻗고 팔베개를 하며 콧수염을 움직였다.

거룻배는 장난질 치는 물 위에서 조용히 흔들렸다. 어디선가 나무가 구슬픈 소리를 내며 삐거덕거렸고, 비는 보슬보슬 갑판에 내렸으며, 파도는 철썩철썩 뱃전을 쳐대고 있었다. 이 모든 것은 자기 아들이 행복하길 바라지만 아무런 희망이 없는 어머니의 자장가처럼 구슬프고 낭랑했다.

첼카쉬는 이를 드러내고 머리를 약간 들어 주위를 돌아보며 혼잣말로 중얼대더니 다시 벌렁 누웠다. 두 다리를 쭉 펴고 누워 있는 그의 모습은 마치 커다란 가위 같았다.

3

첼카쉬는 문득 잠이 깨어 불안하게 주위를 휘둘러보았지만, 곧 침착해져 잠든 가브릴라를 바라보았다. 가브릴라는 달콤하게 코를 골며 자고 있었는데, 마치 어린애 같았다. 그의 건강하고 햇볕에 탄 얼굴은 꿈을 꾸는지 웃음이 배어 있었다. 첼카쉬는 한숨을 내쉬고 좁은 밧줄 사다리를 타고 위로 올라갔다. 선창의 틈 사이로 납빛의 하늘 조각이 보였다. 날이 밝았는데도 날씨는 가을처럼 쓸쓸하고 잿빛이었다.

첼카쉬는 두 시간쯤 뒤에 돌아왔다. 그의 얼굴은 붉었고 콧수염은 대담하게 위쪽으로 꼬여 있었다. 그는 길고 튼튼한 장화를 신고, 재킷과 가죽바지를 입고 있어 사냥꾼 같았다. 그가 입은 옷은 다 닳아빠졌지만 아직은 튼튼해 보여 그에게 매우 잘 어울렸다. 그는 실제 키보다 더 크게 보였으며, 앙상한 뼈를 감춰 군인 같은 모습을 풍겼다.

"이봐, 애송이, 일어나!"

그는 가브릴라를 발로 툭 찼다. 그러자 가브릴라는 벌떡 일어났지만 잠이 덜 깨었는지 그를 못 알아보고 깜짝 놀란 뒤 흐릿한 눈길로 그를 바라보았다. 가브릴라의 그런 모습에 첼카쉬는 소리 내어 웃었다.

"난 또 누구라고……." 마침내 가브릴라는 활짝 웃음을 지었다.

"멋진데요!"

"우리에게 이런 건 아무것도 아니야. 그런데 넌 왜 그리 겁이 많아! 어젯밤에 몇 번이나 죽을 뻔했나?"

"아니, 생각 좀 해봐요. 난 이런 일이 처음이라서 인생 끝장나는 줄 알았어요."

"어때, 한 번 더 해볼까? 응?"

"한 번 더요? 정말이지 무슨 말을 하는 거예요. 무슨 득이 있다고, 설마 하니……."

"어떤가, 무지갯빛 지폐*3 두 장이면?"

"2백 루블을 준단 말이죠? 정말 괜찮은데…… 그럼 할 수도 있지요."

"잠깐만! 그러나 신세를 망칠 수도 있다는 걸 알아야 해."

"글쎄, 신세를 망치지 않고 할 수도……." 가브릴라는 빙긋 웃었다.

"신세를 망치지 않으면 한평생 사람 구실 하는 거지." 첼카쉬는 유쾌하게 낄낄 웃어 젖혔다.

"자, 좋아. 농담은 그만하고 해변으로 가자!"

그들은 다시 보트에 탔다. 첼카쉬는 키를 잡고 가브릴라는 노를 잡았다. 그들 머리 위에는 온통 비구름으로 뒤덮인 잿빛 하늘과 검푸른 바다가 있었다. 파도는 햇빛을 받아 반짝이며 바닷물을 쾌활하게 뱃전에 뿌렸고, 이리저

---

*3 제정러시아의 1백 루블짜리 지폐.

리 소란스럽게 올렸다 내렸다 하면서 보트에 탄 두 남자를 가지고 놀았다. 보트의 뱃머리 쪽 멀리에는 모래사장의 노란 띠가 보였고, 화려한 흰 거품으로 장식된 들끓는 물결 떼가 바다 멀리 사라져갔다. 또 저 멀리에는 많은 배가 보였다. 멀리 왼쪽에는 돛대의 숲과 하얀 무리를 이룬 도시의 집들, 그곳으로부터 파도 소리와 멋지고 힘찬 음악이 단조롭고 구르는 듯한 소리를 냈다. 이윽고 그 소리는 바다를 따라 보트로 흘러왔다. 그리고 이 모든 것 위에는 사물을 서로 떼어놓는 회색빛 안개의 얇은 천이 덮여 있었다.

"아마 저녁쯤에는 굉장히 날뛰겠는걸!"

첼카쉬는 바다를 바라보며 머리를 흔들었다.

"폭풍우요?"

가브릴라는 노로 힘껏 파도를 헤치며 물었다. 그는 바람이 해변으로부터 흩뿌려오는 물보라 때문에 이미 머리에서 발끝까지 흠뻑 젖어 있었다.

"그렇지!" 첼카쉬가 확신했다.

가브릴라는 호기심에 찬 눈으로 그를 바라보았다.

"그런데, 얼마 받았어요?"

첼카쉬가 얘기를 하지 않자 마침내 가브릴라가 물었다.

"이거야." 첼카쉬는 호주머니에서 꺼낸 것을 가브릴라에게 내밀면서 말했다.

가브릴라는 알록달록한 지폐 몇 장을 보았다. 그의 눈에는 모든 것이 눈부신 무지갯빛으로 보였다.

"와! 난 아저씨가 날 속인다고 생각했어요. 이게 얼만데요?"

"5백 40루블!"

"근사한데요!"

가브릴라는 다시 호주머니 속으로 숨겨지는 5백 40루블을 탐욕스런 눈길로 쫓으면서 웅얼거렸다.

"아아! 내게 저만한 돈이 있으면……." 그는 의기소침하여 한숨을 내쉬었다.

"젊은 친구, 우리 신나게 한번 놀아보자고!"

첼카쉬는 기쁨에 차서 소리쳤다.

"야, 쭉 들이켜는 거야. 이봐, 딴생각하지 마. 네 몫은 나누어줄 테니까. 40주지! 어때? 만족해? 원한다면 지금 당장 줄까?"

"글쎄요, 괜찮다면요……."

가브릴라는 가슴을 쥐어짜는 예리한 기대감으로 온몸을 떨었다.

"오, 악마의 인형 같은 놈아! 받겠다고? 자, 받아라. 제발 빌건대 받아. 사실 이렇게 많은 돈을 어떻게 처분할지 모르겠다. 나를 도와주는 셈치고 받아, 어서!"

첼카쉬는 가브릴라에게 지폐 몇 장을 내밀었다. 가브릴라는 떨리는 손으로 지폐를 받자 노를 내던지고 탐욕스럽게 눈을 가늘게 떴다. 그는 마치 무슨 뜨거운 거라도 마신 것처럼 야단스레 공기를 들이마시며 지폐를 감추었다. 첼카쉬는 비웃는 듯한 웃음을 띠고 그를 바라보았다. 가브릴라는 재빠르게 노를 집어들었고, 놀란 표정으로 눈을 내리깔고 신경질적으로 급히 노를 저었다. 그의 어깨와 귀가 떨리고 있었다.

"너 욕심이 대단하구나. 좋지 않아. 하기야 농군이니 어쩔 수 없지……." 첼카쉬는 생각에 잠겨 말했다.

"그래요, 난 돈만 있으면 무엇이든지 할 수 있어요." 가브릴라는 갑자기 격렬한 흥분으로 온몸을 떨면서 소리쳤다. 그리고 그는 마치 자신의 생각을 따라잡으려는 듯이 잠깐 말을 멈추었다가 다시 이었다. 이윽고 그는 돈이 있는 경우와 없는 경우의 시골생활에 대해 떠들어댔다. 존경, 만족, 오락 등, 꼽을 수 있는 모든 것을 말했다.

첼카쉬는 진지한 얼굴을 하고, 어떤 생각에 잠겨 눈을 지그시 감은 채 그의 말을 유심히 들었다. 때때로 그는 만족의 웃음도 지었다.

"다 왔다!"

첼카쉬가 가브릴라의 말을 멈추었다.

파도가 보트를 들어서 교묘하게 모래 위에 밀어넣었다.

"이봐, 이제 일은 끝났어. 저 보트가 밀려가지 않게끔 멀찍이 끌어올려다 놓기만 하면 돼. 그러면 사람들이 저 보트를 끌어갈 거야. 그러면 우리의 임무는 끝나는 거야. 여기서부터 시내까지는 8베르스타쯤 되지. 그래, 자넨 다시 시내로 돌아갈 건가? 응?"

첼카쉬의 얼굴에는 선량하면서도 교활한 미소가 어려 있었다. 그의 온몸은 자기 자신을 위해선 매우 유쾌해도, 가브릴라를 쳐다볼 때는 예기치 않은 뭔가를 찾아낸 사람처럼 의심 가득한 눈초리로 마주했다. 그는 호주머니에 손을 넣고 부스럭거렸다.

"아니, 난 안 가요. 난……." 가브릴라는 목구멍에 뭔가 걸린 것처럼 숨을 헐떡거렸다.

첼카쉬는 그를 바라보았다.

"왜 그렇게 상을 찌푸리나?"

그가 물었다.

"그러니까……." 가브릴라의 얼굴은 때론 붉어지고, 때론 잿빛으로 변했다. 그는 첼카쉬에게 달려들고 싶은 마음과 자신의 힘으로 성취할 수 없는 욕망에 가슴이 갈기갈기 찢겨 어쩔 줄을 몰라 했다.

첼카쉬는 젊은이가 이토록 흥분하는 것을 보고 기분이 나빠졌다. 그는 젊은이의 흥분이 어떻게 폭발할 것인가를 기다렸다.

가브릴라는 흐느낌 같은 약간 이상한 웃음을 터뜨렸다. 머리를 아래로 떨구고 있었기에 첼카쉬는 그의 얼굴표정을 볼 수 없었다. 붉으락푸르락하는 가브릴라의 귀만 그의 눈에 희미하게 들어왔다.

"썩 꺼져버려!" 첼카쉬는 손을 흔들었다.

"나한테 반한 거야? 계집애처럼 우물쭈물하고…… 아니면 나하고 헤어지는 게 괴로운가? 이 애송아! 말해 봐, 어떻게 된 거야? 말 안 하면 난 갈테다!"

"가 버린다고요?!"

가브릴라가 낭랑하게 말했다.

황량한 모래사장은 그의 고함으로 전율했고 모래사장의 노란 물결마저 흔들거렸다. 첼카쉬도 몸을 떨었다. 갑자기 자리에서 벌떡 일어난 가브릴라는 첼카쉬의 발밑에 몸을 던져, 두 팔로 그의 발을 끌어안고 자기 쪽으로 잡아당겼다. 첼카쉬는 비틀거리더니 쿵 하고 모래사장에 엉덩방아를 찧었다. 그는 이를 부드득부드득 갈며 주먹 쥔 긴 팔을 격렬하게 허공에다 휘둘렀다. 그러나 첼카쉬는 가브릴라의 부끄럽게 간청하는 속삭임 때문에 차마 그를 때릴 수 없었다.

"아저씨! 그 돈을 나한테 주세요! 제발 주세요! 당신한테는 이 돈이 별 것 아니잖아요? 단 하룻밤 사이에…… 단 하룻밤에 벌 수 있으니까요…… 당신을 위해 기도할게요. 영원히……. 세 교회에 가서 빌겠어요, 당신 영혼을 구원해 달라고요. 당신은 이 돈을 바람에 날리듯 날려 버리겠지만 난 땅에 묻겠어요. 네? 내게 줘요! 당신한테 이 돈은 아무것도 아니잖아요. 난 단 하룻밤 사이에 부자가 되고! 좋은 일을 하는 거예요. 당신은 신세를 망친 몸…… 희망이 없잖아요. 하지만 난…… 이 돈을 내게 줘요!"

이 말에 깜짝 놀라 어리둥절해지고 화가 치민 첼카쉬는, 몸을 뒤로 젖히면서 두 팔로 몸을 가눈 채 모래사장에 앉았다. 그는 무릎 사이에 머리를 파묻고 울며 애원하는 젊은이를 무서운 눈초리로 노려보았다. 마침내 첼카쉬는 젊은이를 떠밀고 벌떡 일어나 그에게 지폐 몇 장을 내던졌다.

"자, 처먹어라!"

그는 흥분과 탐욕스런 노예에 대한 연민과 증오의 감정으로 몸을 부르르 떨며 소리쳤다. 그러나 돈을 던져 버리자 첼카쉬는 자신이 마치 영웅처럼 느껴졌다.

"실은 나도 좀 더 주고 싶었다. 어제는 측은한 생각이 들어 고향 생각도 해본 거야. 그래서 이 젊은이를 도와주어야지 하고 생각했지. 난 네가 어떻게 하나 기다렸어. 네가 돈을 달라고 하는지 안 하는지? 그런데 넌…… 에잇, 늑대새끼! 비렁뱅이! 그깟 돈 때문에 자신을 그렇게 학대한단 말이냐? 멍청이! 탐욕스런 악마 같으니…… 제 분수를 모르고 겨우 다섯 푼 때문에 자신을 팔다니!"

"아저씨! 하느님이 당신을 구해 줄 거예요! 지금 내 손에 있는 게 뭐지? 이제 난 부자야!"

가브릴라는 품속에 돈을 숨기면서 너무 기쁜 나머지 몸을 부르르 떨며 찢어지는 듯한 소리를 질렀다.

"아, 당신은 정말 좋은 분이에요. 영원히 잊지 않겠어요. 절대로! …… 마누라에게도 애들에게도 이르겠어요. 당신을 위해 기도하라고!"

첼카쉬는 그의 기쁨의 흐느낌 소리를 들으며, 탐욕이 환희로 일그러진 빛나는 얼굴을 보았다. 그 뒤 그는 비록 자기는 도둑이요, 모든 친척으로부터 버림받은 방탕아이지만, 이렇게 탐욕스럽고 비굴하며 자신을 망각하는 인간이 되어서는 안 되겠다고 생각했다. 결코 이따위 인간은 되지 않으리라! ……그는 스스로가 자유롭다는 생각에 충만해져 황량한 모래사장에 가브릴라를 혼자 남겨둘 수 없다고 생각했다.

"당신은 날 행복하게 했어요." 가브릴라는 이렇게 소리치곤 첼카쉬의 손을 잡아 자기 얼굴에 비비댔다.

첼카쉬는 말없는 늑대처럼 이를 드러냈다. 가브릴라는 여전히 지껄여댔다.

"내가 무슨 생각을 한지 알아요? 우리가 여기로 오는 동안…… 생각했어요…… 그를, 그러니까 당신을 잡아서…… 노로 한 대 내려치고…… 돈을 슬쩍하고, 그러고는 당신을 바닷속에다 풍덩…… 어때요? 누가 당신을 찾겠어요? 아니, 찾는다고 해도 아무도 당신이 어떻게 죽었는지 모를 거예요. 당신이 없어진다고 해도 아무도 찾지 않을 테니까요. 이 땅에서 불필요한 인간인데 누가 그런 작자를 찾아나서겠어요?"

"그 돈 이리 내!" 첼카쉬는 가브릴라의 목을 움켜쥐고 악을 썼다.

가브릴라는 그의 손을 한두 번 뿌리쳤다. 첼카쉬의 다른 한쪽 팔이 뱀처럼 그의 목을 감았다. 셔츠가 찍하고 찢어졌다. 가브릴라는 미친 듯이 눈을 부릅뜨고, 손가락으로 허공을 잡아채며 발버둥쳤다. 그는 모래사장에 나자빠졌다. 장승처럼 우뚝 선, 깡마르고 광포한 첼카쉬는 흉악스럽게 이를 드러내며 비웃고 있었다. 그의 콧수염은 모가 난 뾰족한 얼굴 위에서 신경질적으로 쫑긋거렸다. 그는 평생 동안 이렇게 심한 공격을 받은 적이 없었고, 이렇듯 격분해 본 적도 없었다.

"그래, 행복하다고?"

그는 묘한 웃음을 띠며 가브릴라에게 이렇게 묻고는, 그에게 등을 보인 채 시내를 향해 성큼성큼 걸어갔다. 그러나 그가 다섯 발짝을 채 가기도 전에 가브릴라는 고양이처럼 등을 구부리고 벌떡 일어나더니 크게 팔을 휘둘렀다. 그 뒤 흉포한 소리를 지르며 손에 든 둥그런 돌을 첼카쉬에게 던졌다. "에잇!"

첼카쉬는 비명을 지르며 두 손으로 머리를 감싸쥐고 비틀거렸다. 그는 앞으로 몇 걸음 가더니 가브릴라를 향해 뒤돌아섰지만 이내 모래사장 위에 얼굴을 파묻고 넘어졌다. 가브릴라는 숨을 죽이고 그를 바라보았다. 첼카쉬는 한쪽 다리를 들썩거리며 머리를 들어올리려고 했지만 활시위처럼 부르르 떨더니 몸을 쭉 뻗었다. 첼카쉬가 뻗어 버리자, 가브릴라는 뭉게뭉게 피어오르는 검은 비구름이 걸린 안개 낀 초원의 캄캄한 쪽으로 줄달음쳤다. 파도는 쏴아쏴아 소리를 내며 모래사장 위로 밀려왔다가, 모래와 함께 바다로 밀려갔다 다시 밀려왔다. 물거품은 부글부글거렸고 물방울은 공중으로 튀었다.

빗방울이 떨어지기 시작했다. 드문드문 떨어졌던 비는 삽시간에 커다란 빗방울로 변하더니 이내 가느다란 물줄기를 이루며 억수같이 쏟아져 내렸다. 이 물줄기는 물실로 완전한 그물을 짰으며, 그 그물은 초원과 바다의 머나먼 곳을 덮어 버렸다. 가브릴라는 그 그물 속으로 사라졌다. 한참 동안 바닷가 모래사장에는 누워 있는 기다란 사나이와 비 말고는 아무것도 없었다. 그러나 저기 빗속에서 뛰어오는 가브릴라의 모습이 다시 나타났다. 그는 나는 듯이 뛰어와서 첼카쉬에게 다가가더니 그를 땅 위에서 굴렸다. 가브릴라의 손은 뜨겁고 빨갛고 끈적끈적한 피로 흠뻑 물들어 버렸다. 그는 몸을 떨며 창백한 얼굴을 한 채 넋 나간 듯 뒤로 물러섰다.

"아저씨, 일어나요!"

그는 빗소리 속에서 첼카쉬의 귀에다 대고 속삭였다.

첼카쉬는 정신이 들자, 가브릴라를 밀쳐내고는 쉰 목소리로 이렇게 말했다.

"썩 꺼져버려!"

"아저씨, 용서해 줘요! 내가 마귀한테 홀려서……." 가브릴라는 첼카쉬의 손에 입을 맞추고 몸을 떨며 속삭였다.

"가라! 저리 가." 첼카쉬가 쉰 목소리로 말했다.

"나를 용서해 줘요! 아저씨, 용서해 주세요!"

"용서? 꺼져버려! 마귀한테나 가!"

첼카쉬는 갑자기 고함을 지르더니 모래사장 위에 앉았다. 그의 얼굴은 창백했으며, 독기가 서렸고 눈은 빛을 잃어갔다.

"또 뭘 하려고? 볼 장 다 봤잖아, 꺼져! 가라니까!"

그는 슬픔으로 넋을 잃은 가브릴라를 발로 차 버리고 싶었지만 할 수 없었다. 만일 가브릴라가 그의 어깨를 안고 붙잡아주지 않았다면 그는 다시 나자빠졌을 것이다. 첼카쉬와 가브릴라의 얼굴은 마주 향했다. 둘 다 창백하면서도 무시무시했다.

"퉤!"

첼카쉬는 자신이 부리던 일꾼의 커다랗게 뜬 눈에다 침을 뱉었다.

젊은이는 얌전히 소매로 침을 닦고 중얼거렸다.

"하고 싶은 대로 하세요, 말대꾸 안 할 테니. 절 제발 용서해 주세요!"

"바보 같은 놈! 넌 반항할 수도 없는 녀석이야!"

첼카쉬는 경멸하듯 소리치고는 재킷 밑으로 셔츠를 찢었다. 그러고는 말 없이, 이따금 이를 갈면서 머리를 싸맸다.

"돈은 가져갔지?"

그는 내뱉듯 말했다.

"안 가져갔어요, 아저씨! 내겐 돈이 필요없어요. 모두가 돈 때문에 생긴 불행인걸요."

첼카쉬는 재킷 호주머니에 손을 넣어 돈다발을 끄집어내고는 무지갯빛 지 폐 한 장만 도로 집어넣었다. 이내 나머지는 모두 가브릴라에게 내던졌다.

"가지고 꺼져버려!"

"안 갖겠어요, 아저씨…… 가질 수 없어요. 용서해 주세요!"

"썩 꺼지라고 했잖아!"

첼카쉬는 무섭게 눈을 부라리며 고함을 질렀다.

"절 용서해 주신다면 갖겠어요." 가브릴라는 겁에 질려 말했다. 그는 첼카 쉬의 발밑에, 이미 비에 흠뻑 젖은 잿빛 모래 위에 엎드렸다.

"거짓말 마, 바보 같은 놈!"

첼카쉬는 자신 있게 말했다. 그러고는 가브릴라의 머리칼을 잡아 간신히 그의 머리를 치켜들더니 그 얼굴에 돈을 들이밀었다.

"자, 가져! 공짜로 일하진 않았으니까! 가져, 겁내지 말고! 사람 하나 죽일 뻔했다고 부끄러워하지 마. 나 같은 놈을 어떻게 했다고 해서 아무도 처벌하지 않아. 사람들이 알면 오히려 고맙다고 할 거야. 자, 가져!"

가브릴라는 첼카쉬가 웃는 것을 보고 한결 마음이 가벼워졌다. 그는 한 손 으로 돈을 꽉 쥐었다.

"아저씨, 날 용서해 주는 거죠? 용서 안 할 건가요? 네?"

그는 눈물이 글썽한 채로 물었다.

"이봐!"

첼카쉬는 비틀거리며 일어나면서 은근한 어조로 그에게 대답했다.

"용서하고 안 하고가 어디 있어! 오늘은 네가 나를, 내일은 내가 널… …."

"아아, 아저씨, 아저씨……!"

가브릴라는 머리를 흔들면서 슬프게 한숨을 내쉬었다.

첼카쉬는 그의 앞에 서서 이상한 웃음을 지었다. 머리에 동여맨 천은 점점 빨갛게 물들어 시뻘건 터키 모자 같았다.

비는 억수같이 쏟아졌다. 바다는 공허하게 불행을 토했고, 파도는 미친 듯이 격노하여 해안을 때렸다.

두 사람은 잠시 말이 없었다.

"그럼 잘 가라." 첼카쉬가 발걸음을 떼면서 조롱하듯 말했다.

그는 비틀거렸으며, 다리는 후들후들 떨었다. 마치 머리를 잃어버릴까봐 겁내는 것처럼 그는 이상스럽게 머리를 손으로 붙잡고 있었다.

"용서해 주세요, 아저씨!" 가브릴라가 다시 한 번 애원했다.

"괜찮아!"

발걸음을 떼면서 첼카쉬가 차갑게 대답했다.

그는 왼손으로 계속 머리를 받치고, 오른손으로는 갈색 콧수염을 살살 꼬며 비틀비틀 걸어갔다.

끝없이 쏟아지던 가느다란 빗줄기는 점점 거세졌다. 가브릴라는 불투명한 회색빛 안개가 초원을 뒤덮고 있는 빗속으로 첼카쉬가 사라지는 모습을 바라보았다.

이윽고 가브릴라는 흠뻑 젖은 모자를 벗은 다음, 성호를 긋고 손에 꽉 쥐어져 있는 돈을 바라보며 안도의 한숨을 깊게 내쉬었다. 그는 품속에 그 돈을 숨기고, 첼카쉬가 사라진 곳 반대쪽 해변을 따라 크고 힘찬 걸음으로 걸어갔다.

바다는 포효하며 커다랗고 육중한 파도를 물거품과 물방울로 부스러뜨리면서 해변 모래사장에 내동댕이쳤다. 비는 바다와 땅을 힘차게 때렸고, 바람은 울부짖었다. 주위의 모든 것은 포효와 아우성과 굉음으로 가득 찼다. 비 때문에 바다와 하늘은 보이지 않았다.

곧 비와 파도의 물방울은 첼카쉬가 누워 있던 자리의 붉은 반점과 해변 모래사장에 있는 그들의 발자국을 씻어 버렸다. 마침내 이 황량한 해변에는 두 사람의 이야기로 연출된 짧은 드라마를 추억할 만한 어떤 흔적도 남아 있지 않게 되었다.

아르히프 할아버지와 렌카

아르히프 할아버지와 렌카는 나룻배를 기다리며 해안 절벽 아래의 그늘진 곳에 누워 있었다. 그들은 자신들의 발 옆으로 빠르게 흘러가는 탁한 쿠반 강의 물결을 한참 동안이나 말없이 바라보았다. 간혹 렌카는 꾸벅꾸벅 졸기도 하였지만 아르히프 할아버지는 가슴을 짓누르는 무거운 통증 때문에 잠을 잘 수 없었다. 암갈색의 대지를 배경으로 한두 사람의 허름하고 움츠린 모습은 마치 크고 작은 두 개의 불쌍한 덩어리처럼 보였다. 피로에 지치고 햇빛에 그을린 때 낀 그들의 얼굴은 갈색의 남루한 옷색깔과 매우 닮아 있었다.

아르히프 할아버지의 앙상하고 기다란 그림자는 모래펄을 가로로 뻗어 있었는데, 그는 강과 절벽 사이의 해안을 따라 황색의 띠처럼 누워 있었다. 그리고 그 곁에 누운 렌카는 웅크린 자세로 졸고 있었다. 렌카는 조그맣고 허약했는데, 남루한 옷차림이 마치 강물에 이끌려 모래 위로 휩쓸려온 고목의 부러진 작은 나뭇가지 같았다.

할아버지는 머리를 팔베개한 뒤에 햇살을 가득 받으며 단조로운 맞은편 강가를 바라보았다. 버드나무가 드문드문 들어선 사이에는 나룻배의 검은 뱃전이 삐죽 나와 있는 것 말고는 인적이 없고 적막했다. 강에서 시작되어 스텝*1의 두메로 이어진 잿빛의 길은 여지없는 일직선으로 무미건조했고 권태로움을 자아냈다.

몽롱하지만 충혈된 그의 노안에 붉게 부풀어 오른 눈꺼풀은 불안하게 깜빡였고, 주름투성이의 얼굴은 괴로움을 드러낸 채 굳어 있었다. 그는 힐끔힐끔 손자를 바라보면서, 멈추지 않는 기침을 참으려 애쓰며 입을 막았다. 기침을 할 때면 쉰 소리가 났으며, 숨이 가빴던 탓인지 고개를 끄덕이는 그의 눈에서는 굵은 눈물방울이 나오려고 했다.

---

*1 Steppe. 러시아와 아시아의 중위도에 위치한 온대 초원지대.

스텝에는 그의 기침 소리와 물살이 모래에 부딪쳐 나는 졸졸대는 소리 말고는 아무 소리도 들리지 않았다. 스텝은 강 양쪽에 마치 햇볕에 연소된 것처럼 갈색으로 거대하게 펼쳐져 있었고, 단지 반대쪽 지평선 위에는 노인의 눈으로 간신히 보일 정도의 화려한 밀의 황금바다가 물결치고 있었다. 눈부시게 청명한 하늘은 그곳에 바로 맞닿아 있었다. 세 그루 백양나무의 질서정연함은 스텝 위에 두드러져 드러났다. 이 나무들은 키가 작아지는 듯하다가도 커진 듯 보였고, 하늘과 나무들을 잇고 있는 밀밭은 흔들리면서 오르락내리락했다. 그러다가 이 모든 풍경은 돌연히 스텝 신기루의 찬란한 은막 뒤로 숨어 버렸다.

선명하고 속기 쉬운, 이 신기루는 한순간 멀리서 흘러나와 바로 강가에까지 미쳤다가는, 어느 한순간에는 그 자체가 마치 하늘에 물줄기를 댄 강처럼 맑고 고요하게 보였다.

하지만 이러한 현상을 접해 보지 못했던 아르히프 할아버지는 이 더위와 스텝이 자기 다리에 남은 여력을 앗아가듯이 시력마저도 잃게 된다고 생각해서 슬펐다.

오늘 아르히프는 요 근래의 그 어느 때보다도 마음이 편치 않다. 머지않아 자신이 죽음을 맞게 되리라 느끼고 있던 그는 이에 대해서는 별다른 불만 없이 편안한 마음으로 대할 수 있었다. 그러나 당연한 의무와 같은 죽음 이후 멀리 있는 고향에 묻히고 싶었고 더욱이 손자만 생각하면 더없이 괴로웠다. 렌카는 어디다 맡겨야 한담? 그는 하루에도 몇 번씩이나 이 문제를 자문해 보곤 했으나 그럴 때마다 가슴은 움츠러들었고 쓸쓸했다. 그런 생각들 때문에 기분이 나빠질 때면 그는 당장이라도 조국 러시아로 돌아가고 싶어졌다.

"그러나 러시아로 가는 길은 멀어…… 나는 아무래도 거기에 이르지 못하고 길 어딘가에서 죽고 말겠지. 여기 쿠반 사람들은 착한 일도 많이들 하더구나. 비록 짜증도 내고 비웃기도 하지만 언제라도 부족함이 없는 사람들이지. 거기를 좋아하지 않는 건 풍족하기 때문일 거야."

아르히프 할아버지는 혼잣말로 중얼거렸다.

아르히프는 눈물을 머금은 축축한 눈길을 손자에게 고정하고, 자신의 꺼칠한 손으로 손자의 머리를 조심스레 어루만졌다.

그러자 손자는 몸을 움직이더니 그 크고 깊은 담청색 눈으로 그를 올려다보았다. 어린아이답지 않게 사색에 잠긴 듯한 그 눈은 가늘고 핏기 없는 입술과 오뚝하게 뻗은 코의 천연두로 인해 생긴 흉터 때문에 더욱 크게 보였다.

"가는 거예요?"

손자는 손을 눈 위에 대어 빛을 가리고는 햇빛이 반사되는 곳을 바라보며 물었다.

"아냐, 아직 가지 않아. 아무 일도 없어. 그가 이쪽에 신경 쓸 일이나 있겠니? 부르는 사람도 없고 하니까 그냥 가만히 있는 거야."

아르히프는 손자의 머리를 여전히 쓰다듬으며 느릿느릿 말했다.

"그래, 잠은 좀 잤니?"

렌카는 막연히 머리를 갸웃거리다가 모래 위에 몸을 쭉 뻗었다. 둘은 잠시 말이 없었다.

"헤엄이라도 칠 줄 알면 목욕이나 할 텐데……." 렌카가 강물에서 눈을 떼지 않고 말했다.

"물살이 무척 빨라요. 이런 강은 처음이에요. 왜 저렇게 빨리 달려가는 거지? 꼭 뒤처지지 않으려고 달려가는 것만 같아요."

렌카는 흥이 나지 않아 강가에서 되돌아왔다.

"자, 자." 할아버지는 잠시 뭔가를 생각하더니 말했다. "그 허리띠를 풀어서 내 다리에 묶어. 내가 잡아줄 테니 물속에 들어가 어디 한번 헤엄쳐 봐."

"에잇!"

렌카는 그럴 만한 이유라도 있는 듯 손을 내둘렀다.

"혹시 내가 강물에 떠내려갈 걸로 생각하신 거죠? 그러면 할아버지하고 나, 둘 다 빠져 죽을 거예요."

"틀림없이 그럴 거야. 강물에 휩쓸려가겠지. 그리고는 썩어 없어져 버릴 거고…… 봄이 오면 여기에도 물이 꽉 들어차겠지. 하지만 네 녀석은 어찌 되었을런고! ……여기에는 잡초가 무성할 거야!"

렌카는 말하고 싶은 마음이 없어져서 할아버지가 애기를 하거나 말거나 귀를 기울이지도 않았다. 그리고 대답하지도 않았다. 아이는 얼굴에 심각한 표정을 지으며, 양손이 흙투성이가 되도록 마른 진흙덩어리를 만지작거렸다.

할아버지는 아이를 바라보며 무슨 생각을 했는지 눈을 가늘게 떴다.

"이것 보세요, 할아버지!"

렌카는 조용히 그리고 단조로운 목소리로 손의 먼지를 털어내면서 말했다.

"이 흙은 말이에요…… 내가 그걸 손에 쥐고 문지르면 먼지가 되는데…… 아주 작아져서 눈에 보일락 말락 해요."

"응? 지금 뭐라 그랬지?"

아르히프는 그렇게 묻고 다시 기침을 했다. 그는 그러면서 눈물이 어려 뿌예진 눈으로 손자의 건조하게 빛나는 커다란 눈망울을 바라보았다.

"그게 어쩐다고?"

계속 기침을 하면서도 그는 이렇게 덧붙였다.

"그러니까" 렌카는 머리를 흔들었다.

"이런 건 모두 저렇게 된다고 말했죠." 그는 양쪽 손을 흔들면서 뭔가를 표시했다.

"그리고 그걸로 모든 집이 지어지는 거죠……. 할아버지하고 나하고 이만큼 많은 도시를 거쳐 왔잖아요. 또 사람들도 그만큼이나 있었잖아요!"

할아버지가 자신의 생각을 이해하지 못하자 렌카는 입을 다물고 생각에 잠겨 주위를 둘러보았다.

할아버지 역시 잠시 조용했지만 조금 뒤 손자에게 다가가 자애롭게 말했다.

"넌 역시 영리하구나! 네 말이 맞다. 모든 게 먼지에 불과하지…… 도시도, 사람도, 너와 나도 하나의 먼지지. 오, 나의 렌카! 네가 읽고 쓸 수 있다면…… 너라도 멀리 갈 수 있을 텐데. 앞으로 네게 무슨 일이 생기려는지……."

할아버지는 손자의 머리를 끌어당겨 감싸안았다.

"잠깐만요." 렌카는 할아버지의 꺼칠한 손가락 안에 있는 자신의 아마빛 머리칼을 빼내면서 소리쳤다.

"뭐라고 그런 거죠? 멀리라고요? 도시 그리고 모든 게요?"

"그래, 모든 건 신이 만든 거야. 녀석아, 모든 건 흙이 되고…… 아무렴 그렇지! 그래서 인간은 노동과 겸손 속에서 살아야 하는 거야. 여기 있는 나도 얼마 지나지 않아 죽게 될 거야."

할아버지는 갑자기 화제를 바꾸더니 얘기를 덧붙였다.

"내가 없다면 넌 어디로 갈 거니?"

렌카는 할아버지로부터 이런 질문을 받은 것이 처음이 아니기에 이제는 죽음에 대해 생각조차 하기 싫었다. 그는 다른 쪽으로 몸을 돌리고서 풀잎을 뽑아 입에 물고 천천히 씹기 시작했다.

그런데 할아버지는 렌카가 풀잎을 씹어대는 모습을 보면 가슴이 아파왔다.

"입만 다물고 있으면 어떡해? 내가 없으면 어떻게 할 거냐고 묻지 않았니?"

그는 손자에게 조용히 묻고 몸을 기울이면서 다시 기침을 해댔다.

"전에 말했잖아요." 렌카는 곁눈으로 할아버지를 바라보면서 걱정되지만 불만스러운 투로 내뱉었다.

그가 이런 얘기를 하기 싫었던 것은 이로 인해서 번번이 말다툼을 했기 때문이다. 할아버지는 오래전부터 자신이 죽을 날이 멀지 않았다고 얘기해 왔다. 렌카는 처음엔 할아버지의 얘기에 귀를 기울였고, 자기 앞에 닥칠 새로운 환경이 무서워서 울었다. 그러나 되풀이되는 얘기에 짜증나면서부터 그는 할아버지의 말은 들은 체도 않고 자신의 생각에만 골몰했다. 할아버지는 손자가 자신의 염려를 거들떠보지도 않는다고 가슴 아파하며 불평을 늘어놓다가, 결국에는 자기가 빨리 죽기를 바란다고 렌카를 꾸짖었다.

"뭐라고 말했지? 너는 아직 철이 덜 들어서 세상을 이해하지 못해. 네 나이가 지금 몇 살이냐? 겨우 11살밖에 안 됐잖아. 그리고 너는 아직 어리고 허약해서 일을 하기에도 적당치 않아. 그런 네가 어디로 가겠니? 착한 사람들이 도와줄 거라고 생각하니? 네게 혹시 돈이라도 있다면 모를까. 오히려 사람들은 네가 그 돈을 다 써 버리도록 도울 거야. 모두가 그럴 테니까. 늙은이인 나도 동냥 얻기가 수월치 않아. 아무에게나 절하고 누구에게나 빌어봐라. 그러면 그 사람들은 너에게 욕지거리를 해대거나 혹 때리기도 하고 내몰기도 할 거야. 누가 너를 인간으로 바라볼 거라고 생각하니? 아니야, 아무도 안 그래! 열 살 때 나도 세상을 돌아다녀서 알지, 알아. 빵 한 조각 얻어먹으려면 얼마나 많은 대가를 치러야 하는 줄 아니. 빵을 준 사람은 이제 곧 천국의 문이 자기에게 열릴 거라고 생각하지. 그러면 그가 더 많이 줄 거라고 생각하니? 자신의 양심을 편안하게 하려고 그 다음에 또 줄 수도 있겠지. 녀석아, 하지만 그건 동정 때문이 아니야! 네게 빵 한 조각을 주고 나면 자신이 떳떳하게 먹을 수 있기 때문이야…… 배부른 사람들은 짐승이야. 그리고 그런 사람들은 배고픈 사람을 진심으로 동정하지 않아. 배부른 자와 배고픈 자는 서로 적대관계지. 세상이 다하는 날까지 서로가 눈엣가시 같은 존재야. 그러니까 서로 이해하는 것도 동정하는 것도 불가능해."

할아버지는 약한 감정과 슬픔에 사로잡혔다. 이 때문에 그의 입술은 떨렸고, 흐릿한 노안은 속눈썹과 눈꺼풀의 붉은 테두리 사이에서 재빠르게 움직였다. 그러자 어둠에 깔린 얼굴의 주름은 더욱 두드러졌다.

렌카는 할아버지의 그런 모습을 좋아하지 않았고, 어쩐지 조금은 두려웠다.

"지금 네게 묻고 있잖아, 세상을 어떻게 살아갈 거냐고? 너는 아직 허약한 어린애야. 하지만 세상이란 짐승 같아서 그것이 곧 너를 삼켜 버릴 거야. 나는 그걸 원치 않아……. 난 너를 너무도 사랑해. 나에겐 너밖에 없고, 너는 나밖에 없어…… 그런데 내 앞에 죽음이라니? 나는 너를 남겨놓고는 죽을 수 없어…… 너를 누구에게 맡긴다지. 하느님! ……당신은 어째서 당신의 노예를 사랑하지 않으십니까? 저는 더 이상 살 수도 없지만 아이를 돌봐야 하니 죽을 수도 없는 노릇입니다. 이 아이를 제 늙은 손으로 7년이나 키워왔습니다. 하느님, 저를 굽어 살피소서……!"

할아버지는 떨리는 다리 사이에 머리를 박고 흐느껴 울었다. 강물은 빠르게 먼 곳으로 흘러갔고, 강물이 세차게 흐르는 소리는 노인의 통곡을 잠재우려 했다. 구름 한 점 없는 하늘은 태울 듯한 더위를 뿜어내면서 탁한 파도의 격렬한 소음을 조용히 듣고 있었다. 마치 그 모습은 환하게 웃는 것 같았다.

"그만 우세요, 할아버지." 렌카가 할아버지를 바라보며 숙연하게 말했다. "나도 이제 사람들에게 들어서 알 만큼은 알아요. 이대로 주저앉지 않을 거예요. 밥집에 취직이라도 해야지……."

"그들은 널 못살게 굴 거야." 할아버지는 눈물을 흘리면서 신음하듯 말했다.

"그럴지도 몰라요, 하지만 죽는 것은 아니잖아요. 정말 그러지는 않을 거예요." 렌카는 약간 흥분되어 소리쳤다.

"뭣 때문이요? 아무에게나 몸을 맡기지는 않을 거예요……!"

그러나 곧 렌카는 잠시 말을 멈추더니 조용히 말했다.

"아니면 수도원으로 가죠, 뭐."

"수도원?……" 할아버지는 깊은 한숨을 내쉬며 활기를 찾는 듯하더니 몸을 심하게 떨며 자지러질 듯 기침을 했다.

그들의 머리 위로 시끄럽게 뻐걱거리는 바퀴 소리가 들렸다.

"나룻배, 여기! 나룻배, 여기요!"

누군가의 기운찬 목소리가 허공을 진동했다.

두 사람은 배낭과 지팡이를 챙겨서 자리에서 벌떡 일어섰다.

날카롭게 삐걱대는 소리를 내면서 이륜 짐마차가 백사장으로 다가왔다. 마차에는 카자흐 사람이 서 있었다. 보풀이 인 모자를 한쪽 귀에 걸친 채 머리에 덮어쓴 그는, 벌린 입으로 공기를 들이마시면서 함성을 지르려 했다. 그 때문에 앞으로 잔뜩 내민 그의 가슴이 더욱 튀어나와 보였다. 그의 하얀 치아는 수염의 가장자리에 반사되어 더욱 뚜렷하게 보였고, 충혈된 눈가에서부터 난 검은 수염이 더욱더 짙어 보였다. 그리고 몸에 아무렇게나 걸친 단추를 풀자, 루바슈카*² 사이로 초여름의 햇빛에 그을린, 털이 무성한 몸통이 드러났다. 살찐 큰 얼룩말이나 두꺼운 바퀴를 단 이륜마차를 보는 것처럼, 카자흐 사람도 넘치는 힘과 건강한 기운을 풍겼다.

"이봐! 여기……!"

할아버지와 손자는 모자를 벗고는 땅에 머리가 닿을 정도로 허리를 굽혀 인사했다.

"안녕하십니까?"

카자흐 사람은 쩌렁쩌렁 울릴 만큼 큰 소리로 인사하고는 관목들 사이에서 검은 나룻배가 느리고 둔하게 나오는 것을 보았다. 그 뒤 그는 두 거지를 바라보며 물었다.

"러시아에서 오셨소?"

"네, 그렇습니다요, 선생." 아르히프가 고개를 숙이면서 대답했다.

"당신들 배가 고픈 모양이군, 그렇소?"

그는 이렇게 말하고는 마차에서 뛰어내려 뒤쪽으로 다가가 뭔가를 끌어내리기 시작했다.

"벌레도 굶으면 죽고 말죠."

"호! ……벌레도 죽는다? 말하자면 모두 다 먹어 버려 빵 한 조각도 남아 있지 않다, 그 말이오? 교묘하게 드셨군. 그건 그렇고 일하는 게 싫은 모양이지? 일을 하면 굶지는 않을 텐데 말이야."

---

*2 러시아의 민속 의상.

"선생, 거기에는 중대한 이유가 있습니다. 흙이죠. 그것은 아무것도 만들어내지 않습니다. 그런데 우리는 그 흙을 일구었습니다."

"흙이요?"

카자흐 인이 머리를 갸웃거렸다.

"흙은 언제나 정직하게 생산을 하고 그것을 인간에게 주지 않소. 흙이 아니고 손이라면 모를까? 손이 게으른 탓이지. 훌륭한 손을 거치지 않고서 보석은 생기지 않는 법이니까."

나룻배가 강나루 가까이에 이르렀다.

건장하고 얼굴이 붉은 카자흐 인 두 사람이 배 바닥에 튼튼한 두 다리를 딛고 배를 갖다 대자 배가 흔들거렸다. 그들은 손에서 노를 던져 버리고 서로를 바라본 뒤 숨을 몰아쉬었다.

"날씨가 무덥군요."

한 사람은 이를 드러내며 그렇게 말한 뒤 자신의 말을 나룻배가 있는 쪽으로 끌고 가면서 모자를 손으로 살짝 만졌다.

"아, 네, 그런 것 같군요."

사공 한 사람이 양손을 바지 주머니에 깊숙이 찔러넣으며 대답했다. 그러고는 마차에 다가가 말의 고삐를 잡아끌며 숨을 깊이 들이마셨다.

다른 한 사람은 배 바닥에 앉아 끙끙거리며 장화를 벗고 있었다.

할아버지와 렌카는 나룻배에 올라 뱃전에 몸을 기대고 카자흐 인들을 바라보았다.

"자, 갑시다!" 마차 주인이 지시했다.

"혹시 마실 걸 가지고 있습니까?"

조금 전에 마차를 살폈던 사람이 그에게 물었다. 그의 동료는 장화를 벗고 눈을 가늘게 치켜뜬 채 마차 안을 들여다보았다.

"아무것도 없는데 뭘 말하는 거지? 여기 쿠반에는 물이 귀한 모양이지."

"물이라…… 그것 말고 있잖소?"

"아, 네, 술요? 그런 건 없소."

"그게 없다니 있을 법한 일입니까?"

말을 던진 사람은 이내 뱃머리에 눈을 고정하고 뭔가를 생각하는 듯했다.

"자, 그만 갑시다!"

그 카자흐 인은 손에다 침을 뱉더니 닻을 끌어올렸다. 다른 사람이 그를 도왔다.

"이봐요, 노인장, 좀 도와주지 않겠소?"

사공은 장화를 신으면서 아르히프를 쳐다보며 물었다.

"나의 고향은 어디에……!"

다른 한 사람이 처량한 음조로 고개를 끄덕이며 노래를 부르기 시작했다.

"도와주지 않아도 돼요. 저 사람들끼리도 잘할 수 있을 겁니다."

노래를 부르던 사람은 노인에게 자기가 한 말의 진실성을 확신시키려는 듯 느긋하게 무릎을 펴고 배의 갑판에 누웠다.

그러자 그의 동료는 투덜대며 그에게 욕을 퍼부었는데, 반응이 없자 분해하며 갑판 바닥을 발로 꽝꽝 내리쳤다. 강물은 나룻배의 옆구리에 부딪쳐 거친 소리를 냈고, 배는 그 물살을 가르며 천천히 앞으로 움직이면서 흔들리고 기우뚱거렸다.

강물을 바라보던 배는 파도가 급속히 질주한 탓인지 피로감과 현기증을 토해냈다. 할아버지의 소곤대는 귓속말, 노의 삐걱대는 소리, 철썩이는 파도 소리의 삼중주에 나른해진 렌카는 바닥으로 내려가 누우려고 했다. 그런데 뭔가가 갑자기 그를 흔들어 넘어뜨렸다.

그는 눈을 크게 뜨고 주위를 둘러보았다. 카자흐 인은 그의 머리 위에서 웃으며 서 있었는데, 불에 그을린 작대기를 쥐고서 배를 강가에 대려 했다.

"뭐야? 잠에 빠져 있었군. 녀석, 허약하기는…… 자, 마차에 타라. 마을까지 태워다주마. 노인장도 타구려."

할아버지는 짐짓 콧소리로 울먹이며, 카자흐 인에게 감사의 표시를 한 뒤 마차에 올랐다.

카자흐 인은 노래를 뽑아냈는데, 그는 배 속에서부터 음을 골라내어 이상한 노래를 부르더니 휘파람 소리로 노래를 끝마쳤다. 그는 마치 실을 뽑아내듯 목구멍에서부터 소리를 뽑아내어 매듭에 걸리면 그것을 재빨리 멈추었다.

수레바퀴는 애처롭게 삐걱대며 먼지를 말아올렸다. 노인은 머리를 흔들면서 멈추지 않고 기침을 해댔고, 렌카는 그들이 마을에 닿게 되면 울먹이는 목소리로 "우리 주 예수 그리스도여!" 하고 노래 부를 것을 생각했다. 예전과 같이 마을 아이들은 그에게 시비를 걸 것이고, 농촌 아낙네들은 진저리가 나도록 치근대며 러시아에 대해 물을 것이다. 그러면 할아버지는 더욱 깊숙이 허리를 굽혀 기침을 내뱉고, 그 때문에 끊이지 않는 고통을 느끼면서, 언제 어디에도 없었던 일을 얘기할 게 분명했다. 그러면 렌카는 처량한 목소리로 말하는 불쌍한 할아버지를 바라보게 될 것이다.

할아버지는 러시아 거리에 있는 모든 것은 다 죽어 나자빠져 버렸고, 모든 사람은 배고픔으로 인해 바보가 되어 이렇게 전전하고 있으며, 작물을 거두어들일 사람은 한 명도 없다고 얘기할 게 분명했다. 하지만 할아버지와 렌카는 어디에서도 이러한 장면을 본 적이 없었다. 다만 이 모든 것은 더 많은 적선을 받기 위한 거짓말이었다. 그러나 이 동네에서는 동정심을 어디에 감춰둔 것일까? 고향에서는 빵 1푸드에 40코페이카 아니면 반 루블에 살 수 있었는데, 여기서는 그 돈으론 자그마한 빵도 살 수 없다. 그래서 스텝에서는 빵을, 매우 맛난 빵을 때때로 배낭에서 빼놓고 다닐 수밖에 없었다.

"추수하러 가는 거요?"

그의 어깨 뒤로 떨고 있는 두 사람을 보면서 카자흐 인이 물었다.

"이미 끝난 걸요, 어르신!"

한숨을 내쉬면서 아르히프 노인이 대답했다.

"영감, 일어나시오, 여기가 내가 살고 있는 곳이오. 우리 집에 가서 하룻밤 쉬었다 가시지요."

노인은 일어나려 애쓰다가 그 자리에서 넘어졌다. 마차 모서리에 옆구리를 부딪쳤는지 신음을 길게 흘렸다.

"저런, 나이가 너무 드셨군!"

카자흐 인이 동정하며 말했다.

"자, 그나저나 밤에 주막으로 가야 할 시간이 되면 초르느이, 안드레이 초르느이를 찾으시오. 내가 바로 그 사람이니까요. 이제 내리시오. 그럼 다음에 봅시다."

노인과 손자는 어느덧 백양나무로 우거진 작은 산 앞에 서 있었다. 그 나무 사이로 지붕과 울타리가 보였으며, 여기저기에 하늘을 향해 작은 산들이 솟아 있었다. 나무들의 초록 잎사귀는 회색 먼지로 덮여 있었고, 두껍게 곧은 나무껍질은 더위로 인해 갈라져 있었다.

두 거지의 앞에는 나무울타리 두 개 사이로 좁은 골목이 뻗어 있었는데,

그들은 많은 사람이 지나다니는 골목으로 방향을 바꿔 힘없이 걸었다.

"렌카, 어떻게 가는 게 좋겠니? 함께 갈래, 아니면 따로 떨어져 갈래?"

노인은 묻고서 대답도 듣지 않은 채 덧붙여 말했다.

"너 혼자 가면 많이 주지 않을 테니까 같이 가는 게 낫겠다. 너는 구걸도 제대로 못하잖아."

"할아버지, 많은 돈이 어디에 필요하죠? 제대로 얻어먹지 못하는 건 마찬가지일 텐데……." 렌카는 주위를 돌아보며 우울하게 말했다.

"어디냐고? 어리석은 녀석 같으니! 어느 누구든 물건을 사려고 하면 어떻게 해야 하겠니? 바로 거기에 필요한 거야……. 돈을 주고 사는 거란 말이야. 돈 문제는 중요한 거란다. 돈만 있으면 내가 죽더라도 굶는 일은 없을 거다."

노인은 얼굴에 부드러운 미소를 띠면서 손자의 머리를 어루만졌다.

"풍어기 동안 내가 얼마나 많은 돈을 모았는지 알고나 있니?"

"얼마나요?"

렌카는 무심하게 물어보았다.

"자그마치 11루블 50코페이카란다! 보겠니?"

그러나 그러한 액수도, 들떠 있는 할아버지의 목소리도, 렌카를 신나게 하지는 못했다.

"넌 역시 어린애야, 어린애!" 노인은 한숨을 내쉬었다. "그러면 따로따로 가련?"

"네, 따로따로 가요."

"그래, 그럼 나중에 교회당에서 보자."

"좋아요."

노인은 돌아서서 왼쪽 골목으로 갔고, 렌카는 가던 길로 죽 갔다. 열 걸음쯤 걸었을 때, 떠들썩하게 외치는 할아버지의 소리가 들렸다.

"도와 주세요, 어르신들!"

이 소리는 망가진 수슬리*³를 가지고 제일 굵은 현에서 제일 가는 현까지 손바닥으로 문지르는 것 같았다. 렌카는 흠칫 몸을 떨더니 발걸음을 재촉했

---

*3 옛날 러시아 악기.

다. 그는 할아버지의 구걸 소리를 들을 때면 언제나 마음이 시무룩해졌고, 괜스레 기분이 우울했다. 혹시 사람들이 할아버지의 구걸을 거절해서 할아버지가 큰 소리로 울어 버리지는 않을까 하는 마음에 걱정과 두려움마저 생겼다.

나른하고 무더운 공기 속에 떠돌던 할아버지의 노랫소리는 그의 귓전에 울렸다. 사방은 마치 밤처럼 조용했다. 렌카는 담장에 다가서서 그 담장을 넘고 거리로 늘어뜨려진 앵두나무가지 그늘에 앉았다. 어디선가 벌이 날아와 붕붕거렸다.

렌카는 어깨에서 배낭을 끌어내려 머리에 베고 누워 나뭇잎 사이로 드러난 하늘을 잠시 올려다보았다. 그는 행인들의 눈을 피하여 무성한 잡초와 담장의 격자무늬 그늘 사이에서 깊은 잠에 빠져들었다.

렌카는 저녁이 가까워지면서 서늘해진 대기와 울려 퍼지는 이상한 소리에 잠이 깼다. 가까운 거리에서 누군가가 거침없이 울부짖듯 울어대고 있었다. 단조(短調)로 흘러드는 듯하던 소리는 갑자기 다시금 터져나와 그의 귀를 자극했다. 그는 고개를 들어 소리가 나는 잡초 풀숲 쪽을 바라보았다.

길에는 깔끔하게 차려입은 일곱 살 가량의 소녀가 걸어오고 있었다. 소녀는 하얀 스커트 자락으로 눈물로 부어오른 빨간 얼굴을 계속해서 문지르고 있었다. 신발을 신지도 않은 채 느릿하게 걸으며 발을 질질 끌면서 뿌연 먼지를 일으키고 있었다. 어디로 가는지, 그리고 왜 가는지도 알지 못하는 것 같았다. 소녀의 눈은 크고 검었고, 입술은 슬픈 감정을 대변하듯 입꼬리를 내리고 움찔거렸다. 이윽고 몇 번 가슴을 들썩이더니 커다란 소리로 울어댔다.

소녀의 울음에 갑자기 가슴이 답답해진 렌카는 서둘러 그 뒤를 쫓았다.

"애, 울지 마. 다 큰 애가 창피하게!"

소녀를 뒤따르며 그가 말했다. 그는 나란히 걸으며 소녀의 얼굴을 흘긋 쳐다본 뒤 말을 걸었다.

"그런데 왜 우는 거야?"

"어째야 좋을지 몰라서!" 소녀는 느릿하게 말을 이었다. "만일에 말이야 ...."

그러더니 갑자기 길바닥에 주저앉아 두 손으로 얼굴을 가리고는 소리 내어 엉엉 울었다.

"애, 왜 그래. 애야, 울지 말고 말을 해봐!"

그러나 소녀에게 렌카의 관심은 아무런 도움이 되지 않았다. 공연히 그녀의 가느다란 장밋빛 손가락 사이로 눈물이 흘러내리는 것을 본 그는 덩달아 슬퍼졌다. 렌카는 소녀의 머리 위까지 허리를 구부려 조심스레 한 팔을 들어올려 그녀의 머리를 만질 뻔했다. 그러나 그는 곧 자신의 대담함에 놀라 얼른 손을 움츠렸다. 소녀는 여전히 말없이 마냥 울기만 했다.

"들어 봐."

잠시 조용히 있던 렌카는 도와주어야 한다는 절박함에 소녀에게 말했다.

"돕고 싶어. 왜 그러니? 누가 때린 거야? …… 그런 거구나! …… 아니면 왜 그러니? 말 좀 해봐! 응?"

소녀는 얼굴에서 손을 떼지 않은 채 머리를 흔들더니, 마침내 그 자그마한 어깨를 가볍게 들썩이고 울먹이며 천천히 대답했다.

"스카프를 잃어버렸어. 아버지가 시장에서 사다줬는데…… 담청색이야. 꽃들이 그려져 있는데 두르고 다니다가 잃어버렸어."

그러고는 신음하는 듯한 목소리로 이상한 소리를 내며 훌쩍이더니 다시 더 큰 소리로 울어댔다.

그녀를 도울 수 없는 자신이 무력하다고 느낀 렌카는 맥없이 곁에서 어두워지는 하늘을 울적하게 바라보았다. 그의 마음은 무거웠으며 소녀가 몹시도 가여웠다.

"울지 마! 찾을 수 있을 거야."

그가 조용히 속삭였다. 그러나 렌카는 소녀가 자신이 건넨 위로의 말을 듣고 있지 않음을 알고 그녀에게서 멀리 떨어졌다. 그는 아마도 틀림없이 그녀의 아버지가 그 일 때문에 소녀를 혼낼 것이라고 생각했다. 그러자 번뜩 그녀의 아버지, 키가 크고 검은 카자흐 인이 소녀를 두들겨 패고 그녀는 눈물을 삼키고 울면서, 공포와 고통으로 온몸을 떨며 아버지의 발밑에서 구르는 모습이 머릿속에 떠올랐다.

그는 그 자리를 떠나려 일어났지만, 다섯 걸음쯤 떼어놓다가 다시 급히 방향을 바꾸어 소녀와 마주섰다. 담장 쪽으로 다가가 소녀를 안심시켜줄 만한 좋은 일을 하고 싶었다.

"자, 이제 그만 울어! 집에 가서 일어난 일을 모두 얘기해, 잃어버렸다고. 그리고 빌어. 그래도 안 되는 거니?"

그는 처음 조용한 연민의 목소리로 말하더니 나중에는 격앙된 목소리로 소리쳤다. 그래도 소녀가 일어서는 것을 보자 즐거웠다.

"그래, 그래야지." 그는 미소짓고 활기를 띠며 말을 이었다. "이제 가는 거야. 내가 너와 함께 가서 모든 걸 얘기해 주길 바란다면 도와줄게. 걱정마!"

렌카는 자기 주위를 한번 둘러본 뒤 자신만만하게 어깨를 으쓱했다.

"필요없어……." 소녀는 옷에 묻은 흙을 천천히 털며 여전히 훌쩍이며 속삭이듯 말했다.

"자, 그럼 갈까?"

렌카는 각오를 단단히 하고서는 모자를 귀에까지 푹 눌러썼다.

이제 그는 소녀의 앞에서 다리를 벌린 채 당당히 서 있었고, 그 때문에 그의 몸에 걸친 헌 누더기가 돋보였다. 그는 지팡이로 바닥을 탁탁 치면서 소녀를 계속 바라보았는데, 그의 커다란 담청색 눈은 자신만만하고 용감함 때문인지 반짝거렸다.

소녀는 얼굴에 흐르는 눈물을 손으로 훔치면서 곁눈으로 렌카를 바라본 뒤 다시 한숨을 쉬며 말했다.

"필요없어. 오지 마…… 우리 엄마는 거지를 좋아하지 않아."

그러고는 두 번인가 뒤돌아본 뒤 그에게서 멀어져갔다.

렌카는 가슴속이 답답해졌다. 그는 자기도 모르게 우쭐하고 당당했던 도전적인 자세를 조용히 바꿨다. 그 뒤 다시 허리를 굽혀 자기 손에 매달려 있던 배낭을 어깨에 걸머지고는 자신의 시야에서 사라지려는 소녀를 향해 소리쳤다.

"잘 가!"

소녀는 걸어가면서 몇 번 뒤돌아보더니 이내 자취를 감췄다. 저녁이 가까워지면서 대기에는 번개를 동반한 소낙비를 예고하는 후텁지근한 공기로 가득 찼다. 태양은 이미 저만치 기울어 백양나무 꼭대기는 엷은 홍색으로 붉게 물들었으며, 그 가지들을 감싸안은 땅거미로 인해 태양은 더 짙고 커져 보였다. 백양나무 위로 드러난 어둠이 깔린 하늘은 벨벳처럼 부드러웠는데, 마치 땅 위로 낮게 내려 깔린 듯했다. 어딘가 멀리서 사람들이 이야기하는 소리가 작게 들렸고, 더 멀리 저쪽에서는 노랫소리가 들려왔다. 그 소리들은 조용하고 낮거나 또는 크게 들려와 마치 후텁지근한 더위가 몸 속으로 스며드는 것 같았다.

렌카는 답답하고 막연한 불안감에 할아버지한테 가야겠다고 생각했다. 그는 주위를 둘러본 뒤 골목길을 따라 빠른 걸음으로 나아갔다. 렌카는 동냥질을 하고 싶지 않았다. 걷고 있는 자신도, 무언가 자꾸 떠오르는 생각도 귀찮아질 정도로 그의 심장은 두근거렸다. 하지만 소녀의 모습은 그의 뇌리에서 떠나지 않고 이상한 궁금증만 불러일으켰다.

'그 아이는 지금 어떻게 되었을까? 아마 부잣집 딸이라면 지금쯤 매맞고 있을 거야. 부자란 모두 구두쇠니까! 하지만 그 아이가 가난하다면 그래, 그러면 매맞지 않겠지……. 가난한 집 어린애는 일손을 기대할 수 있으니까.'

이런저런 생각이 그의 머릿속을 집요하게 맴돌며 괴롭히고 내리눌렀다. 그리고 그의 생각들은 어둠이 더욱 짙어지는 것처럼 그를 더욱더 옭아맸다.

땅거미는 점점 짙어지고 있었고, 맞은편에서는 카자흐 인들과 소년들이 걸어오고 있었다. 그들은 러시아에서 흘러들어온 굶주린 사람들의 무리에 너무나도 익숙해져 있었다. 그래서 그런지 그들은 렌카에게는 관심조차 없다는 듯이 그대로 지나쳐 버렸다. 렌카도 마찬가지로 그들의 살찐 모습을 흐리멍덩한 눈빛으로 한번 훑어볼 뿐 교회를 향해 잰걸음을 재촉했다. 교회 앞마당에 있는 십자가는 언제나 나무들 뒤쪽에서 빛나고 있었다.

집으로 돌아가는 신도들의 떠들썩한 소리가 들려왔고, 바로 저쪽에 담청색으로 칠한 다섯 개의 둥근 탑이 있는, 낮지만 폭이 넓은 교회가 보였다. 교회 주위에는 백양나무가 심어져 있고, 그 나무들보다 높이 솟은 교회의 십자가는 낙조의 빛을 받아 장밋빛과 녹색이 대비되어 찬연하게 빛났다.

그리고 할아버지의 모습도 보였다. 할아버지는 행낭의 무게에 짓눌려 허리를 구부린 채 손을 이마에 대고 사방을 두리번거렸다. 그 뒤 그는 교회의 제단 입구에 오르려고 했다.

이마까지 모자를 눌러쓰고 손에는 지팡이를 든 카자흐 인은 무거운 걸음으로 할아버지 뒤를 따라오고 있었다.

"뭐야, 행낭이 비었어!"

할아버지는 교회의 담장 옆에서 그를 기다리고 있는 손자에게 다가와 말했다.

"아이고, 내가 너를 얼마나 찾았는데!"

할아버지는 훌쩍거리면서 삼베로 직접 만든 꽉 찬 행낭을 땅바닥에 내려놓았다.

"정말이지 여기 사람들은 마음이 후하더구나. 정말 후해! 그런데 너는 왜 그렇게 시무룩하니?"

"머리가 아파요." 할아버지 곁에 앉으면서 렌카가 조용히 말했다.

"그래! …… 피곤한 모양이구나……파김치가 될 정도로 말이야. 자, 이제 자러 가야지. 그 카자흐 인 이름이 뭐였지?"

"안드레이 초르느이요."

"그렇지, 어서 가서 물어보자. 여기 어딘가에 안드레이 초르느이 씨가 있다고 했지. 저기 사람들이 오고 있어! 그래, 살찐 것을 보니 호인들 같구나! 여기 사람들은 언제나 밀빵을 먹는 모양이야."

"저, 안녕하십니까, 어르신네."

카자흐 인은 할아버지의 반기는 인사에 대한 답례로 느릿하게 대꾸했다.

"댁도 안녕하슈."

그러고 나서 그는 무표정한 커다란 눈을 두 거지에게 고정한 뒤 말 없이 서 있었다.

렌카는 카자흐 인의 이러한 태도를 살폈고, 할아버지는 무슨 일인가 싶어 그 노안을 깜빡거리며 그대로 서 있었다. 카자흐 인은 잠시 침묵하더니, 그 뒤 혀를 반쯤 내밀어 콧수염을 핥았다. 그리고 혀를 다시 입 속으로 넣어 깨물기를 몇 번 되풀이하다가 고통스러운 침묵을 깨뜨리고 느릿하게 말했다.

"자, 스보르나야*4로 갑시다!"

"뭣 때문에?"

할아버지는 놀란 듯이 말했다.

렌카는 그의 말에 두려움에 떨었다.

"그럴 만한 이유가 있으니까…… 이건 명령이오. 자, 갑시다!"

---

*4 마을 집회소.

그는 이렇게 말한 뒤 돌아서서 몇 발짝 가다가 다시 뒤돌아섰다. 그러곤 그들이 그대로 서 있는 것을 보자 화를 내며 고함을 질렀다.

"뭣들 하는 거야!"

그의 고함에 할아버지와 렌카는 재빨리 그의 뒤를 따랐다.

렌카는 걸어가면서 계속해서 할아버지를 쳐다봤는데, 할아버지는 주변이 두려운 듯 둘러보면서 입술과 머리를 떨며 자기 품속을 뒤지고 있었다. 렌카는 할아버지가 타마니에서 했던 것과 같이 또다시 무슨 일인가 저질렀다고 생각했다. 렌카는 타마니에서의 일을 떠올리는 것조차 싫었다. 거기서 할아버지는 농가의 바지를 훔쳤는데, 렌카는 그와 함께 붙잡혔었다. 그들은 조롱당하고, 욕먹고, 심지어 호되게 두들겨 맞은 뒤 결국 밤중에 마을 밖으로 쫓겨났다. 그날 밤 그와 할아버지는 강 어딘가의 백사장에서 하룻밤을 보냈는데, 밤새 파도는 철썩거리며 요란하게 소리를 냈다. 할아버지는 신음하면서 속삭이는 목소리로 신에게 기도했는데, 스스로를 도둑놈이라 부르면서 하느님께 용서를 빌었다.

할아버지가 렌카의 옆구리를 꾹 찌르자, 소년은 흠칫 몸을 떨며 할아버지를 바라보았다. 그의 얼굴은 긴장하여 메마른 잿빛이 되었고 여전히 떨고 있었다.

카자흐 인은 두 사람에게서 다섯 걸음쯤 앞으로 걸어가는가 싶더니, 파이프 담배를 꺼내 피웠다. 그러고 나서는 파이프로 우엉의 머리꼭지를 톡톡 치면서 그들이 있는 쪽은 뒤돌아보지도 않았다.

"자, 여기 이것을 받아라! 그걸 풀더미 속에 던져두고 네가 그 장소를 잘 기억해 두어라. 나중에라도 가져갈 수 있으니까……."

할아버지는 손자에게 바싹 붙어서서 걸으면서 간신히 들릴 정도로 속삭였다. 그 뒤 행낭 속에 말아넣은 펜 헝겊조각을 그의 손에 쥐여주었다.

렌카는 온몸에 소름 돋는 공포를 느끼며 옆걸음질쳐 잡초가 빽빽하게 자라 있는 울타리 가까이로 다가갔다. 그는 옆으로 손을 뻗어 헝겊조각을 잡초더미 속으로 던져넣었다.

헝겊조각은 떨어지면서 펴졌는데 렌카의 두 눈에는 꽃들이 수놓아진 담청색 스카프가 언뜻 보였고, 그것은 울고 있던 소녀의 모습과 교차되어 나타났다. 카자흐 인과 할아버지, 두 사람은 암흑 속에서 빛이 나는 존재처럼 렌카

앞에 서 있었다. 소녀의 울부짖는 소리가 다시 한 번 뚜렷하게 렌카의 귀에 들려왔고, 그 투명한 눈물방울이 땅으로 떨어져 내리는 듯했다.

그는 거의 정신이 반쯤 나간 채 할아버지의 뒤를 따라 마을 집회소에 닿았다. 그는 애써 듣고 싶지 않아도 그럴 수 없는 낮고 둔탁한 소리를 들었다. 할아버지의 행낭 속에서 물건들이 쏟아져나와 커다란 책상 위로 가볍게 떨어지자, 높다란 모자를 쓴 많은 사람들은 그쪽으로 모여들었다. 사람들이 많아 혼란스러운 와중에도 렌카는 탁자에 부딪치는 물건들을 똑바로 볼 수 있었다.

모자들은 어둠침침해 보였으며, 그것들은 흔들거리더니 뭔가 이상한 위협감을 주었다. 사람들은 갑자기 쉰 목소리로 뭐라 중얼거리더니, 건장한 청년들이 할아버지를 손으로 팽이처럼 빙글빙글 돌렸다.

"이건 부당한 일입니다. 여러분! 우리에게 죄가 없다는 건 하느님도 알고 계십니다!"

노인이 날카롭게 절규했다.

울고 있던 렌카가 바닥에 주저앉았다. 그들은 그를 걸상에 앉히고 그의 몸을 감싸고 있던 누더기 옷을 샅샅이 뒤졌다.

"다닐로브나가 울고 있단 말이야, 이 나쁜 놈아!"

누군가가 낮고 분노한 목소리로 부르짖었다.

"어떻게 됐어, 그들이 어디다 숨겼대?"

사람들은 더 큰 목소리로 떠들어댔다.

렌카에게 들리는 이 모든 소리가 그의 머리를 때리는 듯했고, 마치 밑이 안 보이고 아가리를 벌리고 있는 검은 동굴 속으로 빨려 들어가는 기분이었다. 결국 그는 그 자리에서 기절하고 말았다.

정신이 들었을 때, 그는 할아버지의 무릎에 뉘여 있었고, 어느 때보다도 주름이 많아진 할아버지의 슬픈 얼굴이 그를 내려다보고 있었다. 깜박이는 노인의 두 눈에서 떨어진 눈물방울이 뺨에서 목으로 흘러 간질였다.

"정신이 들었니, 내 새끼야! 여기서 떠나자꾸나, 암 떠나야지. 그 저주받을 놈들이 결국에는 풀어주더구나!"

렌카는 자기 머릿속에 무엇인가 무거운 것이 가득 차고, 그 소녀가 어깨로 떨어진 것처럼 느껴졌다. 그는 조용히 신음하며 손을 이리저리 흔들었다.

"머리가 아프니? 귀여운 내 새끼! 그놈들이 너와 나를 괴롭혔어, 짐승 같은 놈들! 단검이 없어지고 글쎄 어린아이가 스카프를 잃어버렸다잖아, 내 참! 우리에게 죄를 뒤집어씌우려 하다니…… 오, 하느님, 어째서 당신은 우리를 버리시나이까!"

할아버지의 거친 목소리가 렌카의 가슴을 할퀴었다. 가슴속의 날카로운 작은 불꽃은 그를 할아버지로부터 멀리 떨어지게 만들었다. 그는 할아버지에게서 떨어져 주위를 살펴보았다.

그들은 마을 어귀에서 옹이가 많은 백양나무 가지 아래 짙은 그늘 쪽에 앉아 있었다. 이미 밤이 되어 달은 저만큼 떠올랐고, 차가운 은색의 달빛은 평평한 스텝 지대를 감싸 안았다. 스텝은 낮보다 더 협소하고, 더 황량하며 더 슬프게 보였다. 하늘과 맞닿은 스텝 저쪽에서 피어올라 달을 가린 먹구름은 대지 위에 짙은 어둠을 뿌리면서 스텝 위를 조용히 떠다녔다. 어둠은 대지 위에 빽빽이 깔렸고, 깊은 생각에 잠긴 듯 천천히 스텝을 기어다니다가 갑자기 사라졌다. 마치 햇빛의 강렬한 타격 때문에 균열을 일으켜 땅 속으로 어둠이 스며든 것 같았다. 일찍이 떨어진 카자흐 마을로부터 소리가 들려왔고, 거기 어디에선가 등불이 켜지자 선명한 황금빛 별들을 마주보게 되었다.

"애야, 그만 가자! 가야 해." 할아버지가 말했다.

렌카는 스텝이 좋았다. 그는 낮에 하늘의 둥근 지붕이 맞닿고 끝없이 넓게 펼쳐진 스텝을 바라보며 걷는 것을 좋아했다. 그곳에서는 그가 빵을 구걸하지 않아도 자진해서 내어주는, 그가 이전에 보지 못했던 선량한 사람들이 살고 있을 것 같았다. ……하지만 그의 눈앞에서 더욱 신비하게 커졌던 스텝이 그가 알고 있는, 카자흐 마을과 닮았다는 것을 떠올리자 기분이 우울하고 불쾌해졌다.

그는 먹구름이 느릿하게 기어다니는 저 먼 곳을 바라보며 생각에 잠겼다. 구름들은 자신이 그토록 보고 싶어하는 도시의 수천 개의 굴뚝에서 나오는 연기 같았다. 하지만 그의 공상은 할아버지의 메마른 기침 소리로 인해 끊어졌다.

렌카는 탐욕스럽게 공기를 들이마시며 눈물에 젖은 할아버지의 얼굴을 바라보았다.

할아버지의 얼굴은 달빛에 비친 그의 누더기 모자와 눈썹과 수염에서 생긴 기괴한 그림자로 가려져 있었다. 그의 얼굴은 경련하며 움직이는 입과 뭔가 숨겨진 기쁨으로 빛나는 눈으로 인해 이상하고 불쌍하게 보였다. 또한 할아버지는 렌카의 가슴속에 새로운 감정을 일깨우면서도 그로 하여금 더욱 멀리 떨어지게 하였다.

"그럼 앉았다가 가자꾸나." 그는 중얼거리며 우둔하게 희미한 미소를 떠올리면서 품속을 뒤졌다.

렌카는 돌아서서 다시 먼 곳을 바라보았다.

"렌카야! 잘 봐라!"

할아버지는 기뻐서 훌쩍거리며 말했다. 그런 뒤 숨이 막힐 듯한 기침 때문에 경련하면서 손자에게 손을 뻗어 길고 빛나는 것을 보여주었다.

"은으로 만든 거야! 전부 은이야! ……50루블은 나갈 거야!"

그의 양손과 입술은 탐욕과 고통으로 떨고 있었고, 얼굴 전체가 일그러져 있었다.

렌카는 두려움에 떨며 그를 손으로 밀쳤다.

"빨리 숨겨요! 어서요! 할아버지, 숨기란 말이에요!"

그는 애원하듯 속삭이며 사방을 둘러보았다.

"왜 그러냐 이 녀석아, 두려우냐? 창문을 보니까 그게 걸려 있더구나. 그래서 그걸 빼내 책상 밑에다…… 그 다음에는 나무 밑에다 숨겼지. 마을에서 나올 때 모자를 떨어뜨린 척하며 몸을 숙여 그것을 집었던 거야. 바보 같은 작자들! 그리고 스카프도 갖고 왔지…… 그것은 여기 있단다."

그는 떨리는 양손으로 스카프를 자기의 누더기 옷 속에서 꺼내 렌카의 얼굴에 대고 흔들었다.

렌카의 눈앞에서 안개의 장막이 찢겨지는 그러한 장면이 떠올랐다. 그는 할아버지와 함께 될 수 있는 한 빠른 걸음으로 카자흐 마을의 거리를 지나야만 했다. 거리의 사람들 모두가 그들을 때리거나 침을 뱉고 욕할 것만 같았다. 담장, 집, 나무 등 둘러선 모든 것이 뿌연 안개에 싸였고, 바람이 불어와 흔들리는 듯이 보였다. 그리고 분노한 누군가의 준엄한 목소리가 들려오는 듯했고, 길은 한없이 길고 힘들었으며, 빈틈없이 들어서 있는 집들에 가려 마을에서 들판으로 나가는 길조차 제대로 보이지 않았다. 집들은 마치 노인과 소년을 깔아뭉갤 듯 그들에게 다가서다가 다섯 개의 검은 창문으로 얼굴을 내밀어 그들을 비웃으며 사라져 버렸다. 그런데 문득 어느 한 창에서 외치는 소리가 들려왔다.

"도둑이야! 내 은을 가져간다! 도둑이야, 도둑……!"

렌카가 소리 나는 쪽으로 슬며시 시선을 돌리자 창문 안쪽에서 그가 도와 주고 싶었던 소녀가 보였다. 그 소녀는 렌카와 시선이 마주치자 그를 향해 혀를 쏙 내밀었다. 그리고 그녀의 회색 눈동자는 적개심에 가득 차서 날카롭 게 렌카를 쏘아보았다.

양심을 뒤흔드는 장면들은 끊임없이 소년의 머릿속에서 되살아났다가 할 아버지에게 던졌던 악의 미소만을 남긴 채 순식간에 사라졌다.

노인은 기침 때문에 자주 말이 끊기면서도 계속 무슨 말인가를 하고 싶어 했다. 그는 손을 내젓고 머리를 흔들며, 주름진 이마 위에 송골송골 맺혀 있 는 땀방울을 손등으로 문질러 닦았다.

누더기 같은 먹구름이 달을 가려 사방이 어두워 할아버지의 얼굴이 잘 보 이지 않았다. 렌카는 문득 머릿속에 우는 소녀와 할아버지를 나란히 세웠다. 허약하고 삐거덕거리고 허영심이 많은 할아버지와 당신 때문에 피해를 입어 서 울고 있는, 하지만 건강하고 생기발랄하며 순진하고 아름다운 소녀를 나 란히 세우자 갑자기 할아버지가 그에게는 불필요한 존재로, 이야기 속의 코 쉬치*5처럼 흉악하고 쓸모없는 존재로 비쳐졌다. 이런 일이 어떻게 일어날 수 있는 거지? 무슨 이유로 할아버지는 소녀에게 피해를 주는 거지? 할아버 지는 그 애와 아무 상관이 없지 않은가…….

그때 할아버지가 거친 목소리로 중얼거렸다.

"백 루블 나간다면 얼마나 좋을까! ……그러면 편히 죽을 수 있을 거야. 암, 그렇고말고."

"그만!" 갑자기 렌카의 가슴속에서 뭔가가 솟구쳐 올랐다.

"이제 그만 하란 말이에요! 죽는다고? 죽다니! ……그런데 죽지 않고 도 둑질이나 하고 있잖아요!"

렌카는 갑자기 소리치고 몸을 떨며 일어났다.

"할아버지는 늙은 도둑이에요! ……이……!"

---

*5 민담 속에 나오는 인색하고 부자인 불사의 노인.

그는 작고 메마른 주먹을 쥐고 소리쳤다. 그리고 뜻밖의 일에 입을 다물고 있던 할아버지의 코앞에다 주먹을 가져다댔다가 땅바닥에 힘없이 주저앉았다. 그리고 중얼거렸다.

"어린애의 물건을 훔치다니! ……하지만 아무래도 좋아요! 노인이니까. 그렇지만 저승에서 할아버지는 절대 용서받지 못할 거예요!"

갑자기 스텝 전체가 요동을 치고, 눈부시게 찬란한 담청색 빛이 렌카의 주위를 감싸며 확대되었다. 스텝을 감돌던 안개는 일순간에 사라졌다. 천둥 치는 소리가 울렸다. 그 소리는 스텝과 하늘을 진동하면서 스텝 위를 굴러다녔다. 하늘에는 한 덩어리의 먹구름이 달을 자기 품에 파묻은 채 빠르게 흘러가고 있었다.

사방이 온통 깜깜해졌다. 멀리 어디선가 조용하지만 무섭게 번개가 치더니 얼마 안 있어 다시 천둥소리가 약하게 들렸다. 그런 뒤 끝없는 고요가 찾아들었다.

렌카는 성호를 그었다. 할아버지는 등을 맞대고 있는 나무기둥에 붙어 버린 듯 꼼짝 않고 조용히 앉아 있었다.

"할아버지……!"

공포에 찬 목소리로 렌카가 속삭이듯 말했다.

"마을로 가요!"

하늘이 다시 진동하고 또 한 번 담청색 불빛이 번쩍하더니 대지에다 날카로운 쇳소리의 강력한 타격을 가했다. 그것은 마치 수천 개의 철판이 서로 부딪치면서 지상에 떨어지는 소리 같았다.

"할아버지!" 렌카가 고함을 질렀다.

그의 고함은 천둥소리에 파묻혀 아주 조그맣게 들렸다.

"녀석아, 너 무서운 게로구나……." 할아버지는 쉰 목소리로 무덤덤하게 말했다.

대지 위에 떨어지는 커다란 빗방울이 내는 소리는 신비스럽게 마치 뭔가를 예고해 주는 듯했다. 저 멀리서 빗방울 떨어지는 소리가 끊임없이 이어져 와 메마른 대지를 거대한 옷솔로 문지르는 기분이었다. 하지만 여기 할아버지와 손자 주변의 빗방울은 대지에 떨어지면서 짧게 이어지고 끊어지는 소리만 냈다. 하지만 곧 이들은 방향도 없이 사그라들었다. 천둥치는 소리는 더욱 가깝게 들려왔으며, 하늘에 비친 섬광은 더욱 잦아졌다.

"마을에는 안 간다! 개 같은 이 늙은이 도둑놈을 그냥 내버려둬! 여기서 그냥 비나 흠씬 맞다가 벼락이나 맞고 뒈져 버리게……" 숨을 가쁘게 몰아 쉬며 할아버지가 말했다. "난 안 간다, 혼자서 가! 마을은 바로 저기니까…… 가라니까! 네가 여기 앉아 있는 것도 원치 않아…… 어서 가! 가 버리란 말이야!"

할아버지는 이제 둔탁하고 쉰 목소리로 고함쳤다.

"할아버지, 용서해 주세요!"

그에게 다가서면서 렌카가 빌었다.

"나는 안 가! ……용서 못해! 7년 동안 내가 너를 어떻게 길러왔는데…… 모든 게 너를 위해서였어…… 너를 위해 살아온 거야. 어쩌자고 괴롭히는 거냐. 얼마 안 있으면 죽게 될 나를, 죽어 버릴 나를. 그런데 도둑놈이라고 …… 내가 누구 때문에 도둑놈이 됐겠니? 다 너 때문에…… 이 모든 게 너를 위해서였단 말이야. 자, 가져가, 다 가져가. 모조리 너를 살리려고…… 모두 너 때문에 재산을 모았던 거야. 그래, 훔쳤지…… 하느님은 죄다 알고 계실 거야. 그분은 알지…… 내가 왜 훔쳤는지, 암, 알고말고…… 나를 벌주시겠지. 그분은 이 몹쓸 늙은이의 도둑질을…… 어여삐 봐주시지 않을 거야. 이미 벌을 내리셨는걸…… 오 주여! 당신은 저에게 벌을 내리셨습니다. 하지만 벌이라니요? 당신은 손자의 손으로 저를 때리고 계십니다. 주여, 당신을 믿사옵니다! 진정으로 믿사옵나이다! 정의로우신 주여! 저의 죄를 사하여 주소서…… 오!"

할아버지의 목소리가 날카로운 금속성이 되어 렌카의 가슴에 공포감을 불러 일으켰다.

천둥소리는 스텝과 하늘을 진동했는데, 이제 그 소리는 너무 빠르고 반향을 불러일으켜 마치 천둥소리 하나하나가 대지를 향해 꼭 뭣인가를 얘기하는 듯했다. 또한 그 소리들은 서로를 앞질러가려고 아우성치고 있었다. 벼락으로 갈라진 하늘과 스텝은 부들부들 떨면서 푸른빛에 휩싸이다가는 차갑고 무거운, 그리고 농밀한 암흑에 빠져들었다. 때로 섬광이 먼 곳을 비추었는데, 그것은 소음과 울음소리를 피해 달아나는 것 같았다.

비는 끊임없이 내렸고, 빗방울은 섬광에 반사되어 빛나고 깜박이며 마을의 불빛을 가려주었다.

렌카는 공포, 추위, 그리고 할아버지의 말에 왠지 슬픈 죄책감에 빠져 심장이 멎을 것 같았다. 비에 흠뻑 젖은 그의 머리에서 물방울이 흘러 눈 속으로 들어가려 했다. 하지만 그 때조차 그는 두 눈을 크게 뜬 채 거대한 소리들이 바닷속으로 가라앉는 것 같은 할아버지의 소리에 귀 기울였다.

할아버지는 꼼짝 않고 앉아 있었다. 렌카는 할아버지를 여기에 홀로 놔두고 자신은 어디론가 떠나야 한다고 생각했다. 그는 자신도 모르게 조금씩 할아버지에게 다가갔다. 그러나 할아버지는 렌카의 팔이 닿자 뭔가 무서운 것을 예상한 듯 몸을 흠칫 떨었다.

섬광은 하늘을 찢어놓으며 나뭇가지에서 떨어진 물줄기를 뒤집어쓴 떨고 있는 두 사람을 비췄다.

할아버지는 손을 허공에 내저으며 이제는 지쳤는지 숨을 몰아쉬면서 여전히 뭐라 중얼거리고 있었다.

할아버지의 얼굴을 바라본 렌카가 소리를 질렀다. 섬광의 푸른빛에 반사된 할아버지의 얼굴은 죽은 자의 것이었고, 그 위에서 움직이는 생기 잃은 두 눈도 광인의 것이었다.

"할아버지, 빨리 가요!"

그는 할아버지의 무릎에 머리를 파묻으면서 날카롭게 소리쳤다.

할아버지는 몸을 숙여 자신의 가늘고 떨리는 두 손으로 렌카의 허리를 잡고서 꽉 끌어당겼다. 그러고는 올가미에 걸린 이리가 짖어대는 것처럼 그의 몸을 죄면서 소리를 내었다.

할아버지의 울부짖는 소리에 미칠 지경이 된 렌카는 그를 밀치고 벌떡 일어났다. 그 뒤 눈을 크게 뜨고는 앞쪽으로 쏜살같이 질주해갔다. 그는 섬광 때문에 눈이 부셔 넘어졌다가 다시 일어나 어둠 속으로 깊숙이 사라져갔다. 어둠은 섬광의 푸른빛 때문에 사라지면서도 공포에 질려 제정신을 잃은 소년을 다시금 에워쌌다.

비는 싸늘하고 단조로운, 구슬픈 소리를 내며 쏟아지고 있었다. 스텝 어디에도 빗소리, 섬광, 진동하는 천둥소리 외에는 아무것도 없었다.

다음 날 아침 그 부근에 나와 놀던 아이들이 마을로 급히 되돌아가 이 사실을 알렸다. 어제 그 거지를 백양나무 밑에서 보았는데, 그 곁에 단검이 버려져 있는 것으로 보아서는 참살된 것이 틀림없다는 말이었다.

이 소식을 듣고 나이 든 카자흐 인들이 가 보니 노인은 아직 살아 있었다. 사람들이 그에게 다가가자 그는 땅에서 일어나려 했지만 결국 일어나지 못했다. 그의 혀는 굳어 있었다. 그는 눈물 머금은 눈으로 자기를 둘러싼 사람들을 바라보며 무리 속에서 누군가를 끊임없이 찾고 있었다. 그러나 아무것도 발견하지 못했고 아무런 대답도 얻지 못했다.

그는 저녁 무렵쯤 죽었다. 마을 사람들은 첫째로 그가 이방인이라는 점, 두 번째로 도둑이라는 점, 세 번째는 회개하지 않고 죽었다는 점을 들어 그를 마을묘지에 묻어서는 안 된다는 결정을 내리고 그가 누워 있던 백양나무 밑에 묻어주었다. 그와 가까운 진창 속에서 단검과 스카프가 발견되었다.

그리고 이삼 일쯤 지나 렌카가 발견되었다.

마을에서 얼마 멀지 않은 스텝의 어느 협곡 위로 까마귀 떼들이 맴돌고 있었다. 한 소년이 거기에 누워 있었는데, 소년은 비온 뒤 협곡 밑바닥에 고여 있던 진창 속에 얼굴을 묻은 채 죽어 있었다. 마을 사람들은 그가 아직 나이가 어리므로 마을묘지에 묻기로 했다. 하지만 카자흐 마을 사람들은 의논 뒤, 백양나무 밑에 노인과 소년을 나란히 묻기로 했다. 그리고 봉분을 쌓아 올리고 그 위에 급히 만든 돌십자가를 세워놓았다.

에밀리얀 필랴이

"이젠 더 할 일도 없으니 염전에나 가지. 이 제염이란 게 망할 놈의 일이긴 하지만 그거라도 잡지 않으면 당장 굶어서 뒈질 판이니까."

나의 친구 에밀리얀 필랴이는 이렇게 지껄이고 나서 주머니에서 담배쌈지를 꺼냈다. 벌써 열 번째 상황이니, 언제나처럼 담배쌈지가 텅 비어 있다는 것을 확인한 다음 그는 한숨을 내쉬었다. 그는 침을 퉤 내뱉고는 등을 돌려 휘파람을 불면서 푹푹 찌는 더위를 토해내고 있는 구름 한 점 없는 맑고 뜨거운 하늘을 바라보았다. 방금까지 나와 그는 주린 배를 움켜쥐고 오데사에서 3베르스타 떨어진 모래사장에 누워 있다가 일자리를 찾아나섰다. 에밀리얀은 머리는 초원을 향해, 발은 바다를 향한 채로 모래사장 위에 쭉 뻗어 있었다. 파도 소리는 들릴 듯 말듯 속삭이며 해변으로 밀려왔고 맨발인 그의 더러운 발을 씻겨 주고 있었다. 그는 햇빛에 눈이 부셔 눈을 가늘게 뜨면서 고양이처럼 기지개를 펴는가 하면, 좀 더 바다 쪽으로 움직여 눕기도 했다. 그럴 때면 파도가 거의 그의 어깨까지 덮쳐오곤 했는데, 그는 그걸 좋아했다.

나는 소용돌이치는 짙은 청회색 연기에 싸인, 삐죽 솟은 돛대들이 숲을 이룬 포구를 바라보았다. 그곳으로부터 텅 빈 듯한 닻의 쇠사슬 소리, 기관차의 기적 소리가 들려왔다. 나는 거기에서 깨져 버린 우리의 돈벌이에 대한 희망을 일깨워줄 어떤 일자리도 얻지 못했기에 자리에서 일어나 에밀리얀처럼 말했다.

"할 수 없군, 염전에나 가세!"

"그래, 가세! 그런데 자네 그 일에 대해 뭐 좀 아는 거 있나?"

그는 나를 쳐다볼 생각도 않고 미심쩍은 듯 말꼬리를 늘였다.

"가보면 알겠지."

"어쨌든 가고 보자는 거군."

에밀리얀은 몸을 꼼짝도 않고 되뇌었다.

"그럼, 물론이지."

"흠, 할 수 없지, 그것도 일인데……. 가세! 이 망할 놈의 오데사는 악마가 통째로 삼켜 버리라고 해! 망할 놈의 포구는 이대로 변함이 없을 거야. 땅속으로 꺼져 버려라!"

"그만하고 일어나 가세. 욕한다고 뭐 달라지는 게 있겠나."

"어디로 가지? 결국 염전인가? 그래, 이봐! 그런데 우리가 염전에 간다 해도 그곳에서 아무 쓰임도 없을 거야."

"자네가 그리 가야 한다고 말했지 않은가!"

"그래 맞아, 내가 말했지. 내가 그렇게 말했어. 난 내가 한 말을 부정하려는 게 아냐. 하지만 아무런 이익도 없을 거라는 말도 틀린 소리는 아닐세!"

"그건 또 무슨 소리야?"

"무슨 소리냐고? 그럼 자네는 그들이 우리를 애타게 기다리다가 '오, 에밀리얀 선생, 막심 선생, 부디 뼈가 으스러지도록 일해 주시고 우리 돈을 거두어 주십시오' 할 거라고 생각하는가? 그렇지 않아. 그런 일은 없을 거란 말이야. 문제는 바로 지금, 자네와 난 우리네 육신의 완전한 주인이란 데 있어."

"좋아, 될 대로 되라지, 가세!"

"잠깐 기다려 봐! 그 염전을 관리하는 나리한테 우리가 먼저 가서 최대한 공손히 굴어야 한단 말이야. '자비로우신 나리님, 존경해 마지않는 약탈자며 흡혈귀시여! 여기 우리는 흡혈귀인 당신에게, 우리의 신체를 드리고자 왔습니다. 탐이 나시면 하루 60코페이카에 저희를 마음껏 요리하지 않으시렵니까?' 그리고 그 다음엔……."

"그래, 바로 그거야. 여보게, 일어나 가세! 저녁때까지는 생선공장에 닿아서 그물 고르는 일을 도와주도록 하세. 그럼 아마 저녁을 먹여줄지도 몰라."

"저녁? 그거 좋지. 그들이 먹을 걸 주겠지. 어부들이란 천성이 착한 사람들이거든. 가세, 가보자고! …… 하지만 허탕칠 수도 있어. 우린 한 주일 내내 운수가 사나웠거든…… 뭐 그렇다는 얘기야."

그는 물을 흠뻑 뒤집어쓴 채 일어나 기지개를 쭉 펴고, 밀가루 자루를 꿰매 만든 바지 주머니에 두 손을 찔러넣고 이리저리 뒤적이다 다시 빼내고는 우스꽝스레 자기의 텅 빈 손을 이리저리 훑어보았다.

"아무것도 없군! 나흘 동안이나 더듬어봤지만 아무것도 없어! 큰일이야, 친구!"

우리는 가끔 이런저런 얘기를 나누면서 해안을 따라 걸었다. 밀려왔다 다시 밀려나가는 파도가 부딪칠 때마다 경쾌한 소리를 내는, 조개껍질이 뒤섞여 있는 보드라운 모래에 두 발이 빠졌다. 가끔은 파도를 따라 밀려온 아교질의 해파리, 물고기, 물에 젖어 까맣게 변한 이상한 모양의 나뭇조각도 눈에 띄었다. 바다에서는 산뜻하고 신선한 바람이 불어와 우리에게 시원한 공기를 선사했고, 모래먼지를 일으키며 맴돌아 초원으로 날아갔다.

항상 쾌활한 에밀리얀이 오늘만큼은 왠지 기분이 언짢은 것 같아 나는 그의 기분을 바꾸어 보려고 애썼다.

"이봐, 에밀리얀, 뭐든지 얘기 좀 해보게!"

"얘길 하고 싶어도 혀란 놈이 기운이 하나도 없어. 배 속이 텅 비었거든. 인간에게 있어 배란…… 아주 중요해. 어떤 병신이건 찾아보라고. 아마 배 없는 병신은 찾으려야 찾을 수가 없을 거야. 정말이야! 배가 비어 있지 않다는 건 정신이 살아 있다는 걸 의미해. 모든 일이란 게 배에서 나오는 것이거든……."

그는 잠시 입을 다물었다.

"흠, 친구, 만약 지금 바다가 내게 돈 천 루블을 떡하니 던져준다면 난 당장 술집을 차릴 거야. 자넨 지배인이 되고, 난 스탠드 밑에다 침대를 갖다놓고 술통에서 이 입으로 직접 파이프를 연결하는 거지. 기쁨과 환희의 샘으로부터 한 모금 들이켜고 싶으면 난 자네에게 지시할 거야. '막심, 꼭지를 틀어!' 그리고 이 입으로 직접 벌컥벌컥 마실 거야. 한잔 들이켜게, 에밀랴이! 정말 멋지지 않은가? 까짓것, 악마더러 목졸라 죽여보라고 해! 그리고 흑토지주 나리의 농부가 오면 '오, 자네, 약탈해! 싹 털어 버려! 완전히 뒤집어 버리란 말이야!' 그가 해장술을 마시러 와서 '에밀리얀 파블로비치! 나 외상술 한잔 주게.', '뭐, 뭐라고 했어? 외상! 외상술은 줄 수 없어.', '에밀리얀 파블로비치, 한 번만 봐주게나.', '그렇다면 좋아, 가서 짐마차를 끌고 오게. 그러면 한잔 주지.' 하하하! 이런 배불뚝이 악마 같으니, 네놈의 그 배에 구멍이나 뚫었으면 좋으련만!"

"아니, 자넨 왜 그리 지독한가! 자, 보게나…… 그는 굶주렸어. 농부 말이야."

"뭐라굽쇼? 굶주렸다고? 언제 난 굶주린 적이 없단 말인가? 이봐, 난 말이야, 태어나면서부터 배를 곯았어. 태어나면서부터 굶는 사람이 있다는 건 법전엔 쓰여 있지도 않아. 암, 자네 말이 맞지! 그자는 굶주려 있어. 뭣 때문에? 흉년 때문에? 그건 그자의 대가리에 흉년이 들고, 그 다음엔 들판에 든 게 틀림없어. 바로 그거야! 어째서 다른 제국에는 흉년이 들지 않을까? 그곳 사람들의 머리는 뒤통수나 긁으라고 있는 게 아냐. 거기 사람들은 바로 이렇게 생각한다니까! 친구, 거기선 비가 오늘 필요하지 않으면 내일로 연기할 수도 있고, 또 햇볕이 너무 심하게 쪼이면 그 햇볕을 조금 뒤로 미룰 수가 있어. 하지만 우리나라에선 무슨 방법이 있냔 말이야. 아무것도 없어. 속수무책이잖아, 친구……. 아니, 내가 지금 무슨 소리를 하고 있지! 이건 다 농담이야. 하지만 정말로 천 루블이 생기고 술집을 가질 수 있다면 정말 심각한 일이 일어날 거야……."

그는 입을 다물고 버릇대로 담배쌈지를 더듬거려 꺼내서 홀딱 뒤집어 보고는 짜증스러운 듯 침을 퉤 내뱉었다. 그리고 그것을 바다에 냅다 집어던졌다. 파도는 이 더러운 주머니를 발견하고 해변에서 끌어갔지만 잠시 뒤에 다시 해변에 내던졌다.

"안 가져가? 가져가, 가져가 버리란 말이야!"

에밀리얀은 흠뻑 젖은 담배쌈지를 주워들고 거기에 돌을 집어넣은 다음, 힘껏 들어올렸다가 멀리 바다로 내던졌다. 나는 그 모습이 우스워 빙그레 웃었다.

"여보게, 자넨 왜 이빨을 함부로 드러내는 거야? 인간이란 다 똑같아. 책을 많이 읽고, 그것도 모자라 갖고 길을 다니면서까지 책을 읽는 인간들도 인간을 제대로 이해할 줄 몰라. 네눈박이 도깨비 같으니라고!"

나를 향해 부르는 에밀리얀의 네눈박이 도깨비라는 말에, 나는 그가 몹시 흥분했다는 것을 알 수 있었다. 그는 세상 모든 존재에 대해 격렬한 분노와 증오를 느끼는 순간에 나를 향해 '네눈박이 도깨비'라고 불렀기 때문이다. 어쩔 도리가 없는 이런 표현은 그가 나를 처음 만났던 날, 내가 그와 한 조가 되어 루마니아 기선에 석탄을 실어날랐던 날 처음으로 듣게 되었다. 일을 한 첫날, 자신도 여기저기 찢기고 할퀸 자국 투성이에다가, 악마의 상징처럼 새까만 모습을 하고 있는데도 불구하고 그는 나에게 '네눈박이 도깨비'라고 불렸다. 그는 나를 부를 때 '당신'이란 격식을 차린 존경의 말투가 아닌, 어떤 방법으로도 나를 하대하게끔 만드는 격식으로 무게와 의미를 부여했다.

나는 그에게 사과하고 어느 정도 그를 진정하기 위해 구름과 태양의 지배에 대한, 그의 지식은 신화의 영역임을 증명해 보이려고 애썼다. 그러면서 다른 제국들에 대한 얘기를 시작했다.

"뭐라고? 바보 같은 소리 하지 마! 바로 그거야! 자, 그럼 그렇지."

그는 가끔 이야기의 중간중간에 바보 같은 소리 하지 말라는 그런 말을 끼워넣었다. 그러나 나는 평상시와는 달리 여러 다른 제국들과 그들 나라의 생활양식에 대한 그의 흥미가 그리 크지 못하다는 걸 알 수 있었다. 에밀리얀은 내 말을 거의 듣지 않고 눈앞에 보이는 먼 곳만 바라보고 있기 때문이었다.

"모든 게 다 그래." 그는 한쪽 팔을 막연히 휘저으면서 내 말을 가로막았다.

"내가 자네에게 묻고 싶은 건 다름 아니라 만일 우리가 돈을 가진, 그것도 거금을 갖고 있는 사람을 만난다면……."

그는 내 옆에서 내 안경 밑을 힐끗 쳐다보며 힘주어 말했다.

"좋아, 자네라면 자신의 즐거움을 위해서 그 갑부를 죽일 텐가?"

"물론 아니야." 나는 대답했다.

"인간이란 누구를 막론하고 다른 사람의 생명을 희생시키면서 자신의 행복을 살 권리를 가질 순 없어."

"오호! 그래?…… 그건 책 속에 아주 적절히 쓰여 있지만 단지 양심의 기쁨을 위해서일 뿐이고, 실제로 그런 말을 처음으로 생각해 낸 그 나라도 자기가 곤란한 경우에는 자신을 보호하기 위해서 적절한 기회를 엿본 뒤 누군가를 죽여 버릴지도 몰라. 정말이야! 그건 바로 권리란 말이야!"

바로 내 코앞에 에밀리얀의 힘줄 가득한 거대한 주먹이 나타났다.

"그리고 모든 사람은 저마다 능력을 갖고 있긴 하지만 항상 권리에 따르기 마련이야. 역시 권리라니까."

에밀리얀은 기다랗고 허연 눈썹 밑으로 두 눈을 깊숙이 감추고서 얼굴을 잔뜩 찌푸렸다.

나는 그가 화났을 때에는 그에게 반박해 보았자 아무 소용없다는 것을 알고 있었기 때문에 잠자코 있었다.

그는 발밑에서 우연히 주운 나뭇조각을 힘껏 바다에 내던지고는 한숨을 쉬며 말했다.

"담배 한 모금이라도 빨았으면……."

나는 오른쪽 초원에다 시선을 돌렸다. 초원에는 목동 두 사람이 땅바닥에 드러누워 우리를 쳐다보고 있었다.

"안녕하쇼!" 에밀리얀은 그들에게 소리쳤다. "당신들 담배 가진 것 있소?"

그들 가운데 하나는 고개를 다른 목동에게 돌리며, 입에서 씹다 만 쭈글쭈글한 풀줄기를 뱉은 뒤 느릿하게 말했다.

"담배 있냐는군. 어이, 미하일?"

미하일은 마치 우리와 이야기 나누기를 바라는 듯 하늘을 쳐다보고 우리에게로 몸을 돌렸다.

"안녕하시오." 그는 말했다. "당신들 어디로 가시오?"

"오차코프 염전으로 가는 중이오."

"에게!"

우리는 그들 옆의 땅바닥에 말없이 자리를 잡았다.

"여보게, 니키타, 갈가마귀들이 다 쪼아먹기 전에 어서 주머니를 집어 들게나."

니키타는 능글맞게 코웃음을 치고 주머니를 집어들었다. 에밀리얀은 이를 부드득 갈았다.

"자네들, 담배를 그리도 피우고 싶은가?"

"피운 지 꽤나 오래 되었소." 나는 말했다.

"아니, 어쩐 일로? 그렇담 피우고 싶겠군."

"에잇, 제기랄, 그만둬! 악마 같은 우크라이나 놈들! 줄 테면 주고 말 테면 말아! 괴물 같은 놈들! 초원을 헤매다 혼이라도 빠져 버렸나, 웃기는 왜 웃어? 한 번만 더 투덜거려 봐라, 머리통을 부숴 버릴 테니!"

에밀리얀은 눈알을 부라리면서 큰 소리로 외쳤다.

목동들은 벌떡 일어나 몽둥이를 들고 서로 꽉 붙어섰다.

"에헤, 형씨들, 한번 해보자는 거군! 자, 그렇다면 어디 덤벼보시지!"

악마 같은 우크라이나 놈들은 한바탕 싸우고 싶어하는 눈치였다. 우리는 이것에 대해 한 치의 의심도 하지 않았다. 에밀리얀의 불끈 쥔 주먹과 오싹하리만큼 이글이글 타는 두 눈을 보건대, 그는 싸움을 피할 생각은 추호도 없어 보였다. 하지만 나는 싸움에 말려들고 싶은 생각이 없었기에 서로를 화해시키려 했다.

"잠깐만 기다리게, 형씨들! 내 친구가 좀 흥분했을 뿐이야. 대단한 일도 아닌데 뭘 그러나. 그러니 여보게들, 그렇게 아깝지 않거든 담배를 조금만 나누어 주게. 그러면 우리는 우리 갈 길을 갈 테니 말일세."

미하일은 니키타를, 니키타는 미하일을 쳐다보고 서로 빙그레 웃었다.

"진작 그렇게 말할 것이지!"

미하일은 겉옷 주머니에 손을 집어넣어 담배쌈지를 꺼내서 내게 내밀었다.

"자, 필요한 만큼 담배를 가져가게!"

니키타는 주머니에 손을 집어넣어 커다란 빵과 소금에 절인 베이컨 한 조각이 든 봉지를 내게 내밀었다. 나는 그것을 받았다. 미하일은 빙그레 웃으며 내게 담배까지 쥐어주었다. 니키타가 투덜거렸다.

"잘 가시오!"

나는 고맙다는 인사를 했다.

에밀리얀은 무뚝뚝하게 고개를 떨구고, 아주 큰 소리로 씩씩거리며 말했다.

"이 돼지 악마들아!"

우크라이나 인들은 우리를 계속 쳐다보면서 화를 참느라 고통스러워 보였다. 그들의 심정을 대변하듯, 그들은 비틀거리는 발걸음으로 초원 깊숙이 사라졌다. 더는 그들을 마음에 두지 않아도 되었던 우리는 땅바닥에 주저앉아 베이컨이 든 누런 빵을 허겁지겁 먹어치웠다. 에밀리얀은 요란하게 쩝쩝 소리를 내었고, 씩씩거렸지만 왠지 내 시선을 피하느라 정신이 없는 눈치였다.

저녁 때가 되었다. 저 멀리 바다 위로 깔려드는 어둠이 잔잔한 물결을 에워쌌다. 바다 가장자리는 장밋빛과 금실로 수를 놓은 듯했고 길게 늘어선 뭉개구름은 연보랏빛으로 하늘을 물들였다. 그러다가 마침내 어둠은 더욱 짙어져 초원을 덮었다. 초원의 가장자리 저 멀리에는 지는 해가 만들어 내는 거대한 진홍색 햇살이 붉은 부채처럼 온 대지와 하늘을 붉게 물들였다. 파도는 해안에 부딪히고 바다는 여기선 장밋빛, 저기선 검푸른빛으로 놀라우리만치 아름다운 자연의 힘을 드러내 보였다.

"이제 담배나 한 대 피우세! 이 우크라이나 놈들아, 뒈져 버려라!"

그렇게 우크라이나 사람들과의 관계를 한 마디로 청산하고 나서, 에밀리얀은 자유롭게 한숨을 내쉬었다.

"더 갈까, 아니면 그냥 여기서 하룻밤 지낼까?"

우리는 더 걷기에는 너무 지쳐 있었다.

"여기서 하룻밤 새우세." 나는 결정했다.

"좋아, 그럼 그렇게 하지." 그리고 그는 땅바닥에 누워서 하늘을 쳐다보았다.

에밀리얀은 담배를 피우며 침을 뱉었다. 나는 놀라우리만치 멋진 저녁 풍경을 만끽하면서 주위를 둘러보았다. 초원 위로 해안에 부딪히는 단조로운 파도소리가 듣기 좋게 울려 퍼졌다.

"배때기 부른 놈들의 대갈통을 깨부수는 건 말할 필요도 없이 유쾌한 일이야. 특히 일을 잘 꾸민다면 말이야." 뜻밖의 말을 에밀리얀이 지껄여댔다.

"작작 지껄이게." 나는 말했다.

"지껄인다고? 뭘 지껄인다는 거야! 그 일은 꼭 성사되고 말 테니, 내 양심을 믿어 봐! 지금 내 나이가 마흔일곱인데, 난 20년 동안이나 이 일로 골치가 아팠어. 내 생활이란 게 도대체 뭐야? 개 같은 생활이 아니냐고. 계집이라도 있길 한가, 빵 한 쪽이 있나? 개만도 못해! 내가 과연 인간이랄 수 있어? 아니, 친구, 난 인간도 아냐. 구더기나 짐승만도 못해! 누가 나를 이해할 수 있겠어. 잘살 수 있는 방법을 안다면 내가 왜 이렇게 살겠는가? 응? 이런 제기랄, 망할 놈의 세상!"

그는 내게 얼굴을 돌리면서 빠르게 지껄였다.

"자넨 아는지 모르겠지만, 언젠가 한번은 이런 일이 있을 뻔했어…… 정말 사소한 일은 아니었지……. 아, 난 저주받을 놈이야. 망할 놈이야. 바보였어, 안타까워. 어때, 더 듣고 싶은가?"

나는 즉시 듣고 싶다고 말했고, 에밀리얀은 담배를 한 모금 빨고 나서 이야기를 시작했다.

"친구, 그 일은 폴타바에서 있었던 일이야. 아마 한 8년쯤 지난 일일 거야. 나는 한 상인의 집에서 점원으로 있었는데, 그 상인은 목재를 거래했어. 일 년쯤은 별 탈 없이 잘 지냈지. 그러다가 갑자기 나는 술을 마시기 시작했고, 주인 돈을 60루블 꿀꺽해 버렸어. 난 이 일로 재판을 받아 3개월 강제노역형을 선고받았지. 그래서 감옥소 생활을 시작했던 거야. 어쨌든 난 형기를 마치고 나왔는데…… 그 다음 어디로 가야 할지 막막하지 뭔가? 워낙 유명한지라 도시에선 날 몰라보는 사람이 없을 정도였지. 그렇다고 다른 곳으로 가자니 뭐 가진 게 있나, 또 입을 게 있길 한가. 그래서 난 말이야, 안면이 있는 어떤 수상한 사람에게 갔어. 그는 선술집을 차려놓고 이런저런 사연이 있는 젊은 애들을 썼는데 그들의 일을 숨겨주며 불법적인 일을 하고 있었다네. 하지만 마음씨는 그지없이 비단결 같고 정직하기는 이를 데가 없었는데, 게다가 지혜롭기까지 한 사람이었다네. 책은 또 얼마나 많이 갖고 있었던지 독서를 많이 해서 세상물정에 밝았어. 그래서 난 결국 그 사람에게 갔던 거지. '어이 여보게, 파벨 페트로프, 사람 한 번 살려주게!', '그럼, 여부가 있겠나. 사람이란 털 색깔만 같으면 서로를 도와줘야 하는 거야. 여기서 먹고 마시면서 지내도록 해. 그리고 잘 봐두게.' 친구, 이 파벨 페트로프는 아주 영리한 사람이었어. 나는 그를 아주 존경했고, 그 또한 나를 무척이나 좋아했어. 그는 낮이면 스탠드 뒤에 앉아서 프랑스 강도들에 대한 책을 읽곤 했어. 하긴 그가 가진 책은 모두 강도들에 대한 것뿐이었지만 말이야. 하여튼 책의 내용을 들어보면 정말 날고 긴다는 놈들이 등장을 하고 놀라 까무러칠 정도로 일을 해치우는데도 마지막에 가선 꼭 보기좋게 실패를 한단 말이야. 머리들도 좋고 손재주도 있어 보이는데 말이야. 아니, 자네 날 비웃고 있군. 하지만 책의 결론부분에 가선 갑자기 붙잡혀 재판을 받게 되고, 그것으로 만사 끝이야. 모든 건 한 순간에 무너져 버리더라고.

　나는 이 파벨 페트로프 집에 한두 달 머물면서 그가 읽은 것은 물론이고, 여러 가지 잡다한 얘기들을 듣게 되었지. 그런데 가만히 보니 왠지 수상쩍은 애들이 시계나 팔찌 같은 것을 가지고 드나들더라고. 알고 보니 그들의 일이란 게 모두 인생에 아무런 가치도 없는 것이었어. 애들이 물건을 훔쳐오면 파벨 페트로프가 그 물건 정가의 반값을 치러주더군. 그래도 그는 나름 아주 정직하게 대가를 치러줬어. 당장 '어이, 이리 내!' ……그러곤 떠들썩한 술판에다 노래, 비명, 정말 뭐 하나 남아나는 게 없었지. 오, 친구! 정말 하찮은 일이더라고. 그러다 한 사람이 재판을 받게 되면 또 다른 사람도 따라서 재판을 받게 되고…….

이유? 야간침입 강도혐의야. 그런데 고작 백 루블이 도난당했다나! ……백 루블! 아니, 정말 인간의 삶이 고작 백 루블의 가치밖에 안 된단 말이야? 얼간이 같은 새끼들! …… 그래서 난 파벨 페트로프에게 말했어.

'파벨 페트로프, 이 모든 일은 어리석고 손댈 만한 가치조차 없는 일이야.'

'음, 자네에게 어떻게 얘기하면 자네가 이해할 수 있을까?'

그는 말했어. 한편에서는 암탉이 낟알을 쪼아먹고 있는데 다른 한편에선, 인간의 모든 일 속엔 자신에 대한 존경이라곤 닭이 먹고 있는 낟알만큼도 없다는 거야. 문제는 바로 여기에 있는 거라고. 과연 자기 자신의 가치를 알고 있는 사람이 20코페이카 은화 한 닢 도적질하자고 제 손을 더럽힐 수 있을까? 절대 그렇지 않아! 나란 인간만 해도 그렇지, 유럽의 교양을 가지고 있고 나 스스로가 지혜롭다고 생각하고 있는 내가 나를 백 루블에 팔아 넘길 것 같은가? 천만의 말씀이야! 그리고 그는 자신을 알고 있는 사람이 어떻게 처신해야 하는지를 예로 들어가며 내게 설명했어. 우리는 그런 식으로 오랫동안 얘기를 주고받았지. 난 그에게 말했어.

'여보게, 파벨 페트로프, 난 오래전부터 행복이란 걸 시험해 보고 싶었어. 어디 자넨 세상살이에 경험이 많은 사람이니, 무엇을 어떻게 해야 하는가를 내게 충고해 주지 않겠나?'

'흠, 해주고말고. 우선 아무리 사소한 일이라도 남의 도움 없이 순수하게 모험심을 가지고 자기 생각대로 재빠르게 처리해야 하지 않을까? 예를 들자면…… 오바이모프는 목재소에서, 보르스클라를 지나 혼자서 빠른 마차를 타고 돌아오지. 자네도 잘 알겠지만 목재소 점원으로부터 매상금을 받아서 그는 항상 돈푼깨나 지니고 있어. 그것도 일주일 분 매상금이야. 그들이 하루에도 3백 건 넘게 거래를 한다면……. 어마어마하지. 자넨 이것에 대해서 어떻게 생각하나?'

나는 곰곰이 생각에 잠겼지. 오바이모프는 내가 점원으로 일하던 상점 주인이었거든. 일은 일석이조인 셈이었어. 그가 내게 했던 못된 짓에 대한 앙갚음과, 맛있는 빵조각도 뺏을 수 있으니까. 나는 '생각을 좀 해봐야겠는데'라고 말했어. '물론 안 할 수 없겠지' 하고 파벨 페트로프가 대답하더군."

그는 이야기를 멈추고 천천히 담배를 말았다. 노을은 거의 사라졌고, 유독 가느다란 장밋빛 리본만이 갈수록 더욱 창백해진다. 이내 점점 어두워져가는 하늘에서 마치 나른함 때문에 꼼짝도 하지 않고 얼어붙어 버린 솜털 같은 뭉게구름의 가장자리가 빨갛게 물들어가고 있었다. 초원은 쥐 죽은 듯 고요하고 구슬펐으며, 바다에서 끊임없이 울려오는 잔잔한 파도소리는 단조롭고 부드럽게 고요와 구슬픔을 더했다. 바다 위에선 벨벳처럼 부드러운 남쪽 하늘을 수놓기 위해 이제 비로소 만들어진 것 같은, 새롭고 청명한 작은 별들이 하나 둘 잇달아 선명하게 반짝거리고 있었다.

"그래서 친구, 난 그 일에 대해서 이런저런 생각을 하다가, 마침내 결정을 내렸지. 그리고 그날 밤 7푼드짜리 쇠굴대를 가지고 보르스클라 근처 숲 속에 숨어 있었어. 그게 아마 10월 끝무렵이었던 것 같군. 밤은 사람의 마음속만큼이나 그렇게 적당히 어두웠어…… 장소 또한 더 바랄 나위가 없을 정도로 아주 적당했지. 바로 거기엔 다리가 있었는데, 그 내리받이 판자가 쪼개져 있었기 때문에 말이 천천히 걸어야만 했어. 나는 엎드려서 기다렸지. 친구, 난 그 순간에는 장사치 열 명이라도 해치울 만큼 악의에 사로잡혀 있었어. 그 당시 나는 도저히 하려야 할 수 없는 일을 매우 간단히 생각했었지. 딱! 한 방이면 끝나는 거야! ……그럼! …… 나는 엎드려서 마음속으로 중얼거렸지. 자네도 가히 짐작할 수 있겠지만, 정말 만반의 준비가 다 돼 있었어. 한 방이면! 그러면 돈이 들어오는 거였어. 그런 거야, 딱! 그거면 만사 끝이었다고.

자넨 인간이 마음먹은 대로 무엇이든 다 할 수 있다고 생각하나? 천만에! 친구, 자네 내일 무슨 일이 일어날지 나에게 얘기해 볼 수 있겠나? 추측한다는 자체가 어리석은 짓이지! 자네가 내일 왼쪽 길로 갈 건지 오른쪽 길로 갈 건지조차도 얘기할 수 없단 말일세. 난 엎드린 채 한 사람을 기다렸어. 그런데 엉뚱한 일이 생겨 버렸어. 전혀 생각하지 않은 일이 벌어졌던 거야.

시내 쪽에서 누군가 마치 술에라도 취한 것처럼 손에 지팡이를 들고 비틀비틀 걸어오는 거야. 그러면서 혼자 뭔가를 중얼거리는데 잘 알아듣지 못할 말들을 웅얼거리더니 훌쩍이고, 급기야는 흐느껴 울더란 말이야……. 좀 더 가까이 다가오는데 보니까 농군 여편네 같더군. 제기랄, 망할 년 같으니라고! 그래 더 가까이 오기만 해봐라, 욕이나 실컷 해대야겠다고 생각하고 있

었지. 그런데 그 여편네는 다리 쪽으로 곧장 오더니 갑자기 소리치는 거야. '내 사랑, 무엇 때문에!'

친구, 정말 그렇게 소리를 질러대더군. 난 온몸이 마구 떨렸어. '도대체 이게 어떻게 된 일이야?' 난 생각했지. 그런데 이 여자가 나를 봤는지 나를 마주 보며 내 쪽으로 다가오는 거야. 난 땅바닥에 바짝 엎드려서 온몸을 떨었어. 그동안 나를 움직이던 악은 도대체 어디로 달아나 버리고 없단 말인가! 그 여자가 내 위로 올라와선 당장 날 짓밟을 판이었어. 그런데 그 여잔 다시 큰 소리로 외치는 거야. '왜 그래야만 해! 도대체 이유가 뭐야?' 그리고 자신이 서 있던 바로 그 자리에서, 그러니까 거의 내 바로 옆에 털썩 주저앉더라고. 그러고선 그녀는 거기서, 친구, 자네에게 어떻게 표현할 수 없을 정도로 서럽게 울부짖는 거야. 난 정말 가슴이 찢어지는 것 같았어. 하지만 엎드린 채 꼼짝도 하지 않았어. 그녀는 계속 울부짖더군. 난 그녀가 너무나 애처로워서 그곳에서 달아나고 싶었어. 그런데 그때 달이 구름 속에서 나와 환하게 우리를 비추는 거야. 그때 얼마나 겁이 나던지. 난 손으로 턱을 괴고 그녀를 쳐다봤어. 그런데 바로 거기서, 친구, 모든 일이 수포로 돌아가고 말았다네. 내 모든 계획이 산산조각 났던 거야. 제기랄! 보니까 가슴이 철렁하더군. 정말 쬐끄만 계집아이가, 정말 어린애였어. 얼굴은 눈처럼 하얗게 곱슬머리가 뺨까지 내려와 있고, 눈망울이 얼마나 큰지 그 앙큼한 게 요렇게 빤히 쳐다보더란 말이야. 그런데 그 애의 작은 어깨는 부들부들 떨렸고, 눈에선 닭똥 같은 굵은 눈물이 한 방울 두 방울 뚝뚝 흘러내렸어.

난 측은한 생각이 들었어. 그래서 일부러 헛기침을 했지. '에헴! 에헴!' 그러자 그녀가 소리치는 거야.

'누구죠? 누구? 거기 누구세요?' 말하자면 깜짝 놀랐던 거지…… 그래서 난 곧바로 '저어……' 하고 벌떡 일어나서 말했지.

'이봐요, 나요. 그런데 당신은 누구요?'

그녀가 다시 묻더군. '당신은 누구시죠?' 그러더니 눈이 휘둥그레져서 마치 우무처럼 온몸을 바르르 떠는 거야."

그는 한바탕 웃어댔다.

"'이봐요, 내가 누구냐고요? 진정하시고 우선 날 겁내지 말아요. 아가씨, 난 당신을 해치진 않을 테니까. 난 보시다시피 그냥 사람이오. 건달 패거리중의 하나지.' 난 그 여자에게 거짓말을 했어. 내가 바보가 아닌 이상 상인을 죽이려고 여기 숨어 있었다고 어떻게 말하겠는가? 그랬더니 그 여자가 말하더군.

'그런 건 나와는 상관없는 일이에요, 난 자살하려고 여기 온걸요.' 정말 그 여자는 소름이 쫙 끼칠 정도로 그렇게 진지하게 말하는 거야. 친구, 그러니 내가 거기서 무슨 일을 벌이겠나?"

에밀리얀은 비통한 얼굴로 양팔을 벌리고 온후한 미소를 지으면서 나를 쳐다보았다.

"난 갑자기 거기서 지껄이기 시작했어. 뭘 지껄여댔는지조차 모르겠지만 나 자신 귀가 솔깃할 정도로 그렇게 많은 이야기를 했지. 아마도 그녀가 젊고 정말 예쁘다는 얘기를 가장 많이 했을 거야. 그런데 그 여자가 예쁘다는 건 틀린 말은 아니야. 정말 절세의 미인이었어! 그녀의 이름은 리자라더군. 결국 내 가슴이 그렇게 말했던 거야. '내 이 마음을 과연 누가 알겠어?' 그래, 그런데 그녀가 진지한 눈빛으로 뚫어져라 나를 계속 쳐다보더니 갑자기 빙그레 웃는 거야."

에밀리얀은 눈물이 고인 눈으로 울먹이더니 불끈 쥔 주먹을 허공에 휘저으며 초원에다 대고 고함을 질렀다.

"그녀가 빙그레 웃자 난 완전히 다리가 풀려서 그녀 앞에 털썩 무릎을 꿇고 말았어. '아가씨, 아가씨!' 이렇게 말할 수밖에 없었어. 그러자 그녀는 내 머리를 두 손으로 감싸쥐고는 내 얼굴을 물끄러미 쳐다보면서, 마치 그림에서처럼 방긋 웃는 거야. 뭔가 말하고 싶은 듯 애써 입술을 움직거리더니 드디어 말문을 열더군. '당신은 정말 좋은 분이에요. 당신도 역시 나와 다를 바 없군요, 그렇죠? 말씀해 보세요, 나의 좋은 분.' 음, 그리고 친구, 그건 사실이야. 그뿐만이 아냐. 그녀는 내 이마에 키스까지 해주었다니까. 친구, 바로 이렇게 말이야! 이해하겠어? 정말이야! 어이, 친구! 자네도 알겠지만 47년이란 내 평생에 이보다 더 좋은 일은 없었어. 아! 정말이야! 그다음 내가 뭘 했지? 에잇, 인생아!"

그는 머리를 두 손에 파묻고 말이 없었다. 에밀리얀의 이야기에 어이가 없어 나는 말없이 바다를 쳐다보았다. 깊은 꿈속에 빠져 규칙적이고 깊은 숨을 몰아쉬는, 바다는 누군가의 커다란 가슴 같았다.

"음, 그러더니 그 여자는 일어나 내게 말하는 거야. '나를 집에 데려다주세요.' 우리는 걸어갔어. 나는 걷는데 발이 제대로 말을 듣지 않더군. 그녀와 나는 내내 쉬지 않고 이런저런 얘기를 했어. 그런데 말이야, 그녀의 부모는 장사치인데다 그녀는 외동딸이라서 버릇없이 자랐던 거야. 한 대학생이 그녀의 집에 와서 그녀를 가르쳤는데 둘은 사랑에 빠져 버렸어. 얼마 지나지 않아 그 대학생은 떠나게 되었고, 그녀는 그를 기다렸어. 그들 사이엔 이미 언약이 되어 있었다네. 그 대학생이 공부를 다 마치고 돌아오면 결혼하기로 말이야. 그런데 그 대학생은 돌아오지 않고 '넌 나와 어울리지 않아'라는 사연의 편지만 그녀에게 날아들었던 거지. 물론 그녀는 격분했고, 그런 연유로 해서 그런 결심을 한 것이었어. 그녀는 자살을 하려고 했던 동기를 얘기했고 그러면서 우리는 그녀가 살고 있는 집에까지 다다랐어. '저, 이봐요, 잘 가요! 내일이면 난 여길 떠나요. 돈이 필요하면 말씀하세요. 사양하지 마시고요.', '아닙니다, 필요치 않아요. 말씀 정말 고맙습니다.', '자, 사양하지 말고 말씀하세요. 가져가시라니까요!' 그녀는 계속 졸라댔어. 난 그때 여기저기 찢어진 누더기 옷을 걸치고 있었지만 그래도 말했지. '난 돈 같은 건 필요없어요, 아가씨.' 이보게 친구, 왠지는 모르지만 돈을 받는 건 아니었어. 우리는 작별 인사를 나누었지. 그녀는 다정스레 말하더군. '난 결코 당신을 잊지 못할 거예요. 당신에 대해선 전혀 모르지만 내겐 어쩐지…….' 하지만 이게 무슨 대수람!"

에밀리얀은 다시 담배에 불을 붙이느라 하던 말을 그쳤다.

"그녀는 들어갔고, 난 대문 옆의 벤치에 걸터앉았지. 슬픔이 북받쳐 올랐어. 문지기가 다가오더니 말하더군. '너 여기 뭣하러 왔어? 뭐 훔칠 거라도 없나 해서 왔지?' 바로 그 말이 내 가슴에 사무치더군. 나는 그놈의 면상을 한 대 후려갈겼지. 고함, 호각소리……, 경찰서로 가자! 뭐라고? 경찰서? 경찰서 좋아하시네. 평생을 처넣어 봐라, 난 아무래도 상관없으니까. 그리고 난 다시 그놈을 갈겼지. 벤치에 앉아 도망갈 생각조차 하지 않았어. 경찰서에서는 밤을 지새우고 아침이 되니까 내보내주더군. 난 그래서 파벨 페트로프에게로 갔지. '어딜 쏘다녔어?' 웃으면서 그가 묻더군. 그를 쳐다보는데 언제나 다를 게 없는 똑같은 사람이었어. 하지만 왠지 뭔가 새로운 게 보이기도 하더군. 난 결국 그에게 자초지종을 모두 이야기했다네. 신중히 내 얘기를 다 듣고 나서 그가 말하는 거야. '이봐, 에밀리얀 파블로비치, 이런 얼간이 바보천치 같으니라고, 썩 꺼져주실까!' 이게 어찌된 일이야? 그럼 내가 옳지 않았단 말인가? 난 뛰쳐나와 버렸어. 그게 전부야. 정말로 그렇게 모든 일은 끝나 버린 거야, 친구!"

말을 끝낸 그는 잠자코 땅바닥에 사지를 쭉 뻗고 누워, 두 손을 머리 밑으로 처박고서 별들이 총총 수놓여 있는 벨벳같이 부드러운 하늘을 바라보았다. 사방은 여전히 고요했다. 해변으로 밀려와 포말을 일으키며 부서지는 파도소리는 점점 더 부드럽고 조용해졌다. 결국 그 소리는 약하고 꿈결 같은 숨소리가 되어 우리 귀에까지 날아들었다.

매의 노래

해안 왼편은 깊은 숨을 몰아쉬는 거대한 바다였다. 그 바다 저편 먼 곳은 담청색 달빛에 젖어 움직임 없이 잠들어 있었다. 연한 은색의 바다는 저쪽의 회색 남쪽 하늘과 맞닿아 깊이 잠든 채, 무수히 반짝이는 황금빛 별들도 아랑곳하지 않았다. 그리고 미동도 하지 않는 깃털모양의 구름들은 마치 잘 짜인 투명한 직물과도 같았다. 그것은 잠시도 쉬지 않는 파도가 잠결에 해변으로 다가가면서 속삭이는 것을 하늘이 듣기라도 하려는 듯 바다 쪽으로 잔뜩 머리를 수그린 형상이었다.

나무로 빽빽하게 뒤덮인 산들은 기묘하게 북동쪽으로 구부러져 봉우리들은 하늘을 향해 치솟아 올라갔다. 하지만 그렇게 가파른 모습조차 남쪽 밤의 따스하고 온화한 구름과 안개에 덮여 완만한 굴곡을 만들었다.

산들은 심각한 생각에 잠겨 있었다. 검은 그림자는 산 쪽에서 나타나 초록빛을 띤 아름다운 물마루에 떨어져 내려 그것을 감싸안았다. 이것은 마치 파도 특유의 움직임을 멈추게 하려는 듯, 그칠 새 없이 철썩이는 물소리와 거품이 이는 소리를 냈다. 이 소리들은 아직은 산봉우리에 가려진 달이 밝혀주는 은빛 광채와 주변의 내밀스런 정적을 파괴하는 모든 소리를 압살하려는 것 같았다.

─아─알라─아하─아크바르! …… 크리미아 지방의 양치기 노인 나디르 라김이 조용히 내뱉었다. 그는 백발에 키가 크고 말랐지만 살갗은 남쪽 햇볕에 그을린 지혜로운 노인이었다.

우리는 산에서 굴러떨어져 내려온, 이끼가 무성하고 그늘에 가려져 있는 암석 옆의 모래사장에 누워 있었다. 바다를 향해 누운 그의 옆구리 쪽으로 파도가 수초들을 실어왔는데, 그런 풀들이 잔뜩 매달려 있는 암석은 바다와 산을 갈라놓는 좁다란 백사장에 많았다. 우리의 장작불이 산과 마주보는 방향에서 흔들거리며 그것을 비추었다. 그러자 여기저기 깊게 갈라진 오래된 암석에 그 그림자가 어른거렸다.

라김과 나는 방금 잡은 생선으로 수프를 끓이고 있었다. 우리는 모든 것이 투명하고 영감에 차 있으며, 자기의 깊은 내면을 들여다보려 했다. 그 순간 가슴속은 유난히 상쾌하고 가벼워 사색에 잠기고 싶다는 기분을 자아냈다.

바다는 해안을 삼킬 듯 넘실대고 있었고, 파도는 마치 모닥불가로 가까이 다가와도 되는지 묻는 듯 가련한 소리를 내고 있었다. 그리고 이따금 소리를 드높여 철썩거리며 장난스럽게 허공으로 튀어오르기도 했다. 그러다가 얼마 안 있어 파도 하나가 용감하게 우리 쪽으로 달려왔다.

라김은 머리는 바다 쪽으로 향한 채 모래사장에 가슴을 대고 엎드려 있었다. 머리를 팔로 받쳐 손바닥 위에 올려놓은 그는 가물가물한 저기 먼 곳을 생각하는 듯 바라보고 있었다. 머리 뒤쪽으로는 신선한 바람이 불어와 털이 많이 달린 양털모자를 스쳐 주름살로 뒤덮인 그의 널따란 이마마저 어루만지고 지나갔다. 그는 내가 듣든 말든 아랑곳없이 바다와 대화라도 나누는 양 사색에 잠겨 있었다.

"하느님을 믿는 사람은 천당에 간다지. 그러면 하느님과 예언자를 믿지 않는 사람은 어찌 될까? 아마 이런 물거품 속으로 사라져 버릴 거야…… 그리고 은색 반점은 아마 그들이 그렇게 변한 걸 거야…… 하지만 누가 그걸 알 수 있담?"

힘차게 약동하는 검은 바다가 밝아졌다. 바다 여기저기에 달빛이 비치며 그 빛을 반사하고 있었다. 달은 벌써 가파른 산봉우리에서 솟아올라 지금은 생각에 잠긴 듯 그것을 마주했다. 바다는 조용히 한숨을 내뱉으며, 우리가 누워 있는 해안과 암석을 향해 자신의 빛줄기를 쏟아부었다.

"라김! ……얘기 좀 하나 해주십쇼……." 나는 노인에게 간청했다.

"무슨 얘길! 더 들을 게 있나?" 내 쪽을 돌아보지도 않은 채 라김이 물었다.

"무슨 말씀을요, 영감님 이야기는 재미있어요."

"벌써 다 해 버렸는걸…… 더는 아는 것도 없네……."

그는 다시 한 번 부탁해 주기를 바라고 있었다. 내가 또 한 번 부탁했다.

"원한다면 좋아, 소리 하나 들려줄까?"

라김이 받아들이겠다는 뜻을 밝혔다.

옛날 노래가 듣고 싶었다. 그는 착 가라앉는 음조로 찬미가의 독특한 가락을 담아내려 애쓰면서 이야기를 시작했다.

1

"산 높은 곳에 율모기*¹가 기어가다 저기 축축한 계곡에 똬리를 틀고 누워 바다를 바라본다.

하늘 높은 곳에 태양이 빛나고 산들은 하늘을 향해 더운 숨을 몰아쉬며, 빛나는 태양 그리고 저 아래 파도가 암석에 부딪힌다……

날아 흩어지는 물방울은 어둠에 잠긴 계곡을 따라서 흐르다가 돌과 부딪히고 소리를 지르며 바다로 달려간다.

허연 물거품을 일으키고 흰빛을 내며 힘차게 흐르는 물은 산을 가르며 바다로 떨어진다. 화난 울음소리가 들린다.

불현듯 율모기가 똬리를 튼 계곡으로 하늘에서 매 한 마리가 떨어진다. 가슴이 깃털로 뒤덮인 매가……

짤막한 울부짖음과 함께 땅에 떨어진 매의 분노에 차고 무력한 가슴이 단단한 암석에 부딪힌다.

깜짝 놀라서 재빠르게 기어가던 율모기는 그 날짐승의 생명이 얼마 남지 않았음을 알아챈다.

율모기는 상처 입은 매에게로 가까이 기어가 눈을 마주보며 슈슈 소리 내어 물어본다.

'어찌 된 일이지, 그만 죽어 버리는 거야?'

'그래, 죽게 될 거야.' 매는 깊은 숨을 내쉬며 대답한다. '그래도 명예롭게 살았어! ……난 기쁨이 뭔지 다 알지! ……난 정말 용감하게 싸웠어. ……하늘을 보았었지…… 당신은 그렇게 가까이서 하늘을 본 적은 없을 거야! ……아, 불쌍한 당신!'

'뭐라 그랬지? ……하늘? 아, 저기 허공을 말하는군…… 저기를 어떻게 기어다닌담? 난 여기가 적격이야…… 덥고 축축한 이곳이!'

자유로운 그 매에게 그렇게 대답한 율모기는 마음으로 그의 허황된 생각을 비웃는다. 그러고는 생각한다.

---

*1 뱀과에 딸린 파충류.

'날거나 기거나 결국은 마찬가지인 거야. 지상의 모든 건 죽어서 먼지가 되어 버릴 테니 말이야……'

그런데 용감한 매가 갑자기 날개를 파닥거리며 몸을 바로 세워 계곡을 둘러본다.

회색의 암벽 사이로 물이 흘러내린다. 어두워진 계곡 안은 숨 막히는 역겨운 냄새가 풍겨온다.

슬픔과 통증에 잠겨 있던 매가 온몸의 힘을 모아 소리친다.

'아, 한 번만 더 하늘을 날 수 있다면! ……그렇다면 내 가슴의 상처에 원수를 처박아……내 피를 먹여 질식시켜 버릴 텐데! 아, 투쟁의 기쁨이여!'

한편 율모기는 잠시 생각한다.

'그가 저렇게 노래 부르듯 얘기하는 걸 보면 하늘에서 사는 건 즐거운 게 틀림없는 모양이군……!'

율모기가 자유로운 매에게 제안한다.

'그러면 계곡의 벼랑으로 가 밑으로 몸을 던져. 그러면 아마 그 날개 가지고 하늘로 올라가지는 못해도 조금이나마 자네 뜻대로 살 수 있을 거야.'

몸이 식어가던 매는 암석에 묻은 피에 미끄러지면서도 당당하게 벼랑으로 다가간다.

벼랑에 다가선 매는 날개를 펴고 가슴 한 가득 숨을 들이켠 뒤 눈을 빛낸다. 그러고는 낙하한다.

돌멩이처럼 암벽을 구르며 빠른 속도로 떨어지는 매는 날개가 꺾이고 깃털이 날린다.

흐르던 물살이 매를 삼킨다. 피가 번져 물거품에 섞이며 바다로 질주해간다.

바닷물결도 슬프게 울부짖으며 바위에 부딪힌다…… 그리고 매의 주검은 드넓은 바다에 잠겨 보이지 않는다."

2

"율모기는 계곡에 누워 매의 죽음과 날아오르려는 그 열망을 오랫동안 생각한다.

그리고 행복의 공상으로 변함없이 눈을 위로하고 어루만져주는 하늘 멀리 저편을 바라본다.

'용감한 매가 밑도 끝도 없는 저 허공에서 본 건 무엇일까? 그 매처럼 죽어가는 자들은 어째서 하늘을 날고 싶어 안달하는 걸까? 그들이 그렇게 할 만한 분명한 이유라도 있는 모양이지? 잠시라도 하늘을 날아본다면 이 모든 걸 알 수 있겠지……'

율모기는 실행에 옮겼다. 똬리를 틀고 있던 그는 허공으로 뛰어올랐다. 그의 몸이 햇살에 가는 띠처럼 빛났다.

본디부터 기어다녔던 것은 날 수 없는 법이다…… 이것을 잊었던 그가 바위에서 떨어졌다. 다친 곳은 없지만 커다란 웃음이 터져 나왔다.

'그래, 하늘을 나는 것의 매력이란 바로 이런 것이로군! 낙하하는 것이었어!…… 새들도 참 우습지! 땅을 알지도 못한 채 땅에 있으면 까닭 없이 슬픔에 잠긴단 말이야. 그러면 괜히 하늘 높이 날아올라 아찔한 저 허공에서 삶을 찾으려 하지만 그쪽은 그저 공허할 뿐이야. 밝은 면이 있지만 거기에는 음식도 없고 몸뚱어리를 받쳐줄 받침대도 없어. 그런데 의기양양해 할 이유가 어디에 있다고? 어째서 남을 힐책하지? 왜 그렇게 맹목적인 바람을 감춘 채 세상을 살아가는 걸까? 우스운 새들이야! 하지만 앞으로는 그들 말에 속진 않겠어! 나 자신이 모든 걸 알아 버렸거든! 하늘을 보았고, 또 날아 보았고, 그것이 어떤지도 알았으며, 낙하도 해봤어. 다만 나 자신에 대한 신념이 다친 곳 없이 굳어졌을 따름이야. 땅을 사랑하지 못하는 자들은 착각에 빠져 살아가더라도 상관없는 일이지. 나도 진실을 알아. 그리고 그들의 부추김을 믿지 않아. 나는 지상동물이니 땅에서 사는 것이 제격이지.'

율모기는 암석 위에 똬리를 틀고 의기양양해 한다.

바다가 번뜩이고 만물은 밝은 빛에 잠겨 선명하다. 파도는 밀려와 위협하듯 해안에 부딪힌다.

사자의 울부짖음 같은 파도소리 속에 당당한 그 새에 대한 찬가가 들려온다. 그리고 부딪혀오는 파도에 암벽이 진동하고 위협적인 노래에 하늘이 울린다."

용맹한 자의 저돌성에 우리 영광의 노래 부르세!

용감한 자의 맹목성, 삶의 지혜는 바로 이것! 오 용감한 매여! 적들과 싸워 그대 상처에서 흐르는 피…… 그러나 시간은 흘러 그대의 불타는 핏방울은 암흑 같은 생활 속에 불꽃처럼 불타오르고, 용맹한 수많은 심장은 자유와 광명을 그리는 저돌적인 열정에 한없이 불타오른다!

그대는 죽어 사라지리라! …… 하지만 그대는 용감하고 강한 자들의 노래 속에 언제나 자유와 광명에의 도도한 호소로 생생한 모범이 되리라!

용맹한 자의 저돌성에 우리는 찬가를 부른다네!

……잠잠한 바다 저쪽은 휘황찬란하게 빛났고, 파도만이 노래 부르듯 백사장으로 밀려 들어왔다. 나는 바다 저 먼 곳을 말없이 바라보았다. 수면에는 달빛으로 생긴 은색 반점이 더욱 많아졌다…… 냄비에 든 수프가 조용히 끓고 있었다.

파도 하나가 장난치듯 해안으로 달려와서는 덤벼들듯 소리 내며 라김의 머리 쪽으로 기어갔다.

"이봐, 어디로 가는 거야? ……잘 가!"

라김이 파도를 보며 손을 흔든다. 파도는 조용히 방향을 돌려 바다로 밀려갔다. 파도가 생각하는 능력을 가진 것처럼 대하는 라김의 느닷없는 행동이었지만, 내게는 그것이 괴이하거나 우습게 보이지 않았다. 주위의 모든 것이 부드럽고 우아하게 살아 움직이는 것처럼 보였기 때문이다. 그렇듯 깊은 감동을 주며 정적에 잠긴 바다는 아직도 한낮의 더위를 식히지 못한 산들을 향해 강하고 수많은 힘이 숨겨진 신선한 호흡을 내뿜었다. 짙은 회색의 하늘에는 뭔가 계시가 있을 듯한 달콤한 기대감으로 사고의 흐름을 흐트러뜨렸다. 그리고 정신을 매혹하는 화려한 것은 황금빛 별 모양으로 새겨져 있다. 모든 것이 졸고 있다. 그러나 섬세하게 긴장하며 조는 듯한 바로 그 다음 순간에는 갑자기 모든 것이 깨어나 말할 수 없을 만큼 달콤한 소리의 화음을 낼 것 같았다. 소리들은 세상의 비밀을 얘기해 주고, 자기들이 가진 지혜를 설명해 주다가도 환상의 등불처럼 그것을 꺼 버린다. 그 뒤 짙은 회색의 심연 저 하늘 높은 곳, 별들이 흔들리는 그 심연을 향해 경이로운 계시의 음률을 흘려 보낸다. 그곳으로 정신을 몰고 간다……

나의 동행자

1

내가 그를 만난 것은 오데사의 항구에서였다. 사흘 내내 땅딸막하고 억센 모습과 텁수룩한 수염의 멋진 동양인 같은 얼굴은 나의 관심을 끌었다. 그는 끊임없이 내 앞을 얼씬거렸다. 나는 그가 갈대꽃을 입에 물고, 살구 씨 모양의 검은 눈으로 우울하리만치 탁한 항만의 물을 한 시간 내내 방파제 화강암 위에서 쳐다보는 것을 보았다. 그는 하루에도 열댓 번씩 만사태평한 사람의 걸음걸이로 내 곁을 지나다녔다. 그는 누구일까? …… 나는 그를 뒤따르기 시작했다. 그는 일부러 나를 조롱이라도 하듯, 줄곧 내 눈앞에 얼씬거렸다. 마침내 나는 조금 떨어진 곳에서도 그의 최신유행인 밝은 바둑판무늬 옷차림, 검은색 챙모자, 굼뜬 걸음걸이, 흐릿하면서도 따분한 눈길을 쉽사리 구별해 낼 수 있었다. 그는 이곳—기선과 기관차의 기적 소리, 도리깨질 소리, 노동자들의 아우성이 끊이지 않는 항만, 모든 면에서 사람들을 사로잡는 광기에 찬, 그리고 신경질적인 항구의 북적거림과는 전혀 어울리지 않았다. 그를 제외한 모든 사람은 걱정 가득한 얼굴에 지친 몸을 이끌고, 땀에 흠뻑 젖은 채 먼지 속을 달리며 소리쳤고 마구 욕지거리도 해댔다. 모든 것에 무관심하고 모두에게 낯설기만 한 그는 지루함을 도저히 못 견디겠다는 눈빛으로 빈둥거릴 따름이었다. 그는 모두가 고달프기 짝이 없는 북적거림을 신경 쓰지 않았다.

마침내 나흘째 되던 날, 나는 점심시간에 그와 정면으로 마주쳤고, 그가 누구인지 조금이라도 알아내겠다는 새로운 각오를 했다. 그에게서 멀지 않은 곳에 자리를 잡은 나는 수박과 빵을 우적우적 씹으며 그를 바라보았다. 어떻게 하면 그에게 좀 더 다정스레 말을 건넬 수 있을까, 나는 그 생각만 했다.

그는 차(茶) 상자 더미에 기대어 선 채 하릴없이 주위를 둘러보면서, 손가락으로 갈대를 집어 플루트를 불듯 소리를 냈다.

석탄먼지를 흠뻑 뒤집어써서 온통 더럽혀진 부랑자 같은 옷차림에, 등에는 막일꾼의 멜빵까지 한 내가, 그처럼 멋있는 사람에게 말을 건넨다는 것은 쉬운 일이 아니었다. 하지만 놀랍게도 그는 나를 계속 쳐다보고 있었고, 그의 눈은 동물적인 탐욕으로 불타오르고 있었다. 그다지 유쾌한 눈길은 아니었다. 나는 얼른 내 주위를 살핀 다음 내 관찰대상이 굶주려 있다고 결론짓고는 조용히 그에게 물었다.

"좀 드시겠어요?"

그는 몸을 떨었다. 그리고 빽빽하고 튼튼한 이를 드러내면서 의심쩍은 눈초리로 나를 훑어보았다. 우리에게 주의를 돌리는 사람은 아무도 없었다. 나는 수박 반쪽과 밀빵 덩어리를 그의 앞에 내밀었다. 그는 통째로 그것을 움켜쥐고는 화물더미 뒤로 몸을 숨겼다. 이따금 그 화물더미 뒤에서 음식을 씹느라 꿈틀거리는 목덜미, 거무스름하면서도 땀으로 번들거리는 이마, 그리고 그 위에 눌러 쓴 모자가 솟아올랐다. 그의 얼굴엔 흡족한 미소가 번졌고, 한 순간도 쉬지 않고 하품을 하면서 연신 내게 눈짓을 보냈다. 나는 그에게 잠시만 기다리라는 손짓을 하고 고기를 사려고 그 자리를 떴다. 그러고는 사가지고 온 고기를 그에게 주었는데, 일련의 일들이 상자더미 옆에서 은밀히 이루어졌기 때문에 어느 누구도 눈치를 채지 못했다. 그는 게걸스레 먹으면서도 교활한 눈길로 계속 모든 것을 쳐다보았다. 분명 그는 자기가 갖고 있는 빵조각들을 남에게 빼앗길까봐 두려워하고 있었다. 그는 아까보다는 진정되긴 했지만, 그럼에도 여전히 먹는 모양이 너무 급하고 게걸스러웠다. 나는 굶주림에 찌든 이 인간을 바라본다는 것이 왠지 씁쓸해져 급기야는 등을 돌려 버렸다.

"고맙습니다, 정말 고맙습니다!"

그는 내 어깨를 움켜쥐고 마구 흔들더니 그 뒤 손을 꽉 쥐고는 격렬하게 흔들어댔다.

5분쯤 지났을 때, 그는 나에게 자신에 대해서 지껄여대기 시작했다.

그는 그루지야 사람이며, 샤크로 프타제라는 공작이자 쿠타이스키 지주의 외아들이었다. 한달 전까지 그는 카프카즈 하천 왼쪽 기슭의 철도역 가운데 한 곳에서 사무원으로 근무하며 동료와 함께 살고 있었다고 했다. 그런데 이 동료가 갑자기 자기의 돈과 아버지 샤크로 공작의 값나가는 물건을 챙겨 도망쳐 버렸다는 것이다. 그는 그 동료를 잡으러 길을 나섰고, 마침 그 동료가 바툼까지의 표를 끊었다는 것을 알게 되어 곧바로 바툼으로 출발했다. 하지만 그곳에 도착하자마자 또다시 동료가 오데사로 떠나 버린 것을 알게 되었다. 그때 그는 바노 스바니제의 어느 이발사, 동료와 나이는 비슷하지만 전혀 닮지 않은 사람의 여권을 훔쳐서 오데사로 출발하였다. 그리고 그곳에서 경찰에 동료를 신고하고 곧 찾아주겠다는 약속을 받긴 했지만, 그렇게 2주일을 기다리는 동안 지니고 있던 돈을 다 써 버렸다. 그리고 꼬박 이틀 동안 빵 한 조각도 먹지 못했다고 한다.

나는 욕설로 범벅이 된 그의 이야기를 들으며 그를 쳐다보았다. 일단 그의 말을 믿게 되자 왠지 그가 가엾다는 생각이 먼저 들었다. 그는 스무 살이라고 했지만, 그 순박함으로 보아 조금 낮추어 생각해도 전혀 이상할 게 없었다. 그는 아버지의 물건을 훔친 동료를 찾지 못하면 자신은 아버지의 '단검'에 죽게 될지도 모른다고 했다. 만일 내가 도와주지 않는다면 이 젊은이는 탐욕스런 도시에 빠져 허우적댈 것만 같았다. 나는 때때로 어떤 사소한 우연성이 부랑자 계급을 키운다고 믿고 있었다. 하지만 이 공작을 돕는다면 전혀 존경받지 못하는 부랑자인 나는 매우 작게나마 존경받을 기회를 얻게 된다고 생각했다. 나는 그를 도와주고 싶었다. 그래서 경찰 부장에게 기차표를 부탁하러 가자고 그에게 말했다. 그는 한참을 주저하더니만 가지 않겠노라고 말했다. 무엇 때문이었을까? 묵고 있던 여인숙에서 주인이 지불하지 않은 방값을 요구했을 때 주먹질까지 했던 그가 왜? 그 일이 있고 난 뒤 그는 사라져 버렸다. 물론 경찰이 그에게 돈을 지불하지 않은 일과 사람을 때린 일에 대해 고맙다고 인사를 할 리는 만무했다. 그는 사태를 제대로 이해하지 못했다. 한두 대나 서너 대가 아니라 무자비하게 주먹을 휘둘렀던 것이다.

사태는 더욱 복잡해졌다. 나는 그를 위해 바툼까지 가는 기차표를 살 돈이 될 때까지 일해야겠다고 결심했다. 그러나 맙소사! 일이 내 생각대로 되지 않았다. 왜냐하면 잔뜩 굶주려 있던 샤크로가 한 끼에 세 사람분 이상의 음식을 먹어댔기 때문이었다.

그 무렵에는 굶주린 사람들이 널려 있던 때라 항구의 노임은 터무니없이 낮았다. 그나마 80코페이카의 품삯에서 우리 둘이 밥을 사 먹는 데만 60코페이카를 써야 했다. 게다가 샤크로와 만난 김에, 나도 그다지 머물고 싶지 않던 오데사를 떠나 크림으로 가기로 했다. 하는 수 없이 나는 샤크로에게 걸어서 가는 조건으로 길을 같이 나서자고 했다. 치플리스까지 가는 동안 나는 그에게 동행자를 찾아주기로 했다. 그리고 만약 여의치 않을 때는 내가 직접 목적지까지 그를 데려다주고, 동행자를 찾으면 깨끗이 작별하자고 말했다.

샤크로는 자기의 세련된 구두, 챙모자, 바지 등속을 힐끗 보고는 웃옷을 추슬렀다. 그러고는 생각에 잠겨 연거푸 한숨을 내쉬더니 마침내 동의했다. 드디어 나는 그와 함께 오데사에서 치플리스로 길을 떠나게 되었다.

2

헤르손에 도착했을 때쯤 되어서야 나는 내 동행자가 너무도 어리고, 철없고, 거칠며, 지나칠 정도로 미성숙하고, 쾌활하다는 것을 알게 되었다. 그는 배가 고프면 우울했고, 일단 배를 채우고 나면 전혀 딴판으로 강인하면서도 품성이 좋아졌다. 여전히 얼간이 같긴 했지만.

길을 걸으며 그는 카프카즈, 그루지야 지주들의 생활, 취미, 그리고 그들과 농민들과의 관계에 대해 많은 이야기를 늘어놓았다. 그의 이야기는 흥미로우면서 어떤 독특한 맛도 있었지만, 너무나도 극단적으로 자신의 이야기만 늘어놓는 흠이 있었다. 예를 들면 이렇다.

어느 부유한 공작이 작은 연회를 벌여놓고 이웃들을 초대했다. 술과 더불어 추레크*¹와 샤쉴르이크,*² 라바쉬,*³ 필라프*⁴ 등등의 음식이 차려진 만찬이 끝나자, 공작은 손님들을 마구간으로 안내하여 말들을 자랑했다. 그 가운데 훌륭한 말 한 필을 골라 안장을 얹고는 들판으로 내몰았는데, 말은 정말이지 멋지게 달렸다. 손님들은 말의 몸매와 속도를 칭찬했고 공작은 더욱더 힘차게 달렸다. 그런데 느닷없이 들판에서 흰 말을 탄 농부가 달려나와 재빠르게 공작의 말을 앞질러 달렸다. 그리고 그 농부는 통쾌하게 웃었다. 손님

---

*¹ 카프카즈 지방에서 만들어 먹는 넓적하고 커다란 빵.
*² 꼬치구이 양고기의 일종.
*³ 전병 모양 빵과자의 일종.
*⁴ 쌀에 고기, 후추 등을 넣어 만든 요리.

들 앞에서 망신을 당한 공작은 몹시 화가 나서 눈썹을 씰룩거리며 농부를 불렀다. 하지만 농부가 공작에게 다가간 순간 그의 목은 한칼에 땅바닥에 나뒹굴었고, 말의 귀에는 연발 권총이 쏘아졌다. 공작은 곧 당국에 자신의 행위를 신고하고 징역형을 선고받았다.

샤크로는 이야기를 하는 동안 줄곧 공작이 가엾다는 투로 말했다. 나는 그런 일이라면 전혀 애석할 게 없노라고 말했지만, 그는 도리어 훈계조로 설명했다.

"공작의 죄라곤 할 수 없고, 죄가 있다면 그건 당연히 농부의 죄랄 수밖에 없어. 한낱 농부 하나 때문에 어찌 공작이 심판을 받아야 한단 말인가. 농부 따위가 도대체 뭐야?"

그렇다면 공작이 하늘의 별과 같은 존재란 말인가!

말다툼이 오고 가는 동안 그는 내게 있는 대로 화를 냈다. 잔뜩 일그러진 그의 얼굴은 마치 사나운 늑대 같았다.

"닥쳐, 막심! 자네는 카프카즈식 생활을 모르지 않는가?"

그는 내게 소리쳤다. 어쩔 수 없는 그의 속물근성 앞에서 나의 논리는 아무런 설득력이 없었고, 지금 이 순간 나는 그에게 있어서 아주 가소로운 존재일 뿐이었다. 그는 조리 있게 말하는 나의 주장에 말문이 막히자 깊이 생각지도 않고 쏘아붙였다.

"카프카즈에 가서 한번 살아보라고! 그럼 내 말이 진실이라는 걸 알게 될 거야. 모든 사람이 그렇게 한다면 그건 관습이야. 내가 왜 자네 말을 믿어야 하나? 수천 명의 사람이 다 그런 소릴 한다면 몰라도 자네 혼자 그런 소릴 한다면, 그건 자네의 말이 틀린 거야."

그럴 때면 나는, 누구의 삶이든 반드시 법칙이 있고 공평한 것이라는 걸 설득하고 싶었지만, 입을 꾹 다물 수밖에 없었다. 내가 입을 다물고 침묵을 지키고 있을 때면, 그는 흥에 겨워 휘파람을 불면서 야만적인 아름다움과 열정, 그리고 독창성으로 가득 찬 카프카즈의 생활에 대해 긴 연설을 늘어놓았다. 그의 이야기들은 흥미를 끌고 나를 매혹하기도 했지만, 한편으로는 '가진 자'에 대한 찬미와 천박한 그들의 힘의 과시를 보는 듯해 몹시 화가 났다. 나는 그에게 그리스도의 가르침을 알고 있는지 물어보았다.

"물론이지!"

그는 어깨를 움찔거리며 전혀 주저 없이 대답했다.

그러나 이야기가 길어지면서 그의 얄팍한 지식이 드러났다. 그가 알고 있는 그리스도는 유럽 법령에 반대해서 유럽인들이 그를 십자가에 못 박았는데, 신이었기에 십자가에서 그대로 죽지 않고 하늘로 올라갔다는 둥, 사람들에게 새로운 인생의 법을 내렸다는 둥, 아주 단편적인 내용이었다.

그는 비웃음 섞인 의혹의 눈길로 나를 쳐다보며 물었다.

"자네 크리스천인가? 그래? 나도 크리스천일세. 지구상에 살고 있는 사람들 대개가 크리스천이지. 참, 그런데 자네가 물은 게 뭐였지? 한번 주위를 둘러보라고, 모두 어떻게 사는가? …… 이게 바로 그리스도의 법이지."

잔뜩 흥분한 나는 그에게 그리스도의 생애에 대해 들려주었다. 그는 처음엔 주의를 기울여 내 말을 들었지만 시간이 갈수록 산만해지고 마침내는 하품으로 끝을 맺고 말았다.

그가 성실하게 내 이야기에 귀를 기울이지 않았기에 나는 다시 그의 이성을 붙잡고 상호협력의 좋은 점, 지식의 좋은 점, 법칙의 좋은 점, 하여간 내가 알고 있는 좋은 점에 대한 모든 것을 이야기했다. 그러나 나의 모든 논리는 벽창호 같은 그의 세계관에 부딪혀 한낱 먼지만 일으켰을 뿐이었다.

"법 앞에서 강한 사람이 있다면, 그 사람은 더는 배울 필요가 없는 사람이지. 자신의 길을 혼자의 힘으로 찾을 수 있을 테니까!"

샤크로는 내게 여유 있게 반박했다.

그는 스스로를 정당화할 줄 알았다. 그는 존경심이 없지는 않았지만 본바탕이 거칠다 못해 야만적이어서, 때때로 나는 그에게 적개심마저 품었다. 그러면서도 나는 우리가 서로 접근하고 이해할 수 있는 연결고리를 만들고 찾는 일에 노력했다.

우리는 페레코프를 지나 야일에 도착했다. 내가 크림의 남쪽 해안에 대해 꿈을 꾸는 동안, 공작은 입술 사이로 이상한 노래를 나지막이 중얼거리면서 잔뜩 의기소침해 있었다. 돈벌이를 할 곳이라곤 한 군데도 없는데, 가진 돈을 다 써 버려서 우리는 페오도시야로 가기로 마음을 정했다. 그곳에선 그 무렵 항만공사가 시작되고 있었다.

공작은 자기도 함께 일을 해 돈을 벌어, 바튬까지 배를 타고 가는 게 어떻겠냐는 뜻을 비쳤다. 그는 바튬에는 아는 사람들이 꽤 있으니, 내게 수위 자리나 순시 자리 하나쯤은 쉽게 주선해 줄 수 있다고 했다. 그는 내 어깨를 툭툭 두드리며 달콤한 말로 나를 무척 생각해 주는 것처럼 말했다.

"자네가 인간다운 삶을 꾸릴 수 있도록 도와주겠네! 쯔쯔, 쯔쯧! 술도 원하는 대로 얼마든지 마시게 될 거야. 양고기도 그렇고! 그루지야 계집, 토실토실한 그루지야 계집과 결혼도 하고, 쯔쯔, 쯔쯔, 쯔쯧! ……여편네는 자네에게 라바쉬도 구워주고 원하는 만큼 애들도 낳겠지. 쯔쯔, 쯔쯧!"

이 '쯔쯔, 쯔쯧!' 소리를 처음 들었을 땐 놀랐지만 그 다음엔 초조했고, 나중에는 우울한 나머지 미치기 직전까지 이르렀다. 왜냐하면 러시아에서는 돼지를 불러모을 때, 카프카즈에서는 황홀함, 유감, 만족, 슬픔 따위의 감정을 나타낼 때 '쯔쯔'라는 말을 썼다.

샤크로의 유행을 좇은 옷차림은 엉망이 되었고, 그의 구두도 군데군데 해진 지 오래였다. 지팡이와 챙모자를 헤르손에서 팔아 버린 그는, 그 대신 철도관리들이 쓰는 낡은 모자를 하나 샀다.

그는 그 낡은 모자를 처음 쓰고는—그것도 아주 삐딱하게—내게 물었다.

"어때, 어울리나? 멋있어?"

3

그렇게 우리는 크림으로 갔다. 심페로폴을 지나 얄타로 향했다. 나는 바다의 잔물결이 어루만져주는 이 한 조각의 땅과 자연의 아름다움에 반했고 환희에 가슴이 벅차 말문이 막혔다. 공작은 그저 긴 한숨을 몰아쉴 뿐 아무 말도 하지 않았다. 그는 우수 어린 눈길을 주위에 던지며 텅 빈 배를 딸기로 채울 이상한 생각만 하였다. 딸기의 영양가가 많다는 것이 알려지자, 이젠 그것조차도 손쉽게 구할 수가 없어졌다. 그는 자주 악의에 찬 말로 유머를 하듯 내게 던지곤 했다.

"만약 내가 벌렁 나자빠져 발이라도 뻰다면, 어떻게 될까? 더 걸을 수 없겠지? 엉? 말해 보게나, 어떻게 생각해?"

어찌 되었든 돈을 벌 수 있는 가능성은 보이지 않았고, 수중에 빵을 살 만한 반(半) 코페이카짜리 동전조차도 없는 우리는 과일로 영양을 대신하자고 희망을 품었다. 그런데도 샤크로는, 진작 그가 썼던 표현에 따르면 게으르고 바보 같다고 날 비웃곤 했다. 모든 상황이 아주 어려워졌음에도 그는 여전히 자신의 신화적인 식욕에 대한 이야기로 더욱 날 의기소침하게 만들었다. 그는 보통 낮 12시에는 술 세 병을 곁들여 '새끼 양고기'로 아침을 먹고, 2시에는 별다른 수고 없이 '차하빌, 치히르트마, 필라프 한 대접, 양고기 꼬치구이'를 원하는 만큼 먹었으며 가지각색의 카프카즈식 음식과 술도 얼마든지먹을 수 있었다는 것이다. 그는 온종일 자기의 식도락적 기호와 식견에 대해이야기를 늘어놓았다. 혓바닥으로 소리를 내고, 이를 드러내 박박 갈기도 하면서 술술 막힘이 없는 입에 자꾸 고이는 침을 배고픔과 함께 꿀꺽꿀꺽 삼키며 타는 듯한 눈으로 이야기했다.

마침 나는 알타 근처 과수원에서 잘라낸 큰 가지들을 실어나르는 일에 고용되어, 선불로 받은 노임 50코페이카 전부를 빵과 고기를 사는 데 썼다. 그런데 내가 음식을 사 들고 왔을 때, 과수원 주인이 나를 불렀다. 나는 머리에 열이 있다는 핑계로 일을 하지 않는 샤크로에게 사 온 음식을 모두 맡기고 자리를 떴다. 나는 한 시간 뒤에 샤크로가 자신의 식욕에 대해 늘어놓았던 일들이 결코 거짓말이나 과장이 아니었음을 내 눈으로 똑똑히 확인할 수있었다. 그는 내 몫으로 빵 한 조각 남겨 놓지 않았다. 정말 어이없는 일이었지만, 그를 친구로 여기고 있던 나는 아무 말도 못하고 그저 우울한 마음만 가득했다.

샤크로는 나의 침묵을 눈치채고는 제멋대로 해석했고, 바로 그 순간부터정말 놀랄 만한 일을 벌이기 시작했다. 그는 내가 일할 때 이 핑계 저 핑계를 대며 놀고먹고, 자빠져 자면서 나만 달달 볶아댔다. 건장한 젊은 사람이아무 일도 하지 않고 빈둥거리는 걸 보기란 여간 화가 치밀고 우울한 일이아니다. 일을 끝내고 피곤한 몸으로 그가 기다리고 있는 한쪽 그늘에서 앉아쉴 양이면, 그는 항상 그렇듯 탐욕스런 눈길로 날 유심히 살폈다. 그러나 더욱 화나고 거슬리는 건 내가 일하는 바로 앞에서 조롱하듯 쳐다보는 그의 모습이었다. 그는 날 비웃었다. 왜냐하면 그는 그리스도를 팔아 동냥하는 일을터득했기 때문이었다. 동냥질을 처음 시작했을 때는 그나마 겸연쩍어하기도하더니, 시간이 지나 우리가 타타르 마을에 들어섰을 때는 동냥준비를 끝낸뻔뻔스런 그의 모습이 내 눈에 들어왔다. 그는 타타르 인들이 건장한 젊은이에게 동냥을 주지 않는다는 것을 알고 아예 지팡이에 몸을 의지한 채 다리병신처럼 발을 땅에 질질 끌었다. 나는 그런 일이 부끄러운 짓임을 일깨우려고 거듭 설득하고 다투어도 보았지만 모두 헛수고였다.

"나는 일을 할 수가 없어!"

짧고 간단한 그의 변명이었다. 동냥이 충분치 못하게 되자, 그는 그 무렵 몸이 별로 좋지 못했던 내게 자기를 빌어먹일 것을 강요했다. 여행은 나날이 어려워졌고, 서로의 관계는 더는 견딜 수 없는 지경에 이르렀다.

"자네가 날 끌고 왔잖은가? 날 먹여 살려야 해! 사실 내가 걸어서 가기엔 너무나 멀어. 난 별로 걸어본 적이 없거든. 그러니까 죽을 수도 있다고! 자넨 왜 날 괴롭히고 죽이려 드는 건가? 만일 내가 죽기라도 하는 날이면 다들 어떻겠나? 어머니는 너무 슬퍼서 목놓아 우실 거야. 아버지도 마찬가지일 테고 친구들 또한 울부짖겠지! 그 슬픔을 상상해 봤나?"

그러나 그의 이야기를 들으면서도 나는 왠지 화가 나지 않았다. 그 당시엔 나로 하여금 이 모든 것을 견디게 해주었던 어떤 것이 있었나보다. 조용히 잠든 그의 옆에 앉아 얼굴을 들여다보고 있으면 그는 내 마음을 꿰뚫고 있다는 듯 늘 중얼거리곤 했다.

"나의 길벗…… 내 길동무……."

그는 나에게 확신을 갖고 단호하게 자신을 도와주고 보호해 줄 것을 요구할 때면 이 말을 사용하곤 했다. 나는 샤크로가 자신의 권위를 이용하고 있다는 혼란스런 생각을 하기도 했지만, 어쨌든 그의 요구에는 어떤 특별한 힘이 있었다. 그는 나를 노예로 만들었고, 나는 그에게 굴복하고 말았다. 그 뒤 나는 그의 사람을 부리는 힘과 방법이 무엇인지 거듭 생각해 보았다. 그리하여 그의 표정에 나타나는 작은 떨림마저도 분석해 보려고 무던히 애를 썼다. 그는 제멋대로 내 앞에서 스스로를 멋지다고 우쭐해 하기도 했고, 마음 내키는 대로 노래를 부르거나 잠을 청하기도, 또 나를 비웃기도 했다. 가끔 그와 나는 이삼일씩 계속 말다툼을 했는데, 그럴 때면 나는 그에게 빵과 돈을 건네주며 작별할 것을 제안했다. 하지만 결국 먼저 그를 찾는 건 나였다. 그리고 헤어질 때 우울한 적의를 품고 의심스런 눈초리로 날 배웅했던 그는, 나를 다시 만날 때면 기쁨으로 의기양양해져서 이렇게 소리쳤다.

"난 자네가 날 버리고 혼자 달아난 줄만 알았네! 하하하……."

나는 그에게 먹을 것을 주고, 내가 가본 아름다운 장소에 대해 이야기를 들려주었으며, 여러 차례 바흐치사라이에 대한 이야기도 해주었다. 때로는 푸슈킨의 시를 이야기하고 인용해 보기도 했지만, 그는 이 시를 통해 아무런 감동도 얻지 못했다. 그의 앞에서 시는 무익한 존재였다.

"아, 시—라! 그건 노래지 시가 아니라고! 나는 그 노래를 불렀던 그루지야 사람을 알아! 이 노래야! …… 노래를 하는데, 아이, 아이, 아이! …… 큰 소리로……아주 큰 소리로 불렀지! 마치 목 안에서 단검을 굴리기라도 하는 듯이 말일세! …… 지금은 시베리아에 살지만, 어쨌든 그 선술집 주인 정말 죽여줬다고."

번번이 난 그에게 반박도 해보지만, 그러면서도 매번 더욱 깊이 그의 의견에 빠져들었다.

우리의 일감을 찾는 일은 그리 순조롭지 않았다. 난 가까스로 일주일에 반 루블을 번다는 일감을 찾았지만, 둘이 버는 수입보다는 적을 수밖에 없었다. 샤크로의 동냥질은 양식을 버는 일에 별 도움이 되지 못했다. 그의 위는 소화의 과정도 필요없이 모든 음식물, 포도, 참외, 소금에 절인 생선, 빵, 말린 과일 등을 빨아들이는 작은 늪이었다. 그리고 때때로 필요에 따라 늘어나는 위를 가진 듯, 그는 갈수록 나에게 더 큰 희생을 요구했다.

샤크로는 내게 '벌써 가을인데 갈 길은 머니 크림을 떠나야 한다'고 조리 있게 설명했다. 나는 그 의견에 동의했다. 나는 크림의 구석구석을 서둘러 둘러보고, 게다가 지금은 돈이 없지만 페오도시야에서는 돈을 벌 수 있을 거라고 막연한 기대감을 품고 그리로 향했다.

알루쉬타로부터 20베르스타쯤 지나왔을 때였다. 그곳에서 하룻밤을 묵기로 마음먹은 나는 샤크로에게 해변에 가자고 했다. 아직 갈 길은 멀지만 한 번쯤은 마음껏 바닷바람을 들이마시고 싶었다. 우리는 모닥불을 피우고 그 옆에 나란히 누웠다. 밤은 한 폭의 놀랍고 신기한 그림이었다. 검푸른 파도가 바위에 부딪히고 남청색 하늘은 장엄한 침묵을 지키며 드리워져 있었다. 그저 주위의 관목숲과 나무들만이 고요히 바스락거릴 따름이었다. 천천히 달이 떠오르고, 플라타너스의 무늬진 녹음으로부터 스멀스멀 그림자가 깔렸다. 도전적이면서도 낭랑한 목소리로 울어대는 어느 이름 모를 새의 은빛 지저귐은 고요하고 부드러운 물결 소리로 가득 찬 대기 속으로 빨려 들어갔다. 이윽고 그 소리들이 점점 작아지자 곧이어 뭔가를 잘게 써는 듯한 딱딱 부딪히는 소리가 신경질적으로 들려왔다. 아무것도 모르는 듯 활활 타오르는 모닥불의 불길은 마치 붉고 노란 꽃들로 만든 큰 화환처럼 보였다. 아무튼 모 닥불 또한 그림자를 낳았고, 그 그림자들은 마치 게으른 달의 그림자 앞에서 부지런한 자신을 과시하듯 바쁘게 뛰놀았다. 고요한 넓은 수평선, 구름 한 점 없는 하늘…… 나는 이 매혹적인 자유의 공간을 명상하며 지상의 어느 한 구석에 서 있음을 느꼈다. 그 순간 내게 와 닿는 모든 것이 다 위대하다 고 생각되어 내 가슴은 사뭇 떨리며 금세 숨이 멎을 것만 같았다.

"하하하! …… 저런, 자네 얼굴이 정말 바보 같군! 정말이야, 마치 양의 머리 같아! 하하하……!"

샤크로의 갑작스런 조롱에 나는 깜짝 놀랐다. 바로 코앞에서 예기치 않던 천둥번개가 친 것보다 더 놀랍고 기분나쁜 말이었다. 아니 모욕 그 자체였 다. 어쩌면 그렇게 모욕적일 수 있단 말인가! …… 샤크로는 하도 웃어서 눈 물까지 찔끔거렸다. 이유는 다르지만 나 또한 눈물이 나올 것 같았다. 목은 돌덩이로 짓누르는 듯 말조차 할 수 없었다. 그저 사납게 노려보았더니, 그 는 더욱 우습다는 듯 배를 움켜잡고서 땅바닥에 뒹굴었다. 나는 내가 받은 모욕으로부터 아직까지 헤어나질 못했고, 벗어나려고 하면 할수록 수치심의 무게는 늘어갔다. 수치심을 아는 사람이면 내 고통을 알 수 있을 것이다. 그 감정은 동병상련이지 않는가!

"집어치워!" 나는 격하게 외쳤다.

그는 잠시 놀라 움찔했지만, 여전히 웃음을 참지 못하고 급기야는 발작하 듯 웃어댔다. 두 뺨은 부풀어오르고 두 눈도 휘둥그레졌다. 나는 그를 남겨 둔 채 자리를 벗어나 모욕감 때문에 생긴 사나운 마음을 진정하기 위해 한참 동안 정신없이 걸었다. 나는 진정 그의 본성을 이해하고 사랑으로 포용하려 고 했다. 모든 영혼은 사랑, 인간의 뜨거운 사랑 속에서 이해될 수 있다. 그 런데 샤크로의 영혼은 나의 사랑과 열정을 바로 코앞에서 마구 비웃어댔다! 나는 본성에 반대되는 파렴치한 행위들, 삶의 질서를 거스르는 모든 것을 피 해서 걸음을 서둘렀다. 그러나 뒤에서 빠른 발걸음 소리가 들려왔다.

"너무 화내지 말게나." 샤크로가 난처한 듯, 조용히 내 어깨를 토닥거리며 말을 걸었다. "자네 기도하나?"

그는 어린애가 칭얼대듯 소심한 목소리로 말을 이었고, 난 잔뜩 흥분해 있 음에도 불구하고 굴욕스럽게 찡그러지고, 당혹감과 공포로 가득 찬 그의 가런한 얼굴을 보지 않을 수 없었다.

"더는 자넬 건드리지 않겠어. 정말이야! 맹세하겠네!"

그는 고개를 설레설레 흔들었다.

"난 자네가 온순한 사람이라고 생각했어. 자넨 일을 하면서도 내겐 억지로 시키지는 않았으니까. 그래서 가만히 생각하다가 이렇게 결론을 내린 거야. 그래 자네란 사람은 양처럼 바보스럽다고 말이지……."

고작 날 위로한답시고 한 말이라니! 어쨌든 내 앞에서 마지못해 한 사과의 말이었다. 물론 그러한 위로와 사과 뒤에는 과거뿐만이 아니라 미래까지도 내가 그를 용서해야 한다는, 어떤 담보가 숨겨져 있었다.

반 시간이 지나서 그는 깊이 잠들었고, 나는 그의 옆에 앉아서 그를 들여다보았다. 잠들어 꿈꾸고 있을 때는 아무리 강인한 사람일지라도 의지할 데 없고 연약한 사람으로 보이기 마련이다. 샤크로 또한 예외는 아니었다. 치켜올라간 눈썹과 더불어 두툼한 입술은 그의 얼굴을 잔뜩 겁먹은 어린아이의 얼굴로 만들었다. 그는 고른 숨을 평화롭게 내쉬었으나 이따금 몸을 뒤척이며 애원하는 투의 그루지야 어로 잠꼬대를 했다. 항상 인간들이 기대하고 염원하는 인간 이성의 완전한 평온이 소리 없는 팽팽한 정적으로 우리를 감싸고 흘렀을 때였다. 파도의 고요한 찰싹거림은 우리에게까지 날아들지 못했다. 우리는 마치 화석화된 동물의 텁수룩한 입처럼 보이는 어떤 굴 속에서 관목 숲의 고리를 뜯어내어 처박혀 있었다. 나는 샤크로를 바라보며 생각에 잠겼다.

'이 녀석은 나의 길동무인데…… 이놈을 여기에 그냥 버려둘 수 있을지는 몰라도 아주 떠나기는 어려워. 왜냐하면 이놈 이름은 로마군단이니…… 이 길동무는 내 전 생애의 길벗이겠지…… 아마 날 무덤까지라도 끌고 갈 거야……'

페오도시야는 우리의 기대를 저버렸다. 우리가 그곳에 도착했을 때는 이미 우리와 마찬가지로 원하는 일자리를 얻지 못하고 방파제 공사를 지켜봐야만 하는 사람들이 거의 400명이나 바글거렸다. 터키 사람, 그리스 사람, 그루지야 사람, 그리고 폴타바 사람들이 바글바글 모여들어 시내건 변두리건 할 것 없이 어디를 가나 '굶주림'에 고통받는 침울한 모습을 볼 수 있었다. 그들은 무리지어 몰려다녔고, 아조프 해와 타보리드의 부랑인들은 늑대와 같은 민첩성으로 이리저리 바삐 뛰어다녔다.

우리는 다시 케르치로 갔다.

나의 동행자는 말수를 줄여 되도록 나를 귀찮게 하지 않으려고 애썼지만, 몹시 굶주린 탓에 누구라도 잡아먹을 듯한 눈빛을 하고, 그가 먹을 수 있는 다양한 종류의 음식을 묘사했다. 나는 매우 공포스러웠다. 어느 때부턴가 그는 과거에 여자들과 있었던 자신의 시간들을 회상하기 시작했다. 처음에는 조금 유감의 한숨을 내쉬더니, 나중에는 더욱 '동양사람'처럼 홍조 띤 미소마저 지어가며 이러저러한 여자들의 이야기를 자질구레한 부분까지 하나하나 늘어놓았다. 그는 탁월한 방법으로 여자들을 설명하면서, 나였더라면 침을 뱉고 말았을 여자들에 대해서도 서슴지 않고 이야기했다. 어느 날 나는 여자란 존재 자체를 놓고 볼 때, 남자와 여자는 동등하다는 것을 그에게 증명해 보이려고 시도했다. 하지만 나의 견해는 안중에도 없고 단지 자신이 모욕당했다고 생각하는 그를 보며 나는 그의 배를 무엇으로건 채우게 한 뒤로 내 계획을 미뤘다.

우리는 이미 결정한 대로 해변을 걸어 케르치로 가는 것을 단념하고, 지름길인 초원을 가로지르기로 했다. 배낭에는 마지막 남은 5코페이카로 타타르인에게서 산 보리 비스킷 3푼트만이 남아 있었다. 가는 길에 들르는 동네마다 샤크로가 빵을 구걸하면 어느 곳에서든 "신의 가호가……!"라는 간단한 대답만이 공허하게 메아리쳤다. 이 말은 그때의 현실을 진실로 말해주고 있었다. 실제로 그해에는 빵 한 조각 구하기도 힘들 정도로 참혹했었다.

나의 동행자는 이제 '굶주린 거지' 노릇을 할 수 없었다. 비록 길은 험하고 제대로 먹지를 못해 영양이 나빠졌다 해도 그가 계속 여위고 가련한 표정을 짓도록 내버려둘 수 없었다. 그럼에도 불구하고 그는 여전히 몇 가지 점에서는 괜히 우쭐거리면서 멀리서라도 그런 사람들을 보면 소리치곤 했다.

"오페트가 가는군! 푸, 푸, 푸! 뭘 들고 가는 거지? 뭘 싣고 가는 거지? 모르긴 몰라도 러시아는 꽤나 좁아! 도무지 이해할 수가 없어. 바보 같은 러시아 놈들 같으니!"

내가 순박한 러시아 인들이 빵을 찾아 크림 지방으로 가야 하는 이유에 대해서 설명했지만, 그는 의심스러운 듯 머리를 설레설레 내저으며 대꾸했다.

"이해할 수 없군! 어떻게 그럴 수가 있지? 우리 그루지야에서는 그런 일이란 있을 수도 없어!"

우리는 저녁 늦게야 케르치에 닿아 어쩔 수 없이 기선이 정박하는 부두의 다리 밑에서 밤을 보내야 했다. 다행히 몸을 숨기는 데는 별 어려움이 없었다. 나중에 안 일이지만, 우리가 도착하기 바로 전에 케르치에서는 모든 잉여군중, 부랑자들이 끌려갔다고 했다. 이 소리를 듣고 두려웠던 우리는 되도록 경찰과 마주치지 않으려고 애썼다. 더구나 샤크로는 훔친 남의 여권으로 여행하고 있었기 때문에 경찰을 맞닥뜨리게 되면 심각한 운명과 위협을 초래할 수 있었다.

밤새도록 해협의 파도는 우리에게 사정없이 물보라를 퍼부었다. 새벽에 우리는 습기 차고 썰렁한 다리 밑에서 기어나왔다. 온종일 해변을 쏘다닌 보람이 있는지 마침내 일자리를 구할 수 있었다. 어느 목사 부인이 내게 알선해 준, 10코페이카짜리 일자리는 시장에서 참외자루를 운반하는 일이었다.

타만으로 가기 위해서는 해협을 건널 필요가 있었는데, 이 문제만은 사정과 애원으로도 해결되지 않았다. 이 바닷가의 어느 누구도 우리를 배의 일꾼으로 써주려 하지 않았다. 이곳 사람들은 우리가 오기 얼마 전에 난장판을 벌이고 떠난 부랑자들에게 적대감을 품고 있었는데, 공교롭게도 그 부랑자들의 범주 속에 우리가 포함되었다.

땅거미가 깔리자 나 자신의 실수와 온 세상을 적으로 해서 조금은 위험한 장난을 하기로 결심했다. 나와 샤크로는 밤이 깊어지면서 그것을 실행에 옮겼다.

4

밤의 어둠을 이용해서 나와 샤크로는 근처 부두 벽돌에 쇠사슬로 묶여 있는 보트에 몰래 다가갔다. 보트 세 척이 한데 묶여 서로 밀고 밀리며 쇠사슬이 쩔그렁쩔그렁 소리를 냈다. 그 고리를 흔들어 돌 틈에서 잡아 빼는 일은 그리 어렵지 않았다.

우리 머리 위, 5아르쉰*5 높이에서 세관 파수병은 이 사이로 휘파람소리를 내면서 걸어다녔는데, 그가 내 머리 위로 다가올 때마다 나는 하던 작업을

---

*5 1아르쉰=72.12cm.

멈추었다. 지나친 조심성 탓이었다. 물론 파수병이 자기 발밑에서 사람들이 목에까지 물에 잠긴 채 앉아 있다는 걸 알아챌 리는 없었다. 더구나 고리는 내가 손대지 않더라도 끊임없이 쩔그렁거렸다. 한편 샤크로는 이미 보트 밑바닥에 배를 깔고 엎드려서 뭔가 파도소리 때문에 알아듣지 못할 말들을 속삭이고 있었다. 고리가 내 손 안에 들어왔고…… 파도에 번쩍 들어올려진 보트는 해안 저편으로 밀려 나갔다. 나는 쇠사슬에 매달려 헤엄을 치다가 보트로 기어 올라갔고, 우리는 얼어붙은 널판때기 두 개를 뜯어내어 노 대신 삿대에 단단히 끼우고 항해를 시작했다.

파도가 넘실대는 바람에 선미(船尾)에 앉아 있던 샤크로는 선미와 함께 눈앞에서 자취를 감추었다가 다시 위로 치솟았다. 그는 그럴 때마다 비명을 질러대며 나를 덮칠 듯 곤두박질치곤 했다. 보초가 듣기를 바라지 않는다면 제발 비명 좀 지르지 말아 달라는 내 충고를 듣고서야 샤크로는 입을 다물었다. 나는 그의 얼굴에서 흰 반점을 보았다. 그는 줄곧 키를 잡고 있었는데, 사실 우리는 보트 위에서 서로의 위치를 바꿀 수 없었기에 한 순간도 서로의 역할을 바꿀 수 없었다. 내가 그에게 보트를 안정시키라고 소리치자 즉시 그는 내 말을 알아듣고, 본디 뱃사람인 양 모든 일을 능수능란하게 처리했다. 노를 대신한 널판때기들은 우리에게 별다른 도움이 되질 못했다. 다행히 선미 쪽으로 바람이 불어서 나는 뱃머리가 해협을 가로지르도록 하는 데에만 애썼을 뿐, 배가 우리를 어디로 끌고 가는지 전혀 신경쓰지 않았다. 아직도 케르치 시(市)의 불빛이 보였다. 파도는 화라도 난 듯 뱃전을 넘어 우리에게 간간이 물벼락을 날리며 일렁거렸고 배가 해변에서 멀어지면 멀어질수록 물결이 더욱 높이 솟아 올랐다. 멀리서는 잔인하면서도 무서운 파도가 으르렁거렸다. 그런데다 보트는 갈수록 속도가 빨라져 진로를 제대로 잡기가 어려웠다. 우리는 때로는 물속 깊이 빠져들었다가도 불쑥 파도를 타고 치솟고는 했다. 밤은 더욱 어두워졌고, 먹구름이 한층 낮게 깔렸다. 선미 뒤의 불빛은 암흑 속으로 사라졌고, 그럴 때면 무서움은 한없이 더해 갔다. 성난 바다는 끝도 없이 펼쳐져 암흑 속에 넘실대는 파도 외에는 아무것도 보이지 않았다. 파도가 내 손에서 널판때기 하나를 채어가 버리자 나는 나머지 하나도 내팽개친 채 양손으로 뱃전만 단단히 움켜잡았다. 샤크로는 보트가 위로 치솟을 때마다 사나운 목소리로 울부짖었고, 나 역시도 사방에 끝없이 펼쳐진 성난 자연과 그 울부짖음에 넋을 잃었다. 그저 스스로의 연약함, 무기력함만을 느껴야 하는 순간이었다. 절망 말고는 아무런 희망도 가질 수 없었고, 짠 바닷물이 산산이 부서지는 허연 갈기의 파도만 보였다. 하늘을 뒤덮은 먹구름들은 마치 일렁이는 파도처럼 보였다. 내가 오로지 느낄 수 있던 것은 앞일을 예상할 수 없는 두려움과 무서움에서 오는 공포였다. 나는 그 공포에서 벗어나려 애를 쓰며 원치 않는 무서운 상상에 겁에 질린 모습을 보고 갑자기 굴욕스러웠다. 죽음은 인간이면 누구도 피할 수 없는 것이다. 그러나 모두에게 동등한 이 대자연의 법칙은 때로 인간을 불가피한 혼돈 속으로 밀어넣는다. 그리고 불행하게도 위험을 느끼는 순간이면 그것은 매우 깊고 단단하며 거부할 수 없는 운명의 마지막 때임을 알게 된다. 만일 내가 불에 타 버리거나 늪에 빠진 처지에 있어야 한다면, 아마 난 불을 선택할 것이다. 그래도 어딘가 더 적당한……

"돛을 올리세!" 샤크로가 소리쳤다.

"돛이 어딨나?" 내가 물었다.

"내 셔츠로……"

"셔츠를 이리로 던지게, 키는 놓지 말고!"

샤크로는 잠자코 선미에 매달려 있었다.

"잡아……!"

그는 셔츠를 벗어 내게 던졌다. 나는 보트 밑바닥을 기면서 얼음처럼 미끄러운 바닥에서 널판때기를 뜯어내 거기다 질긴 옷소매를 덮어씌워 보트의 의자에 세워 놨다. 그 뒤 발로 밀어붙이고 나서 다른 손으로 소매와 앞깃을 잡았다. 하지만 그러자마자 예기치 못했던 일이 벌어졌다…… 보트가 어쩐지 유별나게 높이 솟구치는가 싶더니 이내 밑으로 곤두박질쳤다. 잠깐 정신을 잃었다 깨어보니 한 손은 셔츠를 잡고, 다른 손은 뱃전의 바깥으로 이어진 밧줄을 잡고 있었다. 굉음과 함께 파도는 내 머리를 넘어 뛰어올랐고, 나는 짠 바닷물을 들이삼켰다. 얼굴은 온통 물로 뒤집어썼다. 나는 밧줄을 움켜쥔 손으로 기어올랐다가 다시 물 속으로 빠져들었다. 머리를 뱃전에 부딪혀가면서 보트 밑바닥에 셔츠를 던지고 그 위로 뛰어오르기를 수십 번, 나는 겨우 보트 위에 주저앉았다. 나는 막 놓았던 밧줄을 재빨리 두 손으로 움켜쥔 뒤, 여전히 물속에서 허우적거리는 샤크로를 보았다. 밧줄은 뱃전 옆의 쇠고리를 꿰고 지나가면서 보트의 온 둘레에 널브러져 있었다.

"살아 있었군!" 그에게 소리쳤다.

그는 물 위로 높이 솟구치는가 싶더니 쿵, 소리를 내며 보트의 밑으로 다시 떨어졌다. 내가 그를 꽉 움켜잡았을 때, 우리는 서로 얼굴을 맞대고 있었다. 나는 발을 등자(鐙子)처럼 삼노끈에 찔러넣고, 말 잔등에 올라탄 것처럼 보트에 꽉 붙어 앉았다. 그렇다고 안심할 수도 없었다. 파도가 나를 보트에서 끌어내리기는 매우 쉬운 일이었기 때문이다. 샤크로는 나의 무릎을 꽉 껴안고 머리를 내 가슴에 처박았다. 그는 온몸을 벌벌 떨고 있었는데, 그의 턱이 떨리는 것을 느낄 수 있었다. 도대체 뭘 어떻게 한단 말인가! 보트 밑바닥은 꼭 기름칠을 한 것처럼 미끄러웠다. 밧줄이 단단히 매여 있어 다시 물속으로 고꾸라지더라도 밧줄만 쥐고 있으면 무사할 거라고 아무리 설명해 주어도 그는 막무가내로 내 가슴에 머리를 파묻고 벌벌 떨었다. 파도는 사납게 춤추다가 간간이 배 위로 솟구쳐올랐고, 그때마다 간신히 배에 매달려 있던 나는 팔다리가 끊어지는 듯한 고통을 느꼈다. 어디를 보아도 높은 물보라가 일었다가 굉음과 함께 사라지는 광경뿐이었다. 나는 이제 명령조로 설명을 되풀이했지만, 샤크로는 아랑곳하지 않고 머리를 내 가슴에 파묻고 더욱 세차게 흔들어댔다. 이제 더 버틴다는 것은 불가능했다. 나는 그의 팔을 내 몸에서 떼어내 제 손으로 밧줄을 쥐게 한 다음 그를 물속으로 떠밀어 버렸다. 한밤중 무엇보다 나를 놀라게 한 일이 벌어진 건 바로 그때였다.

"날 죽이려는가?"

샤크로는 이렇게 속삭이며 내 얼굴을 빤히 쳐다보았다.

이 얼마나 끔찍한 일인가? 그의 질문도 끔찍했지만 더욱이 겁먹은 복종과 용서의 간청, 종말에서 벗어날 희망을 포기한 한 인간의 마지막 한숨이 담겨 있는 질문은 너무나 끔찍했다. 그것보다 끔찍했던 것은 사색이 된 그의 창백한 낯빛과 눈동자였다.

"더 꽉 붙들어!"

그러고는 밧줄을 잡은 채 물속으로 뛰어들었다. 뭔가가 발에 걸렸지만, 처음 순간에는 통증 때문에 아무런 생각도 할 수 없었다. 하지만 곧 알 수 있었다. 내 몸 안에선 어떤 뜨거운 것이 솟아올랐고, 다시는 꿈도 꾸지 못할 힘을 스스로 느낄 수 있었다.

"땅이다!"

나는 나도 모르게 소리쳤다.

아마도 신대륙을 개척한 위대한 항해자들도 그 광경 앞에선 나보다 커다란 감동을 안고 이 말을 외쳤을 것이다. 하지만 그들이 나보다 더 큰 소리로 외쳤을지는 잘 모르겠다. 샤크로는 울부짖었고 물속에서 내달렸다. 하지만 곧 우리 둘 다 냉정해졌다. 물은 아직 가슴까지 차 있고 게다가 그 어디에도 마른 해변이 존재한다는 징후도 보이지 않았다. 파도는 이미 한결 누그러져 심하게 일렁이지는 않고 그저 느릿느릿 우리를 지나 달릴 뿐이었다. 다행히 보트도 내 손을 떠나지 않았다. 나와 샤크로는 뱃전에 선 채 구명밧줄을 잡고 보트를 끌면서 막연하게 걸어나갔다.

샤크로는 뭔가를 중얼거리거나 웃음을 띠었다. 나는 신경을 곤두세워 주변을 둘러보았지만 칠흑 같은 어둠뿐이었다. 뒤쪽과 오른쪽의 파도소리는 좀 더 약해졌고, 앞쪽과 왼쪽은 한결 고요했다. 우리는 왼쪽으로 나아갔다. 지반은 딱딱한 모래로 이루어져 있었으나, 움푹 패여 들어간 곳 투성이였다. 그래서 우리는 때로 바닥에 발을 대지 못하고, 한 손으로는 보트를 잡고 발과 다른 손으론 헤엄을 쳐야 할 때도 있었다. 또 간혹 물이 겨우 무릎께까지 올라올 때도 있었지만, 깊은 곳만 나오면 샤크로가 울부짖는 바람에 나는 공포스러웠다. 그런데 갑자기 '구세주'가 나타났다. 우리 앞에서 불빛이 반짝이고 있었다…….

샤크로는 있는 힘을 다해 고함을 쳤지만, 보트가 공공기물이라는 것을 기억해 낸 나는 곧바로 이 점을 그에게 환기했다. 그는 잠시 잠자코 있더니 이내 흐느끼기 시작했다. 그를 도저히 달랠 수가 없었다. 어떤 방법으로도 불가능했다.

물은 점점 얕아져 무릎에서 복사뼈로…… 우리는 보트를 줄곧 끌고 가다가 힘이 다 빠져 더는 끌고 갈 수 없을 때 보트를 버렸다. 가는 길에 어떤 시커먼 나무 그루터기가 놓여 있어 그걸 뛰어넘다가 가시 돋친 풀에 발을 찔려 통증이 이만저만 아니었다. 육지의 사방은 손님을 환영하지 않는 것 같았다. 그러나 우리는 아랑곳하지 않고 불빛을 향해서 달려나갔다. 불빛은 1베르스타쯤 떨어진 거리에서 유쾌하게 타오르며 우리를 향해 웃고 있었다.

5

어둠 속 어디선가 털이 복슬복슬한 커다란 개 세 마리가 불쑥 나타나 우리에게 달려들었다. 내내 불안하게 흐느끼던 샤크로는 개가 나타나자 마구 울부짖으며 땅바닥에 나뒹굴었고, 나는 개에게 젖은 셔츠를 힘차게 내던졌다. 그 뒤 몸을 구부려 돌이나 몽둥이를 집으려고 더듬거려보았지만, 풀만이 손을 콕콕 찔러댈 뿐 아무것도 잡히지 않았다. 개들은 쉬지 않고 덤벼들었다. 나는 입에다 손가락 두 개를 집어넣고 있는 힘껏 휘파람을 불었다. 개들이 껑충 뛰어오르려는 순간 사람들의 발소리와 말소리가 들렸다.

몇 분이 지나자 우리는 양털 모피를 입은 양치기 네 명과 모닥불가에 앉아 있었다.

둘은 땅바닥에 주저앉아 담배를 피우고 있었고, 한 명은 짙은 검은색 턱수염에 카프카즈식 털모자를 쓰고 키가 후리후리했다. 그는 뿌리에서 끝까지 혹이 달린 거대한 지팡이에 기대어 우리 위에 서 있었다. 다른 하나는 아마색 머리칼의 젊은 청년으로, 울고 있는 샤크로가 옷 입는 것을 도와주었다. 우리에게서 5사조*6 떨어진 광활한 대지는 어떤 짙은 잿빛의 요철형처럼, 이미 녹기 시작한 봄의 눈을 담은 두툼한 지층으로 덮여 있었다. 서로 착 달라붙어 있는 양 떼는 한참 동안 쳐다보아야만 한 마리 한 마리의 모습을 알아볼 수 있었다. 초원을 뒤덮은 따뜻하고 두툼한 지층과 눈과 밤의 어둠에 갇힌 양들은 헤아릴 수 없을 정도로 많았다. 양 떼는 때때로 슬프고 두려운 듯 울어댔다.

나는 물에 흠뻑 젖은 윗옷을 말리며 양치기들에게 모든 것을 진실대로 말했고 결국 이야기는 보트를 건져올리는 방법으로 흘러갔다.

"그래, 그 보트는 어디에 있는가?"

내게서 한시도 눈을 떼지 않고 있던 험상궂게 생긴 백발의 노인이 물었다.

"가서 살펴보구려, 망할……!"

검은 수염의 남자 미할은 지팡이를 어깨에 둘러메고 해변으로 떠났다.

추위에 덜덜 떨고 있던 샤크로는 내게 따뜻한 옷을 달라고 부탁했지만 유감스럽게도 내게 있는 건 축축한 옷들뿐이었다. 그러자 노인이 입을 열었다.

---

*6 1사조=약 2,134미터.

"잠깐! 피를 덥히려면 우선 뜀박질을 하게나. 모닥불 주위를 달려 봐, 자!"

샤크로는 처음에는 무슨 말인지 몰라 가만히 있더니 잠시 뒤 느닷없이 자리를 박차고 일어나 맨몸으로 모닥불을 펄쩍 뛰어넘고는, 한곳에서 빙빙 돌면서 땅을 힘껏 구르고 소리를 지르면서 손을 흔들며 격렬하게 춤을 추었다. 우습기 짝이 없는 광경이었다. 양치기 두 명이 배를 잡고 웃으며 땅바닥에 뒹굴었고, 노인 역시도 진지한 얼굴로 춤의 박자를 손바닥으로 좇아 해보려고 애썼다. 하지만 샤크로의 춤에 익숙지 못한 탓에 결국 머리를 설레설레 젓고는 수염을 슬쩍 쓰다듬으며 굵직한 저음으로 힘껏 고함쳤다.

"그렇지, 그래! 밟아, 밟아!"

모닥불 불빛에 비친 샤크로는 뱀처럼 몸을 비틀다가 이내 한 발로 솟구치고 양발로 짧은 박자의 춤을 추기도 했다. 불빛에 번쩍이는 그의 몸뚱어리는 온통 굵은 땀방울이 송골송골 맺혀 마치 피처럼 붉게 보였다.

양치기 세 명이 이미 샤크로의 춤에 덩달아서 손뼉을 치고 있었고, 나만 추위에 떨면서 모닥불에 옷을 말렸다. 쿠페르와 베론을 흠모하는 사람이면 우리가 겪은 사건들이 행복한 일이라고 생각할 것이다. 조난, 손님들에게 친절한 원주민들, 모닥불가에서의 야만인들의 춤사위.

윗옷을 걸친 샤크로는 땅바닥에 앉아 왠지 불쾌하다 생각되는 검은 눈을 반짝이며 나를 곁눈질하다가 뭔가를 먹었다. 모닥불 가까이의 땅에 박아놓은 지팡이 위에선 그의 옷이 마르고 있었다. 내게도 빵과 소금에 절인 열매를 주었다.

미할이 돌아와 말없이 노인 곁에 앉았다.

"어때?"

노인이 물었다.

"보트가 있습니다!"

미할이 짧게 대꾸했다.

"그거, 훔친 건 아닐 테지?"

"아닙니다!"

모두 나를 둘러보면서 침묵에 잠겼다.

"거 정말로……." 미할이 누구에겐지 모르게 혼잣말처럼 중얼거렸다. "보트 말이에요, 카자흐 마을 아타만에게 가져갈 겁니까, 아니면 곧바로 세관으로 가져갈 건가요?"

아무도 대답이 없었고, 샤크로는 조용히 먹기만 했다.

"아타만에게로 가져갈 수도 있고…… 세관으로 가져갈 수도 있지. 그리고 땔감으로도 사용할 수 있고. 혹 필요하다면 다른 것으로도……." 잠자코 있던 노인이 입을 열었다.

"잠깐만요, 어르신네……." 내가 입을 열었다.

그러나 노인은 내게 조금도 주의를 기울이지 않았다.

"아참, 잊었군! 미할! 보트가 거기에 있던가?"

"네, 그곳에……."

"뭐야! 바닷물에 떠내려가지는 않겠지?"

"절대로 떠내려가지는 않을 겁니다."

"그렇다면 거기에 그냥 놔두지. 내일이면 뱃사공들이 케르치까지 갈 테고, 모르긴 몰라도 틀림없이 보트를 끌고 가려 할 거야. 아무럼 주인 없는 보트를 가만 둘 리 있을 텐가, 안 그래? 좋아, 마침…… 그런데 지금 쓰레기 같은 젊은이인 자네들이…… 그것의…… 그의 야크인가? …… 자네들은 두 경우가 다 두려울 거야. 안 그런가? 반 베르스타 거리이긴 하지만 만일 바다에 내던져졌더라면 자네들은 어떻게 되었겠나? 둘 다 그대로 물속에 가라앉아 버렸을 테지. 저기, 저 물 속에!"

노인은 잠시 말이 없다가 입가에 조소 섞인 미소를 띠고서 나를 빤히 쳐다봤다.

"자네, 왜 그리 말이 없는가, 젊은이?"

그의 의도를 이해할 수 없었지만, 나로서는 그의 판단이 우리에 대한 조롱으로 여겨져 여간 언짢은 게 아니었다.

"네, 이제야 말씀을 알아듣겠군요!"

나는 단단히 화가 나서 짧게 대꾸했다.

"거 뭘 말인가?"

노인은 흥미를 보이며 물었다.

"뭐든지요."

"그런데 자넨 무슨 말을 그리 함부로 하나? 자넨 노인네에게 비아냥거리는 버릇이 있군?”

나는 줄곧 잠자코 있었다.

“그건 그렇고 좀 더 들지 않겠나?”

노인이 말을 이었다.

“됐습니다.”

“맘대로 하게. 먹지 않겠다는 데야…… 먹고 싶지 않으면 그만두게. 그래도 길을 떠나려면 빵이 있어야 할 게 아닌가?”

나는 속으로 기뻤지만 드러내지는 않았다.

“먼 길 가는데 빵이 있으면야…….” 나는 조용히 대꾸를 해보았다.

“저런! 이 사람들한테 길 떠나는 데 필요한 빵과 고깃기름을 좀 주게. ……그리고 더 필요한 것 없나? 있으면 나눠줌세.”

“그런데 정말로 저들이 떠날까요?” 미할이 물었다.

나머지 두 사람은 눈을 치켜뜨고 노인을 쳐다보았다.

“그렇다고 저들이 우리와 함께 있다 한들 무슨 소용이 있겠는가?”

“그러니까 저들을 아타만 아니면 세관으로…….” 실망한 표정을 지으면서 미할은 말끝을 흐렸다.

샤크로는 모닥불 옆에서 윗옷을 입느라고 부스럭거렸는데 그들의 얘기를 듣고도 태연했다.

“저들을 아타만에게 데려가서 뭘 어떻게 하겠다는 건가? 아타만에게 가더라도 어쩌면 할 일이라곤 아무것도 없을 거야. 그들이 굳이 만나기를 원한다면야…….”

“어쨌든 보트는 남겨두겠죠?”

미할도 양보하지 않았다.

“보트?”

노인이 반문했다.

“보트가 대체 어찌 된다는 건가? 보트는 거기에 있지 않은가?”

“네, 있어요…….” 미할이 대꾸했다.

“자, 그러면 보트를 세워두도록 하게나. 아침에 이바쉬카더러 보트를 부두에 띄워 보내면 케르치까지 가져가겠지. 이제 보트는 필요 없어.”

나는 잔뜩 긴장하여 늙은 양치기를 바라보았지만, 모닥불에 비친 그림자는 너울거릴 뿐이었다. 그로 인해 그의 둔중하고 햇볕에 그을린데다 비바람에 트기까지 한 얼굴의 변화는 잡아낼 수 없었다. 즉 그의 마음을 읽어낼 수 없었다.

"그럼 언제건 잘못되는 일이란 없겠군요……." 미할이 굴복하기 시작했다.

"만일 자네가 쓸데없이 입만 놀리지 않는다면 잘못될 일은 없을 거야. 저들을 아타만에게 데리고 간다면 우리에게나 저들에게 좋을 게 없어. 우리가 우리의 할 일이 있는 것처럼 저들 역시 떠나야 해. 어이! 자네들, 갈 길이 아직도 먼가?"

내가 이미 우리의 남은 여정에 대해서 말해 주었는데도 노인은 다시 물었다.

"치플리스까지는……."

"아직도 갈 길이 멀군! 보라고! 그런데 아타만은 그들을 체포하려 할 테고 만약 그렇게 되면 저들은 어디로, 어떻게 간단 말인가? 저들이 어디로 가든 그냥 내버려두는 게 상책이야."

"그렇지만?"

"그렇지만, 뭐야? 가도록 내버려둬!"

노인이 특유의 느릿느릿한 말투로 자신의 뜻을 명령했다. 입술을 꼭 다문 그가 손가락으로 허연 수염을 말아올리며 사람들을 의심에 찬 눈으로 쳐다보자, 모두 노인의 말을 따르지 않을 수 없었다.

"자, 젊은 친구들, 신의 가호가 있기를!"

노인이 손을 흔들었다.

"그리고 보트는 우리가 적당한 곳으로 보내겠네. 그렇게 하는 게 좋겠지?"

"정말 뭐라 감사의 말씀을 드려야 좋을지!" 나는 모자를 벗어 들었다.

"고맙긴, 마땅히 해야 할 일이네."

"고맙소, 형제들, 정말 고맙소!"

나는 흥분된 어조로 여러 번 되풀이했다.

"도대체 뭐가 그리 고맙단 말인가? 참 이상한 사람이군! 신의 가호가 있으라고 하는데, 그저 고맙다는 말만 하니! 아마도 자네는 내가 자네들을 악마에게 보낼까 봐 두려워한 게지, 응?"

"송구스럽습니다, 정말 두려웠어요……!"

내가 말했다.

"오……!"

그리고 노인은 눈썹을 치켰다.

"내가 자네들을 나쁜 길로 인도할 이유가 뭐가 있겠나? 진정 제 갈 길을 가게 놔두는 게 잘하는 일이지. 또 만나게 되겠지. 그땐 더욱 친숙한 사이가 되겠지. 사람이란 시간이 흐르면 서로 어울리게 마련이니까…… 자, 그럼 잘 가게나!"

그는 털이 북슬북슬한 양털 모자를 벗고서 우리에게 인사했다. 그의 동료들도 그를 따라 인사했다. 우리는 이나파로 가는 길을 묻고 다시 여행길에 올랐다. 샤크로는 무슨 이유인지 웃고만 있었다.

6

"자네 뭘 보고 그리 웃는가?"

내가 물었다. 나는 양치기 노인과 그의 인생관에 매혹되었고, 또한 우리의 가슴에 마주 불어오는 신선한 새벽의 산들바람과 구름 한 점 없이 깨끗한 하늘에 넋을 잃고 말았다. 맑은 하늘에 멋진 태양이 모습을 드러내자 동시에 낮이 생겨났다.

샤크로는 내게 교활한 눈짓을 보내더니 더욱 큰 소리로 웃음을 터뜨렸고, 나 또한 그의 유쾌하고 건강한 웃음소리를 들으면서 미소를 지었다. 우리가 양치기에게서 얻어온 빵과 열매는 피곤한 여행에 약간의 무게를 더했지만, 무게가 나간다고 해서 행복하지 않은 것은 아니었다.

"그런데 자넨 뭐가 좋다고 그리 웃고 있나? 살아남아서 그런가? 그런 데다 배까지 부르니!"

샤크로는 고개를 설레설레 저으며 팔꿈치로 내 옆구리를 살짝 밀더니만 잔뜩 찡그린 얼굴로 웃음을 터뜨렸다. 마침내 그는 앞뒤가 맞지 않는 특유의 말들을 늘어놓았다.

"내가 왜 웃고 있는지 모르겠나? 모르겠냐고? 곧 알게 될 거야! 자넨, 만약 우리가 아타만이나 세관으로 보내졌을 경우 내가 무슨 일을 꾸몄을 거라고 생각하나? 모르겠어? 난 자네에게 모든 걸 뒤집어씌웠을 거야. 자네가 나를 불행에 빠뜨리려 했다고 말이지. 그러고는 아마도 눈물을 찔끔거렸겠지. 일단 그들의 동정을 사게 되면 설마 감옥소 신세야 지겠는가? 이제 알 만 한가?"

처음에 나는 그 말을 농담으로 받아들였지만, 저런! 그의 진지한 얼굴을 보니 그건 사실이었다. 그는 내가 순박한 냉소주의로 그에 대해 격노하는 대신 연민의 정으로 가득 찼다는 점을 이론적이고도 명확하게 설명했다. 가장 해맑은 미소를 짓고, 가장 진실된 어조로 상대를 망치려 했다는 자신의 속셈을 자신 있게 털어놓는 사람에게 다른 어떤 감정을 느낄 수 있을까? 가령, 그가 이런 행동을 애교 있고 기발한 농담쯤으로 생각했다면 대체 그와 뭘 할 수 있을까?

나는 잔뜩 화가 나서 샤크로에게 마음을 곱게 쓰라고 타이르려 했다. 그런데 그는 단박에 내가 이익이란 말을 잘 이해하지 못하며 타인을 위해서 한 일로 칭찬받을 생각이 없는 사람이라고 말했다.

나는 문득 그가 얄밉다고 생각했다.

"잠깐만!"

내가 말했다.

"그래, 자넨 정말 내가 자네를 불행에 빠뜨리려 했다고 믿나?"

"아니! ……자네가 나를 물속으로 밀었을 땐 그런 생각을 했지. 하지만 곧 자네가 물속으로 뛰어들자 아니라고 생각했어."

"오, 주여!"

내가 외쳤다.

"정말 감사합니다!"

"아닐세, 자넨 고맙다는 말을 할 필요가 없어. 고맙다고 해야 할 사람은 바로 날세! 모닥불가에서 춥기는 자네나 나나 마찬가지였는데도 자넨 자네의 윗옷을 말려서 내게 주었지. 자넨 아무것도 걸치지 않았는데 말이야. 정말 고맙네! 자넨 아주 좋은 사람이야! 난 믿어! 우리가 치플리스에만 닿으면 자네는 충분한 보상을 받게 될 거야. 자네를 아버지에게 데려가겠네. 자네 얘기를 하고 술이든 뭐든 달라는 대로 다 내주라고 말씀드릴 거야. 그리고 자네는 나와 함께 우리 집에서 사는 거야. 정원사가 되는 거지. 그리고 술도 마시고 뭐든 원하는 것을 배불리 먹고! ……오오! 자네에겐 정말 과분한 대접이지! ……나와 한 접시에서 먹고 마시고……!"

그는 내가 치플리스의 자기 집에서 살기를 꿈꾼다고 생각했는지, 그 이후의 삶의 매력에 대해 상세하고 길게 묘사했다. 하지만 나는 그의 이야기를 들으면서 씁쓸하게 앞을 향해 걸음을 옮길 뿐이었다. 살아가는 동안 낯설고 자신을 이해하지 못하는 동행자를 만나게 되고, 그러면서도 도덕과 새로운 희망으로 무장한 사람들의 참담한 불행에 대해 생각했다. 외로운 사람들의 고달픈 삶이여! 그들은 땅 위에서도, 공중에서도……, 마치 버려진 씨앗마냥 싸돌아다닌다. 어쩌다 드물게나마 좋은 조건의 토양을 만나 썩게 될지라도…….

날이 밝았다. 바다는 이미 멀리서 장밋빛 황금으로 반짝거렸다.

"졸립군!"

샤크로가 말했다.

우리는 걸음을 멈추었다. 그는 해변에서 멀리 떨어지지 않은, 바람에 의해 파인 모래 구덩이 속에 누워 윗옷을 머리에 덮고는 잠이 들었다. 나는 그의 곁에 앉아 바다를 바라보았다. 바다는 자신의 생명력, 강력한 움직임과 충만함으로 살아 있었다. 파도는 소리를 내며 해변을 들락거렸고 모래사장 주변에는 끊임없이 포말이 일었다. 물을 삼켜 버린 파도는 쉬쉬 소리를 내며 버섯 모양으로 해변에 정면으로 부딪혀 물보라를 일으켰다. 파도가 한 번 밀려왔다 쓸려 내려가는가 싶으면, 금세 새 파도가 해변으로 밀려왔다. 거품과 물보라 속에서 서로 뒤엉킨 파도는 다시금 해변으로 치달려 자신의 영역을 넓히느라 몹시도 애를 쓰고 있었다. 수평선에서 해변까지, 바다의 어느 곳이든 탄력 있고 힘찬 파도가 있었고, 서로서로 하나의 목적을 위해 강하게 연결된 파도들은 큰 덩어리로 보였다. ……햇빛은 더욱더 강렬하게 파도의 등허리를 비추었기에, 저 멀리 수평선에서 노니는 파도의 반짝임은 핏빛으로 물들여진 듯 보였다. 어떤 지각 있는 목적에 의해 분발되고, 이 거대한 물덩어리들이 폭넓고 리듬 있는 충돌에 의해 해변에 다다르자 어느 하나도 따로 떨어져 노니는 것 같지 않았다. 침묵의 해변을 향해 도전적으로 달려들던 파도의 아름다운 용기는 매혹적이었다. 무지갯빛 햇살과 아름다운 힘으로 채색된 바다, 그런 강력한 바다가 한결같이 파도의 뒷덜미를 묵묵히 바라본다는 것은 얼마나 멋진 일인가!

거대한 기선은 파도를 가르며 나타나 사납게 날뛰는 바다의 품속에서 위태롭게 비틀거리다가, 뱃전을 향해 미친 듯이 달려드는 파도에 쫓기어 앞으로 달려나갔다. 기선은 햇빛을 받아 강렬하게 반짝였다. 매우 아름다운 순간이었는데 그 기선에 의해 인간의 창조력과 재능이 돋보였다. 나의 주변에는 인간과 자연이 함께 어우러져 아름답게 놓여 있었다.

7

우리는 체르스키 현(縣)으로 갔다. 그런대로 굶어 죽지 않을 만큼 넉넉히 돈을 벌었는데도, 샤크로는 헝클어지고 비뚤어진 악(惡)한 생각들만 품고 있었다. 그는 어떤 일에도 자신감이 없는 듯했다. 어느 날에는 탈곡기에 짚단을 들이미는 일을 한 적이 있었는데, 반나절을 일에 매달렸던 그는 손바닥의 붉은 물집을 갈퀴로 쓱쓱 문지르더니 끝내 가 버렸다. 또 어떤 날인가는 디딤판을 제거한답시고 법석을 떨다가 곡괭이로 제 목덜미에 상처를 입혔다.

우리는 이틀은 일하고, 하루는 걷는 방식으로 천천히 여행을 했다. 샤크로의 자제심 없고 극단적인 식도락 덕택에, 나는 그에게 낡은 옷 한 벌도 사입힐 수 없었다. 그런데도 그에게는 옷가지가 많았다. 그는 이 사람 저 사람에게서 구걸하다시피 해서 얻은 여러 색깔의 헝겊을 덧대어 기운 옷들을 입고 다녔다.

한번은 어느 카자흐 마을에서 내가 힘들게 모아놓은 5루블을 훔쳐내, 저녁 무렵에야 고주망태가 되어 돌아온 적이 있었다. 게다가 농군 여편네를 옆에 끼고 왔는데, 그 여편네는 나만 보면 "저주받을 이단자여, 안녕하신가!" 했다. 그날도 마찬가지였다. 나는 깜짝 놀라 되물었다.

"어째서 내가 이단자란 말이오?"

그러자 그녀는 자신만만하게 대꾸했다.

"부녀자는 젊은이를 낚을 수 없다고 말한 놈이 바로 네놈이기 때문이지. 망할 자식 같으니! 만일 법이 허용한다 하더라도 네놈은 금지하려고 할 테지? ……저주받을 놈……!"

샤크로는 그녀 곁에 착 붙어 서서 고개를 끄덕였는데, 어찌나 취했던지 조금이라도 움직일라치면 몹시 비틀거렸다. 아랫입술은 축 처지고 게슴츠레한 눈은 아무 생각 없이 내 얼굴을 쳐다보고 있었다.

"어쨌든 네놈이 눈깔을 휘둥그레 치켜뜨고 우리를 노려볼 이유가 없어!

어서 이 사람의 돈이나 내놓으시지!"

여자가 용감하게 큰 소리로 외쳤다.

"돈이라니요?"

나는 몹시 놀라지 않을 수 없었다.

"내놔, 내놓으라고! 안 내놓으면 네놈을 카자흐 군대로 끌고갈 테다! 오데사에서 훔친 이 사람 돈 150루블을 내놓으란 말이야!"

나는 정말 어이가 없었다. 마귀 같은 농군 여편네는 잔뜩 술에 취해 눈이 풀린 채 정말로 날 카자흐 군대 막사로 끌고 갈 기세였다. 만약 그렇게 된다면 여행자들에게 유달리 엄격한 카자흐 군대는 날 체포할지도 몰랐다. 우선은 그 여편네를 피하는 방법밖에 없었다. 물론 약간의 대가를 치러야 했지만, 그럭저럭 술 세 병의 힘을 빌려 그녀를 진정시킬 수 있었다. 그녀는 널브러진 수박 틈에 쓰러져 잠들었고, 샤크로도 마찬가지로 길게 뻗어 있었다. 이튿날 아침 일찍 나는 농군 여편네를 피해 샤크로를 데리고 카자흐 마을을 떠났다. 수박은 그대로 남겨둔 채.

숙취 탓에 샤크로는 환자처럼 피로에 지친 푸석푸석한 얼굴을 하고 줄곧 침을 뱉으며 무거운 한숨을 몰아쉬었다. 말을 시켜도 아무런 대꾸 없이 그저 양처럼 북슬북슬한 머리만 설레설레 내저을 뿐이었다.

우리는 좁다란 오솔길로 접어들었다. 조그만 붉은 뱀들은 땅에서 똬리를 틀고 있거나 우리가 지나는 발밑에서 이리저리 기어다녔다. 사방은 고요하며 꿈꾸듯 졸고 있었고, 하늘에는 우리의 걸음을 쫓아 먹구름 떼가 천천히 움직였다. 우리 앞쪽 하늘은 아직 맑아 구름 조각들이 유유히 앞으로 흘러갔으나, 뒤쪽 하늘은 온통 새까맸다. 천둥 소리가 멀리서 들리는가 싶더니 어느새 가까이에서 들려왔다. 빗방울이 떨어지자 풀이 살랑거리는 소리가 고즈넉한 곳에 작은 소요를 일으켰다.

몸을 숨길 데라곤 한 군데도 없었다. 어느덧 어둠이 깔려 풀이 사각대는 소리가 놀라우리만치 크게 들렸다. 천둥이 울리고, 퍼런 불기둥에 에워싸인 먹구름들도 사뭇 떨고 있는 것처럼 보였다. 굵은 빗줄기는 금세 개울이 되었고, 천둥은 쉬지 않고 으르렁대며 연달아 텅 빈 초원을 세차게 두드렸다. 풀은 비바람에 꺾여 땅바닥에 누웠고, 모든 것이 두려움에 바르르 떨었으며, 번개는 눈을 어지럽게 하면서 구름 떼를 갈랐다. 번개가 내려치자 섬광 속에서 저 멀리 푸른 불길에 휩싸인 차디찬 은빛 산맥이 내비쳤으나, 금세 다시 컴컴한 벼랑 속으로 자취를 감추고 말았다. 모든 것이 떨다가 정신을 차리고, 소리라곤 새의 울음조차 들리지 않다가 이내 한꺼번에 굉음을 토해 냈다. 희미한 빛깔의 성난 하늘은 지상에서부터 피어오른 온갖 더러운 먼지들을 불길로 깨끗이 만들었고, 땅은 하늘의 분노 앞에서 그저 공포에 떨 뿐이었다.

샤크로는 놀란 개마냥 끙끙거렸다. 나는 고요한 초원에 강한 뇌우가 터지는 광경을 지켜보며 나도 모르게 흥분해 있었다. 경이롭다 못해 매혹적이기까지 한 혼돈과 뇌우의 화음은 영혼을 사로잡는 장렬한 조화를 이루어냈다.

그리고 나는 그 속에 빠져들기를 갈망했고, 바로 그 힘 앞에서 충만된 감정을 마음껏 토로하고 싶었다. 하늘을 온통 에워싼 퍼런 불길은 나의 가슴에 불을 질렀다. 이 굉장한 흥분과 환희를 도대체 무엇으로 표현할 수 있단 말인가? 나는 목청껏 노래를 불렀다. 천둥이 아우성치고, 번개가 번쩍이고, 넘실대는 풀 소리가 귓전에 맴돌았다. 마치 그 소리들 속에 묻혀 버린 것 같아 나는 정신없이 날뛰었다. 그렇다고 해서 남에게 해를 입힌 적도 없으므로 용서를 구할 필요는 없었다. 바다에서는 폭풍우가 몰아치고 초원에서는 뇌우가 터졌다. 나는 이제까지 살아오면서 그때보다 더 경이로운 자연현상을 결코 본 적이 없었다.

나는 이런 나의 행위가 비판의 대상이 될 수 없다고 확신했기에 아무런 근심 없이 마음껏 소리칠 수 있었다. 그러다가 느닷없이 발에 경련이 일어났고, 어쩔 수 없이 웅덩이에 주저앉아야만 했다. 샤크로는 심각하고 성난 눈초리로 내 얼굴을 들여다보았다.

"자네 미쳤나? 미쳤냐고? 아닌가? 자, 진정해! 소리 좀 그만 질러! 네 목구멍을 찢어 버릴 테다, 알았어?"

나는 깜짝 놀라 혹시 내가 방해를 했는지 물었다.

"자네 때문에 놀랄 이유가 뭐 있어? 천둥이 친다는 건 신이 노했다는 거야, 알아? 자넨 고함만 쳐대니…… 대체 무슨 생각을 하고 있는 건가?"

나는 내가 노래 부를 권리쯤은 있노라고 힘주어 말했다.

"하지만 난 듣기 싫단 말이야!"

그는 단호하게 잘라 말했다.

"좋아, 그럼 자네도 노래 같은 건 하지 마." 나도 맞장구를 쳤다.

"자네도 노래하지 마!" 샤크로는 엄하게 말했다.

"하지만, 마음만 먹으면 잘할 수도 있는데……."

"이봐, 자넨 도대체 무슨 생각을 하고 있는 거야?"

화가 난 샤크로가 고래고래 악을 썼다.

"대체 자네란 사람은 어떤 사람이지? 집이 있나? 어머니는? 아버진? 친척은 있어? 토지는? 도대체 자넨 뭐야? 자넨 자신을 사람이라고 생각하나? 바로 나 같은 사람이 사람인 거야! 모든 걸 다 갖고 있거든……!"

그는 자기 가슴을 두드렸다.

"난 공작님이라고! …… 그런데 자네는…… 아무것도 아니잖아! 가진 것도 없고! 더구나 쿠타이스, 치플리스에선 날 모르는 사람이 없어! 알겠어? 자넨 내게 밉게 보여서 좋을 거라곤 없어! 내 시중을 드는 게 어때? 맘에 들 거야! 남보다 열 배의 품삯을 지불하겠네! 어때, 그렇게 하겠어? 자넨 다른 일은 하지도 못할 위인이야. 자네도 그렇게 말하지 않았나, 신은 모든 일을 대가 없이 봉사하라고 명했다고! 자네에게 봉사하겠어! 그런데 자넨 왜 날 괴롭히며 놀리는 거야? 공작인 내가 자네와 똑같이 되기를 원하나? 안 될 말이지! 이그! ……퉤, 퉤……."

그는 이야기를 늘어놓는 동안 침을 뱉는가 하면 고함을 치기도 하고, 이야기 중간중간에 깊은 한숨을 몰아쉬기도 했다. 나는 놀라서 벌어진 입을 다물지 못한 채 그의 얼굴만 쳐다보았다. 그는 마치 여행하는 동안 내게 쌓인 모든 분노와 모욕감, 불만을 한꺼번에 토해 내는 것 같았다. 그는 자기 말을 더욱 강조하려고 손가락으로 내 가슴을 찌르기도 하고 내 어깨를 잡아 흔들기도 했는데, 특별히 중요한 대목에서는 온몸으로 날 찍어누를 기세로 이야기했다. 비에 흠뻑 젖은 우리 머리 위에서는 천둥소리가 끊이지 않았기에 샤크로는 목청껏 내게 소리쳤다.

샤크로의 말로 인해 내 위치의 희비극적인 양면이 보다 더 분명하게 표면화되었고, 그런 내 모습에 나 역시도 웃음을 터뜨리지 않을 수 없었다.

샤크로는 가래를 퉤 뱉고는 내게서 얼굴을 홱 돌렸다.

8

우리가 치플리스에 가까워지면 질수록 샤크로는 더욱 긴장하여 말이 없어졌다. 그는 깡마르고 여전히 무표정한 얼굴이었지만 뭔가 새로운 것이 서서히 꿈틀거렸다. 블라디카프카즈가 멀지 않은 곳에서 우리는 체르케스 인의 마을에 들러 옥수수 따는 일을 했다. 그들은 러시아 어를 쓰지도 않고 자기들 말로 끊임없이 우리를 앞에 두고 조롱을 퍼붓고, 욕지거리를 해댔다. 결국 우리는 체르케스 인들 사이에서 이틀을 일하고 나서 그 마을을 떠나기로 작정했다. 마을 사람들이 갖고 있는 적대감은 놀랄 만큼 거셌다. 마을을 떠나 10베르스타쯤 걸었을 때, 샤크로는 갑자기 품속에서 카프카즈 옥양목 꾸러미를 꺼내 들고 도취감에 젖어 소리 높이 외쳤다.

"이젠 더는 일할 필요가 없어! 우린 이것만 팔아도 살 수 있어! 치플리스까지 갈 여비는 번 거라고! 알겠나?"

나는 그가 한 행동에 머리끝까지 화가 나서 옥양목을 찢어 길가에 내버렸다. 그러고 나서 주위를 돌아보았다. '체르케스 인은 농담을 하지 않는다.' 나는 그 말을 떠올리고 두려웠다. 얼마 전에 우리는 카자흐 인들에게서 이런 사건에 대해서 들은 적이 있었다. 한 부랑자가 일하던 마을을 떠나면서 금숟가락을 훔쳐 달아났는데, 체르케스 인들은 그 부랑자를 따라잡아 샅샅이 뒤져 금숟가락을 찾아내고는 단검으로 그의 배를 찢고 그 속에 숟가락을 꽂아 놓았다고 한다. 그런 다음 그를 초원에 내팽개치고 자리를 떴는데, 그는 반죽음이 된 채 카자흐 인들에게 발견되어 자초지종을 자세히 털어놓고는 마을로 옮기는 도중 죽어 버렸다. 카자흐 인들은 우리에게 거듭 이 교훈적인 소문을 들려주면서 체르케스 인들을 조심하라고 간곡히 일렀었다. 나로서는 그들의 말을 믿지 않을 수 없었다.

나는 샤크로에게 이 점을 상기시켰고, 잠자코 내 말을 듣고 있던 샤크로는 느닷없이 이를 드러내고 고양이같이 눈을 가늘게 뜨더니 내게 달려들었다. 5분 동안 우리는 서로를 흠씬 두들겨팼고, 마침내 샤크로가 성난 목소리로 외쳤다.

"이제 됐어⋯⋯!"

화가 머리끝까지 난 우리는 오랫동안 침묵을 지킨 채 서로 등을 돌리고 앉아 있었다⋯⋯ 샤크로가 먼저 말을 건넸는데 그는 훔쳐낸 옥양목이 팽개쳐져 있는 곳을 아쉽다는 듯 바라보았다.

"뭣 때문에 서로 주먹다짐까지 한 거지? 하하하! ……어리석은 일이야. 내가 자네 물건을 훔치기라도 했나? 자넨 대체 뭐가 그리 불만스럽지? 난 자네가 하도 불쌍해서 훔친 건데…… 자넨 일을 할 줄 알지만 난 그렇지 않잖아…… 자네도 알다시피 내가 무슨 일을 할 줄 알아? 자네를 돕고 싶었어……."

나는 그가 한 짓이 도둑질이라는 것을 깨우쳐주려고 애썼다.

"제발 그 입 좀 닥쳐! 자네 머리는 뭐로 만들어졌나?"

그는 경멸의 눈길을 보내며 말을 이었다.

"굶주릴 건가, 훔칠 건가? 바로 이거야! 이게 바로 삶이라고, 알겠어? 그러니까 성인군자인 척하지 말고 입 다물고 있으라고!"

다시 그를 자극한다는 것이 두려워 잠자코 있었지만, 이번이 벌써 두 번째 절도였다. 전에 우리가 흑해에 있었을 때에도 그는 그리스 어부들의 호주머니를 털었었고, 그때도 우린 서로 주먹질까지 할 뻔했었다.

"자, 이제 떠나볼까?"

그가 말했다. 잠시 입을 다물고 있었던 시간은 무언의 화해와 휴식의 시간이었다.

앞으로 나아갔다. 날이 갈수록 그는 더욱 음울해졌고, 이상스레 나를 자주 힐끗거렸다. 우리가 다랄스키 계곡을 지나 구다우르에 닿자 그는 입을 열었다.

"이틀만 더 가면 우린 치플리스에 도착할 걸세. 쯧쯧!"

그는 혀를 끌끌 차고는 장광설을 늘어놓았다.

"집으로 가는 거야. 어디 있었느냐고 물으면 여행을 했노라 대답하고! 옳지, 목욕탕에도 가세! …… 그리고 배가 부르도록 먹어야지. 아니, 배가 터지도록! 어머니에게 말씀드릴 거야, 배가 고프다고! 아버지께는 용서를 빌어야지! 나는 온갖 격렬한 삶을 이 두 눈으로 똑똑히 목격했어, 다양한 삶을! 부랑자들이란 굉장히 훌륭한 족속들이야! 만약 길에서 그들과 마주치기라도 하는 날이면, 난 돈도 두둑이 주고 선술집으로 데리고 가서 말하겠어. '보드카를 마시게. 나도 한때는 부랑자였지.' 그렇게 말할 거야. 그리고 아버지께 자네 얘기도 하겠네. '……이 사람은 저를 형제처럼 대해줬습니다…… 저를 일깨웠지요. 나를 개 패듯 팬 적도 있었지만…… 먹여 살렸어요.

이제는 그 대가로 내가 먹여 살릴 차례입니다. 그러니 실컷 먹여주세요, 얼마든지요!' 듣고 있는 거야? 막심?"

나는 그의 순진하고 어린애 같은 이야기를 듣는 것이 즐거웠고, 그의 말들은 나의 호기심을 더없이 자극했다. 왜냐하면 사실 치플리스에는 아는 친지라곤 하나도 없었고, 더구나 겨울이 다가오고 있었기 때문이었다. 우리는 구다우르에서 이미 눈보라를 한 차례 만났었다. 나는 샤크로에게 은근한 기대를 품고 있었다.

우리는 걸음을 재촉했다. 벌써 이베리야의 옛 수도인 무체트에 도착했으니 하루 정도만 더 가면 치플리스에 닿게 될 터였다.

아직 5베르스타나 떨어진 거리에서 나는 두 산봉우리 사이에 에워싸인 카프카즈의 수도를 보았다. 마지막 길이었다. 거리가 가까워질수록 나는 즐거웠지만 샤크로는 무덤덤한 태도를 보였다. 그는 흐리멍덩한 눈으로 앞을 쳐다보다가는 때때로 병적으로 찡그린 얼굴을 한 채 굶주린 배를 움켜잡고 여기저기에 침을 뱉어댔다. 그리고 그는 길가에서 마음대로 뽑은 당근을 치즈와 아무렇게나 먹었다.

"자넨 그루지야의 공작인 이 몸이 우리 도시에, 그것도 대낮에 이렇게 불결한 누더기 차림을 하고서 갈 수 있다고 생각해? 안 돼! 저녁까지만 기다리세. 멈춰!"

우리는 추위에 떨면서 어느 빈 건물의 벽에 기대앉아 마지막 궐련을 말아 피웠다. 그루지야 군용도로로부터 강하고 날카로운 바람이 불어왔다. 샤크로는 휘파람으로 우울한 노래를 부르며 앉아 있었다. 나는 떠돌이 생활이 끝났다고 여기고 눈앞에 새로이 펼쳐질 정착생활과 곧 들어가게 될 따뜻한 방에 대해 상상했다.

"가지!" 샤크로가 결연한 낯빛으로 자리에서 일어났다.

도시엔 어둠이 짙게 깔렸지만 이내 하나둘 밝은 불빛들이 나타나기 시작했다. 아름다움 그 자체였다. 불빛이 도시를 삼켜 버린 어둠 속에서 빛들이 꼬리에 꼬리를 물고 하나둘 모습을 드러냈다.

"이봐! 얼굴을 가릴 만한 두건 좀 있으면 주게나…… 재수없게 나를 알아보는 사람과 마주칠지도 모르니까……."

나는 두건을 건네주었다. 우리는 올린스카야 거리를 따라 걸었다. 샤크로의 휘파람소리에서 어딘지 모르게 어떤 결연함이 느껴졌다.

"막심! 베린스게교 마차역이 보이나? 여기 앉아서 기다리게! 잠깐이면 돼! 먼저 마을로 내려가서 집안 식구들의 소식을 물어보고 오겠네……."

"오래 걸리는 일인가?"

"아니, 잠깐이면 돼……!"

그는 어느 어두컴컴하고 좁은 골목으로 재빨리 자취를 감추어 버렸다. 그 것도 영원히.

나는 거의 넉 달 동안 나의 길동무였던 샤크로를 그 뒤로 다시는 만나지 못했다. 그래도 썩 나쁘지 않은 감정과 명랑한 웃음으로 그를 자주 회상해 보곤 한다.

그는 내게, 박식한 학자들이 쓴 두툼한 책에서도 결코 찾아볼 수 없는 많 은 것들을 가르쳐주었다. 왜냐하면, 삶의 교묘함이란 인간의 것보다 늘 깊고 넓기 때문이다.

어느 가을날

⋯⋯그 가을날, 나는 너무나 궁핍했다. 도착한 지 얼마 되지 않아, 알아보는 사람이라곤 아무도 없는 도시에서, 잠잘 곳은 물론 주머니에 땡전 한 닢 갖고 있지 않았다.

그나마 한 벌밖에 없는 옷으로 그럭저럭 며칠을 지낸 뒤에 나는 시골로 갔다. 그곳은 우스치라고 하는 지방으로 커다란 배들이 닿는 선착장이 있는 곳이었다. 풍어기에는 일꾼들로 북적거리는 곳이지만 그날은 어쩐 일인지 사람의 그림자 하나 보이지 않고 조용하기만 했다. 10월이 끝나가던 때였다.

젖은 모래 위를 맨발로 걸으면서, 혹시 누군가 먹다 버린 음식이 모래 속에 묻혀 있지 않을까 찬찬히 살펴보았다. 텅 빈 건물과 산더미처럼 쌓인 궤짝들 옆을 홀로 걸으면서, 배부르다는 것이 얼마나 행복한 감정인지 새삼 느낄 수 있었다.

개인의 문화 수준과 상황에 따라 배고픔보다는 정신의 갈증이 더 쉽게 충족될 수 있다. 당신이 거리를 걷다가 겉모습은 그럴싸하지만 안은 형편없는 건물을 보았다고 상상해 보자. 건물만 보았을 때는 깔끔한 겉모습처럼 위생시설도 잘돼 있을 거라는 선입관을 갖게 될 것이다. 그래서 따뜻하고 고급스러운 옷을 입은 사람들은 후줄근한 옷을 입은 당신을 만나게 되면, 겉으로는 공손하게 대할지라도 마음속으로는 당신 같은 사람들을 만나고 싶어하지 않는다. 하지만 아, 신이여! 허기진 인간의 영혼에 포만한 영혼보다 더 나은, 더 건강한 음식을 주소서―이것이 바로 배부른 자들을 위해 내리는 아주 현명한 결론이 아닌가!

땅거미가 깔리면서 비가 내리고, 북쪽으로부터 돌풍이 불어왔다. 바람은 빈 궤짝과 인적 없는 가게를 지나치며 판자로 세워진, 다 망가진 허름한 여관의 창문을 흔들었다. 몰아치는 바람 때문에 강물도 물결을 일으키며 강가로 밀려들었다. 파도는 하얀 골을 만들며 높이 올랐다가 다시 넘실거리며 아득하게 사라지고…… 오늘 밤엔 강물도 겨울을 느꼈는지 북풍에 몸을 맡기기 두려운 듯 무겁게 흐르고 있다. 하늘도 내려앉은 것처럼 어스름이 짙어가고, 눈에 보일락 말락 한 보슬비가 소리 없이 내렸다. 부러져 버린 버드나무 두 그루와 나무 밑동에 묶인 뒤집힌 배가 나를 둘러싼 자연의 서글픔을 보여주려는 듯 나둥그러져 있었다.

밑바닥에 구멍이 난 채 뒤집혀 있는 조각배, 그리고 돌풍에 처절히 박살난 나무들, 모두 애처롭고 쓸쓸한 풍경이었다……. 그저 하늘에선 비만 내리고 있었다. 그리고 주위의 모든 것은 아무 형체도 없이 죽은 듯 모조리 파괴되어 있었다. 인적이 끊긴 어두컴컴한 곳, 모든 것이 죽어 버린 그 속에 나만 홀로 살아남아 있는 듯했다. 그 뒤에선 마치 차가운 죽음이 나를 기다리고 있는 것 같았다.

그 무렵 내 나이는 한창이라고 부르는 17살이었다.

나는 추위에 이를 딱딱거리면서 차갑게 젖은 모래펄을 걷고 있었다. 혹시 먹을 만한 게 있을까 해서 강변에 널려 있는 빈 상자들을 들추다가, 비에 흠뻑 젖은 채 어깨를 웅크리고 앉아 있는 한 여자를 발견했다. 나는 그녀가 무엇을 하고 있는지 물끄러미 내려다보았다. 그녀는 두 손으로 상자 밑의 모래를 파내면서 구멍을 만들고 있었다.

"뭘 하는 거죠?"

나는 그녀 옆에 쪼그리고 앉아 물었다.

그녀는 나지막이 비명을 지르는가 싶더니 갑자기 벌떡 일어났다. 그러고는 회색빛 눈을 크게 떠 나를 쳐다보았다. 나는 그녀가 내 또래라는 것을 금방 알아차릴 수 있었다. 하지만 병색이 완연한 눈빛이었다. 아직 앳된 얼굴, 그런데 가엾게도 그녀의 얼굴엔 세 줄의 커다란 흉터가 나 있었다. 흉터는 균형 있게 양쪽 눈 밑에 같은 크기로 하나씩, 그리고 조금 큰 게 콧등 바로 위쪽 이마에 볼썽사납게 나 있었다. 흉터는 마치 어느 예술가가 작품을 그리듯 정교하고 예술적으로 그려놓은 것처럼 보였다.

소녀는 나를 쳐다보았다. 아까와는 달리 완연해 보이던 병색도 이젠 눈에 띄지 않았다. ……소녀는 손의 모래를 털며 머리에 쓰고 있던 목화 숄을 가지런히 하고 나서 머뭇거린 뒤 말했다.

"무척 배고파 보이는데 뭐 좀 먹을래요? 어서 파 보세요! 전 손에 힘이 없어요, 저기요……." 그녀는 상자 하나를 머리로 가리키며 고개를 끄덕였다.

"거기에 빵이나 소시지가 있을 걸요…… 장사를 하던 곳이니까……."

나는 구멍을 파기 시작했다. 그녀는 잠시 나를 쳐다보더니 옆에 앉아 거들어주었다.

우리는 묵묵히 그곳을 팠다. 그 순간 나는 한마디도 할 수 없었다. 다만 범죄, 도덕, 재산과 그 밖의 것들, 산전수전 다 겪은 사람처럼 인생의 온갖 순간들이 일시적으로 생각날 뿐이었다. 진실을 고백하자면, 나는 그때 구멍을 파며 오로지 한 가지 생각만 하고 있었다. 그것은 바로, 그 궤짝 안에 무엇이 들어 있을까였다.

주위가 어두컴컴해졌다. 눅눅하고 서늘하면서 추운 날씨였다. 어둠이 우리 주위를 한껏 더 감쌌다. 강물은 이전보다 더 큰 소리로 일렁이고 있었고, 빗방울은 더 세게 그리고 자주 상자 위로 후드득 소리를 내며 떨어지고 있었다. 밤을 감시하는 듯 어디선가 덜거덕거리는 소리가 들렸다.

"그게 밑이 있어요, 없어요?"

나를 거들어주던 그녀가 나지막이 물었다. 나는 그녀가 무슨 말을 하는지 몰라 그냥 잠자코 있었다.

"제 말은요, 궤짝에 밑바닥이 있냐고요? 있다면 헛수고를 할 필요가 없어요. 우리는 지금 구덩이를 파고 있을 뿐이어서 계속 판자만 보일 거예요. 저 자물통을 떼어내는 게 어때요? 차라리 그걸 부숴요. 약해 보이는데."

그런대로 소녀의 머리는 잘 돌아갔다. 하지만 당신도 알다시피 그건 누구나 다 생각해 낼 수 있는 것이었다. 어쨌든 나는 늘 지혜를 소중히 생각했고 가능한 한 지혜를 활용하려고 노력했다.

나는 자물통을 찾아내어 부순 다음 고리를 뜯어냈다. 갑자기 나를 거들어주던 소녀는 몸을 굽히더니, 열린 사각형의 상자 속을 들여다보았다. 그녀가 낮은 목소리로 탄성을 질렀다.

"넌, 역시!"

여자들은 별로 감탄할 만한 일이 아닌 조그만 일에서도 찬사를 아끼지 않는다. 그리고 남자는 고대의 웅변가처럼 웅장하게 말하는 것을 좋아한다. 그러나 그때의 나는 지금처럼 상상하질 못했다. 나는 소녀의 칭찬에 아랑곳하지 않고 걱정스러운 마음으로 퉁명스럽게 물었다.

"그래, 안에 뭐가 있죠?"

그녀는 밋밋한 목소리로 상자 안에서 물건을 꺼내며 하나씩 세어갔다.

"병이 가득 찬 광주리…… 두꺼운 모피…… 햇빛 가리개…… 양철로 된 양동이."

그녀의 말과는 달리 거의 다 먹을 수 없는 것들이었다. 한 가닥 희망이 무너져내리는 기분이었다. 그런데 그녀가 생기 있게 외쳐댔다.

"아, 여기 있다!"

"뭐죠?"

"빵…… 빵 한 덩어리가 있는데…… 좀 젖었군요…… 자, 받아요!"

내 발 밑으로 빵을 던진 소녀는 왠지 씩씩해 보였다. 나는 허겁지겁 빵을 쪼개어 입안에 넣고 우물거렸다.

"나도 좀 주세요! ……이젠 여길 떠나야겠어요. 어디로 가죠?"

그녀는 사방이 칠흑같이 변한 어둠 속을 호기심 어린 눈으로 응시했다. 어둡고, 축축하고, 시끄러운 소리들이 들렸다.

"저기를 봐요! 저기 뒤집힌 조각배가 있어요. 우리 그리로 가요."

"그래요, 가요."

우리는 궤짝에서 꺼낸 것을 부수고, 구멍을 내기도 하면서 걸어갔다 ……. 빗줄기는 점점 강해졌다. 강의 물결도 점차 세차게 변해 갔다. 어디선지는 모르지만 누군가의 비웃는 듯한 휘파람소리가 파도에 실려왔다. 바람이 스쳐 간 땅 위의 모든 것은 아무도 두렵지 않다는 듯 저마다 소리를 냈다. 역겨운 가을밤, 우리는 가을밤 속의 두 주인공이 되었다. 주위에서 들려오는 온갖 소리 때문인지 가슴이 이따금씩 아파왔다. 나는 게걸스럽게 빵을 씹어 댔다. 왼편에서 나를 따라 걷고 있는 소녀도 나만큼이나 게걸스럽게 빵을 씹어 대고 있었다.

"이름이 뭐예요?"

나는 의도적으로 물었다.

"나타샤라고 해요." 그녀는 낭랑한 목소리로 대답했다.

나는 그녀를 쳐다보았다. 순간 가슴이 저려오듯 아팠다. 나는 내 앞에 펼쳐진 어둠 속을 응시했다. 신비하면서도 추하게 생긴 내 운명이 냉담하게 나를 비웃는 것 같았다……

……그칠 기색이라곤 조금도 없이 빗방울은 배의 갑판을 두들겨 댔다. 부드러운 빗방울 소리에 침울한 생각들이 말끔히 씻겨 지워졌다. 배의 부서진 구멍 사이로 바람이 밀려들었다. 그 갈라진 틈바귀에서 조각난 나무토막이 쉴 새 없이 삐걱거리는 소리를 냈다. 파도는 강변으로 밀려들며 단조롭고 무의미한 소리를 냈다. 마치 지긋지긋해서 더는 참을 수 없을 만큼 권태롭고 따분한 소리였다. 아니 오히려 구역질이 날 만큼 식상해진 그 무엇, 그저 도망갈 궁리만 하면서도 또 뭔가 해야 할 말이 있는 듯 빗방울 소리는 점점 거세졌고, 나는 모래펄을 팠다. 이제는 작열하듯 뜨겁게 타올랐던 여름이 흘러가 버린 계절이지만 수모를 당할 만큼 당해 완전히 기진맥진해진 땅에 엎어진 배 위로 바람이 스쳐갔다. 이젠 춥고 안개가 서리어 눅눅해진 이 가을에 인적 없는 강가에서 바람은 출렁이는 파도를 따라 지친 모습으로 노래를 불렀다.

배 안은 몹시 불편했다. 비좁고, 축축하고, 게다가 빗물까지 흩뿌리는 데다 구멍 난 곳으로는 강물이 새어들어왔다. 우리는 아무 말 없이 앉아서 추위에 오들오들 떨었다. 나는 잠자면서 옛 추억에나 잠기고 싶었다. 나타샤는 배 가장자리에 등을 기대고 앉아 작은 빵 덩어리를 오물오물 씹어 먹었다. 그녀는 두 팔로 감아 세운 무릎 위에 턱을 올려놓고 눈을 크게 뜨고 물끄러미 강을 쳐다보았다. 얼굴의 하얀 점들이 눈 밑의 흉터 때문인지 유독 크게 보였다. 그녀는 꼼짝도 하지 않았다. 부동 그리고 침묵, 나는 내 마음속에서 이웃 때문에 공포가 커가는 것을 느꼈다. 나는 소녀와 얘기를 나누고 싶었다. 하지만 무슨 말부터 해야 할지 도무지 알 수 없었다.

그녀가 먼저 말문을 열었다.

"망할 놈의 인생!"

분명하고 또렷한 목소리로 뭔가 깊이 확신하고 있는 듯한 외침이었다.

하지만 그것은 불평이 아니었다. 그 말 속에는 불평과는 전혀 다른 무엇인가 담겨 있었다. 사람이란, 자신에겐 모순되지만 반대할 수 없는 어떤 결론에 대해 어떻게 쉽게 접근할 수 있는지 생각한다. 그리고 바로 그 때문에 나는 소녀의 외침을 듣고도 침묵했다. 그녀는 나의 표정을 눈치채지 못한 듯 꼼짝도 하지 않고 앉아 있었다.

"만약 우리가 죽는다면…… 그 다음은……?"

그녀는 다시, 이번엔 조용하고 신중하게 말했다. 그러나 이 말에도 불평 따윈 전혀 섞여 있지 않았다. 그녀는 다만 한 인간으로서 자신의 삶을 돌아보는 과정으로 자기 자신을 조용히 응시하고, 삶이 아무리 힘겨워도 자신을 지키기 위한 하나의 방법인 듯 '죽음'이란 단어로 마음을 표현했다. 하지만 그녀는 그에 따르는 어떤 행동도 하지 않았다.

나는 그녀가 죽을 것 같다는 느낌이 들자 참기 힘들어졌다. 내가 계속 말을 하지 않고 있으면 나타샤가 울어 버릴 것도 같았지만 내가 말을 걸면 소녀가 수치심을 느낄 수도 있었다. 그녀는 눈물을 보이지 않았다. 마침내 나는 그녀에게 말을 걸기로 마음먹었다.

"누가 이렇게까지 때렸죠?"

나는 특별히 다른 할 말이 없어서 이렇게 물었다.

"파시카가, 매일……." 그녀가 묵묵히 큰 소리로 대답했다.

"파시카가 누구예요?"

"애인이에요…… 빵을 굽는 사람이었어요."

"자주 그렇게 매를 맞아요?"

"술만 취하면 때려요…… 자주!"

그러면서 갑자기 그녀는 내 곁으로 바싹 다가앉으면서 자기는 누구고, 파시카는 어떤 사람이며, 자기 둘의 관계에 대해 늘어놓았다. 파시카는 붉은 수염을 가진 빵 굽는 사람이었고 밴조를 아주 잘 분다고 했다. 그녀는 그가 자기에게 있어서 보호막이며 친절한 사람이라고 했다. 그에겐 15루블짜리 긴 코트와 장화 한 켤레가 있는데 이것 때문에 자기는 그에게 빠져들었으며, 그는 그녀의 채권자가 되었다고 했다. 그리고 그는 돈을 뺏기 시작했는데, 그녀가 다른 친구에게서 받은 용돈마저 빼앗아 술값으로 써버렸다고 했다. 게다가 그는 그녀를 자주 때렸는데, 그건 그가 그녀가 보는 앞에서 다른 여자와 정을 통하는 것에 비하면 아무것도 아니라고 했다.

"너무 모욕적이지 않나요? 난 그렇게 나쁜 사람은 아니에요. 그러니까 내 말은, 파시카가 나를 우습게 봤다는 거예요. 그 나쁜 놈 파시카. 엊그제 내가 새 애인에게 잠시 외출한다고 하고 파시카에게 갔어요. 그런데 파시카 옆에는 술 취한 두니카가 앉아 있는 거예요. 두니카는 파시카의 패거리예요.

어쨌든 내가 소리쳤어요. '이 악마, 사기꾼 놈아!' 그랬더니 그 사람이 나를 사정없이 갈겼어요. 발로 차고 머리를 잡아당기고……. 갈수록 심하게 별짓을 다했죠. 그 사람이 내 모습을 엉망으로 만들어 놨어요. 지금 보이는 이 꼴로 말예요. 기가 막혀서! 이 모습으로 내 애인을 어떻게 만나죠? 그 악당이 나를 엉망으로 만들다니……. 내 드레스도, 재킷도…… 모두 새로 산 건데. 큰맘 먹고 5루블이나 주고 산 건데. 게다가 모자까지 망가뜨리다니…… 세상에, 그럴 수가! 내가 다음에는 어떤 꼴이 될까요?"

갑자기 그녀는 애처롭고 찢어지는 듯한 목소리로 울부짖었다.

바람이 불어닥치더니 점점 드세어지면서 추워졌다. 다시 이가 덜덜 떨렸다. 그녀도 추운지 내 곁으로 바싹 다가앉았다. 어둠 속에서 눈물로 반짝이는 그녀의 눈이 보였다……

"이 비열한 놈들아! 내가 너희를 모두 불에 태워 버릴 테다. 눈곱만큼의 연민도 없다, 이 더러운 놈들아! 에잇, 퉤! 뻔뻔한 주둥이! 꺼져, 꺼져 버리란 말이야, 이 개 같은 놈아! 아무 여자한테나 살살 꼬리치고 다니는 이 멍청아! 이젠 끝장이야!"

그녀는 온갖 욕설을 퍼부었다. 그러나 욕을 했다고 해도 그녀의 모습은 허탈해 보였다. 나는 그녀의 욕이 그 가련한 파시카를 헐뜯고 증오하는 것으로 들리지는 않았다. 그녀의 말은 지금 심정과는 어울리지 않을 정도로 조용했고 침울하면서도 생기라곤 전혀 없는 목소리였다.

그러나 그녀의 말은 장엄하고 확신에 가득 차 있어서 염세적인 책이나 말보다 더 강한 인상을 주었다. 나는 전에도 자주 그녀에게서 이와 비슷한 말을 들었다. 그런데 이번에 다시 듣고 보니 그녀의 마음을 이해할 수 있었다. 왜냐하면 죽어가는 자의 고통은 예술적으로 그려진 죽음처럼 가공한 것이 아니어서 그만큼 진실하고 격렬하여 훨씬 자연스럽고 힘 있기 때문이다.

모든 게 비참했다. 그녀가 남편에 관해 늘어놓아서가 아닌 추위 때문이었다. 나는 소리도 내지 못하고 신음하면서 이를 갈았다.

순간, 나는 차갑고 조그만 두 손을 느꼈다. 한 손은 내 목에, 다른 한 손은 내 얼굴을 감쌌다. 불안하고 조용한 목소리로 그녀가 나에게 물었다.

"무엇 때문에 고통스럽죠?"

나는 나타샤가 아닌 다른 여자가 나에게 묻는다고 생각했다. 그녀는 자신의 입으로 남자란 다 악한이고, 그래서 남자들이 파멸하는 것을 원한다고 선언했다. 그런데 갑자기 그녀가 서둘러 말하기 시작했다.

"뭐가 그렇게 괴로운 거죠? 예? 추운가요? 몸이 얼어붙는 것 같아요? 아! 당신도 참, 자, 앉아요. 아무 말 하지 말고 아기 올빼미처럼 말이에요. 진작 춥다고 말하셨어야죠. 이리로…… 여기 바닥에 누워요…… 몸을 쭉 펴세요. 내가 누울게요…… 자! 어때요? 이제 팔로 나를 감아줄래요? …… 좀 더 꼭! 어때요? 조금 있으면 따뜻해질 거예요…… 그리고 나서 우리 등을 맞대고 누워요. 그러면 밤이 빨리 지나갈 거예요. 정말 그러는지 지켜봐요. 내 말은…… 당신 취한 거예요? ……제정신이 아니에요, 응? ……아무래도 상관없어요."

그녀는 나를 편안하게 해 주었다…… 그렇게 그녀는 나에게 힘을 북돋아 주었다.

오, 나는 세 번이나 저주받는구나! 이 사실이 얼마나 우스꽝스런 일인가! 잘 생각해 보게! 진정으로 나는 진지하게 인간의 운명을 걱정했고 사회체제의 변혁, 정치적 변혁을 꿈꾸었으며 끔찍할 정도로 현명한 여러 책들을 읽었다. 그러므로 사상의 깊이란 책을 쓴 저자도 다다를 수 없을 정도의 지식을 습득했다. 그 무렵 나는 어떻게든 스스로 '거대하고 적극적인 힘'을 만들어 내려고 애썼다. 그래야지 내가 무엇인가를 하나 이룬 듯한 느낌이 들 것 같았다. 어쨌든 이때 나는 내게 주어진 삶의 의미, 권리, 또는 생존의 중요성과 필요성 같은 것을 찾아 헤맸다. 그리고 비참하고 상처투성이인 삶에 쫓긴 한 여자가 내 몸을 따뜻하게 감싸 안았다. 천하고 갈 곳 없는 여자는 내가 한 번도 느끼지 못한 희생으로 나를 도왔다. 내게는 그런 기회가 와도 할 수 없는 일이었다.

나는 이 일을 견디기 힘든 어리석은 꿈속에서 일어난 일이라고 생각했다…….

그렇지만, 아! 난 그렇게 생각할 수 없었다. 왜냐하면 차가운 빗방울이 내 몸속으로 스며들었고, 그녀가 나를 가슴으로 안으며 따스한 입김이 내 얼굴을 감싸주었기 때문이다. 부드러운 향기가 나는 술처럼…… 나를 기분 좋게 만들어주었다. 바람은 거칠게 불며 울부짖었고, 빗방울은 여전히 세차게 배에 부딪치며 소리를 냈고 파도는 출렁거렸다. 우리 두 사람은 더 뜨겁게 서로를 껴안았지만 추위 때문에 떨어야만 했다. 생생한 사건이었다. 나는 그토록 힘들고 지독한, 마치 현실과도 같은 그런 꿈은 아무도 꾸어보지 못했을 거라고 확신한다.

나타샤는 다른 여자들처럼 나긋나긋하고 행복한 목소리로 이야기했다. 순진하고 편안한 그녀의 말 덕택인지 내 마음속에서 어떤 불꽃이 따스하게 타올랐고, 꽁꽁 언 내 심장은 서서히 녹았다.

그리고 비로소 내 눈에서 장대비가 오듯 눈물이 주르륵 흘러내렸다. 그 가을 밤까지 내 가슴속에 차곡차곡 쌓여 있던 분노, 슬픔, 어리석음과 같은 삶의 찌꺼기가 말끔히 씻겨 내려갔다…… 나타샤가 나를 위로했다.

"자, 자. 괜찮아요, 이제 괜찮아요. 너무 힘들어하지 말아요! 신이 다시 기회를 주실 거예요. 그래요…… 당신에게 꼭 맞는 자리를 주실 거예요. 그래요…… 모두 괜찮아질 거예요."

그녀는 나에게 입을 맞추었다, 뜨겁게…….

이것은 내 인생에서 최초로 멋진 입맞춤이었다. 이 멋진 키스에 비하면 전에 나에게 부담을 주었던 키스는 아무 쓸모도 없었다.

"자, 이상한 생각 하지 마세요. 당신이 어디로 가야 할지 모른다면 내가 내일 찾아줄게요."

꿈속에서 나는 조용하고 확신에 찬 속삭임을 들었다.

헤어질 때까지 우리는 서로 껴안고 있었다.

새벽이 밝자, 우리는 배에서 기어나와 도시로 왔다. 우리는 다정스레 작별을 했고 그 뒤 다시는 만나지 못했다. 하지만 나는 반년 동안 어느 가을날 밤을 같이 보냈던 상냥한 나타샤를 찾으러 빈민가를 돌아다녔다.

만약 그녀가 죽기라도 했다면…… 그렇다면…… 그녀가 바라던 대로 편안히 잠들기를! 그리고 만일 살아 있다면 그 영혼에 평화가 깃들기를! 그녀의 영혼에는 파멸의 의식이 없었다. 왜냐하면 이것은 삶에 있어서 쓸모없고 무의미한 고통인 까닭에.

이제르길리 노파

1

내가 이 이야기를 들은 것은 벳사라비야의 악케르반 근처 해안에서였다.

어느 날 저녁, 한나절이 걸린 포도 수확작업을 마친 뒤 함께 일하던 몰다비야 동료들은 해안으로 가고 있었다. 그리고 이제르길리 노파와 나는 포도나무 아래 짙은 그늘에 누워 바다로 떠나는 사람들의 실루엣이 밤의 회색 안개 속으로 사라져가는 모습을 말없이 바라보았다.

그들은 노래도 부르며 웃으면서 걸어갔다. 남자들은 구릿빛 얼굴에 검고 텁수룩한 콧수염과 어깨까지 내려오는 곱슬머리를 하고 짧은 재킷과 넓은 바지를 입고 있었다. 아낙네와 처녀들은 감청색 눈에 밝고 온화했으며, 얼굴색은 남자들과 마찬가지로 구릿빛이었다. 그들의 검고 윤이 나는 머리칼은 제멋대로 거세졌다 약해졌다 장난치는 바람 때문에 헝클어져 있었다. 그들의 머리칼은 매어놓은 동전들이 서로 부딪치는 것처럼 짤랑거렸다. 바람은 넓고 잔잔한 물결처럼 불어왔는데, 여자들의 머리칼은 말갈기처럼 어딘가 보이지 않는 곳에 숨어 있다가 강한 발작을 일으키며 환상적으로 휘날렸다. 이런 것이 여자들을 이상한 동화 속의 인물로 보이게 만들었다. 그들은 우리로부터 더욱 멀어져 갔고, 밤의 환상 같은 정경이 그들을 더욱 아름답게 감싸안았다.

누군가가 바이올린을 켰다. 그리고 한 아가씨가 부드러운 알토로 노래를 불렀고 웃음소리도 들려왔다.

저녁이 가까워지면 공기는 찌르는 듯한 바다 냄새와 비에 흠씬 젖은 대지가 내뿜은 비린내를 품고 있었다. 이상한 모양과 색깔의 먹구름 조각들이 여전히 하늘을 노닐고 있었다. 이쪽에는 연기 덩어리처럼 부드러운 회청색과 담청색의 구름 조각이, 저쪽에는 바위 조각처럼 날카롭고 광택 없는 검은색이거나 갈색의 구름조각이 떠다녔다. 그 틈 사이로 감청색 하늘에는 황금빛 별들이 점점이 박혀 아름답게 빛나고 있었다. 소리와 냄새, 먹구름과 사람들 —모든 것이 이상하며 아름답고 슬퍼서 불가사의한 동화의 서두처럼 보였다. 그리고 만물이 생성하고 소멸하듯이 떠들던 목소리도 멀어지면서 사라졌고 곧이어 슬픈 탄식으로 바뀌었다.

"당신도 함께 가지 그랬어?"

머리를 끄덕이며 이제르길리 노파가 물었다.

세월이 노파의 허리를 구부려놓았고, 또렷했을 생기 잃은 두 눈에서는 눈물이 흘렀다. 그녀의 메마른 목소리는 마치 뼈끼리 비벼대는 듯 괴이하게 갈라져 있었다.

"가고 싶지 않아서요." 나의 대답이었다.

"아무렴! ……러시아 양반, 당신도 우리 같은 노인들 때문에 태어난 것이라오. 세상 모든 게 악마들처럼 음험해…… 처녀들이 당신을 두려워하는 모양이더군…… 그렇지만 아직 당신은 젊고 강해 보여……."

달이 떠올랐다. 둥근 그 모습은 거대하고 붉은빛이 감돌았으며, 스텝의 땅속에서 솟은 듯했다. 스텝은 그동안 너무도 많은 사람을 삼켰다. 그래서 그렇듯 비대하고 포만스럽게 된 듯했다. 레이스 같은 나뭇잎 그림자가 노파와 나를 덮어 우리는 그물에 갇힌 것처럼 보였다. 우리 왼쪽으로 구름의 그림자는 스텝을 헤엄쳐 다니고 있었고 담청색 달빛에 젖어 투명하고 뚜렷해 보였다.

"아, 저기 라라가 오고 있군!"

노파가 구부러진 손가락을 떨며 가리키는 곳에는 헤엄치듯 떠다니는 많은 그림자들이 있었다. 그 가운데 유난히 검고 짙은 그림자 하나가 빠르고 낮게 흘러내렸다. 그것은 다른 것들보다 빠르게 대지에 접근한 구름 조각에서 생긴 것이었다.

"거기에는 아무도 없어요!" 내가 말했다.

"당신은 늙은이인 나보다 눈이 더 좋지 못하군. 저길 봐, 스텝을 달려가는 검은 것이 보이잖아."

나는 다시 한 번 바라보았으나 이번에도 역시 그림자말고는 아무것도 볼 수 없었다.

"저건 그림자예요. 어째서 그걸 라라라고 부르시죠?"

"저게 바로 그의 화신이기 때문이지. 그는 이제 그림자가 되어 버렸어. 옛날 일이야! 그는 수천 년이나 살았어. 태양이 그의 몸통과 피와 뼈를 모조리 말려 버렸고, 바람이 그것들을 안개처럼 훑어 버렸어. 그건 바로 신이 인간의 오만함에 대해 어떻게 하는가를 똑똑히 보여준 것이지……!"

"어떤 이야기인지 들어보고 싶군요!"

스텝 지역에 얽힌 이야기라 생각하면서 노파에게 부탁했다.

그녀는 다음과 같은 얘기를 들려주었다.

"지금부터 수천 년 전의 일이지. 저기 바다 멀리 해가 뜨는 곳에 강이 있는 나라가 있었어. 그 나라에서는 강렬한 태양으로부터 몸을 가리기 위한 나뭇잎과 풀줄기가 잘 자라서 인간에게 많은 도움을 주었지.

그 나라의 대지는 풍족했지. 그곳에는 힘센 종족이 살았어. 그들은 가축을 방목했고 짐승을 사냥할 때면 그 힘과 용맹함을 드러내 보였지. 그들은 사냥이 끝나면 잔치를 열어 노래를 부르고 처녀들과 어울려 놀았다네.

그러던 어느 날 잔치가 한창 무르익었을 때, 하늘에서 독수리가 내려와 그들 가운데 새카만 머리칼을 지닌 아름다운 처녀 하나를 잡아간 거야. 남자들이 화살을 쏘았지만 안타깝게도 화살은 모두 빗맞았어. 사람들은 처녀를 찾아나섰으나 찾을 수 없었어. 그러고는 모든 일이 그렇듯 그녀는 차츰 잊혀져 갔지."

노파는 한숨을 쉬고 잠시 침묵했다. 그녀의 탁한 목소리는 회상의 그림자로 쌓인 채 잊혔던 그녀의 모든 나날이 내는 소리 같았다. 아마도 그 해안에서 비롯되었을 전설의 첫머리가 바다에 조용히 맞장구쳤다.

"그런데 20년이 지나서 그녀가 피곤하고 수척한 모습으로 다시 나타난 거야. 아름답고 건강한 젊은이를 데리고 말이지. 사람들이 그동안 어디에 있었느냐고 물었더니, 독수리가 그녀를 산속으로 데려가 함께 살았다는 거야. 그녀와 함께 나타난 젊은이가 그의 아들이고, 그 아비는 이미 세상을 떴다지. 납치해간 독수리는 몸이 약해져 하늘 높이 솟았다가 날개가 겹쳐지면서 뾰족한 바위산에 부딪쳐서 떨어져 죽었다는군.

모두 놀라서 독수리의 자식을 쳐다보았어. 그의 모습에서는 날짐승의 왕처럼 냉랭하고 오만한 눈 말고는 훌륭할 것이 없더군. 그 젊은이에게 얘기를 건넸는데, 그는 입을 꽉 다문 채 아무 말이 없었어. 그런데 종족의 지도자들이 오자 그는 마치 자기 동년배를 만난 것처럼 그들과 얘기했지. 사람들은

모두 모욕감을 느꼈지만 그를 '잘 다듬어지지 않고 깃털을 달지 않은 화살'
이라고 표현했어. 또래의 수많은 사람들과 그보다 나이가 두 배나 많은 사람
들은 독수리의 아들에게 지도자들을 공경하고 복종한다고 말해 주었지. 하
지만 그는 거만한 태도로 지도자들을 쳐다보면서 모두가 그들을 공경하고
복종한다 하더라도 자기는 그러고 싶지 않다고 말했어. 그러자 모든 사람이
'너 같은 놈은 우리에겐 필요없어! 그러니 너 갈 길로 가!'라고 말하면서 흥
분하여 소리쳤지.

그러나 그는 씩 웃더니 그를 물끄러미 바라보던 아름다운 엘게요에게 다
가가 포옹했지. 그녀는 그를 질책한 지도자들 가운데 한 사람의 딸이었어.
그녀는 그를 밀쳐냈지. 아버지가 두려웠던 거야. 그녀는 그를 밀쳐내고 저
만치 도망치듯 달아났는데, 그가 그 처녀를 붙들고 주먹으로 한 대 후려갈겼
어. 그녀는 넘어졌고, 그는 쓰러진 그녀의 가슴을 발로 짓밟았는데 어찌나
세게 밟았던지 피를 엄청나게 토해냈어. 뱀처럼 몸을 뒤척이면서 곧 처녀는
숨을 몰아쉬더니 죽고 말았지.

이 일을 본 사람들은 분노를 토해내며 웅성댔어. 그 누구도 여자를 죽인
적은 없었거든. 그리고 눈을 뜬 채 피를 머금고 누워 있는 처녀애와, 그녀
옆에 사람들과 마주하여 독수리의 아들은 오만하게 서 있었어. 사람들은 한
참 동안 말없이 바라보았지. 모두 그를 당장 붙잡아 죗값을 물으려고 생각했
다가 그만두었어. 그 정도로는 마땅치 않았기 때문이야."

밤은 더욱 깊어갔고 뭔지 모를 나직한 소리가 가득 찼다. 스텝에서는 뒤쥐
가 슬프게 휘파람소리를 불어댔고, 포도나무 잎에서는 맑은 귀뚜라미 소리
가 떨려나와 탄식하는 듯 속삭였다. 조금 전만 해도 붉은 핏빛이었던 원반
같은 달은 창백해져 대지로부터 멀어져갔고 담청색 안개를 스텝에 가득 뿜
어놓았다.

"사람들은 그의 죄에 대한 벌을 의논했지. 달리는 말에 묶어 끌고 다닐까
도 했지만, 그가 저지른 짓에 비하면 너무 가벼운 것 같아서 화살로 쏴 죽이
면 어떻겠느냐는 의견이 나왔어. 이것 역시 받아들여지지 않았는데, 누군가
가 그를 화형에 처하자고 제안한 것이지. 그런데 문제는 연기 때문에 그가 고
통스러워하는 모습을 볼 수 없다는 거야. 많은 애기들이 나왔지만 모두가 원
하는 방법을 찾아내지 못했어. 한편으론 그 녀석의 어미가 용서를 비는데 눈

물 한 방울, 말 한마디 없이 조용히 무릎을 꿇고 있었던 거야. 사람들은 한참 동안 얘기를 나누었고, 마침내 한 지혜로운 사람이 나서서 이렇게 말했지.

'그에게 왜 이런 짓을 했는지 한번 물어보는 게 어떻겠소?'

그래서 청년에게 물었지.

'나를 풀어주시오. 이렇게 묶인 채로는 한마디도 할 수 없소!'

그래서 청년의 말을 믿고 그를 풀어주었는데 그가 묻더군.

'당신네들이 요구하는 게 뭐요? 어째서 날 농노 대하듯 하는 거요?'

'이미 들었을 텐데……' 지혜로운 이가 말했어.

'도대체 내가 왜 당신들한테 내 행동에 대해 설명해야 한단 말이오?'

'이유를 말하지. 잘 들어 봐! 사람들은 모두 한 번은 죽게 돼. 자네도 어차피 곧 죽게 될 테고…… 그건 그렇고 이제 자네가 왜 그런 짓을 했는지 해명해 보게. 우리가 많은 사실을 알수록 자네에게 유리할 테니……'

'좋습니다. 나 스스로도 내가 왜 그랬는지 이해할 수 없지만 말해 보리다. 내가 그녀를 죽인 건 그녀가 나를 거부했기 때문이오. 하지만 내겐 그녀가 꼭 필요했소.'

'그 여잔 당신 여자가 아니잖아.'

사람들이 그에게 말했지.

'그렇게 말하는 당신네들은 어떻습니까? 보아하니 모두 입과 두 손만 있으면 가축이건, 아내건, 땅이건 원하는 모든 걸 소유하고 있지 않소?'

이 말에 사람들은 그에게 말해 주었어. 뭔가를 얻으려면 그에 대한 대가를 치러야 한다고 말이야. 가령 지혜나 노력, 때로는 자기의 목숨까지도. 하지만 그는 그 절차는 몰랐고, 그저 모든 걸 갖고 싶었다는 거야.

그와 얘기를 오랫동안 나눈 사람들은, 그는 자신이 지상에서 제일이라고 믿고, 자기 말고는 아무것도 생각하지 않는다는 걸 알게 되었어. 사람들이 더욱 이상하게 생각했던 것은 그 스스로가 고독한 운명을 택했다는 거지. 그에게는 가족도, 가축도, 아내도 없었고, 그는 그 어느 것도 원하지 않았어.

이러한 사실을 알게 된 사람들은 또다시 그를 어떻게 처벌할지에 대해 의논했어. 그런데 그들이 의논을 시작한 지 얼마 안 되어 이제까지 그들의 결정에 아무 말도 없던 지혜로운 이가 말을 꺼냈던 거야.

'자, 그만들 하고 형벌을 내립시다! 하지만 이 형벌은 좀 별다른 것입니다. 천 년 동안 그런 일이 없었으니까요. 다름 아닌 그 형벌이란 그 자신의 마음에 내리는 것입니다. 비록 그의 몸은 자유로워지겠지만…… 그를 풀어 줍시다. 이게 그의 형벌이오!'

이때 엄청난 일이 벌어졌어. 먹구름 한 점 없는 하늘에서 천둥소리가 났던 거야. 하늘의 이러한 움직임이 그 지혜로운 이의 말을 믿게 해주었어. 모여 있던 사람들은 인사를 나눈 뒤 흩어졌고, 그 청년에게는 '어쩔 수 없는 자'라는 '라라'라는 이름이 붙여졌어. 그 청년은 자기를 버려두고 가 버리는 사람들의 뒤에 대고 큰 소리로 웃어대더군. 그의 아비처럼 혼자 남아서 말이야. 하지만 그의 아비는 인간이 아니었고 이자는 사람이었지. 그 뒤 그는 날짐승처럼 자기 멋대로 살기 시작했어. 그의 종족에게로 가서 닥치는 대로 가축을 잡아먹고 처녀들을 농락했지. 사람들이 그에게 활을 쐈지만, 화살은 보이지 않는 보호막으로 가려진 그의 몸통을 뚫을 수 없었어. 그는 교활하고 탐욕스럽고 힘이 세고 잔인했지. 그래서 사람들은 그와 정면으로 마주치기를 꺼려했고, 멀리서 그를 바라봤어. 그는 혼자서 그렇게 오래도록 사람들 주위를 맴돌았지. 그러던 어느 날 그가 사람들 가까이 접근했어. 사람들이 그에게 덤벼들어도 그는 꼼짝도 않고 방어할 기색도 전혀 보이지 않았지. 그러자 그들 가운데 한 사람이 그것을 알아채고는 큰 소리로 외쳤어.

'그를 건드리지 마시오. 그가 죽고 싶어서 저러는 겁니다!'

사람들은 몹쓸 짓을 저지른 청년의 고통을 덜어주고 싶지도 않았고, 또 그를 죽이고 싶지도 않았어. 그래서 모두 가만히 있었지. 그냥 보고만 있었던 거야. 사람들의 외치는 소리를 듣고 그가 몸을 떨었어. 그러고는 품속에서 갑자기 돌멩이를 꺼내 사람들에게 던졌지. 하지만 사람들은 그의 공격을 피하기만 할 뿐 그대로 내버려두었어. 그는 지쳤는지 슬픈 비명과 함께 땅바닥에 엎어졌지. 그리고 잠시 뒤 그가 벌떡 일어나더니 누군가가 떨어뜨린 칼을 집어들어 자기 가슴을 찔렀지. 하지만 칼이 부러지더군. 마치 칼로 돌을 찌를 때처럼 말이야. 그러자 그는 다시 땅 위에 엎어져 땅에다가 한참 동안 자신의 머리를 찧었지. 그런데 이상하게 그가 머리를 찧자 땅이 쑥 들어갔지. 마치 그를 피하듯 말이야.

'저자가 죽지 못해 안달을 하는군!' 사람들은 고소하다는 듯이 말했어.

사람들은 그를 내버려둔 채 떠나 버렸지. 그는 누워서 하늘을 쳐다보고 있었는데, 독수리들이 점점이 하늘 높이 기세등등한 모습으로 날고 있었던 거야. 그의 두 눈에는 진한 애수가 어려 있었어. 그때부터 그는 죽음을 기다리면서 외톨이로 남아 있었지. 그렇게 외롭게 온 천지를 떠돌아다녔지. 당신도 보았듯이 그는 결국 그림자가 되어 버렸어. 영원히 말이야! 그는 사람들의 말도, 행동도, 그 어느 것도 이해하지 못했어. 그리고 아직도 그 뭔가를 찾아서 헤매고 있지. 그에겐 생명이 없었어. 죽음도 그를 외면했고 사람들 사이에도 그가 있을 자리는 없었어. 이게 바로 오만한 자의 파멸을 보여준 애기야."

노파는 한숨을 내쉬고 잠시 입을 다물더니 머리를 떨구고는 몇 번인가 이상하게 몸을 흔들었다.

그런 그녀의 모습을 가만히 바라보니, 몽상이 노파를 사로잡은 것처럼 보여 왠지 그녀가 가엾어졌다. 그녀는 이야기를 고양되고 위협적인 어조로 끌고 갔지만, 이러한 어조에도 소심하고 비굴한 기운이 배어 있었다.

해안에서 노랫소리가 들려왔다. 이상한 노랫소리였다. 노래의 가운데 부분에 알토가 새롭게 울려 퍼지면서 두세 음조를 압도했고, 곧 다른 목소리가 노래에 끼어들었다. 그런데도 첫 번째의 목소리가 여전히 흘러나오고 있었다. 그리고 세 번째, 네 번째, 다섯 번째의 목소리가 같은 간격으로 노래에 가담했다. 그러다 갑자기 새롭게 남자들의 목소리가 끼어들었고 노랫소리는 합창이 되었다.

여자들의 목소리는 저마다 완전한 별개의 것처럼 들려왔고, 그 소리들은 모두 다른 음색으로 들렸다. 그리고 그 목소리들은 마치 어딘가 위쪽으로 훌쩍 건너뛰면서 소리를 울린 뒤, 칙칙한 남성들의 목소리에 흘러들어 그 위에 사뿐히 내려앉았다. 그렇게 슬그머니 스며들고 섞여 맑고 힘 있는 목소리가 되어 하늘 높이 차례로 오르는 것 같았다.

파도소리는 그 소리들 때문에 들리지 않았다.

2

"저렇게 노래 부르는 걸 어디서 들어본 적이 있수?" 이제르길리 노파가 고개를 들고 이가 다 빠져 버린 붉은 잇몸을 드러내면서 물었다.

"아니오, 한 번도 들어보지 못했어요."

"앞으로도 듣지 못할 거요. 우린 노래 부르는 걸 좋아하지. 아름다운 이들, 삶을 사랑하는 아름다운 이들만이 노래를 잘할 수 있다오. 우리는 삶을 사랑한다오. 저기서 노래 부르는 사람들이라고 온종일 지치지 않을 리가 있겠수? 그들은 해가 떠서 질 때까지 일하다가 달이 뜨면 저렇게 노래를 부르는데! 삶이 힘겨운 사람은 잠을 잘 것이고, 삶이 즐거운 사람들은 저렇게 노래를 부르지."

"하지만 건강이……." 내가 말을 꺼내려 했다.

"일생 동안 건강은 아주 중요하지. 그래, 건강! 당신 돈을 낭비해 본 적 있수? 건강이란 황금과 똑같은 것이지. 당신은 내가 젊었을 때 무엇을 했는지 아시우? 난 한 번도 일어서지 않고 새벽부터 해질녘까지 양탄자를 짰다오. 햇살처럼 생기찬 나였지만 바위같이 꼼짝 않고 앉아 있었다오. 모든 뼈가 뻐걱이는 소리를 낼 때까지 말이오. 그러다 밤이 되면 사랑하는 이에게로 달려가 입맞춤을 나누었지. 사랑을 나누던 그 석 달 동안 변함없이 달려가곤 했다오. 그때는 매일 밤 그에게 다녀왔었지. 그 순간을 기다리노라면 피가 다 마를 지경이었는데! 정말로 사랑했었다오! 몇 번이고 입맞춤을 했지……."

그녀의 얼굴을 바라보았다. 검은 눈동자는 여전히 몽롱했고 아름다운 회상도 그 눈에 생기를 불어넣진 못했다. 달빛은 그녀의 갈라진 마른 입술과 잔털이 나 있는 뾰족한 턱, 그리고 마치 올빼미의 부리처럼 납작하고 쭈글쭈글한 코를 비추고 있었다. 양쪽 뺨에는 시커멓게 움푹 들어간 자국들이 나 있었고, 그 한쪽 뺨에는 그녀의 머리를 감싼 붉은색 누더기에서 빠져나온 새하얀 머리칼이 흘러내리고 있었다. 얼굴과 목, 양손의 살갗은 온통 주름살투성이였는데, 이제르길리 노파가 움직일 때마다 바싹 마른 살갗이 마치 기다렸다는 듯이 전부 갈라졌다가는 덩어리들처럼 내려앉았다. 그때마다 몽롱한 검은 눈의 앙상한 해골이 내 눈앞에 나타난 듯했다.

그녀가 갈라진 목소리로 다시 얘기했다.

"내가 살던 곳은 팔라치야 근처인 룰라드 강가였어. 엄마하고 함께 살았지. 그 사람이 우리 부락에 나타난 건 내가 열다섯 살 때였다오. 그는 키가 크고 온화했어. 검은 콧수염에 명랑한 사람이었지. 그가 나룻배에 앉아 우리에게 소리쳤어. '이봐요, 혹시 술 같은 것 없소? ……내가 좀 마시고 싶은

데…….' 나는 창 안쪽에서 물푸레나무 가지 사이를 바라보았어. 강물은 달빛으로 인해 온통 담청색이었는데, 그는 하얀 루바쉬카[1]를 입고 양끝 가장자리가 해진 널따란 띠를 매고서는 한 발은 나룻배에, 다른 한 발은 강가에 걸친 채 서 있었다오. 그의 몸이 잠깐 흔들거리더니 무슨 노래를 부르는 것 같더군. 그는 나를 발견하고는 '바로 여기에 이렇게 아름다운 여인이 살고 있었군! 여태 그것을 몰랐다니!' 이렇게 말하는 거야. 그는 마치 나를 포함해서 미녀란 미녀는 죄다 아는 듯이 얘기했어. 나는 술하고 돼지고기 구운 것을 그에게 갖다주었지. 그리고 사흘 뒤에는 내 모든 걸 주어 버렸어…… 우리는 밤마다 뱃놀이를 나갔지. 그가 뒤쥐처럼 조용히 휘파람을 불면 난 물고기처럼 창문을 타고 강으로 갔다오. 그리고 우리는 배를 탔지…… 그는 푸르드 강[2] 출신의 어부였어. 얼마 뒤, 이 모든 사실을 알게 된 어머니는 나를 때리고는 그자하고 같이 도부루드좌로 가든가 아니면 더 멀리 도나우 강 쪽으로 떠나 버리라고 하셨어. 하지만 그때 나는 이미 그 사람에게서 마음이 멀어져 가고 있었지. 거의 매일 하는 일이라곤 노래 부르고 입맞춤하는 게 다였으니까. 그런 것은 이미 따분한 일이 되어 버렸어.

이 무렵 카르파치아 우크라이나 인 도적 떼가 그곳에 들르곤 했어. 그들의 애인들이 이곳에 있었던 거야…… 좋은 게 좋은 거 아니겠어. 재미있는 일이지. 어떤 여자가 자기의 카르파치아 청년을 기다리고 또 기다리는 거야. 그러다가 보이지 않으면 이미 감옥에서 죽었거나 아니면 어딘가에서 시비가 붙어 맞아 죽었거니 생각하는 거지. 그런데 그가 불쑥 혼자서, 아니면 친구 두셋을 데리고 그녀 앞에 하늘에서 뚝 떨어진 것처럼 나타나는 거야. 그러고는 선물을 한아름 갖다 바치지. 그는 이 모든 걸 쉽게 훔쳤겠지! 그런 다음 그 여자네 집에서 잔치를 열고 자기 친구들 앞에서 그녀를 자랑하는 거야. 이 정도면 그녀도 흡족해 하지. 나도 그런 우크라이나 인과 사귀고 있는 내 여자친구한테 부탁했지. 그들을 소개해 달라고 말이야. 그녀의 이름이 뭐였더라? 이름이 생각나지 않는군. 이제는 모조리 잊어버렸어. 세월이 그토록 많이 흘렀다면 당신이라도 모든 걸 잊어버렸을 거야! 아무튼 그녀가 나를 어떤 젊은이에게 소개해 주었지. 썩 훌륭한 사람이었어…… 콧수염도 곱슬

[1] 러시아 의복의 일종, 윗옷.
[2] 카르파치아 강에서 시작해 도나우 강으로 흐름.

머리도 적황색이었어. 머리는 마치 불이 난 모습이었어. 그는 매우 우울한 듯 보이다가도, 어떤 때는 상냥하고, 또 어떤 때는 짐승처럼 으르렁대거나 사람을 패는 버릇이 있었지. 한번은 내 얼굴을 때리더군…… 그래서 난 고양이처럼 그에게 덤벼들어 그의 뺨을 물었어. ……그 뒤 그의 뺨에는 움푹 팬 자국이 남았어. 근데 웃기게도 내가 그곳에 입맞춤해주면 좋아하더군……."

"그러면 그 어부는 어떻게 됐어요?" 내가 물었다.

"어부? 그도…… 여기에 있었지…… 그는 우크라이나 사람들과 한패가 되었어. 처음에는 계속해서 나를 설득하면서 바닷물에 빠뜨려 죽이겠다고 야단이더니 그 다음부터는 아무 일도 없더군. 결국은 그들과 한패가 되어 다른 여자를 데리고 다녔어……. 그 뒤 그 두 사람은 함께 교수형에 처해졌어. 어부도, 그 우크라이나 사람도. 우리는 그들이 교수형 당하는 걸 보러 갔었지. 형은 도부루드좌에서 집행되었어. 어부는 얼굴이 창백해져 울면서 형장으로 갔는데, 우크라이나 사람은 파이프 담배를 피우면서 양손을 호주머니에 찔러 넣은 채 여유를 부리며 내 쪽으로 걸어오더군. 한 가닥 콧수염은 어깨에, 다른 한 가닥은 가슴에 늘어뜨리고 말이야. 그러고선 날 보더니 파이프를 빼고 소리쳤어. '잘 있어……!' 일 년 동안 그를 내내 잊지 못했어. 휴!…… 그 일은 그들이 카르파치아 산맥의 자기네 고향으로 가려할 때 생겨난 일이었어. 작별을 고하러 어떤 루마니아 사람의 집을 방문했는데 거기서 잡혔어. 몇 사람은 죽고 두 사람만 잡혔지. 나머지는 달아나고…… 물론 그 루마니아 놈도 나중에 보답을 받았겠지…… 집도, 방앗간도, 빵도 모두 불타 버렸거든. 거지가 된 거지."

"당신이 저지른 일이에요?" 내가 짐작으로 물었다.

"그 우크라이나 사람에겐 친구들이 많았지. 나 혼자는 아니었어. 그들과 가장 친했던 친구 하나가 그들이 장사 지내게 해주었지……."

바닷가의 노랫소리는 잠잠해졌고, 바닷물결 소리만이 노파의 이야기에 맞장구를 쳤다. 격렬하지만 아련한 그 소리는 격한 인생 이야기에 꼭 어울리는 바이올린 연주 같았다. 밤의 대기는 점차 온화해지고 담청색 달빛이 더욱 멀리 흩뿌려졌다. 그리고 보이지 않는 야밤 거주자들의 바쁘고 힘찬 발걸음 소리는 철썩거리며 드세진 파도소리에 덮여 조용히 묻혔다. ……바람이 강해졌다.

"터키 사람을 좋아한 적도 있었는데, 그의 할렘*³에서 머물렀지. 스쿠타리에서였어. 꼭 한 주일을 살았는데 그게 다였어…… 금방 싫증이 나더군…… 사방에 여자, 온통 여자뿐이었으니까…… 그에게는 8명의 아내와 첩이 있었거든…… 그들은 온종일 먹고 자고 시시껄렁한 얘기나 지껄이며 지냈지. 안 그러면 암탉처럼 싸우던가 욕을 해대면서…… 그는 이미 젊은 나이가 아니었어. 그 터키 사람 말이야…… 머리는 거의 백발이었지만 대단한 위세에다 재산도 많더군. 말하는 품이 꼭 임금 같았어…… 검은 눈에 쏘는 듯한 눈빛이었는데 영혼이라도 꿰뚫어볼 것 같더군. 그는 기도하는 걸 대단히 좋아했고, 그를 본 건 부크레시티에서였어. 차르처럼 저잣거리를 걷다가 나를 보더니 대단히 귀중한 것을 발견이라도 한 듯 쳐다보더군. 내가 그에게 살짝 미소를 던졌지. 바로 그날 밤 사람들은 거리에서 나를 사로잡아 그에게 데리고 갔어. 그는 백단향(白檀香)과 야자나무를 파는 사람이었는데, 부크레시티에 온 건 뭔가를 사기 위해서였다더군. '우리 집으로 가겠니?' 그가 말했어. '그래요, 가요.', '좋았어.' 그러고는 그에게로 간 거야. 그 터키 사람은 부자였어. 그에게는 아들이 하나 있었어. 살갗이 까무잡잡한 꼬마였는데 무척 활달하더군…… 열여섯 살쯤 되었어. 그리고 나는 그 애와 같이 도망쳤어…… 불가리아의 롬팔란카로 달아났지. 그곳에서 어떤 불가리아 여자는 자기의 남편인지 약혼자 때문에 단검으로 내 가슴을 치더군. 지금 생각해 봐도 이해할 수 없는 일이야.

나는 병이 나서 어느 수도원에서 오랫동안 앓아누워 있었어. 여자 수도원이었어. 한 폴란드 아가씨가 나를 간호해 주더군. 그리고 다른 수도원에서였는데—내 기억으로는 아르체르팔란카 부근이었을 거야—그 아가씨의 오빠가 찾아왔었어. 그도 수도사였지…… 그는 꼭 벌레처럼 그렇게 늘상 나에게 붙어 있더군…… 나는 건강이 회복된 뒤 그와 함께 떠났지…… 그의 고향 폴란드로 말이야."

"잠깐만요……! 그러면 그 터키 꼬마는 어디 갔죠?"

"꼬마라고? 그 꼬마는 죽었어. 향수병 때문이었는지 아니면 사랑 때문이

---

*3 회교도의 부인이나 첩이 머무는 곳.

었는지…… 어쨌든 햇볕을 지나치게 쬔 허약한 나무처럼 마르기 시작하더니 계속해서 수척해지는 거야…… 거의 얼음덩어리처럼 투명한 담청색 얼굴이 되어 누워 있기는 했지만…… 여전히 사랑에 가슴 태우던 그의 모습이 생각나는군. 얼마 뒤 그의 건강상태는 완전히 악화되어 조금도 움직이지 못하게 되었어. 그러고는 그는 누운 상태로 마치 구걸하는 거지처럼 처량하게 부탁했어. 자기 곁에 누워서 자기를 따뜻하게 해달라고. 나도 누웠지. 그와 함께 누워 있으니까 그의 몸이 곧 더워지더군. 하지만 눈을 떠보니까 그의 몸은 이미 싸늘해져 있었어. 죽었던 거야…… 울면서 그의 죽음을 애도했지. 누구의 잘못이라 해야 할까? 아마 그를 죽게 한 건 나일 거야. 당시 내 나이는 그보다 곱절이나 많았거든. 힘도 세고 몸집도 풍만했으니까. 하지만 그는 어린애였어!"

그녀가 한숨을 내쉬었다. 그녀가 그런 행동을 하는 건 처음 봤는데, 마른 입술로 뭐라 중얼거리면서 성호를 세 번 그었다.

"그럼 그 뒤에 폴란드로 떠나셨던 거군요……." 내가 슬쩍 그녀가 하던 얘기를 일깨워주었다.

"그래, 그 사람, 자그마한 폴란드 사람하고 함께 떠났지. 그 사람은 재미는 있었지만 비열했어. 여자 생각이 나면 수고양이처럼 내게 아양도 떨고 달콤한 말을 하다가도 내가 필요치 않으면 채찍질하듯 말했어. 한번은 둘이서 강가를 걷고 있는데 그자가 내게 무례하고 모욕스런 말을 하는 거야. 어떻게 그럴 수가 있는지! 나는 매우 성이 나서 펄펄 끓는 타르 같았어! 그의 손을 붙잡아—그는 몸집이 작았거든—들어올려서는 얼굴색이 파래지도록 허리를 조였지. 그러고는 뒤흔들다가 강물에 던져 버렸어. 그가 비명을 질렀지. 이상한 소리를 내더군. 물속에서 허우적대는 그의 모습을 보고 바로 그곳을 떠나 버렸지. 그 뒤로 다시는 그와 만나지 못했어. 그래도 한때 좋아했던 사람들을 한 번도 마주친 적 없다는 건 다행이야. 죽은 사람을 만나는 거나 마찬가지로 반가운 만남은 아니니까."

노파는 한숨을 쉬고 입을 다물었다. 나는 그녀가 입에 올렸던 사람들을 상상해 보았다. 저쪽에서 마치 불이 타오르듯이 주황빛이던 긴 수염의 우크라이나 사람이 조용히 파이프를 물고서 죽음의 길로 걸어간다. 아마도 그는 조금의 흔들림 없이 모든 것을 뚫어지게 바라보는 서늘한 담청색의 두 눈을 지

넸으리라. 바로 그 곁에는 푸르드 출신 검은 콧수염의 어부가 죽기 싫어 울고 있다. 곧 죽는다는 생각에 창백해진 얼굴과 명랑했던 두 눈은 생기를 잃어가고 있고, 눈물에 젖어 버린 콧수염은 일그러진 입술 가에 슬프게 드리워져 있다. 바로 저쪽에는 아마도 숙명론자였거나 폭군이었을 위엄 있는 늙은 터키 사람이, 그리고 그 옆에는 입맞춤에 얼이 빠진 동양의 꽃과 같이 희고 연약한 그의 여자들이 있다. 또 한쪽 편에는 허영심이 강한 그 폴란드 남자가 서 있다. 그는 여자들의 비위를 맞추기 좋아하고 몰인정하며 달변가이면서도 냉혹하다……. 그리고 이들 모두는 창백한 환영일 뿐이었다. 하지만 그들이 입맞춤하던 노파도 그들과 다를 바 없다. 살아 있기는 해도 세월에 몸이 여위어 살도 핏기도 없고, 희망 없는 가슴과 생기 잃은 두 눈만을 지닌 채 내 곁에 앉아 있기 때문이다. 노파 역시 환영들과 다를 바가 없다.

그녀가 계속해서 말을 이었다.

"폴란드에서는 힘들었지. 그곳 사람들은 냉혹하고 거짓말을 잘했어. 당시 나는 그들의 독설을 잘 알아듣질 못했어. 늘 쉬쉬하더군. 뭐라고 속삭였던 거지? 그들이 거짓말을 하도 잘하니까 신이 그렇게 독한 혀를 준 모양이야. 어디로 가는지도 모르고 걷고 있을 때였는데, 반란을 일으키려는 러시아 사람들이 모여 있는 게 보였어. 보흐니야 시까지 걸었지. 어떤 구두쇠가 나를 샀어. 그는 내가 필요했던 게 아니라 나를 가지고 장사하려고 샀던 거지. 나는 그 제안을 받아들였어. 살기 위해서는 무슨 짓이라도 해야 했거든. 하지만 나는 아무것도 할 줄 몰랐어. 결국에는 그 보상을 받은 셈이지. 그때 나는 이렇게 생각했어. '내 고향 룰라드에 돌아갈 돈만 벌면 나를 옭아매고 있는 이깟 사슬쯤은 아무것도 아니다 하고 말이야. 그러고는 거기서 살았지. 돈 많은 지주들은 나와 잔치를 벌이면서 상당한 돈을 썼을 거야. 그들은 나 때문에 서로 다투다가 가산을 탕진해 버렸어. 어느 유대인은 오랫동안 나에게 붙어 있더니 한번은 자기 하인에게 자루를 들려 찾아온 적이 있었지. 그는 자루에 든 것을 내 머리 위에 붓더군. 그랬더니 금화가 마룻바닥에 쏟아졌는데 그 소리가 나를 유쾌하게 만들었어. 하지만 난 아랑곳하지 않고 그 유대인을 쫓아 버렸어. 그의 얼굴은 통통하고 기름졌고 배는 큼지막한 베개 같았는데, 날 쳐다보는 품이 꼭 미련한 산적 같았지. 그래서 그 사람을 쫓아 버렸어. 그는 날 황금으로 뒤덮기 위해 땅도, 집도, 말도 모두 팔아 버리겠다고 말했는데도 싫었어. 그때 난 얼굴이 상처투성이인 지적인 유대인을 사랑하고 있었지. 그는 그리스 사람을 위해 터키 사람들과 싸우다 칼자국이 생겨 얼굴은 온통 열십자 투성이였어. 대단한 사람이었지! …… 그가 폴란드 사람이라면 그리스 사람들의 일에 상관할까? 그는 그들과 함께 적에 대항하여 싸우러 간 거야. 그래서 상처투성이가 되었지. 한쪽 눈은 맞아서 진물이 나오고, 왼손 손가락 두 개도 잘려나갔어…… 다른 나라 사람이 자기와 무슨 상관이 있담? 그런데 알고 봤더니 그는 희생정신이 강한 사람이었어. 그런 사람들은 언제든 그런 행동이 가능한 곳을 찾아내는 법이지. 희생적이지 못한 사람들은 의지가 약하거나 이기적인 자들이야. 희생적인 사람들은 인생의 참 의미를 알지…… 아무튼 상처투성이인 그 사람은 훌륭한 사람이었어! 무슨 일을 하기 위해서는 세상 끝까지라도 갈 각오가 되어 있는 사람이었지. 아마 그는 반란이 일어났을 때 러시아 사람들에게 살해당했을 거야. 그런데 당신네 사람들은 어째서 미챠르 사람들을 죽이러 갔던 거지? 자, 그런 얘긴 그만두자고……."

이제르길리 노파는 내게 잠자코 있으라고 말한 뒤 돌연 자신도 입을 다물었다. 그 뒤 그녀는 생각에 잠겼다.

"한번은 헝가리 사람을 사귄 적도 있었지. 하지만 그는 내 곁을 떠났어. 겨울이었지. 그리고 봄이 되어 눈이 막 녹기 시작할 즈음 그는 머리가 총에 관통된 채 들판에서 발견되었어. 어떻게 그런 일이 생길 수 있담? 당신도 알다시피 인간은 사랑으로 죽을 병을 이겨낼 수도 있어. 실제로 찾아보면 많을 거야…… 지금 내가 무슨 얘기를 하고 있었나? 그래, 폴란드 얘기였지…… 거기서 난 내 마지막 유희를 벌였어. 어떤 하층 귀족을 만났었지…… 대단히 잘생겼었어. 그런데 그는 꼭 악마 같았어. 그때 난 이미 나이가 꽤 많이 든 상태였지. 늙는다는 게 뭔지! 내가 그때 마흔 살쯤 되었을까? 가만있자, 그 정도 되었을 거야…… 하지만 그는 여전히 자신만만했고 여자들한테도 인기가 좋고 젊었지. 그는 내게 소중한 사람이었어…… 정말 그랬어. 그는 언제든 나를 안고 싶어했지만 난 그에게 쉽게 기회를 주지 않았지. 나는 결코 그 누구의 노예도 아니었거든. 구두쇠와는 이미 많은 돈을 주고 관계를 청산한 상태였지…… 나는 진작부터 크라코프에서 살고 있었어. 그 당시 내게는 없는 게 없었어. 말도, 황금도, 하인도, 모든 게 다 있었지…… 그는 오만한 악마처럼 내게 찾아와서는 내가 나 스스로 자기 손아귀에 뛰어들기를 바랐지. 말다툼도 하곤 했었어…… 지금 기억으로는, 나는 그 때문에 더욱 추해졌던 것 같아. 그리고 그런 일이 계속되었지…… 결국 내 목적은 달성되었어. 그가 무릎을 꿇고 나에게 애원했던 거야. 하지만 그는 그 목적을 달성하자마자 나를 내던져 버리더군. 그때 난 내가 늙었음을 깨달았지…… 아, 그건 내게 쓸쓸한 일이었어! 벌써 그렇게 되어 버렸던 거야! …… 난 그 악마 같은 자를 좋아했는데, 그는 나를 만나면 비웃더군…… 비열한 자였지! 그리고 나를 꼭 남처럼 대하더군. 내가 느낄 수 있도록 말이야. 그래, 말하자면 난 무척 비참했지! 하지만 그는 바로 가까이에 있었고, 난 여전히 그에게 흠뻑 빠져 있었지. 그런데 그가 당신네 러시아 사람들과 싸우려고 떠나 버린 거야. 못 견디겠더군. 난 마음을 바꿔보려고 해보았지만 잘 되지 않아…… 그래서 그의 뒤를 따라가기로 작정했지. 그는 바르샤바 근처의 숲 속에 있었거든.

그러나 그곳에 도착한 나는 당신네 사람들이 이미 그들을 무찔렀고, 그가 바르샤바 근처 마을에 포로로 잡혀 있다는 사실을 알게 되었지.

결국 이제는 그를 못 보게 되는구나! 하는 생각이 들더군. 하지만 보고 싶었어. 그래서 그를 찾아보기로 작정했지…… 얼굴을 가린 채 거지 모양으로 발을 절뚝이면서 그가 있는 마을로 갔어. 카자흐 사람들과 병사들이 여기저기에 있더군. ……꽤 많은 돈을 들여야 했어! 폴란드 인들이 있는 곳을 알아내기는 했지만 거기까지 가서 그를 만나는 건 힘들 것 같았어. 하지만 내겐 망설일 필요가 없었어. 그래서 한밤중에 그들이 있는 곳을 향해 기어갔지. 죽 둘러져 있는 울타리를 따라 기어가는데 앞쪽에 보초가 서 있었어…… 그리고 폴란드 사람들이 노래를 부르고 크게 떠드는 소리가 들려왔어. 그들은 성모에게 바치는 노래를 부르고 있었지. 그 다음에는 그 사람, 나의 아르카데크가 노래를 부르는 거야. 전에는 사람들이 나를 보려고 설설 기어왔었는데 살다보니 별일도 많지, 이젠 내가 한 사람 때문에 뱀처럼 땅바닥을 기는 신세가 되어 목숨까지 걸고 있었어. 그 꼴을 생각하니 비참해지더군. 그런데 보초가 낌새를 챘는지 앞쪽으로 허리를 구부리는 거야. 그러니 어쩌겠어? 땅에서 일어나 그에게로 갔지. 나는 단검도 없고 양손과 혀밖에 없었어. 칼을 쓰고 싶지 않았지. '잠깐만요!' 내가 작은 소리로 말했어. 하지만 그 병사는 내 목에 총검을 들이대는 거야. 난 속삭이듯 그에게 이렇게 말했지. '아아, 찌르지 말아요, 잠깐만 내 말 좀 들어 봐요. 당신에게도 인간다움이 있다면 말이에요! 당신에게 아무것도 줄 게 없지만, 제 부탁 좀 들어주세요…….' 그가 총을 내리더니 마찬가지로 속삭이듯 내게 말하더군. '아주머니, 여기서 멀찌감치 떨어져요! 저리 가란 말이오! 여기서 뭐하는 겁니까?' 그래서 나는 그에게 아들이 이곳에 갇혀 있다고 말했지. '병사님, 당신은 이해하실 거예요. 제 아들 말이에요! 당신에게도 부모가 있을 테니까요, 그렇죠? 자, 나를 봐요. 내겐 당신 같은 아들이 있어요, 저기에! 그러니 좀 볼 수 있도록 해 주세요. 그 애는 곧 죽을지도 몰라요. 혹시 내일이라도 당신이 죽게 된다면 당신 어머니는 얼마나 가슴 아프겠어요? 그리고 당신도 어머니 얼굴도 못 보고 죽게 된다면 얼마나 고통스럽겠어요? 제 아들도 마찬가지예요. 그러니 이 어미를 봐서라도 그 아이를 제발 한 번만 만나게 해주세요!'

그를 붙잡고 얼마나 오랫동안 얘기했는지! 비가 내려 우리를 적시더군. 바람이 일어 으르렁대면서 내 가슴과 등짝을 후려쳤어. 난 그 목석 같은 병사 앞에 비틀거리며 서 있었지…… 그런데도 그는 여전히 '안 돼요!'라고 말하는 거야. 냉담한 그 소리를 들을 때마다 난 그 사람, 아르카데크를 보고싶은 마음이 더욱 간절해지더군…… 난 말을 하면서도 그 병사를 흠칫흠칫 훔쳐보았지. 그는 키가 작고 말랐는데 계속해서 기침을 하더군. 이때다 싶어 그의 앞에 엎어져 그의 무릎을 껴안았지. 그리고 걱정어린 투로 그에게 간청하는 척하면서 그를 땅바닥에 넘어뜨렸어. 진창 쪽으로 넘어지더군. 그때 나는 잽싸게 그의 얼굴을 땅으로 박아 고함치지 못하도록 그의 머리를 물웅덩이에 처박아 버렸어. 그는 고함도 못 지르고 자기 등에서 나를 떼어내려고 버둥거렸어. 난 그의 머리를 양손으로 잡곤 진창 속으로 깊이 밀어넣었지. 그가 숨을 멈추더군…… 그런 다음 폴란드 사람들이 노래 부르고 있는 창문 쪽으로 던져 버렸지. '아르카데크!' 난 벽 틈 사이로 속삭였어. 그들 폴란드 사람들은 상황판단이 빠르더군. 내 소리를 듣고서도 노래를 멈추지 않았던 거야! 내 눈앞에 그의 모습이 보였어. '이쪽으로 빠져나올 수 있겠어요?' '그래, 마룻바닥을 통하면!' 그가 말하더군. '자, 그럼 나와요.' 모두 네 사람이 창고 밑쪽에서 빠져나왔어. 세 사람하고 내 애인 아르카데크였지. '보초

는 어딨어?' 아르카데크가 묻더군. '저기 누워 있어요!'

그들은 허리를 구부리고 조용조용 걸었어. 비가 내리고 바람이 몹시 불어댔지. 우리는 마을을 빠져나와 숲 속을 한참 동안 말없이 걸었어. 모두들 발걸음을 빨리했어. 아르카데크가 내 손을 쥐었는데 그의 손은 뜨거웠고 떨고 있었어. 그것이 마지막 순간이었어. 흥미진진했던 내 인생에서 이것이 마지막이었고. 꽤 괜찮은 순간이었지. 우리는 초원에 다다라서야 걸음을 멈추었어. 네 사람 모두 나에게 고맙다는 뜻을 표하더군. 그들이 얼마나 한참 동안 그 얘기를 하던지, 원! 그 얘기를 들으면서도 난 줄곧 내 애인만을 바라봤지. 그가 나를 어떻게 했겠어? 그는 나를 껴안더니 아주 진지하게 말하더군…… 그가 무슨 말을 했는지 자세히 기억나지는 않지만, 아무튼 결론은 내가 자기를 빼내준 것이 고마워 앞으로 날 사랑하겠다더군. 그러고는 내 앞에 무릎을 꿇고 미소 지으면서 말하더군. '나의 여왕이시여!' 사기꾼처럼 거짓말도 잘하더군! 그래서 난 그를 발길로 차 버리고는 뺨따귀를 한 대 올려붙이려는데 그가 급히 피하면서 벌떡 일어서는 거야. 얼굴은 창백해 가지고 위협당하듯 내 앞에 서 있었어…… 나머지 세 사람도 입을 다물고 어두운 표정으로 서 있었어. 나는 그들을 바라보았지. 지금 기억으로는 그때 그런 상황이 몹시 따분하고 짜증까지 났어…… 그들에게 말했지. '내 눈앞에서 사라져!' 그랬더니 그자들은 내게 '당신이 우리와 함께 가면서 길을 가르쳐주면 어떻겠소?'라고 물었지. 이런 비열한 자들 같으니! 하지만 내가 대답을 하기 전에 그들은 떠나 버렸어. 나도 그 자리를 떠났지…… 그 다음날 당신네 사람들이 나를 붙잡기는 했지만 금방 풀어주더군. 그때 나는 깨달았어. 이젠 내 보금자리를 만들어 살자! 벌써 몸이 무거워 날개는 약해지고 깃털도 윤기를 잃었지…… 그래, 바로 지금이야 지금! 그렇게 다짐한 나는 갈리치아로 떠났어. 거기서 다시 도브르드쥬로 왔던 거야. 여기서 산 지도 벌써 30년 가까이 되었네. 내겐 남편이 있었는데 몰다비아 사람이었어. 몇 년 전에 죽었지. 그러고는 이렇게 살고 있다오! 혼자서 살고 있지…… 아니, 혼자가 아니라 바로 저들과 함께."

노파는 손가락으로 바다를 가리켰다. 그곳은 여전히 조용했다. 때때로 짤막하고 불확실한 무슨 소리가 일어났지만 금방 사그라들었다.

"저들은 나를 좋아하지. 그들에게 여러 가지 많은 얘기를 들려주었어. 그들에겐 그것이 필요했던 거야. 모두 아직 젊거든…… 나도 그들과 함께 있는 게 좋아. 그들을 보면 이런 생각을 하게 되지. '내게도 저런 시절이 있었지…… 내가 젊었을 때는 저 사람들보다 더 강한 힘과 정열이 있었고, 세상 사는 게 더욱 즐겁고 멋있었지…….' 정말이야……!"

그녀는 입을 다물었다. 그녀 옆에 있자니 내 기분까지 우울해졌다. 그녀는 머리를 조용히 수그리고 무슨 말인가 중얼거렸다. 아마도 기도를 하는 모양이었다.

산맥을 닮은 가파른 모양의 크고 검은 먹구름이 바다 쪽에서 일었다. 그 꼭대기에서 구름 몇 조각이 떨어져 나와 앞서 달리면서 별빛을 하나 둘 덮기 시작했다. 바다가 울었다. 가까이 있는 포도나무 가지들이 서로 살을 맞대고 속삭이며 탄식을 내쉬었다. 스텝 멀리서 개가 짖어댔다. 대기는 콧구멍을 간질이는 향기로 신경을 자극했다. 구름에서 떨어져내린 한 무리의 칙칙한 그림자가 땅을 기어다녔고, 사라졌다가 다시금 나타났다. 달이 있던 자리에는 빛을 잃은 단백석(蛋白石) 모양의 반점만이 남아 있을 뿐 푸른 잿빛의 구름 조각은 차츰차츰 그것을 완전히 덮어 버렸다. 그리고 뭔가를 소리 없이 감추듯 어둑하고 칠흑 같은 어둠 속, 스텝에서 피어오르는 조그마한 담청색 불빛이 보였다. 그 불빛은 여기저기에서 순간적으로 나타났다가 꺼지곤 했는데, 마치 크리스마스트리에 매달린 전구들이 번갈아 빛을 내는 것 같았다. 그것은 비밀스런 이야기를 품은 듯한 신비한 담청색 불빛이었다.

"불빛이 보이오?"

이제르길리 노파가 물었다.

"아, 저기 담청색 말이에요?"

스텝을 가리키며 내가 말했다.

"담청색? 그래…… 날아다니는 것이지. 맞아, 그거야…… 하지만 난 이제 더는 그것들을 보지 못해…… 이제 난 많은 것을 볼 수 없거든."

"저 불꽃은 어디서 온 거죠?"

노파에게 물었다. 이 불꽃의 기원에 대해서는 이미 알고 있었지만, 이제르길리 노파의 말을 듣고 싶었다.

"그 불꽃은 단코의 뜨거운 심장에서 나온 것이지. 그런 심장이 이 세상에 있었어. 활활 타올랐지…… 그리고 그 불꽃들은 바로 거기서 나왔어. 자세하게 얘기해 주지. 옛날얘기야…… 옛날, 아주 먼 옛날이었어. 당신은 과거에 얼마나 많은 일들이 일어났는지 아슈? …… 하지만 지나간 일 같은 건 아무것도 아니지…… 뭣 때문이냐고? 나 대신 말해 봐요! 한 마디도 못하는군…… 아는 게 없나? 젊은이, 설마 모든 걸 다 안다고 생각하나? 어허 참! ……과거의 일들을 주의 깊게 살펴보면 거기서 모든 수수께끼의 해답을 찾을 수 있지…… 하지만 당신은 그럴 생각조차 하지 않아. 그러니까 그렇게 넋을 놓고 살고 있지…… 내가 세상일을 모르는 것 같다고? 아니야, 비록 눈은 나쁘지만 난 모르는 게 없다오! 사람들이 세상 사는 법을 모르고, 그들이 삶에 적응하려 하면서 일생을 바친다는 것도 알고 있지. 그리고 사람들은 허송세월을 보내다가 자기 자신을 완전히 도둑맞았다고 생각되면 운명을 탓하지. 그럼 운명은 뭘까? 각자의 운명은 바로 자기 자신이야! 지금은 옛날처럼 강한 사람이 하나도 없어! 그런 사람이 어디에 있지? …… 잘난 사람도 점점 줄어들더군."

노파는 힘세고 잘난 사람들이 인간세상을 떠나 어디로 몸을 숨겼는지 생각해 보았다. 노파는 그런 생각에 젖어 어두운 스텝을 응시했다. 마치 그 속에서 해답을 찾으려는 듯.

무슨 말을 묻기라도 하면 혹시나 그녀가 또다시 다른 방향으로 이야기를 끌고 나갈까 두려워 나는 잠자코 있었다. 마침내 그녀가 이야기를 시작했다.

3

"옛날 어떤 사람들이 지상에 살고 있었지. 삼면은 지나다닐 수도 없을 만큼 빽빽한 숲으로 둘러싸여 있고, 한쪽만 스텝으로 이어져 있었어. 이들은 활달하고 힘도 세며 용감했어. 그러던 어느 날 고난의 시기가 찾아왔지. 어디선가 다른 종족이 나타나 먼저 정착해 있던 그들을 깊은 숲 속으로 몰아내 버린 거야. 그곳은 늪지이고 어두웠어. 오래된 숲이라 나뭇가지들이 빽빽하게 얽혀 있어서 하늘도 보이지 않았고, 너무 촘촘한 나뭇잎 때문에 햇빛도 비치지 않았지. 하지만 어쩌다 햇빛이 늪지를 비출 때도 악취가 피어올라 그 때문에 사람들이 하나둘 죽어갔어. 여자들과 아이들은 울부짖었고, 어른들은 고민에 빠졌어. 어떻게 해서든 숲 속을 빠져나가야겠다고 생각했던 거야. 거기에는 두 가지 길이 있었지. 하나는 왔던 길로 되돌아가는 것인데 거기에는 악하고 힘센 적들이 있었어. 그리고 다른 한 길은 앞으로 곧장 가면 되는데 대신 옹이가 많은 나무들이 서 있었어. 거대한 나무들은 뿌리를 끈적끈적한 진흙 속에 깊이 박아넣고 그 질긴 가지들은 마치 서로가 포옹하는 것처럼 보였어. 돌덩이 같은 나무들은 낮에는 어슴푸레한 빛 속에서 꼼짝 않고 서 있다가 장작으로 불을 지피는 저녁이 되면 사람들 주위를 촘촘히 에워쌌지. 또한 두터운 어둠의 고리는 밤이고 낮이고 할 것 없이 사람들을 에워싸고 스텝의 광활함이 몸에 밴 사람들을 위협했어. 바람이 나뭇가지 끝을 스쳐 숲 전체가 황량히 울부짖을 때면 장송곡을 듣는 것처럼 더욱 괴괴했지. 이들은 자신들에게 패배를 안겨준 사람들과 죽을 때까지 싸울 수 있었지만, 싸우다 죽을 수는 없었어. 왜냐하면 그들에게는 조상의 유훈(遺訓)이 있었는데 그들이 죽어 버리면 그 유훈은 그들과 함께 사라질 테니까. 그 때문에 숲의 황량한 소음과 늪지의 해로운 악취를 견디면서 그들은 기나긴 밤을 둘러앉아 생각에 잠겼지. 장작불의 그림자는 그들이 앉아 있는 주변을 춤추듯 어른거렸는데, 사람들은 그걸 그림자로 보지 않고 숲과 늪지의 악한 영혼들이 나쁜 의식을 행하고 있다고 여겼던 거야…… 사람들은 여전히 생각에 잠겨 있었지. 하지만 그들은 피폐해졌어. 그들은 고민에 빠져 몸과 마음이 약해졌지…… 공포는 그들 사이에서 점점 자라나 그들의 힘센 손들을 묶어 버렸고, 여자들은 악취로 질식당해 죽어간 시체와 공포로 얼어붙은 산 자들의 운명에 두려워하며 눈물을 흘렸어. 그리고 숲 속에서 이상한 얘기들이 들리기 시작했지. 처음에는 약하고 조용했지만 그 다음엔 더욱더 크게 들려왔지…… 죽음에 놀란 그들에게 이제 더는 원수와 맞설 의지가 없었어. 노예 같은 비굴한 생활에 아무도 괘념치 않았지…… 바로 그때 단코가 나타나서 모든 사람을 구해 냈던 거야.”

노파는 단코의 불타오르는 심장에 대해 또렷하게 몇 번씩이나 얘기했었다. 그녀는 노래 부르듯 얘기에 운을 붙여 말했는데, 그 목소리는 거칠고 울림이 없었다. 마치 스텝에서 쫓겨난 불행한 사람들이 늪지에서 뿜어나오는 악취로 인해 죽어간 그 숲의 소리들을 직접 보는 것 같았다.

“젊은 단코는 아름답고 용감한 사람이었어. 그가 자기의 동료들에게 말했어.

‘생각만 한다고 해서 길 가운데 놓인 바위가 치워지지는 않습니다. 아무것도 하지 않는 사람에게 남는 건 하나도 없습니다. 우리가 어떻게 생각과 고민에 힘을 낭비하겠습니까? 일어납시다! 숲을 헤치고 나아갑시다! 그곳에도 끝은 반드시 있을 겁니다. 이 세상에 끝이 없는 건 아무것도 없습니다! 자, 여러분 갑시다!'

그를 바라보고 있던 사람들은 그가 제일 용감하고 뛰어난 사람임을 알 수 있었어. 그의 두 눈은 대단한 열정과 의지로 이글이글 불타오르고 있었지.

'그대가 우리를 인도하시오!' 사람들이 말했어. 그렇게 해서 그는 사람들을 이끌었던 거야."

노파는 잠시 침묵하면서 어둠이 짙게 깔려 있는 스텝을 바라보았다. 불타는 단코의 심장 같은 불꽃이 담청빛 하늘 저 멀리서 피어오르다 순식간에 꺼졌다.

"단코가 그들을 이끌었어. 모든 사람이 일제히 그를 뒤따랐지…… 그를 믿었던 거야. 정말이지 힘든 길이었어! 사방은 어두웠고 한 걸음씩 발을 옮길 때마다 늪은 탐욕스럽게 사람들을 삼켜 버렸고, 거목들은 거대한 벽처럼 길을 막았어. 나뭇가지들이 얽혀 있고, 그 거대한 뿌리들은 여기저기 뱀처럼 늘어져 있어 한 걸음 옮겨놓는 데에도 피땀을 흘려야 했어. 그들은 그렇게 한참을 걸었어…… 숲이 빽빽하면 할수록 힘은 더욱 빠졌지. 그러자 사람들은 단코가 잘못된 방향으로 이끌고 있다고 투덜대며 원망하기 시작했어. 단코가 젊고 경험이 없다는 것을 핑계로 들면서 말이야. 하지만 그는 앞장서서 능숙하고 기운찬 모습으로 걸어갔지.

그러던 어느 날 천둥이 숲을 때리고, 나무들이 거칠고 공포스럽게 흔들렸어. 마치 세상이 생긴 이래 명멸했던 모든 밤이 모인 것처럼 숲은 캄캄해졌어. 작은 무리의 사람들은 섬뜩한 천둥소리가 들리는 가운데 비틀거리며 거목을 헤치고 나아갔지. 거목들은 스산한 소리를 내며 울부짖었고, 섬광은 숲의 나무들 위를 스쳤다 사라지면서 사람들을 놀라게 했지. 그리고 번쩍이는 번갯불에 비친 나무들은 마치 살아 움직이듯 어둠의 포위에서 잠시나마 벗어난 사람들의 주변을 둘러쌌어. 그리고 긴 가지를 내밀어 촘촘한 그물을 만들어 그 속에 사람들을 가두고 길을 막았지. 또 한쪽에서는 나뭇가지에 둘러싸인 어둠 저편에서 무서운 괴물이 걷고 있는 그들을 감시하고 있는 듯했어. 아무튼 몹시 힘든 길이어서 사람들은 지쳐 버렸고 점점 용기를 잃어갔어. 하지만 자신들의 무기력함을 인정하자니 부끄러운 노릇이었지. 그래서 그들은 앞장서서 걸어가는 단코에 대한 역정과 분노에 사로잡혔던 거야. 이걸 어쩐 담! 마침내 그들은 단코가 자신들을 이끌 능력이 없다고 비난하기 시작했어.

피로에 지치고 적의를 품게 된 그들은 숲 속에서 들려오는 짓누르는 듯한 소리와 괴괴한 어둠 속에 멈춰 서서 단코의 죄를 묻기에 이르렀어.

그들이 말했어. '넌 보잘것없으면서 우리에게 해를 끼치는 인물이야. 네가 우리를 이끌어 이렇게 고통스럽게 만들었으니 죽어 마땅해!'

'당신들이 부탁했소. 인도해 달라고 말이오. 그래서 이끌었던 것이오.' 단코가 그들 앞에 가슴을 내민 채 소리쳤지. '그럴 만한 용기와 힘이 내게 있었기 때문에 내가 당신들을 이끌어온 것이오! 그런데 당신들은 어찌했소? 당신들이 나를 도와준 일이 뭐가 있소? 먼 길을 가는 데 필요한 체력조차 지니지 못한 당신들은 그저 걷기만 했잖소! 그저 걷기만 했소, 마치 양 떼처럼!'

하지만 이런 말은 그들을 더욱 분노하게 만들었지. '꺼져 버려, 썩 꺼져! 없어져 버려!' 그들은 아우성쳤어.

숲은 그들의 고함을 맞받아 어수선했고, 번갯불은 어둠을 산산이 갈라놓았어. 단코는 자신이 도우려고 그렇게 애썼던 사람들을 바라봤는데 그들은 마치 짐승 같았어. 그를 둘러싼 그들의 얼굴에는 선한 감정이라곤 털끝만치도 보이지 않았고, 그들에게서 용서를 기대할 수도 없었어. 그의 가슴속에서는 분노가 솟구쳤지만 그들에 대한 동정심 때문에 분노는 그냥 사그라들었지. 그는 그들을 사랑했고, 자기가 없으면 그들은 모두 죽게 될 거라고 생각했지. 그러자 그의 가슴속에서는 그들을 편한 길로 이끌어 구원해야겠다는 열정이 솟구쳐올라 두 눈에서 힘찬 불빛이 타올랐어…… 하지만 그의 두 눈이 반짝이며 불타오르는 것을 본 사람들은 그가 격렬한 분노에 사로잡힌 것이라 생각하고 긴장했지. 그들은 단코와 싸우게 될 것을 예상하고 그를 쉽게 죽이기 위해 바싹 에워쌌어. 그는 이미 그들의 생각을 알아차리고 있었지. 그리고 그들의 이러한 생각은 그에게 더 큰 슬픔을 주어 그의 가슴은 더욱더 무섭게 불타올랐어.

숲은 여전히 자신의 우울한 노래를 부르고 있었고, 천둥이 치고 비가 내리고 있었지……

'이 사람들을 위해 어떤 일을 해야 한단 말인가?' 천둥보다 강하게 단코가 소리쳤어.

그리고 그는 갑자기 자기의 가슴을 가르고 심장을 꺼내 머리 위로 높이 쳐들었어. 심장은 태양처럼 선명하게, 아니 태양보다 더 선명하게 불타올랐고, 숲은 사람들에 대한 위대한 사랑으로 침묵했지. 그리고 그 빛에 산산이 흩어진 어둠은 썩은 늪지의 밑으로 재빨리 빨려 들어갔어. 사람들은 이에 놀라 온몸이 마비된 듯 굳어 버렸어.

'자, 갑시다!' 큰 소리로 외친 단코는 불타는 심장을 높이 치켜들고는 길을 밝히면서 앞으로 거침없이 나아갔어.

사람들은 이에 마음이 사로잡혀 그의 뒤를 따라 곧장 나아갔지. 그러자 숲은 또다시 놀란 듯 가지들을 흔들어대며 수선거렸지만 그러한 소리도 질주하는 사람들의 발소리에 파묻혀 버렸어. 심장이 불타는 기적을 보고 놀란 사람들은 재빨리 용감하게 달려가기 시작했지. 사람들은 어김없이 계속해서 죽어갔지만 더는 아무도 불평이나 눈물을 보이지 않았어. 단코는 여전히 앞장섰고 그의 심장도 끊임없이 활활 타올랐어!

그러다 숲이 갑자기 그들 앞에서 갈라지면서 빽빽한 모습을 말없이 뒤에 남기고 단코와 그 사람들은 비에 씻긴 맑은 대기와 햇빛의 바다로 곧장 빠져 들었지. 천둥과 함께 쏟아진 폭우는 숲 위에 남아 있었지만, 이곳은 태양이 빛나고 스텝이 숨 쉬고 있었어. 풀잎의 빗방울들이 반짝거리고 강물은 황금처럼 빛나고 있었지…… 저녁 무렵이었는지 강물은 황혼빛에 젖어 단코의 갈라진 가슴에서 흘러나온 피처럼 붉은색이었어.

자기 앞의 광활한 스텝에 눈길을 던진 단코는 확 트인 대지에 기쁨에 찬 눈으로 의연히 미소 짓더니 쓰러졌어. 죽었던 거야.

사람들은 기쁨과 희망에 가득 찬 나머지 그의 죽음을 알아채지 못했고 단코의 주검 옆에 용감한 심장이 불타고 있는 것도 보지 못했어. 단지 주의 깊은 한 사람이 이것을 알아차리곤 왠지 두려운 마음에 심장을 발로 밟아 버렸어…… 그러자 그것은 불꽃으로 흩어져 스러져갔지…….

그 뒤 천둥이 치기 전 스텝에 나타나는 것이 바로 그 담청색 불빛인 게지."

노파가 아름다운 얘기를 마치자 스텝은 괴괴한 적막에 젖어들었는데, 마치 사람들에게 아무런 보답도 바라지 않고 그들을 위해 자신의 심장을 불사른 용감한 단코에게 굴복한 것 같았다. 노파는 졸고 있었다. 나는 그녀를 바라보면서 그녀의 기억 속에 얼마나 많은 이야기와 추억이 남아 있을까 생각했다. 그리고 단코의 불타는 위대한 심장에 대해서, 또 아름답고 용기 있는 전설을 만들어낸 인간의 상상력에 대해서 생각해 보았다.

바람이 불었다. 그러자 깊은 잠 속으로 빠져들어간 이제르길리 노파의 앙상한 가슴이 누더기옷 사이로 드러났다. 나는 그녀의 나이든 몸을 덮어준 뒤 그녀와 가까운 곳에 몸을 눕혔다. 스텝은 어둡고 고요했다. 하늘에는 먹구름이 굼뜬 모습으로 여전히 쓸쓸하게 기어다니고 있었다. ……바다가 황량하고 슬프게 수선거렸다.

마카르 추드라

습기를 머금은 차디찬 바닷바람이 불어와, 해변으로 밀려드는 파도소리와 해안 관목들의 살랑거리는 소리가 한데 어우러졌다. 이 우울한 선율은 초원 위에 흩뿌려졌다. 가끔씩 돌풍은 주름진 황갈색 이파리들을 실어와 모닥불에 내던져 불을 일으켰고, 우리를 둘러싼 봄밤의 어둠은 두려운지 부르르 떨며 물러섰다. 일순간 왼쪽으로는 끝없이 초원이 펼쳐졌고, 오른쪽으로는 끝없는 바다, 앞쪽으로는 늙은 집시 마카르 추드라가 모습을 드러냈다. 그는 우리에게서 50걸음쯤 떨어진 곳에서 자기 막사의 말들을 지키고 있었다.

싸늘하고 세찬 바람이 그의 윗저고리를 풀어제껴, 털이 많은 그의 텁수룩한 가슴을 사정없이 후려쳤건만, 그는 아랑곳하지 않았다. 그는 단단하면서도 멋있는 자세로 누워 나를 바라보며 규칙적으로 파이프 담배를 세게 빨아댔다. 그러면서 입과 코에서 연기를 뿜어냈다. 그는 내 머리 너머 초원의 죽은 듯 말없는 어둠에서 눈을 떼지 않고 나와 이야기를 이어갔다. 잠시도 입을 다물지 않은 채 휘몰아치는 돌풍은 피할 생각도 없었나보다.

"그래, 자넨 그러고 다닌다 이거지? 자넨 정말 멋진 운명을 택한 거야, 젊은이. 이곳저곳 돌아다니면서 보고, 또 실컷 봤을 때쯤이면 누워 죽는 거, 그게 삶이지."

"삶이라고요? 다른 사람 말인가요?"

그는 내 말대꾸에 의심스러운 듯 말을 이었다.

"흠, 다른 사람들이 자네와 무슨 상관이냐 이거지? 그렇다면 자네 삶은 삶이 아니란 말인가? 다른 사람들은 이제껏 자네 없이도 살아왔고, 앞으로도 그렇게 잘 살아갈 거란 말일세. 자넨 누구에겐가 자신이 필요한 존재라고 생각하나? 자넨 빵도 아닐뿐더러 지팡이도 아냐. 그러니 어느 누구도 자넬 필요로 하지 않을 걸세.

자네, 뭔가를 설교하고 다닌다지? 그런다고 자네가 사람들을 행복하게 해

줄 수 있다고 생각하나? 아냐, 그건 가능하지 않아. 자네가 좀 더 나이가 든 뒤라면 모를까. 지금 누구를 가르친단 말인가? 사람들은 모두 다 자기가 해야 할 일을 알고 있어. 조금 지혜로운 사람들은 얻을 수 있을 것이고, 어리석은 사람들은 아무것도 얻지 못해. 다시 말해서 모든 사람은 자기 스스로 깨우치는 법이야……

자네 같은 부류들은 참 웃기는 사람들이야. 한곳에 모이기만 하면 서로 죽이려 드니, 세상엔 일자리가 이렇게나 많은데 말이야."

그리고 그는 초원을 향해 팔을 크게 내저었다.

"모든 사람은 너나없이 일을 하고 있어. 뭣 때문에? 누구를 위해서? 그건 아무도 모르지. 자, 보라고. 사람들이 어떻게 땅을 일구는지 직접 보고 생각해. 그들은 땀방울을 비 오듯 흘리며 애써 일해 땅을 일구고, 그러고는 거기에 누워 땅속에서 썩어가. 죽고 난 뒤엔 아무것도 남지 않고, 자기가 일궈놓은 들을 보지도 못해. 단지 태어나 그렇게 살다가 바보같이 죽는 거란 말이야.

인간이란 땅만 쑤셔대려고 태어난 것과 같아. 제 무덤조차도 파기 전에 죽어 버리면서…… 그들에게 자유란 게 있겠어, 아니면 그들이 대초원의 광활함을 이해할 수 있겠어? 또 바다에 일렁이는 파도소리에 기쁨을 느끼길 하겠어? 인간은 노예야, 태어나자마자 한평생 노예란 말이야. 이게 도대체 뭔가? 인간이 자기 자신에게 뭘 어떻게 할 수 있겠나. 그저 조금 지혜가 생겼다 싶으면 죽는 도리밖에.

자, 보라고. 난 말이야, 58년이란 세월을 여기저기 돌아다니며 보아왔네. 내가 만약 보고 들은 것을 종이에 옮겨 쓴다면 자네가 지금 갖고 있는 자루에 다 담을 수도 없을 만큼 많을 걸세. 자, 내가 가보지 않은 곳이 어딘지 말할 수 있나? 물론 말할 수 없겠지. 자넨 내가 가본 곳이 어딘지 모를 테니까. 난 그렇게 살아야만 했어. 걷고 또 걷고, 이게 전부였지. 한곳에 오래 머무를 필요가 없어. 거기에 뭐가 있단 말인가? 자네가 삶이라는 것에 싫증을 느끼지 않기 위해서는 마치 낮과 밤이 서로 쫓고 쫓기면서 지구 주위를 뛰어가듯이, 오로지 그렇게 삶만 생각하면서 도망쳐야 해. 하지만 생각에 잠겨 우울해지고 삶에 싫증을 느끼면 항상 일어날 수 있는 일이야. 나 역시도 그랬지. 그래, 정말이네, 젊은이.

난 갈리친의 감방에 있었던 적이 있어. 그때 어찌나 따분하고 지루했는지 '난 왜 이 세상에 태어났을까?' 생각했지. 감방 생활이란 정말 따분해. 여보게, 아, 정말 지긋지긋했어! 우울이란 놈이 내 가슴을 죄고, 창문을 통해 들판이라도 보는 날이면, 그 우울이란 놈은 마치 발로 밟듯 그렇게 내 가슴을 짓밟았어. 인간의 삶에 대해 누가 속 시원히 말할 수 있겠나? 아무도 말할 수 없지, 젊은이! 그것에 대해 의심할 필요조차 없어. 어차피 태어났으니까 열심히 살아라, 이게 전부야. 이리저리 돌아다니며 주위를 둘러보면 우울이란 놈은 생기려야 생길 수가 없어. 난 언젠가 한번은 하마터면 허리띠로 목을 맬 뻔한 일이 있었지. 이렇게 말이야."

마카르는 손으로 목을 조르는 시늉을 했다. 그러고는 다시 말을 이었다.

"흠, 난 언젠가 우연히 어떤 사람과 이야기를 나눈 적이 있었어. 그는 러시아 사람치곤 준엄한 사람이었지. 그는 항상 하느님 말씀 안에서 삶을 살아야 한다고 설교하더군. 하느님께 순종하면 원하는 모든 걸 들어주신다고 말이야. 그런데 그 사람이 다 해진 남루한 옷을 입고 있기에, 내가 하느님한테 새 옷이나 한 벌 주십사 해보시지 그러냐고 했더니 그가 화를 버럭 내며 욕을 마구 퍼부어대면서 날 쫓아내는 거야. 하지만 정작 그는 사람들을 용서하고 사랑해야 한다고 설교했거든. 그러니까 내 말은 내가 그의 호의에 대해 무례한 점이 있었더라도 그는 날 용서해 줘야 한다는 거지. 그리고 선생이란 작자들도 다를 건 하나도 없어. 그들은 조금 먹으라고 가르치면서도 정작 자신들은 열 배는 더 처먹거든."

그는 모닥불에 침을 탁 뱉고는 잠시 침묵했다가 다시 파이프에 담뱃가루를 재어넣었다. 바람은 애처로운 듯 소리 없이 불었고, 어둠 속에서는 말들이 울부짖었으며, 막사에서는 부드러우면서도 열정적인 민요가 흘러나왔다. 마카르의 아름다운 딸, 논카가 부르는 것이었다. 나는 그녀의 가슴속에서부터 우러나오는 듯한 낮고 굵은 음색의 목소리를 익히 들어 잘 알고 있었다. 그녀가 노래를 부르거나 "안녕" 할 때의 목소리에서는 왠지 괴상하고 불만에 가득 찬, 그리고 뭔가를 갈망하는 듯한 느낌이 들었다. 그녀의 까무잡잡하고 윤기 없는 얼굴엔 여왕의 오만함이 배어 있었고, 어두운 그림자가 드리운 암갈색 눈에서는 아름다움에 대한 자만과 다른 사람을 경멸하는 빛이 번뜩였다.

마카르는 내게 파이프를 내밀며 말했다.

"자, 한 대 피워 보게나. 내 딸, 정말 노래 잘 부르지 않나? 자넨 저런 처녀의 사랑을 받았으면 하고 생각해 본 적 없나? 대답이 없는 걸 보니 아닌 것 같군. 그럼 좋아! 그래, 계집들이란 믿을 게 못 돼. 그것들하곤 상종도 하지 않는 게 좋아. 그래도 나한텐 담배를 피우는 것보다는 계집들과 키스하는 게 훨씬 더 유쾌한 일이지만 말이야. 하지만 자네 경우라면 키스라도 한번 하는 날이면, 자네 가슴속에 있는 자유라는 건 몽땅 사그라져 버리는 거지. 계집들이란 분명치는 않지만 왠지 자네 같은 사내들을 유혹하지. 그러나 유혹을 끊는다는 건 있을 수도 없거니와 그냥 온 마음을 계집들에게 바치는 꼴이야. 확실해! 계집들을 조심하게! 그것들은 항상 거짓말을 하거든. '전 이 세상에서 당신을 가장 사랑해요' 하다가도 바늘로 살짝 찌르기라도 해보게나. 그럼 그 계집은 아마도 자네 가슴을 갈기갈기 찢어놓을 걸세. 알아 난! 암, 내가 얼마나 많은 걸 알고 있다고. 자, 여보게! 내가 옛날애기 하나 할 테니 들어보겠나? 이제부터 내 애기를 마음속에 잘 새겨두게. 그러면 자네는 평생 자유로운 새가 될 걸세."

마르카는 이야기를 시작했다.

"옛날에 말이야, 젊은 집시 조바르라는 사람이 있었는데 이름이 로이코 조바르였어. 모든 헝가리, 보헤미아, 그리고 슬로베니아 사람들뿐만 아니라 바다 주변국 사람들 모두가 그를 알고 있었다네. 그는 키가 자그마했지만 아주 용감한 사내였어. 그가 나타나기만 하면 어느 마을에서고 주민 가운데서 제일 힘센 장정들이 로이코를 죽이겠노라고 신께 맹세했지. 하지만 그는 용케도 살아났고, 어떤 말(馬)이든 일단 조바르의 마음에 들면, 일개 연대나 되는 군인들이 그 말을 지킨다 해도 그는 아랑곳하지 않고 말을 훔쳐 올라탔지. 그리고 온갖 재간을 다 피웠다네. 흠, 그가 무서워할 게 뭐가 있겠나? 마귀더러 졸개들을 몽땅 데리고 그에게 가라고 해보라지. 조바르가 그들의 코앞에 칼을 들이밀지 않는다면, 필시 지독한 욕설을 퍼부을 것이고, 그러지도 않는다면 마귀들의 상판대기를 하나씩 발길로 냅다 걷어찰 게 분명해. 그것도 그 즉시 말이야.

그래서 집시들 가운데 그를 모르는 사람이 없었고, 그에 대한 소문도 익히 알았지. 그는 무엇보다도 말을 사랑했어. 그러나 잠시였지. 그는 어느새 말을 팔아 버리고는, 돈이 필요한 사람이 생기면 그들에게 몽땅 줘 버렸어. 그에겐 귀중한 것이라곤 없었네. 만약 자네가 그의 심장이 필요하다고 말한다면 그는 즉시 자기 심장을 끄집어내어 자네에게 줄 거야. 하지만 그게 자네에게 도움이 될 경우에만 말일세. 젊은이, 그는 바로 그런 사람이었다네!"

마르카는 말을 잠시 멈추더니 다시 시작했다.

"우리 집시들은 그 무렵 부코비나를 따라 유목생활을 하고 있었다네. 그러니까 지금으로부터 10년 전의 일일세. 어느 봄날 밤이었는데, 우리는 코슈트와 같이 전쟁터에 나갔던 다닐로와 누르 노인, 그리고 그 밖의 사람들과 다닐로의 딸 랏다와 함께 앉아 있었지.

자네 내 딸 논카를 아나? 처녀 중의 처녀지! 하지만 그녀는 우리 논카와는 비교도 할 수 없어. 논카에 비하면 과분할 정도야. 그 여자, 랏다에 대해선 어떻게 말로 표현할 수가 없어. 아마도 그녀의 아름다움을 바이올린으로 연주할 수 있을지 모르지만, 그것도 바이올린을 자기 영혼만큼이나 잘 아는 사람만이 그럴 수 있어.

그녀가 얼마나 많은 사내의 애간장을 녹여 놓았던지. 오오, 정말 많기도 했지! 모라바에서는 앞머리가 없는 나이 지긋한 대지주가 그녀를 보고 까무러칠 정도로 홀딱 반해 버렸지 않겠나? 그는 말안장 위에서 열병이라도 걸린 듯 온몸을 부르르 떨며 그녀를 바라보았단 말이야! 그는 명절날의 악마처럼 멋있었어. 윗저고리엔 금실로 수가 놓여 있었고, 허리엔 말이 발을 쳐들 때마다 번쩍번쩍 빛이 나는 세이버를 차고 있었는데 값비싼 보석이 그 세이버 전체에 박혀 있었어. 그런데다 머리 위에는 마치 한 조각의 하늘을 연상케 하는 하늘색 벨벳 모자를 쓰고 있었으니, 그 노제후는 정말 근사해 보일 수밖에. 그는 랏다에게서 좀처럼 눈을 떼지 못하더니 드디어 이렇게 말을 걸더군. '이봐! 나에게 키스해 주지 않겠나? 돈은 자루째 줄 테니까.' 그 말을 들은 그녀는 대꾸도 않은 채 고개를 돌려 버렸어. 그러자 금세 그 노지주는 거만함을 누그러뜨리고 '내가 심하게 굴었다면 용서해 주게나. 그래, 다정한 눈길이라도 주지 않으련' 했지. 그러더니 그녀의 발 앞에 돈자루를 집어던졌어. 정말 커다란 자루였다네, 젊은이! 그런데 그녀는 뜻밖에도 그걸 진창으로 걷어차 버린 거야. 화가 난 그 노제후는 '에잇! 못된 계집 같으니라고!' 한숨 섞인 말을 내뱉고는 채찍으로 말을 후려갈겼지. 그러고는 뽀얀 먼지를 먹구름처럼 피어올리며 떠나갔다네.

그런데 그 다음날 그가 다시 나타났는데, 그녀의 아버지가 누구냐고 소리쳤어. 마치 천둥이 몰아치는 듯한 그의 목소리가 우리 막사에까지 울려 퍼졌지. '내게 딸을 팔면 원하는 만큼 돈을 주겠다!' 그때 다닐로가 그에게 말했어. '오직 폴란드 사람만이 자기 집에서 키우는 돼지에서부터 자기 양심까지 모든 걸 팔아치우지. 그리고 난 코슈트와 함께 전쟁터에 나갔던 사람이오. 그러니 어느 것도 팔 수 없소!' 그러자 화가 머리끝까지 난 그 지주가 세이버에 손을 대는 순간, 우리 가운데 누군가가 말의 귀에다 불붙은 부싯깃을 집어넣었어. 그 말은 그 용감한 늙은이를 태운 채 미친 듯이 달려가 버렸다네. 그리고 우리는 그곳에서 떠났지. 이틀이 지났을까, 그가 우리에게 찾아와서는 '여보시오, 신과 당신들에게 맹세하지만 나의 양심은 깨끗하오. 그러니 처녀를 내게 시집보내주시오. 모든 것은 당신들과 나누어 갖겠소. 난 엄청난 부자란 말이오.' 그는 온몸이 벌겋게 달아올라서 바람맞은 나리새마냥 말안장 위에서 비틀거리더군. 우리는 잠시 생각에 잠겼지. 잠시 뒤 다닐로가 독백하듯 조용히 말했어.

'그렇다면 애야, 어디 네가 말해 보려무나.'

'만약 암독수리가 까마귀 둥지로 스스로 날아갔다면, 그 암독수리는 뭐가 될까요?' 랏다가 그렇게 우리에게 물었다네.

다닐로가 빙그레 미소를 지었고 우리도 따라 웃었지.

'정말 훌륭하다, 내 딸아! 들으셨겠죠, 나리! 일이 틀어졌소. 어디서 말 잘 듣는 비둘기나 찾아보세요.' 그리고 우리는 떠났다네.

그 나리는 모자를 움켜잡아 땅바닥에 내동댕이치고는 땅이 진동할 정도로 말을 급히 몰아 그곳을 떠나 버렸지. 랏다, 그녀는 그런 여자였다네!

맞아! 어느 날 밤이었지. 언젠가 한 번은 우리 모두 둘러앉아서 이런 저런 이야기를 하고 있는데 갑자기 초원 위를 뒤덮고 흐르는 듯한 음악이 들려왔어. 정말 좋은 음악이었지! 그 음악 때문에 온몸의 피가 끓어오를 지경이었는데, 마치 우리의 영혼을 부르는 것 같았어. 우리는 모두 그 일이 있고 난 뒤부터 살맛을 잃어버리고 말았지. 지상의 황제로 산다면 모를까, 그렇지 않으면 살고 싶지 않을 정도였다네.

그때 어둠 속에서 말 한 마리가 또렷이 보였는데, 그 말 위에 어떤 사람이 앉아 악기를 연주하면서 우리에게 다가오는 거야. 그는 모닥불 옆에 멈춰 서더니 연주를 그치고 빙그레 웃으면서 우리를 쳐다보았어.

'이봐, 조바르, 그러고 보니 자네였군!' 다닐로는 기뻐서 소리쳤지. 바로 그 사람, 로이코 조바르였던 거야. 콧수염은 어깨까지 치렁치렁 내려와 곱슬머리와 엉켜 있었고, 두 눈은 별이 반짝반짝 빛나는 것 같은데다 미소는 완벽한 태양이었어! 게다가 그는 말이야, 마치 쇳덩이로 말과 함께 만들어놓은 동상 같더군. 온몸은 모닥불 때문에 피를 끼얹은 듯했고, 하얀 이, 그것도 히죽 웃고 있는 입술 사이로 드러난 이가 번득거리는 거야! 그때 그가 내게 말을 걸었던 건, 내가 이 세상에 살고 있는 것을 고맙게 여기라는 의미야. 만약 나를 사랑하듯 그를 사랑하지 않았다면 난 저주를 받았을걸세.

여보게, 젊은이. 세상 살다보면 그런 사람들도 가끔씩 있는 법이라네. 그가 자네 눈을 뚫어져라 쳐다보고, 자네 영혼을 매혹한다 해서 그게 자네에게 부끄러운 일인 줄 아나? 그건 자네에게 오히려 자랑스러운 일이란 말일세. 그런 사람과 가까이 지내다보면 자네도 그 사람을 닮게 될 걸세. 이 세상에 훌륭한 사람이 너무 많으면 사람들은 그들의 소중함을 모를 거야, 틀림없어! 내 얘기를 더 듣게나.

그때 랏다가 나서며 이렇게 말했어. '로이코, 그대는 바이올린을 아주 잘 켜는군요! 그렇게 소리가 잘 나고 음색이 풍부한 바이올린을 누가 만들어주었나요?' 그러자 로이코는 빙그레 미소를 지으며 이렇게 말하더군. '내가 직접 만들었소. 난 이걸 나무로 만든 게 아니라 내가 열렬히 사랑했던 젊은 처녀의 가슴으로 만들었거든. 바이올린은 가끔씩 엉뚱한 음을 내기도 하지만 내 손 안에 들어오기만 하면 제대로 된 훌륭한 음을 만들어내지.'

우리 친구들은 금세 계집의 눈을 흐리게 만들지. 계집의 눈이 자기들 가슴에 불을 댕기지 못하도록 말이야. 하지만 자네 경우라면 계집들의 눈이 애처로이 얼어 버릴지도 모르겠군. 로이코 역시 그랬지. 그러나 그는 계집에게 눈이 멀 일이 없었어. 랏다는 얼굴을 한쪽으로 돌리더니 무관심한 듯 말했지. '사람들이 조바르 당신은 지혜롭고 날랜 사람이라고 말하던데 이제 보니 말짱 거짓말이군요.' 그러고는 그녀는 저쪽으로 가 버렸어.

'음, 여우 같은 계집 같으니라고! 넌 타는 듯 자극적인 입술을 가졌어.' 로이코는 말에서 내리면서 두 눈을 번뜩이며 조용히 말했어. '안녕하시오, 친

구들! 이렇게 자네들에게로 돌아왔다네.'

'어서 오게 친구!' 다닐로가 그에게 답례로 이렇게 말했지. 다들 반가움의 표시로 키스를 하고 애기를 나누다가 모두 잠이 들었어…… 아주 깊은 잠에 빠져 버렸지. 그런데 아침에 보니 조바르의 머리에 낡은 붕대가 감겨 있더군. 이게 어찌된 일이지? 알고 보니 말이 발굽으로 잠자는 그를 찼다지 뭔가.

헤헤헷! 그런데 우리는 그 말이 누군지 알고 있었거든. 그래서 모두 코웃음을 쳤고, 다닐로 역시 웃지 않을 수 없었다네. 그렇다면 로이코가 랏다만 못하단 말인가? 아니, 천만의 말씀이야! 아무리 예쁜 계집이라고 해도 그 속이 보통 좁고 얕아야지. 금덩어리 한 푸리*¹를 목에 걸어준다 해도 달라질 건 아무것도 없어. 그런 계집이라면 차라리 없는 게 나아. 자, 좋아.

우리는 그 뒤로 죽 한곳에서 살았는데, 그땐 일이 잘 풀렸었어. 물론 조바르도 우리와 함께 지냈네. 그는 정말 친구다운 친구였네. 세상을 오랫동안 살아온 사람처럼 지혜로운데다 뭐든지 모르는 게 없었어. 글쎄, 러시아어뿐만 아니라 마자르어도 읽고 쓸 줄 알았다니까. 그가 애기라도 하려고 올 때면, 우리는 잠을 못 자더라도 그의 애기를 들으려고 했다네. 게다가 악기를 다루는 솜씨가 보통이 아니었지. 만약 이 세상에서 그보다 악기를 더 잘 다루는 사람이 있다면, 벼락을 맞아 죽어도 여한이 없겠네. 그가 활로 줄을 한 번 퉁기면 자네 가슴은 떨리고, 두 번 퉁기면 자네 심장은 꽁꽁 얼어붙고 말걸세. 그러나 로이코 자신은 아무렇지도 않은 듯 웃고만 있으니……. 그걸 듣고 있으면 웃고 싶다가도 금세 울고 싶다네. 곧바로 누군가가 괴로운 신음을 내며 도움을 청하는가 하면, 칼로 심장을 도려내는 듯 가슴이 저려 오는 거야. 초원은 하늘에다 대고 옛날애기를, 그것도 구슬픈 옛날애기를 하고, 처녀는 젊은 애인이 군대 가는 걸 전송하며 훌쩍거리고, 아름다운 젊은이는 처녀의 이름을 초원을 향해 큰 소리로 부른다네. 그러고는 갑자기, 아아아! 자유롭고 생기 넘치는 노래가 우레같이 울려 퍼지고 태양조차도 그 노래에 맞춰 하늘에서 춤을 추지. 자, 그러니 어떻겠나, 젊은이!

자네가 그 소리를 들으면 자네의 피는 그 노래를 이해하고, 자네의 몸은 그 노래의 노예가 되어 버릴 거야. 만약 로이코가 '칼을 들어라, 친구들이

---

*¹ 구러시아의 중량 단위.

여!' 하고 외쳐댄다면, 우리는 모두 칼을 집어들고 뛰쳐나가서 그의 명령대로 싸웠을 거야. 그는 사람들을 위해서라면 무엇이든지 할 수 있었어. 그래서 사람들은 모두 그를 좋아했지. 아주 많이. 그런데 단지 랏다만이 그 젊은이를 거들떠보지도 않았고, 더군다나 비웃기까지 했다네. 그렇게 그녀는 조바르의 속을 무척이나 태웠지, 질리도록 말일세! 그래서 로이코는 자기 수염을 잡아뜯어가면서 이를 갈며 절망의 눈으로 그녀를 바라보았다네. 그런데 그 눈에서는 심장이 오싹할 정도로 무섭고 서늘한 기운이 번뜩였지. 로이코는 밤이면 멀리 초원으로 나갔고, 그의 바이올린은 아침까지 구슬프게 울며 조바르의 자유를 그곳에 매장해 버렸어. 그때 나는 누워서 그걸 듣고 상상했다네. 만일 내가 마치 단단한 바윗덩어리 같은 그 두 사람 사이에 끼인다면 병신이 되어 버릴지도 모른다, 하고 말이야. 어쨌든 일은 그렇게 됐다네.

어느 날 우리는 모두 모여 앉아 여러 가지 일을 의논했는데, 일이 쉽게 풀리지 않아 지루하기까지 했다네. 그러자 다닐로가 로이코에게 부탁했어. '여보게 조바르, 노래를 불러서 우리를 즐겁게 해주게나' 하고 말이야. 그래서 그 젊은이는 자기에게서 얼마쯤 떨어져 도도하게 하늘을 쳐다보는 랏다를 바라보며 바이올린을 켰다네. 그런데 놀랍게도 바이올린이 말을 하지 뭔가. 이건 농담이 아니야. 마치 처녀의 마음을 그대로 전하듯 말이야. 그리고 로이코는 노래를 부르기 시작했지.

에이— 에이! 내 가슴은 불타오르고,
초원은 넓기도 하구나!
나의 준마는 바람같이 빠르고,
내 팔은 억세기도 하여라!

조금 뒤 랏다는 고개를 옆으로 약간 돌리더니 몸을 일으켰는데, 그녀의 눈에는 노래하는 사람에 대한 비웃음이 가득했어. 그러자 로이코는 얼굴이 빨개졌지. 마치 노을처럼 말일세.

에이오, 에이! 자, 나의 친구여!
말을 타고 달려보지 않으리!

초원은 칠흑 같은 어둠에 싸였지만,
그곳엔 새벽이 우리를 기다린다네!

에이—에이! 날아가 태양을 맞자.
높이높이 오르자!
숲이 무성한 언덕에는 걷지 마라!
아름다운 달님아!

로이코는 이렇게 노래를 불렀어. 지금은 어느 누구도 그렇게 노래하는 사람이 없지만 그 당시에는 그랬어. 그때 랏다가 찬물을 끼얹듯 이렇게 말하는 거야.

'그대는 높이 올라 놀지 않는 게 좋을 걸요, 로이코! 그러다가 웅덩이에 코를 박고 수염을 더럽히면 어쩌려고 그러시나요, 조심하세요.' 로이코는 아무 말 없이 마치 야수처럼 그녀를 잠시 노려보았어. 하지만 그는 수모를 견디며 계속 노래를 불렀다네.

에이— 오! 난데없이 태양이 이리 오는데.
너와 난 잠에 취했구나.
에이, 에이! 아마 너와 난 그때 치욕의 불에 타 버리리라!

'멋진 노래야!' 다닐로가 말했지. 난 평생 그런 노래는 들어본 적이 없었어. 내 말이 거짓이라면 마귀가 날 파이프로 만들어도 좋아. 늙은 누르도는 수염을 만지작거리며 어깨를 으쓱거렸어. 우리 모두는 대담한 조바르의 노래에 넋을 잃었다네. 하지만 유독 랏다만이 그의 노래를 좋아하지 않았어.

그녀는 '그래, 예전에 모기란 놈이 독수리 울음소리를 흉내내어 저렇게 윙윙거린 적이 있었어.' 마치 우리에게 얼음물을 끼얹듯 그렇게 말했지.

'랏다! 너, 말이 좀 고약하구나?' 하고 다닐로가 말했어. 그때 조바르가 모자를 땅바닥에 집어던지더니 얼굴빛은 흑갈색이 되어서 말했다네.

'그만둬! 다닐로! 성깔 사나운 말에는 강철이나 재갈이 약이지. 딸을 내게 주게!'

'이봐, 조바르, 말이 좀 거칠지 않나!' 다닐로는 웃으며 말했지. '그렇게 할 수만 있다면 자네가 알아서 데려가 보게.'

'좋아!' 하고 로이코는 지껄이면서 랏다에게, '이봐 아가씨, 잘난 체하지 말고 내 말 들어 봐. 난 너 같은 계집은 얼마든지 있어, 정말 얼마든지 말이야. 하지만 너만큼 내 영혼을 송두리째 앗아간 계집은 없었어. 제기랄! 아아! 랏다, 당신은 내 영혼을 사로잡아 버렸어! 그런데 그게 어쨌단 말이야? 될 대로 되라지. 제기랄! 하지만 당신은 내게서 도망치진 못할 거요! …… 난 하느님과 내 명예를 걸고, 또 당신 아버지와 여기 있는 사람들 앞에서 맹세컨대 당신을 내 아내로 삼겠소. 하지만 하나 꼭 알아둘 게 있소. 내 자유를 방해하지 마오. 난 자유로운 몸이고 또 내가 원하는 대로 그렇게 살 거란 말이오.' 그렇게 조바르는 이를 악물고 두 눈을 번뜩이며 그녀에게로 다가갔어. 그가 그녀에게 손을 내미는 것을 보고 우리는 이제 랏다가 초원의 말에 굴레를 씌우는구나 하고 생각하지 않았겠나? 그런데 웬걸, 느닷없이 그는 두 손을 쳐들고 뒤통수를 땅바닥에 꽝, 박고 넘어지는 거야. 정말 이상한 일이었어. 마치 총알이 그의 심장을 관통한 것 같았어. 그런데 알고 보니 이건 랏다가 가죽채찍으로 그의 발을 걸어서 잡아당겼던 거야. 그래서 로이코가 나자빠졌던 거고.

그러고 나서 랏다는 어느새 앉아서 태연하게 미소만 짓고 있었어. 우리는 일이 어떻게 되어가나 지켜봤지. 그런데 로이코가 땅바닥에 주저앉은 채 터져 버릴 것 같은 자기 머리를 두 손으로 꽉 움켜쥐고 있는 거야. 그리고 잠시 뒤 로이코는 조용히 일어서더니만 그대로 초원으로 가 버렸어. 그때 누군가가 내게 속삭이더군. '저 녀석 뒤를 쫓아!' 그래서 난 칠흑같이 어두운 밤의 초원을 기다시피하며 조바르의 뒤를 쫓아갔지."

미카르는 파이프에서 재를 다 떨어내고 새 담배를 다시 가득 채웠다. 나는 외투로 몸을 꼭 감싼 다음 누워서 그의 늙은, 햇볕에 그을려 바람을 맞아 새까매진 얼굴을 쳐다보았다. 그는 험상궂은 얼굴로 고개를 이리저리 흔들면서 뭔가 혼잣말로 중얼거렸다. 바람은 불어와 그의 흰 수염을 흔들었고, 머리카락도 헝클어뜨리고 있었다. 그는 마치 오래된 떡갈나무를 연상시켰지만, 아직도 늠름하고 억세며 강인한 모습을 뽐내고 있었다. 바다는 지금도 변함없이 해변에 대고 뭔가를 속삭이고 있었으며, 바람은 그 속삭임을 초원에 흩뿌리고 있었다. 논카는 이제 노래를 부르지 않았고, 하늘에 뭉실뭉실 떠 있는 먹구름은 가을 밤 하늘을 더욱 어둡게 하고 있었다.

"로이코는 고개를 떨구고 두 팔을 축 늘어뜨린 채 한 발 두 발 무거운 발걸음을 옮겨놓으며 골짜기 개울가 바위 위에 올라 앉았어. 그러더니 긴 한숨을 몰아쉬더군. 나는 그가 애처로워 가슴이 아팠어. 하지만 그에게 다가가지는 않았지. 어떻게 그 아픔을 말로 표현할 수 있단 말인가, 안 그런가? 그는 그렇게 내내 몇 시간이 지나도록 꼼짝 않고 앉아만 있었지.

난 멀찌감치 떨어져서 누웠어. 달은 은은한 빛을 초원 구석구석까지 끼얹어 멀리까지도 다 볼 수 있게 했다네. 그런데 갑자기 랏다가 막사에서 총총히 걸어오는 게 보이는 거야. 얼마나 기쁘던지…… 흠, 얼마나 근사한 일이야! 난 랏다가 정말 대담한 처녀라고 생각했지. 그녀가 가까이 다가갔는데도 그는 전혀 모르고 있었어. 그녀가 그의 어깨에 팔을 얹자 그제야 그는 몸을 부르르 떨면서 머리를 움켜쥐고 있던 손을 풀고 고개를 들었지. 그러더니만 일어서기가 무섭게 칼에 손을 대는 거야. 아! 이제 랏다는 로이코의 칼에 찔려 죽는구나 생각하고 하마터면 막사에까지 다 들리도록 비명을 지르며 뛰어갈 뻔했다네. 그런데 갑자기 무슨 소리가 내 귀에 들려오는 거야.

'버려요! 머리를 박살내기 전에!' 랏다였어. 그녀의 손에는 권총이 쥐어져 있고, 조바르의 이마를 겨냥하고 있었지. 말 그대로 마거처녀었어. 아, 이젠 그들의 힘은 백중일 텐데 앞으로 어떻게 될지 궁금했지.

'이봐요!' 랏다는 권총을 허리춤에 찔러넣고 조바르에게 말했어. '난 그대를 죽이려고 온 게 아니라 화해하려고 왔어요, 칼을 버려요!' 로이코는 칼을 버리고 얼굴을 잔뜩 찌푸린 채 그녀의 두 눈을 쳐다보더군. 정말 이상했어, 젊은이! 두 사람은 선 채 서로를 노려보고 있었는데, 둘 다 얼마나 멋지게 보이던지…… 정말 용감한 사람들이었다네. 환한 달빛이 그들을 비추었고, 난 그들을 주시하고 있었지. 모든 게 멋있었다네.

'이봐요 로이코, 난 당신을 사랑해요!' 랏다가 말하더군. 사내는 손발이 얼어붙은 듯 꼼짝 않고 서 있기만 했다네. '난 말이에요, 젊은 용사들을 많이 봐왔어요. 하지만 당신의 용감한 용모나 영혼은 그들과 비할 바가 없어요. 그들은 내가 눈길이라도 한 번 주기만 하면 콧수염을 모두 깎아 버리고, 내가 원한다면 내 발밑에 엎드리기도 하죠. 하지만 그게 무슨 의미가 있겠어요. 그들은 그다지 용감하지도 못해요. 내가 마음먹기에 따라 그들 모두를 내 사람으로 만들 수도 있어요. 정말 용감한 집시는 드물어요. 아주 드물다고요.

로이코! 난 이제껏 누구도 사랑해 본 적이 없어요. 하지만 당신을 사랑해요. 또한 자유도 사랑하고요! 어쩌면 그대보다도 자유를 더 사랑하는지도 몰라요. 로이코, 하지만 난 그대 없이는 살 수가 없어요. 당신이 나 없이 살수 없듯이 말이에요. 난 정말 그대가 내 영혼이 되고, 나와 한몸이 되길 원해요. 듣고 있어요 로이코?' 랏다의 말에 로이코는 미소만 짓고 있었어.

'물론 듣고 있소. 당신 말을 들으니 뛸 듯이 기쁘오! 자, 그러니 계속 말해 보오.'

'로이코, 그대가 아무리 내게서 빠져나가려고 해도 헛수고일 거예요. 난 당신을 내 것으로 만들고야 말 테니까. 그러니 쓸데없이 시간을 허비하지 말아요. 이제 당신에게 키스와 애무를 할 거예요…… 난 당신에게 열정적으로 키스할 거예요. 로이코! 당신은 내 키스에 그 용감무쌍한 삶을 잊게 되고…… 젊은 집시들을 즐겁게 해주던 당신의 생기 넘치는 노래도, 더 이상 초원을 방황하는 일도 없을 거예요. 당신은 이제 날 위해서 사랑이 가득 넘치는 부드러운 노래를 부르게 될 거예요. 바로 나 랏다를 위해서 말이에요…… 그러니 이젠 다른 일에 헛되이 시간을 낭비하지 말아요. 내가 이제까지 말한 것은 당신이 내게 정복될 거라는 의미예요. 그대가 최고의 친구인 영웅에게 하듯 말이죠. 당신은 막사의 모든 사람이 보는 앞에서 내 발밑에 무릎을 꿇고 내 오른손에 키스를 하면 돼요. 그러면 난 당신의 아내가 되는 거죠.'

마귀처녀가 원했던 건 바로 이거였어! 난 그런 얘기를 이제껏 소문으로라도 들어본 적이 없었거든. 간혹 노인이 몬테네그로 사람들에겐 그런 일이 있다고 말하긴 했지만, 우리 집시들에겐 터무니없는 일이지. 자, 젊은이, 어디 이보다 더 우스운 일이 있을 수 있겠나? 일 년 내내 머리가 깨지도록 상상해도 그런 건 생각해 낼 수 없을 거야.

랏다의 말에 로이코는 펄쩍 뛰더니 가슴에 큰 상처라도 입은 듯 초원에다 대고 큰 소리로 외치더군. 랏다는 두려움에 몸을 바르르 떨면서도 자신의 속마음을 털어놓진 않았어.

'그럼 조바르, 내일 봐요, 안녕! 그댄 내일 내가 말한 대로 그렇게 하면

되는 거예요, 알았죠?'

'그렇게 하겠소.' 조바르는 그녀에게 손을 내밀며 괴로운 듯 신음을 냈지만 그녀는 돌아보지도 않고 가 버렸어. 그는 마치 바람에 꺾여 버린 나무처럼 비틀거리더니만 비통함에 못 이겨 땅바닥에 쓰러지고 말았네.

저주받을 랏다란 년은 이렇게 젊은이를 녹초로 만들어 버렸지. 난 간신히 그가 정신을 차리도록 했어.

에잇! 나쁜년! 빌어먹을 악마에게나 할 것이지! 어떤 인간이 슬픔으로 찢어지는 심장의 신음을 듣기 좋아하겠어? 생각해 봐……

난 막사로 돌아와서 노인들에게 그동안 일어났던 모든 일을 얘기했어. 우리는 이 일이 앞으로 어떻게 될지 궁금해하고 있는데 로이코가 나타났어. 저녁 무렵이었는데, 모닥불을 피워놓고 이야기하고 있던 중이었지. 그는 어쩔 줄 모르며 허둥댔는데, 두 눈은 움푹 들어간 것이 하룻밤 사이에 몰라볼 정도로 수척해졌더군. 그는 눈을 치켜뜰 기운조차 없는지 두 눈을 아래로 떨구고 우리에게 말했어.

'여보게, 친구들! 난 밤새도록 나 자신의 마음을 들여다보고, 지난날 내 자유로운 삶이 차지할 자리를 찾았다네. 그런데 거기엔 랏다만이 살고 있었어! 거기서 그녀가, 아름다운 랏다가 마치 여왕처럼 미소 짓고 있더군. 그녀는 나보다도 훨씬 더 자유를 사랑한 거야. 하지만 난 나 자신의 자유보다도 그녀를 훨씬 사랑해. 그녀를 만나기 전까지만 해도 용감한 로이코 조바르는 큰 매가 물오리를 데리고 놀듯 수많은 처녀를 농락했지. 어떻게 그녀의 아름다움에 굴복하는지 모르지만 오늘 난 그녀의 발밑에 엎드려 무릎 꿇기로 결심했다네. 그 다음엔 그녀는 내 아내가 되고, 내게 애무를 하고 키스를 하겠지. 이제 더는 당신들에게 노래를 불러주고 싶은 마음도 없어질 것이고, 내 자유를 슬퍼하지도 않을 거라네. 그렇지 않소, 랏다?' 그는 슬픈 눈을 들어 그녀를 바라보았지. 그녀는 아무 말 없이 고개를 끄덕이고는 손으로 자기의 발을 만졌다네. 우린 차라리 어디론가 사라져 버리고 싶었어. 로이코 조바르가 그녀의 발밑에 무릎 꿇는 걸 보고 싶지 않았지. 사실 그 처녀, 랏다가 꼭 그렇게 했어야 옳았는지 모르겠어. 우린 뭔가 민망스럽기도 하고, 그가 불쌍하기도 하면서 서글픈 생각마저 들더라.

'그러면 자!' 랏다가 조바르에게 소리치더군.

'흠, 서두를 필요 없소. 벌써 귀찮게 구는군…….' 그는 웃음을 터뜨렸지. 그는 마치 강철을 두드릴 때 나는 소리처럼 그렇게 웃어댔어. '이젠 모든 일이 끝났어. 친구들! 이젠 랏다가 내게 보여줬던 강심장이 어떤 것이었던가를 시험할 일만 남았네. 나를 용서해 주시오, 형제들이여!'

조바르가 도대체 무슨 일을 하려는지 알아차리기도 전에 랏다는 이미 땅바닥에 쓰러져 있었고, 그녀의 가슴엔 조바르의 구부러진 칼자루가 삐죽하게 나와 있었어. 우리는 꼼짝도 할 수 없었지.

랏다는 자신의 가슴에 꽂힌 칼을 손으로 뽑아 집어던지고는 자기의 까만 머리채로 상처를 짓눌렀어. 그리고 미소를 지으면서 또렷한 목소리로 말하는 거야.

'안녕, 로이코! 난 그대가 이렇게 하리라는 걸 알고 있었어요. 난 이제…….' 그 처녀를 이해할 수 있겠나, 젊은이? 내가 영원히 저주받는다고 해도 랏다는 정말 마귀 같은 계집이었어.

'음, 이제 내가 당신 발밑에 엎드리겠소, 오만한 여왕이여!' 로이코는 초원이 날아갈 듯 큰 소리로 외치고는 땅바닥에 몸을 던져 죽은 랏다의 발에 입술을 갖다댔지. 그의 모습은 마치 죽은 사람 같았어. 우리는 모두 모자를 벗어 들고는 말없이 서 있었다네.

일이 이렇게 된 것에 우리가 무슨 말을 할 수 있겠나? 젊은이! 그때 하마터면, '이놈을 묶어야만 해!' 누르는 그렇게 말할 뻔했다고 하더군. 하지만 어느 누구 하나 로이코 조바르를 묶기 위해 팔을 들어올릴 수도 없었으며, 그럴 만한 용기조차 가진 사람은 없었다네. 그는 한 손을 흔들고는 옆으로 비켜섰어. 그때 다닐로가 랏다 옆에 던져진 칼을 집어들고는 하얀 수염을 가볍게 떨며, 그것을 한참 동안 쳐다보더군. 그 칼엔 아직도 랏다의 피가 마르지 않은 채였고, 칼은 구부러지긴 했어도 여전히 날카로웠다네. 다닐로는 천천히 조바르에게 다가서더니 그의 심장 바로 맞은편 등에다 대고 칼을 찔러넣었지. 노병 다닐로는 결국 랏다의 아버지였던 거야.

'그렇군!' 다닐로에게 몸을 돌린 로이코는 똑똑히 말한 뒤 랏다를 따라 숨을 거두었다네. 랏다는 머리채를 쥔 손을 가슴에 댄 채 누워 있었고, 그녀의 발 옆엔 용감한 로이코 조바르가 사지를 쭉 펴고 누워 있었지. 그의 곱슬머리가 얼굴을 덮어 버려 얼굴이 뚜렷하게 보이진 않았어.

침묵이 흘렀어. 우린 선 채였고, 늙은 다닐로는 하늘을 쳐다보고 말이 없었지. 그의 수염은 부르르 떨고 있었고, 짙은 눈썹은 완전히 일그러져 있었다네. 그는 허연 머리털을 풀어헤치고 엎드린 채, 앙상한 어깨만 쉴 새 없이 흔들어대더군.

내가 자네한테 말하고 싶은 것은 곁눈 팔지 말고 자신의 길을 묵묵히 가라는 거야. 곧바로 말이야. 아마 그러면 그대는 헛된 죽음을 당하진 않을 거야. 내가 말하고 싶었던 게 이거야, 젊은이!"

마카르는 입을 다물고 파이프를 담배 쌈지에 찔러넣은 다음 윗저고리의 앞자락을 여미었다. 빗방울이 드문드문 떨어졌고, 바람은 더욱 거세졌으며 바다는 공허하게, 그리고 화가 난 듯 으르렁거리고 있었다. 말들이 하나 둘 꺼져가는 모닥불 곁으로 다가와 커다랗고 또랑또랑한 눈으로 촘촘히 우리를 살펴봤다. 그리고 주위를 둘러선 채 꼼짝 않고 서 있었다.

"홉, 홉, 어이!" 마카르는 다정스레 소리치고, 자기의 사랑스런 검정말의 목을 손바닥으로 가볍게 두들겼다. 그 뒤 내게 고개를 돌리며 말했다.

"잘 시간이군." 그런 다음 그는 윗저고리로 머리 위까지 감싸고 땅바닥에 사지를 쭉 펴더니 이윽고 잠들었다.

나는 잠이 오지 않았다. 초원의 어둠 속을 바라보았는데 내 두 눈앞에 황제처럼 아름답고 도도한 랏다의 모습이 있었다. 그녀는 까만 머리채를 쥔 손으로 가슴의 상처를 짓누르고 있었고, 거무스름하고 가느다란 손가락 사이로는 불똥같이 새빨간 작은 핏방울이 땅으로 떨어지고 있었다.

그녀의 발 뒤에선 젊은 용사 로이코 조바르가 떠나갔다. 짙은 까만 곱슬머리가 그의 얼굴을 뒤덮었고, 그 밑으로 차디차고 굵은 눈물이 뚝뚝 떨어지고 있었다.

빗방울은 점점 거세졌고, 바다는 도도한 한 쌍의 집시, 미남 로이코 조바르와 랏다를 위한 작별노래를 부르고 있었다.

그들 두 사람은 말없이 유영하듯 밤의 어둠 속을 헤매었지만, 미남 로이코는 도도한 랏다와 결코 비교될 수 없었다.

단추 때문에 생긴 일

우리 네 명은 서로 친구다. 우리 구성원은 셈카, 카르구자, 나, 그리고 모든 사람에게 늘 다정한 미소를 짓는 텁수룩한 수염의 거구 미쉬카이다. 그는 폭음 탓에 늘상 커다란 푸른 눈은 충혈되고 얼굴은 푸석푸석했다. 우리는 도시 맞은편 들판에 있는, 낡아서 반쯤 허물어진 건물에 살고 있었다. 이유는 잘 모르지만 사람들은 이 건물을 '유리공장'이라고 불렀다. 아마 그 건물의 창문에는 온전한 유리라곤 한 장도 끼워져 있지 않아서 그렇게 부르는 것 같았다. 우리는 닥치는 대로 무슨 일이든 했다. 마당도 쓸고 도랑, 지하실, 구정물 구덩이도 팠고, 낡은 건물이나 담장을 헐기도 했으며, 심지어 어떤 날은 닭장을 지으려고까지 했다. 그러나 우리는 닭장 짓는 일만큼은 끝내 해내지 못했다. 셈카는 학자인 척하면서 항상 자신에게 맡겨진 임무는 성실히 해치웠다. 그러던 어느 날 셈카는 우리가 정말 닭장을 지을 수 있을지에 대해 의혹을 품었고, 우리가 쉬던 어느 날 우리에게 지급된 못, 새 판자떼기 두 개, 고용주의 도끼를 선술집으로 가져와 버렸다. 이 사건으로 우리는 일자리에서 쫓겨났다. 그러나 우리는 바닥까지 보인 빈털터리였기 때문에 어느 누구도 우리에게 손해를 물어내라고는 하지 않았다. 우리는 하루하루를 근근이 살아갔으며, 아주 당연하고 마땅한 듯한 우리의 운명에 불만을 느꼈다.

가끔 우리의 이러한 불만들은 주위 모든 것에 대해 적대적인 감정으로 격화됐다. 치안판사로부터 형벌을 선고받을 만큼 위법적이고 난폭한 행동도 했다. 그러나 대부분의 경우 우리는 우울증에 걸린 것처럼 말이 없는 편이었고, 돈벌이를 찾느라 고심했기 때문에 일거리가 없는 생활에는 더없이 무기력했다.

우리 넷은 내게 재미있는 어떤 사건이 일어나기 두 주일 전, 싸구려 여인숙에서 만났다.

이삼일이 지났을 때, 우리는 이미 친구가 되어 어디든지 함께 다녔고, 서로 자신의 목표와 장래 희망을 다 털어놓았다. 우리 가운데 누군가가 벌어들이는 모든 것을 똑같이 나눌 정도로 돈독한 사이가 되었다. 이는 일반적으로 극단적인 적의를 품고 우리를 대하는 사람들에게 맞서 우리끼리 암묵적인 방어 겸 공격 동맹을 맺은 셈이었다.

우리는 온종일 허물거나 자르고 파고 운반했는데, 일거리가 될 만한 것이면 무엇이건 열심히 찾아다녔다. 그리고 그런 일거리가 생기면 우리는 처음엔 매우 열정적으로 달려들었다.

그러나 우리 모두는 마음속으로 구정물 구덩이 파기, 구덩이 청소 같은—이런 일을 해보지 못한 사람을 위해 덧붙이자면 구덩이 청소는 더욱 못할 짓이지만—일은 우리에게 어울리지 않는다고 생각했다. 우리는 훨씬 고상한 일을 해낼 수 있는 능력을 가지고 있었고, 그 일을 한 시간 정도만 하고 나면 지겨워 미칠 지경이었다. 셈카는 살기 위해 해야 하는 일의 필요성에 대해 의구심을 품었다.

"우린 구덩이를 파…… 그런데 뭘 위해서지? 구정물을 위해서인가? 그건 마당에 뭘 뿌리는 일만큼이나 간단한가? 결코 그렇지 않단 말이야. 냄새가 좀 날 거라고 그러는데 뭐가 어째? 구정물에서 냄새가 나는 건 당연한 거야! 역시 쓸데없어. 예를 들어 소금에 절인 오이를 내던져보라고. 만약 그게 아주 작다면 냄새가 날까? 온종일 그대로 놔두면 오이는 썩어 없어져 버리거든. 그리고 만약 햇볕이 내리쬐는 곳에 죽은 사람을 내던져두면 당연히 냄새가 날 거야. 왜냐하면 인간은 거대한 파충류거든."

이러한 셈카식 논리는 우리의 노동 열기를 식혀놓았다. 그리고 일이 일급제이면 돈 버는 재미가 쏠쏠하지만, 성과급제이면 상황이 달랐다. 일이 다 끝나기도 전에 받은 임금으로 이것저것 물건을 사거나, 당장 먹을 걸 해결하느라 한 푼도 남아 있지 못했기 때문이다. 그때마다 우리는 임금 인상을 요구하러 주인을 찾아가곤 했다. 그들은 대부분의 경우 욕지거리를 하며 우리를 쫓아냈고, 경찰을 이용해서 임금이 지불된 일거리를 다시 강요하기도 했다. 우리는 굶주려서 더는 일을 할 수 없노라고 항의했는데, 그럴 때면 다른 날보다 더 흥분해서 임금 인상을 외쳤다.

물론 이것은 무질서한 짓이었지만 때로는 유익하기도 했다. 그리고 만약

행위의 질서가 유익함과 반대될 만큼 나쁘게 자리 잡는다면 우리는 아무 쓸모도 없게 되는 것이다.

고용주와의 논쟁은 늘 셈카가 도맡았는데, 정말 셈카는 일에 지치고 그 무게에 고통스러워하는 사람처럼 자신의 정당함을 예로 들어가며 논쟁을 교묘히 잘 이끌어나갔다.

하지만 미쉬카는 그저 쳐다만 볼 뿐, 입을 꾹 다물고는 두 눈만 껌벅거렸다. 그는 마치 뭔가 말을 하려 하면서도 결단을 내리지 못하는 것처럼 연신 선한 미소만을 짓고 있었다. 그는 말수가 적었는데 술이 얼근하게 취하면 자신의 생각을 길게 늘어놓고는 했다.

"내 형제들이여!"

그는 그때 미소를 머금고 이렇게 소리쳤는데, 이럴 때면 그의 입술은 이상하리만치 바르르 떨렸다. 그리고 목구멍이 근질거리는지 말을 시작한 지 몇 분도 채 안 되어서 목을 손으로 움켜쥐고 재채기를 해댔다.

"으— 뭐야?" 셈카가 재빨리 그를 격려했다.

"내 형제들이여! 우린 개 같은 삶을 살고 있어…… 아마 이보다 더 못한 경우는 없을 거야. 무엇 때문에? 모르지. 그러나 아마 신의 뜻에 따라서겠지. 모든 건 신의 의지대로 이루어지니까. 안 그런가 친구? 그래…… 말하자면 우리는 개나 다름없어. 왜냐하면 우린 요만큼의 가치조차 없는 놈들이거든. 우린 무가치한 놈들이란 말일세. 그렇지 않은가? 내 말은 우리나 개새끼나 자업자득이란 거지 뭐. 내가 제대로 표현을 했는지 모르겠네. 따라서 이게 바로 우리네 본분이란 거야. 말하자면 우린 우리의 운명을 참아내야 한단 말이야, 안 그래? 옳은 소리 아니냐고!"

"멍청한 놈!"

셈카는 친구의 근심스럽고 애원하는 듯한 물음에 냉담하게 대답했다.

그러자 미쉬카는 죄지은 듯 주눅들어 술기운에 잠긴 두 눈을 끔벅거리며 희미한 미소를 지었다. 이내 입은 다물어졌다.

한번은 정말 운수대통한 날이 있었다.

우리는 일거리를 찾아 시장 여기저기를 돌아다니다가 우연히 주름투성이에 엄한 얼굴을 가진 왜소하고 깡마른 노파를 만났다. 그 노파는 머리를 좌우로 갸웃거렸기 때문에 두툼한 은테 안경이 부엉이코 위에서 톡톡 튀었다.

그 노파는 작고 빛나는 두 눈을 번뜩이며 연신 안경을 고쳐 썼다.

당신들은 뭐야? 하는 일이 없는 모양이지? 보아하니 일거릴 찾고 있구먼……." 노파는 우리가 뭔가를 열망하듯 자기를 빤히 쳐다보자 이렇게 물었다.

"예, 그렇습니다만……."

"좋아요." 그녀는 셈카에게서 공손한 긍정의 대답을 듣고 나서야 말했다.

"그렇지 않아도 낡은 목욕탕을 헐고 우물도 청소해야 하는데…… 얼마면 되겠소?"

"목욕탕이 어떤가 봐야 할 것 같습니다, 마님." 셈카가 예의 바르고 이치에 어긋남이 없이 말했다.

"그리고 우물도 봐야겠지요…… 대개 그런 것들은 워낙 가지각색이거든요. 어떤 땐 매우 깊은 우물……."

노파의 허락이 떨어졌고, 한 시간이 지나서 우리는 도끼를 지급받고 목욕탕의 서까래를 흔들어대고 있었다. 우리는 5루블에 목욕탕을 헐고 우물을 청소해 주기로 했었다. 목욕탕은 손이 가지 않아 황폐하고 오래된 정원 구석에 있었고 거기서 멀지 않은 벚나무숲에는 정자가 하나 있었다. 목욕탕 지붕 위에서 노파는 커다란 책을 펼쳐놓고 뭔가를 읽고 있었다. 가끔 노파는 우리 쪽에 주의 깊고 날카로운 시선을 던졌고, 노파의 무릎 위에 놓여 있는 묵직한 책이 약간씩 움직일 때마다 햇빛을 받은 책의 은단추가 반짝였다.

건물 허는 일보다 벌이가 나은 일은 없었다.

우리는 눈이 부실 정도로 푸석푸석하고 뽀얀 연기 속에서 연신 재채기와 기침을 해댔고, 코를 풀고 눈을 비벼가며 난리법석을 떨었다. 마치 주인인 노파만큼이나 낡아빠진 목욕탕은 소리를 내며 주저앉았다.

"좋아, 친구들, 어서 정리하세!"

셈카가 명령을 내리자 기둥들이 줄을 이어 신음을 내며 땅바닥에 떨어졌다.

"도대체 저 할머니가 갖고 있는 책이 무슨 책이지? 저 두툼한 책 말이야." 미쉬카는 장대에 몸을 기댄 채 손바닥으로 얼굴의 땀을 닦아내며 물었다. 순간 물라트*1로 바뀐 그는 양손에 침을 뱉고 장대를 들어올렸다가 통나무들 사이에 처박은 다음 또 이렇게 덧붙였다.

---

*1 백인과 흑인의 혼혈아.

"만일 에반길리에라면 굉장히 무거울 텐데……."

"그게 어쨌단 말이야?"

셈카가 호기심을 갖고 물었다.

"아무것도…… 난 단지 책 읽는 소리가 듣기 좋거든…… 성스런 책이라면 말이야. 우리 마을에 아프리칸이라는 군인이 있었는데, 그 사람은 마치 북을 치듯 성서의 시편을 읽곤 했어…… 아주 잘 읽었지."

"그래서?"

다시 셈카가 담배를 말면서 물었다.

"그냥 그렇다고…… 정말 대단했지. 비록 이해하진 못했어도 여전히 이런 말은…… 난 여기에서 이런 걸 들을 수 없어. 어쨌든 이해하진 못한다 해도 그 말은 영혼을 위한 것일 거야.

"이해할 수 없군. 네가 말하는…… 그러나 너란 놈은 그루터기마냥 멍청해." 셈카가 비웃는 투로 말했다.

"말할 필요도 없어, 넌 항상 비방만 하니까!"

미쉬카는 한숨을 내쉬었다.

"멍청이와 무슨 얘기가 되겠어? 정말 멍청한 놈들은 아무것도 이해하질 못해. 썩은 나무나 굴려가시지. 오—오!"

목욕탕은 조각조각 나서 먼지구름을 피우며 무너져내렸고, 그 먼지를 뒤집어쓴 근처의 나무 이파리들은 허옇게 변해 있었다. 유월의 태양은 뜨겁게 내리쬐어 우리의 등과 어깨를 따갑게 했다.

"은테를 두른 책이야." 미쉬카가 다시 지껄였다. 셈카는 고개를 들어 정자 쪽을 응시했다.

"그런가 보군." 그는 간단히 말했다.

"말하자면, 에반길리에……."

"그래, 에반길리에가 어떻다는 거야?"

"아무것도 아냐."

"그저 우린 주머니만 두둑하면 그게 행복인 거야. 네가 정말 성스런 책을 좋아한다면, 노파한테 가서 얘기해 봐. 읽어주세요, 할머니. 우리 같은 놈들은 어디서도 이런 걸 구할 수가 없어요. 교회는 우리네의 무례함과 더러움 때문에 갈 수 없고…… 우리의 영혼 역시…… 당연한 거지만…… 제대로 돼먹질 못해서요…… 하면서 가보시지, 가보란 말이야!"

"그럼, 정말 간다?"

"그래 가봐."

미쉬카는 장대를 집어던진 뒤, 웃옷을 단정히 하고 옷소매로 얼굴을 문질렀으나 도리어 먼지가 묻었다. 그는 목욕탕 아래로 뛰어내렸다.

"그 할망구는 널 쫓아 버리고 말걸, 뭣하러 왔냐고 하면서……." 셈카는 회의적으로 웃으면서도, 한편으로는 호기심에 가득 찬 얼굴로 우엉잎을 헤치고 정자로 들어가는 친구를 보며 투덜거렸다. 키가 커 등이 굽은 그는 걸을 때마다 더러운 팔과 육중한 몸을 흔들어 관목을 건드렸고, 얼굴엔 당혹스러움과 온순한 미소가 동시에 어렸다. 노파는 다가오는 부랑자를 향해 고개를 쳐들고 자꾸 돌아다보았다.

노파의 안경알과 은테 위에서는 햇빛이 뛰놀고 있었다.

우리는 나뭇잎 소리 때문에 미쉬카가 여주인과 무슨 얘기를 하는지 들을 수 없었다. 하지만 그의 둔한 몸은 노파의 발 앞에 엎드려 있었고, 이 때문에 그의 코는 펼쳐진 책에 거의 닿아 있었다. 그의 얼굴 표정은 침착했고 평온해 보였다. 그는 수염에 바람을 혹혹 불어 먼지를 털어내고 만지작거리더니, 마침내는 목을 앞으로 길게 빼고 노파의 마르고 조그만 손과 일정하게 뒤틀린 책장을 애타게 쳐다보았다. 그 꼴은 보기에도 몹시 흉했다.

"뭘 찾는 거야…… 강아지처럼! 저놈은 평안을 구하고 있어. 좋아, 그럼 우리는 도대체 뭐야? 저놈은 저기서 여유 부리며 자유로운데, 그렇담 우리는 저놈이 남긴 쓰레기에 불과해. 안 그래?"

이삼 분이 지나서 나와 셈카는 마쉬카의 양 옆에 앉았다. 노파는 우리에게 한마디 말도 하지 않고, 뚫어져라 책만 쳐다보았다. 마치 그 속에서 뭔가를 찾는 듯 책장을 넘기기 시작했다. 우리는 상큼한 나뭇잎으로 만든 푸르고 화려한 화환 속에 앉아 있었고, 우리 머리 위엔 온화하고 부드럽고 맑게 갠 하늘이 드리워져 있었다. 가끔 바람이 스쳐 지나갔고, 나뭇잎들은 비밀스런 소리를 내며 파르르 떨었다. 그 소리는 언제나 영혼을 달래주고, 영혼 속에서 조용한 화해의 감정을 불러일으키며, 인간 내면의 쓰레기를 말끔히 청소해주었다. 적어도 가끔은 그 쓰레기에 대해서 잊고, 경쾌하고 새롭게 숨쉬게 하는 뭔가 분명하진 않지만 인간이 숙고할 것을 강요하는 그런 소리였다.

"예수 그리스도의 종 바울은……." 노파의 음성이 울려 퍼졌다. 그 음성은 노인의 살아온 연배처럼 괄괄하면서도 뚝뚝 끊어지는 맛이 있긴 해도, 경건함과 준엄한 위엄이 있었다. 노파의 첫마디에 미쉬카는 열심히 성호를 그어댔고, 셈카는 좀더 편한 자세를 찾느라 땅바닥에서 안절부절못하고 있었다. 노파는 그러한 셈카를 바라보며 읽기를 계속했다.

"나는 당신에게 당신의 신념에 대해 어떤 정신적인 선물을 하고 싶어서 꼭 만나고 싶었소. 이를테면 보편적인, 나의 신앙으로 당신의 위안을 찾을 수 있었으면 하오."

셈카는 늘어지게 하품을 했고, 미쉬카는 그를 비난하듯 푸른 눈을 쳐들어 노려봤다. 그 뒤 먼지투성이 머리를 아래로 떨구었다.

노파는 읽기를 멈추지 않고 역시 엄한 눈빛으로 셈카를 쳐다보았는데, 이런 그녀의 태도가 그를 당혹스럽게 했다. 셈카는 코를 벌름거리며 곁눈질을 했고, 마치 자기 하품에 대한 인상을 씻어 버리듯 경건하면서도 깊은 한숨을 내쉬었다.

몇 분의 시간이 조용히 흘렀다. 쉬우면서도 단조로운 낭송이 평온함을 느끼게 했다.

"모든 불신에 대한 신의 분노가 나타나게 되어……."

"넌 필요한 게 뭐야?"

낭독자가 느닷없이 셈카에게 소리쳤다.

"아, 아무것도 필요없어요! 어서 계속 읽으세요. 난 듣고만 있겠어요!"

겸손하게 그가 말했다.

"그런데 왜 그 더러운 손으로 단추를 만지작거리는 거지?"

노파가 화를 냈다.

"단추가 매우 정교하게 만들어져서…… 하지만 난 이게 어떻게 만들어지는지 알아요, 마무리 작업을 잘 알거든요…… 그래서 만져보았어요."

"잘 들어!" 노파가 냉정한 어투로 말했다.

"말해봐, 내가 읽어준 내용이 뭐지?"

"뭐냐면…… 아, 거의 이해를 했는데……."

"그렇다면 말을 해보란 말이야."

"그게…… 말하자면, 신앙, 음…… 불신하는 마음에 대한 설교…… 매우 간단한 문젠데…… 모든 건 옳다는 거지요! 아이고 골이야!"

노파는 불쌍하다는 듯 고개를 내젓고 마치 벌이라도 줄 것처럼 노려보았다.

"멍청한 돌대가리 같으니…… 가서 일이나 해!"

"노파가 그만한 일에 화낼 것 같으냐?"

멋쩍은 미소를 띠며 미쉬카가 말했다.

하지만 셈카는 몸이 근질근질한 듯 하품을 하고는 정원의 좁다란 길이 아닌 여주인의 뒷모습을 빤히 쳐다보며 혼잣말을 했다.

"책에 달린 단추는 은으로……."

그러고는 마치 뭔가를 즐기는 듯한 미소를 지어 보였다.

우리는 단 하루 만에 완전히 무너져 버린 목욕탕 주변의 정원에서 밤을 보냈다. 그리고 다음날 오전이 다 가서야 온몸은 물에 흠뻑 젖고, 진흙투성이가 되어 우물 청소를 완전히 끝냈다. 그러고는 임금 지불에 대한 기대에 부풀어 서로 이야기를 주고받으며, 곧 마주할 진수성찬을 마음속에 그리며 현관 바깥마당에 앉아 있었다.

"그런데 도대체 이 악마 같은 마귀할멈은 왜 여태 안 오지?"

그새 참지 못하고 속삭이듯 셈카가 화를 냈다.

"뒈져 버린 것 아냐?"

"저 욕지거리 하는 것 하곤!"

책망하듯 미쉬카가 고개를 저었다.

"도대체 욕할 게 뭐 있어? 노파는 진짜 자비로운 분이야. 그런 노파를 욕하면 되니? 이 돼먹지 못한 성격……."

"나도 신중하게 생각하고 있어." 그의 친구가 가볍게 웃었다.

"이봐, 조용히 해! 채소밭에……."

친구들의 유쾌한 대화는 여주인이 나타나자 중단되었다. 노파는 우리에게 다가와서 돈을 쥔 손을 내밀며 경멸하듯 말했다.

"자, 이것 받아. 그리고 모두 꺼져 버려! 목욕탕을 허물어 장작 만드는 일감을 주려고 했는데, 너희는 그럴 만한 가치조차 없어!"

목욕탕을 장작으로 만드는 일을 하지는 못했지만 당장 부족한 것도 없으므로 우리는 말없이 돈을 받아 그곳을 떠났다.

"으, 저 늙어빠진 요괴 같으니!"

우리가 대문을 채 나서기도 전에 셈카가 투덜댔다.

"뭐가 어째! 가치가 없다고! 썩어 말라빠진 두꺼비! 그래, 저 책에서 이제 삐꺼덕거리는 소리가 날 거다."

셈카는 주머니에 손을 찔러넣더니 주머니 속에서 반짝반짝 빛나는 두 개의 금속성 물건을 끄집어냈다. 그 뒤 환호성을 내지르며 그것을 우리에게 보여주었다.

미쉬카가 멈춰 서서 호기심 가득히, 고개를 셈카의 들어올린 손 위로 쭉 내밀었다.

"단추를 떼어 냈구나!"

그는 몹시 놀라는 것 같았다.

"이건 진짜 은제야! 꼭 필요한 사람이 아니더라도 팔면 1루블은 받을 수 있겠어."

"야, 너 이걸 언제? 빨리 숨겨! 재난을 피하려면……."

"그래, 알았어."

우리는 말없이 길을 따라 더 걸어 내려갔다.

"간사한 놈." 미쉬카가 혼자 중얼거렸다.

"훔쳤어. 부러뜨렸다고…… 아, 정말 훌륭한 책이었는데…… 노파는 우리에게 모욕감을 느끼겠지."

"아냐, 넌 도대체 왜 그래? 보라고, 노파는 우릴 불러서 팁을 준 거야."
셈카는 빈정거리듯 말했다.

"너 그것 얼마면 되겠어?"

"아무리 적게 쳐도 10그리벤은 돼야지. 한 푼도 더 깎을 순 없어…… 수고에 비하면 헐값이지…… 보라고, 손톱이 부러졌잖아."

"그것 나한테 팔아." 미쉬카가 조심스럽게 말했다.

"너한테? 단추를 가지려는 이유가 뭐야? 딴 걸 사지. 좋은 단추도 꽤 많을 텐데…… 네 상판대기에 꼭 어울리는 것으로 말이야."

"농담하는 게 아니야. 팔아!"

미쉬카는 고개를 약간 숙이고 부탁했다.

"좋아, 그럼 얼마 줄래?"

"내 몫으로 할당한 게 얼마지?"

"2루블쯤 될 거야."

"그럼 단추 값으로 얼마면 되겠어?"

"1루블!"

"좀 깎아줘…… 친구지간에 너무하잖아."

"이 바보야! 도대체 뭣 때문에 그러는 거야?"

"넌 그저 아무 소리 말고 팔기만 하면 돼." 결국 흥정은 이루어져서 단추는 90코페이카로 미쉬카의 손에 넘겨졌다. 그는 멈춰 서서 곱슬곱슬한 머리를 숙이고 눈썹을 잔뜩 찡그린 채 두 개의 은덩어리를 손바닥에 올려놓았다. 그 뒤 그것들을 유심히 쳐다보면서 이리저리 뒤집어보았다.

"네놈 코에나 걸어라." 셈카가 말했다.

"뭐라고?" 미쉬카가 심각한 표정을 지으며 대꾸했다. "난 필요없어. 이걸 노파한테 가져가서 우리가 뜻하지 않게 이 물건을 갖게 됐다고 말할 거야. 난 단지 이걸 제자리에 갖다 놓으면 되는 거야. 바로 그 책에 말이야…… 그런데 넌 종이를 찢어가며 그걸 떼어냈으니…… 이 일을 어떻게 한다지?"

"너 정말 가져갈 거야? 악마 같으니!"

깜짝 놀란 셈카의 입이 딱 벌어졌다.

"어쩐다지? 너도 알겠지만, 그런 책이 온전한 가치를 가지려면 어쩔 수 없어. 책이 조각나 버리면 쓸모없어진다고. 노파 역시 모욕을 느낄 테고…… 노파는 정말 불쾌할 거야. 너희, 일 분만 기다려. 내 다시 갔다 올게."

우리가 말릴 겨를도 없이 그는 성큼성큼 걸어서 길모퉁이 뒤로 사라졌다.

"저런 쥐며느리 같은 인간하곤. 더러운 놈의 자식!"

이 일의 진행과 그 결과는 안 봐도 뻔했기 때문에 셈카는 분개했다.

셈카는 욕을 두세 마디 미친 듯 퍼붓고 나서 나를 설득했다.

"자, 어서 여길 떠나자고! 그 녀석은 우릴 망쳐 버릴 거야…… 지금쯤 분명히 팔을 뒤로 하고 묶여 있을 게 분명해……. 그 늙은 마녀는 벌써 경찰들을 불러왔을 거라고! 그런 비열한 놈과 이제껏 친구라고 지내왔으니! 그놈은 회청색 펜으로라도 널 감방에 처넣을 거야. 아니, 어디 그런 파렴치한 인간이 다 있어! 비열한 놈, 아무리 그래도 친구를 그렇게 대하는 놈이 어디 있느냐 말이야! 아휴, 맙소사! 인간이 돼먹어야지! 가자! 악마 같으니! 넌 도대체 뭐가 무서워 그놈을 기다려. 너희 같은 사기꾼 놈들은 모두

다 악마가 쓸어가 버려야 해! 쳇, 에잇, 저주받을 놈! 안 갈 거야? 그럼 마음대로 해."

믿을 수 없으리만치 추잡한 일을 내게 약속한 셈카는 무자비하게 주먹으로 내 옆구리를 찌르며 빠른 걸음으로 앞으로 나아갔다.

나는 미쉬카가 어떻게 되었는지 궁금해서 조용히 노파의 집을 향해 걸어 갔다. 나는 잘못한 일이 없기 때문에 어떤 위험, 혹은 비밀스러운 일에 다가가고 있는 것을 알아차리지 못했다.

그 집 가까이 다가간 나는 담장 틈새로 안을 살폈다. 그리고 그 상황을 몰래 지켜보았다. 노파는 현관 계단에 앉아 손에는 '살점이 붙은 채 떨어져 나간' 자기 책의 단추를 들고 있었고, 나를 등지고 서 있는 미쉬카의 얼굴을 안경 너머 호기심 가득 찬 엄한 눈빛으로 쳐다보았다.

노파의 날카로우면서도 엄하고 매정한 눈빛과 그녀의 이마에 잡힌 잔주름은 대조적이었다. 노파는 동정과 용서의 미소를 숨기고 있었다.

노파의 등 뒤로는 어떤 세 얼굴이 보였다. 둘은 여자였는데, 한 여자는 얼룩무늬 웃옷을 입은 아름다운 여인이었고, 다른 여자는 모자를 쓰지 않은, 왼쪽 눈은 흰자위만 보이는 그런 여인이었다. 그 여인의 어깨너머로는 흰 수염을 기르고 앞머리가 이마를 덮은 뾰족한 남자 얼굴이 있었다. 노파는 미쉬카에게 무슨 얘기라도 하려는 듯 두 눈을 이상스레 끔벅이고 있었다.

"이봐, 꺼져 버려. 어서!"

미쉬카는 뭔가를 해명하려는 듯 꾸물거렸다.

"정말 귀한 책입니다. 그에는 저희가 모두 짐승이고 개……개새끼라고 쓰여 있지요…… 난 생각해요. 하느님 맙소사! 우리는 정말 부랑배요, 저주받은 인생들이에요. 비열한 인간들이란 말입니다! 난 마님께 아마도 이 책이 유일한 낙이고 이게 전부라고 생각했지요…… 이제 이 단추들은…… 정당한 값어치가 있겠죠? 책에 붙어 있게 되면 얼마나 멋지겠어요! 난 이 단추를 돌려주어 당신을 기쁘게 해드리려고 이렇게 왔어요…… 우린 고맙게도 입에 풀칠할 돈을 벌었어요. 행복하단 말입니다! 난 이제 가겠어요."

"기다려!"

노파가 그를 불러세웠다.

"내가 어제 읽어준 걸 넌 이해하고 있어?"

"나 말입니까? 이해할 만한 구석이 어디 있겠습니까. 들어봤댔자 그건……… 그냥 그런 거죠. 어떻게 들어요? 과연 하느님 말씀을 들을 만한 귀가 우리에게 있을라고요? 우린 이해할 수 없답니다…… 용서해주세요."

"좋—아." 노파는 말을 끌었다. "잠깐, 기다려!"

미쉬카는 땅이 꺼질 듯 우울하게 한숨을 내쉬고 마치 곰마냥 제자리에서 왔다 갔다 하며 안절부절못했다. 그는 이 때문에 괴로워하는 게 분명했다.

"혹시 넌 내가 또 읽어주었으면 하는 거 아냐?"

"저기, 친구들이 기다립니다……."

"넌 그놈들을 멸시하는 게야. 넌 아주 선량해. 그들을 단념하는 게 좋아."

"알았어요." 나지막이 미쉬카가 동의했다.

"단념하는 거지? 응?"

"네, 그러지요."

"그래. 음, 넌 영리하고 아직 어려……비록 턱수염이 허리만치나 내려왔지만…… 결혼했나?"

"홀아비 신세죠. 아내는 벌써 죽었고요……."

"술은 왜 그렇게 많이 마시는 거지? 보니까 아주 술고래 같은데?"

"맞아요, 들어붓듯 해요."

"왜지?"

"왜냐고요? 미련해서 마시지요. 바보라서 그래요, 정말이에요. 분별이 있는 놈이라면 스스로 날 망치겠어요?" 미쉬카가 음울하게 말했다.

"내 생각인데, 넌 좀 더 지혜로워야 해. 그래서 자기 변화를 해야 한다고. 교회에 나가 하느님 말씀을 들어. 하느님 말씀엔 모든 지혜가 담겨 있어."

"그거야 물론 그렇지만……." 미쉬카는 거의 신음하다시피 말했다.

"그렇다면 내가 마저 읽어줄까? 어때?"

"좋아요."

노파는 자기 등 뒤에서 성서를 꺼내 책장을 뒤적인 다음, 떨리는 목소리로 온 마당에 울려 퍼지도록 책을 읽었다.

"그래서 너희, 즉 남을 심판하는 모든 자는 용서받을 수 없으니, 그 이유는 남을 심판하고 비난하는 자들은 똑같이 그런 일을 저지르기 때문이다."

미쉬카는 머리를 내젓고 왼쪽 어깨를 긁적거렸다.

"과연 넌 신의 심판을 면할 사람이라고 생각하는가?"

"마님!"

미쉬카가 애처롭게 말했다.

"신을 위해 절 용서해 주십시오…… 다음에 다시 말씀을 들으러 오겠습니다…… 지금은 무척 허기져 있습니다…… 그래서 배에 바람만 가득 차 있죠…… 어제부터 아무것도 먹지 못했거든요."

주인 노파는 책을 손으로 꽝꽝거렸다.

"꺼져 버려! 가란 말이야!" 노파의 외침이 마당에 날카롭게 울렸다.

"가, 감사합니다……." 그는 대문을 향해 달음질쳤다.

"이 죄 많은 영혼아…… 야수의 심장아……." 그의 등 뒤로 마당을 따라 카랑카랑한 목소리가 울려 퍼졌다.

30분 뒤 우리는 모두 함께 빵집에 앉아서 빵과 차를 마시고 있었다.

"마치 천공(賤工)처럼 노파는 날 뚫어져라 쳐다보더군." 미쉬카는 내게 사랑스런 눈으로 다정하게 눈웃음치면서 말했다. "난 생각했어. 아휴, 맙소사! 내가 뭣 때문에 거길 갔담! 고난의 길로 말이야. 내가 이 단추들을 어디서 얻었든지 간에 날 용서해 주려고 그녀는 할 말을 궁리해 냈어. 멍청한 노인! 그녀는 양심에 따라 나를 대해 주려고 해도 나 스스로 자신을 학대하는걸. 난 순진한 마음에 노파에게 말했어. '마님, 여기 당신의 단추가 있어요. 날 고소하지는 말아주세요…….' 그러자 그녀는 '아니, 기다려 봐. 도대체 넌 이걸 왜 내게 가져왔지, 얘기해 봐. 난 몹시 괴로워.' 그렇게 말하는 거야. 난 심지어 그녀와 논쟁까지 벌였어. 정말이야, 신을 걸고 맹세하지."

그러고는 그는 온통 얼굴에 그칠 줄 모르는 온화한 미소를 지어 보였다.

셈카는 온 신경을 곤두세우고 시무룩한 얼굴로 듣고 있다가 우울하고 심각하게 말했다.

"이 멍청한 놈아, 넌 죽는 게 차라리 나아! 내일이면 네가 쓴 바로 그 속임수로 파리 아니면 바퀴벌레가 네놈을 파멸시킬 거다."

"그것 봐, 너도 옳은 소릴 할 줄 아는군. 자, 축배를 들자고…… 사건의 마지막을 위해!"

우리는 이 우스꽝스런 사건의 끝을 위해 정답게 축배를 들었다.

두 친구

1

타는 듯한 7월의 태양이 스몰키나 촌락을 눈부시게 내리쬘 때, 마을의 한 낡은 농가는 그 빛을 흠뻑 받고 있었다. 그중에서도 햇빛을 가장 많이 받고 있는 곳은 촌장집 지붕이었다. 이 지붕은 바로 얼마 전에 매끈하게 대패질하여 노란빛이 돌도록 판자를 갈아놓아 마치 새것처럼 보였다. 그날은 마침 일요일이어서 마을 사람 대부분이 거리로 나와 있었다. 거리는 풀이 무성하게 자라 있었고, 여기저기 진흙더미가 말라붙어 있었다. 촌장집 앞에는 남녀 농부들이 무리지어 웅성거리고 있었는데, 토담 위에 앉아 있는 사람, 땅바닥에 주저앉아 있는 사람, 그리고 서 있는 사람도 있었다. 이들 사이로 아이들은 뛰어다니다가 어른들로부터 혼나기도 하고 두들겨 맞기도 했다.

그 가운데 가장 돋보인 사람은 키가 크고 길게 수염을 기른, 반백의 털이 텁수룩한 얼굴엔 주름이 깊게 팬 사나이였다. 햇볕에 그은 용모와 때 묻은 밀짚모자 밑으로 삐져나온 백발 곱슬머리로 보아 쉰 살 남짓 되어 보였다. 그는 땅바닥을 내려다보고 있었는데, 그의 크고 둥근 콧구멍이 가늘게 떨렸다. 그는 얼굴을 들고 촌장집 창문을 쳐다봤다. 그의 눈은 깊은 슬픔을 담고 있는 것 같았다. 움푹 들어간 눈과 짙은 눈썹이 검은 눈동자를 가리고 있어 더더욱 슬퍼 보였다. 그의 옷은 수도사의 속옷 마냥 누르스름하게 빛이 바랬고 길이는 겨우 무릎을 가릴 정도였으며, 끈으로 허리를 두르고 있었다. 등에는 동냥자루, 오른손에는 쇠고리가 달린 기다란 석장(錫杖)을 들고 왼손은 호주머니에 있었다. 그를 둘러싸고 있는 많은 사람들은 이 사나이를 경계하는 눈초리로 수상쩍게 바라보았다. 한편 그들은 자기 가축이 피해를 입기 전에 빨리 이곳을 떠나야겠다는 의지가 뚜렷했다.

이 사나이는 이 마을을 지나고 있었는데, 마침 촌장의 집을 발견하고 문 안으로 들어가서 구걸했다. 촌장은 그에게 크바스*[1]를 주고 이런저런 얘기를 풀어놓았다. 그러나 이 나그네는 다른 나그네들과 달리 그의 애기에 귀 기울이지 않았다. 이를 수상쩍게 생각한 촌장은 신분증명서를 보여달라고 했고 나그네는 그것을 거절했다. 촌장은 나그네를 관청에 넘겨야겠다고 생각하고 그 자리에서 나그네의 호송인으로 마을의 반장을 점찍었다. 반장에게 호송 비용에 대해 말하고 있는 동안 죄인은 사람들의 손에 맡겨졌고, 사람들은 이 광경을 몹시 재미있어했다.

마침내 현관에 눈 아랫살이 축 처진 늙은이가 나타났다. 그는 여우같이 뾰족한 턱을 가졌고, 얼굴에 거칠고 숱이 많은 흰 수염을 늘어뜨렸다. 그는 자못 거드름을 피우며 장화발로 뚜벅뚜벅 조용히 층계를 내려왔다. 툭 튀어나온 둥그런 배가 기다란 사라사 셔츠 밑에서 어색하게 흔들렸다. 그리고 늙은이의 어깨 너머로 반장의 네모진 수염투성이 얼굴이 불쑥 나타났다.

"알았지, 예피무쉬카?" 촌장이 다짐했다.

"뭐 그런 거죠. 다 알았습니다요. 결국 이 사람을 파출소까지 데리고 가란 말씀 아닙니까요? 다른 건 없잖습니까?"

반장은 또박또박 대답하면서 우스꽝스럽지만 신중한 얼굴을 하고서 사람들을 향해 눈을 찡긋거렸다.

"서류는?"

"그거야 제 품속에 들어 있지요."

"음, 잘했어." 촌장은 자기 옆구리를 북북 긁으면서 말을 덧붙였다. "그럼 무사히 다녀오게나."

"갑시다! 어떻소? 걸어갈 수 있겠소, 노인장?" 반장은 죄인에게 물었다.

"짐수레라도 좋으니 편의를 봐준다면 고맙지요." 반장의 말에 늙은 죄인은 나지막한 목소리로 대답했다.

"짐수레라고? 무슨 소릴 하는 거요. 이 들과 마을을 지나는 사람이 한둘이어야지…… 말은 남아나질 않아요. 병정들도 걸어다니는 판이란 말이오." 촌장은 쓴웃음을 지으며 말했다.

"노인장, 군말 말고 그냥 갑시다. 갈 길이 먼 줄 아시는 모양인데 10베르스타밖에 안 되오. 나도 함께 가니 기운을 내요. 도착하면 푹 쉬게 될 테니까 말이오." 반장은 기운을 북돋우려는 듯이 말했다.

___
*1 곡물로 만든 맥주 같은 음료수.

"춥지 않겠지?" 촌장이 말했다.

"추위도 별것 아닙니다." 반장이 서둘러 변명했다. "인간이란 지치면 감옥 안에서 편히 쉬어야 하지요. 춥다고 하지만 그저 선선할 정돕니다. 대낮의 무더위만 지나면 감옥이야말로 천국이라 할 수 있지요."

죄인은 자신의 호송인을 노려보며 미소 지었는데, 그 미소에는 어떤 명랑함이 섞여 있었다.

"자, 갑시다, 노인장! 그럼 바실리 가브릴로이치, 다녀오겠습니다."

"잘 다녀와요, 예피무쉬카…… 조심하게."

"눈을 크게 뜨고 가야 해." 무리 속에서 한 젊은이가 반장에게 말을 던졌다.

"뭐라고? 내가 어린앤 줄 알아?"

두 사람은 농가의 처마 밑을 따라 그늘진 곳을 찾아 걸어갔다.

수도사복의 사나이가 앞장섰는데, 그는 나이가 들어 몸은 축 늘어졌지만 걸음걸이는 꽤 빨랐다. 반장은 튼튼한 막대기를 손에 들고 그 뒤를 따랐다.

예피무쉬카는 키가 작고 똥똥한 몸집의 농부로 밝은 회색빛 눈을 가졌다. 그는 아마빛 턱수염 때문인지 스스럼없고 선량해 보였다. 이 사나이의 버릇은 누런 이를 드러내고 재채기라도 하려는 듯, 콧잔등을 찡그리고 언제나 엷은 미소를 짓는 것이었다. 그는 아삼*²을 입고 있었으나 그 자락을 허리춤에 붙들어 매어 발에 감기지 않도록 하고 있었다. 머리에는 차양이 없는 암녹색 모자를 쓰고 있었는데, 그것은 죄수들이 쓰는 모자와 다름없었다.

두 사람은 좁은 시골길을 걸어가고 있었다. 길은 물결치는 보리밭 속을 꾸불꾸불 헤엄쳐 가고 있었고, 두 사람의 그림자도 금빛 이삭을 따라 기어가고 있었다.

지평선 근처의 숲이 푸르스름하게 보였다. 왼쪽으로는 들판이 한없이 펼쳐져 있었으며, 그 사이로 마을이 까만 점처럼 보이고 마을 저편은 다시 들판이 되어 앞쪽은 엷은 남색의 연기로 연하게 물들어 있었다.

오른쪽 백양나무 위로는 함석을 씌운 종루가 색칠이 되지 않은 채 푸른 하늘을 향해 우뚝 솟아 있었다. 그것을 보고 있으면 강렬한 햇빛 때문에 눈이 부셨다.

---

*2 농부들이 입는 소매가 긴 여름 상의.

하늘에는 종달새가 지저귀고 보리밭에서는 수레국화가 미소 짓고, 더위는 숨이 막힐 정도였다. 나그네의 발밑에는 먼지가 일고 있었다.

"이것 봐요, 뭘 그렇게 에에…… 하고 있지?" 죄인이 약간 빈정대듯이 말했다.

"암만해도 목소리가 안 나오는걸. 열심히 해보려고 하는데도 말이야. 그렇지만 이래뵈도 가끔 노래를 부른다오…… 비센스키 선생은 '예피무쉬카, 나하고 연습해 보지 않겠나? 어때, 함께 불러보지?' 그렇게 말씀하시기도 했지. 그분은 정말 훌륭한 선생님이었어……." 예피무쉬카는 뭔가 못마땅한 듯 내뱉듯이 중얼거렸다.

"그 사람이 대체 어떤 사람이오?" 수도사복의 사나이는 낮은 목소리로 물었다.

"어떤 사람이냐니? 비센스키 선생이지."

"비센스키가 이름이오?"

"비센스키는 마을 이름이고 선생은 파블 미하일리치 비센스키라고 불렸지요. 정말 훌륭한 분이었어. 3년 전에 돌아가셨지만……."

"젊었었소?"

"서른이 못 되었지요."

"왜 죽었소?"

"번민으로 괴로워하다 죽었다고 사람들이 말하더군요." 예피무쉬카의 이야기 상대는 힐끔 곁눈질을 하며 미소를 지었다. "내 얘길 들어보겠소? 말하자면 이렇소. 선생은 요 7, 8년 동안 쉬지 않고 가르치는 일에만 전념했는데 그만 기침을 하기 시작했어요. 쿨룩쿨룩 기침이 나자 기분이 몹시 우울해졌지요. 사람이 우울해지면 술을 마시는 건 당연한 일이지 않습니까? 그런데 알렉세아 수도사는 선생을 싫어해서, 선생이 술을 입에 대기 시작하자 곧 편지를 썼지요. 뭐라고 썼는지 아세요? 쉽게 말해서 선생이 주정을 하면 자격을 박탈해야 한다고 써보냈단 말입니다. 서울에서도 선생님께 편지를 보내왔지요. 형편없이 긴 편지를 말입니다. 그래서 파볼 미하일리치도 그 편지를 보긴 했으나 그것이 마지막이었죠. 그분은 몹시 화가 나서 말씀하시기를 '돼먹지 않은 놈들, 어떻게 그럴 수가 있담! 나한테서 배운 놈들이!', 그 뒤 선생은 학교에서 병원으로 옮겨졌고, 4, 5일 지나 천국으로 가셨지요…… 이것이 그분의 전부예요."

두 사람은 한참 동안 말이 없었다. 저편에 있는 숲이 가까이 다가옴에 따라 숲은 키가 점점 커져 푸른 초록색으로 변해갔다.

"숲 속을 지나게 되오?" 예피무쉬카의 동행이 물었다.

"숲을 지나서 가면 5리쯤 질러가게 돼요. 그런데 그건 왜 묻는 거요? 이제보니 당신 보통 영감이 아니구먼. 감시를 단단히 해야겠어!" 예피무쉬카는 이렇게 말하고 고개를 흔들면서 웃었다.

"뭐라고?" 죄인이 물었다.

"아무것도 아니오. 그런데 노인장, 왜 하필이면 숲 속을 지나가느냐고 물었소? 그건 현명하지 못한 생각이오. 좀 더 영리한 놈이라면 아무 말 않고 먼저 숲 속으로 들어가면 되거든……."

"거기 들어가서 뭘 한단 말인가?"

"아니, 아무것도 아니오. 난 당신 속을 훤히 들여다보고 있어요, 알겠소? 이래봬도 난 머리 회전이 무척 빠르거든! 안 되지 안 돼! 당신이 딴생각 해봤자, 말하자면 숲 속에서 도망치려고 해봤자 잘 안 될걸. 혹 날 해치울 작정은 아니겠지? 세 사람쯤은 나도 단번에 해치울 수 있어. 하지만 당신 같은 건 왼팔 하나로도 문제없어, 알았소?"

"알았네. 그러고 보니 당신도 한심하군." 죄인은 간단명료하게 말했다.

"어떻소, 내 말이 맞지 않소?" 예피무쉬카가 콧구멍을 벌름거리며 말했다.

"바보 같은 소리 그만해! 뭣이 맞다는 거야?" 죄인은 입술을 일그러뜨리며 씁쓸히 웃었다.

"숲 속에서 도망치려는 거 말이야…… 이제야 알겠어! 숲 속으로 들어가서 날 한 칼에 베어 버리고는 도망칠 작정이었지? 안 그렇소?"

"정말 한심한 친구군." 죄인은 다시 한 번 이렇게 말하고 어깨를 으쓱했다. "그건 그렇고 나를 어디로 데려갈 건가?"

"그야 어디든 당신이 상관할 게 아니오. 그리고 알 필요도 없고……."

"대체 날 어디로 데려가는 거지?"

죄인의 말투는 별로 화난 것 같지 않았고, 또 자기가 어디로 끌려가는지 더 알아내려고 하지도 않았다.

"귀찮게 구시는군. 어디든 당신이 상관할 게 아니라고 몇 번이나 말했잖소!"

예피무쉬카는 침착하게 말했다.

"이봐요, 난 어디로도 도망가지 않아. 어디로도!" 동행은 나지막이 말했다.

"흠, 도망치려면 어디든 갈 곳은 있겠지. 여긴 땅덩어리가 넓으니까. 사람 하나쯤 언제든 숨을 장소는 있지." 호송인은 믿을 수 없다는 듯이 말하고는 손까지 흔들어보였다.

"당신 정말 이상한 말을 다 하는군. 그럼 내가 도망쳐도 좋단 말이오?" 귀가 솔깃한 죄인이 웃음을 띠고 물었다.

"천만의 말씀! 당신은 너무 뻔뻔스러워. 그건 도무지 이치에 맞지 않는 소리야. 당신이 도망을 쳤다고 하면 관가에서는 누굴 감옥에 처넣겠나? 나를 처넣을 거라고 생각하나? 그야 나를 잡아넣을 것은 분명하지만, 난 그런 뜻으로 말한 게 아니야. 그저 한번 말해 봤을 뿐이야……."

"당신은 행운아야. 내가 보기엔 당신은 마음씨 착한 농부 같은데."

동행은 한숨을 쉬며 말했다. 예피무쉬카는 주저하지 않고 그 말에 수긍했다.

"맞아요. 가끔씩 날더러 행운아라고 말하는 사람이 더러 있으니까. 마음씨 착한 농부라는 것도 사실이오. 그 이유는 내가 정직하게 살아가고 있기 때문이오. 사람들은 아첨이나 간사한 짓을 곧잘 하는데 뭣 하러 그런 짓을 한단 말이오? 난 그저 평범하게 살고 싶소. 간사하게 사나 정직하게 사나 죽는 건 매한가지니까. 그러니 난 될 수 있는 한 정직하게 살고 싶단 말이오."

"그것 참 좋은 생각이오." 무관심한 말투로 예피무쉬카의 동행은 말했다.

"하지만 당신은 어떻게 생각하오? 홀몸이고 부러울 게 없다면 대체 누굴 위해 나쁜 짓을 해야 한단 말이오? 난 말이오, 아무 구속도 받지 않고 내가 하고 싶은 대로 하고 있을 뿐이오. 그건 그렇다 치고…… 당신 이름이 뭐요?"

"이름이 뭐냐고? 음…… 이반 이바노프지."

"옳아! 수도사로군. 그렇소?"

"아니야……."

"흠, 하지만 아무래도 수도사 같은데요……."

"그건 옷 때문이겠지. 아닌가요?"

"그러고 보니 그렇군. 옷을 보아서는 틀림없이 도망친 수도사가 아니면 쫓겨난 수도사 같은데…… 그리고 얼굴 생김새를 보면 전혀 딴판으로 병정 같단 말이야…… 이건 도무지 모르겠어. 뭘 했는지."

예피무쉬카는 이렇게 말하고 이상하다는 눈초리로 나그네를 위아래로 훑어봤다. 나그네는 깊은 한숨을 한 번 내쉬고 모자를 고쳐 쓴 다음, 땀에 젖은 이마를 한 번 문지르고 반장에게 물었다.

"담배 태우겠소?"

"어이쿠, 멋쟁이신데…… 그럼 어디 피워볼까!"

그는 호주머니 속에서 때문은 담뱃갑을 꺼내어 걸음을 멈추지 않은 채 고불통에 담배를 담았다.

"자, 불을 댕겨요." 죄인은 걸음을 멈추며 말했다. 호송인은 몸을 굽혀 담뱃불을 붙인 뒤 연기를 내뿜었다. 담배연기가 공중으로 떠올랐다.

"한데 당신은 어떤 사람이오? 평민이오?"

"난 귀족이오." 죄인은 간단하게 대답하고 이미 금빛으로 물든 보리 이삭 쪽을 향해 퉤, 침을 뱉었다.

"아니, 그게 정말이오? 그런데 어째서 여행 허가증은 가지고 다니지 않는 거요?"

"여행 허가증 없이도 돌아다닐 수 있으니까."

"저런저런! 그러니까 이런 변을 당하지요. 귀족이라면 이런 개돼지 같은 생활에 익숙지 못할 텐데…… 정말 가엾은 일이군."

"아니오. 큰 불편 없이 떠돌아다닐 수 있소." 가엾은 사나이가 무뚝뚝하게 대답했다.

그러자 예피무쉬카는 더욱 호기심과 동정심이 생겨, 여행 허가증이 없는 이 사나이를 이리저리 훑어보았다. 그는 마침내 무슨 좋은 수라도 생각난 듯 고개를 갸웃거리며 말을 이었다.

"생각해 보면 인간의 운명이란 정말 우스운 거요. 말을 듣고 보니 당신은 과연 귀족출신 같군. 무슨 행동을 당해도 위풍당당하단 말이야. 오랫동안 귀족생활을 해왔소?"

위풍당당한 사나이는 예피무쉬카에게 막연한 시선을 던졌을 뿐, 곧 성가시다는 듯이 손을 내저었다.

"그만두게나. 당신 무슨 관심이 그렇게 많아, 수다쟁이 아낙네도 아니면서?"

"그렇게 화낼 것까진 없잖소." 예피무쉬카가 말했다. "난 진심으로 말하고 있는 거요. 내 입으로 말하긴 그렇지만 이래봬도 난 참 좋은 놈이요."

"그건 축복받은 거요. 하지만 당신 혓바닥이 지금처럼 쉴 새 없이 움직이면 불행을 만들지."

"그럼 입을 다물지, 다물고말고. 얘기를 듣고 싶지 않다면 입을 다물어야지. 그렇지만 말이야, 당신이 화를 내는 건 옳지 않아요…… 당신이 떠돌이 신세인 게 내 탓이 아니잖소?"

죄인은 걸음을 멈추고 예피무쉬카를 증오의 눈빛으로 머리부터 발끝까지 노려보았다.

그러나 예피무쉬카가 눈치채기 전에 그는 이런 몸짓을 거두고 아무렇지도 않은 듯 다시 성큼성큼 걷기 시작했다.

떠버리 반장의 얼굴에는 근심스런 빛이 떠올랐다. 그는 하늘을 쳐다보았다. 하늘에는 종달새의 울음소리가 울려 퍼지고 있었다. 그것에 장단을 맞추듯 반장은 막대기로 땅을 톡톡 치면서 휘파람을 불었다.

두 사람은 숲가로 다가갔다. 바람 하나 불지 않아 숲은 좀처럼 움직이질 않고 마치 검은 벽처럼 서 있기만 했지, 아무 소리조차 들려오지 않았다

해는 막 서산 너머로 기울어가고 있었다. 서산에 걸린 해는 나무 위를 보랏빛과 금빛으로 물들이고 있었고, 숲에서는 습한 냄새가 풍겨왔다. 숲을 가득 채운 어둠과 조용한 침묵은 무시무시한 느낌을 자아냈다.

눈앞의 숲이 시꺼멓게 꼼짝도 않고 서 있거나 신비로운 정적으로 가득 차 있거나, 나무 한 그루 한 그루가 귀 기울인 듯 서 있을 때면, 숲 속에 생물들이 가득 숨어 있는 것 같다. 그리고 그 다음 순간 인간으로서 알 수 없는 뭔가 거대한 것이 숲 속에서 튀어나와 위대한 비밀을 이야기할 것 같다.

2

숲 가까이 다다랐을 때 예피무쉬카와 동행자는 쉬기로 작정하고 큰 떡갈나무 밑 풀숲 위에 앉았다. 죄인은 어깨에서 천천히 동냥자루를 벗어 내리고 여전히 무뚝뚝한 말투로 반장에게 물었다.

"빵 먹겠소?"

"그러지요. 몹시 배가 고프군." 가볍게 웃으며 예피무쉬카가 대답했다.

두 사람은 아무 말 없이 빵을 먹기 시작했다. 예피무쉬카는 천천히 먹으면서 줄곧 왼쪽 들판에다 눈길을 돌리며 한숨을 내쉬었다. 그러나 동행자는 빵 끝을 눈짐작으로 재어 가면서 마치 배를 불리는 것에 정신이 팔린 듯, 우물 우물 소리를 내며 먹었다. 해는 저물어 들판의 보리는 금빛을 잃고 불그레한 빛으로 변했고, 남서쪽에서는 검은 새털구름이 떠올라 들판에 그림자를 떨구었다. 그림자는 보리이삭의 물결을 따라 숲 속으로 기어오고 있었다. 숲의 나무들도 땅에 그림자를 떨구었는데, 까닭 모를 슬픔이 가슴에 젖어들었다.

"고마운 일이로군." 예피무쉬카가 말을 꺼냈다. 그는 적삼자락에 떨어진 빵 부스러기를 손으로 긁어모아 혀끝으로 핥았다. "이제 배도 채웠고 아무도 보는 사람이 없으니…… 하긴 본다 해도 누가 뭐라 하겠어! 노인장, 우리 여기서 한 시간쯤 쉬었다 가면 어떻겠소? 그래도 감옥까지 시간은 늦지 않을 거요."

늙은 죄인은 고개를 끄덕였다.

"그러면 그렇게 합시다! 여긴 아주 좋은 장소지요. 또 나에겐 잊을 수 없는 곳이기도 하고…… 저, 저쪽 왼편에 말이오, 투치코프가의 저택이 있어요……."

"어디에 뭐가 있다고?" 죄인은 예피무쉬카가 가리킨 쪽으로 몸을 돌리며 빠른 어조로 물었다.

"저기, 저기 튀어나온 언덕 너머요. 그 부근은 전부 그 집 소유였소. 이 마을에서 제일 큰 부자였는데 이제는 완전히 엉망이 되었지요…… 나도 그랬지만, 이 근처 사람들은 모두 그 집 사람이었고 집안들도 많이 있었지요…… 주인 나리는 알렉산드르 니키치치 투치코프 대령이었는데 도련님들도 네 분 계셨죠. 모두 지금은 어디로 가셨는지…… 마치 가을 나뭇잎처럼 사람도 바람에 날려 흩어졌지요. 오직 이반 알렉산드로비치 도련님만 지금 무사하시지. 참, 그렇군. 그분이 계신 곳으로 내가 당신을 데리고 가는 거요. 그분은 나이를 많이 잡수셨지만 지금은 파출소 서장님으로 계시지요."

죄인은 웃었다. 그 웃음은 음침하여 몸 내부에서 웃고 있는 것 같았다. 가슴과 배는 흔들리고 있지만 얼굴 표정은 전혀 움직이지 않고, 그저 우울함에 잠긴 한숨 짓는 소리만 이 사이로 새어나올 뿐이었다.

예피무쉬카는 몸서리를 쳤다. 자신도 모르게 지팡이를 앞으로 끌어당기며 상대방을 살펴보았다.

"이것 봐요, 노인장, 대체 어떻게 된 거요? 정신이 이상해지기라도 했소?"

"아니, 아무것도 아니오…… 정신은 말짱해!" 그러나 죄인은 띄엄띄엄 부드럽게 말했다. "자, 이야기를 더 들려주지 않겠소?"

"음, 그래서, 아니 무슨 얘기였더라? 투치코프가 있었는데…… 지금은 아무도 없다는 것이었지…… 모두 죽어 버렸는지, 그게 말이오, 소문도 소식도 없단 말이야. 그중에서도…… 막내 도련님은 이름이 빅토르인데…… 비차(빅토르의 애칭)는 나와 소꿉동무로서 14년 동안이나 같이 지냈지요. 막내 도련님은 아주 고운 마음씨를 가지셨는데, 그렇지, 예쁜 손이었어! 도련님과 나는 온종일 뛰어다니기도 하고 욕도 하고…… 지금은 어디서 무얼 하고 계신지, 아니면 벌써 천국으로 가 버리셨는지."

"뭐가 그렇게도 좋았었소?" 예피무쉬카의 동행은 조용히 물었다.

"다 좋았었지요." 예피무쉬카가 외쳤다. "풍채도 좋고 영리하고 친절하고 다정하고…… 그런데 당신 참 이상한 사람이야. 나하고 묘하게도 잘 맞는단 말이야! 그때 일을 당신에게 다 말해 주고 싶으니 말이오…… 정말 깜짝 놀랄 거야. 도련님과 나는 여기저기 돌아다니기도 하고 재미있게 지냈지. 한번은 이렇게 고함을 친 일도 있었어. '예핌카, 사냥하러 가자!' 도련님은 총을 가지고 있었거든. 그 총은 이름기념일을 축하하며 나리께서 주신 것인데 도련님은 내게도 가끔 빌려주었지요. 그걸로 둘이서 숲에 들어가면 이틀이고 사흘이고 놀아댈 수 있었지! 집에 돌아오면 도련님은 별로 풀뽑기를 해야 하고 난 크게 야단을 맞았지요. 그렇지만 이튿날만 되면 또다시 '예핌카, 버섯 따러 가자!' 이렇게 불러대지요. 아마 우리 둘이서 새는 천 마리 이상은 쏘았고 버섯은 몇 관은 넘게 땄을 겁니다. 도련님은 나비나 딱정벌레 같은 것도 잡아와서 궤짝 속에 핀으로 꽂아놓는 일에 열중했지요. 또한 내게 읽고 쓰는 것을 가르쳐 주셨어요. 도련님은 '예피무쉬카, 자, 가르쳐줄 테니 정신 바짝 차리고 들어' 그렇게 말하고 시작했어요……. '자, 따라 해봐, 가라!' 그럼 난 이렇게 소리쳤지요. '가, 가' 그러면 한바탕 웃음이 터지지요. 처음엔 이런 것이 내게는 우스웠어요. 농군에게 학문이 다 무슨 소용이 있겠느냐 생각했기 때문이죠. 그러면 도련님은 하느님이 너 같은 바보도 공부하라는 은총을 내리셨다 하고 나를 타일러주셨지요. 어쨌든 학문을 익히면 세상을 어떻게 살아야 하며 어디에 진리가 있는지 알게 된다고요…… 도련님은 어렸지만 훌륭했어요. 이런 얘기도 어른들이 하는 걸 귀담아 들었다가 내게 말해 주었지요…… 그런 일은 어떻든 좋지만…… 우리 인간들에게 참된 것은 …… 정신이란 꽤 눈치가 빠른 놈이야…… 이런 식으로 말입니다. 도련님은 날 가르치는 일에만 달라붙어서 숨 돌릴 여유조차 주지 않았어요. 정말 두 손 다 들었지요. 나는 손이 발이 되도록 빌었습죠. 그러던 어느 날 도련님은 '비치, 학문이란 게 말이야, 아무래도 네게는 맞지 않아. 도저히 감당할 수 없어' 했습니다. 그런데 글쎄 내 아버지가 채찍으로 날 후려치며 '공부해! 예픰카!' 그렇게 소리치지 뭡니까. 그래서 난 할 수 없이 '도련님, 공부할 테니 용서해 주세요.' 싹싹 빌었어요. 한번은 공부를 하다가 도망친 일도 있었어요. 난 느닷없이 일어나 뒤도 돌아보지 않고 뺑소니를 쳤지요. 그때 도련님은 화가 머리끝까지 나서 총을 들고 날 온종일 찾아다니면서 쏴 죽여 버리겠다고 했지 뭡니까. 뒤에 도련님에게 들었는데 만약 그때 날 찾았더라면 정말 쏴 죽였을 거라고 하더군요. 도련님은 그렇게 착하고 강직하면서도 무서운 데가 있었어요. 그분이야말로 내가 존경하는 진짜 나리였어요…… 나를 무척 귀여워했지요. 성질이 불같아서…… 언젠가 아버지가 내 등줄기를 고삐로 두들겨 팬 적도 있었는데, 그걸 본 비치는 새파랗게 질려 몸을 부들부들 떨면서 주먹을 꽉 쥔 채 우리 아버지에게 달려들듯 다가가지 뭡니까. 그러고는 '이봐, 어떻게 그런 짓을 할 수 있지?' 소리를 질렀지요. 그러자 아버지는 '난 이놈의 애비다!'라고 항상 말했어요. 도련님은 어디 두고 보자며 '나 혼자서 네놈을 못 당할 것 같지만 네 등줄기를 조심해야 할 거야. 지금 예픰카에게 한 것처럼 그대로 해줄 테니까!' 도련님은 이렇게 말하고 눈물을 뚝뚝 떨구며 뛰어나갔지 뭐예요…… 문제는 도련님이 그대로 했다는 거예요. 노인장, 이 점을 어떻게 생각하오? 도련님은 아마도 심부름꾼들을 시켰겠지만, 그 뒤 얼마 지나지 않아 어느 날 아버지는 밖에 나갔다 돌아와서는 끙끙 앓지 뭡니까. 그래서 속옷을 벗기고 보니까 등에 벌겋게 줄이 가 있었어요. 그 뒤 아버지는 나만 보면 줄곧 화를 냈는데, '네놈이 나리 곁에만 붙어다니니 내가 꾹 참고 있는 거다' 소리쳤어요, 그건 아버지의 당치않은 억설이었지요…… 난 그런 사람이 아니었다고요, 그 벌로 아버지는 내게 아주 힘든 일을 시키곤 했었지요…….”

“정말 그랬소, 예픰카!” 죄인은 분명히 말하곤 몸을 부르르 떨었다. “당신이 나리 곁에 붙어다니지 않았다는 건 지금 당신을 봐도 알 수 있어!” 그가 조급히 덧붙였다.

“정말이란 말이오!” 예픰카가 외쳤다. “난 다만 도련님이 좋았을 뿐이었는데…… 하긴 뭐 도련님은 워낙 영리하여 나 말고도 모든 사람으로부터 귀여움을 받았지. 도련님께서 많은 이야기를 들려주었지만 안타깝게도 지금은 아무것도 기억하지 못해. 벌써 30년이 지났으니 말이오…… 아, 하느님도 무심하시지. 도련님은 지금 어디서 뭘 하고 계신지…… 무사히 살아계신다면 틀림없이 출세했을 텐데…… 그렇지만 반대로 지독히 고생하고 있을지도 모르지…… 인생이란 어처구니없는 것이니까! 인간의 생애는 마음 상하는 일만 가득하고 제대로 되는 일이 없으니…… 사람들은 점점 사나워지기만 한단 말이야…… 인간이란 불쌍한 동물이야. 죽을 때까지 비참하지. 정말 죽을 때까지 비참해요!”

예피무쉬카는 무거운 한숨을 쉬며 고개를 늘어뜨렸다. 한참 동안 침묵이 이어졌다.

“그럼 나도 비참해 보이겠군.” 그렇게 말한 죄인은 밝게 웃었다.

“당신은 정말 묘한 사람이오!” 예피무쉬카가 소리쳤다. “당신이 불쌍치 않다고 생각할 수는 없지 않소? 도대체 뭘 그렇게 생각하고 있소? 떠돌아다니고 있으니 아무것도 가진 게 없을 것이고, 집도 절도 없을 것 아닌가. 앞으로도 더 큰 어려움이 닥칠 게 뻔한데…… 어쩔 작정이오? 한마디로 말해서 당신은 불쌍한 사람이야.”

“음, 그럴 듯한 말이군.” 죄인이 말했다.

두 사람은 다시 입을 다물어 버렸다. 해는 이미 져서 그림자는 더욱 짙어지고 축 늘어졌다. 주위에는 습한 흙 냄새, 꽃향기, 숲의 곰팡이 냄새 같은 것이 떠돌고 있었다. 오랜 침묵이 흘렀다.

“그렇지만 아무리 여기가 좋다고 해도…… 어쨌든 가지 않으면 안 된단 말이오…… 아직도 8베르스타 가량 남았소, 자, 노인장, 이제 일어나시오.”

"조금만 더 여기 있고 싶소." 영감이 부탁했다.

"아, 나야 뭐 상관없어. 숲 속에서 밤놀이를 하는 건 조금도 싫지 않아. 다만 언제쯤 파출소에 도착할지 그게 문제지. 늦게 도착하면 날 야단칠 게 뻔할 테니까."

"아마 야단치지는 않을 거요."

"그럼 당신이 변명이라도 해준단 말이오?"

반장은 비웃는 투로 말했다.

"물론 해주지."

"뭐가 어째?"

"왜 그러나?"

"왜 그러냐니? 농담 좀 작작하시오! 서장께 꾸지람을 들을 거요."

"두들겨 패기라도 하나?"

"패기만 하는 줄 알아! 아주 대단하단 말이오. 군소리 하나 못하게 꽉 붙들고는 주먹이 귀로 날아옵니다. 낫으로 정강이를 후려치는 것쯤은 각오해야 할 거요."

"그렇다면 그놈에게 덤을 붙여줘야지." 죄인은 자신 있는 투로 말하고는 다정스레 호송인의 어깨를 쓰다듬었다.

아주 친숙한 태도였다. 예피무쉬카는 오히려 죄인의 그런 태도가 마음에 들지 않았다. 뭐라 말하건 간에 아무튼 그 사람은 서장님이다. 또한 이 사기꾼은 자기 호주머니 속에 들어 있는 반장을 증명해 주는 그 구리판에 대해 경의를 표하지 않았다. 예피무쉬카는 벌떡 일어서서 한 손엔 지팡이를 들고 다른 한 손으로는 구리판을 가슴 한복판까지 들어올렸다. 그 뒤 구리판을 흔들어 보이며 엄숙하게 선언했다.

"자, 일어나시오. 갑시다!"

"난 가지 않겠네." 죄인이 말했다.

예피무쉬카는 가슴이 뜨끔했다. 그 까닭을 알 수가 없어 눈을 둥그렇게 뜨고는 한참을 멍청히 서 있었다. 어째서 이 죄인이 이렇게 돌변할 수 있을까?

"자, 꾸물거리지 말고 빨리 가자고요." 그는 달래는 투로 말했다.

"싫어, 안 가!" 죄인은 결심한 듯 같은 말을 거듭했다.

"안 간다니 그게 대체 무슨 말이오?"

예피무쉬카는 그 말에 놀라서 신경질적으로 소리쳤다.

"그냥 당신과 나 단둘이서 밤을 새고 싶어서 그래…… 자, 그만하면 됐으니 모닥불 준비나 하는 게 어때……?"

"내가 당신하고 같이 밤을 새운다고? 그런데다 모닥불까지 피우라니? 야, 이것 정말 웃기는 소리군!"

예피무쉬카는 화가 나고 기가 막혔다. 그런데 이 사내는 가지 않겠다고 큰 소리치면서도 반항하거나 덤벼들어 싸울 기색은 전혀 보이지 않았다. 단지 그는 땅바닥에 드러누워 있을 뿐이었다. 도대체 어떻게 이런 일이 있단 말인가?

"너무 그렇게 소리치지 말게나, 예핌카." 죄인이 조용히 말했다.

예피무쉬카는 또다시 입을 다물었다. 코앞에서 허둥대며 그를 노려봤지만 상대편은 얼굴에 미소를 띠며 자기를 바라보고 있었다. 그는 아주 난처해졌다. 이럴 때는 도대체 어떻게 해야 하지?

이 떠돌이가, 이 기분 나쁜 악당이 별안간 내게 덤벼든다면? 그러기 전에 내가 먼저 손을 써서 영감 손을 묶어 버리고 뺨이나 두세 대쯤 후려쳐줄까? 그래서 예피무쉬카는 서장이 어떤 명령을 내릴 때 쓰는 아주 엄한 목소리를 흉내 냈다.

"당신 같은 떠돌이는 앞으로도 계속 그런 생활을 할 거란 말이야! 어서 일어나요! 일어나지 않으면 묶어 버리겠소. 그러면 싫어도 가지 않을 수 없을 테지."

"날 묶는다고?" 죄인은 조소하는 투로 말했다.

"당신이 아니면 누구겠소?"

"비차 투치코프를? 이것 봐, 예핌카, 네가 나를 묶겠단 말이지?"

"아니, 이놈이 말도 안 될 소리!" 예피무쉬카는 깜짝 놀라 소리쳤다. "도대체 넌 누구지? 내게 무슨 말을 할 셈이야? 이, 이놈!"

"뭐, 그렇게 놀라는 것도 무리는 아니지. 예피무쉬카, 자네 날 알아 볼 수 있겠나?" 죄인은 조용히 미소를 지으며 일어났다. "어때, 잘 있었나?"

예피무쉬카는 죄인이 내민 손을 피하면서 눈을 휘둥그렇게 뜨고 그의 얼굴을 뚫어지게 쳐다보았다. 그러는 동안 그의 입술은 조금씩 떨리더니 얼굴이 일그러지기 시작했다.

"빅토르 알렉산드로비치…… 아이구, 나리, 이게 꿈인가요, 생신가요?"

예피무쉬카는 속삭이듯이 낮은 목소리로 물었다.

"못 믿겠다면 신분증명서를 보여줄까? 그러나 그것보다 옛일이 생각나는 군…… 자네 이런 일 기억나나. 라벤스키의 소나무 숲에서 늑대 구멍에 떨어진 적이 있었지 않나. 내가 새둥지를 꺼내려 나무에 올라갔다가 나뭇가지에 거꾸로 매달린 일도 있었지. 그리고 자네하고 같이 우유집 페드로바 할머니 댁에서 젖기름을 훔친 일도 있었고. 그 할머니는 우리에게 많은 이야기를 들려줬었어. 그런 일들 기억해?"

예피무쉬카는 뒤로 주저앉고 말았다. 그는 허탈한 웃음으로 웃어댔다.

"기억나?" 죄인이 되물었다. 두 사람은 나란히 앉아 서로 얼굴을 뚫어지게 쳐다봤다. 죄인은 예피무쉬카의 어깨에 손을 얹었다. 그는 아무 말도 나오지 않았다. 주위는 어느새 어둠으로 뒤덮였고, 숲 속에서는 알지 못할 속삭임이 일어나고 저 멀리 밀림에서는 새의 울음소리가 들려왔다.

"왜 그러나, 예핌카, 자네는 우리가 다시 만난 것이 기쁘지 않나? 이봐, 자넨 여전히 좋은 사람이로군! 어릴 때하고 조금도 달라지지 않았어…… 그렇지 예핌카? 왜 그래, 뭐라 말 좀 해보라고!"

예피무쉬카는 저고리 자락을 당겨 계속 코를 풀어댔다.

"이것 봐, 형제! 정말 왜 그러나?" 죄인은 꾸짖듯이 말하고 머리를 흔들었다. "이봐, 쑥스러운 모양이지? 나이 예순에 이런 보잘것없는 일을 하고 있다는 게 쑥스럽단 말인가? 바보 같으니!"

그는 이렇게 말하고 반장의 어깨를 껴안고 가볍게 흔들었다. 반장은 떨리는 소리로 웃었지만 상대편을 바로 보지 못한 채 겨우 말을 꺼냈다.

"내가 쑥스러워한다고요? 천만에요. 나는 아주 기쁩니다…… 도련님도 마찬가지겠지요? 그렇지만 정말 이럴 수가 있나요? 이런 일이! 비차가…… 이런 모습으로 말이오! 감옥으로…… 여행 증명서도 없고…… 먹을 것이 없어 구걸하고, 담배도…… 이게 무슨 꼴이오! 이게 가능한 말입니까? 내가 그렇다면 또 몰라…… 당신이 말이오. 그래, 반장이 됐다 하더라도 그것도 경우에 맞지 않는데…… 그런데 지금 이 꼴이 뭡니까? 내가 어떻게 도련님을 알아볼 수 있겠어요? 언제나 나리의 일을 잊어본 적이 없었어요. 생각하면 항상 기쁘고…… 비차와 그런 일도 있었지 하면서…… 기뻐서 마음이 들떴지요. 그런데 지금 이게 무슨 꼴입니까! 정말이지…… 다른 사람들에게 말해 봤자 누가 이 일을 믿으려 하겠습니까."

그는 발끝에 시선을 둔 채 고집스럽게 중얼거리다가 투덜대면서 가슴과 목을 손으로 쥐어뜯는 시늉을 했다.

"누구에게도 얘기해선 안 돼. 얘기할 필요도 없어. 그러니 그 얘긴 그만두고…… 하여튼 내 일로 자네가 걱정할 필요는 없어…… 서류도 가지고 있긴 하지만 나라는 것을 알리고 싶지 않아서 촌장에게 보여주지 않았을 뿐이야. 이반 형님이라면 날 감옥에 집어넣지 않으실 거야. 아니, 오히려 날 위해 힘써주시겠지…… 형님 집에 있으면서 옛날처럼 같이 사냥을 가자고…… 어때, 내 생각 좋지 않나?"

비차는 마치 울고 있는 아이를 달래듯이 다정하게 이야기했다. 숲 속 저쪽 구름 위에서 달이 솟아올랐다. 달빛에 비친 구름 끝이 은빛으로 연해져서 부드러운 그림자를 자아내고 있었다. 들녘 보리밭에서는 메추라기가 울고, 어디선가 뜸부기 울음소리도 들려왔다. 밤안개가 점점 더 짙게 덮였다.

"그야 물론 좋지요……." 예피무쉬카는 조용히 대답했다. "이반 알렉산드로비치가 친동생을 보살펴주실 테고 도련님이 다시 신분에 맞는 생활을 하신다면 물론 좋지요. 사냥도 물론 함께 가겠지만, 단지 마음에 걸리는 것은…… 도대체 어떤 일을 하실 수 있을지…… 일이라곤 하지만 그건 그렇게……."

비차 투치코프는 웃음을 터뜨렸다.

"예피무쉬카, 난 말이야, 온갖 일을 다 해 봤다네. 사무실에서 근무해보지는 못했지만…… 땅을 팔기도 하고 감독이 되어 많은 배우를 거느리기도 했어…… 그러다 불이 나서 다 날려 버려 여기저기에서 빚을 얻어 쓰고, 또 어떤 사건에 연루되고…… 이젠 다 지난 일이지. 그래, 다 지나 버린 이야기야!"

그는 손을 저으며 부드럽게 웃었다.

"예피무쉬카, 난 지금 높은 신분의 사람이 아니야…… 그런 것과는 거리가 멀어졌지. 난 자네하고 다를 것이 없어. 그러니 내가 마음을 돌려야 해."

"난 그렇게 생각진 않아요……." 예피무쉬카는 억눌린 목소리로 말을 이었다. "정말 면목이 없습니다. 도련님에게 설교랍시고 이런저런 말을 지껄여댔으니…… 농군이란 정말 어쩔 수 없는 모양입니다…… 그럼 여기서 밤을 새우시겠어요? 난 모닥불 준비나 해야겠습니다……."

"음, 부탁하네."

죄인은 땅바닥에 벌렁 드러누웠다. 반장은 숲 속으로 사라졌고, 곧 나뭇가지 꺾는 소리와 부스럭거리는 소리가 들려왔다. 한참 뒤 마른 가지를 한아름 안은 예피무쉬카가 나타났고, 이삼 분 뒤엔 벌써 잔가지들 사이로 밝은 불꽃이 뱀같이 기어올랐다.

늙은 두 친구는 서로 마주볼 수 있는 자리에 앉아 번갈아가며 담배를 피웠다. 그 뒤 타오르는 불꽃을 감개무량한 마음으로 바라보았다.

"옛날과 조금도 변한 게 없군요." 예피무쉬카가 슬픈 듯이 말했다.

"세월만 흘렀을 뿐이지." 투치코프가 받아넘겼다.

"정말 세상살이가 어려워졌나 봅니다…… 도련님께서 이처럼 무자비하게 꺾이신 걸 보니……."

"아니, 그건 아직 모르는 일이야. 삶이 나를 꺾었는지, 내가 삶을 꺾었는지." 투치코프는 미소를 띠었다. 그리고 두 사람은 입을 다물었다.

그들 뒤에 선 숲은 나지막한 소리로 속삭이며 높이 솟아 있었다. 모닥불은 토닥토닥 밝고 쾌활한 소리를 내고 있었고, 불그림자는 말없이 너울거리며 짙은 어둠이 몰려오는 들판을 지켜보고 있었다.

심심풀이

……거대한 파충류와도 같은 여객열차가 잿빛 연기를 뭉게뭉게 내뿜으며 초원 저 멀리 황금빛 곡식의 바다를 건너 사라져갔다. 기차가 남기고 간 연기와 성난 듯한 굉음은 너르고 인적 없는 평원의 침묵을 얼마 동안 깨뜨리다가 이내 무더운 공기 속으로 빨려들어 갔다. 평원을 가로지른 반짝이던 선로는 보는 이의 마음을 우울하게 할 만큼 외롭게 서 있었다.

그 풍경 속으로 이따금씩 귀가 먹먹한, 그러나 생기 넘치는 기차의 굉음이 뿔뿔이 흩어졌고, 구름 한 점 없는 하늘 아래로 숨죽일 듯한 고통스런 정적이 다시 찾아들었다.

초원은 황금빛으로 찬연히 빛났고 하늘은 푸르렀다. 무엇 하나 위대하지 않은 것이 없었다. 그 자연의 위대한 위에 내던져진 역사는 환상이 부족한 어느 예술가가 잘 그려진 그림 한복판에 실수로 물감을 엎지른 듯하다.

매일 정오와 오후 네 시가 되면 초원을 가로질러 온 기차는 역에서 2분 동안 정차한다. 이때 기차는 2분간 중요하고 필요한 휴식을 갖는다. 또한 이 시간은 역무원들에게도 무한한 감동을 안겨준다.

기차 안에는 매번 각양각색의 옷차림을 한 온갖 종류의 사람들이 타고 있다. 그들은 눈 깜짝할 사이에 나타났다가 또 그렇게 사라진다. 객실 창문으로는 피로에 절은 조급하고 무표정한 얼굴들이 언뜻 언뜻 비친다. 이내 종소리, 기적 소리가 열차의 굉음과 함께 초원을 지나 멀리 시끄러운 삶이 요동치는 도시로 달려간다.

역무원들은 각양각색 삶의 표정이 담겨 있는 얼굴을 보는 일을 큰 흥밋거리로 여긴다. 그들은 아주 잠깐 동안 다양한 얼굴을 만나는 게 즐겁다. 그들의 주위엔 언제나 침묵하는 초원만이 펼쳐져 있고 머리 위엔 변함없는 하늘만이 덮고 있다. 그들의 가슴속에 매일같이 그들 곁을 지나 어디론가 질주하는 사람들에 대한 질투심이 끓어오른다. 그들은 갇힌 채 그렇게 살아가고 있었다.

그리고 그들은 기차가 떠난 역 플랫폼에 서서 눈으로만 열차의 뒤를 쫓아 달리곤 했다. 열차가 황금빛 곡식의 바닷속으로 사라지면 그들은 방금 곁을 스쳐 지나간 삶들을 잃어버린 슬픔으로 잠시 말을 잃었다.

이제 우리의 주인공들을 소개하겠다. 먼저 역장은 큼지막한 코사크식 콧수염을 기른 금발의 살찐 사내로 선량하기 이를 데 없는 사람이다. 그의 조수는 뾰족한 턱수염을 기른 불그스레한 얼굴의 젊은 사람이다. 역무원 루카는 체구는 작으나 약삭빠르고 교활한 사람이고, 마지막으로 건장한 체격에 턱수염을 넓게 기른, 별로 말이 없는 농부이자 철도 기수인 고모조프가 있다.

역의 문 옆에 놓여 있는 긴 의자에 역장의 아내가 앉아 있다. 그녀는 작은 체구에 얼마나 살이 쪘는지 무더운 여름만 되면 상당한 고역을 치렀다.

그녀의 무릎 위엔 어린아이가 잠들어 있는데 아이의 얼굴은 어머니의 얼굴만큼이나 포동포동하고 홍조를 띠었다.

열차가 사방으로 자취를 감추면 마치 땅속으로 꺼져 버린 게 아닌가 하는 의구심이 든다. 그럴 때면 역장은 아내를 보고 이렇게 말한다.

"이봐 소냐, 사모바르는 준비됐나?"

"물론이죠."

그녀는 나직한 목소리로 상냥하게 대답한다.

"루카! 자넨 거기서 깃발이 보이나 안 보이나 잘 지켜보게. 그리고 플랫폼 좀 보라고, 여행객들이 얼마나 많은 쓰레기를 내다버렸는지……."

"알겠습니다, 마트베이 이고로비치……."

"그건 그렇고, 어때? 차 한 잔 하겠나, 니콜라이 페트로비치?"

"여부가 있습니까!"

조수가 대답한다.

한낮의 열차를 떠나보내고 나면 마트베이 이고로비치는 아내에게 묻곤 했다.

"이봐 소냐, 점심 준비됐나?"

그런 다음 그는 언제나 그렇듯 루카에게 지시를 하고 조수를 초대해 함께 식사하곤 한다.

"어때, 같이 식사 안 하겠나?"

그러면 조수는 여느 때나 다름없이 이렇게 대답한다.

"여부가 있습니까!"

그들은 플랫폼을 빠져나와 꽃은 많지만 가구가 별로 없는, 그리고 음식 냄새와 기저귀 냄새가 진동하는 방으로 들어갔다. 그 뒤 그들은 탁자를 가운데 두고 빙 둘러앉아 그들 곁에서 검실거리던 것들에 대해서 이야기를 나눈다.

"니콜라이 페트로비치, 자넨 이등칸에 타고 있던 노란옷의 갈색머리 처녀를 보았나? 굉장히 미인이던데!"

"제법 미인이더군요. 하지만 너무 촌스럽게 옷을 입었어요."

조수가 대답한다. 그는 인생을 다 아는 박학다식한 사람처럼 항상 자신 있는 어조로 짧게 잘라 말하곤 했다. 하지만 그는 중학교만 졸업했다. 그는 우연히 접하게 되는 신문이나 잡지의 칼럼에서 발췌한 저명인사들의 온갖 격언을 검은 옥양목 표지의 조그만 수첩에 베껴 썼다. 역장은 직무와 관계없는 모든 일에서 아무 반론 없이 그의 위신을 인정하고 그의 이야기를 관심 있게 들어주곤 했다. 특히 그는 니콜라이 페트로비치 수첩의 현명함에 빠져 순진하다고 할 수 있을 정도로 그것들에 대해 탄복했다. 갈색머리 처녀의 옷차림에 대한 조수의 지적은 마트베이 이고로비치에게 질문의 빌미를 제공했다.

"그럼 갈색머리 처녀의 얼굴엔 노란옷이 어울리지 않는다는 말인가?"

"전 색깔이 아니고 옷맵시에 대해서 이야기하고 있는 겁니다."

니콜라이 페트로비치가 유리 단지에서 잼을 떠서 자기의 작은 접시에 꼼꼼하게 담으면서 설명했다.

"옷맵시라, 그거야 영 다른 문제지……."

역장도 맞장구를 친다.

역장의 아내도 대화에 끼어든다. 왜냐하면 이 주제라면 그녀도 상당한 관심을 갖고 있으면서 어느 정도 일가견이 있기 때문이다. 그러나 이 사람들의 지식은 섬세하질 못해서 대화는 시간만 오래 끌 뿐 별다른 감흥을 불러일으키진 못했다.

창문에는 침묵에 절은 초원과 웅장한 평온함으로 무겁기까지 한 하늘이 보인다.

거의 매시간 화물열차들이 들어오고 나간다. 그러나 화물열차를 따라다니는 심부름꾼은 오래전부터 낯이 익은 얼굴이다. 이들 열차의 차장들은 너나없이 모두 지루한 초원 여행에 지친 피곤한 모습이다. 그렇지만 이따금씩 그들은 철로 위에서 일어났던 사건들에 대해 이야기하거나, 어떤 사람이 벌금을 물었고 어떤 사람이 진급을 했다는 직원들 소식을 알려주기도 한다. 하지만 이런 이야기들은 재미가 없어서 이야기꾼이나 듣는 사람이나 입안에 오래 두지 않고 단숨에 토해낸 뒤 급하게 삼켜 버린다.

하늘에서 기어 내려온 태양이 초원의 가장자리에 머물다 땅속으로 꺼져가면, 하늘엔 붉고 또렷한 둥근 원이 그려진다. 그러면 초원에는 감정의 빛이 깔리기 시작한다. 이를테면 이 텅 빈 공간을 지나 머나먼 저편에 대한 어렴풋한 동경을 불러일으키는 불그레한 빛을 말한다. 그런 다음 태양은 자신의 가장자리로 대지를 건드리고 아주 유연하게 미끄러져 내려가 결국엔 그 너머로 자취를 감추고 만다. 하늘엔 그 뒤에도 꽤 오랫동안 저녁노을의 선명한 빛깔들이 잔잔한 음악처럼 연주되지만, 홀연히 그 신비가 사라지고 나면 따스한 침묵의 땅거미가 깔리기 시작한다. 그러면 별들은 갑자기 깨어나 전율하며 몸을 밝힌다.

땅거미가 깔리면 초원은 한결 좁게 느껴진다. 역 사방에서 밤그림자가 소리 없이 기어든다. 그리고 마침내 어두워지고 겨울 한밤이 찾아오게 된다. 역에 등불이 밝혀진다. 이 빛은 신호등의 푸르스름한 불빛보다도 한결 밝고 고풍스럽다. 그리고 사방엔 어둠과 침묵만이 가득하다.

간혹 열차의 통과를 알리는 신호소리가 들려온다. 황망히 들려오는 종소리는 초원으로 치달아 빠르게 그 속에 묻혀 버린다.

종소리가 어둠을 가르자마자 빨간 등불은 반짝이며 뛰놀고 정적은 초원을 감싸 안는다. 이내 정적은 어둠에 묻혀 인적이 드문 역을 향해 달려오는 열차의 공허한 굉음에 몸서리친다.

역이라는 작은 사회의 하층 계급은 특권층과는 매우 다른 삶을 살아간다. 역무원 루카는 역에서 7베르스타 떨어진 시골에 살고 있는 아내와 형제의 품으로 달려가고픈 욕망과 부단히 싸운다. 그는 과묵하고 점잖은 철도 기수 고모조프에게 당직을 부탁할 때는 언제나 가정의 핑계를 댄다.

고모조프는 '가정'이란 말을 들을 때면 예의 깊은 한숨을 몰아쉬며 루카에게 말한다.

"사실 두말하면 잔소리지만, 난 가정을 보살펴야 해, 정말이야……."

불그레하고 둥글넓적한 얼굴에 희끗한 털이 송송 나 있는 늙은 군인인 철도 기수 아파나시 야고트카는 조소적이고 표독스런 사람이다. 그는 루카를 별로 믿지 않았다.

"가정이라!"

그가 웃으면서 소리쳤다.

"아내라! …… 난 가정에 대해서 잘 아는데…… 자네의 아내라면 과부라고 할 수 있지 않을까? 아니면 군인의 아내거나."

"당신은 영락없는 새장 주인이야!" 루카가 경멸적으로 대답했다. 그는 야고트카를 새장 주인이라고 불렀다. 그 늙은 군인이 새를 미치도록 좋아하기 때문이었다. 그의 보초막은 안이고 밖이고 할 것 없이 너절하게 걸려 있는 새장 때문에 빈틈이 없을 지경이었다. 그러다 보니 보초막 안이나 밖이나 새 소리가 가득한 건 당연했다. 늙은 군인이 제일 좋아하는 메추라기란 놈들은 '뽀찌─볼로찌'란 소리를 지칠 줄 모르게 지겹도록 지저귀었다. 찌르레기들은 무슨 말을 하는지 긴 얘기를 주거니 받거니 하며 야단이고, 그 밖에도 별의별 자잘한 새들이 죄다 군인의 외로운 삶을 달래기라도 하듯 지저귀고 쩩쩩거리며 쉬지 않고 노래한다. 그는 시간이 날 때마다 새들과 시간을 보내느라 친구들에겐 관심을 쏟지 않는다. 그는 루카를 울무기, 고모조프를 카차프*1라 부르기도 하고, 코앞에서 아무 거리낌 없이 "아첨꾼, 계집년들"이라고 비아냥거리기도 했다. 그는 말버릇 때문에 주먹 세례가 끊임없었다.

루카는 그러려니 하면서 그의 말에 별로 신경을 쓰지 않았지만 한번 화가 났다 하면 한참 동안 쉬지 않고 심한 욕설을 퍼부어댔다.

"교양이라곤 눈곱만큼도 없는 수비대 졸병 같으니. 이 개뼈다귀보다도 못한 놈아! 넌 네놈이 아무짝에도 쓸모없는 허수아비라는 걸 알기나 해? 여태껏 대포 밑에서 개구리를 쫓는 일이나 양배추 지키는 일 말고는 해본 것도 없으면서…… 네놈 할 일이 뭐 있겠어? 어서 메추라기한테나 가지, 이 새대장아!"

야고트카는 역무원 루카의 욕설을 한참 태연히 듣고 있다가, 불평이나 늘어놓을 심산으로 역장을 찾아갔다. 하지만 사소한 일로 신경을 건드리지 말라는 역장의 호통만 듣고 그 자리에서 쫓겨나왔다. 야고트카는 다시 루카 앞

---

*2 러시아인에 대한 우크라이나인의 비칭.

에 나타나 전혀 열도 내지 않고 태연하고 난해하게 추잡한 욕지거리를 내뱉었다. 이제 루카는 가래침을 퉤 뱉으며 아예 그 자리를 피해 버렸다.

고모조프는 군인의 하소연을 듣고 한숨을 푹푹 쉬며 말꼬리를 흐리며 난처함을 표했다.

"어쩌겠어요? …… 어쩔 도리가 없는 사람이에요. 물론…… 농담이겠죠. 하지만 그건 그렇게 깊이 생각해 봐야 뭐 하겠어요. 그냥 그러려니 하는 게 낫지……."

한번은 군인이 웃으면서 그에게 대꾸했다.

"야코프란 사람이 있었는데, 그 사람은 무슨 일이 있을 때마다 속으로 '생각하지 말자, 생각하지 말자'를 마흔 번씩 되풀이했다는 거야. 그런데 생각을 안 하면 할 말이 있겠어?"

역장의 아내 말고도 역에는 또 한 명의 여인, 여자 요리사가 있었다. 아리나란 이름의 그녀는 마흔을 바라보는 나이에 말 그대로 추녀였다. 체구는 땅딸막한데다 그나마 가슴은 축 늘어지고 항상 불결하기 이를 데 없는 누더기 차림이었다. 게다가 걷는 모습은 금방이라도 쓰러질 듯 위태했고 곰보자국 난 얼굴에선 겁먹은 실눈이 번쩍였다. 꼴사나운 몰골에서는 겁을 잔뜩 집어먹은 비굴한 모습만이 역력했다. 두툼한 입술은 흡사 만나는 사람 누구에게나 용서를 구하고 간청은 할 수 있어도 눈물은 결코 보이지 않겠다는 굳은 의지가 보였다. 고모조프는 여덟 달을 역에서 보내는 동안 한 번도 아리나에게 특별한 관심을 보이지 않았다. 그녀와 지나는 길에 우연히라도 마주치면 "안녕하쇼!" 그렇게 한마디 인사말만 던질 뿐이었다. 그녀 또한 그에게 똑같은 인사를 했다. 보통 그들은 많아야 두세 마디의 말만 주고받고 이내 서로 제 갈 길을 갔다. 그러다 언젠가 한번 고모조프가 역장 집 부엌으로 찾아와 아리나에게 셔츠를 꿰매달라고 부탁한 적이 있었다.

그리고 그녀는 셔츠를 다 꿰맨 뒤 그걸 들고 직접 그를 찾아갔다.

"정말 고맙소!"

고모조프가 말했다.

"셔츠가 모두 세 벌이니까, 한 벌에 10코페이카씩 쳐서 당신한테 30코페이카만 주면 되겠군. 그렇지 않소?"

"그야 그렇지만……."

아리나가 대답했다.

고모조프는 무슨 생각을 하는지 한참 동안 말이 없었다.

"그래, 당신 어디 출신이오?"

그가 마침내 그의 수염만을 멀뚱히 쳐다보고 있던 여인에게 물었다.

"랴잔 현요."

그녀가 대답했다.

"꽤 머네! 그런데 어쩌다 여기까지 오게 되었소?"

"그야…… 나 혼자 몸…… 독신이다 보니……."

"그런 이유라면 더 멀리까지도 갈 수 있겠네."

고모조프가 한숨을 내쉬었다. 그리고 그들은 다시 한참 동안 서로 말이 없었다.

"나도 마찬가지 신세요. 난 니셰고로트 출신이지, 세르가치 현 말이오."

고모조프가 말을 이었다.

"나 또한 혼자라오. 몸뚱이 하나가 내 전 재산이지. 내게도 한때는 가정이 있었다오. 아내도 있었고 애들도 둘이나 두었지. 그런데 아내는 콜레라로 세상을 떠났고 애들도 그저 그만 그렇게…… 난 이제 슬퍼하는 데도 지쳤소. 그래요, 그 뒤에도 다시 가정을 꾸릴 생각은 있었는데 나사 빠진 기계마냥 맘대로 되지 않더군. 그래 훌훌 털고 발길 닿는 대로 정처 없이 걷다가 이곳에 머물게 되었다오. 어떻게든 살아 보겠다고 기를 쓴 지도 벌써 삼 년이란 세월이 지났군요."

"편히 쉴 안식처가 없다는 건 불행이지요."

아리나가 나직이 말했다.

"그야 말할 필요가 뭐 있습니까? 당신은 과부 맞소?"

"희망이 없는 여자죠."

"아무려면……."

고모조프가 노골적으로 못 믿겠다는 듯 받아쳤다.

"하느님도 다 아시지만, 가망 없는 여잡니다."

아리나가 그에게 잘라 말했다.

"그럼 시집도 한 번 못 가봤소?"

"나 같은 걸 누가 데려가기나 하나요? 내가 가진 게 있나…… 그렇다고 애교를 떨 줄 아나…… 게다가 이 얼굴을 해 가지고서야……."

"하긴……."

고모조프는 생각에 잠겨 말꼬리를 늘이고서는 턱수염을 쓰다듬으며 뭔가를 캐낼 듯한 눈빛으로 그녀를 샅샅이 훑었다. 그러더니 급료를 얼마나 받는가를 물었다.

"150코페이카 정도……."

"음, 그럼 만약 내가 당신한테 30코페이카를 준다면…… 저녁마다 날 찾아오겠소? 한 10시쯤 돼서, 어때요? 난 그럼 당신한테 돈을 주고…… 함께 차도 마시고 따분한 우리네 세상 이야기도 하고…… 우린 둘 다 외로운 사람들이니까…… 올 거죠?"

"알았어요. 갈게요."

그녀는 대수롭지 않게 대답하고는 밖으로 나갔다.

그런 일이 있은 뒤, 그녀는 저녁 10시면 어김없이 그를 찾아와 날이 샐 때가 되어서 방을 나섰다.

고모조프는 더 이상 그녀에게 자기 방으로 오라는 말을 하지 않아도 되었고 자연스럽게 30코페이카도 주지 않았다. 그래도 그녀는 여전히 그를 찾아와 고분고분한 모습을 보였다. 그는 침대에 누운 채로 그녀를 쳐다보았고 벽쪽으로 몸을 비키며 그녀에게 자리를 내주었다.

"앉아."

그녀가 앉자마자 그는 설명을 시작했다.

"그러니까 당신은 이 일을 절대 남들에게 말해서는 안 돼. 어느 누구건 눈치를 채면 안 된다, 이 말이야! 내 신상에 별로 좋지 않은 일이 생긴다면…… 난 젊지 않아, 당신도 마찬가지고…… 알아들어?"

그녀는 알았다는 듯 고개를 끄덕였다. 그녀를 보내면서 그는 수선할 옷가지 몇 점을 집어주고 되풀이했다.

"아무도 눈치채지 못하도록, 절대로!"

그렇게 그들은 모든 사람에게 그들의 관계를 감추며 생활해 나갔다. 아리나는 밤마다 거의 네 발로 기다시피 하며 몰래 그를 찾아왔건만, 그는 그런 그녀를 무슨 군주가 하인 대하듯 거만한 태도로 냉담하게 맞았다. 간혹 그는 노골적으로 불편한 심기를 드러내기도 했다. "에이그, 그 얼굴 보기만 해도 역겨워!"

그녀는 죄지은 사람처럼 창백한 미소만 지어 보일 뿐 아무런 대꾸도 하지 않았다. 그리고 그에게서 돌아올 때면 두 팔엔 으레 그가 주는 새 일감이 들려 있었다.

그들은 자주 만날 수 없었기에, 그는 역 어디에서건 그녀를 만나면 나지막한 목소리로 이렇게 말했다.

"오늘은 와야 해……."

그러면 그녀는 곰보 자국 난 얼굴에 심각한 표정을 담고서 마치 의무를 다하러 오는 사람처럼 고분고분 그를 찾아왔다. 그녀는 자신의 의무와 중요성을 깨닫기 시작했다. 그러나 어김없이 집으로 돌아갈 때 그녀의 얼굴은 그 때문에 알게 된 죄의식으로 겁먹은 표정만이 자리잡았다.

간혹 그녀는 모퉁이 혹은 나무 뒤 어딘가에 서서 한참 동안 밤 그림자가 드리워진 초원을 바라보았다. 그러면 그녀의 가슴 한구석에선 어떤 무서운 생각이 꿈틀거리는 것 같았다.

한번은 철도청에서 저녁 열차를 떠나보낸 뒤, 백양나무의 짙은 그림자가 드리워져 있는 마트베이 이고로비치의 방 창문 앞 정원에다 다과회를 마련했다.

무더위가 기승을 부릴 때면 그들은 자주 다과회를 열었다. 어쨌거나 그런 일은 단조로운 그들의 삶에다가 어느 정도의 활기를 넣어주었다.

차도 마시고 말없이 이런저런 생각도 하면서 그들은 기차가 남기고 간 아쉬움을 지우려 애썼다.

"오늘은 어제보다 더 찌는군."

마트베이 이고로비치가 한 손으로 빈 잔을 아내에게 건네주고 다른 한 손으로는 얼굴의 땀을 닦아내며 말했다. 아내 역시 잔을 받아들며 맞장구를 쳤다.

"답답해서 더 덥게 느껴지는 걸 거예요."

"음, 그럴지도 몰라. 정말, 이럴 때 카드놀이가 제격인데…… 우린 셋밖에 안 되니……."

니콜라이 페트로비치가 어깨를 들먹거리며 두 눈을 찡그리면서 호탕하게 말했다.

"쇼펜하우어의 말을 빌리자면, 카드놀이는 모든 사고(思考)의 파산선고랍니다."

"역시 다른 데가 있어!"

마트베이 이고로비치가 탄성을 질렀다.

"그래서? 사고의 파산이라. 맞아! 그런데 말한 사람이 누구라고?"

"쇼펜하우어라고 독일의 철학자지요."

"철학자? 음……."

"그럼, 그런 철학자들은 대학에서 하는 일이 뭐예요?"

소피아 이바노브나가 호기심이 가득 찬 표정으로 물었다.

"어떤 식으로 설명을 해드려야 할까요? 이건 무슨 직위를 말하는 게 아니라…… 이를테면 타고난 능력이라고나 할까…… 항시 생각하기를 게을리하지 않고 무슨 일에 있어서나 처음과 끝을 탐구하는 사람들을 철학자라고 할 수 있지요. 하지만 그 사람들은 철로 업무 같은 노동 일은 잘 못한답니다."

"대학에서 일하는 사람들은 보수도 많이 받나?"

"그야 얼마나 똑똑한가에 달려 있는 거지요."

"에이, 우리가 넷만 되어도 카드놀이를 할 수 있는 건데!"

마트베이 이고로비치가 씩씩거리며 말했다. 그 바람에 대화는 중단되었다.

푸른 하늘에선 종다리가 노래하고 꾀꼬리들은 백양목의 이 가지 저 가지를 옮겨 다니며 조용히 울었다. 방 안에선 아이의 울음소리가 들렸다.

"아리나는 거기 있는 거야?"

마트베이 이고로비치가 물었다.

"있겠죠."

아내가 그에게 짧게 대꾸했다.

"아리나는 별난 여자야. 자넨 눈치챘나, 니콜라이 페트로비치?"

"별나다, 그것도 평범함의 첫째가는 이름이지요!" 니콜라이 페트로비치가 신중한 표정으로 생각에 잠겨 중얼거렸다.

"뭐라고?"

역장이 활기를 띠었다.

니콜라이 페트로비치가 알기 쉬운 격언을 되풀이하자 그는 혹해서 눈짓을 보냈고, 소피아 이바노브나는 지친 목소리로 이렇게 말했다.

"당신은 책에서 읽은 걸 어쩜 그렇게 잘 기억해요? 난 오늘 읽은 것도 하루만 지나면 다 잊어버려 생각나는 구절이 한 개도 없어…… 얼마 전 〈니바〉란 잡지를 꽤 재미나게 읽었는데 도대체 뭐 하나 기억나는 게 있어야지!"

"습관이지요."

니콜라이 페트로비치가 잘라 말했다.

"아냐, 습관이든 뭐든…… 쇼펜하우어는……."

마트베이 이고로비치가 웃으며 말했다.

"결론은, 새것, 어느 것도 낡지 않는 것은 없다는 거야!"

"그 반대지요. 왜냐면 한 시인은 이렇게 말했거든요. 생활의 지혜는 근면이다. 근면해야 낡은 것도 새것이 될 수 있다."

"정말 못 당하겠군! 자네 얘기를 듣다 보면 마치 말들이 체에서 술술 쏟아지는 것 같아!"

마트베이 이고로비치가 흡족한 미소를 지어 보였고 그의 아내도 덩달아 부드러운 미소를 흘렸다. 니콜라이 페트로비치는 우쭐해졌지만 애써 감정을 숨겼다.

"평범함이란 건 누가 말했나?"

"바랴틴스키라고 하는 시인입니다."

"또 딴 사람은?"

"역시 시인으로 포파노프가 있지요."

"역시……. 두 손 들었어!"

마트베이 이고로비치는 얼굴에 인정한다는 만족의 미소를 지었고 말을 늘여가며 떠듬떠듬 2행시를 되풀이하며 암송했다.

마치 권태로움이 그들에게 장난을 치는 것 같았다. 권태에서 벗어나는 것도 잠시뿐 금방 그들은 다시 그 올가미에 걸려들고 만다. 그러면 사람들은 무더운 날씨에 뜨거운 차까지 마셔대느라 숨을 헐떡이면서 입을 굳게 다물게 될 것이다.

초원 위에 태양만이 외로이 떠 있다.

"아리나 얘기나 좀 해볼까?"

마트베이 이고로비치가 말을 꺼냈다.

"이 여편네는 정말 이상한 여자여서 가까이에서 쳐다보면 소름이 쫙 돋

아. 언제나 풀이 죽어 있고 웃지도, 노래를 부르지도 않아. 게다가 말수까지 적으니 정말 이상한 여자야. 그래도 일 하나만은 정말 잘해. 다들 알겠지만, 얼마나 극진한지 텔라에게서 한시도 떨어질 줄을 몰라."

그는 만에 하나 창문으로 말이 흘러나가 아리나의 귀에 들어가지 않을까 하는 마음에 나지막이 말했다. 하녀가 거드름을 피우는 걸 원치 않는다면 자고로 칭찬은 절대 하지 말아야 한다는 사실을 잘 알고 있는 그였다. 그의 아내가 의미심장하게 인상을 쓰면서 그의 말을 가로막았다.

"자, 이제 그만 좀 해요. 아리나에 대해서 제대로 알지도 못하면서……."

　노예의 사랑 때문에
　당신과 다투기엔
　난 너무도 연약하다네.
　오, 나의 악마여!

니콜라이 페트로비치가 선창으로 숟가락을 탁자에 두드리며 박자를 맞추어가면서 나직이 한 곡조 뽑았다. 그는 깔깔대느라 정신이 없었다.

"뭐야, 왜 그러는 거야? 그녀는…… 저 그러니까…… 둘 다 왜들 그러는 거야?"

그리고 마트베이 이고로비치는 큰 소리로 호탕하게 웃어댔다. 볼이 흔들렸고 이마에선 땀방울이 주르륵 흘러내렸다.

"이건 전혀 근거 없는 우스갯소리가 아니라고요!"

그의 아내가 말했다.

"첫째로, 그녀의 양손에 갓난아기가 안겨 있고, 두 번째로는, 다들 봐서 알겠지만 어떤 빵을 갖고 있던가요? 쉬지 않았으면 새까맣게 탄 빵이라고요. 왜 그렇겠어요?"

"아, 빵이 정말 그렇더라. 따끔하게 혼쭐을 내줄 필요가 있겠어! 하지만 신을 걸고 맹세해! 난 정말 그러리라곤 전혀 상상도 못했어! 그 여잔 정말 밀가루 반죽 같이 질긴 여자야! 어휴, 지옥에나 꺼져 버리라고 해! 그렇다면, 그 상대 남자는 누구지? 투시카일까? 언제 한번 혼쭐을 내줘야지. 늙은 악마 같으니! 아니면 야고트카일까? 그 사람은 너무 눈이 높아서……."

"혹 고모조프가……."

니콜라이 페트로비치가 말했다.

"뭐라고? 그렇게 착실한 농사꾼이? 그럴 리가 있나? 그렇게 없는 소리 지어내는 것도 큰일 날 짓이야, 안 그래?"

마트베이 이고로비치에겐 이 말이 우습기 짝이 없는 말로 들렸다. 그는 눈물이 찔끔거릴 정도로 낄낄대고 웃다가도 이내 누가 되었든 연애질이나 하는 그 연놈을 따끔하게 혼내야만 한다고 진지하게 이야기했다. 그러다가 두 남녀 사이의 달콤한 사랑의 속삭임을 상상하고는 귀청이 떨어져 나갈 정도로 큰 소리로 깔깔거렸다.

마침내는 그도 생각을 고쳐먹기 시작했다. 니콜라이 페트로비치는 심각한 표정을 지었고, 소피야 이바노브나는 남편을 바짝 긴장시켰다.

"아니, 이런 돼먹지 못한 것들이 있나. 내 요것들을 한번 크게 골탕을 먹여주고 말 테다. 아주 재미있는 일이 벌어지겠군."

마트베이 이고로비치는 흥분을 가라앉힐 수 없었다.

루카가 나타나 보고를 했다.

"전호가 와 있습니다……."

"알았어. 갈게. 42호 열차에 통과 신호 종을 쳐주도록 해."

그는 곧바로 조수와 함께 역으로 나갔다. 루카는 통과를 알리는 신호 종을 빠르게 쳤고, 한편 니콜라이 페트로비치는 이웃 역에 문의하기 위해 서둘러 전신기 옆에 앉았다.

"42호 열차 출발시켜도 되겠습니까?"

역장은 여전히 복도를 왔다 갔다 하며 얼굴에 미소를 머금고 중얼거렸다.

"우리가 고것들한테 본때를 보여주어야 해. 염병할 것들……. 심심하던 차에 아주 잘됐다……."

"여부가 있겠습니까!"

니콜라이 페트로비치가 전신기 열쇠를 흔들며 맞장구를 쳤다. 적어도 철학자라면 말을 이 정도는 간결하게 할 줄 알아야 하지 않겠어, 그렇게 시위하는 것 같았다.

벼르고 벼르던 시간이 예상 외로 빨리 찾아왔다. 밤이 으슥해지자마자, 고모조프는 창고로 아리나를 찾아왔다. 그녀는 그의 요구대로 역장의 허가를 얻어 창고 안 살림살이들 사이에 침대 하나를 더 들여놓았다. 창고 안은 눅눅하고 서늘했으며 부서진 의자들, 커다란 나무통, 널빤지 그리고 온갖 세간이 들어차 있어 어두울 때는 약간 으스스했다. 아리나는 그곳에 혼자 있을 때면 어쩌나 무서운지 쉽게 잠들지 못하고 눈을 둥그렇게 뜬 채 짚단 위에 누워 기도문을 중얼거렸다. 그렇게 그녀는 헛된 시간을 보낸 적이 한두 번이 아니었다.

고모조프가 그녀를 찾아와 말도 없이 한참 손찌검과 구박을 하다가 지쳤는지 꾸벅꾸벅 졸기 시작했다. 잠시 뒤 아리나는 떨리는 목소리로 그를 깨웠다.

"티모페이 페트로비치! 티모페이 페트로비치!"

"뭐야?"

잠결에 고모조프가 물었다.

"지금 우리, 사람들한테 갇힌 것 같아요."

"그게 무슨 소리야?"

그가 벌떡 일어서며 물었다.

"사람들이 와서…… 자물쇠를……."

"바보 같은 소리!"

그가 그녀를 떠밀며 놀라고 화난 목소리로 말했다.

"못 믿겠으면 직접 보고 오세요."

그녀가 고분고분 말했다.

그는 벌떡 일어나 중간 중간 놓여 있는 세간에 몸을 부딪치며 문으로 다가가 힘껏 밀어보았다. 그리고 잠시 말없이 서 있다가 침통한 목소리로 말했다.

"그 군인 놈의 짓이야……."

문 밖에서 기뻐서 어쩔 줄 모르는 웃음소리가 들려왔다.

"내보내줘!"

고모조프는 애원조로 소리쳤다.

"무슨 헛소릴 하고 있어?"

군인의 목소리였다.

"내보내줘, 제발……."

"아침에 내보내주지."

대답과 함께 물러나는 군인의 발소리가 들렸다.

"난 오늘 근무가 있단 말이야, 이 빌어먹을 놈아!"

고모조프가 성난 목소리로 소리쳤다.

"근무야 내가 대신 서면 돼. 그대로 얌전히 있어, 알았어?"

그리고 군인은 그 자리를 아주 떠나 버렸다.

"아흐, 개 같은 놈!"

철도 기수 고모조프가 애처롭게 울부짖었다.

"두고 보자! 제 놈이 무슨 권리로 날 가둬? 엄연히 역장이 있는데…….
역장한테 보고하지 않고 배기나 보자. 역장이 분명 날 찾겠지? 그럼 네놈도
별 수 없을 거야. 다 일러바칠 테다."

"틀림없이 역장 그 사람이 지시한 걸 거예요."

아리나가 의기소침한 목소리로 나직하게 말했다.

"역장이?"

고모조프가 깜짝 놀라 되물었다.

"역장이 무엇 때문에 그런 지시를 내린단 말이야?"

그리고 잠시 말이 없다가 다시 소리쳤다.

"말도 안 되는 소리 하고 있어!"

그녀는 무거운 한숨으로 대답을 대신했다.

"그럼 우린 어떻게 되는 거야?"

철도 기수 고모조프가 문 옆에 놓여 있는 나무통에 걸터앉으며 중얼거렸다.

"이런 치욕은 다시없을 거야! 모든 게 다 네 탓이야, 염병할 네년 때문이
라고. 다 네년 때문에 일어난 일이야……. 우—우!"

주먹을 움켜쥔 그는 그녀의 숨소리가 들려오는 쪽을 향해 위협하듯 주먹
을 휘둘렀다. 그녀는 여전히 말이 없었다. 질펀한 어둠이 그들을 에워쌌다.
어둠 속에서 소금에 절인 양배추 냄새와 곰팡이 냄새가 어떤 퀴퀴한 냄새와
섞여 코를 심하게 자극했다. 문 틈새로 달빛이 스며들었다. 역을 떠나는 화
물열차 소리가 밖에서 들렸다.

"아무 말 않고 그렇게 앉아만 있으면 다야, 이 마귀할멈 같은 년아?"

고모조프가 악의와 경멸을 담아 말했다.

"이젠 어떻게 해야 네 성이 차겠어? 일을 저질렀으면 뭐라고 한 마디 말
이 있어야 할 것 아냐? 생각 좀 해봐, 빌어먹을, 어떻게 하면 좋겠어? 창피

해서 앞으로 어떻게 고개를 들고 다녀? 에이…… 제기랄! 내가 어쩌다 이 꼴이 된 거야!"

"다 내가 못난 탓이에요. 미안해요."

아리나가 기어들어가는 목소리로 말했다.

"뭐라고 지껄이는 거야?"

"용서하세요……."

"날 이 지경으로 만들어놓고서 미안하다면 다 되는 거야, 엉? 난 이제 창피해서 어디 나갈 수도 없어! 사람들이 얼마나 나를 비웃겠어!"

잠시 말이 없던 그는 다시 그녀를 원망하고 급기야는 심한 욕설을 퍼부어댔다. 시간은 지독히 더디게 흘러갔다. 마침내 여인이 떨리는 목소리로 그에게 애원했다.

"날 용서해주세요, 티모페이 페트로비치!"

"맘 같아선 당장 말뚝으로 네년 대가리를 후려쳐도 속이 시원치 않아!"

그리고 다시 너무도 고통스럽고 우울한 침묵이 어둠 속에 갇혀 있는 두 사람이 참아내기엔 가슴이 저릴 만큼 엄습했다.

"맙소사! 벌써 날이 밝아오고 있어요!"

아리나가 침통한 목소리로 절규하다시피 외쳤다.

"입 닥쳐! 아주 요절을 내 버릴 테니까!"

고모조프는 그녀를 위협했고 다시 심한 말로 나무랐다. 그리고 다시 정적과 침묵의 고통이 엄습했다. 시간의 잔인함은 새벽이 가까워옴에 따라 더 혹독해져 마치 일분일초가 이들의 우스꽝스러운 처지를 즐기듯 아주 더디게 흘러갔다.

고모조프가 다시 졸기 시작했다. 한참을 졸던 그는 창고 옆에 매여 있던 수탉 울음소리에 잠을 깼다.

"에이, 네년은 마귀할멈이야! 눈 좀 붙였어?"

그가 무뚝뚝하게 물었다.

"아뇨."

아리나가 땅이 꺼질 듯 한숨을 내쉬며 대답했다.

"당연하지, 이 상황에서 어떻게 잠이 와?"

철도 기수 고모조프가 계속 비아냥거렸다.

"아이고, 저⋯⋯."

"티모페이 페트로비치!"

아리나가 절규하듯 소리쳤다.

"더는 날 화나게 하지 말아요! 날 좀 불쌍히 여겨줘요! 제발 부탁이에요, 불쌍히 여겨달란 말이에요! 의지할 사람도 없고, 따지고 보면 나도 외롭고 불쌍한 여자라고요! 그리고 당신도 나나 다를 바 없는 처지 아닌가요?"

"우는 소리 그만두지 못해? 사람들이 들으면 웃겠어!"

고모조프는 여인의 발작적인 울부짖음에도 쌀쌀맞게 말했다. 하지만 그도 사실 가슴이 뭔가 뭉클해짐을 느꼈다.

"잠자코 있어. 차라리 죽여달라고 하느님한테 기도나 하시지⋯⋯."

다시 그들은 시간이 얼른 가기를 기다렸다. 그러나 시간은 사정없이 흘러갔다. 마침내 문 틈새로 햇빛이 새어 들어와 실낱 같은 빛줄기는 창고 안의 어둠을 갈기갈기 찢어놓았다. 이윽고 창고 주변에서 발소리가 들렸다. 누군가 문 쪽으로 다가와 문을 두드렸다.

"이 고약한 것들아!"

고모조프가 울먹이는 목소리로 소리치고는 가래침을 퉤 뱉었다.

"제발, 이게 무슨 짓이에요⋯⋯."

아리나가 속삭였다.

누군가 창고로 살금살금 다가오는 것 같더니 자물쇠 소리가 들리고 역장의 성난 목소리가 바로 이어졌다.

"고모조프! 아리나와 손을 잡고 나와! 자, 어서!"

"이리 와!"

고모조프가 속삭이듯 말하자 아리나가 다가와 고개를 떨어뜨리고는 그 옆에 나란히 섰다.

문이 열렸다. 문 바로 앞에 역장이 서 있었다. 그가 꾸벅 인사를 하고는 말했다.

"정식 결혼을 축하합니다! 준비가 다 되었습니다! 음악—시작!"

고모조프는 문지방을 넘어섰다. 예상하지 못한 갑작스런 소란에 정신이 나간 그는 더 걸음을 떼기가 힘들었다. 바로 뒤에는 루카와 야고트카, 그리고 니콜라이 페트로비치가 서 있었다.

루카는 주먹으로 물통을 두드리면서 염소울음 같은 소리를 고래고래 질렀고 군인은 뿔피리를 불어댔다. 니콜라이 페트로비치는 연신 허공에 한쪽 팔을 휘두르면서 볼을 부풀리는가 하면 마치 나팔이라도 부는 것처럼 입술로 장난을 쳤다.

"뿜! 뿜! 뿜—뿜!"

물통이 덜그럭거리고 뿔피리가 울부짖으며 성난 소리를 냈다. 마트베이 이고로비치는 허리를 움켜잡고 터져 나오는 웃음을 참느라 난리였다. 고모조프는 망연자실, 넋 나간 모습으로 사람들 앞에 서 있었고 이고로비치의 조수는 그의 옆에서 깔깔대며 웃었다. 고모조프의 얼굴은 하얗게 질려 있었고 떨리는 입술엔 당혹스런 미소가 흘러나왔다. 그의 뒤에는 아리나가 고개를 푹 수그리고 바위처럼 꼼짝도 않고 서 있었다.

아리나가 너무나 심심해서
티모페이에게 말을 걸었네…….

루카가 엉터리로 노래를 부르며 고모조프를 향해 혐오스러운 낯짝을 찌푸렸다. 그런가 하면 군인은 고모조프에게 바짝 다가가 그의 귀에다 대고 연신 뿔피리를 불어댔다.

"자, 갑시다. 이봐, 아리나 좀 부축해 주고!"

역장은 얼마나 웃었는지 몸도 제대로 못 가누면서 소리쳤다. 역장의 아내는 현관 계단에 앉아 쩌지는 목소리로 고래고래 소리 지르면서 몸을 좌우로 흔들었다.

"모쨔, 만약에…… 아호! 나 같으면 죽어 버릴 거야!"

만남의 순간을 위해
난 고통을 참고 견디지!

니콜라이 페트로비치가 고모조프의 바로 앞에서 노래를 불렀다.

"신혼부부 만세!"

고모조프가 마트베이 이고로비치의 앞을 지나칠 때였다. 사람들은 모두 함께 '만세'를 외쳤다. 그런데도 군인들의 목소리는 마치 울부짖는 듯했다.

아리나는 깜짝 놀라 고개를 쳐들고 두 팔은 축 늘어뜨린 채 고모조프의 뒤를 따랐다. 그녀의 시선은 앞을 향하고 있었으나 아무것도 보이지 않는 눈치였다.

"모쨔, 둘을 데려다가 키스시키지 그래! 하하하!"

"이봐, 신랑 신부, 얼른 키스하라고!"

니콜라이 페트로비치가 이렇게 소리쳤고, 마트베이 이고로비치는 웃느라 똑바로 설 수 없어 길 옆 나무에 몸을 기대기까지 했다. 그럼에도 여전히 물통 소리는 사방으로 울려 퍼졌고 뿔피리 소리 또한 사람들의 귀를 파고들었다. 그리고 루카는 그 소리에 맞춰 춤추듯 발을 구르며 노래를 불렀다.

우리의 아리나는
우리에게 갖가지 죽을 끓여주었다네!

그리고 니콜라이 페트로비치도 다시 입술 장난을 시작했다.

"뿜― 뿜― 뿜! 뜨다― 따! 뿜! 뜨라―라―라!"

숙소 문 앞에 도착한 고모조프는 서둘러 안으로 들어가 버렸다. 아리나는 문 옆에 그대로 남아 발광하는 사람들에게 둘러싸여 있었다. 그들은 그녀의 귀에다 대고 고래고래 소리 지르고 깔깔대며 웃고 휘파람을 불어대는가 하면 그녀를 가운데 놓고 빙 둘러서서 정신 나간 사람들처럼 즐거워 어찌할 줄 몰랐다. 그녀는 굳은 표정으로 가만히 그냥 서 있었다. 머리는 헝클어질 대로 헝클어졌고 옷차림새는 불결했고 초라해서 심지어 우스꽝스러웠다.

"새신랑은 허겁지겁 도망을 쳤는데, 신부는 거기 서서 뭐 하는 거야?"

마트베이 이고로비치가 아리나를 손으로 가리키며 소리치고는 다시 한 번 얼굴을 찡그리며 깔깔대며 웃었다.

아리나는 고개를 돌려 그를 한번 쳐다보고는 숙소를 지나 초원으로 향했다. 휘파람 소리, 환호성, 깔깔대는 웃음소리가 그녀의 뒤통수에 사정없이 부딪혔다.

"괜찮겠지! 그냥 내버려둬!"

소피야 이바노브나가 소리쳤다.

"정신 좀 차리라고 해! 점심 준비를 해야겠군."

아리나는 초원을 향해 걸어갔다. 그곳 경계선 너머엔 기다란 밭뙈기가 있었다. 그녀는 생각에 잠겨 천천히 걸어갔다.

"왜 저래? 왜 저러는 거야?"

마트베이 이고로비치가 이번 장난에 참가했던 모든 사람에게 다시 물었다. 그들은 신랑 신부의 행동에 다른 이유를 찾느라 서로 수군대고 있었다. 그리고 일제히 웃음을 터뜨렸다. 한편 니콜라이 페트로비치는 이런 경우에 꼭 들어맞는, 기지가 번뜩이는 구절을 찾아냈다.

우스운 사람들에 대해서
웃는 건, 사실 죄가 아니라네!

그는 소피아 이바노브나에게 이렇게 말하고 나서 의미심장한 말 한마디를 덧붙였다.

"하지만 너무 많이 웃어도 몸에 안 좋지요!"

그날 온종일 역에선 웃음이 떠나지 않았다. 그러나 점심식사만큼은 제대로 준비되지 못했다. 왜냐하면 아리나가 요리하러 나타나지 않아 역장의 아내가 직접 점심을 차렸기 때문이다. 그렇다고 이 서툰 점심 때문에 오늘의 좋은 분위기가 깨질 수는 없었다. 고모조프는 자신의 당직 근무 시간이 되어서야 역에 나왔는데, 그가 나오자 사람들은 그를 역장실로 불렀다. 거기서 니콜라이 페트로비치는 마트베이 이고로비치와 루카를 웃기면서 고모조프가 어떻게 그 '미녀'를 유혹했는지 묻기 시작했다.

"별나다는 것은 배신행위 가운데 으뜸이죠."

니콜라이 페트로비치가 역장에게 말했다.

"배신행위라 할 수도 있죠."

착실한 철도 기수 고모조프는 잔뜩 얼굴을 찌푸려 미소를 지으면서 말했다. 만약 사람들이 아리나를 놀려대면, 자기는 놀리지 않을 거라고 어리석은 계산을 하고 있었다. 그가 말문을 열었다.

"맨 처음 그 여자가 먼저 나한테 눈짓을 보냈어요."

"그 여자가 눈짓을 보내? 하하하! 니콜라이 페트로비치, 그 몰골을 한 여자가 고모조프한테 먼저 눈짓을 보냈다는 말이 믿겨지나? 대단하군!"

"사실이 그래요, 정말 눈짓을 보냈다니까요! 그래서 장난일 거라고 생각했지요. 그런데 어느 날인가 갑자기 내 옷을 꿰매주고 싶다고 그러는 거예요."

"하지만 옷 꿰매는 일은 힘든 일이 아니라네."

니콜라이 페트로비치가 시 한 구절을 읊고 역장에게 설명했다.

"이 말은 네크라소프의 〈아름답고 초라한〉이란 시의 한 구절을 제가 인용한 겁니다. 계속하게나, 티모페이!"

티모페이는 이야기를 계속했다. 처음엔 억지로 하다가 아무래도 거짓말을 하는 게 자신에게 유리하다는 결론을 내리고부터는 신이 나서 없는 말을 지어냈다.

한편, 그 시간에 그 이야기의 여주인공은 초원에 누워 있었다. 그녀는 바다처럼 일렁이는 밀밭 깊숙이 들어가 허탈한 기분으로 땅바닥에 배를 깔고 누웠다. 태양의 뜨거운 햇살이 등에 강하게 내리꽂혀 더는 견딜 수 없어졌다. 그제야 그녀는 가슴을 위로 하고 돌아누웠지만 청명한 하늘과 뜨겁게 작열하는 태양을 보지 않으려고 얼굴을 두 손으로 가렸다.

수치심에 몸둘 바를 모르는 이 여인의 주위에선 밀 이삭들이 바스락거렸고 수없이 많은 귀뚜라미들은 지칠 줄 모르고 울어댔다. 무더운 날씨였다. 기도문을 기억해 내려고 애썼지만 결국 그녀는 한 구절도 기억해 내지 못했다. 농담을 던지던 입들이 눈에 선하고 루카의 고함, 뿔피리 소리와 웃음소리가 귓가에 쟁쟁했다. 그 일도 있고 또 너무 더워서 그녀는 가슴이 답답했다. 윗옷을 풀어헤치고 마음껏 숨을 쉬려고 몸을 일으켰다. 그 뒤 햇볕을 정면으로 받았다. 햇빛이 너무 뜨거워 피부가 타는 듯했고, 가슴 한 구석이 도려내듯 아파왔다. 그녀는 가쁜 숨을 몰아쉬며 탄식을 쏟아냈다.

"오, 하느님! 제게 왜 이런 시련을 주시나이까?"

신은 대답 대신 이삭이 바스락거리는 소리와 귀뚜라미가 우는 소리로 답해 주었다. 그녀는 곡식의 물결 위로 고개를 들어 황금빛 바다와 역에서 멀리 떨어진 협곡 사이 우뚝 솟은 급수탑의 검은 파이프, 역사 지붕을 바라보았다. 끝없는 평원에는 둥근 하늘지붕 외에는 더 이상 보이지 않았다. 아리나는 홀로 드넓은 평원 한복판에 누워 이 세상 그 누구와도 나눌 수 없는 지독한 외로움을 몸으로 느꼈다. 이 세상 그 누구도 알 수 없는 고독을……

저녁 어스름, 그녀는 고함을 들었다.

"아리—나!"

"아리시카, 이 바보야!"

하나는 루카의 목소리였고 다른 하나는 군인의 목소리였다. 그녀는 세 번째 목소리를 듣고 싶었다. 그러나 더 이상의 부르는 소리는 없었다. 눈에서 눈물이 펑펑 쏟아졌다. 순식간에 눈물은 곰보자국을 지나 가슴으로 떨어져 내렸다. 그녀는 서럽게 울면 울수록 심해지는 가슴의 통증을 달래느라 맨살이 드러난 가슴을 메마른 땅에 비벼댔다. 누가 들을까 무서워 신음마저 삼키며 울었다.

얼마를 그렇게 울었을까. 사방에 밤 그림자가 드리워지기 시작했다. 그녀는 바닥에서 일어나 천천히 역을 향해 걸었다.

역사에 도착한 그녀는 창고 벽에 등을 기댄 채 초원을 바라보며 한참을 서 있었다. 화물열차들이 들고 나는 것이 보였다. 군인이 자기 이야기를 떠벌리는 소리가 들렸고 그보다도 더 크게 웃음소리가 들렸다. 그 웃음소리는 멀리 텅 빈 초원 위를 달렸고, 그 대답으로 귀뚜라미 소리가 들려왔다.

"오, 하느님! 제게 왜 이런 시련을 주시나이까?"

여인은 벽에 바짝 기대어 긴 한숨을 내쉬었다. 그러나 한숨도 가슴을 짓누르는 고통을 달래주지는 못했다.

새벽녘에 그녀는 역 다락방으로 조심스럽게 올라가 빨랫줄로 올가미를 만들어 목을 맸다.

아리나는 이틀이 지나서야 시체에서 풍기는 냄새 때문에 사람들에게 발견되었다. 처음엔 모두 깜짝 놀랐고, 어느 정도 시간이 지나자 이번 일을 책임질 사람을 누구로 지목할지 생각했다. 니콜라이 페트로비치가 그 누구도 반론을 제기할 수 없는 논리로 이번 일의 책임을 고모조프에게 떠넘겼다. 그러자 옆에 있던 역장이 나서서 그의 턱에 주먹 한 방을 날리고 당장 입을 다물라고 명령했다. 당국에서 조사를 나와 아리나가 우울증에 시달려왔다는 결론을 내렸다. 철도 인부들이 시신을 초원으로 옮겼고, 그곳에 묻었다. 이 일이 매듭지어지자 역은 다시 질서와 평화를 되찾았다.

그리고 사람들은 또다시 무료함과 외로움, 무더위에 괴로워하면서 스쳐 지나가는 열차들을 질투심 가득한 눈으로 쫓았다. 그들은 하루 24시간 가운데 삶의 무게를 오직 4분 안에 다져넣으려 들었다.

어쨌거나, 초원과 작은 역에 성난 눈보라가 휘몰아치는 겨울이 오면, 역을 둘러싸고 사는 사람들은 한결 더 무료한 삶을 살아가야만 했다.

코노발로프

건성으로 신문을 훑어보던 나는 코노발로프라는 성(姓)이 눈에 띄자 단숨에 그 글을 읽어 내려갔다.

어젯밤, 지방의 어느 감옥 3호실에서 무롬 출신의 한 시민인 40세 알렉산드르 이바노비치 코노발로프가 벽난로 통풍구에 목을 매어 자살했다. 그는 프스코프에서 방랑생활을 했다는 죄목으로 체포되어 다른 죄수들과 함께 고향으로 압송된 자였다. 감옥 당국에 따르면 이 사람은 언제나 조용하고 과묵하며 우울한 모습을 하고 있었다고 한다. 담당 의사는 코노발로프의 자살 원인으로 우울증을 지목했다.

이 짧은 기사를 끝까지 읽은 나는 이 사람이 무엇으로 하여금 생을 마감하였는지 좀 더 분명히 밝힐 수 있을 것 같았다. 그는 내가 아는 사람이었다. 그랬기에 내가 그에 대해서 입을 다물고 있는 것은 정당하지 못한 일이다. 그는 아주 훌륭한 사나이였고, 살아가면서 흔히 만날 수 있는 사람도 아니었다.

내가 처음 코노발로프를 만난 것은 18살 때였다. 당시에 나는 빵집에서 제빵공 보조로 일했는데, 제빵공은 군악대 출신의 제대 군인으로 보드카를 엄청 마셔댔고 반죽을 망가뜨리기 일쑤였다. 또 술에 잔뜩 취해서 즐겁게 휘파람을 불며 이 노래 저 노래에 맞추어 춤을 추기도 했다. 간혹 빵집 주인이 반죽이 쉬었다거나 아침 시간에 제때 빵을 만들어내지 못한다고 야단을 치면 성을 버럭 내고 주인을 사정없이 욕하면서 자신의 음악적 재능을 이용해 그를 빈정댔다.

"반죽을 너무 오래 놔뒀잖아!"

이유는 모르겠지만 그는 불그스레한 긴 콧수염을 뾰족하게 내밀며, 늘 촉촉이 젖어 있는 두툼한 입술로 푸드득 소리를 내며 소리친다.

"빵 껍질이 다 탔네! 빵은 설익고! 아이고, 이 빌어먹을 사팔뜨기 도깨비 같은 놈! 내가 고작 이 짓거리나 하려고 세상에 태어난 줄 알아? 너나다 해먹어. 나? 나야 음악가니까! 알아들어? 나는 알토 가수였다고! 게다가 오보에를 불었어. 코넷은 병이 날 정도로 불었단 말이야. 누가 코넷을 대신할 수 있나? 나밖에 없지! 담—따라람—따—디! 그래, 너, 이 우크라이나 촌놈! 자를 테면 잘라!"

그러면 우리의 구질구질하고 뒤룩뒤룩한 주인의 눈빛은 무시로 변한다. 그 뒤 여성스러운 외모를 지닌 주인은 큰 배를 흔들고 짧고 퉁퉁한 다리로 마룻바닥을 구르며 분에 못 이겨 고래고래 소리친다.

"이 망나니! 폭군! 배신자 유다 같은 놈!"

주인은 짧은 손가락을 서투르게 펼쳐 보이며 허공에 팔을 쳐들고는 귀가 먹먹할 정도로 큰 소리로 말한다.

"내가 네놈을 폭동 혐의로 경찰서에 보내면 어쩔래?"

"황제와 조국의 충복인 나를 경찰서에 보내?"

제대 군인은 주먹을 불끈 쥐고 소리 지르며 주인에게 달려든다. 서로 뒤엉켜 씩씩거리는 것으로 싸움은 끝난다. 더 이상의 뒤끝은 없다. 때는 여름인데다 그맘 때 볼가 강 인근 도시에서 쓸 만한 제빵공을 구하기란 쉬운 일이 아니기 때문이다.

그런 장면이 거의 날마다 되풀이되었고, 갈수록 그 정도는 심해졌다. 제대 군인은 술을 마셨고 반죽을 망쳤으며 많은 행진곡과 왈츠들, 자기 말로는 '연주곡'들을 연주했고, 주인은 더욱 이를 갈았다. 덕분에 늘 나는 일을 두 배로 해야 했다.

그러던 어느 날, 주인과 제대 군인 간에 벌어진 광경을 보고 나는 너무나 기뻤다.

"이보게, 병사."

교활한 미소를 띠고 눈을 가늘게 뜬 득의양양한 표정의 주인이 빵집에 나타났다.

"이봐, 휘파람으로 행진곡 하나 연주해 봐!"

"왜요?"

여느 때처럼 술이 덜 깬 표정으로 반죽통 위에 누워 있던 제대 군인이 말했다.

"행군할 준비를 하라고!"

주인은 즐거워하며 말했다.

"어디로요?"

뭔가 불길한 낌새를 알아차린 제대 군인은 통에서 다리를 내리며 말했다.

"어디든 가고 싶은 곳으로."

"무슨 소립니까?"

제대 군인은 분을 참지 못하고 소리쳤다.

"내가 더는 네 꼴을 그냥 두고 볼 수가 없어. 셈을 치러줄 테니까, 가게에서 나가!"

서로 간의 곤란한 처지를 익히 알고 있었지만 주인의 뜻밖의 선고는 제대 군인의 정신을 번쩍 나게 할 정도로 충격이었다. 제대 군인은 자신의 형편없는 기술로 새로운 일자리 찾기가 얼마나 어려운지 누구보다 잘 알고 있었다.

"농담이시겠지……."

"가 버려, 나가라고……."

"정말요?"

"그래, 꺼져."

"기껏 일해줬더니…… 실컷 부려 먹고 생일날 잡아먹는다더니, 이제 내쫓으시겠다! 교활한 인간! 거머리!"

제대 군인은 머리를 쥐고 흔들며 악을 썼다. 주인은 발끈했다.

"뭐? 거머리?"

"피를 빨아먹는 거머리!"

제대 군인은 막말을 내뱉고 비틀거리며 문 쪽으로 걸어갔다.

주인의 교활한 웃음소리가 그의 뒷덜미를 때렸다.

"가서 일자리를 찾아봐! 내가 여기저기 칭찬을 해놓았으니까 아마 공짜로 일을 한다고 해도 받아주는 데는 없을 거야."

"새로 올 사람은 있어요?" 내가 물었다.

"새 사람은 아니고 일전에 내 보조로 일했던 사람이야. 훌륭한 제빵공이지. 술을 마시는 건 같지만 폭음을 한다는 게 다르다면 다르지……. 잠도 없이 일하는 사람이야. 그러니 삯을 얼마 준다 해도 상관없어. 노래는 또 얼마나 잘한다고. 가슴을 저미는 애절한 노래! 그러다 마시고 또 마시고……."

주인은 고개를 저으며 절망적인 탄식을 내뱉었다.

"일단 술을 마셨다 하면 말릴 장사가 없어. 드러누울 때까지 마시니까."

"깨고 나면 창피해서 어디론가 사라져. 귀신이 달아나듯이. 어, 왔나 보군. 왔는가, 사샤?"

"네."

문턱에서 속에서 우러나오는 깊은 목소리가 들렸다. 키가 크고 어깨가 떡 벌어진 서른 살 가량의 사내가 입구에 기대 서 있었다. 차림새는 전형적인 부랑자요, 생김새는 진정한 슬라브인이었다. 그는 아주 더럽고 해진 붉은 빛의 무명 셔츠와 아마포 승마바지 차림이었다. 한쪽 발은 드문드문 해진 방수용 덧신 쪼가리를, 다른 발은 낡은 가죽구두를 신고 있었다. 헝클어진 아마빛 머리카락에 대팻밥과 지푸라기 조각들이 삐죽이 튀어나와 있었다. 아마빛의 부채꼴 가슴털 역시 마찬가지였다. 그의 얼굴은 갸름하고 창백했으나 눈빛만은 예사롭지 않았다. 오히려 부드러워 보였다. 붉으면서도 파리한 빛이 감도는 입술 역시 콧수염 밑에서 미소를 짓고 있었다.

"이리 오게, 사시카. 이 친구가 자네 짝이야."

새로 온 제빵공의 단단한 몸을 바라보며 주인이 다정하게 말했다. 그러자 제빵공은 천천히 내게 다가와 말없이 손을 내밀었다. 아마 영웅들의 손이 그렇지 않을까. 우리는 그렇게 인사를 나누었다. 그는 나무 침상에 다리를 뻗고 앉아 주인에게 말했다.

"바실리 세묘느이치, 갈아입을 옷 두 벌과 신발 한 켤레 부탁합니다. 아마포 모자하고."

"걱정 마, 다 사다 줄게. 모자는 나한테 있고, 셔츠랑 바지는 저녁에 사다 줄게. 자네가 어떤 사람인지 내가 잘 아니까, 언짢은 일은 없을 거야. 나는 이만 가네."

그와 나 둘만 남게 되었다.

코노발로프는 의자에 앉아 미소를 머금고 말없이 주위를 둘러보았다. 아치형 천장의 빵집은 지하실에 위치하고 있어, 창문 세 개의 높이가 모두 지면보다 낮았다. 햇빛이 들지 않아 어두웠고 환기도 안 되어 무엇보다 습기와 쓰레기, 밀가루에서 날리는 먼지들로 가득했다. 벽 쪽으로는 반죽이 담긴 상자와 빈 상자들이 놓여 있고, 상자마다 창문으로 희미하게 새어 들어오는 빛줄기가 드리워져 있었다. 거대한 벽난로는 실내의 3분의 1을 차지하고 있고 그 옆 마룻바닥에는 쓰레기와 함께 밀가루 포대들이 쌓여 있었다. 벽난로 안에서는 통나무 장작들이 뜨거운 불을 내뿜고 있고, 실내 회칠한 벽에 불빛이 반사되었다. 반사된 불빛은 마치 소리 없이 무언가를 속삭이는 듯했다.

검게 그을린 아치형 천장은 자신의 무게로 실내를 짓누르고 있었고, 한낮의 햇빛과 불꽃은 한데 어우러져 지친 듯 불투명한 조명 역할을 하고 있었다.

창문을 통해 거리의 소음과 먼지가 날아들었다. 코노발로프는 지겹다는 듯 한숨을 내쉬며 물었다.

"여기서 일한 지는 얼마나 됐어?"

나의 짧은 대답이 있고 나서 둘은 다시 한동안 말이 없었다.

"정말 감옥이 따로 없군!"

한숨을 쉬고 그가 말을 이었다.

"밖에 나가 문 앞에서 앉아 이야기하자!"

우리는 문 옆 벤치에 자리를 잡았다.

"이제 좀 숨 쉴 만하다. 아직 적응이 안 돼. 난 바다에서 왔어. 카스피 해(海)에서 고기잡이를 했지. 그런데 갑자기 지하실이라니!"

저녁이 되었다. 거리는 후덥지근하고 시끄러웠다. 먼지도 무척 많이 일었다. 건물 그림자가 길게 거리를 덮었다. 코노발로프는 팔짱을 끼고 벽에 등을 기댄 채 손가락으로 머리카락을 매만졌다. '이 사람은 어떤 사람일까?' 나는 그의 곁에 서서 생각했다. 하지만 그에게 묻지는 않았다. 인사를 나눈 지도 얼마 되지 않고 왠지 쉽게 다가서기가 힘들었다.

그의 이마에 주름이 세 개 잡히더니 차츰 사라졌다. 무슨 생각을 하고 있는지 궁금했다.

"이제 그만 들어갈까? 두 번째 반죽을 준비하는 동안 내가 세 번째 것을 준비하지."

반죽을 사방에 걸고 또 만들기를 반복하다가 우리는 잠시 앉아 차를 마셨다. 코노발로프는 주머니에 손을 찌르고 내게 물었다.

"글 읽을 줄 아나? 이것 좀 읽어줘 봐."

그리고 내게 꼬깃꼬깃 접힌 종이를 내밀었다. 나는 읽어 내려갔다.

사랑하는 사샤! 보고 싶어요.
사는 게 힘들고 지겨워요.
당신과 떠날 날을, 당신과 함께 살 날을 기다리는 것도 이젠 지쳤어요. 처음엔 맘에 들어 시작한 생활이었지만, 이젠 지긋지긋하고 더는 못 참겠어요. 당신을 처음 알게 된 때가 지금도 생생해요. 제발 얼른 편지 좀 주세요. 편지 한 번 받아봤으면 소원이 없겠어요. 그럼 잠시 안녕! 하지만 내 사랑, 내 영혼의 친구, 영원한 작별은 아니랍니다. 당신이 말 한마디 없이 떠나서 내가 얼마나 괴로워했는지 알아요? 원망한단 말은 쓰지 않을래요. 내 눈엔 당신의 좋은 면만 보이고 나쁜 면은 보이지가 않으니까요. 당신은 누가 뭐래도 최고고, 그래서 더욱 당신을 잊을 수가 없어요. 나를 떼놓으려 한다면 그건 헛수고예요. 여기서 나를 꺼내주기만 하면 당신을 떠날 거라고들 했겠죠? 다 엉터리 거짓말이에요. 나를 붙잡아 주기만 한다면 여기서 나간들 당신을 떠날 이유가 없잖아요? 당신은 별일 아니라고 해도 난 너무 힘들어요. 말은 안 했지만 사는 게 너무 힘이 들어 울기도 많이 울었답니다. 그럼 안녕!

당신의 카퍼톨리나.

코노발로프는 편지를 받아 들고 나서 손끝으로 편지를 빙빙 돌렸다.
"그럼 글 쓸 줄도 알아?"
"네."
"잉크는?"
"있어요."
"그럼 대신 편지 좀 써줘. 이 여자는 날 파렴치한이라 생각하나봐. 난 잊은 지 오랜데⋯⋯. 준비됐어?"
"네, 어떤 여잔데요?"
"창녀⋯⋯. 그래, 어떻게 하면 거기서 꺼내줄 수 있냐 하면⋯⋯ 경찰에 가서 그 여자와 결혼한다고 말을 하면 거주증이 나와. 명부에서 이름이 지워지는 거지. 자유의 몸이 된다고. 무슨 말인지 알았어?"

30분 뒤에 감동적인 편지가 완성되었다.

"어디 읽어봐. 어떻게 썼나 보자."

초조해하며 그가 물었다. 편지 내용은 다음과 같았다.

카파! 내가 비열한 놈이라거나 당신을 잊었다고 생각하진 말아요. 당신을 잊은 게 아니라 술 때문에 그냥 망가진 것뿐이야. 일자리를 잡았으니까 선불을 달래서 필립에게 보낼게. 필립이 당신을 꺼내줄 거야.

돈은 여행경비로 써.

그럼 안녕.

당신의 알렉산드르.

"음……."

코노발로프는 머리를 긁적였다.

"쓸데없는 얘기만 썼어. 난 연민도 없고 눈물도 없어. 내 험담을 잔뜩 쓰라 했더니만 하나도 쓰지 않고 말이지."

"왜 그렇게 써야 하죠?"

"그거야 내가 그 여자 볼 낯이 없고 내가 죄인이라는 걸 보여주려고 그러는 거지. 눈물도 적당히 섞어서 다시 써봐."

나는 그의 마음에 드는 눈물이 섞인 편지를 쓰는 데 성공했다. 코노발로프는 아주 만족해하며 내 뺨에 손을 대고 진심으로 말했다.

"훌륭해! 고마워! 자넨 좋은 친구야. 같이 잘해보세."

나는 그의 말을 결코 의심하지 않았다. 그래서 용기를 내 카피톨리나 이야기를 해달라고 부탁했다.

"카피톨리나? 어린애 같은 여자지. 뱌트카의 어떤 상인의 딸이야. 나쁜 길로 들어서더니 급기야 사창가로 굴러들어갔어. 내가 보기엔 아직 어린애인데 말이야! 어떻게 그런 일이 있을 수가 있담. 어쩌다 보니 가까워졌는데, 나만 만나면 울었어. 그럼 난 달래고, 구해주겠다고 큰소리를 쳤지. 준비가 다 되어갈 무렵 갑자기 내가 술을 퍼마시기 시작했어. 정신을 차려보니 아스트라한이더라고. 이런 사정을 듣고 나한테 편지를 보낸 거야."

"그럼 결혼할 건가요?"

내가 물었다.

"결혼? 무슨 소리! 이런 음주벽에 무슨 결혼을 해? 사창가에서 꺼내 주기만 하고 그녀가 가겠다는 데가 있으면 보내줘야지. 그럼 알아서 갈 곳을 찾겠지."

"같이 살려고 하는 게 아닌가요?"

"그거야 그 여자 생각이고. 여자들이 다 그래. 내가 잘 알아. 그동안 안 겪어본 여자가 없어. 장사꾼의 아내도 있었는데, 내가 곡마단에서 일할 때 날 유혹하더라고. 곡마단 일도 지겨워지던 참이라 따라 나섰지. 내 맘에 들려고 작정을 했더군. 귀족처럼 사는 여자였는데, 남편은 영 형편없었어. 끼가 다분한 여자였지. 날 끌어안고 키스를 퍼부을 때 보면 가슴에 시뻘건 석탄을 품고 있는 것 같아. 자넨 감당이 안 될 거야. 어떤 땐 막 울면서, 내가 어려서 아무것도 모른다는 둥, 어쩌고저쩌고 말이 많아. 그런데 사실 그 말은 맞지. 난 여자에 관해선 우둔하고 아무것도 모르는 맹추거든. 뭘 해야 하는지, 어떻게 살아야 하는지 알지도 못할 뿐더러 생각조차 안 해!"

그는 입을 꾹 다물고 눈을 휘둥그레 뜨고 나를 쳐다보았다. 그 눈동자 속에는 놀라움이나 의문이 아닌 어떤 수심에 찬 무언가가 번뜩이고 있었다. 그로 인해 아름다운 얼굴은 더욱 슬프고 아름답게 보였다.

"그럼 그 여자하고는 어떻게 끝났는데요?"

내가 물었다.

"내 안엔 우울감으로 가득 차 있어. 심해. 마치 세상에 나 혼자 있고 언제나 고독한 기분. 그런 생각이 들 때는 되는 일도 없어. 내가 그런 상태일 때는 나뿐만 아니라 내 주변의 모든 사람이 함께 고통을 겪어. 이건 병이야. 어쨌든 난 그 여자 때문에 다시 술을 마시기 시작했어. 그리고 나를 놓아달라고 말했지. 그러자 그 여자는 자기한테 싫증이 나서 그러냐며 울고불고 난리였어. 그게 아니고 나 자신을 견뎌내기 힘들어서 그렇다고 하니까 가라고 하더군. 정말 나 같은 놈에게 넌더리가 났을 거야. 그 여자와 좋은 시절도 물론 있었어. 그 여자는 무릎을 베고 누워 책을 읽곤 했지. 그 가운데에서 게라심과 개에 대한 이야기는 지금도 잊히지가 않아. 게라심은 벙어리여서 학대만 받았고 개 말고는 사랑해 주는 사람 하나 없었어. 나중엔 주인마님이 개를 죽였어. 끔찍하지 않아? 세상에서 유일한 기쁨을 빼앗는다는 거 말이야. 누구나 사랑 없이는 살 수 없어. 그러니까 인간에게 사랑할 수 있는 영혼을 준 거지. 그 여자는 내 이야기를 들어주었어. 가여운 여자였어. 만일 내 팔자가 정상이었다면 그녀가 헤어지자고 하거나 남편에게 관계가 폭로될 때까지 떠나지 않았을 거야. 난 결국 그 여자의 곁을 떠났어. 견디기 힘든 우울감이 나를 어디론가 잡아끌었지."

내가 들은 그의 과거사 가운데 하나다. 코노발로프의 이야기 속에는 진실이 느껴졌다.

코노발로프가 이야기를 계속했다.

"내가 거짓말을 하고 있다고 생각하지? 아니야, 날 믿어도 돼. 없는 말을 지어내는 데 도가 튼 사람이라도 친구에게만큼은 거짓말을 하지 않아. 내가 자네에게 한 말은 다 진실이야. 세상 사람 대부분은 적게 들여 많은 걸 얻어내려고 하지. 난 아주 소박해. 여자들이 그 소박함을 아는가봐. 내가 누굴 속이거나 비웃을 사람이 아니라는 건 여자들이 더 잘 알아. 여자들은 남자들에게 없는 수치심이란 게 있지. 그러다 보니 여자들은 남자들보다 더 슬픈 존재야."

그의 말은 내게 많은 것을 생각하게 해주었다. 그의 일솜씨는 아주 뛰어났다. 120킬로그램의 반죽을 이리저리 굴리며 자유자재로 다루는 모습이나, 탄력 있는 밀가루 반죽 속에 팔꿈치까지 손을 집어넣어 반죽을 이기는 모습은 정말 볼만했다.

처음 내가 조심스럽게 옮겨 준 반죽을 그가 너무나 빠른 속도로 찜통 속에 던져 넣는 것을 보고 반죽끼리 엉겨 붙을까봐 마음을 졸였다. 하지만 세 가마나 되는 빵을 구워냈을 때, 보기 좋게 부푼 120개의 둥근 빵 가운데 들러붙거나 뭉개진 것은 하나도 없었다. 나와 일을 하고 있는 사람은 제빵사가 아니라 예술가였다. 그는 정말 빵 만드는 일을 좋아하고 그 일의 매력에 폭 빠져 있었다. 가마에서 빵이 잘못 구워지거나 반죽이 더디게 부풀면 의기소침해졌다. 주인이 행여 습기 찬 밀가루를 사오기라도 하면 화를 내고 주인에게 욕설을 퍼붓는다. 그리고 가마에서 아가씨의 발등같이 높고 불그스레한, 껍질도 적당히 바삭하게 잘 구워진 빵이 나오면 어린애처럼 기뻐하며 만족스러워했다. 가장 잘 구워진 빵을 이 판 저 판으로 옮기다가 손을 데어도 그는 연신 싱글벙글했다.

어느 날 내가 물었다.

"노래를 잘 부르신다고 다들 그러던데요?"

"노래? 몇 번 불러보긴 했는데……. 기분이 내키거나 우울해지면 노래를 불러. 그리고 또 노래를 부르면 우울해지기도 하고……. 비밀이야. 자네는 노래 안 하나? 언제 같이 한번 불러보자고!"

내가 트렁크에서 책을 꺼내 창가에서 읽고 있을 때였다. 코노발로프는 반죽을 하는 탁자에 누워 졸고 있다가 책장 넘기는 소리에 눈을 떴다.

"무슨 책이야? 읽어줄래?"

그래서 나는 창턱에 걸터앉아 책을 읽고, 그는 걸상에 앉아 내 무릎에 머리를 기댄 채 듣게 되었다. 난 책 너머로 가끔 마주치던 그의 눈을 지금도 기억한다. 주의를 집중하느라 잔뜩 부릅뜬 눈과 반쯤 열린 입 사이로 보이는 희고 고른 치열이 참 인상적이었다. 위로 치켜세운 눈썹, 잔주름이 잡혀 있는 높은 이마, 내 무릎을 잡고 있는 손, 그의 자세 하나하나가 내 마음을 상쾌하게 해주었다. 그래서 나는 스이소이카와 필라의 슬픈 이야기를 쉽고 박진감 넘치게 읽으려고 애를 썼다.

책을 읽는 틈틈이 그가 끼어들었다.

"멋지다! 모두 살아 있는 것처럼 생생해. 너무도 멋진 남자들이다. 그 다음엔? 다들 어디로 갔니? 어서 읽어봐!"

나는 책을 다 읽고 러시아 작가들의 삶과 술집의 숙명적인 역할, 러시아 작가들의 왕성한 재능, 삶의 애환으로부터의 유일한 위안, 곧 보드카에 대한 이야기를 시작했다.

"그래? 정말 작가라는 사람들도 술을 마셔? 책을 다 쓰고 난 뒤에 마시겠지?"

"아마 그럴 거야."

코노발로프가 스스로 답을 내렸다.

"삶을 바라보며 타인의 슬픔을 견디는 사람들도 있을 거야. 그들의 눈은 특별하다고 할 수 있지……. 심장도……. 삶을 너무 들여다보다 보면 우울해질 테고, 결국 책에도 그 우울이 나타날 거야. 그러니 보드카로 가슴을 채울 수밖에 없지. 내 말 맞지?"

그는 그렇다는 나의 대답을 듣고 우쭐해서 자신의 작가론을 이어갔다.

"어찌되었든 그들은 누구보다도 많은 것을 이해해서 삶의 부당함을 전하려고 할 거야. 난 내가 왜 이 세상을 살아가는지, 이 세상에 날 필요로 하는 사람은 있는지 알지 못해. 난 비록 살고는 있다지만 우울해. 왜냐고? 나도 몰라. 내겐 진정한 영혼의 불꽃이 없다고 하면 이해될까? 나를 일으켜 세울 만한 것이 없어. 닥치는 대로 일을 해보지만 금방 우울해져. 그렇지만 그 정체를 알 수 없어."

나는 어떻게든 그에게 삶의 소중함을 설명해주고 싶다는 생각이 들었다. 그래서 삶의 조건과 환경, 불평등, 삶의 희생자로서의 인간과 지배자로서의 인간에 대해 이야기했다. 이것들은 내겐 너무나도 당연하고 명백한 일들이었다.

코노발로프는 내 말을 귀 기울여 들었다. 눈이 열리고 이마의 잔주름이 깊어졌다. 그는 내 말을 이해하려고 애를 썼다. 마치 숨소리조차 내지 않는 것만 같았다.

나는 그런 그의 모습이 좋았다. 그래서 더욱 열심히 그의 삶을 과장하고, 그의 삶을 과연 누가 책임져야 하는지, 그는 불평등한 사회의 희생양일 뿐이라고 역설했다. 그리고 이렇게 마무리를 했다.

"당신은 아무런 죄가 없어요. 삶이 당신을 속인 거랍니다."

엷은 미소를 짓던 코노발로프가 한참 만에 반응을 보였다.

"이봐, 자넨 참 말을 쉽게 하는군! 어떻게 그렇게 확신하지? 전부 책에서 배운 건가? 그럴지도 모르지. 그런데 자넨 아주 중요한 원인들에 대해서는 너무 동정적인 것 같아. 처음 들어서 놀랍기도 한데, 대부분의 사람들은 자신들의 실패를 자신의 탓으로 돌리지. 그런데 자넨 삶과 제도 자체에 책임을 묻고 있어. 자네 말대로라면 인간은 아무런 책임이 없고 그저 부랑자로 태어난 죄밖에 없다는 것인데, 죄수들은 어떻게 설명할 수 있지? 먹고 살기는 해야겠고 그러다 보니 물건을 훔치는 것이다, 너무 동정이 지나친 것 아닌가? 내가 보기엔 자네의 생각이 너무 비약적인 것 같은데……."

그가 잠시 말을 멈추었다가 다시 이었다.

"난 좀 별종이라서…… 내가 술을 마시는 것도 남의 잘못인가? 내 동생 파벨은 술을 안 마시거든. 지금 페름에서 빵집을 하고 있어. 그래도 일은 내가 더 잘해. 그렇지만 난 방랑 생활에 술주정이 심하지. 난 그럴듯한 지위도 없고 물려받은 재산도 없어. 그래도 우린 한 어머니에게서 나온 형제야. 자네 말마따나 인간은 다 똑같아. 하지만 난 나만의 길을 택했어. 그리고 이런 사람은 나 혼자만이 아니라 아주 많아. 우린 어떤 짜인 질서 속에 섞이지 못하는 별종이야. 나 같은 사람들에겐 우리만의 법이 필요해. 자신을 삶에서 뿌리째 뽑아 버릴 수 있는 대단히 엄격한 법! 왜냐하면 우리 같은 사람들은 어디 쓸 데도 없고 그러다 보니 남의 인생에 방해만 되지. 우리 미래를 누가 책임지지? 바로 우리 자신이지. 그런데 우리에겐 삶에 대한 열정, 자신에 대한 책임, 바로 이런 게 없어."

어린아이의 맑은 눈을 지닌 코노발로프는 대수롭지 않다는 듯 자신의 인생을 불필요한, 그래서 근절되어 마땅한 부류로 치부해 버렸다. 그토록 그의 냉소적 우수를 보며 나는 잠시 넋을 잃었다. 대개의 방랑자들은 자신을 모든 것에서 분리하고 모든 이에게 적의를 품고 자신의 회의를 시험하려 들지만 자기 비하를 하는 그는 달랐다. 내가 만났던 사람들은 언제나 자신의 실패를 운명 탓으로, 나쁜 타인들의 탓으로 돌렸다. 코노발로프는 운명을 탓 하지 않았고 남 이야기 또한 하지 않았다. 삶의 혼란은 오직 자기 자신의 책임이라고 말했다. 내가 환경과 조건의 희생양을 강조하면 할수록 그는 더욱 집요하게 슬픈 현재의 삶이 자신의 책임임을 확신시키려 했다. 독특하긴 했으나 상당히 화가 났다. 그건 자학이란 생각이 들었다.

"인간은 저마다 자기 자신을 책임져야 해. 그렇게만 살면 누가 죄를 짓겠어?"

배운 사람이 말했다면 놀랄 일이 아니지만 부랑자가 그런 말을 했다는 것은 이상했다. 비록 그가 운명의 혜택을 전혀 받지 못한 벌거벗고 굶주린 불우한 환경 출신의 인텔리라고 해도 참으로 이상했다. 코노발로프는 그런 점에서 정말 특별한 사람이었다.

전형적인 부랑자의 모습을 하고 있는 코노발로프는 여태껏 내가 품고 있던 인간에 대한 고정관념을 여지없이 깨 버렸다.

우리는 더욱 격렬하게 논쟁했다.

"내 말은 나는 별종이고 그래서 난 내 몫에 책임이 있다고……. 나는 나의 '관점'을 찾지 못했어! 찾아서 우울해질 바엔 안 찾는 게 낫지!"

빵을 굽고 있던 우리는 더 이상 말씨름을 할 수 없었지만 서로 흥분을 감추지 못했다. 그리고 우린 잠자리에 들었다.

그렇게 또 시간은 흘렀고 변함없이 우리는 함께 책을 읽었다.

코노발로프와 나는 쉬는 날이면 강이나 숲으로 돌아다녔다. 우리는 보드카와 빵 약간, 책 등을 싸들고 아침부터 자유로운 공기를 찾아 돌아다녔다. 코노발로프는 이것을 견학이라고 불렀다.

우리는 특히 '유리공장'에 가는 것을 좋아했다. 왜 그런 이름이 붙여졌는지는 모르겠지만, 유리공장은 근교 들판에 있는 3층짜리 건물이었다. 지붕엔 구멍이 뚫려 있고 창틀은 썩었으며 지하실에서는 여름내 고인 물이 썩어서 나는 퀴퀴한 냄새가 진동했다. 푸른 잿빛 눈에는 긴장이 풀려 당장이라도 쓰러질 듯 주저앉았고, 코노발로프는 깨진 창의 틈새로 저 너머 도시를 바라보곤 했다. 그의 모습은 영락없이, 운명에 농락당하고 도시에서 쫓겨나 불쌍하게 죽어가는 쓸모없는 방랑자였다. 해마다 흘러넘치는 하천 탓에 건물은 곰팡이 천지고 지붕은 온데간데 없었지만 이 건물엔 정체불명의 사람들이 밤이슬을 피하기 위해 찾아들곤 했다.

유리공장에는 늘 그런 사람들로 북적였다. 그곳은 누더기를 걸치고 배를 곯고 햇빛을 피하고픈 사람들의 안식처였다. 유리공장에서 코노발로프와 나는 환영받는 손님이었다. 우리의 손엔 늘 커다란 둥근 빵과 보드카, 따끈따끈한 내장요리가 들려 있었기 때문이다. 작은 돈으로 우린 '유리 인간들'의 배를 채워줄 수 있었다. 코노발로프는 그들을 그렇게 불렀다.

그들은 우리의 대접에 이야기로 보답했다. 거짓임이 뻔히 드러나는 환상 이야기, 무섭지만 감동적인 이야기 등 대부분 진실에 거짓을 덮은 이야기였다. 삶의 밑바닥에 내몰린 그들의 이야기는 나를 충격과 감동 속에 빠뜨렸다. 나는 그들의 이야기에 열심히 귀 기울였고, 코노발로프는 이야기 사이사이에 나를 끌어넣으려 했다.

누군가 밑바닥 인생을 모르는 인간에 대해 이야기하면 코노발로프는 미소를 지으며 고개를 흔들었다.

그러면 이야기를 하던 사람은 이렇게 물었다.

"믿지 않는 거야, 사샤?"

"아니, 믿어. 사람 말을 믿어야지. 거짓이라고 느껴져도 믿어야지. 아니, 믿도록 애를 써야지. 때로는 거짓이 진실보다 인간을 더 적절히 설명해 주니까. 늘 자신에 대한 진실만을 이야기하는 사람은 하나도 없어. 거짓도 어느 땐 필요하고……."

"그 말도 옳아. 근데 왜 고개를 절레절레 흔드는데?"

"왜냐고? 자네 말을 듣고 있으면 자신의 삶이 아닌 꼭 타인의 삶에 대해 이야기한다는 생각이 들어. 그 순간에 자네가 있는 곳은 어딘데? 운명에 저항하기 위해 어떤 노력을 했지? 노력도 못하니까 남에게 불평하고 원망을 듣는 것이 아닐까? 결과적으로 서로의 삶을 방해하는 것은 아니냐고?"

"누구나 자유롭고 누구도 남의 삶을 방해하지 않는 그런 삶을 만들어야지."

"그런 삶을 누가 만들지? 우리야! 바로 우리 자신! 비록 우리의 능력이 부족하고 우리의 삶이 성공적이지 않아도 스스로 자신의 미래를 책임져야 해!"

그렇게 두 달이 흘렀다.

코노발로프와 나는 그동안 많은 대화를 나누었고 많은 책을 읽었다. 《스텐카 라진》은 하도 많이 읽어서 처음부터 끝까지 내용을 줄줄 욀 정도였다.

하지만 내가 코노발로프를 처음 만난 날 대신 편지를 읽어주고 답장을 써주었던 카피톨리나라는 여자에 대해서는 별다른 이야기를 하지 않았다.

코노발로프는 필립이라는 사람 앞으로 돈을 보내면서, 경찰서에 가서 자기 대신 그녀를 위해 보증을 서 달라고 부탁했었다. 하지만 필립에게서도 그 여자에게서도 아무런 회신이 없었다.

그러던 어느 날 저녁, 코노발로프와 내가 빵을 만들고 있을 때였다. 갑자기 문이 열리면서 겁먹은 듯하면서 도전적이며 나직한 여자의 목소리가 들려왔다.

"실례합니다."

"무슨 일이시죠?"

내가 물었다. 코노발로프는 그때 보습을 발등에 떨어뜨렸고, 이내 구레나룻을 잡아뜯으며 허둥대고 있었다.

"코노발로프 씨가 여기서 일하는 거 맞나요?"

이미 문지방을 넘어선 여자의 머리와 하얀 털 스카프 위로 램프 불빛이 쏟아졌다. 스카프를 벗자 그 속에는 둥글고 사랑스러워 보이는 통통한 얼굴에

도톰하고 붉은 입술을 가진, 웃을 때마다 보조개가 들어가는 젊은 여자가 있었다.

"네, 맞습니다!"

내가 대답했다.

"나 여기 있어!"

코노발로프가 보습을 집어던지고 성큼성큼 걸어와 손님을 맞았다.

"사샤!"

둘은 포옹했다. 코노발로프는 몸을 낮추어 여자를 안았다.

"어쩐 일이야? 어떻게 왔어? 풀려난 거야? 새 인생이 열린 거야?"

코노발로프는 그녀의 목과 허리를 끌어안은 손을 풀지도 않고 질문을 퍼부었다.

"이봐, 막심! 오늘은 혼자 빵하고 씨름 좀 해줘야겠어. 보다시피 난 여기 부인과 볼일이 생겨서……. 카파, 어디서 묵고 있어?"

"바로 오는 길이에요."

"곧장? 여기는 빵을 굽는 데니까 곤란하고 어디 묵을 곳을 찾아보자. 여관방이라도!"

그리고 그들은 나갔다. 나는 혼자서 빵과 씨름하며 그가 아침까지 돌아오지 않을 거라 생각했다. 그리고 기다리지도 않았다. 그런데 너무 놀랍게도 세 시간쯤 뒤에 그가 다시 나타났다. 환한 얼굴을 기대했는데 얼핏 보니 그의 얼굴은 답답하고 피곤한 기색만 역력했다. 나는 적잖이 놀라지 않을 수 없었다.

"무슨 일 있어요?"

"아니."

"아니긴요? 아무래도…….."

"상관할 거 없어."

나는 자초지종을 듣기 위해 매달렸고 대충 이야기를 들을 수 있었다.

"여자들이란! 자네가 말했지, 여자도 사람이라고! 물론 그 여자도 비위를 맞출 줄도 알고 말도 하고 웃기도 해. 그래도 내 반려자라는 생각은 안 들어. 왜 그런지 잘 모르겠어. 어울리지 않는 것 같고 왠지 부담스러워. 함께 살고 싶다고 하더군. 내가 말했지. 난 술주정뱅이고 집도 절도 없는 떠돌이라서 한군데서 진득하게 눌러 있지 못한다고 말이야. 그러면 알아들어야 하는 거 아닌가? 그랬더니 글쎄, 술주정뱅이에게도 아내는 있는 법이고, 그렇게 살다 보면 뒷날에는 집도 생기고 집으로 들어오게 될 거라고 대답하더군. 그래서 난 그런 삶과는 어울리지 않는다고 말해줬지. 그러자 그녀는 온갖 사나운 욕을 하면서, 그럼 왜 자기를 꺼내줬냐고 도리어 화를 내는 거야! 왜 꼬드겼냐고! 나보고 어쩌라고?"

"정말 꺼내준 이유가 뭔데요?"

"내가 이상한 놈이라 그렇지. 어쩐지 가엽더라고. 마음이 아프도록 불쌍해 보였어. 그래도 가정을 꾸릴 순 없어. 말도 안 돼! 내가 가족을 거느린다고? 그럴 거면 진작 그랬지. 울면 뭐해, 내가 그렇게는 못하겠는걸! 자네가 가서 이야기 좀 해줘봐, 응?"

"내가 무슨 말을 해요?"

"사실대로 말해줘. 난 그럴 수 있는 사람이 아니라고. 나한텐 아주 고질병이 있다고! 나한테 마누라가 가당키나 하냔 말이야!"

그는 여전히 빵집 안을 서성이며 말처럼 웅얼거렸다.

"난 그 여자를 좋아하지 않아. 두려워! 나를 깊은 늪 속으로 빠뜨리지 못해 안달 난 것 같아. 가서 사랑해줄 남편감을 찾아보라고 하란 말이야! 바보!"

그의 말 속에 저 자유를 열망하는 부랑자의 절규가 느껴졌다.

"안 돼. 난 벌레에게 잡아먹힐 사람이 아냐. 난 거대한 물고기란 말이야!"

나는, 그에게 카피톨리나를 구한 일은 그렇게 잘못한 일이 아니니 좀 더 지켜보자고 말했다.

하지만 시간이 허락하지 않았다.

우리는 벽난로 앞 마룻바닥에 창문을 등지고 앉아 이야기했다. 자정쯤 되었을까, 카피톨리나가 나타났다. 그녀의 등 뒤에서 몹시 큰 돌 하나가 날아들어와 쨍, 소리를 내며 유리를 깼다. 우리 둘은 놀라서 창가로 몸을 날렸다.

깨진 창문 너머에서 절망적인 여인의 히스테릭한 웃음소리가 날아들었다. 소름이 돋았다.

"카피톨리나야!"

나는 카피톨리나를 보았다. 고개를 숙이고 손으로 땅바닥을 짚은 그녀는 빵집 안을 들여다보려 애쓰고 있었다.

카피톨리나는 술에 취해 비틀거리며 고래고래 소리를 질렀다. 잠시 뒤 건장한 사내가 그녀의 어깨를 잡았다.

"어서 가!"

"사샤! 잊지 마! 넌 천벌을 받을 거야! 나를 비웃었어. 날 속였어. 구역질이 나, 사샤…… 내 사랑!"

"난 속인 거 없어! 너한테 잘해주고 싶었어. 그런데 이게 무슨 짓이니?"

"차라리 날 죽여, 사샤!"

"가라니까!"

야경꾼의 호각소리가 들리고 잠시 침묵이 흘렀다.

"사샤, 내 사랑!"

그리고 아무 소리도 들리지 않았다. 마치 악몽을 꾼 듯했다.

코노발로프와 나는 멍한 상태로 어둠 속을 바라보았다. 울부짖는 듯한 욕설과 야경꾼의 호통소리가 귀에서 떠나지 않았다. 가까스로 이 모든 일이 눈앞에서 벌어진 실제 상황임을 깨달았다. 짧지만 고통스러운 이 한 편의 드라마는 그렇게 끝난 것 같았다.

"내가 왜 그녀를 꺼내 주었을까?"

코노발로프는 후회하고 있었다.

"가봐야겠어. 내가 아니면 돌봐줄 사람도 없을 텐데. 다녀올게!"

코노발로프는 늘 자랑하던 낡은 구두도 신지 않고 모자만을 집어 든 채 그렇게 달려나갔다. 나는 남은 일을 마치고 잠자리에 들었다. 아침에 일어나 옆을 보니 그는 아직 돌아와 있지 않았다.

그는 저녁 무렵이 되어서야 돌아왔다. 침울한 표정에 머리칼은 엉망으로 흐트러져 있었고 두 눈은 안개가 낀 듯 탁했다. 돌아오자마자 그는 마룻바닥에 벌렁 누웠다.

"그 여자 만나 보긴 했어요?"

"보고 오는 길이야."

그는 말을 하고 싶어하지 않은 듯했다. 나는 더 물을 수 없었다. 그는 일에 관한 짧은 몇 마디 말 이외에는 거의 온종일 침묵을 지켰다. 그는 뭔가 골똘히 생각에 빠졌으며 침울했고 무기력해 보였다. 잠자리에 들기 전 나에게 《스텐카라진》을 읽어달라고 부탁했다. 나는 이전에 그가 감동을 받았던 대목을 골라 다시 읽어주었다.

코노발로프는 등장인물에 대한 자신의 의견과 함께 그녀와 이제 모든 것이 끝났다고 말했다. 그리고 내게 이렇게 말했다.

"물어보고 싶은 것이 있어. 삶의 질서에 대한 책이 없을까? 어떻게 살아야만 하는지 그 방법을 가르쳐주는 책 말이야. 해도 될 일과 해서는 안 될 일이 어떤 것인지 알아야겠어. 난 늘 내가 저지른 일로 인해 혼란스러워. 처음엔 좋은 일이라 생각하고 하지만 나중엔 해서는 안 될 일로 밝혀지거든. 카피톨리나의 일만 해도 그래!"

몇 마디 대화가 오간 뒤 우리는 잠들었다. 깨어 보니 이미 그는 자리에 없었고 저녁 무렵이 되어 돌아왔다.

"어디 갔었어요?"

"카피톨리나를 보고 왔어."

"당신은 어쩔 수 없는 분이네요."

"난 정말 살아서는 안 되는 사람이야. 나한테는 나쁜 기운이 있어서 남에게도 전염해. 사람들에게 슬픔만을 안겨 준단 말이야. 내가 여태껏 살아오면서 누군가에게 기쁨을 준 적이 있었던가? 없었어. 난 정말 못돼먹은 인간이야."

나는 그의 생각을 바꿔보려고 애썼다. 그러나 내가 말을 하면 할수록 자신은 쓸모없는 인간이라는 그의 확신은 더욱 굳어지기만 했다.

그는 눈에 띄게 변해갔다. 의기소침해지고 무기력해졌으며 책에 대한 흥미도 잃었다. 사람들도 피했다. 그가 말했다.

"음주벽이 다시 도질 거야. 목이 말라. 속도 타고. 이 일만 없었어도 좀 더 견딜 수 있었을 텐데. 좋은 일을 해보려고 했는데, 다 틀려 버렸어. 살아가는 데 있어서 어떤 규칙이 필요해. 사람들이 한마음으로 행동하고 서로 이해할 수 있는 법칙 말이야. 똑똑하다고 하는 사람들은 왜 이걸 이해하지 못하는 걸까?"

그는 내 말을 더는 들으려 하지 않았다.

"문제는 삶이 아니라 인간이야. 가장 중요한 것은 인간이라고. 알아? 모든 게 바뀌어도 인간은 남게 마련이니까 가장 먼저 인간을 고쳐야 해. 똑똑한 사람들은 인간에게 어떤 방향을 제시해야 하고 자신의 길을 찾을 수 있도록 도와줘야 해."

저녁에 빵집을 나간 그는 밤에도, 그리고 다음 날에도 돌아오지 않았다.

새로운 제빵공을 찾을 때가 되었다는 주인의 말을 듣고 난 그를 찾아나섰다. 난 어느 선술집에서 취해 있는 그를 발견했다. 나가자는 나의 말에 그가 대꾸했다.

"네가 십 년 전에 내게 그렇게 말했다면 난 아마 네 말을 들었을 거야. 하지만 지금은 아냐. 난 내 삶의 모든 움직임을 느끼고 있어. 그런데 이해할 수 있는 게 없어. 내가 가야 할 길을 도무지 모르겠어. 내가 할 수 있는 일이 없기 때문에 난 마셔야 해."

독주를 한 잔 마신 그는 말을 이었다.

"난 불행한 인간이야. 대체 어머니는 왜 날 낳으셨을까? 아는 게 있어야지. 난 빵집엔 두 번 다시 가지 않을 거야. 주인에게서 내 돈 좀 대신 받아줘. 술을 마셔야 하니까. 아니다. 그 돈으로 책을 사서 읽어! 어서 나가!"

그는 취했고 짐승의 눈으로 변한 지 오래였다. 그가 노래를 부르기 시작했을 때 나는 선술집을 나와 빵집으로 향했다. 술에 취한 그의 노랫소리가 밤의 적막을 깨고 오랫동안 내 뒤를 쫓아왔다.

이틀 뒤, 코노발로프는 도시를 떠나 어디론가 사라졌다.

악의적 풍습에 의해 굳어진 무거운 사회적 제약, 또는 병적인 이기주의와 종파주의, 위선이 판을 치는 사회, 한마디로 감정을 제약하고 이성을 타락시키는 공허함에서 벗어나야 할 필요성을 절감하고 싶다면 그땐 문명사회가 태어나야 한다. 비록 나 자신도 발전된 사회에서 태어나 자라왔지만 삶의 복잡함과 병적인 섬세함으로부터 탈출해야만 한다. 나는 그 사실을 알게 된 그 순간부터 단지 내게 우호적이라는 이유만으로 이 사회가 갖고 있는 수많은 문화를 그대로 받아들일 수 없었다.

농촌도 지식인 사회나 마찬가지로 견디기 힘들고 슬프다. 가장 좋은 것은 조국의 들과 길을 걷는 것이다. 그것은 매우 흥미롭고 신선하며 튼튼한 두 다리만 요구할 뿐이다.

5년 전에 그런 순례를 떠났다. 러시아 전역을 떠돌다 페오도시아에 닿았다. 그곳에서는 방파제 공사가 한창이었고 노잣돈이나 마련할까 하는 생각에 공사장으로 향했다.

우선 높은 산 위로 올라가 그 바다를 상대로 꿍꿍이를 벌이는 사람들을 보기로 했다.

눈앞에는 거대한 노동의 화폭이 펼쳐졌다. 저 앞 돌산의 등성이가 마구 파헤쳐지고 있었다. 돌과 나무, 수레, 철근, 다양한 기계들 사이를 오가는 사람들의 발걸음이 바빴다. 파헤쳐진 흉측한 몰골의 암갈색 산등성이를 배경으로 놓고 보니 사람들은 마치 희미한 벌레처럼 보인다. 사람들은 30도가 넘는 여름날의 폭염 속에서도 돌조각과 나뭇더미에 묻혀 우글거린다.

바다는 안개 낀 수평선까지 고요하게 펼쳐져 있고, 활발한 움직임의 해면에는 투명한 파도가 조용히 일렁인다. '마음만 먹으면 난쟁이들의 수고를 단숨에 허사로 만들 수 있어', 라며 웃고 있는 걸리버처럼 그렇게 바다는 반짝이며 웃고 있다.

바다는 파도의 자유를 억압하려고 애쓰다가, 잠시 쉬고 있는 사람들에게 상쾌한 바람을 선사한다. 아마 사람들이 가엾은 게지. 사람들이 못된 짓을 하는 게 아니라는 걸 바다는 세월을 보내며 알게 되었다. 바다는 사람들은 자연과의 싸움에서 앞장서게 된 노예일 뿐, 언제 자연이 복수를 할지도 모르는 어리석은 존재라는 걸 알고 있다.

기적을 이루어보겠다고 저렇게 열심이지만 정작 사람들은 제 몸뚱이 하나 피할 곳 마련하지 못한 채, 약간의 빵 부스러기만 얻을 뿐이다. 건설이라는 욕망에 온몸을 희생하지만 얻는 것은 아무것도 없다. 그들 역시 자연의 일부다. 그것을 알기에 바다는 조용히 사람들의 행동을 온화한 눈길로 쳐다볼 뿐이다.

바다는 오래전부터 사막에 피라미드를 세웠던 노예들과 자신의 장난감 다리를 부순 벌로 300대의 태형에 처하려 했던 크세르크세스의 노예들을 알고 있다. 노예들은 항상 변함없는 모습으로 복종하고 굶주렸다. 때로는 강요하는 이들을 우상으로 받들기도 하고 저항하기도 하면서 그들은 기적과도 같은 일을 반복해 왔다.

러시아에서는 많은 사람이 기아에 허덕였고 그런데도 사람들은 공사현장으로 내몰렸다. 출신별로 서로 끼리끼리 모이는데 부랑자들만이 독특한 모습과 차림새, 언어로 눈에 확 띄었다. 그들 대부분은 개중에 쉬운 일이라고 할 수 있는 밀뚝 박는 기계 옆에 모여 있었다.

그들에게 다가갔을 때 귀에 익은 목소리가 들렸다. 계란형 얼굴에 파란 눈, 큰 키에 떡 벌어진 어깨, 어디선가 본 듯했다. 코노발로프였다. 그는 이마에 없던 상처가 나 있고 곱슬머리로 변했으며 턱수염은 면도를 해서 말끔해졌지만, 여전히 친근했다. 나는 코노발로프에게 다가갔다.

그는 천천히 날 훑어보고 크게 웃어댔다.

"막심이잖아. 자네구나. 하던 일은 그만두고 부랑자가 되었어? 어쨌든 잘했어! 이게 얼마 만이지? 어디서 오는 길인지는 몰라도 이제부터는 같이 누벼보자고. 어떤 삶이 기다릴까 궁금하지 않아? 슬프고 답답한 삶은 사람을 썩게 만들지. 난 그런 삶을 떠난 지 오래야. 내가 어딜 굴러다녔고 뭘 먹었는지 궁금하지 않나? 정말 몰라보겠다."

우리는 다시 만나 너무나 기뻤다. 그와의 재회는 내 삶의 근본에 대해 다시 생각하게 해주었다.

좀 더 시간이 지나고 그는 왜 이마에 상처가 났는지, 어쩌다 곱슬머리가 되었는지 그 사정을 들려주었다.

"국경 근처를 어슬렁거리다가 국경수비대에 걸려서 아주 된통 얻어맞았어. 그때 여기에 상처가 생겼지. 그리고 그때 감방생활을 하면서 장티푸스를 앓았는데 희한하게도 그 뒤 곱슬머리가 됐어. 날 돌봐주던 간호사가 있었는데, 정말 좋은 여자였어. 하루는 책을 가져왔는데 무인도에 표류한 영국인 선원에 대한 이야기였어. 얼마나 흥미진진하던지, 정말 그 선원을 찾아가고 싶더라니까. 그런 삶이 어떨지 상상이 가? 섬과 바다, 하늘, 그리고 외로운 혼자만의 삶! 필요한 건 다 있고 더구나 자유가 있지. 원시적인 삶 그대로!"

"그런데 감옥에선 어떻게 나왔죠?"

"쉽게 무죄 선고를 받고 석방되었어. 오늘은 이만 끝내고 같이 가자. 난 저 산등성이에 있는 굴에서 동료와 같이 살아. 잠깐 기다려, 보고하고 올 테니까."

두 시간이 지나 우리는 그가 말한 굴에 누워 있었다. 살기에 불편하지 않았지만, 단지 좀 위험해 보여 얼굴만은 밖으로 내놓고 누웠다.

그가 먼저 말을 꺼냈다.

"난 바다에 올 때마다 많은 걸 생각해. 왜 사람들은 바닷가에 살지 않을까? 바다는 부드럽고 인간의 영혼에 착한 마음을 불어넣는데 말이야. 참, 어떻게 지냈는지 말해 봐!"

지나온 내 삶에 대해 이야기해 주었다.

"막심, 여기저기 떠돌아다녔군. 도시의 삶은 타락했어. 신선한 공기와 광활한 벌판은 인간에게 꼭 필요한 거야. 사람들? 어디에나 있고. 책? 책은 엉터리 말만 늘어놓아. 난 여러 곳을 돌아다닐 거야. 새로운 걸 경험하려고. 생각할 게 뭐 있어? 바람 부는 대로 가다 보면 그 바람에 영혼의 먼지도 털리고, 편안하고 자유롭고 구속도 없지. 배고프면 벌어서 사 먹고, 일이 없으면 구걸하고, 어때 좋지?"

해가 졌다. 바다 위에 있던 구름이 시커멓게 변했고 바다도 어두워졌다. 시원한 바람이 불어왔다. 별이 떴고 작업장에서 들리던 왁자지껄한 소리도 멎었다. 바다는 해변을 때리는 파도의 우울한 소리를 바람결에 전해주었다.

나는 처음 만났을 때 보았던 그의 슬픔이 허물처럼 벗겨지고 이제는 자유롭구나 하고 생각했다. 그러나 아직도 나의 눈엔 그가 자신의 삶의 의미를 찾아 헤매던 모습이 잊히지 않았다. 러시아에는 너무 많은 사람들이 생각에 잠겨 불행한 삶을 살고 있다. 내 생각을 확인이라도 해주듯 그가 말했다.

"막심, 예전의 그 일이 있은 뒤 난 여기저기를 떠돌며 많은 것을 보았어. 그런데 내가 찾는 것은 없었어. 난 아직도 내 자리를 찾지 못했어! 어째서 나는 정착하지 못하는 것일까? 사람들이 쉽게 정착해서 아내와 자식을 거느리고 살아가는 비결은 뭘까? 사람들은 무슨 일이든 하려는 준비가 되어 있어. 하지만 난 아냐. 구역질이 난다. 왜 그럴까?"

그는 기침을 하고 부스럭거리다 불꽃에 가래를 뱉었다. 사위는 조용해졌고 칠흑 같은 어둠의 장막이 쳐졌다. 머리 위 하늘은 감감해졌고 달도 보이지 않았다. 바다는 보인다기보다는 느껴졌으며, 이미 모닥불은 꺼졌다.

사흘 뒤 나는 코노발로프와 헤어졌다. 나는 쿠반으로 떠났고, 그도 자신의 길을 선택했다. 우리는 언젠가 다시 한 번 만나리라 확신하며 헤어졌다.

그러나 다시 그를 만날 수는 없었다.

스물여섯 사내와 한 소녀

우리는 스물여섯 명의 사람, 아니, 축축한 지하실에 갇혀 있는 스물여섯의 살아 있는 기계였다. 거기서 우리는 아침부터 저녁까지 반죽을 개어서 꽈배기 빵이나 비스킷을 만들어야 했다. 지하실 창문으로 보이는 벽돌로 만들어진 움막은 습기 때문에 시퍼렇다. 창문에는 잔 철망이 쳐져 있고 유리에는 먼지가 잔뜩 끼어 있어서, 햇빛이 환하게 스며들지 못했다. 우리 주인이 철조망으로 창문을 엄중히 막아 버린 것은 우리가 꽈배기 빵을 거지나 일자리를 잃고 굶주린 친구들에게 주지 못하게 하기 위해서였다. 주인은 우리더러 좀도둑이라 불렀고 점심에는 고기 대신 썩은 내장을 주었다…….

우리는 그을음과 거미줄로 뒤범벅이 된, 금방이라도 내려앉을 것 같은 낮은 천장 밑 석곽에서 답답하고 옹색하게 지냈다. 찌든 때와 곰팡이가 여러 무늬로 얼룩진 두꺼운 벽 속에 갇혀 있었기에 답답하고 메스꺼웠다. 우리는 새벽 다섯 시에 일어나야 해서 잠이 늘 모자랐다. 그리고 여섯 시가 되면 활기 없이 작업대에 앉아, 밤교대 근무 친구들이 미리 만들어 놓은 반죽으로 꽈배기 빵을 만들기 시작한다. 아침부터 밤 10시까지 우리 조는 작업대에 앉아 온몸에 힘을 실어서 반죽 덩어리를 둥그렇게 뭉치기도 하고 늘이기도 했다. 그때 다른 한 패는 가루에 물을 붓고 반죽을 한다. 물은 솥 안에서 침울하고 구슬프게 온종일 펄펄 끓고 있다. 이 솥에 꽈배기 빵을 찌는 것이다. 빵 굽는 사람은 삽 같은 주걱으로 벽난로 밑을 심술궂게 그리고 빨리 득득 긁는다. 그 뒤 닳은 벽돌 위로 반질반질하게 쪄진 빵 덩어리를 옮긴다.

아침부터 저녁까지 벽난로에는 항상 장작이 타고 있다. 벌건 불길의 그림자는 작업장의 벽에서 소리 없이 우리를 비웃으며 이리저리 춤을 추고 있다. 이 커다란 벽난로는 옛날이야기에 나오는 추악한 괴물의 머리통 같았다. 그것은 마치 방바닥에서 머리만 내밀고 커다란 입을 벌리는 것 같았다. 그 입은 활활 타오르며 뜨거운 열기를 우리에게 뿜어댔다. 아궁이 위로는 두 개의 시커먼 배기구가 우리의 끝없는 작업을 지켜보았다. 배기구의 깊은 구멍은 마치 눈과 같았다. 그것은 무자비한 괴물의 무정한 눈처럼 항상 어두운 눈초리로 우리를 바라보고 있었다. 마치 너희 노예들의 모습은 이제 보기만 해도 싫증이 난다, 너희에게서는 인간다운 그 무엇도 기대할 수 없다, 그래서 이렇게 싸늘한 눈초리로 너희를 멸시한다, 라고 말하는 것 같았다.

우리는 날마다 밀가루와 뜰에서 들어오는 먼지를 뒤집어쓴 채, 역한 냄새를 풍기는 후덥지근한 공기 속에서 반죽을 개어 꽈배기를 만들었다. 그 위로 땀이 뚝뚝 떨어졌다. 우리는 이 일을 더없이 증오했다. 그래서 우리는 아무리 배고파도 제 손으로 만든 빵을 결코 먹지 않았다. 우리는 꽈배기보다는 검은 빵을 더 좋아했다. 우리는 긴 식탁에 아홉 명씩 마주 앉아 오랜 시간 동안 그저 기계적으로 손과 손가락을 놀렸다. 모두 그 일에 완전히 익숙해져서 저도 모르는 사이에 손이 저절로 움직일 정도였다. 또 우리는 서로 늘 얼굴을 맞대고 있어서 상대의 얼굴에 주름이 몇 개인지 다 알고 있었다. 이제 우리는 이야깃거리가 없어졌다. 어느새 침묵은 버릇이 되어서 서로 욕설을 하지 않는 이상 늘 꿀 먹은 벙어리처럼 말이 없었다. 인간은 항상 무언가에 대해, 특히 친구에 대해 불만이 쌓이면 욕을 한다. 그러나 그 욕설조차 우리 사이에는 거의 없다. 고된 노동 때문에 모든 감정이 짓눌려 무감각해진 죽은 인간이 무슨 잘못을 저지르겠는가? 그러나 침묵을 무서워하고 괴로워하는 것은 죄다 말해 버려 더는 할 말이 없어진 사람들뿐이다. 또 자신을 드러내지 않는 사람들에게는 침묵을 지키는 것이 오히려 쉽다…… 어쨌든 우리는 가끔 노래를 불렀다. 일이 무르익었을 즈음 느닷없이 누군가가 한숨을 내뱉으면 뒤이어 노래가 시작된다. 노래는 부르는 사람의 마음을 짓누르고 있던 답답한 것을 시원하게 없애주는 처량하고 부드러운 멜로디로 만든 약이었다. 누군가 노래를 부르면 우리는 잠자코 조용히 노래를 듣는다. 지하실을 짓누르는 듯한 천장 밑에서 그 노래는, 마치 대지 위에 매달려 있는 납 지붕 같다. 노래는 뿌연 하늘 아래 타고 있는 작은 모닥불처럼, 가물거리다가 사그라진다. 그러면 다음 사람이 노래를 따라 부른다. 그렇게 두 목소리는 구슬프고 조용히, 옹색한 작업실의 답답한 공기 속을 흘러간다. 그런데 한 번쯤은 한꺼번에 여럿이 그 노래에 끼어든다. 그 노래는 물결처럼 소용돌이치며 힘차게 지하실을 맴돈다. 그때 우리의 마음은 축축하고 육중한 돌 감옥의 벽을 밀쳐 버리는 것 같다…….

스물여섯 사람이 다 같이 부른다. 옛날부터 합창한 우렁찬 목소리가 작업장을 채운다. 이런 곳에서는 노래도 답답하다. 노래는 돌 벽에 부딪혀 신음을 내며 운다. 그 소리는 마음을 건드려서 상처를 얻었던 오래된 슬픔을 떠올리게 한다! 노랫소리에 한참 동안이나 귀를 기울이고 있다. 그리고 다시 모든 사람의 노랫소리에 합창한다. 누군가는 아, 희미한 한숨을 쉬고 지그시 눈을 감고 노래를 부른다. 그는 아마 이 우렁차고 큰 음파를 밝은 태양이 비치고 어딘가 멀리 뻗은 길, 넓은 길로 생각할 것이다. 그리고 그는 그 길을 걸어가고 있는 자신을 볼 것이다!

벽난로의 불길은 끊임없이 우쭐우쭐 춤을 추고 있다. 빵 굽는 사람은 삽으로 끊임없이 벽돌을 득득 긁는다. 솥에서는 물이 펄펄 끓고, 불그림자는 여전히 벽에 달라붙어서 소리 없이 웃고 있다. 그러나 우리는 아련한 슬픔을, 태양을 빼앗기고 사는 사람들의 답답한 애수, 노예의 슬픔을 외치고 있었다. 마치 이 삼층 석조건물 전체가 우리 어깨를 짓누르듯 우리의 생활은 답답하다며 울었다.

그러나 우리에게는 노래 말고도 좋은 것이 있었다. 우리가 사랑하는, 아마 우리에게는 태양을 대신하는 것이었다. 이 집 2층에는 금자수점(金刺繡店)이 있었다. 많은 여직공들 틈에 열여섯 살 난 타냐라는 소녀가 있었다. 그녀는 매일 아침 현관에서 우리의 작업장으로 통하는 문에 장밋빛 조그만 얼굴을 갖다 댔다. 그 뒤 조그마한 창문 유리에 파랗고 쾌활한 눈과 낭랑하고 상냥스러운 목소리로 우리에게 이렇게 소리쳤다.

"수감자님들, 꽈배기 빵 좀 주세요!"

우리는 일제히 맑은 목소리가 나는 쪽으로 얼굴을 돌렸다. 그리고 우리를 향해 밝게 생글생글 웃고 있는 깨끗하고 티 없는 소녀의 얼굴을 기쁘게 바라보았다. 유리에 납작해진 코나 웃음으로 벌려진 앵두 같은 입술 밑에서 빛나는 새하얀 치아를 보는 게 우리의 즐거움이었다. 우리는 앞다투어 그녀에게 달려가 문을 열었다. 그러면 그녀는 아주 명랑하고 귀여운 모습으로 에이프런을 두른 채 우리 곁으로 다가와 고개를 약간 갸우뚱하고 서 있다. 숱이 많고 긴 밤색 머리카락은 어깨를 넘어 가슴까지 내려와 있었다. 더럽고, 침울하고, 모자란 우리는 그녀를 우러러보았다. 문턱이 작업장의 바닥보다 네 계단가량 높아서였다. 우리는 고개를 젖히고 그녀를 바라보며 우리만의 특별한 아침 인사를 했다. 우리는 부드러운 목소리로 그녀와 이야기했고 농담도 곧잘 했다. 그녀에 대해서라면 뭐든지 특별한 우리였다. 빵 굽는 사람은 벽난로에서 가장 잘 구워진, 불그스름한 꽈배기 빵을 꺼내어 타냐의 앞치마에 던져주었다.

"조심해, 주인에게 들키지 않게!" 우리가 그렇게 말하면 그녀는 명랑하게 웃으면서 인사했다.

"안녕히 계세요, 수감자님들!"

그러고는 생쥐처럼 재빠르게 사라져 버렸다.

그것뿐이다……. 그러나 우리는 그녀가 사라진 다음에도 한참동안 그녀에 대해 유쾌하게 이야기를 했다. 이야기는 언제나 한결같았다. 왜냐하면 그녀도, 우리도, 그리고 우리 주위에 있는 모든 것도 항상 그대로였기 때문이다. 인간의 삶에 변화가 없다면 그야말로 따분하고 고통스럽다. 그리고 그것이 사람의 영혼에 치명적인 상해를 입힌다면 사는 데 아무런 의미가 없을 것이다. 우리는 항상 여자 이야기가 나오면 가끔 자기도 모르게 귀를 틀어막고 싶을 정도로 입에 담을 수 없는 욕설을 퍼부었다. 하기야 무리도 아니다. 왜냐하면 우리가 알고 있는 여자들은 그런 말 외에 다른 말을 들을 자격이 없기 때문이다. 그러나 우리는 타냐에 대해서는 절대로 나쁘게 말하지 않았다. 결코 우리는 그녀의 손가락 하나도 건들려고 하지 않았다. 어디 그뿐인가, 그녀는 우리 입에서 단 한 마디의 지저분한 농담도 들은 적이 없다. 어쩌면 그것은 그녀가 빵을 얻으러 와도 우리 곁에 오래 머물지 않았기 때문일지 모른다. 그녀는 하늘에서 떨어지는 유성처럼 우리 앞에 불쑥 나타났다가 사라져 버렸다. 아니면 그녀가 아직 어리고 무척 예뻤기 때문이다. 사실 모든 아름다운 것들은 우리같이 막돼먹은 인간들의 마음에도 존경심을 불러일으킨다. 우리의 작업이 불알을 깐 황소처럼 우리를 무기력하게 만들지라도 여전히 우리는 인간이었다. 그래서 존경심을 품지 않으면 살아갈 수 없는 다른 인간들처럼 우리도 존경할 대상이 필요했다. 그래서 우리에게는 그녀 이상으로 소중한 사람이 없었다. 또한 그녀 말고 이 지하실에 살고 있는 우리에게 주의를 기울이는 사람은 그 누구도 없었다. 이 건물에는 수십 명이 살고 있었지만 아무도 우리에게 관심을 가지지 않았다. 그리고 끝으로, 거의 틀림없이, 이것이 가장 중요하다. 무슨 이유에서인지 우리 모두 그녀를 자신의 것이라고 생각하며 그녀를 마치 우리의 꽈배기 빵 덕분에 살아가는 사람으로 믿고 있었다. 그래서 뜨끈뜨끈한 꽈배기를 그녀에게 주는 것은 우리의 의무이고, 빵은 우리의 신에게 바치는 나날의 제물이었다. 이것은 우리에게 있어서 거의 거룩한 의식처럼 되어 버렸고 날이 갈수록 우리가 그녀와 친밀해지도록 만들었다. 꽈배기 빵 말고도 우리는 타냐에게 많은 충고를 했다. 좀더 따뜻하게 입어라, 계단을 급하게 뛰어내리지 마라, 무거운 장작단을 나르지 마라, 그런 말들을 했다. 그녀는 생글생글 웃으면서 우리의 충고를 들었다. 그리고 호호호 큰 웃음으로 충고에 답했다. 하지만 한 번도 따르지는 않았다. 그렇지만 우리는 그 일로 화를 내지 않았다. 우리는 우리가 그처럼 그녀를 염려하고 있다는 것을 보여주기만 하면 됐었다. 그녀는 우리에게 여러 가지 부탁을 자주 했다. 예를 들면 작업실의 무거운 문을 열어달라거나, 장작을 쪼개달라거나 하는 일이었다. 그녀가 원하는 일이면 우리는 기꺼이, 아니 자랑스러워하면서 무엇이든 다 해주었다.

그러나 언젠가 우리 가운데 한 사람이 그녀에게 홀껍데기 셔츠를 수선해달라고 부탁하자 그녀는 멸시하듯 콧방귀를 뀌며 이렇게 말했다.

"싫어요! 도대체 어떻게 그런 걸 고쳐요?"

우리는 그 바보 같은 놈을 크게 비웃었다. 그 뒤로는 아무도 그녀에게 부탁하는 사람이 없었다. 우리는 그녀를 좋아했다. 이 한 마디면 족했다. 인간은 누군가에게 자신의 사랑을 쏟아 붓고 싶어한다. 비록 그 사랑이 무시당하거나 상처받을지라도 그런 것은 전혀 상관없다. 인간은 타인을 자기의 사랑으로 망칠 수도 있다. 연인이 사랑은 해도 상대방을 존경하지 않는 것처럼 말이다. 여하튼 우리는 타냐를 사랑할 수밖에 없었다. 우리에게는 그녀밖에 사랑을 쏟아부을 사람이 없었기 때문이다. 하지만 우리 가운데에서도 그녀에게 불만을 품은 사람이 있을 수도 있다.

'도대체 무엇 때문에 우리가 저 계집애 응석을 받아주지? 과연 그 계집애에게 그렇게 해줄 만한 가치가 있단 말인가? 응? 그 계집애가 뭔데 우리가 그렇게 떠받들어줘야 하지?'

혹시라도 누군가 이런 말을 한다면 우리는 서둘러 그의 입을 다물게 할 것이다. 우리는 누군가를 사랑해야 했다. 우리는 스스로 그것을 발견했고 또 사랑했다. 우리 스물여섯 명이 사랑하는 사람은 각자에게도 신성해야 했다. 그러므로 이를 반대하는 자는 누구든 우리의 적이었다. 우리가 사랑하는 사람이 실제로 좋은 사람이 아닐지도 모른다. 그러나 우리 스물여섯 명은 마음을 모아 사랑했다. 그래서 우리에게 이처럼 귀중한 사람이 남들에게도 신성한 사람으로 보이기를 바랐다.

우리의 사랑은 증오심만큼 답답했다. 그래서 몇몇 교만한 자들은 우리의 증오가 사랑보다 훨씬 아름답다고 허풍을 떨어댔다. 그렇다면 왜 그들은 우리에게서 도망치지 않을까?

우리 주인에게는 꽈배기 빵 공장 말고도 흰 빵을 만드는 공장이 하나 더 있다. 그 공장 역시 이 건물 안에서 우리 작업실과 벽 하나를 사이에 두고 있다. 흰 빵을 굽는 직공은 네 사람이었는데, 자기들의 일이 우리 일보다 고상해서 그들은 자기들이 훌륭하다고 생각했다. 그래서 그들은 우리를 멀리하고 우리 작업장에 얼씬도 하지 않았다. 혹시라도 뜰에서 마주치면 멸시하는 눈초리로 바라보았고 우리 또한 그들 주변에 얼씬도 하지 않았다. 주인은 우리가 버터 넣은 흰 빵을 훔칠까봐 그곳에 드나드는 것을 금했기 때문에 더욱 그랬다. 하지만 우리는 흰 빵 굽는 직공들을 질투해서 그들을 미워했다. 그들의 일은 우리 일보다 쉬웠지만 우리보다 돈을 많이 받았다. 그들의 작업장은 넓고 밝았다. 그들은 모두 우리와는 달리 건강하고 깔끔했다. 우리는 모두 얼굴이 누렇거나 잿빛이었고, 게다가 세 사람은 매독, 몇 사람은 옴, 한 사람은 류머티즘으로 사지가 완전히 병신이 됐다. 그들은 명절이나 일이 없는 시간에는 양복을 차려 입고 삐거덕거리는 장화를 신고 외출을 한다. 그들 가운데 두 사람은 손풍금도 가지고 있고 그들은 자주 시립공원으로 산책을 간다. 그런데 우리는 더러운 누더기를 입고, 헌 구두나 짚신을 신고 다니는 형편이다. 그래서 시립공원에 가더라도 경찰이 들여보내 주질 않는다. 이런데도 흰 빵 굽는 직공들을 우리가 사랑할 수 있겠는가?

그런데 우리는 어느 날 그들 가운데 한 사람이 술을 진탕 마셔서 주인이 그를 즉시 해고하고 다른 사람을 고용한 것을 알았다. 그런데 그 신참은 졸병 출신인데 비단 조끼를 입고 금시계 줄을 늘어뜨리고 다녔다. 우리는 이 멋쟁이를 호기심에 찬 눈으로 바라보았다. 그를 보려고 한 사람씩 뒤를 이어 뜰로 뛰어나갔다.

그러나 그는 제 발로 우리 작업장에 나타났다. 발끝으로 문을 탁 차서 열고, 문턱에 서서 싱글벙글 미소를 지으며 우리에게 말을 걸었다.

"수고하십니다! 안녕하세요, 여러분!"

찬바람이 짙은 구름처럼 문으로 쏟아져 들어와 그의 발 앞에서 소용돌이 쳤다. 그래도 그는 여전히 문턱에 버티고 서서 우리를 위에서 내려다보았다. 잘 가다듬은 수염 밑에서 크고 누런 이가 번쩍번쩍 빛났다. 그가 입고 있는 조끼는 사실, 어떤 특수한 것이었다. 푸른 바탕에 꽃을 수놓았는데 조끼 전체가 웬일인지 반짝반짝 빛이 났다. 조끼 단추는 이름 모를 빨간 돌로 만들어져 있었다. 그리고 팔에는 금시계 줄이 늘어져 있고…….

졸병 출신인 그는 미남이었다. 키는 크고 몸매는 늘씬하고 건강했으며 두 볼은 사과같이 붉고, 크고 맑은 눈은 시원하게 보였다. 상냥하고 말끔하게. 옷차림은 머리에 풀을 빳빳하게 먹인 흰 고깔모자, 얼룩 하나 없이 깨끗한 앞치마, 잘 닦은 최신 유행의 장화가 뾰족한 코를 내밀었다.

우리 쪽 빵 굽는 사람이 그에게 공손히 문을 닫아달라고 부탁했다. 그는 천천히 문을 닫으며 우리에게 주인에 대해 꼬치꼬치 물었다. 우리는 서로 앞다투어 주인은 구두쇠이며, 사기꾼이며, 악당이며, 사람을 못살게 구는 몹쓸 사람이라고 말했다. 좋은 말과 나쁜 말을 하나하나 나열할 수 없을 정도로 죄다 쏟아냈다. 졸병 출신은 이야기를 귀담아 들으며 수염을 쫑긋거리고 온화하고 밝은 눈길로 우리를 바라보았다.

"여긴 처녀들이 많다던데……."

그는 불쑥 말했다. 우리 가운데 몇몇은 공손하게 웃었고 몇몇은 알랑거리듯 얼굴을 찌푸렸다. 또 누군가는 그에게 여기는 계집애가 아홉 명이라고 말했다.

"재미 좀 보나요?" 졸병 출신은 눈을 끔벅거리면서 물었다.

우리는 다시 와 하고 웃어댔다. 그러나 가히 큰 웃음이 아니고 어처구니없는 웃음이었다. 우리 가운데 대부분은 자기도 그처럼 멋지다는 것을 보여주고 싶었지만 누구도 감히 그렇게 하는 사람은 없었다. 한 사람도 그렇게 하지 못했다.

"우리가 무슨 재주가 있어서 그런 걸……." 누군가가 조용히 말함으로써 그것을 자인했다.

"하긴 좀 어려운 일이겠다!" 졸병 출신은 우리를 물끄러미 바라보면서 자신 있게 말했다. "그러니까 댁들은 거 뭔가…… 형편이 다른데다…… 게다가 끈기마저 없고…… 생김새도 그렇고…… 옷차림도 그렇고……자고로 여자란 사람의 겉모습을 따진답니다. 몸집도 적당하고 모든 것이 말쑥해야지! 더구나 여자가 알아주는 것은 힘이야……. 이 팔, 대단하지 않소?"

그는 셔츠 소매를 팔꿈치까지 걷어 올린 오른손을 호주머니에서 꺼내어 우리에게 보였다. 반짝반짝 빛나는 황금빛 솜털이 북슬북슬 난 희고 힘세 보이는 팔이었다.

"다리도, 가슴도…… 모든 것이 꿈쩍 안 해야 해…… 다시 한 번 말하지만, 옷차림이 단정해야 하고…… 미인은 옷매무새를 살피거든……. 날 봐요, 여자들이 좋아하지요. 내 쪽에서 와라 마라 한 적도 없고 어찌해 보려고 수작을 걸지도 않아요. 그런데도 다섯 명씩이나 나한테 목을 매니……."

그는 가루 부대에 걸터앉아 여자들이 어떻게 그를 좋아하고 그가 어떻게 그녀들을 다루는지 한참 동안 수다를 떨었다. 이윽고 그는 계단을 올라갔고 문이 삐거덕거리는 소리를 내면서 닫혔다. 우리는 덤덤히 그와 그의 이야기를 곱씹었다. 한참 뒤 어쩌다가 갑자기 모두 왁자지껄 떠들어댔다. 모두가 그를 좋아한다는 것을 대번에 알 수 있었다. 아주 솔직하고 멋쟁이인 그가 우리 곁에 앉아 이야길 했으니까. 지금껏 우리를 찾아온 사람들은 정답게 이야기를 나눈 적이 없었다. 우리는 여전히 그에 대해 말하고 그가 앞으로 2층 여직원들에게 큰 인기를 얻게 되리라는 것을 의심하지 않았다. 우리는 뜰에서 자주 여자들을 만나건만 그때마다 그녀들은 입술을 오므리며 비웃거나, 스치지 않으려고 옆으로 피해서 가거나, 무시하듯 우리 사이를 뚫고 지나갔다. 하지만 우리는 뜰이나 작업장의 창 옆을 지나가면서 그녀들을 넋을 잃고 바라봤다. 그녀들은 겨울에는 어떤 특이한 모자에 외투를 입고, 여름에는 꽃 달린 모자를 쓰고 여러 가지 색깔의 파라솔을 들고 다닌다. 그런데 여자들은 우리가 자신들에 대해 말하는 것을 들으면 무척 수치스럽게 생각하고 험악한 말을 내뱉는다.

"그런데 그자가 타뉴시카는 어떻게 할까? 망쳐놓지는 않을까?" 별안간 한 빵 굽는 사람이 근심스럽게 말했다.

우리는 모두 이 말에 충격을 받아 입을 꾹 다물었다. 타냐에 대해서는 깡

그리 잊고 있었다. 우리는 그 졸병 출신 놈이 크고 멋진 모습으로 타냐와 우리 사이를 갈라놓을지도 모른다고 생각했다. 곧 소란스러운 다툼이 시작되었다. 어떤 친구는, 타냐는 결코 그 따위 놈을 가까이하지 않을 것이라고 말했다. 그 다음 친구는, 타냐는 졸병 출신의 유혹에 버틸 수 없을 것이라고 주장했다. 세 번째 친구는, 졸병 출신이 타냐를 귀찮게 따라다니면 그의 갈빗대를 분질러 버리자고 제의했다. 그리고 끝으로, 그러면 모두가 그 졸병 출신과 타냐를 감시하고 처녀들에게 그를 조심하도록 경고해 주기로 결정했다. 이것으로 다툼은 끝났다.

한 달쯤 시간이 흘렀다. 졸병 출신은 흰 빵을 굽기도 하고 금자수 놓는 처녀들을 데리고 산책도 다녔다. 또 우리 작업장에도 종종 놀러왔다. 그러나 처녀들을 정복한 이야기는 하지 않고 늘 수염만 비비 꼬며 입맛만 다셨다.

타냐는 매일 아침 꽈배기 빵을 얻어 먹으러 우리에게 왔다. 전과 같이 명랑하고 귀여운 그녀는 상냥하게 우리를 대해 주었다. 우리는 그녀에게 졸병 출신 이야기를 꺼내 보았다. 그러자 그녀는 놈을 '퉁방울 같은 송아지', 또 다른 몇몇 우스꽝스러운 별명으로 불렀다. 그래서 우리는 먼저 안심했다. 우리는 금자수 놓는 처녀들이 졸병 출신의 뒤를 쫓아다니는 것을 볼 때마다 타냐가 자랑스러웠다. 타냐의 그에 대한 태도는 우리 모두를 우쭐하게 했다. 그래서 그녀의 그런 태도에 이끌려 우리도 졸병 출신을 멸시하기 시작했다. 그 일로 우리는 모두 매일 아침 그녀를 더욱 기쁘고 친절하게 맞이했다.

그런데 어느 날 졸병 출신이 몹시 취해서 우리에게 왔다. 그가 털썩 주저앉아 낄낄대며 웃어대서 우리가 이유를 묻자 그가 설명했다.

"두 계집애가 나 때문에 싸웠어. 리자카와 그루시카가 서로 골병이 들 정도로 말이야, 응? 아하하! 한쪽이 상대방의 머리칼을 움켜쥐고 현관 바닥에 자빠뜨리고 그 위에 말 타듯 깔고 앉아…… 아하하! 얼굴을 할퀴었어. 옷을 찢고…… 우스워 죽겠어! 그런데 왜 이 여자들은 치고받고 하지 않을까? 왜 할퀴기만 할까, 응?"

그는 무엇이 그리 즐거운지 여전히 의자에 앉아 히죽거렸다. 우리는 잠자코 있었다. 이번에는 왠지 모르게 그가 역겨웠다.

"아니야, 내가 얼마나 여복(女福)이 있는데, 응? 우스워 죽겠어! 눈을 한 번 끔벅하면 여자 하나가 생겨! 망할 것!"

그는 금빛 솜털에 싸인 두 손을 번쩍 들어 올렸다가 무릎을 탁 치고 다시 무릎 위에 손을 내려놓았다. 그는 얄미울 만큼 유쾌한 시선으로 우리를 바라보았다. 왜 이렇게 여복이 많은지 정말 의아하다는 표정이었다. 피둥피둥하고 붉은 그의 기름진 얼굴은 만족스럽고 행복한 표정이었다. 그리고 그는 줄곧 군침을 흘리며 입술을 혀로 핥았다.

우리 가운데 빵 굽는 사람 하나가 화가 나서 힘껏 삽으로 벽난로의 앞턱을 긁고 비웃으며 말했다.

"미꾸라지 잡는 것은 쉬워도 메기는 힘들걸?"

"그러니까, 나보고 들으라고 한 말 같은데?" 졸병 출신이 따져 물었다.

"암, 그렇고말고……."

"그게 뭔데?"

"아무것도 아냐……. 그저 지나가는 말이야!"

"아니야, 잠깐만! 그 말뜻이 뭐야? 메기라니, 뭐지?"

빵 굽는 사람은 대답하지 않고 벽난로 안에서 삽을 빨리 놀리면서 꽈배기 빵을 그 속에 처넣었다. 그리고 다 된 것은 꺼내어 보리수나무 껍질에 빵을 싸고 있는 소년들 쪽으로 내던졌다. 그는 졸병 출신과 나눈 대화에 대해서 잊어버린 것 같았다. 그런데 졸병 출신은 갑자기 무슨 영문인지 안절부절못했다. 그는 벌떡 일어서더니 벽난로 옆으로 바싹 다가섰다. 하마터면 허공에 반짝이는 삽자루에 가슴이 찔릴 뻔했다.

"어서 말해봐, 누가 그래? 자넨 날 모욕했어. 난 말이야, 한 여자도 내 손에서 놓치지 않았어, 않았고말고! 그런데 자넨 내게 매우 모욕적인 말을 했어."

그는 정말 화가 난 것처럼 보였다. 틀림없이 그에게는 여자 낚는 솜씨를 빼놓으면 내세울 만한 것이 아무것도 없었을 것이다. 아마, 그 솜씨를 제외하면 그는 죽은 거나 다름없었다. 그러므로 그것만이 그 자신을 살아 있는 인간으로 만들었다.

어떤 사람들은 자신의 어떤 병적인 행동과 그것에 대한 견해가, 가장 가치가 있고 훌륭하다고 생각한다. 그런 사람은 평생 그 생각을 자랑삼아 가지고 다니며 그것으로 사는 보람을 느낀다. 그 잘못된 사고 때문에 고생하면서도 그것으로 자신을 양육한다. 또한 그런 사람은 다른 사람들에게 자신의 그릇

된 견해를 자랑하며, 주위 사람들의 관심을 끌어모으려 애쓴다. 이런 잘못된 생각으로 피폐해진 그는 사람들의 동정을 얻기도 한다. 그런 사람에게는 오직 그 생각밖에 없다. 그에게서 이 사고를 빼앗아 버린다면 그들은 오히려 불행할 것이다. 왜냐하면 그들은 유일한 삶의 목적을 잃어버리기 때문이다. 그러면 그는 의미없는 삶을 살게 될 것이다. 인간의 삶이란 한 번쯤은 자신의 부족함을 껴안아야 한다. 비록 그것이 비참하다고 할지언정. 쉽게 말해 인간이란 가끔 예기치 않게 죄를 지을 수도 있다.

"자, 말해봐! 누구야?"

"말할까?" 빵 굽는 사람이 그에게로 휙 돌아섰다.

"어서!"

"자네, 타냐 알지?"

"알면 뭐?"

"바로 그 계집애야! 한 번 해봐!"

"내가?"

"그래, 자네가!"

"그 앨? 내가? 나 참!"

"우리가 볼 거야!"

"볼 테면 봐! 하하하!"

"그 앤 자네 따위는……."

"기한은 한 달!"

"장담 마, 졸병!"

"그럼 두 주일! 낡아 보이지! 누구라고? 타냐? 쳇!"

"그럼, 이제 좀 가주셔……. 방해가 되니까!"

"두 주일이지……. 됐어! 아하, 자네도……."

"이젠 좀 가라고!"

우리 빵 굽는 사람은 갑자기 흉포해져 삽을 휘둘렀다. 졸병 출신은 깜짝 놀라 그에게서 물러서더니 우리를 물끄러미 바라보며 잠시 덤덤히 있었다. 이내 그는 조용히 그러나 기분 나쁜 목소리로 "좋다!" 툭 내뱉었다.

둘이서 옥신각신하는 동안 우리는 그들의 말다툼에 흥미를 느껴 잠자코 있었다. 그러나 졸병 출신이 가 버리자 갑자기 왁자지껄 소란이 일어났다.

누군가 빵 굽는 사람에게 외쳤다.

"엉뚱한 짓을 했어, 파벨!"

"부지런히 일이나 해!" 빵 굽는 사람은 화가 나서 소리쳤다.

우리는 졸병 출신이 타냐의 아픈 곳을 찔러 그녀를 위험에 빠뜨린다고 생각했다. 이런 예감과 동시에 우리 모두는 그 결과가 과연 어떻게 될까, 타냐는 졸병 출신에게 끝까지 버틸 수 있을까, 그런 조마조마한 호기심에 사로잡혔다. 하지만 거의 모두가 자신 있게 이렇게 외쳤다.

"타냐? 그 앤 견뎌! 그 애는 호락호락 넘어가지 않을 거야!"

우리는 우리의 여신(女神)이 얼마나 강한가를 시험해보고 싶어 죽을 지경이었다. 한편 우리는 긴장하면서도 우리의 여신은 강해서 이번 싸움에서 승리할 거라고 주장했다. 마침내 우리는, 졸병 출신을 화나게 한 것이 부족하며, 그의 자존심을 더 상하게 해줘야 한다고 생각했다. 그날부터 우리는 특별하고 긴장되며 흥분한 생활을 하기 시작했다. 우리는 이런 생활을 처음 경험했다. 날마다 아침부터 저녁까지 서로 논쟁을 벌였다. 모두 점점 분별력이 생겨 제법 그럴듯한 말을 많이 하게 되었다. 우리는 타냐를 걸고 악마와 노름을 하고 있는 것 같았다. 흰 빵 굽는 직공들로부터 졸병 출신이 드디어 '타냐에게 사랑을 호소하기 시작했다' 말을 전해 들었을 때 우리는 미칠 듯이 기분이 좋았다. 또한 강렬한 호기심에 사로잡히고 말았다. 주인이 우리의 흥분상태를 교묘하게 이용하여 하루 작업량에 반죽 14푸드를 더한 것조차 알지 못할 정도였다. 우리는 일에 지칠 줄 몰랐다. 온종일 타냐의 이름이 입에서 떠나지 않았다. 우리는 매일 아침 초조한 기분으로 그녀를 기다렸다. 혹시 오늘 나타나는 그녀가 어제까지의 타냐가 아닌 다른 사람이 되어 있을지도 모른다는 상상을 하기도 했다. 그러나 우리가 졸병 출신과 언쟁했던 일을 타냐에게는 조금도 이야기해 주지 않았다. 또한 그녀의 신상에 대해 아무것도 묻지 않고 전과 같이 그녀를 친절하게 대해주었다. 그러나 타냐와 우리와의 관계에는 예전과 달리 어떤 새로운 것이 스며들었다. 그것은 예리한 호기심이었다. 그랬다, 비수처럼 예리하고 차가운 호기심.

"여보게들, 오늘이 기한이야!" 어느 날 아침, 빵 굽는 사람이 일을 시작하며 말했다.

우리는 그가 말을 안 해도 잘 알고 있었지만 그래도 가슴 한 구석이 두근거렸다.

"그 앨 잘 봐, 곧 올 거야!" 빵 굽는 친구가 말했다.

누군가 아쉬운 듯이 부르짖었다.

"눈으로 본다고 뭘 알아?"

그리하여 우리 사이에는 활기 띤 언쟁이 시끄럽게 되풀이되었다. 드디어 오늘 우리는 우리의 가장 좋은 것을 담은 그 그릇이 얼마나 깨끗하며 얼마나 추행을 완강히 버텼는가를 알게 된다. 우리는 처음으로 큰 도박에 이긴 것이다. 순결의 견본이라고 할 우리의 여신이 우리를 위해 그 놈팡이를 찍소리 못하게 할 수 있다, 라고 직감했다. 우리는 요 며칠 사이에 졸병 출신이 끈질기고 끈덕지게 타냐를 쫓아다닌다고 들었지만 아무도 타냐에게 그 과정을 묻지 않았다. 그녀는 매일 아침 꽈배기 빵을 가지러 우리에게 나타났는데 오늘도 평소와 같이 행동했다.

그날도 우리는 그녀의 목소리를 들었다.

"수감자님들! 제가 왔어요!"

우리는 얼른 그녀를 들어오게 했다. 하지만 평소와는 달리 그녀가 들어올 적에 침묵으로 맞았다. 그녀를 뚫어지게 바라보면서 뭐라고 말하면 좋을지, 무엇을 물어보면 좋을지 몰랐다. 그래서 우리는 그녀 앞에 멍청하고 덤덤하게 몰려 서 있었다. 그녀는 우리가 전과 다르게 자기를 맞아주는 데 몹시 놀라는 눈치였다. 그런데 우리는 그녀의 얼굴이 창백해지고 안절부절못하다는 것을 깨달았다. 그녀는 그 자리에서 우물쭈물하다가 울상이 되어 물었다.

"왜 그래요? 무슨 일 있어요?"

"그런데 혹시 너……" 빵 굽는 친구가 그녀에게서 눈을 떼지 않은 채 무뚝뚝하게 물었다.

"뭐요? 내가 뭐요?"

"아, 아무것도 아니야."

"어서 꽈배기 빵이나 좀 주세요."

그전에는 한 번도 그녀 쪽에서 독촉한 일이 없었다.

"너무 보채지 마!" 빵 굽는 친구는 꼼짝 않고 버티고 서서 그녀의 눈을 마주 보며 말했다.

그러자 그녀는 휙 돌아서더니 문에서 사라져 버렸다.

"결국…… 넘어갔구나! 용해, 졸병 출신이란 자식! ……비열한 놈 같으니!"

우리는 양 떼처럼 앞다투어 작업대로 가서 잠자코 앉아 일하기 시작했다. 곧 누군가가 입을 열었다.

"그런데 혹시나, 또……."

"아니야! 생각할 것도 없어!" 빵 굽는 친구는 꽥 소리를 질렀다.

우리는 모두 그가 영리한 사람이라는 것을 알고 있었다. 그는 확실히 우리보다 영리했다. 특히 지금 그의 부르짖는 소리는 졸병 출신의 승리를 알리고 있었다. 우리는 서글퍼졌고 불안했다.

열두 시, 즉 점심시간에 졸병 출신이 왔다. 그는 전과 같이 말쑥하고 멋있는 옷차림이었으며 평소와 같이 우리를 빤히 바라보았다. 그런데 우리는 그를 바라보는 것이 쑥스러웠다.

"자, 존경하는 여러분, 원한다면 내가 여러분께 군인의 용감함을 보여주겠습니다." 그는 거만을 떨었다. "그러면 저 현관에 나와 틈새로 직접 확인해 주시겠어요?"

우리는 서둘러 현관으로 나가서 뜰로 향해 있는 판자벽 틈새에 찰싹 달라붙었다. 우리는 오래 기다릴 필요가 없었다. 곧 근심스러운 얼굴을 한 타냐가 물웅덩이와 진창을 깡충깡충 뛰며 종종걸음으로 들을 가로질러 갔다. 그녀는 작업실 문 뒤로 사라져 버렸다. 이어 졸병 출신이 어슬렁어슬렁, 휘파람을 불면서 그녀가 있는 곳으로 들어갔다. 그는 양손을 호주머니에 찌르고 수염을 쫑긋거렸다.

비가 왔다. 우리는 고인 물에 빗방울이 떨어지는 것과 빗방울이 떨어질 때마다 고인 물의 수면에 번지는 파문을 보았다. 축축하고 어두운 날이었다. 몹시 지루한 날이기도 했다. 땅에 남아 있던 눈에는 먼지가 덮여 거뭇거뭇하고 불결했다. 지붕에 쌓여 있던 눈 역시 불그스름하고 깨끗하지 않게 녹아 있었다. 비는 처량한 소리를 내면서 부슬부슬 내렸다. 우리는 으스스해지면서 기다리는 것이 역겨워졌다.

움에서 먼저 졸병 출신이 나왔다. 평소와 같은 모습으로.

이윽고 타냐도 나왔다. 그녀의 눈은…… 환희와 행복으로 빛나고 있었고 입술에는 미소가 번졌다. 그녀는 꿈속을 헤매듯 뒤뚱거리면서 걸어갔다.

우리는 그 꼴을 보고 더는 참을 수 없었다. 모두가 문을 박차고 뜰로 뛰어나가 그녀에게 휘파람을 불며 큰 소리로 난폭하게 꾸짖었다.

그녀는 우리를 보자 움찔하고 진창에 못 박힌 듯 우뚝 서 버렸다. 우리는 그녀를 빙 둘러서서 입에 담을 수 없는 말로 욕을 퍼부었다. 그리고 차마 들을 수 없는 말을 해댔다.

그녀가 우리에게 둘러싸여 옴짝달싹도 못하게 된 걸 깨달은 우리는 아까와는 달리 작은 소리로 그녀를 조롱했다. 그러나 왠지 아무도 그녀를 때리지는 않았다. 그녀는 우리에게 둘러싸여 욕설을 들을 때마다 고개를 이리저리 돌렸다. 우리는 더 많이, 더 세게 악담과 독설을 그녀에게 퍼부었다.

그녀의 얼굴에서 핏기가 가셨다. 조금 전만 하더라도 그렇게 행복하게 빛나던 파란 눈은 동그랗게 떠졌고, 가슴이 답답한지 숨을 헐떡이며, 입술도 파르르 떨렸다.

우리는 그녀에게 앙갚음을 했다. 그녀가 우리를 배신했다고 여겼다. 그녀는 우리의 것이었다. 우리는 그녀에게 최선을 다했다. 아니, 최선을 다했다는 말로는 부족하다. 여하튼 이제까지 우리 스물여섯 사내는 그녀 한 사람에게 지성을 다했기 때문에 아무리 그녀를 괴롭히더라도 그녀의 죄에 비하면 충분하지 못했다! 우리가 얼마나 그녀를 모욕했는지! 그녀는 끝내 입을 열지 않고 사나운 눈초리로 우리를 노려보았다. 그녀는 온몸을 와들와들 떨었다.

우리는 웃고 아우성치며 호통치고 있었다. 어디선가 몰려온 사람들이 합세했다. 우리 가운데 누군가가 타냐의 재킷 소매를 붙잡았다.

느닷없이 그녀의 눈이 반짝 빛났다. 그녀는 여유 있게 두 손을 올리더니 머리를 매만지면서 침착한 큰 소리로 우리 얼굴을 똑바로 쳐다보며 이렇게 말했다.

"아아, 당신들은 가엾은 수감자들이야!"

그리고 그녀는 우리 앞으로 걸어왔다. 마치 우리가 그녀를 가로막고 있는 것 따위는 상관 없다는 듯 또박또박 걸어서 앞으로 나아갔다. 그녀의 행동에 우리는 그 누구도 그녀의 길을 가로막지 않았다.

우리의 포위를 빠져나가자 그녀는 우리를 돌아보지도 않고 아까처럼 큰 소리로 거만하게 비웃었다.

"아아, 저 불량배들! 더러운 놈들……."

그리고 고지식하고 자존심이 강했던 예쁜 소녀는 사라져 버렸다.

우리는 뜰 한가운데 진창을 밟고 서 있었다. 태양이 없는 흐린 하늘 밑에서 비를 맞으며……

시간이 흐른 뒤 우리는 덤덤히 축축한 작업실로 돌아갔다. 태양은 전처럼 우리의 창문을 비추지 않았다. 그리고 타냐도 두 번 다시 우리 앞에 나타나지 않았다.

인간

......영혼이 피로해지는 시간, 회상(回想)은 지난날의 희미한 그림자에 생기를 불어넣어 마음의 평정을 되찾게 했다. 상념(想念)은 눈앞에 닥친 혼란을 청명한 가을 햇살처럼 밝게 비춰주며 한낮의 혼란 위에서 기분 나쁘게 빙빙 돌다가 무력하게 대기 위로 떠올라 높이 날아갔다. 이렇게 영혼이 지쳐 버린 고통스러운 시간이면 나는 더없이 위대한 '인간'의 형상을 떠올리곤 한다.

인간! 태양이 내 가슴속에서 떠오르는 것처럼, 그 태양의 찬란한 빛 속에서, 앞으로! 더 높이! 비극적이지만 아름다운 한 인간이 천천히 걸어간다.

나는 그의 당당한 이마와 두려움을 모르는 깊은 눈을 본다. 비록 사고(思考)의 불꽃이 약해지면 신(神)을 만들어내지만, 그 힘이 커지면 신을 무시하는 오만한 힘의 불꽃이 그의 눈 속에서 타오른다.

불꽃은 사막 한가운데 내던져진 채, 도무지 걷잡을 수 없을 정도로 빠르게, 짐작할 수 없는 깊은 공간 밑 어딘가에 홀로 떨어진다. 그리고 '왜 존재하는가?' 괴로운 질문에 갈가리 찢기면서도, 그는 완전한 미지의 세계에 대한 승리의 길을 따라 늠름하게, 앞으로! 그리고 더 높이! 걸어 나간다.

그는 심장의 피로 수로를 만들고, 힘겹고 고독하게 그러나 당당하게 자신의 길을 걸어나간다. 그리고 뜨거운 그 피로 영원한 시의 꽃을 피운다. 격렬하고도 슬픈 영혼의 절규는 음악 속에서 능란하게 재현된다. 경험을 통해 과학에 도달할 줄 알며, 태양이 넘치는 빛으로 대지를 비추듯이 한 걸음, 한 걸음 내딛는다. 그 걸음으로 삶을 아름답게 장식하면서 꾸준히 정진한다. 더 높이! 그리고 더 앞으로! 지상으로 안내하는 별을 따라서 걸어가자......

냉정하고 침착한 칼처럼, 번쩍이는 강한 번개처럼, 오직 사고의 힘으로 무장한, 당당하고 자유로운 '인간'은 범속한 사람들을 앞서 저 먼 곳으로 일상을 뛰어넘으며 성큼성큼 걸어 나간다. 어떤 때는 존재의 신비를 부여잡기도 하고 또 어떤 때는 실수로 만신창이가 되기도 한다......, 그러나 당당한 그의 심장이 누군가에 의해 밟혀 터지고, 또 누군가 뒤통수를 때리면 그는 수치심을 견디지 못한다. 아니 참을 수가 없다.

그는 걸어간다! 그의 가슴 깊은 곳에서는 본능이 아우성 치고 있다. 이기심의 목소리가 뻔뻔스런 걸인처럼 손을 내밀며 호소한다. 담쟁이덩굴같이 달라붙는 이기심의 더듬이는 그의 심장을 덮고 피를 빨아먹으며 소리 높여 복종을 요구한다……. 다섯 개의 감각이 그를 사로잡으려고 아우성친다. 그의 영혼을 통째로 집어삼키려고 더욱더 발버둥치고 있다.

속세의 온갖 작은 일들은 그의 길 위에 놓인 진흙탕이자 그의 인생행로를 가로막고 있는 깊은 웅덩이이다.

태양이 혹성들에 둘러싸여 있듯이 '인간' 또한 그의 창조적 영혼의 피조물에 둘러싸여 있다. 그의 피조물들은 언제나 '사랑' 노래를 부르며 배고파 운다. 저 멀리 그의 뒤를 따라 '우정'이 다리를 절며 걸어오고 있다. 그의 앞에는 지친 '희망'이 걸어가고, 분노에 사로잡힌 '증오'가 그의 손목에 인내의 수갑을 채운다. 그러나 '신념'은 어둠 속에서 굽힐 줄 모르는 그의 얼굴을 바라보며 조용히 그를 감싸 안으며 손을 내민다.

그는 자신의 곁을 따라다니는 창조 정신의 기형적이고 불완전하며 심약한 피조물을 알고 있다.

편견의 독(毒)에 중독되어 진부한 사실의 누더기를 걸친 그것들은 까마귀가 독수리를 따라잡을 수 없듯 '사고'의 뒤에 처진 채 적의를 품는다. 그리고 그를 바라보면서, 사고와 앞뒤를 다투기도 하고 때로는 사고와 더불어 하나의 창조적이고 강렬한 불길 속으로 흘러들어 간다.

그리고 바로 여기 '인간'의 영원한 동반자인 조용하고 내밀한 '죽음'이 있다. 죽음은 삶의 욕망을 불태우고 있는 그의 심장에 언제라도 입 맞출 준비를 하고 있다.

그는 자신의 불멸의 반려자에 대해 모든 것을 알고 있으며 마침내는 '광기(狂氣)', 그놈까지도 알아내고야 만다.

회오리바람처럼 강력하게 소용돌이치는 광기는 적의에 찬 시선으로 그의 뒤를 쫓아다니며 사고를 부추기며 맹렬한 춤 속으로 끌어당긴다. 인간의 벗인 사고만이 언제나 인간과 함께 존재하고, 사고의 불길 같은 지혜만이 인간 앞에 놓인 장애물과 삶의 수수께끼를 깨닫게 해준다. 또한 자연의 비밀을 찾아주고 인간의 가슴에 내재된 어두운 혼란을 밝게 비춰준다.

인간의 자유로운 벗인 사고는 냉철하고 예리한 시선으로 어느 곳이든 꿰뚫어보고 모든 것을 가차 없이 드러낸다.

간교한 사랑과 음흉한 간계를 드러내주며, 사랑을 쟁취하려는 소유욕과 한없이 자신을 멸시하고 비하하려는 마음을 어루만져준다. 그리고 사랑이라는 허울 뒤에 숨겨진 색욕의 추잡한 얼굴을 드러내준다. 또한 겁 많은 희망의 무기력한 소원과 희망에 대한 속임수를 드러내주며, 언제나 모두를 즐겁게 해줄 채비를 한다. 예쁘게 치장한 얼굴로 달콤한 말을 속삭이며 인간을 속이려 하는 거짓과 그의 모든 무리도 가차 없이 제거해준다.

사고는 가슴속에만 품고 있는 무기력한 우정과 타산적인 주저, 강렬하고 헛된 호기심과 허황된 질투의 오류를 비방하는 싹을 틔운다.

사고는 흉포한 증오의 힘을 발견하고 깨닫는다. 만일 속박에서 증오를 풀어주면 증오는 지상의 모든 것을 파괴하고 정의의 싹마저 피울 수 없게 만들 것이다.

사고는 굳센 신념으로 무장하여 인간의 의식을 예속시킬 수 있는 위력을 가진 모든 사악한 욕망의 뿌리를 뽑아주고 광신의 숨겨진 발톱을 잘라주며, 권력 앞에서 무기력해진 눈먼 사람의 길을 밝혀준다.

또한 사고는 죽음과도 격렬한 투쟁을 벌인다. 인간이 창조한 생명체요, 수많은 신을 창조해 내고 철학의 체계와 우주의 비밀을 풀어주는 열쇠인 과학을 만들어낸, 자유로우며 결코 꺼지지 않는 사고는, 적의를 품고 대항해 오는 무익하고 어리석은 이 악(惡)과 맹렬히 싸운다.

사고는 죽은 인간과 같고 뒷마당을 서성이던 고물장수가 닳아빠지고 낡아서 쓸모없게 된 물건을 넝마 주머니 속에 쑤셔 넣다가 멀쩡하고 좋은 물건을 들고 나가는 그의 썩은 양심과도 같다.

썩은 냄새가 진동하는 공포의 망토를 둘러쓴 죽음은 내밀하고도 냉엄한 비밀을 뒤집어쓴 인간 앞에서 서성인다. 그러나 태양처럼 빛나고, 불멸의 인식과 곰 같은 저돌성으로 충만한 창조적인 사고는 예리한 눈초리로 죽음을 감시한다.

이처럼 인간은 비밀스러운 존재의 동굴 속을 탐험하려고, 앞으로! 더 깊게! 좀 더 앞으로! 더욱 높이! 한 걸음 또 한 걸음 나아간다.

지치고, 끊임없이 동요하며 괴로워하는 그가 여기 있다. 갈증 난 심경은 신을 찾아 헤매며 사랑의 보드라운 애무를 갈구한다.

그리고 무기력을 타고난 세 마리 날짐승들, 시커멓고 추악한 권태, 절망, 우울은 인간의 영혼 위를 불길하게 맴돌고 있다. 그놈들은 인간이란 하찮은 미물에 지나지 않고 인간의 인식에는 한계가 있다고, 사고는 무기력한 채로 머물러 있을 뿐이며 신성한 긍지는 가소로운 것이라고 비웃는다. 그들은 입을 모아 우울한 노래를 불러댄다. 네가 무엇을 하더라도 결국은 죽을 수밖에 없다고.

이 사악한 거짓 노래에 갈가리 찢긴 그의 심장은 벌벌 떨고, 회의의 날카로운 송곳은 그의 머리를 사정없이 찔러대며, 눈에는 오욕의 눈물이 고인다.

그의 긍지가 이 잔인한 노래에 아무런 대꾸도 못하고 숨을 죽이면 죽음의 공포는 인간을 '신앙' 또는 '사랑' 두 감옥으로 몰아넣고 음흉한 미소를 짓는다. 행복이란 거창하고 허울 좋은 약속 아래 무자비하고 더러운 본능의 폭정을 숨긴 채 그를 끌어안으려 자꾸만 유혹의 혀를 날름거린다.

거짓과 결탁한 겁 많고 의지박약한 희망은 평안의 기쁨과 타협의 고요한 행복을 속삭인다. 부드럽고 달콤한 말로 잠들어 있는 영혼을 속이며 나태의 진흙구덩이로 인간을 밀어 넣고, 나태의 딸인 권태의 손아귀에 떨어뜨린다.

그러면 인간은 감정의 근시안적인 훈계를 따라, 그에게는 안온한 자기만족의 축사(畜舍)로 가는 길 말고는 다른 도리가 없다고 노골적으로 외쳐댄다. 그리고 거짓으로 담근 달콤한 술로 머리와 심장을 흠뻑 적시며 죽어간다.

그러나 사고는 당당하며, 인간은 바로 그 사고를 가졌기에 소중한 존재이다. 사고는 전투장에서, 인간의 심장에서 거짓과 맹렬한 전투를 벌인다.

준엄하고 참된 삶의 진리를 흠모하는 인간의 심장을 무자비하게 옥죄면서 마치 죄인을 고문하듯 몸을 피폐하게 만들고 인간의 뇌를 야금야금 파먹는다. 이처럼 거짓이란 놈은 인간을 끊임없이 망가뜨린다. 그러나 불꽃처럼 빛나는 사고는 오류의 암흑 속을 서서히 그리고 당당하게 뚫고 나와 찬란하게 빛난다.

하지만 만일 인간이 거짓의 독에 중독되면, 지상에는 말초신경의 안락함과 위장의 포만감보다 더 큰 행복이란 없다고 한다. 또한 삶의 작은 행복과 평온, 부유함보다 더 큰 기쁨이 없다고 믿는다면, 애석하게도 사고는 돌에 맞은 새처럼 날개를 부러뜨리고 무기력 나태의 수면 속으로 서서히 빠져들게 될 것이다.

그때 저열한 권태의 딸, 역병(疫病)의 재앙과도 같은 절망은 인간의 머리와 심장, 눈을 검은 천으로 덮어씌운 채 그에게 다가오리라.

그러면 인간은 자신의 나약으로 인해 자신감을 상실하고 사고의 궁지를 잃은 힘없는 인간이 된다.

그때 그의 가슴속에서 무기력에 대한 분노가 끓어오르면 사고는 새롭게 고개를 들게 된다. 인간은 자신의 과오에 대한 날카로운 회한의 침을 통해, 혹은 강렬한 의혹의 불꽃을 통해, 혹은 케케묵은 과거의 폐허 속을 지나서 새로운 모습으로 전진하게 된다.

위풍당당하고 자신만만하며 무한한 가능성을 지닌 인간은 진실의 눈을 통해 유행 지난 재킷 같은 '회의'를 용감하게 벗어던지고 이렇게 말하리라.

나의 인식에 한계가 있고 무기력할 뿐이라고 당신은 거짓말을 하고 있습니다! 그러나 나의 인식은 나날이 성장하고 있습니다! 나 스스로 그것을 깨닫고 있습니다. 나는 볼 수 있어요. 느낄 수도 있고요. 분명 그것은 내 속에서 점점 자라나고 있단 말입니다. 그것은 나의 고뇌의 강도에 따라 성장하고 있습니다. 만약 나의 인식이 잠들어 있다면 그건 내가 잠시 쉬고 있을 뿐입니다. 그렇게 생각하지 않나요?

하지만 이제 나는 잠에서 깨어나 한 걸음, 한 걸음 미래로 나아가고 그때마다 더욱 많은 것을 원하게 됩니다. 또한 더 많은 것을 느끼고 더 깊이 내다보게 됩니다. 내 희망이 이렇게 빠르게 자라난다는 것은 바로 내 인식이 다시 건강을 되찾았다는 얘기입니다! 이제 그것은 내 속에 있는 불씨와도 같습니다. 그렇지 않나요? 당연히 불씨는 불길의 모체가 되지요. 그 불씨는 장차 세상의 신비한 비밀의 뚜껑을 거두어 자신과 세계 사이의 조화를 발견하게 될 겁니다. 자신과 화해하고 삶의 온갖 암흑의 혼란을 밝게 비추어 피부병 같은 불행의 딱지, 배 위에 난 부스럼, 슬픔, 혹은 억울함으로 덧씌워져 괴로움에 시달리게 하는 이 땅의 모든 고질적인 병균을 지상으로부터 퇴치해야 할 사명을 나는 짊어지고 있습니다!

나는 짐승처럼 서로를 헐뜯고 증오하는 피투성이의 섬뜩한 인간들을 하나로 이어줄 사명을 가지고 있습니다. 또한 인간을 옭아맨 모든 오류와 실수의 굴레로부터 인간을 구원하기 위한 임무를 지고 있습니다!

그래서 나는 사고의 힘으로 모든 인간의 고통을, 모든 치욕스럽고 더러운 것들을, 모든 사특하고 거짓된 것들을 없애고 해결해주며 분쇄할 것입니다. 그리고 결코 무너지지 않을 자유와 아름다움 그리고 인간에 대한 경외감의 터전에 새로운 것을 창조해 나갈 것입니다!

타협하기 힘들고 치욕스러운 빈곤의 적인 인간의 희망은, 바로 모든 이가 인간이란 것입니다. 한 집단의 힘겨운 노예적 노동이 다른 집단의 간식과 참회식의 성찬으로 포식되어 흔적도 없이 사라져 버리는 삶의 모습은 부조리하며 낯 뜨겁고 혐오스럽습니다!

모든 선입견이나 편견, 혹은 타성으로 인간의 두뇌와 생활을 거미줄처럼 옭아맸던 모든 불합리에 저주가 내릴지어다! 그것들은 사람들을 핍박하고 삶을 비방합니다. 나는 그것을 당당히 거두어 버릴 것입니다!

사고는 내게 영원히 존재할 것이며, 특히 생의 암흑 속에 서 있는 가짜 등대가 아닌, 생의 치욕스러운 오류의 혼돈 속에서 밝은 빛을 비추는 참된 등불입니다. 나는 등불이 점점 더 밝게 타오르며 암흑의 심연을 밝게 비추는 것을 보고 있습니다. 그리고 나는 사고의 뒤를 따라 영원히 꺼지지 않을 저 불빛 속을 당당히, 앞으로! 더 높이! 걸어갈 것입니다!

이 세상의 어떤 곳도 사고에 대항하는 난공불락(難攻不落)의 요새가 될 수 없으며 신성한 성역이 될 수도 없습니다. 모든 것은 사고를 통해 창조되며 창조된 모든 것은 점점 성장해 가고, 사고는 무한한 가능성의 길을 막아서며 온갖 사소한 적들을 멀리 날려 버릴 수 있는 폭풍 같은 힘을 가지고 있습니다.

그렇습니다. 편견이란 망상 같은 먹구름에 지나지 않으며 과거의 진부한 논리의 부스러기입니다. 그리하여 그것들을 창조했던 사고의 맹렬한 불길은 재로 남아 인간의 삶 위에서 가볍게 먼지처럼 떠다니고 있습니다.

더구나 승리한다는 것은 승리의 열매를 따는 것이 아니고 그 열매를 맺는 것입니다.

나는 삶의 의미를 인간의 창조물에서 발견하고, 그러한 창조물들은 그 자체로 생명력을 갖게 되어 영원할 겁니다!

나는 삶을 좀 더 밝게, 좀 더 깊은 곳까지 밝히려고 앞으로 나아갑니다. 그리고 그것에 대한 보상은 죽음의 문앞에 마련될 것입니다.

나는 다른 어떤 보상도 필요하지 않습니다. 권력은 파렴치하고 더러운 냄새를 풍기며, 소유는 천근같이 무거운 족쇄입니다. 명예라는 것도 한낱 우화에 불과하며, 노예근성으로 자신을 비하하는 사람들의 무지에서 나오는 편견에 지나지 않습니다.

회의(懷疑)! 이것은 단지 사고의 불씨일 뿐, 그 이상은 될 수 없습니다. 사고는 자신을 시험하면서 자양분으로 당신을 탄생시키고 양육하는 것입니다!

나의 가슴속에서 나의 불멸의 사고와 감각의 세계는 하나의 위대하고 창조적인 불길로 타오를 것입니다. 그리하여 이 불길로 나의 영혼은 넋 위에 맴돌고 모든 어둡고 가혹하며 악독한 것들을 태울 것이며, 나의 사고는 과거에 창조했고 앞으로도 만들어갈 신과 동등해질 것입니다.

'모든 것을 인간 속에서, 모든 것을 인간을 위하여!'

여기 새로이, 위대하고 무한한 능력을 가진 인간이 당당하게 머리를 높이 쳐들고 그리고 육중한 걸음걸이로 유유히 낡은 편견의 쓰레기더미를 지나고 있다. 과거의 시커먼 먹구름 속을 지나서, 태연자약하게 그를 기다리는 모든 불합리한 모순덩어리들이 모여 있는 곳을 향해 오류의 희미한 안개 속을 홀로 걸어간다.

비록 그것들이 하늘의 별처럼 헤아릴 수 없이 많을지라도 인간에게 종착역이란 없다!

불굴의 의지를 가진 인간이 여기 당당하게 걸어간다. 앞으로! 더 멀리! 좀더 앞으로! 더욱 높이!

막심 고리키의 생애와 문학

막심 고리키의 생애와 문학

생애

막심 고리키(Максим Горький)의 본명은 알렉세이 막시모비치 페쉬코프
(Алексей Максимович Пешков)이다. 그는 1868년 3월 28일 러시아 니주니
노브고로드에서 태어났다. 아버지는 실내장식공 겸 가구제작자였고, 어머니
는 소규모 염색공장 주인 딸이었다. 고리키는 아버지가 선박회사 대리인으
로 일하던 아스트라한에서 어린 시절을 보냈는데, 다섯 살 때 아버지를 여의
고 그 뒤 어머니마저 재혼하자 고향으로 돌아가 외할아버지 손에 맡겨졌다.
외할아버지는 고리키를 제대로 돌보지 않았고 구박하기 일쑤였다. 그나마
외할머니가 보살펴 준 탓에 고된 어린 시절을 견디어 낼 수 있었다.

고리키가 여덟 살 무렵 외갓집의 형편이 급격히 어려워졌다. 외할아버지
는 돈을 벌어오라며 어린 고리키까지 밖으로 내몰았다. 그 때문에 고리키는
학교를 다닐 수 없었으며, 그가 정식 학교교육을 받은 기간은 불과 몇 달뿐
이었다. 어린 고리키는 닥치는 대로 일을 했다. 제화점 보조원, 성상화가(聖
像畵家)의 심부름꾼, 볼가 강을 오르내리는 기선의 접시닦이 등 온갖 직업
을 전전했다. 볼가 강 기선의 요리사는 그에게 은인이나 다름없었다. 요리사
는 고리키에게 책을 읽는 습관을 들이도록 해 주고 많은 책을 구해 빌려주었
다. 곧 독서는 그가 가장 좋아하는 취미가 되었다.

이처럼 고리키는 어린 시절부터 어른과 다름없이 수많은 일을 하며 온갖
고난을 뼈저리게 체험했다. 어리다는 이유로 너무나 보잘것없는 임금을 받
으며 고된 노동을 날마다 이어가야 했으며, 걸핏하면 호되게 두들겨 맞기 일
쑤였다. 이로써 그는 러시아 노동계급의 이면과 그 비참함을 어느 러시아 작
가보다도 뚜렷이 깨달을 수 있었다. 이 비참하고 쓰라린 경험 때문에 그는
'쓰라림'이라는 뜻의 '고리키'를 평생 필명으로 삼았다. 그 뒤 스무 살 무렵

까지 카잔에서 빵을 만들거나 부두노동자 또는 야간경비원으로 일했는데, 그곳에서 인민주의자들을 만나 러시아 혁명사상을 접하게 된다. 그는 처음에는 그에 동조했으나, 나중에는 러시아 농민을 이상적 존재로 생각하는 그들의 사상을 비판한다.

비참한 삶은 그 뒤로도 이어졌다. 견디다 못한 고리키는 권총자살을 시도하기까지 했다. 스무 살이 넘은 뒤로는 카잔을 떠나 러시아 남부지방 곳곳을 정처 없이 떠돌아다니면서 온갖 막노동을 했다. 어느 한 곳에 정착하거나 평온한 삶은 꿈도 꿀 수 없었다. 보수도 겨우 입에 풀칠할 정도여서 근근이 목숨을 이어나갈 뿐인 고된 나날이었다.

고리키는 그루지야 트빌리시의 지방 신문에 단편소설을 발표하면서 문학 활동을 시작했다. 첫 번째 작품은 1892년 발표한 〈마카르 추드라 Макар Чудра〉였다. 그 뒤 낭만적인 전설과 우화들을 써냈으나 워낙 내용이 터무니없는 탓에 문학적으로 좋은 평가를 받지는 못했다.

1895년 페테르부르크의 일류잡지에 〈첼카쉬 Челкаш〉를 발표한 뒤 평론의 극찬을 받으며 러시아 문학계에서 성공을 거두기 시작한다. 〈첼카쉬〉는 항구를 무대로 활동하는 노련한 도둑과 뜨내기 떠돌이의 우연한 만남을 다룬 이야기이며 낭만주의와 사실주의 요소가 적절하게 섞여 있다. 이때부터 고리키는 러시아 하층민의 비참한 삶을 사실적으로 묘사하기 시작한다. 이 시기가 바로 수많은 독자와 평론가의 극찬을 받는 '떠돌이 시기'이다. 그전까지 떠돌이를 비롯한 하층민이나 도둑들은 문학 작품 속에서 그저 한낱 조연이나 악역으로 객관적으로만 묘사될 뿐이었다. 그러나 고리키는 그 자신이 하층민 떠돌이 출신이었기에 그들에게서 자기 모습을 발견하고 그 힘과 결단력에 공감을 드러냈다.

1899년 발표한 〈스물여섯 사내와 한 소녀 Двадцать шесть и одна〉는 그의 여러 단편 가운데 가장 뛰어난 작품으로 손꼽힌다. 열악한 제빵공장의 고된 노동을 배경으로 순진한 제빵공들과 한 소녀 사이에서 일어나는 우스꽝스러운 이야기다. 이후 발표하는 단편마다 엄청난 호평을 받으며 나날이 명성이 드높아졌고, 톨스토이나 체호프에 견줄 만한 작가라는 평가를 받게 되었다.

고리키는 단편뿐만이 아니라 희곡과 장편소설도 썼다. 1899년 발표한 《포

마 고르데예프 Фома Гордеев》
는 그의 첫 번째 장편소설이
다. 화물운반선을 운영하는
거만한 자본가인 이그나트 고
르데예프의 굳건한 육체와 의
지를 찬양하고 있다. 이 인물
과 그의 아들이자 '삶의 의미
를 추구하는' 아들 포마 고르
데예프는 작품 속에서 좋은
대조를 이루고 있다. 포마 고
르데예프처럼 지적이고 연약
한 인물은 그의 많은 작품에
서 볼 수 있다. 이 무렵 등장
한 자본주의는 이후 고리키가
소설에서 가장 관심 있게 다
룬 주제가 되었다.

막심 고리키(1868~1936) 38세 때의 사진.

　1906년 발표한 《어머니
Мать》는 러시아 혁명을 다룬
고리키 유일의 장편이다. 1926년 영화감독 프세볼로트 푸도프킨이 이 작품
을 훌륭한 무성영화로 만들었고, 독일의 극작가 베르톨트 브레히트도 1931
년 희곡으로 각색하여 호평을 받았다.

　고리키가 쓴 희곡 가운데 가장 유명한 것은 〈밑바닥〉이다. 그가 단편소설에
서 자주 배경으로 삼은 싸구려 여인숙을 무대로 하여 밑바닥 인생을 극적으로
묘사한 이 작품은 지금도 전세계적으로 큰 성공과 명성을 거두고 있다.

　고리키는 1899년부터 1906년까지 주로 페테르부르크에서 살았다. 이때부
터 마르크스주의에 깊이 빠져들었으며 사회민주노동당을 적극 지지했다.
1903년 이 당이 분열되자 볼셰비키파에 가담하였으나, 볼셰비키 지도자인
레닌과는 그다지 의견이 맞지 않는 편이었다.

　고리키는 작가로서 대성공한 덕분에 수입이 많았는데, 그 대부분을 당의
운영에 쓰도록 흔쾌히 내놓았다. 당은 고리키의 돈으로만 운영되다시피 했

체호프와 고리키 얄타, 1900년 5월.

는데, 정작 그는 정식으로 당원이 되지는 않았다.

1901년 마르크스주의 잡지인 〈생활 Жизнь〉은 고리키의 혁명시 〈바다제비의 노래〉를 게재했다는 이유로 당국의 검열과 탄압을 받았다. 고리키 또한 체포되었으나, 폐결핵으로 몸이 급속히 쇠약해지자 곧 풀려났다. 1902년 러시아 과학아카데미가 고리키를 회원으로 선출했는데 정치적 이유로 곧 취소되는 일이 일어났다. 당국의 이 조치는 곧바로 학계 수많은 인사의 반발을 샀으며, 체호프와 코롤렌코도 항의의 뜻에서 아카데미에서 사퇴했다.

고리키는 직접 즈나니에(знание : 지식)라는 출판사를 세우기도 했다. 이에 동조하여 모여든 문인들을 중심으로 이른바 즈나니에파(派)가 생겨났다. 당국의 엄격한 검열로 글 발표가 자유롭지 못하던 그 무렵, 이 출판사는 주로 '경향적'인 작품을 쓰는 혁명가적인 젊은 작가들의 글을 실어 주는 것을 목적으로 하고 있었다. 그 무렵 러시아 문학계에서는 '경향적'이라는 개념에 대해 호의를 갖고 있었다.

고리키는 1905년 일어난 혁명에서 중요한 역할을 맡았기에 이듬해 체포되고 만다. 그러자 수많은 러시아인들은 물론 외국에서도 엄청난 항의가 빗발쳤다. 당국은 이번에도 그를 풀어줄 수밖에 없었다.

그 뒤 고리키는 어니스트 풀, 딘 하월스, 잭 런던, 마크 트웨인 등 이름난 미국 작가들의 초정을 받아 미국 여행길에 오른다. 항구에서부터 대환영을

받았지만 환대는 오래가지
않았다. 고리키와 동행한
여자가 그의 아내가 아니
라 애인인 러시아 배우 안
드레예바라는 사실이 밝혀
지자 보수적인 미국인들은
그에게 등을 돌리고 만다.
딘 하월스와 마크 트웨인
은 고리키에 대한 지지를
거두어들였고, 시어도어
루스벨트 대통령의 백악관
초청도 취소되었다. 묵고
있던 호텔에서도 쫓겨나다
시피 나와야 했다. 이 불
쾌한 미국 여행 경험은 평
생 고리키의 마음속에서
떠나지 않았으며, 그는 죽

고리키와 스탈린
1931년 크렘린 인근에서 두 사람이 만났다.

을 때까지 미국에 대해 강한 반감을 품었다. 그의 이런 감정은 1906년 발표
한 단편 〈노란 악마의 도시 Город Жёлтого дьявола〉에 뚜렷이 드러나 있다.

1906년 정치적 이유로 고리키는 러시아를 떠난다. 그 뒤 7년 동안 그는
유럽 곳곳에서 망명생활을 했다. 그가 오래 머물렀던 카프리 섬의 별장은 그
무렵 러시아 정치에 반감을 가진 러시아인들이 모여드는 지적 중심지 역할
을 했다. 그의 작품은 여전히 수많은 독자의 사랑을 받고 있었지만, 러시아
지식층 사이에서는 점점 영향력을 잃어가고 있었다.

레닌과는 여전히 협력관계를 유지하면서 혁명운동에 직간접으로 도움을
주고 있었다. 그러나 '건신주의'(建神主義, богостроительство)라는 종교철
학적 경향을 지지한 탓에 혁명세력의 반감을 사기도 했다. 정통 마르크스주
의자들은 그를 이단이라고 비난하기까지 했다. 이에 대한 고리키의 심정은
1908년 발표한 장편소설 《고백 Нсповедь》에 드러나 있다. 고리키는 마르크
스주의를 지지하긴 하나 그 사상에 깊이 빠져 있지는 않았고 늘 중간자적인

입장을 취하고 있었다. 이는 마르크스주의자들로서는 꽤나 성가신 일이었지만, 그들로서도 고리키의 두터운 영향력을 생각하면 그를 완전히 배제해 버릴 수도 없는 일이었다.

1913년 고리키는 러시아로 돌아왔다. 제1차 세계대전 때는 참전을 반대하는 볼셰비키와 뜻을 같이했다. 1917년 11월 볼셰비키가 정권을 장악하자 고리키는 그에 반대했고, 직접 신문 〈새로운 생활 Новая Жизнь〉을 창간하여 레닌의 독재를 격렬히 비난했다. 1918년 7월 레닌은 엄격한 검열을 실시하여 그가 더는 비난 기사를 싣지 못하게 막았다. 1919년부터 고리키는 혁명 이후 생활이 궁핍해진 동료작가들에게 신문기사를 의뢰하거나 번역거리를 주기도 하면서 그들을 돕는 일에 힘썼다. 그 밖에 혁명 격동기에 파괴되기 쉬운 역사유물과 예술품을 보존하는 일에도 노력을 기울였다.

1921년 2월 크론시타트 해병 봉기가 일어나자 러시아 정부는 무자비하게 진압했다. 고리키는 진압 책임자인 그리고리 지노비예프를 격렬히 비난했다. 또한 해병 봉기를 지지한 죄목으로 체포되어 처형된 작가 니콜라이 구밀리예프를 구명하기 위해 힘썼지만 실패하고 만다. 또한 그해에 러시아에 대기근이 닥치자 자신의 명성을 활용하여 식량기금 조성을 전세계에 호소했고 많은 도움의 손길을 이끌어 내기도 했다.

다시금 고리키가 눈엣가시가 되자 레닌은 그를 러시아에서 내쫓기로 결정한다. 결국 1921년 10월 고리키는 정부의 동의 아래 독일로 떠났는데, 독일에서도 레닌 정부에 대한 비판을 멈추지 않았다.

1913년부터 1923년까지 고리키의 가장 위대한 걸작인 자전적 3부작이 발표되었다. 바로 《어린 시절 Детство》(1913~14), 《세상 속으로 В людях》(1915~16), 《나의 대학 Мои университеты》(1923)이다. 이 3부작은 이탈리아 소렌토의 별장에서 완성되었다. 이 방대한 작품은 오늘날에도 러시아 문학에서 가장 뛰어난 자서전적 작품으로 손꼽힌다. 고리키는 늘 카잔 대학에서 공부하고 싶어 했으나 끝내 그 꿈을 이룰 수 없었다. 그러므로 마지막 권의 제목은 퍽 냉소적이다. 고되고 비참한 삶 속에서 모든 것을 배운 그가 다닌 대학은 '인생 대학'이므로.

자전적 작품이지만 고리키의 어린 시절과 청년 시절까지만 다루고 있다. 더욱이 자신에 대한 이야기는 아주 적어 엄밀히 말해 자서전이라고는 할 수

고리키 하우스 모스크바 교외에 있는 레닌의 시골별장. 고리키는 말년 1931~36년 68세로 숨을 거둘 때까지 이곳에서 살았다.

없다. 자살을 기도한 사건에 대해서도 짧게 두어 줄만 언급하고 있을 뿐이다. 고리키는 초기 단편소설을 쓰던 시절의 철학적인 경향에서 벗어나 외향적인 작가가 되었는데, 이 3부작에서는 그를 그렇게 만들었던 내면의 강인한 힘을 유감없이 보여주고 있으며, 그의 삶에서 곁을 스쳐간 수많은 인물들 즉 가족과 고용주들, 떠돌이생활을 하면서 만난 수많은 하층민의 모습이 가감 없이 솔직담백하게 묘사되어 있다.

이 책은 삶의 신비와 잔인함, 미묘함에 대한 경탄으로 가득 차 있다. 만년의 고리키는 젊은 시절처럼 굳이 삶을 이해하거나 해명하려고 애쓰지 않는다. 그저 묘사하는 데만 만족할 뿐이다. 그러나 오히려 그럴수록 읽는 이의 마음을 감동으로 뒤흔드는 수많은 메시지가 들어 있으며, 대놓고 설교하는 방식보다는 넌지시 암시를 함으로써 그 효과를 극대화하고 있다. 까닭 없는 잔인함에 반발하고, 강인한 삶을 위해 자립해야 함을 끊임없이 강조하며, 무엇보다 근면이 가장 가치가 있음을 수사학적 문장으로 그려낸다.

외국 망명 기간 동안 고리키는 독일을 비롯하여 여러 나라 곳곳을 돌아다녔으나, 러시아에 돌아갈 생각은 하지 않았다. 먼 귀국길이 버거울 만큼 건강이 악화된 데다가, 혁명 이후의 러시아에는 환멸을 느꼈기 때문이다. 그러나 러시아 정부는 선전 가치가 있는 그를 가만 놔두지 않았다. 귀국을 종용하는 압력이 수없이 그를 옥죄었다.

결국 고리키는 그에 굴복하여 1928년 귀국했다. 그의 60회 생일을 축하하는 모임에 참석하는 형식으로 귀국은 이루어졌다. 축하연은 고리키의 예상을 뛰어넘을 만큼 성대히 치러졌다. 마치 스탈린은 그를 자신의 정치적 정통성의 정당성을 뒷받침하는 버팀목으로 이용하기 위해 작정하고 성의를 보이려는 듯했다. 러시아 문단의 지도자로서 고리키의 명성은 어느 때보다도 확고부동했다. 그는 1934년에 결성된 소비에트 작가동맹 초대 위원장에 올랐다. 그는 사회주의 리얼리즘의 문학적 방법론을 확립하는 일에 이바지했는데, 이 방법론을 받아들이는 것이 모든 소련 작가들의 의무처럼 되어 있었고, 작가들은 사실상 노골적인 정치 선전꾼 역할을 맡아야 했다.

고리키는 말년에도 꾸준히 작품 활동을 이어나갔다. 이 무렵에 쓴 소설들은 거의 모두 혁명 이전의 시대를 다루고 있다.

1925년 발표한 《아르타모노프 일가의 사업 Дело Артамоновых》은 그의 가장 뛰어난 소설 가운데 하나로 꼽히며, 그가 끊임없이 관심을 가지고 있었던 혁명 이전 러시아 자본주의의 성장과 몰락을 다루고 있다. 〈예고르 불리초프와 나머지 사람들 Егор Булычов и другие〉(1932)과 〈도스티가예프와 나머지 사람들 Достигаев и другие〉(1933)을 비롯하여 많은 희곡도 썼다.

그가 쓴 작품 가운데, 러시아 작가들에 대한 회고록은 문단과 학계, 독자의 칭송을 받고 있다. 〈톨스토이 회상록 Воспоминания о Толстой〉(1919)과 〈작가들에 대하여 О писатель〉(1928)이다. 이 작품은 뛰어난 러시아 작가들을 연구할 때 전통적으로 사용되던 성인전식(聖人傳式) 방법론에서 완전히 벗어나 아주 생생하게 톨스토이를 추억하고 있으며 회고록 가운데 가장 걸작으로 꼽힌다.

1936년 6월 14일 고리키는 모스크바 교외에 있는 레닌의 시골별장인 고리키 하우스에서 세상을 떠났다. 그의 죽음에는 석연치 않은 점이 있는데, 공식적으로는 폐렴 투병 도중에 죽은 것으로 되어 있지만 자연사인지 아닌지는 밝혀지지 않았다. 그 밖에 '우파와 트로츠키파 진영'의 반소비에트 음모에 희생되었다는 음모론도 있으며, 전직 경찰서장 야고다는 고리키를 죽이라는 명령을 내렸다고 자백하기도 했다.

고리키의 유해는 국가 영웅들이 묻히는 모스크바 크렘린궁 외벽 아래에 안장되었다.

《어머니》

1905년 페테르부르크에서 1차 러시아혁명(피의 일요일 사건)이 일어난다. 고리키는 전부터 민중과 정부 측이 충돌하는 일이 없도록 양측을 중재하는데 온 힘을 기울였으며, 사건 이후에는 유혈사태를 일으킨 정부에 격렬히 항의했다.

이 시기 고리키 문학의 절정을 이루는 작품이 탄생한다. 바로 1907년 발표한 《어머니》이다. 진보적 노동자의 전형을 마치 눈앞에 펼치듯 생생하게 그려낸 이 작품은 사회주의 리얼리즘 문학의 모범으로뿐만 아니라, 세계문학사 불굴의 유산으로 평가받는다. 제정 러시아의 날로 더해가는 압제 아래에서 겪어야 했던 인생의 잔인함과 쓰라림, 부조리를 묘사하고 있다. 바로이 소설로써 러시아 민중은 사회 밑바닥의 수동적인 희생자가 아닌, 자신이 직접 시대의 한 축을 맡으며 역사를 만들어 가는 능동적인 당당한 인간으로서 새롭게 태어난 것이다.

《어머니》는 발표되자마자 문단과 학계, 민중의 격렬한 찬사를 받았으며 특히 노동자를 비롯한 하층민 사이에서는 필독서가 되다시피 했다. 말 그대로 노동자의 존엄성을 빛낸 소설이며 그들의 자유 쟁취 선언이라 할 만했다. 이 작품은 보통 사회주의 리얼리즘이라고 일컬어지지만, 이러한 명칭만으로는 이념적 소설이면서도 선진문학이 되기를 거부했던 고리키의 재능을 충분히 표현할 수 없다. 정치적 목표가 서정적인 아름다움과 종종 튀어나오는 유머, 잊을 수 없는 생생한 등장인물들과 함께 어우러져, 감동적이고 때로는 가슴 아프게 당대 러시아에 존재했던 정치적, 문화적 양극단을 조명하는 중요한 작품으로 남아 있다.

이름 없는 어느 공업도시, 중년의 어머니인 펠라게야 닐로브나는 평생 남편에게 학대만 받아오며 비참한 삶을 살아왔다. 갑자기 남편이 세상을 떠나자 그녀에게 남은 희망이라곤 아들 파벨뿐이다. 그런데 어느 날부턴가 파벨이 이해할 수 없는 사상에 몰두하며 처음 보는 무리와 어울리자 그녀는 불안

에 빠진다. 파벨은 날마다 저녁에 어머니에게 철학과 경제학 책을 읽어 준다. 그녀는 서서히 아들의 존재에 눈을 뜨게 되고, 파벨은 어머니를 자신의 비밀스런 세계로 초대한다. 이 세계에서는 겉으로 보기에는 전혀 해로워 보이지 않는 책들이 과격한 새로운 사상을 대변하고, 이 사상의 전파는 파벨을 끊임없이 죽음의 위험으로 내몬다. 닐로브나는 점점 사회주의 혁명가 모임에 발을 들여놓게 되고, 파벨과 그의 친구들이 그녀를 과격한 투사로 변화시키는 동안 그녀 역시 그들 마음속에 친절과 자비, 사랑 등의 인간적 가치를 불어넣는다.

이 작품은 실제 사건을 기초로 한다. 고리키의 고향인 니즈니노브고로드 근교 소모프 공장에서 1902년 노동자들이 격렬한 시위를 벌였다. 고리키는 이 사건을 취재하여 《어머니》의 밑바탕으로 삼았다. 그러므로 일종의 역사기록물이라고 할 수도 있다. 바로 그 점 때문에 사회주의 혁명가들의 언행과 성격 그리고 격렬한 시위 장면은 마치 실제 있었던 일인 양 사실적으로 독자에게 다가온다. 소설 속 어머니와 아들도 실제 인물을 본떠 만들었다. 아들 파벨의 모델인 표트르 잘로모프는 소모프 지역당 조직의 우두머리였고, 어머니 닐로브나의 모델은 잘로모프의 어머니 안나 키릴로브나이며 그녀 또한 실제로 아들의 뜻을 따라 혁명투쟁에 적극 가담했다.

《어머니》는 문학적·역사적으로 큰 성공을 거둔 작품이지만, 시대가 시대이니만큼 발표 당시에는 매우 큰 탄압을 받았다. 민중의 혁명봉기라는 내용을 러시아 정부는 용납할 수 없었던 것이다. 고리키는 '피의 일요일 사건'에 연루되어 외국 망명길에 올라야 했는데, 1906년 미국에 머무는 동안 이 작품을 거의 완성했다. 또한 러시아에서가 아니라 미국과 유럽에서 먼저 출판했다. 1907년에야 러시아에서도 발표되었는데 곧 엄청난 파장을 불러일으켰다. 제1부가 연재되던 잡지는 강제 폐간되었고, 제2부는 너무 심한 검열로 곳곳이 삭제되어 제대로 읽을 수도 없는 형편이었다. 온전한 작품이 러시아에서 출간되는 일은 불가능했고, 민중은 외국에서 몰래 들여온 것을 멋대로 번역한 불법

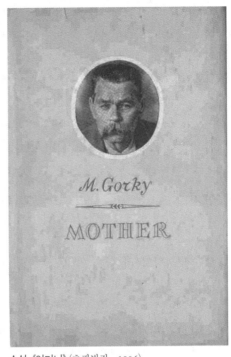

소설 《어머니》(초판발간, 1906)

해적판을 돌려 읽으며 위안으로 삼아야 했다.

러시아에서는 그러했지만 미국과 유럽 각국에서는 엄청난 반향을 불러일으켰다. 이 작품으로 고리키는 세계적인 명성을 얻었으며 문학적 혁명가이자 시대의 등불로 추앙받게 된다. 그는 이 작품을 펴냄으로써 예술 창작 정점을 찍었으며, 그의 문학은 물론 러시아 문학 전체를 통틀어 일대 전환점을 이루어냈다. 한 문학작품이 이토록 시대를 뒤흔드는 격한 감동과 파급효과를 낳은 예는 찾아보기 어렵다.

《어머니》에서 노동자계급은 수만 년 역사의 인류가 쌓아 온 모든 물질적·정신적 가치를 내면에 깊이 간직할 만한 위대한 세력으로 떠오른다. 그전까지 노동계급은 불합리한 사회구조 속에서 핍박 받고 희생을 강요당해 온 불쌍한 존재였다. 그러나 비로소 웅대한 인류 역사를 제 손으로 만들어 가는 위대한 한 인간으로, 불의에 당당히 맞서 싸우는 인간으로 탈바꿈한 것이다. 고리키는 이 작품에서 노동자계급이 그들 앞에 놓인 어둠을 헤치고 나아가

야 할 바른 길, 빈곤에서 벗어나 인간적 삶을 개척해 나갈 수 있는 길을 뚜렷이 제시해 주었다. 바로 이것이, 이 소설이 노동자계급에 관한 진정한 의미의 최초이자 최고의 작품으로 손꼽히는 이유이다.

파벨 블라소프라는 인물은 세계문학을 통틀어 가장 훌륭한 혁명적 노동자의 전형이라 할 만하다. 그에게는 실제로 전세계에서 노동운동을 조직하고 이끌어간 수많은 혁명가들의 전형적인 특성이 고스란히 녹아들어 있다.

어머니 펠라게야 닐로브나는 이 걸작에 생명력을 불어넣는 가장 중요한 존재다. 그저 세상에 순응하면서 살아가던 겁 많고 평범한 아낙이 점점 민중을 위한 혁명투사가 되어간다. 아들에 대한 모성애에서 온 인류를 감싸 안는 모성애로 발전하는 것이다. 그녀의 모습에는 혁명의 소용돌이 속에서 차츰 각성해 가는 당시 러시아 민중의 모습이 투영되어 있다. 자신의 옛 모습을 과감히 타파하여 더 나은 미래로 나아가고자 도약하는 하나의 위대한 체험이다.

《어머니》에는 야수성으로 점철된 비인간적이며 낡아빠진 옛 러시아의 실체가 담겨 있다. 민중시위, 형식적인 재판과정, 감옥 탈출, 혁명가의 장례식 등 모든 장면이 서사시적 규모로 장대하게 펼쳐진다. 기존 세력이 혁명 세력을 탄압하는 장면에서는 서사시적 위대함을 가진 투쟁, 즉 빛과 어둠의 투쟁으로 다가온다. 이 소설로써 고리키는 인간이 어떻게 긍정적 영웅으로 발전하는가를 그려냈으며, 사회주의적 형상화의 긍정적 이상에 도달했다.

〈밑바닥〉

막심 고리키는 소설작품 말고도 희곡작품도 썼으며, 첫 작품이 1901년 발표한 〈소시민들〉이다. 그 뒤로 1933년까지 모두 희곡작품 17편을 썼으나 1902년 발표한 〈밑바닥〉을 제외한 나머지 작품은 그다지 알려져 있지 않다.

〈밑바닥〉은 말 그대로 밑바닥 삶을 그린 작품이다. 도시의 변방으로 내몰린 사람들의 이야기를 다룬, 1897년에 발표한 〈그들도 한때는 인간이었다〉라는 작품을 희곡으로 다시 쓴 것으로 알려져 있으나 여기에 나오는 사람들은 '한때는 인간이었던' 사람들 말고도 '한때는 인간이었던' 사람들이라고 부르기에는 아까운 젊은 사람들이 많이 나온다. 그러나 모두 밑바닥의 주민인 것은 분명하며, 그들이 연주하는 교향악은 겉으로는 시끄럽고 목소리가 크지만, 밑바닥에 흐르는 색조는 절망과 체념에 바탕한 것이다. 또한 이 작품은 펼쳐지는 이야기는 많지만 줄거리가 없고, 나오는 사람들도 많지만 주인공은 없다는 점이 특징이다.

햇빛 한 점 들지 않는 '밑바닥'이라는 제목에서는 어딘지 모르게 미래에 대한 희망이 느껴지기도 한다. 막이 오르면 죽음이 눈앞에 있는 듯한 암울한 현실에 몸서리치게 된다. 더러움과 굶주림과 질병과 사악함. 그러나 그러한 것들보다도, 죽음과도 같은 삶의 조건들이 갖는 연속성이 더욱 두려움을 준다. "죽을 때만이라도 편안히 죽게 내버려 달라"고 외치며 끊임없이 기도드리는 안나에게 사틴은 "신물이 날 정도로 들었으니 그 소리 좀 그만 하라"며 성을 낸다. 비좁은 여인숙에서 삶을 근근이 이어가는 사람들은 남의 말은 들을 생각도 없이 자신의 말만 퍼부을 뿐이다. 누가 드나드는지도 전혀 관심 없으며, 오직 자신의 관심사만이 전부이다.

등장인물들의 대화는 일견 철학적으로 보이기도 한다. 저마다 자신의 행복을 꿈꾸고 있으며 그 실현 또한 꽤나 구체적이다. 클레시치는 열심히 일해 돈을 모아 성공하기를 바란다. 나스탸는 어느 귀족 청년과의 사랑 이야기를 지어내며 행복을 꿈꾼다. 안나는 이해할 수 없는 신에게로 시선을 돌린다. 나타샤는 비좁고 더러운 여인숙에서 영웅과 기적을 기다린다. 이 모든 것은 선과 미에 대한 그들의 열망에서 비롯된다. 개중에는 도덕심이 거의 없고 범죄에도 무감각한 부브노프, 사틴, 남작 같은 인물도 있다. 그러나 그들은 삶에 대한 꽤 바르고 냉정한 판단을 내리기도 하고, 저도 모르게 자유와 진리를 갈구하기도 한다.

1막에서 순례자 루카의 등장으로 이 작은 세계는 동요한다. 지혜롭고 경험도 풍부하며 비범한 인물인 루카는 날카로운 눈으로 모두를 꿰뚫어본다. 자신을 믿고 따르는 사람들의 마음속에 그는 헛된 희망을 심어준다. 불행한 사람들이 품고 있던 환상이 깨질 무렵 그는 홀연히 사라진다.

4막에서 그간 일어난 일들의 결말이 드러난다. 사틴의 말을 빌리면, 결국 루카는 그럴싸한 지식으로 사람들을 홀려 헛된 희망만 불어넣어 버린 것이다. 여인숙의 밑바닥 인생들은 더욱 초조해진다. 앞으로 어떻게 살아갈 것인가? 나는 왜 태어난 것인가? 이러한 의문이 모두를 하나로 묶는다. 그리하여 여인숙 사람들의 관계는 새롭게 형성된다. 모두 이전과는 달리 서로의 이야기에 귀를 기울인다. 욕설과 험담은 내면의 폭발이 다가왔음을 암시한다. 사틴은 결론을 내린다. "모든 것은 인간 속에 있고, 모든 것은 인간을 위해 있는 거야! ⋯⋯모두 인간의 손과 머리가 하는 일에 지나지 않아!"

〈밑바닥〉에서는 매 장마다 죽음으로 끝을 맺는다. 살아갈 의욕조차 잃어버린 부랑자들의 삶은 죽음이나 다를 바 없다. 살아 있는 시체들의 각성. 밑바닥 인생들의 눈과 귀가 열린다. 이것이 바로 이 드라마의 인간적·도덕적 의미를 담고 있다.

세계 근대극 가운데 평판과 질량 모두 체호프의 작품과 견줄 수 있는 명작인 〈밑바닥〉은 체호프와의 인연 덕분에 1902년 러시아 모스크바 예술극장에서 처음으로 상연되었으며, 그 뒤로 오늘날까지 많은 나라에서 무대에 오르고 있다.

특히 한국에서는 막심 고리키의 희곡작품들이 1949년 함대훈의 번역희곡집 〈밤 주막〉에 의해 일찍이 소개되었다. 그 뒤 1989년 한국연극협회에서 정통 연극으로 무대에 올린 적이 있으며, 1990년 12월 이 협회 연기자분과 위원회에서 〈밤 주막〉이라는 이름으로 다시 무대에 올렸다. 각 대학 연극영화과에서 공연작품으로 무대에 올리곤 하는 이 작품은 사실적인 등장인물과 상황묘사 덕분에 연극영화과의 연기교재나 배우 실연심사 때 대본으로도 활용된다.

2005년 6월 24일 서울 대학로 열린극장에서 막을 올린 뮤지컬 〈밑바닥에서〉는 그해 한국뮤지컬 창작·초연 대상 최우수작품상과 작사·극본·연출·음악 부문 상을 받았으며, 2007년 6월 24일까지 2년 동안 무대에 올리면서 창작뮤지컬의 가능성을 보여 주었다. 또한 2005년 '서울문화재단 시민문화예술기금 지원작'과 '전국문예회관연합회 2006년 우수공연'으로 선정되었다. 그리고 2011년 6월 원작에 비해 대사는 줄이고 신체 움직임을 강조한 〈밑바닥에서〉(세종대 송현옥 교수 연출)가 고리키의 고향인 니주니노브고로드의 '고리키 극장'과 모스크바 국립 드라마예술극장인 '예르몰로바 극장' 85주년 기념공연의 초청을 받음으로써 외국 극단에서 각색한 작품이 다시 본고장에 소개되기도 했다.

막심 고리키의 작가로서의 명성은 세계적이고 위대하다고 할 수 있으나,

희곡 〈밑바닥〉
1902년, 모스크바 예술극장 초연 장면. 사실주의 연극의 거장 스타니슬랍스키가 연출했다. 연극이 끝난 뒤 작자 고리키는 열아홉 번이나 커튼콜을 받았다고 한다. 우리나라에서는 〈밤주막〉으로 번역되어 상연되었다.

명성과 예술적 재능을 대비해서 보았을 때 오롯이 동의하기 어려운 부분이 있다. 작품들 가운데 장편은 대체로 지루하다는 평가를 받으며, 정말 그의 작품인가 하는 의문이 들 정도로 수준이 떨어지는 것도 있어서 작가로서의 명성이 순수하게 문학적인 완성도에서 비롯된 것은 아니라는 냉소적인 견해를 보이는 평론가도 있다. 그런 견해에 대해서는 '러시아 혁명문학의 아버지이자 사회주의 리얼리즘 독트린의 창시자'라는 평가가 실마리가 될 수 있을 것이다.

고리키 단편에 대하여

1892년 고리키의 첫 단편소설 〈마카르 추드라〉가 〈캅카스〉지에 발표된다. 그 뒤 1895년 〈첼카쉬〉를 거쳐 1898년 《단편집》이 출간된다. 《단편집》에 실린 그의 단편들은 모두 호평을 받으며 대성공을 거둔다. 이 6년여의 기간을 고리키 초기단편 창작시기로 보고 있다. 이 시기 그의 작품 주인공으로 자주 등장하는 인물은 당시 러시아 민중의 대부분을 차지하고 있던 부랑자들이다. 〈첼카쉬〉, 〈코노발로프〉, 〈이제르길리 노파〉 등은 그 무렵 러시아 곳곳을 떠돌던 부랑자를 소재로 하고 있다. 고리키는 몸소 부랑자 생활을 겪어 보았으므로, 어느 작가보다도 그들의 비참한 현실에 대해 더없이 사실적으로 묘사할 수 있었다. 또한 현실은 어두울망정 그들의 자유로운 세계를 낭만적이고 자연적으로 묘사한 점이 특징이다.

〈마카르 추드라〉는 인간의 원시적 자유를 꿈꾸는 두 집시의 이야기다. 낭만적인 비극이라고 할 수 있는 이 작품은 개인주의적 자유, 탈사회적인 자유를 지향한다. 이러한 자유에의 지향은 〈에밀리얀 필라이〉, 〈첼카쉬〉에 이르러 사실성을 띠게 되며, 자유를 구속하는 대상에서 자유를 추구하는 주인공들의 이야기로 바뀐다. 이 두 작품 주인공은 자본주의 발달로 인해 터전을 잃고 떠도는 부랑자들이다. 언제나 고향으로 돌아가기를 바라지만 현실은 녹록치 않다.

그 무렵 러시아 부랑자들은 본디 대부분 농민이었다. 수백 년에 걸친 귀족계급의 수탈로 토지를 잃고 소작농이나 농노로 전락하여 빈털터리가 된데다, 19세기 들어 급속한 자본주의 발달과 산업화로 쫓겨나다시피 고향을 떠나야 했다. 너나 할 것 없이 먹고살기 위해 도시로 몰려드는 바람에 노동력 과잉으로 노동자의 임금은 갈수록 떨어졌고, 결국 하루 벌어 하루 먹고 사는 정처 없는 떠돌이 생활을 해야 했다. 한 마디로 자신의 의지와는 상관없이 시대의 물결에 떠밀려 어쩔 수 없이 부랑자의 길로 들어선 사람들이었다.

고리키의 작품에서도 그들은 삶의 터전을 빼앗기고 도시 노동자 무리에도 끼지 못한 채 소외당한 외로운 사람들이다. 비참한 삶은 그들의 도덕심마저 꺾어 버린다. 도둑질 따위는 예사로 안다. 그에 더해 〈첼카쉬〉의 가브릴라는 돈 몇 푼에 동료를 해치려고까지 한다. 그야말로 소시민적인 속물근성이다. 그러나 그가 부랑자를 모두 부정적으로만 그리고 있는 것은 아니다. 첼카쉬는 비록 도둑질을 할망정, 돈 몇 푼에 인간의 도리를 버리려는 소시민적 비굴한 근성과 물욕을 경멸한다.

첼카쉬에게는 고리키 초기 단편의 가장 큰 특징이라고 할 수 있는 혁명적 낭만주의가 더없이 잘 나타나 있다. 첼카쉬와 가브릴라라는 두 인물의 대조를 통해 부랑자의 양면성, 즉 긍정적인 면과 부정적인 면을 드러낸다. 이 두 주인공은 뒷날 고리키 창작 과정에서 새로운 인간상으로 발전해 나아간다. 눈앞의 돈에 눈이 멀어 일을 그르칠 뻔한 가브릴라와, 도둑질 따위는 서슴없이 저지르는 첼카쉬에게조차 사회의 기존 윤리와 관습을 부정함으로써 봉건적 옛 체제를 해체하는 데에 일조했던 것이다. 이들의 모습은 뒷날 〈스물여섯 사내와 한 소녀〉를 거쳐 《어머니》에 이르러 새로운 인간형인 불굴의 노동자로 완성된다.

고리키 초기 단편의 개인주의·낭만주의 경향은 이후 '인간성에 대한 믿음'이라는 주제로 발전한다. 고리키는 거의 종교적인 믿음에 가까울 만큼 이 믿음을 중요시 여겼다. 이 점은 그가 애정을 갖고 묘사한 부랑자의 삶에 잘 드러나 있다. 거친 삶과 인간을 향한 사랑이 곧 고리키 문

고리키 공원에 있는 고리키 동상
공원은 모스크바 강 남쪽에 위치한다.

학의 생명줄이며 처음이자 끝이다. 비뚤어진 사회 속에서 살아가지만 밝고 힘찬 인간성을 잃지 않는 인물을 생생하고 낭만적인 문체로 묘사한다. 그러면서도 그 묘사는 터무니없지 않고 작가 본인의 경험을 바탕으로 한 사실성을 가지며, 그로 인해 낭만적이면서도 현실을 극복하려 하는 불굴의 인간상을 만들어 낸다. 그의 단편 소설에는 거친 현실에 맞서며 올곧게 살아가려는 긍정적인 인간상과 함께 끝내 온갖 모순과 역경을 극복해 내는 인간의 승리가 담겨 있다.

막심 고리키 연보

1868년 3월 28일   러시아 니즈니노브고로드 주의 주도인 니즈니노브고로드
에서 가구 제작자인 아버지와 염색공장 주인의 딸 사이에서
태어남. 막심 고리키는 필명이며, 본명은 알렉세이 막시모비
치 페쉬코프.

1873년(5세)   아버지 막심 페쉬코프가 콜레라로 죽음. 어머니와 함께 니즈
니에 있는 외가 카시린 집안에서 같이 살게 됨. 그 뒤 외할
아버지에게서 글을 배우고, 외할머니에게서 동화와 옛날 이
야기, 오래된 민요 등을 듣고 자라남.

1877년(9세)   니즈니노브고로드에 있는 교구학교인 쿠나비노 초등학교 입
학(~1878). 어머니 죽음. 이 무렵 염색공장을 경영하던 외
가 또한 형편이 어려워지면서 학교 중퇴. 넝마주이를 하면서
밥벌이를 시작함.

1880년(12세)   볼가 강을 오르내리던 증기선에서 심부름꾼으로 일을 시작
함.

1883년(15세)   대학 교육을 받기 위해 카잔으로 떠남. 그러나 학비 문제로
진학을 포기하고 제과점에 취직해서 일을 하게 되지만 일이
힘들고 고통스러워서 그만둠. 앞날에 대해 고민하던 중 한
변호사와 만나고, 그의 도움으로 일자리를 얻음.

1885년(17세)   오페라 극장의 합창단에 들어감(뒷날 명가수가 되는 샤랴핀
과 알게 되면서 연극에 흥미를 가짐).

1887년(19세)   권총 자살을 시도했으나 총알이 심장을 빗나가면서 실패함.

1890년(22세)   변호사 사무실 서기가 되면서 글쓰기를 비롯한 공부에 매진
함.

1891년(23세)   트빌리시에 있는 철도공장에서 도장공으로 일함.

1892년(24세)	첫 작품인 〈마카르 추드라〉를 써서 '막심 고리키'라는 필명으로 트빌리시의 신문인 〈캅카스〉를 통해 발표함.
1894년(26세)	〈이제르길리 노파〉〈첼카쉬〉〈매의 노래〉〈뗏목 위에서〉〈어느 가을날〉 등 많은 단편소설과 시를 발표함(~1895).
1896년(28세)	예카테리나 파블로브나 볼치나와 결혼, 남매를 둠. 폐병에 걸려 크리미아로 전지요양(轉地療養)을 떠남.
1897년(29세)	〈그들도 한때는 인간이었다〉 발표함.
1898년(30세)	중편소설 《바렌카 올레소바》 발표함. 처음으로 단편소설집 2권 발표. 가을에 체호프와 서신 교류 시작함.
1899년(31세)	첫 장편소설 《포마 고르데예프》를 잡지 〈생활〉에 발표함.
1900년(32세)	첫 희곡 〈소시민〉 발표함. 레프 톨스토이를 알게 되고, 체호프와도 만남.
1901년(33세)	카잔에서 경찰들이 학생 시위를 공격하는 장면을 보고서 이를 비판하는 성명을 발표했다는 이유로 당국에 체포되어 감옥에 갇힘. 건강 악화로 한달 만에 풀려났으나 가택연금 처분과 함께 서신 왕래 감시, 국내 활동 제약 등 제제를 받음.
1902년(34세)	러시아 문학 아카데미 명예회원에 선출되지만 그즈음 황제인 니콜라이 2세에 의해 취소됨(이에 항의하는 뜻으로 체호프와 코롤렌코 등이 아카데미 회원 사퇴함). 대표 희곡작품인 〈밑바닥〉 발표함.
1905년(37세)	'상트페테르부르크 피의 일요일' 사건과 관련해서 사람들을 부추겨 반란을 일으키려 했다는 혐의로 체포되어 페트로 파블로스키 요새에 투옥됨. 석방되고 나서 미국으로 건너가 그곳에서 중편소설 《어머니》를 씀.
1906년(38세)	3월 미국 방문. 미국에서의 유세여행을 위해서 입국하여 많은 미국 작가들의 환영을 받음. 그러나 함께 왔으며 함께 호텔에 머물고 있는 여자가 아내가 아니라 아내와 별거한 뒤로 동거해 온 애인이라는 사실이 드러나면서 미국 작가들이 지지를 철회하고 백악관 방문이 무산되었으며, 거의 쫓겨나다시피 미국을 떠나게 되면서 미국에 대해 강한 반감을 품게 됨.

1907년(39세) 5월 사회민주노동당 제5차 당대회에 객원으로 초청받아 참석했을 때 블라디미르 레닌, 율리우스 마르토프, 게오르기 플레하노프, 레온 트로츠키 등을 처음 만남.

1913년(45세) 자전적 3부작 가운데 첫 번째 작품이자 작가 자신의 어린 시절 성장과정을 소재로 한 《어린 시절》을 발표함. 겨울에 니콜라이 2세의 사면으로 귀국.

1915년(47세) 정치문예 잡지 〈연대기〉 창간. 러시아의 유대인 공동체에 대한 박해에 저항했던 '유대인 생존을 위한 러시아협회' 설립을 도움. 자전적 3부작 가운데 두 번째 작품인 《세상 속으로》 발표함.

1917년(49세) 〈새로운 생활〉 신문 창간. 2월혁명의 결과로 3월 15일 니콜라이 2세가 퇴위하고 온건파인 멘셰비키파 중심의 알렉산드르 케렌스키 임시정부가 들어섬. 같은 해 10월 혁명의 결과로 강경파인 볼셰비키 정부가 들어섬.

1918년(50세) '세계문학'이라는 출판사 설립.

1921년(53세) 2월에 일어난 크론시타트 해병 봉기(또는 크론시타트 반란)의 진압을 두고서 고리키와 볼셰비키 정부 다시 충돌함. 10월 볼셰비키 정부의 동의 아래에 독일로 떠남(망명함).

1922년(54세) 7월 레닌 정부가 사회주의혁명당의 간부 12명에게 내린 사형선고에 반대하는 운동을 펼침.

1923년(55세) 자전적 3부작 가운데 마지막 작품인 《나의 대학》 발표함.

1928년(60세) 스탈린의 초청을 받아들여 5월 20일 영구 귀국함.

1932년(64세) 레닌 훈장을 받음.

1936년 6월 18일(68세) 모스크바 교외에 있는 레닌의 시골별장인 고리키 하우스에서 세상을 떠남. 공식적인 사인은 폐렴 악화에 따른 사망이었지만 스탈린 지배체제의 비밀경찰인 내무인민위원회에 의해 독살되었다는 소문이 떠돌았으며, 유해는 국가 영웅들이 묻히는 모스크바 크렘린궁 외벽 아래에 안장되었다.

최홍근 (崔鴻根)

한국외국어대학교 러시아어과 졸업. 동서문화사 편집위원, 중앙일보 월간미술 주간, 하이파이저널 발행인. 지은책 《음악의 숲에서》 옮긴책 보리스 파스테르나크 《닥터 지바고》 막심 고리키 《어린시절》 《세상 속으로》 《나의 대학》

World Book

224

Максим Горький

МАТЬ/НА ДНЕ/ЧЕЛКАШ

어머니/밑바닥/첼카쉬

막심 고리키/최홍근 옮김

1판 1쇄 발행/2014. 3. 31

발행인 고정일

발행처 동서문화사

창업 1956. 12. 12. 등록 16-3799

서울 강남구 도산대로 163(신사동)

☎ 546-0331~6 (FAX) 545-0331

www.dongsuhbook.com

＊

사업자등록번호 211-87-75330

ISBN 978-89-497-0841-6 04080

ISBN 978-89-497-0382-4 (세트)